DROIT DE LA NÉGOCIATION COLLECTIVE

D A L L O Z   A C T I O N

DROIT DE LA NÉGOCIATION COLLECTIVE

DEUXIÈME ÉDITION

À JOUR
AU 1er JANVIER 2024

GAËLLE DUMORTIER
Conseillère d'État

PASCAL LOKIEC
Professeur à l'École de droit
de la Sorbonne (Université Paris 1)

GRÉGOIRE LOISEAU
Professeur à l'École de droit
de la Sorbonne (Université Paris 1)

LAURENCE PÉCAUT-RIVOLIER
Docteur en droit
Conseiller à la Cour de cassation

Lefebvre Dalloz

DALLOZ

ISBN 978-2-247-22855-3

Tour Lefebvre Dalloz
10, place des Vosges
CS 90358
92072 PARIS LA DÉFENSE
cedex

SERVICE CLIENTÈLE
+33 (0)1 83 10 10 10
src.dalloz@lefebvre-dalloz.fr

www.editions-DALLOZ.fr

@Dalloz_Action

Avant-propos

Le présent ouvrage est le complément du *Droit de la représentation du personnel*, dont la deuxième édition est parue en janvier 2023. Il est le fruit d'un travail collectif et d'échanges constants entre ses co-auteurs. À ce titre, nous tenons à remercier Pierre-Yves Verkindt pour sa précieuse contribution à la première édition, et pour ses analyses toujours fines et stimulantes que le lecteur retrouvera dans la présente édition.

Nous espérons que vous trouverez dans cet ouvrage les réponses que vous cherchez et des éléments de réflexion susceptibles de vous aider.

Nous vous en souhaitons bonne lecture.

Gaëlle Dumortier,
Grégoire Loiseau,
Pascal Lokiec,
Laurence Pécaut-Rivolier

Sommaire

Table des matières

LIVRE

0. INTRODUCTION GÉNÉRALE

SECTION 0

ORIENTEUR

0.00 **Sommaire du livre.**

Division. Le droit syndical est sans conteste l'une des matières juridiques les plus discutées et débattues depuis son apparition à la fin du XIXe siècle (titre 01). Il a pris racine dans le terreau fertile des mouvements ouvriers dont l'âge d'or après la Seconde guerre mondiale a permis d'importantes avancées sociales (titre 02), parmi lesquelles la liberté conventionnelle (titre 03) et la négociation collective (titre 04) sont les figures centrales.

TITRE

01. La mise en perspective historique

SECTION 0
ORIENTEUR

01.00 Sommaire du titre.

Division. Le droit syndical s'est formé en France dans les dernières décennies du XIXe siècle avant de s'engager dans une autre période de progrès après la Libération (chap. 011). Plus discrète, la négociation collective a suivi peu ou prou ces évolutions avec quelques spécificités (chap. 012).

01.01 Textes applicables.

• **L. n° 2008-789,** 20 août 2008 portant rénovation de la démocratie sociale et réforme du temps de travail, *JO* 21 août, p. 13064 [Exposé des motifs]

• **L. n° 2015-994,** 17 août 2015 relative au dialogue social et à l'emploi, dite « Loi Rebsamen », *JO* 18 août, p. 14346 [Exposé des motifs]

• Rapport au président de la République relatif à l'ordonnance n° 2017-1386 du 22 septembre 2017 relative à la nouvelle organisation du dialogue social et économique dans l'entreprise et favorisant l'exercice et la valorisation des responsabilités syndicales, *JO* 23 sept., n° 31 ; NOR : MTRT1724789P

• **L. n° 2017-1340,** 15 sept. 2017 d'habilitation à prendre par ordonnances les mesures pour le renforcement du dialogue social, *JO* 16 sept., n° 3 [Exposé des motifs]

• Rapport au président de la République relatif à l'ordonnance n° 2017-1385 du 22 septembre 2017 relative au renforcement de la négociation collective, *JO* 23 sept., n° 28 ; NOR : MTRT1724786P

• Rapport au président de la République relatif à l'ordonnance n° 2017-1388 du 22 septembre 2017 portant diverses mesures relatives au cadre de la négociation, *JO* 23 sept., n° 34 ; NOR : MTRT1724788P

01.03 Bibliographie indicative.

> Références générales

Monographies. D. Andolfatto et D. Labbé, *L'Histoire des syndicats (1906-2006),* « XXe siècle », Seuil, 2006 – G. Bélier et H.-J. Legrand, *La négociation collective après la loi du 20 août 2008 : nouveaux acteurs, nouveaux accords,* « Droit vivant », Liaisons – Wolters Kluwer, 2009 – G. Bélier, H.-J. Legrand et A. Cormier Le Goff, *Le nouveau droit de la négociation collective : Acteurs et accords,* 6e éd., « Droit vivant », Liaisons – Wolters Kluwer, 2018.

Colloques. G. Borenfreund, J.-Y. Frouin, F. Guiomard, A. Lyon-Caen, M.-A. Rotschild-Souriac et I. Vacarie, *La négociation collective à l'heure des révisions,* « Thèmes & commentaires », Dalloz, 2005.

Rapport. R. Hadas-Lebel, *Pour un dialogue social efficace et légitime : représentativité et financement des organisations professionnelles et syndicales*, Rapport au Premier ministre, mai 2006.

> Sur la Position commune

Articles. P.-H. Antonmattei, « Les critères de la représentativité : lecture critique de la position commune du 9 avril 2008 », *Dr. soc.* 2008. 771 – G. Borenfreund, « Regards sur la position commune du 9 avril 2008. Syndicats : le défi de l'audience électorale », *RDT* 2008. 360 – B. Gauriau, « La position commune du 9 avril 2008 : première lecture sur la représentativité syndicale », *JCP S* 2008. Actu. 197 – M. Grévy, E. Peskine, S. Nadal, « Regards sur la Position commune », *RDT* 2008. 426 – IRES, « La représentativité syndicale », n° spécial, sept. 2000 [pour un regard comparatif] – J.-M. Verdier et A. Arseguel, « Quelle réforme de la représentativité syndicale », *RDT* 2006. 284.

> Sur la loi n° 2008-789 du 20 août 2008

Articles. G. Borenfreund, « Le nouveau régime de la représentativité syndicale », *RDT* 2008. 712 ; « Le renouveau du droit syndical dans l'entreprise : entre faveur et défiance ? », *Dr. soc.* 2009. 700. – F. Duquesne, « Un délégué syndical en devenir, le nouveau représentant de la section syndicale », *Dr. soc.* 2008. 1084 – B. Gauriau, « La rénovation de la démocratie sociale, loi n° 2008-789 du 20 août 2008 », *JCP S* 2008, n° 1448 ; « La démocratie sociale est-elle en marche ? », *SSL* 2008, n° 1370 ; « Les salariés mis à disposition toujours au cœur du débat », *SSL* 2009, n° 1400 ; « Loi portant rénovation de la démocratie sociale », *Liaisons soc.* 2008, n°s 154 et 190 – F. Favennec-Héry, « La représentativité syndicale », *Dr. soc.* 2009. 630 – B. Gauriau, « Les représentants des syndicats dans l'entreprise », *Dr. soc.* 2009. 641 – J.-M. Olivier, « Rapport de synthèse », *Dr. soc.* 2009. 687 – F. Petit, « Représentation syndicale et représentation élue des personnels de l'entreprise depuis la loi n° 2008-789 du 20 août 2008 », *Dr. ouvrier* 2009. 22 – B. Teyssié, « À propos de la rénovation de la démocratie sociale », *Dr. soc.* 2009. 627 – P.-Y. Verkindt, « Les élections professionnelles dans l'entreprise », *Dr. soc.* 2009. 648 – S. Néron, « La rénovation de la démocratie sociale : perspectives et prospectives », *RDT* 2009. 426 – L. Pécaut-Rivolier et Y. Struillou : « La représentation du personnel dans l'entreprise après la loi du 20 août 2008 », *RDT* 2009. 490 ; « La négociation collective d'entreprise, question d'actualité », *Dr. soc.* 2009. 548, n° spéc. 8-9.

> Sur les effets de la loi n° 2008-789 du 20 août 2008

Colloques. Institut du travail de Bordeaux, « Les réformes de la représentation du personnel : esquisses ou œuvres achevées ? », *Dr. ouvrier* 2014. 439 s.

Articles. Dossier, « Loi du 20 août 2008 : Les points d'achoppements », *SSL* 2009, n° 1424 – B. Gauriau, « Précisions sur le droit électoral et le droit syndical, à la lumière de la loi du 20 août 2008 », *JCP S* 2010, n° 1066 – P.-H. Antonmattei (dir.), « Rénovation de la démocratie sociale deux ans d'application de la loi du 20 août 2008 », *Dr. soc.* 2011. 60 – L. Pécaut-Rivolier, Y. Struillou, « La représentation du personnel dans l'entreprise, après la loi du 20 août 2008 », *RDT* 2009. 490 – P. Adam, « L'action syndicale non représentative dans l'entreprise », *Dr. ouvrier* 2014. 1 – J.-M. Pernot, « Le mouvement syndical en France depuis 2008 », *Dr. soc.* 2020. 137.

> Sur les réformes issues des ordonnances n°s 2017-1386 et 2017-1387 du 22 septembre 2017

Articles. Dossiers (coord. F. Géa), « La réforme du droit du travail, ordonnances du 22 septembre 2017 (première partie) », *Dr. soc.* 2017. 996 ; « La réforme du droit du travail, ordonnances du 22 septembre 2017 (deuxième partie) » *Dr. soc.* 2018. 4 – Dossier (coord. E. Dockès), « Quel avenir pour le droit du travail ? », *Dr. soc.* 2018. 216.

01.05 Importance de l'histoire. Le syndicalisme français – comme au demeurant le syndicalisme international et d'une façon générale tous les modes d'organisation collective de groupes sociaux – s'inscrit dans une histoire. Cette histoire imprègne non seulement la façon dont la société civile laisse une place aux corps intermédiaires mais aussi influence la réaction des organisations syndicales aux choix politiques, économiques et sociaux de l'État. C'est dire si la dimension historique de la question abordée est importante, qu'il s'agisse de l'histoire événementielle ou de l'histoire des idées politiques ou sociales. Au surplus, pour n'évoquer que la France, les quarante dernières années – *grosso modo* du Rapport Auroux à la mise en place généralisée au 1er janvier 2020 du comité économique et social issu de l'ordonnance du 22 septembre 2017[1] – auront vu le paysage de la représentation du personnel se transformer radicalement. Les raisons de cette transformation sont multiples et en interaction. Certaines sont politiques, liées aux alternances de même nature. D'autres tiennent aux mutations économiques ou à l'évolution du travail. D'autres causes encore sont sans doute plus profondes et à mettre en relation avec les transformations du rapport qu'entretiennent les salariés au travail et au « collectif ».

Le système français de représentation des travailleurs était caractérisé jusqu'à une date récente par son dualisme en ce sens que coexistaient au sein de l'entreprise une représentation syndicale et une représentation élue. Ce dualisme s'est longtemps manifesté dans l'entreprise par l'existence à côté des institutions élues du personnel (comité d'entreprise, comité d'hygiène de sécurité et des conditions de travail, délégués du personnel) d'une représentation syndicale que traduit la désignation dans les entreprises ou établissements d'au moins cinquante salariés d'un ou de plusieurs délégués syndicaux. Ces derniers sont d'abord les représentants du syndicat qui les a désignés mais le monopole de négociation dont ils disposaient, les rendait en même temps représentants de la collectivité de travail. Ce dualisme avait été une première fois entamé par la loi du 20 août 2008[2] qui conditionnait la désignation d'un délégué syndical à la réalisation d'un certain score aux élections professionnelles et qui donnait naissance au représentant de la section syndicale. Les textes ultérieurs – notamment la loi du 17 août 2015 sur le dialogue social, la loi du 8 août 2016[3] puis les ordonnances du 22 septembre 2017 – ont

1. Ord. n° 2017-1386, 22 sept. 2017 relative à la nouvelle organisation du dialogue social et économique dans l'entreprise et favorisant l'exercice et la valorisation des responsabilités syndicales, *JO* 23 sept., n° 31.
2. L. n° 2008-789, 20 août 2008 portant rénovation de la démocratie sociale et réforme du temps de travail, *JO* 21 août, p. 13064.
3. L. n° 2016-1088, 8 août 2016 relative au travail, à la modernisation du dialogue social et à la sécurisation des parcours professionnels, *JO* 9 août, n° 3.

confirmé le recul du dualisme sans pour autant apporter un bouleversement radical conduisant à son abandon. Qu'ils soient désignés ou élus, les représentants des salariés sont d'abord les représentants des intérêts des salariés et non les représentants des salariés pris individuellement comme des personnes privées.

Les organisations syndicales tiennent néanmoins une place particulière dans ce système de représentation, tant en raison de leur objet et de leurs prérogatives propres en matière d'action syndicale et de négociation collective que du monopole qui leur est reconnu pour la négociation du protocole préélectoral et la présentation des listes de candidats au premier tour des élections professionnelles. Jusqu'à la loi 20 août 2008, la représentativité pouvait être prouvée et reconnue par le juge ou résulter de l'affiliation à une organisation syndicale nationale interprofessionnelle inscrite sur la liste des organisations syndicales représentatives fixée par l'arrêté du 31 mars 1966[1]. Cette affiliation permettait de présumer de façon irréfragable la représentativité d'un syndicat, fondait la légitimité du syndicat sur la reconnaissance par l'État du rôle prééminent joué par des organisations syndicales historiques. La loi du 20 août 2008 portant rénovation de la démocratie sociale a constitué un tournant majeur, puisqu'elle a fait de l'audience au premier tour des élections professionnelles un critère nécessaire et primordial de la représentativité syndicale et une condition de la validité des accords collectifs. L'élection est donc devenue le critère commun de la légitimité de la représentation des salariés. Le choix du syndicat devient ainsi subordonné à l'adoubement du représentant syndical par la collectivité de travail qu'il a vocation à représenter.

1. Arr. 31 mars 1966 relatif à la détermination des organisations appelées à la discussion et à la négociation des conventions collectives de travail, *JO* 2 avr., p. 2675.

CHAPITRE

011. Histoire du syndicalisme et du droit syndical

SECTION 0 ORIENTEUR

011.00 **Sommaire du chapitre.**

Division. Deux grands « moments » marquent la formation du droit syndical en France : les deux dernières décennies du XXe siècle avec le vote de la loi du 21 mars 1884 (sect. 1) et l'arrivée du Front populaire au pouvoir en mai 1936 (sect. 2).

SECTION 1 LENTE CONSTRUCTION D'UN ACTEUR DE LA NÉGOCIATION COLLECTIVE

011.11 **Origines du syndicalisme.** Contrairement à ce que l'on voit parfois exprimé, la loi du 21 mars 1884[1] n'a pas reçu un accueil favorable du monde syndical qui l'a considérée à l'origine comme une loi de police, essentiellement destinée à contraindre les syndicats souhaitant obtenir les droits issus de la loi nouvelle à sortir de la clandestinité. Ce n'est que très lentement qu'elle s'est acclimatée dans le paysage social français.

De fait, la loi faisait de la liberté syndicale une liberté individuelle caractérisée par le fait de pouvoir ou non adhérer au syndicat et affirmait un principe rigoureux de « spécialité » syndicale cantonnant ainsi le champ d'action des organisations. Les années qui suivirent cette « légalisation » du fait syndical virent se développer sur fond d'anarcho-syndicalisme d'âpres débats portant d'une part sur la question de savoir si les syndicats étaient des intermédiaires entre les salariés et les employeurs ou des représentants aptes à négocier, notamment en cas de grève, et d'autre part, sur les conséquences à tirer de la reconnaissance aux groupements de la personnalité morale. Cette période marquera durablement le droit syndical français d'une conception essentialiste[2] dont la notion de représentativité portera les traces jusqu'à la réforme résultant de la loi de 2008[3].

Cette même période verra naître un autre débat portant cette fois sur la capacité du syndicat à représenter l'intérêt collectif de la profession et non seulement les intérêts de ses membres. La question est posée à propos de l'action en justice pour la défense de l'intérêt collectif et à propos de la capacité de négocier des accords qui puissent bénéficier à l'ensemble de la collectivité de travail et non seulement aux seuls adhérents du syndicat. Le premier point a été résolu d'abord par un arrêt de la Cour de cassation du 5 avril 1913[4] puis par la loi du 12 mars 1920[5]. Sur le second point, en revanche, la première loi sur les conventions collectives du 25 mars 1919[6] en restera à une approche contractualiste de l'acte et il

1. L. 21 mars 1884 relative à la liberté des syndicats professionnels, dite loi Waldeck-Rousseau, *JO* 22 mars, p. 1577.

2. P. Rosanvallon, *La question syndicale : Histoire et avenir d'une forme sociale*, « Liberté de l'esprit », Calmann-Lévy, 1988.

3. L. n° 2008-789, 20 août 2008 portant rénovation de la démocratie sociale et réforme du temps de travail, *JO* 21 août, p. 13064.

4. Cass., ch. réun., 5 avr. 1913, *DP* 1914. I. 65, rapp. Ch. Falcimaigne, concl. L. Sarrut ; – AUSSI : Crim. 13 avr. 2010, n° 09-85.776, P n° 66 ; *D.* 2010. 2272, note G. Roujou de Boubée ; *AJ pénal* 2010. 399, obs. G. Roussel ; *Gaz. Pal.* 2010. 1. 1557, note S. Detraz ; *BICC* 2010, n° 1333 ; *D.* 2010. 1288.

5. L. 12 mars 1920 sur l'extension de la capacité civile des syndicats professionnels, *JO* 14 mars, p. 4179 – J.-M. Verdier, *Traité de droit du travail,* t. V, *Syndicats,* Dalloz, 1966, n° 197.

6. L. 25 mars 1919 relative aux conventions collectives de travail, *JO* 28 mars, p. 3181.

faudra attendre la loi du 24 juin 1936[1] sur les conventions collectives de travail pour voir apparaître une autre conception de la convention collective[2] dégagée de la logique contractuelle[3]. Le texte, issu du changement politique mieux connu sous le nom de « Front populaire », donne naissance, à côté des conventions collectives simples dans leur forme résultant de la loi de 1919, à des conventions collectives étendues. On ne tarde pas à considérer ces dernières comme de véritables lois professionnelles. Négociées par des organisations syndicales et patronales « les plus représentatives », elles ont alors vocation à s'imposer à l'ensemble des salariés des entreprises de la branche.

011.12 **Rupture du Front populaire.** Quoiqu'occupant une place importante dans l'histoire syndicale française et dans l'image que le syndicalisme se fait de lui-même, le Front populaire est en réalité une période extrêmement brève puisque les textes emblématiques[4] sont adoptés en l'espace de deux ans. Sous le seul aspect de la représentation du personnel au sens large, sont à signaler, à la suite des accords Matignon[5], l'institution des délégués du personnel et le libre exercice du droit syndical. La loi du 24 juin 1936[6] prévoit en effet que les conventions collectives devront comporter des dispositions relatives à la mise en place de délégués ouvriers. Elle est rapidement complétée, compte tenu des débats auxquelles elle donne lieu en raison de son imprécision, par un décret-loi du 12 novembre 1938[7] qui vient rendre les délégués obligatoires dans tous les établissements industriels de plus de dix salariés. Ce principe n'aura qu'une existence éphémère puisque les décrets du 4 octobre[8] et du 10 novembre[9] 1939 mettent fin au principe de l'élection et remplacent cette dernière par une désignation des délégués par les organisations syndicales les plus représentatives. La CGT sort gagnante du Front populaire puisque ses effectifs progressent jusqu'à atteindre près de 5 millions d'adhérents[10]. La dissolution de la CGT et de la CFTC pendant la Seconde Guerre Mondiale associée à la tentation de mise en place du syndicat unique sur une base corporatiste par la « Charte du travail » de 1941[11] caractérisent la fin de cette période.

Par exemple, en ce qui concerne les consultations récurrentes du comité social et économique, l'ordre public se borne à rendre obligatoire, sur le principe, les trois types de consultations que sont la consultation sur les orientations stratégiques de l'entreprise, celle sur la situation économique et financière de l'entreprise et, enfin, celle sur la politique sociale, les conditions de travail et l'emploi[12]. L'ordre public est réduit de cette manière à sa plus simple expression pour ouvrir le champ le plus large à la négociation, le dispositif légal relevant désormais de dispositions supplétives.

SECTION 2
DE LA LIBÉRATION À MAI 1968

011.21 **Espoirs de la Libération.** S'agissant du seul droit syndical, la période de l'immédiat après-guerre ne modifie pas en profondeur la réglementation même si sur le plan sociologique, les organisations syndicales et notamment la CGT affirment leur rôle dans une démocratie sociale qu'il s'agit de construire. Les principaux textes portent plutôt sur l'organisation de la représentation dans l'entreprise avec l'ordonnance du 22 février 1945[13] puis la loi du 16 mai 1946[14] sur les comités d'entreprise, la loi du 16 avril 1946[15] fixant le statut des délégués du

1. L. 24 juin 1936 modifiant et complétant le chapitre IV « *bis* » du titre II du livre Ier du code du travail : « De la convention collective de travail », *JO* 26 juin, p. 6698.
2. P. Durand, « Le dualisme de la convention collective », *RTD civ.* 1939. 353.
3. C. Didry, « La nouvelle jeunesse des conventions collectives : la loi du 24 juin 1936 » *in* J.-P. Le Crom, *Deux siècles de droit du travail : L'histoire par les lois,* « Points d'appui », Éd. de l'Atelier, 1998, p. 129.
4. SUR la semaine de quarante heures : L. 21 juin 1936 instituant la semaine de quarante heures dans les établissements industriels et commerciaux et fixant la durée du travail dans les mines souterraines, *JO* 26 juin, p. 6699 ; – les congés payés : L. 20 juin 1936 instituant un congé annuel payé dans l'industrie, le commerce, les professions libérales, les services domestiques et l'agriculture, *JO* 26 juin, p. 6698 ; – la négociation collective : L. 24 juin 1936, préc. – Ces trois lois ont fait l'objet d'un supplément au *JO* signalé dans le *JO* du 27 juin, p. 6745.
5. Accords de Matignon, 8 juin 1936, art. 5.
6. L. 24 juin 1936, préc., art. 31 *vc*.
7. Décr.-L. 12 nov. 1938 portant statut des délégués du personnel et modifiant le statut des délégués mineurs à la sécurité des ouvriers mineurs, *JO* 13 nov. p. 12867.
8. Décr. 4 oct. 1939 relatifs au fonctionnement des délégués mineurs pendant la durée des hostilités, *JO* 17 oct., p. 12379 ; – P. Barrau et F. Hordern, *Histoire du droit du travail par les textes*, « Cahiers de l'I.R.T. », 1999, n° 8, t. II, p. 144.
9. Décr.-L. 10 nov. 1939 relatifs au régime du travail pendant la durée des hostilités, *JO* 16 nov., p. 13143 ; – P. Barrau et F. Hordern, *Histoire du droit du travail par les textes*, préc., p. 144.
10. A. Brun et H. Galland, *Droit du travail,* t. II, *Les rapports collectifs de travail,* 2e éd., Sirey, 1978, n° 733.
11. L. 4 oct. 1941 relatives à l'organisation sociale des professions, dite « Charte du travail », *JO* 26 oct., p. 4650.
12. C. trav., art. L. 2312-17 ; créé par Ord. n° 2017-1386, 22 sept. 2017, art. 1.
13. Ord. n° 45-280, 22 févr. 1945 instituant des comités d'entreprises, *JO* 23 févr., p. 954.
14. L. n° 46-1065, 16 mai 1946 application à l'Algérie de l'ordonnance n° 45-280 du 22 février 1945 instituant des comités d'entreprises, *JO* 17 mai, p. 4251.
15. L. n° 46-730, 16 avr. 1946 fixant le statut des délégués du personnel dans les entreprises, *JO* 17 avr., p. 3224.

personnel et le décret du 1er août 1947[1] instituant les comités d'entreprise. Si le syndicalisme apparaît sur la scène du droit, c'est à propos de la réforme des conventions collectives par la loi du 11 février 1950[2] et d'une nouvelle tentative d'organisation du règlement des conflits collectifs de travail par la loi du 26 juillet 1957[3].

Seules quelques conventions collectives conclues après la loi du 11 février 1950 avaient accordé une place au syndicat dans l'entreprise et le Conseil économique et social avait, entre 1962 et 1964, tenté de promouvoir l'idée de l'action syndicale interne à l'entreprise[4].

011.22 Entrée des syndicats dans l'entreprise en 1968. Il faut attendre la loi du 27 décembre 1968[5], à la suite du Protocole de Grenelle signé le 27 mai 1968, pour voir se créer une première rupture avec l'entrée des syndicats dans l'entreprise. Le texte reconnaît en effet l'exercice du droit syndical dans l'entreprise et permet la désignation par les syndicats représentatifs d'un délégué syndical dans les entreprises comptant au moins cinquante salariés. Selon la loi, le délégué syndical représente le syndicat auprès du chef d'entreprise. Mais, compte tenu de la mission de défense des intérêts collectifs impartie aux syndicats, il a aussi un pouvoir de représentation des intérêts de la collectivité de travail dans l'entreprise. Il est ainsi non seulement un représentant du syndicat mais également un représentant du personnel *lato sensu*[6]. La désignation est le fait des organisations syndicales reconnues représentatives par l'État dans les conditions prévues initialement en 1948[7] puis reprises par l'arrêté du 31 mars 1966[8] après la scission intervenue entre la CFDT et la CFTC[9].

Dans l'entreprise, le dualisme de la représentation des salariés élue et désignée résulte donc de la loi du 27 décembre 1968. Ultérieurement, la loi du 13 juillet 1971[10] généralise la négociation collective à tous les niveaux, en particulier dans l'entreprise ainsi que la condition de représentativité, y compris par affiliation. Ce droit à la négociation dans l'entreprise sera ensuite réaffirmé et organisé par la loi du 13 novembre 1982[11] tandis que la loi du 28 octobre 1982[12] étend la présomption de représentativité à la présentation des candidats au premier tour des élections professionnelles[13].

011.23 Recherche d'une meilleure adéquation et d'une plus grande efficacité de la représentation du personnel. Apparaît alors dans la loi la recherche d'une meilleure adéquation et d'une plus grande efficacité de la représentation du personnel. Elle consacre ainsi la notion jurisprudentielle d'unité économique et sociale et donne naissance au comité de groupe. Elle cherche à assurer une représentation de la réalité des collectivités de travail, en décidant de l'inclusion dans les effectifs de l'entreprise des salariés mis à disposition et à adapter la représentation à la taille de l'entreprise, en autorisant sous certaines conditions la désignation d'un délégué du personnel comme délégué syndical dans les entreprises de moins de cinquante salariés et en créant le délégué de site pour les entreprises de moins de onze salariés.

Globalement, la loi a également remis en ordre les missions des institutions représentatives du personnel, et particulièrement celle du comité d'entreprise, en développant sa mission économique et ses moyens. Elle a parallèlement fusionné les anciens comités d'hygiène et de sécurité et la commission condition de travail du comité d'entreprise, pour en faire le comité d'hygiène de sécurité et des conditions de travail qui obéit à des règles spécifiques.

1. Décr. nº 47-1430, 1er août 1947 comités d'hygiène et de sécurité, *JO* 2 août, p. 7554.
2. L. nº 50-205, 11 févr. 1950 relative aux conventions collectives et aux procédures de réglement des conflits collectifs de travail, *JO* 12 févr., p. 1688.
3. L. nº 57-833, 26 juill. 1957 favorisant le règlement des conflits collectifs de travail, *JO* 28 juill., p. 7459.
4. P. Barrau et F. Hordern, *Histoire du droit du travail par les textes*, « Cahiers de l'I.R.T. », 2000, nº 8, t. III, p. 137.
5. L. nº 68-1179, 27 déc. 1968 relative à l'exercice du droit syndical dans les entreprises, *JO* 31 déc., p. 12403.
6. G. Borenfreund, « Les syndicats forcent les portes de l'entreprise, la loi du 27 décembre 1968 relative à l'exercice du droit syndical dans l'entreprise », *in* J.-P. Le Crom, *L'histoire du droit du travail par les lois*, Éd. de l'Atelier, 1998, p. 213.
7. Décision interministérielle D. Mayer, R. Schumann du 8 avril 1948 relative à la détermination des organisations appelées à la discussion et à la négociation des conventions collectives de travail, *JO* 9 avr., p. 3541.
8. Arr. 31 mars 1966 relatif à la détermination des organisations appelées à la discussion et à la négociation des conventions collectives de travail, *JO* 2 avr., p. 2675 – Elle avait déjà été utilisée dans certains domaines, notamment pour la conclusion des accords de participation.
9. Soc. 5 juill. 1977, nº 77-60.489, P V, nº 457 – De cette époque date la conception de la présomption de représentativité que la jurisprudence a fini par considérer comme irréfragable, avant qu'elle ne soit abandonnée en 2008.
10. L. nº 71-561, 13 juill. 1971 modifiant certaines dispositions du Chapitre IV *bis* du Titre II du Livre I du code du travail relatives aux conventions collectives de travail, ainsi que certaines dispositions du Titre II de la loi nº 50-205 du 11 févr. 1950 relatives à la procédure de médiation *JO* 14 juill., p. 6939 – SUR LAQUELLE : M. Despax, « La réforme du droit des conventions collectives par la loi du 13 juillet 1971 », *Dr. soc.* 1971. 531.
11. L. nº 82-957, 13 nov. 1982 relative à la négociation collective et au réglement des conflits collectifs du travail, *JO* 14 nov., p. 3414.
12. L. nº 82-915, 28 oct. 1982 relative au développement des institutions représentatives du personnel, *JO* 29 oct., p. 3255.
13. Dossier « Les Réformes V : Le nouveau droit des comités d'entreprise », *Dr. soc.* 1983. 356.

Enfin, en matière de négociation collective, la loi du 13 novembre 1982[1] a organisé de façon spécifique le droit à la négociation dans l'entreprise en instituant la négociation annuelle obligatoire sur les salaires effectifs et l'aménagement du temps de travail. La loi a aussi instauré des possibilités de négociations dérogatoires d'entreprise, sous réserve d'un droit d'opposition ouvert aux syndicats non-signataires représentants plus de la moitié des salariés inscrits au premier tour des élections. L'introduction de la négociation dérogatoire avec pour corollaire celle de la prise en compte de l'audience syndicale, fût-ce pour s'opposer à un accord, constitua un tournant essentiel dont la portée ne fut pas mesurée à l'époque. Le développement de la négociation d'entreprise, dans le système français des relations professionnelles, puise en effet dans ce texte[2] ses principaux fondements.

Progressivement, la condition de représentativité, qui pouvait être prouvée mais qui résultait surtout du bénéfice de la présomption irréfragable de représentativité, est ainsi devenue une condition générale d'exercice de l'ensemble des prérogatives syndicales dans l'entreprise, qu'il s'agisse de la négociation collective, de l'action syndicale ou de la présentation au premier tour des candidats aux élections. Ainsi comprises, tout en consacrant le pluralisme syndical français, les règles de représentativité donnaient aux confédérations syndicales historiques un privilège qui leur permettait d'articuler les différents niveaux de l'action syndicale[3].

011.24 Tournant de la loi du 20 août 2008 et ses suites. Au cours de la période qui va de l'adoption des lois Auroux[4] aux ordonnances de l'automne 2017, dites ordonnances « Macron », la première inflexion significative intervient avec la loi du 20 août 2008[5], dont l'intitulé – « loi portant rénovation de la démocratie sociale » – traduit l'ambition. Dans le prolongement de la loi du 4 mai 2004[6] qui avait déjà modifié de façon substantielle les conditions de validité des accords collectifs, ainsi que la hiérarchie entre les accords d'entreprises et les accords de branches pour donner plus d'autonomie aux accords d'entreprise, la loi nouvelle s'attache à définir le nouveau cadre juridique de la représentativité syndicale et renforce l'importance des élections professionnelles. Les résultats de ces dernières deviennent déterminants à la fois dans l'appréciation de la représentativité et à la fois dans l'accès à la conclusion de conventions collectives. Le texte nouveau conforte la place du principe majoritaire[7] lequel ne peut être dissocié de la volonté de promotion de la négociation d'entreprise, notamment dérogatoire[8].

L'ensemble du droit des relations collectives de travail dans ses deux composantes que sont, d'une part, la représentation du personnel et, d'autre part, la négociation collective est dominé par la question de la représentativité syndicale et patronale.

011.25 Aptitude juridiquement reconnue à une organisation syndicale à exprimer et à défendre les intérêts de tous les salariés. Pour l'essentiel, et sans rentrer dans les détails d'une question qui a fait l'objet de nombreux textes et prises de position au cours des dernières années, on rappellera ici que la représentativité peut être, en première approche, conçue comme l'aptitude juridiquement reconnue à une organisation syndicale à exprimer et à défendre les intérêts de tous les salariés, qu'ils soient ou non syndiqués. La notion d'« organisations professionnelles *les plus* représentatives » apparaît pour la première fois en 1919 dans le traité de Versailles[9] à propos de la composition des délégations nationales à la Conférence internationale du travail. Certains textes français l'utilisent ensuite, mais il faut attendre les lois du Front populaire pour voir la notion prendre de l'importance. La loi du 11 février 1950 fixe une liste de critères de représentativité à propos du cas particulier de la conclusion des conventions collectives susceptibles d'extension (effectifs, indépendance, expérience et ancienneté, attitude patriotique pendant l'occupation). L'arrêté du 31 mars 1966[10] fige pour un moment la situation conduisant à identifier dans le paysage syndical français

1. L. n° 82-957, 13 nov. 1982 relative à la négociation collective et au règlement des conflits collectifs du travail, *JO* 14 nov., p. 3414 – SUR LAQUELLE : A. Supiot, « Les syndicats et la négociation collective », *Dr. soc.* 1983. 63.
2. M.-A. Rotschild-Souriac, *Les accords collectifs au niveau de l'entreprise*, th. Paris I, 1986.
3. M.-L. Morin et F. Teyssié, « L'accord-cadre », *Dr. soc.* 1988. 741.
4. L. n° 82-689, 4 août 1982 relative aux libertés des travailleurs dans l'entreprise, *JO* 6 août, p. 2518 – L. n° 82-915, 28 oct. 1982 relative au développement des institutions représentatives du personnel, *JO* 29 oct., p. 3255 – L. n° 82-957, 13 nov. 1982 relative à la négociation collective et au règlement des conflits collectifs du travail, *JO* 14 nov., p. 3414 – L. n° 82-1097, 23 déc. 1982 relative aux comités d'hygiène, de sécurité et des conditions de travail (CHSCT), *JO* 26 déc., p. 3858.
5. L. n° 2008-789, 20 août 2008 portant rénovation de la démocratie sociale et réforme du temps de travail, *JO* 21 août, p. 13064.
6. L. n° 2004-391, 4 mai 2004 relative à la formation professionnelle tout au long de la vie et au dialogue social, *JO* 5 mai, p. 7983.
7. G. Borenfreund, « Les syndicats et l'exigence majoritaire dans la loi Fillon du 4 mai 2004 » *in* G. Borenfreund et *al.* (dir.), *La négociation collective à l'heure des révisions,* « Thèmes & commentaires », Dalloz, 2005, p. 7.
8. G. Lyon-Caen, « Pour une réforme enfin claire et imaginative du droit de la négociation collective », *Dr. soc.* 2003. 357.
9. Décr. 24 nov. 1919 portant promulgation du Traité de Paix signé à Versailles, le 28 juin 1919, par la France..., d'une part, et l'Allemagne, d'autre part, *JO* 11 janv. 1920, p. 458, Partie XIII.
10. Arr. 31 mars 1966, préc.

quatre grandes confédérations généralistes représentatives (CGT, CFT-FO, CFDT et CFTC) et une confédération catégorielle (CFE-CGC pour les cadres). L'instauration de la présomption de représentativité par la loi du 27 décembre 1968 puis son extension en 1982 à l'élection des représentants du personnel façonnent le droit de la représentativité syndicale mais dans le même temps renforcent une dissociation entre représentativité réelle et représentativité juridiquement reconnue. Plus profondément encore, la combinaison de la généralisation de l'exigence de représentativité par la loi du 13 juillet 1971 et de l'extension de la présomption de représentativité au droit de la négociation collective opérée par la loi du 13 novembre 1982 accentue la discordance entre représentation et représentativité, le phénomène étant encore accentué par le caractère irréfragable de la présomption affirmé par le juge en 1977.

Dans leur état antérieur à la loi du 20 août 2008, les critères de reconnaissance de la représentativité étaient les effectifs, l'indépendance, les cotisations, l'expérience et l'ancienneté ainsi que l'attitude patriotique pendant l'Occupation. La pratique jurisprudentielle montrait pourtant que le juge saisi utilisait la technique du faisceau d'indices tendant à mesurer l'audience du syndicat (ultérieurement remplacé par celui de l'influence). Le système juridique des relations collectives s'est cependant progressivement épuisé sous la conjonction des facteurs suivants :

- l'affaiblissement continu du mouvement syndical dans le secteur privé depuis une trentaine d'années, nourrissant une critique récurrente à l'encontre de la présomption irréfragable de représentativité, un syndicat pouvant être représentatif par affiliation alors même qu'il ne compte aucun adhérent dans l'entreprise ;
- l'apparition de nouveaux syndicats au niveau national (Unsa, Sud) qui ne figuraient pas sur la liste des organisations syndicales les plus représentatives ;
- le caractère obsolète des critères de la représentativité issu de la loi du 11 février 1950[1] (attitude patriotique pendant l'occupation par exemple) ;
- la multiplication des litiges portant sur la représentativité des syndicats non affiliés aux organisations reconnues les plus représentatives au plan national, engagés tant par les employeurs que par les organisations syndicales concurrentes.

011.26 Profonde modification de 2008. La loi du 20 août 2008 a modifié en profondeur ce droit de la représentativité et a fixé de nouveaux critères de représentativité, « cumulatifs », que sont : le respect des valeurs républicaines, l'indépendance, la transparence financière, une ancienneté minimale de deux ans dans le champ géographique et professionnel couvrant le niveau de négociation (l'ancienneté s'apprécie à partir de la date de dépôt légal des statuts), l'audience, l'influence « principalement » caractérisée par l'activité et l'expérience et, enfin, les effectifs et les cotisations.

Néanmoins, le nouveau dispositif conduit à distinguer une « petite représentativité » résultant de la réunion des quatre premiers critères. Cette représentativité permet au syndicat de créer une section syndicale, de désigner un représentant de la section syndicale et de présenter des candidats au premier tour des élections professionnelles. La représentativité *pleine* suppose, quant à elle, la réunion des sept critères. Elle seule permet, en particulier, la désignation d'un délégué syndical.

Les quatre critères de la « petite » représentativité sont le respect des valeurs républicaines[2] – il n'est contrôlé par les juges du fond que si l'employeur le conteste, la charge de la preuve pesant alors sur lui[3] –, l'indépendance[4] et l'ancienneté minimale de deux ans – qui s'apprécie dans le champ professionnel et géographique à la date du dépôt des statuts[5].

1. L. n° 50-205, 11 févr. 1950 relative aux conventions collectives et aux procédures de réglement des conflits collectifs de travail, *JO* 12 févr., p. 1688.

2. La Cour de cassation considère que le syndicat est présumé remplir ce critère et l'invocation de la lettre des statuts ne permet pas de l'écarter. C'est la pratique du syndicat plus que ce que disent ses statuts qui comptent : Soc. 9 sept. 2016, n° 16-20.605, P V ; *D.* 2017. 2270, obs. P. Lokiec et J. Porta ; *Dr. soc.* 2016. 966, obs. J. Mouly ; *RDT* 2016. 715, obs. I. Odoul-Asorey ; *JSL* 2016, n° 418-6, obs. Ph. Pacotte et R. Leroy ; *JCP S* 2017. 1343, obs. Y. Pagnerre : à propos de la représentativité du syndicat des travailleurs corses.

3. Soc. 8 juill. 2009, n° 08-60.599, *Véolia transport Bordeaux (Sté) c/Picoche*, P V, n° 181 ; *D.* 2009. 1980 ; *D.* 2010. 342 ; *SSL* 2009, n° 1408, p. 10 ; *JCP S* 2009. 1364, obs. Y. Pagnerre ; *Dr. soc.* 2009. 950, rapp. L. Pécaut-Rivolier et obs. M.-L. Morin ; *JSL* 2009, n° 262-5 ; *SSL* 2009, n° 1408, p. 6, note L. Pécaut-Rivolier – Soc. 13 oct. 2010, n° 10-60.130, P V, n° 235 ; *D.* 2011. 289, obs. L. Perrin, note F. Petit ; *JCP S* 2010. 1493, obs. Y. Pagnerre ; *Dr. soc.* 2011. 112, obs. Ch. Radé ; *RDT* 2010. 728, obs. H. Tissandier ; *RJS* 2010, n° 954 ; *SSL* 2010, n° 1463, p. 9, obs. S. Bateman ; *Dr. ouvrier* 2010. 686, note J.-P. Leduc – POUR UNE ANALYSE DE CE CRITÈRE : Y. Pagnerre, « Le respect des valeurs républicaines ou l'éthique syndicale », *JCP S* 2009. 1050.

4. La preuve de l'absence d'indépendance incombe à celui qui l'invoque : Soc. 9 sept. 2016, n° 16-20.575, P V ; *D.* 2017. 2270, obs. P. Lokiec et J. Porta ; *Dr. soc.* 2016. 1070, obs. F. Petit ; *RDT* 2016. 715, obs. I. Odoul-Asorey ; *RJS* 2016, n° 707.

5. Soc. 14 nov. 2012, n° 12-14.780, P V, n° 294 ; *D.* 2012. 2745 ; *D.* 2013. 2599, obs. P. Lokiec et J. Porta ; *Dr. soc.* 2013. 73, obs. F. Petit ; *JCP S* 2013. 1062, note B. Gauriau – Il importe peu que le syndicat soit affilié à une confédération nationale. La Cour de cassation a précisé sur ce point que le syndicat doit couvrir depuis au moins deux ans la zone géographique dans laquelle l'entreprise est implantée : Soc. 22 sept. 2010, n° 09-60.480, P V, n° 185 ; *Dr. soc.* 2010. 1258, obs. F. Petit ; *RDT* 2010. 728, obs. H. Tissandier ; *RJS* 2010. 774, n° 866 ; *Dr. soc.* 2010. 1258, obs. F. Petit ; *JCP S* 2010. 1471, obs. J.-Y. Kerbourc'h : à propos d'un syndicat Sud pourtant affilié à Sud Solidaires au niveau national.

La jurisprudence y a adjoint le critère de transparence financière, visé à l'article L. 2135-1 du Code du travail, estimant qu'il s'agissait d'un critère de base de la reconnaissance d'un syndicat[1], ce que le Conseil constitutionnel a avalisé[2].

L'accès à la « représentativité pleine » suppose la réunion de trois critères supplémentaires. Le premier est l'effectif des adhérents et les cotisations. Le deuxième est l'influence caractérisée par l'activité et l'expérience. Le dernier critère, assurément le plus nouveau dans la configuration juridique issue de la loi du 20 août 2008, est celui de l'audience électorale. Ainsi, pour être représentatives dans l'entreprise ou l'établissement, les organisations syndicales doivent avoir obtenu au moins 10 % des suffrages exprimés au premier tour des dernières élections au comité d'entreprise ou à la délégation unique du personnel ou à défaut aux dernières élections des délégués du personnel[3]. Ce taux s'apprécie tous collèges confondus. À la suite de la loi, la jurisprudence a eu l'occasion de préciser :

- que les critères de l'influence, des effectifs et des cotisations, de l'ancienneté et de l'audience électorale font l'objet d'une appréciation globale[4] et sont considérés comme acquis pendant toute la durée du cycle électoral ; les autres critères doivent être satisfaits de façon permanente[5] ;

- que l'affiliation à une confédération étant un élément du vote des travailleurs, une organisation ne peut revendiquer les résultats d'un syndicat que si l'affiliation était portée à la connaissance des électeurs[6]. Par ailleurs, la désaffiliation (le fait qu'un syndicat quitte une confédération) a pour effet que le syndicat concerné perd le droit de se prévaloir des résultats acquis sous l'ancienne étiquette pour établir sa représentativité[7]. Il peut en revanche utiliser cette ancienne affiliation pour établir son expérience et son ancienneté[8] ;

- que les résultats sont pris en compte quel que soit le nombre de votants et donc même si le *quorum* n'est pas atteint ;

- que si les syndicats établissent une liste commune, ils doivent préciser la répartition entre eux des suffrages exprimés ;

- que la représentativité dans un périmètre donné est établie pour toute la durée du cycle électoral[9].

Les syndicats catégoriels (c'est-à-dire ceux dont les statuts ne donnent vocation à présenter des candidats que dans certains collèges), font l'objet de règles particulières. Sont considérées comme représentatives dans l'entreprise ou l'établissement, les organisations catégorielles qui :

1) sont affiliées à une organisation syndicale catégorielle, interprofessionnelle et nationale représentative et ;

2) qui ont recueilli au moins 10 % des suffrages exprimés au premier tour des élections professionnelles (aujourd'hui des élections des titulaires du comité social et économique)[10].

Lorsque les statuts le prévoient, un syndicat catégoriel peut parfois présenter des candidats dans

1. Soc. 22 févr. 2017, n° 16-60.123, P+B V ; *D.* 2017. 514 ; *Dr. soc.* 2017. 575, obs. F. Petit ; *RDT* 2017. 433, obs. I. Odoul-Asorey ; *RJS* 2017, n° 347 ; *JCP E* 2017. 1514, obs. G. Duchange ; *JCP S* 2017. 1108, obs. Y. Pagnerre.
2. Le Conseil constitutionnel, saisi d'une question prioritaire de constitutionnalité transmise par la Cour de cassation sur cette jurisprudence qui, selon le syndicat demandeur, ajoutait à la loi (Soc. 29 janv. 2020, n° 19-40.034, P+B ; *D.* 2020. 1136, obs. S. Vernac et Y. Ferkane ; *JSL* 2020. 494 ; *Procédures* 2020. Comm. 67, obs. A. Bugada ; *BJT* 2020. 23, note G. François ; *LPA* 17 avr. 2020, obs. M. Richevaux), a considéré qu'en « imposant à l'ensemble des syndicats, y compris non représentatifs, de satisfaire à l'exigence de transparence financière, les dispositions contestées ne méconnaissent ni la liberté syndicale ni le principe de participation des travailleurs » – Cons. const. 30 avr. 2020, n° 2020-835 QPC, *M. Ferhat H. a.* [Condition de transparence financière des organisations syndicales], CONFORMITÉ, *JO* 2 mai, n° 39 ; *D.* 2020. 989 ; *Constitutions* 2019. 605 ; *RDT* 2020. 690, obs. L. Jubert-Tomasso ; *RJS* 7/20, n° 358.
3. Quel que soit le nombre de votants – Les résultats aux élections des délégués du personnel ne sont pris en compte que si les élections au comité d'entreprise n'ont pas eu lieu : Soc. 8 févr. 2012, n° 11-16.155, NP.
4. Soc. 29 févr. 2012, n° 11-13.748, P V, n° 83 ; *D.* 2012. 687 ; *D.* 2012. 2622, obs. P. Lokiec et J. Porta ; *Dr. soc.* 2012. 528, obs. L. Pécaut-Rivolier ; *RDT* 2012. 299, obs. I. Odoul-Asorey ; *Dr. ouvrier* 2012. 315, rapp. J.-M. Béraud ; *JSL* 2012, n° 320-5, obs. J. Ferté ; *JCP S* 2012. 1168, obs. B. Gauriau ; *RJS* 5/12, n° 471.
5. C'est ainsi que si un syndicat représentatif abandonne les valeurs républicaines, ne satisfait plus à la transparence financière ou perd son indépendance, il perd par là même sa représentativité.
6. Soc. 12 avr. 2012, n°s 11-22.290, 11-22.291, P V, n° 127, 2 arrêts ; *D.* 2012. 2622, obs. P. Lokiec et J. Porta ; *D.* 2012. 1067 ; *Dr. soc.* 2012. 641, obs. F. Petit ; *RDT* 2012. 375, obs. I. Odoul-Asorey ; *RJS* 2012. 486, n° 576 ; *JSL* 2012, n° 323-5, obs. J.-E. Tourreil.
7. Soc. 28 nov. 2012, n° 12-14.528, P V, n° 311 ; *D.* 2012. 2898 ; *D.* 2013. 2599, obs. P. Lokiec et J. Porta ; *Dr. soc.* 2013. 184, obs. F. Petit ; *JCP S* 2013. 1072, obs. Y. Pagnerre ; *RJS* 2/2013, n° 140.
8. Rien n'empêche un syndicat de désigner comme délégué syndical un salarié ayant autrefois représenté un autre syndicat ou ayant été élu sous une autre étiquette : Soc. 17 avr. 2013, n° 12-22.699, P V, n° 104 ; *D.* 2013. 1072 ; *D.* 2013. 2599, obs. P. Lokiec et J. Porta ; *Dr. soc.* 2013. 560, obs. F. Petit ; *RDT* 2013. 495, obs. M. Grévy ; *RJS* 7/2013, n° 550.
9. À PROPOS de la désignation d'un délégué syndical : Soc. 13 févr. 2013, n° 12-18.098, P V, n° 42 ; *D.* 2013. 442 ; *D.* 2599, obs. P. Lokiec et J. Porta ; *D.* 2014. 2374, obs. P. Lokiec et J. Porta ; *Dr. soc.* 2013. 374, obs. F. Petit ; *RDT* 2013. 418, obs. I. Odoul-Asorey ; *Dr. ouvrier* 2013. 429, obs. F. Canut ; *JSL* 2013, n° 340-6 ; *JCP S* 2013. 1164, obs. E. Jeansen ; *RJS* 4/2013, n° 295.
10. C. trav., art. L. 2122-2 ; seule la CFE-CGC est au niveau national, catégorielle et interprofessionnelle.

d'autres collèges que son collège « naturel ». En pareil cas, sa représentativité et son audience électorale sont établies à partir des résultats obtenus dans l'ensemble des collèges dans lesquels il a présenté des candidats[1]. Dans un arrêt du 24 septembre 2013, la Cour de cassation a indiqué que, si un syndicat catégoriel revendique la représentativité, il doit : soit être affilié à une organisation catégorielle interprofessionnelle, soit avoir recueilli dans l'entreprise en cause au moins 10 % des voix aux dernières élections professionnelles tous collèges confondus[2].

011.27 Légitimité et représentativité syndicale. La réforme de la représentativité syndicale ne pouvait être conduite à son terme sans que, par ailleurs, ne soit posée la question de la représentativité patronale. Jusqu'à la loi du 5 mars 2014[3], celle-ci était abordée de façon très pragmatique. Dans les quelques hypothèses où la légitimité d'une organisation patronale était contestée, le juge saisi décidait de la représentativité en utilisant les critères de la représentativité des syndicats de salariés à l'exception de celui de l'audience électorale[4].

Qu'il s'agisse des organisations syndicales de salariés ou des organisations patronales, l'accès à la représentativité est une question vitale. Néanmoins, la montée en puissance des résultats électoraux comme condition de la représentativité imprime aussi sa marque au droit de la convention collective puisque le principe majoritaire est aujourd'hui la règle en cette matière.

1. Soc. 31 janv. 2012, n° 11-60.135, P V, n° 42 ; *D.* 2012. 2622, obs. P. Lokiec et J. Porta ; *Dr. soc.* 2012. 373, ét. F. Petit ; *RJS* 2012. 312, n° 364 ; *JCP S* 2012. 1212, obs. D. Everaert-Dumont.
2. Soc. 24 sept. 2013, n°s 12-27.647, 12-60.556, P V, n° 199 ; *Dr. soc.* 2014. 183, obs. F. Petit ; *D. actu.* 24 oct. 2013, obs. B. Ines ; *RJS* 12/13, n° 832 ; *JCP S* 2013. 1469, obs. S. Brissy – DANS LE CADRE PARTICULIER du secteur de l'aviation civile : Soc. 8 oct. 2014, n° 14-11.317, P V, n° 234 ; *D.* 2014. 2055 ; *RJS* 1/2015, n° 72.
3. L. n° 2014-288, 5 mars 2014 relative à la formation professionnelle, à l'emploi et à la démocratie sociale, *JO* 6 mars, p. 4848.
4. À PROPOS d'un contentieux relatif à l'arrêté d'extension d'un accord collectif : CE 30 déc. 2013, *UNIS*, req. n° 352901, *Lebon T ; Gaz. Pal.* 11 oct. 2016, p. 58, comm. V. Roulet.

CHAPITRE

012. Brève histoire de la négociation collective

SECTION 0
ORIENTEUR

012.00 Sommaire du chapitre.

Division. Fort peu pratiquée à la fin du XIXe siècle et après la loi du 25 mars 1919 qui en éclaircit la nature juridique (sect. 1), la convention collective s'imposera progressivement par l'effet de réformes qui étendront à tour à tour son champ d'application et son caractère obligatoire (sect. 2).

SECTION 1
ENTRE CONTRAT ET LOI DE LA PROFESSION, LA FORMATION DE LA NÉGOCIATION COLLECTIVE JUSQU'À LA LOI DE 1936

012.11 Généalogie de la négociation collective en France. Les premières traces de ce qui pourrait s'apparenter à la convention collective apparaissent au cours des deux dernières décennies du XXe siècle. Elle apparaît comme consubstantiellement liée au conflit collectif dont elle organise à la fois la fin et les conséquences. Il faudrait remonter à 1843 et à la signature dans le secteur du livre d'un accord de salaire pour voir apparaître pour la première ce que l'on appellera un peu plus tard le « tarif », véritable ancêtre de la convention collective. On estime cependant que ce sont les conventions dites « d'Arras » de novembre 1891 qui constituent le premier exemple de convention collective. À vrai dire, ces conventions comme la sentence arbitrale dite de « Carmaux » (1892) présentent la particularité d'organiser la fin d'un conflit collectif de travail. Les historiens relèvent cependant que la pratique n'essaimera que fort peu malgré l'adoption de la loi du 27 décembre 1892[1] sur l'arbitrage.

Ces premiers accords, plus ou moins complets, appartiennent à la catégorie des protocoles de fin de conflit et la doctrine de l'époque s'interroge déjà sur la nature juridique de ces « accords ». Leur classement dans la catégorie des contrats fait problème et leur applicabilité aux employeurs et aux salariés oblige parfois à mobiliser, sans grande efficacité, la notion de représentation ou de mandat (au sens du droit civil), voire celle de la stipulation pour autrui. Pour le dire simplement, alors même que la pratique « invente » de tels accords, presque toujours dans un contexte de sortie de conflit, le cadre juridique n'est pas prêt à en organiser le régime.

012.12 De la loi du 25 mars 1919 à la loi du 24 juin 1936. La loi du 25 mars 1919 affirme très clairement que la convention collective « est un contrat » dont l'objet est de régler les conditions de travail et spécialement, les conditions auxquelles doivent satisfaire les contrats de travail individuels[2]. Les signataires de ce contrat de pur droit privé sont libres d'en fixer le contenu et ne doivent satisfaire qu'à des obligations de pure forme (établissement d'un écrit et dépôt au Conseil de prud'hommes du lieu de conclusion de l'accord). Seuls les membres des groupements signataires sont tenus (ou bénéficient selon les cas) des dispositions conventionnelles. Il est aisé pour un employeur ou un salarié d'échapper à l'application du texte conventionnel puisqu'il lui suffit de démissionner du groupement

1. L. 27 déc. 1892 sur la conciliation et l'arbitrage facultatifs en matière de différends collectifs entre patrons et ouvriers ou employés, *JO* 28 déc., p. 6276 ; P. Barrau et F. Hordern, *Histoire du droit du travail par les textes*, « Cahiers de l'I.R.T. », 1999, n° 8, t. II, p. 21-22.
2. L. 25 mars 1919 relative aux conventions collectives de travail, *JO* 28 mars, p. 3181, art. 31.

signataire. La pratique de la convention collective dans sa première version tombera vite en désuétude pour des raisons juridiques (la facilité donnée aux parties d'échapper à son application) et politiques (la division de la CGT dès 1920 conduira la CGTU à exprimer son hostilité au principe même de la négociation).

La loi du 24 juin 1936[1] ne met pas fin à la convention collective telle qu'issue de la loi de 1919 mais vient ajouter une nouvelle catégorie de convention collective. Celle dite « susceptible d'extension » doit faire l'objet d'une négociation entre des organisations que le ministère a reconnues comme « représentatives ». Pendant la négociation, le ministère du Travail peut intervenir dans le cadre de la commission mixte nécessairement mise en place. Surtout, l'extension par arrêté du texte conventionnel a pour effet de permettre l'application des dispositions conventionnelles à l'ensemble des entreprises et de leurs salariés entrant dans le champ d'application de la convention collective. Cette solution emporte un certain nombre de conséquences. Sur un plan économique, le mécanisme permet d'homogénéiser les situations de concurrence à l'intérieur du champ d'application (le secteur et surtout la branche, voire parfois la région). Sur le plan juridique, le texte conventionnel prend une nature réglementaire marquée puisqu'il devient, à certains égards, la « loi » de la branche ou de la profession. La dimension contractuelle ne disparaît pas totalement et reste bien présente dans les règles relatives à une partie de la négociation. Mais les effets sont clairement réglementaires, ce qui règle mécaniquement la question du caractère obligatoire de la norme conventionnelle.

SECTION 2
RÉFORME SUCCESSIVE À PARTIR DE 1946 ET NOUVELLES TENDANCES DE LA NÉGOCIATION COLLECTIVE

012.21 De la loi du 23 décembre 1946 à la loi du 13 novembre 1982. Après un bref épisode que Bernard Teyssié qualifie à juste titre de « dirigiste »[2], résultant de la loi du 23 décembre 1946[3], la loi du 11 février 1950[4] renoue avec la dichotomie issue du texte du 24 juin 1936. Dans le champ de la négociation collective coexistent ainsi de nouveau les conventions collectives ordinaires – qui s'appliquent aux employeurs adhérant aux syndicats patronaux signataire et à tous leurs salariés, peu important qu'ils soient ou non adhérents audits syndicats[5] – et les conventions susceptibles d'être étendues dont la négociation, la conclusion et le contenu sont réglementées. Le niveau de la branche domine alors le champ de la négociation collective spécialement en matière de salaire laissant un peu de place aux grands accords nationaux interprofessionnels mais une place très limitée aux conventions et accords d'entreprise. La loi du 13 novembre 1982[6] crée une obligation de négocier dans l'entreprise et réorganise le régime de la négociation pour « sécuriser » le droit conventionnel et assurer l'adaptabilité des textes conventionnels à l'évolution économique (révision, etc.). La loi ouvre encore la voie à la négociation dérogatoire, de façon certes limitée puisque la dérogation ne pouvait intervenir qu'avec l'autorisation du législateur lui-même, mais de manière bien réelle, ce dont la pratique s'emparera notamment en matière d'aménagement du temps de travail.

012.22 Virage de la loi du 4 mai 2004. Une nouvelle ère de négociation collective en France est amorcée par la loi du 4 mai 2004[7] relative à la formation professionnelle tout au long de la vie et au dialogue social. Outre le fait d'ouvrir la voie aux accords de groupe, la loi, fortement inspirée par la Position commune sur les voies et moyens de l'approfondissement de la négociation collective en France adoptée par les partenaires sociaux le 16 juillet 2001, étend les hypothèses de dérogations, qu'il s'agisse de dérogations conventionnelles à un texte législatif ou de dérogation conventionnelles de niveau intérieur tel celui de l'entreprise à des dispositions conventionnelles de niveau supérieur tel celui de la branche.

La loi confirme une dynamique commencée plusieurs années auparavant, ouvrant la capacité de négocier à de nouveaux acteurs – élus et salariés mandatés par les organisations syndicales – et amorçant le puissant mouvement de décentralisation de la négociation vers l'entreprise, voire l'établissement.

1. L. 24 juin 1936 modifiant et complétant le chapitre IV « *bis* » du titre II du livre Ier du code du travail : « De la convention collective de travail », *JO* 26 juin, p. 6698.
2. B. Teyssié, *Droit du travail : Relations collectives*, 12e éd., « Manuel », LexisNexis, 2020, n° 1814.
3. L. n° 46-2924, 23 déc. 1946 relatives aux conventions collectives de travail, *JO* 25 déc., p. 10932.
4. L. n° 50-205, 11 févr. 1950 relative aux conventions collectives et aux procédures de réglement des conflits collectifs de travail, *JO* 12 févr., p. 1688.
5. La sortie du droit conventionnel est cependant beaucoup plus strictement encadrée tout comme les modalités de dénonciation du texte négocié.
6. L. n° 82-957, 13 nov. 1982 relative à la négociation collective et au réglement des conflits collectifs du travail, *JO* 14 nov., p. 3414.
7. L. n° 2004-391, 4 mai 2004 relative à la formation professionnelle tout au long de la vie et au dialogue social, *JO* 5 mai, n° 1.

012.23 2015-2017 : le changement dans la continuité. Le mouvement amorcé en 2004, renforcé par la loi du 20 août 2008 [1] qui modifie en profondeur les mécanismes juridiques d'établissement de la représentativité syndicale et l'aptitude à conclure des accords collectifs qui leur est reconnue, se poursuit en dépassant les alternances politiques. Cette continuité se traduit par les lois du 17 août 2015 [2] et du 8 août 2016 [3], laquelle annonce non seulement la modification de l'architecture du Code du travail mais, de plus, une nouvelle articulation des normes conventionnelles. Les ordonnances n° 1385 [4] et n° 1386 [5] du 22 septembre 2017 constituent l'acmé de cette évolution dont on peut sans artifice identifier l'origine lointaine en 1982 et l'origine plus proche en 2004.

012.24 Lignes-force d'une évolution. Il est possible d'identifier dans cette évolution quelques lignes-force. En premier lieu, le décentrement de la négociation collective vers l'entreprise semble être arrivé à son point culminant et le rôle de la convention collective de branche, nonobstant la recherche d'une rationalisation des branches, s'annonce en recul. En deuxième lieu, la différenciation entre le droit de la représentation du personnel et le droit de la négociation collective sort affaiblie des dernières réformes puisque la plupart des règles appartenant au registre de la première entrent désormais dans le champ de la négociation. En troisième lieu, dans le rapport entre le droit conventionnel et les textes d'origine législative ou réglementaire, l'avantage paraît clairement en faveur du premier. La loi *lato sensu* continue de fixer des règles d'ordre public réduites à leur portion congrue et se fait par ailleurs supplétive. En un mot, tenus de respecter les normes explicitement qualifiées d'ordre public, les partenaires sociaux disposent d'une grande latitude pour construire les règles relatives à la relation de travail largement entendue. Seule leur inaction ouvre à la loi une sphère d'intervention.

On remarquera au passage que, dans la nouvelle structure du Code du travail distinguant « règles d'ordre public », « dispositions conventionnelles » et « dispositions supplétives », ces dernières sont appelées à jouer un rôle repoussoir suffisamment fort pour inciter les acteurs sociaux à s'emparer des opportunités offertes par le droit conventionnel.

1. L. n° 2008-789, 20 août 2008 portant rénovation de la démocratie sociale et réforme du temps de travail, *JO* 21 août, p. 13064.
2. L. n° 2015-994, 17 août 2015 relative au dialogue social et à l'emploi, *JO* 18 août, p. 14346.
3. L. n° 2016-1088, 8 août 2016 relative au travail, à la modernisation du dialogue social et à la sécurisation des parcours professionnels, *JO* 9 août, n° 3.
4. Ord. n° 2017-1385, 22 sept. 2017 relative au renforcement de la négociation collective, *JO* 23 sept., n° 29.
5. Ord. n° 2017-1386, 22 sept. 2017 relative à la nouvelle organisation du dialogue social et économique dans l'entreprise et favorisant l'exercice et la valorisation des responsabilités syndicales, *JO* 23 sept., n° 31.

TITRE

02. L'état des lieux du syndicalisme contemporain

SECTION 0

ORIENTEUR

02.00 **Sommaire du titre.**

Division. Caractérisé par une grande diversité de pensées et d'organisations (chap. 021), le syndicalisme contemporain s'insère dans un réseau foisonnant de normes internationales et internes (chap. 022) qui n'exclut pas certaines spécificités nationales qu'il est parfois difficile de saisir (chap. 023).

02.03 **Bibliographie indicative.**

Traités. N. Olszak, *Histoire du droit du travail,* « Corpus », Economica, 2011 – J.-M. Verdier, *Traité de droit du travail,* t. V, *Syndicats,* 2e éd., Dalloz, 1987.

Monographies. D. Andolfatto (dir.), *Les syndicats en France,* 3e éd., « Études », La Documentation française, 2013 – F. Bietry, *Les partenaires sociaux,* « Les essentiels de la gestion », Ems, 2007 – M. Dreyfus, *Histoire de la CGT : Cent ans de syndicalisme en France,* « Questions au xxe siècle », Complexe, Bruxelles, 1995 – B. Giraud, K. Yon et S. Béroud, *Sociologie politique du syndicalisme*, Armand Colin, 2018 – R. Mouriaux, *Le syndicalisme en France depuis 1945,* 4e éd., « Repères », La Découverte, 2013 – R. Mouriaux et J. Mangnaidias (dir.), *Le syndicalisme au défi du 21e siècle,* « Espaces Marx », Syllepse, 2008 – S. Sirot, *Le syndicalisme : La politique et la grève,* L'arbre bleu, 2011.

Articles. Dossier, « Renouveau syndical : enjeux stratégies et pratiques », *Chronique internationale de l'IRES*, 2018, n° 160 – G. Adam, « Vers un nouveau syndicalisme », *Dr. soc.* 1998. 107 – M. Cheuvreux et C. Darmaillacq, « La syndicalisation en France : paradoxes, enjeux et perspectives », *Trésor-Éco,* 2014, n° 129 – M. Grignard, « Des Gilets jaunes aux ordonnances Travail », *Dr. soc.* 2019. 217 – R. Mouriaux, « Syndicalisme et politique : liaison dangereuse ou tragédie moderne ? », *Mouvements*, 2006, n° 43, p. 30 – E. Peskine, « Syndicats et droit syndical en mouvement : hommage à Jean-Maurice Verdier », *Dr. soc.* 2020. 104.

CHAPITRE

021. Aspects sociologiques

SECTION 0
ORIENTEUR

021.00 **Sommaire du chapitre.**

Division. Si les données quantitatives fournissent une indication intéressante sur l'état du syndicalisme français, il n'est pas possible de se contenter de cet aspect pour apprécier le rôle qu'il joue dans la société française (sect. 1). Il est donc nécessaire sur ce sujet de compléter les éléments statistiques par une analyse qualitative (sect. 2).

021.03 **Bibliographie indicative.**
* Aussi : v. s[s] n° 02.03.

SECTION 1
APPROCHE QUANTITATIVE

021.11 **Taux de syndicalisation faible.** Le paysage syndical français offre une grande diversité tant sur le plan idéologique que sur le plan organisationnel. La loi du 20 août 2008 [1] a revalorisé le rôle de l'élection dans l'appréciation de la représentativité et donc des moyens d'action du syndicat. Pour autant, la consolidation des résultats électoraux en mars 2013 n'a pas montré une évolution significative des organisations syndicales représentatives par rapport à l'ancien système fondé sur une présomption de représentativité. Ont ainsi été considérées comme représentatives au niveau national la CGT (26,77 % des suffrages exprimés), la CFDT (26 %), la CGT-FO (15,94 %), la CFE-CGC (9,43 % et 18,14 dans la catégorie des cadres et personnels d'encadrement) et la CFTC (9,30 %). L'Unsa (4,26 %) et Solidaires (3,47 %) n'ayant pas obtenu au moins 8 % des suffrages n'ont pas pu accéder à la représentativité nationale interprofessionnelle, ce qui ne les empêche pas par ailleurs d'accéder à la représentativité dans certaines entreprises. Lors de la deuxième consolidation intervenue en 2017, les syndicats représentatifs restent les mêmes mais la hiérarchie est légèrement modifiée puisque, sur un peu plus de 5,243 millions de suffrages valablement exprimés, la CFDT obtient 26,37 % des suffrages, la CGT 24,85 %, la CGT-FO 15,59 %, la CFE-CGC 10,67 % et la CFTC 9,49 %. La hiérarchie reste la même à l'issue de la dernière consolidation réalisée en 2021, la CFDT obtenant 26,77 %, la CGT 22,96 %, la CGT-FO 15,24 %, la CFE-CGC 11,92 % et la CFTC 9,50 %.

La question de la représentativité patronale, longtemps considérée comme un tabou dans la sphère des relations professionnelles, a été enfin abordée par la loi du 5 mars 2014 [2]. Les résultats de l'audience des organisations patronales déterminant leur représentativité ont été publiés pour la première fois en 2017 [3] et la dernière fois en 2021 [4].

1. L. n° 2008-789, 20 août 2008 portant rénovation de la démocratie sociale et réforme du temps de travail, *JO* 21 août, p. 13064.

2. L. n° 2014-288, 5 mars 2014 relative à la formation professionnelle, à l'emploi et à la démocratie sociale, *JO* 6 mars, p. 4848.
3. Le site du ministère du Travail précise que, dans le cadre de la mesure de l'audience des organisations professionnelles au niveau national et interprofessionnel, ont été comptabilisées près de 420 000 adhésions d'entreprises qui emploient au total plus de 12 millions de salariés. Les résultats sont les suivants : le Medef affiche une audience « entreprises » de 29,41 % et une audience « salariés » de 70,72 %. Pour la CPME, les chiffres sont de 34,54 % et 25 % ; pour l'U2P, 35,89 % et 4,22 %. Enfin, la CNDI (Coordination nationale des indépendants) obtient 0,15 % en audience « entreprise » et 0,06 % en audience « salariés ».
4. Les résultats de la mesure d'audience 2021 sont respectivement, en « audience entreprises » et en « audience salariés » : pour le Medef, de 21,96 % et de 66,32 % ; pour la CPME, de 42,45 % et 28,64, % ; pour l'U2P, de 35,53 % et 5,03 % ; et pour la CNDI, de 0,07 % et de 0,01 %. Ont été comptabilisées un peu plus de 573 000 adhésions d'entreprises employant plus de 14 millions de salariés.

Avec 1,8 million d'adhérents, les syndicats de salariés représentaient en 2010 environ 8 % des salariés[1]. Les derniers chiffres disponibles paraissent confirmer une certaine stabilisation et un coup d'arrêt au déclin syndical perceptible depuis plusieurs années. Selon les statistiques de l'OCDE, le taux de syndicalisation en France oscille entre 7,5 et 7,9 % entre 2005 et 2010 (le chiffre est de 7,8 % en 2010[2])[3]. Une étude publiée par la Dares en 2018[4], tout en reconnaissant que le taux de syndicalisation en France reste un des plus faibles d'Europe, l'établit à 10,7 % pour l'année 2016[5], en légère baisse par rapport aux chiffres 2013 (11 %). Tout au plus faut-il relever que le taux de syndicalisation est plus important dans les fonctions publiques et d'une façon générale dans le secteur public (un travailleur sur six est syndiqué) que dans les entreprises privées (ou un salarié sur vingt est syndiqué). Reste que, du côté de la représentation des travailleurs, l'émiettement syndical est important et renforce le sentiment général de faiblesse des organisations[6].

021.12 **Arrêté du 22 juin 2017 fixant la liste des organisations syndicales reconnues représentatives au niveau national et interprofessionnel.** Selon cet arrêté[7], établi sur la base des résultats enregistrés à l'issue du cycle électoral, les organisations syndicales reconnues représentatives au niveau national et interprofessionnel étaient en 2017 les suivantes :

- la Confédération française démocratique du travail (CFDT) ;
- la Confédération générale du travail (CGT) ;
- la Confédération générale du travail-Force ouvrière (CGT-FO) ;
- la Confédération française de l'encadrement-Confédération générale des cadres (CFE-CGC) ;
- la Confédération française des travailleurs chrétiens (CFTC).

Au niveau interprofessionnel, pour la négociation des accords collectifs en application de l'article L. 2232-2 du Code du travail, le poids des organisations syndicales représentatives était le suivant :

- la Confédération française démocratique du travail (CFDT) : 30,33 % ;
- la Confédération générale du travail (CGT) : 28,56 % ;
- la Confédération générale du travail-Force ouvrière (CGT-FO) : 17,93 % ;
- la Confédération française de l'encadrement-Confédération générale des cadres (CFE-CGC) : 12,28 % ;
- la Confédération française des travailleurs chrétiens (CFTC) : 10,90 %.

Un autre arrêté du même jour concernait les organisations patronales et précisait qu'étaient reconnues représentatives au niveau national :

- le Mouvement des entreprises de France (Medef) ;
- la Confédération des petites et moyennes entreprises (CPME) ;
- l'Union des entreprises de proximité (U2P).

Au niveau interprofessionnel, pour l'opposition à l'extension des accords collectifs en application de l'article L. 2261-19 du Code du travail, le poids des organisations professionnelles d'employeurs représentatives était le suivant :

- le Mouvement des entreprises de France (Medef) : 70,82 % ;
- la Confédération des petites et moyennes entreprises (CPME) : 24,97 % ;
- l'Union des entreprises de proximité (U2P) : 4,21 %.

021.13 **Arrêté du 28 juillet 2021 fixant la liste des organisations syndicales reconnues représentatives au niveau national et interprofessionnel.** Aux termes du dernier arrêté[8] établi sur la base des résul-

1. Direction générale du Trésor, « La syndicalisation en France : paradoxes, enjeux et perspectives », *Trésor-Éco*, 2014, n° 129.
2. http://stats.oecd.org – AUSSI : Dossier, « L'état de la France au travail », *Alternatives économiques*, 2011, hs pratique, n° 52 – L. Wolff, « Le paradoxe du syndicalisme français : un faible nombre d'adhérents, mais des syndicats bien implantés », *Premières informations et Premières synthèses*, avr. 2008, n° 16.1 : qui met en évidence le fait que le syndicalisme français a peu d'adhérents mais par ailleurs une bonne implantation – T. Amossé et M. T. Pignoni, « La transformation du paysage syndical français depuis 1945 » *in Données sociales : La société française*, « Références », mai 2006, p. 405 s.
3. POUR LES CHIFFRES POSTÉRIEURS : D. Andolfatto (dir.), *Les syndicats en France*, 3e éd., « Études », La Documentation française, 2013 – et SURTOUT : M. T. Pignoni, « La syndicalisation en France : Des salariés deux fois plus syndiqués dans la fonction publique », *Dares Analyses*, mai 2016, n° 25 ; F. Romans, « Les relations professionnelles en 2017 : un panorama contrasté du dialogue social dans les établissements ? », *Dares Analyses*, avr. 2018, n° 15. En 2022, la CFDT totalise 610 000 adhérents, la CGT 605 000 et la CGT-FO 380 000.
4. M. T. Pignoni, « La syndicalisation en France : Des salariés deux fois plus syndiqués dans la fonction publique », *Dares Analyses*, préc. – Le chiffre de 11 % doit être apprécié en distinguant la syndicalisation dans les fonctions publiques (20 %) et dans le secteur privé (9 %).
5. SELON la Dares, « La syndicalisation est associée à la stabilité de l'emploi. La propension à se syndiquer est quasi nulle parmi les salariés en intérim (1 %) ou en CDD (2 %). Par ailleurs, les salariés qui travaillent à temps complet sont sensiblement plus syndiqués (12 %) que ceux qui travaillent à temps partiel (8 %). » *in* T. Pignoni, « La syndicalisation en France : Des salariés deux fois plus syndiqués dans la fonction publique », *Dares Analyses*, préc.
6. D. Andolfatto, « Le plus faible taux de syndicalisation des pays industrialisés », *L'état de la France : Société, Culture, Économie, Politique, 2004*, La Découverte, 2004, p. 265.
7. Arr. 22 juin 2017 fixant la liste des organisations syndicales reconnues représentatives au niveau national et interprofessionnel, *JO* 30 juin, n° 33, NOR : MTRT1717705A.
8. Arr. 28 juill. 2021 fixant la liste des organisations syndicales reconnues représentatives au niveau national et interprofessionnel, *JO* 6 août, n° 12, NOR : MTRT20121442A.

tats enregistrés à l'issue du cycle électoral au Haut Conseil du dialogue social le 20 mai et le 16 juillet 2021, sont reconnues représentatives au niveau national et interprofessionnel les organisations syndicales suivantes :

- la Confédération française démocratique du travail (CFDT) ;
- la Confédération générale du travail (CGT) ;
- la Confédération générale du travail-Force ouvrière (CGT-FO) ;
- la Confédération française de l'encadrement-Confédération générale des cadres (CFE-CGC) ;
- la Confédération française des travailleurs chrétiens (CFTC).

Au niveau interprofessionnel, pour la négociation des accords collectifs en application de l'article L. 2232-2 du Code du travail, le poids des organisations syndicales représentatives est le suivant :

- la Confédération française démocratique du travail (CFDT) : 31,01 % ;
- la Confédération générale du travail (CGT) : 26,59 % ;
- la Confédération générale du travail-Force ouvrière (CGT-FO) : 17,64 % ;
- la Confédération française de l'encadrement-Confédération générale des cadres (CFE-CGC) : 13,77 % ;
- la Confédération française des travailleurs chrétiens (CFTC) : 11 %.

Un arrêté du 18 novembre 2021 concerne les organisations patronales et indique que sont reconnues représentatives au niveau national :

- le Mouvement des entreprises de France (Medef) ;
- la Confédération des petites et moyennes entreprises (CPME) ;
- l'Union des entreprises de proximité (U2P).

Au niveau interprofessionnel, pour l'opposition à l'extension des accords collectifs en application de l'article L. 2261-19 du Code du travail, le poids des organisations professionnelles d'employeurs représentatives est le suivant :

- le Mouvement des entreprises de France (Medef) : 66,33 % ;
- la Confédération des petites et moyennes entreprises (CPME) : 28,64 % ;
- l'Union des entreprises de proximité (U2P) : 5,03 %.

SECTION 2
APPROCHE QUALITATIVE

021.21 Monde syndical éclaté. Créée en 1895, la *Confédération générale du travail* (CGT) est la plus ancienne des confédérations syndicales. Elle compte 605 000 adhérents et passe en deuxième position après la CFDT lors de la consolidation en 2017 des chiffres de la représentativité[1]. Elle a conservé sa deuxième position à l'issue de la consolidation opérée en 2021 mais l'écart se creuse avec la CFDT.

La *Confédération française des travailleurs chrétiens* (CFTC) voit le jour en 1919 dans la continuité intellectuelle du catholicisme social. Elle revendique 140 000 adhérents et les chiffres de représentativité publiés en 2021 lui donnent 9,50 %.

La *Confédération française démocratique du travail* (CFDT) est le produit de la « déconfessionnalisation » de la CFTC en 1964. Elle compte actuellement 610 000 adhérents. Elle vient désormais au premier rang des organisations syndicales représentatives sur la base de ses résultats aux élections professionnelles pour la période 2013-2016 et a conforté sa première place en 2021 en obtenant 26,37 % des suffrages.

La *Confédération générale force ouvrière* (CGT-FO) est née en 1948 dans le contexte de la guerre froide à partir de la scission opérée par des militants opposés au communisme soviétique. Elle comptabilise 380 000 adhérents. Elle vient au troisième rang dans la consolidation des chiffres des élections professionnelles publiés en 2021 avec 15,24 % des suffrages valablement exprimés.

La *Confédération française de l'encadrement-Confédération générale des cadres* (CFE-CGC) apparaît en 1944. Il s'agit d'un syndicat « catégoriel » des personnels d'encadrement qui totalise 148 000 adhérents. La centrale tente aujourd'hui de se repositionner sur un syndicalisme plus revendicatif et de prendre ses distances avec les organisations patronales.

Ces cinq organisations avaient été considérées comme représentatives au niveau national interprofessionnel en 1966, aux termes d'un arrêté qui n'avait pas été modifié au cours des quarante années suivantes. Les autres organisations, non adhérentes à ces centrales, étaient dans l'obligation d'établir leur représentativité chaque fois que cette qualité conditionnait l'accès à certains droits. Tel était le cas notamment de *l'Union nationale des syndicats autonomes* (Unsa), de *Solidaires-Unitaires-Démocratiques* (Sud) et du *Groupe des dix* (G-10 Solidaires). L'Unsa (1993) s'est dotée d'une structure confédérale en 1998. Elle accueille en particulier la Fédération générale autonome des fonctionnaires (FGAF) et la Fédération de l'éducation nationale devenue en 2000 Unsa Éducation. L'Unsa revendique 200 000 adhérents. Son audience électorale au niveau national et interprofessionnel la plaçait en 2021 au-dessous des 8 %, à 5,99 %, en sixième position après les cinq organisations syndicales reconnues représentatives.

1. T. Amossé et M. T. Pignoni, *op. cit.*, p. 409, fig. 4.

Du côté patronal, les choses sont complexes[1]. Le *Mouvement des entreprises de France* (Medef) avance aujourd'hui le chiffre de 123 000 entreprises adhérentes, soit 80 % de celles qui comptent plus de dix salariés, réunissant plus de dix millions de salariés. 70 % des adhérents sont des TPE/PME dont l'effectif ne dépasse pas cinquante salariés. Le Medef est structuré autour de fédérations professionnelles (600 syndicats) et de Medef territoriaux.

Fondée en 1944, la *Confédération générale des petites et moyennes entreprises* (CGPME) aujourd'hui Confédération des petites et moyennes entreprises (CPME) compte 203 000 entreprises adhérentes et se veut le porte-parole « historique » des petites et moyennes entreprises. Les multiples syndicats et organisations du secteur de l'artisanat étaient regroupés par l'Upa mais, en 2016, l'Upa et l'Unapl ont donné naissance à l'Union des entreprises de proximité (U2P) qui totalise 203 000 entreprises adhérentes dans les secteurs de l'artisanat, du commerce et des professions libérales et représente près des deux tiers des entreprises françaises. Le syndicalisme patronal comporte encore l'Usgeres (Union des syndicats et groupements d'employeurs représentatifs dans l'économie sociale) devenue l'Union des employeurs de l'économie sociale et solidaire (Udes) qui a pour adhérents des associations, des coopératives et des organismes mutualistes occupant plus de deux millions de salariés.

1. SUR LA REPRÉSENTATION PATRONALE : L. Dauxerre, « Réflexions sur la représentativité des organisations patronales », *JCP S* 2006. 1609 ; – L. Flament, « La représentativité des organisations patronales », *Dr. soc.* 2009. 436 ; – B. Teyssié, J.-F. Cesaro et A. Martinon, « La représentativité des organisations professionnelles d'employeurs », *JCP S* 2011. 1102.

CHAPITRE

022. Sources juridiques du droit syndical

SECTION 0
ORIENTEUR

022.00 **Sommaire du chapitre.**

Division. Deux précautions liminaires sont nécessaires. La première conduit à rappeler qu'un lien consubstantiel existe en droit français comme au demeurant en droit international entre les bases juridiques du syndicalisme et celles de la négociation collective. Ce lien explique vraisemblablement la suspicion qui entoure la négociation collective lorsqu'elle est menée avec d'autres acteurs que les organisations syndicales, tels que les élus du personnel et *a fortiori* lorsque le législateur ouvre plus largement les possibilités de recourir au référendum.

La seconde précaution est à mettre en rapport avec les transformations qui affectent les ordres juridiques. L'intrication contemporaine des normes internationales, des normes internationales et des normes internes dans leur grande variété fait de leur distinction un outil pédagogique plus que véritablement opérationnel. Sous réserve de ces dernières remarques, on distinguera cependant par souci de clarté, les normes internationales et européennes d'une part (sect. 1), et les normes internes d'autre part (sect. 2).

022.01 **Textes applicables.**

- **C. trav.,** art. L. 2131-1 [Objet]
- **C. trav.,** art. L. 2131-2 [Constitution]
- **C. trav.,** art. L. 2131-3 [Statuts]
- **C. trav.,** art. L. 2131-4 et art. L. 2131-5 [Administration et direction]
- **C. trav.,** art. L. 2131-6 [Dissolution]
- **Conv.** n° 154 de l'OIT de 1981

022.03 **Bibliographie indicative.**

* Aussi : v. s[s] n° 02.03.

Manuels. M. Miné, *Le droit international et européen du travail en pratique,* 2e éd., « Références », Eyrolles, 2013 – S. Robin Olivier, *Manuel de droit européen du travail,* « Droit de l'Union européenne », Bruylant, Bruxelles, 2016 – B. Teyssié, *Droit européen du travail,* 6e éd., « Manuels », LexisNexis, 2019.

SECTION 1
NORMES INTERNATIONALES ET EUROPÉENNES

022.10 **Plan.** Le droit syndical est en grande partie fondé sur des normes *supra*-étatiques à l'initiative, soit de l'Organisation internationale du Travail (OIT) (§ 1), soit du Conseil de l'Europe et de l'Union européenne (§ 2). Chacune de ces normes dispose d'une procédure particulière de contrôle de son application (§ 3).

§ 1
Centralité de la liberté syndicale dans l'action de l'Organisation internationale du travail

022.21 **Droit international.** En droit international, les relations professionnelles sont gouvernées par le principe de la liberté syndicale, reconnue par la Convention nº 87[1] de l'Organisation internationale du travail (OIT), qui figure au nombre des cinq principes et droits fondamentaux repris par la déclaration des droits et principes fondamentaux au travail de l'organisation internationale du travail de 1998[2]. La liberté de la négociation collective affirmée par la Convention nº 98[3] de l'OIT s'y rattache. La liberté syndicale est très largement reconnue dans les diverses déclarations des droits, particulièrement en Europe par l'article 11 de la Convention européenne de sauvegarde des droits de l'homme et des libertés fondamentales, dite communément « Convention EDH », et l'article 12[4] de la Charte des droits fondamentaux de l'Union européenne[5]. Mais d'autres textes traitent de la représentation des travailleurs dans l'entreprise, plus pour en préciser les missions d'information et de consultation que pour en déterminer leur mode de désignation, comme la Convention nº 135 de l'OIT[6] qui fait une place à la représentation élue et l'article 27 de la Charte européenne sur l'information et la consultation des représentants des travailleurs en temps utile[7].

022.22 Affirmation du droit syndical et du droit à la négociation collective en droit international du travail. Le droit syndical fait l'objet d'une protection internationale tant au niveau de l'Organisation internationale du travail (OIT) que dans le cadre des organisations régionales. Pour n'évoquer que la première, les normes et principes sont :

- le principe du pluralisme syndical et de l'indépendance syndicale[8] ;
- le droit pour les syndicats de se fédérer[9] ;
- le droit de se syndiquer et l'interdiction des discriminations syndicales[10] ;
- la protection des représentants des travailleurs, y compris les représentants syndicaux[11].

L'attention portée par l'Organisation internationale à la liberté syndicale s'exprime tout spécialement dans un dispositif particulier de contrôle, institué en 1951 sous le nom de « comité de la liberté syndicale ». Cet organe, créé au sein du Conseil d'administration de l'OIT est chargé d'examiner les plaintes déposées par les organisations de travailleurs ou d'employeurs contre un État membre, même si celui-ci n'a pas ratifié les conventions se rapportant à la liberté syndicale.

S'agissant plus spécialement de la négociation collective, la Convention nº 98 (1949) dispose en son article 4 que « mesures appropriées aux conditions nationales doivent, si nécessaire, être prises pour encourager et promouvoir le développement et l'utilisation les plus larges de procédures de négociation volontaire de conventions collectives entre les employeurs et les organisations d'employeurs d'une part, et les organisations de travailleurs d'autre part, en vue de régler par ce moyen les conditions d'emploi » tandis que la Convention nº 154[12] (1981) cherche à promouvoir le développement de la négociation collective « libre et volontaire ».

§ 2
Droit social européen

022.31 Importance du droit du Conseil de l'Europe et du droit de l'Union européenne. Sur le plan européen[13], le principe de la liberté syndicale est posé tant par la Convention européenne de sauvegarde des droits de l'homme[14] que par la Charte

1. Conv. nº 87 de l'OIT du 9 juill. 1948 sur la liberté syndicale et la protection du droit syndical.
2. Déclaration des droits et principes fondamentaux au travail de l'OIT, 18 juin 1998 ; www.ilo.org.
3. Conv. nº 98 de l'OIT du 1er juill. 1949 sur le droit d'organisation et de négociation collective.
4. Charte UE, nº 2000/C 634/1, 18 déc. 2000, *JOCE C 364*, 18 déc., p. 1.
5. M. Schmitt, « La dimension sociale du traité de Lisbonne », *Dr. soc.* 2010. 682 ; – ADDE : I. Pingel (dir.), *De Rome à Lisbonne : Commentaire article par article des traités UE et CE* 2e éd., Helbing Lichtenhahn – Dalloz – Bruylant, 2010.
6. Conv. nº 135 de l'OIT du 23 juin 1971 concernant les représentants des travailleurs.
7. Il est ainsi consacré par la Constitution de l'Organisation Internationale du Travail (OIT) (1919), la Déclaration de Philadelphie (1944) et la Déclaration de l'OIT relative aux principes et droits fondamentaux au travail de l'OIT (1998). La Convention (nº 87) de 1948 sur la liberté syndicale et la protection du droit syndical lui est spécialement consacrée mais la liberté syndicale apparaît dans bien d'autres conventions (par exemple la Convention (nº 98) de 1948 sur la négociation collective ou encore la Convention (nº 135) de 1971 sur la représentation des travailleurs). Il est par ailleurs proclamé par la Déclaration universelle des droits de l'homme (1948). Au niveau européen, la liberté syndicale est affirmée au paragraphe 1 de l'article 11 de la Convention européenne de sauvegarde des droits de l'homme « Toute personne a droit à la liberté de réunion pacifique et à la liberté d'association, y compris le droit de fonder avec d'autres des syndicats et de s'affilier à des syndicats pour la défense de ses intérêts » ; on la trouve exprimée à l'article 5 de la Charte sociale européenne (1961) et à l'article 11 de la Charte communautaire des droits sociaux fondamentaux des travailleurs (1989).
8. L'indépendance du syndicat s'exerce tant dans ses rapports avec l'État que dans ses rapports avec les employeurs s'il s'agit d'un syndicat de salariés : Conv. nº 87 de l'OIT du 9 juill. 1948, préc.
9. Conv. nº 87 de l'OIT, préc.
10. Conv. nº 87 de l'OIT, préc. – Conv. nº 98 de l'OIT, préc.
11. Conv. nº 135 de l'OIT, préc.
12. Conv. nº 154 de l'OIT du 3 juin 1981 sur la négociation collective.
13. SUR LA REPRÉSENTATION SYNDICALE au niveau européen : B. Teyssié, *Droit du travail européen*, 5e éd., « Manuel », LexisNexis, 2013, nº 794.
14. Conv. EDH, art. 11.

sociale européenne de Turin[1]. Cette dernière est plus complète s'agissant du droit à la négociation collective puisque son article 6 impose aux États une attitude proactive pour assurer « l'exercice effectif du droit de négociation collective » Au niveau de l'Union européenne, la Charte des droits fondamentaux (Nice, 2000)[2] comporte un article 12.1, selon lequel « toute personne a droit à la liberté de réunion pacifique et à la liberté d'association à tous les niveaux, notamment dans les domaines politique, syndical et civique, ce qui implique le droit de toute personne de fonder avec d'autres des syndicats et de s'y affilier pour la défense de ses intérêts »[3]. La liberté syndicale y est donc clairement affirmée dans sa double dimension de libre constitution du groupement syndical et libre affiliation (non affiliation et le cas échéant désaffiliation). Par ailleurs, est prévu le droit des salariés ou de leurs représentants à une information et une consultation utiles. Les conditions[4] de ces dernières sont précisées dans une directive 2002/14[5]. Le principe du droit à la négociation collective est clairement exprimé à l'article 28 de la Charte selon lequel : « Les travailleurs et les employeurs, ou leurs organisations respectives, ont, conformément au droit de l'Union et aux législations et pratiques nationales, le droit de négocier et de conclure des conventions collectives aux niveaux appropriés et de recourir, en cas de conflits d'intérêts, à des actions collectives pour la défense de leurs intérêts, y compris la grève ».

Le droit de l'Union européenne conduit à distinguer ici la « négociation collective institutionnalisée »[6], la négociation collective volontaire au niveau européen et le principe du respect par les États membres du droit à la négociation collective. La première correspond aux situations dans lesquelles les partenaires sociaux européens auxquels la Commission a communiqué un projet en matière sociale décident de s'en emparer pour conclure un accord (lequel sera repris ultérieurement dans une directive), la deuxième renvoie au cas de figure dans lequel les partenaires sociaux de niveau européen décident de mettre un sujet à l'ordre du jour d'une négociation qu'ils conduiront librement ; en pareil cas, aucune directive n'interviendra et ces accords européens conduiront à des négociations collectives au sein des États-membres qui appliqueront leurs propres règles de négociation. Enfin, la troisième concerne le respect par les États de l'article 28 de la Charte susvisée et du caractère fondamental du droit à la négociation collective[7].

1. N. Hervieu, « La Cour européenne des droits de l'homme, alchimiste de la liberté syndicale », *RDT* 2009. 288 – POUR UNE APPROCHE COMPARATIVE : I. Desbarats et P. Verge, « Convention européenne des droits de l'homme et Charte canadienne des droits et libertés », *JCP S* 2009. 1120.
2. Charte UE n° 2000/C 634/1, 18 déc. 2000, *JOCE C* 364, 18 déc., p. 1 ; *DO* 2001, p. 105.
3. QUE L'ON RAPPROCHERA UTILEMENT du droit à l'information et à la consultation des travailleurs (art. 27) et du droit de négociation et d'actions collectives (art. 28).
4. SUR LA REPRÉSENTATION COLLECTIVE dans les entreprises et groupes de dimension communautaire et dans les sociétés européennes : B. Teyssié, *Droit du travail européen*, préc., n°s 868 s.
5. Dir. 2002/14, Parlement et Conseil, 11 mars 2002 établissant un cadre général relatif à l'information et la consultation des travailleurs dans la Communauté européenne – Déclaration conjointe du Parlement européen, du Conseil et de la Commission sur la représentation des travailleurs, *JOCE L* 80, 23 mars, p. 29.
6. L'expression est empruntée à M. Miné : *Le droit social international et européen en pratique*, 2e éd., Eyrolles, 2013.
7. S. Robin Olivier, *Manuel de droit européen du travail*, « Droit de l'Union européenne », Bruxelles, Bruylant, 2016, p. 52 s.

§ 3 Contrôle du respect des normes internationales et européennes

022.41 Contrôle du respect des conventions et autres normes internationales. Les traités internationaux, applicables dans la matière étudiée, instituent des procédures visant à s'assurer du respect par les États signataires de leurs engagements :

– la Convention européenne de sauvegarde des droits de l'homme et des libertés fondamentales, dite « Convention EDH », prévoit une procédure de recours devant la Cour européenne des droits de l'homme dont les arrêts présentent un caractère à la fois déclaratoire et obligatoire : si l'État partie a le choix des moyens à utiliser pour se conformer aux obligations de la Convention, telle qu'interprétée par la Cour, il est tenu à une obligation de résultat ;

– la Constitution de l'OIT ou la Charte européenne des droits sociaux comportent des procédures de réclamation donnant lieu à des recommandations sans effet contraignant.

Le respect des engagements internationaux souscrits par la France est assuré par le juge judiciaire et le juge administratif : saisis d'un moyen tiré de ce qu'une disposition législative méconnaîtrait des engagements d'application directe, ils doivent, s'ils estiment le moyen fondé, écarter la disposition nationale contraire pour donner son plein effet à l'article 55 de la Constitution qui dispose que les traités ou accords régulièrement ratifiés ou approuvés ont « une autorité supérieure à celle des lois », y compris dans le cas où la loi est postérieure à l'engagement international.

Le traité sur l'Union européenne (TUE), qui confère, par son article 6, 1[1], une valeur contraignante à la Charte des droits fondamentaux et le traité sur le fonctionnement de l'Union européenne (TFUE) constitue l'ordre juridique communautaire. Cet ordre, dont la Cour de justice de l'Union européenne (CJUE) assure l'interprétation et l'application s'impose aux juges nationaux.

022.42 Procédures de réclamation et plaintes de l'Organisation internationale du travail. La procédure de réclamation prévue par les articles 24[2] et 25[3] de la Constitution de l'OIT confère le droit aux organisations professionnelles de travailleurs et d'employeurs de présenter des réclamations lorsqu'elles estiment qu'un État « n'aurait pas assuré d'une manière satisfaisante l'exécution d'une convention à laquelle ledit Membre a adhéré ».

Elle donne lieu à un examen au sein du Conseil d'administration qui apprécie si le gouvernement mis en cause a fourni une réponse satisfaisante aux allégations présentées et si la question appelle de nouvelles mesures.

La procédure de plainte à la disposition des gouvernements et des délégués à la Conférence, prévue par l'article 26 de la Constitution de l'OIT, est plus rarement utilisée.

Une procédure particulière a été instituée depuis 1951 pour assurer le respect de liberté syndicale. Elle tire sa force de la circonstance que la liberté syndicale et la négociation collective font partie des principes fondateurs de l'OIT.

La procédure est la suivante :

- le comité de la liberté syndicale, institué au sein du Conseil d'administration, est chargé d'examiner les plaintes faisant état de violations des principes de la liberté syndicale, même si l'État en cause n'a pas ratifié les conventions s'y rapportant. Ces plaintes peuvent émaner des organisations de travailleurs ou d'employeurs. Le Comité est composé d'un président indépendant, de trois représentants des gouvernements, trois représentants des employeurs et trois représentants des travailleurs ;
- s'il estime la plainte recevable, le comité établit les faits en instaurant un dialogue avec le pays concerné ;
- si le comité conclut qu'il y eut violation des normes ou des principes relatifs à la liberté syndicale, il prépare un rapport qu'il soumet au Conseil d'administration et formule ses recommandations sur la façon de remédier à la situation. Le gouvernement est ensuite invité à rendre compte de la mise en œuvre de ces recommandations. Si le pays a ratifié les instruments pertinents, la Commission d'experts peut être saisie des aspects législatifs.

Le plus souvent le comité conclut lui-même l'examen des plaintes et formule les recommandations appropriées[4].

Cette procédure est largement utilisée par les organisations de travailleurs.

On rappellera ici que la CGT-FO a ainsi déposé une réclamation concernant le nouveau critère de représentativité tiré de l'audience aux élections professionnelles[5] institué par la loi du 20 août 2008[6]. Le Comité de la liberté syndicale a estimé[7] que dans un système pluraliste comme le système français, les États peuvent accorder des droits exclusifs à certains syndicats, tel le droit de négocier collectivement, dès lors que les critères de sélection sont « objectifs précis et préétablis ». Il convient néanmoins que les organisations syndicales minoritaires auxquelles est dénié le droit de négocier collectivement puissent mener leur action et avoir au moins le droit de se faire les porte-parole de leurs membres et de les représenter en cas de réclamation individuelle. Il a en outre précisé qu'« en ne mettant pas en cause le système d'élection de représentants syndicaux dans le comité d'entreprise, le comité considère que le droit des organisations syndicales d'organiser librement leur gestion et leur activité conformément à l'art. 3 de la convention 87 comprend la liberté pour les organisations reconnues comme représentatives de choisir leurs délégués syndicaux aux fins de la négociation collective. Le comité estime aussi que les syndicats devraient pouvoir être assistés par des conseillers et s'attend à ce que le système établi sur la base des élections syndicales n'exclue pas cette possibilité ». Le même syndicat CGT-FO a contesté devant le comité européen des droits sociaux l'obligation faite aux organisations syndicales de choisir leurs délégués syndicaux parmi les candidats aux élections professionnelles ayant obtenu au moins 10 % sur leur nom lors des élections professionnelles. Le CEDS a rendu, en juillet 2018, un avis

1. TUE, art. 6, 1 – ADDE : I. Pingel (dir.), *De Rome à Lisbonne : Commentaire article par article des traités UE et CE* 2e éd., Helbing Lichtenhahn – Dalloz – Bruylant, 2010, p. 27.
2. Constitution de l'OIT, art. 24.
3. Constitution de l'OIT, art. 25.
4. Le rapport du comité de la liberté syndicale rend compte notamment des résultats de ces procédures.
5. M.-F. Bied-Charreton, « Le critère de représentativité des 10 % a pour effet de porter atteinte à la liberté syndicale de manière incompatible avec les conventions internationales ; autre regard sur le jugement du tribunal d'instance de Brest », *Dr. ouvrier* 2010. 418.
6. L. n° 2008-789, 20 août 2008 portant rénovation de la démocratie sociale et réforme du temps de travail, *JO* 21 août, p. 13064.
7. 362e rapport du Comité de la liberté syndicale, nov. 2011, cas n° 2750, Plainte contre le gouvernement de la France de la CGT-FO, points 947 et 961 – S. Mitterrand, I. Odoul-Asorey, « Décision de l'OIT sur la loi du 20 août 2008, quelles suites ? », *RDT* 2012. 107.

négatif sur cette contrainte. À la suite de cet avis, le législateur a modifié l'article L. 2143-3[1] et prévu une nouvelle exception à l'obligation pour un salarié désigné délégué syndical d'avoir obtenu 10 % aux élections[2]. D'autres actions ont été engagées, relatives à la conformité au droit européen ou international des ordonnances n° 1385[3] et n° 1386[4] du 22 septembre 2017.

022.43 **Procédure de réclamation devant le Comité des droits sociaux de la Charte sociale européenne révisée.** Le protocole additionnel à la Charte sociale européenne du 9 novembre 1995, entré en vigueur le 1er juillet 1999, prévoit un système de réclamations collectives. La loi du 10 mars 1999[5] a autorisé son approbation et il a fait l'objet d'une publication[6].

Ce protocole institue une procédure de réclamation collective concernant « l'application non satisfaisante » des droits énoncés par la Charte.

Ces réclamations sont examinées par un comité d'experts indépendants, qui établit un rapport sur l'application satisfaisante ou non de la Charte. Ce rapport est transmis au Comité des ministres. Sur la base de ce rapport, le Comité des Ministres adopte une résolution à la majorité des votants. En cas de constat, par le Comité d'experts indépendants, d'une application non satisfaisante de la Charte, le Comité des Ministres adopte, à la majorité des deux tiers des votants, une recommandation à l'adresse de l'État mise en cause. Celui-ci est tenu de fournir des indications sur les mesures prises pour donner effet à la recommandation.

Cette procédure a été utilisée pour mettre en cause les dispositions de la loi du 20 août 2008[7] au regard de l'article 5 de la Charte que « Tous les travailleurs et employeurs ont le droit de s'associer librement au sein d'organisations nationales ou internationales pour la protection de leurs intérêts économiques et sociaux ». Dans son rapport du 14 décembre 2010, le Comité européen des droits sociaux a estimé que des critères de représentativité peuvent être établis sans porter atteinte au principe de la liberté syndicale dès lors qu'ils sont raisonnables, clairs, objectifs, préétablis et peuvent donner lieu à un contrôle juridictionnel. Il a estimé que les critères de la représentativité énoncés au nouvel article L. 2121-1[8] du Code du travail étaient « clairs, préétablis, objectifs et imposés par la loi et qu'ils peuvent donner lieu à un contrôle juridictionnel ». En revanche, s'agissant du caractère raisonnable du seuil de 10 % des suffrages exprimés qui conditionne la représentativité d'une organisation syndicale dans l'entreprise, le comité, après avoir relevé que ce seuil était critiqué comme excessif par plusieurs syndicats, a décidé de réserver sa position sur ce point.

La Charte européenne des droits fondamentaux s'inspire de cette Charte et énonce des droits très voisins. Dans la mesure où la première a acquis la valeur juridique d'un traité, la mise en œuvre des droits qu'elle énonce, et qui ne figurent pas parmi ceux énoncés par la Convention européenne de sauvegarde des droits de l'homme et des libertés fondamentales, peuvent donc désormais faire l'objet des procédures d'application propres au droit de l'Union.

022.44 **Convention EDH : procédure de requête devant la CEDH.** Cette procédure juridictionnelle est très largement ouverte. Les arrêts de la Cour européenne des droits de l'homme ont acquis une grande importance et nourrissent la jurisprudence de la Cour de cassation comme du Conseil d'État.

La Cour européenne, eu égard à l'autorité juridique et morale qui s'attache à ses décisions, joue un rôle essentiel pour assurer le respect des droits fondamentaux énoncés par la Convention européenne de sauvegarde des droits de l'homme et des libertés fondamentales. Si les juges nationaux doivent également veiller au respect des stipulations de la Convention, la possibilité de saisir la Cour européenne des droits de l'homme, après avoir épuisé les voies de recours internes, lui confère une prééminence certaine dans d'interprétation des droits énoncés par la Convention. Procédant à l'examen du litige au regard des dispositions de la Convention tant en droit qu'en fait, elle assume une véritable fonction de cour suprême, ses arrêts imposant aux

1. C. trav., art. L. 2143-3 ; mod. par L. n° 2018-217, 29 mars 2018, art. 6.
2. L. n° 2018-217, 29 mars 2018 ratifiant diverses ordonnances prises sur le fondement de la loi n° 2017-1340 du 15 septembre 2017 d'habilitation à prendre par ordonnances les mesures pour le renforcement du dialogue social, *JO* 31 mars, n° 1, art. 6.
3. Ord. n° 2017-1385, 22 sept. 2017 relative au renforcement de la négociation collective, *JO* 23 sept., n° 29.
4. Ord. n° 2017-1386, 22 sept. 2017 relative à la nouvelle organisation du dialogue social et économique dans l'entreprise et favorisant l'exercice et la valorisation des responsabilités syndicales, *JO* 23 sept., n° 31.
5. L. n° 99-173, 10 mars 1999 autorisant l'approbation du protocole additionnel à la charte sociale européenne prévoyant un système de réclamations collectives, *JO* 11 mars, p. 3631.
6. Décr. n° 2000-111, 4 févr. 2000 portant publication du protocole additionnel à la Charte sociale européenne prévoyant un système de réclamations collectives, fait à Strasbourg le 9 novembre 1995, *JO* 12 févr., p. 2040.
7. L. n° 2008-789, 20 août 2008 portant rénovation de la démocratie sociale et réforme du temps de travail, *JO* 21 août, p. 13064.
8. C. trav., art. L. 2121-1 ; mod. par L. n° 2008-789, 20 août 2008, art. 1.

États qui doivent en assurer l'exécution, une obligation de résultat.

C'est ainsi sur la base du principe de la liberté syndicale que la Cour européenne des droits de l'homme, le 2 octobre 2014, a jugé contraire à l'article 11 de la Convention EDH l'interdiction absolue des syndicats au sein de l'armée[1]. Prenant acte de cette décision, une loi 2015-917 du 28 juillet 2015 a organisé une représentation collective des militaires sous une forme associative très nettement inspirée du modèle syndical.

Les récents arrêts rendus par la Cour relatifs à l'étendue de la liberté syndicale ne concernent pas en revanche la France. Mais la Cour de cassation, par son arrêt du 14 avril 2010[2], les a pris en compte pour apprécier au regard des stipulations de l'article 11 de la Convention européenne de sauvegarde des droits de l'homme et des libertés fondamentales les dispositions nationales réservant le droit de mener des négociations aux organisations syndicales représentatives.

022.45 Refus par le Conseil constitutionnel d'opérer un contrôle de conventionnalité des lois. Selon une jurisprudence ancienne et qui a été réaffirmée par sa décision du 12 mai 2010, le Conseil constitutionnel considère que le contrôle de la compatibilité de la loi avec les engagements internationaux ou européens de la France incombe aux juridictions administratives et judiciaires et que « le moyen tiré du défaut de compatibilité d'une disposition législative aux engagements internationaux et européens de la France ne saurait être regardé comme un grief d'inconstitutionnalité ». Il estime, en outre, que « le respect de l'exigence constitutionnelle de transposition des directives ne relève pas des "droits et libertés que la Constitution garantit" et ne saurait, par suite, être invoqué dans le cadre d'une question prioritaire de constitutionnalité »[3].

022.46 Contrôle de la compatibilité d'une disposition législative aux engagements internationaux et européens de la France : le contrôle de conventionnalité opéré par le juge judiciaire ou administratif. Dès lors qu'une stipulation d'un engagement international est regardée comme ayant un effet direct, elle peut être invoquée utilement dans le cadre d'un litige tant devant le juge judiciaire que devant le juge administratif.

La Cour de cassation tend à conférer de plus en plus fréquemment un effet direct aux stipulations des conventions de l'Organisation internationale du travail. Elle a en revanche dénié un tel effet à la Charte européenne des droits sociaux[4]. Dans l'un des arrêts rendus le 11 mai 2022 se prononçant sur la conventionnalité des dispositions légales relatives au barème « Macron », la Chambre sociale a posé, à cette occasion, les critères définissant l'effet direct horizontal d'une norme supranationale. Elle a jugé que « les stipulations d'un traité international, régulièrement introduit dans l'ordre juridique interne conformément à l'article 55 de la Constitution, sont d'effet direct dès lors qu'elles créent des droits dont les particuliers peuvent se prévaloir et que, eu égard à l'intention exprimée des parties et à l'économie générale du traité invoqué, ainsi qu'à son contenu et à ses termes, elles n'ont pas pour objet exclusif de régir les relations entre États et ne requièrent l'intervention d'aucun acte complémentaire pour produire des effets à l'égard des particuliers ». Appliquant ces critères à la Charte sociale européenne, les juges de cassation ont estimé que « les États contractants ont entendu reconnaître des principes et des objectifs, poursuivis par tous les moyens utiles, dont la mise en œuvre nécessite qu'ils prennent des actes complémentaires d'application », ce que la notice explicative accompagnant l'arrêt exprime ainsi : « le caractère général et programmatique des stipulations de la Charte, dans laquelle s'intègrent celles de l'article 24, fait qu'elles nécessitent l'adoption de mesures nationales pour leur mise en œuvre ». C'est là une différence avec l'article 10 de la Convention n° 158 de l'OIT qui affirme que les organismes

1. CEDH 2 oct. 2014, aff. *Mathély c. France*, n° 10/60910 ; *Dr. adm.* 2015, 47, note J.-Ch. Videlin ; *AJPF* 2015. 42, note A. Zarca ; *RTDH* 2015. 719, note M. Guimezanes ; *Clunet* 2015. 1276, note Ph. Guillot.
2. Soc. 14 avr. 2010, n° 09-60.426, P V, n° 100 ; *D.* 2010. 1150, obs. B. Ines ; *D.* 2010. 2029, obs. J. Pélissier, M.-C. Amauger-Lattes, A. Arseguel, T. Aubert-Monpeyssen, P. Fadeuilhe, B. Lardy-Pélissier et B. Reynès ; *Dr. soc.* 2010. 647, note L. Pécaut-Rivolier ; *RDT* 2010. 276, rapp. J.-M. Béraud ; *RDT* 2010. 374, obs. J.-F. Akandji-Kombé ; *JCP E* 2010, n° 1486, note S. Béal et C. Terrenoire ; *Dr. ouvrier* 2010. 405, note A. Braun et P. Rennes ; *JSL* 2010, n° 278-5, obs. D. Julien-Paturle ; *RJS* 2010. 460, n° 529 ; *JCP S* 2010. 1259, obs. B. Gauriau ; *SSL* 2010, n° 1442, p. 10.
3. Cons. const. 12 mai 2010, n° 2010-605 DC, *Loi relative à l'ouverture à la concurrence et à la régulation du secteur des jeux d'argent et de hasard en ligne*, CONFORMITÉ, *JO* 13 mai, p. 8897, § 19 ; *AJDA* 2010. 1048 ; *D.* 2010. 1321, note A. Levade ; *D.* 2010. 1229, chron. P. Fombeur ; *D.* 2010. 1234, chron. P. Cassia et E. Saulnier-Cassia ; *D.* 2010. 1495, chron. V. Lasserre-Kiesow et P. Le More ; *RFDA* 2010. 458, note P. Gaïa ; *Constitutions* 2010. 363, obs. A.-M. Le Pourhiet ; *Constitutions* 2010. 387, obs. A. Levade ; *Rev. crit. DIP* 2011. 1, ét. D. Simon ; *RTD civ.* 2010. 499, obs. P. Deumier.
4. Soc. 11 mai 2022, n° 21-15.247, P ; *D.* 2022. 2275, note T. Sachs ; *Dr. soc.* 2022 ; 733, note J. Mouly et 739, note P. Adam ; *JCP G* 2022. 1196, note Y. Pagnerre *JCP S* 2022, 1151, note G. Loiseau ; *Sem. soc. Lamy,* 20 mai 2022, n° 2000, p. 10, note J.-E. Ray, et 30 mai 2022, n° 2004, p. 7, note J.-G. Huglo ; *Procédures* 7/2022, p. 18, note A. Bugada ; *RJS* 2022. 594 ; *RTD civ.* 2022. 861, note F. Marchadier ; *RDC* 12/2022. 71, note S. Gerry-Vernières ; *Dr. soc.* 2023. 14, étude J. Mouly et J.-P. Marguénaud.

devant lesquels une mesure de licenciement peut être contestée et qui le jugeraient injustifié doivent « être habilités à ordonner le versement d'une indemnité adéquate ou toute autre forme de réparation considérée comme appropriée ». La Charte se présente autrement puisqu'il est exposé, dans la partie I, que « Les Parties reconnaissent comme objectif d'une politique qu'elles poursuivront par tous les moyens utiles, sur les plans national et international, la réalisation de conditions propres à assurer l'exercice effectif des droits et principes suivants : 24. Tous les travailleurs ont droit à une protection en cas de licenciement » et qu'il est indiqué, dans la partie III, que « chacune des Parties s'engage : a) à considérer la partie I de la présente Charte comme une déclaration déterminant les objectifs dont elle poursuivra par tous les moyens utiles la réalisation, conformément aux dispositions du paragraphe introductif de ladite partie ; b) à se considérer comme liée par six au moins des neuf articles suivants de la partie II de la Charte : articles 1, 5, 6, 7, 12, 13, 16, 19 et 20 ». L'arrêt en a alors conclu que « les dispositions de la Charte sociale européenne (ne sont) pas d'effet direct en droit interne dans un litige entre particuliers ». Ce sont donc toutes les stipulations de la Charte qui, selon la chambre sociale, sont dépourvues d'effet direct horizontal, ce qui ne préjuge pas de leur effet direct vertical que le Conseil d'État admet.

Ce texte à part, la Cour de cassation exerce parfois un contrôle de conventionnalité d'office lorsqu'elle doit interpréter les dispositions législatives :

1) Elle a ainsi refusé d'interpréter restrictivement les dispositions de l'article L. 2131-2[1] du Code du travail compte tenu des stipulations de l'article 2 de la Convention 87 de l'OIT sur la liberté syndicale et la protection du droit syndical aux termes desquelles « Les travailleurs et les employeurs, sans distinction d'aucune sorte, ont le droit, sans autorisation préalable, de constituer des organisations de leur choix, ainsi que celui de s'affilier à ces organisations, à la seule condition de se conformer aux statuts de ces dernières »[2].

2) Elle s'est prononcée à plusieurs reprises sur la conventionnalité de la loi du 20 août 2008, parfois d'office, et en combinant souvent les différentes déclarations ou en se référant à la jurisprudence des organes chargés d'en assurer le contrôle. Ainsi elle a admis la conventionnalité de la condition de représentativité à propos de la désignation du délégué syndical, elle a jugé que : « si le droit de mener des négociations collectives est, en principe, devenu l'un des éléments essentiels du droit de fonder des syndicats et de s'affilier à des syndicats, pour la défense de ses intérêts, énoncé à l'article 11 de la Convention européenne de sauvegarde des droits de l'homme et des libertés fondamentales, les États demeurent libres de réserver ce droit aux syndicats représentatifs, ce que ne prohibent ni les articles 5 et 6 de la Charte sociale européenne ni l'article 28 de la Charte des droits fondamentaux de l'Union européenne, ni les conventions n°s 98 et 135 de l'OIT »[3].

3) Elle a interprété à la lumière de cette même Convention EDH la portée de la disposition de l'article L. 2121-1 du Code du travail, relative à la condition d'ancienneté à laquelle est subordonnée la reconnaissance de la qualité de syndicat représentatif[4], en jugeant que « selon cette Convention, [...] l'acquisition de la personnalité juridique par les syndicats ne peut pas être subordonnée à des conditions de nature à mettre en cause l'exercice de leur liberté d'élaborer leurs statuts, d'élire leurs représentants, de formuler leur programme d'action et de s'affilier à des fédérations ou confédérations » et « que l'exercice de ces libertés par un syndicat ne peut pas entraîner la perte de sa personnalité juridique » pour en déduire que les changements de statuts et d'affiliation décidés par une organisation syndicale ne sauraient justifier que lui soit opposée la condition d'ancienneté dès lors « qu'il avait fait usage de sa liberté d'élaborer ses statuts, d'élire ses représentants et de s'affilier à une confédération » et qu'il « avait toujours pour objet l'étude et la défense des droits ainsi que des intérêts matériels et moraux, tant collectifs qu'individuels de ses membres »[5].

4) Elle s'est appuyée sur les stipulations de l'article 11 de la Convention européenne des droits de l'homme et des libertés fondamentales pour aménager les règles relatives à la charge de la preuve en cas de

1. C. trav., art. L. 2131-2, al. 1er : « Les syndicats ou associations professionnels de personnes exerçant la même profession, des métiers similaires ou des métiers connexes concourant à l'établissement de produits déterminés ou la même profession libérale peuvent se constituer librement. »

2. Soc. 13 janv. 2009, n° 07-17.692, P V, n° 11 ; *D.* 2009. 301, obs. B. Ines ; *RJS* 2009. 221, n° 256 ; *JCP S* 2009. 1343, obs. A. Martinon ; *SSL* 2009, n° 1389, p. 11 – Soc. 3 mars 2010, n° 09-60.283, P V, n° 54 ; *D.* 2010. 712 ; *Dr. soc.* 2010. 722, obs. F. Petit ; *RDT* 2010. 203 ; *RJS* 5/2010, n° 445 ; *JCP S* 2010. 1190, obs. B. Gauriau ; *JCP E* 2010. 1570, obs. P. Pochet ; *JCP S* 2010. II. 1190, comm. B. Gauriau ; *RJS* 5/2010, n° 445 : sur les conséquences d'un changement d'affiliation d'un syndicat sur sa personnalité morale, apprécié au regard de l'article 5 de la convention 87 de l'OIT.

3. Soc. 14 avr. 2010, n° 09-60.426, préc.

4. C. trav., art. L. 2121-1 : « La représentativité des organisations syndicales est déterminée d'après les critères cumulatifs suivants : [...] 4° Une ancienneté minimale de deux ans dans le champ professionnel et géographique couvrant le niveau de négociation. Cette ancienneté s'apprécie à compter de la date de dépôt légal des statuts [...] ».

5. Soc. 3 mars 2010, n° 09-60.283, préc.

contestation de l'existence d'une section syndicale, à la suite de l'intervention de la loi du 20 août 2008 [1].

5) Constatant que les organisations syndicales catégorielles affiliées à une organisation nationale interprofessionnelle catégorielle n'étaient pas dans la même situation que les autres, elle a admis la conformité à l'article 5 de la Convention 135 de l'OIT, 11 de la Convention EDH, et 5 et 6 de la Charte sociale européenne, des articles L. 2121-1, L. 2122-1 et L. 2143-3 du Code du travail fixant des règles particulières d'appréciation du critère de l'audience pour ces organisations syndicales [2].

6) De même, elle a admis la conventionnalité, au regard de l'article 11 et 14 de la Convention EDH, de l'article L. 2324-2 fixant les conditions de désignation du représentant syndical au comité d'entreprise, abrogé par la loi du 4 mars 2014 [3].

Ces décisions éclairent les influences réciproques entre contrôle de conventionnalité et contrôle de constitutionnalité, qui se nourrissent du dialogue des juges malgré l'indépendance des textes.

022.47 Application du droit de l'Union européenne par les juges judiciaires et administratifs. Les juges nationaux sont tenus de faire application du droit de l'Union européenne et d'écarter une disposition législative nationale qui lui serait contraire.

Cette primauté ne soulève pas de difficulté s'agissant des stipulations des traités et des règlements communautaires qui sont directement applicables dans tout État membre [4].

S'agissant de l'application des directives, qui lient « tout État membre destinataire quant au résultat à atteindre, tout en laissant aux instances nationales la compétence quant à la forme et aux moyens » [5], deux situations peuvent être distinguées [6] :

– soit la directive a été transposée en droit interne : le juge doit alors appliquer la législation nationale, laquelle doit être interprétée à la lumière des termes et de la finalité de la directive [7] ; si le juge national estime être en présence d'une difficulté sérieuse pour apprécier si la législation nationale respecte une directive compte tenu de l'incertitude pouvant exister quant à l'interprétation qu'il y a lieu de lui donner, il peut ou doit saisir la Cour de justice de l'Union européenne d'une question préjudicielle ;

– soit la directive, à l'expiration du délai qu'elle a elle-même fixé, n'a pas été transposée (ou l'a été de façon non conforme) : la CJUE ne lui reconnaît un effet vertical que si les dispositions de la directive sont suffisamment précises pour permettre au juge national de savoir qui sont les débiteurs des obligations et qui en sont les bénéficiaires et dès lors qu'aucune mesure particulière de mise en œuvre n'est nécessaire à cet égard.

Dans le cas contraire, la CJUE leur dénie un effet horizontal en jugeant que les particuliers ne peuvent pas agir directement sur le fondement de la directive devant le juge national. Elle considère toutefois qu'il appartient au juge national d'interpréter la disposition nationale dans toute la mesure possible conformément aux dispositions du droit communautaire, la seule limite étant l'interprétation *contra legem* [8]. Cette solution est controversée [9].

S'agissant de la Charte européenne des droits fondamentaux, qui a désormais la même valeur que les traités [10], il convient de distinguer entre les principes et les droits :

– les principes énoncés par la Charte ne peuvent être invoqués que pour l'application du droit de l'union, en vertu de l'article 52, § 5, de la charte ;

1. Soc. 8 juill. 2009, n°s 09-60.011, 09-60.031, 09-60.032, *Okaidi*, P V, n° 180 ; *D.* 2009. 1978 ; *D.* 2010. 342 ; *Dr. soc.* 2009. 950, rapp. L. Pécaut-Rivolier et note M.-L. Morin ; *RDT* 2009. 729, obs. M. Grévy ; *RTD civ.* 2010. 75, obs. J. Hauser ; *RJS* 2009. 676, avis J. Duplat ; *JSL* 2009, n° 262-3 ; *JCP S* 2009. 1416, note B. Gauriau ; *SSL* 2009, n° 1408, p. 10, note L. Pécaut-Rivolier ; *SSL* 2009, n° 1412, p. 6, obs. G. Borenfreund ; *Dr. ouvrier* 2009. 517, obs. S. Michel.
2. Soc. 28 sept. 2011, n° 10-19.113, P V, n° 216 ; *D.* 2011. 2405 ; *D.* 2012. 2622, obs. P. Lokiec et J. Porta ; *Dr. soc.* 2011. 1241, note F. Petit ; *RDT* 2011. 608 ; *RJS* 2011. 864, n° 992 ; *JCP S* 2012. 1072, obs. B. Gauriau.
3. Soc. 24 oct. 2012, n° 11-25.530, P V, n° 280 ; *D.* 2012. 2612 ; *D.* 2012. 2622, obs. P. Lokiec et J. Porta ; *Dr. soc.* 2013. 78, obs. J. Mouly ; *RDT* 2013. 120, obs. H. Tissandier ; *RJS* 1/13, n° 51 – Soc. 17 juill. 2013, n° 12-28.092, NP.
4. TFUE, art. 288 [TUE-A, art. 249 ; TCE, art. 189]. – I. Pingel (dir.), *De Rome à Lisbonne*, préc., p. 1602.
5. TFUE, art. 288, préc.
6. P. Rodière, *Droit social de l'Union européenne,* 3e éd., « Traités », LGDJ, 2009, n° 120.
7. PAR EX. sur le maintien de la représentation des salariés en cas de transfert d'entreprise : CJCE 5 oct. 2004, *Pfeiffer,* aff. C-397/01, *Rec. CJCE* I-8835 ; *AJDA* 2004. 2261, Chron. J.-M. Belorgey, S. Gervasoni et C. Lambert.
8. CJCE 24 janv. 2012, *Dominguez,* aff. C-282/10, *Rec. N. ; D.* 2012. 369 ; *D.* 2012. 901, obs. P. Lokiec et J. Porta ; *RDT* 2012. 371, obs. M. Véricel ; *RDT* 2012. 578, chron. C. Boutayeb et E. Célestine ; *RFDA* 2012. 961, chron. C. Mayeur-Carpentier, L. Clément-Wilz et F. Martucci ; *RTD eur.* 2012. 490, obs. S. Robin-Olivier ; *RTD eur.* 2013. 677, obs. F. Benoît-Rohmer ; *Rev. UE* 2014. 243, Chron. E. Sabatakakis ; *RJS* 2012. 261, obs. H. Tissandier ; *SSL* 2012, n° 1525, p. 7, obs. S. Laulom ; *JCP S* 2012. 1135, obs. E. Andréo – CJUE 15 janv. 2014, *Assoc. de médiation sociale c/Union CGT,* aff. C-176/12 ; *Rec. N. ; AJDA* 2014. 336, Chron. M. Aubert, E. Broussy et H. Cassagnabère ; *D.* 2014. 705, note S. de La Rosa ; *D.* 2014. 2374, obs. P. Lokiec et J. Porta ; *Dr. soc.* 2014. 408, ét. J. Icard ; *RDT* 2014. 312, ét. E. Carpano et E. Mazuyer ; *RTD civ.* 2014. 843, obs. L. Usunier ; *RTD eur.* 2014. 409, ét. E. Dubout ; *RTD eur* 2014. 523, obs. S. Robin-Olivier ; *RTD eur.* 2014. 904, obs. L. Coutron ; *RTD eur.* 2015. 160, obs. F. Benoît-Rohmer ; *Rev. UE* 2015. 33, ét. S. Platon ; *JSL* 2014, n° 361-6 ; *RJS* 2014. 309, obs. H. Tissandier ; *JA* 2014, n° 493, p. 13, obs. R. Fievet.
9. P. Rodière, *Droit social de l'Union européenne*, préc., n° 120,
10. TUE, art. 6, préc.

– les droits peuvent être invoqués plus largement, mais la distinction entre les principes et les droits n'est pas aisée.

S'agissant des droits, leur portée dépend de leur mode d'énonciation et de la question de savoir si des dispositions sont nécessaires pour assurer leur mise en œuvre qu'il s'agisse de dispositions du droit de l'union, ou de dispositions nationales :

– les droits reconnus par la Charte sont des droits subjectifs, un effet direct leur est reconnu s'ils sont « self executing ». Ils peuvent donc être utilement invoqués devant le juge national qui doit veiller à leur respect par les États membres lorsqu'ils mettent en œuvre des réglementations communautaires[1] ;

– en revanche, les droits énoncés comme devant s'appliquer conformément aux dispositions de l'union ou aux droits ou pratiques nationales n'ont pas d'effet direct quand bien même les droits énoncés par la charte seraient mis en œuvre par une directive de l'Union parfaitement claire. Dans ce cas, il convient d'appliquer la solution retenue pour les directives sans que l'adoption de la Charte modifie quoique ce soit[2]. Cette distinction qui prive d'effet nombre de principes énoncés comme des droits a été vivement critiquée.

Compte tenu de ce que nombre de droits et libertés fondamentaux sont à la fois énoncés dans des engagements internationaux et sont garantis par la Constitution du 4 octobre 1958, la question se pose de l'articulation du contrôle de constitutionnalité et du contrôle de conventionnalité des dispositions législatives dans le cadre de la procédure de la question prioritaire de constitutionnalité.

SECTION 2
NORMES INTERNES

022.50 **Plan.** La liberté syndicale est constitutionnellement protégée dans ses deux dimensions que sont, d'une part, la liberté de constituer un syndicat que l'on peut rapprocher de la liberté d'association et, d'autre part, la liberté d'adhérer au syndicat, dans son expression positive comme dans son expression négative. Sur les dispositions constitutionnelles (§ 1) viennent s'adosser des textes spécifiques dont l'essentiel se trouve dans le Code du travail (§ 2).

1. La Cour de cassation, dans l'arrêt du 14 avr. 2010, n° 09-60.426, préc., a ainsi appliqué la Charte des droits fondamentaux de l'Union, avec d'autres instruments internationaux, pour conclure à la conventionnalité du critère de représentativité tiré de l'audience.
2. CJUE 15 janv. 2014, *Assoc. de médiation sociale c/Union CGT*, aff. C-176/12, préc.

§ 1
Normes constitutionnelles

022.60 **Plan.** Adoptée non sans difficultés à l'issue du second conflit mondial, la Constitution de 1946 comportait un Préambule qui posait le principe de la liberté syndicale comme pièce essentielle de la nécessaire reconstruction sociale (A). Le Préambule de la Constitution de 1958, en se référant à celui de 1946, fait entrer cette liberté syndicale au cœur des droits sociaux (B) garantis par la Constitution (C).

A.
Constitution

022.71 **Constitution et bloc de constitutionnalité.** L'article premier de la Constitution du 4 octobre 1958 fait de la République française une « République, indivisible, laïque, démocratique et sociale » et son article 34 « détermine les principes fondamentaux [...] du droit du travail, du droit syndical et de la sécurité sociale ». Ce principe constitutionnel de répartition des compétences a des conséquences importantes quant à la place de la négociation collective dans la définition et la mise en œuvre des principes fondamentaux du droit du travail et, plus particulièrement, des principes relatifs aux institutions représentatives, à la négociation et au droit syndical.

Le bloc de constitutionnalité comprend la Déclaration des droits de l'homme et du citoyen de 1789, dont découle le principe d'égalité, le Préambule de la Constitution du 27 octobre 1946, qui proclame des droits économiques et sociaux « particulièrement nécessaires à notre temps », dont font partie le principe de la liberté syndicale (al. 6) et le principe de participation (al. 8). Le principe de participation et l'exigence de démocratie sociale ont inspiré la loi du 31 janvier 2007[3] portant réforme du dialogue social qui a rendu obligatoire la concertation avec les partenaires sociaux sur les projets de réforme entrant dans le champ du droit à la négociation collective.

B.
Bloc de constitutionnalité

022.80 **Plan.** Le contrôle de constitutionnalité exercé par le Conseil constitutionnel s'applique non seulement aux règles relatives à l'organisation des pouvoirs publics mais aussi aux éléments constitutifs du « bloc de constitutionnalité ». Au sein de ce bloc, deux principes encadrent le principe de la participation (1°) : la liberté syndicale (2°) et le principe d'égalité (3°).

3. L. n° 2007-130, 31 janv. 2007 de modernisation du dialogue social, *JO* 1er févr., p. 1944.

1° Principe de participation

022.91 **Principe.** L'interprétation donnée par le Conseil constitutionnel du huitième alinéa du Préambule de la Constitution du 27 octobre 1946, au fil de ses décisions[1], a permis d'asseoir les divers systèmes de représentation des salariés en France sur une notion que l'on peut considérer aujourd'hui comme stabilisée et dont il est possible de fournir une synthèse. Le principe de participation est indissociable de l'idée que l'on se fait de la notion de « démocratie sociale » et sur un plan plus technique, il est mis au service de l'appréciation de la place respective du législateur et des partenaires sociaux dans la définition des règles du travail[2].

La participation prévue par le huitième alinéa du Préambule de 1946 englobe l'ensemble des formes de détermination collective des conditions de travail, ainsi que la participation à la gestion des entreprises et le Conseil constitutionnel rattache au principe de participation non seulement la négociation collective, mais également le droit d'être représenté par des délégués[3]. Selon le juge constitutionnel, l'ensemble des délégués peut concourir à la détermination collective des conditions de travail après une « concertation appropriée »[4]. Il est donc possible pour le législateur de renvoyer aux partenaires sociaux (et non au pouvoir réglementaire compétent) en vertu de l'article 37 de la Constitution, le soin de déterminer les conditions d'application des normes qu'il édicte[5].

S'agissant de la mise en place des représentants du personnel, il est admis que le législateur peut, selon la taille de l'entreprise, instituer des modalités différentes de représentation mais il ne peut le faire qu'en apportant des précisions et les garanties nécessaires à l'exercice du droit à la participation. Ce dernier a été mobilisé à plusieurs reprises depuis une dizaine d'années à l'occasion de la détermination de l'effectif de l'entreprise pour l'accès au seuil de déclenchement de l'obligation de mise en place une instance de représentation du personnel et à l'occasion de la prise en compte des salariés d'entreprises extérieures mis à disposition. De la même manière, le Conseil constitutionnel admet que la communauté de travail peut être définie différemment selon le droit en cause[6].

On relèvera enfin que les juges invoquent parfois le principe de participation pour en assurer l'effectivité dans l'application d'une disposition légale. Ainsi la Cour de cassation y fait-elle référence pour contrôler les accords collectifs[7], ou le protocole préélectoral ; par exemple, un protocole d'accord préélectoral ne peut pas opérer une division en collèges des salariés de l'établissement qui prive certains salariés du droit de vote.

1. Le Conseil constitutionnel a fait référence pour la première fois à ce principe dans sa décision relative à la loi sur l'emploi des jeunes : Cons. const. 5 juill. 1977, n° 77/79 DC, *Loi portant diverses dispositions en faveur de l'emploi des jeunes et complétant la loi n° 75-574 du 4 juillet 1975 tendant à la généralisation de la sécurité sociale*, CONFORMITÉ, *JO* 6 juill., p. 3560 ; *Rec.* 35 ; *D.* 1979, Jur. 41 note L. Hamon ; *RD publ.* 1978. 825, comm. L. Favoreu ; *JCP* 1979. II. 19186, note M. Debène.
2. V. Ogier-Bernaud, « De quelques apports estivaux du droit constitutionnel au droit du travail », *Dr. soc.* 2009. 225.
3. Cons. const. 5 juill. 1977, n° 77/79 DC, préc.
4. Cons. const. 25 juill. 1989, n° 89-257 DC, *Loi modifiant le code du travail et relative à la prévention du licenciement économique et au droit à la conversion*, CONFORMITÉ, *JO* 28 juill., p. 9503 ; *Rec.* 59 ; *AJDA* 1989. 796, note F. Benoit-Rôhmer ; *Dr. soc.* 1989. 627 ; *Dr. soc.* 1989. 701. note X. Prétot.
5. Cons. const. 16 déc. 1993, n° 93-328 DC, *Loi quinquennale relative au travail, à l'emploi et à la formation professionnelle*, NON-CONFORMITÉ PARTIELLE, *JO* 21 déc., p. 17814 ; *Rec.* 547 ; *Dr. soc.* 1994. 139, ét. X. Prétot ; *RJS* 3/1994, n° 269 ; *JCP E* 1994. III. 66546 ; – Cons. const. 6 nov. 1996, n° 96-383 DC, *Loi relative à l'information et à la consultation des salariés dans les entreprises et les groupes d'entreprises de dimension communautaire, ainsi qu'au développement de la négociation collective*, CONFORMITÉ, *JO* 16 nov., p. 16531 ; *Rec.* 128 ; *D.* 1998. 152, chron. B. Mathieu, obs. J. Trémeau ; *Dr. soc.* 1997. 25, note M.-L. Morin ; *RTD civ.* 1997. 785, obs. R. Libchaber ; *RJS* 1996. 833, n° 1296 ; *Dr. ouvrier* 1996. 479, note G. Lyon-Caen ; *GADT*, 4e éd., Dalloz, 2008, n° 157 – Cons. const. 29 juill. 2005, n° 2005-523 DC, *Loi en faveur des petites et moyennes entreprises*, CONFORMITÉ, *JO* 3 août, p. 12664 ; *Rec.* 137 – Cons. const. 12 janv. 2002, n° 2001-455 DC, *Loi de modernisation sociale*, NON-CONFORMITÉ PARTIELLE, *JO* 18 janv., p. 1053 ; *Rec.* 49 ; *AJDA* 2002. 1163, ét. F. Reneaud ; *D.* 2003. 1129, obs. L. Gay ; *D.* 2002. 1439, chron. B. Mathieu ; *Dr. soc.* 2002. 244, note X. Prétot ; *Dr. soc.* 2002. 258, note A. Lyon-Caen ; *RSC* 2002. 673, obs. V. Bück ; *RSC* 2002. 674, obs. V. Bück ; *RJDA* 2002, n° 366 ; *LPA* 24 sept. 2002, n° 191, p. 15, note B. Mathieu ; *RD publ.* 2002. 635, chron. D. Rousseau ; *RJS* 2002, nos 255, 275, 302, 314 et 325 – POUR AUTANT, la négociation collective ne peut être organisée avec des élus qu'à la condition de n'avoir ni pour objet ni pour effet de porter atteinte à la liberté d'action syndicale, les organisations syndicales ayant comme vocation naturelle la défense des intérêts collectifs des salariés et donc la négociation collective. Le Conseil constitutionnel conjugue ainsi le principe de participation et le principe de la liberté syndicale selon une solution semblable à celle retenue par l'article 5 de la convention 135 de l'OIT.
6. Cons. const. 26 juill. 2013, n° 2013-333 QPC, *M. Philippe M. a., représentation des salariés au conseil d'administration*, CONFORMITÉ, *JO* 28 juill., p. 12663 ; *D.* 2013. 1894 ; *Rev. sociétés* 2014. 112, note F. Petit ; *RJDA* 2013, n° 912 ; *Dr. sociétés* 2013, n° 179, obs. D. Gallois-Cochet ; *BJS* 2013. 721, note M. Roussille.
7. Soc. 16 sept. 2008, n° 07-13.440, P V, n° 162 ; *D.* 2008. 2350 : arrêt selon lequel un accord collectif ne peut interdire à un syndicat d'établir sa représentativité dans le champ considéré (ss l'empire de la législation antérieure à la loi du 20 août 2008).

Les juges peuvent aussi convoquer le principe de participation pour interpréter une disposition légale, telle que celle concernant la nécessaire protection légale des représentants des gérants non salariés désignés en vertu d'un accord collectif national [1].

D'une façon plus générale les liens entre les représentants élus et les représentants syndicaux en France ont toujours suscité des discussions [2], tant sur le fondement de leur légitimité respective et donc le rôle de l'élection, que sur leurs prérogatives propres. La loi du 20 août 2008 [3], en modifiant les critères de représentativité et les conditions de désignation des délégués syndicaux, renouvelle la question de savoir s'il convient de maintenir le dualisme du système de représentation français ou s'il ne serait pas préférable d'instituer une instance unique de représentation du personnel dans l'entreprise [4] qui fusionnerait élus et représentants syndicaux. Ce débat a inspiré l'institution du comité social et économique, et plus particulièrement celle du conseil d'entreprise, et a débouché sur des réformes de la représentation du personnel dans d'autres pays européens [5].

2°
Principe de liberté syndicale

022.101 **Principe.** La liberté syndicale est une liberté publique, reconnue par la Constitution que le Code du travail consacre par ailleurs. Il en résulte que le législateur ne peut y porter atteinte mais qu'il est compétent pour définir les dispositions qui régissent son exercice. La liberté syndicale est à la fois une liberté individuelle qui doit alors se conjuguer avec les autres libertés individuelles [6], et une liberté collective.

022.102 **Dimension individuelle de la liberté syndicale.** Dans sa dimension individuelle, le principe de la liberté syndicale implique le droit d'adhérer et celui de ne pas adhérer au syndicat, ainsi que celui de choisir son syndicat. La Cour de cassation en a déduit des règles spécifiques quant à la preuve de la création de la section syndicale [7]. Lorsque la création de la section est contestée devant un juge, il appartient au syndicat de démontrer l'existence d'une section syndicale. Les éléments qu'il peut produire à cet effet sont versés à la procédure et communiqués aux autres parties en vertu du principe du contradictoire. Cependant, l'organisation syndicale ne peut être contrainte de produire une liste nominative de ses adhérents. En tout état de cause, l'adhésion d'un salarié ne peut être communiquée sans l'accord de l'intéressé. Seul le juge peut prendre connaissance des éléments pouvant permettre l'identification des salariés. Cette exception au principe du contradictoire étant dictée par la liberté d'adhésion syndicale, elle est limitée aux seuls éléments d'identification des adhérents [8]. Cette liberté est protégée par le « principe de non discrimination ». Il est donc interdit à l'employeur de prendre en compte l'appartenance ou l'activité syndicale pour arrêter une décision à l'encontre ou en faveur d'un salarié, quelle qu'elle soit. La jurisprudence assimile largement l'activité des représentants du personnel à une activité syndicale [9]. Toute mesure contraire est nulle.

L'interdiction de prendre en compte l'activité syndicale ou d'édicter des règles ayant pour objet ou

1. Soc. 8 déc. 2009, n° 08-42.089, P V, n° 277 ; *R.*, p. 358 ; *RJS* 2010. 111, rapp. M. Ludet ; *D. actu.* 13 janv. 2010, obs. C. Dechristé ; *D.* 2010. 97.
2. G. Lyon-Caen, « À la recherche des concepts de base du livre IV, du Code du travail (réalités et illusions) », *Mél. J.-M. Verdier,* Dalloz, 2001, p. 81.
3. L. n° 2008-789, 20 août 2008 portant rénovation de la démocratie sociale et réforme du temps de travail, *JO* 21 août, p. 13064.
4. G. Bélier et F. Petit, « Faut-il instaurer un canal unique de représentation dans l'entreprise ? », *RDT* 2010. 76 – V. le débat sur l'établissement distinct pour la désignation du délégué syndical, qui pour certain préfigurerait une fusion des institutions représentatives élues et syndicales.
5. SUR LES SOLUTIONS dans d'autres pays : R. Hadas-Lebel, *Pour un dialogue social efficace et légitime : représentativité et financement des organisations professionnelles et syndicales,* Rapport au Premier ministre, La Documentation française, mai 2006.
6. Soc. 10 oct. 1990, n° 88-41.426, P V, n° 434 ; *RJS* 1990. 663, n° 1014 ; *JCP* 1990. IV. 389 – Soc. 4 nov. 1992, n° 90-41.899, P V, n° 529 ; *GADT,* 4e éd., Dalloz, 2008, n° 194 [DÉJÀ 3e éd., 2004, n° 188] ; *JCP E* 1993. II. 420, note J. Savatier ; *Dr. soc.* 1992. 1007 ; *CSB* 1993, 5, A. 2 – Soc. 25 févr. 2003 ; *GADT,* 4e éd., Dalloz, 2008, n° 198 [DÉJÀ 3e éd., 2004, n° 192] ; *D.* 1996. 75, note B. Mathieu ; *Dr. soc.* 1995. 835, obs. J.-E. Ray ; *Dr. soc.* 1996. 37, note Ch. Radé ; *RDSS* 1996. 115, obs. J.-M. Lhuillier ; *RTD civ.* 1996. 153, obs. J. Mestre – Soc. 7 juin 1995, n° 93-46.448, P V, n° 180 ; *GADT,* 4e éd., Dalloz, 2008, n° 197 ; *Dr. adm.* 1995. 579, note X. Prétot ; *D.* 1996. 75, note B. Mathieu ; *Dr. soc.* 1996. 37, note Ch. Radé ; *RJS* 1995. 607, n° 933 ; *RJS* 1995. 564, Chron. J. Déprez ; *JCP E* 1995. I. 499, n° 8, obs. B. Teyssié ; *Dr. ouvrier* 1996. 94, note L. Milet ; *RTD civ.* 1996. 153, obs. J. Mestre ; *RDSS* 1996. 115, obs. J.-M. Lhuillier – Soc. 12 mars 1996, n° 93-41.670, P V, n° 88 ; *Dr. soc.* 1996. 541 ; *RJS* 1996. 263, n° 439 – Cons. const. 16 août 2007, n° 2007-556 DC, *Loi sur le dialogue social et la continuité du service public dans les transports terrestres réguliers de voyageurs,* CONFORMITÉ, *JO* 22 août, p. 13971 ; *D.* 2007. 3033, obs. E. Dockès, F. Fouvet, C. Géniaut et A. Jeammaud ; *D.* 2008. 2025, obs. V. Bernaud et L. Gay ; *Dr. soc.* 2007. 1221, ét. V. Bernaud ; *RFDA* 2007. 1283, chron. A. Roblot-Troizier ; *RD transp.* 2007, n° 180, obs. L. Grard – AUSSI : Soc. 20 mai 1955, P IV, n° 427 ; *GADT,* 4e éd., Dalloz, 2008, n° 199 [DÉJÀ 3e éd., 2004, n° 193] ; *Dr. soc.* 1955. 568.
7. Soc. 8 juill. 2009, nos 09-60.011, 09-60.031, 09-60.032, préc.
8. Soc. 14 nov. 2012, n° 11-20.391, P V, n° 293 ; *D.* 2012. 2745 ; *D.* 2013. 2599, obs. P. Lokiec et J. Porta ; *Dr. soc.* 2013. 73, obs. F. Petit ; *Dr. soc.* 2013. 75, obs. F. Petit ; *RJS* 2013. 56, n° 55 ; *JCP S* 2013. 1062, note B. Gauriau.
9. Soc. 4 juill. 2000, nos 97-44.846, 98-44.959, P V, n° 263 ; *D.* 2000. 258 ; *Dr. soc.* 2000. 1152, obs. M.-T. Lanquetin ; *RJS* 11/00, nos 1066 et 1109 ; *SSL* 2000. 1005.

pour effet d'inciter à adhérer ou à démissionner d'un syndicat s'applique de façon générale. Les dispositions d'un accord collectif ne sauraient comporter une telle incitation.

Dans sa dimension individuelle, la liberté syndicale implique aussi que la liberté individuelle de choix du syndicat soit toujours préservée. Mais le fait que le législateur pose des conditions à l'exercice de certains droits dans l'entreprise, par exemple limite dans les entreprises de moins de 50 salariés la possibilité de désigner un délégué syndical en la personne d'un délégué du personnel, ne porte pas atteinte à cette liberté individuelle dès lors que le salarié peut toujours adhérer au syndicat de son choix [1].

Les dispositions de la loi du 20 août 2008 [2] ont conduit à s'interroger sur l'éventuelle atteinte à la liberté individuelle d'adhésion qui pourrait résulter de l'existence d'un critère de représentativité fondé sur l'audience. Le Conseil constitutionnel a jugé qu'un tel critère n'affectait pas la liberté individuelle au motif que la représentativité est l'aptitude à représenter une collectivité de salariés, indépendamment de l'acte d'adhésion [3].

022.103 Dimension collective de la liberté syndicale. Dans sa dimension collective, la liberté syndicale emporte d'abord la liberté d'organisation syndicale qui bénéficie tant aux salariés qu'aux employeurs.

Pour se prévaloir de cette liberté, une organisation doit avoir une cause et un objet licites : elle doit donc être constituée pour la défense des intérêts des salariés et non dans un objectif essentiellement politique et respecter les droits et libertés fondamentaux. L'arrêt de la Chambre mixte du 10 avril 1998 [4] a eu une incidence sur l'interprétation du critère du respect des valeurs républicaines introduit par la loi du 20 août 2008 [5]. La jurisprudence a en effet estimé que ce critère n'était pas rempli lorsque le syndicat poursuivait un objectif illicite contraire aux valeurs républicaines [6]. Mais la jurisprudence n'a pas défini davantage quelles étaient ces valeurs. Elle a également précisé que l'organisation ne pouvait revendiquer d'exercer les droits syndicaux que si son objet était conforme à celui d'un syndicat, tel qu'il ressort de l'article L. 2131-1 du Code du travail : « les syndicats professionnels ont exclusivement pour objet l'étude et la défense des droits ainsi que des intérêts matériels et moraux, tant collectifs qu'individuels, des personnes mentionnées dans leurs statuts ». Dès lors, une organisation dont l'objet est exclusivement de proposer des services rémunérés d'assistance juridique n'est pas un syndicat [7].

022.104 Vigilance du juge à propos du respect de la liberté syndicale. La liberté syndicale emporte le droit de créer des unions de syndicats qui est affirmé par la loi de 1884 sur la liberté syndicale, mais également par la Convention 98 de l'OIT. Ces unions sont dotées des mêmes prérogatives que les syndicats sous réserve du respect des formalités légales de constitution et de publicité des syndicats.

La Cour de cassation a aussi rattaché au principe de la liberté syndicale la possibilité donnée au syndi-

1. Soc. 25 janv. 2012, n° 11-40.088 QPC, P V, n° 29 ; *Dr. soc.* 2012. 924, Chron. G. Dumortier, C. Landais, P. Florès et Y. Struillou.
2. L. n° 2008-789, 20 août 2008, préc.
3. DE MÊME le Conseil constitutionnel a-t-il rejeté une QPC sur la nécessité d'un accord collectif pour diffuser des informations syndicales sur l'intranet de l'entreprise, en relevant que cette diffusion doit être compatible avec le bon fonctionnement du réseau de l'entreprise, et que les modalités de la diffusion doivent préserver la liberté de choix d'accepter ou de refuser le message : Cons. const. 27 sept. 2013, n° 2013-345 QPC, *Syndicat national Groupe Air France CFTC, communication syndicale par voie électronique dans l'entreprise,* CONFORMITÉ, *JO* 1er oct., p. 16307 ; *Rec.* 948 ; *D.* 2013. 2229 ; *RDT* 2014. 124, obs. I. Odoul-Asorey ; *Constitutions* 2013. 597, obs. Ch. Radé et P. Gervier ; *Légipresse* 2013. 590 ; *Dr. soc.* 2015. 516, obs. J.-E. Ray ; *JCP E* 2013. 1607, note T. Lamarche ; *CCE* 2013. Comm. 131, note E.-A. Caprioli.
4. Cass., ch. mixte, 10 avr. 1998, n° 97-17.870, P n° 2 ; *GADT,* 4e éd., Dalloz, 2008, n° 123 [déjà 3e éd., 2004, n° 117] ; *BICC* 1er juill. 1998, rapp. J. Merlin ; *D.* 1998. 389, note A. Jeammaud, *D.* 1998. IR 126 ; *AJFP* 1998. 81 ; *AJFP* 1998. 82, note F. Mallol ; *RJS* 1998. 481, n° 754 ; *CSB* 1998, 177, A. 37, note A. Philbert ; *Dr. soc.* 1998. 565, obs. J. Merlin – AUSSI : Cass., ch. mixte, 10 avr. 1998, n° 97-13.137, P n° 1 ; *BICC* 1er juill. 1998, concl. Ph. de Caigny, rapp. Ancel ; *JCP E* 1998, n° 31, p. 1259, note M. Menjucq ; *R.* 1998, p. 59, Ph. de Caigny ; *Dr. soc.* 1998. 565, rapp. J. Merlin ; *RDSS* 1998. 864, obs. E. Alfandari.
5. L. n° 2008-789, 20 août 2008 portant rénovation de la démocratie sociale et réforme du temps de travail, *JO* 21 août, p. 13064.
6. Soc. 13 oct. 2010, n° 10-60.130, P V, n° 235 ; *D.* 2011. 289, obs. L. Perrin, note F. Petit ; *Dr. soc.* 2011. 112, obs. Ch. Radé ; *RDT* 2010. 728, obs. H. Tissandier ; *SSL* 2010, n° 1463, p. 9, obs. S. Bateman ; *Dr. ouvrier* 2010. 686, note J.-P. Leduc.
7. Soc. 15 nov. 2012, n° 12-27.315, P V, n° 296 ; *JCP S* 2012, n° 1533, p. 25 à 31 ; l'avis de l'avocat général est paru dans, *JCP* 2012, n° 1380 ; *D.* 2012. 2745 ; *RDT* 2013. 277, obs. M. Grévy ; *SSL* 2012, n° 1561, p. 9, avis B. Aldigé ; *Dr. soc.* 2013. 69-70, note F. Petit ; *D.* 2013. 114, note L. Pécaut-Rivolier ; – IL EST INTÉRESSANT DE NOTER QUE cette décision, qui concernait le « Syndicat anti-précarité », reposait sur l'examen des statuts de ce syndicat, et des actions qu'il menait. Par la suite, le syndicat anti-précarité a modifié ses statuts, et pu démontrer qu'il avait initié effectivement des actions relevant de la qualité de syndicat, notamment en créant des sections syndicales d'entreprise et en se présentant aux élections. – La chambre sociale a alors validé sa qualité de syndicat, mais au-delà du cas particulier de ce syndicat, le principe demeure de ce que la liberté d'organisation des syndicats n'empêche pas le contrôle de ce que leur objet est conforme à ce que doit être l'objet d'un syndicat dans la défense des intérêts des salariés : Soc. 4 déc. 2013, n° 13-14.401, NP.

cat d'agir dans l'intérêt collectif de la profession qu'il représente prévue par l'article L. 2132-3 du Code du travail[1] ainsi que la liberté de désigner les représentants du syndicat conformément à la convention n° 87[2] de l'OIT. La jurisprudence considère depuis longtemps que la loi permet la désignation d'un délégué syndical mais ne l'impose pas et qu'il appartient à l'organisation syndicale qui utilise cette faculté d'apprécier si un salarié qui ne travaille pas en permanence dans l'entreprise est en mesure d'y remplir sa mission syndicale[3]. Sous l'empire de la loi de 2008, la Cour de cassation a tenu à réaffirmer ce libre choix syndical. Elle a ainsi jugé qu'il n'appartient qu'au syndicat d'apprécier, dès lors qu'une personne remplit les conditions pour être désignée délégué syndical, si elle est en mesure de remplir cette fonction[4].

Cette liberté n'exclut pas que le législateur puisse définir les conditions légales que doit remplir ce délégué. L'article L. 2143-3[5] du Code du travail, issu de la loi du 20 août 2008, selon lequel un syndicat représentatif doit désigner comme délégué syndical un candidat aux élections professionnelles qui a obtenu 10 % des voix aux dernières élections dans l'entreprise ou l'établissement avait été contesté mais dans sa décision du 12 novembre 2010 le Conseil constitutionnel[6] a considéré que le législateur pouvait subordonner le choix du délégué syndical à cette condition sans méconnaître le principe de la liberté syndicale[7].

Enfin dans sa dimension collective, la liberté syndicale est aussi une liberté d'action. Cette liberté fonde ainsi l'action dans l'intérêt collectif de la profession[8].

022.105 Compatibilité de la liberté syndicale et d'une condition de représentativité. Le Conseil constitutionnel avait déjà eu l'occasion de préciser que le législateur pouvait réserver l'exercice de certaines prérogatives aux syndicats représentatifs[9].

La réforme résultant de la loi du 20 août 2008[10] n'a pas été critiquée devant le Conseil constitutionnel sur ce point, mais sur l'institution d'un critère tiré de l'audience aux élections professionnelles, au motif qu'un tel critère conduisait à subordonner l'exercice de prérogatives syndicales au pouvoir des représentants élus. Le Conseil constitutionnel, dans sa décision du 14 décembre 2006, avait d'ailleurs clairement admis que l'audience à une élection pouvait être un critère de représentativité. Saisi avant la promulgation de la loi du 20 août 2008, le Conseil n'avait, dans sa décision du 6 août 2008, relevé aucune méconnaissance d'un principe de valeur constitutionnelle ; la réforme des critères de la représentativité étant l'élément central de ce texte, on pouvait en déduire que le critère de l'audience ne méconnaissait aucun principe constitutionnel. La Cour de cassation a d'ailleurs refusé, par son arrêt du 18 juin 2008[11], de renvoyer la question prioritaire de constitutionnalité posée sur ce point.

Dans ses décisions du 7 octobre 2010[12] et du 12 novembre 2010[13], le Conseil constitutionnel, par un *obiter dictum*, a confirmé d'abord que le législateur pouvait soumettre l'exercice de prérogatives syndicales à une condition de représentativité.

1. Soc. 5 juin 2013, n° 12-27.478 QPC, P V, n° 148 ; *D.* 2014. 286 ; *RDT* 2014. 484, obs. M. Grévy ; *RJS* 4/14, n° 328.
2. Conv. 87 de l'OIT, préc.
3. Soc. 27 mai 2009, n° 08-60.569, P V, n° 140 ; *RDT* 2009. 530, obs. E. Peskine ; *RJS* 2009. 646, n° 732.
4. Soc. 17 avr. 2013, n° 12-22.699, P V, n° 104 ; *D.* 2013. 1072 ; *D.* 2013. 2599, obs. P. Lokiec et J. Porta ; *Dr. soc.* 2013. 560, obs. F. Petit ; *RDT* 2013. 495, obs. M. Grévy ; *RJS* 7/13, n° 550. La règle a été étendue en ce qui concerne le choix du délégué syndical dans les entreprises de moins de 50 salariés, le délégué syndical devant alors être désigné parmi les élus du CSE : Soc. 19 avr. 2023, n° 21-17.916, P.
5. C. trav., art. L. 2143-3 ; mod. par L. n° 2008-789, 20 août 2008, art. 5 ; puis not. mod. par L. n° 2018-217, 29 mars 2018, art. 6.
6. Cons. const. 12 nov. 2010, n° 2010-63/64/65 QPC, *Fédération nationale CFTC de syndicats de la métallurgie, représentativité syndicale,* CONFORMITÉ – NON-LIEU À STATUER, *JO* 13 nov., p. 20238, *Rec.* 326, points 5, 9 et 10 ; *D.* 2011. 1713, obs. V. Bernaud et L. Gay ; *Constitutions* 2011. 89, obs. Ch. Radé ; – DEPUIS, LE LÉGISLATEUR A LARGEMENT ASSOUPLI cette condition d'audience personnelle : L. n° 2018-217, 29 mars 2018 ratifiant diverses ordonnances prises sur le fondement de la loi n° 2017-1340 du 15 septembre 2017 d'habilitation à prendre par ordonnances les mesures pour le renforcement du dialogue social, *JO* 31 mars, n° 1.
7. Soc. 27 févr. 2013, n° 12-15.807, P V, n° 65 ; *JCP* 2013, n° 609, note G. Dedessus-Le-Moustier ; *JCP S* 2012. Actu. 124 ; *D.* 2013. Actu. 645 ; *D.* 2013. 2599, obs. P. Lokiec et J. Porta ; *Dr. soc.* 2013. 468, obs. F. Petit ; *RJS,* n° 5/13, p. 283, note Y. Struillou.
8. Soc. 5 juin 2013, n° 12-27.478 QPC, préc.
9. Cons. const. 14 déc. 2006, n° 2006-544 DC, *Loi de financement de la sécurité sociale pour 2007,* NON-CONFORMITÉ PARTIELLE, *JO* 22 déc., p. 19356 ; *AJDA* 2007. 1643, note P. Luppi ; *D.* 2007. 1166, obs. V. Bernaud, L. Gay et C. Severino ; *RFDA* 2007. 134, ét. J.-E. Schoettl ; *RJS* 2/07, n° 301 ; *JCP* 2007. I. 134, note B. Mathieu ; *LPA* 2 mars 2007, n° 45, p. 3, note M. Disant ; *RD publ.* 2007. 571, note J.-P. Camby ; *RFDC* 2007. 749, note Ph. Luppi ; *RFFP* 2007, n° 97, p. 265, note X. Prétot – Cons. const. 16 août 2007, n° 2007-556 DC, préc. ; à propos du dépôt de préavis de grève dans le secteur public réservé aux organisations syndicales représentatives.
10. L. n° 2008-789, 20 août 2008, préc.
11. Cass., ass. plén., 18 juin 2010, n°s 10-40.005, 10-40.006, 10-40.007, P ; *D.* 2010. Jur. 2264, note V. Bernaud et F. Petit ; *D.* 2011. Pan. 840, obs. Équipe de recherche en droit social de Lyon 2 ; *RDT* 2010. 564, J.-M. Béraud ; *SSL* 2010, n° 1453, p. 7, obs. J.-F. Akandji-Kombé.
12. Cons. const. 7 oct. 2010, n° 2010-42 QPC, *CGT-FO a.* [Représentativité des syndicats], CONFORMITÉ, *JO* 8 oct., p. 18235 ; *Rec.* 278 ; *D.* 2011. 1713, obs. V. Bernaud et L. Gay ; *D.* 2012. 901, obs. P. Lokiec et J. Porta ; *Constitutions* 2011. 89, obs. Ch. Radé.
13. Cons. const. 12 nov. 2010, n° 2010-63/64/65 QPC, préc.

Il a relevé ensuite que dans le cadre d'une réforme visant à donner une plus grande légitimité à la négociation collective, aucune disposition constitutionnelle n'imposait que la représentativité d'un syndicat soit appréciée indépendamment de son audience, et que ce critère ne portait pas atteinte à la liberté d'adhérer ou de ne pas adhérer à un syndicat. La décision du Conseil constitutionnel combine ainsi le principe de participation, qui commande l'exercice des droits collectifs des salariés, dont les délégués ne sont que les agents, et le principe de la liberté syndicale des mêmes salariés. Cette solution se comprend dès lors que la condition de représentativité est une condition de la négociation collective conduite dans l'intérêt de tous les salariés de la collectivité. Enfin, le juge constitutionnel a relevé que le critère de l'audience n'est entaché d'aucune erreur manifeste d'appréciation compte tenu de la volonté du législateur de favoriser les regroupements syndicaux. Cette décision importante confirme le changement de la conception de la représentativité syndicale qui préside à la réforme de la loi du 20 août 2008.

Sous l'empire de l'ancien régime de la présomption de représentativité, la Cour de cassation avait jugé, en application de l'alinéa 6 du Préambule de 1946, que si le législateur peut instituer une présomption de représentativité par affiliation, un syndicat qui n'en bénéficie pas peut toujours prouver sa représentativité dans la collectivité où il entend exercer les prérogatives reconnues aux syndicats représentatifs[1]. La question s'est posée de savoir si la présomption de représentativité prévue par la loi du 20 août 2008, pendant la période transitoire jusqu'aux premières élections professionnelles dans l'entreprise, interdisait aux syndicats qui n'en bénéficiaient pas d'établir leur représentativité. Se fondant cette fois sur les sixième et huitième alinéas du Préambule de 1946, la Cour de cassation a admis que ces syndicats pouvaient accéder à cette représentativité, soit en en rapportant la preuve conformément aux dispositions nouvelles – à l'exception du seul critère d'audience – soit en établissant son affiliation à une organisation bénéficiant elle-même du régime transitoire de présomption[2]. En effet, l'accès à la représentativité, qui commande la possibilité pour un syndicat de négocier, doit être ouvert à tous les syndicats, sous réserve qu'ils en remplissent les critères. Sous l'empire de la loi du 20 août 2008, cette égalité d'accès est assurée par les dispositions relatives aux élections professionnelles.

3°
Principe d'égalité entre syndicats

022.111 **Principe.** En application du principe d'égalité, conjugué avec celui de la liberté syndicale, il est interdit de réserver certains avantages à des syndicats ayant signé un accord, car cela aurait pour objet ou pour effet d'inciter à l'adhésion à un syndicat. S'agissant de la distinction entre les syndicats représentatifs et les syndicats qualifiés, il convient de distinguer selon l'objet de l'avantage. Si cet objet est de même nature que les avantages prévus par la loi pour tous les syndicats qu'ils soient ou non représentatifs, tous les syndicats doivent en bénéficier. En revanche, si cet avantage est lié à la représentativité du syndicat, il peut être réservé aux syndicats représentatifs. Entre syndicats représentatifs il est possible aussi de faire des différences fondées sur des critères objectifs. Ce principe d'égalité s'impose en premier lieu au législateur, ce qui ne l'empêche pas évidemment de traiter différemment des personnes placées dans des situations différentes soient traitées différemment pour des « motifs d'intérêt général », mais à condition que la mesure introduisant une différenciation soit en rapport direct avec l'objet de la loi.

Le législateur peut ainsi prévoir des modalités différentes de représentation selon la taille de l'entreprise, des règles particulières de décompte de l'effectif pour certaines catégories de personnel, ou des règles particulières d'électorat ou d'éligibilité pour les salariés des entreprises extérieures mis à disposition. Il peut aussi dans les conditions visées *supra* traiter de façon différenciée les syndicats représentatifs et les syndicats non considérés comme représentatifs. Quant à la Cour de cassation, elle a admis que certains avantages pouvaient être réservés aux syndicats représentatifs s'ils sont liés à l'exercice de prérogatives réservé par la loi aux syndicats représentatifs. En particulier un accord peut réserver un avantage à ces derniers[3].

Cette distinction n'est possible que si l'objet de l'avantage n'est pas de même nature que l'objet des avantages légaux ouverts à tous les syndicats. Ainsi, les moyens d'action syndicale que la loi attache à la création de la section syndicale, tel le droit de communication et de diffusion syndicale sont ouverts à tous les syndicats, on ne peut donc réserver l'accès à l'intranet de l'entreprise aux seuls syndicats représentatifs[4]. Le respect du principe d'égalité s'impose à l'employeur. Dès lors, lorsqu'il a accepté qu'un

1. Soc. 16 sept. 2008, n° 07-13.400, P V, n° 162.
2. Deux arrêts : Soc. 10 mars 2010, n°s 09-60.246, 09-60.045, P V, n° 62 ; *D.* 2010. 820, obs. B. Ines ; *Dr. soc.* 2010. 548, note M.-L. Morin ; *RDT* 2010. 308, obs. G. Borenfreund ; *JCP S* 2010. 1204, obs. B. Gauriau ; *JSL* 2010, n° 276-4.
3. Soc. 22 sept. 2010, n° 09-60.410, P V, n° 194 ; *RJS* 2010, n° 871 ; *D.* 2010. 2233 ; *Dr. soc.* 2011. 114, obs. F. Petit ; *JCP S* 2010. 1499, obs. B. Gauriau.
4. Soc. 14 janv. 2014, n° 13-60.165, P V, n° 7 ; *D.* 2014. 2374, obs. P. Lokiec et J. Porta ; *RJS* 2014. 201, n° 249.

syndicat représentatif bénéficie d'avantages supplémentaires, il doit les reconnaître à tous les syndicats représentatifs[1]. Par exemple, s'il a accepté la désignation par un syndicat d'un nombre de délégués syndicaux supérieurs à celui prévu par la loi, il doit accorder la même faculté aux autres syndicats dans les mêmes conditions. Il ne peut revenir sur cette tolérance qu'à condition d'avoir averti tous les syndicats à l'avance et dans le respect du principe d'égalité.

022.112 **Syndicats catégoriels.** La question du respect du principe d'égalité a pu être évoquée à propos du particularisme de la situation des syndicats catégoriels. Le Code du travail prévoit depuis longtemps l'obligation de créer un collège spécifique pour les cadres lorsque leur nombre est supérieur à 25 dans une entreprise ou un établissement. Depuis la loi du 20 août 2008, l'existence de collèges réservés à des catégories de personnel aux élections professionnelles, qui en elle-même n'a jamais été critiquée, a pris une importance nouvelle. En l'absence de toute disposition spécifique, les syndicats catégoriels, spécialement les syndicats de cadres et les syndicats de « métiers » reconnus jusque-là comme représentatifs n'auraient pas pu atteindre, dans de nombreux cas, le seuil de 10 % des suffrages exprimés appréciés tous collèges confondus et auraient alors perdu leur représentativité.

Les signataires de la Position commune avaient admis une exception limitée, spécialement conçue pour les syndicats de cadres affiliés à la CFE-CGC, confédération considérée jusque-là comme représentative. Cette exception a été reprise par la loi du 20 août 2008[2]. Elle permet aux syndicats catégoriels, affiliés à une organisation nationale catégorielle interprofessionnelle, de mesurer leur audience dans les seuls collèges où leurs statuts leur donnent vocation à présenter des candidats[3]. En pratique, la condition d'affiliation à une organisation nationale catégorielle interprofessionnelle réserve cette possibilité aux seuls syndicats affiliés à la CFE-CGC qui statutairement peuvent présenter des candidats dans les collèges cadres, techniciens et agents de maîtrise. Mais elle exclut que tout autre syndicat catégoriel, et en particulier un syndicat représentant un métier ou une profession particulière, qu'il soit autonome ou affilié à une confédération inter-catégorielle, puisse bénéficier de cette disposition.

La loi a prévu en outre deux exceptions, limitées en faveur de syndicats de métiers suffisamment influents. Il s'agit, d'une part, des journalistes[4] qui sont soumis à un statut légal particulier, mais ce texte n'impose pas la création d'un collège propre. Il s'agit d'autre part, du personnel navigant technique qui, après la modification de l'article L. 423-8[5] du Code de l'aviation civile[6], a la possibilité d'élire ses représentants au sein d'un collège spécial dès lors que le nombre de salariés relevant de cette catégorie est au moins égal à 25 dans l'entreprise. Les syndicats présentant des candidats dans ces collèges peuvent ainsi mesurer leur représentativité dans ce seul collège. Compte tenu de la différence de traitement qui résulte de l'article L. 2122-2 du Code du travail entre ces syndicats catégoriels ou de métier et les syndicats catégoriels affiliés à une confédération généraliste, et du principe de la libre constitution des syndicats qui peuvent regrouper librement des personnes exerçant le même métier, les dispositions de la loi du 20 août 2008[7] ont fait l'objet de plusieurs questions prioritaires de constitutionnalité, que la Cour de cassation a estimées sérieuses et renvoyées au Conseil constitutionnel[8].

Le premier arrêt de renvoi du 8 juillet 2010[9] portait sur la question posée par la situation d'un syndicat « généraliste », qui ne peut pas se prévaloir du score électoral du 10 % obtenu dans le collège cadre pour établir sa représentativité. Les trois autres arrêts de renvoi du 20 septembre 2010[10] portaient sur les règles applicables à des syndicats catégoriels affiliés à une confédération inter-catégorielle et à un syndicat catégoriel autonome (le syndicat du personnel navigant commercial).

Dans sa décision du 7 octobre 2010, le Conseil constitutionnel, appliquant sa jurisprudence traditionnelle en matière de respect du principe d'égalité, a considéré que les syndicats catégoriels qui, en vertu de leurs statuts, ont vocation à présenter des candidats dans certains collèges et qui sont affiliés à

1. Soc. 5 mai 2004, n° 03-60.175, P V, n° 119 ; *D.* 2004. 1564 ; *Dr. soc.* 2004. 694, obs. A. Jeammaud ; *RJS* 2004. 562, n° 829.
2. L. n° 2008-789, 20 août 2008, préc.
3. C. trav., art. L. 2122-2.
4. C. trav., art. L. 7111-7.
5. C. aviat., art. L. 423-8 ; abrogé par ord. n° 2010-1307, 28 oct. 2010, art. 7.
6. L. n° 2009-1503, 8 déc. 2009 relative à l'organisation et à la régulation des transports ferroviaires et portant diverses dispositions relatives aux transports, *JO* 9 déc., art. 46 modifiant l'article L. 423-8 du Code de l'aviation civile.
7. L. n° 2008-789, 20 août 2008, préc.
8. J.-M. Béraud, « Les nouvelles règles relatives à la représentativité syndicale et à la représentation catégorielle sont-elles compatibles avec la Constitution ? », *RDT* 2010. 564.
9. Cass., ass. plén., 8 juill. 2010, n° 10-60.189, P ; *D.* 2010. 2264, obs. B. Ines, note V. Bernaud et F. Petit ; *D.* 2010. 2264, note V. Bernaud et F. Petit ; *D.* 2011. 840, obs. Équipe de recherche en droit social de Lyon 2 ; *RDT* 2010. 564, rapp. J.-M. Béraud.
10. Soc. 20 sept. 2010, n° 10-18.699, NP, *D.* 2012. 2622, obs. P. Lokiec et J. Porta ; *Dr. soc.* 2012. 213, obs. F. Petit – Soc. 28 sept. 2010, n° 10-19.113, préc. – Soc. 20 sept. 2010, n° 10-40.023, NP.

une organisation catégorielle nationale interprofessionnelle ne sont pas dans la même situation que les syndicats affiliés à des organisations nationales intercatégorielles, et que le législateur avait pu les traiter de façon différente, dans la mesure où cette différence était en rapport direct avec l'objet de la loi. Dans sa décision ultérieure du 12 novembre 2010, statuant sur les trois autres questions, le Conseil constitutionnel a décidé qu'il n'y avait pas lieu à statuer, dès lors qu'il avait déjà admis la conformité de cette disposition. Le considérant du Conseil constitutionnel est succinct et se borne à un rappel des dispositions de l'article L. 2122-2 du Code du travail, pour en déduire l'existence d'une différence de situation, et à l'affirmation d'un rapport avec l'objet de la loi, à savoir l'introduction de nouveaux critères de représentativité syndicale, tel que l'audience aux élections professionnelles.

Ces décisions ont pu être critiquées dans la mesure où elles confèrent un « privilège » à la CFE-CGC et aux syndicats de représentants des personnes exerçant le même métier pour lequel le législateur a spécialement prévu la constitution d'un collège particulier[1]. S'agissant de la CFE-CGC, la solution peut se comprendre pour des raisons historiques, compte tenu de l'existence du régime de retraite particulier dont bénéficient les cadres. La question sous-jacente posée par ces exceptions est celle de savoir s'il y a lieu de favoriser le développement d'un syndicalisme catégoriel ou de métiers au lieu du syndicalisme « d'industrie » à vocation inter-catégorielle qui caractérise le système français. La loi du 20 août 2008 repose clairement sur la seconde option. La Cour de cassation fait d'ailleurs une application stricte de dispositions légales[2].

022.113 Désignation d'un défenseur syndical. C'est en raison d'une méconnaissance du principe d'égalité que le Conseil constitutionnel, dans une décision QPC du 14 septembre 2021, a déclaré contraires à la Constitution les dispositions de l'article L. 1453-4 du Code du travail qui énonçaient, à propos des modalités de désignation du défenseur syndical, qu'« il est inscrit sur une liste arrêtée par l'autorité administrative sur proposition des organisations d'employeurs et de salariés représentatives au niveau national et interprofessionnel, national et multiprofessionnel ou dans au moins une branche, dans des conditions définies par décret ». Considérant que le critère de représentativité au niveau national et interprofessionnel, national et multiprofessionnel ou dans au moins une branche ne traduisait pas la capacité d'une organisation syndicale à désigner des candidats aptes à assurer la fonction de défenseur syndical, le Conseil constitutionnel a retenu que le texte établissait ainsi une différence de traitement entre ces organisations et les autres organisations syndicales et que cette différence n'était pas justifiée par un motif d'intérêt général, ni n'était en rapport avec l'objet de la loi[3].

C. Contrôle des normes constitutionnelles

022.121 Rôle du Conseil constitutionnel. Le contrôle du respect des normes constitutionnelles est le fait du Conseil constitutionnel soit dans le cadre du contrôle classique préalable à la promulgation de la loi soit dans celui de la mise en œuvre de l'article 61-1 de la Constitution, introduit par la loi constitutionnelle du 23 juillet 2008[4]. La procédure de la Question Prioritaire de Constitutionnalité (QPC) a été utilisée dans le cadre de litiges nés de la mise en œuvre de la loi du 20 août 2008, mais aussi pour s'assurer de la conformité de dispositions plus anciennes.

Toutefois, le Conseil constitutionnel a toujours refusé de procéder, dans le cadre du contrôle de constitutionnalité *a priori*, au contrôle du respect par les dispositions législatives des engagements internationaux. Dans une décision du 12 mai 2010, le Conseil constitutionnel a clairement réaffirmé que : « L'autorité qui s'attache aux décisions du Conseil constitutionnel en vertu de l'article 62 de la Constitution ne limite pas la compétence des juridictions administratives et judiciaires pour faire prévaloir ces engagements sur une disposition législative incompatible avec eux, même lorsque cette dernière a été déclarée conforme à la Constitution. »

Cette solution devrait s'appliquer pour le contrôle du respect par la loi de l'ensemble des engagements internationaux.

1. S'agissant du personnel navigant commercial, seul l'article L. 2122-2 du Code du travail a été critiqué devant le Conseil constitutionnel, à l'exclusion de l'article L. 423-8 du Code de l'aviation civile prévoyant la constitution d'un collège spécifique pour le personnel navigant technique dont le nombre est au moins égal à vingt-cinq – P.-H. Antonmattei, « Négociation collective et syndicats catégoriels : le début des ennuis », *Dr. soc.* 2011. 89 – G. Artero, S. Béal, « Doit-on maintenir des règles particulières pour les syndicats catégoriels ? », *RDT* 2010. 556.
2. Soc. 14 déc. 2011, n° 10-18.699, P V, n° 301 ; *Dr. soc.* 2012. 213, obs. F. Petit ; *BJT* 11/2021, p. 23, obs. F. Canut ; *D.* 2012. 2622, obs. P. Lokiec et J. Porta ; *RJS* 2012. 163, n° 196.
3. Cons. const. 14 sept. 2021, n° 2021-928 QPC ; *Dr. soc.* 2021. 1045, note F. Petit ; *RJS* 2021. 915 ; *JCP S* 2021. 1271, note Y. Pagnerre ; *JCP E* 2022. 1162, p. 45, obs. L. Dauxerre.
4. L. const. n° 2008-724, 23 juill. 2008 de modernisation des institutions de la Ve République, *JO* 24 juill., p. 11890.

Lorsque les droits et libertés énoncés par les engagements internationaux recoupent ceux énoncés par la Constitution, diverses chronologies sont possibles. La double possibilité de contrôle des normes législatives peut conduire en effet les parties à préférer se situer sur le terrain de la conventionnalité plutôt que sur celui de la constitutionnalité ou inversement dès lors que la question prioritaire ne peut pas être soulevée d'office par le juge. Par ailleurs, une même question peut avoir été posée d'abord sur le terrain de la conventionnalité devant un juge, et l'être ensuite sur celui de la constitutionnalité devant un autre juge. Tel a été le cas de la disposition du Code du travail faisant de l'audience aux élections un critère pour apprécier la représentativité d'une organisation syndicale[1]. Dans ce cas de figure, la position prise par la juridiction saisie de la question de la conventionnalité, qui n'est revêtue de l'autorité de la chose jugée que pour les mêmes les parties, ne s'impose pas juridiquement à la juridiction amenée à se prononcer sur la transmission ou le renvoi de la question prioritaire de constitutionnalité, la décision du Conseil constitutionnel s'imposant quant à elle à toutes les autorités administratives et juridictionnelles.

§ 2
Normes législatives

022.131 Normes légales. Le droit de la représentation du personnel au sens large comporte deux grands ensembles de normes. Les premières sont rassemblées dans le Livre premier de la Deuxième partie du Code du travail relatif aux « Syndicats professionnels »[2]. Les secondes fournissent la matière du Livre troisième de cette même partie consacré aux « Institutions représentatives du personnel ». On trouvera aisément d'autres règles concernant tant le syndicat que les instances de représentation dans les autres parties du Code[3]. Les développements qui suivent s'attacheront principalement aux dispositions du droit français relatives à la liberté syndicale.

022.132 Liberté de création du groupement syndical. Les formalités de constitution d'un groupement syndical sont d'une grande souplesse qu'il s'agisse de la création d'un syndicat ou de la formation d'une union ou d'une fédération syndicale. La logique à l'œuvre est la même qu'en matière d'association puisque les pouvoirs publics n'opèrent aucun contrôle *a priori* sur la fondation du syndicat. Tout au plus, les fondateurs doivent-ils déposer les statuts à la mairie de la localité où le groupement est établi. La dissolution du syndicat est subordonnée à une intervention du juge dans des conditions strictement définies. Cette dissolution peut être statutaire ou volontaire – qui requiert alors l'unanimité des adhérents. Ces deux cas sont rarissimes[4].

Peu fréquente mais plus significative est la dissolution judiciaire qui peut intervenir soit en raison de l'illicéité des dispositions statutaires, soit en raison de fautes commises par les dirigeants et administrateurs. Cette dissolution-sanction ne peut résulter que d'une décision du juge judiciaire[5], saisi par le Procureur de la République sur le fondement de l'article L. 2136-1 du Code du travail[6]. Cette dissolution disciplinaire doit être distinguée de la possibilité donnée à toute personne justifiant d'un intérêt à agir de contester la qualité de syndicat professionnel à un groupement. L'action consiste ici à considérer que le prétendu syndicat a un objet non conforme aux exigences de l'article L. 2131-1 du Code du travail aux termes duquel les syndicats professionnels ont « exclusivement pour objet l'étude et la défense des droits ainsi que des intérêts matériels et moraux, tant collectifs qu'individuels, des personnes visées par leurs statuts ». C'est sur cette base que la qualité de syndicat a été déniée à des groupements par la chambre mixte de la Cour de cassation[7]. Cette liberté de création est renforcée par une liberté d'adhésion que rappelle la Constitution qui est à la fois une liberté d'adhérer et de choisir le syndicat auquel on adhère mais aussi la liberté de ne pas se syndiquer. Cette exigence constitutionnelle s'appuie sur un dispositif juridique de lutte contre les discriminations syndicales rénové par la loi du 16 novembre 2001[8].

1. Soc. 14 avr. 2010, n°s 09-60.426, 09-60.429, préc. – Cass., ass. plén., 18 juin 2010, n° 10-40.007, préc.
2. C. trav., art. L. 2111-1 s., R. 2121-1 s.
3. AINSI, par exemple, à propos de la négociation collective ou de la mise en œuvre des procédures de licenciement collectif.
4. SUR L'HYPOTHÈSE PARTICULIÈRE de la scission syndicale et spécialement celle opérée entre la CFTC et la CFDT en 1964 : Soc. 9 mai 1968, n° 66-13.737, P V, n° 235 ; *Dr. soc.* 1969. 285, note J.-M. Verdier.
5. Garant des libertés individuelles en application de la Constitution.
6. POUR UNE ILLUSTRATION DÉJÀ ANCIENNE : Soc. 6 avr. 1994, n° 91-20.764, P V, n° 137 ; *D.* 1994. 133 ; *RTD com.* 1994. 753, obs. E. Alfandari ; *Dr. soc.* 1994. 567 ; *RJS* 1994. 353, n° 567.
7. À PROPOS notamment des affaires Front national police et Front national pénitentiaire, trois arrêts : Cass., ch. mixte, 10 avr. 1998, n°s 97-16.970, 97-17.272, 97-17.323, P n° 1 ; *D.* 1998. 389, note A. Jeammaud ; *Dr. soc.* 1998. 565, rapp. J. Merlin ; *RJS* 1998. 481, n° 754 ; *CSB* 1998. 177, A. 37, note A. Philbert – n° 97-13.137, préc. – n° 97-17.870, préc. – POSTÉRIEUREMENT, la Cour de cassation a considéré que ne constituait pas un syndicat, un groupement dont les statuts prévoient qu'il a exclusivement pour objet de proposer des services rémunérés d'assistance et de conseil juridique : Soc. 15 nov. 2012, n° 12-27.315, préc. – Cette contestation de la qualité ou la légitimité du syndicat ne doit pas être confondue avec la contestation de sa représentativité.
8. L. n° 2001-1066, 16 nov. 2001 relative à la lutte contre les discriminations, *JO* 17 nov., p. 18311.

022.133 Droit fondamental d'adhérer au syndicat de son choix. Le droit d'adhérer est posé à l'article L. 2141-1 du Code du travail conforté par l'article L. 1132-1 qui interdit toute discrimination dans l'emploi qui serait fondée sur des activités syndicales ou mutualistes. Ce droit est protégé tant lors de l'embauche qu'en cours d'emploi ou lors de la rupture du contrat de travail. Il est en effet interdit à l'employeur de prendre en considération l'appartenance à un syndicat ou l'exercice d'une activité syndicale pour arrêter ses décisions en matière d'embauchage[1], d'organisation du travail, de formation professionnelle, de rémunération, de gestion de carrière ou encore de discipline ou de licenciement[2]. Il s'agit là d'une liberté fondamentale du salarié qui est par ailleurs consolidée par l'interdiction faite à l'employeur d'exercer quelque pression que ce soit à l'encontre (ou en faveur) d'un syndicat. Mais la liberté d'adhésion est aussi le droit de ne pas se syndiquer à laquelle la tradition française est très attachée. Il est dès lors interdit de faire pression en faveur d'un syndicat quelconque[3] ou de payer les cotisations syndicales à la place de son salarié[4]. La méfiance à l'égard de l'employeur va plus loin encore puisque l'article L. 2141-6 du Code du travail interdit tout prélèvement des cotisations directement sur le salaire. La Cour de cassation a également jugé que, si un accord collectif peut instituer des mesures de nature à favoriser l'activité syndicale dans l'entreprise et, dans ce cadre, en vue d'encourager l'adhésion des salariés de l'entreprise aux organisations syndicales, prévoir la prise en charge par l'employeur d'une partie du montant des cotisations syndicales annuelles, c'est à la condition que le dispositif conventionnel ne porte aucune atteinte à la liberté du salarié d'adhérer ou de ne pas adhérer au syndicat de son choix. En cela, elle a décidé que le montant de la participation de l'employeur ne doit pas représenter la totalité du montant de la cotisation due par le salarié[5]. Cette méfiance se retrouve aussi dans l'interdiction des clauses conventionnelles dites d'« entreprise fermée »[6]. Cette conception française de la liberté syndicale explique en partie les difficultés de « recrutement » des organisations syndicales puisqu'il paraît inconcevable de réserver par exemple les avantages résultant d'une convention collective aux seuls adhérents des syndicats signataires.

La liberté syndicale est encore protégée en droit français par l'interdiction de toute discrimination fondée sur l'appartenance ou la non appartenance syndicale. La lutte contre la discrimination syndicale s'appuie sur les articles L. 2141-1 et L. 2141-5 et suivants du Code du travail, spécialement dédiés à la discrimination syndicale et sur l'article L. 1132-1 à vocation plus générale. Les domaines des deux textes se sont sensiblement rapprochés après les directives des 29 juin[7] et 27 novembre 2000[8] et la loi du 16 novembre 2001.

Sont visées par l'article L. 1132-1 du Code du travail les discriminations directes et indirectes[9] et

1. DANS LE CAS PARTICULIER de l'embauche, l'interdiction est confortée par les termes de l'article L. 1221-6 du Code du travail qui prévoit que les informations demandées à un candidat doivent avoir un lien direct et nécessaire avec l'emploi proposé ou ses aptitudes professionnelles et n'ont pour seule finalité que d'apprécier la capacité du postulant à tenir l'emploi envisagé.
2. C. trav., art. L. 2141-5 – La liberté d'adhésion explique pourquoi la Cour de cassation permet au juge du fond d'autoriser un syndicat à lui fournir non contradictoirement les éléments nominatifs de preuve du nombre d'adhérents lorsque ces derniers s'y opposent ; – AUSSI : Soc. 14 déc. 2010, n° 10-60.137, P V, n° 290 ; *D.* 2011. 85 ; *RJS* 2/11, n° 154 ; *JCP S* 2011. 1069, obs. E. Jeansen : décision rendue au visa de l'alinéa 6 du préambule de la Constitution du 27 oct. 1946, l'article 11 de la Convention de sauvegarde des droits de l'homme et des libertés fondamentales, l'article 9 du Code civil et les articles L. 2141-4, L. 2141-5 et L. 2142-1 du Code du travail.
3. C. trav., art. L. 2141-7.
4. C. trav., art. L. 2141-6.
5. Soc. 27 janv. 2021, n° 18-10.672, P ; *Dr. soc.* 2021. 822, note G. Auzero ; *RDT* 2021. 262, note L. Jubert-Tomasso ; *JCP E* 2021. 1476, obs. E. Jeansen ; *BJT* 3/2021, p. 23, note C. Mariano ; *Dr. ouvr.* 2021. 589, note T. Chevalier ; – Soc. 28 sept. 2022, n° 21-10.785, NP ; *Dr. ouvr.* 2023. 47, note O. Guillemot.
6. En France, car ce type de clauses conventionnelles ne semble pas poser difficulté dans d'autres pays démocratiques. Ces clauses prévoient en effet l'embauche prioritaire, voire l'embauche exclusive des adhérents des syndicats signataires de la convention collective. Le tout premier droit syndical français a par ailleurs connu des situations de « mise à l'index » de salariés placés dans l'impossibilité de trouver du travail en raison de leur refus d'adhérer au syndicat dominant dans l'entreprise. Ces clauses seraient aujourd'hui réputées non écrites.
7. Dir. 2000/43, Conseil, 29 juin 2000 relative à la mise en œuvre du principe de l'égalité de traitement entre les personnes sans distinction de race ou d'origine ethnique, *JOCE L* 180, 19 juill., p. 22.
8. Dir. 2000/78, Conseil, 27 nov. 2000 portant création d'un cadre général en faveur de l'égalité de traitement en matière d'emploi et de travail, *JOCE L* 303, 2 déc., p. 16 ; – AUSSI : Décis. 2000/750/CE établissant un programme d'action communautaire de lutte contre la discrimination, *JOCE L* 303, 2 déc., p. 23 – La création de la Haute Autorité de lutte contre les discriminations et pour l'égalité (Halde) par la loi n° 2004-1486 du 30 déc. 2004 (*JO* 31 déc., p. 22567 ; abrogée par L. n° 2011-334, 29 mars 2011 relative au Défenseur des droits, *JO* 30 mars, p. 5504) parachève l'édifice ainsi construit à partir des exigences de la transposition.
9. Il y a discrimination directe selon les textes européens lorsqu'une « personne est traitée de manière moins favorable qu'une autre » pour des motifs interdits : Dir. 2000/78, Conseil, 27 nov. 2000, art. 2.2 a. – Il y a discrimination indirecte lorsqu'une disposition ou un critère apparemment neutre est susceptible d'entraîner un désavantage particulier pour certaines personnes. Sur la loi n° 2008-496 du 27 mai 2008 portant diverses dispositions d'adaptation au droit communautaire dans le domaine de la lutte contre les discriminations (*JO* 28 mai, p. 8801) : M.-T. Lanquetin, « Discriminations : la loi d'adaptation au droit communautaire du 27 mai 2008 », *Dr. soc.* 2008. 778.

le champ des événements protégés est large puisque sont concernés par l'interdiction « l'accès à un stage ou à une période de formation »[1] ainsi que toute mesure « notamment en matière de rémunération, de formation, de reclassement, d'affectation, de qualification, de classification, de promotion professionnelle, de mutation ou de renouvellement de contrat ». Ces hypothèses recouvrent en partie celles visées à l'article L. 2141-5 du Code du travail aux termes duquel il est « interdit à tout employeur de prendre en considération l'appartenance à un syndicat ou l'exercice d'une activité syndicale pour arrêter ses décisions en ce qui concerne notamment l'embauchage, la conduite et la répartition du travail, la formation professionnelle, l'avancement, la rémunération et l'octroi d'avantages sociaux, les mesures de discipline et de congédiement ». Il importe cependant de relever que la sanction de l'article L. 2141-5 du Code du travail est indemnitaire – les mesures prises par l'employeur étant considérées comme abusives par l'article L. 2141-8 – alors que l'article L. 1132-1 précise que toute disposition et tout acte contraire à la prohibition sont nuls « de plein droit », ce qui implique une nécessaire remise en l'état.

Une tendance s'est faite jour ces dernières années tendant à insister sur la prévention des comportements discriminatoires. La loi du 17 août 2015[2] avait ainsi créé au profit de certains titulaires de mandats (syndicaux ou électifs) un droit à entretien en début et en fin de mandat[3]. Surtout, elle prévoyait une nouvelle garantie de non-discrimination en prévoyant que les titulaires d'un mandat notamment syndical devront bénéficier d'une évolution de sa rémunération au moins égale aux augmentations générales et à la moyenne des augmentations individuelles. Elle organise aussi un mécanisme de valorisation des compétences acquises à l'occasion de l'exercice des mandats. La volonté de prévenir les discriminations syndicales se traduit encore par des mesures tendant à faciliter la conciliation de la vie syndicale, la vie professionnelle et la vie personnelle ou encore par des mesures de valorisation des carrières syndicales ou de préparation de retour dans un emploi « classique » après l'exercice de plusieurs mandats. Le support de telles mesures de prévention est le plus souvent un support conventionnel (accord de branche ou accord d'entreprise).

022.134 **Liberté syndicale et droit de et à la négociation collective, des droits en synergie.** La liberté syndicale et le droit de négociation collective sont des droits fondamentaux peuvent se rattacher aux droits fondamentaux. Ils figurent dans la déclaration de l'OIT relative aux principes et droit fondamentaux au travail et sont donc applicables par les adhérents de l'organisation même sans ratification.

Le principe de la liberté syndicale est un pilier de l'Organisation internationale du travail comme organisation tripartite[4]. Il figure dans la constitution de l'OIT, qui résulte du titre V du traité de Versailles de 1919[5] et la déclaration de Philadelphie, adoptée le 10 mai 1944[6], incorporée dans cette constitution[7]. La notion de représentativité a été utilisée pour la première fois dans ce traité pour déterminer les organisations d'employeurs et de salariés nationales siégeant avec les États dans cette organisation. La déclaration de Philadelphie fait de la liberté syndicale une liberté publique. Les travaux préparatoires en vue de l'adoption de la Convention n° 87 sur la liberté syndicale[8] et la protection du droit syndical, dont le Préambule contient les principes énoncés dans la Déclaration de Philadelphie, soulignaient que « la liberté d'association professionnelle n'est qu'un aspect de la liberté d'association en général qui, elle-même, doit s'intégrer dans le vaste complexe des libertés fondamentales de l'homme, interdépendantes et complémentaires les unes des autres »[9].

Il faut rapprocher les déclarations et conventions de l'OIT d'autres textes internationaux, en particulier du pacte international de l'ONU relatif aux droits économiques sociaux et culturels du 12 décembre 1966, ratifié par la France en 1981[10], et de l'article 11 de la Convention européenne de sauvegarde des droits de l'homme et des libertés fondamentales, qui fait de la liberté syndicale une variété de la liberté d'association en consacrant également son caractère de liberté publique fondamentale.

Le droit de négociation collective est en principe un droit des organisations syndicales. La négociation collective est libre et volontaire et suppose la reconnaissance des organisations syndicales aux fins de négociation collective.

1. SUR UNE DISCRIMINATION SYNDICALE résultante d'un refus d'accès à une formation : Soc. 1er juin 2004, n° 01-47.033, NP, *JSL* 2004, n° 153-7.
2. L. n° 2015-994, 17 août 2015 relative au dialogue social et à l'emploi, *JO* 18 août, p. 14346, dite « loi Rebsamen ».
3. S'AGISSANT du salarié seulement syndiqué, son seul recours résidera dans la saisine du juge.
4. Soc. 13 janv. 2009, n° 07-17.692, préc.
5. Décr. 24 nov. 1919 portant promulgation du Traité de Paix signé à Versailles, le 28 juin 1919, par la France…, d'une part, et l'Allemagne, d'autre part, *JO* 11 janv. 1920, p. 458, Partie XIII.
6. Déclaration de Philadelphie, adoptée le 10 mai 1944.
7. OIT, www.ilo.org/ilolex/french/constq.htm
8. www.ilo.org/ilolex/french/convdisp1.htm
9. CIT, *Liberté syndicale et négociation collective*, « Conférence internationale du travail, 81e session », Rapport III, partie 4B, Genève, Bureau international du travail, 1994, p. 23 s. [Droits syndicaux et libertés civiles et politiques].
10. Legifrance, traités internationaux, sélection des traités fondamentaux, droit des personnes.

La Cour de cassation n'hésite pas à faire une application directe de ces stipulations internationales [1], et contribue ainsi à leur interprétation [2].

1. Soc. 14 avr. 2010, n° 09-60.426, préc.
2. POUR UNE APPLICATION DIRECTE du Pacte des droits économiques, sociaux et culturels de l'ONU : Soc. 16 déc. 2008, n° 05-40.876, P V, n° 251 ; *D.* 2009. 233 ; *D.* 2009. 1441, obs. Centre de droit de la concurrence, Yves Serra ; *Dr. soc.* 2009. 236, obs. J. Mouly ; *RDT* 2009. 239, obs. R. de Quenaudon ; *RDT* 2009. 399, obs. P. Rémy et J.-C. Fillon ; *RJS* 2009. 246, n° 285 ; *Dr. soc.* 2009. 236, obs. J. Mouly ; *JCP S* 2009. 1114, obs. I. Beyneix ; *JCP E* 2009, n° 6, p. 46.

CHAPITRE

023. Regard sur les systèmes étrangers

SECTION 0 ORIENTEUR

023.00 **Sommaire du chapitre.**

Division. La comparaison des systèmes syndicaux étrangers présentent de nombreuses difficultés palliées en partie par la documentation de synthèse produite par la Fondation européenne pour l'amélioration des conditions de vie et de travail (Eurofound) (sect. unique).

SECTION UNIQUE ÉTUDE D'ENSEMBLE

023.11 **Difficulté de la comparaison.** Pour intéressante qu'elle soit, l'approche comparée de la représentation du personnel et du syndicalisme se heurte à des difficultés importantes et n'est pas exempte de nombreux biais. La première contrainte est celle de l'actualisation car les données disponibles et collationnées dans les différents pays ne reflètent pas toujours le dernier état de la législation. La deuxième est parfois l'obstacle de la langue. La troisième est de loin la plus importante et tient au fait que d'une part, tout système de représentation du personnel est étroitement dépendant de l'histoire et de la philosophie des relations sociales de chaque pays, et d'autre part, la compréhension des mécanismes de représentation suppose une présentation globale du système des relations sociales et du système juridique du pays concerné. Enfin, l'approche juridique comporte elle-même ses propres limites. Il est sans doute toujours possible de décrire le droit de la représentation du personnel en Allemagne ou de présenter le droit syndical grec. Pour autant, la description ou la présentation ne prennent leur sens que replacées dans l'histoire sociale, politique et économique des deux pays et surtout la description du droit à partir des textes applicables ne dit rien de la pratique réelle que seule une longue enquête *in situ* permet de repérer.

Pour n'évoquer que l'Europe, il est possible de repérer deux grands systèmes de représentation. Selon le premier, parfois appelé du « canal unique », le syndicat représente seul les salariés (on évoque alors parfois le cas du Royaume-Uni, de l'Irlande, de la Suède mais aussi des pays baltes ou de la Pologne). Dans d'autres pays, coexistent dans l'entreprise et selon des modalités différentes une représentation élue et une représentation syndicale : c'est le cas de la France, de l'Allemagne, du Danemark, de la Belgique ou encore du Portugal pour ne prendre que quelques exemples. Même cette distinction, qui paraît claire en première analyse, n'a pas la rigueur qu'on imagine, les pratiques nationales laissant apparaître un certain mélange des genres ou une multitude de situations intermédiaires dont on trouve une description sur un site dédié[1].

Dans les pays où coexistent une représentation élue et une représentation syndicale, les rapports entre les deux modalités peuvent être différents allant d'une autonomie totale à une domination de l'une sur l'autre, étant précisé que chacun des pays connaît sa propre évolution. On se souvient, à ce propos, que le monopole syndical de présentation des candidats au premier tour des élections professionnelles est ainsi daté en France et que la distribution entre information, consultation et négociation non seulement n'est pas la même selon les pays et évolue dans chacun des pays pour des raisons liées à ses propres choix politiques ou en raison de l'application de normes supranationales[2]. Enfin, le poids et la philosophie propre des organisations syndicales, directement liés à leurs histoires dans les dif-

1. http://fr.worker-participation.eu/Systemes-nationaux
2. Ainsi pour l'Europe de la directive 2002/14, préc.

férents pays, imprègnent fortement la conception de la représentation comme leur propre rapport à l'élection. C'est peu de dire que les pays dont l'histoire syndicale a été marquée par l'anarcho-syndicalisme et par une conception « essentialiste » du syndicalisme font preuve d'une certaine méfiance à l'égard de l'élection. Cette défiance s'exprime en matière d'élections professionnelles et, si elles ont lieu, à propos de leurs résultats, comme en matière de recours au référendum.

Peu d'ouvrages ont été consacrés à la question et ceux qui existent sont de qualité inégale. Néanmoins, une précaution traditionnelle en droit et en droit du travail s'impose ici de façon toute particulière : la date de publication de l'ouvrage est un élément essentiel pour les raisons évoquées ci dessus[1].

023.12 **Les travaux d'Eurofound.** La fondation européenne pour l'amélioration des conditions de vie et de travail (Eurofound) produit une documentation importante en la matière. L'enquête réalisée en 2009 sur la représentation du personnel au niveau des établissements en Europe[2] fournit les éléments de synthèse suivants :

- malgré une grande variété des systèmes de représentation, ces derniers peuvent être regroupés en quatre catégories ;
- canal de représentation unique : seule une instance élue de type comité d'entreprise représente le personnel (Autriche, Allemagne, Luxembourg, Pays-Bas) ;
- canal de représentation unique : seul le syndicat dispose d'une capacité représentative (Suède, Chypre, Malte, Turquie) ;
- canal de représentation double avec prévalence du syndicat (Danemark, Finlande, Portugal, Croatie, Slovénie) ;
- canal de représentation double avec rôle important d'une instance élue (du type des comités d'entreprise) (France, Belgique, Italie, Espagne, Pays Baltes, Pologne) ;
- la variété des systèmes de représentation s'accompagne de grandes différences dans les taux de syndicalisation et de représentation ;
- dans la plupart des pays, un seuil d'effectif est posé pour la mise en place de représentation du personnel mais pas pour la représentation syndicale ; le Rapport note cependant qu'il ne semble pas y avoir de corrélation entre le niveau du seuil et l'importance de la représentation ;
- dans la plupart des pays, les établissements de petite taille ont tendance à mettre en place des modes de représentation *ad hoc*. D'une façon générale, les syndicats sont plutôt implantés dans les grands établissements (semblent faire exception, la Belgique, la Finlande et le Danemark où l'implantation syndicale n'est pas moins forte dans les petits établissements).

Ces conclusions ont été rendues en 2009 et doivent être nuancées compte tenu de la vitesse d'évolution des relations sociales et du droit en la matière.

C'est dans ce contexte normatif international, européen et interne que se déploie dans la France d'aujourd'hui l'action du syndicat ainsi que l'activité de la représentation du personnel. L'ordonnance du 22 septembre 2017[3] qui vient amorcer un processus de transformation radicale de la représentation élue doit y prendre progressivement place, à mesure du remplacement du comité d'entreprise, des délégués du personnel et du comité d'hygiène, de sécurité et des conditions de travail par le comité social et économique.

1. S. Laulom, *Recomposition des systèmes de représentation des salariés en Europe,* « Droit », Publications de l'Université de Saint-Étienne, 2005 – M. Millot, J.-P.-Roulleau, *Les relations sociales en Europe : Acteurs et enjeux,* « Liaisons sociales », Liaisons, 2005 – L. Fulton, « La représentation des travailleurs en Europe » ; Labour Research Department et ETUI (2013) ; réalisé avec l'aide du Réseau SEEurope, publication en ligne, disponible sur : http://fr.worker-participation.eu/Systemes-nationaux ; ce site offre dans une configuration très pédagogique des tableaux comparatifs des différents systèmes de représentation particulièrement utiles.
2. Disponible sur : http://www.eurofound.europa.eu
3. Ord. n° 2017-1386, 22 sept. 2017 relative à la nouvelle organisation du dialogue social et économique dans l'entreprise et favorisant l'exercice et la valorisation des responsabilités syndicales, *JO* 23 sept., n° 31.

TITRE

03. Le principe de la liberté conventionnelle

SECTION 0
ORIENTEUR

03.00 **Sommaire du titre.**

Division. Au point de contact de la liberté syndicale et du droit de la négociation collective se situe la liberté conventionnelle dont il faut rappeler les éléments constitutifs et le domaine. Cette liberté conventionnelle constitue le terreau du droit de la négociation collective (chap. 031).

Les deux évolutions sont liées. Alors que la liberté conventionnelle s'est progressivement émancipée de la liberté contractuelle pour être reconnue comme un principe en soi, elle n'a cessé et continue d'étendre son domaine, aussi bien dans les relations de travail salarié qu'au-delà. Cour sur coup, c'est l'ordonnance n° 2021-174 du 17 février 2021 qui a mis en place un droit de la négociation collective dans la fonction publique puis une ordonnance du 21 avril 2021 qui a posé les bases d'un dialogue social entre des représentants de travailleurs indépendants et les plateformes de mobilité, ouvrant ainsi la voie à l'adoption de normes conventionnelles.

CHAPITRE

031. Reconnaissance du principe de la liberté conventionnelle

SECTION 0 ORIENTEUR

031.00 Sommaire du chapitre.

Division. La liberté conventionnelle est l'extension de la liberté contractuelle, plus ancienne. L'une et l'autre ont cependant connu des évolutions contrastées, la liberté contractuelle s'étant affaiblie au fil du temps quand la liberté conventionnelle s'affermit (sect. 1). Signe de ce contraste, alors que la liberté conventionnelle s'est d'abord vu reconnaître une valeur constitutionnelle sous les traits de la liberté contractuelle, le Conseil constitutionnel l'envisage depuis peu dans une identité propre (sect. 2). Vue comme la latitude reconnue par le droit objectif à recourir à la norme négociée, la liberté conventionnelle connaît un développement accéléré ces dernières années (sect. 3).

031.03 Bibliographie indicative.

Contribution. G. Loiseau, « La conventionnalisation du droit du travail. Regards croisés sur la liberté contractuelle et sur la liberté conventionnelle », *Liber amirocum en hommage à Pierre Rodière,* « Mélanges », LGDJ, 2019, p. 205.

Articles. P.-H. Antonmattei, « Enjeux et exigences d'un droit du travail plus conventionnel », *BJT* 12/2019, p. 39 – F. Bergeron-Canut, « L'architecture "ordre public/champ de la négociation/dispositions supplétives" : facteur de conventionnalisation », *BJT* 12/2019, p. 51 – F. Favennec-Héry, « Vers l'émergence d'un ordre juridique conventionnel ? », *JCP S* 2015. 1237 – G. Loiseau, « Les mutations de l'ordre public et la liberté conventionnelle », *BJT* 4/2020, p. 52 – P. Lokiec, « La conventionnalisation du droit du travail, aspects de droit comparé », *BJT* 12/2019, p. 48 – Y. Pagnerre, « Le principe de la liberté contractuelle en matière de négociation collective », *JCP S* 2023. 1350 – F. Petit, « Les 100 ans du droit de la négociation collective (1919-2019) : les étapes essentielles de la conventionnalisation du droit du travail », *BJT* 12/2019, p. 42 – P.-Y. Verkindt, « L'ordre public, clé de refondation du Code du travail, », *JCP S* 2017. 1137.

031.05 Points clés. Sans se confondre avec la liberté contractuelle du Code civil, la liberté conventionnelle s'est vue, comme elle, reconnaître une valeur constitutionnelle dont le Conseil constitutionnel a souligné la spécificité en tant que cette liberté est appliquée en matière de négociation collective.

SECTION 1 SINGULARITÉ DU PRINCIPE DE LA LIBERTÉ CONVENTIONNELLE

031.11 Sources du principe de la liberté conventionnelle. Dans l'ordre international, la liberté conventionnelle n'est pas affirmée en tant que telle. Elle est abordée sous l'angle du droit à la négociation collective. L'article 8 de la Convention OIT n° 154 sur la négociation collective dispose, en particulier, que « Les mesures prises en vue de promouvoir la négociation collective ne pourront être conçues ou appliquées de manière qu'elles entravent la liberté de négociation collective ». De façon voisine, la Charte sociale européenne consacre à l'article 6 un droit à la négociation collective en énonçant à son propos que « Tous les travailleurs et employeurs ont le droit de négocier collectivement », tandis que la Charte des droits fondamentaux de l'Union européenne dispose, à l'article 28, que « les travailleurs et les employeurs, ou leurs organisations respectives, ont, conformément au droit communautaire et aux législations et pratiques nationales, le droit de négocier et de conclure des conventions collectives ». Reste que, si le droit à la négociation collective et la liberté conventionnelle sont liés, la liberté conventionnelle n'est pas seulement la liberté de conclure des conventions et accords collectifs, ce que conditionne le droit à la négociation collective. Elle présente également une dimension substantielle qui renvoie à l'amplitude de la norme négociée au double point de vue de son champ d'application et de la détermination de son contenu. Elle est en cela une liberté siamoise de la liberté contractuelle.

À la différence toutefois de cette dernière liberté, formellement définie depuis l'ordonnance du 10 février 2016, la liberté conventionnelle n'est pas textuellement exprimée en droit interne. La première est aujourd'hui énoncée à l'article 1102 du Code civil en ces termes : « Chacun est libre de contracter ou de ne pas contracter, de choisir son cocontractant et de déterminer le contenu et la forme du contrat dans les limites fixées par la loi. La liberté contractuelle ne permet pas de déroger aux règles qui intéressent l'ordre public ». La liberté conventionnelle est seulement sous-jacente à l'article L. 2221-1 du Code du travail qui reconnaît le « droit des salariés à la négociation collective de l'ensemble de leurs conditions d'emploi, de formation professionnelle et de travail ainsi que de leurs garanties sociales ». Il n'en demeure pas moins qu'elle peut être conçue, dans les rapports entre les partenaires sociaux, comme la liberté de conclure ou non un accord et celle d'en déterminer le contenu. Elle ne comporte pas en revanche, à la différence de la liberté contractuelle, la liberté de choisir les cocontractants, c'est-à-dire les signataires de l'accord. Consanguines, les deux libertés ne sont pas strictement alignées l'une sur l'autre.

031.12 Différences entre liberté conventionnelle et liberté contractuelle. La liberté contractuelle n'a été que récemment codifiée, à l'occasion de la réforme du droit des contrats par l'ordonnance du 10 février 2016. Elle ne l'avait pas été en 1804 car elle relevait de l'évidence dans une conception libérale du contrat que la doctrine fondera *a posteriori* sur l'autonomie de la volonté[1]. Consacrée en 2016, elle l'a été à un moment où elle avait perdu en force, ce qui rendait son affirmation nécessaire face aux nombreuses entorses qui l'affaiblissent. C'est là une différence avec la liberté conventionnelle qui n'a cessé, avec les récentes réformes, de s'étendre et de gagner en substance. La faveur législative dont bénéficient la négociation collective et les accords qui en sont le produit bouleverse la production normative. La primauté de la loi n'est certes pas remise en cause ; mais celle-ci délègue de plus en plus aux partenaires sociaux la possibilité d'adopter des règles adaptées aux spécificités de l'entreprise et aux attentes de la collectivité des travailleurs.

Une autre différence tient à ce que la liberté contractuelle sert directement les intérêts des parties au contrat, au risque de les servir inégalement, alors que la liberté conventionnelle pourvoit à la réalisation d'intérêts qui transcendent la personne des parties signataires : l'intérêt de l'entreprise, d'un côté ; l'intérêt de la collectivité de travail, de l'autre. La légitimité de la norme s'en ressent. Sans doute, voulu par les parties qui sont présumées être les meilleurs juges de leurs intérêts, le contrat est, dans sa conformité à la loi, un acte juridique qui impose le respect. Mais, produit d'une liberté postulée, il s'est révélé dans la pratique être déséquilibré dans certains types de relations : les contrats d'adhésion, les contrats de dépendance sont des contrats dans lesquels il n'est plus possible de présumer que leur économie a réellement été voulue par les parties. On a pu parler, à ce sujet, de crise du contrat[2]. Sans remettre en cause la légitimité de celui-ci, c'est la liberté contractuelle qu'il est apparu nécessaire d'encadrer et de limiter, la crise du contrat provoquant une crise de confiance à l'égard de la liberté contractuelle. La constitution de droits spéciaux réglementant les relations contractuelles les plus exposées au déséquilibre, en particulier dans les rapports de consommation, l'introduction dans le Code civil de règles propres aux contrats d'adhésion sont des marques visibles de cette crise de confiance. L'indice de confiance envers la liberté conventionnelle est à l'inverse au plus haut. La qualité des parties à la négociation collective n'y est pas étrangère. Les organisations syndicales représentatives, en particulier, ne défendent pas des intérêts qui leur sont propres mais, par représentation des salariés, les intérêts collectifs de ces derniers. Leur légitimité à négocier et à conclure des accords imprègne les règles qui en sont issues. Et, en l'absence de délégués syndicaux dans l'entreprise, les nouvelles modalités de conclusion des accords – par un élu ou un salarié mandaté ou par approbation des salariés – leur assurent une légitimité en tant qu'ils expriment, d'une manière ou d'une autre, l'intérêt de la collectivité de travail. Peu importe du coup que la convention collective soit déséquilibrée. Le déséquilibre conventionnel n'a pas de sens s'agissant d'un acte qui est le produit de compromis[3]. C'est encore une différence avec la

1. J. Ghestin, G. Loiseau et Y.-M. Serinet, *La formation du contrat*, t. I, *Le contrat – Le consentement*, « Traités », LGDJ, 2013, n° 180, p. 145, qui relèvent que l'autonomie de la volonté « n'a été imaginée à partir de 1880 que pour tenter de défendre une conception ultra-libérale des contrats en réaction au développement d'une certaine intervention de l'État, spécialement dans les relations de travail ».

2. NOT. : Ch. Jamin et D. Mazeaud (dir.), *La nouvelle crise du contrat*, « Thèmes & commentaires », Dalloz, 2003.

3. IL N'EST PAS DANS LA PRATIQUE de la négociation collective de passer les mesures au crible de l'équivalence. Les acquis des uns sont couramment des concessions des autres, et réciproquement, et c'est le tout qui fait l'objet de l'accord. Si la convention tend à un équilibre global, celui-ci est atteint par l'addition d'éventuels déséquilibres particuliers.

liberté contractuelle : alors qu'il est imposé à celle-ci des limites pour prévenir ou corriger des déséquilibres contractuels, la liberté conventionnelle n'est pas soupçonnée de favoriser des déséquilibres qu'il faudrait réformer. Brocardant la célèbre formule de Fouillé, un auteur a exprimé cet état de choses par l'aphorisme : « qui dit conventionnel dit juste »[1]. On pourrait aussi tourner autrement la formule : « qui dit conventionnel n'appelle pas d'être juste » au sens de la justice commutative.

De fait, le crédit de légitimité s'attache à l'exercice de la liberté conventionnelle, peu importe son résultat. On le voit bien dans la jurisprudence de la Cour de cassation sur la conventionnalisation des différences de traitement. La Chambre sociale de la Cour de cassation a énoncé à ce sujet que « les différences de traitement entre catégories professionnelles ou entre des salariés exerçant, au sein d'une même catégorie professionnelle, des fonctions distinctes, opérées par voie de convention ou d'accord collectifs, négociés et signés par les organisations syndicales représentatives, investies de la défense des droits et intérêts des salariés et à l'habilitation desquelles ces derniers participent directement par leur vote, sont présumées justifiées de sorte qu'il appartient à celui qui les conteste de démontrer qu'elles sont étrangères à toute considération de nature professionnelle et qu'il ressortait de ses constatations que la différence de traitement dénoncée n'était pas étrangère à toute considération professionnelle »[2]. Le crédit de légitimité dont dispose la norme conventionnelle pose alors incidemment la question de l'étendue du contrôle auquel cette norme est susceptible de donner lieu. Le niveau de contrôle ne sera pas le même selon qu'il est fait une application stricte des dispositions légales susceptibles d'encadrer les normes conventionnelles ou qu'une conception souple est favorisée pour que ces dispositions ne brident pas la liberté conventionnelle. Autrement dit, il peut aussi bien être fait de la règle légale un outil de régulation de la liberté conventionnelle pour en canaliser la mise en œuvre qu'une norme peu contraignante laissant d'importantes marges d'action à cette liberté, quitte à discipliner autrement son exercice, en particulier en faisant appel au principe de loyauté.

1. P. Lokiec, « Qui dit conventionnel dit juste », *JCP S* 2015. 129.
2. Soc. 27 janv. 2015, n° 13-22.179, *Fédération nationale des personnels des sociétés d'études, du conseil et de prévention CGT c/Fédération des syndicats des sociétés d'études et de conseils*, P V, n° 9 ; *D.* 2015. 270, Chron. C. cass. ; *D.* 2015. 829, obs. J. Porta et P. Lokiec ; *D.* 2015. 2340, obs. P. Lokiec et J. Porta ; *Dr. soc.* 2015. 351, ét. P.-H. Antonmattei ; *RDT* 2015. 472, obs. G. Pignarre ; *RJS* 2015. 155, note J.-G. Huglo ; *Dr. soc.* 2015. 237, note A. Fabre ; *JCP S* 2015, note J. Daniel ; *RDT* 2015. 339, note E. Peskine.

SECTION 2

VALEUR CONSTITUTIONNELLE DU PRINCIPE DE LA LIBERTÉ CONVENTIONNELLE

031.21 Valeur constitutionnelle propre au principe de la liberté conventionnelle ? La valeur constitutionnelle de la liberté conventionnelle n'est de prime abord qu'une extrapolation de celle reconnue à la liberté contractuelle. Cette dernière a accédé au rang de principe constitutionnel de façon relativement récente, le Conseil constitutionnel considérant depuis une grosse vingtaine d'années que « la liberté contractuelle [...] découle de l'article 4 de la Déclaration des droits de l'homme et du citoyen »[3]. À bien y regarder, pourtant, il apparaît que la constitutionnalité de la liberté contractuelle a été affirmée à plusieurs reprises par le Conseil à propos de législations concernant des accords collectifs de travail[4]. C'est dire que la liberté conventionnelle a été perçue sur le terrain constitutionnel comme un aspect collectif de la liberté contractuelle.

Dans une décision rendue le 29 novembre 2019, le Conseil constitutionnel, tout en conservant ce point de vue, a entendu souligner la spécificité de la liberté contractuelle appliquée aux conventions et accords collectifs de travail. Les requérants l'y invitaient expressément en demandant au Conseil de reconnaître un « principe de liberté de la négociation collective » qui serait fondé sur le huitième alinéa du Préambule de la Constitution de 1946 relatif au principe de participation des travailleurs et

3. Cons. const. 19 déc. 2000, n° 2000-437 DC, *Loi de financement de la sécurité sociale pour 2001*, NON-CONFORMITÉ PARTIELLE, *JO* 24 déc., p. 20576 ; *Rec.* 190 ; *D.* 2001. 1766, obs. D. Ribes ; *RDSS* 2001. 89, obs. P.-Y. Verkindt ; *RTD civ.* 2001. 229, obs. N. Molfessis ; *Dr. soc.* 2001. 270, note X. Prétot ; *LPA* 22 déc. 2000, n° 255, p. 5, chron. J.-E. Schoettl et 2001, n° 86-87, p. 4, note B. Castagnède ; *RD publ.* 2001. 267, note N. Spitz ; *RFDC* 2001. 129, obs. L. Philip, et 134, obs. D. Ribes ; *RFFP* 2001, n° 74, p. 257, chron. X. Prétot ; *RJS* 2001, n° 232 ; *RTD civ.* 2001. 229, obs. N. Molfessis ; *TPS* 2001, chron. 4, ét. S. Pellet ; – DÉJÀ : Cons. const. 10 juin 1998, n° 1998-401 DC, *Loi d'orientation et d'incitation relative à la réduction du temps de travail*, CONFORMITÉ, JO 14 juin, p. 9033 ; *Rec.* 258 ; *AJDA* 1998. 540, note J.-E. Schoettl ; *RTD civ.* 1998. 796, obs. N. Molfessis ; *D.* 2000. 60, obs. L. Favoreu, qui considère que « le législateur ne saurait porter à l'économie des conventions et contrats légalement conclus une atteinte d'une gravité telle qu'elle méconnaisse manifestement la liberté découlant de l'article 4 de la Déclaration des droits de l'homme et du citoyen de 1789 ».
4. B. Bauduin, *La constitutionnalisation du droit du travail : Étude d'une dynamique contemporaine*, th. Paris I, sous la direction de P. Rodière, 2017, n°s 652 s., p. 458 s. – O. Dutheillet de Lamothe, « Les fondements constitutionnels du développement de la négociation collective », *SSL* 1er juill. 2019, n° 1868, p. 10 ; – NOT. : Cons. const. 10 juin 1998, n° 1998-401 DC, préc.

sur l'article 4 de la Déclaration des droits de l'homme et du citoyen de 1789 protégeant la liberté contractuelle. Sans le formuler ainsi, le Conseil a considéré que, « en matière de négociation collective, la liberté contractuelle découle des sixième et huitième alinéas du Préambule de la Constitution de 1946 et de l'article 4 de la Déclaration de 1789 »[1]. Ce dernier texte constitue traditionnellement la base juridique de la constitutionnalité de la liberté contractuelle. Mais le Conseil l'a en l'occurrence doublé de dispositions issues du Préambule de la Constitution de 1946 pour singulariser la constitutionnalité de cette liberté appliquée « en matière de négociation collective ». Il a fait référence, à cet effet, au sixième alinéa, selon lequel « Tout homme peut défendre ses droits et ses intérêts par l'action syndicale et adhérer au syndicat de son choix », ainsi qu'au huitième alinéa dont il ressort que « Tout travailleur participe, par l'intermédiaire de ses délégués, à la détermination collective des conditions de travail ainsi qu'à la gestion des entreprises ». Le huitième alinéa du Préambule de la Constitution de 1946 avait déjà été associé par le Conseil constitutionnel à l'article 4 de la Déclaration pour décider que « le législateur ne saurait porter aux contrats légalement conclus une atteinte qui ne soit justifiée par un motif d'intérêt général suffisant »[2]. Mais c'est la première fois que le sixième alinéa du Préambule est couplé à ces dispositions pour former un « tressage à trois fils »[3] et fonder un principe constitutionnel de liberté contractuelle en matière de négociation collective.

Au moins du point de vue de ses fondements, ce principe doit donc dorénavant être distingué de celui de la liberté contractuelle appliqué aux accords individuels de volonté. Reste à savoir si seule la base constitutionnelle varie ou si chacun des principes a sa propre identité juridique compte tenu de la spécificité des accords collectifs, spécificité qui s'exprimerait aussi sur le terrain constitutionnel. En ne reprenant pas la suggestion d'un principe de liberté de la négociation collective pour lui préférer un énoncé plus classique faisant appel à la liberté contractuelle, le Conseil constitutionnel se montre, semble-t-il, attaché au génotype de la liberté constitutionnelle, quitte à en spécialiser le phénotype axé sur la négociation collective. Cette démarche a l'avantage de préserver l'application du principe à toute espèce d'accord collectif sans avoir à s'interroger d'emblée sur le sens à donner à la notion de négociation collective s'agissant de la négociation dite substitutive ou dérogatoire[4]. Elle permet de surcroît un contrôle de constitutionnalité qui est probablement plus cohérent exercé sous l'angle d'un principe de liberté contractuelle en matière de négociation collective que sous celui d'un principe de liberté de la négociation collective.

031.22 Sens de la liberté conventionnelle : liberté de conclure ou de ne pas conclure un accord collectif. Il en est de la liberté contractuelle collective comme de son alter-ego en matière d'accords individuels de volonté : le Conseil constitutionnel reconnaît que le législateur peut y apporter des limitations liées à des exigences constitutionnelles ou justifiées par l'intérêt général à la condition qu'il n'en résulte pas d'atteinte disproportionnée au regard de l'objectif poursuivi[5]. Avec cette limite à l'efficience du principe, celui-ci s'impose au législateur à deux points de vue.

D'une part, la liberté conventionnelle étant la liberté de conclure ou de ne pas conclure un accord collectif, le législateur ne peut contraindre les partenaires sociaux à adopter un accord collectif, fut-ce en remplacement d'un autre accord. Le principe n'a pas toutefois la fermeté qu'on pourrait en attendre. Dans un cas, il est vrai, très particulier, le législateur, sans formaliser une obligation de conclure un accord collectif, a fixé un délai pour son adoption sans prévoir d'alternative à son absence alors qu'il tenait son existence pour nécessaire. La situation concerne les chambres de commerce et d'industrie qui sont des établissements publics administratifs exerçant des missions de service public administratif, tout en pouvant être chargées d'un service public industriel et commercial. Alors qu'elles employaient des agents de droit public soumis, pour la plupart, au statut du personnel administratif des chambres de commerce et d'industrie, la loi du 22 mai 2019[6],

1. Cons. const. 29 nov. 2019, n° 2019-816 QPC, *Fédération nationale des syndicats du spectacle, du cinéma, de l'audiovisuel et de l'action culturelle CGT a.* [Restructuration des branches professionnelles], NON-CONFORMITÉ PARTIELLE – RÉSERVE, *JO* 30 nov. 2019, n° 107 ; *D.* 2019. 2306 ; *D.* 2020. 1136, obs. S. Vernac et Y. Ferkane ; *Dr. soc.* 2020. 366, ét. B. Gomes ; *RDT* 2020. 200, obs. S. Nadal ; *Constitutions* 2019. 588, Décision ; *SSL* 16 déc. 2019, n° 1887, p. 12, note O. Dutheillet de Lamothe ; *JCP S* 2019. 1350, note A. Bugada ; *RDC* 2020. 99, note G. Loiseau ; *Dr. ouvrier* 2000. 85, note L. Thomas ; *BJT* 1/20, p. 25, note F. Bergeron-Canut.
2. Cons. const. 7 août 2008, n° 2008-568 DC, *Loi portant rénovation de la démocratie sociale et réforme du temps de travail,* NON-CONFORMITÉ PARTIELLE, *JO* 21 août, p. 13079 ; *Rec.* 352 ; *D.* 2008. 2064 ; *D.* 2009. 1852, obs. V. Bernaud et L. Gay ; *Dr. soc.* 2009. 147, ét. V. Bernaud.
3. A. Bugada, note s[s] *JCP S* 2019. 1350.
4. V. C. Mariano, *La négociation substitutive d'entreprise*, th. Montpellier, 2018 – V. Armillei, *La négociation extra-syndicale des accords collectifs d'entreprise : essai sur l'expression de la volonté de la partie salariale*, th. Paris 2, 2019, LexisNexis, 2020. *Adde* sur cette question, v. s[s] n°s 041.42 et 134.25.
5. NOT : Cons. const. 7 août 2008, n° 2008-568 DC, préc. – Cons. const. 29 nov. 2019, n° 2019-816 QPC, préc.
6. L. n° 2019-486, 22 mai 2019 relative à la croissance et la transformation des entreprises, *JO* 23 mai, n° 2.

dite loi Pacte, leur a permis de développer l'exercice d'activités concurrentielles et a prévu qu'elles ne peuvent plus recruter désormais que des salariés de droit privé. Dans ces conditions, la loi Pacte a modifié l'article L. 710-1 du Code de commerce, lequel énonce que les salariés « sont régis par une convention collective conclue entre le Président de Cci France, dans le respect des orientations fixées par son comité directeur, et les organisations syndicales représentatives au niveau national en application de l'article L. 712-1 du Code de commerce. Cette convention est agréée par le ministre chargé de la tutelle des chambres de commerce et d'industrie »[1]. La loi prévoyait que les partenaires sociaux disposaient d'un délai de neuf mois à compter de la publication du texte pour conclure la convention collective[2] et posait des règles particulières pour le temps de la négociation, règles qui étaient applicables jusqu'à la publication de l'arrêté d'agrément de la convention collective. Le délai a cependant expiré sans qu'aucun accord ne soit signé.

Une méconnaissance moins sensible de la liberté contractuelle avait été signalée à propos des dispositions du Code du travail relatives à la restructuration des branches professionnelles qui contraignent les organisations syndicales de salariés et les organisations professionnelles d'employeurs, lorsqu'elles souhaitent négocier un accord de remplacement à la suite de la décision du ministre du travail de prononcer la fusion de branches, à négocier cet accord dans le champ professionnel et géographique déterminé par le ministre, et les obligent en outre à adopter des stipulations communes pour régir les situations équivalentes au sein de cette branche. Le Conseil constitutionnel a toutefois considéré en l'occurrence que l'atteinte à la liberté conventionnelle n'était pas disproportionnée au regard de l'objectif d'intérêt général tenant à la volonté du législateur de remédier à l'éparpillement des branches dans le but, notamment, de renforcer le dialogue social au sein de ces branches[3].

031.23 Sens de la liberté conventionnelle : le respect des accords collectifs. D'autre part, le principe de la liberté contractuelle en matière de négociation collective impose le respect des conventions légalement conclues. Le Conseil constitutionnel l'énonce fréquemment en ces termes : « le législateur ne [peut] porter aux contrats légalement conclus une atteinte qui ne soit justifiée par un motif d'intérêt général suffisant »[4]. En ce qui concerne cet aspect du principe de la liberté contractuelle, le Conseil le fonde plus spécifiquement, y compris dans sa décision du 29 novembre 2019, sur les « articles 4 et 16 de la Déclaration de 1789, ainsi que, s'agissant de la participation des travailleurs à la détermination collective de leurs conditions de travail, (sur le) huitième alinéa du Préambule de la Constitution de 1946 »[5]. Ainsi considéré, le droit au maintien des accords collectifs de travail s'oppose en particulier à ce que le législateur confère « aux accords antérieurs d'autres effets que ceux que leurs signataires ont entendu leur attacher »[6]. Il est également porté atteinte à ce droit par les dispositions relatives à la restructuration des branches professionnelles qui mettent fin de plein droit à l'application de la convention collective de la branche rattachée à une autre à l'occasion de la fusion à défaut de conclusion d'un accord de remplacement dans un délai de cinq ans suivant la date d'effet de la fusion. Toutefois, le Conseil constitutionnel a estimé, à propos de ces dernières dispositions, que l'atteinte au droit au maintien des conventions n'est pas excessive lorsque les stipulations de la convention de la branche rattachée privées d'effet régissent, non pas des situations propres à cette branche, mais des situations équivalentes à celles régies par la convention collective de la branche de rattachement. L'atteinte est en revanche excessive lorsqu'il est mis fin de plein droit à l'application des stipulations de la convention collective de la branche rattachée qui organisent des situations spécifiques à cette branche[7].

031.24 Articulation des libertés contractuelle et conventionnelle. La norme contractuelle ne pré-

1. L. n° 2019-486, 22 mai 2019 relative à la croissance et à la transformation des entreprises, art. 40, III.
2. *Ibid.*
3. Cons. const. 29 nov. 2019, n° 2019-816 QPC, préc.
4. Cons. const. 13 janv. 2003, n° 2002-465 DC, *Loi relative aux salaires, au temps de travail et au développement de l'emploi*, CONFORMITÉ, *JO* 18 janv., p. 1084 ; *Rec.* 43 ; *D.* 2003. 642, ét. B. Mathieu ; *D.* 2003. 638, chron. B. Mathieu ; *D.* 2004. 1280, obs. V. Ogier-Bernaud ; *RDC* 2003. 9, note Th. Revet ; *Dr. soc.* 2003. 260, note X. Prétot ; *SSL* 23 févr. 2003, n° 1111, p. 6, note V. Ogier-Bernaud – Cons. const. 7 août 2008, n° 2008-568 DC, préc. – Cons. const. 29 nov. 2019, n° 2019-816 QPC, préc.
5. Cons. const. 13 janv. 2003, n° 2002-465 DC, préc. – Cons. const. 7 août 2008, n° 2008-568 DC, préc. – Cons. const. 21 mars 2018, n° 2018-761 DC, *Loi ratifiant diverses ordonnances prises sur le fondement de la loi n° 2017-1340 du 15 septembre 2017 d'habilitation à prendre par ordonnances les mesures pour le renforcement du dialogue social*, NON-CONFORMITÉ PARTIELLE – RÉSERVE, *JO* 31 mars, n° 2 ; *D.* 2018. 2203, obs. P. Lokiec et J. Porta ; *D.* 2019. 1248, obs. E. Debaets et N. Jacquinot ; *Dr. soc.* 2018. 677, tribune Ch. Radé ; *Dr. soc.* 2018. 682, ét. B. Bauduin ; *Dr. soc.* 2018. 688, ét. A. Fabre ; *Dr. soc.* 2018. 694, ét. Y. Pagnerre ; *Dr. soc.* 2018. 702, ét. J. Mouly ; *Dr. soc.* 2018. 708, ét. P.-Y. Verkindt ; *Dr. soc.* 2018. 713, ét. G. Loiseau ; *Dr. soc.* 2018. 718, ét. D. Baugard et J. Morin ; *Dr. soc.* 2018. 726, ét. Ch. Radé ; *Dr. soc.* 2018. 732, ét. P.-Y. Gahdoun ; *Dr. soc.* 2018. 739, ét. L. He ; *RDT* 2018. 666, ét. V. Champeil-Desplats ; – Cons. const. 29 nov. 2019, n° 2019-816 QPC, préc.
6. Cons. const. 13 janv. 2003, n° 2002-465 DC, préc.
7. Cons. const. 29 nov. 2019, n° 2019-816 QPC, préc.

sente plus la résistance à la norme conventionnelle qui a longtemps caractérisé leur articulation lorsque la seconde ne pouvait prévaloir sur la première que dans un sens plus favorable. Depuis quelques années, et plus nettement avec l'instauration des accords de performance collective par l'ordonnance n° 2017-1385 du 22 septembre 2017, le contenu d'un contrat individuel de travail peut être forcé au moyen d'un accord collectif de travail dont les clauses « se substituent de plein droit aux clauses contraires et incompatibles du contrat de travail, y compris en matière de rémunération, de durée du travail et de mobilité professionnelle ou géographique interne à l'entreprise »[1]. L'atteinte à la liberté contractuelle dans sa dimension individuelle est certaine. Mais le Conseil constitutionnel est enclin à considérer que la politique législative consistant à favoriser les accords collectifs de travail poursuit un objectif d'intérêt général : il en est ainsi s'agissant de conforter les accords collectifs relatifs à la modulation du temps de travail en permettant d'en appliquer les mesures sans obtenir l'accord préalable de chaque salarié[2]. Suivant une autre démarche, il a été retenu à propos du texte introduisant les accords de performance collective que le législateur a opéré une conciliation, qui n'est pas manifestement déséquilibrée, entre les exigences constitutionnelles qui découlent de la liberté contractuelle et la liberté d'entreprendre[3].

En toute hypothèse, il n'est pas en vue, comme on a pu imprudemment l'écrire[4], d'établir une hiérarchie entre la liberté contractuelle individuelle et la liberté conventionnelle collective : chacune de ces libertés a la même valeur normative et la même force constitutionnelle. Elles ne sont d'ailleurs pas directement en conflit. Tout au plus, l'effectivité donnée à la liberté conventionnelle, soit correspond à un motif d'intérêt général sous l'angle duquel l'atteinte à la liberté contractuelle n'est pas jugée contraire à la Constitution, soit bénéficie d'une mise en balance de la liberté contractuelle avec une autre liberté constitutionnelle qui lui est préférée, comme la liberté d'entreprendre.

1. C. trav., art. L. 2254-2.
2. Cons. const. 15 mars 2012, n° 2012-649 DC, *Loi relative à la simplification du droit et à l'allègement des démarches administratives,* NON-CONFORMITÉ PARTIELLE, *JO* 23 mars, p. 5253 ; *Rec.* 142 ; *Dr. ouvrier* 2012. 623, note P.-Y. Gahdoun ; *SSL* 16 avr. 2012, n° 1534, p. 10, note J.-F. Akandji-Kombé ; *AJDA* 2012. 574 ; *JA* 2012, n° 456, p. 9, obs. S.Z.-D. ; *RFDA* 2012. 528, chron. A. Roblot-Troizier et G. Tusseau ; *Constitutions* 2012. 267, chron. J. Benetti.
3. Cons. const. 21 mars 2018, n° 2018-761 DC, préc. – Le Conseil d'État, saisi d'une QPC relative à la constitutionnalité, au regard du principe de la liberté contractuelle, des dispositions de la loi du 8 août 2016 instaurant les accords de maintien ou de développement de l'emploi qui préfiguraient en partie les accords de performance collective, s'était en revanche placé du point de vue de l'existence d'un motif d'intérêt général pour refuser de transmettre la QPC : CE 7 déc. 2017, *Confédération générale du travail – Force ouvrière,* req. n° 408379, *Lebon T ; AJDA* 2018. 664.
4. J.-F. Akandji-Kombé, note s[s] *SSL* 16 avr. 2012, n° 1534, p. 10.

SECTION 3
ÉVOLUTION DE LA LIBERTÉ CONVENTIONNELLE

031.31 Extension du champ de la liberté conventionnelle. La liberté conventionnelle connaît à l'époque contemporaine une évolution singulièrement différente de celle de la liberté contractuelle. Quant à celle-ci, son déploiement reste soutenu par le rôle économique du contrat mais sa vigueur s'est tassée à mesure que les conditions de son exercice se sont durcies. La liberté demeure sans nul doute le principe. Toutefois, alors qu'elle ne fut longtemps contrariée que par des interdits, elle doit dorénavant se plier à des contraintes légales, spécialement en ce qui concerne la détermination du contenu du contrat. La liberté, parce qu'elle a cautionné l'injuste au nom du juste postulé, est devenue légalement assistée pour en brider les excès.

La liberté conventionnelle a un cheminement inverse[5]. Longtemps prise en étau entre l'ordre public et la hiérarchie des normes conventionnelles, spécialement au niveau de la branche et de l'entreprise, la liberté conventionnelle profite à présent de l'effet conjugué d'un démantèlement de l'ordre public social et de la primauté de l'accord d'entreprise, cette primauté favorisant l'adaptation de la règle conventionnelle aux spécificités et aux besoins de l'entreprise. Le triptyque inauguré par la loi Travail du 8 août 2016 – « ordre public », « champ de la négociation collective », « dispositions supplétives » – a permis de décomposer l'ordre public social en faisant passer certaines règles qui le constituaient dans le bloc des dispositions supplétives. À cet égard, l'« ordre public » n'est pas la consolidation de l'ordre public social classique et se présente plutôt comme un cadre commun de référence obligatoire susceptible d'être complété, soit par des dispositions conventionnelles, soit à défaut par des dispositions légales supplétives. Le résultat est que les règles légales se retrouvent scindées dans un esprit de hiérarchie puisque certaines sont nécessairement applicables au titre de l'ordre public tandis

5. Les conventions collectives ont même été placées, un temps, sous la tutelle publique. La loi du 23 décembre 1946, imprégnée du dirigisme de l'époque, soumettait la conclusion de la convention collective à l'agrément de l'autorité publique et indiquait les points qui devaient être traités : G. Auzero, D. Baugard et E. Dockès, *Droit du travail,* 37e éd., « Précis », Dalloz, 2023, n° 1350, p. 1753.

que les autres ne le sont que par défaut, en l'absence de norme négociée. Corrélativement, des règles impératives au sens de l'ordre public classique peuvent être placées parmi les dispositions supplétives[1].

Si cette démarche méthodologique n'a pas été généralisée, elle n'en a pas moins été poursuivie par les ordonnances du 22 septembre 2017. Concrètement, elle aboutit à donner une primauté à la règle conventionnelle au sens où le reflux de l'ordre public lui assure de prévaloir sur les dispositions légales devenues supplétives. Pour que les choses soient claires, il n'est pas question de considérer la primauté de la règle conventionnelle comme une primauté sur la loi, mais comme une primauté voulue par la loi. Ainsi comprise, l'articulation des normes conventionnelles et légales aide à un redéploiement de la liberté conventionnelle dont le champ opératoire est substantiellement élargi. L'espace ouvert à la liberté conventionnelle est, qui plus est, parfois favorisé par un ordre public famélique[2]. Conjointement, le législateur stimule la liberté conventionnelle en imposant un préalable de négociation pour le traitement de certaines situations. Ce n'est alors que, « à défaut » d'accord ou « en l'absence » d'accord, que la règle légale est appelée à opérer[3].

031.32 Renforcement de la liberté conventionnelle. La liberté conventionnelle n'a pas seulement un champ d'action en constante extension ; elle a aussi, dans ses évolutions les plus récentes, un domaine exclusif. Ce monopole de la convention collective pour mettre en œuvre certains dispositifs peut être regardé comme le point culminant du mouvement de conventionnalisation du droit du travail[4]. Il n'y a même plus, pour pallier l'absence d'accord, de normes supplétives. Les acteurs sociaux sont seuls en capacité de mobiliser la norme dont il est fait application. Sans doute, cette capacité reste à la main du législateur qui fixe le cadre de son exercice et détermine, de façon plus ou moins précise et contraignante, le contenu de la norme. La marge d'adaptation laissée aux partenaires sociaux à cet égard est plus ou moins importante. Elle est relativement modeste s'agissant d'organiser, par accord d'entreprise ou de branche, la mise en place d'un dispositif de forfait en jours (ou en heures) sur l'année, la loi étant directive sur les règles à respecter à ce propos. La liberté dans la conception de la norme est plus marquée lorsqu'il est en vue de rendre possible, exclusivement par un accord de branche étendu, le recours à un contrat de chantier ou d'opération dans les secteurs où l'usage de ce type de contrat n'est pas habituel et conforme à l'exercice régulier de la profession. Si le législateur assigne aux partenaires sociaux un cahier des charges à respecter, c'est à l'accord collectif qu'il revient de fixer les conditions et les modalités d'utilisation du contrat[5]. La démarche est semblable en ce qui concerne les ruptures conventionnelles collectives auxquelles il ne peut être recouru qu'au moyen d'un accord d'entreprise. La loi détermine le cahier des charges que les parties à la négociation doivent observer tout en leur laissant une certaine latitude pour remplir les champs obligatoires[6].

Le rôle dévolu à la convention collective va jusqu'à lui confier l'exclusivité de la constitution d'institutions au sein de l'entreprise. Il n'y a même plus alors, pour pallier l'absence d'accord, de normes supplétives, les acteurs sociaux étant seuls en capacité de mobiliser la norme dont il peut être fait application. C'est, ici, le conseil d'entreprise dont la loi détermine les compétences tandis qu'il est attendu de l'accord de préciser le domaine d'exercice de ses prérogatives[7]. C'est, là, les représentants de proximité que le législateur permet de mettre en place par accord d'entreprise en reconnaissant à cet effet aux partenaires sociaux une très large liberté d'aménagement, notamment pour définir leurs prérogatives et les moyens de leur exercice[8]. La main de la loi reste cependant toujours visible. Si les représentants de proximité ont une existence conventionnelle, la catégorie est légale. C'est la loi qui les institue en tant que nouvelle espèce de représentants du personnel et qui délègue aux partenaires sociaux la

1. Selon la nouvelle architecture du Code du travail.
2. PAR EXEMPLE, en ce qui concerne les consultations récurrentes du comité social et économique, l'ordre public se borne à rendre obligatoire, sur le principe, les trois types de consultations que sont la consultation sur les orientations stratégiques de l'entreprise, celle sur la situation économique et financière de l'entreprise et, enfin, celle sur la politique sociale, les conditions de travail et l'emploi (C. trav., art. L. 2312-17). L'ordre public est réduit de cette manière à sa plus simple expression pour ouvrir le champ le plus large à la négociation, le dispositif légal relevant désormais de dispositions supplétives.
3. La subsidiarité ainsi affirmée de la règle légale n'a pas été sans provoquer de vives réactions dans une partie de la doctrine et du monde syndical.
4. G. Loiseau, « La conventionnalisation du droit du travail. Regards croisés sur la liberté contractuelle et sur la liberté conventionnelle », *Liber amirocum en hommage à Pierre Rodière,* « Mélanges », LGDJ, 2019, p. 205.
5. L'article L. 1223-8 du Code du travail s'en remet à l'accord collectif du soin de déterminer, notamment, la taille des entreprises concernées, les activités concernées ainsi que des éléments de régime du contrat.
6. L'article L. 1237-19-11 du Code du travail liste les rubriques qui doivent se retrouver dans laquelle, parmi lesquelles les modalités d'exercice du droit de rétractation des parties qui, rappelons-le, est impérativement réglementé dans la rupture conventionnelle homologuée, version loi du 25 juin 2008.
7. C. trav., art. L. 2321-2 et 2321-3.
8. G. Loiseau, P. Lokiec, L. Pécaut-Rivolier et P.-Y. Verkindt, *Droit de la représentation du personnel,* « Dalloz action », 2018, n°s 422.50 s.

possibilité de les constituer[1]. Autrement dit, pas plus que la primauté de la règle conventionnelle n'a le sens d'une primauté sur la loi – mais celui d'une primauté voulue par la loi – l'exclusivité de la règle conventionnelle ne peut être pensée comme une exclusion de la loi.

La liberté conventionnelle a dès lors cette limite : il n'y a pas d'autonomie dans la création de l'institution. La Cour de cassation l'a solennellement rappelé, le 12 juillet 2018, en énonçant au visa de l'article 34 de la Constitution qu'il « est loisible au législateur, après avoir défini les droits et obligations touchant aux conditions et aux relations de travail, de laisser aux employeurs et aux salariés, ou à leurs organisations représentatives, le soin de préciser, notamment par la voie de la négociation collective, les modalités concrètes d'application des normes qu'il édicte ». Un accord collectif ne peut en revanche créer *ex nihilo* une catégorie juridique nouvelle indépendamment de la loi, s'agissant ici d'un accord de branche qui instaurait le contrat à durée indéterminée intérimaire avant que la loi du 17 août 2015 le prévoie elle-même à titre expérimental[2]. Dans le même esprit, s'il est possible de mettre en place par accord collectif des structures de représentation des salariés d'une autre nature que celles instaurées par la loi, la volonté des partenaires sociaux est impuissante à faire bénéficier les membres qui les composent du statut protecteur réservé aux catégories de représentants du personnel qui en sont légalement investis[3].

1. S. Guedes da Costa et G. Loiseau, « Les représentants de proximité », *BJT* 9/2018, p. 61.

2. Soc. 12 juill. 2018, nº 16-26.844, P ; *D.* 2018. 1556 ; *D.* 2018. 2203, obs. P. Lokiec et J. Porta ; *RDT* 2018. 689, obs. Y. Ferkane ; *JCP S* 2018. 1306, note F. Boussez ; *JCP* 2018. 901, note C. Hablot-Murolo ; *BJT* 9/2018, p. 26, obs. L. Bento de Carvalho : jugeant l'accord collectif du 10 juillet 2013 ne pouvait créer une catégorie nouvelle de contrat de travail dérogeant aux règles d'ordre public absolu qui régissent, d'une part, le contrat de travail à durée indéterminée, d'autre part le contrat de mission, et fixe en conséquence des règles qui relèvent de la loi.

3. Soc. 22 janv. 2020, nº 18-21.206, P ; *D.* 2020. 220 ; *Dr. soc.* 2021. 86, obs. F. Petit ; *JA* 2020, nº 622, p. 38, ét. M. Julien et J.-F. Paulin ; *JCP S* 2020. 1055, note J.-Y. Kerbourc'h ; *BJT* 3/2020, p. 21, note G. François ; *RJS* 2020. 284 : s'agissant des membres d'une commission paritaire de recours interne créée par accord d'entreprise, cette commission n'étant pas de même nature que les commissions paritaires professionnelles prévues à l'article L. 2234-1 du Code du travail.

TITRE

04. La notion d'accord collectif et le paysage conventionnel français

SECTION 0 ORIENTEUR

04.00 **Sommaire du titre.**

Division. Un état des lieux permet de mettre en évidence les tendances lourdes qui affectent le droit de la négociation collective et le droit de la convention collective (chap. 042). Pour autant, cet état des lieux ne prend tout son sens que si, auparavant, la notion d'accord collectif telle qu'employée dans le droit français est précisée (chap. 041).

CHAPITRE

041. Notion d'accord collectif

SECTION 0 ORIENTEUR

041.00 **Sommaire du chapitre.**

Division. Le mot « accord » appartient au registre du langage courant et le sens juridique ne s'en éloigne pas trop. Ce sens juridique mérite cependant d'être précisé en considération de l'évolution du droit des contrats (sect. 1). Le droit du travail, pour sa part, montre la grande diversité de l'objet des accords et conduit, comme en droit des contrats, à distinguer les accords de droit commun de multitude d'accords que l'on peut qualifier de spéciaux, entretenant avec le droit commun un rapport similaire à celui qu'entretient le droit des contrats spéciaux et le droit commun du contrat (sect. 2).

041.01 **Textes applicables.**

• **C. trav.**, art. L. 2221-2 [Définitions]

041.03 **Bibliographie indicative.**

Monographie. G. Couturier et *al.*, *La négociation collective*, « Colloques », Éd. Panthéon-Assas, 2004.

Thèses. V. Armillei, *La négociation extra-syndicale des accords collectifs d'entreprise : essai sur l'expression de la volonté de la partie salariale*, th. Paris II, 2019, LexisNexis, 2020 – A. Jousselin, *La structuration du comité social et économique par la négociation. Droit et pratique de la négociation institutionnelle*, th. Paris II, 2021 – C. Mariano, *La négociation substitutive d'entreprise*, th. Montpellier, 2018.

Articles. G. Borenfreund, « Représentativité syndicale et négociation collective », *Dr. soc.* 2013. 300 – F. Canut, « La négociation collective dans les entreprises dépourvues de délégués syndicaux », *Dr. soc.* 2017. 1033 – J.-D. Combrexelle, « Les relations collectives du travail, la carte et le territoire », *Dr. soc.* 2013. 239 – F. Favennec Héry, « Vers l'émergence d'un ordre juridique conventionnel », *JCP S* 2015. 1237 – Y. Ferkane, « L'extension de la qualification d'accord collectif », *BJT* 11/2021, p. 71 – Y. Leroy, « La négociation collective sans négociation, coup de maître ou hérésie ? », *Dr. soc.* 2020. 854 – A. Jousselin, « L'accord institutionnel, interrogations et propositions », *BJT* 1/2022, p. 48 – P. Lokiec, « Démocratie représentative et démocratie directe », *Dr. soc.* 2019. 201 – C. Morin, « Les modes alternatifs de négociation », *Dr. soc.* 2019. 409 – B. Teyssié, « La négociation collective dans les entreprises dépourvues de délégué syndical », *JCP S* 2018. 1112 – P.-Y. Verkindt et Simonneau, « Convention collective et loi professionnelle. Le regard de René Demogue », *Dr. soc.* 2022. 935.

SECTION 1 PLURALITÉ DES NOTIONS

041.11 **Accord, contrat et convention.** Sous l'empire du droit antérieur à la réforme issue de l'ordonnance du 10 février 2016[1] et sa ratification par la loi du 20 avril 2018[2], le Code civil définissait le contrat comme la « convention par laquelle une ou plusieurs personnes s'obligent envers une ou plusieurs autres, à donner, à faire ou à ne pas faire quelque chose »[3]. Alors que le terme de « convention » se rapportait à tout accord de volontés « destiné à créer des effets de droit, le contrat désignait, plus spécifiquement, l'accord de volontés créateur d'obligations »[4]. L'actuel article 1101 du Code civil

1. Ord. n° 2016-131, 10 févr. 2016 portant réforme du droit des contrats, du régime général et de la preuve des obligations, *JO* 11 févr., n° 26.
2. L. n° 2018-287, 20 avr. 2018 ratifiant l'ordonnance n° 2016-131 du 10 février 2016 portant réforme du droit des contrats, du régime général et de la preuve des obligations, *JO* 21 avr., n° 1.
3. C. civ., art. 1101 ancien.
4. F. Chénédé, *Droit des obligations et des contrats,* 3e éd., « Dalloz référence », 2023, n° 121.11.

a abandonné toute distinction entre la « convention » et le « contrat » et définit le second sobrement comme « un accord de volontés entre deux ou plusieurs personnes destiné à créer, modifier, transmettre ou éteindre des obligations ». Sans qu'il soit nécessaire d'entrer dans le débat sur la pertinence du changement de terminologie, au moins peut-on relever que contrat ou convention sont le produit de la rencontre de volontés, lesquelles peuvent émaner de personnes physiques ou de personnes morales par l'intermédiaire de leur représentant. Le Code civil, dont les textes servent de matrice à tous les accords intervenant dans le champ des relations juridiques, ne connaît en revanche, ni le « contrat collectif », ni l'« accord collectif ».

041.12 **Contrat individuel et contrat collectif.** La notion de contrat collectif a été l'expression convenue pour désigner les premières formes d'accords conclus entre les employeurs et les organisations syndicales avant l'adoption de la loi du 25 mars 1919. Ce texte a en revanche employé, dans son titre même, les termes de convention collective, mais il faudra plusieurs années avant que cette expression prenne le pas sur l'ancienne. Il arrive d'ailleurs encore parfois que la notion de « contrat collectif » soit utilisée, sans doute pour accentuer l'analyse contractuelle de la source normative. Cet emploi fait cependant naître un risque de confusion dans la mesure où le droit de la prévoyance d'entreprise utilise la notion pour caractériser le contrat d'assurance servant de base opérationnelle aux garanties collectives, lesquelles peuvent être prévues par un « accord collectif de travail ».

À vrai dire, le contrat collectif et la convention collective sont des accords individuels entre des acteurs collectifs. S'ils peuvent être qualifiés de « collectifs », c'est en raison de la qualité des contractants et de la nature collective des garanties et des droits nés de l'application du texte conventionnel.

041.13 **Convention collective et accord collectif.** Il n'y a pas de différence de nature entre la convention collective et l'accord collectif et les notions sont communément employées l'une pour l'autre sans que cela emporte d'effet juridique particulier. Néanmoins, l'article L. 2221-2 du Code du travail opère une distinction entre la convention collective qui « a vocation à traiter de l'ensemble des matières mentionnées à l'article L. 2221-1, pour toutes les catégories professionnelles intéressées » et l'accord collectif qui « traite un ou plusieurs sujets déterminés dans cet ensemble ». Les niveaux de négociation à cet égard importants. Le niveau national professionnel ou interprofessionnel ainsi que les niveaux régionaux connaissent à la fois des accords collectifs et des conventions collectives au sens strict. Le niveau de l'entreprise ou celui de l'établissement ne donne à voir que des « accords » dans la mesure où la négociation à ce niveau ne porte jamais, de fait, sur l'ensemble des conditions d'exécution du travail des salariés.

SECTION 2
DIVERSITÉ DES ACCORDS COLLECTIFS

041.21 **Diversité et hétérogénéité des accords.** La diversité des accords collectifs peut s'entendre de deux manières. Projetant à propos des accords collectifs la distinction traditionnellement opérée entre le droit commun des contrats et les contrats spéciaux, on peut observer qu'il existe également des accords collectifs spéciaux. S'inscrivant dans la philosophie du droit conventionnel, ils partagent avec les accords de droit commun leur nature et une très grande partie de leur régime, mais ils présentent une plus ou moins forte originalité. Comme en droit des contrats, les liens entre le droit spécial de la convention collective et son droit commun sont plus ou moins resserrés pour des raisons qui tiennent à la fois aux objectifs poursuivis par ces accords collectifs spéciaux et à l'intensité de l'autonomie et de la liberté laissée aux négociateurs. Au regard de ce second critère, certains de ces accords spéciaux procèdent d'une négociation sous la contrainte de l'autorité publique qui cherche à réaliser par la voie conventionnelle des objectifs de politique publique, s'agissant par exemple de l'accès à l'emploi de certaines catégories de travailleurs, ou de la protection de la santé au travail.

De l'autre manière, la diversité des accords collectifs marque une hétérogénéité des accords au point de vue des acteurs appelés à les conclure. Le modèle historique des accords négociés et conclus avec des acteurs syndicaux n'est plus – ou rarement – un monopole. La faveur pour la norme conventionnelle pousse à en permettre le déploiement dans toutes les entreprises, quelle qu'en soit leur taille, qu'elles soient ou non pourvues de délégués syndicaux. Le droit contemporain s'est donc progressivement doté, pour le permettre, de modalités substitutives de négociation faisant appel à d'autres acteurs que les délégués syndicaux. Il peut s'agir d'élus du personnel mandatés, de salariés mandatés ou encore des membres élus de la délégation du personnel sans mandatement. Ce peut même être, dans les toutes petites entreprises, un simple projet d'accord directement soumis par l'employeur à l'approbation des salariés. Il reste que, à côté de ces accords qui ont toujours la nature d'accords collectifs de travail et en suivent le régime, des accords peuvent être conclus par le comité social et économique lui-même en qualité de personne juridique, portant sur ses propres prérogatives ou sur son propre fonctionnement. La question de la qualification de ces accords d'adaptation est aujourd'hui posée.

§ 1
Les accords de droit commun et les accords spéciaux

041.31 Leçons de l'histoire. De la même manière qu'il est désormais difficile, sinon impossible, d'appréhender le droit des contrats sous le seul angle de la théorie générale et du droit commun des contrats sans s'inquiéter de la diversité des contrats spéciaux, le droit contemporain de la convention collective de travail doit tenir compte de la variété des accords collectifs. Le modèle encore rudimentaire issu de la première loi sur le contrat collectif de travail, adoptée en 1919 [1], imprégné d'une logique contractuelle, a laissé place en 1936 à une distinction entre les conventions simples régies par la loi de 1919 et celles susceptibles d'être étendues [2]. Toute l'histoire ultérieure de la négociation collective en France fut celle d'une diversification tant des niveaux de négociation que des régimes juridiques doublés d'une volonté politique – transcendant les clivages strictement politiques – de faire des conventions collectives une source normative primordiale. L'évolution est telle que, dans un arrêt du 24 mars 2021, la Cour de cassation en est venue à reconnaître l'existence d'un « droit commun des accords collectifs » [3].

041.32 Diversification des accords. Si les accords internationaux et la négociation sociale internationale offrent un fort particularisme, un certain nombre d'accords de droit interne gravitent autour du droit commun de la négociation collective. Au-delà de la très classique distinction des niveaux de négociation (accords interprofessionnels, de branche, d'entreprise, de groupe ou encore d'établissement, etc.), un droit spécial de la négociation et des accords collectifs s'est ainsi constitué et perfectionné au fil du temps.

Dans l'état actuel du droit, la recherche d'une classification rationnelle à partir d'un ou de plusieurs critères est illusoire tant la matière semble dominée par le pragmatisme. Tout au plus peut-on considérer que, contrairement au schéma traditionnel, cette diversification n'obéit pas à une logique de décentralisation de la négociation et que le plus petit commun dénominateur de ces accords est qu'ils procèdent d'une négociation plus ou moins imitée de la négociation collective. Le modèle de cette dernière est alors sollicité pour offrir une alternative à l'unilatéralisme qui reste bien présent dans les modalités possibles de mise en place du régime juridique en cause.

C'est ainsi, par exemple, qu'en matière de prévoyance d'entreprise, le recours à l'accord collectif est l'une des modalités de mise en place d'une protection sociale complémentaire aux côtés de la décision unilatérale de l'employeur ou et du référendum.

Ces dispositifs conventionnels spéciaux s'appuient peu ou prou sur le postulat qu'une règle de droit produite par un accord est plus adaptée aux besoins de ceux qui seront amenés à l'appliquer ou à en bénéficier. De même, l'utilisation de la négociation collective au sein des processus de restructuration – plan de sauvegarde de l'emploi, rupture conventionnelle collective, activité partielle de longue durée, etc. – part du présupposé que l'accord assure non seulement l'ancrage des décisions dans la réalité de l'entreprise mais renforce la tolérance et l'acceptabilité des mesures envisagées.

041.33 Liberté conventionnelle à géométrie variable. Alors que la dimension contractuelle de l'accord collectif n'a jamais été totalement abandonnée et est aujourd'hui associée à un renforcement de sa force normative [4], la liberté contractuelle des « négociateurs » est parfois fortement réduite. Il arrive en effet que le législateur, non seulement dicte le contenu à l'accord, directement ou indirectement en réservant certains avantages aux seules conventions collectives respectant le contenu « suggéré » avec insistance, mais en impose la négociation.

Il est du coup nécessaire de distinguer les négociations librement choisies pour être mises au service d'un objectif social et ce qu'il est convenu d'appeler la *négociation administrée*. Dans ce dernier cas, les pouvoirs publics exigent une négociation sous peine de sanctions financières tout en offrant,

1. L. 25 mars 1919 relative aux conventions collectives de travail, *JO* 28 mars, p. 3181 ; P. Barrau et F. Hordern, *Histoire du droit du travail par les textes*, « Cahiers de l'I.R.T. », 1999, n° 8, t. II, p. 14 ; – Quoique sommaire, le texte constitue la première tentative d'organisation légale des formes spontanées d'accords connues sous le nom de « tarifs » depuis le milieu du XIXe siècle ou encore d'accords tendant au réglement de conflits collectifs, comme les Conventions d'Arras de novembre 1891 organisant la fin d'une grève des mineurs dans les compagnies houillères du Pas de Calais.
2. L. 24 juin 1936 modifiant et complétant le chapitre IV « *bis* » du titre II du livre Ier du code du travail : « De la convention collective de travail », *JO* 26 juin, p. 6698 ; P. Barrau et F. Hordern, *Histoire du droit du travail par les textes*, « Cahiers de l'I.R.T. », 1999, n° 8, t. II, p. 104.
3. Soc. 24 mars 2021, n° 19-15.920, P ; *Dr soc.* 2021. 665, note C. Radé ; *JCP S* 2021. 1110, note L. Aluome ; *BJT* 5/2021, p. 19, note G. Auzero.
4. N'est-on pas allé jusqu'à parler d'« ordre public conventionnel » ?

sous certaines conditions, aux entreprises une alternative sous la forme de mise en place unilatérale de plans d'action[1].

§ 2 Les accords conclus par d'autres acteurs que les syndicats

041.41 Le dépassement de l'exclusivité syndicale. La primauté, voire l'exclusivité, accordée pendant longtemps sans réserve aux organisations syndicales trouve ses racines dans la conception française du syndicalisme qui s'installe dès l'apparition des syndicats sur la scène politico-juridique. La doctrine syndicale dite essentialiste consiste à considérer que le syndicat - puis le syndicat « le plus représentatif », puis le syndicat « représentatif » - représente l'ensemble des salariés, qu'ils soient ou non syndiqués. Comme, par ailleurs, le droit français pose le principe du pluralisme syndical, cela signifie que chaque syndicat représentatif est reconnu apte à conclure un accord qui s'appliquera à tous les salariés de toutes les entreprises entrant dans le champ d'application de l'accord.

Ces deux principes (essentialiste et pluraliste) doivent cependant se combiner avec une démographie syndicale qui montre un taux de syndicalisation faible, toutes organisations confondues. Mécaniquement, nombre d'entreprises, soit en raison du seuil d'effectifs, soit pour des raisons sociologiques, soit en raison d'une répression syndicale plus ou moins organisée, sont dépourvues de représentation syndicale. Dans un contexte où une partie importante du droit du travail tend à se faire de source conventionnelle, l'absence de syndicat devient vite un handicap. Deux solutions sont alors envisageables. La première supposerait une révolution culturelle visant à assurer la promotion du syndicat dans l'entreprise. La seconde, celle que le droit français a choisie, consiste à permettre l'émergence d'autres acteurs que les syndicats : salariés mandatés ou représentants élus du personnel, le cas échéant constitués en conseil d'entreprise. À vrai dire, l'opposition entre la représentation syndicale désignée et la représentation élue s'est déjà atténuée en 2008 lorsque le législateur a exigé du délégué syndical une légitimation au moins partielle par l'élection (candidature et résultat)[2].

L'élargissement de la qualité pour négocier des accords collectifs à d'autres acteurs que le délégué syndical a pour effet, sinon d'abandonner, du moins de relativiser les mécanismes fondateurs du droit syndical français.

041.42 La mise en place de modalités substitutives de négociation[3]**.** La place croissante du droit conventionnel, spécialement au niveau de l'entreprise, doublée de la moindre présence syndicale ont rendu nécessaire la mise en place de modalités substitutives de négociation faisant appel à d'autres acteurs que le délégué syndical. Il s'agit, en principe, soit d'élus du personnel mandatés, soit de salariés mandatés, soit encore des membres élus de la délégation du personnel sans mandatement. Dans les entreprises de onze à quarante-neuf salariés, l'ordonnance n° 2017-1385 du 22 septembre 2017 a du reste aboli toute hiérarchie entre les différents acteurs. Le choix appartient donc à l'employeur de solliciter l'un plutôt que l'autre, encore qu'il ne soit jamais certains d'avoir un interlocuteur.

Dans les entreprises d'au moins cinquante salariés, en revanche, un ordre de priorité demeure[4] et, surtout, les membres élus du comité social et économique ne peuvent négocier et conclure d'accord que relativement à des mesures dont la loi subordonne la mise en œuvre à un accord collectif (accord forfaits-jours, accord de performance collective, accord de rupture conventionnelle collective, etc.).

Pour parfaire, enfin, la couverture conventionnelle de toutes les entreprises - pour donner, du moins, les moyens d'y parvenir -, la loi prévoit dans les toutes petites entreprises la possibilité pour l'employeur de soumettre un projet d'accord à l'approbation des salariés. Cette modalité concerne les entreprises dont l'effectif est inférieur à onze salariés, dépourvues par hypothèse de CSE, ainsi que celles dont l'effectif ne dépasse pas vingt salariés à condition qu'elles ne soient pas dotées d'une représentation élue (aucune demande d'élection ou carence de candidats aux élections) ni de délégués syndicaux. Selon l'article L. 2232-22 du Code du travail, « lorsque le projet d'accord [...] est approuvé à la

1. V. s[s] n°s 522.11 s.
2. La Cour de cassation a toutefois atténué, depuis, la portée de cette exigence. V. G. Loiseau, P. Lokiec, L. Pécaut-Rivolier, Y. Struillou et P.-Y. Verkindt, *Droit de la représentation du personnel*, Dalloz Action, 2e éd., 2023, n°s 232.44 et 232.45.

3. V. C. Mariano, *La négociation substitutive d'entreprise*, th. Montpellier, 2018 – V. Armillei, *La négociation extra-syndicale des accords collectifs d'entreprise : essai sur l'expression de la volonté de la partie salariale*, th. Paris 2, 2019, éd. LexisNexis, 2020.
4. La compétence pour négocier et conclure un accord collectif est attribuée de façon prioritaire à un élu du CSE mandaté par une organisation syndicale représentative (dans la branche dont relève l'entreprise ou, à défaut, au niveau national interprofessionnel) ; à défaut de mandatement, la compétence échoit aux élus titulaires du CSE à condition que l'accord recueille la signature d'élus représentant la majorité des suffrages exprimés lors des dernières élections professionnelles ; si les élus titulaires du CSE ne veulent pas négocier, l'accord peut être négocié et conclu par un salarié non élu mandaté par une organisation syndicale représentative sous réserve de l'approbation de l'accord par les salariés à la majorité des suffrages exprimés. V. s[s] n° 133.14.

majorité des deux tiers du personnel, il est considéré comme un accord d'entreprise valide ». La loi qualifie donc l'acte d'accord collectif bien qu'il n'ait fait l'objet d'aucune négociation et n'ait pas non plus été, à proprement parler, « conclu ». L'absence de négociation n'est probablement dirimante car, *mutatis mutandis*, un contrat d'adhésion n'en est pas moins un contrat. La circonstance que l'acte ne procède pas d'un accord de volonté entre les parties manifestant leur volonté de le conclure est en revanche plus original. L'approbation du projet de l'employeur à la majorité des deux-tiers du personnel n'a pas le sens d'une acceptation par laquelle les parties manifesteraient leur volonté de s'engager selon les termes de l'article 1113 du Code civil. L'approbation d'une majorité de salariés confère certes à l'acte juridique sa légitimité et peut être regardée comme une expression directe du principe de participation des travailleurs. Mais elle n'est pas l'équivalent d'une somme de consentements qui obligent ceux qui le manifestent. L'accord qui en procède, qui est d'ailleurs considéré à l'article L. 2232-22 « comme » un accord d'entreprise valide, serait moins, dans ces conditions, un accord collectif par nature que par détermination de la loi.

041.43 La persistance du monopole syndical. L'ouverture de la négociation collective à d'autres acteurs que les délégués syndicaux n'est pas totale. Outre les accords nationaux interprofessionnels et les accords de branche, la loi réserve encore la conclusion de certains accords d'entreprise (ou, le cas échéant, de groupe, d'UES, d'établissement) aux organisations syndicales représentatives. Leur dénominateur commun est la nature institutionnelle de l'accord qui traite des institutions représentatives du personnel. Mais le critère est relatif car son application est sporadique et n'obéit à aucune logique visible. Seuls quelques dispositifs sont conditionnés à l'exigence d'un accord d'entreprise défini à l'article L. 2232-12 du Code du travail, c'est-à-dire un accord conclu avec des délégués syndicaux : la création de commissions supplémentaires au sein du comité social et économique pour l'examen de problèmes particuliers[1], l'institution d'un conseil d'entreprise[2] – l'accord étant celui qui fixe la liste des thèmes soumis à son avis conforme[3], le nombre d'heures de délégation dont bénéficient les élus participant aux négociations[4], les règles relatives à l'indemnisation des frais de déplacement[5], la composition de la délégation qui négocie les conventions et accords d'entreprise ou d'établissement[6] et la périodicité de tout ou partie des thèmes de négociation[7] – ainsi que la mise en place de représentants de proximité. En ce qui concerne ces derniers, la nécessité d'un accord signé par des délégués syndicaux, sans règle supplétive, s'infère de l'articulation des textes[8] et a été affirmée par la Cour de cassation le 1er juin 2023, qui a jugé que « les représentants de proximité ne peuvent être mis en place que par l'accord d'entreprise, conclu dans les conditions prévues au premier alinéa de l'article L. 2232-12, qui détermine le nombre et le périmètre des établissements distincts », et que « dans le cas où le nombre et le périmètre des établissements distincts ont été déterminés par décision unilatérale de l'employeur [...], un accord d'entreprise conclu dans les conditions prévues au premier alinéa de l'article L. 2232-12 de ce code peut prévoir pour l'ensemble de l'entreprise la mise en place de représentants de proximité rattachés aux différents comités sociaux et économiques d'établissement »[9].

De manière plus anecdotique et également plus singulière, un accord conclu dans les conditions de l'article L. 2232-12, c'est-à-dire avec une ou plusieurs organisations syndicales représentatives, est également exigé pour définir, le cas échéant, les compétences respectives du comité social et économique central et des comités sociaux et économiques d'établissement dans la gestion des activités sociales et culturelles[10].

Dans ces hypothèses, somme toute assez limitées, le monopole syndical est au demeurant relatif. La transformation du comité social et économique en conseil d'entreprise investit ce dernier des mêmes prérogatives que celles des délégués syndicaux puisqu'il est seul compétent pour négocier, conclure et réviser les accords d'entreprise ou d'établissement[11].

041.44 La qualification d'accord collectif en question : le cas des accords d'adaptation conclus par le comité social et économique. Le droit contemporain donne un rôle de plus en plus important dans la conclusion d'accords collectifs à la délégation du personnel au comité social et économique.

1. C. trav., art. L. 2315-45.
2. C. trav., art. L. 2321-2. Dans les entreprises dépourvues de délégué syndical, le texte réserve tout de même la possibilité de constituer le conseil d'entreprise par accord de branche étendu.
3. C. trav., art. L. 2321-3.
4. C. trav., art. L. 2321-4.
5. C. trav., art. L. 2321-6.
6. C. trav., art. L. 2321-7.
7. C. trav., art. L. 2321-8.
8. L'article L. 2313-7 relatif aux représentants de proximité renvoie pour leur établissement à l'article L. 2313-2 qui traite de la détermination des établissements distincts, lequel renvoie lui-même, pour les conditions de conclusion de l'accord collectif, à l'article L. 2232-12, ce qui aboutit à réserver l'accord à la signature des organisations syndicales représentatives.
9. Soc. 1er juin 2023, nº 22-13.303, P ; *RDT* 2023. 489, note E. Peskine ; *JCP S* 2023. 1188, Étude G. Loiseau.
10. C. trav., art. L. 2316-23.
11. C. trav., art. L. 2321-1.

Les accords auxquels ils peuvent être associés sont, tout bien considéré, de deux sortes. Dans le cadre des modalités substitutives de négociation en l'absence de délégué syndical, les membres titulaires du CSE peuvent négocier et conclure des accords qui intéressent directement les salariés de l'entreprise à condition, dans les entreprises d'au moins cinquante salariés, que l'accord porte sur des mesures dont la mise en œuvre est subordonnée par la loi à un accord collectif. L'accord doit alors être négocié et conclu avec les élus, sa validité étant subordonnée à sa signature par des membres de la délégation du personnel représentant la majorité des suffrages exprimés en faveur des membres du CSE lors des dernières élections professionnelles[1]. Investis du pouvoir de négocier et de conclure des (ou certains) accords collectifs, les membres élus du CSE le sont aussi de réviser ou de dénoncer des accords, même s'ils ont été conclus selon d'autres modalités.

À côté de ces accords, qui ont la nature d'accords collectifs de travail et en suivent le régime, le comité social et économique est par ailleurs mis en capacité de conclure des accords qui portent sur ses propres prérogatives ou sur son propre fonctionnement[2]. Ces accords d'adaptation ont ici la particularité d'être conclus par le comité lui-même en qualité de personne juridique, encore que leur adoption requière logiquement un vote des membres du comité, acquis à la majorité des membres titulaires. C'est une différence avec le premier type d'accords, conclus par les membres du CSE à condition qu'ils représentent la majorité des suffrages exprimés en faveur des membres du CSE lors des dernières élections. Alors que, dans un cas, c'est une exigence de majorité en nombre qui est posée, elle s'objective, dans l'autre, en poids électoral. La majorité en nombre de titulaires correspond à cet égard à l'expression d'une volonté de l'institution, conçue comme une volonté commune résultant d'un vote égalitaire, ce qui explique d'ailleurs que l'accord soit conclu avec le CSE. C'est une légitimité institutionnelle de l'accord qui est attendue du vote. Différente, la majorité en poids électoral renvoie plutôt à la recherche d'une légitimité électorale, le vote des signataires de l'acte devant être suffisamment représentatif au regard des standards de la représentativité syndicale[3]. Elle correspond davantage au droit de participation.

Une autre différence entre les accords conclus avec le CSE relatifs à l'instance et les accords constituant une modalité substitutive de négociation collective est que les premiers peuvent être conclus dans les cas déterminés par la loi chaque fois qu'il n'y a pas de délégué syndical dans l'entreprise ou à défaut d'accord d'entreprise tandis que les seconds ne peuvent porter, en l'absence de délégué syndical dans les entreprises d'au moins cinquante salariés, que sur des mesures dont la mise en œuvre est subordonnée par la loi à un accord collectif. Cette contrainte n'existe pas pour les accords relatifs à l'instance qui peuvent être conclus pour adopter des mesures même en présence de dispositions légales supplétives (aménagements relatifs aux consultations récurrentes ou ponctuelles, aménagements relatifs à la base de données économiques, sociales et environnementales, etc.). Dans un cas, la loi n'envisage même, pour procéder à des aménagements, qu'un accord conclu entre l'employeur et le comité s'agissant du recours à la visioconférence pour réunir l'instance[4]. Au demeurant, dans cette hypothèse isolée, le texte n'évoque pas un accord conclu entre l'employeur et le comité mais entre l'employeur et les membres élus de la délégation du personnel.

La différence entre les deux types d'accords et la spécificité des accords conclus entre l'employeur et le CSE relativement à l'instance pose la question de la nature de ces derniers. Alors que les accords conclus avec les élus du CSE au titre des modalités substitutives de négociation collective dans les entreprises dépourvues de délégués syndicaux constituent pour le législateur des accords collectifs de travail, il n'est rien dit des accords portant sur la mise en place, les attributions ou le fonctionnement du CSE qui sont conclus avec l'instance de représentation du personnel et correspondent à une conception différente de légitimité, institutionnelle et non électorale. En outre, si ces derniers ont un équivalent fonctionnel avec les accords d'entreprise qu'ils suppléent, ils sont soumis à un principe de spécialité, ne pouvant être adoptés que dans les cas expressément prévus par la loi.

Les opinions sont en la matière partagées. Alors que certains auteurs estiment que les accords d'adaptation du CSE n'ont pas la nature d'accords collectifs de travail[5], d'autres plaident pour leur assimilation[6]. L'enjeu est évidemment le régime qui doit leur est applicable, notamment pour leur durée

1. C. trav., art. L. 2232-23-1 (dans les entreprises de onze à quarante-neuf salariés) et L. 2232-25 (dans les entreprises d'au moins cinquante salariés).
2. V. G. Loiseau, P. Lokiec, L. Pécaut-Rivolier, Y. Struillou et P.-Y. Verkindt, *Droit de la représentation du personnel*, Dalloz Action, 2e éd., 2023, no 312-11 et s.
3. V. F. Rosa, « La nature juridique des accords conclus « au sein » du CSE », *Dr. ouvrier* 2020. 635.
4. C. trav., art. L. 2315-4 et L. 2316-16.
5. F. Géa, « L'accord sur le comité social et économique », *BJT* 2018. 60 – F. Rosa, « La nature juridique des accords conclus « au sein » du CSE », *Dr. ouvrier* 2020. 632.
6. A. Jousselin, *La structuration du comité social et économique par la négociation. Droit et pratique de la négociation institutionnelle*, th. Paris 2, 2021, spéc. no 460, p. 402, par parle explicitement « d'assimilation » – Ch. Migeon, *La participation du comité social et économique aux décisions économiques de l'entreprise*, th. Paris 2, 2023, spéc. no 260, p. 273.

lorsqu'elle n'est pas expressément stipulée, leur révision ou leur dénonciation. Nous avons défendu, à ce sujet, l'avis de les soumettre à un régime propre qui, pour leur révision ou leur dénonciation, serait le pendant de celui de leur conclusion. Autrement dit, l'accord pourrait être révisé ou dénoncé par l'employeur et la majorité des membres titulaires du comité. Quant à leur durée, s'il a été suggéré de la faire correspondre à celle des mandats de ceux qui l'ont approuvé – si bien que les éléments négociés dans le cadre de l'accord auraient vocation à être renégociés après les élections professionnelles suivantes[1] – il nous a semblé préférable[2] de considérer que, sauf stipulation contraire, l'accord est à durée indéterminée et de laisser au CSE nouvellement constitué au début d'un cycle électoral le soin de négocier, le cas échéant, sa révision avec l'employeur[3].

Cela étant, l'enjeu de la détermination de la nature de l'acte n'est pas que le régime à lui appliquer. C'est la conception même de l'accord collectif qui se discute, dont l'essence emprunte, dans la doctrine du Conseil constitutionnel, au « principe de liberté de la négociation collective » fondé sur les sixième et huitième alinéas du Préambule de la Constitution de 1946 relatifs, respectivement, au principe de la liberté syndicale et au principe de participation des travailleurs, et sur l'article 4 de la Déclaration des droits de l'homme et du citoyen de 1789 protégeant la liberté contractuelle[4]. De ce point de vue, les accords d'adaptation conclus par le CSE et pour le CSE s'éloignent de ces bases juridiques tirées du Préambule de la Constitution de 1946. Mais cet éloignement ne consomme pas forcément une rupture. Il y a aussi une évolution de la conception de l'accord collectif qui est à l'œuvre. Cette évolution s'illustre avec les accords conclus par le CSE transformé en conseil d'entreprise et investi en conséquence du pouvoir de négocier, de conclure et de réviser des conventions et accords d'entreprise ou d'établissement. La validité de ces accords, dont la nature d'accords collectifs est légalement affirmée, est subordonnée à leur signature par la majorité des membres titulaires élus du conseil ou par un ou plusieurs membres titulaires ayant recueilli plus de 50 % des suffrages exprimés lors des dernières élections professionnelles[5]. Il en résulte que, admettant aussi bien une majorité en nombre qu'une majorité en poids électoral, le législateur met ici sur un même plan la légitimité institutionnelle et la légitimité électorale de l'accord.

1. F. Géa, préc.
2. L'analyse proposée présente l'inconvénient de faire dépendre le régime de l'accord de la situation des membres élus alors qu'ils ne sont pas eux-mêmes parties à l'acte qui est conclu par le CSE.
3. G. Loiseau, P. Lokiec, L. Pécaut-Rivolier, Y. Struillou et P.-Y. Verkindt, préc., n° 312-22.
4. V. s[s] n° 031.21.
5. C. trav., art. L. 2321-9.

CHAPITRE

042. État des lieux de la négociation collective en France

SECTION 0
ORIENTEUR

042.00 **Sommaire du chapitre.**

Division. Dresser un état des lieux de la négociation collective en France a longtemps été le rôle de la Commission nationale de la négociation collective et du *Bilan de la négociation collective* publié chaque année (sect. 1). La montée en puissance du droit conventionnel a cependant conduit à affiner les outils de connaissance du droit conventionnel et à se donner des instruments plus performants de pilotage du droit conventionnel (sect. 2).

SECTION 1
QUELQUES ÉLÉMENTS STATISTIQUES

042.11 **Améliorer l'information sur le droit conventionnel.** Chaque année, le Ministère en charge du travail prépare le *Bilan de la négociation collective* qui est ensuite présenté à la Commission nationale de la négociation collective dont les missions sont définies par l'article L. 2271-1 du Code du travail. Ce bilan a longtemps été, avec les statistiques établies par la Direction de l'animation de la recherche, des études et des statistiques (DARES) du ministère du Travail, la source principale d'information statistique sur l'activité conventionnelle. L'accès aux conventions et accords étendus, au moins partiellement, était possible via le site *Legifrance*, mais la diffusion des accords et conventions non étendus et celle des accords conclus à d'autres niveaux était très limitée. Les accords d'entreprise conclus depuis le 1er septembre 2017 sont désormais accessibles *via* le même site. Ce dispositif a pour finalité de permettre aux acteurs une meilleure connaissance des accords les concernant mais aussi de permettre le partage de bonnes pratiques. Les accords ainsi publiés sont expurgés de toute information concernant des personnes physiques et les signataires ont la possibilité d'occulter des données qu'ils considèrent comme sensibles. Le ministère du Travail est en charge de la publicité des accords (avec la Direction de l'information légale et administrative) et les modalités de dépôt des accords conclus selon une procédure dématérialisée permettent l'alimentation de la base documentaire ainsi constituée.

042.12 **Bilan de la négociation collective.** Le *Bilan de la négociation collective* publié par le ministère du Travail en décembre 2023 pour l'année 2022 fait ressortir la poursuite du dynamisme de la négociation de branche qui s'affirme depuis 2013. Après une baisse en 2019 et 2020 liée à la crise sanitaire (1 020 accords en 2020) ayant suivi un nombre particulièrement élevé d'accords de branche et avenants signés en 2017 (1 166 accords) et 2018 (1 288 accords), le nombre d'accords est reparti à la hausse et a atteint en 2022 le record de 1 495 accords et avenants signés, chiffre provisoire qui ne prend en compte que les accords dont le dépôt est intervenu avant le 15 mars 2023 (le chiffre actualisé dépasse donc les 1 500 accords). La progression résulte surtout de l'activité conventionnelle en matière de salaires dans l'ensemble des branches professionnelles qui s'est renforcée avec la reprise de l'inflation (691 avenants conclus en 2022 alors que 377 avenants avaient été conclus en 2021). L'autre thème toujours en progression est celui de l'égalité professionnelle entre les femmes et les hommes (244 accords et avenants conclus en 2022 à comparer aux 231 textes adoptés en 2021 et aux 204 textes adoptés en 2020).

Il est à noter que, parmi les accords de branche, le nombre de nouvelles conventions collectives nationales (CCN) signées reste élevé avec cinq CCN signées en 2022 (six en 2021 mais seulement deux en 2020).

Le volume des accords d'entreprise connaît lui un réel regain avec 88 570 accords collectifs (y compris avenants) signés et enregistrés en 2022, soit une augmentation de 15,3 % par rapport à 2021. L'activité repasse au-dessus du niveau mesuré avant la crise sanitaire (80 700 accords enregistrés en 2019).

L'épargne salariale fait l'objet, comme à l'accoutumée, du plus grand nombre d'accords et avenants, représentant 44 % des accords signés et déposés en 2022, une proportion stable sur un an. Les salaires et primes constituent le deuxième objet des accords collectifs signés en 2022, à la notable différence de l'année précédente où le temps de travail était plus fréquemment abordé. Avec le regain d'inflation en 2022, les incitations à la protection du pouvoir comme la prime de partage de valeur ont suscité un surcroît d'accords sur la thématique salariale. Le temps de travail figure en troisième position. Stimulé par le contexte de renouvellement des instances représentatives du personnel quatre ans après l'élection des premiers CSE, le thème relatif au droit syndical et à la représentation du personnel se hisse à la quatrième place des thèmes les plus abordés en 2022 (6 130 accords et avenants, soit plus du double du nombre d'accords conclus en 2021), devant les conditions de travail et l'égalité professionnelle, tous deux 5e ex-aequo. Abordé dans près de 7 % des accords en 2022 (contre 8 % en 2021), le thème des conditions de travail reste largement plus présent dans les accords collectifs qu'avant la crise sanitaire (4 % en 2019) stimulé par le développement du télétravail (62 % de ces accords relèvent de la mise en place du télétravail).

Sur l'ensemble des accords conclus et déposés, 45 910 textes concernent des entreprises de moins de 50 salariés, ce qui représente 51 % des textes signés au niveau entreprise et une augmentation de 20 % par rapport à 2021. Ces textes ont été conclus, pour près de la moitié d'entre eux, dans les secteurs du commerce, du transport, de l'hébergement-restauration et des activités de services aux entreprises. Plus finement, 15 510 accords ont été déposés par des entreprises de moins de 11 salariés, soit une hausse de 16 % sur un an, mais en deçà du volume observé en 2020 (16 390).

Quant aux modalités de conclusion des accords, le Bilan de la négociation collective pour 2022 relève que 73 % des accords, hors épargne salariale, ont été signés par des délégués syndicaux, soit une hausse de deux points par rapport 2021. La part des textes signés par des élus ou des salariés mandatés est stable à 8 %, après une hausse de six points entre 2019 et 2020. Les élus non mandatés sont les signataires de près de 10 % des accords et avenants, proportion stable et identique à celle des ratifications à la majorité des deux tiers des salariés.

SECTION 2
OBSERVATOIRES DU DIALOGUE SOCIAL ET DE LA NÉGOCIATION

042.21 Origine des observatoires. Pris pour l'application de l'article 9 de l'ordonnance n° 2017-1385 du 22 septembre 2017 relative au renforcement de la négociation collective, le décret du 28 novembre 2017[1] modifie le Code du travail pour assurer la mise en place des observatoires d'analyse et d'appui au dialogue social et à la négociation. Ces observatoires, dont le secrétariat est assuré par les services de la Dreets, appartiennent à la catégorie du paritarisme tempéré en ce qu'ils rassemblent en nombre égal des représentants de salariés et des employeurs, ainsi qu'un représentant de l'autorité administrative.

Le cadre d'action de l'observatoire est départemental. Ses missions s'orientent dans trois directions. Il est d'abord une structure d'évaluation en ce qu'il établit une fois par an le bilan du dialogue social dans son ressort. Il joue ensuite un rôle de conseil auprès des entreprises auxquels il est appelé à fournir son concours et son expertise juridique sur l'organisation du dialogue social. Enfin, et même si le mot n'est pas employé, il peut jouer un rôle de médiation à l'occasion de difficultés rencontrées lors d'une négociation[2].

042.22 Modernisation de la CNNC désormais CNNCEFP. Par ailleurs, la loi pour la liberté de choisir son avenir professionnel du 5 septembre 2018 prévoit l'élargissement des attributions de la Commission nationale de la négociation collective (CNNC) en matière d'emploi et de formation professionnelle à la suite de la disparition du Conseil national de l'emploi, de la formation et de l'orientation professionnelles (CNEFOP) le 1er janvier 2019. La CNNC devient la Commission nationale de la négociation collective, de l'emploi et de la formation professionnelle (CNNCEFP). Elle a pour objet, d'une part, de permettre une approche globale des projets de loi comportant des dispositions relevant à la fois des champs du travail et de la formation professionnelle et, d'autre part, d'éviter les consultations redondantes sur les mêmes textes.

1. Décr. n° 2017-1612, 28 nov. 2017 relatif à la mise en place des observatoires d'analyse et d'appui au dialogue social et à la négociation, *JO* 29 nov., n° 24.
2. C. trav., art. L. 2234-6, 2°.

LIVRE

1. LES RÈGLES COMMUNES AU DÉROULEMENT DE LA NÉGOCIATION COLLECTIVE

SECTION 0 ORIENTEUR

1.00 **Sommaire du livre.**

Division. Quel que soit le niveau auquel se déroule la négociation collective celle-ci répond à des principes généraux identiques, qui sont à la fois des garanties de validité mais aussi de viabilité de l'accord à conclure. Plus la marge de manœuvre laissée aux négociateurs quant au contenu des accords est importante, plus la force conférée à ces accords est grande, plus est fondamentale l'attention portée, en amont, aux conditions de sa négociation. Le contrôle du juge se déplace du fond vers la forme, le respect de cette dernière devenant la garantie d'un choix libre et éclairé des négociateurs.

Dans cette optique, le concept de loyauté devient fondateur. Un concept, bien connu des autres domaines du droit, et qui est à la fois bien compréhensible dans sa raison d'être et suffisamment souple pour pouvoir être adapté aux différentes situations. La loyauté est ainsi au droit de la négociation collective ce que la personne « raisonnable » – laquelle remplace le désuet « bon père de famille » est au droit civil : une référence au bon sens que toute personne, dans une même situation, devrait mettre en œuvre dans le respect de ses droits et des droits de ses partenaires. Elle se décline à tous les moments du processus et a permis à la jurisprudence d'édicter un certain nombre de règles finalement assez précises (titre 12).

Par ailleurs, les textes de 2017 ont proposé aux partenaires sociaux de développer le recours à l'accord de méthode pour veiller eux-mêmes aux conditions de déroulement de la négociation. Cet accord permet aux partenaires sociaux de se mettre d'accord sur la méthode à suivre dans le cadre de la négociation, en amont (titre 13).

Pour aider, soutenir, suivre la négociation, la loi a prévu des commissions généralement paritaires aux différents niveaux de négociation (titre 15).

Ce livre permet ainsi de passer en revue les différentes étapes d'une négociation collective.

1.01 **En amont.** La force nouvelle donnée aux accords collectifs oblige, d'abord, à s'assurer de la loyauté et de la fiabilité du système de négociation collective. La loi, reprenant pour beaucoup la jurisprudence, a ouvert de nouveaux outils pour permettre et s'assurer du respect des obligations en la matière. Les obligations d'information, le préambule, l'accord de méthode... tous ces dispositifs permettent, sous le contrôle du juge, de s'assurer que la négociation collective se fait dans des conditions qui justifient l'autorité conférée à l'accord.

1.02 **En aval.** Les conditions de signature de l'accord qui ont été entièrement revues. Non seulement les signataires doivent être reconnus représentatifs selon une mesure révisée régulièrement, mais en outre, ils doivent représenter un pourcentage très significatif des votes exprimés par les électeurs en faveur des syndicats. On est ainsi passé, en dix ans, de l'absence de toute vérification du véritable poids des signataires d'un accord à une exigence de signatures majoritaires. Une véritable révolution.

Ce sont ces différents éléments qui sont développés dans les titres qui suivent.

TITRE

11. L'invitation à la négociation collective

SECTION 0
ORIENTEUR

11.00 Sommaire du titre.

CHAPITRE

111. Parties à la négociation collective

SECTION 0 ORIENTEUR

111.00 **Sommaire du chapitre.**

Division. La négociation collective, quelque soit son niveau, met en relation deux parties, d'un côté l'employeur ou les organisations représentant les employeurs (sect. 2), de l'autre les organisations représentant les salariés (sect. 3). Des conditions et des règles de représentativité sont désormais posées par la loi pour chacune de ces deux parties (sect. 1).

111.01 **Textes applicables.**

- **C. trav.**, art. L. 2231-1 [Parties à la négociation]
- **C. trav.**, art. L. 2231-2 [Mandat de négociation]

111.02 **Jurisprudence de référence.**

- **Soc. 8 juill. 2009,** n° 08-41.507, P V, n° 177

Un accord collectif ne peut être conclu ou révisé sans que l'ensemble des organisations syndicales représentatives dans l'entreprise, ou le cas échéant dans l'établissement, aient été invitées à la négociation.

SECTION 1 REPRÉSENTATIVITÉ, UNE EXIGENCE DE LA NÉGOCIATION COLLECTIVE

111.11 **Démocratie sociale et représentativité.** Dès lors que la loi et la jurisprudence ont admis, sur le fondement de l'article L. 2254-2 du code du travail[1], qu'un accord collectif puisse avoir un effet *erga omnes*, au-delà de ses seuls signataires, il fallait nécessairement que ceux qui le signent soient considérés comme légitimes à en engager d'autres, donc représentatifs. C'est pourquoi la négociation collective est traditionnellement réservée aux organisations syndicales et patronales, dont l'objet est d'assurer cette représentation sociale. Il a cependant fallu attendre les lois du 20 août 2008 et du 5 mars 2014[2] pour que des critères précis soient édictés afin de s'assurer de la représentativité respective réelle des organisations syndicales et patronales. Ces lois ont été déterminantes pour donner aux accords collectifs une force plus importante encore, et pour que la jurisprudence leur reconnaisse de manière expresse une nature juridique particulière. La conception « contractuelle » de l'accord collectif[3], progressivement remplacée par une conception « dualiste »[4], est aujourd'hui définitivement abandonnée. Les arrêts du 27 janvier 2015[5], rendus en matière d'égalité de traitement, ont consacré une analyse renouvelée de la convention collective, liée

1. Soc. 20 nov. 1986, n° 84-41.076, P V, n° 552.
2. L. n° 2014-288, 5 mars 2014 relative à la formation professionnelle, à l'emploi et à la démocratie sociale, *JO* 6 mars, p. 4848.
3. J.-P. Chauchard, *La conception française de la négociation et de la convention collective de travail*, th. Paris I, 1984.
4. P. Durand, « Le dualisme de la convention collective de travail », *RTD civ.* 1939. 353 – A. Rouast, « La nature et l'efficacité de la convention collective », *Dr. soc.* 1960. 693.
5. Soc. 27 janv. 2015, n° 13-22.179, *Fédération nationale des personnels des sociétés d'études, du conseil et de prévention CGT c/Fédération des syndicats des sociétés d'études et de conseils*, P V, n° 9 ; *D.* 2015. 270, obs. Chron. C. cass. ; *D.* 2015. 829, obs. J. Porta et P. Lokiec ; *D.* 2015. 2340, obs. P. Lokiec et J. Porta ; *Dr. soc.* 2015. 237, ét. A. Fabre ; *Dr. soc.* 2015. 351, ét. P.-H. Antonmattei ; *RDT* 2015. 339, obs. E. Peskine ; *RDT* 2015. 472, obs. G. Pignarre ; *RJS* 2015. 155, note J.-G. Huglo ; *Dr. soc.* 2015. 237, note A. Fabre ; *JCP S* 2015, note J. Daniel ; *RDT* 2015. 339, note E. Peskine.

à la légitimité des signataires[1]. Il en résulte une attention particulière portée à la représentativité, même si la loi a prévu des voies dérogatoires de négociation dans le cas où aucune organisation représentative n'est présente.

SECTION 2
PARTIE PATRONALE

111.21 Lente évolution de la représentativité des organisations patronales. Alors que, depuis la loi du 20 août 2008, les organisations de salariés doivent remplir des critères de représentativité précis pour accéder à la négociation collective, la mise en œuvre de critères permettant d'évaluer la représentativité patronale a été un peu plus longue. Il faut dire que cette évaluation était moins nécessaire que pour les organisations syndicales de salariés. En effet, la négociation d'entreprise, d'UES ou de groupe est directement conduite par l'employeur lui-même, dont le titre est la source de la légitimité. Aux niveaux supérieurs, interprofessionnels ou de branche, la signature d'un accord n'avait, jusqu'à présent, pas d'effet *erga omnes* à l'égard des employeurs du champ considéré. Seuls étaient engagés les employeurs adhérents d'une organisation patronale signataire ou d'une organisation patronale elle-même adhérente d'une organisation signataire. Cette limitation était même opposable en cas d'accord collectif étendu[2]. Cette situation était cependant peu acceptable, tant du point de vue de la force donnée aux accords collectifs qu'aux effets de ceux-ci. Certes, la jurisprudence administrative avait, progressivement, édicté certains critères imposés aux négociateurs patronaux, comme l'indépendance ou la transparence financière[3]. Mais il était impératif que ces négociateurs aient, à l'instar des négociateurs représentant les salariés, une légitimité dont le poids puisse être comparé et évalué. La loi du 5 mars 2014, inspirée notamment de la position commune adoptée par trois organisations d'employeurs représentatives sur le plan national et interprofessionnel (Medef, CGPME, Upa) de 2013 et du rapport remis la même année au gouvernement par Jean Denis Combrexelle[4], a remédié à ce vide.

111.22 Quelques chiffres. Une étude de la Dares de février 2019[5] à partir des chiffres issus de la première mesure de représentativité patronale de 2017, permet une image intéressante de l'implantation des organisations patronales en France. Il en résulte qu'en moyenne une entreprise sur quatre est adhérente à une organisation patronale et que deux salariés sur trois travaillent dans ces entreprises. Les taux de couverture salariés sont élevés dans les secteurs d'activité où l'emploi est très concentré autour de quelques grandes entreprises (les industries de la chimie et de la pharmacie, celle du verre, le bâtiment travaux publics et le secteur bancaire). Mises en regard des données liées à la négociation salariale de branche (Base des minima de branche), les branches où la couverture patronale est forte sont celles où les salaires conventionnels pour les ouvriers ou les employés sont les plus élevés (le salaire conventionnel est supérieur de près de 2 % dans les branches où la couverture patronale est proche de 100 % par rapport à celles où la couverture patronale est inférieure à 25 %). En 2017, le HCDS a acté 420 000 adhésions d'entreprises employant au total plus de 12 millions de salariés à des organisations patronales.

111.23 Critères de représentativité des organisations patronales. Les organisations patronales représentatives peuvent être constituées sous forme d'organisations syndicales ou d'associations. L'article L. 2151-1 du code du travail, issu de la loi du 5 mars 2014, instaure six critères cumulatifs de représentativité :

1) Le respect des valeurs républicaines.

2) L'indépendance.

3) La transparence financière.

4) Une ancienneté minimale de deux ans dans le champ professionnel et géographique couvrant le niveau de négociation.

5) L'influence, prioritairement caractérisée par l'activité et l'expérience.

6) L'audience, qui se mesure en fonction du nombre d'entreprises volontairement adhérentes ou de leurs salariés soumis au régime français de sécu-

1. Les différences de traitement entre catégories professionnelles opérées par voie de conventions ou d'accords collectifs, négociés et signés par des organisations syndicales représentatives, investies de la défense des droits et intérêts des salariés et à l'habilitation desquelles ces derniers participent directement par leur vote, sont présumées justifiées de sorte qu'il appartient à celui qui les conteste de démontrer qu'elles sont étrangères à toute considération de nature professionnelle.
2. Soc. 16 mars 2005, n° 03-16.616, *CGT Michelin c/Manufacture des pneumatiques Michelin (Sté)*, P V, n° 97 ; *D.* 2005. 1178 ; *Dr. soc.* 2005. 640, note P. Langlois ; *JSL* 2005, n° 167-3 ; *RJS* 2005. 382, n° 547.
3. CE 2 mars 2011, *Synd. national des entreprises du secteur privé marchand de la filière équestre des loisirs et du tourisme*, req. n° 313189, *Lebon* 77 ; *AJDA* 2011. 1046 ; *RDT* 2011. 582, obs. S. Nadal ; *RJS* 6/2011. 453, rapp. C. Landais ; *Dr. ouvrier* 2011. 752, obs. M. Grévy.
4. J.-D. Combrexelle (dir.), *Rapport sur la réforme de la représentativité patronale*, La Documentation française, oct. 2013.
5. G. Langevin, *Adhésion aux organisations patronales : une mesure de la couverture patronale*, « Document d'études », n° 228, Dares, févr. 2019.

rité sociale et qui se calcule selon les niveaux de négociation[1].

Les cinq premiers critères sont identiques à ceux exigés pour la représentativité des organisations syndicales de salariés, ce qui permet de leur décliner les mêmes règles d'appréciation[2]. S'agissant de l'indépendance, elle mesure la capacité de l'organisation à décider librement de la défense des intérêts professionnels qu'elle entend représenter, notamment dans le cadre de la négociation des accords collectifs[3].

En revanche, s'agissant de l'audience, la mesure est différente de celle des organisations syndicales, puisqu'elle n'est pas fondée sur un système électif.

111.24 Audience des organisations patronales. La loi du 5 mars 2014 avait fixé le critère d'audience à partir du seul nombre d'entreprises adhérentes, sans tenir compte de la taille des entreprises, donc du nombre de salariés couverts. Face aux nombreuses critiques, la loi du 8 août 2016 a intégré, à titre alternatif, le critère du nombre de salariés employés par les entreprises adhérentes.

L'audience des organisations patronales s'évalue donc désormais, alternativement, à partir de deux critères :

– le nombre d'adhérents, au 31 décembre de l'année précédant l'année au cours de laquelle l'organisation patronale demande à être reconnue représentative[4]. L'adhésion est matérialisée par le versement d'une cotisation, au plus tard le 31 mars de l'année N.

ou

– le nombre de salariés employés par les entreprises adhérentes. Ce nombre se mesure à partir des données non nominatives issues des déclarations sociales des entreprises, à partir des salariés ayant eu un contrat de travail dans l'entreprise adhérente au mois de décembre de l'année précédente[5].

Le nombre d'adhérents et le nombre de salariés des entreprises adhérentes sont attestés par le commissaire aux comptes, pour chaque département, à partir d'une fiche de synthèse dont le modèle est arrêté par le ministère du travail[6]. Mais le ministère du travail garde un pouvoir d'appréciation, sous le contrôle du juge administratif, pour vérifier le critère de l'audience et notamment la réalité des adhésions[7], comme le fait le juge judiciaire s'agissant de l'audience des organisations syndicales[8].

111.25 Représentativité patronale au niveau de la branche. Elle est prévue par l'article L. 2152-1 du code du travail. La représentativité des organisations patronales au niveau de la branche suppose, outre de répondre aux cinq premiers critères fixés par l'article L. 2152-1 du code du travail[9], de disposer d'une implantation territoriale équilibrée au sein de la branche, mais également de pouvoir revendiquer :

– au moins 8 % des entreprises adhérant à des organisations professionnelles de la branche ;

ou

– au moins 8 % des salariés de ces mêmes entreprises.

Le critère est donc alternatif, en nombre d'entreprises adhérentes, ou nombre de salariés de ces entreprises adhérentes.

Le critère de l'implantation territoriale équilibrée est un critère très souple, qui vise à exclure de la négociation de branches des organisations qui seraient strictement sectorisées.

111.26 Représentativité au niveau national multiprofessionnel. Elle est prévue par l'article L. 2152-2 du code du travail. Il s'agit ici d'une représentativité spécifique à certains secteurs professionnels, qui, pour des raisons historiques, sont en dehors du champ des autres secteurs et sont ainsi quasiment systématiquement hors du champ des négociations collectives interprofessionnelles, sauf lorsque les organisations qui les représentent s'y associent volontairement : agricole, économie sociale et solidaire et spectacle vivant et enregistré[10].

La représentativité des organisations patronales au niveau multiprofessionnel suppose de répondre aux cinq premiers critères fixés par l'article L. 2152-1 du code du travail[11], mais également de :

– être représentative, par soi-même ou par les organisations adhérentes, dans au moins 10 % des conventions collectives relevant, soit des activités agricoles, soit de l'économie sociale et solidaire, soit du spectacle vivant et enregistré,

– ne pas relever du champ couvert par les organisations représentatives au niveau national et interprofessionnel,

1. V. s[s] n°s 111.34 et 111.35.
2. SUR la représentativité des organisations syndicales, v. s[s] n°s 311.10 s.
3. CE 2 mars 2011, req. n° 313189, préc.
4. C. trav., art. R. 2152-1 s.
5. C. trav., art. R. 2152-6-1.
6. C. trav., art. R. 2152-6.
7. C. trav., art. R. 2152-7.
8. G. Loiseau, P. Lokiec, L. Pecaut-Rivolier et P.-Y. Verkindt, *Droit de la représentation du personnel*, « Dalloz Action », 2018, n°s 222.20 s.
9. V. s[s] n° 111.33.
10. À L'ORIGINE, le champ multiprofessionnel intégrait le secteur agricole, celui de l'économie sociale et solidaire, et les professions libérales. À la suite de la fusion entre l'Unapl et l'Upa pour fonder l'U2P, le secteur des professions libérales a rejoint le champ interprofessionnel, et le législateur du 7 juillet 2016 (loi n° 2016-925) lui a substitué, dans le champ multiprofessionnel, les organisations du spectacle vivant et enregistré.
11. V. s[s] n° 111.33.

- avoir au moins quinze organisations adhérentes relevant de l'un des trois secteurs d'activité susmentionné,

- justifier d'une implantation territoriale couvrant au moins un tiers du territoire national, soit au niveau départemental, soit au niveau national.

Le maintien de secteurs qui ne sont pas intégrés à la négociation collective interprofessionnelle pose question. Qu'il y ait possibilité de conventions multiprofessionnelles, c'est-à-dire couvrant plusieurs branches sans pour autant les couvrir toutes est parfaitement légitime. Mais comment comprendre qu'il puisse y avoir des secteurs considérés comme si autonomes qu'ils échappent par principe à la négociation interprofessionnelle, rendant d'ailleurs la dénomination d'interprofessionnelle en réalité factice[1] ? On peut néanmoins penser que pour les accords signés postérieurement à l'entrée en vigueur de la loi de 2014, la reconnaissance d'une représentativité nationale permettra de reconnaître des accords véritablement intercatégoriels, même si l'organisation patronale signataire n'est pas représentative dans chacune des branches prises individuellement.

111.27 Représentativité patronale au niveau national interprofessionnel. Elle est prévue par l'article L. 2152-1 du code du travail. La représentativité des organisations patronales au niveau de la branche suppose, outre de répondre aux cinq premiers critères fixés par l'article L. 2152-1 du code du travail[2] :

- d'avoir des organisations adhérentes représentatives à la fois dans les branches de l'industrie, de la construction, du commerce et des services ;

- d'avoir au moins 8 % des entreprises adhérant à l'ensemble des organisations professionnelles d'employeurs ;

ou

- au moins 8 % des salariés de ces mêmes entreprises ;

Le critère est donc alternatif, en nombre d'entreprises adhérentes, ou nombre de salariés de ces entreprises adhérentes.

111.28 Reconnaissance de la représentativité. Les organisations professionnelles d'employeurs qui souhaitent voir reconnaître leur représentativité doivent faire acte de candidature auprès du ministère du travail[3]. L'organisation doit fournir les pièces nécessaires à établir sa représentativité, notamment ses statuts et l'attestation du commissaire aux comptes indiquant le nombre d'entreprises adhérentes, et le nombre de salariés de ces entreprises. La reconnaissance de la représentativité se fait par arrêtés ministériels, par branche ou au niveau national, qui doivent intervenir tous les 4 ans. Ces arrêtés peuvent être contestés devant le juge administratif[4].

Le dernier arrêté de représentativité nationale pour les organisations d'employeurs est intervenu le 18 novembre 2021.

Comme en 2017, trois organisations patronales ont été reconnues représentatives au niveau national et interprofessionnel :

- le Mouvement des entreprises de France (Medef) : 66,33 % (70,82 % en 2017) ;

- la Confédération des petites et moyennes entreprises (CPME) : 28,64 % (24,97 % en 2017) ;

- l'Union des entreprises de proximité (U2P) : 5,03 % (4,21 % en 2017).

SECTION 3
PARTIE REPRÉSENTANT LES SALARIÉS

111.31 Négociation collective : réservée par principe aux organisations syndicales. La jurisprudence internationale[5], européenne[6], constitutionnelle[7], française, reconnaît aux organisations syndicales, en

1. Sur ce point et la difficulté du champ d'application d'un accord intercatégoriel : Ch. Radé, « De l'accord national interprofessionnel », *Dr. soc.* 2010. 284 s. – V. également, G. Coin, « Politique contractuelle : l'accord interprofessionnel du 31 octobre 1995 », *Dr. soc.* 1996. 3 s.
2. V. s[s] n° 111.33.
3. C. trav., art. L. 2152-5 et R. 2152-12 s.
4. C. trav., art. R. 2152-19.
5. Conv. n° 135 de l'OIT du 23 juin 1971 concernant les représentants des travailleurs, art. 5 : « Lorsqu'une entreprise compte à la fois des représentants syndicaux et des représentants élus, des mesures appropriées devront être prises chaque fois qu'il y a lieu pour garantir que la présence de représentants élus ne puisse servir à affaiblir la situation des syndicats intéressés ou de leurs représentants et pour encourager la coopération, sur toutes les questions pertinentes entre les représentants élus, d'une part, et les syndicats intéressés et leurs représentants, d'autre part ».
6. CEDH 12 nov. 2008, *Demyr et Baykara c/Turquie*, req. n° 34503/97, *Rec.* V, p. 333 ; *AJDA* 2007. 902, chron. J.-F. Flauss ; *D.* 2007. 410, note J.-F. Renucci et C. Bîrsan ; *RFDA* 2009. 705, chron. H. Labayle ; *D.* 2009. 739, note J.-P. Marguénaud et J. Mouly ; *GACEDH*, p. 707, obs. J.-P. Marguénaud ; *RTDH* 2009. 811, obs. S. Van Drooghenbroeck ; *JCP S* 2009. 39, n° 1153, note F. Sudre ; *RDT* 2009. 288, ét. N. Hervieu : « Le droit de mener des négociations collectives avec l'employeur est, en principe, devenu l'un des éléments essentiels du "droit de fonder avec d'autres des syndicats et de s'affilier à des syndicats pour la défense de ses intérêts" énoncé à l'article 11, étant entendu que les États demeurent libres d'organiser leur système de manière à reconnaître le cas échéant, un statut spécial aux syndicats représentatifs. »
7. Cons. const. 6 nov. 1996, n° 96-383, DC, Loi relative à l'information et à la consultation des salariés dans les entreprises et les groupes d'entreprises de dimension communautaire, ainsi qu'au développement de la négociation collective, CONFORMITÉ, *JO* 16 nov., p. 16531 ; *Rec.* 128 ; *D.* 1998. 152, chron. B. Mathieu, obs. J. Trémeau ; *Dr. soc.* ▶

ce qu'elles ont vocation et légitimité à représenter les salariés dans le cadre des discussions avec l'employeur sur les droits et obligations des salariés, une prééminence en matière de négociation collective. La chambre criminelle a ainsi condamné l'employeur pour délit d'entrave pour avoir négocié un accord avec un comité d'établissement alors que des organisations syndicales étaient présentes dans l'entreprise[1]. Ce n'est donc que lorsqu'il n'y a pas, dans l'entreprise, pour une raison ou une autre, de représentation syndicale, que la négociation peut être menée avec d'autres acteurs, notamment les élus[2].

En France, ce sont donc les organisations syndicales, remplissant des critères de représentativité, qui, par principe, sont intégrées dans le dialogue social et la négociation collective. Comme l'a rappelé la chambre sociale en 2001 : « seules les organisations syndicales représentatives sont légalement appelées à la négociation collective »[3]. Mais toutes les organisations syndicales représentatives dans le champ de la négociation doivent être invitées à la négociation[4].

111.32 Représentativité des organisations syndicales au niveau de l'entreprise – Renvoi. La représentativité des organisations syndicales permettant de participer à la négociation collective au niveau de l'entreprise, de l'établissement, de l'UES ou du groupe est vérifiée selon les critères énumérés à l'article L. 2121-1 du code du travail. Ils sont étudiés au livre 1, titre 21.

111.33 Représentativité au niveau de la branche. Elle est évoquée par l'article L. 2122-5 du code du travail, et nécessite :

- de satisfaire aux critères de l'article L. 2121-1 ;
- d'avoir une implantation territoriale équilibrée au niveau de la branche ;
- d'avoir recueilli au moins 8 % des suffrages exprimés au premier tour des dernières élections des titulaires aux comités sociaux et économiques, quel que soit le nombre de votants, et des suffrages exprimés au scrutin concernant les entreprises de moins de onze salariés, dans les entreprises de la branche.

111.34 Représentativité au niveau interprofessionnel. Elle est évoquée par l'article L. 2122-9 du code du travail, et nécessite :

- de satisfaire aux critères de l'article L. 2121-1 ;
- d'être représentatif à la fois dans la branche de l'industrie, de la construction, du commerce et des services ;
- d'avoir recueilli au moins 8 % des suffrages exprimés résultant de l'addition au niveau national et interprofessionnel des suffrages exprimés au premier tour des dernières élections des titulaires aux comités sociaux et économiques, quel que soit le nombre de votants, des suffrages exprimés au scrutin concernant les entreprises de moins de onze salariés, et des suffrages exprimés lors des élections des représentants des salariés aux chambres départementales d'agriculture.

111.35 Arrêtés de représentativité. La représentativité des organisations syndicales au niveau des branches et au niveau national et interprofessionnel se mesure grâce aux remontées des résultats des élections en entreprise qui s'effectuent par un système informatique spécifique (système « Mars », accessible en ligne sur le site du ministère du travail). Elle donne lieu, tous les 4 ans, à des arrêtés de représentativité de branche et national. Le dernier arrêté de représentativité nationale des organisations syndicales date du 26 mai 2021 et donne le résultat suivant :

- la Confédération française démocratique du travail (CFDT) : 30,99 % ;
- la Confédération générale du travail (CGT) : 26,58 % ;
- la Confédération générale du travail-Force ouvrière (CGT-FO) : 17,64 % ;
- la Confédération française de l'encadrement-Confédération générale des cadres (CFE-CGC) : 13,08 % ;

▶ 1997. 25, note M.-L. Morin ; *RTD civ.* 1997. 785, obs. R. Libchaber ; *RJS* 1996. 833, n° 1296 ; *Dr. ouvrier* 1996. 479, note G. Lyon-Caen ; *GADT*, 4ᵉ éd., Dalloz, 2008, n° 157 : « Considérant qu'aux termes du sixième alinéa du Préambule de la Constitution du 27 octobre 1946 : "Tout homme peut défendre ses droits et ses intérêts par l'action syndicale..." ; qu'aux termes du huitième alinéa du même préambule : "Tout travailleur participe, par l'intermédiaire de ses délégués, à la détermination collective des conditions de travail ainsi qu'à la gestion des entreprises" ; que si ces dispositions confèrent aux organisations syndicales vocation naturelle à assurer, notamment par la voie de la négociation collective, la défense des droits et intérêts des travailleurs, elles n'attribuent pas pour autant à celles-ci un monopole de la représentation des salariés en matière de négociation collective ; que des salariés désignés par la voie de l'élection ou titulaires d'un mandat assurant leur représentativité, peuvent également participer à la détermination collective des conditions de travail dès lors que leur intervention n'a ni pour objet ni pour effet de faire obstacle à celle des organisations syndicales représentatives ».

1. Crim. 18 nov. 1997, n° 96-80.002, P n° 390 ; *D.* 1998. 260, obs. M.-A. Souriac-Rotschild ; *Dr. soc.* 1998. 409, obs. M. Cohen ; *RJDA* 1998, n° 180 ; *BJS* 1998. 646 ; *GADT*, 4ᵉ éd., Dalloz, 2008, n° 158 ; *RJS* 1998. 56, n° 76 ; *CSB* 1998. 37, A 7, obs. A. Philbert ; *RTD com.* 1998. 432, note B. Bouloc.
2. V. sˢ n° 133.13.
3. Soc. 31 mai 2001, n° 98-22.510, P V, n° 200 ; *Dr. soc.* 2001. 744, concl. J. Duplat ; *Dr. soc.* 2001. 875, note P. Langlois ; *RJS* 2001, n° 1348 ; *JCP E* 2002. I. 414, n° 14, obs. D. Asquinazi-Bailleux.
4. Soc. 10 févr. 2021, n° 19-13.383, P ; *D.* 2021. 289 ; *D.* 2021. 1152, obs. S. Vernac et Y. Ferkane ; *Dr. soc.* 2021. 346, étude P.-H. Antonmattei, L. Enjolras et C. Mariano ; *RDT* 2021. 329, obs. S. Nadal.

- la Confédération française des travailleurs chrétiens (CFTC) : 11 %.

Les confédérations Unsa (5,99 %) et Solidaires (3,68 %) ne franchissent pas la barre des 10 %. Ce sont toujours les mêmes cinq confédérations qui sont représentatives sur le plan national, mais avec un écart CFDT/CGT qui se creuse, et une participation en baisse au cours du dernier cycle électoral, notamment du fait de la faible participation aux élections TPE.

CHAPITRE

112. Invitation à la négociation collective

SECTION 0
ORIENTEUR

112.00 Sommaire du chapitre.

Division. La question de l'invitation à la négociation collective est une question centrale (§ 1), à laquelle veillent les juridictions administratives et judiciaires, afin de vérifier que toutes les parties qui ont vocation à être représentatives dans le périmètre de la négociation ont été mises en mesure de participer à cette dernière. L'invitation à la négociation doit répondre à des exigences en matière de forme (§ 2) et de destinataires (§ 3). La composition de la délégation (§ 4), la liberté de négocier ou de ne pas négocier (§ 5), ainsi que les moyens dédiés à la négociation, répondent également à des règles spécifiques (§ 6).

112.01 Textes applicables.

- **C. trav.**, art. L. 2232-16 [Modalités de négociation]

112.02 Jurisprudence de référence.

- **Soc. 8 juill. 2009,** n° 08-41.507, P V, n° 177

Un accord collectif ne peut être conclu ou révisé sans que l'ensemble des organisations syndicales représentatives dans l'entreprise ou le cas échéant dans l'établissement aient été invitées à la négociation.

112.03 Bibliographie indicative.

J. Icard, « La négociation collective d'entreprise après la loi travail », *RJS* 2017. 363.

SECTION 1
INITIATIVE DE L'INVITATION

112.11 Négociation obligatoire. Dans les cas où le législateur impose une négociation obligatoire à l'employeur[1], c'est évidemment à l'employeur de prendre l'initiative de la négociation, dans les délais prévus par les textes. Il en est de même lorsque la négociation est rendue obligatoire par les partenaires sociaux eux-mêmes, par exemple au moyen de clauses de revoyure ou de rendez-vous insérées dans les conventions collectives[2].

112.12 Négociation facultative. Elle peut être à l'initiative de l'employeur ou des organisations syndicales, mais, en tout état de cause, elle nécessite une intervention de l'employeur pour proposer la négociation aux autres organisations syndicales concernées.

SECTION 2
FORME DE L'INVITATION

112.21 Pas de forme imposée. La loi n'impose aucune forme particulière pour l'invitation à la négociation. Il peut arriver qu'une forme spécifique soit prévue par les partenaires sociaux eux-mêmes dans le cadre d'une clause de rendez-vous. Mais, de manière générale, la forme est libre. Il est seulement recommandé d'en conserver justification en cas de litige, et de mentionner l'objet de la négociation, notamment s'il s'agit d'une négociation obligatoire. Il convient également de laisser un délai raisonnable

1. Sur la négociation obligatoire, v. s^{s} n°s 421.00 s.
2. Les clauses de rendez-vous sont, depuis la loi n° 2016-1088 du 8 août 2016, prévues par le code du travail à l'article L. 2222-5-1. Toutefois, leur non-respect n'est pas sanctionné par la nullité.

entre la date de l'invitation et la date de la première réunion de négociation, pour permettre aux organisations de se préparer.

§ 1
Destinataires de l'invitation

112.31 Toutes les organisations syndicales représentatives dans le champ de la négociation. L'employeur doit, sous peine de nullité, inviter tous les syndicats représentatifs dans le périmètre de négociation envisagée. La représentativité s'apprécie au regard du champ de l'accord, et non au regard du niveau de la négociation. Il y a là une différence qui peut être importante et sur laquelle les acteurs doivent être vigilants. Au stade de l'invitation, le champ de l'accord sera nécessairement celui qui est projeté. S'il est par la suite modifié, et notamment étendu, il faudra procéder le cas échéant à l'invitation de nouvelles organisations syndicales et patronales et reprendre la négociation. Lorsque le champ correspond à un périmètre qui n'a pas fait l'objet d'une mesure de représentativité (plus large que l'entreprise, mais ne correspondant pas à une branche ayant fait l'objet d'un arrêté de représentativité), il convient de demander au directeur général du travail une mesure spécifique de représentativité avant d'engager la négociation[1].

L'omission, volontaire ou involontaire, d'une organisation syndicale représentative dans le champ de négociation, y compris si elle n'a pas désigné de délégué syndical, rend la négociation illicite, et l'accord éventuellement signé nul et inopposable aux salariés[2]. Cependant, au niveau de l'entreprise ou de l'établissement, l'employeur n'est tenu de convoquer qu'une seule organisation syndicale affiliée à une même confédération syndicale représentative sur le plan national. S'il y a plusieurs syndicats représentatifs au sein du périmètre de négociation affiliés à la même confédération syndicale, il faut et il suffit qu'un seul d'entre eux soit invité à la négociation[3]. Il appartient ensuite aux syndicats affiliés à la même confédération de décider de la composition de la délégation appelée à négocier. Cette règle, qui s'applique même lorsque les organisations syndicales ont chacune désigné un délégué syndical séparé, s'explique par le fait que les voix des organisations syndicales affiliées à une même confédération nationale se cumulent au moment du décompte des signataires de l'accord.

112.32 L'invitation doit être adressée au syndicat ou à un représentant identifié. L'invitation à la négociation collective doit être adressée au délégué syndical désigné dans l'entreprise[4]. En effet, seuls les délégués syndicaux sont habilités à négocier les accords collectifs[5], et le fait d'envoyer une convocation à un autre responsable, ou à une union ou confédération plutôt qu'au syndicat présent dans l'entreprise peut être considéré comme une stratégie d'évitement. Cependant, si le syndicat représentatif n'a pas désigné de délégué syndical, la convocation doit être envoyée au syndicat qui a présenté une liste aux élections professionnelles et a ainsi pu accéder à la représentativité.

112.33 Absence de délégués syndicaux. Lorsqu'il existe au sein de l'entreprise un ou plusieurs syndicats représentatifs, qui n'ont pas désigné de délégués syndicaux, il faut malgré tout inviter le syndicat représentatif[6]. À cet égard, il faut donc comprendre que la loi, lorsqu'elle évoque « les entreprises dépourvues de délégué syndical » pour autoriser des processus alternatifs de négociation, vise en réalité les entreprises dépourvues de syndicats représentatifs. En l'absence de délégué syndical désigné, l'invitation doit être adressée au siège du syndicat. Ce dernier pourra alors immédiatement désigner un délégué syndical, remplissant les conditions de désignation[7]. À défaut, le syndicat pourra désigner pour le représenter un mandataire, qui, selon l'article L. 2231-2 du code du travail, peut être habilité par disposition statutaire, délibération spéciale de l'organisation syndicale, ou mandat spécial écrit délivré par tous les adhérents de l'organisation syndicale.

112.34 Absence d'organisations syndicales représentatives dans le champ de la négociation – entre-

1. Soc. 10 févr. 2021, n° 19-13.383, P.
2. Soc. 17 sept. 2003, n° 01-10.706, P V, n° 240, *Fédération Chimie CGT FO c/Union des industries chimiques ; D.* 2004. 388, obs. I. Odoul-Asorey ; *GADT*, 4e éd., Dalloz, 2008, n° 160 ; *JCP E* 2004. 566, obs. Darmaisin ; *RJS* 2003. 896, n° 1297 ; *D.* 2003. IR 2608 – Soc. 8 juill. 2009, n° 08-41.507, P V, n° 177 ; *RDT* 2009. 664, obs. H. Tissandier ; *RJS* 10/2009, n° 817.
3. Soc. 16 janv. 2008, nos 07-60.163, 07-60.166, *Syndicat CGT et UGICT CGT des salariés du groupe Generali c/ Generali proximité assurances (Sté)*, P V, n° 9 ; *D.* 2008. 425 ; *RDT* 2008. 250, obs. M. Grévy ; *RJS* 4/2008, n° 448 ; – Soc. 10 févr. 2021, n° 19-13.383, P.
4. Soc. 13 févr. 2003, n° 01-60.813, P V, n° 56 ; *Dr. soc.* 2003. 535, obs. J. Savatier.
5. Soc. 25 janv. 1995, n° 90-45.796, *Charre (Mme) c/Comité français contre la faim*, P V, n° 40 ; *D.* 1995. 593, note P. Pochet ; *Dr. soc.* 1995. 274, obs. G. Borenfreund ; *RJS* 2005. 58, n° 64.
6. Soc. 8 juill. 2009, n° 08-41.507, préc. : Un accord collectif ne peut être conclu ou révisé sans que l'ensemble des organisations syndicales représentatives dans l'entreprise ou le cas échéant dans l'établissement aient été invitées à la négociation.
7. G. Loiseau, P. Lokiec, L. Pecaut-Rivolier et P.-Y. Verkindt, *Droit de la représentation du personnel*, « Dalloz Action », 2018, nos 232.31 s.

prises de moins de cinquante salariés. Dans les entreprises de moins de cinquante salariés, les organisations syndicales représentatives ne peuvent désigner un délégué syndical que parmi les membres de la délégation du personnel au comité social et économique, sauf dispositions conventionnelles plus favorables[1].

Hors le cas spécifique des entreprises employant moins de onze salariés, ou moins de vingt et un salariés mais sans qu'un CSE n'ait pu être mis en place[2], l'absence de syndicats représentatifs dans l'entreprise autorise l'employeur à recourir aux mécanismes de négociation dérogatoires prévus par les articles L. 2232-23 du code du travail. La mise en œuvre de ces mécanismes suppose bien entendu que, préalablement, l'employeur ait tenté d'organiser des élections professionnelles, mais qu'il n'y ait pas eu de listes présentées par les organisations syndicales au premier tour.

Depuis les ordonnances de 2017, le code du travail distingue selon l'effectif de l'entreprise, ce qui n'était pas le cas auparavant.

Dans les entreprises employant habituellement entre onze et moins de cinquante salariés, l'employeur a le choix entre deux solutions :

- négocier avec un ou plusieurs salariés mandatés par une ou plusieurs organisations syndicales représentatives dans la branche ou au niveau national. Chaque organisation syndicale ne peut mandater qu'un seul salarié[3]. Ces salariés ne sont pas obligatoirement membres du CSE, s'il en a été mis en place ;
- négocier avec un ou plusieurs membres titulaires du CSE.

Concrètement, l'employeur décide librement s'il veut négocier avec des salariés mandatés par les organisations syndicales, ou avec les membres du CSE. Les textes ne précisent pas la forme et les destinataires de l'invitation, à l'inverse de ce qui est prévu pour la négociation dans les entreprises de 50 salariés et plus[4].

On peut penser que, si l'employeur veut négocier plutôt avec des salariés mandatés, et puisque ceux-ci ne doivent pas obligatoirement être membres du CSE, il adresse la proposition de négocier directement à toutes les organisations syndicales représentatives dans la branche ou, s'il n'en existe pas, au niveau national et interprofessionnel, à charge pour ces organisations de mandater un salarié pour participer à la négociation. Le nombre de salariés mandatés est nécessairement dépendant des circonstances, puisque les organisations syndicales doivent, pour procéder au mandatement, avoir à l'intérieur de l'entreprise, sinon des adhérents, au moins des contacts avec un salarié susceptible d'accepter une telle mission en représentation d'un syndicat.

Si l'employeur décide de négocier avec les membres du CSE, il doit alors adresser la convocation à tous les membres titulaires du CSE, et négocier avec ceux qui se présenteront pour ce faire, quel que soit leur nombre. L'accord ne sera cependant en ce cas valable que s'il est signé par les membres représentant la majorité des suffrages exprimés aux élections[5].

112.35 Absence d'organisations syndicales représentatives dans le champ de la négociation des entreprises de cinquante salariés et plus. Dans les entreprises dont l'effectif est au moins égal à cinquante salariés, l'employeur n'a pas le choix de ses interlocuteurs.

Il doit d'abord tenter de négocier avec des salariés qui sont à la fois membres titulaires du CSE et mandatés par les organisations syndicales représentatives dans la branche, ou, s'il n'en existe pas, au niveau national et interprofessionnel.

L'employeur doit donc adresser l'invitation à négocier, ou plus exactement, à ce stade, l'information de son souhait de procéder à une négociation, d'une part, aux organisations syndicales représentatives au niveau de la branche et à défaut au niveau national et interprofessionnel[6], d'autre part individuellement aux membres titulaires du CSE[7]. L'invitation n'est pas soumise à un formalisme particulier, mais elle doit avoir date certaine (date de la poste, remise lors d'une réunion déterminée), puisqu'elle fait courir le délai d'un mois à l'issue duquel les membres du CSE doivent donner leur réponse. S'il s'avère qu'il y a des membres titulaires du CSE prêts à négocier et mandatés pour ce faire par une organisation syndicale, représentative au niveau de la branche, ou à défaut au niveau national et interprofessionnel, l'employeur engage la négociation avec ces derniers.

Si aucun salarié, membre du CSE, n'est mandaté par une organisation syndicale, l'employeur peut engager une négociation avec les membres du CSE qui se seraient déclarés volontaires pour ce faire, même sans mandatement d'une organisation syndicale. Mais la négociation ne peut alors porter que sur les mesures dont la mise en œuvre est subordonnée par la loi à un accord collectif, à l'exception des mesures relatives aux modalités d'information et de consultation des institutions représentatives du personnel en cas de licenciement économique collectif[8].

1. C. trav., art. L. 2143-6.
2. V. s[s] n° 133.13.
3. Sur les salariés mandatés, v. s[s] n° 133.15.
4. V. s[s] n° 112.35.
5. Sur ce calcul, v. s[s] n°s 131.21 s.
6. C. trav., art. L. 2232-24, al. 2.
7. C. trav., art. L. 2232-25-1.
8. C. trav., art. L. 1233-21.

C'est seulement si, à l'issue de cette procédure d'invitation, il apparaît qu'il n'y a aucun salarié membre titulaire du CSE, mandaté ou non, volontaire pour participer à la négociation, que l'employeur pourra, dans une deuxième phase, solliciter à nouveau les organisations syndicales représentatives au niveau de la branche et, à défaut, au niveau national et interprofessionnel pour qu'elles mandatent un salarié non membre du CSE pour participer à la négociation. Il est possible de passer directement à cette seconde étape s'il n'a pu être mis en place un CSE dans l'entreprise et que cette impossibilité est constatée par un procès-verbal de carence. Les organisations syndicales ne peuvent mandater chacune qu'un seul salarié. La négociation avec les salariés mandatés peut porter sur n'importe quel thème.

Ainsi, dans les entreprises d'au moins 50 salariés dans lesquelles il n'y a pas d'organisation syndicale représentative ayant désigné un délégué syndical, l'employeur peut négocier selon un système déclinant, par ordre de priorité, la qualité à la fois d'élu et de mandaté syndical, puis d'élu non mandaté, et enfin de salarié mandaté, certains sujets étant cependant réservés à la négociation avec un représentant du syndicat.

Les règles de signature des accords négociés dans ces conditions dérogatoires sont diverses [1].

112.36 Négociation avec le conseil d'entreprise. Créé par l'ordonnance du 22 septembre 2017 [2], le conseil d'entreprise a vocation à prendre en charge tout à la fois les missions des institutions représentatives élues et des représentants syndicaux. C'est pourquoi il est « seul compétent pour négocier, conclure et réviser les conventions et accords d'entreprise ou d'établissement » [3]. La restriction sur son champ possible de négociation, introduite par l'ordonnance n° 2017-1386 du 22 septembre 2017, ayant été supprimée par l'ordonnance du 20 décembre 2017 [4], le conseil d'entreprise peut être invité à négocier sur tous les sujets.

Lorsqu'un conseil d'entreprise a été institué par accord collectif, c'est donc avec lui que l'employeur négocie les accords d'entreprise ou d'établissement. Contrairement au système prévu, à titre supplétif, lorsqu'il n'y a pas de délégué syndical et que l'employeur négocie avec « les membres titulaires du CSE » [5], dans le cas du conseil d'entreprise, le législateur semble considérer que la négociation se fait avec l'institution elle-même et non avec ses membres. Il ne s'agit plus ici de négocier avec ceux, parmi les membres, qui se sont déclarés volontaires pour le faire, mais avec toute l'entité, donc avec tous ceux qui la composent.

À qui l'employeur doit-il dans ces conditions adresser la convocation ? Probablement à l'institution elle-même, en proposant l'ouverture d'une négociation, même si les réunions de négociation devront être concrétisées par l'envoi d'invitations individuelles.

L'institution du conseil d'entreprise, innovation des textes de 2017, avec pour finalité annoncée, de créer une institution représentative unique, en charge des consultations et de la négociation, n'est pour l'instant pas adoptée par les entreprises et les organisations syndicales. On évoque à peine quelques dizaines d'accords mettant en place l'institution [6] Il est vrai que l'institution se présente plus comme une forme d'abandon des prérogatives des organisations syndicales au profit de l'institution élue, que comme une instance de négociation efficace [7].

§ 2
Composition des délégations

112.41 Délégation pour la négociation d'entreprise. La délégation comprend le délégué syndical de chaque organisation syndicale représentative, ou en cas de pluralité de délégués syndicaux, au moins deux délégués syndicaux pour chacune d'entre elles [8]. Les délégués syndicaux n'ont pas besoin de pouvoir spécial pour représenter leur syndicat, la mission étant incluse dans leur mandat. C'est d'ailleurs pourquoi, lorsqu'une organisation syndicale souhaite suspendre le mandat d'un de ses délégués syndicaux, elle doit en aviser en temps utile les autres négociateurs [9].

Les organisations syndicales peuvent compléter cette délégation par des salariés de l'entreprise dont le nombre est égal à celui du nombre de délégués syndicaux de la délégation. Cependant, s'il n'y a

1. V. s^s n°s 132.00 s.
2. Ord. n° 2017-1386, 22 sept. 2017 relative à la nouvelle organisation du dialogue social et économique dans l'entreprise et favorisant l'exercice et la valorisation des responsabilités syndicales, *JO* 23 sept., n° 31 ; – G. Loiseau, P. Lokiec, L. Pecaut-Rivolier et P.-Y. Verkindt, *Droit de la représentation du personnel*, préc., n°s 561.00 s.
3. C. trav., art. L. 2321-1.
4. Ord. n° 2017-1718, 20 déc. 2017 visant à compléter et mettre en cohérence les dispositions prises en application de la loi n° 2017-1340 du 15 septembre 2017 d'habilitation à prendre par ordonnances les mesures pour le renforcement du dialogue social, *JO* 21 déc., n° 46.
5. V. s^s n°s 133.11 s.
6. J. Brunie, « Premières réflexions sur les accords de mise en place du conseil d'entreprise », *JCP S* 2020. 1070 : en mars 2020, deux ans après l'entrée en vigueur des textes créant le conseil d'entreprise, seuls onze avaient été configurés.
7. Sur le sujet : P. Lieutier, « CSE ou conseil d'entreprise : quel choix ? », *Dr. soc.* 2019. 418, n° 16.
8. C. trav., art. L. 2232-17.
9. Soc. 19 févr. 1992, n° 90-10.896, P V, n° 106 ; *CSB* 1992. 109, A. 19 ; *RJS* 1992. 271, n° 472.

qu'un délégué syndical dans la délégation, l'organisation peut désigner deux salariés.

Un accord conclu entre l'employeur et l'ensemble des organisations syndicales participant à la négociation peut fixer le nombre de délégués syndicaux de chaque organisation syndicale participant à la négociation à plus de deux[1] et peut également augmenter le nombre de salariés pouvant compléter la délégation. La jurisprudence admet également qu'un accord puisse autoriser la présence dans la délégation de représentants syndicaux non salariés de l'entreprise, ce qui est exclu en l'absence d'accord[2].

112.42 Composition de la délégation dans une négociation de branche. La loi ne fixe aucune règle à ce sujet, si bien que la composition de la délégation des organisations syndicales représentatives au niveau de la branche est libre. Cependant, lorsqu'il s'agit de la négociation d'une convention de branche ayant vocation à être étendue, l'article L. 2261-21 prévoit que le ministre du travail peut intervenir en cas de litige et fixer, dans la convocation, un nombre maximal de représentants par délégation.

§ 3
Liberté de négocier ou de ne pas négocier

112.51 Dogme traditionnel. La négociation collective n'est pas, en France, conçue comme une obligation, mais une faculté pour les partenaires sociaux : « La négociation collective, dont chacun appelle de ses vœux le développement, ne se décrète pourtant pas. C'est un instrument entre les mains des partenaires sociaux qui s'en saisissent en fonction de leurs attentes, de leurs stratégies, du réseau de contraintes dans lequel ils se trouvent. La loi et les pouvoirs publics peuvent y inciter plus ou moins sans jamais garantir ses résultats. »[3]

Il en résulte que les partenaires sociaux n'ont pas l'obligation de répondre positivement à une proposition de négocier, ni a fortiori de conclure un accord.

112.52 Dogme partiellement révolu. « Lorsque les parties ne désirent pas également négocier la négociation est déjà une victoire de celle qui la désire contre celle qui s'y oppose »[4]. Ce raisonnement, fondé sur le précepte que l'employeur était souvent réticent à entrer dans une négociation qui le conduisait nécessairement à faire des concessions collectives, n'est plus véritablement juste aujourd'hui, et est peut-être même totalement renversé. Non seulement les domaines de négociation collective obligatoire sont de plus en plus nombreux[5], et contraignent, au moins l'employeur, à tenter une négociation collective, mais en outre, il est désormais de l'intérêt de l'employeur, dans de nombreux domaines, d'engager cette négociation pour obtenir un accord aménageant les obligations légales. En matière de négociation obligatoire, la liberté de négociation n'existe donc plus pour l'employeur, tenu par des sanctions financières et sociales pouvant être lourdes. Elle demeure, pour les organisations syndicales de salariés, une réalité, atténuée par des mécanismes de pression forts : la possibilité de recourir au référendum ou la mise en œuvre, à défaut, de textes supplétifs.

112.53 Essor du concept de loyauté de la négociation. De plus en plus présente dans la jurisprudence[6], l'obligation de négociation loyale[7], condition de la validité même du processus de négociation et de l'accord, peut faire évoluer la théorie de l'absence d'obligation de négociation. Peut-il y avoir une négociation loyale, ou, comme l'impose la jurisprudence parfois pour pouvoir recourir à d'autres formes d'actes, une « tentative loyale de négociation » s'il apparaît qu'il n'y avait pas, de la part des négociateurs, une véritable volonté de négocier ? La réponse paraît intuitivement négative, mais les conséquences de cette conclusion sont vastes : jusqu'à quel point peut-on contrôler la véritable volonté de négocier ? Doit-on vérifier et peser les concessions que l'employeur d'une part, ou que les organisations syndicales, d'autre part, étaient prêtes à réellement faire ? Peut-on sanc-

1. Soc. 5 janv. 2011, n° 09-69.732, P V, n° 6 ; *Heppner (Sté) c/ Fédération des transports CGT*, *D.* 2011. 246 ; *D.* 2012. 2622, obs. P. Lokiec et J. Porta ; *RJS* 2011. 231, n° 259 ; *Gaz. Pal.* 4-5 mars 2011, p. 46, note B. Boubli ; *JCP S* 2011. 1110, note Y. Pagnerre.
2. Soc. 19 oct. 1994, n° 91-20.292, *Centrale syndicale des travailleurs martiniquais c/Antilles Gaz (Sté)*, P V, n° 281 ; *D.* 1995. 370, obs. G. Borenfreund ; *Dr. soc.* 1994. 958, note rapp. Ph. Waquet ; *RJS* 1994. 852, n° 1413 ; *Dr. ouvrier* 1995. 148.
3. Y. Robineau (dir.), *Loi et négociation collective*, Rapport au ministre du Travail, La Documentation française, 1997.
4. G. H. Camerlynck (dir.), Droit du travail, t. VII, Négociations, conventions et accords collectifs, par M. Despax, 2e éd., Dalloz, 1989.
5. V. ss nos 222.00 s.
6. G. Meyer, « L'exigence de loyauté dans la négociation des accords de performance collective », *SSL* 2020, n° 1918, p. 9 ; F. Bergeron-Canut, « Élections : de l'importance de la loyauté dans la négociation du protocole d'accord préélectoral », *BJT* 2019, n° 11, p. 32 ; B. Bossu, « Nullité du protocole d'accord préélectoral en l'absence de négociation loyale », *JCP E* 2019, n° 48, 1536 ; L. de Montvalon, « Obligation de loyauté et obligation d'informer les négociateurs d'un accord préélectoral », *D. actu.* 6 nov. 2019 ; T. Pasquier, « Les nouveaux visages de la loyauté dans la négociation collective », *RDT* 2018. 44 ; F. Petit, « Loyauté dans la négociation collective : Distinction entre "signatures séparées" et "séparées" », *Cah. Soc.* 2015, n° 115h1, p. 97.
7. SUR LE PRINCIPE DE LOYAUTÉ dans la négociation, v. ss n° 112.21.

tionner l'absence de négociation loyale du côté des organisations syndicales ? Ces questions, qui émergent en raison de la nouvelle importance des effets que le législateur et la jurisprudence attachent à la négociation, mais aussi à son échec, seront probablement extrêmement présentes dans les discussions et les contentieux futurs.

§ 4
Moyens dédiés à la négociation collective

112.61 Temps consacré à la négociation par les délégués syndicaux. Le temps que les délégués syndicaux consacrent aux réunions de négociation est, aux termes de l'article L. 2143-18 du code du travail, payé en heures de délégation mais ne s'impute pas sur le crédit d'heures de droit commun dont disposent les représentants syndicaux.

112.62 Temps consacré à la préparation de la négociation par les sections syndicales. L'article L. 2143-16 du code du travail prévoit, dans sa rédaction modifiée par la loi du 8 août 2016, que chaque section syndicale dispose, au profit de son ou ses délégués syndicaux et des salariés de l'entreprise appelés à négocier une convention ou un accord d'entreprise, d'un crédit global d'heures de délégation, s'ajoutant aux heures normales, dans la limite d'une durée qui ne peut excéder douze heures par an dans les entreprises occupant au moins cinq cents salariés et dix-huit heures par an dans celles occupant au moins mille salariés, en vue de la préparation de la négociation de cette convention ou de cet accord.

Ce crédit d'heures supplémentaire, dédié à la négociation collective, est affecté par section syndicale, c'est-à-dire par organisation syndicale représentative.

La Cour de cassation a jugé qu'il s'agissait d'un crédit d'heures global, annuel, quel que soit le nombre de négociations engagées dans l'année.

« Mais attendu que le conseil de prud'hommes a décidé, à juste titre, que le crédit de dix ou quinze heures par an confié à la section syndicale dans les entreprises de plus de cinq cents salariés, à charge pour ses membres d'en effectuer la répartition et d'en informer l'employeur, destiné à permettre la préparation de la négociation collective annuelle obligatoire, est alloué globalement et annuellement quel que soit le nombre d'accords conclus dans l'entreprise au cours de la même année »[1]. C'est un maximum, qui peut donc être inférieur si les heures consacrées à la préparation de la négociation sont inférieures, mais qui ne peut être supérieur que si un accord entre l'employeur et les organisations syndicales le prévoit.

Le crédit d'heures supplémentaire ne peut être utilisé pour la négociation d'accords à un autre niveau que celui de l'entreprise[2, 3].

Il n'y a pas de crédit d'heures supplémentaire dans les entreprises de moins de 500 salariés. Les heures de préparation de la négociation s'imputent donc sur les heures de délégation habituelles, sauf meilleur accord.

112.63 Crédits d'heures des salariés mandatés. Lorsque la négociation s'effectue avec des salariés mandatés, chaque salarié mandaté dispose du temps nécessaire dans la limite d'une durée qui, sauf circonstances exceptionnelles, ne peut excéder 10 heures par mois. Les heures consacrées à la négociation sont considérées comme temps de travail et payées à l'échéance normale[4].

112.64 Crédits d'heures des membres de la délégation du personnel au comité social et économique. Lorsque la négociation s'effectue avec des membres de la délégation du personnel au comité social et économique, les heures passées aux réunions de négociation ne s'imputent pas sur les heures de délégation habituelles des membres du CSE. Chaque représentant qui participe à la négociation dispose du temps nécessaire pour celle-ci, dans la limite d'une durée qui, sauf circonstances exceptionnelles, ne peut dépasser 10 heures par mois[5].

112.65 Formation à la négociation collective. Issus de la loi du 8 août 2016[6], les articles L. 2212-1 et L. 2212-2 du code du travail prévoient la possibilité d'instituer des formations communes visant à améliorer les pratiques du dialogue social, pouvant être disposées dans des centres, instituts et organismes de formation. La loi renvoie aux conventions collectives de branche et d'entreprise les conditions de prise en charge de ces formations et d'indemnisation du temps de présence. L'article R. 2212-3 du code du travail énumère par ailleurs les possibilités de financement par le biais des divers mécanismes de formation continue.

1. Soc. 2 juin 2004, n° 01-44.474, P V, n° 160 ; *D.* 2004. 2088, *Dr. ouvrier* 2004. 572 ; *RJS* 11/2004, n° 1165.
2. C. trav., art. L. 2143-6.
3. Cette disposition, introduite par la loi n° 2015-994 du 17 août 2015, confirme une jurisprudence ancienne de la Cour de cassation (Soc. 13 juill. 1993, n° 90-40.829, NP). Le temps passé aux négociations d'accords de branche ou de niveau supérieur s'impute donc sur le temps normal de délégation, sauf accord plus favorable.
4. C. trav., art. L. 2232-27.
5. C. trav., art. L. 2232-27, al. 2 et 3.
6. L. n° 2016-1088, 8 août 2016, relative au travail, à la modernisation du dialogue social et à la sécurisation des parcours professionnels, *JO* 9 août, n° 3.

TITRE

12. Déroulement de la négociation collective

SECTION 0
ORIENTEUR

12.00 **Sommaire du titre.**

Division. Pour qu'un accord collectif puisse être considéré comme valide, il faut qu'il ait été négocié par des partenaires sociaux ayant chacun une parfaite connaissance des éléments liés à l'accord, et dans des conditions de nature à préserver une vraie capacité de négociation transparente et respectueuse (chap. 122).

L'existence d'une véritable information partagée et les conditions de déroulement de la négociation (chap. 121) sont donc des éléments essentiels à sa conclusion (chap. 123).

12.05 **Principe.** Le code du travail n'impose aucune forme particulière à la négociation collective. La jurisprudence a été amenée à dégager un certain nombre de principes en la matière, à partir de l'obligation générale de négociation loyale, qui irrigue la matière. La loyauté de la négociation n'est pas inscrite dans les textes généraux sur la négociation collective, mais elle figure dans des articles particuliers du code du travail (par exemple sur la négociation des salaires ou la négociation pour le travail de nuit). Elle intervient dans l'engagement de la négociation, dans le partage des informations, et dans la forme de la négociation. Son importance s'est accrue en proportion de la décrue des règles d'ordre public gouvernant le contenu des accords. Pour prévenir les éventuels litiges, les partenaires sociaux peuvent, en amont, décider dans le cadre d'un accord de méthode les modalités de déroulement de la négociation.

CHAPITRE

121. Déroulement de la négociation et principe général de loyauté

SECTION 0 ORIENTEUR

121.00 Sommaire du chapitre.

Division. La négociation s'organise librement (sect. 1) mais doit offrir des garanties de loyauté quant à son déroulement (sect. 3) et au partage de l'information (sect. 2).

121.01 Textes applicables.

• **C. trav.,** art. L. 2222-3 à L. 2222-3-1 [Détermination des thèmes, du calendrier et de la méthode de négociation]

121.02 Jurisprudence de référence.

• **Soc. 13 mai 2009,** n° 08-60.530, P V, n° 130

* V. s[s] n° 112.21.

« L'employeur est tenu, dans le cadre de la négociation préélectorale, de fournir aux syndicats participant à la négociation les éléments nécessaires au contrôle de l'effectif de l'entreprise et de la régularité de la liste électorale. »

• **Soc. 6 janv. 2016,** n° 15-10.975, P V, n° 2

« L'employeur, tenu dans le cadre de la négociation préélectorale à une obligation de loyauté, doit fournir aux syndicats participant à cette négociation, et sur leur demande, les éléments nécessaires au contrôle de l'effectif de l'entreprise et de la régularité des listes électorales. »

• **Soc. 26 sept. 2012,** n° 11-26.659, P V, n° 243

* V. s[s] n° 121.25.

« Qu'en statuant ainsi, alors qu'il avait constaté que les mandats des représentants du personnel avaient expiré depuis plusieurs mois, que l'employeur avait attendu la saisine du tribunal d'instance pour convier les organisations syndicales à une négociation ne portant que sur le constat de la perte de qualité d'établissement distinct, et que face au refus des organisations syndicales de participer à cette négociation, il n'avait ni saisi l'autorité administrative ni organisé le processus électoral sur la base du périmètre de l'établissement distinct déterminé à l'occasion d'un précédent scrutin, se contentant de reporter la réunion, le tribunal d'instance, qui n'a pas tiré les conséquences légales de ses constatations, a violé les textes susvisés. »

• **Soc. 8 mars 2017,** n° 15-18.080, P V, n° 46

« La nullité d'une convention ou d'un accord collectif est encourue lorsque toutes les organisations syndicales n'ont pas été convoquées à sa négociation, ou si l'existence de négociations séparées est établie, ou encore si elles n'ont pas été mises à même de discuter les termes du projet soumis à la signature en demandant, le cas échéant, la poursuite des négociations jusqu'à la procédure prévue pour celle-ci. »

• **Soc. 9 mai 2018,** n° 17-26.522, P V, n° 79

« Dès lors qu'une organisation syndicale a manifesté son intention de participer à la négociation préélectorale, l'employeur, à défaut d'accord préélectoral valide, a l'obligation de saisir l'autorité administrative pour faire procéder à la répartition des sièges et des électeurs au sein des collèges électoraux. »

• **Soc. 9 oct. 2019,** n° 19-10.780, P

« L'employeur est tenu de mener loyalement les négociations d'un accord préélectoral notamment en mettant à disposition des organisations participant à la négociation les éléments d'information indispensables à celle-ci ; dès lors que la contestation du protocole préélectoral a été introduite judiciairement avant le premier tour des élections, ou postérieurement par un syndicat n'ayant pas signé le protocole et ayant émis des réserves expresses avant de présenter des candidats, le manquement à l'obligation de négociation loyale constitue une cause de nullité de l'accord, peu important que celui-ci ait été signé aux conditions de validité prévues par l'article L. 2314-6 du code du travail. »

121.03 Bibliographie indicative.

Encyclopédie. *Rép. trav.*, v° Conventions et accords collectifs de travail : droit de la négociation collective, par S. Nadal, oct. 2019, mis à jour févr. 2020, n°s 228 s.

Monographies. G. Bélier, H.-J. Legrand, A. Cormier Le Goff, *Le nouveau droit de la négociation collective : Acteurs et accords*, 7e éd., « Droit vivant », Liaisons – Wolters Kluwer, 2018, n°s 250 s. – F. Géa et A. Stévenot (dir.), *Le dialogue social : l'avènement d'un modèle ?*, « Paradigme », Bruylant, 2021.

Manuel. B. Teyssié, *Droit du travail : Relations collectives*, 9e éd., « Manuels », LexisNexis, 2014, n°s 1259 s.

Contribution. M.-A. Souriac et G. Borenfreund, « La négociation collective entre désillusion et illusions », *Mélanges en l'honneur de Jean-Marie Verdier : Droit syndical et droits de l'homme à l'aube du XXIe siècle*, Dalloz, 2001, p. 181.

Articles. Th. Pasquier, « Les nouveaux visages de la loyauté dans la négociation collective », *RDT* 2018. 44 – F. Bergeron-Canut, « Élections : de l'importance de la loyauté dans la négociation du protocole d'accord préélectoral », *BJT* 2019, n° 11, p. 32 – B. Bossu, « Nullité du protocole d'accord préélectoral en l'absence de négociation loyale », *JCP E* 2019, n° 48, 1536 – H. Gebel, « Les clés d'une négociation loyale », *JCP S* 2022. 1225.

SECTION 1
LIBERTÉ D'ORGANISATION DE LA NÉGOCIATION

121.11 Principe de liberté d'organisation de la négociation. Le législateur n'a fixé aucune règle précise s'agissant du déroulement concret de la négociation. Le principe est la liberté totale, afin que les partenaires sociaux aient le plus de choix possible pour organiser une négociation efficace : nombre de réunions, lieu des réunions, espacement de ces réunions, mode d'examen des différents thèmes retenus... L'article L. 2232-20 renvoie ainsi à l'accord entre négociateurs pour déterminer l'objet, la périodicité des négociations et les informations à fournir. Dès lors, la seule limite que le juge peut fixer est que les négociations se déroulent dans des conditions qui respectent le principe transversal de loyauté.

121.12 Principe jurisprudentiel inspiré du droit civil. Le principe de loyauté est un principe qui irrigue la jurisprudence en droit du travail. Directement inspiré du principe de loyauté contractuelle résultant de l'article 1104 (ancien 1134, al. 3) du code civil, il est régulièrement cité par la jurisprudence dans le cadre de l'exécution des contrats de travail, mais a trouvé une place toute particulière en matière de négociation collective. Tout comme feu la notion de « bon père de famille », qui permettait au droit civil d'intervenir dans toutes les situations de détournement sans avoir à les caractériser au préalable, le principe de loyauté se caractérise par deux éléments :

– sa souplesse, qui lui permet de s'adapter à chaque situation sans rigidifier le processus ;

– son évidence communément admise : la loyauté, c'est ce que toute personne placée dans la même situation estimerait normal d'effectuer dans le respect de son interlocuteur.

Le principe de loyauté permet ainsi de fixer des limites, acceptables par tous, à la liberté qu'offre le législateur en matière de négociation collective, afin justement de préserver la qualité de la négociation collective, et par conséquent sa liberté. Il a une déclinaison très forte en matière de droit à l'information en matière de négociation collective. Mais la jurisprudence l'applique dans tout le déroulement du processus de négociation.

SECTION 2
LOYAUTÉ DANS LE PARTAGE DE L'INFORMATION

121.21 Négociation sur la base d'informations complètes, fiables et communes, base de la négociation. Le contenu extrêmement variable des thèmes de négociation, de son périmètre, et de son champ interdit, sauf cas particuliers, de déterminer de manière générale et abstraite les documents ou informations à communiquer dans ce cadre par les parties. C'est donc au cas par cas que s'apprécient souvent les documents à fournir. C'est sur le fondement de l'obligation de loyauté que le juge judiciaire, comme d'ailleurs le juge administratif, ont posé les contours de l'obligation d'information transversale au processus de négociation collective.

121.22 Obligation générale d'information en lien avec les sujets abordés. Lorsqu'une négociation est engagée, les parties doivent avoir tous les éléments sur les tenants et les aboutissants, tant sur la situation actuelle que sur la nature des évolutions prévisibles. Depuis la loi du 14 juin 2013, l'obligation de mettre en place une base de données économiques et sociales[1] a permis une évolution notable de l'obligation d'information, puisque la loi impose à l'employeur de mettre à disposition des représentants du personnel l'ensemble des données contribuant à « donner une vision claire et globale de la formation et de la répartition de la valeur créée par l'activité de l'entreprise »[2]. Cette obligation, outre qu'elle permet une base informative déjà très complète, a permis de résoudre la question récurrente du secret des données.

1. SUR la BDESE, v. s^s^ n° 522.84.
2. C. trav., art. R. 2312-7.

121.23 Information et confidentialité des données. Très longtemps, il a été objecté à l'obligation de partage d'information la nécessité de préserver la confidentialité des données. La jurisprudence avait posé comme principe que la confidentialité de l'information n'empêchait pas sa communication, en tant que de besoin, aux représentants du personnel et aux représentants syndicaux, mais que ceux-ci pouvaient être tenus alors d'une obligation de discrétion à la double condition qu'il s'agisse bien d'informations confidentielles et que l'employeur ait invoqué l'obligation de confidentialité[1]. C'est cette règle que le législateur a consacrée pour la base de données, dans l'article L. 2312-36 : « les délégués syndicaux sont tenus à une obligation de discrétion à l'égard des informations contenues dans la base de données revêtant un caractère confidentiel et présentées comme telles par l'employeur ». Et l'article R. 2312-13 précise que l'employeur doit même indiquer la durée de la confidentialité à laquelle il astreint les représentants du personnel. On peut donc considérer que cette règle s'applique de manière générale, sauf lorsque les données sont spécifiquement protégées par la loi, et que l'employeur ne peut invoquer le secret des données pour s'opposer à une communication de l'information nécessaire à une négociation éclairée. Si véritablement il y a un problème de confidentialité, il lui appartient d'expurger les informations nominatives des données qu'il communique[2]. Il ne peut pas non plus faire de différence de niveau de confidentialité entre les organisations qui négocient, au motif que certaines auraient des représentants dans l'entreprise et d'autres non[3].

121.24 Obligation qui pèse sur celui qui détient l'information. En dehors des documents inclus dans la base de données unique, le thème de la négociation peut rendre nécessaire la communication d'informations complémentaires, par exemple sur la nature d'un projet en cours. C'est généralement l'employeur sur qui pèse l'obligation d'information. C'est lui en effet qui dispose des éléments comptables, organisationnels, humains, sur le fonctionnement de l'entreprise, ainsi que sur les projets envisagés. Mais il peut arriver qu'une organisation syndicale détienne des informations et l'obligation alors pèse sur elle, de la même façon, de la partager.

Dès lors que l'obligation d'information tient ses contours du respect de l'obligation de loyauté, elle peut aller très loin. Ainsi, de l'information sur des projets en cours, même encore secrets, dès lors qu'ils sont suffisamment avancés pour que leur connaissance soit importante à une négociation utile[4].

121.25 La violation de l'obligation de loyauté en matière d'information peut vicier tout le processus. Si les informations utiles à une négociation éclairée n'ont pas été fournies, c'est toute la négociation qui se trouve viciée. Le processus peut donc se trouver annulé entièrement, ou suspendu, et l'accord conclu le cas échéant dans de telles conditions est nul, même s'il a été signé à la double majorité[5]. S'agissant de l'accord visant à fixer le nombre et le périmètre des établissements distincts, l'absence de tentative loyale de négociation, faute pour l'employeur de fournir les éléments déterminant sur les effectifs de chaque site, vicie l'intégralité du processus, donc la décision unilatérale de l'employeur, le recours devant la direction du travail et les élections organisées sur la base de la décision du Direccte[6].

SECTION 3
LOYAUTÉ DANS LE DÉROULEMENT DE LA NÉGOCIATION

121.31 Loyauté dans l'invitation. Outre la règle ci-dessus évoquée selon laquelle tous les syndicats représentatifs dans le périmètre de négociation doivent être invités, égalitairement, à la négociation collective[7], un certain nombre de règles de bon sens doivent être intégrées : délai raisonnable entre l'invitation et la date de la première réunion, fixation d'un lieu de réunion accessible pour tous... Dans le cadre de la négociation du protocole préélectoral, la chambre sociale de la Cour de cassation a ainsi jugé que, si un seul représentant syndical s'était déclaré pour participer à la négociation, en précisant ses dates de vacances, il y avait manquement à l'obligation de loyauté à fixer justement pendant cette période la date de la première réunion[8].

121.32 Loyauté dans la volonté de négocier. L'entrée en négociation suppose une volonté réelle

1. Soc. 12 juill. 2006, n° 04-47.558, P V, n° 256 ; *D.* 2006. 2124 ; *RDT* 2006. 402, obs. H. Tissandier ; *JSL* 2006, n° 196-2 ; *RJS* 2006. 884, n° 1198.
2. Soc. 6 janv. 2016, n° 15-10.975, P V, n° 2.
3. Soc. 9 oct. 2019, n° 19-10.780, P.
4. Soc. 26 févr. 2020, n° 18-22.759, P.
5. Soc. 6 janv. 2016, n° 15-10.975, P V, n° 2 ; *D.* 2016. 132 ; *RDT* 2016. 284, obs. C. Nicod ; *JCP S* 2016. Act. 21 ; *JCP S* 2016. II. 1069, note B. Gauriau ; *JCP E* 2016. Act. 72 ; *JCP* 2016. Act. 86, note D. Corrignan-Carsin ; *RDT* 2016. Act. 73, note Alain Moulinier ; *RJS* 2016, n° 194 – Soc. 9 oct. 2019, n° 19-10.780, P ; *D.* 2019. 1998 ; *JA* 2020, n° 612, p. 38, ét. M. Julien et J.-F. Paulin ; *JCP S* 2019. 1337, note B. Bossu ; *BJT* 11/2019, p. 32, obs. F. Bergeron-Canut ; *RJS* 12/2019, n° 712.
6. Soc. 12 juill. 2022, n° 21-11.420, P.
7. V. s[s] n°s 111.31 s.
8. Soc. 9 mai 2018, n° 17-26.522, P ; *RDT* 2018, Act. 414, note A. Moulinier ; *JCP S* 2018. II. 1220, note J.-Y. Kerbourc'h ; *RJS* 2018, n° 492.

de négocier – et ce notamment en matière de négociation obligatoire. Le fait d'engager ou de s'engager dans une négociation sans intention réelle d'aboutir à un accord constitue, conformément d'ailleurs au droit commun contractuel, un manquement à l'obligation de loyauté[1], de même que la prolongation de négociations dont on sait qu'elles n'aboutiront pas[2], ou encore le fait de négocier avec des salariés des avenants individuels à leurs contrats de travail portant sur des thèmes officiellement en cours de négociation avec les organisations syndicales[3].

Avec les ordonnances de 2017, qui ont renvoyé à la négociation collective, ou, en l'absence de négociation collective, à la décision unilatérale de l'employeur, des volets de plus en plus importants des déterminations des conditions de travail, la question de la loyauté dans la volonté de négocier prend une nouvelle dimension. La chambre sociale a ainsi affirmé, s'agissant de la détermination du périmètre des établissements distincts par accord collectif, que lorsque le législateur autorisait le recours à une décision unilatérale de l'employeur « en l'absence d'accord », ce recours supposait que l'employeur ait préalablement initié une « tentative loyale de négociation », la décision unilatérale de l'employeur ne pouvant être, dans ce domaine relevant naturellement du dialogue social, que subsidiaire à la négociation[4].

Est-ce à dire que dans tous les domaines dans lesquels le législateur évoque la possibilité d'une décision unilatérale de l'employeur en l'absence, ou à défaut d'accord collectif, ce recours est subsidiaire d'une tentative loyale mais vaine de négociation ? La jurisprudence devra statuer, en fonction notamment de l'intention éventuellement exprimée par le législateur.

121.33 Loyauté dans la conduite des négociations, la question des négociations bilatérales ou séparées. La loyauté dans les négociations suppose que toutes les organisations participant à la négociation puissent y être associées effectivement et de la même manière. Le juge judiciaire et le juge administratif en ont tiré la conséquence qu'il n'était pas possible que certaines réunions soient réservées à une partie seulement des négociateurs ou que l'accord proposé soit le résultat de négociations séparées avec certaines des organisations participantes seulement. C'est ainsi que si un protocole d'accord a été élaboré avec seulement certains des négociateurs, et a servi de base à la poursuite des travaux en commission, devenant « une étape essentielle de la négociation de l'avenant [...] et de l'accord [...] étendus et non pas une simple consultation informelle », les négociations ne peuvent pas être considérées comme loyales, et le ministre ne peut étendre l'accord[5]. De même, doit être annulé un accord signé par deux organisations syndicales, sans que le texte signé, différent du projet proposé au cours de la négociation qui avait été interrompue, ait été préalablement soumis à l'ensemble des organisations syndicales[6].

Cependant, la jurisprudence n'interdit pas pour autant des réunions séparées. Ces réunions sont tout à fait possibles, pour faciliter l'avancée des négociations, à condition qu'elles ne contraignent pas ceux qui n'ont pas participé à ces réunions. Dès lors que la négociation a été régulièrement menée jusqu'à son terme par l'employeur avec toutes les organisations syndicales qui ont pu constamment exprimer leurs propositions, motiver leur refus, formuler des contre-propositions dont certaines ont été retenues, la validité de l'accord collectif n'est pas subordonnée à des réunions constamment collectives, ni à la signature de l'ensemble des organisations syndicales. Si les discussions séparées ne sont que des pourparlers, qui n'ont pas pour effet de confisquer aux autres participants la négociation, elles sont tout à fait possibles. La chambre sociale a ainsi résumé la règle de base : « la nullité d'une convention ou d'un accord collectif est encourue lorsque toutes les organisations syndicales n'ont pas été convoquées à sa négociation, ou si l'existence de négociations séparées est établie, ou encore si elles n'ont pas été mises à même de discuter les termes du projet soumis à la signature en demandant, le cas échéant, la poursuite des négociations jusqu'à la procédure prévue pour celle-ci »[7]. Cet attendu condamne, à cette occa-

1. Civ. 2e, 4 juin 1997, n° 95-10.574, NP ; *RTD civ.* 1997. 921, obs. J. Mestre.
2. Com. 22 févr. 1994, n° 91-18.842, P n° 72 ; *RTD civ.* 1994. 849, obs. J. Mestre.
3. Soc. 28 nov. 2001, n° 00-11.209, NP.
4. Soc. 17 avr. 2019, n° 18-22.948, P ; *D.* 2019. 894 ; *D.* 2019. 1558, chron. A. David, F. Le Masne de Chermont, A. Prache et F. Salomon ; *D.* 2019. 2153, obs. P. Lokiec et J. Porta ; *Dr. soc.* 2019. 574, obs. M. Gadrat ; *RDT* 2019. 589, obs. C. Nicod ; *JCP S* 2019. 1172, note J.-Y. Kerbourc'h ; *JCP E* 2019. 1347, note D. Chenu ; *JCP* 2019. 1028, note F. Duquesne et J. Heintz ; *Dr. soc.* 2019. 574, note M. Gadrat ; *BJT* 6/2019, p. 24, note F. Bergeron-Canut ; *SSL* 13 mai 2019, n° 1861, p. 11, note J. Crédoz-Rosier ; *Dr. ouvrier* 2019. 302, note L. Millet ; *RJS* 2019. 463 ; *Procédures* 8/2019, p. 19, obs. A. Bugada ; *JSL* 19 juin 2020, n° 500, p. 8, note G. Loiseau.
5. CE 4 juill. 2012, *Féd. nat. des transports routiers*, req. n° 337698, *Lebon* 271 ; *AJDA* 2012. 1379 ; *D.* 2012. 2622, obs. P. Lokiec et J. Porta ; *JCP Adm.* 2013. Actu. 459, obs. L. Erstein.
6. Soc. 10 oct. 2007, n° 06-42.721, P n° 156 ; *D.* 2008. 442, obs. G. Borenfreund, F. Guiomard, O. Leclerc, E. Peskine, C. Wolmark, A. Fabre et J. Porta ; *Dr. soc.* 2008. 182, chron. P.-H. Antonmattei ; *RDT* 2008. 188, obs. M.-A. Souriac ; *RJS* 2007. 1053, n° 1315.
7. Soc. 8 mars 2017, n° 15-18.080, P V, n° 46 ; *D.* 2017. 652 ; *RDT* 2017. 434, obs. I. Odoul-Asorey ; *RDT* 2017, Act., p. 232, note A. Moulinier ; *RJS* 5/2017, n° 355 ; *JCP S* 2017. 1183, obs. S. Béal et C. Terrenoire.

sion, la pratique qui consisterait à communiquer aux négociateurs un projet d'accord à accepter ou refuser en bloc, sans possibilité d'en négocier les termes. Mais il offre pour le reste une véritable souplesse dans l'organisation des discussions. Cette souplesse paraît d'autant plus indispensable que la négociation, à l'évidence, ne se passe pas exclusivement pendant les réunions officielles. Les échanges courriels pendant la période de négociation sont au cœur de celle-ci, et permettent de faire avancer le processus [1].

Bien entendu, rend la négociation déloyale le fait de discréditer certains des interlocuteurs pendant le processus de négociation [2].

121.34 Loyauté, discours, pressions. Une négociation loyale suppose un dialogue loyal. Mais la négociation est faite de promesses, de sacrifices, d'arguments. Quelle est la limite entre ces attitudes habituelles et une pression excessive, qui s'assimilerait à une déloyauté ? La chambre sociale a écarté qu'il y ait déloyauté dans le fait pour un employeur d'avoir mis en avant la survie de l'entreprise pour convaincre les organisations syndicales de signer un accord [3]. Elle a admis la validité d'un accord « d'engagements réciproques » dont le respect était une condition de validité de l'accord principal [4]. En revanche, elle a sanctionné la condition d'unanimité des signatures des organisations syndicales posée par l'employeur comme condition préalable à sa propre signature, estimant qu'il s'agissait d'une exigence excessive aboutissant à une modification des conditions de signature de l'accord [5].

121.35 Interdiction de prendre des décisions unilatérales sur les thèmes en cours de négociation (négociation obligatoire). C'est également en application du principe de loyauté que le législateur interdit traditionnellement à l'employeur de prendre des décisions unilatérales sur des sujets en cours de discussions [6]. Cette interdiction figure à l'article L. 2242-4 du code du travail, elle est cependant cantonnée par le texte aux thèmes de négociation obligatoire et il peut être passé outre en cas d'urgence. La jurisprudence lui a donné une importance particulière. Ainsi :

- la dénonciation d'un accord collectif constitue une décision unilatérale qui ne peut être mise en œuvre en cours de négociation [7] ;
- sont assimilées à des décisions unilatérales interdites les décisions prises par l'employeur aux termes d'un accord avec une institution représentative élue de l'entreprise alors que des négociations sont possibles avec les représentants syndicaux [8] ;
- est déloyale l'attitude de l'employeur qui signe avec des salariés des avenants à leurs contrats de travail sur une question justement centrale dans la négociation en cours [9] ;
- seule la signature d'un procès-verbal de désaccord établit que les négociations ne sont plus en cours [10].

La qualification de la situation d'urgence légitimant la décision unilatérale de l'employeur est du pouvoir souverain des juges du fond [11].

1. SUR CES QUESTIONS : G. Bélier, H.-J. Legrand, A. Cormier Le Goff, *Le nouveau droit de la négociation collective : Acteurs et accords,* 6e éd., « Droit vivant », Liaisons – Wolters Kluwer, 2018, n° 275.
2. Soc. 19 nov. 2014, n° 13-16.780, NP : « la cour d'appel a relevé qu'à la suite d'une lettre envoyée par la déléguée syndicale aux sept responsables opérationnels de l'entreprise leur demandant "d'exercer leur responsabilité et de faire preuve de courage en demandant à la direction de nous écouter", les responsables avaient, en accord avec l'employeur, diffusé à l'ensemble des salariés de l'entreprise une lettre accusant notamment la salariée de "déformer la vérité en propageant de fausses intentions", de "créer un climat social délétère", de "renier ce qu'elle avait négocié" et d'agir "à cause d'élus de la CFDT qui semblent confrontés à des difficultés internes dont nous ne connaissons pas la teneur" ; qu'elle a pu en déduire, sans dénaturation, que cette lettre ne constituait pas l'exercice d'un simple droit de réponse mais une action visant à discréditer la déléguée syndicale lors d'une phase de négociation des accords. »
3. Soc. 9 févr. 2010, n° 08-12.218, NP ; *RDT* 2011. 581, obs. F. Canut.
4. Soc. 25 juin 2014, n°s 13-14.774, 13-14.775, 13-14.776, NP.
5. Soc. 4 févr. 2014, n° 12-35.333, *Behr France (S[té]) c/CGT Behr France Hambach (Synd.),* P V, n° 47 ; *D.* 2014. 428 ; *D.* 2014. 2374, obs. P. Lokiec et J. Porta ; *Dr. soc.* 2014. 483, obs. F. Petit ; *JCP S* 2014. 1218, note E. Jeansen ; *Cah. Soc.* 2014, p. 181, obs. F. Canut ; *RDT* 2014. 350, obs. H. Tissandier ; *RJS* 2014. 275, n° 336 ; *JCP* 2014. 381, note N. Dedessus-Le-Moustier.
6. J. Savatier, « Décisions unilatérales de l'employeur en cours de négociation », *Dr. soc.* 1995. 43.
7. Soc. 29 juin 1994, n° 91-18.640, P V, n° 219 ; *D.* 1994. 202 ; *Dr. soc.* 1995. 43, note J. Savatier ; *JCP* 1995. I. 3817, n° 7, obs. P.-H. Antonmattéi ; *RJS* 1994. 606, n° 1022 ; *CSB* 1994. 269, A. 52.
8. Crim. 18 nov 1997, n° 96-80.002, P 1997, n° 390 ; *D.* 1998. 260, obs. M.-A. Souriac-Rotschild ; *Dr. soc.* 1998. 409, obs. M. Cohen ; *RJDA* 1998, n° 180 ; *BJS* 1998. 646 ; *GADT,* 4e éd., Dalloz, 2008, n° 158 ; *RJS* 1998. 56, n° 76 ; *CSB* 1998. 37, n° 7, obs. A. Philbert ; *RTD com.* 1998. 432, note B. Bouloc.
9. Soc. 28 nov. 2001, n° 00-11.209, NP.
10. Soc. 25 févr. 1997, n° 95-42.940, NP – Soc. 13 févr. 2002, n° 99-46.268, NP.
11. Soc. 23 mars 2022, n° 20-21.726, NP.

CHAPITRE

122. Possibilité d'un accord de méthode

SECTION 0

ORIENTEUR

122.00 Sommaire du chapitre.

122.01 Texte applicable.

• **C. trav.,** art. L. 2222-3-2 [Détermination de la méthode de négociation]

SECTION UNIQUE

CONDITIONS ET EFFETS DE L'ACCORD DE MÉTHODE

122.11 Création de la pratique. En application de l'article L. 2232-20 du code du travail, il appartient aux partenaires sociaux de se mettre d'accord sur l'objet et les modalités de la négociation. Pour éviter que la liberté laissée aux négociateurs ne soit source d'abus, ou au minimum de tensions, les praticiens ont imaginé la négociation, en amont de l'accord lui-même, d'un accord ayant pour but d'organiser les conditions de la négociation collective.

Cette création empirique, qui permettait de mettre par écrit, avant de commencer à négocier, les conditions de déroulement de la négociation, et les informations à partager, n'a, pendant longtemps, pas eu de véritable statut juridique, ce qui lui conférait une souplesse certaine, mais maintenait un doute sur sa force obligatoire.

122.12 Accord de méthode consacré par la loi. La loi du 8 août 2016, puis les textes issus de l'ordonnance n° 1385-2017 du 22 septembre 2017[1] ont conféré à l'accord de méthode un véritable statut juridique. En réalité, il existe désormais deux types d'accords préalables : d'abord, l'accord de détermination du calendrier et des thèmes de négociation obligatoire. Celui-là est obligatoire. Ensuite l'accord de méthode préalable à toute négociation d'accord, qu'il soit d'entreprise ou de branche, et qui est facultatif. Ce dernier a été présenté comme ayant pour objectif de permettre à la négociation de s'accomplir « dans des conditions de loyauté et de confiance mutuelle entre les parties ».[2] Ne sera pas ici évoqué l'accord de méthode, lui aussi facultatif, dont la finalité première n'est pas de définir le cadre d'une négociation, mais de définir les contours de la procédure de licenciement pour motif économique (modalités particulières d'information du CSE, cadre du recours à l'expertise[3]).

122.13 Détermination du calendrier et des thèmes en matière de négociation obligatoire. S'agissant de la négociation obligatoire, la loi impose depuis 2016 la détermination du calendrier des négociations et modalités de prise en compte, dans la branche et l'entreprise, des demandes relatives aux thèmes de négociation émanant d'une ou plusieurs organisations syndicales représentatives. Ces champs sont obligatoires aux termes de l'article L. 2222-3 du code du travail, dès lors que, depuis la loi du 8 août 2016, une souplesse a été introduite s'agissant du rythme et des thèmes de la négociation collective obligatoire, la loi autorisant une négociation à un rythme autre qu'annuel[4] et le regroupement de certains thèmes[5]. Pour chaque thème relevant de la négociation obligatoire, l'accord ou la convention collective doit donc prévoir le calendrier et les modalités de prise en compte des demandes

1. Ord. n° 2017-1385, 22 sept. 2017 relative au renforcement de la négociation collective, *JO* 23 sept., n° 29 ; C. trav., art. L. 2222-3 à L. 2222-3-2.
2. Rapport de C. Sirugue sur le projet de loi, Assemblée nationale, n° 3675, 7 avr. 2016.
3. C. trav., art. L. 1233-21.
4. Quatre ou cinq ans désormais, v. s[s] n°s 322.31 s.
5. V. s[s] n°s 321.11 s.

exprimées par les organisations syndicales. Ces éléments figurent directement dans l'accord collectif, sont soumis aux mêmes règles de conclusion et ont la même force juridique.

122.14 Détermination de la méthode de négociation. Par ailleurs, les articles L. 2222-3-1 et L. 2222-3-2 inscrivent désormais dans la loi le recours à un accord collectif ou une convention collective pour déterminer, en amont de la négociation principale, « la méthode permettant à la négociation de s'accomplir dans les conditions de loyauté et de confiance mutuelle entre les parties »[1]. L'accord de méthode, qui peut précéder aussi bien un accord d'entreprise que de branche, en matière de négociation facultative comme en matière de négociation obligatoire, est ici une simple faculté ouverte aux parties.

122.15 Contenu de l'accord de méthode. Les parties indiquent dans l'accord de méthode la nature des informations qui seront partagées, les principales étapes de la négociation. Il peut également prévoir des moyens supplémentaires accordés aux négociateurs, notamment en termes de crédits d'heure ou de recours à l'expertise[2], pour permettre de négocier utilement. Bref, l'accord de méthode répond à l'avance à toutes les questions qui peuvent, dans le cadre d'un processus de négociation, poser difficulté : quels sont les documents nécessaires que chaque partie devra fournir, quel calendrier, quels moyens, comment la négociation va se poursuivre, etc. Il a pour vocation de prévenir les litiges et les contestations sur la loyauté de la négociation.

122.16 Forme de l'accord de méthode. Les textes se réfèrent à un accord collectif ou une convention collective, donc aux conditions de signature de l'accord de droit commun. Il s'agit nécessairement d'un accord distinct de l'accord principal, puisqu'il lui est préalable. Mais il peut couvrir plusieurs négociations, donc plusieurs accords.

122.17 Force de l'accord de méthode. Aux termes de l'article L. 2222-3-1, dernier alinéa, la méconnaissance des termes de l'accord de méthode n'est pas, sauf clause contraire, de nature à entraîner la nullité des accords conclus dès lors qu'est respecté le principe de loyauté entre les parties. Autrement dit, l'accord de méthode est un engagement moral entre les parties, mais n'a pas de valeur juridique. On peut cependant s'interroger sur la dernière partie de la phrase « dès lors qu'est respecté le principe de loyauté entre les parties ». S'il s'agit de rappeler que la négociation conduite en violation du principe de loyauté est sanctionnée par la nullité du processus de négociation et de l'éventuel accord, il n'y a aucune particularité au regard de la jurisprudence générale[3]. En revanche, s'il s'agit d'admettre que le non-respect de l'accord de méthode puisse, dans certaines circonstances, constituer en soi un manquement à l'obligation de loyauté, le cas visé est nouveau et donne un peu plus d'impact à l'accord de méthode lui-même.

Quoi qu'il en soit, la rédaction et la signature d'un accord de méthode ont pour objectif, si possible, de limiter les contentieux en évitant les sources de malentendu sur les intentions véritables des négociateurs. En amont, il oblige les négociateurs à réfléchir à ce qu'ils souhaitent décider ensemble. En aval, il leur rappelle, ou permet à leurs successeurs en charge de l'application de l'accord de savoir, ce qui a été vraiment voulu. Mais il a aussi pour vocation, si le contentieux naît malgré tout, de permettre au juge de connaître cette intention. Il ne fait pas de doute qu'un accord de méthode rédigé de manière claire sera effectivement utilisé par les juges comme guide en cas de doute sur la volonté que les négociateurs ont poursuivi en écrivant telle ou telle clause. Il peut également expliquer certaines différences apparentes de traitement, ou encore donner cohérence à certains dispositifs. L'accord de méthode, s'il n'a pas de force juridique en tant que tel, a donc un rôle certain dans le droit positif.

Reste la question de la force qui pourrait être attribuée à des clauses qui figureraient dans l'accord de méthode et qui seraient invoquées comme ayant la portée de véritables engagements. Leur inclusion dans l'accord de méthode est-elle de nature à exclure de leur conférer force obligatoire, ou bien leur forme de rédaction sera-t-elle prédominante ?

122.18 Accord de méthode de branche et accord de méthode d'entreprise. Un accord de branche peut déterminer la méthode à suivre pour la négociation au niveau des entreprises[4]. Cette méthode s'impose aux entreprises qui n'ont pas conclu à leur niveau d'accord de méthode. À l'inverse, dès lors qu'un accord de méthode est signé au sein de l'entreprise, il se substitue aux règles définies par l'accord de méthode de branche. Cette substitution est fort logique, puisque plus la méthode est déterminée, précisément, pour un accord précis, plus la convention a d'efficacité.

Là encore, l'accord de méthode de branche pour les accords d'entreprise n'a pas de force particulière, sauf lorsque le principe de loyauté entre les parties est atteint.

1. C. trav., art. L. 2222-3-1.
2. Ces différents éléments sont ceux évoqués par l'article L. 2222-3-1 du code du travail, mais ils ne sont qu'indicatifs. On peut penser également à un accord sur la composition des délégations, le lieu, la durée des réunions, mais aussi, pour prévenir d'éventuelles méfiances, les conditions éventuelles de réunions autres que plénières, etc.
3. V. s^{s} n° 121.25.
4. C. trav., art. L. 2222-3-2.

CHAPITRE

123. Fin de la négociation collective

SECTION 0 ORIENTEUR

123.00 **Sommaire du chapitre.**

123.01 **Textes applicables.**

- **C. trav.,** art. L. 2231-3 [Condition de forme]
- **C. trav.,** art. L. 2231-5 à L. 2231-5-1 [Notification, publicité et dépôt]

123.02 **Jurisprudence de référence.**

- **Soc. 8 janv. 2002,** n° 00-10.886, P V, n° 5

Il résulte de l'article L. 132-2 du Code du travail que l'accord collectif est un acte écrit à peine de nullité et doit dès lors, pour être valable, comporter la signature des parties qui l'ont conclu.

SECTION 1 RÉUSSITE DE LA NÉGOCIATION

123.11 **Signature de l'accord.** Lorsque les négociateurs parviennent à un accord, aux conditions prévues pour sa validité[1], cet accord est formalisé par une signature. L'article L. 2231-3 du code du travail précise en effet que la convention ou l'accord est, à peine de nullité, un acte écrit, ce dont la jurisprudence a déduit qu'il ne pouvait être valable que s'il comportait la signature des parties, et qu'il ne pouvait pas être prouvé par un autre moyen[2].

123.12 **Notification de l'accord.** L'accord signé doit être notifié à l'ensemble des organisations syndicales représentatives, qu'elles aient ou non participé à la négociation ou signé le texte. Cette notification incombe à la partie la plus diligente, qui souhaite faire courir les délais.[3]

123.13 **Publication des accords.** Depuis la loi du 8 août 2016[4], les conventions et accords de tous niveaux sont désormais rendus publics par leur dépôt sur une base de données nationale, consultable par tous, en ligne. Les accords sont publiés anonymisés, c'est-à-dire qu'ils ne comportent pas le nom des négociateurs et des signataires.

Les accords de branche, et les accords nationaux sont déposés par la partie la plus diligente auprès des services centraux du ministère du travail. Le dépôt se fait en deux exemplaires, une version papier signée des parties, et une version sur support électronique.

Les autres accords - établissement, entreprise, interentreprise, groupe - sont déposés par le représentant légal de l'entreprise, de l'établissement, ou du groupe, sur la plateforme de téléprocédure du ministère du travail dédiée à cet effet[5]. Tous les accords signés depuis le 1er septembre 2017 doivent être déposés sur cette plateforme, nommée « Télé-Accords », accessible sur le site « www.teleaccords.travail-emploi.gouv.fr ». La liste des pièces à fournir est détaillée à l'article D. 2231-7 du code du travail.

Un exemplaire de la convention ou de l'accord collectif doit également être remis au conseil de prud'hommes du lieu de consultation[6].

La Cour de cassation a jugé, s'agissant des accords de branche, que c'était la publication au bulletin officiel des conventions collectives qui conférait date

1. SUR ces conditions, v. ss nos 131.11 s.
2. Soc. 8 janv. 2002, n° 00-10.886, *Assoc. pour la réadaptation et la formation professionnelle c/Syndicat CFDT des services de santé et sociaux du Haut-Rhin*, P V, n° 5 ; *D.* 2002. 2431, note N. Olszak ; *RJS* 2002. 250, n° 310 ; *JSL* 2002, n° 95-4.
3. V. ss n° 132.21.
4. C. trav., art. L. 2231-5-1.
5. C. trav., art. D. 2231-4 ; mod. par. décr. n° 2018-362, 15 mai 2018, art. 1er.
6. C. trav., art. D. 2231-2, III.

certaine à l'acte et faisait courir le délai de forclusion prévu par l'article L. 2231-5-1 du code du travail pour le contester. Selon la haute juridiction : « le versement dans une base de données nationale, dont le contenu est publié en ligne dans un standard ouvert aisément réutilisable, n'est qu'une mesure complémentaire répondant à l'objectif d'accessibilité de la norme de droit[1] ». On peut penser que la même solution sera appliquée aux autres accords, et que dans les cas où le délai de contestation court à compter de la publication de l'accord, c'est la publication aux actes officiels du ministère du travail qui sera seule à prendre à considération[2].

La loi dispense de publication tous les accords liés à l'intéressement, la participation, les plans d'épargne entreprise, interentreprises ou pour la retraite, les accords de performance collective ainsi que les accords relatifs à un plan de sauvegarde de l'emploi[3]. Par ailleurs, les négociateurs peuvent également décider qu'une partie de l'accord ou de la convention ne fera pas l'objet d'une publication. En ce cas, la décision est actée et jointe au dépôt de la partie publiée de l'accord et doit donner les motifs du refus de publication. Enfin, l'employeur peut occulter les éléments qui porteraient atteinte aux intérêts stratégiques de l'entreprise. Sur ce point, l'employeur semble être seul décideur de ce qui peut porter ou non atteinte aux intérêts stratégiques de l'entreprise, sans qu'aucun regard extérieur ou recours ne soit prévu.

Par ailleurs, toute personne intéressée peut prendre connaissance gratuitement des textes déposés. Elle peut en obtenir une copie, à ses frais, ou gratuitement si sa demande s'inscrit dans le cadre d'une procédure juridictionnelle en cours[4].

SECTION 2
ÉCHEC DE LA NÉGOCIATION

123.21 Constat du désaccord. En matière de négociation obligatoire, l'échec des négociations doit être formalisé par un procès-verbal de désaccord. Ce procès-verbal doit consigner, aux termes de l'article L. 2242-5 du code du travail, les propositions respectives de parties dans leur dernier état, ainsi que les mesures que l'employeur entend appliquer unilatéralement. Le procès-verbal doit être déposé, par la partie la plus diligente, auprès des services du ministre du travail, dans les mêmes conditions qu'un accord dûment signé[5]. Un tel procès-verbal n'est pas obligatoire en dehors des thèmes de négociation obligatoire, mais il peut paraître opportun d'en dresser un, afin de rendre compte des tentatives de négociation engagées sur un sujet précis, et des raisons éventuelles de l'échec.

123.22 Conséquences de l'absence d'accord. Les conséquences dépendent des thèmes sur lesquels portait la négociation collective.

Dans les domaines relevant de l'obligation de négociation (négociation obligatoire), l'absence d'accord doit donner lieu à établissement d'un procès-verbal de désaccord, conformément à l'article L. 2242-5 du code du travail[6]. Ce constat conduit, d'une part, à l'application des dispositions supplétives prévues par le législateur en l'absence d'accord dans un certain nombre de domaines et autorise d'autre part l'employeur à prendre les mesures nécessaires au fonctionnement de l'entreprise[7] par voie unilatérale[8].

Dans les domaines qui ne relèvent pas de la négociation obligatoire, il se peut que la loi autorise l'employeur à prendre des décisions unilatérales, ou bien prévoit elle-même des dispositions supplétives. Il se peut également que la négociation collective soit le seul support prévu par la loi dans le domaine considéré[9]. En ce cas, en l'absence d'accord, le dispositif ne peut pas être mis en place.

La tentative préalable de négociation d'un accord est donc très souvent dans la loi la condition pour que l'employeur puisse, à défaut ou en l'absence d'accord, prendre des décisions unilatérales. La jurisprudence avait déjà eu l'occasion de l'affirmer dans certains cas où la loi évoquait la décision unilatérale de l'employeur « en l'absence d'accord »[10]. Depuis les réformes récentes, valorisant la négociation collective, l'idée d'une prééminence de la négociation

1. Soc. 21 sept. 2022, n° 20-23.500, P ; *D.* 2022. 1706 ; *D.* 2022. 2245, obs. S. Vernac et Y. Ferkane.
2. Sur les conditions de publication des accords, v. s[s] n°s 143.11 s. ; – Sur le délai de contestation, v. s[s] n°s 621.31 s.
3. C. trav., art. L. 2231-5-1, *in fine*.
4. POUR UNE ANALYSE détaillée des conditions de publication des accords, v. s[s] n°s 143.11 s.
5. C. trav., art. D. 2231-2.
6. SUR LE PROCÈS-VERBAL de désaccord, v. s[s] n° 112.64.
7. PAR EX. : Soc. 11 mai 2016, n° 15-10.025, P V, n° 97 ; *D.* 2016. 1085 ; *RDT* 2016. 571, obs. F. Canut ; *RJS* 7/2016, n° 497 ; *JSL* 2016, n° 412-5 ; *JCP S* 2016. 1219, obs. M. Morand.
8. SUR CE POINT, se reporter à la négociation obligatoire, v. s[s] n°s 322.20 s.
9. PAR EX. : mettre en place des représentants de proximité lors des élections du CSE, C. trav., art. L. 2313-7.
10. PAR EX. : Soc. 16 déc. 2014, n° 13-14.558, P V, n° 294 : EN MATIÈRE de durée du travail : « en l'absence d'accord collectif prévu par l'article L. 3122-2 du code du travail, issu de la loi n° 2008-789 du 20 août 2008, le décret n° 2008-1132 du 4 novembre 2008 et l'article D. 3122-7-1 du code du travail donnent la possibilité à l'employeur d'organiser la durée du travail sous forme de périodes de travail, chacune d'une durée de quatre semaines au plus ».

collective sur la décision unilatérale, et donc de l'obligation de tenter une négociation loyalement avant de décider seul, semble devenir un principe de la jurisprudence [1], sauf dans les cas où le législateur met les deux possibilités sur le même plan [2].

1. Soc. 17 avr. 2019, nº 18-22.948, P ; *JCP E* 2019. Act. 295 ; *JCP S* 2019. Act. 172 ; *JCP S* 2019. II. 1172, note J.-Y. Kerbourc'h ; *JCP* 2019. Act. 483, note G. Dedessus-Le-Moustier ; *JCP* 2019. II. 576, note F. Duquesne et J. Heintz ; *RJS* 2019, nº 363 ; *BJT* juin 2019, p. 24, note F. Bergeron-Canut ; *RDT* 2019. Act. 376, note Mandy Favrel ; – Soc. 13 janv. 2021, nº 19-23.533, P+B ; – Soc. 17 mars 2021, nº 19-21.057, P+B.
2. Sur cette question et les interrogations qu'elle suscite quant aux situations qui sont ou non soumises au principe du préalable obligatoire de négociation : F. Géa, « La tentative loyale de négociation comme préalable », *Lexbase Hebdo, éd. sociale*, 16 avr. 2021.

TITRE

13. Signature de l'accord collectif (entreprise et établissement)

SECTION 0

ORIENTEUR

13.00 Sommaire du titre.

Division. Si le principe est que pour être considéré comme un accord collectif, et bénéficier des effets que la loi attache à cette qualification, l'accord doit avoir été signé majoritairement (chap. 1), c'est-à-dire signé par la majorité des organisations syndicales représentatives dans le champ de la négociation (chap. 2), la loi reconnaît de nombreux accords signés à des conditions différentes (chap. 3), soit en raison des circonstances de la négociation (chap. 4), soit pour faciliter leur adoption (chap. 5).

13.05 Points clés. Depuis la loi du 20 août 2008, la validité des accords est subordonnée à leur signature par des organisations syndicales représentatives, représentant un pourcentage des voix exprimées lors des dernières élections par les salariés. Jusqu'à la loi du 8 août 2016, ce pourcentage était de 30 % des suffrages exprimés. Depuis cette loi, il est, pour les accords d'entreprise et d'établissement, de plus de 50 % des suffrages exprimés en faveur des organisations syndicales représentatives, ce qui donne désormais aux accords un statut d'acte majoritaire, et a conduit, pour ces accords, à la suppression du traditionnel droit d'opposition. Des règles complémentaires ou dérogatoires ont cependant été prévues pour permettre la conclusion d'accords même lorsque ceux-ci n'ont pas recueilli suffisamment de signatures, ou encore lorsqu'ils n'ont pu être conclus avec des organisations syndicales représentatives.

CHAPITRE

131. Accord majoritaire

SECTION 0 ORIENTEUR

131.00 Sommaire du chapitre.

Division. Les règles de validité des accords ont évolué en même temps que leur nature (§ 1). Désormais, la validité de ces accords est subordonnée à leur signature par des organisations syndicales représentant la majorité des voix exprimées lors des dernières élections par les salariés (§ 2).

131.01 Textes applicables.

> Droit commun

• **C. trav.,** art. L. 2232-12 ; mod. par ord. n° 2017-1386, 22 sept. 2017, art. 4 [Conditions de validité]

• **C. trav.,** art. L. 2232-13 ; mod. par ord. n° 2017-1386, 22 sept. 2017, art. 4 [Organisations syndicales catégorielles]

• **C. trav.,** art. L. 2232-14 ; mod. par L. n° 2008-789, 20 août 2008, art. 8 [Accord dérogatoire]

> Entreprises de moins de onze salariés

• **C. trav.,** art. L. 2232-21 ; mod. par L. n° 2008-789, 29 mars 2018, art. 2 [Négociation d'un accord]

• **C. trav.,** art. L. 2232-22 ; mod. par L. n° 2008-789, 29 mars 2018, art. [Approbation de l'accord par référendum]

• **C. trav.,** art. L. 2232-22-1 ; créé par L. n° 2008-789, 29 mars 2018, art. 2 [Révision et dénonciation de l'accord]

> Entreprises dont l'effectif est compris entre onze et vingt salariés

• **C. trav.,** art. L. 2232-23 et L. 2232-23-1 ; mod. par L. n° 2008-789, 29 mars 2018, art. 2 [Négociation de l'accord, conditions particulières]

131.02 Jurisprudence de référence.

• **Soc. 4 févr. 2014,** n° 12-35.333, P V, n° 47

« Les conditions de validité d'un accord collectif sont d'ordre public ; il en résulte qu'un accord collectif ne peut subordonner sa validité à des conditions de majorité différentes de celles prévues par la loi. »

• **Soc. 14 janv. 2014,** n° 12-19.412, P V, n° 10

« En l'absence de délégués syndicaux dans l'entreprise, seul un accord négocié dans les conditions prévues par l'article L. 132-26 du code du travail, alors en vigueur, pouvait avoir la nature et les effets d'un accord collectif. »

• **Soc. 10 juill. 2013,** n°s 12-16.210, 12-21.180, P V, n° 188

« Attendu qu'aux termes du premier alinéa de ce texte, la validité d'un accord d'entreprise ou d'établissement est subordonnée à sa signature par une ou plusieurs organisations syndicales de salariés représentatives ayant recueilli au moins 30 % des suffrages exprimés au premier tour des dernières élections des titulaires au comité d'entreprise ou de la délégation unique du personnel ou, à défaut, des délégués du personnel, quel que soit le nombre de votants, et à l'absence d'opposition d'une ou de plusieurs organisations syndicales de salariés représentatives ayant recueilli la majorité des suffrages exprimés à ces mêmes élections, quel que soit le nombre de votants. »

• **Soc. 2 juill. 2014,** n°s 13-14.662, 13-14.622, P V, n° 170

« En application du principe de spécialité, un syndicat représentatif catégoriel ne peut négocier et signer seul un accord d'entreprise intéressant l'ensemble du personnel, quand bien même son audience électorale, rapportée à l'ensemble des collèges électoraux, est supérieure à 30 % des suffrages exprimés au premier tour des dernières élections des titulaires au comité d'entreprise ou de la délégation unique du personnel ou, à défaut, des délégués du personnel. »

• **Soc. 27 sept. 2017,** n° 15-28.216, P V, n° 166

« Aux termes du premier de ces textes, la représentativité reconnue à une organisation syndicale catégorielle affiliée à une confédération syndicale catégorielle au titre des salariés qu'elle a statutairement vocation à représenter lui confère le droit de négocier toute disposition applicable à cette catégorie de salariés ; que, lorsque la convention ou l'accord ne concerne qu'une catégorie professionnelle déterminée relevant d'un collège électoral, sa validité est subordonnée à sa signature par une ou plusieurs organisations syndicales de salariés représentatives ayant recueilli au moins 30 % des suffrages exprimés dans ce collège au premier tour des dernières élections des titulaires au comité d'entreprise ou de la délégation unique du personnel ou, à défaut, des délégués du personnel, quel que soit le nombre de votants, et à l'absence d'opposition d'une ou de plusieurs organisations syndicales de salariés représentatives ayant recueilli la majorité des suffrages exprimés dans ce collège à ces mêmes élections, quel que soit le nombre de votants ; qu'il en résulte que des organisations syndicales intercatégorielles représentatives dans l'entreprise peuvent signer un accord collectif concernant le personnel navigant commercial, lequel comporte des salariés ne relevant pas de la catégorie professionnelle représentée par la confédération syndicale nationale interprofessionnelle catégorielle, quand bien même un collège spécifique a été créé par voie conventionnelle pour ce personnel. »

131.03 Bibliographie indicative.

Monographie. G. Bélier, H.-J. Legrand et A. Cormier Le Goff, *Le nouveau droit de la négociation collective : Acteurs et accords*, 7e éd., « Droit vivant », Liaisons – Wolters Kluwer, 2018, nos 297 s.

Manuel. B. Teyssié, *Droit du travail : Relations collectives*, 11e éd., « Manuels », LexisNexis, 2018, p. 860 s.

Articles. P.-H. Antonmattei, « Négociation collective et syndicats catégoriels, la parole est à la Cour de cassation », *Dr. soc.* 2011. 1254 – A. Martinon, « La négociation catégorielle », *JCP S* 2011. 1207 – A. Teissier, « Validation de la négociation collective par référendum dans les TPE », *JCP S* 2019. 1151 – B. Gauriau, « La négociation collective en présence d'un DS », CLCE 2018, n° 185 – J. Icard, « Négociation collective et petite entreprise », *Cah. soc.* 2018, n° 309 – H.-J. Legrand, « Négociation collective et petites entreprises : le Conseil constitutionnel valide les faux-semblants des ordonnances », *SSL* 2018, n° 1809, p. 4 – P.-H. Antonmattei, D. Chenu, J.-J. Jarry, M. Morand, C. Neau-Leduc, « Réforme du code du travail, analyse des nouvelles règles de la négociation collective », *RJS* 2017. 867 – F.-I. Canut, « La négociation collective dans les entreprises dépourvues de délégués syndicaux », *Dr. soc.* 2017. 1033 – B. Gauriau, « Vers une simplification des seuils d'effectifs en droit du travail ? », *JCP* 2019. 1185.

Contribution. A. Chatriot, « La représentativité des acteurs syndicaux dans l'œuvre de Pierre Rosanvallon », *in* Sarah Al-Matary, Florent Guénard (dir.), *La Démocratie à l'œuvre. Autour de Pierre Rosanvallon*, Paris, Le Seuil, 2015, p. 127-141.

SECTION 1
ÉVOLUTION DE LA NOTION D'ACCORD COLLECTIF DE DROIT COMMUN

131.11 Évolution des règles de validité des accords. Cette évolution peut se traduire par quatre étapes majeures :

– Avant 1971, les accords collectifs étaient des actes purement contractuels. Ils n'engageaient que ceux qui les avaient signés, et leurs adhérents, et par conséquent ne nécessitaient aucune condition de représentativité.

– La loi du 13 juillet 1971[1] a conduit à donner aux accords collectifs un effet *erga omnes* et a introduit en conséquence le concept de représentativité – essentiellement lié au nombre d'adhérents et, selon la jurisprudence[2] à l'influence. Pour éviter un contentieux récurrent, la loi Auroux du 13 novembre 1982[3] a instauré une présomption de représentativité au profit des organisations syndicales présentes en entreprise, affiliées à l'une des cinq confédérations reconnues représentatives sur le plan national et interprofessionnel, CGT, FO, CFTC, CFDT, CFE-CGC. Ces textes conditionnaient donc la validité d'un accord à sa signature par une organisation syndicale représentative au moins, mais cette condition suffisait. Un accord pouvait donc entrer en vigueur en ayant été signé par un syndicat affilié à une des cinq confédérations syndicales représentatives, sans autre vérification de la représentativité de cette organisation dans le champ particulier de l'accord. Cette souplesse se justifiait par le fait que les accords collectifs ne pouvaient qu'être plus favorables que la loi. Par conséquent, leur signature ne pouvait pas nuire aux salariés.

– La réforme de 2004[4], qui a, pour la première fois, introduit la possibilité pour un accord collectif de déroger à une règle légale, y compris dans un sens moins favorable, rendait indispensable une réforme du système de représentativité et de légitimation des accords. Cette réforme est intervenue avec la loi du 20 août 2008, qui a instauré un véritable examen de représentativité en fonction du périmètre de l'accord, et parallèlement, conditionné la validité des accords à « leur signature par une ou plusieurs organisations syndicales de salariés représentatives ayant recueilli au moins 30 % des suffrages exprimés au premier tour des dernières élections des titulaires au comité d'entreprise ou de la délégation unique du personnel ou, à défaut, des délégués du personnel quel que soit le nombre de votants. » La loi de 2008 a également prévu la possibilité d'une opposition à l'accord ainsi

1. L. n° 71-561, 13 juill. 1971 modifiant certaines dispositions du Chapitre IV *bis* du Titre II du Livre I du code du travail relatives aux conventions collectives de travail, ainsi que certaines dispositions du Titre II de la loi n° 50-205 du 11 févr. 1950 relatives à la procédure de médiation *JO* 14 juill., p. 6939.
2. G. Loiseau, P. Lokiec, L. Pecaut-Rivolier et P.-Y. Verkindt, *Droit de la représentation du personnel*, « Dalloz Action », 2018, n° 011.42.
3. L. n° 82-957, 13 nov. 1982 relative à la négociation collective et au règlement des conflits collectifs du travail, *JO* 14 nov. 1982, p. 3414.
4. L. n° 2004-391, 4 mai 2004 relative à la formation professionnelle tout au long de la vie et au dialogue social, *JO* 5 mai, p. 7983.

signé par des organisations syndicales représentant la majorité des suffrages exprimés.

– Depuis la loi du 8 août 2016[1], le rôle de l'accord collectif s'est encore accru, avec l'effacement de l'ordre public social au profit d'un droit négocié de proximité. Cette nouvelle approche, largement accentuée par les ordonnances du 22 septembre 2017, a rendu nécessaire de franchir une dernière marche de légitimation des accords collectifs, en en conditionnant la validité à leur signature par les organisations syndicales représentant plus de 50 % des suffrages exprimés.

131.12 Entrée en vigueur de la nouvelle condition de majorité. Elle s'applique à compter du 1er janvier 2017 aux accords collectifs qui portent sur la durée du travail, les repos et les congés, et depuis le 1er mai 2018 aux autres accords.

SECTION 2
CALCUL DE LA CONDITION DE MAJORITÉ

131.21 Calcul de la condition de majorité. Aux termes de l'article L. 2232-12 du code du travail, un accord d'entreprise ou d'établissement doit, pour être valable, être signé par, d'une part, l'employeur ou son représentant, et d'autre part, une ou plusieurs organisations syndicales de salariés représentatives ayant recueilli plus de 50 % des suffrages exprimés au premier tour des dernières élections des titulaires au comité social et économique, quel que soit le nombre de votants.

S'agissant des organisations syndicales, le taux de 50 % ne s'évalue donc pas sur la totalité des suffrages exprimés aux dernières élections, alors que tel était le cas, précédemment, lorsque la validité des accords était soumise au pourcentage de 30 % des suffrages. Il faut en effet désormais examiner le poids respectif des organisations syndicales représentatives signataires en ramenant les suffrages exprimés lors du premier tour des élections des titulaires au CSE au total des suffrages exprimés exclusivement en faveur des organisations représentatives. La base de calcul des suffrages permettant d'établir la représentation syndicale, qui se fait, conformément à l'article L. 2122-1 du code du travail, au regard du total des suffrages exprimés aux dernières élections des titulaires est donc différente de celle permettant le calcul de la majorité nécessaire à la validité de l'accord. Les suffrages pris en compte sont ceux du premier tour des élections des titulaires au CSE, peu important qu'il n'y ait pas eu de *quorum* au premier tour, et qu'un second tour ait dû être organisé[2]. Conformément à ce que jugeait la Cour de cassation antérieurement, la majorité nécessaire à la signature de l'accord valide suppose au moins 50 % des voix plus une[3].

131.22 Fin du droit d'opposition. Avec le passage à l'accord majoritaire, le droit d'opposition, créé au profit des syndicats majoritaires pour s'opposer à un accord minoritaire, n'a plus de raison d'être. Les accords ne sont donc plus susceptibles d'opposition.

1. L. n° 2016-1088, 8 août 2016, relative au travail, à la modernisation du dialogue social et à la sécurisation des parcours professionnels, *JO* 9 août, n° 3.

2. La précision selon laquelle le calcul des suffrages se fait à partir des résultats du premier tour, quel que soit le nombre de votants, a été introduite par le législateur pour mettre fin à une jurisprudence qui refusait de tenir compte des résultats du premier tour lorsque le *quorum* n'avait pas été atteint : Soc. 20 déc. 2006, n° 05-60.345, P V, n° 399, *Syndicat CGT Adecco c/Adecco travail temporaire (Sté), D.* 2007. 1180, obs. J. Cortot, note A. Vivant et R. Chiss ; *Dr. soc.* 2007. 453, note P.-Y. Verkindt ; *Dr. soc.* 2007. 459, chron. P.-H. Antonmattei ; *RDT* 2007. 328, obs. M. Grévy ; *JCP S* 2007. 1588, note J.-Y. Kerbourc'h.

3. Soc. 10 juill. 2013, nos 12-16.210, 12-21.180, P V, n° 188 ; *D.* 2013. 1840 ; *D.* 2013. 2599, obs. P. Lokiec et J. Porta ; *JCP* 2013. Actu 912, note G. Dedessus-Le-Moustier ; *RJS*, n° 10/2013, n° 703, p. 624 ; *RDT* 2013. Chron. 622, note I. Odoul-Asorey ; *JSL* 2013, n° 351-6 ; *JCP S* 2013. 1468, obs. Y. Pagnerre – POUR un exemple de calcul, v. ss n° 811.11.

CHAPITRE

132. Accord non majoritaire

SECTION 0
ORIENTEUR

132.00 Sommaire du chapitre.

Division. En même temps qu'il renforçait la condition de majorité des accords, le législateur a mis en place des mécanismes permettant de rendre malgré tout possible l'entrée en vigueur d'un accord non majoritaire (§ 1). Pour cela, il a eu recours à des mécanismes visant à suppléer l'absence de signature de syndicats représentatifs (§ 2). Ces mécanismes sont une entorse à la tradition représentative de la négociation collective, puisqu'ils aboutissent à faire valider par les salariés directement un accord qui n'a pas obtenu la majorité des signatures des syndicats représentatifs (§ 3).

132.01 Textes applicables.

- **C. trav.,** art. L. 2232-12 [Validité d'un accord non majoritaire]

132.02 Jurisprudence de référence.

- **Soc. 9 oct. 2019,** n° 19-10.816, P

Vu l'article L. 2232-12 du code du travail ;

Attendu que, selon ce texte, dans les établissements pourvus d'un ou plusieurs délégués syndicaux, participent à la consultation les salariés des établissements couverts par l'accord et électeurs au sens de l'article L. 2314-18 issu de l'ordonnance n° 2017-1386 du 22 septembre 2017 ; qu'il en résulte que doivent être consultés l'ensemble des salariés de l'établissement qui remplissent les conditions pour être électeurs dans l'entreprise sans préjudice de l'application, le cas échéant, des dispositions de l'article L. 2232-13 du même code.

132.03 Bibliographie indicative.

Article. Nicolas Moizard, « Le périmètre des salariés consultés sur les accords minoritaires : salariés "ouverts" ou seulement ceux "concernés" par l'accord ? », *SSL* n° 1802, 12 févr. 2018 – Hugues Ciray, « Précisions sur la procédure de consultation des salariés en cas d'accord minoritaire », *D. actu.* 5 nov. 2019.

SECTION 1
ACCORD NON MAJORITAIRE SUSCEPTIBLE DE VALIDATION

132.11 Absence d'accord, ou accord n'ayant pas obtenu plus de 30 % des suffrages exprimés en faveur des organisations syndicales représentatives. Si l'accord ne revêt pas la signature d'organisations syndicales représentatives représentant au moins 30 % des suffrages exprimés au profit des organisations syndicales représentatives, il s'assimile à une absence d'accord[1].

132.12 Accord signé à plus de 30 % des suffrages : la possibilité de compléter par référendum. En même temps que la loi du 8 août 2016 a renforcé l'exigence majoritaire de l'accord, elle a prévu une possibilité de validation des accords qui, sans avoir obtenu des signatures représentant plus de 50 % des suffrages, ont malgré tout été signés par des syndicats représentant 30 % des suffrages exprimés, avec un recours possible au référendum directement auprès des salariés. La solution se veut ainsi un compromis entre le respect de la priorité syndicale à la négociation, qui s'est exprimée par une signature à au moins 30 %, et la volonté de parvenir à des accords d'entreprise. Le Conseil Constitutionnel, dans sa décision du 20 octobre 2017[2], puis le Conseil d'État, saisi par voie de question prioritaire de constitutionnalité de la contrariété de cette disposition aux principes de liberté syndicale et de participation à la détermination collective des conditions de travail[3], ont considéré

1. Sur le constat et les conséquences de l'absence d'accord, v. s[s] n° 311.171.
2. Cons.const., 20 oct. 2017, n° 2017-664 QPC, *Confédération générale du travail – Force ouvrière, conditions d'organisation de la consultation des salariés sur un accord minoritaire d'entreprise ou d'établissement*, NON-CONFORMITÉ PARTIELLE, *JO* 22 oct., n° 33 ; *D.* 2017. 2103 ; *Dr. soc.* 2018. 196, ét. V. Bernaud ; *Constitutions* 2017. 646, Décision.
3. CE 7 déc. 2017, n° 406760, *Lebon*.

que le recours au vote des salariés pour valider un accord déjà conclu ne violait aucun de ces principes.

132.13 Condition de base : la signature de l'accord par des syndicats représentant plus de 30 % des suffrages exprimés en faveur d'organisations représentatives au premier tour des élections. La validation d'un accord collectif par référendum, dès lors que l'entreprise emploie plus de onze ou vingt et un salariés [1], n'est possible que si l'accord a recueilli la signature de certaines organisations syndicales représentatives, qui représentent au moins 30 % des suffrages exprimés en faveur des organisations syndicales représentatives. On peut noter à cet égard que le mode de calcul des 30 % est le même que celui relatif aux 50 % [2], c'est-à-dire sur la base des voix exprimées en la seule faveur des organisations syndicales représentatives, et qu'il est donc différent du calcul permettant, avant la loi du 8 août 2016, une validation des accords signés par des syndicats représentant 30 % des suffrages exprimés en général.

132.14 Initiative du recours au référendum. La loi du 8 août 2016 avait cantonné l'initiative du recours au référendum aux organisations syndicales signataires seules. Ce qui permettait de leur laisser la main aux organisations syndicales sur leur choix de rechercher l'accord des salariés eux-mêmes. L'ordonnance du 22 septembre 2017 [3] a ouvert cette initiative également à l'employeur, certes à titre subsidiaire, c'est-à-dire seulement si les organisations syndicales signataires n'ont pas pris elles-mêmes l'initiative et qu'elles ne s'y opposent pas à l'unanimité, mais malgré tout l'initiative est désormais partagée.

Pour demander le recours au référendum, les organisations syndicales doivent être à la fois signataires de l'accord, et représenter plus de 30 % des suffrages. Sur ce point, l'article L. 2232-12 ne précise pas la base de calcul de ces 30 %. Mais il paraît aller de soi qu'il s'agit de la même base que pour le calcul des 30 % permettant de recourir au référendum, c'est-à-dire 30 % des suffrages exprimés au profit des organisations syndicales représentatives lors des dernières élections des membres titulaires du CSE.

SECTION 2
ORGANISATION DU RÉFÉRENDUM

132.21 Procédure de recours au référendum. Dans le délai d'un mois à compter de la signature de l'accord, les organisations syndicales signataires, représentant au moins 30 % des suffrages, indiquent à l'employeur qu'elles souhaitent une consultation des salariés visant à valider l'accord. Les organisations syndicales doivent formaliser leur demande par écrit et la notifier à l'employeur et aux autres organisations syndicales représentatives dans le délai d'un mois à compter de la signature de l'accord [4]. Le défaut de notification aux autres organisations syndicales représentatives n'invalide pas la demande puisque la notification a seulement pour finalité de faire courir les délais de huit jours pour compléter les signatures de l'accord. L'employeur peut suppléer à la carence des organisations syndicales à l'origine de la demande en donnant lui-même l'information sur cette demande aux organisations syndicales représentatives [5].

Au terme du délai d'un mois, si les organisations syndicales n'ont pas formulé cette demande, l'employeur peut prendre l'initiative du recours au référendum. Les organisations syndicales signataires peuvent s'y opposer, mais cette opposition doit être unanime pour empêcher l'action de l'employeur.

L'initiative prise par les organisations syndicales ou par l'employeur ouvre un nouveau délai de huit jours pour permettre aux organisations syndicales représentatives non signataires, si elles le souhaitent, de signer à leur tour l'accord. Il s'agit en quelque sorte d'une seconde chance pour parvenir à la majorité des 50 % et éviter le recours au référendum. Ce délai, ouvert aux nouvelles signatures, permet-il également aux anciens signataires de se rétracter, faisant ainsi passer l'accord à moins de 30 %, et le rendant définitivement invalide, sans référendum possible ? Ce serait ainsi une sorte de droit de veto ouvert aux organisations syndicales représentatives signataires. Les textes ne le précisent pas ; la jurisprudence devra se prononcer.

Quoi qu'il en soit, et sous cette réserve, à l'issue de ce nouveau délai de huit jours, si la majorité des signatures n'est toujours pas acquise, l'employeur peut organiser la consultation. Il a deux mois pour le faire. Au-delà, il n'y a plus de consultation possible, et donc pas d'accord.

La question qui peut se poser est de savoir si l'employeur, qui ne souhaite pas recourir à la consultation qui serait demandée par les organisations syndicales, peut s'y opposer en n'organisant pas le référendum. Une telle attitude serait déloyale, pour le moins. Mais en tout état de cause, l'employeur – comme les organisations syndicales d'ailleurs – peuvent bloquer le processus à l'étape suivante, celle de la signature de l'accord préélectoral pour organiser le référendum.

1. Sur l'accord TPE, v. s^s n° 134.11.
2. V. s^s n° 131.21.
3. Ord. n° 2017-1386, 22 sept. 2017 relative à la nouvelle organisation du dialogue social et économique dans l'entreprise et favorisant l'exercice et la valorisation des responsabilités syndicales, *JO* 23 sept., n° 31.
4. C. trav., art. D. 2232-6.
5. Soc. 9 oct. 2019, n° 19-10.816, P+B ; *Dr. soc.* 2020. 96, obs. F. Petit ; *D. actu.* 5 oct. 2019, obs. H. Ciray ; *RJS* 12/2019, n° 713.

132.22 Organisation matérielle du référendum. L'organisation du référendum doit faire l'objet d'un protocole préélectoral négocié entre l'employeur et les organisations syndicales représentatives dans l'établissement ou l'entreprise, et il doit, pour être valide, être signé par une ou plusieurs organisations syndicales représentatives ayant recueilli plus de 30 % des suffrages exprimés en faveur d'organisations représentatives au premier tour des élections des titulaires au CSE.

Seules les organisations syndicales représentatives participent ainsi à la négociation du protocole préélectoral - ce qui en fait un type d'accord différent de l'accord préélectoral de droit commun -, ce qui se comprend puisqu'il s'agit, non pas d'élire des représentants, mais de parvenir à un accord collectif. En revanche, toutes les organisations syndicales représentatives doivent être invitées à la négociation du protocole préélectoral, le Conseil Constitutionnel ayant, dans sa décision du 20 octobre 2017[1], censuré le texte initial issu de la loi du 8 août 2016 qui limitait la participation à la négociation du protocole préélectoral aux organisations syndicales représentatives signataires de l'accord.

Cette invalidation de la disposition législative de 2016 sème un certain trouble dans l'ordonnancement des textes applicables. En effet, le Conseil d'État, dans une décision du 7 décembre 2017[2], a censuré les dispositions réglementaires prises en application de la loi du 8 décembre 2016, en ce qu'elles se référaient à un protocole préélectoral invalidé par le conseil constitutionnel. Le Conseil d'État n'a cependant annulé que les dispositions du décret du 20 décembre 2016 qui se référaient au protocole préélectoral[3].

Les dispositions des articles D. 2232-6 et D. 2232-7, qui précisaient le régime du protocole préélectoral et de sa contestation, telles qu'amputées par la décision du Conseil d'État susvisée, n'ont pas été depuis lors modifiées.

À ce jour, la situation juridique est donc la suivante : la négociation d'un protocole préélectoral est à nouveau obligatoire, depuis que par ordonnance n° 1385-2017 du 22 septembre 2017, il a été de nouveau prévu que les modalités de la consultation devaient faire l'objet d'un accord, mais cette fois avec toutes les organisations syndicales représentatives. En revanche, les dispositions réglementaires qui organisaient les conditions de cette négociation préélectorale et le contenu de celle-ci n'existent plus, les articles D. 2232-2 et suite ne visant plus que la décision unilatérale de l'employeur, pourtant normalement subsidiaire.

On peut raisonner de la manière suivante :

- dans un premier temps, la tentative de négociation d'un protocole préélectoral avec les organisations syndicales représentatives dans le périmètre de l'accord (établissement ou entreprise) semble être un préalable obligatoire, puisqu'il y est fait référence à l'article L. 2232-12, al. 4 dans sa rédaction issue de l'ordonnance n° 1385-2017 du 22 septembre 2017. Son contenu devrait être celui qui avait été prévu par les anciennes dispositions réglementaires, annulées pour d'autres raisons :

• Les modalités d'informations des salariés sur le texte de l'accord.

• Le lieu, la date et l'heure du scrutin.

• Les modalités d'organisation de déroulement du vote.

• Le texte de la question soumise au vote des salariés.

• La liste des salariés des établissements couverts par l'accord.

- en cas d'échec, si le protocole ne recueille pas la signature des organisations syndicales représentatives représentant plus de 30 % des suffrages exprimés, l'employeur détermine seul les modalités d'organisation de la consultation ;

- en cas de désaccord sur les modalités retenues par l'employeur, le tribunal judiciaire peut être saisi par les organisations syndicales représentatives dans un délai de huit jours à compter de la notification par l'employeur des modalités d'organisation du scrutin[4]. Il statue en la forme des référés et en dernier ressort.

Il n'est plus prévu de dispositif spécifique sur l'information donnée aux salariés concernant le protocole préélectoral signé, ou sa contestation éventuelle. Cependant, il résulte de l'article R. 221-28-1 du code de l'organisation judiciaire, dans sa rédaction issue du décret du 26 décembre 2017[5], qu'en cas de contestation relative « aux modalités d'organisation, à la liste des salariés devant être consultés et à la régularité des procédures de consultation sur les accords d'entreprise prévues par les articles L. 2232-12 [...] », le tribunal d'instance - aujourd'hui le tribunal judiciaire - a compétence pour statuer.

1. Cons.const., 20 oct. 2017, n° 2017-664, préc.
2. CE 7 déc. 2017, n° 406760, préc.
3. CE 7 déc. 2017, n° 406760, préc. : « Le décret du 20 décembre 2016 relatif aux modalités d'approbation par consultation des salariés de certains accords d'entreprise est annulé en tant qu'il introduit dans le code du travail la troisième phrase du 1° de l'article D. 2232-2, l'article D. 2232-3, les II et III de l'article D. 2232-6, l'article D. 2232-7 et, à l'article D. 2232-9, les mots : "par le ou les représentants élus du personnel mandatés ou le ou les salariés mandatés" ».
4. C. trav., art. D. 2232-7.
5. Décr. n° 2017-1767, 26 déc. 2017 relatif aux modalités d'approbation des accords dans les très petites entreprises, *JO* 28 déc., n° 56.

132.23 Conditions du vote. Que ses conditions soient déterminées par protocole ou par décision unilatérale, le référendum doit faire l'objet d'un véritable vote, soumis aux principes généraux du droit électoral, c'est-à-dire ceux que la jurisprudence a estimés applicables aux élections professionnelles dans ses arrêts traditionnels[1]. Cela suppose concrètement d'assurer la liberté et la confidentialité du vote, même si la forme du vote lui-même reste libre.

Aux termes de l'article D. 2232-2 du code du travail, la consultation doit avoir lieu pendant le temps de travail, au scrutin secret sous enveloppe ou par voie électronique. Son organisation matérielle incombe à l'employeur.

Il est probable que la jurisprudence admettra, comme elle le faisait par exemple pour les élections des membres du CHSCT, une certaine souplesse dans l'organisation matérielle du vote (pas nécessairement d'isoloirs, d'urnes...) à la condition que les conditions déterminées par le protocole préélectoral garantissent l'absence de toute pression (de l'employeur comme des organisations syndicales), la confidentialité et la sincérité du vote et respectent les principes reconnus d'ordre public électoral. C'est ainsi que la chambre sociale, rappelant que le droit d'exprimer un vote blanc ou nul est un principe général du droit électoral, a considéré que le fait pour le protocole préélectoral d'organiser le référendum sans prévoir cette faculté n'était pas un obstacle à la « liberté fondamentale » de tout électeur de voter de cette manière[2].

Le législateur a expressément précisé que le vote pouvait se faire de manière électronique, ce qui suppose là encore que le dispositif choisi respecte les règles de sécurité et sincérité du vote.

L'employeur doit présenter au vote des salariés le texte de l'accord, il ne peut ni le modifier, ni en présenter seulement une partie. Il n'a aucune marge de manœuvre à cet égard[3]. Les salariés sont informés, quinze jours au moins avant la date prévue du scrutin, de l'heure et de la date de celui-ci, du contenu de l'accord et du texte de la question soumise à leur vote.

132.24 Collège des votants. Selon l'article L. 2232-12, al. 5 du code du travail, participent à la consultation « les salariés des établissements couverts par l'accord et électeurs [...] ».

Saisie de la question de savoir si tous les salariés de l'établissement devaient être consultés, ou seulement ceux concernés par l'accord, la chambre sociale a considéré que le référendum devait être effectué auprès de tous les salariés de l'établissement, remplissant les conditions d'électorat au sens de l'article L. 2314-18 du code du travail, peu importe qu'ils ne soient pas directement concernés par l'accord[4].

Il n'en est autrement que lorsqu'il s'agit d'un accord catégoriel[5] concernant une catégorie de salariés relevant d'un collège électoral déterminé, auquel cas la consultation est organisée uniquement auprès des salariés relevant de ce collège[6].

132.25 Résultats du référendum. Si l'accord est approuvé par les salariés à la majorité des suffrages exprimés, il est réputé valide. Si au contraire, il n'y a pas, en faveur de l'accord, une majorité de suffrages, l'accord est réputé non écrit, c'est-à-dire qu'il n'y a pas d'accord.

À noter que le référendum n'est soumis à aucune condition de *quorum*.

Le résultat du vote doit être consigné dans un procès-verbal, lequel doit être porté à la connaissance des salariés par l'employeur par tout moyen. S'il permet de valider l'accord, le procès-verbal doit être annexé à l'accord approuvé lors du dépôt de ce dernier.

SECTION 3
CONSÉQUENCES DU RÉFÉRENDUM

132.31 Contestations. Les contestations sur l'électorat ou sur la régularité de la consultation sont, comme celles relatives à la détermination des modalités de son organisation, de la compétence du tribunal judiciaire[7].

Le contentieux doit être formé dans les quinze jours du déroulement de la consultation. S'il est introduit dans ce délai, il est recevable même si l'accord a commencé à être appliqué, et même si, par ailleurs, l'accord fait lui-même l'objet d'un contentieux sur le fond[8].

Le tribunal statue en dernier ressort, dans les mêmes conditions et délais que ceux prévus pour les contentieux des élections professionnelles[9].

1. Sur ce point : G. Loiseau, P. Lokiec, L. Pecaut-Rivolier et P.-Y. Verkindt, *Droit de la représentation du personnel*, « Dalloz Action », 2018, n° 373.73.
2. Soc. 15 juin 2022, n° 21-60.107, P ; *D.* 2022. 1211 ; *Dr. soc.* 2022. 1051, obs. F. Petit.
3. EN CE SENS : les conclusions du rapporteur public, Ch. Touboul, sur : CE 7 déc. 2017, n° 406760, préc.
4. Soc. 9 oct. 2019, n° 19-10.816, préc. – Soc. 5 janv. 2022, n° 20-60.270, P (salariés en CDD) ; *Dr. soc.* 2022. 281, obs. F. Petit.
5. Sur la particularité des accords catégoriels, v. s^s n° 135.11.
6. C. trav., art. L. 2232-13, al. 3.
7. C. trav., art. R. 2232-5.
8. Soc. 5 janv. 2022, n° 20-60.270, P ; *Dr. soc.* 2022. 281, obs. F. Petit.
9. C. trav., art. R. 2314-24 ; – G. Loiseau, P. Lokiec, L. Pecaut-Rivolier et P.-Y. Verkindt, *Droit de la représentation du personnel*, préc., n° 373.31.

CHAPITRE

133. Accord signé par des salariés mandatés ou membres du CSE (entreprises de onze salariés et plus)

SECTION 0 ORIENTEUR

133.00 Sommaire du chapitre.

133.01 Textes applicables.

• **C. trav.,** art. L. 2232-23-1 [Validité d'un accord dérogatoire]

133.03 Bibliographie indicative.

Article. B. Teyssié, « Négociation d'accords collectifs par des représentants du personnel ou des salariés mandatés ». *D.* 2004, chron. 2383.

SECTION UNIQUE MODALITÉS DE L'ACCORD

133.11 Entreprises dépourvues de délégués syndicaux. Lorsqu'au sein d'une entreprise de onze salariés et plus[1], il n'y a pas de délégués syndicaux, la loi prévoit un système de négociation avec d'autres acteurs, que sont, soit les salariés mandatés par une organisation syndicale, soit les membres élus du CSE. Cette possibilité dérogatoire de négociation, qui existe depuis 1982, a été grandement aménagée par les ordonnances du 22 septembre 2017. Les effectifs de l'entreprise se calculent conformément aux règles de droit commun, c'est-à-dire par référence aux articles L. 1111-2 et L. 1251-54 du code du travail[2]. Il n'y a donc pas de condition de période particulière. On la qualifie généralement de « négociation substitutive »[3].

133.12 Rappel historique. Dès la loi de 1982, des dispositifs ont été initiés pour permettre une négociation collective dans les entreprises dépourvues de délégués syndicaux. La loi du 28 octobre 1982[4] a ainsi autorisé les syndicats à conférer aux délégués du personnel la qualité de délégué syndical. Cette possibilité étant insuffisante, les syndicats ont créé le concept de mandatement syndical, conférant à un salarié la mission de négocier pour le compte d'un syndicat, concept que la jurisprudence a considéré comme valable, avant que la loi elle-même ne l'inscrive dans les textes à partir de la loi du 12 novembre 1996[5], mais surtout, dans le cadre de la mise en œuvre des 35 heures, qui nécessitait que puissent

1. S'agissant des moins de onze, v. s[s] n° 134.11.

2. C. trav., art. L. 2232-29-2.
3. Ch. Mariano, *La négociation substitutive d'entreprise*, th. Montpellier, 2018.
4. L. n° 82-915, 28 oct. 1982 relative au développement des institutions représentatives du personnel, *JO* 29 oct., p. 3255.
5. L. n° 96-985, 12 nov. 1996 relative à l'information et à la consultation des salariés dans les entreprises et les groupes d'entreprises de dimension communautaire, ainsi qu'au développement de la négociation collective, *JO* 13 nov., p. 16527.

être signés des accords par le plus d'entreprises possible, par les lois du 13 juin 1998 [1] et du 19 janvier 2000 [2]. À compter de la loi du 4 mai 2004 [3], la difficulté à trouver des salariés acceptant ponctuellement des mandats de représentation syndicale pour des négociations souvent complexes, a conduit le législateur à prévoir et à favoriser, en l'absence de délégués syndicaux dans l'entreprise, la négociation avec des élus, tout en mettant en œuvre une différence de régime, selon que l'accord était signé par un élu non mandaté ou un élu mandaté.

Depuis l'ordonnance du 22 septembre 2017 [4], il existe plusieurs systèmes et plusieurs régimes de négociation des accords collectifs en l'absence de délégués syndicaux dans l'entreprise, en fonction notamment des effectifs de celle-ci.

133.13 Entreprises dont l'effectif habituel est compris entre onze et cinquante salariés, sans délégué syndical. Il existe deux régimes différents :

– Dans les entreprises dont l'effectif est compris entre onze et vingt salariés, s'il n'y a pas d'élus au comité social et économique, l'employeur peut recourir à la procédure d'accord spécifiquement prévue pour les entreprises de moins de onze salariés [5].

– Dans les entreprises dont l'effectif est au moins de vingt et un salariés, ou qui, occupant moins de vingt et un salariés, ont des élus du comité social et économique, l'employeur a le choix, pour mener une négociation, entre les interlocuteurs suivants :

• soit un ou plusieurs salariés expressément mandatés par une ou plusieurs organisations syndicales représentatives dans la branche ou, à défaut par une ou plusieurs organisations syndicales représentatives au niveau national et interprofessionnel, peu important que le salarié mandaté soit ou non, par ailleurs, un élu ;

• soit un ou des membres titulaires de la délégation du personnel du comité social et économique.

Il s'agit ici d'une véritable option offerte à l'employeur, sans priorisation. La loi ne prévoit pas de ce fait d'obligation pour l'employeur d'informer les organisations syndicales de la branche de ce qu'il souhaite ouvrir des négociations. Si l'employeur souhaite négocier avec des salariés mandatés, élus ou non, il lui appartient d'aviser par tout moyen les organisations syndicales représentatives au niveau de la branche, ou, à défaut, au niveau national, de son souhait, des thèmes de négociation, et du calendrier prévisionnel.

Le processus de validation de l'accord est différent selon le choix effectué par l'employeur.

Lorsque l'accord a été négocié avec un ou plusieurs salariés mandatés, non élus, il doit ensuite être soumis à l'approbation de l'ensemble des salariés de l'entreprise, et être approuvé à la majorité des suffrages exprimés, selon un processus de référendum [6].

Lorsque l'employeur négocie avec un ou des élus, mandatés ou non, l'accord doit, pour être valide, être ensuite signé par les membres du comité social et économique représentant la majorité des suffrages exprimés en faveur des membres du comité social et économique lors des dernières élections professionnelles.

Aux termes de l'article L. 2223-23-1 dans sa rédaction issue de la loi du 29 mars 2018 [7], lorsque les élus qui négocient et qui approuvent l'accord sont membres du CSE d'entreprise, alors que l'accord n'est conclu que pour un ou plusieurs établissements, la majorité s'apprécie en tenant compte, pour chacun des membres titulaires de la délégation, d'un poids égal au rapport entre le nombre de suffrages exprimés dans l'établissement en faveur de ce membre et du nombre total des suffrages exprimés dans chaque établissement en faveur des membres titulaires composant ladite délégation.

133.14 Négociation dans les entreprises dont l'effectif habituel est au moins égal à cinquante salariés, dépourvues de délégués syndicaux. Dans les entreprises d'au moins cinquante salariés, la loi donne un ordre de priorité s'agissant des interlocuteurs auxquels l'employeur peut s'adresser pour négocier. L'employeur a, d'abord, l'obligation d'informer les organisations syndicales représentatives dans la branche, ou à défaut, au niveau national, de ce qu'il souhaite engager des négociations.

1) Si, recevant cette information, une ou plusieurs organisations syndicales mandatent un salarié élu titulaire au sein de l'entreprise pour conduire cette négociation, l'employeur doit négocier avec ce ou ces salariés mandatés élus. Ces négociateurs disposent ainsi de la double légitimité d'élus et de mandatés syndicaux et de ce fait, ils peuvent négocier sur tous les sujets ouverts à la négociation col-

1. L. n° 98-461, 13 juin 1998 d'orientation et d'incitation relative à la réduction du temps de travail, *JO* 14 juin, p. 9029.
2. L. n° 2000-37, 19 janv. 2000 relative à la réduction négociée du temps de travail, *JO* 20 janv.
3. L. n° 2004-391, 4 mai 2004 relative à la formation professionnelle tout au long de la vie et au dialogue social, *JO* 5 mai, p. 7983.
4. Ord. n° 2017-1385, 22 sept. 2017 relative au renforcement de la négociation collective, *JO* 23 sept., n° 29.
5. C. trav., art. L. 2232-23 ; – V. ss nos 134.11 s.
6. Sur ce processus, v. ss nos 132.11 s.
7. L. n° 2018-217, 29 mars 2018 ratifiant diverses ordonnances prises sur le fondement de la loi n° 2017-1340 du 15 septembre 2017 d'habilitation à prendre par ordonnances les mesures pour le renforcement du dialogue social, *JO* 31 mars, n° 1.

lective. Dans la mesure où ils ne représentent cependant pas un syndicat représentatif au sein de l'entreprise, l'accord ainsi négocié doit être soumis à la consultation des salariés et approuvé par la majorité d'entre eux[1].

2) En l'absence de mandatement d'un salarié élu par une organisation syndicale, l'employeur pourra négocier avec les membres titulaires élus du CSE. Il doit alors informer les membres de la délégation du personnel du CSE de son souhait de négocier par tout moyen permettant de donner une date certaine à cette information. Les élus qui souhaitent négocier ont un délai d'un mois pour se faire connaître. S'ils obtiennent à ce moment-là un mandatement de leur organisation syndicale, ils deviennent les interlocuteurs prioritaires de l'employeur comme indiqué ci-dessus. À défaut, l'employeur peut négocier avec les élus non mandatés qui auront fait connaître leur intention de participer à la négociation dans le délai d'un mois précité.

Cette négociation, cependant, ne pourra porter que sur les accords collectifs relatifs à des mesures dont la mise en œuvre est subordonnée par la loi à un accord collectif, à l'exception des accords liés à un licenciement économique collectif.

La validité des accords ainsi négociés est subordonnée à leur signature par des membres de la délégation du personnel au CSE représentant la majorité des suffrages exprimés en faveur des membres de ce comité lors des dernières élections. Si l'accord est négocié et conclu avec des membres du CSE d'entreprise alors qu'il ne concerne qu'un ou plusieurs établissements, la majorité se calcule en tenant compte, pour chacun des membres titulaires de la délégation, d'un poids égal au rapport entre le nombre de suffrages exprimés dans l'établissement en faveur de ce membre et du nombre total des suffrages exprimés dans chaque établissement en faveur des membres titulaires composant ladite délégation.

3) Lorsqu'aucun élu, mandaté ou non, n'a fait savoir qu'il souhaitait participer à la négociation dans les conditions ci-dessus, ou lorsqu'il n'y a pas d'élus à la suite d'un procès-verbal de carence aux élections professionnelles, l'employeur peut négocier avec des salariés non élus, mandatés par les organisations syndicales représentatives au niveau de la branche, ou, à défaut, au niveau national qui auront été informé du projet de négociation par l'employeur. Dans ce cadre, la négociation peut porter sur tous les sujets ouverts à la négociation collective. L'accord conclu devra cependant être soumis à consultation des salariés et approuvé à la majorité des suffrages exprimés[2].

1. Sur cette consultation, v. s^s n° 133.16.
2. Sur la consultation, v. s^s n° 133.16.

133.15 Conditions de négociation avec des salariés mandatés et ou élus. Les articles L. 2232-27 à L. 2232-29 du code du travail précisent un certain nombre d'éléments concernant les conditions de négociation avec les salariés mandatés ou élus. Ainsi :

– Les salariés mandatés comme les salariés élus doivent disposer, pour l'exercice de leur mission spécifique de négociation, du temps nécessaire à l'exercice de leurs fonctions dans les limites d'une durée qui, sauf circonstances exceptionnelles, ne peut dépasser dix heures par mois. Ces heures ne s'imputent pas sur le crédit d'heures dont disposent par ailleurs les membres du CSE pour leurs missions au sein de l'institution représentative du personnel.

Ce temps constitue des heures de délégation de plein droit considérées comme temps de travail et payées à l'échéance normale[3].

– Les salariés mandatés (comme d'ailleurs les candidats aux fonctions électives) ne peuvent pas être, en raison des pouvoirs qu'ils détiennent, assimilés à l'employeur[4].

– La négociation doit respecter un certain nombre de règles énumérées à l'article L. 2232-29 du code du travail :

• indépendance des négociateurs vis-à-vis de l'employeur ;

• élaboration conjointe du projet d'accord par les négociateurs, ce qui concrètement exclut que le projet d'accord soit présenté en bloc par l'employeur à l'accord des négociateurs, comme dans les entreprises de moins de onze salariés ;

• concertation avec les salariés, ce qui, là encore, inclut une véritable négociation sur le contenu et le texte de l'accord.

– Les salariés sont expressément autorisés à prendre l'attache des organisations syndicales représentatives de la branche pour se faire éventuellement aider et orienter.

– La question de l'information, cruciale, doit être réglée par accord entre les salariés mandatés ou élus et l'employeur. Il s'agit donc ici d'une sorte d'accord de méthode obligatoire. On sait que la jurisprudence est extrêmement vigilante sur le droit à l'information dans le cadre d'une négociation collective, qu'elle assimile au respect d'une obligation de loyauté[5].

3. Sur le régime des heures de délégation : G. Loiseau, P. Lokiec, L. Pecaut-Rivolier et P.-Y. Verkindt, *Droit de la représentation du personnel*, préc., n°s 542.24 s.
4. Sur les salariés assimilés à l'employeur : G. Loiseau, P. Lokiec, L. Pecaut-Rivolier et P.-Y. Verkindt, *Droit de la représentation du personnel*, préc., n°s 341.61 s.
5. Soc. 9 oct. 2019, n° 19-10.780, P ; *D.* 2019. 1998 ; *JA* 2020, n° 612, p. 38, ét. M. Julien et J.-F. Paulin ; *JCP S* 2019. 1337, note B. Bossu ; *BJT* 11/2019, p. 32, obs. F. Bergeron-Canut ; *RJS* 12/2019, n° 712.

133.16 Consultation des salariés. Lorsqu'un accord est négocié et conclu avec des salariés mandatés, il doit donner lieu à une consultation des salariés et être validé à la majorité des suffrages exprimés. Cette consultation doit être effectuée dans un délai de deux mois à compter de la conclusion de l'accord [1]. Elle est régie par les articles D. 2232-2 et suivants et s'organise de la façon suivante :

– La consultation est organisée matériellement par l'employeur.

– Il existe quelques règles impératives : la consultation doit se faire sous forme de vote, au scrutin secret sous enveloppe, ou par voie électronique en respectant en ce cas les conditions du vote électronique telles que prévues par les articles R. 2324-5 à R. 2324-17 du code du travail [2]. Elle doit pouvoir se faire sur le temps de travail. Les conditions du vote doivent respecter les principes généraux du droit électoral, donc notamment ceux relatifs à la sincérité et la confidentialité du vote.

– Les modalités concrètes du scrutin (heure et lieu du vote, liste des électeurs, organisation et déroulement du vote, texte de la question soumise au vote des salariés), sont déterminées unilatéralement par l'employeur, mais après consultation des représentants élus ou mandatés. En cas de désaccord sur les modalités telles que retenues par l'employeur, le tribunal judiciaire peut être saisi dans un délai de huit jours à compter de l'information que l'employeur en a donné aux salariés. Le décret du 20 décembre 2016 [3] avait limité la possibilité de contestation devant le tribunal d'instance aux seuls salariés élus ou mandatés, mais le Conseil d'État a estimé que cette restriction instaurait « une différence de traitement qui ne repose ni sur une différence de situation ni sur un motif d'intérêt général en rapport direct avec l'objet du décret » et l'a en conséquence annulée [4]. La contestation des modalités d'organisation de la consultation peut donc être portée devant le tribunal judiciaire [5] par tout électeur intéressé.

– Les salariés doivent être informés au moins quinze jours avant la date prévue du scrutin de l'heure et de la date de celui-ci, du contenu de l'accord et du texte de la question qui leur sera soumise. Ils disposent ainsi d'un temps pour étudier le texte de l'accord. S'agissant de la question, il est requis de la part de l'employeur une neutralité totale sur la manière de la poser.

– Le résultat du vote fait l'objet d'un procès-verbal qui doit être porté à la connaissance des salariés par tout moyen (affichage, intranet de l'entreprise...). Il doit également être spécifiquement adressé aux organisations syndicales ayant mandaté les salariés qui ont négocié l'accord. Si l'accord est approuvé par les salariés à la majorité des suffrages exprimés, il devient un accord collectif valide.

133.17 Publication de l'accord. Comme tous les accords collectifs désormais [6], l'accord collectif ainsi négocié doit être déposé auprès de l'administration du travail pour être publié. Il doit être accompagné du procès-verbal de vote.

133.18 Force de l'accord. L'accord signé dans les conditions sus-indiquées a la même force, selon la loi, qu'un accord collectif de droit commun. Il en a d'ailleurs les mêmes caractéristiques, puisqu'il fait l'objet d'une négociation préalable, et que les syndicats sont associés au dispositif par le biais des salariés mandatés. La Cour de cassation a cependant semblé opérer une différence en considérant, s'agissant du choix de recourir au vote électronique pour les élections professionnelles, que si l'employeur devait, préalablement à toute décision unilatérale sur cette question, avoir tenté loyalement de négocier un accord, il n'était pas tenu en l'absence de délégués syndicaux dans l'entreprise d'avoir tenté une négociation substitutive [7]. Cet arrêt, dont tous les commentateurs soulignent qu'il est de bon sens, tant il aurait été impossible d'exiger de l'employeur en cours de préparation du scrutin qu'il franchisse toutes les étapes de la négociation substitutive, ouvre cependant de nouveaux champs de questions : la prééminence accordée à l'accord collectif sur la décision unilatérale est-elle, dans tous les cas, limitée à l'accord collectif de droit commun, ou bien cette limitation est-elle spécifique à la situation du vote électronique compte tenu des contraintes de délais ? Et au-delà, est-ce à dire que, plus largement, la jurisprudence ne confère pas exactement la même portée dans l'espace juridique aux accords de droit commun et aux accords substitutifs ?

1. C. trav., art. D. 2232-8.
2. SUR le vote électronique : G. Loiseau, P. Lokiec, L. Pecaut-Rivolier et P.-Y. Verkindt, *Droit de la représentation du personnel*, préc., n°s 353.41 s.
3. Décr. n° 2016-1797, 20 déc. 2016 relatif aux modalités d'approbation par consultation des salariés de certains accords d'entreprise, *JO* 22 déc., n° 45.
4. CE 7 déc. 2017, n° 406760, préc.
5. Devant le tribunal judiciaire depuis le 1er janvier 2020.
6. V. s^s^ n° 143.11.
7. Soc. 13 janv. 2021, n° 19-23.533, P+B, *BJT* 2021 ; *JCP S* 2021. 1037 ; *D. actu.* 2 févr. 2021 ; *SSL* 2021, n° 1941, p. 18 ; *JSL* 2021, n° 514, note L. Urbani-Schwartz.

CHAPITRE

134. Accord spécifique TPE

SECTION 0 ORIENTEUR

134.00 **Sommaire du chapitre.**

134.01 **Textes applicables.**

- **C. trav.**, art. L. 2232-21 [Projet d'accord et consultation]
- **C. trav.**, art. L. 2232-22 [Conditions de la consultation]
- **C. trav.**, art. L. 2232-22-1 [Révision et dénonciation de l'accord]
- **C. trav.**, art. L. 2232-23 et L. 2232.23-1 [Accord dans les entreprises entre 11 et 50 salariés]

134.03 **Bibliographie indicative.**

Articles. A. Teissier, « Validation de la négociation collective par référendum dans les TPE », *JCP S* 2019. 1151 – B. Beauduin « Négociation collective dans les entreprises de moins de 50 salariés », *Dr. soc.* 2018. 6882.

SECTION 1 CONDITIONS

134.11 **Accord au sein des entreprises de moins de onze salariés, une nouveauté introduite par l'ordonnance du 22 septembre 2017**[1]**.** Jusqu'en 2017, en l'absence de représentation du personnel au sein des entreprises de moins de onze salariés, il était impossible d'y envisager un accord collectif d'entreprise. Les entreprises de moins de 11 salariés ne pouvaient que bénéficier des dispositions des accords de branche. Or, un certain nombre de dispositifs sont désormais subordonnés à un accord d'entreprise en déterminant les contours. Il devenait peu acceptable que les deux millions d'entreprises de moins de onze salariés soient exclues de ces dispositifs. L'ordonnance de 2017 a donc créé un accord, proposé par l'employeur, et directement soumis à la consultation des salariés. Ce nouveau type d'accord, qui ne fait pas l'objet d'une négociation préalable avec les partenaires sociaux, a été reconnu valide par le Conseil constitutionnel[2] puis par le Conseil d'État[3].

134.12 **Procédure également ouverte dans les entreprises de onze à vingt salariés dépourvues de représentant élu.** La procédure d'approbation d'un projet d'accord élaboré par l'employeur directement par les salariés est également possible dans les entreprises de onze à vingt salariés, au sein desquelles il n'a pu être mis en place de représentation élue au CSE[4]. Dans ces entreprises, qui statistiquement sont souvent dépourvues de représentant, l'ordonnance de 2017 a aménagé l'obligation de mettre en place un CSE en prévoyant une procédure simplifiée de carence en l'absence de candidats déclarés[5]. Lorsqu'un

1. Ord. n° 2017-1385, 22 sept. 2017 relative au renforcement de la négociation collective, *JO* 23 sept., n° 29.

2. Const. const. 21 mars 2018, n° 2018-761 DC, *Loi ratifiant diverses ordonnances prises sur le fondement de la loi n° 2017-1340 du 15 septembre 2017 d'habilitation à prendre par ordonnances les mesures pour le renforcement du dialogue social*, NON-CONFORMITÉ PARTIELLE – RÉSERVE, *JO* 31 mars, n° 2 ; *D.* 2018. 2203, obs. P. Lokiec et J. Porta ; *D.* 2019. 1248, obs. E. Debaets et N. Jacquinot ; *Dr. soc.* 2018. 677, tribune Ch. Radé ; *Dr. soc.* 2018. 682, ét. B. Bauduin ; *Dr. soc.* 2018. 688, ét. A. Fabre ; *Dr. soc.* 2018. 694, ét. Y. Pagnerre ; *Dr. soc.* 2018. 702, ét. J. Mouly ; *Dr. soc.* 2018. 708, ét. P.-Y. Verkindt ; *Dr. soc.* 2018. 713, ét. G. Loiseau ; *Dr. soc.* 2018. 718, ét. D. Baugard et J. Morin ; *Dr. soc.* 2018. 726, ét. Ch. Radé ; *Dr. soc.* 2018. 732, ét. P.-Y. Gahdoun ; *Dr. soc.* 2018. 739, ét. L. He ; *RDT* 2018. 666, ét. V. Champeil-Desplats.

3. Ch. Touboul, « Le Conseil d'État valide le référendum dans les très petites entreprises », *Dr. soc.* 2019. 627.

4. C. trav., art. L. 2232-23.

5. G. Loiseau, P. Lokiec, L. Pecaut-Rivolier et P.-Y. Verkindt, *Droit de la représentation du personnel*, préc., n° 312.41.

procès-verbal de carence a été établi dans les conditions prévues par l'article L. 2314-9 du code du travail, l'employeur peut recourir au dispositif conventionnel prévu pour les entreprises de moins de 11 salariés.

134.13 Domaines pouvant être couverts par l'accord. L'accord peut, selon l'article L. 2232-21 du code du travail, porter sur l'ensemble des thèmes ouverts à la négociation collective d'entreprise par le code du travail. Négociation obligatoire comme négociation facultative, par conséquent.

134.14 Préparation de l'accord. Le texte de l'accord est entièrement rédigé par l'employeur. Celui-ci doit porter à la connaissance individuelle de chaque salarié le projet d'accord qu'il a élaboré.

Après un délai minimum de quinze jours qui commence à courir à compter de cette communication – pour laquelle il faut donc conserver justification – l'employeur peut organiser la consultation des salariés. La procédure est identique lorsqu'il s'agit de réviser l'accord par avenant.

SECTION 2
MISE EN ŒUVRE DE LA CONSULTATION

134.21 Procédure de consultation. La procédure de consultation est décrite aux articles R. 2332-10 s. Cette consultation, voulue comme simple et informelle, puisque pouvant s'effectuer « par tout moyen », nécessite cependant *a minima* un vote secret, dès lors que l'article R. 2232-10 exige que le caractère personnel et secret de la consultation soit garanti. Pour le reste, c'est à l'employeur de déterminer les conditions de la consultation et de les communiquer aux salariés au moins quinze jours avant cette consultation, en même temps que le projet d'accord qui leur sera soumis et d'organiser matériellement la consultation. Il fixe ainsi :

– Les modalités de transmission aux salariés du texte de l'accord : la communication doit être individuelle pour faire partir le délai de quinze jours avant la consultation. Cela suppose que chaque salarié ait été destinataire (par courrier, courriel ou autre mode de communication individualisé) du projet d'accord. Un affichage ou une mise en ligne générale sur l'intranet ne saurait suffire.

– Le lieu, la date et l'heure de la consultation.

– L'organisation et le déroulement de la consultation. Sur ce point, pour assurer le secret de la consultation, il faut prévoir un système de bulletins et d'urne sommaire, ainsi qu'une vigilance externe, l'employeur ne pouvant être présent.

– Le texte de la question relative à l'approbation de l'accord soumise à la consultation des salariés. Ce texte doit être neutre et loyal, pour ne pas induire à lui seul la réponse à la consultation[1].

La consultation s'effectue pendant le temps de travail, et en l'absence de l'employeur.

134.22 Contentieux de l'organisation de la consultation. Le contentieux relatif à la liste des salariés devant être consultés et à la régularité de la consultation est de la compétence du tribunal judiciaire qui statue en dernier ressort. S'agissant de la liste des salariés, la loi ne fixe aucune condition d'ancienneté. Participent donc à la consultation tous les salariés de l'entreprise, titulaires d'un contrat de travail avec celle-ci au moment où la consultation est organisée.

134.23 Résultat de la consultation. Si le projet d'accord est approuvé à la majorité des deux tiers du personnel, il est considéré comme un accord d'entreprise valide. À défaut, il n'a aucune force juridique.

134.24 Révision et dénonciation de l'accord. L'accord peut être révisé selon les mêmes formes. Il peut être dénoncé à l'initiative de l'employeur, dans les formes prévues par l'accord, ou dans le silence de celui-ci, selon les formes prévues par le droit commun de la dénonciation des accords[2]. Il peut également être dénoncé à l'initiative des salariés, soit dans les conditions prévues par l'accord, s'il en est prévu, soit par notification écrite à l'employeur, de manière collective, de la dénonciation décidée par deux tiers des salariés. Mais cette dénonciation par les salariés ne peut avoir lieu que pendant un délai d'un mois avant chaque date anniversaire de la conclusion de l'accord.

Dans une entreprise ayant conclu un accord dans des conditions de droit commun, mais dont l'effectif devient inférieur à 11 salariés, ou à 21 salariés en l'absence de représentation élue, les conditions de révision et de dénonciation de l'accord sont celles ci-dessus énoncées.

134.25 Nature juridique de l'accord. « Considéré comme un accord collectif valide », selon les termes de l'article L. 2232-22, la nature juridique du texte écrit par l'employeur et soumis à ratification des salariés interroge une partie de la doctrine qui conteste qu'il puisse y avoir accord collectif en l'absence de négociation préalable[3]. L'enjeu de cette qualification est le régime juridique applicable, notamment en termes de contentieux.

1. Ch. Touboul, « Le Conseil d'État valide le référendum dans les très petites entreprises », *D.* 2019. 627. « Si l'employeur devait formuler la question d'une manière qui affectait la sincérité de la consultation, il appartiendrait au juge judiciaire d'en tirer les conséquences [...] ».
2. V. s[s] n°s 421.21 s.
3. M. Keim-Bagot, « Le nouveau droit de la négociation collective », *JT* 2018, n° 208, 18. V. n° 041.42.

CHAPITRE

135. Accords catégoriels

SECTION 0 ORIENTEUR

135.00 Sommaire du chapitre.

135.01 Textes applicables.

• **C. trav.,** art. L. 2232-2-1 [Représentativité catégorielle et accord intercatégoriel]

• **C. trav.,** art. L. 2232-7 [Représentativité catégorielle et accord catégoriel]

135.02 Jurisprudence de référence.

• **Soc. 31 mai 2011,** n° 10-14.391, *Syndicat Sud RATP c/Régie autonome des transports parisiens*, P V, n° 34.

135.03 Bibliographie indicative.

Articles. P. Adam, « Négociation collective intercatégorielle et CFE-CGC : la Cour de cassation ouvre grand la porte... », *SSL* 14 juin 2011, n° 1496, p. 4 s. – P.-H. Antonmattéi, « Négociation collective et syndicats catégoriels : le début des ennuis », *Dr. soc.* 2011. 89.

SECTION 1 CONDITIONS ET NÉGOCIATION D'UN ACCORD CATÉGORIEL

135.11 Qu'est ce qu'un accord catégoriel ? S'il existe, dans le paysage de la négociation, de multiples accords professionnels ou ne concernant qu'une catégorie de salariés, seuls certains de ces accords, évoqués aux articles L. 2232-2, L. 2232-7 et L. 2232-13 du code du travail, bénéficient d'un régime spécifique de négociation et de signature. Il s'agit des accords qui remplissent deux conditions : ils ne concernent qu'une catégorie professionnelle déterminée, et cette catégorie relève d'un collège électoral spécifique. Les accords catégoriels sont donc ceux qui concernent les cadres, les journalistes, et les personnels navigants non commerciaux (PNT), qu'ils soient signés au niveau de l'entreprise, de la branche, ou au niveau national. En effet, seules ces catégories de salariés peuvent relever d'un collège spécifique[1].

135.12 Négociation d'un accord catégoriel. Deux catégories de syndicats peuvent être habilitées à négocier des accords catégoriels :

– Les syndicats catégoriels, représentatifs statutairement de la catégorie concernée par l'accord. L'article L. 2232-13 du code du travail se réfère aux organisations syndicales catégorielles affiliées à une confédération syndicale catégoriel nationale, c'est-à-dire aux syndicats représentatifs au sens de l'article L. 2122-2 du code du travail, en réalité les syndicats affiliés à la confédération CFE-CGC, seule confédération syndicale catégorielle dont la représentativité est reconnue, pour l'instant, au niveau national. Concrètement donc, peuvent signer des accords catégoriels spécifiques aux cadres, au niveau de l'entreprise, les syndicats affiliés à la CFE-CGC qui ont recueilli au moins 10 % des suffrages exprimés dans le 2e collège ou dans le 2e et 3e collège s'il en existe un sur le calcul spécifique de la représentativité des syndicats affiliés à la CFE-CGC, voir livre 1, nos 212.42 s. Peuvent par ailleurs signer des accords catégoriels concernant les catégories qu'ils ont vocation à représenter les syndicats de journalistes et les syndicats de personnels navigant techniques ayant recueilli au moins 10 % des suffrages exprimés dans le collège dédié.

– Les syndicats intercatégoriels représentatifs au niveau où est signé l'accord (établissement, entre-

1. Sur les syndicats catégoriels : G. Loiseau, P. Lokiec, L. Pecaut-Rivolier et P.-Y. Verkindt, *Droit de la représentation du personnel*, préc., nos 212.51 s.

prise, branche), dès lors que les syndicats intercatégoriels ont naturellement vocation à représenter toutes les catégories de salariés [1]. S'agissant de l'appréciation de la représentativité permettant de participer à la négociation, il s'agit de l'appréciation habituelle, c'est-à-dire de la représentativité évaluée tous collèges électoraux confondus dès lors que, comme pour les syndicats catégoriels, la représentativité est celle acquise, de manière générale, sur le périmètre couvert par l'accord. Cette analyse cependant n'a pas été confirmée par la jurisprudence, et est sujette à discussion [2]. Se pose également la question de savoir si des organisations syndicales intercatégorielles peuvent signer seules - sans la présence d'un syndicat catégoriel - un accord catégoriel. Bien que l'hypothèse soit peu probable, rien ne saurait l'exclure, dès lors que les règles de signature ci-dessous sont respectées, puisque ces syndicats représentent toutes les catégories.

135.13 Signature de l'accord catégoriel. S'agissant de la signature de l'accord catégoriel, la loi affirme que l'audience nécessaire à la validité de l'accord doit s'apprécier au regard du seul collège électoral correspondant à la catégorie de salariés concernée par l'accord. Pour un accord catégoriel cadres au niveau de l'entreprise, il faut donc, pour les syndicats catégoriels comme pour les syndicats intercatégoriels considérer exclusivement les suffrages exprimés au sein du collège cadres [3], et calculer les suffrages obtenus par les syndicats signataires au regard de l'ensemble des suffrages obtenus par les syndicats représentatifs au premier tour des dernières élections dans ce seul collège. Ce qui peut considérablement modifier le poids de chaque signataire, et même conduire à ce qu'un syndicat intercatégoriel pèse, en termes de signature, moins de 10 % des suffrages exprimés au sein du seul collège cadre.

Si l'accord est signé par des organisations syndicales représentatives, catégorielles et non catégorielles, représentant plus de 50 % des suffrages exprimés en faveur des organisations syndicales représentatives au premier tour des élections des titulaires au comité social et économique dans les collèges considérés, il est valable.

Si les suffrages, sans atteindre la majorité, sont supérieurs à 30 %, l'article L. 2232-12 est applicable, c'est-à-dire qu'il peut être demandé une consultation des salariés pour valider l'accord [4]. Cependant, dans ce cadre, seuls les salariés appartenant à la catégorie représentée dans l'accord participent à la consultation [5].

S'agissant des accords de branche et national, le même calcul est à effectuer, tant au niveau de la représentativité (catégorielle) que du poids de la signature (rapporté aux suffrages intercatégoriels).

SECTION 2
SIGNATURE D'UN ACCORD INTERCATÉGORIEL PAR UN SYNDICAT CATÉGORIEL

135.21 Signature d'un accord intercatégoriel comprenant des dispositions catégorielles. Un accord intercatégoriel comportant des dispositions catégorielles peut être signé par des organisations syndicales intercatégorielles et des organisations catégorielles. La jurisprudence a précisé que, par symétrie avec les règles applicables en cas d'accord catégoriel, les organisations catégorielles peuvent participer à la négociation dès lors qu'elles sont considérées comme représentatives dans le périmètre de l'accord, y compris si l'application des règles spécifiques de représentativité [6] ont permis de reconnaître la représentativité du syndicat en tenant compte exclusivement des suffrages au sein du collège que le syndicat a statutairement vocation à représenter [7]. En revanche, s'agissant de la signature de l'accord, le poids du syndicat catégoriel doit être rapporté à l'ensemble des collèges électoraux, puisqu'il s'agit de signer un accord intercatégoriel avec des syndicats intercatégoriels. Un nouveau calcul s'impose donc pour mesurer le pourcentage du syndicat catégoriel au regard des suffrages exprimés au premier tour des élections professionnelles (titulaires) au profit des organisations syndicales représentatives tous collèges confondus [8]. Il se peut donc qu'un syndicat catégoriel, représentatif comme ayant obtenu plus de 10 % des suffrages exprimés au sein des collèges qu'il

1. Soc. 27 sept. 2017, n° 15-28.216, P+B ; *D.* 2017, actu. 1981.
2. PAR EX. : P.-H. Antonmattei, « Négociation collective et syndicats catégoriels, le début des ennuis », *Dr. soc.* 2011. 89, qui considère qu'il faut que les syndicats intercatégoriels justifient d'une représentativité au regard du collège auquel l'accord collectif va s'appliquer, donc recalculer le taux de 10 % au sein de ce seul collège.
3. La jurisprudence semble admettre que la CFE-CGC a vocation à représenter les salariés des 2e et 3e collèges (v. s[s] n° 312.52). Ce sont donc probablement les suffrages obtenus au sein de ces deux collèges qu'il y a lieu de prendre en considération.
4. Sur les conditions d'application de l'article L. 2232-12 du code de travail, v. s[s] n°s 132.11 s.
5. C. trav., art. L. 2232-13.
6. POUR les syndicats affiliés à la CFE-CGC, les règles de l'article L. 2122-2 du code du travail.
7. G. Loiseau, P. Lokiec, L. Pecaut-Rivolier et P.-Y. Verkindt, *Droit de la représentation du personnel*, préc., n°s 222.31 et 222.32.
8. Soc. 31 mai 2011, n° 10-14.391, *Syndicat Sud RATP c/ Régie autonome des transports parisiens*, P V, n° 34, *D.* 2011. 1624, obs. B. Ines ; *D.* 2012. 2622, obs. P. Lokiec et J. Porta ; *Dr. soc.* 2011. 1132, obs. F. Petit ; *RDT* 2011. 513, obs. H. Tissandier.

représente, représente moins de 10 % des suffrages en tant que signataire d'un accord intercatégoriel.

Si un syndicat catégoriel peut parfaitement participer à la négociation et à la signature d'un accord intercatégoriel, il ne peut en revanche en être le seul signataire, même si, compte tenu de l'importance numérique dans l'entreprise de la catégorie de salariés qu'il représente (donc des agents de maîtrise et cadres), il peut à lui seul représenter plus de 50 % des suffrages exprimés au profit des organisations syndicales représentatives. La jurisprudence considère en effet qu'en aucun cas, un accord intercatégoriel peut être signé par un syndicat catégoriel seul, qui ne peut parler au nom des autres catégories[1]. Cette position a été très critiquée par la confédération CFE-CGC qui faisait valoir l'absurdité de ne pouvoir conclure d'accords collectifs dans les entreprises où elle se trouvait seule représentative. Le Conseil d'État admet, quant à lui, qu'un plan de sauvegarde de l'emploi soit signé exclusivement par un syndicat catégoriel, considérant que la logique du PSE est spécifique[2].

135.22 Dispositions catégorielles et égalité de traitement. Qu'elles fassent l'objet d'une négociation séparée, ou de clauses spécifiques dans un accord ou une convention intercatégoriel, les dispositions catégorielles ont donné lieu à une jurisprudence particulièrement débattue sur l'application de la règle de l'égalité de traitement, notamment aux différences cadres et non cadres[3].

1. Soc. 2 juill. 2014, n° 13-14.622, P V, n° 170 ; *D.* 2014. 1503 ; *D.* 2014. 2374, obs. P. Lokiec et J. Porta ; *Dr. soc.* 2014. 864, obs. P.-H. Antonmattei ; *Dr. soc.* 2014. 1070, obs. F. Petit ; *RDT* 2014. 701, obs. G. Borenfreund.
2. CE 5 mai 2017, *Fédération des services CFDT*, req. n° 389620, *Lebon* avec les conclusions ; *AJDA* 2017. 964 ; *AJDA* 2017. 1217, chron. G. Odinet et S. Roussel ; *D.* 2017. 2270, obs. P. Lokiec et J. Porta ; *RDT* 2017. 486, obs. F. Géa ; *RDT* 2017. 556, obs. I. Odoul-Asorey.
3. Cette jurisprudence, et les évolutions qui ont suivi sont analysées s[s] n°s 622.20 s.

TITRE

14. Formalisme et communication des accords

SECTION 0

ORIENTEUR

14.00 Sommaire du titre.

Division. L'accord collectif obéit à des conditions de forme (chap. 141), de notification et de dépôt (chap. 142). La publicité de l'accord (chap. 143) offre également la possibilité à une entreprise d'adhérer à une convention collective ou d'en faire une application volontaire (chap. 144).

14.05 Points clés. La puissance des effets de l'accord collectif, notamment son effet *erga omnes* à l'égard des tiers à l'accord que sont les salariés, explique une attention soutenue aux conditions de formation de l'accord. Le formalisme est strict, qu'il concerne la conclusion de l'accord soumise à une exigence d'écrit rédigé en français, ou son entrée en vigueur qui suppose un acte de dépôt. Le renouvellement des règles de publicité, par une publication de la quasi-totalité des accords collectifs sur le site Légifrance, a révolutionné l'accès aux accords collectifs de travail.

CHAPITRE

141. Forme de l'accord collectif

SECTION 0

ORIENTEUR

141.00 Sommaire du chapitre.

141.01 Textes applicables.

• **C. trav.**, art. L. 2231-3 [Exigence d'écrit]

• Art. L. 2231-4 [Rédaction en français]

141.02 Jurisprudence de référence.

• **Soc. 27 mars 1996,** n° 93-46.631 P

Nécessité d'un écrit pour la validité d'un accord collectif

• **Soc. 8 janv. 2002,** n° 00-10.886 P

L'accord collectif est un acte écrit à peine de nullité et doit dès lors, pour être valable, comporter la signature des parties qui l'ont signé :

Sur le moyen unique :

Vu l'article L. 132-2 du Code du travail ;

Attendu qu'il résulte de ce texte que l'accord collectif est un acte écrit à peine de nullité et doit dès lors, pour être valable, comporter la signature des parties qui l'ont conclu ;

Attendu que l'Association pour la réadaptation et la formation professionnelle-Centre de réadaptation de Mulhouse (ARFPCRCM) a dénoncé le 31 janvier 1997 un protocole d'accord datant du 31 janvier 1969 et relatif aux conditions de travail du personnel formateur en précisant que ce protocole d'accord ne pouvait pas être considéré comme un accord d'entreprise dès lors qu'aucun exemplaire comportant la signature des parties n'avait pu être retrouvé et que le protocole d'accord n'avait donc qu'une valeur d'usage ; que le Syndicat CFDT des services de santé et sociaux du Bas-Rhin, soutenant que le protocole d'accord litigieux était un accord d'entreprise, a assigné l'ARFPCRCM devant le tribunal de grande instance aux fins d'obtenir la nullité de la dénonciation ;

Attendu que pour décider que le protocole d'accord du 31 janvier 1969 constituait un accord d'entreprise au sens de l'article L. 132-2 du Code du travail et déclarer nulle la dénonciation intervenue le 31 janvier 1997, la cour d'appel, après avoir énoncé que la preuve de la signature d'un accord collectif pouvait être rapportée par tous moyens, a estimé que cette preuve était rapportée par les témoignages de certains des signataires de l'époque et par le fait que le protocole d'accord avait été appliqué comme un accord collectif ;

Qu'en statuant ainsi, la cour d'appel a violé le texte susvisé ;

Par ces motifs :

CASSE ET ANNULE, dans toutes ses dispositions, l'arrêt rendu le 4 novembre 1999, entre les parties, par la cour d'appel de Colmar ; remet, en conséquence, la cause et les parties dans l'état où elles se trouvaient avant ledit arrêt et, pour être fait droit, les renvoie devant la cour d'appel de Nancy.

141.03 Bibliographie indicative.

Articles. C. Rouat, « Formalisme et accord collectif d'entreprise », *D.* 2000. 696.

SECTION UNIQUE

L'ÉCRIT

141.11 Exigence d'un écrit. La convention ou l'accord collectif, de même que l'avenant à cette convention ou accord collectif, est, à peine de nullité, un acte écrit. Si la forme de l'écrit est indifférente, un simple échange de lettres ne suffit pas [1]. Faute d'écrit, l'accord ne peut constituer un accord collectif de travail. Il n'est toutefois pas impossible de faire requalifier les avantages qu'il contient en engagement unilatéral ou usage [2], voire de faire qualifier l'accord de contrat de droit commun.

La jurisprudence est venue adjoindre à l'exigence d'un écrit celle d'une signature par les parties signataires [3]. Le défaut de signature produit logiquement

1. Soc. 9 juill. 1996, n° 94-43.304, NP.
2. Soc. 27 mars 1996, n° 93-46.631, P V, n° 120 ; *Dr. soc.* 1996. 642, obs. J. Savatier.
3. Soc. 8 janv. 2002, n° 00-10.886, *Assoc. pour la réadaptation et la formation professionnelle c/Syndicat CFDT des services de santé et sociaux du Haut-Rhin*, P V, n° 5 ; *D.* 2002. 2431, note N. Olszak ; *RJS* 2002. 250, n° 310 ; JSL 2002, n° 95-4.

le même effet que le défaut d'écrit, à savoir, le cas échéant, une requalification en engagement unilatéral ou usage [1], ou en contrat de droit commun. La signature de l'accord est d'autant plus essentielle que depuis un décret du 15 mai 2018 [2], le dépôt des conventions collectives doit être accompagné de la version signée des parties [3].

Sur le terrain de la preuve, en vertu des règles de l'article 1375 du Code civil, issu de l'ordonnance du 10 février 2016 [4], il doit être fait autant d'originaux qu'il y a de parties distinctes.

141.12 **Rédaction en français.** Les accords collectifs doivent être rédigés en français. La clause rédigée en langue étrangère est inopposable au salarié [5]. À noter qu'est réputé valable l'accord accepté par la Dreets après en avoir contrôlé la régularité formelle [6].

1. Soc. 20 févr. 1991, n° 87-41.022, P V, n° 90 ; *D.* 1991. IR 82 ; *RJS* 1991. 260, n° 493.
2. Décr. n° 2018-362, 15 mai 2018 relatif à la procédure de dépôt des accords collectifs, *JO* 17 mai, n° 32.
3. C. trav., art. D. 2231-7.
4. Ord. n° 2016-131, 10 févr. 2016 portant réforme du droit des contrats, du régime général et de la preuve des obligations, *JO* 11 févr., n° 26.
5. C. trav., art. L. 2231-4.
6. Soc. 21 févr. 2007, n° 04-43.003, NP.

CHAPITRE

142. Notification, dépôt et entrée en vigueur de l'accord collectif

SECTION 0

ORIENTEUR

142.00 Sommaire du chapitre.

Division. L'entrée en vigueur d'un accord collectif (sect. 3) est subordonnée à des formalités très strictes de notification (sect. 1) et de dépôt (sect. 2).

142.01 Textes applicables.

• **C. trav.**, art. L. 2231-5 [Notification de l'accord]

• Art. L. 2231-6 ; art. D. 2231-2 ; art. D. 2231-6 ; art. D. 2231-7 [Dépôt]

• Art. D. 2231-4 [Téléprocédure]

142.02 Jurisprudence de référence.

• **Soc. 22 avr. 1985 :** *Bull. civ. V*, n° 249. [dépôt]

Conserve son caractère d'accord d'entreprise l'accord exécuté bien que le dépôt légal n'en ait pas été fait, dès lors que les parties n'avaient pas entendu subordonner à ce dépôt l'entrée en vigueur de l'accord.

• **Soc. 31 oct. 2006 :** *D.* 2006. IR 2811

Un accord collectif soumis à extension est applicable dès la parution de son arrêté d'extension, totale ou partielle.

• **Soc. 21 sept. 2022,** n° 20-23.500 [notification]

Faits et procédure

1. Selon l'arrêt attaqué (Paris, 19 novembre 2020), l'Union des industries et métiers de la métallurgie (l'UIMM), la fédération des Cadres, de la maîtrise et des techniciens de la métallurgie CFE-CGC, la Fédération confédérée FO de la métallurgie, la Fédération générale des mines et de la métallurgie CFDT ont signé, le 29 juin 2018, un accord de branche national « relatif au contrat de travail à durée déterminée et au contrat de travail temporaire dans la métallurgie. »

2. Le 15 septembre 2018, le ministère du travail a publié le fascicule 2018/35 au bulletin officiel des conventions collectives comportant cet accord en page 76.

3. Par acte du 29 novembre 2018, la Fédération des travailleurs de la métallurgie CGT, dûment autorisée, a assigné selon la procédure à jour fixe l'UIMM, la fédération des Cadres, de la maîtrise et des techniciens de la métallurgie CFE-CGC, la Fédération confédérée FO de la métallurgie et la Fédération générale des mines et de la métallurgie CFDT aux fins d'annuler cet accord national du 29 juin 2018. La CGT intérim est intervenue volontairement à l'instance à ses côtés.

4. Le 19 décembre 2018, le ministre du travail a pris un arrêté d'extension de l'accord, publié au journal officiel du 23 décembre 2018.

Examen du moyen

Énoncé du moyen

5. La Fédération des travailleurs de la métallurgie CGT et le syndicat CGT intérim font grief à l'arrêt de les déclarer irrecevables en leur action tendant à l'annulation de l'accord national du 29 juin 2018 relatif au contrat de travail à durée déterminée et au contrat de travail temporaire dans la métallurgie, alors :

« 1°/ qu'il résulte des dispositions de l'article L. 2262-14 du code du travail que l'action en nullité de tout ou partie d'un accord de branche doit, à peine d'irrecevabilité, être engagée dans un délai de deux mois à compter de la publication de l'accord prévue à l'article L. 2231-5-1 du même code ; que l'article L. 2231-5-1 du code du travail précise que "les conventions de branche, de groupe, interentreprises, d'entreprise ou d'établissement sont rendues publics et versées dans une base de données nationale, dont le contenu est publié en ligne dans un standard ouvert aisément réutilisable" ; qu'il appartenait à la cour d'appel, comme elle avait été invitée à le faire, de s'assurer que la parution de l'accord de la métallurgie du 29 juin 2018 au Bulletin officiel des conventions collectives répondait à l'exigence légale d'une publication en ligne "dans un standard ouvert aisément réutilisable" ; qu'en se contentant d'affirmer, sans procéder à cette vérification, que le versement de l'accord "dans une base de données nationale dont le contenu est publié en ligne dans un standard ouvert aisément réutilisable" n'est qu'une modalité complémentaire de publication qui n'est ni cumulative, ni alternative, ni exclusive, la cour d'appel a privé sa décision de toute base légale au regard des dispositions de l'article L. 2231-5-1 du code du travail ;

2°/ que la consultation du site de Légifrance, "service public d'accès au droit", a mis en évidence que les organisations syndicales susceptibles d'engager une action en nullité à l'encontre d'un accord de branche, au contraire de celles entendant éventuellement contester la validité d'un accord d'entreprise, ne disposaient pas de la liste actualisée et complète des accords ; qu'en faisant abstraction de la différence de traitement intervenue au préjudice des organisations syndicales susceptibles d'engager une action en nullité à l'encontre d'un accord de branche et en affirmant que c'était la date de parution de l'accord de branche du 29 juin 2018 au Bulletin officiel des conventions collectives, et non sur l'unique base de données devant être mise en ligne sur le site de Légifrance, qui était de nature à faire courir le délai de forclusion prévu par l'article L. 2262-14 du code du travail, la cour d'appel a violé, par fausse interprétation, les dispositions de l'article L. 2262-14 du code du travail. »

Réponse de la Cour

6. Aux termes de l'article L. 2262-14 du code du travail, toute action en nullité de tout ou partie d'une convention ou d'un accord collectif doit, à peine d'irrecevabilité, être engagée dans un délai de deux mois à compter :

1° de la notification de l'accord d'entreprise prévue à l'article L. 2231-5, pour les organisations disposant d'une section syndicale dans l'entreprise ;

2° de la publication de l'accord prévue à l'article L. 2231-5-1 dans tous les autres cas.

Ce délai s'applique sans préjudice des articles L. 1233-24, L. 1235-7-1 et L. 1237-19-8 du code du travail.

7. Aux termes du premier alinéa de l'article L. 2231-5-1 du code du travail, dans sa rédaction issue de la loi n° 2018-217 du 29 mars 2018, les conventions et accords de branche, de groupe, interentreprises, d'entreprise et d'établissement sont rendus publics et versés dans une base de données nationale, dont le contenu est publié en ligne dans un standard ouvert aisément réutilisable. Ils sont publiés dans une version ne comportant pas les noms et prénoms des négociateurs et des signataires.

8. Il résulte de ces dispositions que le délai de forclusion pour agir en nullité d'un accord de branche court à compter de la date à laquelle l'accord de branche a été rendu public par sa publication au bulletin officiel des conventions collectives qui, en conférant date certaine, répond à l'objectif de sécurité juridique. Le versement dans une base de données nationale, dont le contenu est publié en ligne dans un standard ouvert aisément réutilisable, n'est qu'une mesure complémentaire répondant à l'objectif d'accessibilité de la norme de droit.

9. Ayant constaté que l'accord de branche national « relatif au contrat de travail à durée déterminée et au contrat de travail temporaire dans la métallurgie », conclu le 29 juin 2018, avait été publié le 15 septembre 2018 au fascicule 2018/35 du bulletin officiel des conventions collectives, la cour d'appel, devant laquelle il n'était pas soutenu que les signataires de cet accord avaient décidé qu'une partie de l'accord ne ferait pas l'objet de publication, a décidé à bon droit que le délai de forclusion de deux mois courait à compter de cette publication, de sorte que l'action en nullité à l'encontre de cet accord de branche exercée le 29 novembre 2018 était irrecevable.

10. Le moyen est dès lors inopérant.

PAR CES MOTIFS, la Cour :

REJETTE le pourvoi ;

SECTION 1
NOTIFICATION

142.11 **Notification de l'accord.** La partie la plus diligente des organisations signataires d'une convention ou d'un accord doit en notifier le texte à l'ensemble des organisations représentatives à l'issue de la procédure de signature[1]. La notification doit être faite auprès de l'ensemble des organisations syndicales représentatives, qu'elles soient ou non parties à la négociation.

Pour les accords de branche, la notification a pour effet de faire courir le délai d'opposition[2]. Il est jugé, en ce sens, que ni la validité d'un accord, ni son applicabilité aux salariés ne sont subordonnées à sa notification aux organisations syndicales, laquelle a seulement pour effet de faire courir le délai d'opposition de celles qui n'en sont pas signataires, si elles remplissent les conditions pour l'exercer[3].

Par ailleurs, la notification de l'accord joue un rôle majeur dans l'action en nullité. En effet, dans le cas d'un accord d'entreprise, le délai de prescription de deux mois court à compter de la notification prévue par l'article L. 2231-5 du Code du travail,

1. C. trav., art. L. 2231-5.
2. C. trav., art. L. 2232-2 et L. 2232-6.
3. Soc. 13 oct. 2010, n° 09-68.151, *César c/Macif (Sté)*, P V, n° 232 ; *D.* 2010. 2586 ; *D. actu.* 10 nov. 2010, obs. B. Ines ; *Dr. soc.* 2011. 219, obs. L. Pécaut-Rivolier ; *JCP S* 2010. 1516, obs. S. Brissy.

pour les organisations disposant d'une section syndicale dans l'entreprise. Comme nous le verrons, dans les autres cas, le délai court à compter de la publication de l'accord au Bulletin officiel des conventions collectives et non de son versement dans la base de données nationale prévue à l'article L. 2231-5-1 du Code du travail[1].

SECTION 2

Dépôt

142.20 **Plan.** Les accords collectifs doivent être déposés pour être centralisés par l'administration. Ce dépôt emporte des effets (§ 4). Certaines conditions de dépôt sont communes à tous les accords (§ 1), d'autres sont spécifiques aux accords de branche et interprofessionnels (§ 2) ou aux accords d'entreprise et d'établissement (§ 3).

§ 1 Règles communes

142.31 **Nombre d'exemplaires.** Deux exemplaires des conventions et accords collectifs de travail, de leurs avenants et de leurs annexes, dont une version sur support papier, signée des parties et une version sur support électronique, doivent faire l'objet d'un dépôt[2].

142.32 **Pièces à joindre.** Dans tous les cas, le dépôt doit être accompagné :

a) de la version signée des parties,

b) d'une copie du courrier, du courrier électronique ou du récépissé ou d'un avis de réception daté de notification du texte à l'ensemble des organisations représentatives à l'issue de la procédure de signature.

Un récépissé est délivré au déposant, c'est-à-dire pour les accords de groupe, d'entreprise ou d'établissement, leur représentant légal et pour les accords interentreprises, les représentants légaux des entreprises.

Les déclarations de dénonciation et d'adhésion sont déposées, selon les mêmes modalités, par la partie qui en est signataire, au service dépositaire de la convention ou de l'accord qu'elles concernent. Un récépissé est délivré au déposant[3].

Il est prévu que le format des documents accompagnant le dépôt doit être précisé par arrêté[4].

142.33 **Dépôt au conseil de prud'hommes.** Le déposant doit également remettre un exemplaire de chaque convention ou accord au greffe du conseil de prud'hommes du lieu de conclusion[5].

§ 2 Règles propres aux accords de branche, professionnels et interprofessionnels

142.41 **Règles de dépôt.** Les conventions et accords de branche et les accords professionnels ou interprofessionnels, ainsi que leurs avenants et annexes, doivent être déposés par la partie la plus diligente auprès des services centraux du ministre chargé du travail[6]. Il s'agit plus précisément de la Direction générale du travail. Attention, lorsque les textes concernent des professions agricoles, ils sont déposés auprès de la direction régionale des entreprises, de la concurrence, de la consommation, du travail et de l'emploi compétente.

Les accords d'intéressement doivent être déposés dans les quinze jours qui suivent la date limite de conclusion de l'accord[7].

142.42 **Pièces à joindre (en sus des pièces communes).** Le dépôt doit être accompagné, en sus des pièces communes :

– d'une version publiable mentionnée à l'article L. 2231-5-1, qui tient compte, le cas échéant, des modifications actées conformément au I. de l'article R. 2231-1-1 (les noms et prénoms des négociateurs et des signataires ne doivent pas figurer sur cette version) ;

– de l'acte mentionné au I de l'article R. 2231-1-1, s'il y a lieu.

§ 3 Règles propres aux accords d'entreprise et d'établissement

142.51 **Règles applicables.** Les accords de groupe, d'entreprise, d'établissement et interentreprises ainsi que les pièces accompagnant le dépôt doivent être déposés par le représentant légal du groupe, de l'entreprise ou de l'établissement ou, pour un accord interentreprises, par les représentants légaux de celles-ci[8].

1. Soc. 21 sept. 2022, n° 20-23.500, P ; *D.* 2022. 1706 ; *D.* 2022. 2245, obs. S. Vernac et Y. Ferkane.
2. C. trav., art. D. 2231-2, al. 2.
3. C. trav., art. D. 2231-8.
4. V. les indications figurant sur le site : www.teleaccords.travail-emploi.gouv.fr
5. C. trav., art. D. 2231-2.
6. C. trav., art. D. 2231-2, I, et art. D. 2231-3.
7. C. trav., art. L. 3313-3 et art. D. 3313-1.
8. C. trav., art. D. 2231-2 II.

Leur dépôt s'effectue sur la plateforme de téléprocédure du ministère du travail [1] : www.teleaccords.travail-emploi.gouv.fr

Sont seuls concernés par ce dépôt dématérialisé les conventions et accords conclus à compter du 1er septembre 2017 [2].

Selon le site du ministère, relèvent de la procédure de dépôt en ligne les accords, accords-cadres et avenants, les plans d'action conclus dans le cadre des obligations de négocier, les accords d'adhésion et de dénonciation, les procès-verbaux de désaccord conclus dans le cadre des obligations de négocier, les décisions unilatérales de l'employeur [3]. Les accords minoritaires ne peuvent être déposés qu'après leur validation par référendum. Le procès-verbal de ce référendum doit être annexé à l'accord [4].

142.52 Pièces à joindre (en sus des pièces communes). Le dépôt s'accompagne, pour les accords de groupe, d'entreprise, d'établissement et interentreprises, en sus des pièces communes [5] :

– d'une version publiable mentionnée à l'article L. 2231-5-1, qui tient compte, le cas échéant, des modifications actées conformément au I. de l'article R. 2231-1-1 (les noms et prénoms des négociateurs et des signataires ne doivent pas figurer sur cette version) ;

– le cas échéant, l'acte motivé par lequel les parties se sont mises d'accord pour occulter une partie de la convention ou de l'accord lors de sa publication dans la base de données nationale – du procès-verbal. de référendum, lorsque celui est organisé.

Lorsqu'un accord collectif d'entreprise s'applique à des établissements ayant des implantations distinctes, le texte déposé est assorti de la liste de ces établissements et de leurs adresses respectives [6].

Certains accords portant sur un objet spécifique peuvent faire l'objet de règles de dépôt complémentaires : par exemple les accords d'entreprise sur les salaires effectifs [7].

§ 4 Effets du dépôt

142.61 Date d'effet du dépôt. La date de dépôt de l'accord détermine son entrée en vigueur, comme le prévoit l'article L. 2261-1 du code du travail d'où il ressort que les conventions et accords sont applicables, sauf stipulations contraires, à partir du jour qui suit leur dépôt auprès du service compétent.

142.62 Défaut de dépôt. L'accord collectif n'est pas nul faute de dépôt [8]. Selon une première thèse, l'accord collectif ne peut valoir accord collectif, et constitue donc tout au plus, à l'égard des salariés, un engagement unilatéral ou un usage ou, entre les parties, un contrat de droit commun [9]. Selon une seconde thèse [10], l'accord exécuté par les parties, bien que non déposé, conserve sa valeur d'accord collectif de travail. Cette seconde thèse a la faveur de la Cour de cassation qui a jugé que « dès lors que les parties n'[ont] pas entendu subordonner à ce dépôt l'entrée en vigueur de cet accord, en l'absence de cette formalité [l'accord] conserve son caractère d'accord d'entreprise » [11]. Il a plus récemment été jugé qu'« un accord mis en œuvre par la société signataire conserve son caractère d'accord collectif et doit être exécuté par les sociétés lui succédant, bien que le dépôt légal n'en ait pas été fait, dès lors que les parties à cet accord n'avaient pas entendu subordonner son entrée en vigueur à ce dépôt » [12]. Même s'il reste une formalité essentielle, cette jurisprudence limite la portée du dépôt de l'accord collectif.

SECTION 3 Entrée en vigueur des accords collectifs

142.71 Date d'entrée en vigueur. L'accord collectif entre en vigueur au lendemain du jour de son dépôt au service compétent.

Cette règle peut être aménagée de deux façons :

1) L'accord peut différer son entrée en vigueur à une date précise, y compris, semble-t-il, à une date antérieure à son dépôt [13]. Seule limite : celle-ci doit être postérieure à la date de signature de l'accord.

2) L'accord, lorsqu'il a vocation à être étendu, peut conditionner son entrée en vigueur à la publication de l'arrêté d'extension [14].

« Un accord dont l'entrée en vigueur est subordonnée à la seule parution de son arrêté d'extension, sans distinction entre les dispositions éten-

1. C. trav., art. D. 2231-4.
2. Décr. n° 2018-362, art. 2, 15 mai 2018 relatif à la procédure de dépôt des accords collectifs, *JO* 17 mai, n° 32.
3. www.teleaccords.travail-emploi.gouv.fr
4. C. trav., art. D. 2232-2, 2.
5. C. trav., art. D. 2231-7.
6. C. trav., art. D. 2231-6.
7. C. trav., art. L. 2242-6.
8. Soc. 3 oct. 1962, *Dr. soc.* 1962. 630.
9. EN CE SENS : G. H. Camerlynck (dir.), *Droit du travail*, t. VII, *Négociations, conventions et accords collectifs*, par M. Despax, 2e éd., Dalloz, 1989, n° 191 *ter*.
10. EN CE SENS : P.-H. Antonmattei (dir.), *Le Lamy : Négociation d'entreprise*, « Guide pratique », Wolters Kluwer, 2021, n° 213 [en ligne, mis à jour mars 2021].
11. Soc. 22 avr. 1985, n° 84-11.024, P.
12. Soc. 28 févr. 2018, n° 15-26.260, NP ; *RJS* 5/2018, n° 318 ; *JSL* 2 juill. 2018, n° 457, p. 14, note H. Nasom-Tissandier.
13. Soc. 10 avr. 1959, P V, n° 462.
14. Soc. 29 oct. 1996, n° 93-46.724, P ; *RJS* 12/1996, n° 1292.

dues et celles éventuellement exclues de l'extension, est applicable dans son intégralité à compter de la survenance de cet événement aux signataires ou membres de groupements signataires, peu important que l'extension soit totale ou partielle ; [...] la cour d'appel [...] a exactement décidé que la société, adhérente d'un syndicat signataire de l'accord, était soumise à l'intégralité de ses dispositions dès le 1er janvier 2000 », énonce la Cour de cassation[1].

1. Soc. 31 oct. 2006, n° 05-10.051, *Thales Is (Sté) c/Synd. CFDT des bureaux d'études informatique*, P ; *D.* 2006. 2811 ; *Dr. soc.* 2007. 361, obs. J. Barthélémy ; *RJS* 12/ 1996, n° 1292.

CHAPITRE

143. Communication et publicité de l'accord collectif

SECTION 0 ORIENTEUR

143.00 Sommaire du chapitre.

Division. Si les accords nationaux, et certains accords de branche étaient aisément consultables grâce à des publications notamment par Légifrance, il n'existait jusqu'à la loi du 8 août 2016[1] aucune obligation générale de publicité. En créant une base de données nationale des accords collectifs, la loi du 8 août 2016 généralise l'accès aux accords, et par conséquent leur transparence, aménageant quelques exceptions (§ 1). L'employeur reste cependant tenu d'un certain nombre d'obligations d'informations envers ses salariés sur la convention ou l'accord applicable (§ 2).

143.01 Textes applicables.

• **C. trav.,** art. L. 2231-5-1 et R. 2231-1-1, I, 1° [Publicité]

143.03 Bibliographie indicative.

Jeansen, G. Thuleau, « La publicité des accords collectifs entre transparence et secret », *RJS* 2019. 783 – C. Terrenoire, « Publicité des conventions et accords collectifs : mise en œuvre », *JCP S* 2017, n° 1189.

§ 1 Publicité des accords collectifs

143.11 Règle. Suivant les préconisations du rapport Combrexelle (proposition n° 17), la loi Travail du 8 août 2016 a révolutionné la publicité des accords collectifs en créant une base de données nationale des accords collectifs de travail. Elle prévoit en effet que les conventions et accords de branche, de groupe, interentreprises, d'entreprise et d'établissement sont rendus publics et versés dans une base de données nationale[2]. Les annexes doivent être incluses dans la version de l'accord rendue publique.

Sont concernés les accords conclus depuis le 1er septembre 2017.

Autrement dit, la loi élargit la règle de publicité en prévoyant désormais que tous les accords sont publiés en ligne sur le site de Légifrance et accessibles au grand public.

143.12 Exceptions. Ne sont pas soumis à l'obligation de publicité :

– les accords d'intéressement, de participation ;

– les plans d'épargne d'entreprise, interentreprises ou pour la retraite collectifs ;

– les accords portant sur un plan de sauvegarde de l'emploi ;

– les accords de performance collective ;

– les accords de rupture conventionnelle collective.

143.13 Modalités de la publicité. Les pièces constitutives du dossier de dépôt de l'accord, dont la version anonymisée de l'accord (en docx), doivent être téléchargées par le déposant en fichiers numériques sur la plateforme de téléprocédure Télé@ccords[3]. Ils se retrouvent ensuite sur le site Légifrance.

143.14 Anonymisation. Il est prévu que les conventions et accords de branche, de groupe, interentreprises, d'entreprise et d'établissement « sont publiés dans une version ne comportant pas les noms et prénoms des négociateurs et des signataires »[4]. Ce qui signifie que la publicité doit proté-

1. L. n° 2016-1088, 8 août 2016 relative au travail, à la modernisation du dialogue social et à la sécurisation des parcours professionnels, *JO* 9 août, n° 3.
2. C. trav., art. L. 2231-5-1.
3. www.teleaccords.travail-emploi.gouv.fr
4. C. trav., art. 2231-5-1.

ger l'anonymat des signataires. Plus précisément, le site de téléchargement indique que la version publiée doit être dépourvue de toute mention de nom, prénom, paraphe, signature de personnes physiques (négociateurs, signataires de l'accord et autres).

Concrètement, le déposant doit effacer définitivement les noms, prénoms faisant l'objet d'une anonymisation (et les dispositions faisant l'objet d'une occultation de la version publiable). Il ne doit donc pas passer en blanc l'écriture ou mettre les passages concernés en surbrillance en noir ou en toute autre couleur. En effet, ces actions ne permettent pas de supprimer définitivement les éléments de la version publiable, comme l'indique le site de la Dreets.

La suppression de ces mentions incombe au déposant qui doit réaliser systématiquement cette anonymisation à l'occasion du dépôt du dossier. En effet, cette version dite publique fait partie des pièces constitutives du dépôt du dossier.

Pour la version publiable, le déposant doit s'assurer que[1] :

- aucun nom et prénom de personnes physiques n'apparaît ;
- le nom de l'entreprise est bien apparent ;
- le nom des organisations syndicales signataires est maintenu (et non pas le nom des organisations syndicales non signataires) ;
- le texte ne contient ni modifications apparentes, ni commentaires, ni filigrane et n'est pas en format image.

143.15 Occultation. L'occultation est expressément prévue par l'article L. 2231-5-1 C. trav. : « Après la conclusion de la convention ou de l'accord, les parties peuvent acter qu'une partie de la convention ou de l'accord ne doit pas faire l'objet de la publication prévue au premier alinéa. Cet acte, ainsi que la version intégrale de la convention ou de l'accord et la version de la convention ou de l'accord destinée à la publication, sont joints au dépôt prévu à l'article L. 2231-6. À défaut d'un tel acte, si une des organisations signataires le demande, la convention ou l'accord est publié dans une version rendue anonyme, dans des conditions prévues par décret en Conseil d'État ».

Contrairement à l'anonymisation, l'occultation d'une partie de l'accord est facultative. Elle consiste pour les parties à retirer de la version publique de l'accord certaines de ses dispositions, jugées trop sensibles au regard des intérêts stratégiques de l'entreprise (données commerciales, industrielles ou autres). L'acte d'occultation doit indiquer les raisons pour lesquelles la convention ou l'accord ne doit pas faire l'objet d'une publication intégrale, sachant que cette motivation est sans incidence sur la légalité de la convention ou de l'accord.

Le nom de l'entreprise ne peut pas être inclus dans l'acte d'occultation. Ce serait vider le dispositif de la publicité des accords de son objectif qui est de faire connaître la norme applicable dans chaque entreprise.

L'acte d'occultation est signé, pour les accords de groupe, d'entreprise et d'établissement, par la majorité des organisations syndicales signataires du texte et par le représentant légal du groupe, de l'entreprise ou de l'établissement ou pour un accord interentreprises par les représentants légaux de celles-ci. La majorité s'entend en nombre pour les textes signés par les délégués syndicaux ou le nombre d'élus signataires pour les IRP. L'employeur a également la possibilité d'occulter certains éléments de l'accord qui portent atteinte aux intérêts stratégiques de l'entreprise[2].

Les conventions ou accords étendus sont nécessairement publiés dans leur version intégrale.

§ 2 Informations

143.21 Information auprès de l'administration. Toute personne intéressée peut prendre connaissance gratuitement des textes déposés auprès de la Dreets. Elle peut en obtenir copie, à ses frais, suivant les modalités fixées à l'article L. 311-9 du code des relations entre le public et l'administration. Toutefois, lorsqu'une instance juridictionnelle est engagée, copie de tout ou partie de la convention ou de l'accord en cause est délivrée gratuitement à chacune des parties à l'instance qui le demande.[3]

143.22 Information des salariés. Les conditions d'information des salariés et des représentants du personnel sur le droit conventionnel applicable dans l'entreprise et l'établissement sont définies par convention de branche ou accord professionnel.

En l'absence de stipulations conventionnelles, les modalités d'information relatives aux textes conventionnels applicables sont définies par voie réglementaire[4]. Dans ce cas, l'employeur « donne au salarié au moment de l'embauche une notice l'informant des textes conventionnels applicables dans l'entreprise ou l'établissement »[5]. Sur le contenu de la notice, il est seulement exigé par les textes que soit

1. https://www.teleaccords.travail-emploi.gouv.fr/PortailTeleprocedures/
2. https://www.teleaccords.travail-emploi.gouv.fr/PortailTeleprocedures/
3. C. trav., art. R. 2231-9.
4. C. trav., art. L. 2262-5.
5. C. trav., art. R. 2262-1.

fournie une liste des conventions et accords applicables le jour de l'embauche[1]. L'employeur doit également fournir à tout salarié d'une entreprise proposant un dispositif d'intéressement, de participation, un plan d'épargne entreprise, un plan d'épargne interentreprises ou un plan d'épargne pour la retraite collectif, lors de la conclusion de son contrat de travail, un livret d'épargne salariale présentant les dispositifs mis en place au sein de l'entreprise[2].

La portée de cette notice est limitée, d'abord parce qu'elle constitue un rappel des dispositions en vigueur et est dépourvue de portée juridique. Ensuite, parce qu'elle n'a qu'un objet informatif et n'a donc pas pour effet de contractualiser les éléments qu'elle contient, alors même qu'elle est remise au moment de l'embauche.

Outre la notice, un certain nombre d'obligations pèsent sur l'employeur :

Il doit tenir un exemplaire à jour de ces textes à la disposition des salariés sur le lieu de travail[3].

Il doit mettre sur l'Intranet, dans les entreprises dotées de ce dernier, un exemplaire à jour des textes[4].

Par ailleurs, lorsqu'il démissionne d'une organisation signataire d'une convention ou d'un accord, l'employeur doit en informer sans délai le personnel de l'entreprise[5].

143.23 Avis. En plus des informations qui précèdent, en particulier la notice visée à l'article R. 2262-1, l'article R. 2262-3 précise qu'un avis doit être communiqué par tout moyen aux salariés. Depuis le décret du 20 octobre 2016[6] (art. 3), l'avis n'a plus nécessairement à être communiqué par voie d'affichage.

L'avis précise où les textes sont tenus à la disposition des salariés sur le lieu de travail ainsi que les modalités leur permettant de les consulter pendant leur temps de présence[7].

Les modifications ou compléments à apporter sur l'avis ou le document qui en tient lieu doivent l'être dans un délai d'un mois à compter de leur date d'effet[8].

Pour les concierges ou gardiens d'immeubles, les employés de maison, les travailleurs isolés ou à domicile, la délivrance par l'employeur à chacun de ces salariés d'un document reprenant les informations qui figurent sur l'avis mentionné à l'article R. 2262-3 du code du travail se substitue à l'obligation d'affichage prévue par ce même article[9].

Le fait de ne pas mettre en œuvre l'obligation prévue à l'article R. 2262-3 du Code du travail ou de ne pas transmettre au salarié le document prévu à l'article R. 2262-4, s'agissant des travailleurs visés dans l'encadré ci-dessus, est puni de l'amende prévue pour les contraventions de la quatrième classe. Même sanction pour le fait de ne pas porter, dans un délai d'un mois à compter de leur date d'effet, les modifications d'une convention ou d'un accord collectif de travail sur l'avis ou le document prévus aux articles R. 2262-3 et R. 2262-4 du Code du travail[10].

Le défaut de communication de l'avis a pour effet de rendre la convention ou l'accord collectif de travail inopposable aux salariés qui n'ont pas été informés au moment de leur embauche[11] de l'existence de l'acte collectif et qui n'ont pas été mis en mesure d'en prendre connaissance[12].

143.24 Mention sur le bulletin de paie. Les bulletins de paie doivent indiquer l'intitulé de la convention collective de branche applicable aux salariés[13]. À défaut de convention de convention de branche applicable, les bulletins de paie doivent faire référence au code du travail concernant la durée des congés payés et des délais de préavis en cas de cessation de la relation de travail.

L'absence d'information sur la convention collective applicable ne cause toutefois plus nécessairement un préjudice au salarié qui doit apporter la preuve du préjudice réellement subi[14].

Il se peut que le bulletin de paie mentionne une convention collective autre que celle normalement applicable dans l'entreprise. Une telle convention ne peut constituer, dans les relations collectives de travail, la convention collective applicable à l'entreprise en lieu et place de celle normalement applicable[15]. En revanche, elle s'appliquera le cas échéant

1. C. trav., art. L. 2262-5.
2. C. trav., art. L. 3341-6 ; C. trav., art. R. 3341-5.
3. C. trav., art. R. 2262-1-2.
4. C. trav., art. R. 2262-1-3.3336.
5. C. trav., art. L. 2262-7.
6. Décr. n° 2016-1417, 20 oct. 2016 relatif à la simplification des obligations des entreprises en matière d'affichage et de transmission de documents à l'administration, *JO* 22 oct., n° 16.
7. C. trav., art. R. 2262-3.
8. C. trav., art. R. 2262-5.
9. C. trav., art. R. 2262-4.
10. C. trav., art. R. 2263-2.
11. Une information au moment de la remise du bulletin de paie est tardive : Soc. 3 févr. 1999, n° 96-45.615, NP.
12. Soc. 23 avr. 1997, n° 94-42.525, P, *Dr. soc.* 1997. 641, obs. G. Couturier ; *RJS* 1997. 427, n° 648 – Soc. 21 juin 2006, n° 04-44.515, NP.
13. C. trav., art. R. 3243-1, 3° – Soc. 10 janv. 2001, n° 98-40.578, NP ; *RJS* 3/2001, n° 320.
14. Soc. 17 mai 2016, n° 14-21.872, NP ; *D.* 2017. 840, obs. P. Lokiec et J. Porta.
15. « Dans les relations collectives, une seule convention collective est applicable, laquelle est déterminée par l'activité principale de l'entreprise » : Soc. 18 juill. 2000, n° 97-44.897, P V, n° 295 ; *Dr. soc.* 2000. 921, obs. J.-Y. Frouin. ; *D.* 2001. 1201, note B. Reynès ; *Dr. soc.* 2000. 1024, obs. J.-Ph. Lhernould ; *RJS* 11/2000, n° 1118.

à titre volontaire, dans les relations individuelles de travail. La mention de ladite convention collective sur le bulletin de paie ne vaut toutefois pas présomption irréfragable d'application. L'employeur peut apporter la preuve contraire[1]. Il en résulte, par exemple, que la mention d'un code APE sur un bulletin de paie n'implique pas obligatoirement l'application de la convention collective correspondante[2].

En cas d'application volontaire de la convention collective figurant sur le bulletin de paie, il y a lieu de faire jouer le principe de faveur entre cette convention collective et celle normalement applicable[3].

Comment joue la prescription dans ce type d'hypothèse ? Pour rappel, le délai de prescription ne peut commencer à courir lorsque le salarié n'a pas connaissance des éléments déterminant le montant de la créance ou lorsqu'il n'a pas pu avoir connaissance d'une façon suffisamment précise de la créance exigible[4]. Sur cette base, la Cour de cassation décide que si les bulletins de paie délivrés aux salariés mentionnaient une convention collective autre que celle applicable dans l'entreprise et que les salariés n'avaient été en mesure de connaître le statut collectif dont relevait l'entreprise qu'à l'issue de la procédure engagée par un syndicat devant le tribunal de grande instance, le délai de prescription n'a pas pu commencer à courir antérieurement[5].

143.25 **Information des IRP.** L'employeur lié par une convention ou un accord collectif de travail doit fournir un exemplaire de ce texte au comité social et économique, aux comités sociaux et économiques d'établissement ainsi qu'aux délégués syndicaux ou aux salariés mandatés[6].

Par ailleurs, l'employeur fournit chaque année au comité social et économique, et aux délégués syndicaux, la liste des modifications apportées aux conventions ou accords applicables dans l'entreprise[7].

À défaut de représentants du personnel, cette information est communiquée aux salariés[8].

143.26 **Transmission à la commission paritaire permanente de négociation et d'interprétation de la branche.** Tout accord conclu au niveau de l'entreprise et portant sur la durée du travail, le repos quotidien, les jours fériés, les congés et le compte épargne-temps doit être transmis à la commission paritaire permanente de négociation et d'interprétation de la branche[9].

1. Soc. 15 nov. 2007, n° 06-43.383, P ; *GADT*, 4e éd., Dalloz, 2008, n° 168 ; *D.* 2008. 325, note Reynès ; *D.* 2007. 3072 ; *RDT* 2008. 44, obs. H. Tissandier ; *Dr. soc.* 2008. 182, chron. P.-H. Antonmattei ; *RDSS* 2008. 185, obs. D. Boulmier ; – Soc. 11 mars 2015, n° 13-27.120, NP.
2. Soc. 27 mars 2007, n° 05-44.900, NP.
3. Soc. 7 mai 2002, n° 99-44.161, P V, n° 154 ; *RJS* 2002. 660, n° 860.
4. Soc. 26 janv. 2012, n° 10-13.825, NP, *D.* 2013. 1374, obs. J. Raynard ; *PIBD* 2012. III. 145.
5. Soc. 25 sept. 2013, n° 11-27.693, P V, n° 206 ; Th. Pasquier, « La Cour de cassation, gardienne du temple de la prescription », *SSL*, n° 1608 ; *D.* 2013. 2279 ; *Dr. soc.* 2013. 1061, obs. D. Boulmier.
6. C. trav., art. R. 2262-2.
7. C. trav., art. L. 2262-6.
8. C. trav., art. L. 2262-6.
9. C. trav., art. L. 2232-9, II, al. 7 ; mod. par L. n° 2016-1088, 8 août 2016, art. 24 – Décr. n° 2016-1556, 18 nov. 2016 relatif à la procédure de transmission des conventions et accords d'entreprise aux commissions paritaires permanentes de négociation et d'interprétation, *JO* 19 nov., n° 31.3.

CHAPITRE

144. Adhésion et application volontaire d'une convention collective

SECTION 0 ORIENTEUR

144.00 **Sommaire du chapitre.**

Division. Une entreprise qui ne fait normalement pas partie du champ d'application d'une convention collective de branche peut décider d'y adhérer (§ 1), ou d'en faire une application volontaire (§ 2). Ces deux mécanismes sont soumis à des conditions particulières.

144.01 **Textes applicables.**

- **C. trav.,** art. L. 2261-3 [Principe]
- **C. trav.,** art. L. 2261-4 [Effets]
- **C. trav.,** art. L. 2261-4 et L. 2261-5 [Périmètre]

144.02 **Jurisprudence de référence.**

- **Soc. 5 mai 1998,** n° 96-13.498

Sur le deuxième moyen :

Attendu que les mêmes reprochent encore à l'arrêt de les avoir déboutés de leur demande tendant à ce que soit jugé nul l'accord signé le 19 novembre 1993 par EDF-GDF et certains syndicats de salariés alors, d'une part, que les conventions ou les accords d'entreprise sont négociés entre l'employeur et les organisations syndicales de salariés représentatives dans l'entreprise qui doivent être toutes convoquées à toutes les réunions, que l'accord du 19 novembre 1993 prévoit l'engagement d'une "étude" avec les fédérations syndicales signataires en vue de la création d'un fonds d'encouragement à la solidarité, d'une "étude associant l'ensemble des fédérations syndicales signataires" en vue d'améliorer le système de formation, et la préparation par les signataires d'une négociation sur la réduction de la durée du travail, qu'en estimant que cet accord avait pu valablement exclure des réunions ainsi organisées entre les représentants de la direction et les organisations syndicales de salariés représentatives dans l'entreprise les syndicats non signataires de cet accord, réunions visant, quelle que soit leur dénomination, à préparer la conclusion d'un ou de plusieurs accords collectifs relatifs aux matières qu'il mentionnait, la cour d'appel a violé les articles L. 132-19 et L. 412-2 du Code du travail, le principe de non-discrimination entre syndicats, et le paragraphe 1-5 du chapitre 1, le paragraphe 2-1 du chapitre 3 et le paragraphe 3 du chapitre 2 de l'accord "pour le développement de l'emploi et une nouvelle dynamique sociale" du 19 novembre 1993 ; alors, d'autre part, qu'en estimant que la participation à l'observatoire national de l'emploi, créé par l'accord aux fins de permettre aux organisations syndicales de contribuer à la préparation, à la mise en œuvre et au suivi des politiques relatives à l'emploi, avait pu être valablement réservée aux syndicats signataires de l'accord, à l'exclusion des autres syndicats représentatifs dans l'entreprise, la cour d'appel a violé l'article L. 132-15 du Code du travail, l'article L. 412-2 du même Code et le principe de non-discrimination entre syndicats ;

Mais attendu, d'abord, que la cour d'appel a retenu, à bon droit, d'une part, que les dispositions de l'accord relatives à la création d'un fonds d'encouragement à la solidarité et à l'amélioration du système de formation se bornaient à prévoir la réalisation d'études afférentes à ces thèmes sans faire référence à de futures négociations collectives, d'autre part, que celles relatives à la réduction de la durée du travail, qui prévoyaient bien la préparation d'une négociation collective, n'en excluaient pas les organisations syndicales non signataires de l'accord ;

Et attendu, ensuite, que seules peuvent prétendre participer aux organismes paritaires ou aux institutions créés par un accord collectif de travail les organisations d'employeurs et de salariés signataires de cet accord ou celles qui y ont adhéré, sans qu'il y ait lieu de distinguer entre un accord collectif de branche et un accord d'entreprise ; que c'est, par suite, à bon droit, que la cour d'appel a décidé, qu'en réservant aux signataires de l'accord le droit de participer à l'observatoire national de l'emploi créé par l'accord, celui-ci n'avait pas instauré une discrimination prohibée entre syndicats ;

Que le moyen n'est fondé en aucune de ses branches ;

Sur le troisième moyen : (sans intérêt) ;

PAR CES MOTIFS :

REJETTE le pourvoi.

• **Soc. 4 déc. 1991,** n° 88-40.454

Attendu que M. X..., au service du laboratoire photographique professionnel Marcel Y... depuis le 18 septembre 1973, en dernier lieu en qualité de "tireur-filtreur", a été licencié le 8 février 1985 ; qu'il a saisi la juridiction prud'homale afin d'obtenir le paiement d'une indemnité pour inobservation de la procédure de licenciement et d'une indemnité complémentaire de licenciement sur le fondement de la convention collective nationale des industries chimiques du 30 décembre 1952 ;

Sur le troisième moyen : (sans intérêt) ;

Mais sur le second moyen, pris en sa dernière branche :

Vu les articles L. 132-9 et L. 132-10 du Code du travail applicables en la cause ;

Attendu que, selon ces textes, l'adhésion d'une entreprise à un syndicat signataire d'une convention collective ne soumet cette entreprise à celle-ci que si son activité entre dans le champ d'application professionnel de la convention collective ; que l'application volontaire de la convention a la valeur d'un usage que l'employeur peut dénoncer ;

Attendu que pour faire droit à la demande, la cour d'appel a retenu que si la société avait adhéré à un syndicat membre d'une organisation signataire de la convention collective, son activité n'était pas comprise dans son champ d'application professionnel ; que cependant elle en avait fait une application volontaire dont devait bénéficier le salarié ;

Qu'en statuant ainsi, sans rechercher si, comme le soutenait la société dans ses conclusions elle avait mis fin à l'application volontaire de la convention collective par une note du 9 novembre 1983, la cour d'appel n'a pas donné de base légale à sa décision ;

PAR CES MOTIFS, et sans qu'il y ait lieu de statuer sur le premier moyen, ni sur la première branche du second moyen :

CASSE ET ANNULE, sauf en ses dispositions ayant condamné la société à payer une indemnité pour inobservation de la procédure de licenciement, l'arrêt rendu le 24 novembre 1987, entre les parties, par la cour d'appel de Paris ; remet, en conséquence, quant à ce, la cause et les parties dans l'état où elles se trouvaient avant ledit arrêt et, pour être fait droit, les renvoie devant la cour d'appel de Paris autrement composée.

• **Soc. 18 nov. 1964,** n° 64-40.148

LA COUR : en l'audience publique de ce jour.

Sur le moyen unique, pris de la violation des articles 23, 1134 et 1382 du Code civil, 38 et suivants, 47, 68 et suivants du Code du Travail d'Outre-Mer, 7 de la loi du 20 avril 1810, dénaturation des documents, absence et contradiction de motifs, manque de base légale ;

Attendu qu'il résulte des constatations des juges du fond que Centoni, employé au service de la Compagnie Péchiney depuis 1932, avait été affecté au Laboratoire de contrôle du centre minier de Thiès (Sénégal) du 1er avril 1946 au 4 avril 1959, date à laquelle il revint en France, malade, pour y être hospitalisé dans un sanatorium ; que, pendant son absence, il fut remplacé à Thiès, puis que son emploi y fut supprimé ; que lorsqu'il fut rétabli, un nouveau contrat lui fut offert comme aide chimiste à l'usine de Salindres (Gard), après essai sous surveillance médicale ; que Centoni travailla du 8 au 31 mai 1961, mit fin à cet essai et demanda à être réintégré dans son ancien emploi à Thiès ; que, n'ayant pu l'obtenir, il forma une demande en paiement d'indemnités de préavis et de licenciement ;

Attendu que Centoni fait grief à l'arrêt attaqué de l'avoir débouté de sa demande, aux motifs qu'il avait cessé de lui-même son travail, que les indemnités que lui avait servies bénévolement la Compagnie Péchiney au cours de son traitement ne lui avaient pas constitué de droit à être maintenu dans son précédent emploi, et que la convention collective Unisyndi d'A.O.F. du 26 décembre 1945 qui prévoyait le paiement d'indemnités en cas de résiliation pour maladie ne liait pas la Compagnie Péchiney, – alors qu'il résultait des éléments de la cause que la Compagnie Péchiney faisait au centre minier de Thiès l'application de la convention collective Unisyhdi et que, d'autre part, la mutation de Contoni dans un nouvel emploi ne pouvait se faire qu'avec son accord, la Compagnie Péchiney ne pouvant apporter unilatéralement des modifications défavorables à son contrat de travail ;

Mais attendu que l'arrêt attaqué constate que la Compagnie Péchiney n'a pas été signataire de la convention collective invoquée par Centoni et qu'elle n'y a jamais adhéré, que la cour d'appel n'a pas dénaturé la circulaire du 21 juin 1957 par laquelle la Compagnie Péchiney faisait connaître que par suite du retard dans la conclusion de la convention collective des Industries Extractives, elle avait décidé d'appliquer à titre provisoire une nouvelle classification des agents de la troisième catégorie de la convention Unisyndi, ce qui n'impliquait pas que Péchiney s'engageait à observer toutes les dispositions de cette convention ; qu'elle relève qu'en conséquence

PAR CES MOTIFS :

REJETTE

• **Soc. 18 juill. 2000,** n° 99-60.440

Sur les moyens réunis de la déclaration de pourvoi et du mémoire complémentaire :

Attendu que le syndicat CFDT santé sociaux du Haut-Rhin a désigné, le 26 mai 1997, M. X... en qualité de délégué syndical de l'association Le Rayon de soleil, qui comprend moins de 50 salariés, en se fondant sur les dispositions de la Convention collective nationale de travail des établissements et services pour personnes inadaptées et handicapées du 15 mars 1966 ;

Attendu que M. X... reproche au jugement attaqué statuant sur renvoi après cassation (chambre sociale, 29 octobre 1998 n° 4389 D) d'avoir annulé sa désignation par le syndicat CFDT en qualité de délégué syndical et de l'avoir condamné *in solidum*, ainsi que le syndicat CFDT, à verser à l'association Le Rayon de soleil la somme de 3 000 francs au titre de l'article 700 du nouveau Code de procédure civile ; alors, selon le moyen, 1° que la mention de la convention collective sur le bulletin de paie vaut reconnaissance de l'application de ladite convention collective ; qu'en ne répondant pas aux conclusions du salarié soulignant, notamment, que la mention de la Convention collective nationale du 15 mars 1966 figurait sur les fiches de paie de l'ensemble des salariés, le tribunal d'instance a violé l'article 455 du nouveau Code de procédure civile ; alors, 2° que l'association Le Rayon de soleil ne contestait pas que la convention collective ait été mentionnée sur les bulletins de salaire, le fait étant ainsi acquis aux débats ; qu'en n'en tirant pas les conséquences qui s'en déduisaient, le tribunal d'instance a violé la directive 91/533 CEE du 14 octobre 1991, ensemble l'article L. 143-2 du Code du travail ;

Mais attendu que la mention obligatoire sur le bulletin de paie de la convention collective applicable ne vaut reconnaissance de l'application de la convention à l'entreprise que dans les relations individuelles de travail et non dans les relations collectives ;

Et attendu que le tribunal d'instance, répondant aux conclusions, a exactement décidé que seules les dispositions légales relatives à la désignation des délégués syndicaux s'imposaient ; que les moyens ne sont pas fondés ;

PAR CES MOTIFS :

REJETTE le pourvoi.

• **Soc. 7 mai 2002,** n° 99-44.161

Attendu que M. X..., employé depuis le 6 juin 1994 en qualité d'ouvrier nettoyeur par la société Sega 07, puis, à compter du 27 mars 1995, par la société Océanex, titulaire du marché de nettoyage des cabines téléphoniques d'Orange Carpentras auquel il était affecté, n'ayant pas été repris par la société Nera, devenue titulaire du marché au mois de mars 1996, a saisi la juridiction prud'homale ;

Sur le premier moyen :

Attendu que la société Nera fait grief à l'arrêt confirmatif attaqué (Nîmes, 3 juin 1999) de l'avoir condamnée à payer au salarié des sommes à titre d'indemnité compensatrice de préavis et d'indemnité pour licenciement sans cause réelle et sérieuse en ordonnant sous astreinte la remise d'une attestation Assedic, alors, selon le moyen :

1° que la mention de la convention collective sur le bulletin de paie vaut reconnaissance de l'application de ladite convention collective ; qu'il s'agit d'une présomption irréfragable qui est opposable tant à l'employeur qu'au salarié ; que la cour d'appel, qui a constaté que les bulletins de paie de M. X... ne mentionnaient pas la convention collective du nettoyage mais une autre convention collective, mais qui a refusé d'en tirer les conséquences par des motifs inopérants, a violé la directive européenne n° 91/533 du 14 octobre 1991 et l'article R. 143-2 du Code du travail ;

2° que la société Nera avait notamment souligné dans ses écritures qu'il ne s'agissait pas seulement de rechercher si la convention collective du nettoyage était applicable, mais qu'il fallait surtout rechercher si l'annexe VII à ladite convention était ou non applicable ; qu'en ne répondant pas aux écritures de la société sur ce point, la cour d'appel a violé l'article 455 du nouveau Code de procédure civile ;

Mais attendu, d'abord, que si le salarié peut se prévaloir de la convention collective mentionnée sur le bulletin de paie, cette faculté ne lui interdit pas de revendiquer l'application de la convention collective à laquelle l'employeur est assujetti dans ses dispositions qui lui sont plus favorables ;

Attendu, ensuite, que la cour d'appel a exactement décidé que la mention de la convention collective de prévention et de sécurité, dans les bulletins de paie et le contrat de travail de M. X..., ne peut lui être opposée dès lors qu'il est établi que l'activité réelle principale de la société Océanex était une activité de nettoyage de locaux et qu'il pouvait, en conséquence, se prévaloir de la Convention collective nationale des entreprises de propreté, nouvelle dénomination de la convention collective de nettoyage des locaux ;

Et attendu, enfin, qu'en constatant que le salarié avait été affecté au nettoyage des cabines téléphoniques, objet du marché transféré, la cour d'appel a répondu, par là-même, aux conclusions invoquées ;

D'où il suit que le moyen n'est pas fondé ;

Sur le second moyen : (Publication sans intérêt) ;

Par ces motifs :

REJETTE le pourvoi.

• **Soc. 4 mars 2020,** n° 18-11.584

Sur le moyen unique du pourvoi principal de l'employeur :

Attendu que l'employeur fait grief aux arrêts de le condamner à payer aux salariés des sommes à titre de rappel de pause conventionnelle du 1er février 2012 au 30 avril 2017, outre les congés payés afférents, alors, selon le moyen, que la simple mention, dans le contrat de travail, d'une convention collective ne caractérise pas, à elle seule, la contractualisation de l'application de ladite convention ; qu'en l'espèce, pour considérer que l'application de la convention collective des industries métallurgiques de la région parisienne aurait été contractualisée, de sorte qu'elle n'aurait donc pas constitué un engagement unilatéral susceptible de dénonciation, la cour d'appel s'est bornée à relever que « le contrat de travail du salarié stipule qu'il est soumis aux dispositions de la convention collective des industries métallurgiques de la région parisienne » ; qu'en déduisant ainsi la contractualisation de l'application de ladite convention de sa seule mention dans le contrat de travail, la cour d'appel a violé l'article 1134, devenu 1103, du code civil, ensemble l'article L. 1221-1 du code du travail ;

Mais attendu que la cour d'appel, qui a relevé que l'application à la relation de travail de la convention collective des industries métallurgiques de la région parisienne était prévue par une disposition expresse du contrat de travail du salarié, en a déduit à bon droit que l'application de cette convention collective avait été contractualisée et ne résultait pas d'un engagement unilatéral de la société UPS SCS, de sorte que la dénonciation de cet engagement était inopposable au salarié ; que le moyen n'est pas fondé.

• **Soc. 5 juill. 2023,** n° 22-10.414

Faits et procédure

1. Selon l'arrêt attaqué (Amiens, 27 janvier 2021), M. [F] a été engagé en qualité de reporter-photographe par contrat de travail à temps partiel conclu le 1er janvier 2014 par la société Agence de presse et reportages hippiques (la société) pour une durée mensuelle de cinquante-six heures.

2. Le 11 décembre 2017, il a saisi la juridiction prud'homale de demandes se rapportant à l'exécution du contrat de travail.

Examen des moyens

Sur le premier moyen du pourvoi principal du salarié

Énoncé du moyen

3. Le salarié fait grief à l'arrêt de dire que la convention collective applicable est la convention collective nationale de travail des journalistes, de le débouter de sa demande en requalification de son contrat de travail à temps partiel en un contrat à temps complet ou à titre subsidiaire en un contrat à temps partiel de vingt-quatre heures hebdomadaires et des prétentions indemnitaires à ce titre, de limiter à certaines sommes le montant des condamnations prononcées à l'encontre de l'employeur au titre de la prime de treizième mois, de la prime d'ancienneté, au titre de l'indemnité pour l'amortissement et l'utilisation de son matériel photographique personnel, alors « qu'un employeur peut volontairement décider d'appliquer à ses salariés une convention collective qui ne serait pas normalement applicable dans l'entreprise, compte tenu de la nature de son activité principale, notamment, en la mentionnant dans le contrat de travail et dans les bulletins de paie ; que M. [F] a justement rappelé ce principe en rappelant que "même si la société APRH n'est pas signataire de la convention, elle (en) a accepté les conditions en la mentionn(ant) dans le contrat de travail du salarié. Avec ces mentions, la société défenderesse s'est obligée contractuellement à appliquer les dispositions de la convention collective des agences de presse" ; qu'en jugeant pourtant que "le juge doit, pour déterminer la convention collective dont relève un employeur, apprécier concrètement la nature de l'activité qu'il exerce à titre principal sans s'en tenir à ses statuts, ni aux mentions figurant au contrat de travail ou sur des bulletins de paie et autres documents de l'entreprise" quand la Sarl APRH pouvait volontairement décider d'appliquer à M. [F] la convention collective des employés et des agences de presse du 1er juin 1998, en lieu et place de la convention collective qui lui était normalement applicable compte tenu de la nature de l'activité de l'entreprise, en la mentionnant dans le contrat de travail et les bulletins de paie, la cour d'appel a violé l'article 1134 du code civil, dans sa rédaction applicable au litige. »

Réponse de la Cour

Vu l'article 1134, alinéa 1er du code civil dans sa rédaction antérieure à l'ordonnance n° 2016-131 du 10 février 2016 :

4. Les conventions légalement formées tiennent lieu de loi à ceux qui les ont faites.

5. Si, dans les relations collectives de travail une seule convention collective est applicable, laquelle est déterminée par l'activité principale de l'entreprise, dans les relations individuelles, le salarié, à défaut de se prévaloir de cette convention, peut demander l'application de la convention collective mentionnée dans le contrat de travail.

6. Pour dire que la convention collective applicable est la convention collective nationale de travail des journalistes du 1er novembre 1976, l'arrêt, après avoir rappelé les dispositions de l'article L. 2261-2 du code du travail retient que le juge doit, pour déterminer la convention collective dont relève un employeur, apprécier concrètement la nature de l'activité qu'il exerce à titre principal, sans s'en tenir à ses statuts, ni aux mentions figurant au contrat de travail ou sur des bulletins de paie et autres documents de l'entreprise. Il ajoute que la référence à l'identification de l'employeur auprès de l'Insee n'a qu'une valeur indicative, que les fonctions exercées par le salarié sont indifférentes et que la charge de la preuve de l'activité réelle incombe à la partie qui demande l'application d'une convention collective.

7. L'arrêt retient encore qu'il n'est pas utilement contredit que la société exerce à titre principal son activité dans le domaine des courses hippiques, employant des reporters-photographes pour se constituer une banque d'images et vendre les reportages réalisés à différents clients. Il conclut que les salariés recrutés sont soumis à la convention collective du travail des journalistes et non pas à la convention collective des employés des agences de presse.

8. En statuant ainsi, alors que la référence dans le contrat de travail à la convention collective des agences de presse valait reconnaissance de l'application de la convention à l'égard du salarié, la cour d'appel a violé les textes susvisés.

144.03 **Bibliographie indicative.**

Monographies. J. Pélissier., A. Lyon-Caen, A. Jeammaud, E. Dockès, *Les grands arrêts du droit du travail*, Dalloz, 2008, 4e éd., obs. sous Soc. 15 nov. 2007, n° 168, p. 76.

Articles. C. Mariano, « Application volontaire d'une convention collective : portée de la mention inscrite au contrat de travail », *BJT* 2020, n° 6, p. 29 – M. Morand, « L'application volontaire d'une convention collective non obligatoire », *JCP E* 2003. 1552.

§ 1 Adhésion à une convention collective postérieurement à sa signature

144.11 **Adhésion par une organisation représentative de salariés.** En application de l'article L. 2261-3 du code du travail, toute organisation syndicale représentative peut, librement, décider d'adhérer à une convention collective d'ores et déjà applicable. La seule condition posée aux organisations syndicales de salariés est donc leur représentativité dans le champ d'application de la convention collective ou de l'accord. L'adhésion est même possible dans le cadre d'un accord collectif dénoncé, mais demeurant en vigueur pendant la période de survie[1].

144.12 **Effets de l'adhésion (organisation syndicale de salariés).** L'adhésion permet à l'organisation syndicale de devenir partie à la convention. On peut se demander l'intérêt que peut avoir un syndicat de salariés à adhérer à une convention collective, au regard de l'effet erga omnes de l'accord collectif. Il est vrai que la teneur de l'article L. 2262-31 est antérieure à la jurisprudence relative à l'effet erga

1. Soc. 1er déc. 1983, n° 83-60.914, P V, n° 589.

omnes. Mais, aujourd'hui encore, cette adhésion peut présenter un intérêt pour un syndicat qui peut notamment bénéficier de certaines dispositions spécifiquement réservées aux signataires, par exemple la participation à des commissions paritaires, qui sont réservées aux signataires de la convention [1] et participer au processus de révision. C'est ce que prévoit expressément l'article L. 2261-4 du code du travail, et que reprend une jurisprudence constante [2]. L'adhésion ne peut donner des effets que pour l'avenir [3].

144.13 Adhésion par un groupement d'employeurs ou par des employeurs à titre individuel. L'article L. 2261-3 autorise expressément l'adhésion à une convention ou un accord par les associations d'employeurs ou les employeurs pris individuellement. Par conséquent, l'adhésion peut être le fait d'une organisation d'employeurs, entraînant dans son sillage toutes les entreprises adhérentes, ou bien d'une ou plusieurs entreprises individuellement.

144.14 Conditions de l'adhésion par un groupement d'employeurs. Dès lors que l'organisation d'employeurs qui adhère est représentative dans le champ d'application de la convention, les signataires ne peuvent pas s'opposer à cette adhésion. Il est possible d'adhérer à la totalité ou seulement à une partie de la convention collective, mais il n'est pas possible d'adhérer avec réserves [4].

L'adhésion doit être formulée de manière expresse. Ainsi, la diffusion d'une circulaire, ou l'application volontaire de certaines des dispositions d'une convention ne constituent pas la preuve d'une adhésion [5]. Elle doit être notifiée aux signataires de la convention ou de l'accord. L'adhésion doit faire l'objet d'un dépôt, à l'instar des nouveaux accords [6].

144.15 Effets de l'adhésion (groupement d'employeurs). L'adhésion a un double effet, lorsqu'elle émane d'un groupement d'employeurs : elle confère à ce groupement la qualité de partie à la convention, avec les droits y afférents (bénéfice de dispositifs paritaires, convocation en cas de révision, etc.), mais également elle soumet les entreprises adhérentes à ce groupement à l'application de la convention collective. Le groupement qui adhère peut cependant explicitement limiter l'opposabilité de l'adhésion à certains employeurs [7].

L'adhésion n'a pas pour effet, *a priori*, de modifier le champ d'application de l'accord [8]. Cependant, de fait, l'adhésion d'une organisation d'employeurs peut rendre la convention ou l'accord applicable sur un secteur territorial ou un champ professionnel qui n'était pas prévu à l'origine. En ce cas, en application de l'article L. 2261-5 du code du travail, l'adhésion doit prendre la forme d'un accord collectif entre les parties intéressées, ce qui suppose donc l'accord des parties signataires de l'accord d'origine pour que le champ d'application soit modifié.

À défaut, l'adhésion du groupement d'employeur ne vaut pas comme une adhésion mais comme une application volontaire de la convention, et a de ce fait valeur simplement d'usage [9].

Enfin, si l'adhésion émane d'un employeur dont l'entreprise n'entre pas normalement dans le champ d'application de l'accord, l'article L. 2261-6 impose l'agrément de toutes les organisations syndicales de salariés représentatives dans l'entreprise. Il s'agit en effet d'éviter que par le biais de l'adhésion volontaire, l'employeur ne puisse se livrer à un « forum shopping » et choisir la convention qui l'arrange alors même qu'il n'en dépend pas [10]. Il n'est pas prévu en revanche en ce cas l'accord des organisations signataires, puisque le champ de l'accord lui-même n'est pas modifié par cette adhésion à titre individuel.

§ 2 Application volontaire d'une convention collective

144.21 Application volontaire d'un accord collectif de branche par un employeur. L'application volontaire d'un accord de branche par un employeur est différente de l'adhésion. Elle ne confère pas à l'employeur la qualité de partie à la convention. Elle ne l'oblige pas à appliquer les éventuels avenants ultérieurs [11].

1. Soc. 5 mai 1998, n° 96-13.498, P V, n° 219 ; *GADT*, 4e éd., Dalloz, 2008, n° 159 ; *D.* 1998. 608, note G. Auzero ; *Dr. soc.* 1998. 579, rapp. J.-Y. Frouin ; *RJS* 1998. 476, n° 750 ; *CJEG* 1998. 362, note Papin ; *JCP E* 1998. 1407, note Aubert-Monpeyssen ; *Dr. ouvrier* 1998. 350, note D. Boulmier ; *D.* 1998. IR 144 ; *Dr. soc.* 1998. 585, note Frouin ; *CSB* 1998. 167, A. 34 ; *TPS* 1998. 15, n° 244 ; *RJS* 8-9/1998, p. 611, chron. P.-H. Antonmatteï.
2. Soc. 5 mai 1998, n° 96-13.498, préc.
3. Soc. 7 avr. 1993, n° 90-22.043, P V, n° 114 ; *RJS* 1993. 312, n° 528.
4. Soc. 5 mars 1986 – Soc. 16 juin 1960, *JCP* 1960. II. 11831, note G. H. Camerlynck.
5. Soc. 15 janv. 1981, n° 79-41.195, P V, n° 36 – AUSSI : Soc. 5 juill. 1978, n° 77-40.230, P n° 559.
6. C. trav., art. D. 2231-8.
7. Soc. 29 avr. 1985, n° 82-41.638, P V, n° 262 ; *D.* 1988. 231, note G. Borenfreund.
8. Soc. 4 déc. 1991, n° 88-40.454, P V, n° 553 ; *D.* 1992. IR 25 ; *Dr. soc.* 1992. 197.
9. Soc. 4 déc. 1992, n° 88-44.074, P ; *D.* 1992. IR 25 ; *Dr. soc.* 1992. 197.
10. Sur les effets d'une application volontaire en ce cas, v. ss nos 144.22 s.
11. Soc. 21 mars 2006, n° 03-47.085, NP, *RDT* 2006. 37, obs. G. Pignarre.

L'application volontaire n'est pas soumise au même formalisme juridique que l'adhésion, mais elle doit résulter d'un acte de volonté clair et explicite[1], même s'il ne s'agit pas d'un acte écrit. Ainsi l'application constante d'un accord collectif, l'affichage d'une note de service[2] ou une communication auprès des salariés[3] peuvent démontrer la volonté d'application volontaire de l'employeur[4]. La mention de la convention collective sur le bulletin de paie ne constitue qu'une présomption simple d'applicabilité d'une convention collective[5]. Et lorsque cette présomption n'est pas combattue, la mention dans le bulletin de paie « ne vaut reconnaissance de l'application de la convention à l'entreprise que dans les relations individuelles de travail[6] ».

En revanche, la mention de la convention collective dans le contrat de travail (et pas simplement dans le bulletin de paie) vaut contractualisation. « La cour d'appel, qui a relevé que l'application à la relation de travail de la convention collective des industries métallurgiques de la région parisienne était prévue par une disposition expresse du contrat de travail du salarié, en a déduit à bon droit que l'application de cette convention collective avait été contractualisée et ne résultait pas d'un engagement unilatéral de la société UPS SCS, de sorte que la dénonciation de cet engagement était inopposable au salarié », relève la Cour de cassation dans son important arrêt du 4 mars 2020[7]. Celle-ci ajoute que « si, dans les relations collectives de travail une seule convention collective est applicable, laquelle est déterminée par l'activité principale de l'entreprise, dans les relations individuelles, le salarié, à défaut de se prévaloir de cette convention, peut demander l'application de la convention collective mentionnée dans le contrat de travail »[8]. Le fondement n'est pas ici l'engagement unilatéral ou l'usage mais le principe de force obligatoire du contrat[9]. Le salarié peut réclamer l'application de la convention collective mentionnée dans son contrat de travail sans que l'employeur puisse, au contraire de la solution retenue à propos de la mention sur le bulletin de paie, rapporter la preuve contraire[10].

1. Soc. 5 oct. 1993, n° 89-43.869, P V, n° 222 ; *RJS* 1993. 663, n° 1122 – Soc. 7 avr. 2004, n° 02-40.761, P V, n° 117 ; *D.* 2004. 1352 ; *Dr. soc.* 2004. 675, obs. Ch. Radé. – Soc. 16 mai 2012, n° 11-11.100, P ; *Dr. soc.* 2012. 742, obs. J. Mouly.
2. Soc. 5 févr. 1975, n° 74-40.140, P ; – RAPPR. : Soc. 7 avr. 2004, n° 02-40.761, P ; *D.* 2004. 1352 ; *Dr. soc.* 2004. 675, obs. C. Radé.
3. Soc. 29 mai 1986, n° 83-44.809, P.
4. Soc. 31 janv. 1974, n° 72-40.728, P V, n° 89.
5. Soc. 15 nov. 2007, n° 06-43.383, préc.
6. Soc. 18 juill. 2000, n° 99-60.440, P ; *D.* 2000. 222.
7. Soc. 4 mars 2020, n° 18-11.584.
8. Soc. 5 juill. 2023, n° 22-10.424.
9. Soc. 5 juill. 2023, n° 22-10.424.

144.22 Effets de l'application volontaire. L'application volontaire d'un accord ou d'une convention de branche a le même effet juridique qu'un usage[11] : l'employeur s'oblige, vis-à-vis des salariés, à l'application de l'accord. Il peut cependant à tout moment y renoncer à condition toutefois de prévenir individuellement les salariés de sa volonté de mettre fin à l'application volontaire et d'en avoir informé les représentants des salariés dans un délai permettant d'éventuelles négociations d'un autre accord[12].

L'engagement d'un employeur d'appliquer un accord ou une convention de branche peut ne porter que sur quelques-unes seulement de ses stipulations[13], ou ne concerner qu'une catégorie seulement de salariés[14].

Par ailleurs, l'application volontaire d'une convention de branche est dépourvue de tout effet rétroactif, sauf engagement contraire de l'employeur. Celui-ci n'est pas davantage engagé, sauf ici également s'il s'y est engagé de façon claire et non équivoque, à appliquer à ses salariés les avenants ultérieurs de la convention de branche appliquée à titre volontaire[15]. « L'application dans une entreprise des clauses d'une convention collective non obligatoire n'implique pas nécessairement l'engagement d'appliquer également à l'avenir les dispositions de ses avenants éventuels ou d'un accord de substitution », énonce la Cour de cassation[16].

À ce qui précède, il convient d'ajouter, comme cela vient d'être vu à propos du bulletin de paie, que l'application volontaire d'un accord collectif ou d'une convention collective n'a d'effet que sur les rapports individuels de travail. Dans les rapports entre organisations syndicales de salariés et employeur, seule joue la convention collective normalement applicable[17].

144.23 Limite de l'application volontaire. L'application volontaire d'un accord collectif par un employeur ne peut pas permettre à ce dernier d'écarter l'application de l'accord ou de la convention qui lui est normalement applicable au regard de son secteur d'activité et de son secteur géographique[18]. En effet, l'employeur est tenu d'appliquer la convention collective dont il relève. Elle ne peut pas non

10. Soc. 16 mai 2012, n° 11-11.100.
11. Soc. 4 déc. 1991, n° 88-40.454, préc.
12. Soc. 10 mai 1994, n° 91-42.293, NP, *Dr. soc.* 1994. 718, note G. Bélier.
13. Soc. 27 janv. 1982, n° 79-41.782, P V, n° 49.
14. Soc. 5 oct. 1993, n° 89-43.869, préc.
15. Soc. 21 oct. 1998, n° 97-44.337, P ; *Dr. soc.* 1999. 103, obs. G. Bélier.
16. Soc. 21 oct. 1998, n° 97-44.337, P.
17. Soc. 16 nov. 1999, n° 98-60.356, P ; – Soc. 10 déc. 2002, n° 00-44.260, P ; *D.* 2003. 252.
18. Soc. 7 mai 2002, n° 99-44.161, préc.

plus permettre de déroger aux dispositions plus favorables d'une loi qui aurait été normalement applicable s'il n'y avait pas application volontaire de l'accord. Cependant, s'il fait application volontaire d'une autre convention, les salariés peuvent quant à eux revendiquer l'application des dispositions plus favorables de la convention appliquée volontairement[1].

Par ailleurs, lorsque l'application dans une entreprise d'une convention ou d'un accord collectif de branche auquel l'employeur n'est pas soumis résulte d'un engagement unilatéral ou d'un usage, la conclusion d'un accord d'entreprise ayant le même objet met automatiquement fin à cet usage ou à cet engagement unilatéral. Le principe de faveur n'a pas à jouer[2].

1. Soc. 18 juill. 2000, n° 97-44.897, préc.
2. Soc. 26 sept. 2012, n° 10-24.529, P ; *D.* 2012. 2316 ; *JA* 2012, n° 470, p. 13, obs. L. T.

TITRE

15. Commissions dédiées à la négociation collective

SECTION 0 ORIENTEUR

15.00 **Sommaire du titre.**

Division. À tous les niveaux de négociation, national (chap. 151) et branche (chap. 152), le législateur a prévu la mise en place de commissions à composition paritaire afin d'aider à impulser ou procéder à la négociation collective, de donner un avis si nécessaire, d'éviter les carences ou les superpositions et d'aider à l'interprétation. Ces commissions instituées par les lois successives ont un rôle important qui justifie, pour se retrouver dans un paysage d'autant plus complexe que les dénominations des commissions sont proches, des développements autonomes (chap. 153).

15.05 **Principe.** À chaque niveau de négociation, une ou plusieurs commissions paritaires sont instituées par la loi. Elles ont pour rôle, soit d'aider à la négociation, soit d'être des organismes de consultation ou de bilan.

CHAPITRE

151. Commissions dédiées à la négociation au niveau national

SECTION 0 ORIENTEUR

151.00 Sommaire du chapitre.

Division. Au niveau national, il existe deux commissions dédiées à la négociation collective, le Haut conseil du dialogue social (sect. 1) et la Commission nationale de la négociation collective, de l'emploi et de la formation professionnelle (sect. 2).

151.01 Textes applicables.

> Haut conseil du dialogue social

- **C. trav**., art. L. 2122-11 [Missions et composition]
- **C. trav**., art. R. 2122-1 [Composition]
- **C. trav.,** art. R. 2122-3 [Consultation obligatoire]
- **C. trav.,** art. R. 2122-4 [Fonctionnement]

> Commission nationale de la négociation collective

- **C. trav.,** art. L. 2271-1 [Missions]
- **C. trav.,** art. L. 2271-2 [Composition]
- **C. trav.,** art. R. 2271-1 [Mission en matière d'égalité hommes-femmes]
- **C. trav.,** art. R. 2272-1 [Composition]

SECTION 1 HAUT CONSEIL DU DIALOGUE SOCIAL

151.11 Comité créé dans le cadre de la reconnaissance de la représentativité syndicale. Institué par la loi du 20 août 2008 [1], le Haut conseil du dialogue social a pour mission essentielle de donner son avis sur la liste des organisations syndicales représentatives au niveau national et interprofessionnel et au niveau des branches. Sa mission a ensuite naturellement été étendue, par la loi du 15 octobre 2010 [2], à la vérification du déroulement des élections organisées au niveau national dans le cadre de la mesure d'audience de la représentativité syndicale pour les TPE. Il s'agissait ainsi, dans le cadre d'une réforme particulièrement importante du mode d'établissement de la représentativité syndicale et des conditions de signature des accords collectifs, d'assurer le contrôle de la mise en œuvre du nouveau dispositif par un organisme paritaire. De même, la loi du 5 mars 2014 [3] a prévu la consultation du Haut conseil du dialogue social sur la liste des organisations professionnelles d'employeurs reconnues représentatives au niveau national et interprofessionnel ou multi-professionnel et par branche professionnelle. Par la suite, le HCDS s'est emparé de nombreux sujets en lien avec la négociation collective, et a été consulté par le ministre du travail à chaque projet de réforme ayant un impact sur la négociation collective, notamment en 2016 et 2017.

151.12 Composition. Le Haut conseil du dialogue social est constitué de cinq représentants des

1. L. n° 2008-789, 20 août 2008 portant rénovation de la démocratie sociale et réforme du temps de travail, *JO* 21 août, p. 13064.
2. L. n° 2010-1215, 15 oct. 2010 complétant les dispositions relatives à la démocratie sociale issues de la loi n° 2008-789 du 20 août 2008, *JO* 16 oct., n° 1.
3. L. n° 2014-888, 5 mars 2014 relative à la formation professionnelle, à l'emploi et à la démocratie sociale, *JO* 6 mars, n° 1.

organisations syndicales et patronales représentatives au niveau national et interprofessionnel, de trois représentants du ministre du travail et de trois personnalités qualifiées proposées par celui-ci. Son mandat est de cinq ans. Il a été renouvelé en dernier lieu le 5 juillet 2019 et est présidé depuis le 3 novembre 2022 par M. Gilles Gateau. Sa suppression, envisagée par le projet de loi de finances pour 2020, puis son absorption par la Commission nationale de la négociation collective, de l'emploi et de la formation professionnelle (CNNCEFP), initialement prévue par le projet de loi d'accélération et de simplification de l'action publique[1], ne paraissent plus à l'ordre du jour, eu égard à la spécificité de ses missions et à l'expertise qu'il a su développer en matière de représentativité syndicale et patronale.

SECTION 2
COMMISSION NATIONALE DE LA NÉGOCIATION COLLECTIVE, DE L'EMPLOI ET DE LA FORMATION PROFESSIONNELLE

151.21 Commission dédiée à la supervision du fonctionnement de la négociation collective en France depuis 1982. La Commission nationale de la négociation collective (CNNC) a été créée par la loi du 13 novembre 1982 sur la négociation collective. Ses compétences sont très étendues :

- proposer au ministre du travail toutes mesures de nature à faciliter le développement de la négociation collective, notamment pour harmoniser la définition conventionnelle des branches ;
- émettre un avis sur les projets de loi, ordonnance, décret, en lien avec les relations individuelles et collectives de travail ;
- donner un avis avant toute décision d'extension ou d'élargissement d'un accord collectif ;
- donner un avis, dans le cas où elle est saisie par la moitié au moins des membres d'une commission d'interprétation préalablement saisie au niveau local, sur l'interprétation d'une disposition d'une convention ou d'un accord collectif ;
- donner un avis sur la fixation du salaire minimum de croissance ;
- suivre l'évolution des salaires effectifs et rémunérations minimales déterminés par les conventions et accords collectifs et sur l'évolution des rémunérations dans les entreprises publiques ;
- examiner le bilan annuel de la négociation collective ;
- suivre annuellement l'application dans les conventions collectives de divers sujets, notamment le principe à travail égal salaire égal, le principe de l'égalité entre les hommes et les femmes, de non discrimination, et le taux d'activité des personnes de plus de cinquante ans.

La CNNC est notamment à l'origine, chaque année, d'un bilan de l'année en matière de négociation collective.

151.22 Commission dont les attributions ont été récemment élargies. Initialement Commission nationale de la négociation collective, elle est devenue au 1er janvier 2019[2] la Commission nationale de la négociation collective, de l'emploi et de la formation professionnelle (CNNCEFP). Il ne s'agit pas uniquement d'un changement de dénomination : les missions en matière de consultation attribuées au Conseil national de l'emploi, de la formation et de l'orientation professionnelle (CNEFOP) en matière d'emploi et de formation professionnelle ont en effet été transférées à cette instance.

La loi du 7 décembre 2020 dite « ASAP » a poursuivi ce mouvement de concentration en intégrant à la CNNCEFP, à compter du 1er juin 2021 – mais cette fois-ci sans en rendre compte dans sa dénomination –, d'une part, le Conseil d'orientation de la participation, de l'intéressement, de l'épargne salariale et de l'actionnariat salarié (COPIESAS), qui avait pour mission de promouvoir ces différents dispositifs, de formuler toute proposition susceptible de favoriser leur diffusion et était obligatoirement saisi de tout projet de loi ou d'ordonnance de l'épargne salariale, mais dont l'activité était faible, d'autre part, la Commission des accords de retraite et de prévoyance (COMAREP), réunissant les organisations représentatives au niveau interprofessionnel sous la présidence du ministre chargé de la sécurité sociale et chargée de donner à celui-ci un avis sur les demandes d'extension et d'élargissement des conventions et accords collectifs portant exclusivement sur la protection sociale complémentaire, dont l'activité était au contraire très soutenue mais selon une répartition avec la CNNC qui pouvait paraître subtile. Cette fusion n'a cependant eu de simplification que le nom, les dispositions règlementaires ayant conservé ces deux instances sous le chapeau de la CNNCEFP, chacune en tant que sous-commission, l'instance plénière elle-même présentant une composition différente lorsqu'elle exerce les compétences anciennement dévolues à la COMAREP ou au COPIESAS.

151.23 Une composition variable en fonction de la mission exercée. Dans tous les cas, la commission

1. L. n° 2020-1525, 7 déc. 2020 d'accélération et de simplification de l'action publique, *JO* 8 déc., n° 1, dite « ASAP ».

2. Décr. n° 2018-1262, 26 déc. 2018 relatif à la Commission nationale de la négociation collective, de l'emploi et de la formation professionnelle, *JO* 28 déc., n° 61.

est composée, en vertu de l'article R. 2272-4 du code du travail par :

- le ministre chargé du travail ou son représentant, président ;
- le ministre chargé de l'agriculture ou son représentant ;
- le ministre chargé de l'économie ou son représentant ;
- le président de la section sociale du Conseil d'État ;
- six représentants des organisations d'employeurs et dix représentants titulaires des organisations syndicales de salariés, représentatives au niveau national interprofessionnel.

Lorsqu'elle siège sur les questions d'emploi et de formation professionnelles, d'autres ministères sont appelés à être représentés, ainsi que les régions, les départements et les collectivités ultra-marines. Lorsqu'elle est consultée sur l'extension et l'élargissement des conventions et accords sur la protection sociale complémentaire, ainsi que sur l'abrogation des arrêtés d'extension ou d'élargissement, elle comprend également le ministre chargé de la sécurité sociale ou son représentant, qui la préside. Lorsqu'elle est consultée sur les dispositifs d'intéressement, de participation et d'épargne salariale, elle comprend également ce ministre et sept personnalités choisies en raison de leur compétence et de leur expérience.

CHAPITRE

152. Commissions dédiées à la négociation collective au niveau des branches

SECTION 0 ORIENTEUR

152.00 Sommaire du chapitre

Division. Plusieurs commissions ont un rôle en matière de négociation collective de branche : les commissions paritaires permanentes de négociation et d'interprétation (sect. 1), les observatoires paritaires de la négociation collective (sect. 2), et les commissions mixtes paritaires (sect. 3), qui sont le siège obligatoire de la négociation d'accords ayant vocation à être étendus.

152.01 Textes applicables.

> Commission paritaire permanente de la négociation et de l'interprétation

• **C. trav.,** art. L. 2232-9 [Mise en place, missions, organisation]

• **C. trav.,** art. D. 2232-1-1 [Adresse]

• **C. trav.,** art. D. 2232-1-2 [Modalités de transmission des conventions et accords]

> Observatoires paritaires de la négociation collective

• **C. trav.,** art. L. 2232-10 [Institution et missions]

> Commissions mixtes paritaires

• **C. trav.,** art. L. 2261-20 [Réunion]

• **C. trav.,** art. D. 2261-9 [Réunion à l'initiative du ministre]

• **C. trav.,** art. R. 2261-10 [Composition]

• **C. trav.,** art. D. 2261-11 [Nouvelle convocation]

• **C. trav.,** art. D. 2261-12 [Carence d'une organisation convoquée]

152.02 Jurisprudence de référence.

• **Cons. const., 20 oct. 2017, n° 2017-664 QPC,** *Confédération générale du travail – Force ouvrière* [Conditions d'organisation de la consultation des salariés sur un accord minoritaire d'entreprise ou d'établissement]

« En prévoyant que seules les organisations syndicales qui ont signé un accord d'entreprise ou d'établissement et ont souhaité le soumettre à la consultation des salariés sont appelées à conclure le protocole fixant les modalités d'organisation de cette consultation, les dispositions contestées instituent une différence de traitement qui ne repose ni sur une différence de situation ni sur un motif d'intérêt général en rapport direct avec l'objet de la loi. »

• **CE 3 déc. 2020, req. n° 419361,** *Lebon T*

« Il résulte des dispositions [de l'article L. 2232-9 du code du travail] qu'en l'absence de mesures transitoires prévues par la loi du 8 août 2016 relative au travail, à la modernisation du dialogue social et à la sécurisation des parcours professionnels concernant ces dispositions, le législateur a entendu laisser un délai raisonnable aux organisations syndicales de salariés et aux organisations professionnelles d'employeurs représentatives au sein de chaque branche pour négocier un accord en vue de mettre en place la commission paritaire permanente de négociation et d'interprétation. Lorsqu'une commission paritaire permanente de négociation et d'interprétation a été mise en place dans une branche, seul un accord de branche, ou un avenant à celui-ci, négocié et conclu au sein de cette commission peut être étendu. En revanche, lorsqu'une telle commission n'a pas encore été mise en place au sein de la branche et que le délai raisonnable laissé aux organisations syndicales de salariés et aux organisations professionnelles d'employeurs représentatives au sein de chaque branche pour mettre en place cette commission n'est pas écoulé, l'extension d'un accord de branche n'est pas subordonnée à la consultation de celle-ci et demeure subordonnée aux dispositions applicables antérieurement à la loi du 8 août 2016 (...) »

152.03 **Bibliographie indicative.**

C. Frouin, « Gouvernance et fonctionnement des branches : portrait de la CPPNI », *JCP S* 2018, n° 1058 – Ministère du travail, *La négociation collective en 2022*, Bilan & Rapports, 2023.

SECTION 1

COMMISSIONS PARITAIRES PERMANENTES DE NÉGOCIATION ET D'INTERPRÉTATION (CPPNI)

152.11 **Institution obligatoire, mais conventionnelle.** La CPPNI, dans sa configuration actuelle, est une création de la loi du 8 août 2016[1], qui a fusionné, dans une même instance, l'ancienne commission nationale paritaire d'interprétation et l'ancienne commission paritaire chargée de la négociation. Si la loi impose la constitution dans chaque branche d'une CPPNI, dont elle énumère les missions, c'est aux négociateurs de la branche d'organiser sa mise en place[2]. C'est donc l'accord qui détermine la composition de la commission, la loi ne fixant aucune règle en ce domaine. On peut cependant admettre comme conditions minimales, d'une part, que la commission soit paritaire, c'est-à-dire qu'elle comprenne autant de représentants syndicaux que de représentants employeurs, puisque cette condition figure dans la dénomination de la commission, d'autre part, qu'elle soit composée de représentants des organisations syndicales et patronales représentatives dans le champ de la branche, puisque la CPPNI a notamment une mission de négociation. La question qui se pose est de savoir si la commission pourrait être constituée uniquement de représentants des organisations représentatives signataires de la convention qui l'a instituée. Cette limitation paraît difficilement admissible au regard de jurisprudences judiciaire, administrative et constitutionnelle qui veillent à ce que les non signataires puissent avoir leur place dans la mise en œuvre des accords et conventions. On pense notamment à la décision du Conseil constitutionnel s'agissant de l'organisation du référendum permettant de valider un accord signé seulement par des syndicats représentant 30 % des suffrages[3]. Or en l'espèce, la commission a notamment dans ses attributions l'interprétation des accords, ce qui est dans la sphère de cette mise en œuvre.

En vertu de l'article D. 2232-1-1 du code du travail, la convention de branche qui institue la CPPNI doit mentionner pour cette commission une adresse numérique ou postale pour que puissent lui être communiqués les accords et conventions signés au sein de la branche.

152.12 **Missions de la CPPNI.** Les missions de la commission, qualifiées par l'article L. 2232-9 de « missions d'intérêt général », sont d'au moins cinq ordres :

1) Elle représente la branche, notamment dans l'appui aux entreprises et vis-à-vis des pouvoirs publics.

Cette mission est très importante, puisque la branche n'est pas, en soi, une entité. Par conséquent, pour pouvoir s'adresser aux négociateurs de la branche, les entreprises ou les pouvoirs publics ont besoin d'un interlocuteur identifié.

2) Elle exerce un rôle de veille sur les conditions de travail et d'emploi.

3) Elle est un espace où se déroule la négociation des accords et conventions de branche qui ont vocation à être étendus[4].

4) Elle établit un rapport annuel d'activité versé dans la base de données des accords[5], comprenant un bilan des accords d'entreprise conclus et de leur impact sur les conditions de travail des salariés et la concurrence entre les branches, et peut formuler des recommandations. Pour l'année 2022, quatre rap-

1. L. n° 2016-1088, 8 août 2016 relative au travail, à la modernisation du dialogue social et à la sécurisation des parcours professionnels, *JO* 9 août, n° 3.
2. C. trav., art. L. 2232-9.
3. Cons. const. 20 oct. 2017, n° 2017-664 QPC, *Confédération générale du travail – Force ouvrière* [Conditions d'organisation de la consultation des salariés sur un accord minoritaire d'entreprise ou d'établissement], NON-CONFORMITÉ PARTIELLE, *JO* 22 oct., n° 33 ; *D.* 2017. 2103 ; *Dr. soc.* 2018. 196, ét. V. Bernaud ; *Constitutions* 2017. 646, Décision : « En prévoyant que seules les organisations syndicales qui ont signé un accord d'entreprise ou d'établissement et ont souhaité le soumettre à la consultation des salariés sont appelées à conclure le protocole fixant les modalités d'organisation de cette consultation, les dispositions contestées instituent une différence de traitement qui ne repose ni sur une différence de situation ni sur un motif d'intérêt général en rapport direct avec l'objet de la loi. »
4. C. trav., art. L. 2261-19 ; – SUR L'EXTENSION, v. s^{s} n°s 234.10 s. En l'absence de dispositions transitoires dans la loi du 8 juin 2016 pour organiser l'entrée en vigueur de ses dispositions, le Conseil d'État a jugé que le législateur avait entendu laisser aux partenaires sociaux un délai raisonnable pour négocier un accord en vue de mettre en place la CPPNI, pendant lequel l'extension d'un accord de branche demeurait subordonné aux dispositions antérieures : CE 3 déc. 2020, *Syndicat national de la plasturgie, des composites, des bioplastiques et de la fabrication additive*, req. n° 419361, *Lebon T* ; p^{t} 5.
5. V. s^{s} n° 142.51.

ports ont été transmis aux services de la direction générale du travail (DGT), contre cinq pour l'année 2021, neuf pour l'année 2020, onze pour l'année 2019 et dix-sept pour l'année 2018. Ce faible volume s'explique en partie par le fait que les branches considèrent qu'elles ne disposent pas de remontées d'informations suffisantes des entreprises pour conduire une analyse. Les rapports transmis dressent, pour la plupart, la liste des accords d'entreprise qui ont été adressés à la branche et des sujets traités. Quand c'est possible, les partenaires sociaux analysent leur impact sur les conditions de travail et sur la concurrence entre les entreprises [1].

5) Elle peut être, depuis 2016, saisie pour avis par une juridiction sur l'interprétation d'une convention ou d'un accord d'entreprise ou de branche, en application de l'article L. 441-1 du Code de l'organisation judiciaire [2]. La mission d'interprétation de la convention collective dévolue à la CPPNI n'est bien sûr pas pour autant réservée aux seules demandes des juridictions judiciaires, les partenaires sociaux conservant la faculté d'interpréter leurs propres accords [3].

S'il n'a pas été mis en place d'observatoire paritaire [4], les missions sont exercées par la CPPNI.

152.13 **Quels moyens ?** La loi est silencieuse sur ce point également. C'est donc à l'accord de déterminer comment fonctionnera la CPPNI et selon quels moyens. Compte tenu de ses missions, la CPPNI doit nécessairement disposer de représentants pouvant y consacrer du temps. À défaut, elle ne peut pas jouer le rôle qui lui est dévolu [5].

152.14 **Quelle sanction à défaut de mise en place d'une CPPNI ?** En vertu de l'article L. 2261-32 du code du travail, lorsqu'une branche n'a pas mis en place de CPPNI, ou si celle-ci ne s'est pas réunie au cours de l'année précédente [6], le ministre du travail peut engager à son égard le processus de fusion. Il peut également refuser d'étendre la convention collective, ses avenants ou ses annexes, ou encore décider de ne pas arrêter la liste des organisations professionnelles d'employeurs ou des organisations syndicales reconnues représentatives.

C'est ainsi que, par un arrêté du 5 août 2021 portant fusion de champs conventionnels, le ministre chargé du travail a prononcé la fusion du champ d'application de la convention collective des centres d'hébergement et de réadaptation sociale (CHRS), convention rattachée, avec celui de la convention collective nationale de travail des établissements et services pour personnes inadaptées et handicapées (dite « convention 66 »), convention de rattachement, en raison, d'une part, de la faiblesse du nombre des accords ou avenants signés et du nombre des thèmes de négociations couverts au sein de la branche des CHRS et, d'autre part, de l'absence de mise en place d'une commission paritaire permanente de négociation et d'interprétation au sein de cette même branche. Les organisations syndicales et patronales représentatives dans la branche n'étaient en effet pas parvenues à mettre en place une commission paritaire permanente de négociation et d'interprétation en raison d'un désaccord persistant, portant en particulier sur le financement du paritarisme, et ce, malgré la tenue de plusieurs réunions de négociations, notamment en commission mixte paritaire. Le Conseil d'État a rejeté le recours pour excès de pouvoir dirigé contre cet arrêté, après avoir notamment contrôlé ce point [7].

Les CPPNI sont donc considérées comme un organe majeur dans le fonctionnement des branches, qui doivent désormais assurer le rôle de veille, de suivi, et de cohésion de la négociation collective en leur sein [8].

SECTION 2
OBSERVATOIRES PARITAIRES DE LA NÉGOCIATION COLLECTIVE

152.21 **Institution prévue par la loi mais nécessitant une disposition conventionnelle.** Comme les CPPNI, l'existence des observatoires paritaires de la négociation collective est prévue par la loi, mais à la charge de la négociation collective. La loi ne précise aucunement sa composition ni ses moyens. On déduit simplement de sa dénomination que l'organisme est nécessairement paritaire. La création par la branche d'un observatoire semble relever de l'obligation, mais, à la différence des CPPNI, il existe une solution alternative : à défaut de mise en place, par la branche, d'un observatoire paritaire de la négociation collective, le rôle imparti normalement à cet observatoire est exercé par la CPPNI. C'est qu'en effet, les observatoires ont été institués légalement bien avant les CPPNI, et la loi les a maintenus. Mais il paraît peu rationnel de maintenir les deux orga-

1. Ministère du travail, *La négociation collective en 2022*, Bilan & Rapports, 2023.
2. Sur cette mission, v. s[s] n° 611.63.
3. CE 5 juill. 2023, *Syndicat Alliance plasturgie & composites du futur*, req. n° 448450, NP ; p[t] 6.
4. V. s[s] n°s 152.21 s.
5. C. Frouin, « Gouvernance et fonctionnement des branches : portrait de la CPPNI », *JCP S* 2018, n° 1058.
6. C. trav., art. R. 2261-15.
7. CE 28 oct. 2022, *Fédération CGT de la santé et de l'action sociale et Fédération nationale de l'action sociale FO*, req. n°s 457317, 457324, *Lebon T* ; p[t] 8.
8. C. Frouin, « Gouvernance et fonctionnement des branches : portrait de la CPPNI », *JCP S* 2018, n° 1058.

nismes concurremment, sauf cas particuliers, et préférable d'intégrer en conséquence les missions de l'observatoire aux missions de la CPPNI, comme la loi y autorise.

152.22 Rôle limité au recueil de certains accords d'entreprise. Les observatoires sont destinataires, en application de l'article L. 2232-10 du code du travail, des accords d'entreprise ou d'établissement conclus pour la mise en place d'une disposition législative.

SECTION 3
COMMISSIONS MIXTES PARITAIRES

152.31 Commission qui a vocation à aider les branches en difficulté. Les commissions mixtes paritaires sont évoquées très sobrement par l'article L. 2261-20 du code du travail : « à la demande de l'une des organisations syndicales d'employeurs et de salariés représentatives, ou de sa propre initiative, l'autorité administrative peut provoquer la réunion d'une commission mixte paritaire ». Cette convocation est de droit si deux organisations en font la demande.

La commission mixte paritaire est une commission qui est mise en place en cas de blocage, pour une raison ou une autre, de la négociation au niveau de la branche. À la demande des partenaires sociaux, ou d'office, l'autorité administrative reprend alors la main. Elle convoque les représentants des organisations syndicales et d'employeurs représentatives dans la branche et désigne un représentant de l'administration pour présider la commission.

152.32 Fonctionnement de la commission mixte paritaire. Les représentants des organisations syndicales et d'employeurs, convoqués par l'autorité administrative, ont l'obligation de participer à la commission. Elles sont convoquées d'abord par lettre simple, puis par lettre recommandée dans le délai d'un mois si elles n'ont pas envoyé de représentant. En cas de carence, l'article D. 2261-12 prévoit que le ministre du travail établit un rapport transmis au Procureur de la République. C'est dire si, pour rétablir le dialogue social au niveau de la branche, les textes sont directifs. Le ministre du travail peut également statuer sur le nombre et la composition des délégations syndicales et patronales si un litige survient, en fixant un nombre maximum de personnes au sein de la délégation. Les négociations se déroulent en présence et sous l'autorité du représentant du ministre du travail, qui fait office de sachant juridique et d'arbitre, sans bien entendu intervenir dans les choix de fond émanant des partenaires sociaux.

152.33 Disparition de la commission mixte paritaire. Lorsqu'il apparaît que le dialogue social est suffisamment rétabli, le ministre du travail peut mettre fin à la commission mixte paritaire. En ce cas, la négociation de branche peut à nouveau se dérouler au sein de la commission paritaire habituelle, sans présence d'un représentant de l'État.

Fin 2022, on dénombrait soixante-sept commissions mixtes paritaires en cours de négociation, nombre en légère hausse par rapport à 2021 (soixante-cinq) et résultant de trois retours en commission paritaire simple et cinq entrées en commission mixte paritaire au cours de l'année. 241 accords collectifs ont été signés dans le cadre d'une CMP en 2022, soit 16 % des accords de branche. Ce chiffre est en hausse par rapport à l'année précédente (197 textes signés, 19 % des accords de branche), mais en baisse par rapport au nombre d'accords de branche signés, compte tenu du nombre record d'accords signés (1 495), revenant à un niveau comparable à celui des années 2015, 2016 et 2019[1]. Les secteurs du commerce (trente-quatre branches) et des services (trente branches) restent les plus concernés par ce dispositif, tandis que le secteur industriel ne l'est que pour quatre branches.

1. Direction générale du Travail, *La négociation collective en 2022,* « Bilans & Rapports », Ministère du Travail, 2023.

CHAPITRE

153. Autres commissions

SECTION 0

ORIENTEUR

153.00 Sommaire du chapitre.

Division. D'autres commissions interviennent pour les négociations qui ne sont pas au niveau d'une branche *stricto sensu*, mais à un niveau local (sect. 2), ou sur un champ d'application spécifique, par exemple les entreprises de moins de onze salariés (sect. 1) ou de moins de cinquante salariés (sect. 3).

153.01 Textes applicables.

> Commission paritaire interprofessionnelle instituée au niveau régional afin de représenter les salariés et les employeurs d'entreprises de moins de onze salariés

- **C. trav.,** art. L. 23-111-1 [Institution et missions]

> Commissions paritaires locales

- **C. trav.,** art. L. 2234-1 [Institution et composition]
- **C. trav.,** art. L. 2234-2 [Missions]
- **C. trav.,** art. L. 2234-3 [Contenu des accords institutifs]

> Observatoire d'analyse et d'appui au dialogue social et à la négociation

- **C. trav.,** art. L. 2234-4 [Institution et objet]
- **C. trav.,** art. L. 2234-5 [Composition]
- **C. trav.,** art. L. 2234-6 [Missions]

153.02 Jurisprudence de référence.

- **CE 4 mai 2016,** req. n° 380954, *Lebon*

« Considérant (...) qu'il résulte *[des dispositions du dernier alinéa de l'article L. 132-30 du code du travail, en vigueur à la date de la décision en litige, devenu l'article L. 2234-3]*, éclairées par les travaux parlementaires ayant précédé l'adoption de la loi du 4 mai 2004 relative à la formation professionnelle tout au long de la vie et au dialogue social dont elles sont issues, que le législateur a entendu accorder aux salariés membres des commissions paritaires professionnelles créées par accord collectif la protection prévue par l'ancien article L. 412-18 du code du travail, devenu l'article L. 2411-3 du même code, pour les délégués syndicaux en cas de licenciement ; que ces dispositions, qui sont d'ordre public en raison de leur objet, s'imposaient, en vertu des principes généraux du droit du travail rappelés par les dispositions de l'ancien article L. 132-4, à toutes les commissions paritaires professionnelles créées par accord collectif, y compris celles créées par des accords antérieurs à l'entrée en vigueur de la loi du 4 mai 2004 (...) ».

- **Soc. 1 févr. 2017,** n° 15-24.310, P V, n° 20

« Attendu, selon [l'article L. 2251-1 du code du travail], que les conventions et accords collectifs de travail ne peuvent déroger aux dispositions qui revêtent un caractère d'ordre public et, selon le second, que les accords instituant des commissions paritaires professionnelles au plan local, départemental ou régional déterminent les modalités de protection contre le licenciement des salariés membres de ces commissions et les conditions dans lesquelles ils bénéficient de la protection prévue par les dispositions du livre IV relatif aux salariés protégés ; qu'il en résulte que le législateur a entendu accorder aux salariés membres des commissions paritaires professionnelles créées par accord collectif la protection prévue par l'article L. 2411-3 du code du travail pour les délégués syndicaux en cas de licenciement ; que ces dispositions, qui sont d'ordre public en raison de leur objet, s'imposent, en vertu des principes généraux du droit du travail, à toutes les commissions paritaires professionnelles créées par accord collectif, y compris celles créées par des accords antérieurs à l'entrée en vigueur de la loi du 4 mai 2004. »

- **CE 2 oct. 2023, *UNSA,*** n° 467531, *Lebon T*

« Il résulte des dispositions [des articles L. 2234-4, L. 2234-5, R. 2234-1 et R. 2234-2 du code du travail] que seules les organisations syndicales de salariés représentatives au niveau interprofessionnel et du département peuvent, dans la limite de six organisations par département, désigner un membre pour siéger au sein de l'observatoire départemental d'analyse et d'appui au dialogue social et à la négociation. Il revient à l'autorité administrative compétente, chargée de dresser la liste des organisations syndicales de salariés représentatives au niveau départemental et interprofessionnel, de prendre en considération à cette fin l'ensemble des critères de représentativité mentionnés à l'article L. 2121-1 du code du travail, c'est-à-dire le respect des valeurs républicaines, l'indépendance, la transparence financière, l'ancienneté dans le champ professionnel et géographique concerné, l'audience, l'influence, prioritairement caractérisée par l'activité et l'expérience, et, enfin, les effectifs d'adhérents et les cotisations. Il résulte en outre des dispositions citées au point 1 que le législateur a entendu que la représentativité des organisations syndicales de salariés s'apprécie au niveau départemental et interprofessionnel, sans exiger qu'elles justifient d'une influence particulière au sein des entreprises de moins de cinquante salariés. »

153.03 Bibliographie indicative.

Ministère du travail, *La négociation collective en 2022*, Bilan & Rapports, 2023.

SECTION 1

COMMISSIONS PARITAIRES RÉGIONALES INTERPROFESSIONNELLES POUR LES SALARIÉS ET LES EMPLOYEURS D'ENTREPRISES DE MOINS DE ONZE SALARIÉS (CPRI)

153.11 Commission réclamée de longue date, née de la loi du 17 août 2015. La loi du 17 août 2015[1] a souhaité stimuler et favoriser la prise en considération des TPE dans les accords collectifs. Destinataires des accords de niveau supérieur, qui s'appliquent aux TPE, ces dernières n'en sont pas acteurs, et ne peuvent donc faire valoir leurs besoins spécifiques. La demande d'une représentation spécifique est ancienne. Elle avait notamment fortement émergé en 2008, lors de la mise en œuvre de la réforme de la représentativité syndicale, mais s'était heurtée au refus des organisations patronales qui ne souhaitaient pas une commission source d'obligations d'heures de délégation pesant sur les TPE.

Le développement de la négociation collective et la nécessité d'une représentation spécifique des TPE ont cependant rendu indispensable la création d'un espace particulier.

La loi de 2015 institue donc une commission paritaire interprofessionnelle qui a pour mission de représenter les salariés et les employeurs d'entreprises de moins de onze salariés[2]. La commission n'est pas instituée au niveau de la branche, mais à un niveau géographique régional, et elle est donc interprofessionnelle.

Le texte précise qu'il n'y a pas lieu de mettre en place la commission paritaire interprofessionnelle pour représenter les salariés et les employeurs des entreprises de moins de onze salariés lorsque, par un accord de branche, il a été institué une commission paritaire régionale ou, le cas échéant, départementale, à trois conditions[3]. Il faut que la commission conventionnelle :

– ait un champ de compétence géographique qui recouvre l'intégralité d'une région ;

– ait des missions recouvrant au moins en partie celles de la commission paritaire régionale interprofessionnelle ;

– qu'il soit prévu que siégeront en son sein au moins cinq représentants des organisations professionnelles d'employeurs représentatives et d'au moins cinq représentants des organisations syndicales de salariés représentatives, issus d'entreprises de moins de onze salariés.

153.12 Composition de la CPRI. La commission est composée de vingt membres salariés et employeurs d'entreprises de moins de onze salariés, qui sont désignés par les organisations syndicales de salariés et par les organisations professionnelles d'employeurs[4].

Les sièges sont répartis de la manière suivante :

– Dix sièges sont attribués aux organisations syndicales de salariés dont la vocation statutaire revêt un caractère interprofessionnel, proportionnellement à leur audience dans la région auprès des salariés que la commission représente aux élections TPE.

– Dix sièges sont attribués aux organisations professionnelles d'employeurs dont la vocation statutaire revêt un caractère interprofessionnel, répartis proportionnellement à leur audience calculée, comme pour l'établissement de la représentativité, auprès des entreprises implantées dans la région et appartenant aux branches couvertes par la commission. Depuis le 1er juillet 2021, cette audience n'est calculée qu'auprès des entreprises de moins de onze salariés implantés dans la région et appartenant aux branches couvertes par la commission.

1. L. n° 2015-994, 17 août 2015 relative au dialogue social et à l'emploi, *JO* 18 août, p. 14346.
2. C. trav., art. L. 23-111-1.
3. Certaines conventions ont adopté des avenants pour créer des commissions conventionnelles remplissant les trois conditions susvisées. Ainsi de l'accord national pour le développement du dialogue social et du paritarisme dans les professions libérales du 28 septembre 2012 (accord Unapl), modifié par un avenant en date du 31 janvier 2017.
4. Sur la mise en place de la commission : Circ. DGT/RT2/2017/191, 1er juin 2017 relative aux modalités de mise en place de fonctionnement des commissions mixtes paritaires régionales interprofessionnelles pour les salariés et les employeurs des entreprises de moins de 11 salariés, NOR : MTRT1716531C.

La loi astreint en outre à une parité entre hommes et femmes dans l'attribution des sièges, avec un écart qui ne peut être supérieur à un, si le nombre de sièges à pourvoir est impair [1].

Les membres sont désignés pour quatre ans, le mandat est renouvelable.

Les contestations relatives aux conditions de désignation sont de la compétence du tribunal judiciaire [2], qui statue en premier et dernier ressort, dans les mêmes conditions que lorsqu'il statue en matière d'élections professionnelles. Elles doivent être introduites dans les 15 jours suivant la date à laquelle la composition de la commission a été rendue publique par l'autorité administrative.

Les premières commissions régionales ont été mises en place en 2017. La liste de leurs membres peut être consultée sur les sites des directions régionales de l'économie, de l'emploi, du travail et des solidarités (DREETS) concernées.

153.13 **Rôle des CPRI.** Les missions de ces instances de concertation au niveau des régions sont multiples [3] :

– donner aux salariés et aux employeurs toutes informations ou tous conseils utiles sur les dispositions légales ou conventionnelles qui leur sont applicables ;

– apporter des informations, débattre et rendre tout avis utile sur les questions spécifiques aux entreprises de moins de onze salariés et à leurs salariés, notamment en matière d'emploi, de formation, de gestion prévisionnelle des emplois et des compétences, de conditions de travail, de santé au travail, d'égalité professionnelle, de travail à temps partiel et de mixité des emplois ;

– faciliter la résolution de conflits individuels ou collectifs n'ayant pas donné lieu à la saisine d'une juridiction. La commission ne peut intervenir qu'avec l'accord des parties concernées ;

– faire des propositions en matière d'activités sociales et culturelles.

Pour exercer leur mission, les membres des CPRI peuvent, avec l'autorisation de l'employeur, accéder aux entreprises concernées.

153.14 **Fonctionnement des CPRI.** Les salariés membres des CPRI bénéficient d'un crédit d'heures nécessaire à l'exercice de leur mission, dans la limite de cinq heures par mois. Le temps de trajet s'ajoute à ce crédit d'heures. Il peut y avoir cumul des heures sur une année civile pourvu que pour un mois, il n'y ait pas d'utilisation supérieure à une fois et demie le crédit d'heures dont il bénéficie normalement.

Les membres de la commission peuvent également décider de se répartir différemment les crédits d'heures, dès lors que cela n'aboutit pas, pour un salarié, à disposer d'un crédit d'heures supérieur de plus d'une fois et demie à son crédit d'heures normal.

Il s'agit ici d'éviter que le temps de délégation ne pèse trop lourd pour une petite entreprise.

La loi prévoit expressément que le salarié doit informer son employeur de l'utilisation de son crédit d'heures au plus tard huit jours avant son utilisation. Une telle précision, généralement laissée à la discrétion des parties, s'explique là encore par le souci du législateur de ne pas perturber de manière trop importante le fonctionnement des petites entreprises.

Le temps passé en délégation est de plein droit considéré comme du temps de travail et payé à l'échéance normale. Cependant, les rémunérations et autres frais liés au fonctionnement de la commission (formation, etc.) sont *in fine* pris en charge par les crédits versés par le fonds paritaire institué par l'article L. 2135-9 du code du travail, et financé de manière mutualisée par les organisations syndicales et les organisations d'employeurs : l'employeur rémunère le salarié normalement, il est remboursé par l'organisation syndicale qui a désigné le salarié, et qui est elle-même remboursée par le fonds paritaire.

L'employeur doit adresser la demande de remboursement à l'organisation syndicale dans les trois mois du paiement. Lorsque l'organisation syndicale ne procède pas à ce remboursement dans un délai de trois mois à compter de la réception de la demande, l'employeur peut procéder à une retenue sur salaire auprès du salarié concerné. Cette procédure, tout à fait dérogatoire au droit commun qui interdit d'effectuer une retenue sur le salaire d'un salarié en compensation de sommes dues à l'employeur, est expressément prévue par les articles L. 23-114-3 et R. 23-113-3 du code du travail.

Les salariés membres des CPRI bénéficient du statut protecteur en application de l'article L. 23-114-2 du code du travail.

153.15 **Cas particulier des salariés nominativement présentés comme candidats aux CPRI lors des élections TPE.** Parce que la constitution de la CPRI est étroitement liée à l'existence du scrutin spécifique TPE, et parce que le scrutin TPE, conçu comme un scrutin sur sigle, sans candidats à élire, était considéré comme trop désincarné pour susciter de l'intérêt pour les électeurs potentiels [4], la loi autorise désormais les organisations syndicales de salariés

1. C. trav., art. L. 23-112-1.
2. C. trav., art. R. 23-112-15.
3. C. trav., art. L. 23-113-1.

4. SUR le scrutin TPE : G. Loiseau, P. Lokiec, L. Pecaut-Rivolier, Y. Struillou et P.-Y. Verkindt, *Droit de la représentation du personnel*, « Dalloz Action », 2e éd., 2023, no 115.07.

candidates à ce scrutin à indiquer sur la propagande électorale l'identité des salariés qu'elles envisagent de désigner dans les commissions paritaires régionales interprofessionnelles, dans la limite de dix salariés par organisation. L'identité des salariés figurant sur la propagande électorale fait l'objet d'une notification à l'employeur par les organisations syndicales. Le fait d'être nominativement mentionné sur la propagande ouvre en faveur de ces salariés droit au statut protecteur.

SECTION 2
COMMISSIONS PARITAIRES LOCALES

153.21 Possibilité d'instituer par convention collective des commissions paritaires locales professionnelles ou interprofessionnelles. Les commissions paritaires locales ont été envisagées par le législateur de 1982 au profit des entreprises de moins de cinquante salariés ne disposant pas de représentation du personnel, pour assurer un certain nombre de missions, notamment celle afférente à la négociation collective. Depuis la loi du 4 mai 2004[1], ces commissions peuvent être mises en place pour toutes les entreprises, quel que soit leur effectif, afin, selon les travaux parlementaires de la loi, de « favoriser le dialogue social » à un niveau plus proche des entreprises, local, départemental ou régional, les commissions paritaires locales sont prévues par les articles L. 2234-1 et suivants du code du travail.

Elles ne sont qu'une faculté ouverte à la négociation collective et le texte légal renvoie entièrement à l'accord pour déterminer la composition de la commission, son champ territorial et professionnel et son fonctionnement. La loi renvoie également à l'accord pour déterminer la prise en charge des heures de délégation des salariés qui y participent et le statut protecteur applicable.

Le Conseil d'État comme la Cour de cassation ont considéré que le législateur avait entendu accorder le statut protecteur aux salariés membres des commissions paritaires professionnelles créées par accord collectif, y compris de celles créées par des accords antérieurs à l'entrée en vigueur de la loi du 4 mai 2004. Les salariés désignés au sein de ces commissions ont donc nécessairement droit, même lorsque l'accord ne l'a pas prévu, à la mise en œuvre du statut protecteur[2] et au paiement comme temps de travail effectif des heures consacrées aux réunions de la commission[3].

153.22 Missions des commissions paritaires locales. La loi impartit trois missions aux commissions paritaires, tout en précisant que les conventions collectives les mettant en place peuvent n'opter que pour certaines de ces missions :

1) Concourir à l'élaboration et à l'application de conventions et accords collectifs de travail, négocier et conclure des accords d'intérêt légal, notamment en matière d'emploi et de formation continue.

2) Examiner les réclamations individuelles et collectives.

3) Examiner toute autre question relative aux conditions d'emploi et de travail des salariés.

SECTION 3
OBSERVATOIRES D'ANALYSE ET D'APPUI AU DIALOGUE SOCIAL ET À LA NÉGOCIATION

153.31 Observatoires pour assurer l'aide de l'État à la négociation collective. Créés par l'ordonnance du 22 septembre 2017[4], les observatoires d'analyse et d'appui au dialogue social et à la négociation doivent être mis en place par les directions régionales de l'économie, de l'emploi, du travail et des solidarités (DREETS) au niveau départemental.

Leur mission est, selon l'article L. 2234-4 du code du travail, d'encourager le développement du dialogue social et de la négociation collective au sein des entreprises de moins de cinquante salariés du département.

153.32 Missions de l'observatoire. En vertu de l'article L. 2234-6 du code du travail, l'observatoire exerce les missions suivantes :

– il établit un bilan annuel du dialogue social dans le département ;

– il est saisi par les organisations syndicales ou professionnelles de toutes difficultés rencontrées dans le cadre d'une négociation ;

– il apporte son concours et son expertise juridique aux entreprises de son ressort dans le domaine du droit social.

1. Selon : Circ. DRT n° 09, 22 sept. 2004 relative au titre II de la loi n° 2004-391 du 4 mai 2004 relative à la formation professionnelle tout au long de la vie et au dialogue social, *BOMT* 5 nov., n° 4, NOR : SOCT0410197C, ann., fiche n° 7 : « le dialogue social territorial n'est plus limité aux entreprises de moins de cinquante salariés ».
2. CE 4 mai 2016, req. n° 380954, *Garroux, Lebon ; RDT* 2016. 393, concl. M. Vialettes – Soc. 1 févr. 2017, n° 15-24.310, P V, n° 20 ; *D.* 2017. 304 ; *Dr. soc.* 2017. 577, obs. F. Petit ; *RJS* 4/2017, n° 274 ; *JSL* 2017, n° 428-6, obs. Ph. Pacotte et R. Leroy ; *JCP S* 2017. 1107, obs. J.-Y. Kerbourc'h.
3. Soc. 13 févr. 2013, n° 11-23.880, P 41 ; *RJS* 4/2013, n° 307.
4. Ord. n° 2017-1385, 22 sept. 2017 relative au renforcement de la négociation collective, *JO* 23 sept., n° 29.

Il s'agit donc d'aider au développement de la négociation d'entreprise dans les petites entreprises de moins de cinquante salariés.

153.33 Composition tripartite. L'observatoire est composé au plus de treize membres :

- au maximum six membres représentant les organisations syndicales ;[1]
- au maximum six membres représentant les organisations d'employeurs ;
- le responsable de l'unité départementale désigné par le directeur régional de l'économie, de l'emploi, du travail et des solidarités.

Il n'y a pas de symétrie du niveau de représentativité entre les organisations syndicales et les organisations patronales. Les organisations syndicales doivent être représentatives au niveau interprofessionnel et du département - elles n'ont cependant pas à justifier d'une influence particulière au sein des entreprises de moins de cinquante salariés[2] - quand les organisations patronales doivent l'être au niveau national interprofessionnel et multiprofessionnel - les membres désignés doivent cependant avoir leur activité dans la région. Il n'y a pas non plus nécessairement de parité en nombre entre les représentants syndicaux et les représentants patronaux, le législateur ne l'ayant pas prévu et le pouvoir règlementaire ayant entendu conserver une certaine souplesse en prévoyant seulement un nombre maximum, compte tenu de la finalité recherchée et du faible enjeu, l'observatoire n'étant pas chargé de prendre des décisions mais d'aider au dialogue et à la négociation dans les petites entreprises.

La détermination des organisations syndicales et professionnelles siégeant dans les observatoires et la désignation des membres les représentant ont été effectuées au premier semestre de l'année 2018, puis renouvelées au premier semestre de l'année 2022.

153.34 Activité. Un retour d'expérience effectué par le ministère du travail en 2021[3] a mis en évidence des pratiques hétérogènes selon les territoires. Certains observatoires avaient encore des difficultés à réunir l'ensemble des représentants prévus ou à trouver une articulation avec les instances paritaires déjà existantes sur le territoire, quand d'autres disposaient déjà de projets structurés, sur trois principaux sujets : l'aide au bon fonctionnement des comités sociaux économiques (CSE), l'outillage en matière de négociation collective et, plus largement, l'outillage en matière de dialogue social, avec une approche thématique généralement. En 2022, les thématiques abordées par les observatoires ont continué à porter majoritairement sur le télétravail, l'activité partielle de longue durée (APLD) et le dispositif de transition collective.

1. Il revient à l'autorité administrative compétente, chargée de dresser la liste des organisations syndicales de salariés représentatives au niveau départemental et interprofessionnel, de prendre en considération à cette fin l'ensemble des critères de représentativité mentionnés à l'article L. 2121-1 du code du travail. Les différents seuils d'audience auxquels le 5° de l'article L. 2121-1 du code du travail se réfère selon les niveaux de négociation sont en revanche sans objet et ne sont pas applicables : CE 19 nov. 2021, *Union nationale des syndicats autonomes,* req. n° 443858, NP.
2. CE 2 oct. 2023, *UNSA*, n° 467531, *Lebon*, T.
3. Ministère du travail, *La négociation collective en 2021*, Bilan & Rapports, 2022, p. 495 s.

LIVRE

2. LA NÉGOCIATION COLLECTIVE *SUPRA*-ENTREPRISE

SECTION 0

ORIENTEUR

2.00 **Sommaire du livre.**

Division. Le principe de la négociation collective est d'être conduite au niveau le plus efficace compte tenu de la teneur de l'accord et de la configuration sociale. En France, les deux niveaux de négociation de base sont le niveau de l'entreprise et le niveau de la branche, c'est-à-dire du secteur d'activité, qui est au fondement de l'importance quantitative des salariés couverts par accords collectifs, grâce notamment au mécanisme de l'extension (titre 23). Mais ce sont loin d'être les seuls niveaux, des accords sont parfois signés pour dépasser les frontières, au niveau monde ou Europe (titre 21), ou plus modestement au niveau d'un groupe de société ou d'une unité économique et sociale (titre 24). Au niveau national, une place particulière est faite aux accords nationaux interprofessionnels, souvent désignés sous l'acronyme ANI (titre 22). Peut il y avoir d'autres niveaux de négociation qui ne correspondent à aucun secteur particulier ? C'est une des questions ouvertes par le principe de la liberté de négociation.

TITRE

21. Les accords Europe et monde

SECTION 0

ORIENTEUR

21.00 Sommaire du titre.

Division. La négociation hors frontière reste à l'heure actuelle, de l'ordre de l'empirique : aucun texte international ne permet de donner effet à un accord collectif dans chacun des pays où il est censé être appliqué. Mais il engage les signataires comme tout document contractuel. On constate que si la négociation monde en est encore aux balbutiements (chap. 212), la négociation Europe tend de plus en plus à se développer (chap. 211).

21.05 Accords innommés. Au-delà des accords collectifs nationaux, les normes négociées s'étendent à l'échelle internationale et régionale. L'internationalisation des entreprises et des groupes stimule leur adoption ; la construction d'un droit social transnational, encore embryonnaire au niveau mondial mais étoffé au plan européen, accompagne leur élaboration. Sortant des prévisions du droit national en matière de négociation collective, ces accords ne font pas l'objet d'une réglementation qui organiserait les conditions de leur conclusion et les allotirait d'une force normative dans un ordre juridique supranational. Tout au plus trouve-t-on dans le traité sur le fonctionnement de l'Union européenne des règles concernant la mise en œuvre des accords de niveau communautaire.

Innommés, les accords européens et mondiaux sont des créations normatives qui singent les accords nationaux sans pouvoir compter sur un appareillage juridique pour en asseoir, en tant que tels, l'autorité. S'ils sont des conventions qui obligent leurs signataires, leur rayonnement normatif doit être aménagé par les parties, avec une efficacité variable, ce qui, sans en altérer l'utilité, les cantonne à l'état d'accords juridiquement imparfaits.

CHAPITRE

211. Les accords Europe

SECTION 0 ORIENTEUR

211.00 Sommaire du chapitre.

Division. C'est parmi les accords conclus au niveau régional, au sein de l'Union européenne, que l'on trouve le type d'accord le plus évolué juridiquement parce qu'appréhendé par des textes, en l'occurrence des dispositions du traité sur le fonctionnement de l'Union européenne. Les accords intersectoriels et sectoriels de niveau communautaire sont non seulement identifiés mais font l'objet de règles qui fixent les modalités de leur mise en œuvre (sect. 1). Il existe aussi, à côté de ces accords, des accords d'entreprise ou de groupe qui sont conclus au niveau européen mais sans accompagnement juridique organisé (sect. 2).

211.03 Bibliographie indicative.

Thèses. A. Lamine, *Accords d'entreprise transnationaux en quête d'effectivité. Étude juridique et prospective d'une norme collective de travail*, th. Université catholique de Louvain, 2016.

Traité. P. Rodière, *Droit social de l'Union européenne*, 2e éd., « Traité », LGDJ, 2014.

Monographie. M. Frapard, *Les accords d'entreprise transnationaux. Les firmes peuvent-elles s'autoréguler en matière sociale ?*, « Les notes de la Fabrique », Presses des Mines, La Fabrique de l'industrie, 2018.

Contributions. P.-H. Antonmattei, « Normes sociales européennes conventionnelles, les accords collectifs de niveau communautaire » *in* B. Teyssié (dir.), *Les normes sociales européennes*, « Droit privé », éd. Panthéon-Assas, 2000, p. 23 – F. Pinatel, « Les espoirs déçus de la négociation collective européenne », *Liber amicorum en hommage à Pierre Rodière*, « Mélanges », LGDJ, 2019, p. 419 – B. Teyssié, « L'accord collectif de niveau communautaire », *Mélanges offerts à André Decocq : Une certaine idée du droit*, « Mélanges », LexisNexis, 2004, p. 567 ; « La loi applicable aux accords transnationaux d'entreprise ou de groupe », *Mélanges en l'honneur de Hélène Gaudemet-Tallon : Vers de nouveaux équilibres entre ordres juridiques*, « Études, mélanges, travaux », Dalloz, 2008, p. 621.

Articles. J. Barthélémy, « Conditions, limites et effets de la négociation sociale au plan européen », *JCP E* 1992. I. 139 – M.-E. Blas Lopez, « Le cadre d'action des partenaires sociaux européens : panorama, mutations et enjeux à l'heure de la mondialisation », *Dr. soc.* 2006. 540 – R. Chiss, « L'articulation de la norme nationale française avec la norme internationale. Point de vue », *JCP S* 2016. 1158 – R. Dupiré, « Repenser la négociation collective transnationale », *JCP S* 2013. 1472 – S. Laulom, « Passé, présent et futur de la négociation collective transnationale », *Dr. soc.* 2007. 623 – J.-P. Lernhould, « La négociation collective communautaire : petit manuel de la diversité », *Dr. soc.* 2008. 34 ; « La résistible ascension de la norme européenne », *JCP S* 2015. 1249 – G. Lyon-Caen, « Négociation et convention collective au niveau européen », *RDT eur.* 1973. 583 et 1974. 1 – A. Lyon-Caen, « La négociation collective dans ses dimensions internationales », *Dr. soc.* 1997. 352 – A. Martinon, « Les transformations de la norme internationale », *JCP S* 2015. 1250 – H. Nasom-Tissandier, « La légitimité de la norme sociale en droit de l'Union européenne », *Dr. soc.* 2018. 120 – J.-F. Renucci, « Dialogue social et négociation collective à l'échelle communautaire », *Dr. soc.* 2008. 52 – B. Saincy, « Responsabilité et négociation sociales à l'ère de la mondialisation », *Dr. soc.* 2008. 80 – B. Teyssié, « La négociation collective transnationale d'entreprise ou de groupe », *Dr. soc.* 2005. 982 ; « Les accords collectifs européens d'entreprise ou de groupe », *JCP S* 2016. 1096 ; « Les accords collectifs internationaux », *JCP S* 2017. 1343 ; « Le crépuscule des accords collectifs de niveau communautaire », *JCP* 2019. 1319 – B. Teyssié, « Le socle européen des droits sociaux », *JCP S* 2022. 1038 – C. Vigneau, « Étude sur l'autonomie collective au niveau communautaire », *RTD eur.* 2002. 653.

SECTION 1

ACCORDS INTERSECTORIELS ET SECTORIELS DE NIVEAU COMMUNAUTAIRE

211.10 Plan – Des normes imparfaites. La négociation et la conclusion d'accords collectifs de niveau communautaire sont expressément envisagées par le traité sur le fonctionnement de l'Union européenne (TFUE). L'article 154 du traité autorise les partenaires sociaux européens à informer la Commission, lorsqu'ils sont consultés par celle-ci sur le contenu d'une proposition dans le domaine de la politique sociale, de leur volonté d'engager le processus prévu à l'article 155, c'est-à-dire d'en faire un objet de négociation. La Commission doit alors suspendre le processus d'élaboration d'une proposition de règlement ou de directive pendant une durée maximale de neuf mois, sauf prolongation décidée en commun par les partenaires sociaux parties à la négociation et la Commission. L'article 155 du traité[1] prévoit ensuite que « le dialogue entre partenaires sociaux au niveau communautaire peut conduire, si ces derniers le souhaitent, à des relations conventionnelles, y compris des accords ».

L'élaboration d'accords collectifs est donc rendue possible par les partenaires sociaux que sont les organisations professionnelles représentatives d'employeurs et de salariés constituées au niveau européen (§ 1). Mais ces accords ne sont pas auto-suffisants en ce qu'ils ne sont pas directement applicables dans les États de l'Union européenne. La production de leurs effets est subordonnée à l'adoption de normes de transposition qui peuvent être elles-mêmes de nature conventionnelle, en suivant les procédures propres aux partenaires sociaux et aux États membres, ou être des normes de droit dérivé, par décision d'exécution du Conseil. La perfection de l'accord de niveau communautaire, pour qu'il déploie sa force normative, est en conséquence dépendante de normes subséquentes sans lesquelles l'accord est un acte juridique imparfait (§ 2).

211.11 Le rôle du Parlement européen. En vertu du traité de Lisbonne, le Parlement européen dispose du droit d'être informé de la mise en œuvre d'accords collectifs conclus au niveau de l'Union[2] et des initiatives de la Commission pour favoriser la coopération entre les États membres[3], y compris sur les questions relatives au droit syndical et aux négociations collectives.

Dans de nombreuses résolutions, le Parlement insiste sur le rôle des partenaires sociaux et plaide pour son renforcement. En particulier, dans sa résolution du 16 avril 2019 sur la directive relative à des conditions de travail transparentes et prévisibles, il a réaffirmé que l'autonomie des partenaires sociaux, leur capacité à agir en tant que représentants des travailleurs et des employeurs ainsi que la diversité des systèmes nationaux de relations professionnelles devraient être toujours respectées. Il a, à nouveau, rappelé le rôle essentiel des partenaires sociaux et du dialogue social dans sa résolution sur la démocratie au travail du 16 décembre 2021, dans laquelle il a demandé à la Commission et aux États membres, en coopération avec les partenaires sociaux, de s'engager à atteindre une couverture des négociations collectives de 90 % d'ici 2030.

§ 1

Élaboration des accords

211.21 Acteurs de la négociation. Si le traité sur le fonctionnement de l'Union européenne vise les « partenaires sociaux » à propos de la possibilité d'élaborer des accords collectifs, ni ce texte ni un autre, pas davantage que les institutions européennes comme la Commission, ne déterminent les critères pour qu'une organisation professionnelle constituée au niveau européen soit reconnue représentative et en capacité, en conséquence, de négocier des accords. Il pourrait s'agir des partenaires sociaux pour lesquels le traité prévoit une consultation sur le contenu d'une proposition dans le domaine de la politique sociale, mais leur liste, établie par la Commission elle-même, ne préjuge pas de leur représentativité pour négocier des accords. La Commission a cependant dégagé des critères de représentativité dans une communication du 14 décembre 1993 concernant la mise en œuvre du Protocole sur la politique sociale. Il y est indiqué que, pour être reconnues représentatives, les organisations doivent « être interprofessionnelles, sectorielles ou catégorielles et être organisées au niveau européen ; être composées d'organisations elles-mêmes reconnues comme faisant partie intégrante des structures des partenaires sociaux des États membres et avoir la capacité de négocier des accords et être représentatives dans plusieurs États membres ; disposer de structures adéquates leur permettant de participer de manière efficace au processus de consultation ». La Commission considère toutefois qu'il appartient d'abord aux partenaires sociaux eux-mêmes de se reconnaître mutuellement comme étant représentatifs pour engager une négociation[4]. Et c'est aussi la position du Tribunal de première instance de l'Union européenne (TPIUE) qui a jugé que, au stade de la négociation, celle-ci relève de la seule initiative des partenaires sociaux et concerne « ceux qui acceptent de négocier les uns avec les autres ». Dans cette même décision, le tribunal fait peser sur la Commission une obligation de contrôler la repré-

1. Cette disposition est issue de l'article 4 de l'Accord sur la politique sociale du 7 février 1992.
2. TFUE, art. 155.
3. TFUE, art. 156.
4. B. Teyssié, *Droit du travail : Relations collectives*, 13e éd., « Manuel », LexisNexis, 2023, no 1917, p. 845.

sentativité des organisations mais seulement en aval, après la conclusion de l'accord – s'agissant donc des organisations signataires – avant de proposer au Conseil sa mise en œuvre dans l'ensemble de l'Union [1].

Sont aujourd'hui reconnus comme représentatifs au niveau intersectoriel, du côté des organisations professionnelles d'employeurs : la Confédération européenne des syndicats (CES), le Centre européen des entreprises à participation publique (CEEP), l'Union des confédérations de l'industrie et des employeurs d'Europe (Business Europe) ; l'Union européenne de l'artisanat et des petites et moyennes entreprises (UEAPME). Et, du côté des organisations professionnelles de travailleurs : la Confédération européenne des cadres (CEC) et Eurocadres.

Aux côtés de ces organisations, des groupes socioprofessionnels représentent des intérêts spécifiques ou sectoriels. Par ailleurs, un dialogue social est mené au niveau sectoriel dans le cadre de comités du dialogue social sectoriel européen qui ont succédé, pour certains, à d'anciens comités paritaires et ont, pour les autres, été créés par la Commission à la demande des partenaires sociaux de chaque secteur d'activité. Il existe actuellement quarante-trois comités, les textes adoptés en leur sein étant de valeur normative variable : « positions communes », « déclarations », « recommandations », « règlements intérieurs » et pour certains « accords ». Ce sont ces derniers qui sont susceptibles d'être transformés en normes contraignantes au moyen d'instruments de droit dérivé [2].

211.22 Processus de négociation. Après y avoir été opposée, la Commission admet que les partenaires sociaux puissent engager une négociation en vue d'un accord intersectoriel ou sectoriel indépendamment d'une consultation dans le cadre de l'article 154 du traité et donc du thème sur lequel leur avis peut être sollicité. Autrement dit, les voies de négociation ouvertes par les articles 154 et 155 du traité ne sont pas liées de sorte que les partenaires sociaux peuvent entreprendre une négociation sur un thème choisi par eux sans dépendre de l'engagement d'une procédure de consultation par la Commission.

S'ils parviennent à la conclusion d'un accord, il n'est pas nécessaire, en l'absence de règle à ce sujet, que l'accord soit signé par toutes les organisations professionnelles ayant participé à la négociation.

1. TPIUE, 17 juin 1998, *UEAPME a.*, aff. T-135/96 ; *Dr. soc.* 1999. 60, note M.-A. Moreau.
2. G. Bélier, H.-J. Legrand et A. Cormier Le Goff, *Le nouveau droit de la négociation collective : Acteurs et accords*, 6e éd., « Droit vivant », Liaisons – Wolters Kluwer, 2018, no 248, p. 306 et 307 : Ces auteurs recensent quinze accords conclus dans douze secteurs d'activité.

211.23 Économie de l'accord. Parce qu'ils supposent qu'un consensus soit trouvé sur un thème pris dans une dimension européenne ou traité à une échelle transnationale, les accords peuvent difficilement contenir davantage que des règles d'ordre général. De fait, les accords conclus se présentent, pour la majorité d'entre eux, comme des accords-cadre. Ont en particulier été conclus au niveau intersectoriel : l'accord sur le congé parental en date du 14 décembre 1995, l'accord sur le travail à temps partiel en date du 14 décembre 1995, l'accord sur le travail à durée déterminée conclu le 18 mars 1999, l'accord sur le télétravail conclu le 16 juillet 2002, l'accord sur le stress au travail adopté le 16 juillet 2002, l'accord sur la violence et le harcèlement au travail du 26 avril 2007, l'accord révisé sur le congé parental en date du 18 juin 2009, l'accord sur les marchés du travail inclusifs adopté le 25 mars 2010. Plus original est l'accord-cadre sur le numérique signé par l'ensemble des partenaires sociaux européens le 22 juin 2020 qui vise à promouvoir entre syndicats et employeurs, dans chaque pays de l'Union européenne, les négociations relatives aux enjeux des transformations numériques telles que les modalités de connexion et de déconnexion, l'intelligence artificielle et la gouvernance des données qui l'alimentent, l'évolution des compétences et des emplois, l'utilisation des outils numériques et la charge de travail [3].

Plusieurs accords sectoriels ne concernant qu'une branche d'activité ont également été conclus : l'accord sur l'emploi salarié agricole du 25 juillet 1997, l'accord relatif à l'organisation du temps de travail des gens de mer conclu le 30 septembre 1998, l'accord sur le temps de travail dans le secteur du transport aérien en date du 22 mars 2000, l'accord sur le télétravail dans le secteur des télécommunications conclue le 7 février 2001, l'accord sur le télétravail dans le secteur du commerce en date du 26 avril 2001, l'accord sur les conditions de travail des travailleurs mobiles effectuant des services d'interopérabilité transfrontalière dans le secteur ferroviaire du 27 janvier 2004, l'accord sur la protection des professionnels de la santé contre les blessures et les infections par des objets tranchants à usage médical conclu le 18 juillet 2009, l'accord relatif aux profils de compétences pour les opérateurs de processus et les superviseurs de première ligne dans l'industrie chimique conclu le 15 avril 2011, l'accord relatif aux normes minimales applicables aux contrats des footballeurs professionnels adopté le 19 avril 2012, l'accord relatif à la santé et à la sécurité dans les salons de coiffure du 26 avril 2012, l'accord

3. V. sur cet accord-cadre : M.-C. Amauger-Lattes, « Le dialogue social : outil de régulation de l'intelligence artificielle dans l'entreprise », *Dr. soc.* 2021. 146.

visant à assurer des conditions de travail décentes aux pêcheurs à bord des navires de pêche en date du 21 mai 2012, l'accord pour un service de qualité dans les administrations des gouvernements centraux du 12 décembre 2012, l'accord relatif à l'information et à la consultation des fonctionnaires et des employés des administrations centrales conclu le 21 décembre 2015, l'accord relatif aux standards minimaux à respecter pour l'emploi de stagiaires dans le secteur de l'électricité adopté le 27 juin 2016.

Un accord multisectoriel a par ailleurs été signé le 25 avril 2006 « sur la protection de la santé des travailleurs par l'observation de bonnes pratiques dans le cadre de la manipulation et de l'utilisation de la silice cristalline et des produits qui en contiennent ».

§ 2
Effectivité des accords

211.30 **Plan – Modalités de mise en œuvre des accords.** Les accords conclus au niveau communautaire obligent, comme tout contrat, les parties qui les ont conclus. Au-delà, la production d'effets de droit implique de suivre l'une des deux procédures prévues par l'article 155 du traité sur le fonctionnement de l'Union européenne. Selon l'alinéa 2 de ce texte, « la mise en œuvre des accords conclus au niveau de l'Union intervient soit selon les procédures et pratiques propres aux partenaires sociaux et aux États membres (A), soit, dans les matières relevant de l'article 153, à la demande conjointe des parties signataires, par une décision du Conseil sur proposition de la Commission (B). Le Parlement européen est informé ».

A.
Transposition de l'accord suivant les procédures propres aux partenaires sociaux et aux États membres

211.41 **Procédure.** Selon l'article 155 du traité, les partenaires sociaux ont le choix pour la mise en œuvre de leur accord entre la voie conventionnelle et la voie réglementaire en formulant, dans ce dernier cas, une demande de proposition à la Commission. À la différence de la seconde, la première voie peut être empruntée quelle que soit la matière de droit social concernée par le contenu de l'accord.

Lorsque ce choix est opéré, les procédures et pratiques propres aux partenaires sociaux et aux États membres consistent concrètement en une transposition de l'accord au moyen d'accords nationaux interprofessionnels, d'accords de branche, voire d'accords d'entreprise. Cette transposition n'est pas toutefois acquise et suppose que les partenaires sociaux s'entendent au niveau national pour reprendre le contenu de l'accord de niveau communautaire. Ces derniers ont du reste la liberté de ne pas transposer l'accord tel quel et d'y ajouter des dispositions, voire d'y déroger puisque l'accord de niveau communautaire n'a pas d'effet direct dans l'ordre juridique interne.

211.42 **Illustrations.** Quelques accords-cadre intersectoriels ont été mis en œuvre par les partenaires sociaux eux-mêmes : l'accord du 16 juillet 2002 sur le télétravail, l'accord du 8 octobre 2004 sur le stress lié au travail, l'accord du 26 avril 2007 sur la violence et le harcèlement au travail ou encore l'accord du 25 mars 2010 sur les marchés du travail inclusifs.

Des accords sectoriels ont suivi la même procédure : accord-cadre du 27 juillet 1997 sur l'emploi salarié agricole, l'accord-cadre du 7 février 2001 sur le télétravail dans le secteur des télécommunications et l'accord-cadre du 19 avril 2012 relatif aux normes minimales applicables aux contrats des footballeurs professionnels.

B.
Conversion de l'accord par décision d'exécution du Conseil

211.51 **Notion de décision.** La « décision du Conseil » au sens de l'article 155 du traité est entendue de façon large comme renvoyant aux actes législatifs contraignants que sont le règlement, la directive et la décision. C'est à la Commission, chargée de proposer au Conseil la mise en œuvre de l'accord, de soumettre à cette occasion le choix de l'instrument le plus approprié. Jusqu'à présent, c'est toujours la directive qui a été retenue pour convertir l'accord signé en acte de droit dérivé. S'agissant d'accords-cadre, la directive est effectivement l'instrument qui se prête le mieux, par sa souplesse et la marge d'adaptation laissée, le cas échéant, aux États membres, pour parvenir au résultat à atteindre, à l'introduction dans les droits nationaux des règles sur lesquelles les partenaires sociaux se sont accordés.

211.52 **Procédure.** La mise en œuvre de l'accord par décision d'exécution du Conseil ne peut intervenir, comme le précise l'article 155 du traité, que dans les matières relevant de l'article 153, c'est-à-dire : l'amélioration du milieu de travail pour protéger la santé et la sécurité des travailleurs ; les conditions de travail ; la sécurité sociale et la protection sociale des travailleurs ; la protection des travailleurs en cas de résiliation du contrat de travail ; l'information et la consultation des travailleurs ; la représentation et la défense collective des intérêts des travailleurs et des employeurs, y compris la cogestion ; les conditions d'emploi des ressortissants des pays tiers se trouvant en séjour régulier sur le territoire de l'Union ; l'intégration des personnes exclues du marché du travail ; l'égalité entre hommes et femmes en ce qui concerne leurs chances sur le marché du travail et le traitement dans le travail ; la lutte contre l'exclusion sociale ; la modernisation des systèmes de protection sociale.

La demande doit être faite conjointement par les partenaires sociaux signataires, ce qui suppose qu'ils s'accordent sur la mise en œuvre de l'accord par voie de décision. Saisie de la demande, la Commission doit vérifier la représentativité des parties signataires de l'accord ainsi que la légalité de ses clauses au regard du Traité. Plus exactement, en ce qui concerne le contrôle de la représentativité des partenaires sociaux signataires, le Tribunal de première instance de l'Union européenne a précisé que cette vérification incombe à la Commission et au Conseil qui doivent s'assurer que, au regard du contenu de l'accord, les partenaires sociaux signataires ont une représentativité cumulée suffisante. Le tribunal en justifie par la considération que l'intervention de ces deux institutions a pour effet de conférer une assise communautaire de nature législative à l'accord conclu entre les partenaires sociaux sans recourir aux procédures classiques d'élaboration d'un texte législatif prévues par le traité qui impliquent la participation du Parlement européen. Dans la même décision, rendue le 17 juin 1998, le tribunal de première instance a ajouté que seul un partenaire social consulté par la Commission qui n'aurait pas conclu l'accord et dont la représentativité propre, au regard du contenu de ce dernier, est nécessaire pour compléter la représentativité cumulée des signataires, dispose du droit d'empêcher la Commission et le Conseil d'assurer sa mise en œuvre au niveau communautaire par un acte législatif[1].

Le Tribunal de première instance de l'Union européenne puis la Cour de justice de l'Union européenne, dans un arrêt EPSU rendu par cette dernière le 9 septembre 2021, ont également reconnu à la Commission la possibilité d'apprécier l'opportunité de mettre en œuvre l'accord collectif intersectoriel ou sectoriel de niveau communautaire par voie de décision et en particulier de directive. Cette appréciation, opérée sur la base de considérations d'ordre politique, économique ou social, peut conduire à privilégier la voie conventionnelle et à refuser corrélativement de présenter au Conseil une proposition de directive[2]. À la suite de l'arrêt EPS, la Commission a confirmé, dans une communication du 25 janvier 2023[3], qu'il lui appartient « de déterminer au cas par cas s'il est approprié de soumettre une proposition au Conseil, mettant en œuvre cet accord au niveau de l'UE sous forme de directive ». La Commission rappelle que, en revanche, en amont, « pendant la négociation d'un accord, les partenaires sociaux peuvent agir librement et la Commission doit s'abstenir de tout comportement visant à influencer le cours des négociations ou le contenu de l'accord », faisant ainsi écho à ce que la Cour de justice avait déjà elle-même souligné[4]. Dans cette même communication, la Commission envisage par ailleurs d'offrir un accompagnement aux négociateurs afin d'optimiser les chances que l'accord conclu passe avec succès le triple contrôle – le contrôle de légalité, le contrôle de la représentativité des parties et le contrôle en opportunité. Elle ajoute que ses services informeront les partenaires sociaux respectifs dans un délai de trois mois de leurs considérations préliminaires, y compris éventuellement la réalisation d'une étude d'impact, et qu'elle « prendra une décision finale en fonction de la complexité de l'évaluation de l'accord proposé, en tenant compte des exigences de la jurisprudence récente de la Cour de Justice ».

En bout de procédure, si une proposition est adressée par la Commission au Conseil, ce dernier n'est pas lui-même tenu d'y donner suite. Le Conseil se prononce à la majorité qualifiée, voire à l'unanimité lorsque l'accord porte sur des questions relatives à sécurité sociale et à la protection sociale des travailleurs, à la protection des travailleurs en cas de résiliation du contrat de travail, à la représentation et à la défense collective des intérêts des travailleurs et des employeurs, ou encore aux conditions d'emploi des ressortissants des pays tiers se trouvant en séjour régulier sur le territoire de l'Union.

211.53 **Conversion de l'accord.** L'adoption par le Conseil d'une décision au sens de l'article 155 du

1. TPIUE, 17 juin 1998, *UEAPME a.* ; aff. T-135/96, préc.

2. TPIUE, 24 oct. 2019, European Federation of Public Service Unions (EPSU) et Jan Goudriaan c/Commission européenne, aff. T-310/18 ; *JCP S* 2019. 1357, note B. Teyssié. Sur recours : CJUE, 9 sept. 2021, EPSU, affaire C-928/19 ; *Europe* 11/2021, p. 46, note L. Driguez ; *Rev. des aff. Européennes* 7/2021, n° 707-714, note E. Pataut. Au cas d'espèce, la Commission européenne avait refusé de présenter au Conseil une proposition de directive qui aurait eu pour objet de mettre en œuvre l'accord collectif sectoriel du 21 décembre 2015 posant un « cadre général pour l'information et la consultation des fonctionnaires et [des] employés des administrations des gouvernements centraux ».
3. COM (2023) 40 final. V. J.-Ph. Lhernould, « Dialogue social européen : la Commission définit une nouvelle méthode de travail après l'arrêt EPSU », *SSL* 13 mars 2023, n° 2037, p. 8.
4. CJUE 9 sept. 2021, préc., § 61, qui juge que « lors de la phase de négociation d'un accord par les partenaires sociaux, laquelle est l'"affaire exclusive" de ces derniers, ceux-ci [peuvent] dialoguer et agir librement, sans recevoir d'ordre ou d'instruction de quiconque, et notamment pas des États membres ou des institutions de l'Union ».

traité – en pratique une directive – opère une conversion de l'accord collectif en une norme législative. Changeant de nature juridique, la norme n'a plus le régime d'un accord collectif. En particulier, son interprétation est régie par les règles applicables aux actes des institutions européennes. Certains accords prévoient, il est vrai, lorsque se pose une question d'interprétation, d'en informer les parties signataires pour qu'elles rendent un avis [1]. Mais cet avis ne serait tout au plus qu'indicatif [2].

Parce qu'il a perdu sa nature d'accord collectif, le texte adopté à l'origine par les partenaires sociaux ne peut être révisé que par voie de directive modificative.

211.54 **Illustrations.** Plusieurs directives ont repris des accords conclus par les partenaires sociaux au niveau intersectoriel : directive 96/34/CE du 3 juin 1996 [3] sur le congé parental (accord-cadre du 14 décembre 1995), directive 97/81/CE du 15 décembre 1997 [4] sur le travail à temps partiel de 1997 (accord-cadre du 14 décembre 1995), directive 99/70/CE du 28 juin 1999 [5] sur le contrat de travail à durée déterminée (accord-cadre du 18 mars 1999). Une proposition de directive de la Commission sur le travail temporaire n'a pas en revanche abouti devant le Conseil.

Des accords sectoriels ont également été mis en œuvre au moyen de directives du Conseil : directive 2000/79/CE du 27 novembre 2000 [6] concernant la mise en œuvre de l'accord européen relatif à l'aménagement du temps de travail du personnel mobile dans l'aviation civile conclu le 22 mars 2000, directive 2003/88/CE du 4 novembre 2003 [7] concernant certains aspects de l'aménagement du temps de travail des marins (accord relatif à l'organisation du temps de travail des gens de mer du 30 septembre 1998), directive 2005/47/CE du 18 juillet 2005 [8] concernant l'accord sur certains aspects des conditions d'utilisation des travailleurs mobiles effectuant des services d'interopérabilité transfrontalière dans le secteur ferroviaire conclu le 27 janvier 2004, directive 2010/32/UE du 10 mai 2010 [9] (accord sur la protection des professionnels de la santé contre les blessures et les infections par des objets tranchants à usage médical du 18 juillet 2009), directive 2014/112/UE du Conseil du 19 décembre 2014 [10] (accord concernant certains aspects de l'aménagement du temps de travail dans le secteur de la navigation intérieure du 15 février 2012), directive 2017/159/UE du 19 décembre 2016 [11] (accord relatif à la mise en œuvre de la convention sur le travail dans la pêche de l'OIT, en date du 21 mai 2012), directive 2018/131/UE du 23 janvier 2018 [12] (accord du 5 décembre 2016 dans le secteur des transports maritimes).

1. EN CE SENS, l'accord sur le congé parental du 18 juin 2009.
2. Malgré la clause prévoyant cet avis dans l'accord sur le congé parental du 18 juin 2009, la Cour de justice de l'Union européenne s'est reconnue compétente pour interpréter l'une de ses dispositions alors que l'avis des signataires de l'accord n'avait pas été sollicité : CJUE 16 sept. 2010, *Chatai*, aff. C-149/10, *Rev. UE* 2013. 313, chron. E. Sabatakakis.
3. Dir. 96/34 du Conseil, 3 juin 1996 concernant l'accord-cadre sur le congé parental conclu par l'UNICE, le CEEP et la CES, *JOUE L* 19 juin, p. 4.
4. Dir. 97/81 du Conseil, 15 déc. 1997 concernant l'accord-cadre sur le travail à temps partiel conclu par l'UNICE, le CEEP et la CES, *JOUE L* 20 janv. 1998, p. 9.
5. Dir. 1999/70 du Conseil, 28 juin 1999 concernant l'accord-cadre CES, UNICE et CEEP sur le travail à durée déterminée, *JOUE L* 10 juill., p. 43.
6. Dir. 2000/79 du Conseil, 27 nov. 2000 concernant la mise en œuvre de l'accord européen relatif à l'aménagement du temps de travail du personnel mobile dans l'aviation civile, conclu par l'Association des compagnies européennes de navigation aérienne (AEA), la Fédération européenne des travailleurs des transports (ETF), l'Association européenne des personnels navigants techniques (Eca), l'Association européenne des compagnies d'aviation des régions d'Europe (Era) et l'Association internationale des charters aériens (AICA), *JOUE L* 1er déc., p. 57.
7. Dir. 2003/88 du Parlement européen et du Conseil, 4 nov. 2003 concernant certains aspects de l'aménagement du temps de travail, *JOUE L* 18 nov., p. 9.
8. Dir. 2005/47 du Conseil, 18 juill. 2005 concernant l'accord entre la Communauté européenne du rail (CER) et la Fédération européenne des travailleurs des transports (ETF) sur certains aspects des conditions d'utilisation des travailleurs mobiles effectuant des services d'interopérabilité transfrontalière dans le secteur ferroviaire, *JOUE L* 27 juill., p. 15.
9. Dir. 2010/32 du Conseil, 10 mai 2010 portant application de l'accord-cadre relatif à la prévention des blessures par objets tranchants dans le secteur hospitalier et sanitaire conclu par l'HOSPEEM et la FSESP, *JOUE L* 1er juin, p. 66.
10. Dir. 2014/112 du Conseil, 19 déc. 2014 portant application de l'accord européen concernant certains aspects de l'aménagement du temps de travail dans le secteur de la navigation intérieure, conclu par l'Union européenne de la navigation fluviale (UENF), l'Organisation européenne des bateliers (OEB) et la Fédération européenne des travailleurs des transports (ETF), *JOUE L* 23 déc., p. 86.
11. Dir. 2017/159 du Conseil, 19 déc. 2016 portant mise en œuvre de l'accord relatif à la mise en œuvre de la convention sur le travail dans la pêche, 2007, de l'Organisation internationale du travail, conclu le 21 mai 2012 entre la Confédération générale des coopératives agricoles de l'Union européenne (Cogeca), la Fédération européenne des travailleurs des transports (ETF) et l'Association des organisations nationales d'entreprises de pêche de l'Union européenne (Europêche), *JOUE L* 31 janv. 2017, p. 12.
12. Dir. 2018/131 du Conseil, 23 janv. 2018 portant mise en œuvre de l'accord conclu par les Associations des armateurs de la Communauté européenne (ECSA) et la Fédération européenne des travailleurs des transports (ETF) en vue de modifier la directive 2009/13/CE conformément aux amendements de 2014 à la convention du travail maritime, 2006, tels qu'approuvés par la Conférence internationale du travail le 11 juin 2014, *JOUE L* 26 janv., p 28.

SECTION 2
ACCORDS D'ENTREPRISE OU DE GROUPE DE NIVEAU EUROPÉEN

211.61 **Accords sans accompagnement juridique organisé.** Les entreprises ou les groupes de dimension européenne, voire mondiale, peuvent conclure des accords collectifs ayant un périmètre d'application européen. À la différence des accords-cadre de niveau communautaire négociés entre des organisations professionnelles d'employeurs et des organisations professionnelles de travailleurs pourvues d'une représentativité suffisante, les accords d'entreprise ou de groupe de niveau européen sont conclus par l'entreprise ou le groupe avec une ou des fédérations syndicales européennes et/ou avec le comité d'entreprise européen. Sans cadre juridique qui en organiserait la mise en œuvre, ils doivent leur autorité avant tout à la légitimité de leurs signataires, ce qui est l'une des raisons de leur signature à la fois par des organisations syndicales et par des instances de représentation du personnel transnationales. De fait, bien qu'aucun texte n'investisse les comités d'entreprise européens d'une compétence en matière de négociation collective, ils se présentent volontiers en pratique comme un pôle de négociation, notamment parce qu'ils sont une force de proposition de thèmes dont l'objet est de nature à justifier des règles conventionnelles communes à l'ensemble des travailleurs des pays européens où l'entreprise ou le groupe est implanté.

Dépourvu intrinsèquement de force normative au niveau européen, l'accord ne peut être juridiquement contraignant que sous la coupe d'un droit national qui lui serait rendu applicable, soit en associant à sa signature des organisations syndicales représentatives au niveau national, soit en le déclinant en autant d'accords nationaux qu'il y a de pays européens concernés. Le droit commun des obligations peut aussi, le cas échéant, venir en relais : contrat entre ses signataires, l'accord d'entreprise ou de groupe de niveau européen peut être appréhendé, à l'instar d'un accord atypique, comme une source d'engagements unilatéraux vis-à-vis des salariés bénéficiaires dans un cercle national.

CHAPITRE

212. Les accords monde

SECTION 0 ORIENTEUR

212.00 **Sommaire du chapitre.**

Division. Initiés à la fin des années 1980 (sect. 1), les accords mondiaux d'entreprise ont vu leur champ d'application considérablement élargi (sect. 2). Le domaine, l'autorité et le mécanisme d'application de ces accords présentent toutefois des particularités (sect. 3).

212.03 **Bibliographie indicative.**

Thèses. A. Lamine, *Accords d'entreprise transnationaux en quête d'effectivité. Étude juridique et prospective d'une norme collective de travail*, th. Université catholique de Louvain, 2016.

Monographie. M. Frapard, *Les accords d'entreprise transnationaux. Les firmes peuvent-elles s'autoréguler en matière sociale ?*, « Les notes de la Fabrique », Presses des Mines – Transvalor – La Fabrique de l'industrie, 2018.

Contributions. M.-A. Moreau, « Le rôle de la cartographie sociale. Perspectives pluridisciplinaires à partir de l'analyse des accords mondiaux d'entreprise », *Liber amicorum en hommage à Pierre Rodière*, « Mélanges », LGDJ, 2019, p. 339 – B. Teyssié, « La loi applicable aux accords transnationaux d'entreprise ou de groupe », *Mélanges en l'honneur de Hélène Gaudemet-Tallon : Vers de nouveaux équilibres entre ordres juridiques*, « Études, mélanges, travaux », Dalloz, 2008, p. 621.

Articles. R. Chiss, « L'articulation de la norme nationale française avec la norme internationale. Point de vue », *JCP S* 2016. 1158 – R. Dupiré, « Repenser la négociation collective transnationale », *JCP S* 2013. 1472 – S. Laulom, « Passé, présent et futur de la négociation collective transnationale », *Dr. soc.* 2007. 623 – A. Lyon-Caen, « La négociation collective dans ses dimensions internationales », *Dr. soc.* 1997. 352 – A. Martinon, « Les transformations de la norme internationale », *JCP S* 2015. 1250 – M.-A. Moreau, « Négociation collective transnationale, réflexions à partir des accords-cadres internationaux du groupe Arcelor-Mittal », *Dr. soc.* 2009. 93 ; « Les accords mondiaux d'entreprise », *Dr. soc.* 2018. 774 – B. Saincy, « Responsabilité et négociation sociales à l'ère de la mondialisation », *Dr. soc.* 2008. 80 – B. Teyssié, « La négociation collective transnationale d'entreprise ou de groupe », *Dr. soc.* 2005. 982 ; « Les accords collectifs internationaux », *JCP S* 2017. 1343.

SECTION 1 MISE EN PLACE DES ACCORDS MONDIAUX D'ENTREPRISE

212.11 **Des accords-cadres internationaux aux accords mondiaux d'entreprise.** Dans un contexte de mondialisation des échanges et d'internationalisation des entreprises et des groupes de sociétés, les accords monde sont un moyen d'expression d'une politique sociale transnationale et un instrument de régulation *supra*-étatique dans le champ d'intervention de l'entreprise ou du groupe. Ce champ, qui recouvre ses implantations dans différents pays, peut le cas échéant s'étendre aux fournisseurs et sous-traitants.

Les premiers accords monde remontent à plus de trente ans, lorsque des groupes internationaux en ont fait l'outil pour assurer une protection des droits fondamentaux des travailleurs à l'échelle transnationale[1]. Conçus comme des accords-cadre

1. M.-A. Moreau, « Les accords mondiaux d'entreprise », *Dr. soc.* 2018. 774, qui rappelle le premier accord-cadre international signé par Danone en 1988.

internationaux (ACI)[1] en ce qu'ils constituent un cadre d'organisation des droits des travailleurs dans un esprit d'autorégulation, ils ont été et sont encore l'occasion de contractualiser des garanties, notamment au profit de travailleurs de pays qui n'ont pas ratifié des conventions de l'OIT ou qui ne les respectent pas[2].

Depuis quelques années, une nouvelle génération d'accords monde se développe, plus élaborés dans leur contenu et plus globalisant autour de thèmes choisis en raison de leur importance pour le groupe. Qualifiés d'accords mondiaux d'entreprise[3], ils œuvrent à la construction d'une politique sociale à la fois d'un point de vue transversal et sur un plan vertical, allant du global au local et inversement.

212.12 Mise en place des accords mondiaux d'entreprise. Les accords mondiaux peuvent être des accords « pieuvre », qui se développent de façon tentaculaire suivant l'extension du secteur d'activité du groupe et de ses implantations. Ils sont le plus souvent négociés à un moment de l'évolution internationale du groupe pour asseoir une politique sociale au regard de besoins spécifiques sur des thèmes particuliers afin de surmonter les décalages entre les différents pays. Tous exigent, pour leur adoption, une enceinte de négociation qui, n'étant pas juridiquement normée, doit être constituée de manière informelle en faisant appel à des acteurs dont la légitimité conditionne en grande partie l'effectivité de l'accord. Comme on l'a observé, les accords mondiaux d'entreprise « sont le résultat d'une négociation résultant d'un compromis social original, de portée globale, accepté par les représentants de la direction et des travailleurs des pays inclus dans le champ d'application de l'accord, sur une base de légitimité fondée sur la reconnaissance réciproque »[4].

En pratique, ce sont des fédérations internationales syndicales propres à des branches professionnelles qui sont sollicitées pour conclure les accords, telles que la Fédération internationale des travailleurs du bâtiment et du bois[5], l'Union internationale des travailleurs de l'alimentation, de l'agriculture, de l'hôtellerie-restauration, du tabac et des branches connexes (UITA)[6] qui rassemble les travailleurs de l'agriculture, de l'agroalimentaire et de l'hôtellerie, ou encore les anciennes Fédération internationale des Organisations de travailleurs de la Métallurgie (Fiom), Fédération internationale de la Chimie, de l'Énergie et des Mines et Industries diverses (Icem) et Fédération internationale des travailleurs du Textile, de l'Habillement et du Cuir (FITTHC) dont les affiliés sont aujourd'hui rassemblés au sein de l'IndustriAll Global Union fondée le 19 juin 2012[7]. Des accords sont également conclus avec l'Union Network International (UNI Global Union) qui est une fédération syndicale internationale née le 1er janvier 2000 de la fusion de quatre fédérations syndicales internationales[8].

212.13 Pluralisme des accords mondiaux d'entreprise. Les accords mondiaux d'entreprise ne constituent pas une catégorie juridique dans la mesure où

1. R.-C. Drouin, « Les accords-cadres internationaux : enjeux et portée d'une négociation collective transnationale », *Les cahiers de droit*, vol. 47, n° 4, 2006, p. 703 – M.-A. Moreau, « Négociation collective transnationale, réflexions à partir des accords-cadres internationaux du groupe Arcelor-Mittal », *Dr. soc.* 2009. 93.
2. M.-A. Moreau, préc., qui qualifie ces accords de « bras armé de l'OIT ». Selon l'auteure, ces accords sont le moyen de « limiter les effets de la non-application du droit international du travail dans les pays qui ne respectent pas les engagements pris dans la Déclaration de l'OIT de 1998 concernant l'interdiction du travail des enfants, du travail forcé, des discriminations et du droit à la liberté syndicale et à la négociation collective et qui ne ratifient pas des conventions essentielles de l'OIT, notamment en matière de santé et sécurité, de rémunération décente, ou d'environnement ».
3. M.-A. Moreau, préc.
4. M.-A. Moreau, préc.
5. Accord conclu le 21 mai 2003 avec le groupe Lafarge (également signé avec IndustriAll Global Union) sur « la responsabilité sociale de l'entreprise et sur les relations sociales internationales ».
6. Également connue sous l'acronyme IUF (International Union of Food, Agricultural, Hotel, Restaurant, Catering, Tobacco and Allied Workers'Association). Un accord a été conclu par le groupe Danone avec l'IUTA, le 15 mars 2016, sur la promotion de l'emploi pérenne.
7. DEPUIS SA CRÉATION, PLUSIEURS ACCORDS MONDIAUX ONT ÉTÉ CONCLUS avec IndustriAll Global Union : par le groupe Lafarge, le 21 mai 2013, sur « la responsabilité sociale de l'entreprise et sur les relations sociales internationales » ; – PAR le groupe Renault, le 2 juillet 2013 sur « la responsabilité sociale, sociétale et environnementale » ; – PAR le groupe PSA, le 7 mars 2017, sur la responsabilité sociale du groupe ; – PAR le groupe Unilever, le 31 octobre 2018, sur le respect des droits syndicaux dans le groupe et chez les fournisseurs ; – OU ENCORE PAR le groupe Michelin, le 27 janvier 2020, pour instituer le comité mondial Michelin.
8. PARMI LES ACCORDS CONCLUS avec UNI Global Union, on peut citer : l'accord conclu avec le groupe H&M le 14 janvier 2004 garantissant le respect des droits fondamentaux du travail (liberté d'association, droit à la négociation collective, interdiction du travail des enfants, du travail forcé et des discriminations) ; – L'accord conclu avec le groupe France Telecom, le 21 décembre 2006, sur le respect des droits sociaux fondamentaux ; – L'accord-cadre conclu par la Société Générale, le 3 juin 2015, sur les droits humains fondamentaux et la liberté syndicale ; – L'accord conclu par le groupe Auchan Retail, le 17 mars 2017, sur la responsabilité sociale et environnementale ; – L'accord conclu par le groupe Geopost, le 14 mars 2017, sur les droits humains fondamentaux et la liberté d'association ; – L'accord conclu par BNP Paribas, le 18 septembre 2018, sur sept thématiques (les droits humains, le dialogue social et les droits syndicaux ; la RSE ; la gestion de l'emploi et des compétences ; l'égalité professionnelle femmes-hommes ; la promotion de la diversité et de l'inclusion ; la prévention et la lutte contre le harcèlement moral et sexuel ; la santé et la qualité de vie au travail) ; – L'accord conclu par le groupe Crédit Agricole SA, le 31 juillet 2019, sur un socle social commun.

il ne leur correspond aucun statut juridique et où leur autorité est de surcroît variable et repose principalement sur la légitimité des partenaires qui les ont signés sur la base d'une confiance réciproque dans leur mise en application. S'ils se rapprochent par leur contenu, qui vise principalement à une amélioration des protections sociales des travailleurs des entités du groupe mondial ainsi que de ceux, parfois, de leurs sous-traitants, la diversité n'en est pas moins sensible en ce qui concerne les thèmes traités, leur degré de précision, l'étendue des garanties contractualisées, etc.

SECTION 2 Contenu des accords

212.20 Plan – Valorisation de l'image de l'entreprise ou du groupe de dimension mondiale. Quel que soit le contexte dans lequel l'entreprise ou le groupe a été conduit à conclure un accord mondial – acquisition d'entités dans de nouveaux pays, fusion, lutte anticorruption, mise en cause de violations de droits sociaux dans le secteur d'activité, etc. – l'adoption de l'accord est souvent l'occasion de développer ou de renforcer l'image de l'entreprise ou du groupe aux niveaux national et international. Cette valorisation est présente ou sous-jacente dans les accords qui ont pour objet d'élaborer une politique sociale globale en faveur des travailleurs, particulièrement en leur assurant un niveau de garantie équivalent de leurs droits essentiels (§ 1). Tous les accords n'ont pas cependant cette finalité, certains ayant pour objet, exclusif ou non, la mise en place d'une instance transnationale de représentation du personnel sous les traits d'un comité mondial (§ 2).

§ 1 Accords constitutifs

212.31 Respect des droits fondamentaux. Les accords de première génération étaient essentiellement centrés sur le respect des droits fondamentaux au profit de tous les travailleurs relevant de l'entreprise ou du groupe de dimension mondiale dans tous les pays d'implantation, spécialement ceux qui ne ratifient pas ou qui ne respectent pas les conventions essentielles de l'OIT concernant l'interdiction du travail des enfants, celle du travail forcé ou des discriminations, le droit à la liberté syndicale, le droit à la négociation collective, etc. La garantie du respect de ces droits fondamentaux est notamment l'objet de l'accord conclu avec UNI Global Union par le groupe H&M le 14 janvier 2004 ou par le groupe France Telecom le 21 décembre 2006.

Plus récemment, des accords ayant le même objet ont été conclus avec la même fédération syndicale internationale : par la Société Générale, le 3 juin 2015, sur les droits humains fondamentaux et la liberté syndicale ; par le groupe Geopost, le 14 mars 2017, sur les droits humains fondamentaux et la liberté d'association ; par BNP Paribas, le 18 septembre 2018, portant notamment sur les droits humains, le dialogue social et les droits syndicaux ; ou encore par la société Carrefour le 3 octobre 2018 « pour la promotion du dialogue social et de la diversité et pour le respect des droits fondamentaux au travail » ; par la société Carrefour le 3 octobre 2018 « pour la promotion du dialogue social et de la diversité et pour le respect des droits fondamentaux au travail » ; ou encore par le groupe Crédit Agricole SA, le 31 juillet 2019. Une autre fédération syndicale internationale, IndustriAll Global Union, a conclu le 31 octobre 2018 avec le groupe Unilever un accord sur le respect des droits syndicaux dans le groupe et chez les fournisseurs [1].

212.32 Élargissement du domaine des droits des travailleurs conventionnellement garantis. Une deuxième génération d'accords, sans délaisser la garantie des droits fondamentaux pour tout le personnel dans les pays où l'entreprise ou le groupe est implanté, sont plus élaborés dans leur contenu et déclinent sur une pluralité de thèmes les garanties accordées aux salariés. L'accord conclu par le groupe Total avec IndustriAll Global Union le 25 janvier 2015 est représentatif de ces accords globalisant plus accomplis. Cet accord intègre à la fois la protection des droits de l'homme au travail – liberté d'expression, promotion du dialogue social, interdiction des discriminations, du travail des enfants et du travail forcé – des problématiques relatives à l'égalité professionnelle entre les femmes et les hommes et la maternité, des engagements en matière de santé et de sécurité au travail ainsi que des dispositions relatives à la prévoyance décès. L'accord conclu par le groupe EDF avec IndustriAll Global Union et l'Internationale des Services Publics (ISP) le 19 juin 2018 traite également concomitamment des droits humains, de la vigilance et du travail décent, du harcèlement et de la violence au travail, et comporte des engagements sur la santé et la sécurité assortis de droits d'alerte et de retrait. L'accord fixe en outre un résultat à atteindre en matière de protection sociale et vise à développer la protection sociale complémentaire et l'intéressement. Concernant l'ensemble des activités d'EDF dans 24 pays, l'accord pose ainsi les bases d'un socle social commun aux 160 000 salariés du groupe. Un autre accord particulièrement étendu est celui conclu par BNP Paribas le 18 septembre 2018 avec UNI Global Union. Il porte sur

1. Aussi l'accord-cadre international signé en décembre 2011 par Sodexo et l'UITA en matière de respect des droits fondamentaux au travail et plus particulièrement des droits d'association et de négociation collective avec la mise en place d'un dialogue régulier entre Sodexo et l'UITA.

sept thématiques : les droits humains, le dialogue social et les droits syndicaux ; la RSE ; la gestion de l'emploi et des compétences ; l'égalité professionnelle femmes-hommes ; la promotion de la diversité et de l'inclusion ; la prévention et la lutte contre le harcèlement moral et sexuel ; la santé et la qualité de vie au travail[1]. On relèvera aussi l'accord conclu par Engie le 20 janvier 2022 avec les fédérations syndicales mondiales IBB, IndustriALL et ISP ainsi que les organisations syndicales représentatives au niveau Groupe (CFDT, CFE-CGC, CGT et FO) portant sur les droits sociaux fondamentaux et la responsabilité sociale. L'accord prévoit des droits communs bénéficiant à tous les salariés du groupe du monde entier en matière de parentalité – congé maternité de 14 semaines et congé paternité de 4 semaines entièrement rémunérés –, d'emploi durable et de diversité – spécialement en termes de mixité et de lutte contre toute forme de discrimination. Et on citera, encore, l'accord-cadre mondial conclu le 24 août 2023 par la société norvégienne Aker avec IndustriAll qui traite des droits humains et syndicaux et qui fait référence aux normes internationales en matière de santé et de sécurité, de salaires décents, de transition équitable, d'égalité, de diversité, d'environnement, de temps de travail et de conditions d'emploi ainsi que l'accord mondial conclu par le groupe Crédit Agricole et UNI Global Union le 9 octobre 2023 qui renforce les engagements du groupe sur les droits humains, les droits fondamentaux du travail, les droits syndicaux, le travail à distance, la parentalité et qui introduit la notion de santé mentale.

Un accord particulièrement innovant est l'accord mondial sur les droits des salariés du groupe Société Générale conclu avec UNI Global Union le 28 juin 2023. L'accord formule, de manière assez classique, des engagements en matière de droits humains, de droits syndicaux ainsi que dans le domaine de la santé, de la sécurité et de la qualité de vie au travail. Mais il comporte aussi, ce qui est plus novateur, des stipulations consacrées à la numérisation, aux droits numériques et au télétravail. Sont abordés des sujets comme l'utilisation éthique et responsable de l'intelligence artificielle en matière de ressources humaines, la protection des données personnelles des salariés, le droit à la déconnexion, etc.

D'autres accords sont en revanche resserrés un thème spécifique : l'accord mondial conclu par Orange avec UNI Global Union le 21 novembre 2014 porte sur la santé-sécurité ; l'accord conclu par le groupe Danone avec l'UITA le 15 mars 2016 concerne la promotion de l'emploi pérenne ; l'accord signé le 7 mars 2017 par le groupe PSA Renault Citroën a pour objet de déployer internationalement une politique RH qui développe les talents et les compétences, la qualité de vie et le bien-être au travail, dans le respect de la diversité et de l'égalité de traitement ; l'accord signé par Sodexo avec l'UITA le 28 juin 2017 a trait à la prévention contre le harcèlement sexuel au travail ; un accord-cadre conclu à nouveau par le groupe Renault avec IndustriAll Global Union le 9 juillet 2019 porte sur la qualité de vie au travail des salariés ; un avenant à cet accord a été signé le 26 avril 2021 sur le télétravail ; l'accord mondial conclu par Orange avec UNI Global Union le 17 juillet 2019 porte sur l'égalité professionnelle entre les femmes et les hommes.

212.33 Au-delà des droits des travailleurs. Si le principal objectif des accords mondiaux d'entreprise est d'améliorer la protection des droits sociaux des travailleurs et de la porter, dans les pays où ces droits ne sont pas ou sont mal garantis, à un niveau équivalent dans l'ensemble du groupe, certains accords ajoutent aux questions de responsabilité sociale des engagements d'un point de vue sociétal et environnemental ou ne traitent que de ces derniers aspects. L'accord signé par le groupe PSA Renault Citroën le 2 juillet 2013 avec IndustriAll Global Union porte sur « la responsabilité sociale, sociétale et environnementale »[2] ; l'accord conclu par le groupe Total avec IndustriAll Global Union le 25 janvier 2015 s'intéresse, entre autres choses, à la responsabilité sociétale du groupe et comporte des dispositions sur la maîtrise des effets de l'activité sur l'écosystème ; l'accord conclu le 17 mars 2017 par le groupe Auchan Retail avec UNI Global Union a pour thème la responsabilité sociale et environnementale ; l'accord EDF du 19 juin 2018 aborde la question de la transition énergétique juste, de la responsabilité de l'entreprise vis-à-vis des communautés et de la lutte contre la corruption.

§ 2
Accords institutifs

212.41 Mise en place de comités mondiaux. Un autre type d'accords monde a pour objet d'instituer

1. AUSSI l'accord conclu par le groupe PSA Renault Citroën le 20 mai 2010 avec la Fédération internationale des Organisations de travailleurs de la Métallurgie (Fiom) qui renforce les dispositions relatives à la santé et la sécurité au travail et met en application le principe du salaire égal pour un travail de valeur égale, quel que soit le cadre contractuel dans lequel sont placés les salariés.

2. UN PRÉCÉDENT ACCORD signé le 20 mai 2010 avec la Fédération internationale des Organisations de travailleurs de la Métallurgie (Fiom) comportait des engagements dans les domaines de la protection de l'environnement et du développement durable, notamment pour réduire les émissions de gaz à effet de serre.

des instances transnationales de représentation du personnel. Ce peut être l'objet exclusif de l'accord, comme l'accord conclu par le groupe Michelin avec IndustriAll Global Union le 27 janvier 2020 pour créer le comité mondial Michelin. Ce peut être, autrement, un objet adjacent à d'autres thèmes traités, comme dans l'accord conclu par le groupe PSA Renault Citroën le 20 mai 2010 avec la Fédération internationale des Organisations de travailleurs de la Métallurgie (Fiom) qui comprend des dispositions améliorant la situation des salariés dans l'ensemble du groupe, des engagements dans les domaines de la protection de l'environnement et du développement durable et met par ailleurs en place un comité mondial chargé de suivre l'application de l'accord[1].

De façon plus générale, dans de nombreux groupes mondiaux qui ont constitué des comités de groupe monde, parfois en faisant évoluer leur comité de groupe européen, l'une des attributions de ces comités est le suivi des accords mondiaux négociés avec des fédérations syndicales internationales. Cette compétence, dévolue par exemple au comité mondial Renault, est l'un des moyens de s'assurer de l'application des accords.

SECTION 3
APPLICATION DES ACCORDS

212.50 **Plan – Domaine d'application.** Les accords monde ont vocation à s'appliquer à l'ensemble des travailleurs relevant du groupe à dimension internationale dans tous les pays où celui-ci est implanté. Il n'est pas rare que le périmètre des accords soit par ailleurs étendu aux sous-traitants, voire aux franchisés, spécialement en ce qui concerne le respect des droits fondamentaux. Par exemple, l'accord conclu le 31 octobre 2018 par le groupe Unilever avec IndustriAll Global Union porte sur le respect des droits syndicaux dans le groupe et chez les fournisseurs ; l'accord signé par le groupe PSA Renault Citroën le 20 mai 2010 avec la Fédération internationale des Organisations de travailleurs de la Métallurgie (Fiom) insiste sur l'extension des exigences du groupe à ses partenaires commerciaux.

Cette extension peut être rendue opératoire, soit directement au moyen de clauses contractuelles d'adhésion, soit indirectement dans le cadre de politiques d'agrément des partenaires commerciaux. Par exemple, la société Carrefour a pris des engagements aux termes d'un accord conclu le 3 octobre 2018 avec UNI Global Union en ce qui concerne la défense et le respect des droits fondamentaux des travailleurs – liberté syndicale et principes de négociations collectives – ainsi que s'agissant de leur sécurité et de leurs conditions de travail en précisant que ces règles s'appliquent aussi bien en son sein que dans les locaux de ses fournisseurs et de ses franchisés. L'extension peut être aussi réalisée, comme le prévoit l'accord Renault, en faisant des engagements de respecter les droits fondamentaux une condition de sélection des fournisseurs.

Ces modalités pour assurer une effectivité des droits au-delà du cercle des travailleurs qui en bénéficient du fait de leur appartenance au groupe signataire de l'accord (§ 1) sont révélatrices du recours, de manière plus générale, à différents moyens techniques pour veiller à l'application de l'accord faute de pouvoir compter pour cela sur son autorité légale et sur des règles juridiques qui permettraient toujours d'en sanctionner l'inexécution (§ 2).

§ 1
Autorité des accords

212.61 **Difficile détermination d'une loi applicable à l'accord.** Le propre de l'accord mondial est de n'être soumis à aucune loi nationale puisque son champ d'application est celui de l'entreprise transnationale et de s'appliquer dans des pays qui ont chacun leurs propres règles en matière de négociation collective. Sans doute est-il possible, en appliquant les principes de droit international privé en matière d'obligations contractuelles, de déterminer une loi qui serait applicable à l'accord pour en apprécier le régime juridique, soit en s'en remettant à la loi choisie par les parties, soit à défaut en retenant la loi qui présente les liens les plus étroits avec l'accord. Mais l'opération présente un intérêt limité car la loi nationale, à supposer que ses règles puissent régir l'accord conclu avec une organisation syndicale internationale *a priori* dépourvue de la qualité de syndicat représentatif au sens du droit national, ne s'applique que dans l'État correspondant à l'exclusion des autres pays où travaillent des employés de l'entreprise ou du groupe couverts par l'accord.

Des solutions ont été, dans ces conditions, envisagées consistant en particulier à donner à l'accord une double nature d'accord transnational et d'accord national. Cela peut être fait dès sa conclusion en le faisant signer par une ou des fédérations syndicales internationales et par des organisations nationales représentatives des salariés de tous les pays ou des principaux pays où le groupe est implanté afin de lui donner la valeur d'autant d'accords de droit local qu'il y a de pays[2]. Une autre possibilité est que l'accord mondial soit décliné dans les différents

1. La dimension mondiale du comité mis en place en 2010 et sa vocation à partager les enjeux économiques et sociaux à l'échelle mondiale ont été renforcées par un accord signé le 7 mars 2017 avec IndustriAll Global Union qui a succédé à la Fiom.

2. En ce sens, Engie a conclu le 20 janvier 2022 un accord portant sur les droits sociaux fondamentaux et la responsabilité sociale avec les fédérations syndicales mondiales IBB, IndustriALL et ISP ainsi que les organisations syndicales représentatives au niveau Groupe (CFDT, CFE-CGC, CGT et FO).

pays au moyen d'accords locaux soumis chacun au droit national[1]. Ce dédoublement de l'accord n'est toutefois qu'un pis-aller, en décalage avec la philosophie qui est généralement celle des accords monde voulus pour être détachés du cercle des États.

Aussi, une autre solution suggérée est de renvoyer à la loi sociale internationale qui serait constituée, notamment, des conventions adoptées dans le cadre de l'OIT. Cette loi sociale internationale n'ayant aucune existence officielle en tant que telle, il est conseillé d'identifier dans la clause qui y renvoie les instruments internationaux auxquels les parties entendent se soumettre – conventions de l'OIT, Déclaration universelle des droits de l'homme, voire des normes à caractère régional comme la Charte sociale européenne ou la Charte des droits fondamentaux de l'Union européenne ou encore le socle européen des droits sociaux[2].

Si cette dernière formule permet de conférer à l'accord une autorité ayant un rayonnement international sans qu'il soit besoin de le relayer sous la forme d'accords nationaux, il n'est pas certain que cela suffise à le doter d'une force contraignante. L'accord n'emprunte pas en effet aux instruments de droit supranational la valeur juridique qui leur est reconnue dans les États qui les ont adoptés. Ce sont, à l'inverse, les instruments de droit supranational qui sont incorporés dans l'accord dont ils prennent la nature conventionnelle.

212.62 **Autorité de droit et autorité de fait.** À moins que l'accord mondial soit décliné en autant d'accords locaux qu'il y a de pays couverts par les dispositions conventionnelles, auquel cas chaque accord local fait autorité au regard du droit national qui lui est applicable, les accords transnationaux n'ont par eux-mêmes qu'une autorité juridique relativement limitée. Du moins faut-il distinguer l'autorité de l'accord en tant que contrat et celle attendue de la norme collective appelée à s'appliquer à une communauté de travailleurs à la manière d'un règlement.

Sous l'angle contractuel, l'accord monde a une force obligatoire entre les signataires et est régi par la loi susceptible de lui être rattachée, soit parce que choisie par les parties, soit parce qu'elle présente les liens les plus étroits avec l'accord. Au regard de son aspect réglementaire, la force normative de l'accord est en revanche plus incertaine en l'absence de dispositif juridique transnational qui en organiserait les conditions d'effectivité et qui lui conférerait une autorité elle-même transnationale, invariable quelle que soit la législation des États dont les travailleurs qu'il concerne sont les ressortissants. Même au niveau des États, sa force normative paraît douteuse faute pour l'accord monde de répondre aux critères du droit national pour la lui reconnaître. Tout au plus, mais ce n'est pas rien, il pourrait être donné effet aux engagements contenus dans l'accord sous l'angle d'engagements unilatéraux de volonté si la législation de l'État en consacre la valeur, ce qui reviendrait à traiter l'accord monde, au niveau d'un État comme la France, comme un accord atypique.

Cela ne signifie pas que l'accord monde en tant que tel soit dépourvu de valeur normative. Mais il se présente, au-delà des rapports contractuels entre les signataires, comme une norme faiblement contraignante en ce qu'il n'a pas de force exécutoire, faute pour les travailleurs de pouvoir en demander l'exécution forcée. Son autorité repose davantage, en fait, sur la légitimité de ceux qui l'ont conclu et en particulier des fédérations syndicales internationales qui se sont imposées progressivement comme les représentants des salariés au niveau mondial. De sa nature contractuelle, l'accord tire tout de même le sens de la parole donnée, renforcé ici par l'importance de son respect en termes d'image de l'entreprise ou du groupe que l'accord véhicule à l'international. De ce point de vue, l'accord monde n'est pas sans rappeler, *mutatis mutandis*, les *gentlemen's agreements*[3] qui peuvent aussi avoir une certaine validité en droit international privé[4].

§ 2
Mécanismes d'application

212.71 **Procédures d'application et de suivi et/ou de contrôle.** Les accords monde prévoient le plus souvent des mesures permettant d'en assurer le respect au moyen de procédure d'application et de suivi. À cet égard, le suivi peut être confié à un comité *ad hoc*, le cas échéant paritaire, qui est chargé de veiller à la mise en œuvre de l'accord ou, plus généralement, des accords transnationaux conclus par l'entreprise ou le groupe. Il peut être aussi assuré par le comité de groupe monde s'il en a été constitué un.

Quant aux procédures de contrôle, elles peuvent prendre plusieurs formes : réalisation d'audits ; missions d'experts désignés par les syndicats pour effectuer des contrôles dans les différents pays ; remontée des difficultés d'application du niveau local au niveau central par l'intermédiaire de comités ; procédures d'alerte, etc.

1. B. Teysié, *Droit du travail : Relations collectives*, 13e éd., « Manuel », LexisNexis, 2023, n° 1947, p. 862.
2. B. Teyssié, préc., n°s 1949 s., p. 863 s.
3. SUR CE RAPPROCHEMENT : B. Teyssié, préc., n° 1944, p. 861.
4. M. Fabre-Magnan, *Droit des obligations*, t. I, *Contrat et engagement unilatéral*, 5e éd., « Thémis », Puf, 2019, n° 230, p. 199.

212.72 Procédures de règlement des conflits. Les procédures de gestion et de règlement des conflits sont elles-mêmes variées. La gestion des plaintes peut être organisée au niveau local ou au niveau central, ce qui suppose, dans ce dernier cas, une procédure de transmission entre le pays où le conflit survient et l'échelon supérieur. De nombreux accords prévoient que les plaintes sont traitées par des comités paritaires établis au niveau national, régional ou mondial, parfois directement en ligne au moyen d'une plateforme. Dans certains accords, comme l'accord EDF du 19 juin 2018, un médiateur est en outre institué dans l'hypothèse où le règlement du conflit n'aboutirait pas.

TITRE

22. Les accords nationaux interprofessionnels

SECTION 0

ORIENTEUR

22.00 Sommaire du titre.

Division. Les accords nationaux interprofessionnels sont négociés et, le cas échéant, conclus par les organisations syndicales de salariés représentatives dans le champ de la négociation et les organisations syndicales ou associations d'employeurs lorsqu'elles sont également représentatives (chap. 221). Moins nombreux que les accords d'entreprise ou de branche, moins commentés, les accords nationaux interprofessionnels ont pourtant une importance considérable dans certains domaines, notamment celui du régime d'assurance-chômage, des régimes complémentaires de retraite et de mensualisation. Certains évoquent, au sujet de ces accords qui gèrent des pans importants de la vie des salariés, une « négociation légiférante » (chap. 222). Leur contenu étant toutefois variable – apportant parfois des adaptations aux normes légales, ajoutant d'autres fois une norme nouvelle, se contentant aussi pour certains à reprendre les normes existantes – la question se pose de leur force normative (chap. 223).

CHAPITRE

221. Acteurs et régime de la négociation nationale interprofessionnelle

SECTION 0 ORIENTEUR

221.00 **Sommaire du chapitre.**

Division. La négociation nationale interprofessionnelle fait intervenir des organisations syndicales de salariés et des organisations patronales (sect. 1) et suit des règles qui se singularisent surtout au point de vue de son initiative (sect. 2).

221.03 **Bibliographie indicative.**

Articles. J. Barthélémy, « Les accords nationaux interprofessionnels », *Dr. soc.* 2008. 566 – B. Gauriau, « La négociation de branche et la négociation interprofessionnelle », *JCP S* 2012. 1239 – D. Fabre, « Les accords nationaux interprofessionnels : quels acteurs, quels pouvoirs ? », *SSL* 2008, supp. n° 1361, p. 57 – Ch. Radé, « De l'accord national interprofessionnel », *Dr. soc.* 2010. 284.

SECTION 1 LES ACTEURS DE LA NÉGOCIATION

221.11 **Organisations syndicales représentatives sur le plan national et interprofessionnel.** Pour être représentative au niveau national et interprofessionnel, une organisation syndicale doit avoir un champ statutaire national et interprofessionnel, et réunir 8 % des suffrages exprimés par addition des résultats obtenus au premier tour des élections professionnelles dans toutes les entreprises, auxquels on ajoute le résultat du scrutin organisé spécifiquement tous les quatre ans auprès des salariés des entreprises de moins de onze salariés pour mesurer la représentativité syndicale dans ces entreprises également[1] ainsi que les élections aux chambres départementales d'agriculture, pour les salariés de la production agricole. Ce calcul est effectué tous les quatre ans grâce à une base de données du ministère du travail remplie par les entreprises à partir des procès verbaux de dépouillement des élections, laquelle recense l'ensemble des résultats des élections professionnelles d'entreprise entrant dans le calcul de la représentativité. En application de l'article L. 2122-11 du Code du travail, le ministre chargé du travail, après avis du Haut conseil du dialogue social, publie à partir de ces chiffres un arrêté de représentativité national.

L'arrêté du 28 juillet 2021[2] a établi la représentativité au niveau national de cinq confédérations syndicales : la CFDT, la CGT, la CGT-FO, la CFE-CGC et la CFTC. Les syndicats reconnus représentatifs au niveau national et interprofessionnel sont les mêmes que ceux déterminés à l'issue de la mesure de représentativité en 2013 et en 2017.

221.12 **Organisations patronales représentatives sur le plan national et interprofessionnel.** Depuis 2014, les organisations patronales ont une mesure de représentativité, calculée également tous les quatre ans à partir de leur nombre d'entreprises adhérentes et du nombre de salariés de ces entreprises. Un arrêté de représentativité est publié par le minis-

1. Sur le scrutin TPE : G. Loiseau, P. Lokiec, L. Pécaut-Rivolier, Y. Struillou et P.-Y. Verkindt, *Droit de la représentation du personnel,* « Dalloz Action », 2e éd., 2023, nos 115.05 s.
2. Arr. 28 juill 2021 fixant la liste des organisations syndicales reconnues représentatives au niveau national et interprofessionnel, *JO* 6 août.

tère du travail, après avis du Haut conseil du dialogue social, conformément à l'article L. 2152-6 du Code du travail.

Au niveau national et interprofessionnel, trois organisations sont représentatives aux termes de l'arrêté du 18 novembre 2021 : le Medef, la CPME et l'U2P. Par ailleurs, trois organisations patronales ont une représentativité établie sur le plan national, mais pour seulement certains secteurs particuliers : la FNSEA pour le secteur des activités agricoles, l'UDES pour le secteur de l'économie sociale et solidaire, et la FESAC pour le secteur du spectacle vivant et enregistré.

SECTION 2
LE RÉGIME DE LA NÉGOCIATION

221.21 **Initiative de la négociation.** La négociation nationale interprofessionnelle peut être suscitée en amont de l'intervention d'un texte législatif en application des articles L. 1 et L. 2 du Code du travail. Il résulte de ces dispositions que tout projet de réforme envisagé par le Gouvernement qui porte sur les relations individuelles et collectives de travail, l'emploi et la formation professionnelle et qui relève du champ de la négociation nationale et interprofessionnelle doit être d'abord soumis aux organisations syndicales et patronales représentatives afin que celles-ci puissent décider d'ouvrir sur le sujet une négociation. Si elles décident de s'engager dans une telle négociation, elles indiquent le délai nécessaire à la négociation et le Gouvernement doit alors suspendre – sauf en cas d'urgence – son projet jusqu'à l'issue de la négociation. La conclusion d'un ANI à l'issue de la négociation ne contraint pas le Gouvernement à en respecter les termes s'il dépose un projet de loi. Mais, depuis 2007, la plupart des gouvernements ont tenu compte du résultat des négociations et ont transposé l'accord, plus ou moins fidèlement, dans le texte proposé au Parlement. Il s'agit d'un exercice important de démocratie sociale, les partenaires sociaux prenant le risque d'instituer eux-mêmes une réforme que le Gouvernement reprend ensuite à son compte dans des domaines pour lesquels il avait pris l'initiative d'ouvrir le champ de la réforme. Ces règles ne sont pas cependant applicables pour les propositions de loi.

La négociation peut aussi être ouverte volontairement par les partenaires sociaux, de leur propre initiative, dans des domaines qu'il leur semble important d'investir. Il en est ainsi, parmi de nombreux exemples, des ANI sur le télétravail du 19 juillet 2005 et du 26 novembre 2020[1] ou, plus récemment, de l'ANI relatif à la transition écologique et au dialogue social du 11 avril 2023[2].

Enfin, la négociation nationale interprofessionnelle peut être induite par un texte législatif qui y renvoie pour certaines mesures. Tel a été le cas, en application de la loi du 14 juin 2013, pour les dispositifs de formation professionnelle qui devaient faire l'objet d'un accord. La négociation nationale interprofessionnelle peut également être suscitée par un accord-cadre européen comme ce fut le cas en ce qui concerne le stress au travail, un ANI ayant été signé le 2 juillet 2008 dans le prolongement d'un accord européen conclu le 8 octobre 2004 dans le cadre de l'article 138 du Traité CE.

221.22 **Signature d'un accord national et interprofessionnel.**

– En ce qui concerne les organisations patronales, la loi n'impose pas de condition particulière de signature. Il en résulte qu'il faut mais qu'il suffit que l'accord soit signé par l'une au moins des organisations patronales reconnues représentatives au niveau national interprofessionnel.

– S'agissant des organisations syndicales de salariés, la validité d'un accord interprofessionnel est en revanche subordonnée à sa signature par une ou plusieurs organisations syndicales représentatives de salariés ayant recueilli aux élections prises en compte pour la mesure de l'audience au moins 30 % des suffrages exprimés en faveur des organisations reconnues représentatives à ce niveau[3]. Comme pour les accords d'entreprise ou de branche, il faut donc distinguer la manière dont se calcule le taux de suffrages permettant d'accéder à la représentativité (8 % calculés sur la base de l'ensemble des suffrages exprimés) et celui permettant de considérer un accord valide (30 % calculés sur la base des suffrages exprimés en faveur des seules organisations syndicales représentatives). Cette différence permet de faciliter la conclusion d'accords valables.

221.23 **Possibilité d'opposition.** L'accord signé par des organisations syndicales représentant 30 % des suffrages peut faire l'objet d'une opposition par une ou plusieurs organisations syndicales de salariés représentatives ayant recueilli la majorité des suffrages exprimés en faveur des mêmes organisations. L'accord n'est pas dès lors valide si les organisations syndicales représentant 50 % des suffrages exprimés en faveur des organisations syndicales représentatives au niveau national s'y opposent.

L'opposition doit être formalisée dans un délai de quinze jours à compter de la date de notification de

1. Accord national interprofessionnel pour une mise en œuvre réussie du télétravail, étendu par arrêté du 2 avril 2021.
2. V. à ce propos : A. Casado, « Projet d'ANI relatif à la transition écologique et au dialogue social », *JCP S* 2023. Act. 171.
3. C. trav., art. L. 2232-2.

l'accord. Elle est exprimée par écrit et motivée et précise les points de désaccord[1]. Elle doit être notifiée à l'ensemble des signataires, soit directement à l'organisation signataire, soit au délégué qui l'a représenté dans la négociation, et peut être faite par voie électronique. Si l'accord n'a pas été notifié, le délai d'opposition court à compter du jour où les organisations syndicales non signataires en ont eu connaissance[2].

En cas d'opposition majoritaire, l'accord est réputé non écrit. Il n'a aucune valeur juridique.

221.24 Accords nationaux interprofessionnels catégoriels. L'article L. 2232-2-1 du Code du travail prévoit des dispositions spécifiques pour les accords ne concernant qu'une catégorie professionnelle déterminée relevant d'un collège électoral[3]. Pour ces accords, c'est-à-dire concrètement les accords concernant spécifiquement les salariés cadres ou agents de maîtrise, la représentativité nécessaire à la négociation est celle établie au niveau national. Le syndicat CFE-CGC peut donc participer à la négociation d'un accord interprofessionnel catégoriel, de même que les syndicats intercatégoriels. Cependant, le taux de suffrages nécessaire à la validité de l'accord ne se calcule pas sur les suffrages exprimés, tous collèges confondus, en faveur des organisations syndicales représentatives aux élections professionnelles. Il se calcule sur les seuls suffrages exprimés au sein du collège dont la catégorie est concernée par l'accord, en faveur des organisations syndicales de salariés représentatives ayant recueilli dans ce collège la majorité des suffrages exprimés. Le taux nécessaire à exercer une opposition se calcule de la même façon.

1. C. trav., art. L. 2231-8.
2. Soc. 13 oct. 2010, n° 09-68.151, *César c/Macif (Sté)*, P V, n° 232 ; *D.* 2010. 2586 ; *D. actu.* 10 nov. 2010, obs. B. Ines ; *Dr. soc.* 2011. 219, obs. L. Pécaut-Rivolier ; *JCP S* 2010. 1516, obs. S. Brissy – Soc. 1er juill. 2008, n° 06-44.437, P V, n° 147 ; *Dr. soc.* 2008. 1276, obs. Ch. Radé ; *RDT* 2008. 753, obs. C. Nicod ; *JCP S* 2008, n° 1553, note F. Dumont.
3. Sur les accords catégoriels, v. ss n° 135.11.

CHAPITRE

222. Domaine de la négociation nationale interprofessionnelle

SECTION 0

ORIENTEUR

222.00 **Sommaire du chapitre.**

222.03 **Bibliographie indicative.**

Articles. P.-H. Antonmattei, « Accord national interprofessionnel et loi, un conflit de normes inattendu et inopportun », *Dr. soc.* 2009. 528 – J. Barthélémy, « Les accords nationaux interprofessionnels », *Dr. soc.* 2008. 566 – L. Dauxerre, « Sur l'érosion de l'article L. 1 du Code du travail », *JCP S*2017. 1275 ; « Le renouveau de l'article L. 1 du Code du travail », *JCP S* 2023. 1167 – B. Gauriau, « La négociation de branche et la négociation interprofessionnelle », *JCP S* 2012. 1239 – Ph. Langlois, « Une loi négociée », *Dr. soc.* 2008. 246 – Ch. Radé, « De l'accord national interprofessionnel », *Dr. soc.* 2010. 284 – M.-N. Rouspide-Katchadourian, « De la norme conventionnelle à la norme étatique, une articulation complexe », *JCP S* 2014. 1299 – J.-M. Sauvé, « La place des partenaires sociaux dans l'élaboration des réformes », *Dr. soc.* 2010. 489 – P.-Y. Verkindt, « L'association des syndicats à l'élaboration de la loi », *Dr. soc.* 2015. 954.

SECTION UNIQUE

CHAMP D'APPLICATION DES ACCORDS

222.11 **Champ d'intervention étendu.** L'accord national interprofessionnel peut intervenir dans tous les domaines ouverts par la loi à la négociation collective. Le champ est donc très large puisqu'en définitive seuls les domaines relevant de l'ordre public absolu[1] ou réservés par le législateur ne lui sont pas ouverts.

Selon l'article L. 2232-1 du Code du travail, le champ d'application territorial des accords interprofessionnels peut être national, régional ou local. L'accord interprofessionnel national est ainsi celui qui a vocation à couvrir tous les champs territoriaux et surtout tous les champs d'activité, c'est-à-dire toutes les branches. De grands accords nationaux interprofessionnels ont souvent été à l'origine de lois importantes, même avant que la loi du 31 janvier 2007[2] ait inscrit à l'article L. 1 du Code du travail, de manière officielle, le rôle des partenaires sociaux en matière de production législative. On peut citer la loi de 1978 sur la mensualisation. Depuis 2007, tous les projets de réforme en matière sociale qui relèvent du champ de la négociation nationale et interprofessionnelle doivent être proposés préalablement à la concertation des partenaires sociaux. Des ANI ont ainsi permis la loi du 20 août 2008 ou celle du 14 juin 2013[3]. Plus récemment, l'accord national interprofessionnel du 9 décembre 2020 relatif à la prévention renforcée et à une offre renouvelée en matière de santé au travail et conditions de travail a été transposé par la loi n° 2021-1018 du 2 août 2021 pour renforcer la prévention en santé au travail ; l'ANI relatif au partage de la valeur au sein de l'entreprise est en cours de transposition par le législateur[4].

1. L'ordre public absolu recouvre les matières qui ne peuvent donner lieu à aménagement par accord collectif, que ce soit plus favorable ou non aux salariés. V. *infra* n°311.41.

2. L. n° 2007-130, 31 janv. 2007 de modernisation du dialogue social, *JO* 1er févr., p. 1944.

3. ANI, 11 janvier 2013 pour un nouveau modèle économique et social au service de la compétitivité des entreprises et de la sécurisation de l'emploi et des parcours professionnels ; – L. n° 2013-504, 14 juin 2013, relative à la sécurisation de l'emploi, *JO* 16 juin.

4. V. sur l'ANI : J. Kovac et L. Gaudemet-Toulemonde, « ANI relatif au partage de la valeur au sein de l'entreprise : quels sont les changements en matière d'épargne salariale et d'actionnariat salarié ? », *JCP S* 2023. 1080 – S. Riancho, « L'ANI du 10 février 2023, l'intéressement et la participation : des évolutions, avant la révolution ? », *D.* 2023. 693.

Certains grands accords nationaux interprofessionnels font, à eux seuls, fonction de « loi », dans les domaines où ils sont intervenus. Ainsi, l'ANI sur la diversité du 12 octobre 2006 a été à l'origine de très nombreux dispositifs visant à assurer la diversité ethnique, culturelle et sociale au sein des entreprises. Ce sont également des ANI qui ont institué des régimes de prévoyance ou de retraite complémentaires [1].

Les accords nationaux interprofessionnels ont également une importance considérable en matière d'assurance-chômage. L'article L. 5422-20 du Code du travail confie en effet aux partenaires sociaux la mise en œuvre des dispositifs en ce domaine. L'article L. 5422-22 précise que, pour être agréés [2] et être subséquemment rendus obligatoires pour tous les employeurs et salariés compris dans le champ d'application de l'accord, celui-ci doit avoir été négocié et conclu sur le plan national et interprofessionnel entre organisations d'employeurs et de salariés représentatives au niveau national et interprofessionnel.

À côté des accords nationaux interprofessionnels, il existe :

- des accords nationaux multiprofessionnels qui réunissent plusieurs branches, notamment celles de l'agriculture, de l'économie sociale et solidaire et des professions libérales, jusqu'alors considérées comme « hors champ » faute d'établissement de la représentativité des organisations patronales présentes dans ces domaines ;
- des accords interprofessionnels territoriaux (régionaux, départementaux, etc.) qui sont des accords qui regroupent les secteurs d'activité mais à l'intérieur d'un secteur géographique moins étendu. Ces accords nécessitent en tout état de cause une représentativité établie pour toutes les branches du secteur géographique.

222.12 Champ d'application des accords : extension. Les accords nationaux interprofessionnels peuvent faire l'objet, comme les accords de branche, d'une mesure d'extension et être rendus ainsi obligatoires pour tous les salariés et employeurs compris dans le champ d'application de l'accord [3].

L'extension ne concerne cependant, par hypothèse, que ceux des accords qui ont vocation à s'appliquer durablement, ce qui l'exclut pour ceux négociés et conclus dans le cadre de l'article L. 1 du Code du travail lorsqu'ils font l'objet d'une transposition dans un texte législatif.

Par ailleurs, dans le cas particulier des accords relatifs à l'assurance-chômage, les accords doivent faire l'objet d'un agrément du Premier ministre pour être rendus obligatoires pour tous les employeurs et salariés compris dans leur champ d'application, l'article L. 5422-21 du Code du travail précisant à ce sujet que les accords présentés à l'agrément du Premier ministre sont soumis aux conditions de publicité des arrêtés d'extension et d'élargissement des conventions et accords collectifs de travail.

222.13 Champ d'application des accords : restriction. Si la négociation nationale interprofessionnelle couvre un champ par hypothèse plus étendu qu'un seul secteur d'activité ou une seule entreprise territoriale, elle peut cependant limiter le champ d'application de l'accord à certaines professions. Cette limitation peut résulter du choix des partenaires sociaux d'insérer dans l'accord une clause de champ, fixant précisément le périmètre d'application géographique et professionnel de l'accord. Beaucoup d'accords nationaux interprofessionnels n'ont vocation en effet à ne concerner que certaines professions, même si celles-ci appartiennent à des branches différentes.

La limitation du champ d'application de l'accord peut aussi être la conséquence de la représentativité limitée des organisations patronales signataires. Jusqu'à la loi du 5 mars 2014, il était en effet admis, faute de mesure de représentativité des organisations patronales, que certaines organisations étaient réputées représentatives sur le plan interprofessionnel (le Medef, la CGPME, l'Upa, l'Unapl), mais qu'elles ne représentaient pas tous les secteurs d'activité [4]. Il en résultait que, même lorsque l'accord réputé national et interprofessionnel était étendu sans restriction, la jurisprudence judiciaire considérait qu'il ne pouvait s'appliquer qu'aux entreprises relevant d'une branche dans laquelle l'organisation patronale signataire de l'accord était représentative. Cette jurisprudence, constante depuis 2005 [5], conduisait à considérer que les accords collectifs nationaux, qu'ils soient ou non étendus, ne s'appliquaient qu'à certains secteurs d'activité s'ils avaient été signés par une organisation patronale qui, quoique réputée représentative sur le plan national, ne l'était pas dans toutes les branches d'activité. La mise en place de critères précis de représentativité pour les organisations patronales a cependant conduit à une évolution de la jurisprudence, tout au moins pour la négociation de branche, dès lors qu'il peut désormais être admis que le champ

1. PAR EX : ANI, 17 nov. 2017 relatif à la prévoyance des cadres.
2. L'agrément est délivré par le Premier ministre selon une procédure déterminée par décret en Conseil d'État.
3. C. trav., art. L. 2261-15. Sur l'extension, v. s[s] n° 234.10.

4. J. Barthélémy, « Les accords nationaux interprofessionnels », *Dr. soc.* 2008. 566 – Ch. Radé, « De l'accord national interprofessionnel », *Dr. soc.* 2010. 284.
5. Soc. 16 mars 2005, *CGT Michelin c/Manufacture des pneumatiques Michelin (S[té])*, n° 03-16.616, P V, n° 97 ; *D.* 2005. 1178 ; *Dr. soc.* 2005. 640, note P. Langlois ; *JSL* 2005, n° 167-3 ; *RJS* 2005. 382, n° 547.

d'application de ces accords est sous le seul contrôle de l'autorité administrative qui vérifie, avant de procéder à une extension, que toutes les organisations syndicales représentatives ont bien été invitées à participer à la négociation [1]. La question est plus complexe pour les accords interprofessionnels, notamment en raison de l'existence des secteurs jusqu'à présent exclus de cette négociation et relevant du multipro. Les accords interprofessionnels ne spécifiant pas ces exclusions, le juge judiciaire est contraint de continuer à vérifier, lorsqu'est revendiqué l'applicabilité d'un accord interprofessionnel, que l'entreprise appartient bien à un secteur qui était représenté à l'accord collectif par un syndicat représentatif de ce secteur [2]. La chambre sociale a cependant précisé que c'est à l'employeur qui conteste qu'un accord interprofessionnel étendu soit applicable à la branche professionnelle dont il relève, compte tenu de son activité, de démontrer que l'organisation patronale représentative de cette branche n'est pas adhérente d'une des organisations patronales interprofessionnelles ayant signé l'accord interprofessionnel [3]. En tout état de cause la situation est provisoire puisque les accords signés postérieurement à l'entrée en vigueur de la loi du 5 mars 2014 ne poseront plus cette difficulté, les organisations patronales pouvant désormais avoir un champ de représentativité totalement interprofessionnel [4]. Dès lors, le juge judiciaire n'aura plus à vérifier si, pour un arrêté interprofessionnel étendu, les entreprises font ou non partie d'un secteur pour lequel les organisations patronales signataires sont représentatives.

1. Soc. 27 nov. 2019, n° 17-31.442, P+B+R+I ; *D.* 2019. 2305 ; *RJS* 2/2020, n° 103 ; *JSL* 2020, n° 490-1, obs. M. Hautefort ; *JCP* 2019. 1333, obs. G. Dedessus-Le-Moustier.
2. Laissant cependant penser à la solution inverse, un arrêt de la 2e chambre civile : Civ. 2e, 12 mars 2020, n° 18-14.382, avec le commentaire étonné du professeur P.-H. Antonmattei (*Dr. soc.* 2020. 1034), commentaire qui souligne la contradiction entre les deux chambres de la Cour de cassation.
3. Soc. 9 juin 2021, n° 19-15.593, P.
4. L'extension étant formalisée par un arrêté, c'est au ministre du travail, sous le contrôle du juge administratif, qu'il appartient donc de vérifier si les conditions de négociation de l'accord permettent son extension : CE 21 janvier 2021, req. n° 418617, *Lebon*.

CHAPITRE

223. Force normative des accords nationaux interprofessionnels

SECTION 0

ORIENTEUR

223.00 Sommaire du chapitre.

SECTION UNIQUE

DEGRÉS DE NORMATIVITÉ

223.11 Force normative variable. Si l'on met à part les accords nationaux interprofessionnels qui font l'objet d'une transposition législative, des normes légales succédant alors aux normes conventionnelles, la force normative des accords dépend de leur contenu qui, parfois, adapte le droit existant, voire ajoute aux dispositions légales, et, d'autres fois, se borne à reprendre les règles en vigueur pour cadrer leur application ou promouvoir leur mise en œuvre. L'organisation patronale majoritaire – le Medef – fait parfois état, dans ce dernier cas, d'ANI non normatifs. Cela a été dit de l'ANI du 26 novembre 2020 pour une mise en œuvre réussie du télétravail [1] et, plus récemment, de l'ANI relatif à la transition écologique et au dialogue social du 11 avril 2023 [2]. C'est, en l'occurrence, particulièrement vrai de l'ANI du 11 avril 2023 qui ne comporte aucune stipulation prescrive, ni même de norme régulatoire, le fameux droit souple pourtant à la mode. L'accord se présente comme une espèce de guide méthodologique agrémenté, ici et là, de repères pratiques, sans que rien de ce qui est écrit ne prétende produire des effets de droit. Ses auteurs n'avaient d'ailleurs pas d'autre ambition puisqu'il est dit, dans le préambule de l'accord, que celui-ci a pour objet de faciliter et d'encourager l'appropriation des outils juridiques existants par les acteurs sociaux dans l'entreprise ainsi que dans les branches professionnelles. Cela ne le prive pas d'intérêt, aussi bien d'un point de vue didactique que dans la perspective de constituer un acte d'impulsion. Mais cela pose la question de savoir si un acte dont le contenu n'est pas normatif – à caractère informatif, indicatif – peut-il être qualifié d'acte juridique ou, pour poser autrement la question, si un accord national interprofessionnel peut ne pas avoir la nature d'un acte juridique.

La méthode, qui consiste à conclure un accord sous les traits d'un acte à vocation informative, a une certaine pertinence sur une problématique sociale et sociétale, comme la transition écologique, que les partenaires sociaux ne se sont pas encore appropriée. À défaut d'un accord normatif audacieux, il est expédient de disposer d'un accord d'intention qui ouvre des perspectives. Quant au résultat, si un tel accord a des allures d'intru dans l'ordre juridique normatif, il n'en reste pas moins qu'un acte peut engager, indépendamment de son contenu, par la signature de ceux qui expriment par celle-ci une volonté de s'obliger.

223.12 Force obligatoire de l'accord. Les accords nationaux interprofessionnels qui ont été signés par des organisations syndicales représentatives de salariés dans les conditions leur permettant d'être valables ont une force obligatoire entre les signataires et, selon qu'ils ont ou non fait l'objet d'un arrêté d'extension, à l'égard de tout ou partie des employeurs et des salariés compris dans le champ d'application de l'accord. À défaut d'extension, l'accord n'est applicable qu'aux entreprises relevant des branches professionnelles représentées par les organisations patronales signataires au niveau national interprofessionnel, et à leurs salariés. L'absence d'extension

1. Accord national interprofessionnel pour une mise en œuvre réussie du télétravail, étendu par arrêté du 2 avril 2021.
2. Accord national interprofessionnel relatif à la transition écologique et au dialogue social, étendu par arrêté du 22 janvier 2024 (*JO* du 2 février 2024).

peut dès lors priver des salariés de certains avantages. Par exemple, il n'y a que dans les entreprises soumises à l'avenant n° 4 du 18 mai 2009 à l'accord national interprofessionnel du 11 janvier 2008 sur la modernisation du marché du travail que les salariés concluant une convention de rupture dans le cadre d'une rupture conventionnelle bénéficient d'une indemnité au moins égale à l'indemnité conventionnelle de licenciement lorsqu'elle est supérieure à l'indemnité légale de licenciement.

TITRE

23. Les accords de branche

SECTION 0

ORIENTEUR

23.00 **Sommaire du titre.**

Division. La négociation de branche revêt, dans le paysage normatif français du droit du travail, une importance considérable. Pourtant, son champ n'est déterminé par aucun texte, ce qui créée un sentiment de flou et parfois d'incohérence au gré des évolutions historiques. Le Gouvernement a entrepris une restructuration pour revoir la délimitation des branches et en réduire drastiquement le nombre (chap. 231). La négociation des conventions de branche est le fait des acteurs représentatifs au niveau de cette branche (chap. 232). Depuis les ordonnances du 22 septembre 2017, certains domaines de la négociation collective sont réservés à la branche (chap. 233). Mais la force des conventions de branche tient particulièrement au mécanisme, tout à fait singulier, de l'extension et, plus rarement, de l'élargissement des conventions collectives (chap. 234).

CHAPITRE

231. Notion d'accord de branche

SECTION 0 ORIENTEUR

231.00 Sommaire du chapitre.

Division. La branche est un niveau de négociation central en France, même si les évolutions législatives des vingt dernières années ont pu paraître l'affaiblir (sect. 4). Le choix est historiquement lié à l'existence de syndicats professionnels, donc un niveau de négociation correspondant au périmètre d'action de ces syndicats (sect. 1). Ce contexte de départ a marqué le paysage de la négociation en France. La question aujourd'hui est de savoir s'il faut rationaliser le périmètre des branches, soit en fixant des critères précis à ce périmètre (sect. 2), soit en décidant d'ancrer durablement ces périmètres après en avoir réduit le nombre (sect. 3).

231.01 Textes applicables.

> Représentativité de branche

• **C. trav.,** art. L. 2122-5 [Conditions]

• **C. trav.,** art. L. 2122-6 [Seuil de représentativité dans les branches agricoles]

• **C. trav.,** art. L. 2122-6-1 [Seuil de représentativité pour les agents de direction et directeurs comptables et financiers de la sécurité sociale]

• **C. trav.,** art. L. 2122-7 [Représentativité des organisations syndicales catégorielles]

• **C. trav.,** art. L. 2122-8 [Organisation de la négociation collective de branche]

> Convention de branche

• **C. trav.,** art. L. 2232-5 [Champ d'application territorial et définitions]

• **C. trav.,** art. L. 2232-5-1 [Missions de la branche]

• **C. trav.,** art. L. 2232-5-2 [Périmètre de la branche]

• **C. trav.,** art. L. 2232-6 [Conditions de validité d'une convention ou d'un accord de branche]

• **C. trav.,** art. L. 2232-7 [Négociation des conventions ou accords catégoriels]

• **C. trav.,** art. L. 2232-8 [Stipulations en faveur des salariés participant aux négociations]

• **C. trav.,** art. L. 2232-9 [Commission paritaire permanente de négociation et d'interprétation]

• **C. trav.,** art. L. 2232-10 [Observatoires paritaires de la négociation collective]

• **C. trav.,** art. L. 2232-10-1 [Stipulations en faveur des entreprises de moins de cinquante salariés]

> Extension et élargissement

• **C. trav.,** art. L. 2261-15 [Extension d'une convention ou d'un accord]

• **C. trav.,** art. L. 2261-16 [Extension des avenants ou annexes]

• **C. trav.,** art. L. 2261-17 [Pouvoirs du ministre en cas d'absence ou de carence]

• **C. trav.,** art. L. 2261-18 [Assimilation de l'inactivité à l'absence ou à la carence]

231.02 Jurisprudence de référence.

• **Soc. 17 sept. 2003,** n° 01-10.706, P V, n° 240

« Attendu cependant qu'un accord collectif ne peut être conclu ou révisé sans que l'ensemble des organisations syndicales représentatives aient été invitées à sa négociation. »

• **Soc. 12 sept. 2007,** n° 06-41.841, P V, n° 128

« Le texte qui impose une obligation de négocier aux organisations liées par la convention n'est pas exclusif du droit des autres organisations représentatives de participer aux négociations pouvant conduire à la révision de la convention antérieurement conclue et, partant, de l'obligation de les inviter à cette négociation. »

• **CE, sect., 3 avr. 1998,** req. n°s 177962, 180754, 183067, *Lebon* 127

« Considérant (...) qu'il résulte [du premier alinéa de l'article L. 133-1 du code du travail, dans sa rédaction issue de la loi du 13 novembre 1982 et de l'article L. 133-8 du même code] que, sous réserve de l'application des dispositions de l'article L. 133-11 du même code, permettant l'extension d'un texte qui n'a pas été signé par la totalité des organisations les plus représentatives intéressées, les accords modifiant ou complétant des conventions précédemment étendues ainsi que leurs avenants ou annexes ne peuvent légalement faire l'objet d'un arrêté d'extension que s'ils ont été négociés et signés par les organisations syndicales d'employeurs et de salariés représentatives ; que cette représentativité doit être appréciée par le ministre chargé du travail au niveau du champ d'application des accords considérés, sauf lorsque ce champ recouvre plusieurs branches d'activités distinctes (...) »

• **CE 4 juill. 2012,** req. n° 337698, *Lebon*

« Considérant qu'aux termes de l'article L. 2261-19 du code du travail : « Pour pouvoir être étendus, la convention de branche ou l'accord professionnel ou interprofessionnel leurs avenants ou annexes, doivent avoir été négociés et conclus en commission paritaire. Cette commission est composée de représentants des organisations syndicales d'employeurs et de salariés représentatives dans le champ d'application considéré » ; que, si ces dispositions ne font pas obstacle à ce que soient conduites des consultations entre les participants aux négociations, elles soumettent en revanche la légalité de l'extension des accords à la condition que les étapes essentielles de la négociation de ceux-ci se soient déroulées en présence de toutes les organisations syndicales représentatives dans leur champ d'application. »

• **CE 24 nov. 2017,** n° 389203, *Lebon T.*

« En l'absence de dispositions permettant de mesurer, dans le champ d'application de la convention collective qui leur est légalement applicable, l'audience des différentes organisations syndicales susceptibles de représenter les praticiens-conseils de la mutualité sociale agricole, cette convention ne peut être regardée, au sens des dispositions de l'article L. 2122-5 du code du travail, comme constituant une "branche" pour laquelle il appartient au ministre chargé du travail de fixer, par arrêté, la liste des organisations syndicales reconnues représentatives. »

• **CE 4 nov. 2020,** n° 434518, *Lebon T.*

« Sans préjudice de l'application des règles d'appréciation de la représentativité des organisations syndicales propres aux accords interbranches ou aux accords de fusion de branches, le ministre chargé du travail est compétent pour, s'il y a lieu, arrêter, sous le contrôle du juge administratif, la liste des organisations syndicales représentatives et leurs audiences respectives dans un périmètre utile pour une négociation en cours ou à venir, y compris lorsque celui-ci ne correspond pas à une "branche professionnelle". »

• **Soc. 10 févr. 2021,** n° 19-13.383, P

« Il résulte des dispositions combinées des articles L. 2121-1, L. 2121-2 et L. 2122-11 du code du travail que, sans préjudice de l'application des règles d'appréciation de la représentativité des organisations syndicales propres aux accords interbranches ou aux accords de fusion de branches, le ministre chargé du travail est compétent pour, s'il y a lieu, arrêter, sous le contrôle du juge administratif, la liste des organisations syndicales représentatives et leurs audiences respectives dans un périmètre utile pour une négociation en cours ou à venir, y compris lorsque celui-ci ne correspond pas à une "branche professionnelle" au sens de l'article L. 2122-11 du code du travail.

Dès lors, les partenaires sociaux qui souhaitent négocier dans un champ professionnel qui n'a pas donné lieu à l'établissement d'une liste des syndicats représentatifs par arrêté du ministère du travail en application de l'article L. 2122-11 du code du travail ou à l'issue d'une enquête de représentativité en application de l'article L. 2121-2 du même code doivent, avant d'engager la négociation collective, demander, dans les conditions précitées, à ce qu'il soit procédé à la détermination des organisations représentatives dans le champ de négociation pour s'assurer que toutes les organisations syndicales représentatives dans ce périmètre sont invitées à la négociation. »

231.03 Bibliographie indicative.

Thèse. S. Nadal, La profession et la branche : leur rôle dans la conception française de la convention collective, th. Paris X, 1996, p. 426 s.

Articles. P. Adam, « L'accord de branche », *Dr. soc.* 2017. 1039 – J.-F. Cesaro, « L'automne dans les branches professionnelles et quelques mesures portant sur la négociation collective », *JCP S* 2017. 1306 – A. Sauret, « Conventions et accords collectifs, approche stratégique du contenu des conventions collectives de branche », *JCP S* 2019, n° 1114 – M. Chagny, « Conventions et accords collectifs, les branches professionnelles et la régulation de la concurrence », *JCP S* 2018, n° 1057 – X. Aumeran, « Quelle convention collective de branche appliquer ? », *JA* 2016, n° 548, p. 39 – L. Dauxerre, « Contribution à l'étude de la branche professionnelle », *JCP S* 2012. 1239 – Dufresne et N. Maggi-Germain, « Zwischen Staatsinterventionismus und Tarifautonomie – Die Allgemeinverbindlicherklärung von Tarifverträgen in Frankreich [Entre interventionnisme d'État et autonomie de la négociation collective – P.-H. Antonmattei (dir.), « Restructuration des branches », *Dossier Dr. soc.* 2018. 868 – J. Barthélémy, G. Cette, G. Koudadje, « Restructuration des branches professionnelles : pertinence économique, régime juridique et difficultés de conception », *Dr. soc.* 2020. 455 – Bugada, « Transparence et restructuration des branches », *JCP S 2022. 1119* – Sauret, « Branches professionnelles et prospectives », *JCP S* 2022. 1122 – Le mécanisme d'extension des négociations collectives en France] », *WSI-Mitteilungen* Heft 7/2012, p. 534 ; S. Nadal, « La fabrique des branches : à propos du rapport "Poisson" », *RDT* 2009. 596.

Rapport. J.-F. Poisson (dir.), *Rapport sur la négociation collective et les branches professionnelles,* La Documentation française, 2009.

SECTION 1
HISTOIRE DE LA BRANCHE

231.10 Plan. L'instauration du mécanisme de l'extension, à l'origine du développement de la négociation de branche, a transformé l'accord de branche en loi de la profession (§ 1). Il en est résulté un paysage contrasté et complexe, dessiné au gré de la signature des conventions collectives (§ 2).

§ 1 Naissance et essor

231.21 Naissance de la négociation de branche : la loi du 24 juin 1936. Si la loi du 25 mars 1919 admet pour la première fois le principe de la négociation collective, sous forme de contrat collectif, c'est la loi du 24 juin 1936, qui fait suite aux accords de Matignon, en son article 31, qui lui confère ses pleins effets en admettant l'effet *erga omnes* des conventions collectives, et en créant le mécanisme d'extension permettant à la négociation de branche d'acquérir un rôle de régulateur social[1]. La négociation collective sort de son simple champ contractuel, pour se transformer en règlement général pouvant être imposé à tous les salariés dépendant du même secteur d'activité.

231.22 Essor : la loi du 11 février 1950. L'après-guerre représente une parenthèse dans cet essor de la convention de branche, le gouvernement fixant lui-même par arrêté une réglementation applicable à des secteurs professionnels déterminés par lui. La loi du 23 décembre 1946 redonne cependant son élan aux conventions collectives de branche, avec une forte priorité aux conventions collectives nationales, et la loi du 11 février 1950 confère à la négociation collective de branche son dualisme actuel : liberté de champ et de négociation pour les accords de branche simple, obligation de respecter un certain nombre de contraintes pour les accords de branche destinés à faire l'objet d'une extension. La convention nationale n'est plus prioritaire sur la convention locale, même si, au niveau de l'extension, l'existence d'un texte pouvant couvrir toutes les zones géographiques est évidemment mise en avant[2]. La loi de 1950, qui confère à la convention collective le rang de « loi de la profession » donne ainsi son plein essor aux branches.

1. L. 24 juin 1936 modifiant et complétant le chapitre IV « *bis* » du titre II du livre Ier du code du travail : « De la convention collective de travail », *JO* 26 juin, p. 6698, art. 31 *va ; DP* 1936. IV. 369.
2. A. Gazier, « Le retour aux conventions collectives », *Revue économique* 1950, p. 157.

§ 2 Construction du paysage

231.31 La branche, « construction de la négociation collective »[3]. Présentée comme l'équivalent du secteur d'activité, la branche n'a jamais été définie par un texte. Périmètre fondamental de la négociation collective, la branche en est en même temps la résultante. En effet, les branches naissent de l'accord des organisations syndicales et patronales implantées au sein d'un secteur d'activité pour considérer ce secteur d'activité comme justifiant l'élaboration d'une convention collective en couvrant le champ. La naissance d'une branche, formalisée par la signature d'une convention collective en couvrant le champ, est dès lors historiquement le résultat, d'une part, du périmètre de représentation des organisations syndicales et surtout patronales, d'autre part, d'un choix de ces organisations de regroupement de professions au sein d'un secteur d'activité considéré comme suffisamment commun pour justifier des règles communes et, enfin, parfois de facteurs particuliers (existence d'un organisme paritaire, etc.). Il en résulte qu'une convention ou un accord de branche a un champ correspondant à celui qu'il détermine lui-même.

L'article L. 2222-1, al. 1 du code du travail, dans une rédaction quasiment inchangée depuis un siècle, indique ainsi que : « Les conventions et accords collectifs de travail, ci-après désignés "conventions" et "accords" dans le présent livre, déterminent leur champ d'application territorial et professionnel. Le champ d'application professionnel est défini en termes d'activités économiques. » La notion de branche est donc aussi empirique que circonstancielle.

La procédure d'extension n'a fait que consolider ce découpage circonstanciel, puisque, contrairement à la procédure d'élargissement, peu employée, elle conduit à étendre les effets d'une convention collective au sein du champ prédéfini.

231.32 Paysage historique de la branche. De cette histoire est né un découpage des branches relativement hétéroclite. En 2008, on dénombrait 900 branches, 687 relevant du régime général et 256 du ministère de l'agriculture. Ces 900 branches, de taille extrêmement variable, regroupant en leur sein des activités considérées parfois comme peu convergentes, offraient ainsi un « manque de visibilité, de lisibilité et d'efficacité »[4] d'autant plus grand que certaines branches étaient, depuis longtemps, inactives en termes de négociation collective. L'acti-

3. J.-F. Poisson (dir.), *Rapport sur la négociation collective et les branches professionnelles,* La Documentation française, 2009, p. 8.
4. A. Jobert, citée par J.-F. Poisson : *Rapport sur la négociation collective et les branches professionnelles*, préc., p. 28.

vité conventionnelle, tant en ce qui concerne le nombre d'accords conclus que leur contenu, étant fortement corrélée à la taille de la branche, en nombre de salariés [1], les conventions collectives se bornaient ainsi souvent, dans de nombreuses branches de petite taille, à reproduire les dispositions législatives, voire n'étaient pas mises à jour, l'accord de branche pouvant devenir moins disant que la loi, notamment en matière de rémunération. Avec une ancienneté moyenne des conventions collectives de branche de 28 ans [2], il apparaît alors nécessaire de diminuer le nombre de branches pour rendre plus efficace la négociation. D'où, depuis 2008, des projets de réforme qui se concrétisent actuellement par des restructurations fondamentales de branche [3].

SECTION 2 Critères

231.40 **Plan.** Si le législateur est intervenu pour fixer les missions de la branche et si le juge, notamment administratif, peut en contrôler les contours, ni l'un ni l'autre n'en ont figé les critères (§ 1). Le périmètre d'une branche peut donc évoluer pour épouser celui de la négociation (§ 2).

§ 1 Absence de définition légale ou jurisprudentielle

231.51 **Intervention du législateur.** Si le paysage des branches est une construction historique, la notion de branche est malgré tout censée répondre à des critères, c'est-à-dire couvrir un secteur d'activité. Jusqu'en 2016, la loi n'avait cependant donné aucune définition de ce que représentait la branche, alors même que, depuis la loi du 4 mai 2004, la problématique de l'articulation de l'accord de branche et de l'accord d'entreprise se posait, l'accord d'entreprise primant sur l'accord de branche en cas d'identité d'objet, sauf loi contraire.

La loi du 8 août 2016 [4], légèrement remaniée sur ce point par l'ordonnance du 22 septembre 2017 [5], a inséré dans le code du travail un critère de la branche à partir de ses missions. Selon l'article L. 2232-5-1, la branche a pour mission :

1° De définir les conditions d'emploi et de travail des salariés ainsi que les garanties qui leur sont applicables dans les matières mentionnées aux articles L. 2253-1 et L. 2253-2 dans les conditions prévues par lesdits articles ;

2° De réguler la concurrence entre les entreprises relevant de son champ d'application.

Ainsi, le législateur n'a pas voulu figer la branche dans une définition précise, mais en a encadré les contours par sa double finalité : son contenu [6], et son objet (régulation de la concurrence) [7], ce qui suppose que les entreprises couvertes par le champ d'application soient dans une situation comparable au regard du marché, donc dans un même secteur d'activité.

Le code du travail comporte en revanche une ambiguïté en paraissant distinguer les accords de branche et les accords professionnels [8] alors que, de manière générale, la négociation de branche est conçue comme une négociation définie par son champ d'application professionnel (ou au moins pluri-professionnel).

231.52 **Apports de la jurisprudence.** Le juge a été amené à s'interroger sur les contours de la branche, plus particulièrement le juge administratif, saisi de la légalité des arrêtés d'extension d'un accord de branche. La loi [9] subordonne l'extension d'un accord de branche au fait qu'il ait été négocié et conclu en commission paritaire permanente de négociation et d'interprétation, mise en place dans la branche et composée de représentants des organisations syndicales d'employeurs et de salariés représentatives « dans le champ d'application considéré », ce dont le juge administratif déduit qu'il lui revient de se prononcer sur la représentativité des organisations qui ont signé l'accord étendu [10].

Le Conseil d'État a jugé que la représentativité devait être appréciée par le ministre au niveau du champ d'application de l'accord, sauf lorsque ce champ com-

1. Selon les chiffres du ministère du travail (*La négociation collective en 2008*, « Bilans et rapports », 2009), sur 687 branches, seuls 271 champs (42 %) avaient connu la conclusion d'au moins un accord par période de trois ans, dans tous les autres domaines que celui des salaires, depuis la conclusion de la convention collective.
2. Source : Ministère du Travail, Base de données des conventions collectives, Convention collective en vigueur au 31 décembre 2008.
3. V. s^s n° 231.91.
4. L. n° 2016-1088, 8 août 2016 relative au travail, à la modernisation du dialogue social et à la sécurisation des parcours professionnels, *JO* 9 août, n° 3.
5. Ord. n° 2017-1385, 22 sept. 2017 relative au renforcement de la négociation collective, *JO* 23 sept., n° 29.
6. Sur les matières, v. s^s n° 232.31.
7. M. Chagny, « Branches professionnelles et régulation de la concurrence », *JCP S* 2018. 1057.
8. C. trav., art. L. 2232-5, al. 1.
9. C. trav., art. L. 2261-19.
10. Pour un rappel récent, précisant que ces dispositions doivent être interprétées comme disposant que tout accord de branche, professionnel ou interprofessionnel, doit, pour pouvoir être étendu, avoir été négocié et conclu par l'ensemble des organisations professionnelles d'employeurs et de salariés représentatives dans son champ d'application : CE 21 janv. 2021, *Chambre nationale des professions libérales et autres*, req. n°s 418617, 418618, 444576, NP.

porte plusieurs branches d'activité distinctes, la représentativité des organisations qui ont participé à la négociation et qui ont signé la convention s'appréciant alors branche par branche et la convention ne pouvant être étendue à chacune de ces branches que si elle a été signée par au moins une organisation d'employeurs et une organisation de salariés représentatives dans cette branche[1]. Le juge administratif a, ainsi, estimé que le champ représentatif des organisations patronales signataires déterminait en principe l'existence et le contour de la branche, l'extension devant être prononcée dans l'ensemble du champ d'application de la convention tel que défini par les partenaires sociaux, à moins que le ministre ne soit en mesure de justifier que certaines entreprises ne font pas partie de la branche ou qu'il n'apparaisse que, représentant une activité formant une branche distincte de celle à laquelle les parties signataires de la convention avaient entendu rendre celle-ci applicable, elles n'ont pas été représentées en tant que telles à la négociation[2]. Si la reconnaissance de l'existence d'une branche distincte s'opère selon un faisceau d'indices, tels que la spécificité de l'activité[3] et des conditions de travail des salariés ou l'existence et l'ancrage d'organisations représentatives propres à ce domaine[4], l'appréciation portée par le juge, qui opère un plein contrôle[5], y compris en cassation, est vigilante et exigeante, afin d'éviter tant l'éparpillement du paysage conventionnel que les superpositions d'accords.

L'introduction dans la loi, depuis 2016, d'une définition des missions de la branche[6] n'a pas remis en cause le fait que le champ d'application d'une convention de branche est, d'abord, celui que cette convention détermine. Le Conseil d'État a certes précisé que l'existence d'une convention collective applicable à un ou plusieurs secteurs d'activité pouvait, dans certaines hypothèses particulières, ne pas suffire à établir l'existence d'une branche pour ce ou ces secteurs d'activité[7]. Il n'en admet pas moins que l'existence de la branche puisse être déduite de l'existence de la convention collective[8].

Quant au juge judiciaire, il considère que dès lors qu'une convention de branche a fait l'objet d'un arrêté d'extension, on ne peut remettre en cause devant lui l'existence d'un secteur d'activité autonome constitutif d'une branche[9]. Pour les accords non étendus, ils ne peuvent être accords de branche que s'ils sont signés par une organisation d'employeurs, et non par plusieurs employeurs individuels, ou même par un groupement d'employeurs[10].

Au total, le secteur d'activité représenté par la branche reste normalement le champ d'application déterminé ou couvert par la convention de branche, définition empirique qui devrait subsister après la restructuration des branches, les acteurs étant dans ce cadre appelés à décider eux-mêmes de la configuration des branches. Cependant, le seul fait qu'il existe une convention nationale de branche ne fige pas le secteur d'activité.

1. CE, sect., 3 avr. 1998, *Fédération de la plasturgie,* req. n°s 177962, 180754, 183067, *Lebon* 127 – Le Conseil d'État a néanmoins admis l'extension d'un accord signé par une organisation représentative dans l'ensemble du champ, lorsqu'elle existe : CE 31 mai 2002, *Chambre nationale des professions libérales,* req. n° 229574, *Lebon.*
2. CE, sect., 4 mars 1960, *Fédération nationale des industries chimiques et parties similaires,* req. n° 40.658, *Lebon* 169, jugeant que « le ministre du Travail, qui ne peut étendre une Convention collective nationale que si elle concerne une branche d'activité déterminée, a, dès lors, l'obligation, sous le contrôle du juge, avant de prononcer l'extension, de rechercher si toutes les industries auxquelles employeurs et salariés sont convenus d'appliquer la convention collective font ou non partie de la branche d'activité pour laquelle ladite convention collective a été conclue et, dans la négative, d'exclure de l'extension les entreprises qui n'appartiendraient pas à la branche d'activité dont s'agit » – CE, ass., 2 mars 1962, *Fédération nationale des industries chimiques et parties similaires,* req. n° 49.168, *Lebon* 147 – CE 30 déc. 2013, *Syndicat national des exploitants de parcours aventures (Snepa),* req. n° 354881, *Lebon T.* 513 et 858 ; *JCP Adm.* 2014. Actu. 96, obs. F. Tesson.
3. CE, sect. 4 mars 1960, req. n° 40.658.
4. Ne jouent en revanche que peu ou pas les caractéristiques propres des entreprises intervenant dans un secteur d'activité, notamment leur taille : CE, sect., 4 mars 1960, req. n° 40.658, ou leur caractère lucratif ou non – au moins s'agissant des activités sportives : CE 14 mai 2014, *Syndicat national de l'éducation permanente, de la formation, de l'animation, de l'hébergement, du sport et du tourisme FO (SNEPAT-FO) et autres,* req. n° 359877, NP.
5. CE 14 juin 2023, *Fédération FO Construction,* req. n° 451724, *Lebon T.*
6. SUR les missions de la branche : C. trav., art. L. 2232-5-1 ; – V. s^s^ n° 232.31.
7. En tout cas une branche « au sens des dispositions de l'article L. 2122-5 » du code du travail, c'est-à-dire dans laquelle la représentativité doit être mesurée périodiquement par le ministre, à chaque cycle électoral de quatre ans, selon les critères légaux : CE 24 nov. 2017, req. n° 389203, *Syndicat national des praticiens de la mutualité agricole, Lebon T* 825, à propos de la convention collective des praticiens-conseils de la mutualité sociale agricole, en l'absence de dispositions permettant de mesurer, dans le champ d'application de la convention collective, l'audience des différentes organisations syndicales susceptibles de représenter ces praticiens-conseils.
8. CE 14 juin 2023, *Fédération FO Construction,* req. n° 451724, p^t^ 9.
9. Soc. 12 oct. 2006, n° 05-15.069, *Fédération nationale des personnels des secteurs financiers CGT c/Fédération des syndicats chrétiens des organismes et professions agricultures CFTC,* P V, n° 305 ; *D.* 2006. 2625, obs. E. Pahlawan-Sentilhes ; *D.* 2007. 686, obs. G. Borenfreund, F. Guiomard, O. Leclerc, P. Lokiec, E. Peskine et C. Wolmark ; *RDT* 2007. 186, obs. M.-A. Souriac ; *RDT* 2007. 188, obs. S. Nadal ; *RJS* 2006. 967, n° 1298 ; *JSL* 2006, n° 199-4.
10. Soc. 29 juin 1994, n° 91-18.640, P V, n° 219 ; *D.* 1994. 202 ; *Dr. soc.* 1995. 43, note J. Savatier ; *JCP* 1995. I. 3817, n° 7, obs. P.-H. Antonmattéi ; *RJS* 1994. 606, n° 1022 ; *CSB* 1994. 269, A. 52.

§ 2
Évolution du périmètre des branches

231.61 **Le périmètre des branches n'est pas figé.** Sont considérés, à l'heure actuelle, comme des branches les secteurs d'activité pour lesquels existent des conventions collectives nationales professionnelles. Mais cette situation est nécessairement évolutive : l'histoire ne peut pas conduire à figer le paysage des branches, dès lors qu'aucun texte ne vient recenser ce paysage, et qu'il n'existe pas de critères pour les branches. C'est ce que le Conseil d'État et la Cour de cassation ont tous deux rappelé : en l'absence de critères légaux, il peut parfaitement y avoir des conventions ou des accords professionnels, sur un périmètre qui n'est pas nécessairement celui d'une convention collective nationale, dès lors qu'il s'agit d'un périmètre utile pour négocier et que tous les syndicats représentatifs à ce niveau ont été invités à participer à la négociation [1].

Puisque ce périmètre « n'existe pas » en tant que tel, et qu'il n'y a dès lors pas d'arrêté de représentativité périodique pris à ce niveau à l'issue de chaque cycle électoral de quatre ans, les partenaires sociaux doivent cependant vérifier qui ils doivent inviter à la négociation et s'assurer du calcul du seuil de représentativité de 30 % des signataires de l'accord ou de l'absence d'opposition majoritaire à l'extension en demandant au ministre du travail de prendre un arrêté spécifique de représentativité sur ce périmètre, le cas échéant après une enquête de représentativité comme le prévoit l'article L. 2121-2 du code du travail [2].

231.62 **Un périmètre alternatif doit avoir une utilité pour négocier.** Le Conseil d'État a eu l'occasion de préciser que le ministre chargé du travail pouvait légalement refuser de fixer la liste des organisations syndicales représentatives et de leurs audiences respectives dans un périmètre autre que la branche, alors même qu'il l'aurait déjà fait par le passé, en l'absence d'utilité de ce périmètre pour négocier, le juge administratif exerçant un plein contrôle sur ce point [3], y compris en cassation. [4] Tel est le cas si la négociation d'un accord n'est pas, au moins, envisagée à court terme, en particulier si les partenaires sociaux ne se sont engagés dans aucune démarche, telle que la signature d'un accord de méthode, traduisant la volonté de négocier en vue de conclure un accord collectif dans ce périmètre. Un tel refus ne méconnaît pas les principes constitutionnels de liberté syndicale ou de participation ou l'article 5 de la Charte sociale européenne.

Il a rappelé également que, même en l'absence d'un tel arrêté de représentativité « *ad hoc* », la négociation interbranche restait possible, selon ses règles propres. En ce cas, la représentativité des organisations qui ont participé à la négociation et qui ont signé la convention s'apprécie branche par branche, selon la liste que le ministre chargé du travail est tenu d'arrêter périodiquement. [5]

SECTION 3
CHAMP D'APPLICATION

231.70 **Plan.** C'est en principe à la convention collective de déterminer son champ d'application professionnel et territorial (§ 1). La restructuration des branches peut cependant être opérée d'autorité par l'administration dans certaines hypothèses (§ 2).

§ 1
Champ d'application déterminé par la convention collective

231.81 **Champ d'application professionnel.** C'est à la convention collective de déterminer son champ d'application professionnel, qu'elle définit en termes d'activité économique [6].

En aucun cas le salarié ne peut renoncer, par une clause – contractuelle ou informative – de son contrat de travail, à l'application de la convention collective qui régit l'entreprise. Et la Cour de cassation condamne le recours à une société écran pour échapper à la convention collective normalement applicable [7]. Ce qui n'exclut pas l'application volontaire d'une autre convention collective, auquel cas le salarié pourra faire jouer le principe de faveur. « L'indication de la convention collective dans le contrat de travail ne saurait interdire au salarié d'exiger l'application de la convention à laquelle l'employeur est assujetti compte tenu de son activité

1. S'agissant de la représentativité des organisations professionnelles d'employeurs : CE 4 nov. 2020, *Ministre du Travail et Fédération française du bâtiment*, req. n°s 434518, 434574, *Lebon T*, – ET, s'agissant de la représentativité des organisations syndicales : CE 4 nov. 2020, *Ministre du Travail, CFE-CGC et CFE-CGC BTP et Fédération FO-Construction*, req. n°s 434519, 434573, 434577, *Lebon T* 1031-1034 – Soc. 10 févr. 2021, n° 19-13.383, P.
2. CE 21 janv. 2021, n° 418617.
3. CE 6 avr. 2022, *Syndicat national des pilotes de lignes France ALPA* req. n° 439658, *Lebon T*, p^{t}. 11.
4. CE 14 juin 2023, *Fédération FO Construction*, req. n° 451724, p^{t}. 10.
5. V. s^{s} n° 233.23.
6. C. trav., art. L. 2222-1.
7. Soc. 30 mai 2000, n° 98-40.727, P ; *Dr. soc.* 2000. 803, obs. G. Couturier.

principale, dès lors que celle-ci est plus favorable », est-il jugé[1].

Une règle spécifique s'applique aux secteurs agricoles et para-agricoles depuis la loi relative aux développements des territoires ruraux[2]. L'article L. 2222-1, alinéa 2, du code du travail dispose que « pour ce qui concerne les professions agricoles mentionnées aux 1° à 3°, 6° et 7° de l'article L. 722-20 du code rural et de la pêche maritime, le champ d'application des conventions et accords peut, en outre, tenir compte du statut juridique des entreprises concernées ou du régime de protection sociale d'affiliation de leurs salariés ».

Les activités économiques déterminant le champ d'application professionnel des conventions de branche font l'objet d'une nomenclature dressée par l'Insee à partir du code NAF (nomenclature d'activités françaises des entreprises) et accessible sur internet : www.insee.fr, rubrique « Nomenclatures ». Chaque entreprise se voit attribuer, lors de son immatriculation, un code NAF (ou code APE) qui lui permet de se reporter à la nomenclature pour déterminer la convention collective de branche qui lui est applicable.

Le code d'activité principale attribué par l'INSEE aux entreprises lors de leur immatriculation (code APE ou code NAF) n'a cependant aucune force juridique[3], si bien qu'un employeur ne peut être condamné à payer des sommes dues en vertu d'une convention collective de branche au seul motif que le code APE indiqué sur les bulletins de paie correspond à cette convention, sans qu'il soit vérifié si l'activité principale de la société entre dans le champ d'application de cette convention collective[4]. C'est donc l'activité réelle de l'entreprise qui compte *in fine*, le code attribué à l'entreprise n'ayant qu'une valeur indicative. S'agissant de la recherche de l'activité réelle de l'entreprise, les juges ne s'arrêtent pas aux mentions figurant dans les contrats de travail, bulletins de paie ou encore dans les statuts de l'entreprise[5].

C'est bien l'activité de l'entreprise, non les fonctions exercées par le ou les salariés concernés, qui doit déterminer la convention de branche applicable[6].

1. Soc. 18 juill. 2000, n° 98-42.949, P V, n° 297 ; *D.* 2000. 221 ; *D.* 2001. 739, obs. C. Kouchner ; *RJS* 2000. 750, n° 1117 ; *RJS* 2000. 712, concl. J. Duplat.
2. L. n° 2005-157, 23 févr. 2005 relative au développement des territoires ruraux, *JO* 24 févr., n° 1.
3. Soc. 8 févr. 2012, n° 11-15.342, P V, n° 68 ; *JCP S* 2012. 1211, obs. Y. Pagnerre.
4. DANS LE MÊME SENS : Soc. 21 juin 2006, n° 04-47.565, NP.
5. Soc. 4 déc. 2001, n° 99-43.676, P ; *RJS* 2/2002, n° 204 – Soc. 28 mai 1994, n° 90-40.208, NP – Soc. 18 juill. 2000, n° 98-42.949, préc.

231.82 Cas spécifique de l'entreprise qui exerce plusieurs activités. En principe, une seule convention de branche est applicable à l'entreprise, y compris lorsqu'elle exerce plusieurs activités. La règle consiste à appliquer la convention de branche correspondant à l'activité principale de l'entreprise[7]. Cette règle a pour conséquence que les salariés travaillant pour une activité accessoire de l'entreprise se voient appliquer la convention collective de branche seule applicable, à savoir celle correspondant à l'activité principale de l'entreprise.

Lorsqu'une entreprise exerce plusieurs activités, comment déterminer l'activité principale ?

- si l'entreprise exerce des activités industrielles multiples : l'activité principale correspond à celle qui occupe le plus de salariés ; par exemple, s'agissant d'une entreprise industrielle produisant à la fois des pâtes alimentaires (qui relevait de la convention collective des pâtes alimentaires) et des plats en conserve (qui relevait de la convention collective des industries alimentaires), il a été jugé que la première devait s'appliquer au motif que les effectifs affectés aux pâtes alimentaires étaient supérieurs à ceux affectés à la conserve[8] ;
- si l'entreprise exerce des activités commerciales (ou prestations de services) multiples : l'activité principale correspond à celle dont le chiffre d'affaires est le plus élevé ;
- si l'entreprise effectue à la fois une activité industrielle et une activité commerciale, il convient de distinguer : si la part du chiffre d'affaires d'origine industrielle de l'entreprise représente au moins 25 % du chiffre d'affaires total, l'activité sera considérée comme industrielle[9].

La règle selon laquelle une seule convention collective de branche s'applique à l'entreprise, y compris lorsqu'elle exerce plusieurs activités, reçoit exception lorsqu'il est possible d'identifier, dans l'entreprise, un « centre d'activité autonome » et que les salariés concernés ont une activité « nettement différenciée »[10].

Ce sont donc deux critères cumulatifs qui doivent être remplis pour faire jouer l'exception :

a) une activité « nettement différenciée » : la Cour de cassation a par exemple refusé d'isoler l'atelier de photocomposition de l'entreprise par rapport à l'activité principale de publication et d'édi-

6. Soc. 12 janv. 2000, n° 98-43.573, NP.
7. C. trav., art. L. 2261-2.
8. Soc. 23 avr. 2003, n° 01-41.196, P ; *D.* 2003. 1546 ; *RJS* 2003. 609, n° 919.
9. https://www.economie.gouv.fr/entreprises/activite-entreprise-code-ape-code-naf -.
10. Soc. 6 déc. 1995, n° 92-41.230, P V, n° 333 ; *D.* 1996. 12 ; *RJS* 1996. 35, n° 48 – Soc. 13 nov. 1996, n° 94-40.938, NP ; *RJS* 3/1997, n° 311.

tion, au motif qu'il n'était pas prouvé que cet atelier avait une activité « nettement différenciée »[1] ;

b) un « centre d'activité autonome », lequel ne résulte pas du seul fait que les activités sont effectuées sur des sites distincts, mais d'un faisceau d'indices prenant également en compte, entre autres, l'autonomie de gestion dudit « centre ». Il a ainsi été retenu que le centre d'accueil des demandeurs d'asile de Châteaudun, étant la seule structure de l'association dévolue à l'accueil et à l'hébergement des demandeurs d'asile, et celle-ci fonctionnant dans des locaux avec un matériel spécifique et un personnel propre composé de six salariés, caractérisait l'existence d'un centre d'activité autonome. Il en résulte que s'applique aux salariés du centre d'accueil la convention de branche correspondant à cette activité, non celle correspondant à l'activité principale de l'association[2].

231.83 **Précision.** Le changement d'activité qui fait sortir l'entreprise du champ d'application de la convention de branche est un cas de mise en cause[3].

231.84 **Champ d'application territorial.** S'agissant du champ d'application géographique d'une convention ou d'un accord de branche, c'est ici également à ladite convention de le stipuler : il est, par principe national[4], mais il peut se décliner au plan soit régional, soit départemental, soit local[5]. La règle générale est qu'un salarié ne peut se voir appliquer une convention collective si l'activité qu'il exerce n'entre pas dans le champ d'application territorial de la convention collective. Il faut cependant distinguer selon que le salarié exerce ou non son activité dans un établissement autonome.

S'il exerce son activité dans un établissement autonome, c'est l'établissement où exerce le salarié qui détermine la convention de branche applicable, si bien qu'il n'y a pas lieu d'appliquer la convention collective correspondant au lieu du siège social si le salarié exerce son travail dans un autre établissement[6]. Faute d'établissement autonome, il convient d'appliquer la convention collective du lieu du siège social de l'entreprise.

La jurisprudence n'a pas établi de critère quant à la définition de l'établissement autonome. Mais elle se montre extrêmement restrictive, l'établissement autonome étant une exception à la règle de la convention unique. Il est jugé, notamment, qu'un simple chantier n'est pas un établissement autonome[7].

231.85 **Précision.** Le changement de lieu qui fait sortir l'entreprise du champ d'application de la convention de branche est un cas de mise en cause[8].

231.86 **Rappel.** Les conventions et accords collectifs de travail conclus après le 1er avril 2017 dont le champ d'application est national s'appliquent, sauf stipulations contraires, en Guadeloupe, en Guyane, en Martinique, à La Réunion, à Saint-Barthélemy, à Saint-Martin et à Saint-Pierre-et-Miquelon, dans un délai de six mois à compter de leur date d'entrée en vigueur. Ce délai est imparti aux organisations syndicales de salariés et d'employeurs habilitées à négocier dans ces collectivités pour conclure des accords dans le même champ si elles le souhaitent. Il en va de même à Mayotte pour les conventions et accords collectifs de branche conclus à compter du 1er janvier 2018.[9]

§ 2
Restructuration des branches

231.91 **De la restructuration volontaire à la restructuration administrée.** Décidée en son principe dès 2009, à la suite du rapport Poisson[10], la restructuration est toujours en cours. Deux nouveaux rapports[11] ont été réalisés pour en permettre une mise en œuvre efficace, tant les enjeux sont forts en termes de représentation syndicale et patronale, d'une part, composition du paysage économique, d'autre part. Pour les entreprises, en effet, le champ d'activité d'appartenance et les règles conventionnelles applicables peuvent être déterminantes.

Dans un premier temps, en 2014[12], créant l'article L. 2261-32 du code du travail, le législateur a poussé au rapprochement volontaire des branches décidé par les partenaires sociaux eux-mêmes, renonçant à définir un critère pour la détermination des branches, afin de leur laisser un champ entièrement

1. Soc. 6 déc. 1995, nº 92-41.230, préc.
2. Soc. 11 janv. 2012, nº 10-10.938, NP.
3. V. ss nº 422.61.
4. C. trav., art. L. 2232-5-2.
5. C. trav., art. L. 2232-5-2.
6. Soc. 11 déc. 1986, nº 85-41.568, P – Soc. 20 nov. 1991, nº 88-43.281, P ; *Dr. soc.* 1992. 84 ; *RJS* 1992. 53, nº 59.
7. Soc. 18 janv. 1989, nº 86-41.504, P ; ÉGALEMENT : Soc. 27 mai 2021, nº 20-10.499, NP.
8. Sur la révision, la dénonciation et la mise en cause des accords, v. ss nos 414.11 s.
9. C. trav., art. L. 2222-1.
10. J.-F. Poisson : *Rapport sur la négociation collective et les branches professionnelles*, préc.
11. P. Quinqueton, *Proposition de feuille de route pour les organisations professionnelles d'employeurs et les organisations syndicales de salariés vers une nouvelle structuration des branches professionnelle,* Rapport à Mme la ministre du Travail, 2015 – P. Ramain, *Rapport sur la restructuration des branches professionnelles* [pré-rapport].
12. L. nº 2014-288, 5 mars 2014 relative à la formation professionnelle, à l'emploi et à la démocratie sociale, *JO* 6 mars, art. 29, IV.

libre et leur laissant le dernier mot dans la Commission nationale de la négociation collective, qui pouvait s'opposer à la volonté ministérielle de fusionner les branches.

Ce droit de veto bloquant en pratique les fusions envisagées, qui n'étaient pas aussi nombreuses qu'espérées, la loi du 8 août 2016, modifiée par la loi du 5 septembre 2018 [1], a ensuite prévu la possibilité pour le ministre chargé du travail de procéder d'autorité à la fusion du champ d'application des conventions collectives d'une branche avec celui d'une branche de rattachement présentant des conditions sociales et économiques analogues, dans six hypothèses :

- branche de moins de 5 000 salariés ;
- branche ayant une activité conventionnelle faible (le ministère du travail évoque l'absence d'accord général depuis 15 ans) ;
- branche ayant un champ d'application géographique uniquement régional ou local ;
- branche au sein desquelles moins de 5 % des entreprises adhérent à une organisation patronale représentative ;
- branche n'ayant pas mis en place de commission paritaire permanente de négociation ou d'interprétation ;
- branche n'ayant pas la capacité d'exercer la plénitude de ses compétences en matière de formation professionnelle et d'apprentissage.

Le législateur avait également ouvert la possibilité d'engager une telle procédure pour fusionner plusieurs branches « afin de renforcer la cohérence du champ d'application des conventions collective », mais le Conseil constitutionnel a estimé que cette disposition était contraire à la Constitution comme portant atteinte à la liberté contractuelle par incompétence négative, en l'absence de critères au regard desquels cette cohérence pourrait être appréciée et une latitude excessive ayant été laissée au ministre dans l'appréciation des motifs susceptibles de justifier la fusion [2]. Il a, pour le reste, validé ces dispositions, en estimant que le législateur avait poursuivi un objectif d'intérêt général en entendant remédier à l'éparpillement des branches professionnelles, dans le but de renforcer le dialogue social au sein de ces branches et de leur permettre de disposer de moyens d'action à la hauteur des attributions que la loi leur reconnaît, en particulier pour définir certaines des conditions d'emploi et de travail des salariés et des garanties qui leur sont applicables, ainsi que pour réguler la concurrence entre les entreprises. Il a toutefois émis deux réserves et rappelé que la procédure de fusion de branches ne pouvait être engagée, sous le contrôle du juge administratif, qu'eu égard à l'intérêt général attaché à la restructuration des branches en cause.

De son côté, saisi de la conventionnalité de ces dispositions législatives, le Conseil d'État a, par des motifs similaires, jugé qu'elles n'étaient pas, par elles-mêmes, incompatibles avec la liberté syndicale et la liberté de négociation collective telles que garanties par l'article 11 de la convention européenne de sauvegarde et des droits de l'homme et des libertés fondamentales ni par les conventions internationales du travail n°s 87 et 98. [3]

231.92 Mise en œuvre des fusions de branche. À compter de 2019, le Conseil d'État a été saisi de la légalité de plusieurs arrêtés de fusion et a commencé à en préciser le cadre. Il a, comme l'y avait invité le Conseil constitutionnel, distingué dans son examen la condition de l'existence de conditions sociales et économiques analogues - qui doit être satisfaite quel que soit le fondement justifiant la fusion des branches - de celle de l'intérêt général des fusions opérées.

Outre celui du ou des fondement retenus par le ministre parmi les six possibles [4], il exerce un plein contrôle sur ces deux points [5], même s'il n'a pas livré d'interprétation générale de ces notions. Il ressort néanmoins de ses premières décisions que, tout comme lorsqu'il s'agit de caractériser l'existence d'une branche [6], l'existence de « conditions sociales et économiques analogues » se vérifie concrètement et globalement, en usant d'un faisceau d'indices, et que la proximité de l'activité exercée apparaît plus déterminante que la différence des régimes juridiques et de situation financière des sociétés employeurs ou les différences de rémunération et de conditions de travail entre les salariés soumis à des statuts différents [7]. La condition d'intérêt général, quant à elle, peut intégrer le degré de convergence de la fusion administrative avec une trajectoire de rapprochement des champs conventionnels déjà engagée, du fait d'une évolution des activités des branches qui se

1. C. trav., art. L. 2261-32.
2. C. const. 29 nov. 2019, n° 2019-816 QPC, p^ts^ 17 et 24.
3. CE 22 mars 2021, *Syndicat indépendant des artistes-interprètes (SIA-UNSA) et autres*, req. n°s 430839 et 431750, *Lebon* 47, p^ts^ 4 et 5.
4. Par ex. : CE 22 mars 2021, *SIA-UNSA et autres*, req. n°s 430839 et 431750, pour une fusion justifiée par le nombre insuffisant de salariés de la branche – et : CE 28 oct. 2022, *Fédération CGT de la santé et de l'action sociale et Fédération nationale de l'action sociale FO*, req. n° 457317, *Lebon T*, pour une fusion justifiée par la faible activité conventionnelle et l'absence d'une commission paritaire permanente de négociation ou d'interprétation.
5. CE 1er juill. 2021, *Fédération nationale des salariés de la construction et du bois CFDT*, req. n° 435510, *Lebon*.
6. V. s^s^ n° 231.52.
7. CE 1er juill. 2021, *Fédération nationale des salariés de la construction et du bois CFDT*, req. n° 430964, NP, p^t^ 7.

rapprochent progressivement ou de son soutien par les partenaires sociaux, même si une fusion volontaire n'a pu aboutir, ainsi que le degré de pertinence de la branche de rattachement choisie[1].

Il est à noter, pour autant, que le ministre chargé du travail n'est pas tenu de restructurer une branche, même lorsque sont satisfaites les conditions énoncées à l'article L. 2261-32 du code du travail. Il dispose d'un pouvoir d'appréciation lui permettant de ne pas y procéder pour des motifs d'intérêt général, là aussi sous le plein contrôle du juge de l'excès de pouvoir, et ceci alors même que la restructuration des branches répond, en principe et par elle-même, ainsi que la loi elle-même l'indique et que l'ont également jugé le Conseil constitutionnel et le Conseil d'État, à des considérations d'intérêt général.[2]

Au total, cependant, la mobilisation par le ministre chargé du travail du pouvoir qu'il tient de l'article L. 2261-32 du code du travail[3], conjuguée aux fusions menées de façon volontaire par les branches elles-mêmes[4] - peut-être aiguillonnées par la perspective de fusions administratives -, ont conduit à une simplification considérable du paysage conventionnel. Sur 687 branches professionnelles du régime général en 2015, 438 ont été concernées par la restructuration (fusions administratives ou volontaires, branche d'accueil, branches dénoncées ou branches dont l'IDCC a été désactivé)[5].

Alors que l'objectif qui avait été fixé par la loi de 2016 à 200 branches au total était en passe d'être atteint[6], il a été envisagé en 2019 d'engager une seconde phase permettant d'atteindre une cible de 100, voire 50 branches professionnelles[7], le haut de cette fourchette paraissant cependant plus à même de permettre de conserver des branches suffisamment cohérentes, prenant en compte des particularités de certains secteurs professionnels. Ce nouvel objectif pouvait difficilement être atteint sans la fixation de nouveaux critères par le législateur et il est à ce jour abandonné[8].

La restructuration des branches a pour incidence :

- d'une part, la nécessité de renégocier au sein de toutes les nouvelles branches et d'unifier des clauses jusqu'à présent disparates ;
- d'autre part, la nécessité de prendre en considération en leur sein, en raison de leur champ désormais extrêmement étendu, des spécificités inhérentes à certaines activités ;
- enfin, une nouvelle mesure de la représentativité de branche au regard des nouveaux périmètres de ces branches.

La question de la restructuration des branches revêt une acuité particulière depuis que la jurisprudence, tant administrative que judiciaire, a affirmé l'absence actuelle de fixité des branches telles qu'elles résultent des négociations collectives nationales préexistantes et que le législateur a renoncé à en donner une définition, considérant que la souplesse du concept était une des clefs de son succès et de sa pérennité[9].

SECTION 4
AVENIR DE L'ACCORD DE BRANCHE

231.101 Perte d'importance de la négociation de branche ? Depuis une vingtaine d'années, les lois successives ont, en remodelant les effets juridiques des différentes sources normatives, donné le sentiment d'un affaiblissement de la place de la négociation de branche. C'est d'abord la loi du 4 mai 2004[10] qui, pour la première fois, retient une nouvelle articulation des normes. Désormais, l'accord d'entreprise peut déroger à l'accord de branche. Avec la loi du 20 août 2008, sur le temps de travail, c'est encore l'accord d'entreprise qui devient premier. Les ordonnances du 22 septembre 2017 ont achevé le processus : si certains domaines demeurent réservés à la branche, ils sont cantonnés à des questions

1. La circonstance que la branche rattachée puisse présenter des conditions sociales et économiques également analogues à celles d'autres branches que celle de rattachement est en revanche sans incidence pour apprécier le respect de la condition légale d'analogie des conditions sociales et économiques : CE 12 avr. 2023, *Fédération nationale du bois,* req. n° 457280, *Lebon T.*
2. CE 28 sept ; 2022, *Fédération CGTR métallurgie et services de l'automobile et autres,* req. n° 449950, *Lebon T.*
3. L'essentiel des fusions administratives se sont échelonnées de janvier 2017 à août 2019, portant sur une quarantaine de branches, dont 8 compte tenu de leur faible activité conventionnelle, 5 du fait de leur champ d'application géographique uniquement régional ou local et 26 de leurs faibles effectifs. Une branche a par ailleurs fait l'objet d'un élargissement.
4. En 2019, 76 branches s'étaient engagées dans une fusions volontaire par voie négociée pour aboutir à 23 nouvelles conventions et 5 branches avaient élargi leur champ d'application (source : bilan de la négociation collective 2019).
5. Ministère du travail, de l'emploi et de l'insertion, *Les chiffres clefs de la DGT*, 2022.
6. Au 20 octobre 2021, 225 ou 230 branches (hors convention territoriale de la métallurgie) sont dénombrées (Ministère du travail, de l'emploi et de l'insertion, *Les chiffres clefs de la DGT*, 2022).
7. Lettre de mission adressée en janvier 2019 à Pierre Ramain, ayant donné lieu à un pré-rapport seulement, en 2020, la nomination de l'intéressé comme directeur général du travail n'en ayant pas permis la finalisation.
8. Sénat, *Bilan des réformes en matière de dialogue social et de négociation collective*, rapport d'information n° 722 (2020-2021), déposé le 30 juin 2021.
9. Sur ce point, s[s] n° 231.61.
10. L. n° 2004-391, 4 mai 2004 relative à la formation professionnelle tout au long de la vie et au dialogue social : *JO* 5 mai 2004, p. 7983.

d'importance transversale particulière, tandis que l'essentiel de la négociation est pris en charge, par priorité, au niveau des entreprises, avec disparition du principe de faveur[1]. Dès lors, on peut se demander si la branche n'a pas perdu beaucoup de son importance, au profit de la négociation interprofessionnelle et, plus encore, d'entreprise et si les partenaires sociaux ne vont pas être amenés à se limiter à négocier à ce niveau sur les champs qui lui sont réservés.

Ce serait cependant oublier certaines réalités :

- la première, c'est que la négociation de branche permet seule de faire bénéficier de la couverture conventionnelle les petites entreprises qui ne négocient pas - ou très peu. Grâce à ce niveau de négociation, joint à l'effet *erga omnes* reconnu aux conventions collectives en droit français et au mécanisme de l'extension, près de 97 % des salariés en France bénéficient d'une convention collective. C'est un taux exceptionnel, sans comparaison avec les autres pays, malgré un taux de syndicalisation faible. Ainsi, les États-Unis et la Nouvelle-Zélande ont un taux de couverture conventionnelle inférieur à 15 %, le Royaume-Uni, la Pologne, la Hongrie, le Japon, le Canada un taux de couverture compris entre 15 % et 50 %, l'Allemagne et la Chine un taux de couverture voisin de 60 %[2]. Demain comme hier, en France, les conventions et accords de branche seront les seules normes conventionnelles applicables à la majorité des salariés des petites, voire moyennes entreprises ;

- la deuxième, c'est que, bien que limités en nombre, les domaines réservés par priorité à la branche sont des domaines fondamentaux et à la source du fonctionnement de la couverture conventionnelle[3] ;

- la troisième, c'est que la négociation de branche, est, on le sait, l'instrument indispensable permettant une saine concurrence entre entreprises d'un même secteur d'activité, et une égalité minimale des droits. C'est un outil qui demeure donc essentiel, notamment via le mécanisme d'extension, dans le paysage conventionnel français.

Les efforts pour recomposer et redynamiser la configuration des branches témoignent de ce que la négociation de branches continue à être vue comme essentielle, indispensable et pivot des droits et obligations conventionnels applicables à une profession.

231.102 **Quelques chiffres.** Le nombre d'accords de branche est en hausse constante depuis 2013. Après l'impact de la crise sanitaire en 2020, l'activité conventionnelle est repartie à la hausse en 2021 avec une augmentation de 5 % (1 112 accords de branche signés contre 1 027 en 2020, revenant à un niveau proche des années 2015 et 2016, après avoir atteint 1 379 accords conclus en 2018). Cette tendance, perceptible dans la progression du nombre d'accords relatifs aux salaires, s'est largement amplifiée en 2022, avec 1 495 accords de branche signés (en données provisoires), soit une augmentation de près de 35 % et un nombre record absolu dépassant tous les chiffres enregistrés depuis la publication du Bilan de la négociation collective. L'immense majorité (79,5 %, données provisoires 2022) sont des avenants à partir de textes de base existants. Cinq conventions collectives de branche nouvelles ont été signées en 2022 dans le cadre des restructurations de branche (Convention collective nationale des professions réglementées auprès des juridictions ; Convention collective nationale des opérateurs de voyages et des guides ; Convention collective nationale de la métallurgie ; Convention collective nationale des industries des carrières et matériaux de construction ; Convention collective nationale des commissaires de justice et sociétés de ventes volontaires).

De façon constante depuis une dizaine d'années, 3/4 des conventions et accords de branche sont conclus au niveau national. En revanche, le nombre d'accords régionaux diminue depuis 2019 (14 % en 2021 contre 19 % en 2019) ce qui est à mettre en relation avec la restructuration des branches, le caractère uniquement régional ou local du champ d'application géographique d'une branche constituant un des motifs légaux de fusion administrative. Le niveau local conserve une place dans l'organisation des relations professionnelles, avec 11 % des textes signés (chiffres ministère du travail 2021).

1. Sur l'articulation des normes, v. s[s] n°s 312.10 s.
2. BIT, Global wage report 2008/09, Minimum wages and collective bargaining : Towards policy coherence, p. 43.
3. Sur les domaines réservés, v. s[s] n° 232.31.

CHAPITRE

232. Contenu d'un accord de branche

SECTION 0 ORIENTEUR

232.00 **Sommaire du chapitre.**

Division. L'analyse de l'accord de branche impose d'en cerner le contenu à travers quelques considérations générales sur sa définition et ses missions (sect. 1)[1], ainsi que le cas plus particulier des accords autorisant la conclusion de contrats de travail dérogatoires (sect. 2). Malgré les spécificités de certains de ces accords, tous comportent des clauses obligatoires (sect. 3).

SECTION 1 GÉNÉRALITÉS

232.10 **Plan.** Compte tenu de la place accordée à l'accord d'entreprise, le législateur a assigné à la branche certaines missions (§ 1). Il lui revient de définir les conditions d'emploi et de travail des salariés, ainsi que leurs garanties, et de réguler la concurrence entre entreprises (§ 2).

1. Sur la négociation obligatoire en entreprise et les rapports entre les niveaux de négociation, v. s[s] n° 312.130.

§ 1 Encadrement légal

232.21 **Terminologie.** Le code du travail, de manière générale, lorsqu'il évoque la négociation de branche, parle de « conventions de branche » et « d'accords professionnels ». La raison de cette différence terminologique n'est pas véritablement établie. Pour les développements qui vont suivre, on considérera que la notion de branche est générique, qu'il s'agisse de la négociation d'une convention collective ou d'un accord collectif consacré à certains domaines.

232.22 **Définition légale des missions de la négociation de branche.** Depuis la loi du 8 août 2016, le code du travail détermine les missions spécifiques de la négociation de branche. Ce n'était pas le cas auparavant, dès lors que, compte tenu de l'articulation des normes, on pouvait considérer que la branche avait vocation à négocier sur tous les sujets compte tenu de sa place prééminente et prioritaire par rapport aux autres niveaux de négociation.

La nouvelle place donnée à la négociation d'entreprise dans l'articulation des normes a conduit le législateur à affecter à la négociation de branche des fonctions spécifiques. Aux termes de l'article L. 2232-5-1, « la branche a pour mission :

1°) de définir les conditions d'emploi et de travail des salariés ainsi que les garanties qui leur sont applicables dans les matières mentionnées aux articles L. 2253-1 et L. 2253-2 dans les conditions prévues par lesdits articles ;

2°) de réguler la concurrence entre les entreprises relevant de son champ d'application ».

Cette nouvelle détermination des missions, qui résulte de la réactualisation opérée par l'ordonnance du 22 septembre 2017, restreint fortement les missions spécifiquement confiées aux branches.

TEXTES INTERPROFESSIONNELS ET DE BRANCHES SIGNÉS EN 2022 (DONNÉES PROVISOIRES) ET EN 2021 (DONNÉES ACTUALISÉES ET DONNÉES PROVISOIRES TELLES QUE PUBLIÉES DANS *LA NÉGOCIATION COLLECTIVE EN 2021*)

	2022 (données provisoires)			2021 (données actualisées)	2021 (données provisoires)
	Textes de base	Accords et avenants	Total	Total	Total
Accords interprofessionnels	1	4	5	5	6
Accords professionnels	18	55	73	43	42
Conventions collectives	5	931	936	776	752
Textes nationaux	**24**	**990**	**1 014**	**824**	**800**
Accords interprofessionnels	0	0	0	0	0
Accords professionnels	0	0	0	0	0
Conventions collectives	0	231	231	164	153
Textes régionaux	**0**	**231**	**231**	**164**	**153**
Accords interprofessionnels	0	1	1	2	1
Accords professionnels	0	3	3	20	7
Conventions collectives	0	252	252	109	109
Textes départementaux/locaux	**0**	**256**	**256**	**131**	**117**
Total	**24**	**1 477**	**1 501**	**1 119**	**1 070**
dont : niveau interprofessionnel	*1*	*5*	*6*	*7*	*7*
niveau branche	*23*	*1 472*	*1 495*	*1 112*	*1 063*

Source : ministère du Travail, du Plein emploi et de l'Insertion – DGT (BD3C)

232.23 Missions non limitatives. En tout état de cause, les missions que la loi impartit à la branche ne cantonnent absolument pas le champ de la négociation de branche. La branche peut négocier sur tous les domaines qui sont ouverts à la négociation collective. Simplement, lorsqu'un accord conclu à un autre niveau traite du même objet, il faudra composer avec cet autre accord, selon les règles d'articulation des normes précisées[1] et sans que l'accord de branche ne prime.

§ 2
Contenu des missions légales

232.31 Définition des conditions d'emploi et de travail des salariés et des garanties qui leur sont applicables. Cette mission est explicitée par l'article L. 2253-1 du code du travail qui énumère à ce titre les 13 domaines dans lesquels la convention de branche prime, en principe, sur la convention d'entreprise[2] :

- salaires minima hiérarchiques,
- classifications,
- mutualisation des fonds de financement du paritarisme,
- mutualisation des fonds de la formation professionnelle,
- garanties collectives complémentaires mentionnées à l'article L. 912-1 du code de la sécurité sociale. Il s'agit ici des garanties mutualisées pour permettre d'assurer une solidarité sur des risques particuliers,
- mesures énoncées aux articles L. 3121-14 (régime d'équivalence), au 1° de l'article L. 3121-44 (aménagement et répartition du temps de travail sur une durée supérieure à la semaine), à l'article L. 3122-16 (nombre minimal d'heures entraînant la qualification de travailleur de nuit sur une période de référence), au 1er alinéa de l'article L. 3123-19 (durée mini-

1. V. ss nos 312.121 s.

2. Sur l'articulation des normes entre convention de branche et d'entreprise v. ss nos 312.130 s.

male de travail s'agissant du travail à temps partiel), et aux articles L. 3123-21 et L. 3123-22 (heures complémentaires, et aménagement du temps de travail).

Il s'agit ici de domaines qui requièrent, soit une participation de toutes les entreprises du secteur (notamment en matière de mutualisation des fonds pour assurer des prestations de solidarité, qui supposent nécessairement que participent toutes les entreprises), soit un traitement uniforme de tous les salariés du secteur, tant il s'agit d'éléments de base des conditions de travail : salaires minima, classification...

Ces domaines-là sont ceux dans lesquels la branche doit impérativement s'investir dans le champ de la négociation, car l'accord de branche est le support des droits et garanties communes apportées aux salariés, ou bien la seule manière de déroger aux dispositions supplétives prévues par la loi (par exemple, pour les heures complémentaires).

232.32 **Réguler la concurrence.** Il ne s'agit plus ici d'énumérer des matières ou des domaines d'intervention de la branche, mais de se référer de manière plus générale à ce qui, aux yeux du législateur, en fait sa principale raison d'être. Cette conception, qui a donné lieu à de fortes critiques [1], est également source d'interrogations sur ses contours [2].

La régulation de la concurrence consiste à assurer une concurrence saine et loyale des entreprises du secteur en uniformisant les droits conférés aux salariés dans ce secteur. L'article L. 2232-9 du code du travail assigne d'ailleurs à la commission paritaire permanente de négociation et d'interprétation la mission de vérifier l'impact de la négociation sur la concurrence entre les entreprises de la branche, afin de pouvoir effectuer des recommandations sur ce qui pourrait faire l'objet d'une négociation de branche. On pourrait penser que la régulation de la concurrence s'exerce particulièrement, pour éviter le dumping social, dans les matières énumérées par l'article L. 2253-1 du code du travail, c'est-à-dire notamment les rémunérations, le temps de travail et la prévoyance. Mais la régulation de la concurrence figurant comme mission générale et autonome par rapport au 1° de l'article L. 2232-5-1, le rôle de la branche en la matière peut aller au-delà et la régulation de la concurrence être mise en œuvre dans des domaines beaucoup plus économiques que sociaux [3].

1. T. Sachs et X. Wolmark, « Les réformes 2017 : quels principes de composition », *Dr. soc.* 2017. 1008 : « La logique de concurrence y occupe *[dans l'ordonnance du 22 septembre 2017]* une place outrancière, jusqu'à pervertir les autres composants de cette réforme ».
2. M. Chagny, « Les branches professionnelles et la régulation de la concurrence », *JCP S* 2018. 1057 : « La reconnaissance d'une telle mission au profit des branches ne laisse pas d'étonner le spécialiste du droit de la concurrence enclin à se demander en quoi un organe de négociation collective intervenant dans le domaine des relations sociales pourrait jouer un quelconque rôle dans la régulation de la concurrence. »

SECTION 2
ACCORDS DE BRANCHE AUTORISANT LA CONCLUSION DE CONTRATS DE TRAVAIL DÉROGATOIRES

232.41 **CDD, champ nouveau de la négociation collective de branche.** Les contrats à durée déterminée ont longtemps été exclus du domaine de la négociation collective. L'attraction pour le droit négocié s'est étendue à ce champ traditionnellement occupé par l'ordre public.

Depuis les ordonnances de 2017, une convention ou accord de branche étendu peut désormais fixer [4] :

« – la durée totale (renouvellements inclus) du contrat à l'exclusion, d'une part, des contrats conclus pour le recrutement d'ingénieurs et de cadres en vue de la réalisation d'un objet défini lorsqu'un accord le prévoit, d'autre part, des contrats destinés à favoriser le recrutement de certaines catégories de personnes sans emploi ou lorsque l'employeur s'engage, pour une durée et dans des conditions déterminées par décret, à assurer un complément de formation professionnelle au salarié [5] ;

– le nombre maximal de renouvellements possibles du contrat [6] ;

– les modalités de calcul du délai de carence devant être respecté pour pourvoir le poste du salarié dont le CDD a pris fin [7] ;

– les cas dans lesquels le délai de carence n'est pas applicable [8]. »

Le questions-réponses précise que cette faculté n'est pas ouverte à un accord d'entreprise, « les mesures relatives au CDD fai[sant] partie des sujets pour lesquels la branche a une compétence exclusive ».

À défaut de dispositions conventionnelles, les dispositions supplétives du code du travail s'appliquent.

232.42 **Contrat de travail à titre temporaire.** Le régime du travail temporaire, qui s'effectue en prin-

3. M. Chagny, précitée, évoque ainsi les domaines des clauses de non concurrence, formation professionnelle, recours à la sous-traitance.
4. Ministère du Travail, *Questions-Réponses : La négociation collective*, p. 35, n° 37.
5. C. trav., art. L. 1242-8.
6. C. trav., art. L. 1243-13.
7. C. trav., art. L. 1244-3.
8. C. trav., art. L. 1244-4.

cipe en contrat à durée déterminée, est aligné sur celui du CDD.

Il en résulte qu'une convention collective de branche étendue peut aménager[1] :

« – la durée totale (renouvellements inclus) du contrat à l'exclusion d'une part, des contrats conclus pour le recrutement d'ingénieurs et de cadres en vue de la réalisation d'un objet défini lorsqu'un accord le prévoit et, d'autre part, des contrats destinés à favoriser le recrutement de certaines catégories de personnes sans emploi ou lorsque l'employeur s'engage, pour une durée et dans des conditions déterminées par décret, à assurer un complément de formation professionnelle au salarié[2] ;

– le nombre maximal de renouvellements possibles[3] ;

– les modalités de calcul du délai de carence devant être respecté pour pourvoir le poste du salarié dont le CTT a pris fin[4] ;

– les cas dans lesquels le délai de carence n'est pas applicable[5]. »

Le questions-réponses ajoute, comme pour le CDD, que l'accord d'entreprise n'a aucune compétence en ce domaine, les mesures relatives au CTT faisant partie des sujets pour lesquels la branche a une compétence exclusive.

232.43 Accords sur le CDI intérimaire. Le CDI intérimaire permet à un intérimaire de conclure un contrat de travail à durée indéterminée avec une entreprise de travail temporaire. Les périodes dites d'intermission (entre deux missions), assimilées à du temps de travail effectif pour la détermination des droits à congés payés et pour l'ancienneté, donnent droit au salarié à une garantie minimale de rémunération.

La négociation collective s'est vu offrir un espace, uniquement par la convention ou accord de branche étendu dont relève l'entreprise utilisatrice.

Celle-ci peut fixer[6] :

« – la durée totale de la mission, celle-ci ne pouvant avoir ni pour objet ni pour effet de pourvoir durablement un emploi lié à l'activité normale et permanente de l'entreprise[7] ;

– le nombre de renouvellements possibles[8]. À défaut de stipulation dans la convention ou l'accord de branche, la lettre de mission est renouvelable deux fois[9]. Les dispositions relatives au délai de carence entre deux missions successives sur le même poste de travail ne s'appliquent pas[10]. »

Dans le silence de la convention collective de branche s'appliquent les dispositions supplétives. Par exemple, la durée totale maximale de la mission du salarié est de 36 mois[11].

LA SAGA DE L'ACCORD SUR LE CDI INTÉRIMAIRE

La première signature d'un accord de branche sur le CDI intérimaire n'a pas été sans poser des questions qui ont mobilisé les deux ordres de juridiction.

Le 10 juillet 2013, un accord de branche du travail temporaire prévoit la création d'une nouvelle catégorie de contrat de travail, le « CDI temporaire », accompagné d'un fonds de sécurisation des parcours intérimaires (FSPI). Ce fonds est alimenté par le versement, par les entreprises de travail temporaire, d'une contribution équivalent à 0,50 % de la masse salariale de l'ensemble des intérimaires en contrat de travail temporaire et en CDI, avec une franchise de 1 500 euros par entreprise. Le fonds professionnel pour l'emploi dans le travail temporaire (FPE TT) est chargé de la collecte et de la gestion de cette contribution qui doit être affectée à la formation professionnelle (art 5 de l'accord).

Selon l'article 11 de l'accord, ce dernier entre en vigueur « à compter de sa date d'extension et de l'adoption des dispositions législatives et réglementaires qui seraient nécessaires à son application. À défaut, les dispositions du présent accord ne seront pas applicables. »

Le 22 février 2014, l'accord fait l'objet d'un arrêté d'extension.

Cependant, ce n'est que par la loi du 17 août 2015[12] qu'est inscrite dans les textes la possibilité de CDI intérimaires.

Le 27 juillet 2015, le Conseil d'État, saisi par le syndicat CGT-FO, non signataire de l'accord, pose au juge judiciaire une question préjudicielle sur la validité de l'accord[13].

Par un arrêt du 12 juillet 2018[14], la chambre sociale énonce que l'accord n'était pas valable, car il excédait la compétence des partenaires sociaux.

Finalement, le 5 septembre 2018, la loi avenir professionnel valide pour le passé les CDI intérimaires signés sur la base de l'accord du 10 juillet 2013 en ces termes :

1. Ministère du Travail, *Questions-Réponses : La négociation collective*, p. 35, n° 38.
2. C. trav., art. L. 1251-12.
3. C. trav., art. L. 1251-35.
4. C. trav., art. L. 1251-36.
5. C. trav., art. L. 1251-37.
6. Ministère du Travail, *Questions-Réponses : La négociation collective*, p. 39, n° 44.
7. C. trav., art. L. 1251-58-4 et L. 1251-12.
8. C. trav., art. L. 1251-58-4 et L. 1251-35.
9. C. trav., art. L. 1251-35-1.
10. C. trav., art. L. 1251-58-4 et L. 1251-36.
11. C. trav., art. L. 1251-58-6.
12. L. n° 2015-994, 17 août 2015 relative au dialogue social et à l'emploi, *JO* 18 août, n° 3.
13. CE 27 juill. 2015, *Confédération générale du travail Force ouvrière (CGT-FO)*, req. n° 379677, NP.
14. Soc. 12 juill. 2018, n° 16-26.844, P.

« Les contrats de travail à durée indéterminée intérimaires conclus entre le 6 mars 2014 et le 19 août 2015 sur le fondement du chapitre 1er de l'accord du 10 juillet 2013 portant sur la sécurisation des parcours professionnels des salariés intérimaires sont présumés conformes à l'article 56 de la loi du 17 août 2015 sans préjudice des contrats ayant fait l'objet de décisions de justice passées en force de chose jugée. »

Enfin, le 28 novembre 2018, le Conseil d'État[1] annule l'arrêté d'extension, mais module les effets de cette annulation dans le temps pour ce qui concerne le seul fonds de formation, puisque la loi du 5 septembre 2018 avait déjà validé rétroactivement les CDI intérimaires.

Ainsi, les CDI intérimaires signés sur la base de l'accord de 2013 ont finalement été validés, mais un nouvel accord devra être conclu pour l'avenir, sur la base des dispositions de la loi du 17 août 2015.

232.44 **Contrat de chantier.** Le contrat de chantier ou d'opération est conclu pour la durée d'un chantier ou d'une opération, et peut être rompu, sans application de la législation sur le licenciement pour motif économique, une fois que le chantier ou l'opération sont achevés.

Le recours à ce contrat peut être autorisé par une convention ou un accord de branche étendu. À défaut d'accord ou de convention, ce contrat ne peut être conclu que dans les secteurs où son usage est habituel et conforme à l'exercice régulier de la profession, pour les secteurs qui y ont déjà recours au 1er janvier 2017, ce qui concerne pour l'essentiel le secteur du BTP et celui de la construction navale. En aucun cas un accord d'entreprise ne peut autoriser le recours à ce type de contrat.

Pour qu'un accord ou une convention de branche autorise le recours au contrat de chantier ou d'opération, ledit accord ou ladite convention doit prévoir[2] :

- la taille des entreprises concernées ;
- les activités concernées ;
- les mesures d'informations du salarié quant à la nature de son contrat ;
- les contreparties en matière de rémunération et d'indemnité de licenciement ;
- les garanties en matière de formation pour les salariés concernés ;
- les modalités adaptées pour la rupture du contrat de travail dans le cas où le chantier ou l'opération ne peut pas se réaliser ou se termine de manière anticipée.

1. CE 28 nov. 2018, *Confédération générale du travail Force ouvrière (CGT-FO)*, req. n° 379677, NP.
2. C. trav., art. L. 1223-9.

SECTION 3
CLAUSES OBLIGATOIRES D'UN ACCORD DE BRANCHE

232.51 **Tout accord ou convention de branche doit obligatoirement comporter deux types de clauses.** La loi impose aux négociateurs des accords professionnels et conventions de branches de prévoir obligatoirement deux types de clauses spécifiques.

232.52 **Dispositions en faveur des salariés participant aux négociations et aux réunions des instances paritaires.** Les accords professionnels et conventions de branche doivent obligatoirement prévoir des dispositions pour les salariés qui participent aux négociations et aux réunions, en termes de droit d'absence, de compensation des pertes de salaires ou maintien de ceux-ci et pour l'indemnisation des frais de déplacement. Il n'y a pas, dans les textes, un quota d'heures de délégation pour la négociation de branche. C'est donc à la convention de branche elle-même de prévoir ces heures de délégation et la manière dont elles seront indemnisées[3]. C'est sur l'employeur que pèse la charge de cette indemnisation, par maintien ou compensation du salaire, selon ce que prévoit la convention de branche.

Cependant, l'ordonnance n° 2017-1386 du 22 septembre 2017[4] a institué un fonds spécial pour prendre en charge l'indemnisation des heures consacrées à la négociation ou aux réunions des commissions de négociation par les salariés des entreprises de moins de cinquante salariés. L'effectif de cinquante salariés se calcule sur l'année précédant la négociation, en moyenne mensuelle annuelle, conformément aux articles L. 1111-2 et L. 1251-54 du code du travail, c'est-à-dire selon les décomptes d'effectifs de droit commun.

La prise en charge est effectuée par un fonds financé conjointement par les organisations patronales et syndicales[5]. Il appartient à l'employeur de faire parvenir à ce fonds une demande de remboursement des rémunérations qu'il a pu verser au salarié dans les formes prévues par les articles R. 2232-1-4 et suivants. Ce dispositif a pour objectif de permettre la participation aux négociations de salariés travaillant au sein de petites ou moyennes entreprises, sans en faire peser la charge sur les employeurs de ces entreprises de taille modeste.

3. C. trav., art. L. 2232-8.
4. Ord. n° 2017-1386, 22 sept. 2017 relative à la nouvelle organisation du dialogue social et économique dans l'entreprise et favorisant l'exercice et la valorisation des responsabilités syndicales, *JO* 23 sept.
5. C. trav., art. L. 2135-9.

232.53 Dispositions spécifiques aux entreprises de moins de cinquante salariés. La loi du 8 août 2016 a ouvert la possibilité pour les négociateurs de branche de prévoir, dans les accords, des dispositions spécifiques aux entreprises de moins de cinquante salariés[1]. L'ordonnance nº 2017-1385 du 22 septembre 2017 a transformé cette simple possibilité (auparavant réservée aux accords étendus) en obligation lorsque l'accord de branche a vocation à être étendu[2]. Tous les accords de branche peuvent donc, ou non, prévoir aujourd'hui des dispositions spécifiques pour les petites et moyennes entreprises, mais les accords de branche étendus doivent obligatoirement le prévoir, ce que vérifiera le ministre du travail avant toute décision d'extension. Rien n'empêche bien évidemment, lorsqu'un accord de branche n'a pas prévu de dispositions spécifiques à l'origine, d'en ajouter par avenant.

La particularité de ce dispositif est qu'il consiste en des adaptations de l'accord de branche pour les petites et moyennes entreprises qui sont optionnelles pour celles-ci. L'accord mentionne les adaptations qu'il ouvre aux entreprises de moins de 50 salariés. Ces adaptations peuvent consister en plusieurs choix possibles. Les employeurs peuvent décider d'appliquer ces adaptations en indiquant l'option qu'ils ont choisie dans un document unilatéral après en avoir informé, soit le comité social et économique, s'il en existe un, soit les salariés de l'entreprise. Ils ont ainsi à disposition une sorte d'accord type adapté, qu'ils peuvent décider de mettre en œuvre dans leur entreprise. L'objectif est double : adapter les accords de branche à la situation des petites entreprises, mais surtout offrir à celles-ci la possibilité de disposer d'accords « clefs en main » en lien avec leur situation. Le dispositif semble cependant n'avoir pas eu le succès escompté[3] et la mise en, place de nouveaux modes de négociation dans les TPE-PME, notamment le recours au référendum, ne favorisera sans doute pas la mise en place de ce type d'accords.

L'existence d'une disposition légale autorisant des adaptations au profit des entreprises de moins de cinquante salariés empêche que puisse être invoqué le principe d'égalité de traitement, la différence étant ici justifiée par l'article L. 2232-10-1 du code du travail.

232.54 Obligation de mettre en place une commission paritaire permanente de la négociation et de l'interprétation (CPPNI). Les négociateurs de branche doivent obligatoirement avoir mis en place, au niveau de la branche, une CPPNI, qui devient au niveau de la branche l'interlocuteur des entreprises et des pouvoirs publics et le lieu central de déroulement et de suivi de la négociation de branche[4].

1. C. trav., art. L. 2232-10-1.
2. C. trav., art. L. 2261-23-1.
3. F. Mehrez, « Le flop des accords types de branche », *Actuel RH* 3 avr. 2019.
4. Sur les CPPNI, v. s^{s} nº 152.11.

CHAPITRE

233. Conditions de négociation et de signature d'un accord de branche

SECTION 0
ORIENTEUR

233.00 **Sommaire du chapitre.**

Division. La négociation d'un accord de branche est soumise à des conditions en lien avec la représentativité des organisations négociatrices (sect. 1). Ces conditions jouent au stade de l'invitation à la négociation, de la participation à cette négociation et, bien évidemment, de la signature *in fine* de l'accord (sect. 2).

SECTION 1
ACTEURS DE LA NÉGOCIATION DE BRANCHE

233.10 **Plan.** Tant les acteurs syndicats (§ 1) que les acteurs patronaux (§ 2) doivent être représentatifs. Depuis 2014, les acteurs patronaux disposent de critères de représentativité propres.

§ 1
Acteurs syndicaux

233.21 **Acteurs syndicaux, critères généraux de représentativité.** La représentativité des organisations syndicales de salarié au niveau des branches professionnelles résulte des critères énoncés par l'article L. 2122-5 du code du travail. Les organisations syndicales doivent :

– Satisfaire aux critères de l'article L. 2121-1, c'est-à-dire aux critères prévus pour la représentativité syndicale au niveau des entreprises[1].

Certains de ces critères sont totalement transversaux et communs à la représentativité quel que soit son niveau : respect des valeurs républicaines, indépendance, transparence financière. D'autres tiennent compte tenu du niveau de la négociation : ainsi, de l'ancienneté minimale de deux ans du syndicat dans le champ professionnel et géographique couvrant le niveau de négociation, mais aussi de l'influence, prioritairement caractérisée par l'activité et l'expérience ainsi que les effectifs d'adhérents et de cotisation, qui doivent s'évaluer en tenant compte du champ de la branche.

– La deuxième condition de représentativité posée par l'article L. 2122-5 du code du travail englobe d'ailleurs, d'une certaine façon, le critère de l'influence et des effectifs mentionnés à l'article L. 2121-1, en exigeant une « implantation territoriale équilibrée au niveau de la branche ». Cette notion suppose que le syndicat ait « des adhérents répartis de manière équilibrée sur l'ensemble du champ géographique couvert par la branche »[2], ce qui conduit effectivement à vérifier que l'organisation syndicale a une influence et une implantation qui recouvre, sinon chaque site et chaque activité, du moins, globalement, un champ qui n'est pas limité à quelques-uns de ces sites ou activités. Le Conseil d'État emploie la

1. Sur la représentativité syndicale au niveau de l'entreprise, v. s[s] n°s 111.32.
2. Rapp., 25 juin 2008 de Jean-Frédéric Poisson au nom de la commission des affaires culturelles, familiales et sociales sur le projet de loi (n° 969) portant rénovation de la démocratie sociale et réforme du temps de travail, *Ass. nat., Doc. parl.*, n° 992, p. 101.

notion de présence « significative » dans le champ visé par l'accord. Lorsque la négociation de branche est nationale, il n'y a pas lieu de comparer la différence de répartition territoriale entre les entreprises adhérentes à l'organisation syndicale et l'ensemble des entreprises de la branche, mais seulement de s'assurer que les entreprises adhérentes à l'organisation syndicale sont présentes de manière significative sur l'ensemble du territoire national[1].

- Quant au critère de l'audience, 5e critère de représentativité en entreprise, il est, pour la branche, fixé à 8 % des suffrages exprimés résultant de l'addition au niveau de la branche, d'une part, des suffrages exprimés au premier tour des dernières élections des titulaires aux comités sociaux et économiques, quel que soit le nombre de votants, et d'autre part, des suffrages exprimés au scrutin concernant les entreprises de moins de onze salariés dans les conditions prévues aux articles L. 2122-10-1 et suivants.

La mesure de l'audience s'effectue tous les quatre ans, après remontée des résultats, sur le cycle électoral passé, de tous les résultats des élections professionnelles dans les entreprises, et des résultats du scrutin spécifique aux TPE[2]. Elle donne lieu à arrêtés de représentativité[3]. Lorsqu'une négociation professionnelle est conduite sur un périmètre pour lequel il n'a pas été déterminé par arrêté la représentativité des organisations syndicales et patronales, parce que ce périmètre ne correspond pas à un champ de négociation de branche répertorié, les partenaires sociaux doivent s'assurer auprès du ministère du travail de qui est représentatif dans ce champ pour pouvoir inviter à la négociation toutes les organisations concernées[4].

233.22 Acteurs syndicaux, critères de représentativité catégorielle. Le code du travail prévoit trois cas d'appréciation catégorielle de la représentativité syndicale au niveau des branches :

- dans les branches qui concernent les activités agricoles exclusivement, le seuil d'audience de 8 % est apprécié au regard des suffrages exprimés uniquement aux élections des membres représentant les salariés de la production agricole, aux chambres départementales d'agriculture[5] ;

- s'agissant des agents de direction et du directeur comptable et financier des organismes de sécurité sociale, qui disposent d'une convention collective spéciale en application de l'article L. 123-2 du code de la sécurité sociale, le seuil d'audience de représentativité est examiné au regard des suffrages exprimés lors de l'élection des membres représentant les salariés aux commissions paritaires nationales instituées par leur convention collective nationale spécifique[6]. Cette disposition spécifique résulte de la loi du 17 août 2015[7], après que certains syndicats représentant les cadres et agents de direction de la sécurité sociale ont soumis au Conseil d'État une question prioritaire de constitutionnalité sur leur impossibilité de participer à la négociation de la convention nationale spécifique à ces personnels faute de pouvoir accéder à une représentativité au niveau de la branche. Le Conseil d'État n'ayant pas transmis cette question prioritaire de constitutionnalité, non du fait de l'absence de sérieux de la question, mais parce que leur situation particulière ne résultait pas des dispositions que les syndicats concernés avaient choisi d'attaquer[8], ces syndicats ont convaincu le législateur d'adopter le nouvel article L. 2122-6-1 du code du travail ;

- enfin, la loi a prévu une disposition générique pour les organisations syndicales catégorielles à la condition qu'elles soient affiliées à une confédération syndicale catégorielle interprofessionnelle nationale[9]. Ces organisations catégorielles ont leur représentativité évaluée au regard des suffrages exprimés dans les seuls collèges où elles ont vocation à présenter des candidats.

Ces règles de faveur catégorielle, qui bénéficient à l'heure actuelle, au regard des conditions posées, uniquement aux organisations syndicales agricoles, aux organisations représentant les agents de direction de la MSA, et aux organisations syndicales de cadre affiliées à la CFE-CGC, ne peuvent, en l'absence de disposition spécifique, être étendues à d'autres organisations catégorielles. Il en résulte que le seul fait qu'il existe une convention collective nationale spécifique à une profession, dès lors que l'existence de cette convention ne crée pas à elle seule une branche, n'autorise pas les organisations syndicales représentant cette profession à invoquer un calcul particulier de représentativité[10].

233.23 Acteurs syndicaux, arrêtés ministériels fixant la représentativité au niveau des branches. Tous les quatre ans, le ministère du travail établit

1. CE 14 nov. 2018, req. n° 406007, *Lebon T ; AJDA* 2019. 558 ; *JCP S* 2018. 1024, note Y. Pagnerre.
2. Sur les élections TPE : G. Loiseau, P. Lokiec, L. Pécaut-Rivolier, Y. Struillou et P.-Y. Verkindt, *Droit de la représentation du personnel,* « Dalloz Action », 2e éd., 2023, nos 115.07 s.
3. V. ss n° 233.23.
4. Sur la négociation sur un champ qui n'est pas celui d'une branche déterminée, v. ss n° 231.61.
5. C. trav., art. L. 2122-6.
6. C. trav., art. L. 2122.6-1.
7. L. n° 2015-994, 17 août 2015 relative au dialogue social et à l'emploi, *JO* 18 août, p. 14346.
8. CE 23 déc. 2014, *Syndicat UNSA des cadres et agents de direction du régime social des indépendants – UNSA, RSI CAD*, req. n° 385030, NP.
9. C. trav., art. L. 2122-7.
10. Ainsi, pour le syndicat national praticien de la mutualité agricole (SNPMA) : CE 24 nov. 2017, req. n° 389203, préc.

par arrêtés la liste des organisations syndicales représentatives par branche. Ces arrêtés, pris après consultation du Haut conseil du dialogue social, mettent en application les critères mentionnés ci-dessus [1]. Ceux actuellement en vigueur déterminent les organisations représentatives au niveau des branches jusqu'en 2025. Ils peuvent être contestés devant le juge administratif, soit sur la reconnaissance ou le refus de reconnaissance de la représentativité d'une organisation syndicale, soit sur l'existence même d'une branche. Le juge compétent est la cour administrative d'appel de Paris, qui statue en premier et dernier ressort [2]. La contestation doit être formée dans un délai de deux mois après la publication de l'arrêté au Journal Officiel. L'arrêt est susceptible de pourvoi en cassation devant le Conseil d'État.

En 2013, la CGT-FO avait contesté l'arrêté fixant la liste des organisations syndicales représentatives au niveau national au motif de l'absence de fiabilité du système de dépouillement et de collecte des données. Le Conseil d'État a rejeté cette contestation, en validant le système, après avoir constaté qu'il permettait de tenir compte des choix exprimés par 88 % des salariés [3].

1. C. trav., art. L. 2122-11.
2. CJA, art. R. 311-2 – La cour administrative d'appel de Paris est également compétente pour connaître d'une décision du ministre arrêtant la liste des organisations syndicales représentantes et leurs audiences respectives en cours de cycle électoral ou dans un périmètre utile pour une négociation en cours ou à venir : CE 6 avr. 2022, *ministre du travail, de l'emploi et de l'insertion c/ syndicat UNSA OPH*, n° 434612, *Lebon*, T. (sol. imp.)
3. CE 30 déc. 2015, *Confédération générale du travail – Force ouvrière (CGT-FO)*, req. n° 387420, *Lebon* p. 489 : « Considérant qu'il résulte des énonciations non contestées de l'arrêt attaqué que plus de 510 000 procès-verbaux avaient été collectés représentant une population d'environ 15,5 millions de salariés, soit 88 % de la population salariée totale, chiffre ramené à 12,8 millions et 72 % de la population salariée en excluant les entreprises en situation de carence totale ou partielle au regard de l'obligation d'organiser des élections professionnelles ; qu'à l'issue des contrôles effectués par l'administration en accord avec le Haut Conseil du dialogue social, un peu moins de 10 % des procès-verbaux ont dû être écartés en raison des anomalies qu'ils présentaient, qui les rendaient inexploitables ; que, dans ces circonstances, et eu égard au fait qu'elle relevait que la confédération requérante ne faisait état d'aucune erreur de nature à fausser spécifiquement la mesure de l'audience d'une des organisations syndicales, la cour administrative d'appel, qui a procédé à une appréciation globale des conséquences des différentes anomalies invoquées, n'a pas commis d'erreur de droit ni donné aux faits ainsi énoncés une qualification juridique erronée en jugeant que l'arrêté attaqué n'avait pas été pris en méconnaissance des exigences de fiabilité et d'exhaustivité requises pour l'établissement de la mesure d'audience qui fonde, en vertu des dispositions de l'article L. 2122-9 du code du travail, la représentativité syndicale au niveau national et interprofessionnel ».

§ 2
Acteurs patronaux

233.31 Acteurs patronaux, représentativité pour la négociation de branche. Jusqu'à la loi du 5 mars 2014 [4], la représentativité patronale au niveau de la branche reposait sur la vérification, par le juge administratif, des critères de représentativité posés pour les organisations syndicales, hors ceux afférent à l'audience.

Le Conseil d'État estimait en effet que, pour être reconnue représentative, une organisation patronale devait répondre à certains des critères de qualification posés pour les organisations syndicales (respect des valeurs républicaines, transparence, indépendance), mais en outre réunir trois critères [5] s'appréciant dans le champ d'application de l'accord concerné : le nombre d'entreprises adhérant à l'organisation d'employeurs, le nombre de salariés concernés ainsi que le poids économique de ces entreprises dans le secteur concerné [6].

La loi du 5 mars 2014 a introduit une mesure spécifique de la représentativité des organisations patronales aux articles L. 2151-1 et suivants.

Désormais, pour être représentative au niveau de la branche, une organisation d'employeurs doit :

– satisfaire aux critères habituels de qualification des parties signataires (respect des valeurs républicaines, indépendance, transparence financière, ancienneté minimale de deux ans dans le champ professionnel et géographique couvrant le niveau de négociation, avoir une influence à ce même niveau) ;

– disposer d'une implantation territoriale équilibrée au niveau de la branche [7] ;

4. L. n° 2014-288, 5 mars 2014 relative à la formation professionnelle, à l'emploi et à la démocratie sociale, *JO* 6 mars, p. 4848.
5. Correspondant à une mesure du critère d'audience.
6. CE, sect., 13 juill. 1966, *Min. trav. c/Syndicat des fabricants de salaisons, conserves de viande et charcuterie en gros du Nord et du Pas-de-Calais*, req. n° 62931, *Lebon* 504 – CE 27 juill. 1988, *Syndicat national des entrepreneurs de restauration sociale*, req. n° 58540, *Lebon T* – CE 14 oct. 1996, req. n° 161902, *Min. Trav. Emploi et Formation professionnelle c/Groupement professionnel national d'informatique, Lebon T ; RJS* 1997, n° 187 – CE 21 mai 2008, req. n° 291115, SNRH et Sormar, *Lebon T* 652 ; *AJDA* 2008. 1689, ét. A. Antoine ; *AJDA* 2009. 521, chron. L. Richer, S. Nicinski et P.-A. Jeanneney ; *Dr. soc.* 2008. 794, concl. A. Courrèges ; *JCP Adm.* 2008. actu. 524, obs. M.-C. Rouault – CE 30 déc. 2013, req. n° 352901, UNIS, *Lebon T. ; Gaz. Pal.* 2016, n° 35, p. 5 – CE 24 févr. 2015, req. n° 370629, Assoc. des producteurs de cinéma et autres et Fédération communication conseil culture F3C, *Lebon* T ; *JA* 2015, n° 515. 13, obs. D. Rieubon ; *Légipresse* 2015. 139 ; *JAC* 2015, n° 23, p. 13, obs. D. Rieubon.
7. Sur cette notion, v. s^s n° 233.21.

– avoir des entreprises et organisations adhérentes, à jour de leur cotisation, représentant, soit au moins 8 % de l'ensemble des entreprises adhérant à des organisations professionnelles d'employeurs de la branche ayant fait acte de candidature pour voir établir leur représentativité au niveau de la branche, soit au moins 8 % des salariés de ces mêmes entreprises.

233.32 Acteurs patronaux, reconnaissance de la représentativité de branche. Pour voir établir leur représentativité au niveau de la branche, les organisations d'employeurs doivent faire acte de candidature auprès du ministère du travail[1]. Elles indiquent, par attestation signée d'un commissaire aux comptes, le nombre d'entreprises adhérentes et le nombre de salariés qu'elles emploient. Après avis du Haut conseil du dialogue social, le ministre du travail fixe par arrêté la liste des organisations professionnelles d'employeurs reconnues représentatives par branche professionnelle. Comme pour les organisations syndicales de salariés, une série d'arrêtés a été publiée au Journal officiel en 2017, fixant les organisations patronales représentatives au niveau des branches jusqu'en 2021, puis une nouvelle série pour le cycle 2022-2025[2].

SECTION 2
CONDITIONS DE NÉGOCIATION D'UN ACCORD DE BRANCHE

233.41 Règles de négociation. Les règles de négociation sont celles, de droit commun, décrites au livre I.

233.42 Règles de validité, signature des organisations syndicales. La validité d'une convention ou d'un accord de branche est subordonnée à sa signature par une ou plusieurs organisations syndicales de salariés représentatives ayant recueilli, aux élections prises en compte pour la mesure de la représentativité, au moins 30 % des suffrages exprimés en faveur d'organisations reconnues représentatives à ce niveau ; elle peut cependant faire l'objet d'une opposition, formée par les organisations syndicales représentatives ayant recueilli, selon le même mode de calcul, au moins 50 % des suffrages exprimés ; l'opposition doit être formée dans un délai de quinze jours à compter de la notification de la convention[3].

Lorsque la convention de branche est une convention catégorielle, le nombre de suffrages se mesure exclusivement par rapport aux suffrages exprimés au sein des collèges dont relève la catégorie de salariés représentée par la convention collective[4, 5].

233.43 Règles de validité, signature des organisations patronales. Le code du travail ne fixe pour les organisations patronales aucune règle en termes de nombre de suffrages. C'est assez logique, puisque la convention ou l'accord de branche, dès lors qu'il n'est pas étendu[6], ne s'applique qu'aux entreprises qui adhèrent au(x) syndicat(s) signataire(s). Il n'y a pas, à l'égard des entreprises, l'effet *erga omnes* que l'accord revêt à l'égard des salariés des entreprises couvertes par l'accord. L'organisation patronale n'engage, à l'intérieur du champ territorial et professionnel couvert par l'accord, que ses adhérents ou les adhérents des organisations patronales qui adhèrent elles-mêmes à l'organisation patronale signataire[7]. Il en résulte qu'un accord de branche ne requiert, du côté patronal, que la signature d'au moins une organisation d'employeurs représentative dans le secteur d'activité.

Une question cependant peut se poser : la jurisprudence exige, quel que soit le niveau de négociation, que toutes les organisations syndicales représentatives à ce niveau soient invitées à la négociation[8]. Mais qu'en est-il pour les organisations patronales ? Il est certain que l'invitation de toutes les organisations patronales représentatives est une condition impérative pour qu'un accord de branche puisse être étendu. Mais, est-ce également une condition de validité d'un accord de branche non étendu ? La jurisprudence n'a jamais statué sur cette question.

233.44 Contentieux. Le contentieux des conditions de négociation, de signature, ou de la validité des clauses d'un accord de branche relève de la compétence du juge judiciaire, plus particulièrement désormais du tribunal judiciaire[9]. Depuis l'ordonnance n° 1385-2017 du 22 septembre 2017, le contentieux doit être engagé dans les deux mois de la notification ou de la publication de l'accord[10].

1. C. trav., art. L. 2152-5.
2. Liste consultable en ligne sur le site du ministère du travail : https://www.representativite-patronale.travail.gouv.fr/evenements/resultats-de-la-mesure-2021-par-branche-professionnelle.
3. C. trav., art. L. 2232-6.
4. C. trav., art. L. 2232-7.
5. Sur la représentativité et le calcul des voix s'agissant des organisations catégorielles, v. s[s] n° 135.11.
6. V. s[s] n° 234.10.
7. Soc. 9 oct. 2019, n° 18-13.314, P+B ; *D.* 2019. 1999 ; *RDSS* 2020. 384, note N. Di Camillo ; *D. actu.* 27 oct. 2019, note L. de Montvalon ; *JCP S* 2019, n° 47, 1340, note D. Michel et L. Chrébor ; *JCP S* 2019. 1040, obs. C. Frouin ; *SSL* 2019, n° 1885, obs. C. Millet-Ursin ; *BJT* déc. 2019, n° 112, p. 8, obs. F. Kessler et Y.-E. Logeais.
8. Soc. 8 mars 2017, n° 15-18.080, P V, n° 46 ; *D.* 2017. 652 ; *RDT* 2017. 434, obs. I. Odoul-Asorey ; *RDT* 2017, Act. 232, note A. Moulinier ; *RJS* 5/2017, n° 355 ; *JCP S* 2017. 1183, obs. S. Béal et C. Terrenoire.
9. C. trav., art. R. 2232-1.
10. C. trav., art. L. 2262-14 ; sur le contentieux, v. s[s] n° 621.01 s.

CHAPITRE

234. Procédures d'extension et d'élargissement

SECTION 0

ORIENTEUR

234.00 **Sommaire du chapitre.**

Division. Spécificité française, la négociation de branche donne lieu, sous certaines conditions (sect. 1), à l'intervention de l'État, qui peut décider qu'un accord professionnel s'appliquera non seulement aux entreprises adhérentes des syndicats signataires, mais également à toutes les entreprises du même champ d'activité (extension) (sect. 2), ou de rendre obligatoire cet accord à un territoire ou un secteur professionnel qui n'était normalement pas couvert par l'accord (élargissement) (sect. 4). Ces processus, qui donnent lieu à un arrêté ministériel, permettent une couverture particulièrement importante des salariés par des accords collectifs (sect. 3).

SECTION 1

CONDITIONS COMMUNES AUX PROCÉDURES D'EXTENSION ET D'ÉLARGISSEMENT

234.10 **Plan.** Très largement mise en œuvre et longtemps soustraite à toute critique (§ 1), l'extension d'un accord de branche suppose la réunion d'un certain nombre de conditions, d'ailleurs communes avec l'élargissement (§ 2).

§ 1
Prévalence des procédures d'extension et d'élargissement

234.21 **Extension et élargissement : intervention de l'État pour assurer le succès conventionnel.** Le mécanisme d'extension n'est pas une spécificité française. Né en Nouvelle-Zélande dans les années 1890, il a été adopté par de nombreux pays notamment dans les années 30, qui, dans un contexte économique favorable, ont vu l'essor d'accords étendant les droits des salariés, avec une volonté forte des entreprises de sécuriser une concurrence loyale à cet égard[1].

Mais c'est probablement en France que le mécanisme de l'extension a connu le développement le plus important, permettant d'accéder à ce paradoxe souvent mis en avant : la France est le pays d'Europe qui a un taux de syndicalisation parmi les plus faibles mais, avec l'Autriche, le plus fort taux de couverture conventionnelle[2].

La procédure d'extension ou, plus rarement utilisée, la procédure d'élargissement, constitue en effet la marque de l'importance conférée à la puissance publique dans le fonctionnement du jeu conventionnel. Un point d'équilibre, conforme à l'histoire française, a été trouvé entre la liberté contractuelle et le rôle dévolu à l'État pour favoriser et crédibiliser l'action des acteurs. C'est, aux côtés de l'effet *erga omnes* donné à la convention collective depuis 1936[3],

1. J. Bernier, « L'extension des conventions collectives dans le droit du travail : France, Grande-Bretagne et Canada / *The Extension of Collective Agreements : France, Great Britain and Canada* », *Relations industrielles,* 1969, vol. 24, n° 1, p. 141.
2. OCDE, Les extensions administratives des accords de branche en France : Effets et pistes de réformes, juill. 2017. L'Autriche a un taux de couverture conventionnelle proche de 100 %.
3. Sur l'effet *erga omnes,* v. s[s] n° 231.21.

cette intervention qui assure le succès incontestable, en termes de taux de couverture[1], du droit conventionnel français alors même que ni les entreprises ni les salariés n'ont, comme dans d'autres pays, de stimulation à adhérer à une organisation négociatrice ou à un accord qui a été signé. Au sein des pays de l'OCDE, seule l'Islande applique à échelle plus importante que la France le mécanisme d'extension[2].

La procédure d'extension a été introduite en France par la loi du 24 juin 1936, qui fait suite aux accords de Matignon[3]. Le mécanisme de l'extension y est défini comme la possibilité d'appliquer l'accord signé par les organisations syndicales représentatives à l'ensemble des travailleurs du secteur d'activité par décision du ministre du travail, qui s'appuie pour cela sur l'avis de la Commission supérieure des conventions collective (aujourd'hui Commission nationale de la négociation collective, de l'emploi et de la formation professionnelle[4]). La loi du 24 juin 1936 fait ainsi de la convention collective la loi du secteur[5]. Les lois successives postérieures n'ont fait que reprendre ce processus, en le simplifiant quelque peu.

234.22 **Remise en question de l'extension ?** Si le mécanisme de l'extension a longtemps échappé aux critiques et remises en cause, c'est probablement que, d'emblée, la législation l'avait subordonné à un certain nombre de conditions assurant la transparence de la négociation d'origine et du processus d'extension[6]. Cependant, au cours des dernières années, des voix se sont élevées pour critiquer le caractère quasi systématique de l'extension, demandée par une organisation syndicale ou patronale, d'un accord de branche[7]. Il est fait deux reproches majeurs à cette situation : d'une part, elle conduit à l'extension de conventions ou d'accords qui ont pu n'être signés, du côté employeurs, que par une organisation minoritaire dans le secteur d'activité. D'autre part, elle rend applicables, sans possibilité d'adaptation, à des entreprises placées dans des situations très différentes (notamment les petites entreprises) des décisions prises essentiellement par les représentants des grandes entreprises.

Les réformes de 2014, 2016 et 2017[8] ont eu pour finalité de répondre à ces critiques, en instituant une mesure de représentativité des organisations patronales, en facilitant la représentation des petites entreprises dans la négociation[9], en autorisant des mesures d'adaptation à leur profit[10] et en instituant un groupe d'experts chargé d'apprécier les effets économiques et sociaux susceptibles de résulter de l'extension d'un accord[11]. Ces réformes vont-elles induire un moindre taux d'extension de la part de l'autorité administrative ? La réponse à cette question doit tenir compte de l'autre réforme majeure, celle de la restructuration des branches. Il en résultera nécessairement moins de conventions et d'accords de branche et donc, vraisemblablement, une attention plus grande à leur contenu et à leurs conditions de signature.

§ 2
Conditions de mise en œuvre

234.31 **Accords susceptibles d'être étendus ou élargis.** Peuvent faire l'objet d'un arrêté d'extension ou d'élargissement, sous réserve des conditions décrites ci dessous, tous les conventions de branche, accords professionnels ou interprofessionnels. Rappelons qu'il s'agit d'accords nécessairement signés, du côté syndical, par des organisations représentant au moins 30 % de suffrages exprimés au sein des entreprises appartenant au champ de l'accord, mais pouvant n'avoir été signés, du côté des organisations patronales, que par l'une d'entre elles, pourvu qu'elle soit représentative dans ce champ. Le Conseil d'État juge

1. Selon les chiffres de l'OCDE, en France, 93 % des salariés sont couverts par un accord collectif, c'est l'un des taux les plus élevés au monde. Un taux bien supérieur à la moyenne des pays de l'OCDE qui est de 56 % en 2010. Le taux de syndicalisation est au contraire très bas, de l'ordre de 11,2 %, mais stable ; OCDE, *Les extensions administratives des accords de branche en France : Effets et pistes de réformes*, juill. 2017.
2. Questionnaires de l'OCDE ; et : J. Visser, Base de données du ICTWSS, version 5.1. Amsterdam : Amsterdam Institute for Advanced Labour Studies (AIAS), Université d'Amsterdam. À noter que tous les pays ne pratiquent pas un mécanisme d'extension par voie administrative. Dans les pays anglo-saxons, c'est une procédure qui est judiciaire.
3. G. H. Camerlynck (dir.), *Traité de droit du travail,* t. VII, *Conventions collectives*, par M. Despax, Dalloz, 1966, p. 37 sq.
4. L. n° 2020-1525, 7 déc. 2020 d'accélération et de simplification de l'action publique, *JO* 8 déc., n° 1.
5. *G. Langevin, Adhésion aux organisations patronales : une mesure de la couverture patronale*, « Document d'études », n° 228, Dares, févr. 2019.
6. V. s^s n°s 234.31 s.
7. OCDE, Les extensions administratives des accords de branche en France : Effets et pistes de réformes, juill. 2017, p. 5 : « Au sein de l'OCDE, il n'y a que peu de pays où les extensions s'appliquent de manière quasi-automatique comme en France ».
8. C'est ainsi que l'article 1er de l'ordonnance n° 2017-1388 du 22 septembre 2017 prévoit la possibilité pour le ministre du travail, dans le cadre d'une procédure d'extension, de faire appel à un groupe d'experts chargé d'apprécier les effets économiques et sociaux susceptibles de résulter de l'extension de la convention ou de l'accord collectif. Le décret n° 2017-1689 du 14 décembre 2017 précise la composition du groupe et ses modalités de fonctionnement.
9. V. s^s n° 233.31.
10. V. s^s n° 234.34.
11. V. s^s n° 234.52.

en effet que l'accord n'a pas nécessairement à avoir été signé par les organisations patronales les plus représentatives dans le champ[1,2].

Peuvent également être étendus les avenants des accords étendus et leurs annexes[3]. En effet, l'extension de l'accord principal n'a pas pour effet d'étendre de plein droit les avenants et annexes qui n'auraient pas eux-mêmes fait l'objet d'un arrêté d'extension[4]. Les avenants portant exclusivement sur les salaires font l'objet d'une procédure d'examen accéléré, qui ne peut excéder deux mois lorsque le salaire minimum interprofessionnel de croissance a augmenté au moins deux fois dans l'année précédent la conclusion de l'avenant[5].

234.32 Condition de base de l'extension : la négociation au sein de la commission paritaire Aux termes de l'article L. 2261-19 du code du travail, ne peuvent être étendus que les accords et conventions qui ont été négociés et conclus au sein de la commission paritaire instituée par l'article L. 2232-9 du code du travail[6]. Cette commission est composée de représentants des organisations syndicales d'employeurs et de salariés représentatives dans le champ d'application considéré. Il peut bien entendu s'agir également de la commission mixte paritaire évoquée par l'article L. 2261-20, c'est-à-dire en présence du représentant de l'administration[7]. Car ce qu'implique la négociation en commission, c'est essentiellement le fait que l'ensemble des organisations syndicales représentatives, patronales et salariales soient mises à même d'y participer. Il s'agit ici d'une condition, non de validité de l'accord de branche, qui peut parfaitement être négocié en dehors de la commission paritaire, mais de légalité de l'arrêté d'extension, pour laquelle il s'agit d'une condition impérative[8].

234.33 Invitation de toutes les organisations représentatives du champ de l'accord. Le Conseil d'État précise en outre de manière constante qu'il faut, pour que la négociation permette l'extension, que toutes les organisations syndicales et d'employeurs représentatives dans le champ de l'accord aient été invitées à la négociation, peu important qu'elles en aient été ou non signataires à l'issue de la négociation[9]. La négociation en commission paritaire n'est une garantie que si, de fait, toutes les organisations syndicales et patronales représentatives ont bien pu, dans ce cadre, participer à la négociation. Le fait qu'elles ne souhaitent pas y participer ou qu'elles ne souhaitent pas signer est indifférent à la régularité de la procédure d'extension. En revanche, le Conseil d'État précise également, rejoignant en cela totalement la jurisprudence judiciaire[10], que dès lors qu'elles n'ont pas quitté la table des négociations, les organisations représentatives doivent être invitées à toutes les réunions qui permettent d'avancer dans la négociation[11]. Comme la Cour de cassation, le Conseil d'État n'interdit pas les réunions bilatérales, pourvu qu'il s'agisse de consultations informelles non décisives dans la négociation.

234.34 Conditions tenant au contenu de l'accord. Lorsqu'il s'agit d'une convention conclue au niveau national – ou, s'il n'existe pas de convention conclue au niveau national, la convention de branche conclue à un autre niveau territorial – elle ne peut être étendue que si elle comporte l'ensemble des clauses énumérées à l'article L. 2261-22 du code du travail, notamment :

– des clauses en lien avec la convention elle-même : son champ territorial et professionnel, ses conditions de renouvellement, révision et dénonciation, les garanties accordées aux salariés participant à la négociation ;

– des clauses imposées par la loi et portant sur 16 matières énumérées par les textes.

Si une convention collective nationale ne comporte pas toutes les clauses imposées par l'article L. 2261-22, le ministre du travail peut malgré tout décider de l'étendre[12], mais il est possible aux membres de la Commission nationale de la négociation collective, de l'emploi et de la formation professionnelle de s'opposer à cette extension, dans les conditions prévues par l'article L. 2261-27[13]. Il est par ailleurs admis que, ce que la loi exige, ce n'est pas que la convention ait prévu sur chacun de ces thèmes des dispositions spéci-

1. CE 13 avr. 1988, *Fédération française de l'industrie, de l'artisanat et du commerce radioélectrique-chambre syndicale française de l'industrie, de l'artisanat et du commerce radioélectrique*, req. n° 85839, NP.
2. Sur les conditions de signature d'un accord de branche, v. s[s] n° 233.43.
3. C. trav., art. L. 2261-16 et L. 2261-19.
4. Cass., ass. plén., 6 avr. 1990, n° 89-41.674, P n° 6 ; *D.* 1990. 113 ; *D.* 1991. 153 ; *D.* 1990. 256 ; *D.* 1991. 153, obs. J. Goineau ; *CSB* 1990. 157, A. 34 ; *RJS* 1990. 345, n° 490.
5. C. trav., art. L. 2261-26 et R. 2261-6.
6. Sur la commission paritaire, v. s[s] n° 152.11.
7. Sur la commission mixte paritaire, v. s[s] n° 152.31.
8. CE 20 mars 1985, *Fédération générale services-livres CFDT*, req. n° 45242, *Lebon, T.* ; *RFDA* 1986. 131 – CE 28 juill. 2000, *Syndicat national des casinos et cercles de France FO*, req. n° 192132, NP – CE 23 déc. 2010, *Spedidam*, req. n° 328103, NP.
9. CE 29 oct. 2008, *Syndicat national des personnels de l'enseignement et de la formation privés*, req. n° 300844, *Lebon T.*
10. Soc. 8 mars 2017, n° 15-18.080, préc.
11. CE 4 juill. 2012, *Féd. nat. des transports routiers*, req. n° 337698, *Lebon* T 271 et 794 ; *AJDA* 2012. 1379 ; *D.* 2012. 2622, obs. P. Lokiec et J. Porta ; *JCP Adm.* 2013. Actu. 459, obs. L. Erstein.
12. CE 30 déc. 2011, *Syndicat national unitaire Travail-Emploi-Formation professionnel (SNU-TEFI) – Fédération nationale CGT des personnels des organismes sociaux (CGT-FNPOS)*, req. n° 338903, *Lebon T.*
13. V. s[s] n° 234.55.

fiques conventionnelles, mais qu'elle ait évoqué le thème, fût-ce pour s'en tenir aux dispositions légales en la matière. Toutefois, le législateur insiste sur trois thèmes - celui du salaire minimum national professionnel des salariés sans qualification et l'ensemble des éléments affectant le calcul du salaire applicable par catégories professionnelles, celui de l'égalité professionnelle entre les femmes et les hommes, ainsi que celui de l'égalité de traitement entre salariés et de la prévention des discriminations - pour lesquels il exige des clauses relatives aux modalités d'application du principe « à travail égal, salaire égal » et des procédures de règlement des difficultés pouvant naître à ce sujet [1].

En outre, la convention ou l'accord, quel que soit son niveau, doit, pour pouvoir être étendu, obligatoirement comporter des stipulations spécifiques pour les entreprises de moins de cinquante salariés [2].

SECTION 2
Procédure d'extension d'un accord

234.40 **Plan.** L'édiction d'un arrêté d'extension est soumise à une procédure préalable comportant des garanties importantes pour les organisations syndicales et patronales concernées (§ 1). Le ministre du travail peut ou même doit refuser d'y procéder dans certains cas et peut aussi procéder à une extension de l'accord seulement partielle ou sous réserve (§ 2).

§ 1
Formalités administratives préalables

234.51 **Demande d'une organisation ou initiative du ministre.** La procédure d'extension peut être initiée par une demande d'une des organisations d'employeurs ou de salariés représentatives dans la branche signataire de l'accord. La demande doit être formulée par un courrier distinct de celui par lequel le ministre du travail est informé de la signature de l'accord, même si elle peut être effectuée simultanément au dépôt de celui-ci.

Le ministre, ainsi saisi, a l'obligation d'instruire la demande.

Il peut également décider d'office de lancer une procédure d'extension d'un accord ou d'une convention.

234.52 **Instruction de la demande d'extension.** Le ministre doit procéder à un certain nombre de vérifications avant de décider de l'extension d'un accord :

- le respect par l'accord des règles de validité, internes et externes.

Le groupe d'experts émet ensuite, sous la forme d'un rapport, un avis concernant l'extension du texte étudié.

- la présence de clauses spécifiques obligatoires, relatives notamment à la garantie de l'égalité femmes-hommes ou à la prise en compte des spécificités des entreprises de moins de 50 salariés ;

- mais aussi l'intérêt d'une telle extension, notamment au regard des effets économiques et sociaux susceptibles de résulter de cette extension. Depuis l'ordonnance du 22 septembre 2017 [3], le ministre, de sa propre initiative ou sur la demande écrite et motivée d'une organisation d'employeurs ou de salariés représentative dans le champ d'application de l'accord - mais pas nécessairement signataire de celui-ci - saisit un groupe d'experts chargé d'apprécier les effets économiques et sociaux susceptibles de résulter de l'extension d'un accord. Dès lors qu'il est saisi d'une telle demande, le ministre doit procéder à la saisine du groupe d'expert [4]. Ce groupe d'experts est composé de cinq personnalités choisies à raison de leur compétence et de leur expérience dans le domaine économique et social, nommées par arrêté du ministre du travail [5]. Le groupe d'experts, une fois saisi, doit rendre un rapport dans un délai de deux mois, à défaut de quoi il est réputé ne pas avoir d'observations à formuler [6].

234.53 **Publication d'un avis annonçant le projet d'extension ou d'élargissement.** Lorsque le ministre du travail envisage l'extension ou l'élargissement d'un accord, il publie un avis en ce sens au Journal officiel, en indiquant où l'accord peut être consulté et en invitant les organisations et personnes intéressées à faire connaître leurs observations éventuelles dans un délai de quinze jours [7]. Le non-respect du délai de quinze jours entre la publication de l'avis et la publication de l'arrêté est traité comme tout vice de procédure administrative : il n'entache la procédure d'irrégularité que s'il a été susceptible d'exercer une influence sur le sens de la décision prise ou de priver les organisations et personnes intéressées de la garantie attachée à cette publication [8]. Le Conseil

1. Ces dispositions, qui figuraient auparavant à l'article L. 133-5 du code du travail, sont désormais reprises en partie réglementaire, à l'art. R. 2261-2.
2. C. trav., art. L. 2261-23-1.
3. Ord. nº 2017-1388, 22 sept. 2017 portant diverses mesures relatives au cadre de la négociation collective, *JO* 23 sept., nº 35.
4. L'absence de saisine du groupe d'experts, lorsqu'elle est demandée dans les conditions légales, entache d'irrégularité la procédure préalable à l'édiction de l'arrêté d'extension et est susceptible de constituer une privation de garantie qui entraîne l'illégalité de l'arrêté d'extension : CE 5 juill. 2022, *Syndicat Alliance Plasturgie & Composites du Futur*, req. nº 450066, *Lebon T.*
5. C. trav., art. L. 2261-27-1 et D. 2261-4-1.
6. C. trav. Art. D. 2261-4-4.
7. C. trav., art. D. 2261-3.
8. CE 17 mars 2017, *SNPA*, req. nº 396835, *Lebon T ; AJDA* 2017. 918 ; *RJS* 6/2017, nº 391.

d'État a précisé que le ministre n'avait pas à indiquer dans l'avis les réserves qu'il se proposait d'apporter dans le cadre de la procédure d'extension[1]. Le ministre est libre des conséquences qu'il tire des observations qui peuvent lui être faites. Il n'a pas l'obligation de les transmettre à la Commission nationale de la négociation collective, ni de les faire figurer dans l'arrêté d'extension[2].

234.54 Absence d'opposition des organisations représentatives non signataires à l'extension. Un accord ne peut être étendu que s'il ne fait pas l'objet, dans le mois de la publication par l'autorité administrative d'un avis d'extension au Journal officiel, de l'opposition écrite et motivée d'une ou plusieurs organisations professionnelles d'employeurs reconnues représentatives au niveau considéré dont les entreprises adhérentes emploient plus de 50 % de l'ensemble des salariés des entreprises adhérant aux organisations professionnelles d'employeurs reconnues représentatives à ce niveau[3]. Cette possibilité d'opposition des organisations patronales non signataires est une nouveauté introduite par la loi du 5 mars 2014, qui permet désormais aux organisations d'employeurs dont la représentativité a pu être mesurée de s'opposer à l'extension d'un accord qu'elles n'ont pas signé. Il s'agit donc d'une possibilité d'opposition qui se situe à un moment différent de l'opposition ouverte aux organisations syndicales majoritaires qui refusent en amont l'application de l'accord, ce qui est logique : même non étendu, un accord de branche s'appliquera à tous les salariés des entreprises adhérentes ou aux organisations patronales signataires. En revanche, tant qu'il n'est pas étendu, il ne s'applique pas aux entreprises qui n'adhèrent pas à ces organisations patronales.

L'opposition à l'extension doit être notifiée à l'ensemble des organisations représentatives de la branche et déposée auprès de la banque de données recueillant les conventions collectives.

234.55 Avis préalable de la Commission nationale de la négociation collective et de la formation professionnelle. La Commission nationale de la négociation collective et de la formation professionnelle doit être saisie de tout projet d'extension et d'élargissement et rendre un avis motivé[4]. La commission ou, plus exactement, la sous-commission des conventions et des accords[5] n'est pas forcément informée de l'existence d'observations émises à la suite de la publication de l'avis de projet d'extension et elle peut d'ailleurs se prononcer avant l'expiration du délai de quinze jours imparti pour ces observations[6]. En revanche, la Commission doit nécessairement être informée et consultée sur les réserves dont le ministre du travail envisage d'assortir l'arrêté d'extension ou d'élargissement[7].

Selon l'article L. 2261-27 du code du travail, lorsque l'accord n'a pas été signé par la totalité des organisations les plus représentatives intéressées ou lorsque, s'agissant d'une convention collective nationale, elle ne comporte pas toutes les clauses obligatoires ou, enfin, lorsqu'elle ne couvre pas l'ensemble des catégories professionnelles de la branche, mais seulement une ou plusieurs d'entre elles, il peut y avoir opposition écrite et motivée de deux organisations, soit d'employeurs, soit de salariés, représentées à cette commission. Dans ce cas, le ministre doit recueillir un nouvel avis, motivé, de la commission, sur la base d'un rapport précisant la portée des dispositions en cause ainsi que les conséquences de l'extension[8]. Il peut ensuite choisir de passer outre l'avis négatif de la commission, par une décision motivée[9].

§ 2
Décision du ministre

234.61 Refus d'extension. Le ministre du travail doit refuser de procéder à l'extension qui lui a été demandée :

– si l'accord ne répond pas aux conditions de validité ou aux conditions requises pour la procédure d'extension dans le processus de négociation ou de signature ;

1. CE 8 déc. 2000, *Groupement hippique national et fédération générale des travailleurs de l'agriculture, de l'alimentation des tabacs et allumettes et des services annexes-Force ouvrière*, req. n° 206575, *Lebon* 603.
2. CE 29 juin 2011, *Confédération générale des petites et moyennes entreprises de La Réunion et autres*, req. n° 332562, NP.
3. C. trav., art. L. 2261-19.
4. C. trav., art. L. 2261-15 – CE 19 juin 1993, *Syndicat* « Union des transporteurs en commun de voyageurs des Bouches-du-Rhône » *et autres* req. n° 89584, *Lebon T.*
5. C. trav., art. R. 2272-10.
6. CE 9 mars 1997, *Autocars Blanc a. (Sté)*, req. n° 146619, *Lebon T.* 642, 645, 1098, concl. D. Piveteau ; *Dr. adm.* 1997. Comm. 155, note D.P. – CE 11 mai 1979, *Union syndicale des artisans et petites entreprises de la Martinique*, req. n° 04136, *Lebon* 208.
7. C. trav., art. L. 2261-25.
8. CE 6 oct. 1999, req. n° 187244, *Fédération nationale des industries chimiques CGT*, NP ; *RJS* 12/1999, n° 1487 – *A CONTRARIO*, en présence d'une seule opposition : CE 2 févr. 2005, *Intersyndicat CGT des salariés du Champagne*, req. n° 252654, NP ; *RJS* 2005. 552, n° 765.
9. Un arrêté d'extension qui se borne à faire état de l'existence de deux avis motivés de la commission et d'oppositions formulées par deux syndicats, sans exposer les considérations qui ont conduit le ministre à procéder à cette extension, est insuffisamment motivé, donc irrégulier. Il encourt l'annulation : CE 23 juill. 2010, *Fédération des entreprises de propreté et services associés (PEP) – Syndicat national des établissements et résidences privés pour les personnes âgées (SYNERPA)*, req. n° 316953, *Lebon T.*

– si l'accord comporte des clauses illicites ou contraires aux principes généraux du droit. À cet égard, le juge administratif, saisi de la légalité d'un arrêté d'extension contesté au motif que l'accord comporterait des clauses illicites, doit, si la question est sérieuse, renvoyer au juge judiciaire le soin de trancher la question : « lorsque, à l'occasion d'un litige relatif à un arrêté prononçant l'extension ou l'agrément d'une convention ou d'un accord collectif de travail, qui relève de la compétence de la juridiction administrative, une contestation sérieuse s'élève sur la validité de cette convention ou de cet accord, il appartient au juge saisi du litige de surseoir à statuer jusqu'à ce que l'autorité judiciaire se soit prononcée sur la question préjudicielle que présente à juger cette contestation, sauf s'il apparaît manifestement, au vu d'une jurisprudence établie, que la contestation peut être accueillie par le juge saisi au principal ou si elle met en cause la conformité de l'accord litigieux au droit de l'Union européenne »[1].

Le ministre peut cependant également décider d'étendre l'accord en en écartant les clauses illicites.

Il peut par ailleurs refuser l'extension pour des motifs d'intérêt général[2], sous le contrôle du juge de l'excès de pouvoir[3].

234.62 Arrêté d'extension partielle ou sous réserve. L'article L. 2261-25 du code du travail permet au ministre chargé du travail de n'opérer une extension que partielle ou sous réserve.

Le ministre doit s'assurer, conformément aux dispositions de l'article L. 2261-25 du code du travail, que l'accord ne comporte pas de clauses qui seraient contraires aux textes législatifs et réglementaires. L'article L. 2261-25 du code du travail lui permet d'exclure de l'extension, après avis motivé de la Commission nationale de la négociation collective, les clauses qui seraient en contradiction avec des dispositions légales ou, dans les mêmes conditions, étendre sous réserve de l'application des dispositions légales les clauses incomplètes au regard de ces dispositions[4].

Cette possibilité permet de n'appliquer la convention que lorsqu'elle est conforme ou plus favorable que le texte légal, qui en est la limite. En effet, « La réserve peut s'interpréter comme une simple clause de sauvegarde, s'opposant à l'application des dispositions conventionnelles lorsque celles-ci sont moins favorables aux salariés que les dispositions légales ou réglementaires, mais réservant l'application de la clause conventionnelle plus favorable. En revanche, si la clause est contraire à une disposition législative ou réglementaire en cause et d'ordre public, la réserve fait dans tous les cas obstacle à son application »[5]. En revanche, jusqu'en 2017, le Conseil d'État n'admettait pas des réserves consistant à subordonner l'application des clauses à la conclusion d'un accord ultérieur complétant les clauses incomplètes, au motif que le ministre ne pouvait, au moment où il étendait l'accord, vérifier la conformité de l'accord ultérieur auquel il se référait[6]. L'ordonnance n° 2017-1388 du 22 septembre 2017[7] est venue explicitement mettre fin à cette jurisprudence, en ajoutant à l'article L. 2261-25 du code du travail un alinéa précisant que le ministre peut étendre les clauses « appelant des stipulations complémentaires de la convention ou de l'accord en subordonnant, sauf dispositions législatives contraires, leur entrée en vigueur à l'existence d'une convention d'entreprise prévoyant ces stipulations ». L'extension sous réserve d'un accord complétant la disposition pour la rendre conforme est donc autorisée, mais les clauses faisant l'objet de réserves ne pourront être mises en œuvre que lorsque l'accord les complétant aura été conclu. Ces nouvelles disposi-

1. CE, sect., 23 mars 2012, *Fédération Sud santé sociaux*, req. n° 331805, *Lebon* 858, concl. Landais ; *AJDA* 2012. 620 ; *AJDA* 2012. 1583, note E. Marc ; *D.* 2012. 1012, obs. S. Brondel ; *Just. et cass.* 2013. 118, concl. C. Landais ; *RDT* 2012. 376, obs. H. Tissandier ; *RFDA* 2012. 429, concl. C. Landais ; *RFDA* 2012. 961, chron. C. Mayeur-Carpentier, L. Clément-Wilz et F. Martucci ; *Constitutions* 2012. 294, obs. A. Levade ; *RTD eur.* 2012. 926, obs. D. Ritleng ; *JCP Adm.* 2012. Actu. 245, obs. L. Erstein ; *Dr. adm.* 2012, n° 56, note F. Melleray ; – PAR EXEMPLE : CE 1er juin 2015 req. n° 369914, *Fédération UNSA spectacle et communication*, A, *Lebon* 180 ; *RJS* 10/15, n° 651 ; *JCP Adm.* 2015, n° 2305/2C4, chron. O. Le Bot ; – OU S'AGISSANT du non-respect du principe d'égalité de traitement entre des salariés en raison de différences uniquement fondées sur la nature du contrat : CE 17 mars 2017, req. n° 396835, préc.
2. CE 12 mai 2017, *Fédération CGT du commerce, des services et de la distribution*, req. n° 381870, *Lebon*.
3. CE 24 sept. 2012, *Syndicat national des entreprises exploitant les activités physiques récréatives des loisirs marchands (SNELM)*, req. n° 340576, *Lebon T.*
4. POUR UN EXEMPLE DE RÉSERVE, d'un accord fixant des modalités de calcul de l'indemnité conventionnelle de licenciement pouvant conduire, dans certaines conditions, à être en dessous du minimum légal. Le Conseil d'État a validité l'extension comportant la réserve suivante : « sous réserve des articles L. 1234-9 et R. 1234-4 du code du travail, de telle sorte que le montant de l'indemnité conventionnelle de licenciement ne soit en aucun cas inférieur à celui de l'indemnité légale de licenciement » ; – CE 17 mars 2017, req. n° 387060, *Lebon T.* ; *AJDA* 2017. 975 ; *D.* 2017. 2270, obs. P. Lokiec et J. Porta ; *Dr. soc.* 2017. 471, ét. F. Dieu.
5. Concl. de Silva sur CE 8 déc. 2000, *Groupement hippique national*, req. n° 206575, *Lebon* ; *D.* 2001. 1916, obs. D. Chelle et X. Prétot ; *Dr. soc.* 2001. 518.
6. CE 12 mai 2017, req. n° 381870, préc. – CE 21 mai 2008, req. n° 291115, préc.
7. Ord. n° 2017-1388, 22 sept. 2017 portant diverses mesures relatives au cadre de la négociation collective, *JO* 23 sept., n° 35.

tions sont applicables à tous les accords, quelle que soit leur date d'entrée en vigueur[1].

L'article L. 2261-25 du code du travail permet également au ministre chargé du travail d'exclure les clauses pouvant être distraites de la convention ou de l'accord sans en modifier l'économie, mais ne répondant pas à la situation de la branche ou des branches dans le champ d'activité considéré. Le Conseil d'État juge que, lorsqu'il procède à l'extension d'une convention ou d'un accord collectif, le ministre doit d'abord rechercher si le champ d'application professionnel pour lequel l'extension est envisagée n'est pas compris dans le champ professionnel d'autres conventions ou accords collectifs précédemment étendus. Lorsqu'il apparaît que les champs d'application professionnels définis par les textes en cause se recoupent, il lui appartient en principe, préalablement à l'extension projetée, soit d'exclure du champ de l'extension envisagée les activités déjà couvertes par la convention ou l'accord collectif précédemment étendu, soit d'abroger l'arrêté d'extension de cette convention ou de cet accord collectif en tant qu'il s'applique à ces activités[2].

234.63 **Arrêté d'extension.** Lorsque le ministre décide d'étendre un accord ou une convention collective, il prend un arrêté d'extension qui est publié au Journal officiel. Le texte des stipulations étendues doit faire également l'objet d'une publication au bulletin officiel des services du ministre du travail. L'arrêté doit être motivé lorsqu'il est pris dans le cadre de la procédure dérogatoire d'extension prévue à l'article L. 2261-27 du code du travail et, à défaut, il peut être annulé par le juge administratif[3]. Est considérée comme suffisante la motivation d'arrêtés faisant mention de ce que l'accord ou la convention est adapté à la situation d'une branche, ou favorable aux salariés, ou encore porte sur une matière relevant, par nature de la négociation conventionnelle et qu'il n'est pas contraires aux dispositions législatives ou réglementaires en vigueur[4]. L'arrêté doit indiquer, lorsqu'il y en a eu, les oppositions émises par la Commission nationale de la négociation collective, de l'emploi et de la formation professionnelle, mais non les observations reçues à la suite de la publication de l'avis d'arrêté.

234.64 **Silence du ministre.** Le silence gardé par le ministre du travail pendant six mois sur une demande d'extension vaut décision de rejet de cette demande[5].

SECTION 3
EFFETS D'UN ARRÊTÉ D'EXTENSION

234.71 **Application de l'accord à toutes les entreprises comprises dans son champ territorial et professionnel.** L'arrêté d'extension a pour effet que l'accord, jusque-là applicable uniquement aux entreprises adhérant à une organisation patronale signataire, est désormais applicable à toutes les entreprises qui entrent dans son champ territorial et professionnel. Ce champ est déterminé par l'accord lui-même.

Une jurisprudence ancienne de la chambre sociale considérait cependant qu'en l'absence de vérification possible de la représentativité des organisations patronales signataires par rapport aux entreprises comprises dans son champ, « l'arrêté d'extension du ministre du Travail prévu par l'article L. 133-8 du Code du travail a pour effet de rendre obligatoires les dispositions d'un accord professionnel ou interprofessionnel pour tous les employeurs compris dans son champ d'application territorial ou professionnel, dont les organisations patronales signataires sont représentatives au sens de l'article L. 133-2 du Code du travail »[6].

Elle en déduisait que, dès lors que les organisations patronales ne bénéficiaient pas d'une présomption de représentativité, même lorsque l'accord a été étendu, le juge judiciaire devait en vérifier le champ d'application au regard de la représentativité des organisations patronales signataires. Par conséquent, il devait vérifier concrètement si l'employeur auquel était demandé l'application de l'accord en était signataire, était adhérent d'une organisation

1. Ord. n° 2017-1718, 20 déc. 2017 visant à compléter et mettre en cohérence les dispositions prises en application de la loi n° 2017-1340 du 15 septembre 2017 d'habilitation à prendre par ordonnances les mesures pour le renforcement du dialogue social, *JO* 21 déc., n° 46, art. 4, II.
2. CE 15 mai 2006, *Métallurgie Isère CFE-CGC et Union Mines Métaux Rhône Isère de la CFDT,* req. n°s 270174, 270253, *Lebon T.*
3. CE 23 juill. 2010, *Fédération des entreprises de propreté et services associés (FEP), Syndicat national des établissements et résidences privées pour les personnes âgées (Synerpa),* req. n° 316953.
4. CE 26 févr. 2003, *Fédération nationale des ambulanciers privés,* req. n° 238579, *Lebon T* 1011 ; *RJS* 2003. 611, n° 920 – SUR UN AUTRE POINT : CE 30 juin 2003, *Medef,* req. n° 248347, *Lebon.* 297 ; *GADT,* 4e éd., Dalloz, 2008, n° 175 ; *RJS* 10/2003, n° 1197 ; *D.* 2004. 1701, obs. X. Prétot et D. Chelle ; *Dr. soc.* 2003. 1112, concl. P. Fombeur ; *Dr. soc.* 2008. 460, note P. Langlois – SUR UN AUTRE POINT : CE 6 déc. 2006, *Syndical national des entreprises régionales de restauration sociale (Snerrs),* req. n° 281031, *Lebon T* 1088 ; *JCP S* 2007, n° 1142, obs. A. Noury.
5. C. trav., art. R. 2261-4-7. Ce délai est de deux mois pour les demandes d'extension d'avenants salariaux : art. R. 2261-6.
6. Soc. 16 mars 2005, n° 03-16.616, *CGT Michelin c/Manufacture des pneumatiques Michelin (S^té^),* P V, n° 97 ; *D.* 2005. 1178 ; *Dr. Soc.* 2005. 640, note P. Langlois ; *JSL* 2005, n° 167-3 ; *RJS* 2005. 382, n° 547 ; *JCP E* 2005. 699, note F. Héas.

patronale signataire ou si l'organisation patronale signataire était représentative dans le secteur d'activité de l'employeur.

La chambre sociale a opéré un revirement, s'agissant des accords de branche, dans un arrêt du 27 novembre 2019 soumis à la plus large publicité [1], en affirmant que : « dans le cadre d'un accord collectif professionnel, l'arrêté d'extension suppose nécessairement, sous le contrôle du juge administratif, vérification de la représentativité dans ce champ des organisations syndicales et patronales signataires ou invitées à la négociation. Il y a lieu dès lors de juger désormais que le juge judiciaire n'a pas à vérifier, en présence d'un accord professionnel étendu, que l'employeur compris dans le champ d'application professionnel et territorial de cet accord en est signataire ou relève d'une organisation patronale représentative dans le champ de l'accord et signataire de celui-ci ». Il n'y a donc plus de limitation, s'agissant des accords de branche, à leur application à toutes les entreprises incluses dans le champ territorial et professionnel, le ministre étant réputé avoir, sous le contrôle du juge administratif, vérifié que toutes les organisations patronales représentatives du secteur avaient été invitées à participer à la négociation de l'accord. S'agissant des accords interprofessionnels, la mise en œuvre de la mesure de représentativité par la loi de 2014 devrait également conduire à faire évoluer la jurisprudence.

234.72 Pas d'incidence sur la nature de l'accord. L'accord collectif, même étendu, reste un accord collectif de droit commun, soumis au contrôle de validité du juge judiciaire et pouvant être contesté dans les conditions habituelles, notamment si ses clauses sont invalides [2]. Si l'accord conditionne le point de départ de certains droits à l'entrée en vigueur de l'arrêté d'extension, le juge judiciaire doit respecter les termes de la clause [3]. Toutefois, un accord, même étendu, ne peut limiter l'accès au juge en subordonnant la saisine de ce dernier à un préalable obligatoire de conciliation devant une commission instituée par la convention [4].

1. Soc. 27 nov. 2019, n° 17-31.442, P+B+R+I ; *D.* 2019. 2305 ; *RJS* 2/2020, n° 103 ; *JSL* 2020, n° 490-1, obs. M. Hautefort ; *JCP* 2019. 1333, obs. G. Dedessus-le-Moustier.
2. Civ. 2e, 20 juill. 1964, P n° 572 ; – POUR UN EXEMPLE POSTÉRIEUR : Soc. 12 juill. 2018, n° 16-26.844, P ; *D.* 2018. 1556 ; *D.* 2018. 2203, obs. P. Lokiec et J. Porta ; *RDT* 2018. 689, obs. Y. Ferkane ; *JCP S* 2018, Act., n° 248 ; *JCP S* 2018. II. 1306, note F. Bousez ; *JCP* 2018, Act., 901, note C. Hablot-Murolo ; *BJT* 2018. 26, note L. Bento de Carvalho.
3. Soc. 2 mars 2016, nos 14-23.009, 14-23.216, P V, n° 43 ; *D.* 2016. 660 ; *D.* 2016. 1588, chron. P. Flores, E. Wurtz, N. Sabotier, F. Ducloz et S. Mariette ; *Dr. soc.* 2016. 650, ét. S. Tournaux ; *RDT* 2016. 338, obs. M. Lafargue ; *RJS* 5/2016, n° 381 ; *JCP S* 2016. 1137, note D. Jacotot ; *JCP E* 2016. 1659, obs. G. Duchange.

234.73 Durée de l'arrêté d'extension. L'arrêté d'extension a la même échéance que l'accord qu'il étend. Il devient de plein droit caduc à compter du jour où la convention ou l'accord en cause cesse de produire effet [5].

Par ailleurs, le ministre du travail peut, dans les mêmes formes que celles prévues pour l'arrêté d'extension, à la demande de l'une des organisations représentatives intéressées ou de sa propre initiative, abroger ce dernier lorsque le texte ne répond plus à la situation de la branche ou des branches dans le champ considéré [6] ou lorsqu'il procède à l'extension d'un nouvel accord qui a le même champ.

L'ensemble de la procédure applicable pour l'extension ou l'élargissement d'une convention ou d'un accord, y compris réglementaire, doit être mise en œuvre pour abroger un arrêté d'extension. [7]

SECTION 4
PROCÉDURE D'ÉLARGISSEMENT

234.81 Application d'un accord dans un champ qui n'est pas le sien. Nettement moins fréquente, la procédure d'élargissement a pour objet de rendre obligatoire dans un champ territorial ou dans un champ professionnel ou encore à un secteur d'activité qui n'est pas celui prévu par l'accord, un accord collectif par ailleurs étendu. Il s'agit ici de pallier l'absence ou la carence des organisations représentatives dans un champ territorial ou professionnel donné. La procédure devrait, avec la restructuration des branches, être encore moins utilisée à l'avenir. À titre d'exemple, un arrêté du 11 mars 2015 a élargi le champ d'accords régionaux conclus dans le cadre de la convention collective nationale des entreprises d'architecture au secteur des maîtres d'œuvre en bâtiment.

234.82 Conditions de l'élargissement. Pour qu'un accord puisse faire l'objet d'un arrêté d'élargissement il faut, selon l'article L. 2261-17 du code du travail :

– que l'accord soit un accord ou une convention de branche ayant déjà fait l'objet d'une extension ;

– que le secteur professionnel ou territorial faisant l'objet de l'arrêté d'élargissement présente des conditions analogues à celles du secteur dans lequel l'extension est déjà intervenue, quant aux emplois exercés ;

4. Soc. 19 mars 2014, n° 13-10.021, P V, n° 82 ; *RJS* 6/2014, n° 506.
5. C. trav., art. L. 2261-28.
6. C. trav., art. D. 2261-13.
7. CE 19 juin 2013, *Fédération professionnelle des entreprises du sport et des loisirs*, req. n° 325898, *Lebon T.*

– qu'il y ait impossibilité persistante de conclure une convention ou un accord dans une branche d'activité ou un secteur territorial déterminé ou alors, s'il y a eu une convention de branche, qu'il n'y ait eu aucun avenant ou annexe à celle-ci pendant cinq ans au moins ou, s'il y a eu accord de branche, qu'il n'y ait pas eu de nouvel accord depuis au moins cinq ans.

234.83 **Procédure d'élargissement.** Comme la procédure d'extension, la procédure d'élargissement peut résulter, soit d'une demande d'une organisation représentative intéressée, soit de la propre initiative du ministre chargé du travail, qui peut déclencher la procédure d'élargissement. Cette procédure peut cependant faire l'objet d'une opposition écrite et motivée de la majorité des membres de la Commission nationale de la négociation collective, de l'emploi et de la formation professionnelle. La procédure est alors similaire à celle décrite pour les arrêtés d'extension[1] : publication d'un avis au Journal officiel, avec possibilité d'observations dans un délai de quinze jours, consultation de la Commission nationale de la négociation collective, de l'emploi et de la formation professionnelle. Dans la mesure où l'élargissement ne peut concerner qu'un accord déjà étendu, la procédure d'instruction est évidemment bien plus rapide, puisque, tout au moins sur les conditions de négociation et le contenu de l'accord, les vérifications ont déjà été effectuées. L'arrêté d'élargissement est publié au Journal officiel.

234.84 **Effet de l'élargissement.** L'élargissement rend applicable l'accord à toutes les entreprises incluses dans le champ territorial, professionnel ou le secteur d'activité visé par l'arrêté d'élargissement.

234.85 **Durée de l'arrêté d'élargissement.** Si une convention ou un accord est ultérieurement conclu dans le champ territorial ou professionnel ayant fait l'objet d'un arrêté d'élargissement, celui-ci devient caduc à l'égard des employeurs liés par cette convention ou cet accord. En cas d'arrêté d'extension de l'accord rendant ce dernier applicable à tous les employeurs du champ visé par l'accord, l'arrêté d'élargissement est de droit abrogé par l'arrêté d'extension.

1. V. s[s] n°s 234.52 s.

TITRE

24. Les accords de groupe et d'UES

SECTION 0

ORIENTEUR

24.00 **Sommaire du titre.**

Division. Entre la négociation d'entreprise, qui couvre une seule entreprise ou même un seul établissement, et la négociation de branche, qui couvre tout ou partie d'un secteur d'activité, il y a place pour des négociations à un niveau intermédiaire. C'est le cas notamment lorsque plusieurs entreprises constituent un groupe ou une unité économique et sociale (chap. 242), et que l'on souhaite uniformiser le régime applicable aux salariés de ces entreprises (chap. 241).

CHAPITRE

241. Accord de groupe

SECTION 0 ORIENTEUR

241.00 Sommaire du chapitre.

241.01 Textes applicables.

> Accords de groupe

- **C. trav.**, art. L. 2232-30 [Champ d'application]
- **C. trav.**, art. L. 2232-31 [Parties à la négociation]
- **C. trav.**, art. L. 2232-32 [Négociateurs]
- **C. trav.**, art. L. 2232-33 [Conditions de l'accord de groupe]
- **C. trav.**, art. L. 2232-34 [Validité de l'accord de groupe]
- **C. trav.**, art. L. 2232-35 [Notification de l'accord de groupe]

> Accords interentreprises

- **C. trav.**, art. L. 2232-36 [Parties à la négociation]
- **C. trav.**, art. L. 2232-37 [Appréciation de la représentativité]
- **C. trav.**, art. L. 2232-38 [Conditions de validité de l'accord]

241.02 Jurisprudence de référence.

> Accords de groupe

- **Soc. 30 mars 2010,** n° 08-21.199, P V, n° 82

« Les dispositions de la loi n° 2004-391 du 4 mai 2004 relatives aux accords conclus au sein d'un groupe qui ont pour objet de définir les garanties sociales des salariés de ce groupe, n'ont pas modifié celles concernant les accords relatifs au comité de groupe lesquelles n'exigent pas une représentativité dans l'ensemble du groupe ou dans l'ensemble des entreprises concernées ; qu'au contraire, le droit de désigner des représentants à ce comité étant reconnu, en son principe, à toute organisation syndicale ayant obtenu des élus dans l'un au moins des comités d'entreprise ou d'établissement dépendant du groupe, il en résulte que ces organisations doivent être invitées à participer à la négociation de tout accord concernant le fonctionnement du comité de groupe. »

- **Soc. 21 mars 2018,** n° 16-21.741, P V, n° 43

« Pour pouvoir être qualifié d'accord de groupe, un accord collectif antérieur à l'entrée en vigueur de la loi n° 2004-391 du 4 mai 2004 doit fixer un champ d'application constitué de tout ou partie des entreprises constitutives du groupe. »

- **Soc. 3 avr. 2019,** n° 17-19.524, P

« Qu'aux termes de l'article L. 3123-31 du code du travail dans sa version applicable au litige, dans les entreprises pour lesquelles une convention ou un accord collectif de travail étendu ou une convention ou un accord d'entreprise ou d'établissement le prévoit, des contrats de travail intermittent peuvent être conclus afin de pourvoir les emplois permanents, définis par cette convention ou cet accord, qui par nature comportent une alternance de périodes travaillées et de périodes non travaillées ; qu'il en résulte qu'eu égard aux dispositions de l'article L. 2232-33 du code du travail, dans sa rédaction antérieure à la loi n° 2016-1088 du 8 août 2016, un accord de groupe ne pouvait valablement permettre le recours au contrat de travail intermittent, en sorte que la conclusion d'un tel contrat en application d'un accord de groupe est illicite et que le contrat doit être requalifié en contrat de travail à temps complet. »

> Accords d'UES

- **Soc. 22 sept. 2010,** n° 09-60.435, P V, n° 188

« Lorsque la désignation s'effectue au niveau d'une UES, le seuil de 10 % fixé par l'article L. 2121-1 du code du travail se calcule en additionnant la totalité des suffrages obtenus lors des élections au sein des différentes entités composant l'UES ; qu'il en résulte que le calcul de l'audience pour la désignation d'un délégué syndical au sein de l'UES tient compte de tous les suffrages ainsi obtenus par les syndicats affiliés à la même confédération syndicale. »

241.03 Bibliographie indicative.

Thèse. A. Théodoropoulos, *Les accords collectifs de groupe*, L'Harmattan, 2017 – G. Auzero, « La vie des conventions et accords collectifs de groupe », *RDT* 2006. 230.

241.05 **Points clés.** Création de la pratique, pour unifier les règles conventionnelles applicables aux salariés d'entreprises appartenant à un même groupe, l'accord de groupe a été expressément inscrit dans les textes par la loi du 8 août 2016. Son régime est calé sur celui des accords d'entreprise, et son champ d'intervention également.

SECTION 1 GÉNÉRALITÉS

241.11 **Validation jurisprudentielle consacrée par la loi.** Nés de la pratique des groupes, les accords de groupe ont été validés par la jurisprudence avant d'être consacrés par la loi. Dans un arrêt de principe du 30 avril 2003, la chambre sociale de la Cour de cassation a admis que les organisations syndicales pouvaient décider, avec l'employeur, de créer une représentation syndicale au niveau du groupe afin de négocier des accords permettant de prendre en considération les intérêts des salariés à ce niveau[1]. La jurisprudence considère que constitue un accord de groupe l'accord qui se définit comme tel et a un périmètre incluant plusieurs entreprises du groupe[2]. La loi du 4 mai 2004 a ensuite consacré la validité des accords de groupe, désormais évoqués par les articles L. 2232-30 et suivants. Cependant, les dispositions concernant cet accord étaient très succinctes, et pour l'essentiel, il était simplement acquis que le régime de l'accord de groupe était celui des accords d'entreprise. Le développement de la pratique des accords de groupe a de ce fait suscité d'importantes questions.

241.12 **Régime juridique complet conféré à l'accord de groupe par la loi du 8 août 2016.** Si le régime de l'accord de groupe reste, pour l'essentiel, identique à celui de l'accord d'entreprise, la loi a précisé les règles de validité et les effets juridiques de l'accord de groupe.

241.13 **Domaine de l'accord de groupe.** Aux termes de l'article L. 2232-33 du code du travail, dans sa rédaction issue de la loi du 8 août 2016, le champ possible de l'accord de groupe est exactement le même que celui de l'accord d'entreprise : « l'ensemble des négociations prévues par le présent code au niveau de l'entreprise peuvent être engagées et conclues au niveau du groupe dans les mêmes conditions, sous réserve des adaptations prévues à la présente section ». Les partenaires sociaux ont donc la liberté de choisir les sujets conventionnels qu'ils souhaitent maintenir au niveau de chaque entreprise, et ceux qu'ils veulent voir évoquer dans le cadre d'une négociation au niveau du groupe.

Les nouveaux textes vont même plus loin, autorisant la négociation d'un accord de méthode au niveau du groupe permettant d'engager directement au niveau du groupe les thèmes faisant l'objet de la négociation obligatoire d'entreprise.

La loi précise enfin que, dès lors que les thèmes de négociation obligatoire ont donné lieu à un accord au niveau du groupe, les entreprises en sont dispensées.

Concrètement, cette disposition, qui figure à l'article L. 2232-33, al. 2 et 3 infirme la jurisprudence qui considérait qu'une négociation de groupe ne pouvait se substituer à la négociation d'entreprise[3].

Une question reste posée : la jurisprudence considérait traditionnellement que, lorsque le législateur se référait, pour un domaine de négociation, exclusivement à l'accord d'entreprise ou à l'accord d'établissement, la matière ne pouvait être traitée par l'accord de groupe[4]. La nouvelle rédaction de l'article L. 2232-33, qui semble autoriser l'accord de groupe à appréhender tous les domaines dévolus à l'accord d'entreprise, conduira-t-elle à une évolution de la jurisprudence ?

241.14 **Champ de l'accord de groupe.** L'accord de groupe peut couvrir toutes les entreprises du groupe ou seulement une partie d'entre elles. Là encore, le choix est libre et appartient aux négociateurs, qui doivent le préciser de manière claire dans l'accord. Le champ choisi est en effet déterminant de la vérification de la représentativité des organisations signataires et bien entendu de son périmètre d'application.

SECTION 2 ACTEURS DE LA NÉGOCIATION DE GROUPE

241.21 **Négociateurs employeurs.** La convention ou l'accord de groupe est négociée par « l'employeur de l'entreprise dominante ou un ou plusieurs représentants, mandatés à cet effet, des employeurs des entreprises concernées par le champ de la convention ou de l'accord »[5]. Il résulte de cette disposition

1. Soc. 30 avr. 2003, *Fédération des employés et cadres CGT-FO c/Axa France assurances (Sté)*, n° 01-10.027, P V, n° 155 ; *D.* 2003. 1336 ; *Dr. soc.* 2003. 732, note B. Gauriau ; *RJS* 2003. 607, n° 916 ; *RJS* 2003. 743, note M.-L. Morin ; *SSL* 2000, n° 1144, note J. Grangé et N. El Aougri.
2. Soc. 21 mars 2018, n° 16-21.741, P V, n° 43 ; *RJS* 6/2018, n° 435 ; *JCP S* 2018. 1186, obs. L. Cailloux-Meurice ; *JCP E* 2018, n° 49, p. 45, obs. J.-F. Césaro.
3. Soc. 30 avr. 2003, n° 01-10.027, préc.
4. PAR EXEMPLE, pour les contrats de travail intermittents : Soc. 3 avr. 2019, n° 17-19.524, P ; *D.* 2019. 766 ; *RJS* 6/2019, n° 393 ; *JCP S* 2019. 1150, obs. N. Barège.
5. C. trav., art. L. 2232-31.

que le représentant de l'entreprise dominante au sein du groupe est toujours habilité à négocier l'accord de groupe, et qu'il peut le faire en représentation des autres entreprises du groupe sans mandat particulier. La négociation peut également être conduite, du côté employeurs, par des représentants d'autres entreprises que celle dominante, concernées par l'accord, mais qui alors doivent disposer d'un mandat de tous les employeurs concernés par l'accord et qui ne participent pas directement à la négociation.

241.22 **Négociateurs syndicaux.** La convention ou l'accord de groupe est négocié et conclu avec « les organisations syndicales de salariés représentatives dans le groupe ou dans l'ensemble des entreprises concernées par le champ de la convention ou de l'accord »[1]. Le mode d'appréciation de la représentativité des organisations syndicales au niveau du groupe est précisé par l'article L. 2122-4 du code du travail qui indique que cette appréciation s'effectue conformément au droit commun de la représentativité en entreprise, par addition de l'ensemble des suffrages obtenus dans les entreprises ou établissements concernés. Il faut donc additionner les résultats obtenus par les organisations syndicales au premier tour des élections des membres des CSE de chacun des établissements ou entreprises inclus dans le champ d'application de l'accord de groupe, pour vérifier lesquelles peuvent prétendre avoir obtenu 10 % des suffrages exprimés toutes catégories confondues, ou, s'il s'agit d'une organisation syndicale catégorielle, au niveau des collèges de la catégorie qu'elle représente. La jurisprudence précise que l'addition se fait en tenant compte des résultats obtenus par toutes les organisations affiliées à une même confédération syndicale[2].

Il importe de préciser que cette règle d'addition des suffrages pour permettre une représentativité au niveau du groupe ne vaut pas s'agissant de la signature de l'accord permettant la mise en place d'un comité de groupe. Pour cet accord spécifique, la jurisprudence considère que tous les syndicats représentatifs dans les entreprises incluses dans le périmètre du comité de groupe doivent être invités à la négociation de l'accord[3].

241.23 **Négociateurs syndicaux, cycle électoral**[4]. Dès lors que la représentativité des organisations syndicales s'apprécie par addition des suffrages obtenus dans les entreprises composant le groupe, qui ne se déroulent pas au même moment, se pose la question du cycle de calcul de ces suffrages. La loi du 8 août 2016 opère à cet égard une distinction selon qu'il existe ou non déjà, dans le même périmètre, un accord de groupe[5].

– S'il existe déjà un accord conclu dans ce même périmètre au cours du cycle électoral précédant l'engagement des négociations, les suffrages pris en compte pour être additionnés sont :

• ceux du cycle en cours, c'est-à-dire des dernières élections, si toutes les élections ont eu lieu à la même date dans le groupe ;

• ceux des dernières élections intervenues au cours du cycle précédant le cycle en cours, lorsque les élections se sont tenues à des dates différentes.

[Ex. : Négociation engagée le 15 mars 2024 :

Cas n° 1 – au sein du groupe, toutes les élections ont eu lieu, dernier lieu, en septembre 2019. L'addition des suffrages se fait à partir des résultats des élections de septembre 2019.

Cas n° 2 – au sein du groupe, les élections sont échelonnées. Le cycle électoral commence à la date de signature du dernier accord de groupe, et se renouvelle tous les quatre ans. Le dernier cycle électoral a démarré en septembre 2023, date à partir de laquelle un nouveau cycle d'élections a commencé au sein du groupe. L'addition des suffrages s'effectue à partir des résultats obtenus aux élections du cycle précédent, entre septembre 2019 et août 2023.]

– S'il n'existe pas encore d'accord de groupe, ou si l'accord qui existe n'a pas été conclu dans le même périmètre que celui qui fait l'objet de la négociation – par exemple à la suite d'une restructuration –, la représentativité est appréciée par addition de l'ensemble des suffrages obtenus lors des dernières élections organisées dans les entreprises et établissements compris dans le périmètre de l'accord.

[Ex. : négociation engagée le 15 mars 2024.

Au sein du groupe, la dernière société à avoir organisé ses élections professionnelles avant l'engagement des négociations l'a fait en février 2024. Le cycle électoral pris en compte s'arrête en février 2024 et commence donc en mars 2020.]

1. C. trav., art. L. 2232-31.
2. POUR UNE DÉCISION RENDUE en matière de négociation d'UES mais qui vaut pour tous les périmètres nécessitant l'addition des suffrages obtenus par une organisation syndicale : Soc. 22 sept. 2010, n° 09-60.435, *Syndicat CGT national du personnel sédentaire c/CMA-CGM (Sté)*, P V, n° 188 ; *D.* 2010. 2298 ; *D.* 2011. 1246, obs. G. Borenfreund, E. Dockès, O. Leclerc, E. Peskine, J. Porta, L. Camaji, T. Pasquier, I. Odoul-Asorey et M. Sweeney ; *RJS* 2010. 770, n° 862 ; *SSL* 2010, n° 1464, p. 5, note M. Grévy ; *Dr. ouvrier* 2010. 655, note F. Petit ; *JCP S* 2010. 1479, obs. R. Chiss et C. Souchon.
3. Soc. 30 mars 2010, n° 08-21.199, *Syndicat des ingénieurs, cadres techniciens, agents de maîtrise et employés c/Total (Sté)*, P V, n° 82, *D.* 2010. 1026 ; *Dr. soc.* 2010. 865, obs. F. Petit ; *RJS* 2010. 459, n° 528 ; *Dr. soc.* 2010. 865, obs. F. Petit ; *JCP S* 2010. 1206, obs. E. Jeansen.
4. SUR la question du cycle électoral s'agissant de la représentativité : G. Loiseau, P. Lokiec, L. Pécaut-Rivolier, Y. Struillou et P.-Y. Verkindt, *Droit de la représentation du personnel*, « Dalloz Action », 2e éd., 2023, n° 212.111.
5. C. trav., art. L. 2122-4, al. 2 et 3.

241.24 Composition de la délégation syndicale. Le Code du travail permet aux organisations syndicales qui sont représentatives à l'échelle de l'ensemble des entreprises comprises dans le périmètre de l'accord négocié de désigner un ou des coordonnateurs syndicaux de groupe choisis parmi les délégués syndicaux au sein des entreprises du groupe[1].

La circulaire DRT n° 09 du 22 septembre 2004 précise que le coordonnateur syndical, qui n'est désigné que « pour la négociation en cause », ne constitue pas une institution pérenne de négociation au sein du groupe. Le coordonnateur syndical ne dispose pas d'un crédit d'heures spécifique, le régime de sa participation doit donc faire partie de la négociation.

Si rien n'est prévu, ses heures de délégation s'imputeront sur celles dont il bénéficie en sa qualité de délégué syndical d'entreprise ou d'établissement.

À défaut de coordonnateur(s), les organisations syndicales représentatives à l'échelle du périmètre de l'accord négocié peuvent, dans les conditions habituelles, être représentées à la négociation dans les conditions prévues par l'article L. 2232-17 du code du travail, mais un accord peut, là encore, prévoir des délégations plus réduites si le nombre d'organisations représentatives est trop important pour que la négociation soit efficace.

SECTION 3
RÉGIME DE L'ACCORD DE GROUPE

241.31 Déroulement de la négociation. Lorsque la négociation d'un accord de groupe est envisagée, les organisations syndicales de salariés représentatives dans chacune des entreprises ou chacun des établissements compris dans le périmètre de l'accord sont informées préalablement de l'ouverture même de la négociation[2]. Elles peuvent ainsi notamment préparer cette négociation et le cas échéant désigner un ou plusieurs coordonnateurs syndicaux[3]. Les négociations sont menées dans les mêmes conditions que la négociation d'entreprise. La validité de l'accord de groupe est subordonnée à sa signature aux mêmes conditions que l'accord d'entreprise : 50 % des suffrages exprimés pour que l'accord soit approuvé, possibilité de recourir à une consultation des salariés dans le cas où il est signé par des organisations syndicales représentant entre 30 et 50 % des suffrages exprimés[4].

Les suffrages sont calculés en fonction des résultats obtenus aux élections dans les entreprises ou établissements compris dans le périmètre de l'accord. S'il est recouru à la consultation des salariés, sont consultés les salariés des entreprises et établissements compris dans le périmètre de l'accord.

241.32 Publicité de l'accord. L'accord est soumis aux mêmes conditions de dépôt et de notification que l'accord d'entreprise[5].

241.33 Fin de l'accord. Les textes ne prévoient aucune règle spécifique de dénonciation, ou mise en cause de l'accord. C'est donc le droit commun qui s'applique[6], mais avec une question particulière sur le cycle électoral à prendre en considération pour s'assurer de la représentativité des organisations syndicales au moment de la révision, de la dénonciation ou de la mise en cause.

241.34 Articulation des normes. Sur l'articulation entre accords de groupe, accords interentreprises, accords d'entreprise ou d'établissement[7].

1. C. trav., art. L. 2232-32.
2. C. trav., art. L. 2232-32.
3. V. s[s] n° 242.32.
4. C. trav., art. L. 2232-12 et L. 2232-13 ; – V. s[s] n°s 132.00 s.
5. C. trav., art. L. 2232-35.
6. Sur la révision, la dénonciation et la mise en cause des accords, v. s[s] n°s 414.11 s.
7. V. s[s] n°s 312.121 s.

CHAPITRE

242. Accord d'UES

SECTION 0
ORIENTEUR

242.00 **Sommaire du chapitre.**

242.03 **Bibliographie indicative.**

Article. S. Ranc, « Les contraintes résultant du droit du travail. – Le réseau comme périmètre d'application du droit des relations collectives », *Cahiers de droit de l'entreprise* n° 3, mai 2022, dossier 19.

242.05 **Points clés.** Dès lors qu'a été reconnue conventionnellement l'existence d'une unité économique et sociale, il est fréquent qu'elle serve de champ à une négociation collective qui permette de mettre en œuvre un régime social unique pour tous les salariés de cette entité. Le régime de ces accords n'est pas prévu par les textes, il répond donc aux conditions de droit commun de l'accord d'entreprise avec quelques adaptations.

SECTION 1
GÉNÉRALITÉS

242.11 **Un régime jurisprudentiel.** L'unité économique et sociale étant une création jurisprudentielle, le périmètre, en tant que support d'une négociation collective, est également une création de la pratique et de la jurisprudence. Il est certain que l'existence d'un accord d'UES est possible, puisque de multiples arrêts y font référence, et que la loi elle-même renvoie à l'accord d'UES, lorsqu'il en a été créé une, pour certains droits (droits de participation[1], ou encore s'agissant du plan de sauvegarde de l'emploi[2]). Cependant, il n'existe aucune disposition légale en décrivant les conditions et le régime. La jurisprudence étant assez peu importante, les éléments qui seront donnés le sont au regard de la conception jurisprudentielle de l'UES, mais sans qu'une décision explicite ait pu le confirmer.

242.12 **Accord assimilé à l'accord d'entreprise.** La jurisprudence analysant l'UES comme une entreprise[3], on peut en déduire que l'accord d'UES peut porter sur tous les domaines qui sont ouverts à la négociation d'entreprise, y compris ceux de la négociation obligatoire qui pourront être traités au niveau de l'UES.

SECTION 2
ACTEURS DE LA NÉGOCIATION

242.21 **Acteurs patronaux.** L'unité économique et sociale n'a pas la personnalité morale et il ne peut en être décidé autrement, même par accord collectif[4]. Dès lors, tous les employeurs des entités composant l'UES doivent être présents ou représentés à la négociation. Toutefois, il est possible aux employeurs de se donner mandat de négociation.

242.22 **Acteurs syndicaux.** La jurisprudence a déterminé les conditions de désignation d'un délé-

1. L. n° 2001-152, 19 févr. 2001 sur l'épargne salariale, *JO* 20 févr., p. 2274.
2. L n° 2002-73, 17 janv. 2002 de modernisation sociale, *JO* 18 janv., p. 1008.
3. G. Loiseau, P. Lokiec, L. Pécaut-Rivolier, Y. Struillou et P.-Y. Verkindt, *Droit de la représentation du personnel*, préc., n° 112.161.
4. Soc. 16 déc. 2008, n° 07-43.875, P V, n° 255 ; *D.* 2009. 986, note F. Petit ; *Dr. soc.* 2009. 500, obs. J. Savatier ; *RDT* 2009. 228, obs. B. Lardy-Pelissier ; *RJS* 2009. 219, n° 254 ; *Dr. soc.* 2009. 500, obs. J. Savatier ; *JCP S* 2009 1140, obs. G. Blanc-Jouvan ; G. Loiseau, P. Lokiec, L. Pécaut-Rivolier, Y. Struillou et P.-Y. Verkindt, *Droit de la représentation du personnel*, préc., n° 112.165.

gué syndical d'UES[1]. Ces conditions sont donc les mêmes pour la participation à la négociation de l'accord d'UES : le seuil de 10 % fixé par l'article L. 2121-1 du code du travail se calcule en additionnant la totalité des suffrages obtenus lors des élections au sein des différentes entités composant l'UES. Sont pris en compte au titre d'une organisation syndicale tous les suffrages obtenus par les syndicats qui y sont affiliés[2]. La question se pose de savoir comment s'appréhende, dans le cadre de l'UES, le cycle électoral : applique-t-on les mêmes dispositions que l'accord de groupe[3], ou fait-on systématiquement courir le cycle électoral, rétroactivement, à partir de la dernière élection précédant la négociation ?

SECTION 3
RÉGIME DE L'ACCORD D'UES

242.31 **Accord d'UES soumis au régime de l'accord d'entreprise.** À défaut de dispositions spéciales, l'accord d'UES est soumis aux mêmes règles de validité que l'accord d'entreprise, c'est-à-dire à la référence aux 30 % et 50 % de suffrages exprimés, qui se calcule par addition des voix dans toutes les structures de l'UES.

242.32 **Articulation avec les autres accords.** Sur l'articulation avec les autres accords, v. s^{s} n° 312.00 s.

1. Soc. 22 sept. 2010, n° 09-60.435, préc.
2. Soc. 22 sept. 2010, n° 09-60.435, préc.
3. V. s^{s} n° 241.23.

TITRE

25. Les accords interentreprises

SECTION 0

ORIENTEUR

25.00 **Sommaire du titre.**

25.03 **Bibliographie indicative.**

Article. E. Jeansen, « L'accord interentreprises, d'une norme spéciale à une norme générale », *JCP S* 2016. 1411.

25.05 **Création de la loi du 8 août 2016.** La loi du 8 août 2016[1] a créé un nouveau type d'accord permettant à plusieurs entreprises juridiquement distinctes de négocier un accord commun, ce qui était jusqu'alors impossible en droit du travail hors cadre du groupe ou de l'UES. L'idée du législateur est de favoriser des dispositifs qui permettent de transcender les frontières de l'entreprise, notamment de taille moyenne, pour faciliter une négociation collective transversale.

La création quasi-concomitante par l'ordonnance n° 2017-789 du 22 septembre 2017[2] du comité interentreprises[3] et du comité interentreprises en matière sociale et culturelle[4] témoigne bien du souhait du législateur d'ouvrir le dialogue social à des périmètres nouveaux dépassant les frontières de l'entreprise.

1. L. n° 2016-1088, 8 août 2016, relative au travail, à la modernisation du dialogue social et à la sécurisation des parcours professionnels, *JO* 9 août, n° 3.
2. Ord. n° 2017-1389, 22 sept. 2017 relative à la prévention et à la prise en compte des effets de l'exposition à certains facteurs de risques professionnels et au compte professionnel de prévention, *JO* 23 sept., n° 37.
3. G. Loiseau, P. Lokiec, L. Pécaut-Rivolierr, Y. Struillou et P.-Y. Verkindt, *Droit de la représentation du personnel,* 2e éd., n° 421.51.
4. G. Loiseau, P. Lokiec, L. Pécaut-Rivolier, Y. Struillou et P.-Y. Verkindt, *Droit de la représentation du personnel,* préc., n° 435.23.

CHAPITRE

251. Les acteurs de la négociation

SECTION 0
ORIENTEUR

251.00 **Sommaire du chapitre.**

SECTION UNIQUE
ACTEURS PATRONAUX ET SYNDICAUX

251.11 **Acteurs patronaux.** Il s'agit de tous les employeurs, ou de leurs représentants, concernés par l'accord entreprises. Un mandat est cependant possible.

251.12 **Acteurs syndicaux.** Il s'agit de toutes les organisations syndicales représentatives au niveau interentreprises, par addition de l'ensemble des suffrages obtenus dans les entreprises ou établissements concernés lors des dernières élections précédant l'ouverture de la première réunion de négociation. Le choix fait est donc identique à celui prévu pour la représentativité s'agissant de la négociation de groupe. Ce ne sont pas toutes les organisations syndicales représentatives au niveau de chaque entreprise qui sont actrices de la négociation, mais seulement celles qui, par cumul des voix obtenues au niveau de chacune des entreprises concernées, franchissent le seuil de 10 %.

CHAPITRE

252. Le domaine pratique de la négociation

SECTION 0

ORIENTEUR

252.00 **Sommaire du chapitre.**

SECTION UNIQUE

CONFIGURATIONS

252.11 **Entreprises, UES et groupe.** La volonté du législateur a été de donner le moyen de transcender le périmètre de l'entreprise en concluant l'accord dans un cadre qui ne correspond pas, précisément, à la structure d'un groupe ou à l'existence d'une UES. L'accord interentreprises, s'il peut être élaboré au sein d'un groupe ou d'une UES par certaines des entreprises qui le composent, peut être plus volontiers établi entre des entreprises qui n'appartiennent pas à un groupe ou à une UES, ou par des entreprises qui relèvent d'un groupe ou d'une UES avec des entreprises qui lui sont extérieures. Toutes les configurations sont concevable, l'article L. 2232-36 du Code du travail disposant de la manière la plus large que l'accord interentreprises est négocié et conclu « au niveau de plusieurs entreprises ».

Pour quelle utilité ? L'intérêt peut être, par exemple, celui d'une entreprise maître d'œuvre travaillant de manière habituelle avec des entreprises sous-traitantes qui souhaite uniformiser les conditions de travail des salariés appelés à intervenir sur les mêmes chantiers. Il peut également être le fait d'entreprises de taille moyenne du même secteur d'activité et champ géographique.

L'utilité est certainement aussi de disposer dorénavant d'un type d'accord dont le régime est légalement défini pour mettre en place et pour configurer une UES, ou pour en réviser le périmètre. Auparavant, faute de texte particulier, la Cour de cassation voyait dans l'accord de reconnaissance ou de modification conventionnelle de l'UES un accord collectif de droit commun. Elle décidait en conséquence que cet accord devait être signé, aux conditions de droit commun, par les syndicats représentatifs au sein des entités faisant partie de l'UES[1]. Cette solution a été rendue obsolète par la loi Travail puisqu'il existe désormais un dispositif spécifique dédié à la négociation collective associant des entreprises distinctes qui ne constituent pas un groupe. L'accord interentreprises n'est pas, dans ce contexte, une modalité alternative de configuration d'une UES. Ayant son propre champ d'application – la négociation collective plurilatérale au niveau de plusieurs entreprises qui ne forment pas un groupe de sociétés – et un régime juridique *ad hoc*, ce sont ses règles qui doivent être suivies pour mettre en place conventionnellement une UES. Pour le dire autrement, à présent que les parties ont un moyen approprié à leur disposition, elles n'ont pas le choix de l'accord collectif à adopter[2].

Quoiqu'il ait pu être qualifié d'« innovation énigmatique de la loi du 8 août 2016 »[3], l'accord interentreprises a donc un intérêt pratique indéniable même s'il est vrai qu'il n'a à son actif qu'une utilisation récente et relativement modeste. C'est presque par un effet d'aubaine qu'il se trouve correspondre à la physionomie d'un accord de reconnaissance d'UES. Et il répond tout aussi parfaitement aux besoins de

1. Soc. 14 nov. 2013, nº 13-12.712, P ; *Dr. soc.* 2014. 186, note F. Petit. Cette solution par défaut avait été retenue après une autre, recourant aux règles du protocole d'accord préélectoral : Soc. 31 mars 2009, nº 08-60.494, P.
2. V. en ce sens : Y. Pagnerre, « Retour sur l'accord de reconnaissance d'une UES », *JCP S* 2018. 1065, nº 2 – G. Auzero, « La division de l'unité économique et sociale en établissements distincts », *RJS* 2020. 579.
3. G. Bélier, H.-J. Legrand et A. Cormier Le Goff, *Le nouveau droit de la négociation collective*, Wolters Kluwer, 2018, nº 230, p. 277.

l'extension conventionnelle d'une UES déjà constituée puisqu'il permet d'associer dans ce but des entreprises distinctes que sont l'UES préexistante et la ou les entreprises ayant vocation à l'intégrer[1].

1. V. reconnaissant ainsi la qualification d'accord interentreprises à un accord de modification conventionnelle d'une UES qui a la même nature que l'accord initial de reconnaissance : TJ Nanterre, 3 juin 2021, n° 21/01045 ; *BJT* 10/2021, p. 16, note G. Loiseau, et, en appel, Versailles, 20 janv. 2022, n° 21/02009 ; *JCP S* 2022. 1150, note Y. Pagnerre.

CHAPITRE

253. Le régime de la négociation

SECTION 0

ORIENTEUR

253.00 Sommaire du chapitre.

SECTION UNIQUE

DROIT COMMUN

253.11 Question de l'absence de délégué syndical. La question de l'absence de délégué syndical se pose de manière particulière pour la négociation interentreprises. D'une part, il n'est pas prévu de délégué syndical interentreprises alors que, s'agissant des autres négociations *supra* entreprises (groupe et UES), un délégué syndical désigné au niveau où la négociation s'effectue est possible. D'autre part, il n'est pas spécifié que les entreprises participant à la négociation doivent nécessairement disposer d'un délégué syndical en leur sein[1]. Dans ces conditions, comment se forme la délégation ?

253.12 Règles de validité de droit commun. L'article L. 2232-38 renvoie, s'agissant des règles de validité, aux principes définis par les articles L. 2232-12 et L. 2232-13 pour les accords de droit commun, c'est-à-dire aux seuils de 50 % pour un accord valide et de 30 % pour un accord permettant la consultation des salariés. Les taux se calculent par rapport aux suffrages exprimés lors des dernières élections au sein des entreprises concernées par l'accord. En cas de consultation des salariés, celle-ci s'effectue au sein de toutes les entreprises incluses dans le périmètre de l'accord.

253.13 Articulation avec les autres accords. Sur l'articulation avec les autres accords, v. s[s] n°s 312.100 s.

1. E. Jeansen, « L'accord interentreprises, d'une norme spéciale à une norme générale », *JCP S* 2016, n° 48, 1411.

LIVRE

3. LA NÉGOCIATION COLLECTIVE D'ENTREPRISE

SECTION 0

ORIENTEUR

3.00 **Sommaire du livre.**

Division. Les règles organisant la négociation collective en entreprise ont considérablement évolué à l'occasion des réformes du 8 août 2016 et du 22 septembre 2017. Le contenu de la négociation n'a pas, au vrai, été substantiellement modifié. Mais l'ordonnancement de la négociation a en partie changé, en particulier au moyen de l'introducton du triptyque « ordre public », « champ de la négociation collective » et « dispositions supplétives ». La réduction de l'ordre public qui en a résulté a dégagé de nouveaux espaces de négociation (titre 32). Et ce réaménagement est lui-même corrélé à une revalorisation de la place de l'accord d'entreprise, laquelle a rejailli sur l'articulation des accords relevant de niveaux normatifs différents (titre 31). Au bout du compte, le droit des accords d'entreprise est littéralement chamboulé.

TITRE

31. L'articulation des normes

SECTION 0
ORIENTEUR

31.00 **Sommaire du titre.**

Division. Les règles présidant à l'articulation des normes ont connu, ces dernières années, d'importantes évolutions : le principe de faveur a régressé ; le principe de primauté, qui dicte d'appliquer directement une norme par rapport à une autre indépendamment de son caractère plus favorable, s'est étendu. Cette dernière évolution s'est faite sous l'influence d'un autre principe, le principe de proximité, qui conduit à privilégier l'application de la norme d'entreprise (chap. 312). Dans le même temps, si l'autorité des normes n'a pas changé en valeur absolue – il y a toujours des normes impératives, des normes supplétives, des normes subsidiaires, des normes dispositives – leur identification s'est brouillée (chap. 311). On le doit principalement au démembrement de l'ordre public dont plusieurs aspects coexistent dans le plus grand désordre : l'ordre public social, l'ordre public absolu, l'ordre public au sens du triptyque « ordre public », « champ de la négociation collective » et « dispositions supplétives ».

CHAPITRE

311. Autorité des normes

SECTION 0 ORIENTEUR

311.00 Sommaire du chapitre.

Division. Le droit du travail s'est construit principalement au moyen de normes légales impératives auxquelles il était possible de déroger, notamment par accord collectif, dans un sens plus favorable aux salariés. L'ordre normatif est aujourd'hui singulièrement plus complexe et la place croissante que le législateur y fait aux accords collectifs en général et aux accords d'entreprise en particulier n'y est pas étrangère. C'est d'ailleurs du point de vue de la place donnée aux accords collectifs que l'autorité des normes doit être appréhendée en distinguant les normes dérogeables et les normes indérogeables (sect. 1), les normes supplétives et les normes subsidiaires (sect. 2), à quoi s'ajoutent les normes dispositives (sect. 3).

311.02 Jurisprudence de référence.

> Ordre public absolu

• **Soc. 9 nov. 2022,** n° 21-60.183, P

« Lorsque plusieurs sièges sont à pourvoir, les organisations syndicales sont tenues de présenter une liste conforme à l'article L. 2314-30 du code du travail, c'est-à-dire respectant la proportion de la part des hommes et des femmes dans le collège électoral considéré et devant comporter au moins un candidat au titre du sexe sous-représenté ; que lorsque l'application des règles de proportionnalité et de l'arrondi à l'entier inférieur en cas de décimale strictement inférieure à 5 conduit au regard du nombre de sièges à pourvoir à exclure totalement la représentation de l'un ou l'autre sexe, il résulte de l'article précité que les listes de candidats peuvent comporter un candidat du sexe sous-représenté, sans que les organisations syndicales y soient tenues ; que les dispositions de l'article L. 2314-30 du code du travail étant d'ordre public absolu, le protocole préélectoral ne peut y déroger. »

> Droits et libertés fondamentaux

• **Soc. 9 oct. 2019,** n° 18-13.529, P

« L'accord collectif qui prévoit, dans le cadre des dispositions visant à faciliter l'exercice de mandats syndicaux ou représentatifs par la valorisation des compétences mises en œuvre par les salariés dans l'exercice de ces mandats, l'élaboration par l'employeur, après négociation avec les organisations syndicales représentatives dans l'entreprise, d'un référentiel dont l'objet est d'identifier ces compétences ainsi que leur degré d'acquisition dans le but de les intégrer au parcours professionnel du salarié et dont le juge a vérifié le caractère objectif et pertinent, ne porte pas atteinte au principe de la liberté syndicale, l'employeur étant tenu en tout état de cause dans la mise en œuvre de l'accord au respect des prescriptions des articles L. 1132-1 et L. 2141-5, alinéa 1er, du code du travail. »

> **Disposition dérogatoire**

• **Cons. const. 29 avr. 2004,** n° 2004-494 DC, *JO* 5 mai, p. 7998

« Lorsque le législateur autorise un accord collectif à déroger à une règle qu'il a lui-même édictée et à laquelle il a entendu conférer un caractère d'ordre public, il doit définir de façon précise l'objet et les conditions de cette dérogation. »

> **Préalable de négociation**

• **Soc. 17 avr. 2019,** n° 18-22.948, P

« L'article L. 2313-2 du code du travail prévoit qu'un accord d'entreprise détermine le nombre et le périmètre des établissements distincts pour la mise en place des CSE. Selon l'article L. 2313-4 du même code, en l'absence d'accord, le nombre et le périmètre de ces établissements sont fixés par décision de l'employeur. Il résulte de ces dispositions que ce n'est que lorsque, à l'issue d'une tentative loyale de négociation, un accord collectif n'a pu être conclu que l'employeur peut fixer par décision unilatérale le nombre et le périmètre des établissements distincts. »

• **Soc. 4 oct. 2023,** n° 21-25.748, P

« Le contenu de la base de données économiques et sociales étant, en l'absence d'accord, déterminé par les dispositions légales et réglementaires précitées, la négociation préalable d'un accord prévu à l'article L. 2312-21 du code du travail ne présente pas de caractère obligatoire. »

311.03 Bibliographie indicative.

Thèses. F. Canut, *L'ordre public en droit du travail*, th. Paris I, « Bibliothèque de l'Institut André Tunc », LGDJ, 2007 – E. Jeansen, *L'articulation des sources du droit. Essai en droit du travail*, th. Paris II, « Recherches Juridiques », Economica, 2008, préf. B. Teyssié – C. Pérès-Dourdou, *La règle supplétive*, th. Paris I, « Bibliothèque de droit privé », t. 421, LGDJ, 2004, préface G. Viney – M. Touchais, *La règle impérative. Contribution à l'étude de la dérogation conventionnelle aux lois*, th. Paris V, 2019.

Monographie. G. Bélier, H.-J. Legrand et A. Cormier Le Goff, *Le nouveau droit de la négociation collective : Acteurs et accords*, 6e éd., « Droit vivant », Liaisons – Wolters Kluwer, 2018.

Contributions. D. Baugard, « L'ordre public social », *Archives Phil. dr.* 2015, p. 129 – B. Boubli, « Le juge, la norme et le droit du travail » *in* B. Teyssié (dir.), *Les sources du droit du travail*, « Droit, Éthique, Société », Puf, 1998, p. 33 – G. Couturier, « L'ordre public de protection, heurs et malheurs d'une vieille notion neuve », *Études offertes à Jacques Flour*, Defrénois, 1979, p. 140 – G. Loiseau, « La conventionnalisation du droit du travail. Regards croisés sur la liberté contractuelle et sur la liberté conventionnelle », *Liber amirocum en hommage à Pierre Rodière,* « Mélanges », LGDJ, 2019, p. 205 ; « Le pouvoir normatif de l'employeur », *Mélanges en l'honneur du Professeur Bernard Teyssié*, « Mélanges », LexisNexis, 2019, p. 231 – T. Revet, « L'ordre public dans les relations de travail » *in* T. Revet (dir.), *L'ordre public à la fin du XXe siècle*, « Thèmes et commentaires », Dalloz, 1996, p. 46.

Articles. A. Barège, « Le pouvoir normatif des conventions et accords collectifs », *JCP S* 2014. 1432 – J. Barthélémy, « Ordre public et droit du travail », *Cah. DRH* 1/2011, p. 41 et 2/2011, p. 27 – F. Boquillon, « Loi susceptible de dérogation et loi supplétive : les enjeux de la distinction en droit du travail », *D.* 2005. 803 – F. Canut, « La dérogation, une technique de flexibilité éprouvée », *SSL* 8 juin 2015, n° 1680, p. 53 ; « Le recul de l'ordre public face à l'accord collectif », *Dr. ouvrier* 2017. 34 – J.-F. Cesaro, « Les ordres publics en droit du travail : de l'international au supranational », *JCP S* 2017. 1129 – R. Chiss, « L'articulation de la norme nationale française avec la norme internationale. Point de vue », *JCP S* 2016. 1158 – J. Daniel, « L'ordre public légal ou la tentation du chamane », *JCP S* 2017. 1127 – F. Favennec-Héry, « La hiérarchie des normes en droit du travail : rupture ou continuité ? », *SSL* 31 oct. 2016, n° 1742, p. 4 ; « L'ordre public légal », *JCP S* 2017. 1126 – G. François, « Le préalable de négociation obligatoire », *Dr. soc.* 2021. 356 – Ph. Flores, F. Favennec-Héry et R. Weissmann, « Les dérogations en droit du travail. Le recours à l'accord dérogatoire », *BICC* sept. 2017, n° 867, p. 34 – G. François, « Échec des négociations et décision unilatérale », *Bull. Joly sociétés* 7/2022, p. 48 – S. Frossard, « La supplétivité des règles en droit du travail », *RDT* 2009. 83 – B. Gauriau, « L'ordre public dans le droit des conventions et accords collectifs », *JCP S* 2017. 1131 ; « Faut-il nommer l'ordre public ? », *RJS* 2020. 785 – G. Loiseau, L. Pécaut-Rivolier et G. Pignarre, « L'ordre public social a-t-il un avenir ? », *Dr. soc.* 2016. 886 – G. Loiseau, « La sanction de la violation des règles d'ordre public », *JCP S* 2017. 1135 ; « Les mutations de l'ordre public et la liberté conventionnelle », *BJT* 4/2020. 52 ; « Le préalable de négociation », *RJS* 6/2021, p. 427 – G. Lyon-Caen, « Négociation collective et législation d'ordre public », *Dr. soc.* 1973. 89 – L. Marquet de Vasselot, « L'ordre public conventionnel », *JCP S* 2017. 1128 – M. Morand, « Le droit du travail supplétif », *RJS* 2022. 3 – F. Petit, « L'ordre public dérogatoire », *RJS* 2007. 391 – S. Riancho, « La substitution de norme en droit du travail », *RRJ Droit prospectif* 2022, p. 769 – T. Sachs, « L'ordre public en droit du travail, une notion dégradée », *RDT* 2017. 585 – M.-A. Souriac, « L'articulation des niveaux de négociation », *Dr. soc.* 2004. 58 – A. Teissier, « Le droit souple et l'ordre public supranational ressenti (ou suggéré) », *JCP S* 2017. 1130 – B. Teyssié, « Variations sur un diptyque », *JCP S* 2017. 1125 – P.-Y. Verkindt, « À propos de la notion d'ordre public conventionnel », *SSL* 26 déc. 2016, n° 1751, p. 5 ; « L'ordre public, clé de la refondation du Code du travail ? », *JCP S* 2017. 1137.

311.05 **Points clés.** Il existe trois catégories de normes envisagées au point de vue de leur autorité dans l'ordre juridique. La première distingue les normes en fonction de la possibilité d'y déroger. La deuxième distingue les normes selon qu'elles sont appelées à remplacer une norme par hypothèse inexistante – c'est la supplétivité – ou à s'effacer en cas de concours avec une norme principale – c'est la subsidiarité. La troisième, enfin, comprend uniquement les normes dispositives dont l'objet est de permettre aux partenaires sociaux de mettre en place un dispositif qui ne peut exister que si un accord collectif a été conclu à cet effet.

311.06 **Typologie des normes en fonction leur autorité.** Indépendamment de leur source - *supra*-légale, légale, conventionnelle, contractuelle, volonté unilatérale - les normes peuvent être distinguées en fonction de leur autorité. Cette autorité ne règle cependant pas en soi la question de l'articulation des normes en concours lorsqu'elles sont de niveaux différents - lois, accords nationaux interprofessionnels, accords de branche, accords d'entreprise, contrats, etc. - et qu'il faut déterminer celle qui est applicable. L'arbitrage à opérer entre les normes en concours se fait alors au moyen de principes que sont le principe de faveur et le principe de primauté directe[1].

L'autorité des normes se rapporte avant tout à leur positionnement dans l'ordre juridique pour traiter ou pour organiser le traitement d'une situation donnée. On peut identifier, à ce sujet, trois catégories de normes. La première oppose les normes indérogeables aux normes dérogeables selon que la norme - *supra*-légale, légale ou réglementaire - exclut ou, à l'inverse, supporte une norme dérogatoire - principalement d'ordre conventionnel ou contractuel. La deuxième catégorie distingue les normes supplétives et les normes subsidiaires. Alors que la norme supplétive est une norme de remplacement qui n'a vocation à s'appliquer qu'en l'absence d'une norme que le législateur laisse la possibilité d'adopter - généralement par voie conventionnelle ou contractuelle - ou dont il entend favoriser l'adoption - s'agissant de la norme négociée -, la norme subsidiaire révèle une hiérarchie par rapport à une norme principale devant laquelle elle s'efface en cas de concours de normes. La troisième catégorie, enfin, ne comporte qu'un type de normes, les normes dispositives. Leur objet est de permettre aux partenaires sociaux d'adopter une mesure ou de mettre en place un dispositif qui ne peut exister que si un accord collectif est conclu à cet effet dans les conditions établies par la loi. L'accord collectif ne déroge alors à aucune disposition légale et son absence n'est suppléée par aucune disposition supplétive.

SECTION 1
NORMES INDÉROGEABLES ET NORMES DÉROGEABLES

311.10 **Plan – Impérativité et indérogeabilité.** Il est généralement considéré que la règle impérative se caractérise par une impossibilité absolue d'y déroger par convention[2]. Cette conception « pure » doit toutefois composer, en droit du travail, avec une plus grande sophistication des règles dont la force normative est ajustée à leur fonction. Sans compromettre l'appartenance d'une disposition à l'ordre public, il existe toute une gamme d'impérativité qui, à certains degrés, tolère la « dérogeabilité » (§ 1). À vrai dire, si l'on excepte l'ordre public absolu dont le domaine, restreint, réunit des règles auxquelles il ne peut être dérogé[3], l'ordre public qui s'est historiquement développé en droit social dans un objectif de protection des salariés – ordinairement qualifié d'ordre public social – est composé de règles dont l'impérativité a le sens d'un minimum indérogeable[4] (§ 2). Ainsi conçu, l'ordre public est compatible avec des mesures mieux-disantes adoptées par accord collectif de travail ou dans le cadre des contrats individuels, le cas échéant par engagement unilatéral de volonté ou par usage. La valeur impérative de la règle, qui interdit toute dérogation *in pejus,* légitime l'appellation d'ordre public[5], d'autant que l'on peut s'interroger sur la qualification de dérogatoire d'une mesure qui se borne à ajouter à une disposition impérative dictée au titre de l'ordre public de protection[6]. C'est d'ailleurs ce que laisse entendre l'article L. 2251-1 du Code du travail lorsqu'il dispose qu'une « convention ou un accord peut comporter des stipulations plus favorables aux salariés que les dispositions légales en vigueur » et qu'ils « ne peuvent déroger aux dispositions qui revêtent un caractère d'ordre public », ce qui peut se comprendre comme distinguant l'adoption de stipulations plus favorables par rapport à ce que prévoit la règle impérative et le fait de déroger à ce qu'elle prescrit.

§ 1
« Dérogeabilité » des normes d'ordre public

311.20 **Plan – Nuances de l'ordre public en droit social.** Le rôle traditionnel de l'ordre public est d'assurer, au moyen de règles impératives auxquelles les parties ne peuvent pas déroger, le respect de principes essentiels qui répondent à des exigences fondamentales ou à des intérêts primordiaux. L'ordre public social est à la fois plus large et moins contrai-

1. V. s^s n°s 312.31 s., 312.40 s.
2. M. Touchais, *La règle impérative. Contribution à l'étude de la dérogation conventionnelle aux lois,* th. Paris V, 2019.
3. La Cour de cassation réserve toutefois la possibilité d'y déroger avec l'autorisation expresse de la loi : Soc. 23 mai 2007, n° 04-20.157, *Fédération de la métallurgie CFE-CGC c/Fédération générale des mines et de la métallurgie CFDT,* P V, n° 83 ; *D.* 2007. 1665 ; *JCP* 2007. II. 10183, note R. Vatinet ; *JCP S* 2007. 1748, note G. Bordier ; *RJS* 2007. 756, n° 980.
4. V. s^s n° 311.31.
5. CONTRA : G. Couturier, « L'ordre public de protection, heurts et malheurs d'une vieille notion neuve », *Études offertes à Jacques Flour,* Defrénois, 1979, n° 20, p. 140 ; – AUSSI : T. Revet, « L'ordre public dans les relations de travail » *in* T. Revet (dir.), *L'ordre public à la fin du XXe siècle*, « Thèmes et commentaires », Dalloz, 1996, p. 46, qui relève que : « À l'encontre de l'appartenance de l'ordre public social à la technique de l'ordre public est invoquée l'impossibilité de parler d'ordre public en présence d'une faculté de déroger. »
6. Autrement dit, une règle d'ordre public ne perd pas ce caractère lorsqu'il est seulement ajouté à ce que celle-ci impose.

gnant. Plus large car il regroupe des règles qui n'ont pas toutes la valeur de principes essentiels et qui y figurent dans la mesure où elles concourent à la protection du salarié sans exclure une protection plus favorable par voie conventionnelle ou contractuelle (B). Moins contraignant parce que, précisément, il est possible d'y déroger (C).

L'ordre public social ne se présente pas, à cet égard, comme un monolithe de règles impératives. C'est un ensemble composite associant des règles d'autorité variable, comme un dégradé normatif. Difficile à appréhender, il l'est plus encore dans la mesure où si, de façon générale, l'ordre public est par nature évolutif, c'est sa représentation qui a évolué ces dernières années en droit du travail[1] (A). Spécialement, la conception, en certaines matières, d'un triptyque composé de l'ordre public, du champ de la négociation collective et de dispositions supplétives a abouti à compartimenter trois ordres de règles appelées à traiter d'une question de droit. L'ordre public est alors à la base d'une construction qui part des principes que le composent et se prolonge en se subdivisant en deux branches dont l'une n'a d'utilité que si l'autre n'est pas empruntée, les dispositions supplétives n'ayant vocation à s'appliquer qu'à défaut de dispositions conventionnelles. Ne reprenant qu'en partie le contenu de l'ordre public traditionnel, l'ordre public constitué en clé de voûte du triptyque n'a pas la même fonction, ni exactement le même sens.

A. Représentations de l'ordre public en droit social

311.31 Spécificité de l'ordre public social. La spécificité de la notion d'ordre public en droit du travail est un constat que les auteurs ont partagé au cours du temps. Ni ordre public de direction, en ce qu'il peut la plupart du temps y être dérogé, ni ordre public de protection, en ce qu'il ne peut pas toujours y être renoncé, sa conception le met à part. À la différence de l'ordre public classique qui est « l'expression de l'impérativité d'une règle de droit à laquelle on ne peut déroger [...] et conduit à la restriction de certaines libertés, liberté d'agir, de contracter [...] »[2], l'ordre public en droit du travail « n'inhibe pas toujours la liberté contractuelle. Dans cette branche du droit, les dispositions, pourtant impératives, qui relèvent de la technique de l'ordre public social permettent aux parties au contrat de travail, comme aux parties à l'accord collectif, de s'exprimer, pourvu que ce soit dans un sens favorable aux salariés »[3].

Longtemps, sa compréhension était, il est vrai, relativement simple, soutenue par l'idée que, en droit du travail, les règles sont globalement d'ordre public en ce qu'elles constituent toujours un instrument de protection du salarié soumises au principe de faveur. L'ordre public social, de ce point de vue, pouvait être regardé comme la colonne vertébrale du droit du contrat de travail[4].

311.32 Identification d'un ordre public fondamental : les principes de la commission *Badinter*. À considérer que toute règle de droit du travail présente un caractère d'ordre public en ce qu'elle est un instrument de protection du salarié, on a parfois oublié que, dans l'ensemble que constitue le droit social, il y a des normes plus fondamentales, plus incontournables, que d'autres. Cet ordre public plus ramassé, concentration de normes essentielles, durables et transversales, est celui qui se retrouve traditionnellement dans les différents domaines du droit et plus particulièrement dans ceux où se conjuguent un impératif de justice sociale et l'intérêt public qui justifie l'intervention autoritaire de règles étatiques ou *supra*-étatiques[5].

La dissémination de ces normes essentielles au sein de l'ordre public social rend cependant leur détection malaisée. C'est pourquoi, dans la perspective de la réforme opérée par la loi du 8 août 2016[6], il avait été envisagé de les identifier et de les regrouper pour constituer, au-delà de la généralité de la notion d'ordre public social, un socle de règles fondamentales. Ce travail, réalisé par la commission *Badinter*, a débouché sur la formulation de soixante et un principes[7]. Certains relèvent de l'ordre public absolu et ne sont susceptibles d'aucun aménagement. D'autres peuvent être adaptés dans un sens plus favorable aux salariés qu'ils ont vocation à protéger, voire souffrent d'exceptions, parfois nombreuses, sans pour autant perdre leur caractère fondamental. Encore que le rapport de la commission *Badinter* n'ait finalement pas eu de suite, il constitue une référence utile pour se faire une idée des éléments structurants de l'ordre public.

311.33 Évolution de la fonction de l'ordre public : l'ordre public clé de voûte d'un triptyque. Le

1. F. Canut, *L'ordre public en droit du travail*, th. Paris I, « Bibliothèque de l'Institut André Tunc », LGDJ, 2007 – F. Canut, « Le recul de l'ordre public face à l'accord collectif », *Dr. ouvrier* 2017. 34 – T. Sachs, « L'ordre public en droit du travail, une notion dégradée », *RDT* 2017. 585.
2. G. Drago, « Avant-propos » *in* Cour de cassation, *Rapport annuel 2013 : L'ordre public*, La Documentation française, 2014, p. 91.
3. F. Canut, *L'ordre public en droit du travail*, préc., n° 45.
4. G. Loiseau, « La conventionnalisation du droit du travail. Regards croisés sur la liberté contractuelle et sur la liberté conventionnelle », *Liber amirocum en hommage à Pierre Rodière*, « Mélanges », LGDJ, 2019, p. 205.
5. G. Loiseau, L. Pécaut-Rivolier et G. Pignarre, « L'ordre public social a-t-il un avenir ? », *Dr. soc.* 2016. 886.
6. L. n° 2016-1088, 8 août 2016, relative au travail, à la modernisation du dialogue social et à la sécurisation des parcours professionnels, *JO* 9 août, n° 3.
7. R. Badinter (dir.), *Rapport au premier ministre : Comité chargé de définir les principes essentiels en droit du travail*, La Documentation française, janv. 2016.

sens et la fonction de l'ordre public, déjà passablement singuliers en droit du travail, ont considérablement évolué avec la loi du 8 août 2016 et la nouvelle architecture des normes organisée par ce texte, partiellement poursuivie par les ordonnances du 22 septembre 2017. L'ordre public est devenu l'appellation d'une rubrique qui constitue le premier volet d'un triptyque faisant se succéder, sur une question de droit, l'ordre public, le champ de la négociation collective et les dispositions supplétives. Les éléments de contenu de l'ordre public classique ayant été repris de façon sélective dans ce nouvel ordre public, la loi du 8 août 2016 a sensiblement modifié la conception de l'ordre public social en tant que corps de règles concourant à la protection des salariés en déterminant un seuil minimum de garantie. Mais encore faut-il préciser que le démembrement qui en est résulté – une partie des règles ayant été reléguée parmi les dispositions supplétives – ne correspond pas forcément à un déclassement de ces dernières. L'esprit, en réalité, n'est plus le même.

L'ordre public au sens du triptyque introduit par la loi du 8 août 2016 est conçu comme un référentiel sur la base duquel les partenaires sociaux sont libres d'élaborer leurs propres normes en complétant ou en précisant les règles qui le composent. Sa fonction, de ce point de vue, est de fournir un cadre commun de référence que prolongent les dispositions conventionnelles à adopter et, à défaut, les dispositions légales supplétives. Il ne s'agit pas en cela d'un noyau dur indérogeable car le but n'est pas nécessairement de restreindre ou de freiner la liberté conventionnelle. On peut y voir plutôt un socle normatif inamovible en ce qu'il ne peut être modifié par les dispositions conventionnelles ou supplétives. Il tient lieu d'infrastructure et c'est la conjonction de ses règles avec celles issues de la négociation collective ou celles prévues de manière supplétive qui assure le traitement de la situation juridique.

De là se dégagent plus précisément trois fonctions du nouvel ordre public, en lien les unes avec les autres. La première consiste en une hiérarchisation des règles. Quand, auparavant, l'ordre public social rassemblait principalement les règles protectrices des salariés sans distinction entre elles, le nouvel ordre public opère une sélection parmi celles-ci en ne retenant que les principes structurants, essentiels à la conception du régime sur une question de droit particulière. Les autres dispositions sont reléguées au sein des dispositions supplétives qui ne s'appliquent qu'en l'absence de norme négociée. Les règles légales se retrouvent du coup scindées dans un esprit de hiérarchie puisque certaines sont nécessairement applicables tandis que les autres ne le sont que par défaut. Il en résulte que des règles qui relevaient de l'ordre public social classique n'ont plus leur place dans le nouvel ordre public et peuvent être préemptées par des dispositions conventionnelles indépendamment de l'application du principe de faveur. C'est en cela que l'émergence du nouvel ordre public conduit à un démembrement de l'ordre public social.

Ce démembrement correspond à l'esprit de la loi du 8 août 2016, qui est de favoriser la négociation collective et la fabrication des normes au moyen, en particulier, des accords d'entreprise. Les normes ainsi élaborées sont susceptibles de présenter un contenu variable quand la construction du droit du travail s'est faite dans un esprit d'unité et d'uniformisation, voire d'universalisme. Ce pluralisme normatif favorisant des normes adaptées à un environnement particulier, conçues en considération de la situation de l'entreprise, ne peut toutefois prospérer qu'à partir d'un tronc commun de règles. C'est la deuxième fonction du nouvel ordre public que de faire exister à cet effet un droit commun du travail entendu comme un corps de règles incompressible. Cette base regroupe des principes d'importance inégale dont l'objet est de constituer un fonds commun, gage d'une unité normative irréductible encore que la mise en œuvre de ces principes soit laissée à la négociation collective et organisée à défaut par des dispositions supplétives.

C'est l'idée d'un cadre commun de référence appelé à être complété par des mesures d'application dont l'élaboration par la voie conventionnelle est privilégiée afin de prendre en compte les spécificités de l'entreprise ou de la branche. Le pluralisme est enchâssé, autrement dit, avec l'appoint, en tant que de besoin, de dispositions supplétives. Le nouvel ordre public remplit de cette manière une troisième fonction qui est une fonction de régulation de la conception de la norme puisque celle-ci, si elle peut être plurale dans ses terminaisons, a pour socle des principes communs. Il se présente de ce point de vue comme un état préparatoire qui peut être en soi prescriptif[1] ou renvoyer simplement à des dispositions complémentaires[2].

1. PAR EX., l'article L. 3121-28 du Code du travail dispose, au titre de l'ordre public, que : « Toute heure accomplie au-delà de la durée légale hebdomadaire ou de la durée considérée comme équivalente est une heure supplémentaire qui ouvre droit à une majoration salariale ou, le cas échéant, à un repos compensateur équivalent. » La norme est en soi prescriptive.
2. L'article L. 3123-7 énonce par exemple que le salarié à temps partiel bénéficie d'une durée minimale de travail hebdomadaire déterminée selon les modalités fixées aux articles L. 3123-19 (dispositions conventionnelles) et L. 3123-27 (dispositions supplétives). La règle, figurant dans la rubrique « ordre public », ne peut recevoir d'application autonome et constitue une règle de renvoi, soit aux dispositions adoptées par accord collectif, soit à défaut aux dispositions légales supplétives.

311.34 Évolution du sens de l'ordre public : l'ordre public clé de voûte du triptyque. L'ordre public au sens de la loi du 8 août 2016 et des ordonnances du 22 septembre 2017 se distancie de l'ordre public au sens classique, qui exprime des principes et/ou des valeurs considérés comme essentiels, soit dans une optique dirigiste – l'ordre de public de direction –, soit dans un but de défense d'intérêts collectifs – l'ordre public de protection. Si certaines règles qualifiées d'ordre public dans la loi du 8 août 2016 ou dans les ordonnances du 22 septembre 2017 présentent cette morphologie, d'autres sont de conception neutre en ce qu'elles ne rendent pas compte d'exigences fondamentales ni d'intérêts primordiaux et ne participent même pas à la protection du salarié. Par exemple, il est dit à l'article L. 3121-4 du Code du travail, au titre de l'ordre public, que « le temps de déplacement professionnel pour se rendre sur le lieu d'exécution du contrat de travail n'est pas un temps de travail effectif ». La règle comporte certes un énoncé normatif ; mais il est difficile d'y voir un principe inspiré par une considération d'intérêt général ou par une protection d'intérêts collectifs qui serait compromise si les acteurs sociaux étaient libres d'en empêcher l'application.

Il en résulte qu'une règle peut être d'ordre public sans participer à un ordre de valeur. Le sens de l'appartenance à l'ordre public dans la configuration du triptyque est seulement de signifier que la règle est intrinsèquement invariable, en ce qu'elle peut être complétée sur un sujet donné mais qu'elle n'est pas susceptible d'être modifiée. Il s'agit moins toutefois d'une indérogeabilité bridant la liberté des partenaires sociaux que d'une impérativité assurant que la règle demeure fixe et commune dans le système juridique. C'est cette impérativité qui justifie l'appellation d'ordre public. Pour le reste, la notion, particulièrement fuyante en droit commun, est avant tout fonctionnelle dans la nouvelle architecture des normes.

La question se pose tout de même de savoir comment déterminer, parmi les règles légales, celles qui sont appelées à constituer l'ordre public et les autres, qui n'ont d'utilité que supplétive. En d'autres termes, selon quel(s) critère(s) hiérarchiser les dispositions légales, faisant de certaines un socle commun intangible et des autres des règles subsidiaires, d'application secondaire ? Le choix semble se faire, dans la loi du 8 août 2016 et les ordonnances du 22 septembre 2017, en fonction de ce que le législateur entend placer dans le champ de la négociation collective. Ce qui ne doit pas varier au gré de la négociation collective constitue subséquemment l'ordre public. Et le reste forme les dispositions supplétives qui n'ont de raison d'être qu'en l'absence d'accord collectif. Dans cette démarche, l'ordre public est bel et bien original. Alors que la liberté ne peut être exercée en droit commun qu'au-delà de l'ordre public, les perspectives s'inversent en ce qui concerne l'ordre public dans le cadre du triptyque, lequel désigne les règles qui existent en deçà de la liberté des partenaires sociaux.

311.35 Atrophie de l'ordre public : l'ordre public clé de voûte du triptyque. L'ordre public social tel qu'on se le représentait avant la loi du 8 août 2016 s'est fractionné, divisé en deux morceaux dont l'un constitue le bloc dénommé « ordre public » tandis que l'autre s'est fondu dans les dispositions supplétives. Si ce découpage n'entraîne pas toujours un déclassement de la règle devenue subsidiaire, la réduction de l'ordre public n'en est pas moins réelle. Celui-ci n'a plus objectivement la même masse avant et après la loi du 8 août 2016, et plus encore après les ordonnances du 22 septembre 2017 qui ont étendu les déclinaisons du triptyque. Il a en outre régressé par rapport à l'ordre public social garantissant un seuil minimum de protection des salariés. En transférant certaines normes au sein des dispositions supplétives afin d'étendre corrélativement le champ ouvert à la négociation collective, le législateur a, le cas échéant, abaissé le niveau de protection garanti. De fait, la norme conventionnelle est susceptible d'organiser une protection moindre que celle auparavant fixée par la règle impérative devenue supplétive[1].

B. Ordre public absolu

311.41 Manifestations de l'ordre public absolu. L'ordre public absolu interdit toute dérogation, même dans un sens plus favorable aux salariés. Dans un droit du travail conçu dans un esprit de protection des intérêts des salariés, ces règles sont l'exception puisqu'elles conduisent à dénier la possibilité d'améliorer de manière conventionnelle ou contractuelle la situation de ceux pour qui il est construit. Historiquement peu développé, l'ordre public absolu présente un aspect composite.

Il recoupe, tout d'abord, l'ordre public économique et conduit à interdire, à ce titre, les clauses conventionnelles d'indexation fondées sur l'indice général des prix ou sur le Smic, même si elles sont favorables

1. PAR EXEMPLE, alors que la norme supplétive, en matière de rémunération des heures supplémentaires, prévoit une majoration de salaire de 25 % pour chacune des huit premières heures supplémentaires, les heures suivantes donnant lieu à une majoration de 50 %, un accord d'entreprise ou, à défaut, un accord de branche peut fixer un taux de majoration inférieur dans la limite de 10 % : C. trav., art. L. 3121-33 et L. 3121-36.

aux salariés[1], ainsi que toute clause conventionnelle qui aurait pour objet ou pour effet d'empêcher, de restreindre ou de fausser le jeu de la concurrence[2].

Le caractère absolu de l'ordre public peut tenir, ensuite, à ce que les règles qui en relèvent participent de l'exercice de prérogatives de puissance publique[3]. Il en est ainsi, notamment, des règles de compétence des institutions publiques ou des services publics de l'emploi. Sont d'ordre public absolu les règles qui déterminent les compétences du conseil de prud'hommes et plus généralement du juge judiciaire, du juge administratif, de l'inspecteur du travail, de la médecine du travail, etc. Sont également d'ordre public absolu certaines attributions de ces institutions, telles que celle d'édicter des règles assorties de sanctions pénales[4]. Pour cette raison, le statut protecteur accordé à certains salariés eu égard aux fonctions dont ils sont investis ne peut en principe être attribué que par la loi, son octroi entraînant l'intervention de l'administration du travail. Si la jurisprudence a admis que ce statut puisse tout de même profiter à des représentants du personnel occupant des fonctions de même nature que les représentants légaux, elle refuse en revanche tout élargissement conventionnel[5].

Le caractère absolu de l'ordre public s'attache, en troisième lieu, à certains principes essentiels faisant autorité dans toutes les branches du droit sans aménagement possible. C'est le cas, par exemple, du principe de transparence qu'on retrouve dans la mise en œuvre de l'ordre public électoral ou du principe de loyauté, très présent dans le cadre de la négociation collective.

Enfin, la majeure partie de l'ordre public absolu est composée de principes propres au droit du travail, considérés comme fondamentaux au point de devoir recevoir la même application dans toutes les entreprises placées dans une situation comparable. Y figure le principe de participation, d'où découlent les principes de représentativité et de négociation collective pour lesquels les règles posées sont uniformes et non aménageables : critères de représentativité[6], règles de validité des accords[7], etc. Il est vrai que, en ce domaine, le principe de faveur n'aurait pas vraiment de sens puisque tout aménagement favoriserait certains acteurs tout en préjudiciant à d'autres. En particulier, si l'assouplissement des règles de représentativité peut être plus favorable à certaines organisations syndicales qui pourront accéder à la représentativité, elle ne l'est pas pour celles qui franchissent le seuil légal. Font également partie de l'ordre public absolu certaines règles relatives aux institutions représentatives du personnel, comme les conditions de désignation d'un représentant syndical au sein d'une instance élue de représentation du personnel[8], *a fortiori* le principe même de la désignation par chaque organisation syndicale représentative dans l'entreprise ou dans l'établissement d'un délégué syndical au niveau d'un établissement au sens de l'article L. 2143-3[9] ou d'un

1. C. trav., art. L. 3231-3, qui dispose que : « Sont interdites, dans les conventions ou accords collectifs de travail, les clauses comportant des indexations sur le salaire minimum de croissance ou des références à ce dernier en vue de la fixation et de la révision des salaires prévus par ces conventions ou accords. » ; – POUR UNE APPLICATION : Soc. 5 oct. 2017, n° 15-20.390, P ; *D.* 2017. 2034 ; *JCP S* 2017. 1410, note G. Vachet.
2. P.-H. Antonmattei et S. Destours, « Convention collective et droit de la concurrence : nouvelles rencontres », *Dr. soc.* 2003. 999.
3. Cour de cassation, *Rapport annuel 2013 : L'ordre public,* La Documentation française, 2014, p. 304.
4. CE, avis, 22 mars 1973, req. n° 310108 ; *GACE* 3e éd., 2008, p. 107 ; *Dr. ouvrier* 1973. 190 ; *Dr. soc.* 1973. 514.
5. À PROPOS du représentant syndical à l'ancien CHSCT : Soc. 20 févr. 1991, n° 89-42.288, P V, n° 85 ; *RJS* 1991. 256, n° 484 – Soc. 22 janv. 2020, n° 18-21.206, P ; *D.* 2020. 220 ; *JA* 2020, n° 622, p. 38, ét. M. Julien et J.-F. Paulin ; *Dr. soc.* 2021. 86, obs. F. Petit ; *JCP S* 2020. 1055, note J.-Y. Kerbourc'h ; *BJT* 3/2020, p. 21, obs. G. François ; *RJS* 2020. 284 : s'agissant des membres d'une commission paritaire de recours interne créée par accord d'entreprise, cette commission n'étant pas de même nature que les commissions paritaires professionnelles prévues à l'article L. 2234-1 du Code du travail.
6. RECONNAISSANT UN CARACTÈRE d'ordre public absolu aux règles de détermination de la représentativité syndicale : Soc. 18 mai 2011, n° 10-60.406, P V, n° 116 ; *D.* 2011. 1492 ; *D.* 2012. 2622, obs. P. Lokiec et J. Porta ; *Dr. soc.* 2011. 1002, note F. Petit ; *RDT* 2011. 449, note A. Brousse ; *JCP S* 2011. 1404, note J.-Y. Kerbourc'h ; *RJS* 2011. 563 ; *JSL* 2011, n° 302-4, obs. L. Millet – Soc. 10 mai 2012, n° 11-21.144, P V, n° 146 ; *D.* 2012. 1410 ; *Dr. soc.* 2008. 182, chron. P.-H. Antonmattei ; *Dr. soc.* 2012. 753, note F. Petit ; *RDT* 2012. 508, note I. Odoul-Asorey ; *JCP S* 2012. 1289, note E. Jeansen ; *RJS* 2012. 549 – Soc. 6 juill. 2016, n° 16-12.970, P ; *Cah. Soc.* 2016, p. 440, obs. F. Canut.
7. Soc. 4 févr. 2014, n° 12-35.333, *Behr France (Sté) c/CGT Behr France Hambach (Synd.),* P V, n° 47 ; *D.* 2014. 428 ; *D.* 2014. 2374, obs. P. Lokiec et J. Porta ; *Dr. soc.* 2014. 483, obs. F. Petit ; *Dr. soc.* 2014. 483, obs. F. Petit ; *JCP S* 2014. 1218, note E. Jeansen ; *Cah. Soc.* 2014, p. 181, obs. F. Canut ; *RDT* 2014. 350, obs. H. Tissandier ; *RJS* 2014. 275, n° 336 ; *JCP* 2014. 381, note N. Dedessus-Le-Moustier.
8. Soc. 6 janv. 2011, n° 10-18.205, P n° 9 ; *D.* 2011. 245 ; *D.* 2012. 2622, obs. P. Lokiec et J. Porta ; *Dr. soc.* 2011. 414, note F. Petit ; *RDT* 2011. 245, note I. Odoul-Azorey ; *JCP S* 2011. 1116, ét. B. Gauriau ; *RJS* 2011. 222 : jugeant que « ni un accord collectif ni un engagement unilatéral de l'employeur ne peuvent avoir pour effet de modifier *(le)* périmètre légal d'appréciation de la représentativité syndicale » ; – AUSSI : Soc. 24 oct. 2012, n° 11-22.087, P V, n° 278 ; *D.* 2012. 2612 ; *D.* 2013. 2599, obs. P. Lokiec et J. Porta ; *JCP S* 2012. 1542, note B. Gauriau ; *RDT* 2013. 120, note H. Tissandier ; *Dr. soc.* 2013. 76, obs. F. Petit ; *RJS* 2013. 55 – Soc. 24 sept. 2013, n° 13-11.102, NP.
9. Soc. 9 nov. 2022, n° 21-20.525, P ; *BJT* 12/2022, p. 17, note F. Bergeon ; *Dr. soc.* 2023. 95, note F. Petit ; *RJS* 2023. 83, qui juge que, ni un accord collectif de droit commun, ni l'accord d'entreprise prévu par l'article L. 2313-2 du Code du travail concernant la mise en place du comité social et économique et des comités sociaux et économiques d'établissement ne peuvent priver un syndicat du droit de désigner un délégué syndical au niveau d'un établissement au sens de l'article L. 2143-3.

représentant syndical au comité social et économique[1], le principe de non-cumul des qualités de membre élu d'un comité social et économique et de représentant syndical au même comité[2] ou les dispositions prescrivant la désignation des membres de la CSSCT par le comité social et économique parmi ses propres membres titulaires ou suppléants[3]. La matière des élections professionnelles est, elle aussi, propice aux règles indérogeable, notamment celle selon laquelle les salariés de l'entreprise sont électeurs et éligibles[4] ou celles relatives à la représentation équilibrée des femmes et des hommes[5].

Sans épuiser la liste des dispositions d'ordre public absolu, ce caractère a été reconnu aux règles qui régissent le contrat de travail à durée indéterminée et le contrat de mission. Il a été jugé à ce sujet qu'un accord collectif instaurant, avant l'entrée en vigueur de la loi du 17 août 2015[6], le contrat à durée indéterminée intérimaire crée une catégorie nouvelle de contrat qui déroge à ces règles[7]. De même encore, sont d'ordre public absolu les dispositions relatives à la participation des salariés[8] et en particulier la règle selon laquelle le montant du bénéfice net et celui des capitaux propres de l'entreprise établis par une attestation du commissaire aux comptes ne peuvent être remis en cause à l'occasion d'un litige relatif à la participation aux résultats de l'entreprise[9].

311.42 Ordre public absolu et nullité absolue. Peut-on établir une corrélation entre la qualification d'ordre public absolu de certaines règles et le caractère absolu de la nullité sanctionnant la violation d'une disposition ? La jurisprudence utilise parfois l'expression de « nullité d'ordre public absolu », par exemple pour qualifier la nullité frappant toute disposition d'un accord collectif et toute clause d'un contrat de travail prévoyant une rupture de plein droit du contrat de travail d'un salarié en raison de son âge ou du fait qu'il serait en droit de bénéficier d'une pension de vieillesse[10]. À l'inverse, le caractère relatif de la nullité est parfois considéré pour écarter l'allégation que la règle violée relève de l'ordre public absolu[11].

Pour autant, il n'y a pas de correspondance ferme entre le caractère absolu de l'ordre public et celui de la nullité : si l'un implique l'autre, une règle peut avoir pour objet la sauvegarde de l'intérêt général, ce qui justifie que sa méconnaissance soit sanctionnée

1. Soc. 27 janv. 2021, nº 19-23.421, NP.
2. Soc. 22 janv. 2020, nº 19-13.269, P ; *D.* 2020. 221 ; *D.* 2020. 1136, obs. S. Vernac et Y. Ferkane ; *JA* 2020, nº 622, p. 38, ét. M. Julien et J.-F. Paulin ; *Dr. soc.* 2020. 472, obs. F. Petit ; *JCP S* 2020. 1053, note J.-Y. Kerbourc'h ; *BJT* 3/2020, p. 21, obs. G. François ; *RJS* 4/2020, nº 193 ; *JSL* 2020, nº 493-4, obs. D. Julien-Paturle.
3. Soc. 22 janv. 2020, nº 19-14.224, P ; *D.* 2019. 2357 ; *RDT* 2020. 344, chron. M. Véricel ; *JCP S* 2020. 1016, obs. E. Jeansen ; *RJS* 2/2020, nº 97 ; *JSL* 2020, nº 492-6, obs. J.-B. Cottin.
4. Soc. 24 juin 1998, nº 97-60.077, *Assoc. Départementale pour le travail protégé c/Union CFDT Mines Métaux Ain-Deux-Savoies,* P V, nº 341 ; *D.* 1998. 175 ; *RJS* 8-9/1998, nº 1021 – Soc. 18 déc. 2000, nº 99-60.507, NP.
5. Soc. 9 mai 2018, nº 17-60.133, P ; *D.* 2018. 1018 ; *RJS* 7/2018, nº 491 – Soc. 11 déc. 2019, nº 18-23.513, P ; *D.* 2020. 558, chron. A. David, A. Prache, M.-P. Lanoue et T. Silhol ; *RJS* 2/2020, nº 102 ; *RJS* 2/2020, nº 102 ; *Dr. Ouvrier* 2020. 161, obs. H. Viart ; *JSL* 2020, nº 492-2, obs. H. Nasom-Tissandier ; *JCP S* 2020. 1030, obs. B. Bossu – Soc. 11 déc. 2019, nº 18-26.568, P ; *D.* 2020. 558, chron. A. David, A. Prache, M.-P. Lanoue et T. Silhol – Soc. 11 déc. 2019, nº 19-10.826, P ; *D.* 2020. 558, chron. A. David, A. Prache, M.-P. Lanoue et T. Silhol – Soc. 11 déc. 2019, nº 19-10.855, P ; *D.* 2020. 558, chron. A. David, A. Prache, M.-P. Lanoue et T. Silhol ; *BJT* 2/2020, p. 32, note G. Auzero ; *JCP S* 2020. 1030, note B. Bossu, et 1056, obs. B. Gauriau ; *Dr. ouvrier* 2020. 161, note H. Viart ; *JSL* 24 févr. 2020, nº 492, p. 6, note H. Nasom-Tissandier ; *RJS* 2020. 145 – Soc. 1er juill. 2020, nº 19-14.879, NP – Soc. 30 sept. 2020, nº 19-14.560, NP – Soc. 2 déc. 2020, nº 19-19.985, NP – Soc. 3 mars 2021, nº 20-10.470, NP – Soc. 17 mars 2021, nº 19-23.742, NP – Soc. 31 mars 2021, nº 19-24.134, NP – V. F. Petit, « Les (derniers) remèdes à la représentation déséquilibrée entre les femmes et les hommes au sein du comité social et économique », *Dr. soc.* 2020. 244.
6. L. nº 2015-994, 17 août 2015 relative au dialogue social et à l'emploi, *JO* 18 août, p. 14346.
7. Soc. 12 juill. 2018, nº 16-26.844, P ; *D.* 2018. 1556 ; *D.* 2018. 2203, obs. P. Lokiec et J. Porta ; *RDT* 2018. 689, obs. Y. Ferkane ; *JCP S* 2018, Act., nº 248 ; *JCP S* 2018. 1306, note F. Boussez ; *JCP* 2018. 901, note C. Hablot-Murolo ; *BJT* 9/2018, p. 26, obs. L. Bento de Carvalho.
8. Soc. 23 mai 2007, nº 04-20.157, *Fédération de la métallurgie CFE-CGC c/Fédération générale des mines et de la métallurgie CFDT,* P V, nº 83 ; *D.* 2007. 1665 ; *JCP* 2007. 10183, note R. Vatinet ; *RJS* 2007. 756, nº 980 ; *JCP S* 2007. 1749, note G. Bordier, qui qualifie d'ordre public absolu l'ensemble des dispositions légales et réglementaires relatives à la participation obligatoire des salariés aux résultats de l'entreprise qui vise à la constitution d'une épargne salariale – V. AUSSI : Soc. 16 déc. 2020, nº 19-10.634, NP, qui en déduit que l'employeur ne peut, en l'absence de bénéfice net, légalement s'engager à verser une somme au titre d'une participation ou d'un supplément de participation.
9. Soc. 18 févr. 2016, nº 14-12.614, P ; *D.* 2016. 487 ; *JCP S* 2016. 1119, note J. Kovac ; *Cah. Soc.* 2016, p. 195, obs. J. Icard ; *RJS* 2016. 320 – Soc. 22 juin 2016, nº 14-28.175, P, *D.* 2016. 1436 ; *RJS* 10/2016, nº 652 ; *JCP S* 2016. 1333, obs. D. Asquinazi-Bailleux – Soc. 28 févr. 2018, nº 16-50.015, P V, nº 36 ; *D.* 2018. 1953, note S. Jubé ; *RDT* 2018. 606, obs. P. E. Berthier ; *JCP S* 2018. 1145, note G. Loiseau et J. Kovac, et 1251, note J.-F. Cesaro, A. Martinon et R. Vatinet ; *Dr. soc.* 2018. 933, note J. Mouly ; *RJS* 5/2018, nº 353 – Soc. 6 juin 2018, nº 16-24.566, NP.
10. Soc. 19 juin 1997, nº 94-44.968, NP.
11. À PROPOS DE LA NULLITÉ de la convention résultant de la violation de l'interdiction pour un salarié de renoncer, tant que son contrat de travail est en cours, aux avantages qu'il tire d'une convention collective ou de dispositions statutaires d'ordre public. : Soc. 23 janv. 2019, nº 17-21.867, P ; *D.* 2019. 204 ; *JSL* 8 avr. 2019, nº 473, p. 19, note N. Gssime ; *RJS* 2019. 316.

par une nullité absolue, et pouvoir faire l'objet de dérogation dans un sens plus favorable aux salariés.

311.43 Croissance de l'ordre public absolu. À une époque où le droit de travail s'appuyait essentiellement pour son développement sur des dispositions légales impératives assurant la protection des intérêts des salariés, parties à un rapport contractuel inégalitaire, l'ordre public social militait pour une garantie minimale bridant les excès potentiels de la liberté contractuelle. L'ordre public absolu n'avait pas alors vraiment d'utilité et aurait paradoxalement contrarié la possibilité de mettre à profit la liberté contractuelle ou la liberté conventionnelle afin d'améliorer la condition des travailleurs au-delà des prévisions de la loi.

L'élargissement du rôle du droit négocié pour organiser les relations collectives de travail et la primauté donnée à l'accord d'entreprise pour ajuster la norme conventionnelle au biotope professionnel pose aujourd'hui, sous un autre jour, la question de l'étendue de la liberté conventionnelle. Le principe de faveur ne suffit plus toujours pour filtrer les dérogations apportées par accord collectif à des dispositions légales et n'est pas en particulier efficient en présence de règles organiques relatives à la représentation syndicale ou à la représentation élue du personnel, aux élections professionnelles ou à certains aspects de la réglementation de la négociation collective. L'ordre public absolu progresse donc logiquement, son extension étant liée à celle, qu'elle accompagne, du champ du droit négocié.

La jurisprudence récente de la Cour de cassation montre d'ailleurs que celle-ci entend bien conserver un rôle d'encadrement de la liberté conventionnelle et imposer le respect de règles qu'elle juge essentielles indépendamment de leur signalement par le législateur dans la rubrique « ordre public ». Car une chose est, de ce point de vue, l'ordre public textuel identifié dans le triptyque législatif, qui constitue un socle impératif commun au-delà duquel la norme conventionnelle s'émancipe des dispositions légales devenues supplétives. Autre chose est l'ordre public absolu, indérogeable, qui demeure et n'a pas la même implication puisqu'il tient en échec la norme conventionnelle qui s'en écarterait sans lui laisser la moindre place[1].

C. Ordre public « relatif »

311.51 Étendue de l'ordre public « relatif ». L'ordre public social au sens classique regroupe des règles qui ont en commun de pourvoir à la protection du salarié. Leur impérativité signifie qu'il ne peut y être dérogé en abaissant le seuil de protection qu'elles déterminent. Mais il n'est pas exclu qu'une protection plus favorable soit instaurée par voie conventionnelle ou contractuelle. Ces règles constituent la matière d'un ordre public que l'on pourrait qualifier de relatif par opposition à l'ordre public absolu[2]. La relativité ne condamne pas sa qualification d'ordre public[3] ; elle s'accorde à sa fonction qui interdit d'y déroger en abaissant le niveau de protection. Une règle d'ordre public ne perd donc pas ce caractère lorsqu'il est seulement ajouté à ce que celle-ci impose[4].

L'identification des règles se fait ici par élimination, au sein des dispositions qualifiées d'ordre public, de celles qui ne tolèrent aucune dérogation[5]. Quant à celles-là, c'est la jurisprudence qui précise qu'elles ne souffrent aucun aménagement. Et quant aux autres, c'est-à-dire toutes celles qui ne sont pas d'ordre public absolu, le fait qu'elles participent, d'une manière ou d'une autre, à la protection des salariés est en général un indice à la fois de leur appartenance à l'ordre public et de la possibilité qu'elles laissent d'améliorer cette protection par accord collectif ou par contrat.

L'accord collectif serait en revanche invalide s'il ne garantit pas la protection instaurée par la règle. L'atteinte à la règle d'ordre public n'est pas toujours, à cet égard, immédiatement perceptible. C'est le cas, par exemple, de la clause d'un accord collectif autorisant l'employeur, dans le domaine du transport sanitaire, à ne pas assurer directement l'entretien de la tenue de travail des ambulanciers en leur allouant

1. G. Loiseau et S. Guedes da Costa, « Le CSE à droit continu », *JCP S* 2020. 1069.

2. E. Jeansen, *L'articulation des sources du droit : Essai en droit du travail*, préf. B. Teyssié, « Recherches Juridiques », Economica, 2008, n° 123, p. 100, qui évoque l'« ordre public à indérogeabilité relative » ; – AUSSI : G. Lyon-Caen, « Négociation collective et législation d'ordre public », *Dr. soc.* 1973. 89, spéc. P. 90 – M. Touchais, *La règle impérative. Contribution à l'étude de la dérogation conventionnelle aux lois*, th. Paris V, 2019, n° 342, p. 415.

3. *CONTRA* : G. Couturier, « L'ordre public de protection, heurts et malheurs d'une vieille notion neuve », *Études offertes à Jacques Flour*, Defrénois, 1979, n° 20, p. 140 ; – AUSSI : T. Revet, « L'ordre public dans les relations de travail » *in* T. Revet (dir.), *L'ordre public à la fin du XXe siècle*, « Thèmes et commentaires », Dalloz, 1996, p. 46, qui relève que : « À l'encontre de l'appartenance de l'ordre public social à la technique de l'ordre public est invoquée l'impossibilité de parler d'ordre public en présence d'une faculté de déroger. »

4. D'AILLEURS, on peut s'interroger sur la qualification de dérogatoire de la règle qui se borne à ajouter à une mesure impérative dictée au titre de l'ordre public de protection.

5. PAR EXEMPLE, ÉCARTANT la qualification d'ordre public absolu pour admettre la validité d'un accord collectif : Soc. 21 sept. 2016, n° 13-24.437, P ; *D.* 2016. 1935 ; *Procédures* 2016, n° 12, p. 29, note A. Bugada ; *RJS* 12/2016, n° 800 ; *JCP S* 2016. 1370, obs. J. Kovac et L. Gaudemet-Toulemonde.

une indemnité. Il est rappelé à ce sujet que, selon l'article R. 4422-1 du Code du travail, l'employeur doit prendre des mesures de prévention visant à supprimer ou à réduire au minimum les risques résultant de l'exposition aux agents biologiques, conformément aux principes de prévention énoncés à l'article L. 4121-2. Plus précisément, il ressort de l'article R. 4424-5 que, pour les activités qui impliquent des agents biologiques pathogènes, l'employeur doit fournir aux travailleurs des moyens de protection individuelle, notamment des vêtements de protection appropriés, veiller à ce que les moyens de protection individuelle soient enlevés lorsque le travailleur quitte le lieu de travail et faire en sorte, lorsqu'ils sont réutilisables, que les moyens de protection individuelle soient rangés dans un endroit spécifique, nettoyés, désinfectés et vérifiés avant et après chaque utilisation et, s'il y a lieu, réparés ou remplacés. Dans ce cadre, il a été considéré que, dans la mesure où il ne peut être exclu que des agents biologiques pathogènes viennent contaminer les tenues de travail des ambulanciers, la clause litigieuse autorisant l'employeur à ne pas assurer directement l'entretien de la tenue de travail des ambulanciers en leur allouant une indemnité, était contraire aux dispositions légales et règlementaires qui font obligation à l'employeur de prendre les mesures de prévention nécessaires pour supprimer ou réduire les risques professionnels résultant de l'exposition aux agents biologiques et, à ce titre, d'assurer lui-même l'entretien et le nettoyage des tenues professionnelles[1].

311.52 Ordre public « relatif » et dispositions supplétives. Il n'est pas exclu que des règles d'ordre public figurent parmi les dispositions supplétives dans le cadre du triptyque. L'un des défauts de la catégorisation de règles labellisées « ordre public » dans les matières où est décliné le triptyque est en effet d'avoir brouillé la détection des contenus d'ordre public. Si une partie de ces contenus se retrouve dans les rubriques « ordre public », tout n'y est pas puisque l'ordre public social a été démembré à l'occasion de cette construction. Il peut donc y avoir de l'ordre public dans les dispositions supplétives. Par exemple, alors que l'article L. 3123-7 du Code du travail pose en règle, au titre de l'ordre public, que le salarié à temps partiel bénéficie d'une durée minimale de travail hebdomadaire, il est précisé que cette durée minimale peut être déterminée par un accord de branche étendu – ce que prévoit l'article L. 3123-19 dans le cadre du champ de la négociation collective – et qu'elle est, à défaut, de vingt-quatre heures selon les dispositions supplétives de l'article L. 3123-27. La durée minimale de vingt-quatre heures hebdomadaires est assurément ici une règle d'ordre public qui ne pourrait être écartée contractuellement[2] tout en figurant parmi les dispositions supplétives dans la mesure où elle peut être modifiée par accord collectif, au demeurant même dans un sens moins favorable aux salariés.

§ 2
Nomenclature des normes dérogeables

311.60 Plan – « Dérogeabilité » et autorité normative. Le caractère dérogeable ou non d'une norme est une question d'intensité de la force normative reconnue à celle-ci. La qualité de l'auteur de la norme est à cet égard indifférente, qu'il s'agisse du pouvoir réglementaire, du pouvoir législatif (A) ou du pouvoir exercé par une institution internationale (C). Il y a des dispositions légales qui sont indérogeables et des règles issues de textes supranationaux auxquelles il est permis de déroger. L'intensité de la force normative d'une règle n'est pas en outre invariable et peut dépendre de la nature de la norme dérogatoire. En particulier, il n'est pas rare que l'on ne puisse déroger par contrat à une norme d'ordre public mais que le législateur permette d'y déroger au moyen d'un accord collectif (B). Enfin, l'auteur de la norme détermine parfois lui-même s'il peut y être dérogé et, le cas échéant, par quel type de norme quand, d'autres fois, c'est la jurisprudence qui fixe les conditions de « dérogeabilité » de la norme.

C'est dire, au bout du compte, que l'on ne peut procéder à une typologie des normes dérogeables. Tout au plus peut-on les classer en fonction de la nature de la norme pour en faciliter la présentation.

A.
Loi et règlement

311.71 Dispositions légales dérogeables. Les règles dérogeables se présentent comme des règles d'ordre public qui n'autorisent de dérogation par contrat que dans un sens plus favorable mais qui permettent qu'il y soit dérogé par accord collectif dans les conditions qu'elles précisent, sans que cette dérogation doive être plus favorable. Par exemple, la loi fixe le montant de l'indemnité de précarité due lorsque les relations contractuelles ne sont pas poursuivies à l'issue d'un contrat à durée déterminée à 10 % de la rémunération totale brute versée au salarié[3]. Toute clause contractuelle stipulant un

1. Soc. 23 sept. 2020, n° 18-23.474, P, *JCP S* 2020. 3047, note P. Larroque-Daran ; *RDT* 2020. 684, note M. Miné ; *BJT* 11/2020, p. 25, obs. C. Mariano ; *RJS* 12/2020, p. 941 et p. 984.

2. S'IL EST ADMIS qu'une durée inférieure aux vingt-quatre heures hebdomadaire peut être fixée à la demande écrite et motivée du salarié (C. trav., art. L. 3123-7), il ne s'agit pas à proprement parler d'une dérogation contractuelle au principe d'une durée minimale. Une clause du contrat qui écarterait cette durée minimale serait certainement illicite.
3. C. trav., art. L. 1243-8.

taux moindre serait nulle. La loi prévoit néanmoins expressément qu'un accord de branche étendu ou un accord d'entreprise ou d'établissement peut limiter le montant de l'indemnité de fin de contrat à hauteur de 6 % lorsque des contreparties sont offertes aux salariés, notamment sous la forme d'un accès privilégié à la formation professionnelle[1]. La loi conserve, à propos de la dérogation qu'elle pose, un caractère d'ordre public puisqu'elle fixe les conditions de celle-ci dont la norme conventionnelle ne pourrait s'écarter. Dans un autre domaine, en matière de licenciement économique collectif, le législateur autorise de déroger aux règles de consultation des instances représentatives du personnel par un accord d'entreprise, de groupe ou de branche en ce qui concerne les modalités d'information et de consultation du comité social et économique et s'agissant, le cas échéant, du cadre de recours à une expertise par ce comité[2].

Le Conseil constitutionnel a validé cette technique de la dérogation dans une décision du 29 avril 2004[3]. Il a énoncé que « lorsque le législateur autorise un accord collectif à déroger à une règle qu'il a lui-même édictée et à laquelle il a entendu conférer un caractère d'ordre public, il doit définir de façon précise l'objet et les conditions de cette dérogation ». C'est une différence qui a été relevée[4] avec les dispositions supplétives pour lesquelles il n'est pas attendu que leurs conditions d'application soient précisément définies puisqu'elles ont vocation à s'appliquer dès qu'un accord collectif ne règle pas le même objet. La distinction entre les règles supplétives et les règles dérogeables n'en est pas moins, dans certains cas, délicate à opérer lorsque la règle supplétive présente aussi un fond d'impérativité[5]. S'agissant, par exemple, du taux de majoration des heures supplémentaires ou de la garantie d'une durée minimale de travail hebdomadaire dans l'hypothèse d'un temps partiel, les dispositions supplétives qui déterminent ce taux et cette durée minimale sont impératives en ce qu'il ne pourrait y être dérogé contractuellement. Un autre taux ou une autre durée peut cependant être fixé par accord d'entreprise et/ou de branche, y compris dans un sens moins favorable, ce qui caractérise une règle dérogeable[6]. La différence est que la règle dérogeable définit elle-même les conditions dans lesquelles un accord collectif est susceptible d'y déroger alors que la règle supplétive ne prévoit pas ses conditions d'application. C'est la règle d'ordre public énoncée dans le triptyque qui autorise expressément ou implicitement l'établissement de la norme par accord collectif, en l'absence duquel la norme supplétive a vocation à s'appliquer.

311.72 Dispositions règlementaires. Les dispositions règlementaires, comme les dispositions légales, ne supportent, en principe, que des dérogations *in melius*. Historiquement, le principe avait été posé par une loi du 24 juin 1936 à un article 31 du Code du travail, selon lequel « les conventions collectives ne doivent pas contenir de dispositions contraires aux lois et règlements en vigueur, mais peuvent stipuler des dispositions plus favorables »[7]. Aujourd'hui, l'article L. 2251-1 dispose, dans un chapitre intitulé « Rapports entre conventions ou accords et lois et règlements », qu'« une convention ou un accord peut comporter des stipulations plus favorables aux salariés que les dispositions légales en vigueur. Ils ne peuvent déroger aux dispositions qui revêtent un caractère d'ordre public ».

Il n'existe pas en revanche l'équivalent, en matière réglementaire, des dispositions légales dérogeables. Plus exactement, la dérogation nécessitant une habilitation législative expresse, « le pouvoir réglementaire ne peut, sauf habilitation législative expresse, prévoir des conventions collectives comportant des

1. C. trav., art. L. 1243-9.
2. C. trav., art. L. 1233-21.
3. Cons. const. 29 avr. 2004, n° 2004-494 DC, *Loi relative à la formation professionnelle tout au long de la vie et au dialogue social,* CONFORMITÉ, *JO* 5 mai, p. 7998 ; *Rec.* 91 ; *D.* 2004. 3029, obs. X. Prétot et D. Chelle ; *D.* 2005. 1125, obs. V. Ogier-Bernaud et C. Severino ; *LPA* 14 mai 2004, n° 97, note J.-E. Schoettl, p. 3 ; *RFDA* 2005. 409, note L. Dardalhon ; *RTD civ.* 2005. 93, obs. P. Deumier ; *RFDC* 2004. 633, note V. Ogier-Bernaud ; – AUSSI : Cons. const. 5 oct. 2016, n° 2016-579 QPC, *Caisse des dépôts et consignations, renvoi à un accord collectif pour la détermination des critères de représentation syndicale,* NON-CONFORMITÉ PARTIELLE – EFFET DIFFÉRÉ, *JO* 7 oct., n° 125 ; *AJDA* 2016. 1846 ; *D.* 2016. 2004 ; *Dr. soc.* 2017. 552, ét. A. Donnette-Boissière, S. Selusi-Subirats et B. Siau ; *RDT* 2017. 211, obs. I. Odoul-Asorey ; *Constitutions* 2016. 547, chron. – Cons. const. 28 déc. 2006, n° 2006-545 DC, *Loi pour le développement de la participation et de l'actionnariat salarié et portant diverses dispositions d'ordre économique et social,* NON-CONFORMITÉ PARTIELLE, *JO* 31 déc., p. 20320 ; *Rec.* 138 ; *D.* 2007. 1166, obs. V. Bernaud, L. Gay et C. Severino ; *RDT* 2007. 84, ét. A. Lyon-Caen ; *RDT* 2007. 120, obs. E. Serverin ; *RDT* 2007. 229, ét. M.-L. Morin.
4. B. Bauduin, *La constitutionnalisation du droit du travail : Étude d'une dynamique contemporaine,* th. Paris I, 2017, n°s 568 s., p. 399 s.
5. SUR LA DISTINCTION : F. Boquillon, « Loi susceptible de dérogation et loi supplétive : les enjeux de la distinction en droit du travail », *D.* 2005. 803.
6. C. trav., art. L. 3121-33 et L. 3123-19.
7. Cons. const. 20 mars 1997, n° 97-388 DC, *Loi créant les plans d'épargne retraite,* CONFORMITÉ, *JO* 26 mars, p. 4661, § 45 ; *Rec.* 31 ; *D.* 1999. 236, obs. F. Mélin-Soucramanien ; *D.* 1999. 234, obs. L. Favoreu ; *Dr. soc.* 1997. 476, ét. X. Prétot ; *RTD civ.* 1997. 787, obs. N. Molfessis ; *RTD civ.* 1998. 99, obs. J. Mestre. ; *JCP* 1997. I. 4039, obs. M. Fabre-Magnan ; *JCP* 1997. I. 4066, n° 16, obs. B. Mathieu et M. Verpeaux ; *LPA* 17 oct. 1997. 13, chron. B. Mathieu et M. Verpeaux ; *RFDC* 1997. 32, chron. L. Favoreu et F. Mélin-Soucramanien.

stipulations moins favorables aux travailleurs que les dispositions qu'il a lui-même édictées »[1].

B. Droits fondamentaux

311.81 Droits et libertés fondamentaux distingués de l'ordre public. Malgré la proximité qui existe entre les droits fondamentaux et l'ordre public, la question de la « dérogeabilité » ne se pose pas dans les mêmes termes. En ce qui concerne l'ordre public, elle conduit à distinguer principalement l'ordre public absolu et l'ordre public que l'on peut qualifier de relatif, ce dernier supportant des aménagements plus favorables. Le cas échéant, quand l'ordre public imprègne des dispositions supplétives dans le cadre du triptyque, il peut être de faible intensité et n'invalider que les écarts à la baisse opérés au moyen du contrat. Plus rarement, une distinction peut être faite en fonction du type d'accord collectif, la dérogation *in pejus* n'étant pas autorisée par accord d'entreprise mais permise par accord de branche étendu[2].

Lorsqu'il est question de droits et libertés fondamentaux, le fait d'y déroger - encore qu'il serait plus juste de parler ici d'atteinte que de dérogation - doit être apprécié au prisme de l'article L. 1121-1 du Code du travail s'il y est procédé par la voie contractuelle. Le texte est bien connu : « Nul ne peut apporter aux droits des personnes et aux libertés individuelles et collectives de restrictions qui ne seraient pas justifiées par la nature de la tâche à accomplir ni proportionnées au but recherché ». Lorsqu'il est procédé à un aménagement du droit ou de la liberté dans le cadre d'un accord collectif, la restriction n'est pas non plus forcément illicite si elle peut être justifiée par un objectif légitime[3].

Cette différence d'approche était rendue visible dans le projet d'ordonnance réformant le droit des contrats rendu public le 25 février 2015. Il était envisagé d'introduire un article 1102 dans le Code civil, selon lequel « la liberté contractuelle ne permet pas de déroger aux règles qui intéressent l'ordre public, ou de porter atteinte aux droits et libertés fondamentaux reconnus dans un texte applicable aux relations entre personnes privées, à moins que cette atteinte soit indispensable à la protection d'intérêts légitimes et proportionnée au but recherché ». Cette disposition a été malencontreusement supprimée dans la version finale de l'ordonnance du 10 février 2016.

311.82 Contraintes directes imposées par le respect des droits fondamentaux. Il n'est pas rare que des droits ou libertés fondamentaux fassent l'objet de clauses contractuelles qui en aménagent et, le cas échéant, en limitent l'exercice. Ils sont à première vue moins souvent exposés dans le cadre d'un accord collectif de travail[4]. Certains droits ou libertés le sont cependant plus que d'autres, à commencer par la liberté syndicale.

En ce qui la concerne, la question s'est en particulier posée de savoir si un accord de valorisation des parcours syndicaux peut prévoir, pour la prise en compte de l'expérience acquise durant le mandat, un dispositif permettant une appréciation par l'employeur des compétences mises en œuvre dans l'exercice de l'activité syndicale. Le dispositif conduisant l'employeur à évaluer la qualité de l'activité syndicale des représentants du personnel et leurs besoins en formation dans ce cadre, il pouvait être considéré que l'accord était contraire à la liberté syndicale qui implique l'indépendance des syndicats dans l'exercice de leurs activités et leur protection contre tout acte d'ingérence de l'employeur dans leur fonctionnement et leur administration. La Cour de cassation a cependant estimé que l'accord ne portait pas atteinte à la liberté syndicale dans la mesure où l'appréciation des compétences était menée selon un processus sous le regard croisé de l'organisation syndicale du salarié et d'un représentant de l'employeur et sur la base de

1. CE 8 juill. 1994, *Confédération générale du travail,* req. nº 105471, *Lebon* 356 ; – AUSSI : CE 27 juill. 2001, req. nº 220007 ; *Dr. ouvrier* 2002. 211, note F. Saramito et A. de Senga ; *RJS* 2002. 9, jugeant que « Si, en vertu du principe général du droit du travail selon lequel un accord collectif de travail peut toujours comporter des dispositions plus favorables aux salariés que celles des lois et règlements en vigueur, le gouvernement pouvait prévoir que des accords collectifs de travail pourraient comporter des dispositions plus favorables aux salariés que celles fixées par ce décret, il ne pouvait, en l'absence d'habilitation législative expresse, prévoir que des accords collectifs pourraient déroger aux règles posées par le décret dans un sens défavorable aux salariés. »
2. PAR EXEMPLE, la durée minimale hebdomadaire dans le contrat à temps partiel ne peut être portée en deçà de vingt-quatre heures par le contrat ou un accord d'entreprise (C. trav., art. L. 3123-27) mais qui peut l'être par un accord de branche étendu (C. trav., art. L. 3123-19).
3. À PROPOS DE la liberté de contracter et de travailler : Soc. 9 juill. 2008, nº 07-42.023, P V, nº 149 ; *D.* 2008. 2150 ; *JCP S* 2008. 1534, note F. Buy ; *RDT* 2008. 729, obs. D. Jacotot.
4. À PROPOS DU CAS PARTICULIER dans lequel c'est l'extension d'une clause d'une convention collective qui a été censurée sur le fondement de la liberté de la concurrence : CE 30 avr. 2003, *Syndicat professionnel des exploitants indépendants des réseaux d'eau et d'assainissement,* req. nº 230804, *Lebon ; AJDA* 2003. 1150, chron. F. Donnat et D. Casas ; *AJDA* 2003. 1849, ét. P. Subra de Bieusses ; *D.* 2004. 1702, obs. X. Prétot et D. Chelle ; *Dr. soc.* 2003. 999, note P.-H. Antonmattei et S. Destours ; *RTD com.* 2003. 490, obs. G. Orsoni ; *Dr. ouvrier* 2003. 261, note G. Lyon-Caen ; *LPA* 19 déc. 2003, note J. Gate ; *RJDA* 2003, nº 782.

critères objectifs et vérifiables[1]. Également à propos de la liberté syndicale, la chambre sociale de la Cour de cassation a jugé, le 27 janvier 2021, qu'« accord collectif peut instituer des mesures de nature à favoriser l'activité syndicale dans l'entreprise, et dans ce cadre, en vue d'encourager l'adhésion des salariés de l'entreprise aux organisations syndicales, prévoir la prise en charge par l'employeur d'une partie du montant des cotisations syndicales annuelles, dès lors que le dispositif conventionnel ne porte aucune atteinte à la liberté du salarié d'adhérer ou de ne pas adhérer au syndicat de son choix, ne permet pas à l'employeur de connaître l'identité des salariés adhérant aux organisations syndicales et bénéficie tant aux syndicats représentatifs qu'aux syndicats non représentatifs dans l'entreprise ». La chambre sociale a précisé, de façon plus particulière, que « le montant de la participation de l'employeur ne doit pas représenter la totalité du montant de la cotisation due par le salarié, le cas échéant après déductions fiscales, au regard du critère d'indépendance visé à l'article L. 2121-1 du Code du travail »[2].

Parmi les droits fondamentaux, le principe d'égalité occupe une place particulière car l'égalité est à la fois considérée comme un droit fondamental en soi et constitue une condition d'exercice des droits fondamentaux. Dans cette seconde attribution, le principe d'égalité a notamment justifié en matière syndicale l'invalidation de dispositions d'accords collectifs relatifs à l'exercice du droit syndical lorsque celles-ci sont limitées aux seuls syndicats représentatifs et ne bénéficient pas à tous les syndicats ayant constitué une section syndicale[3]. Mais c'est surtout à propos du principe d'égalité dans sa propre identité de droit fondamental, sous l'angle de l'égalité de traitement, qu'une jurisprudence importante s'est développée et a évolué ces dernières années.

311.83 **Focus sur le principe d'égalité de traitement : première période.** C'est à partir de 2015 que la Cour de cassation a admis que des différences de traitement puissent être valablement opérées lorsqu'elles sont prévues ou issues d'un accord collectif. La règle a été ainsi formulée : « les différences de traitement entre catégories professionnelles ou entre des salariés exerçants, au sein d'une même catégorie professionnelle, des fonctions distinctes, opérées par voie de convention ou d'accord collectifs, négociés et signés par les organisations syndicales représentatives, investies de la défense des droits et intérêts des salariés et à l'habilitation desquelles ces derniers participent directement par leur vote, sont présumées justifiées de sorte qu'il appartient à celui qui les conteste de démontrer qu'elles sont étrangères à toute considération de nature professionnelle et qu'il ressortait de ses constatations que la différence de traitement dénoncée n'était pas étrangère à toute considération professionnelle »[4]. Inaugurée à propos des avantages catégoriels, cette jurisprudence a été ensuite étendue à d'autres différences de traitement. Dans une deuxième vague, il a été jugé que, lorsqu'elles sont opérées par voie d'accord collectif, les différences de traitement entre des salariés appartenant à des établissements distincts d'une même entreprise sont présumées justi-

1. Soc. 9 oct. 2019, n° 18-13.529, P ; *D.* 2019. 1940 ; *D.* 2019. 2153, obs. P. Lokiec et J. Porta ; *RJS* 12/2019, n° 708 ; *JCP S* 2019. 1321, note J.-Y. Kerbourc'h ; *BJT* 11/2019, p. 33, obs. G. Auzero ; *RDT* 2019. 797, note L. Jubert ; *Dr. ouvrier* 2020. 124, note C. Nicod.
2. Soc. 27 janv. 2021, n° 18-10.672, P ; *BJT* 3/2021, p. 23, note C. Mariano. En l'occurrence, l'accord prévoyant au profit des seules organisations syndicales représentatives le financement par l'employeur de la partie des cotisations individuelles annuelles restant à charge des salariés une fois soustraite la partie fiscalement déductible de l'impôt sur le revenu, la Cour de cassation a estimé que la disposition constituait un trouble manifestement illicite. V. dans le même sens à propos d'un accord d'adaptation du dialogue social conclu dans la même entreprise à la suite du premier contentieux : Soc. 28 sept. 2022, n° 21-10.785, NP ; *Dr. ouvrier* 2023. 47, note O. Guillemot.
3. S'AGISSANT DE DISPOSITIONS visant à faciliter la communication syndicale : Soc. 21 sept. 2011, n° 10-19.017, *Gemini service (Sté) c/Cap Gemini alliance sociale CG-AS (Synd.)*, P V, n° 193, *Cap ; D.* 2011. 2342 ; *D.* 2012. 2622, obs. P. Lokiec et J. Porta ; *Dr. soc.* 2011. 1311, obs. F. Petit ; *Dr. soc.* 2011. 1311, obs. F. Petit ; *JCP S* 2011. 1536, note B. Gauriau ; *Dr. ouvrier* 2012. 56, note C. Nicod ; – AUSSI : Soc. 11 janv. 2012, n° 11-14.292, P ; *D.* 2012. 291 ; *D.* 2012. 2622, obs. P. Lokiec et J. Porta ; *Dr. soc.* 2012. 320, obs. F. Petit ; *RJS* 2012. 226, n° 274 – Soc. 23 mai 2012, n° 11-14.930, *Solidaire unitaire et démocratique Renault Guyancourt-Aubevoye (Synd.) c/Renault (Sté)*, P V, n° 159 ; *D.* 2012. 1486 ; *JCP S* 2012. 1298, note F. Petit ; *RJS* 2012. 627.
4. Soc. 27 janv. 2015, n° 13-22.179, *Féd. nat. des personnels des sociétés d'études, du conseil et de prévention CGT c/ Fédération des syndicats des sociétés d'études et de conseils*, P V, n° 9 ; *D.* 2015. 270, obs. Chron. C. cass. ; *D.* 2015. 829, obs. J. Porta et P. Lokiec ; *D.* 2015. 2340, obs. P. Lokiec et J. Porta ; *Dr. soc.* 2015. 237, ét. A. Fabre ; *Dr. soc.* 2015. 351, ét. P.-H. Antonmattei ; *RJS* 2015. 155, note J.-G. Huglo ; *Dr. soc.* 2015. 237, note A. Fabre ; *JCP S* 2015, note J. Daniel ; *RDT* 2015. 339, note E. Peskine ; *RDT* 2015. 472, obs. G. Pignarre ; *SSL* 2015, n° 1663, p. 7, obs. L. Pécaut-Rivolier ; *RJS* 3/2015, n° 172 – ENCORE : Soc. 8 juin 2016, n° 15-11.324, P V, n° 130 ; *D.* 2016. 1259, obs. N. explicative de la Cour de cassation ; *D.* 2016. 1588, chron. P. Flores, E. Wurtz, N. Sabotier, F. Ducloz et S. Mariette ; *JCP E* 2016. 1659, note J.-F. Cesaro ; *JCP S* 2016. 1321, note B. Bossu ; *RJS* 2016. 575, rapport F. Ducloz ; *Dr. ouvrier* 2016. 720, note A. Mazières ; *Cah. Soc.* 2016, p. 371, obs. F. Canut ; *JSL* 2016, n° 414-2, obs. H. Tissandier – Soc. 26 avr. 2017, n° 15-23.968, P ; *D.* 2018. 813, obs. P. Lokiec et J. Porta ; *RJS* 7/17, n° 459 – *ADDE* : J.-G. Huglo, « Accords collectifs et principe d'égalité de traitement : la métamorphose du rôle du juge », *RJS* 2018. 179 – G. Loiseau, « Le crépuscule de l'égalité de traitement », *RJS* 2018. 615.

fiées [1], la règle ayant à son tour été élargie à la situation de salariés affectés à des sites ou à des établissements distincts [2]. Le troisième mouvement a concerné, en dernier lieu, les différences de traitement entre les salariés dont le contrat de travail a été transféré en application d'une garantie d'emploi instituée par voie conventionnelle. Considérant que ces différences de traitement résultent de l'obligation à laquelle est tenu l'employeur entrant de maintenir au bénéfice des salariés transférés les droits qui leur étaient reconnus chez leur ancien employeur, la Chambre sociale a estimé qu'elles ne sont pas étrangères à toute considération de nature professionnelle et qu'elles sont en conséquence justifiées au regard du principe d'égalité de traitement [3].

Le principe d'égalité de traitement n'est plus, dans ces situations, considéré comme une norme indérogeable mais regardé, à l'inverse, comme pouvant faire l'objet de restrictions, voire de franches exceptions, parce qu'elles sont réalisées par la voie d'un accord collectif. L'accord collectif n'est plus vu dès lors comme l'instrument d'une atteinte au droit fondamental mais comme la raison de sa justification : les différences de traitement réalisées par ce moyen doivent à leur source négociée par des organisations investies de la défense des droits et intérêts des salariés d'être présumées justifiées. L'axe du raisonnement est celui-là : l'accord collectif est intrinsèquement légitime parce qu'il est négocié et signé par des organisations syndicales représentatives en charge de la défense des droits et intérêts des salariés et habilitées à contribuer à l'élaboration des normes. Produit de la négociation sociale, l'accord n'a pas à être justifié dans son contenu, fût-ce lorsqu'il renferme des différences de traitement. C'est à celui qui conteste ce contenu sur le fondement du principe d'égalité d'en établir le caractère illégitime. L'illégitimité dérive alors, dans cet esprit, de ce que les différences de traitement sont étrangères à des considérations de nature professionnelle, ce qui revient à une sorte de défaut de conformité avec la défense des droits et intérêts des salariés. Mais il s'agit, en réalité, d'une preuve diabolique, d'une *probatio diabolica,* car il est à peu près impossible d'établir qu'un avantage catégoriel que les organisations syndicales représentatives signataires de l'accord ont agréé parmi d'autres éléments négociés se distingue de ceux-ci en ce qu'il serait objectivement déconnecté de toute considération de nature professionnelle.

1. Soc. 3 nov. 2016, n° 15-18.444, P V, n° 206 ; *D.* 2016. 2286, obs. N. explicative de la Cour de cassation ; *D.* 2017. 235, chron. F. Ducloz, P. Flores, F. Salomon, E. Wurtz et N. Sabotier ; *D.* 2017. 2270, obs. P. Lokiec et J. Porta ; *JCP S* 2016. 1392, note J.-F. Cesaro ; *JCP E* 2017. 1014, note S. Béal et A. Kootstra ; *RDT* 2017. 140, obs. I. Odoul-Azoray ; *Dr. soc.* 2017. 87, obs. P.-H. Antonmattei ; *RJS* 1/2017, n° 7 ; *JSL* 2016, n° 421-422-1, obs. H. Tissandier – Soc. 4 oct. 2017, n° 16-17.517, P V, n° 170 ; *D.* 2017. 1981 ; *D.* 2018. 813, obs. P. Lokiec et J. Porta ; *JCP S* 2017. 1391, note J.-F. Cesaro ; *JCP* 2017. 1133, note N. Dedessus-Le-Moustier ; *RDT* 2018. 67, note Y. Ferkane ; *RJS* 12/2017, n° 780 ; *JSL* 2017, n° 442-2, obs. J.-Ph. Lhernould ; *Gaz. Pal.* 12 déc. 2017, Jur. 51, obs. S. Harir.
2. À PROPOS DE salariés appartenant à une entreprise de nettoyage : Soc. 30 mai 2018, n° 17-12.782, P ; *D.* 2018. 1210 ; *D.* 2019. 963, obs. P. Lokiec et J. Porta ; *SSL* 2 juill. 2018, n° 1822, p. 6, note P. Bailly ; *Dr. ouvrier* 2018. 742, note I. Meyrat ; *JSL* 2 juill. 2018, n° 457, p. 14, note H. Nasom-Tissandier – Soc. 7 déc. 2022, n° 21-17.395, NP.
3. Soc. 30 nov. 2017, n° 16-20.532, P ; *D.* 2017. 2483 ; *JCP S* 2018. 1023, note J.-F. Cesaro ; *RDT* 2018. 56, obs. A. Fabre ; *JSL* 25 janv. 2018, n° 446, p. 9, note J.-Ph. Lhernould ; *RJS* 2/2018, n° 100 ; *JCP* 2017. 1341, obs. D. Corrignan-Carsin ; *JCP S* 2017. 1023, obs. J.-F. Cesaro – Soc. 28 févr. 2018, n° 15-26.260, NP ; *RJS* 5/2018, n° 318 ; *JSL* 2 juill. 2018, n° 457, p. 14, note H. Nasom-Tissandier – Soc. 30 mai 2018, n° 17-12.782, préc. ; – AUSSI : J.-F. Cesaro, « Égalité de traitement. L'égalité dans les restructurations : le transfert conventionnel de salariés. Anatomie d'un avis », *JCP S* 2018. 1045 ; – La Cour de cassation a opéré ici un raccourci puisque, sans passer par la considération que les différences consécutives à un transfert organisé par une convention collective sont présumées légitimes, elle affirme directement que ces différences reposent sur des considérations de nature professionnelle, excluant par là même toute possibilité de les contester. La caution du législateur n'y est sans doute pas étrangère, la solution jurisprudentielle étant codifiée, depuis la loi du 8 août 2016, à l'article L. 1224-3-2 du Code du travail lorsque la poursuite des contrats de travail est prévue et organisée par un accord de branche étendu en cas de succession d'entreprises dans l'exécution d'un marché. En pareille situation, il est dit que « les salariés du nouveau prestataire ne peuvent invoquer utilement les différences de rémunération résultant d'avantages obtenus, avant le changement de prestataire, par les salariés dont les contrats de travail ont été poursuivis ».

311.84 Focus sur le principe d'égalité de traitement : seconde période. La Chambre sociale de la Cour de cassation n'entend pas généraliser la présomption de justification et l'appliquer systématiquement chaque fois qu'un traitement inégalitaire est pratiqué au sein de la collectivité de travail par la voie d'un accord collectif. Elle l'a signalé dans un arrêt du 3 avril 2019 qui a apporté des indications sur deux points [4]. Le premier est que la présomption est privée d'effet lorsque la différence de traitement

4. Soc. 3 avr. 2019, n° 17-11.970, P ; *D.* 2019. 766 ; *D.* 2019. 1558, chron. A. David, F. Le Masne de Chermont, A. Prache et F. Salomon ; *Just. et cass.* 2020. 297, rapp. F. Le Masne de Chermont ; *Just. et cass.* 2020. 314, avis A. Berriat ; *Dr. soc.* 2019. 559, ét. J.-E. Ray ; *RDT* 2019. 578, obs. F. Rosa ; *Dr. soc.* 2019. 447, ét. Ch. Radé ; *JCP S* 2019. 1134, note G. Loiseau ; *JCP S* 2019. 1135, note J. Cavallini ; *SSL* 25 avr. 2019, n° 1858, p. 8, note O. Dutheillet de Lamothe et L. Marquet de Vasselot ; *JCP* 2019. 519, note G. Vachet ; *JCP* 2019. 520, note J. Daniel ; *BJT* 6/2019, p. 30, obs. F. Bergeron-Canut ; *RDT* 2019. 498, obs. J.-E. Berthier ; *RJS* 2019. 437 ; *JCP S* 2020. 1078, note A. Berriat ; *RJS* 2019, n° 338 (extrait de l'avis de l'avocat général et note) ; *JCP E* 2019, Act., 254 ; *RDT* 2019. 301, note Ismaël Omarjee ; *RDT* 2019. 305, note G. Loiseau ; *Gaz. Pal.* 2019, n° 20, p. 67, note H. de Brier.

qu'elle aurait dû couvrir en raison de la conventionnalité de la norme qui la prévoit interfère avec le droit de l'Union européenne. Ce n'est pas que la fondamentalité du droit le rendrait plus réfractaire à un traitement conventionnel des différences de traitement au contact avec des règles du droit de l'Union. C'est d'un point de vue probatoire que la Cour de cassation a été conduite à apporter une limite à l'application de la présomption : le droit européen répartissant le fardeau de la preuve en matière de discrimination entre le salarié et l'employeur, il s'oppose à ce qu'une norme nationale – tenant ici à la présomption de justification – aménage autrement la charge de la preuve. Aussi, chaque fois que l'accord collectif a pour objet ou pour effet de créer une différence de traitement dans un domaine où est mis en œuvre le droit de l'Union, la présomption est inopérante parce que contraire aux règles de preuve du droit de l'Union européenne en matière d'égalité de traitement. Ce domaine est vaste et peut, tout au plus, être compartimenté. Sont tout d'abord concernées les matières dans lesquelles le droit dérivé prohibe expressément des discriminations directes et indirectes au regard de critères déterminés. La Chambre sociale en a tiré la conséquence, dans un arrêt du 9 octobre 2019, que lorsque la différence de traitement repose sur un motif visé à l'article L. 1132-1 du Code du travail, les stipulations de l'accord collectif qui la prévoit ne peuvent être présumées justifiées au regard du principe de non-discrimination[1]. Sont également impliquées les matières dans lesquelles l'égalité de traitement cible plus particulièrement des salariés que leur situation contractuelle précarise (travailleurs en contrat à durée déterminée, travailleurs intérimaires, travailleurs à temps partiel). Enfin, c'est potentiellement en toute matière du droit de l'Union dont les règles ont vocation à s'appliquer dans les États membres (repos, congé, travail de nuit, etc.) que le principe d'égalité de traitement s'oppose à ce que des différences de traitement soient opérées par voie d'accord collectif, à moins – ce qui était déjà l'exception avant 2015 – qu'elles puissent être justifiées par un motif objectif et pertinent.

L'autre indication donnée par l'arrêt du 3 avril 2019 est que, même dans les situations où la différence de traitement opérée ne fait pas intervenir des règles du droit de l'Union, un accord collectif de travail ne fait pas bénéficier toute espèce de différence de traitement de la présomption de justification. La Cour de cassation affirme sa volonté d'exercer un contrôle à ce sujet et de procéder à une application sélective de la présomption selon la nature du critère en fonction duquel la différence est opérée. Dans la mesure où la technique de la présomption repose sur le caractère vraisemblable du fait inconnu, en l'occurrence la justification de la différence de traitement, elle n'est appelée à jouer que lorsque cette différence est établie sur la base d'un critère distinctif qui rend crédible l'existence d'un motif objectif – comme l'appartenance à une catégorie professionnelle ou à un établissement. La présomption doit être en revanche écartée quand elle se rapporte à un critère qui fait douter d'une raison objective la justifiant, ce qui a été jugé dans l'arrêt du 3 avril 2019 lorsque la différence de traitement est fondée sur la date de présence du salarié sur un site.

Si le domaine de la présomption de justification est, dans ces conditions, soumis à des limites, une autre question est de savoir si la présomption peut être attachée à tous les accords ayant valeur d'accords collectifs. La Cour de cassation l'a admis à propos d'un protocole de fin de conflit qui constitue un accord collectif dès lors que, conclu avant l'expiration de la période transitoire instaurée par la loi du 20 août 2008, il a été signé par un ou des délégués syndicaux ou que, conclu après cette période, il a été négocié et signé avec des organisations syndicales représentatives[2]. La solution peut être plus discutable en ce qui concerne les accords conclus de manière dérogatoire : accords conclus avec des élus du comité social et économique mandatés ou non mandatés, avec des salariés non élus mandatés ou, plus encore, accords référendaires dans les entreprises de moins de onze salariés. Ce qui rend les choses discutables, c'est que, hormis ceux conclus avec un élu ou un salarié mandaté, il ne s'agit pas d'accords « négociés et signés par les organisations syndicales représentatives, investies de la défense des droits et intérêts des salariés et à l'habilitation desquelles ces derniers participent directement par leur vote » au sens où la Chambre sociale de la Cour de cassation en a fait la raison de la présomption de justification des différences de traitement. Mais la circonstance que ces accords, légalement considérés comme des accords collectifs, requièrent pour leur adoption une majorité pourrait faire admettre de donner effet à la présomption de justification synonyme de légitimité[3].

311.85 Contraintes indirectes imposées par le respect des droits fondamentaux. Les droits et liber-

1. Soc. 9 oct. 2019, n° 17-16.642, P ; *D.* 2019. 1999 ; *D.* 2020. 1136, obs. S. Vernac et Y. Ferkane ; *JCP S* 2019. 1336, note J. Daniel ; *BJT* 11/2019, p. 19, obs. G. Duchange ; *Dr. ouvrier* 2020. 158, note S. Maillard-Pinon ; *RJS* 12/2019, n° 676.

2. Soc. 30 mai 2018, n° 17-12.782, préc. – Soc. 7 déc. 2022, n° 21-17.395, préc.
3. EN CE SENS : J.-F. Cesaro, note s[s] Soc. 30 nov. 2017, n° 16-20.532, P.

tés fondamentaux ne sont pas seulement des limites à la liberté contractuelle et à la liberté conventionnelle ; ils peuvent aussi imposer, pour leur respect, des aménagements de la norme collective. Ce forçage de l'accord collectif n'est qu'indirect dans la mesure où il n'est pas le fait du juge qui dégagerait des obligations non convenues, mais est opéré sous la dictée du juge qui conditionne l'effectivité de l'accord à la prévision de certaines mesures de protection des salariés. C'est le contentieux des forfaits en jours qui est emblématique d'un contenu imposé de l'accord collectif afin de garantir le droit à la santé et au repos s'agissant d'un droit qui compte au nombre des exigences constitutionnelles et a la nature d'un droit fondamental.

Le contentieux en la matière a donné lieu, à partir de 2011, à une jurisprudence continue de la Chambre sociale invalidant les accords collectifs, en général des accords de branche, ouvrant la possibilité de conclure des conventions de forfait annuel lorsqu'ils ne comportent pas de stipulations assurant la garantie du respect des durées maximales de travail ainsi que des repos, journaliers et hebdomadaires[1]. La Cour de cassation a plus précisément exigé que l'accord collectif prévoit des mesures de nature à garantir que l'amplitude et la charge de travail restent raisonnables et à assurer une bonne répartition dans le temps du travail de l'intéressé, ce qui aboutit concrètement à subordonner la régularité de l'accord à la stipulation de telles mesures, en l'absence desquelles les conventions individuelles de forfait sont nulles[2]. Bien que ces exigences aient été codifiées à l'occasion de la loi Travail du 8 août 2016[3], la trace demeure dans les décisions du fondement de cette jurisprudence rendue au visa de « l'alinéa 11 du préambule de la Constitution du 27 octobre 1946, l'article 151 du Traité sur le fonctionnement de l'Union européenne se référant à la Charte sociale européenne et à la Charte communautaire des droits sociaux fondamentaux des travailleurs, l'article L. 3121-45 du code du travail dans sa rédaction alors applicable, interprété à la lumière de l'article 17, § 1 et 4, de la directive 93/104/CE du Conseil du 23 novembre 1993, des articles 17, § 1, et 19 de la directive 2003/88/CE du Parlement européen et du Conseil du 4 novembre 2003 et de l'article 31 de la Charte des droits fondamentaux de l'Union européenne » pour la garantie du droit à la santé et au repos.

C.
Droit supranational

311.91 Conventions de l'organisation internationale du travail. Quoique les règles posées dans les conventions OIT ne soient réellement contraignantes que lorsqu'elles sont reconnues d'effet direct, spécialement dans les rapports entre personnes privées, elles se situent parmi les normes indérogeables. Si elles peuvent justifier l'invalidation de dispositions légales qui ne leur sont pas conformes, elles ont *a fortiori* le même effet sur des stipulations conventionnelles. L'importance prise par certaines de ces conventions à l'époque contemporaine dans quelques contentieux mettant en cause des règles de droit interne aurait pu inspirer une plus grande mobilisation de ces textes également dans des litiges relatifs à la validité d'accords collectifs.

Il est toutefois, pour le moment, peu fait appel à ces normes. La convention 158 sur le licenciement, qui est l'une de celles le plus souvent invoquée, a tout de même justifié de déclarer déraisonnable, au regard de la finalité de la période d'essai et de l'exclusion des règles du licenciement durant cette période, une période d'essai fixée par la convention collective dont la durée était de six mois[4].

311.92 Droit européen. Le droit européen foisonne de règles indérogeables dans ses deux branches. C'est tout d'abord le droit du Conseil de l'Europe, à commencer par la Convention européenne de sauvegarde des droits de l'homme et des libertés fondamentales et la jurisprudence de la Cour, qui sont la source de droits fondamentaux. Ces droits doublent, pour la majorité d'entre eux, des droits reconnus comme fondamentaux sur la base de textes de droit national. La Chartes sociale européenne constitue

1. Soc. 29 juin 2011, n° 09-71.107, P V, n° 181 ; *D.* 2011. 1830 ; *D.* 2012. 901, obs. P. Lokiec et J. Porta ; *RDT* 2011. 474, Controverse B. Van Craeynest et P. Masson ; *RDT* 2011. 481, ét. M.-F. Mazars, S. Laulom et C. Dejours ; *JCP S* 2011. 1333, Ét. M. Morand ; *JCP* 2011. 970, note N. Billon et Z. Baki ; *SSL* 12 sept. 2011, n° 1504, p. 16, note M.-F. Mazars et Ph. Flores ; *Dr. ouvrier* 2011. 723, note E. Richard ; *RJS* 2011. 636 ; *JSL* 19 juin 2020, n° 500, n° spécial, p. 40, note A. Fabre.
2. ENCORE : Soc. 27 mars 2019, n° 17-23.314, P ; *D.* 2019. 705 ; *D.* 2019. 1558, chron. A. David, F. Le Masne de Chermont, A. Prache et F. Salomon ; *JCP S* 2019. 1132, note M. Morand ; *RJS* 2019. 456 ; *SSL* 2019, n° 1861, obs. M. Morand ; *JSL* 2019, n° 477-3, obs. H. Tissandier ; – Soc. 18 nov. 2019, n° 18-19.652, P.
3. C. trav., art. L. 3121-64, qui énonce que l'accord autorisant la conclusion de conventions individuelles de forfait en jours détermine : 1° Les modalités selon lesquelles l'employeur assure l'évaluation et le suivi régulier de la charge de travail du salarié ; 2° Les modalités selon lesquelles l'employeur et le salarié communiquent périodiquement sur la charge de travail du salarié, sur l'articulation entre son activité professionnelle et sa vie personnelle, sur sa rémunération ainsi que sur l'organisation du travail dans l'entreprise ; 3° Les modalités selon lesquelles le salarié peut exercer son droit à la déconnexion.
4. Soc. 10 mai 2012, n° 10-28.512, P V, n° 137 ; *D.* 2012. 1341 ; *D.* 2013. 1026, obs. P. Lokiec et J. Porta ; *RJS* 2012. 529.

un autre réservoir de principes essentiels susceptibles de brider la liberté conventionnelle.

C'est ensuite le droit de l'Union européenne qui comporte de nombreuses règles indérogeables auxquelles se heurteraient des aménagements conventionnels. Certains textes, plus que d'autres, comme la directive 2003/88/CE du 4 novembre 2003 [1] concernant certains aspects de l'aménagement du *temps de travail*, sanctuarisent des principes impératifs auxquels les normes nationales, qu'elles soient légales ou conventionnelles, sont empêchées de déroger. La Charte communautaire des droits sociaux fondamentaux des travailleurs en est un autre. La Cour de cassation se réfère également à la jurisprudence de la Cour de justice de l'Union européenne dont elle a, par exemple, inféré l'existence d'un principe d'égalité de traitement, qui « ne se cantonne pas à l'interdiction de (certaines) discriminations qui n'en est que l'expression spécifique » et qui « s'impose non seulement à l'action des autorités publiques, mais s'étend également à toutes conventions visant à régler de façon collective le travail salarié » [2]. Elle se réserve en outre la possibilité d'examiner l'effectivité de conventions collectives au regard de dispositions nationales interprétées à la lumière du droit de l'Union européenne [3].

Les instruments de droit européen, le cas échéant, peuvent être panachés. La jurisprudence initiée en 2011 exigeant que les accords collectifs prévoyant la conclusion de conventions de forfait annuel assurent la garantie du respect des durées maximales de travail ainsi que des repos était rendue au visa, notamment, de l'article 151 du Traité sur le fonctionnement de l'Union européenne se référant à la Charte sociale européenne et à la Charte communautaire des droits sociaux fondamentaux des travailleurs, l'article L. 3121-45 du code du travail dans sa rédaction alors applicable, interprété à la lumière de l'article 17, § 1 et 4, de la directive 93/104/CE du Conseil du 23 novembre 1993 [4], des articles 17, § 1, et 19 de la directive 2003/88/CE du Parlement européen et du Conseil du 4 novembre 2003 [5] et de l'article 31 [6] de la Charte des droits fondamentaux de l'Union européenne [7].

1. Dir. 2003/88 du Parlement européen et du Conseil, 4 nov. 2003 concernant certains aspects de l'aménagement du temps de travail, *JOUE L* 18 nov., p. 9.
2. Soc. 3 avr. 2019, n° 17-11.970, préc. – AUSSI : Soc 6 oct. 2010, n° 07-42.023, P V, n° 217 ; *D.* 2008. 2150 ; *JSL* 1er déc. 2010, n° 288, p. 20, note J.-Ph. Lhernould ; *RJS* 2010. 860 ; *Dr. soc.* 2011. 100, note J. Barthélémy ; *JCP S* 2011. 1056, obs. D. Jacotot, se référant à l'interprétation par la Cour de justice du Traité sur l'Union européenne (TUE) et du Traité sur le fonctionnement de l'Union européenne (TFUE) pour écarter l'application d'une disposition de la Charte de football professionnel qui a le caractère d'une convention collective nationale.
3. Soc 12 juill. 2017, n° 15-26.262, P ; *D.* 2017. 1475, obs. N. explicative de la Cour de cassation ; *D.* 2017. 1600, entretien D. Roman ; *D.* 2017. 2270, obs. P. Lokiec et J. Porta ; *Dr. soc.* 2017. 840, note R. Weissmann ; *JCP S* 2017. 1288, note F. Dumont ; *JSL* 3 oct. 2017, n° 438, p. 9, note J.-Ph. Lhernould, à propos d'un accord collectif prévoyant au seul bénéfice des salariées de sexe féminin une demi-journée de repos à l'occasion de la journée internationale pour les droits des femmes. V. aussi Soc. 23 mai 2012, n° 10-18.341 ; P V, n° 161 ; *D.* 2015. 1408, obs. J.-J. Lemouland et D. Vigneau ; *Dr. soc.* 2014. 854, obs. J. Mouly ; *RDT* 2014. 627, obs. A. Gardin ; *RJS* 2012. 593, à propos d'une convention collective accordant des jours de congés et des primes aux seuls salariés contractant mariage et privant de ces avantages les personnes de même sexe qui concluent un pacte civil de solidarité.

SECTION 2
NORMES SUPPLÉTIVES ET LES NORMES SUBSIDIAIRES

311.100 Plan – Distinction entre la supplétivité et la subsidiarité. La supplétivité s'entend de la qualité d'une norme qui n'a vocation à s'appliquer qu'en l'absence d'une autre norme que le législateur laisse la possibilité d'adopter [8] – généralement un contrat en droit commun – ou dont il entend favoriser l'adoption – plutôt un accord collectif en droit du travail. La norme supplétive appelée à être appliquée en remplacement de l'accord individuel ou collectif de volontés est le plus souvent conçue comme une norme alternative.

Au contraire, la subsidiarité induit un ordre hiérarchique entre les normes dont l'une est affectée au remplacement de l'autre. La norme subsidiaire est secondarisée par rapport à la norme principale de référence qui est privilégiée. La distinction peut, il est vrai, sembler assez floue en pratique dans la mesure où l'une comme l'autre n'est applicable qu'en l'absence de la norme à laquelle le législateur accorde la priorité [9]. Dans un cas comme dans l'autre, aussi, l'ordre dans lequel le législateur articule la norme principale et la norme

4. Dir. 93/104 du Conseil, 23 nov. 1993 concernant certains aspects de l'aménagement du temps de travail, *JOUE L* 13 déc., p. 18, art. 17, § 1 et 4.
5. Dir. 2003/88 du Parlement européen et du Conseil, 4 nov. 2003 concernant certains aspects de l'aménagement du temps de travail, *JOUE L* 18 nov., p. 9, art. 17, § 1, et 19.
6. Charte des droits fondamentaux de l'Union européenne, 7 déc. 2000, *JOCE C* 18 déc., p. 1, art. 31.
7. V. ss n° 311.85.
8. C. Pérès-Dourdou, *La règle supplétive*, th. Paris I, LGDJ, 2004, préf. G. Viney ; ET, du même auteur, « Règles impératives et règles supplétives dans le nouveau droit des contrats », *JCP* 2016. 454.
9. C'est d'ailleurs ce qui distingue la supplétivité et la subsidiarité de la dérogation. La règle supplétive comme la règle subsidiaire s'applique à défaut d'une autre norme tandis que la règle dérogatoire s'écarte de la norme qui devrait en principe s'appliquer. V. cependant, traitant de la dérogation et de la supplétivité sur un même plan : F. Petit, « L'ordre public dérogatoire », *RJS* 2007. 391, pour qui l'« ordre public dérogatoire est constitué de l'ensemble des règles présentant un caractère supplétif ».

de remplacement est un moyen de favoriser la première, ce qui est l'objectif recherché lorsque la norme principale est un accord collectif. La différence entre la norme supplétive et la norme subsidiaire devient toutefois sensible lorsque l'esprit de hiérarchie qui sous-tend la seconde conduit à ne faire application de la norme par défaut qu'après qu'une action positive a été entreprise pour faire adopter la norme principale et que l'action s'est soldée par un échec. Autrement dit, tandis que la norme supplétive est une norme de remplacement d'une norme matériellement absente (§ 1), la norme subsidiaire est une norme de remplacement d'une norme défaillante s'agissant d'un accord collectif dont la négociation n'a pas abouti (§ 2).

§ 1
Normes supplétives

311.110 **Plan.** Les normes supplétives présentent, en règle générale, un caractère légal (A) ou règlementaire (B). Depuis l'introduction du triptyque par la loi Travail du 8 août 2016, de nombreuses règles sont d'ailleurs formellement étiquetées supplétives après avoir été extraites, pour la plupart, de l'ordre public social dans le but affiché de faire une place accrue aux accords collectifs. La supplétivité est ici une faveur faite à la norme négociée, le champ de la supplétivité correspondant au domaine ouvert, en amont, à la négociation collective. Si le triptyque fournit à présent le plus gros des dispositions supplétives opérant en l'« absence » ou à « défaut » d'accord collectif, il en existe bien d'autres, la supplétivité n'ayant pas besoin d'être formellement identifiée.

A.
Loi

311.121 **Inflation des dispositions légales supplétives.** Alors qu'en droit commun, de très nombreuses règles sont supplétives, les droits spéciaux se sont construits sur la base de normes impératives, spécialement lorsqu'il était en vue de pourvoir à la situation de faiblesse ou d'infériorité dans laquelle se trouve une partie dans un rapport contractuel. Le droit du travail est évidemment dans cette veine de l'impérativité mais, s'il a été conçu ainsi et le demeure s'agissant l'organisation des relations contractuelles de travail, il a évolué différemment en matière de négociation collective. La faveur dont bénéficie la norme collective dans le droit actuel pousse à la libérer d'une chape législative regardée aujourd'hui comme étant, dans certains cas, trop contraignante. Cet assouplissement du cadre législatif s'est manifesté, avec la loi du 8 août 2016, par une répartition formelle des règles entre celles continuant de relever de l'ordre public et celles reléguées parmi les dispositions supplétives. Le domaine dévolu à la négociation collective a corrélativement gagné en étendue l'équivalent du volume des règles basculées dans le champ de la supplétivité. Et ce volume a encore augmenté avec les ordonnances du 22 septembre 2017 et la loi du 29 mars 2018 qui ont poursuivi le travail de décomposition de l'ordre public social et étiqueté de nouvelles règles comme étant supplétives. Si elles forment à présent, avec celles constituées en 2016 dans le champ de la durée du travail et des congés, le gros bataillon des dispositions supplétives, il peut en exister d'autres[1]. La supplétivité, pas davantage que l'impérativité, n'a pas besoin d'être formellement identifiée. Mais il est vrai que, dans un droit historiquement pétri d'impérativité, c'est l'action du législateur contemporain au moyen du triptyque qui a, pour la première fois, dégagé un espace significatif dévolu aux règles supplétives en faisant reculer d'autant la superficie couverte par des règles impératives.

C'est bel et bien alors de recul qu'il s'agit car le champ de la supplétivité correspond au domaine ouvert à la négociation collective. Et, à la différence des rapports entre la norme d'ordre public et la norme conventionnelle qui tolèrent que l'une déroge à l'autre dans un sens plus favorable[2], il n'y a pas de concours de normes entre la règle supplétive et la règle conventionnelle. C'est le propre de la supplétivité que la règle s'efface, purement et simplement, en présence d'une autre règle ayant le même objet, ici issue d'un accord collectif. Il en résulte que la norme conventionnelle écarte la norme légale supplétive peu importe qu'elle soit ou non plus favorable aux salariés. Elle peut, le cas échéant, l'être moins. La règle supplétive, en matière de rémunération des heures supplémentaires, prévoit une majoration de salaire de 25 % pour chacune des huit premières heures supplémentaires, les heures suivantes donnant lieu à une majoration de 50 % alors qu'un accord d'entreprise ou, à défaut, un accord de branche peut fixer un taux de majoration inférieur dans la limite de 10 %[3]. De façon significative également, toujours dans le domaine de la durée du travail s'agissant du travail à temps partiel, la disposition d'ordre public se borne à renvoyer aux modalités déterminées par la norme collective et, à défaut, par la règle supplétive s'agissant de la durée minimale de travail hebdomadaire qui doit être garantie aux salariés en l'absence de volonté contraire. La règle supplétive prévoit à ce sujet une durée minimale de vingt-quatre heures hebdomadaires ; mais un accord de branche étendu peut fixer une durée différente, supérieure ou inférieure[4].

1. V. avant la loi du 8 août 2016 : S. Frossard, « La supplétivité des règles en droit du travail », *RDT* 2009. 83.
2. PAR EX. : l'article L. 31321-17 du Code du travail permet à la norme conventionnelle de fixer un temps de pause supérieur à la durée minimale de vingt minutes consécutives requise par l'article L. 3121-16 qui relève de l'ordre public.
3. C. trav., art. L. 3121-33 et L. 3121-36.
4. C. trav., art. L. 3123-7 (ordre public), L. 3123-19 (champ de la négociation collective) et L. 3123-27 (disposition supplétive).

B.
Règlement

311.131 Complément réglementaire. Il n'est pas rare que des dispositions formellement présentées comme supplétives dans le cadre du triptyque s'appuient elles-mêmes sur des textes règlementaires pour la détermination de certaines de leurs modalités d'application[1]. À plusieurs occasions, la disposition supplétive renvoie même uniquement à un décret pour fixer la règle appelée à s'appliquer en l'absence d'accord collectif. Ainsi, l'article L. 3121-15 du Code du travail énonce que, à défaut d'accord, le régime d'équivalence peut être institué par décret en Conseil d'État tandis que l'article L. 3121-39 dispose que, à défaut d'accord, un décret détermine le contingent annuel défini à l'article L. 3121-30 ainsi que les caractéristiques et les conditions de prise de la contrepartie obligatoire sous forme de repos pour toute heure supplémentaire effectuée au-delà de ce contingent. L'article L. 3121-52 indique que, toujours à défaut d'accord, les limites et modalités du report d'heures en cas de mise en place d'un dispositif d'horaires individualisés et de récupération des heures perdues sont déterminées par décret en Conseil d'État. Et c'est également à défaut d'accord qu'il est prévu à l'article L. 3131-3 que, en cas de surcroît exceptionnel d'activité, il peut être dérogé à la durée minimale de repos quotidien dans des conditions définies par décret. De la même manière, l'article L. 3141-11 dispose que, en l'absence de stipulation dans l'accord conclu en application de l'article L. 3141-10, le début de la période de référence pour l'acquisition des congés est fixé par un décret en Conseil d'État, cependant que l'article L. 3143-1 signale que, à défaut d'accord relatif au compte épargne-temps, un dispositif de garantie est mis en place par décret.

Ce complément réglementaire apporté aux dispositions légales supplétives illustre la propension du droit contemporain à sous-traiter, non sans excès, la conception de normes au pouvoir réglementaire.

§ 2
Normes subsidiaires

311.140 Plan. Les engagements unilatéraux de l'employeur et les usages s'intègrent dans un rapport normatif hiérarchique : si ces normes subsidiaires s'appliquent en l'absence d'accord collectif, elles sont évincées lorsqu'un accord collectif ayant le même objet est conclu (A). Le domaine du préalable de négociation présente, à cet égard, quelques particularités (B) mais sa portée semble toute relative (C).

A.
Rapport hiérarchique des normes subsidiaires aux accords collectifs

311.151 Sens de la subsidiarité. La subsidiarité implique, comme la supplétivité, que la norme qui présente ce caractère ne s'applique qu'en l'absence d'une norme principale de référence, qui est ici un accord collectif de travail. La norme subsidiaire, cependant, se situe dans un rapport de hiérarchie et non d'équivalence avec la norme principale. Cette secondarisation se manifeste, dans certains cas, par l'éviction de la norme subsidiaire en présence d'un accord collectif ayant le même objet. C'est le cas des usages et des engagements unilatéraux de l'employeur.

La secondarisation se concrétise aussi à travers les modalités de recours à la norme subsidiaire. Non seulement celle-ci ne peut être adoptée qu'en l'absence de la norme principale, mais elle ne joue son rôle de suppléance que si l'on a cherché, auparavant, à mettre en place la norme principale, en l'occurrence un accord collectif. C'est ce qui est attendu, aujourd'hui, du recours à de nombreuses normes patronales applicables à « défaut » ou en l'« absence » d'accord collectif. Leur subsidiarité renvoie alors à la question du préalable de négociation[2].

311.152 Usages et engagements unilatéraux de l'employeur. Les engagements unilatéraux et les usages sont, comme les accords collectifs, des normes à effet collectif qui s'appliquent, sauf restriction expresse, à la collectivité des salariés de l'entreprise. Portant sur un avantage individuel ou collectif dont les salariés sont rendus créanciers, ils ne peuvent logiquement coexister avec un accord collectif prévoyant le même avantage. L'une des deux sources d'obligation doit dès lors s'effacer au profit de l'autre. Opérant à cet égard une hiérarchie, la Cour de cassation décide que l'adoption de l'accord collectif a pour effet de mettre fin à un engagement unilatéral[3] ou à

1. V. PAR EX. : C. trav., art. L. 2312-35, à propos de la consultation annuelle sur la politique sociale de l'entreprise ; art. L. 3121-12, en matière d'astreinte ; art. L. 3121-24 et L. 3121-25, au sujet du dépassement de la durée maximal hebdomadaire ; articles L. 3122-21, dans le domaine du travail de nuit ; art. L. 3142-41, L. 3142-47, L. 3142-53, L. 3142-59, L. 3142-66, L. 3142-74, L. 3142-119, en matière de congés.

2. L'expression « préalable de négociation » est tirée d'une contribution de G. Loiseau, « Le préalable de négociation », note ss Soc. 17 avr. 2019, *JSL* 19 juin 2020, n° 500, p. 8. L'expression a été utilisée depuis par d'autres auteurs, notamment : F. Bergeron-Canut, note ss Soc. 13 janv. 2021, n° 19-23.533, P, *SSL* 15 févr. 2021, n° 1941, p. 18 et G. François, « Le préalable de négociation obligatoire », *Dr. soc.* 2021. 356.
3. Soc. 5 mars 1997, n° 95-42.396 ; P V, n° 92 ; *RJS* 4/1997, n° 443 – Soc. 28 janv. 1998, n° 95-45.220, P V, n° 50 ; *D.* 1998. 75 – Soc. 25 janv. 2006, n° 04-42.792, NP – Soc. 10 mars 2010, n° 08-44.950, NP, *Dr. soc.* 2010. 1092, note M. Véricel ; *RDT* 2010. 382, obs. H. Tissandier – Soc. ▶

un usage[1] ayant le même objet, et ce sans même qu'il soit besoin de procéder à la dénonciation de celui-ci. Il faut, mais il suffit, que l'objet soit de même nature, encore qu'il puisse ne pas être strictement identique s'agissant, par exemple, d'une prime d'un montant moindre.

Dans le même esprit, la Cour de cassation décide que, « si l'employeur peut, par un engagement unilatéral, accorder des avantages supplémentaires à ceux résultant d'une convention ou d'un accord collectif de travail, il ne peut substituer à ces avantages conventionnels des avantages différents »[2].

311.153 Normes patronales : le renforcement contemporain du pouvoir normatif de l'employeur. Le pouvoir normatif de l'employeur, longtemps confiné à l'établissement du règlement intérieur, s'est densifié et diversifié à l'époque contemporaine[3]. Passé l'aspect réglementaire, son développement s'est appuyé, dans un premier temps, sur une kyrielle d'actes dont le caractère commun est de constituer des sources de droit non contraignant ayant principalement pour objet d'orienter les comportements : chartes éthiques, chartes relationnelles, codes de bonne conduite ou de bonnes pratiques, etc. Certaines chartes peuvent certes avoir un contenu normatif partiellement contraignant, comme les chartes informatiques, mais l'extension du pouvoir normatif de l'employeur a réellement progressé avec la prévision par le législateur de chartes qui ne sont plus seulement des actes déclaratoires à faible juridicité mais des actes élaborés dans un esprit d'autorégulation de situations relevant du fonctionnement de l'entreprise : c'est la charte sur la déconnexion prévue par la loi du 8 août 2016 ; c'est la charte sur le télétravail instituée par l'ordonnance n° 2017-1387 du 22 septembre 2017.

La progression du pouvoir normatif tient surtout à la faveur pour la norme de proximité. C'est là l'une des évolutions majeures du droit actuel : encourager la norme de proximité en raison de son adaptabilité aux spécificités de l'entreprise liées à sa situation et/ou à son activité[4]. La décentralisation de la norme applicable aux relations de travail, corrélée à la faveur pour la norme négociée, se manifeste en particulier par la primauté désormais affirmée de l'accord d'entreprise sur l'accord de branche. Mais elle est également à l'œuvre dans la détermination de la norme applicable à « défaut » ou en l'« absence » d'accord collectif. Plutôt que de recourir à une norme légale, générale et impersonnelle, le législateur privilégie, dans des hypothèses de plus en plus nombreuses, l'adoption d'une norme patronale qui présente l'avantage d'être spéciale et aménageable en fonction des réalités de terrain. Si les partenaires sociaux n'ont pas réglé par la négociation une situation concernant la collectivité des travailleurs, qui mieux que l'employeur peut ajuster la norme aux besoins de l'entreprise ?

Du point de vue des rapports entre la norme principale et la norme par défaut, la question est alors de savoir si la seconde est supplétive ou subsidiaire. D'un côté, leur logique commune de normes de proximité pourrait justifier de faire de l'une un simple supplétif de l'autre, la norme patronale se présentant comme une alternative à l'accord collectif. D'un autre côté, la plus grande légitimité de la norme négociée plaide dans le sens d'une hiérarchie entre celle-ci et la norme patronale élaborée unilatéralement. L'enjeu est dans l'application du préalable de négociation, c'est-à-dire l'obligation faite à l'employeur d'engager loyalement une négociation avant de pouvoir tirer les conséquences de son échec en adoptant lui-même la norme ayant autorité vis-à-vis de la collectivité des salariés.

311.154 Normes patronales : principe de subsidiarité. Dans quelques cas particuliers, l'exigence préalable de négociation est dictée par le législateur[5]. La trace d'une hiérarchie est également sensible, sous un autre angle, lorsque, alors que la norme patronale est antérieure à la conclusion d'un accord collectif, ce dernier a pour effet d'y mettre fin et d'y substituer ses mesures. Par exemple, l'article L. 3132-25-3 du Code du travail prévoit que, lorsqu'un accord collectif est régulièrement négocié postérieurement à la décision unilatérale de l'employeur de recourir au travail le dimanche – décision approuvée par référendum qui fixe les contreparties accordées aux salariés privés du repos dominical –, cet accord s'applique dès sa signature en lieu et place des contreparties prévues par la décision. Néanmoins, le prin-

► 26 sept. 2012, n° 10-24.529 ; P V, n° 247 ; *RJS* 12/2012, n° 976 ; *D.* 2012. 2316 ; *JA* 2012, n° 470, p. 13, obs. L. T. ; *JCP S* 2012. 1540, note J. Daniel ; *RJS* 2012. 825 – Soc. 8 mars 2017, n° 15-25.463, NP.

1. Soc. 26 janv. 2005, n° 02-47.507, P V, n° 31 ; *RJS* 4/2005, n° 419 – Soc. 20 mai 2014, n° 12-26.322 ; P V, n° 124 ; *RJS* 7/2014, n° 581 ; *D. actu*, 12 juin 2014, obs. B. Ines ; *D.* 2014. 1210 ; *D.* 2014. 2374, obs. P. Lokiec et J. Porta ; *Dr. soc.* 2014. 685, obs. V. Roulet ; *Dr. soc.* 2014. 685, obs. V. Roulet ; *RDT* 2014. 636, note C. Nicod ; *JCP S* 2014. 1367, note B. Bossus ; *JCP E* 2014. 1563, note L. Vincens ; *Cah. Soc.* 2014, p. 436, obs. F. Canut ; *JSL* 21 juill. 2014, n° 370, p. 17, note J.-Ph. Lhernould ; *RJS* 2014. 478.
2. Soc. 4 févr. 2015, n° 13-28.034 ; P V, n° 21 ; *D.* 2015. 380 ; *JA* 2015, n° 516, p. 11, obs. D. Rieubon ; *JT* 2015, n° 173, p. 14, obs. D. Rieubon ; *JCP S* 2016. 1146, note T. Lahalle ; *BJT* 2015, p. 210, obs. F. Canut ; *RJS* 2015. 273.
3. G. Loiseau, « Le pouvoir normatif de l'employeur », *Mélanges en l'honneur du Professeur Bernard Teyssié*, « Mélanges », LexisNexis, 2019, p. 231 – V. AUSSI : M. Morand, « Norme patronale et négociation collective », *RJS* 2021. 191.
4. V. s^s n° 312.10.
5. V. s^s n° 311.172.

cipe de subsidiarité n'est posé par aucun texte de portée générale.

Quant à la Cour de cassation, elle en a fait à deux reprises une condition d'effectivité de la norme patronale s'agissant, d'une part, de la détermination du nombre et du périmètre des établissements distincts et, d'autre part, du recours au vote électronique et de la détermination de ses modalités[1]. Dans les deux cas, la Chambre sociale en a justifié par la prévalence accordée par le législateur à la négociation collective pour la détermination du processus électoral qui conduit, selon elle, à devoir privilégier l'accord collectif à la décision unilatérale lorsque la loi autorise la décision unilatérale à défaut ou en l'absence d'accord. Cette justification, qui en appelle à l'intention du législateur dans un domaine particulier, celui de la détermination du processus électoral, ne permet pas, même si elle laisse entendre qu'on puisse s'y référer dans d'autres matières, d'en inférer une règle générale.

Concrètement se pose donc la question du domaine du préalable de négociation. Il faut attendre, pour en avoir une représentation complète, que la Cour de cassation ait l'occasion de se prononcer dans chacune des hypothèses où le législateur reconnaît à l'employeur un pouvoir normatif en l'« absence » ou « défaut » d'accord collectif. Mais on peut tenter de dégager, d'ores et déjà, à partir de différents paramètres, un cadre d'analyse susceptible de guider la décision à prendre sur l'engagement d'une négociation préalable.

B.
Domaine du préalable de négociation

311.160 **Plan – Normes présentant un caractère collectif.** Le préalable de négociation n'est une obligation pour l'employeur que lorsque le législateur fait d'un accord collectif la norme principale et prévoit comme norme de remplacement une norme patronale. La chambre sociale de la Cour de cassation confirme cette composition des normes en présence lorsqu'elle exclut l'exigence d'une négociation préalablement à la mise en place de la BDESE selon les dispositions supplétives du Code du travail. Sans doute, l'article L. 2312-21 prévoit qu'un accord d'entreprise peut définir l'organisation, l'architecture et le contenu de la base de données tandis que l'article L. 2312-36 détermine le contenu de la base de données en l'absence d'accord. Mais c'est la loi, complétée par les dispositions règlementaires, qui font office, ici, de dispositions supplétives. Il n'a donc pas lieu d'exiger une tentative de négociation[2].

En revanche, lorsque l'employeur est l'auteur de la norme de substitution, il peut en être attendu qu'il prenne l'initiative d'engager loyalement une négociation pour tenter de parvenir à un accord dont le législateur privilégie l'adoption. Parmi toutes les décisions que l'employeur est légalement autorisé à prendre en l'« absence » ou « défaut » d'accord, seules cependant celles qui présentent un caractère collectif, et sont en cela substituables à une norme conventionnelle, sont susceptibles d'être concernées. Les mesures individuelles que l'employeur peut décider pour régler la situation personnelle d'un ou de plusieurs salariés peuvent en revanche être directement adoptées lorsque la loi les permet en l'absence d'accord[3]. L'absence d'accord doit, pour celles-là, s'entendre d'une absence de stipulation conventionnelle qui s'opposerait à ce que l'employeur prenne la mesure que la loi lui permet d'adopter par défaut.

Rapportée aux seules décisions patronales présentant un caractère collectif, l'obligation de négocier est aujourd'hui reconnue pour certaines mais demeure, en l'état, indéfinie pour la majorité d'entre elles. Le droit contemporain permet cependant de concevoir un principe et de réserver l'existence d'exceptions. Le principe étant l'obligation pour l'employeur d'engager loyalement une négociation (1°), le domaine du préalable de négociation est ainsi constitué et s'affine par retranchement des exceptions (2°).

1°
Principe de l'obligation préalable de négocier

311.171 **Hiérarchie entre la norme négociée et la norme patronale.** La hiérarchie entre la norme négociée et la norme patronale s'évince des textes qui soumettent certains thèmes à une négociation périodique obligatoire et qui prévoient, dans l'hypothèse où un accord collectif n'a pas été conclu, l'obligation pour l'employeur de prendre en charge le traitement de la situation juridique. En ce sens, l'article L. 2242-1 du Code du travail fait obligation à l'employeur d'engager au moins une fois tous les quatre ans, dans les entreprises où sont constituées une ou plusieurs sections syndicales d'organisations représentatives, une négociation sur l'égalité professionnelle entre les femmes et les hommes portant notamment sur les mesures visant à supprimer les écarts de rémunération. En l'absence d'accord à l'issue de cette négociation, il est dit à l'article L. 2242-3 que l'employeur doit établir un plan d'action annuel destiné à assurer l'égalité professionnelle entre les femmes et les hommes. Dans la même veine, l'article L. 2242-17 fait porter la négociation annuelle sur la qualité de vie au travail sur les modalités du droit à la déconnexion et la mise en

1. V. s[s] n° 311.173.
2. Soc. 4 oct. 2023, n° 21-25.748, P ; *JCP S* 2023. 1298, note J.-Y. Kerbouc'h ; *BJT* 11/2023, p. 24, note A. Lucchini ; *RDT* 2024. 51, note F. Signoretto.
3. NOT., en ce qui concerne la communication aux salariés concernés de la programmation- individuelle des périodes d'astreinte (C. trav., art. R. 3121-3), le report du départ en congé sabbatique (C. trav., art. D. 3142-20) ou encore le report du départ en congé pour la création ou la reprise d'une entreprise (C. trav., art. D. 3142-75).

place de dispositifs de régulation de l'utilisation des outils numériques et indique que, à défaut d'accord, il revient à l'employeur d'élaborer une charte définissant les modalités d'exercice du droit à la déconnexion.

La hiérarchie entre la norme négociée et la norme patronale se manifeste aussi par la préférence donnée à l'accord collectif lorsque l'avantage qu'il instaure fait également l'objet d'un engagement unilatéral de l'employeur. La Cour de cassation décide alors que l'adoption de l'accord collectif a pour effet de mettre fin à l'engagement unilatéral ayant le même objet, et ce sans même qu'il soit besoin de procéder à la dénonciation de celui-ci[1].

Il se dégage dès lors de cet ordonnancement normatif un principe de subsidiarité qui peut justifier d'ériger en principe l'obligation préalable de négocier lorsque la norme est laissée à la main de l'employeur en l'« absence » ou « défaut » d'accord collectif. Ce préalable est d'ailleurs déjà prévu et imposé par quelques textes particuliers.

311.172 Applications légales du préalable de négociation. Le législateur n'énonce pas de règle générale ; mais il formalise plusieurs applications. La première se rapporte à la question des écarts de rémunération entre les femmes et les hommes. L'article L. 2242-6 du Code du travail subordonne le dépôt auprès de l'autorité administrative des accords collectifs d'entreprise sur les salaires effectifs à la production d'un procès-verbal d'ouverture des négociations portant sur les écarts de rémunération, consignant les propositions respectives des parties. Le procès-verbal doit attester que l'employeur a engagé sérieusement et loyalement les négociations, ce qui implique, dans les entreprises où sont constituées une ou plusieurs sections syndicales d'organisations représentatives, que l'employeur ait convoqué à la négociation les organisations représentatives et fixé le lieu et le calendrier des réunions. L'employeur doit également leur avoir communiqué les informations nécessaires pour leur permettre de négocier en toute connaissance de cause et avoir répondu de manière motivée aux éventuelles propositions des organisations syndicales. Dans un autre domaine, l'article L. 3122-21 prévoit que l'employeur ne peut recourir au travail de nuit avec l'autorisation de l'inspecteur du travail qu'à défaut d'accord collectif tout en précisant que l'employeur doit avoir « engagé sérieusement et loyalement des négociations en vue de la conclusion d'un tel accord », ce qui commande qu'il ait « convoqué à la négociation les organisations syndicales représentatives dans l'entreprise et fixé le lieu et le calendrier des réunions ; communiqué les informations nécessaires leur permettant de négocier en toute connaissance de cause ; répondu aux éventuelles propositions des organisations syndicales ».

Dans ces applications du préalable de négociation, la loi précise ainsi les diligences attendues de l'employeur qui doit prendre l'initiative de la négociation. Ces diligences sont placées sous le signe de la loyauté dont la Cour de cassation se fait aussi l'écho lorsqu'elle impose, de son côté, l'obligation de négocier[2]. D'autres textes sont en revanche plus laconiques et se contentent de faire dépendre l'adoption de la norme patronale de l'absence d'accord collectif faute pour les partenaires sociaux d'être parvenus à le conclure. En particulier, en matière de prévention des effets de l'exposition aux facteurs de risques professionnels, l'article L. 4162-1 prescrit de façon générale aux employeurs d'au moins cinquante salariés d'engager une négociation tandis que l'article L. 4162-2 indique que « si, au terme de la négociation, aucun accord n'est conclu [qu']un procès-verbal de désaccord est établi », l'employeur est tenu d'arrêter un plan d'action, le non-respect de ces prescriptions pouvant être sanctionné par une pénalité prononcée par la Dreets[3].

311.173 Applications jurisprudentielles du préalable de négociation. La Chambre sociale de la Cour de cassation fait également application du préalable de négociation[4]. C'est d'abord à propos de l'application de l'article L. 2313-4 du Code du travail qui permet à l'employeur de fixer le nombre et le périmètre des établissements distincts « en l'absence d'accord conclu dans les conditions mentionnées aux articles L. 2313-2 et L. 2313-3 » qu'elle a jugé,

1. V. s^s n°s 311.152, 312.321. Les engagements unilatéraux de l'employeur doivent cependant être distingués, de manière générale, des normes patronales. Ces actes générateurs de créances consistant, le plus souvent, en un tage déterminé pour les salariés ne produisent pas, à proprement parler, de normes au sens de prescriptions destinées à produire des effets de droit. À moins de confondre la norme et l'acte juridique qui en constitue la source, l'employeur n'exerce pas un pouvoir normatif lorsque l'obligation qu'il souscrit au bénéfice des salariés est de nature strictement monétaire. Marginalement, l'acte peut être tout de même créateur de norme que l'employeur s'impose lorsqu'il s'engage unilatéralement envers la collectivité des salariés à une action ou à une abstention, comme l'engagement de ne pas procéder à des licenciements économiques pendant une certaine durée.

2. V. s^s n° 311.173.
3. C. trav., art. L. 4162-4.
4. Un arrêt du 16 décembre 2014 peut être considéré comme précurseur en approuvant les juges du fond d'avoir retenu que l'employer avait de bonne foi engagé une négociation avec les organisations syndicales sur l'organisation du travail sur une période pluri-hebdomadaire n'excédant pas quatre semaines et d'en avoir déduit que cette organisation pouvait être mise en place unilatéralement par l'employeur : Soc. 16 déc. 2014, n° 13-14.558, P V, n° 294 ; *RDT* 2015. 264, obs. F. Canut.

le 17 avril 2019, que ce n'est qu'après avoir loyalement, mais vainement, tenté de négocier un accord sur le nombre et le périmètre des établissements distincts que l'employeur peut les fixer par décision unilatérale[1]. C'est ensuite pour la mise en œuvre de la possibilité, ouverte par l'article L. 2314-26 du Code du travail, de recourir au vote électronique pour les élections professionnelles que la Chambre sociale a retenu que ce n'est que lorsque, à l'issue d'une tentative loyale de négociation, un accord collectif n'a pu être conclu que l'employeur peut prévoir par décision unilatérale la possibilité et les modalités d'un vote électronique[2].

On retrouve, dans l'un et l'autre des arrêts, l'esprit de valorisation de la norme négociée et la faveur pour un traitement conventionnel des situations juridiques. Dans les notes explicatives qui les ont accompagnées, la Chambre sociale a d'ailleurs souligné que « la prévalence accordée par le législateur à la négociation collective pour la détermination du processus électoral conduit à privilégier l'accord collectif à la décision unilatérale lorsque la loi autorise la décision unilatérale à défaut ou en l'absence d'accord ». Sans doute, en balisant ainsi un champ particulier dans lequel le législateur donne un large effet à la liberté conventionnelle – celui de la détermination du processus électoral –, la Chambre sociale a justifié son arbitrage en se gardant de lui donner une portée générale. Mais ce n'est pas dire que la volonté du législateur de soutenir la norme négociée ne soit pas perceptible dans d'autres champs. La Cour de cassation se réserve de les identifier et d'étendre en conséquence le domaine du préalable de négociation ou, à l'inverse, d'y apporter des exceptions. Il n'en résulte pas que la démarche qui consiste à dégager un principe en cours de déploiement assorti, le cas échéant, d'exceptions s'en trouve remise en cause. Le fait est que la Cour de cassation, en ancrant ses décisions dans un environnement propice à la négociation collective, récuse tout esprit de systématisation. Mais il faut reconnaître aussi que c'est, en général, dans des matières propices à la négociation collective que le législateur fait le choix de la norme patronale pour suppléer l'accord collectif. Comme l'accord collectif de travail, la norme patronale permet un traitement spécifique *in concreto* qu'une règle légale supplétive pourrait difficilement organiser de manière autonome. Il s'en infère une corrélation très nette, même si elle n'est pas systématique, entre la prévision d'une norme patronale subsidiaire et la prévalence accordée par le législateur à la négociation collective dans le domaine où la décision de l'employeur est appelée à s'appliquer. La place du préalable de négociation en tant que formalité substantielle à la charnière entre la norme primaire conventionnelle et la norme secondaire patronale apparaît dans ces conditions confortée.

311.174 Le préalable de négociation au nom du principe de précaution. Un argument pragmatique pousse par ailleurs à engager, dans le doute, une négociation et porte en conséquence à faire du préalable de négociation un principe en opportunité. Dans l'arrêt du 17 avril 2019, la Chambre sociale a jugé que, en l'absence de tentative de négociation, la décision unilatérale de l'employeur est susceptible d'être annulée par le tribunal judiciaire sans que l'autorité administrative ait à se prononcer sur le nombre et le périmètre des établissements distincts tant que des négociations n'ont pas été préalablement engagées, le juge pouvant faire injonction à l'employeur d'ouvrir celles-ci. Autrement dit, la Chambre sociale se fait le garant de la priorité voulue par le législateur et donne force à la règle en musclant ses effets : toute décision unilatérale de l'employeur qui ne serait pas précédée d'une tentative loyale et sérieuse de négocier peut être judiciairement annulée et l'employeur se voir enjoindre d'ouvrir une négociation. Le préalable de négociation n'est pas, du coup, une simple formalité dont l'inexécution engagerait la responsabilité de l'employeur ; c'est une condition de validité de la norme patronale adoptée par défaut. Cela suffit à lui donner, en soi, une allure de principe puisque l'employeur est incité à engager une négociation loyale pour se prémunir contre le risque d'invalidation de sa décision. Cette sécurisation de la décision patronale, qui devient inutile dès l'instant où des exceptions sont expressément dégagées, est en outre plus ou moins pressante selon le degré de probabilité qu'il soit dérogé au principe.

2°
Exceptions à l'obligation préalable de négocier

311.181 Exceptions au préalable de négociation : considérations générales. Le préalable de négociation renvoie à une conception asymétrique de la relation entre la norme négociée et la norme patronale, cette asymétrie reflétant une différence de valeur entre les deux normes. Les exceptions au préalable de négociation font à l'inverse écho à un rapport d'équivalence dans lequel sont placées les

1. Soc. 17 avr. 2019, n° 18-22.948, P ; *JCP S* 2019. 1172, note J.-Y. Kerbourc'h ; *JCP E* 2019. 1347, note D. Chenu ; *JCP* 2019. 1028, note F. Duquesne et J. Heintz ; *Dr. soc.* 2019. 574, note M. Gadrat ; *RDT* 2019. 589, obs. C. Nicod ; *BJT* 6/2019, p. 24, note F. Bergeron-Canut ; *SSL* 13 mai 2019, n° 1861, p. 11, note J. Crédoz-Rosier ; *Dr. ouvr.* 2019. 302, note L. Millet ; *RJS* 2019. 463 ; *Procédures* 8/2019, p. 19, obs. A. Bugada ; *JSL* 19 juin 2020, n° 500, p. 8, note G. Loiseau.
2. Soc. 13 janv. 2021, n° 19-23.533, P ; *SSL* 15 févr. 2021, n° 1941, p. 18, note F. Bergeron-Canut ; *Dr. soc.* 2021. 284, note F. Petit ; *JCP E* 2022. 1476, obs. Y. Pagnerre.

normes l'une vis-à-vis de l'autre. Mais quand considérer qu'une norme est équivalente à l'autre ? Dans une logique de principe et d'exceptions, l'équivalence semble devoir être admise de façon conjoncturelle plutôt que structurelle. La détermination des exceptions implique dès lors d'identifier les motifs qui justifient, au regard de la situation juridique à organiser, d'adopter alternativement l'une ou l'autre des normes prévues par le législateur.

De ce point de vue, la reconnaissance d'une équivalence de la norme négociée et de la norme patronale peut être influencée par le domaine dans lequel l'une ou, à défaut, l'autre est appelée à s'appliquer. C'est le message que diffuse la Cour de cassation dans ses notes explicatives : alors que la circonstance que le législateur privilégie, dans un domaine, la négociation collective en lui accordant une place prépondérante pour la conception de la norme applicable motive le préalable de négociation, le fait que le législateur ne se montre pas, à l'inverse, particulièrement attaché à l'adoption d'une norme négociée pour organiser la situation juridique peut justifier qu'il y soit fait exception.

Cette approche, intuitivement pertinente, manque cependant d'assurance lorsqu'il s'agit de sonder l'intention du législateur. Le fait est que, dans les champs qu'il ouvre à la négociation collective, il promeut en règle générale l'adoption d'un accord collectif. Cette faveur est, qui plus est, accrue lorsque le règlement de la situation juridique est dévolu à une norme de proximité, sous la forme d'un accord collectif ou d'une norme patronale. Des indices peuvent certes aider à détecter la prévalence accordée par le législateur à la négociation collective, spécialement quand les textes font appel à la méthode du triptyque pour prioriser l'adoption d'un accord collectif. La détermination des contreparties lorsque le temps de déplacement professionnel dépasse le temps normal de trajet entre le domicile et le lieu de travail habituel[1], la mise en place des astreintes[2], l'aménagement du temps de travail sur une période supérieure à la semaine[3], la définition des jours chômés[4], la définition des modalités d'accomplissement de la journée de solidarité[5] ou encore la fixation de la période de prise des congés et de l'ordre des départs pendant cette période[6] relèvent ainsi chacun du champ ouvert à la négociation collective. Il pourrait s'en inférer que la décision unilatérale de l'employeur, rendue possible au titre des dispositions supplétives[7], devrait être précédée d'une tentative de négociation loyale. De même, on l'a déjà souligné, le recours au travail de nuit ne peut être décidé unilatéralement par l'employeur qu'après que celui-ci a tenté, vainement, de négocier un accord collectif[8]. L'indice tiré de l'articulation des normes au moyen du triptyque fait toutefois long feu car il ne peut être tiré de son absence un moindre intérêt du législateur pour un traitement négocié de la situation juridique. La prise en compte de l'intention du législateur ne peut donc, dans ces conditions, constituer à elle seule une directive fiable pour rendre prévisibles les exceptions susceptibles d'être apportées à l'obligation préalable de négocier.

Ce paramètre ne doit pas pour autant être ignoré et c'est en le croisant avec un autre qu'il peut être attendu d'un faisceau d'indices de cerner les cas dérogatoires au préalable de négociation. L'autre paramètre dont il pourrait être tenu compte est la soumission de la décision unilatérale de l'employeur à la consultation préalable des institutions représentatives du personnel. Les hypothèses sont nombreuses dans lesquelles le législateur impose une consultation du comité social et économique sur la norme qu'il permet à l'employeur d'adopter en l'« absence » ou à « défaut » d'accord collectif : consultation sur la détermination des mesures adéquates et pertinentes de correction des écarts de rémunération entre les femmes et les hommes[9] ; consultation sur la charte relative au télétravail[10] ; consultation sur la définition des critères d'ordre des licenciements[11] ; consultation sur le document unilatéral élaboré par l'employeur pour déterminer le contenu du plan de sauvegarde de l'emploi dans le cadre de licenciements économiques collectifs[12] ; consultation sur charte sur la déconnexion[13] ; consultation sur les modalités d'exercice du droit d'expression des salariés[14] ; consultation sur la détermination par l'employeur des contreparties lorsque le temps de déplacement professionnel dépasse le temps normal de trajet entre le domicile et le lieu de travail habituel[15] ; consultation sur la définition par l'employeur de la période de prise des congés et de l'ordre des départs[16] ; consultation sur la mise en place d'horaires à temps partiel[17] ; consultation sur la

1. C. trav., art. L. 3121-7.
2. C. trav., art. L. 3121-11.
3. C. trav., art. L. 3121-44.
4. C. trav., art. L. 3133-3-1.
5. C. trav., art. L. 3133-11.
6. C. trav., art. L. 3141-15.
7. Les dispositions applicables pour chacun des thèmes sont respectivement : art. L. 3121-8 ; art. L. 3121-12 ; art. L. 3141-16 ; art. L. 3121-45 ; art. L. 3133-12 ; art. L. 3133-3-2.
8. V. ss n° 311.172.
9. C. trav., art. L. 1142-9.
10. C. trav., art. L. 1222-9.
11. C. trav., art. L. 12233-5.
12. C. trav., art. L. 1233-24-4 et L. 1233-30.
13. C. trav., art. L. 2242-17 et L. 3121-65.
14. C. trav., art. L. 2281-11.
15. C. trav., art. L. 3121-8.
16. C. trav., art. L. 3121-12.
17. C. trav., art. L. 3123-26.

mise en place des astreintes[1] ; consultation sur modalités d'accomplissement de la journée de solidarité[2] ; consultation sur la décision de recourir au travail le dimanche, laquelle doit également être approuvée par référendum organisé auprès des personnels avant de servir de base à l'autorisation du préfet[3] ; consultation sur la prise en charge des frais de transports personnels[4].

La consultation du comité social et économique sur la norme patronale ne suffit probablement pas à ce que celle-ci soit considérée comme l'équivalent de l'accord collectif, ce dernier étant par principe dispensé d'une telle consultation[5]. L'information et la consultation permettent certes d'associer la collectivité des salariés, par le truchement de leurs représentants élus, au processus décisionnel et à l'élaboration de la norme susceptible d'être adoptée en l'« absence » ou à « défaut » d'accord. Mais l'avis du comité social et économique étant indicatif et sans incidence sur la mise en œuvre de la norme que l'employeur déciderait d'appliquer, cette formalité ne comble pas l'écart entre l'accord collectif et la norme patronale et ne justifie donc pas de les envisager, de manière évidente, dans un rapport d'équivalence. En revanche, la double circonstance que la norme patronale peut être adoptée dans une matière dans laquelle le législateur n'accorde pas particulièrement de prévalence à la négociation collective et qu'elle doit être soumise à une information-consultation du comité social et économique rend vraisemblable l'identification d'une exception au principe du préalable de négociation. En pareil cas, il doit pouvoir être considéré que la norme négociée et la norme patronale sont alternatives, ce qui laisse l'employeur libre du choix avec la possibilité de recourir directement à la seconde.

311.182 Exceptions envisageables : la détermination du PSE. Une première exception peut être envisagée en ce qui concerne la détermination du contenu du plan de sauvegarde de l'emploi dans le cadre de licenciements économiques collectifs. Alors qu'il est énoncé, à l'article L. 1233-24-1 du Code du travail, que, « dans les entreprises de cinquante salariés et plus, un accord collectif peut déterminer le contenu du plan de sauvegarde de l'emploi », l'article L. 1233-24-4 dispose que, « à défaut d'accord mentionné à l'article L. 1233-24-1, un document élaboré par l'employeur après la dernière réunion du comité social et économique fixe le contenu du plan de sauvegarde de l'emploi ». D'un côté, la formule « peut déterminer » se comprend comme une faculté ouverte pour organiser le plan de sauvegarde de l'emploi sans exprimer une volonté particulière de favoriser cette modalité, ce qui confirme l'intitulé du paragraphe au sein duquel celle faculté est prévue, dont les termes sont : « Possibilité d'un accord et modalités spécifiques en résultant ». De l'autre, l'établissement du document unilatéral par l'employeur doit être précédé de la réunion et de la consultation du comité social et économique sur « le projet de licenciement collectif : le nombre de suppressions d'emploi, les catégories professionnelles concernées, les critères d'ordre et le calendrier prévisionnel des licenciements, les mesures sociales d'accompagnement prévues par le plan de sauvegarde de l'emploi et, le cas échéant, les conséquences des licenciements projetés en matière de santé, de sécurité ou de conditions de travail », l'article L. 1233-30 précisant à ce sujet que ceux de ces éléments « qui font l'objet de l'accord mentionné à l'article L. 1233-24-1 ne sont pas soumis à la consultation du comité social et économique ». Même érigé en principe, le préalable de négociation ne paraît pas se justifier dans ce cas qui a le profil d'une exception[6].

311.183 Exceptions envisageables : le recours au travail le dimanche. Une autre exception pourrait être envisagée en ce qui concerne le recours au travail le dimanche. L'article L. 3132-25-3 du Code du travail prévoit à ce sujet que l'autorisation préfectorale est accordée au vu d'un accord collectif ou, à défaut, d'une décision unilatérale de l'employeur prise après référendum et précise qu'« en l'absence d'accord collectif applicable, les autorisations sont accordées au vu d'une décision unilatérale de l'employeur, prise après avis du comité social et économique, s'il existe, approuvée par référendum organisé auprès des personnels concernés par cette dérogation au repos dominical ». La référence à un accord collectif « applicable » ne semble pas exprimer une faveur particulière pour sa conclusion, d'autant que la décision unilatérale de l'employeur devant être approuvée par référendum, après avis du comité social et économique, elle pourrait être considérée comme équivalente à un accord collectif.

311.184 Autre exception envisageable : la demande d'une organisation syndicale représentative. Alors que, dans son domaine d'application, le préalable de négociation impose à l'employeur de prendre l'initiative de la négociation et d'inviter

1. C. trav., art. L. 3141-16.
2. C. trav., art. L. 3133-12.
3. C. trav., art. L. 3132-25-3.
4. C. trav., art. L. 3261-4.
5. C. trav., art. L. 2312-14.

6. EN CE SENS : G. Loiseau, « Le préalable de négociation », *RJS* 2021, p. 427, n° 10. *CONTRA :* F. François, « Le préalable de négociation obligatoire », art. préc., n° 8 ; – AUSSI, posant la question : F. Bergeron-Canut, note préc. s[s] Soc. 13 janv. 2021. *Mutatis mutandis*, la même analyse devrait être retenue en ce qui concerne la définition des critères d'ordre des licenciements qui incombe à l'employeur en l'absence d'accord collectif (C. trav., art. L. 12233-5).

pour y participer toutes les organisations syndicales représentatives dans l'entreprise, la question peut être soulevée de savoir si, en toute situation, l'employeur ne doit pas en outre tenter de négocier loyalement un accord lorsqu'un syndicat représentatif lui en fait la demande. L'hypothèse est celle dans laquelle la loi prévoit qu'une question particulière puisse faire l'objet d'un accord collectif et, à défaut, d'une décision ou d'un acte unilatéral de l'employeur et où ce dernier, sans engager de négociation, élabore directement la norme appelée à s'appliquer. Dans le cas, qui est fréquent, où l'adoption de la norme doit être précédée d'une consultation du comité social et économique, une organisation syndicale représentative pourrait demander, après la saisine du comité, l'ouverture de négociations pour tenter de régler la question par accord collectif.

Lorsque la situation est de celles qui requièrent un préalable de négociation, il ne fait pas de doute que l'employeur doit donner suite à la demande formulée par l'organisation syndicale et convoquer les parties à la négociation, l'organisation de la négociation lui incombant. S'agissant d'une situation à propos de laquelle l'obligation de négociation est encore incertaine, la valeur de principe du préalable de négociation porte à recommander la même démarche. La question ne se pose dont vraiment que dans les cas où une exception au principe serait identifiée. D'ores et déjà, elle pourrait se poser lorsque l'employeur envisage d'organiser un plan de sauvegarde de l'emploi au moyen d'un document unilatéral. L'article L. 1233-34 du Code du travail prévoit que le comité social et économique saisi du projet de licenciement peut « mandater un expert afin qu'il apporte toute analyse utile aux organisations syndicales pour mener la négociation prévue à l'article L. 1233-24-1 ». On ne peut dès lors exclure – sans préjuger de la solution – que l'employeur puisse devoir tenter de négocier loyalement un accord si une ou plusieurs organisations lui en font la demande.

C. Portée du préalable de négociation

311.191 Portée de l'obligation de négocier en fonction des modalités de négociation. Lorsqu'une tentative loyale de négociation est requise, la question se pose encore de savoir si elle doit être entreprise par l'employeur uniquement lorsque l'entreprise est dotée de délégués syndicaux ou en toute hypothèse et donc quel que soit le mode de négociation de l'accord collectif en faisant appel, au besoin, à « la négociation substitutive d'entreprise »[1].

De ce point de vue, le préalable de négociation renvoie à la conception des modes de négociation et plus précisément au point de savoir si ces modes doivent être considérés comme équivalents ou inégaux. Équivalents, ils doivent être empruntés quel que soit l'effectif de l'entreprise, en présence ou non de délégués syndicaux, dès l'instant où l'adoption de la norme patronale est subordonnée à une tentative infructueuse de négocier au préalable un accord collectif. Inégaux, ils justifient un traitement différent quant à l'obligation d'y recourir pour mettre en œuvre le préalable de négociation dont la portée serait du coup restreinte aux seules situations où il existe des délégués syndicaux au sein de l'entreprise ou, le cas échéant, un conseil d'entreprise.

311.192 Principe de la limitation de négocier aux entreprises pourvues de délégués syndicaux : considérations générales. Plusieurs raisons, du général au particulier, poussent à faire une application sélective du préalable de négociation. De manière générale, la législation contemporaine n'envisage pas de façon équivalente les modes de négociation des accords collectifs selon qu'ils sont mis en œuvre dans les entreprises pourvues d'un ou de plusieurs délégués syndicaux, ou d'un conseil d'entreprise, ou qu'ils s'appliquent dans les entreprises qui en sont dépourvues. D'un côté, la négociation périodique obligatoire est réservée aux entreprises dotées de délégués syndicaux et ces derniers peuvent négocier et conclure toute espèce d'accord collectif de travail. De l'autre, dans les entreprises dépourvues de délégués syndicaux dont l'effectif est au moins égal à cinquante salariés, la négociation qui peut être engagée avec les membres titulaires de la délégation du personnel du comité social et économique n'ayant pas été expressément mandatés ne peut porter que sur les accords collectifs relatifs à des mesures dont la mise en œuvre est subordonnée par la loi à un accord collectif[2]. Et dans ces entreprises, une hiérarchie est en outre opérée entre les modes de négociation – négociation avec un membre titulaire du comité social et économique mandaté, négociation avec des membres du comité social et économique non mandatés, négociation avec un ou plusieurs salariés de l'entreprise mandatés – alors que ces modes sont équivalents dans les entreprises de onze à quarante-neuf salariés.

Sans doute, la volonté d'étendre à toutes les entreprises quel qu'en soit l'effectif la possibilité d'adopter des accords collectifs exclut de procéder à une hiérarchie entre les accords négociés et conclus par les délégués syndicaux et les autres. Le législateur a multiplié les formules pour suppléer les délégués syndicaux, voire pour les concurrencer en insti-

1. C. Mariano, *La négociation substitutive d'entreprise*, th. Montpellier, 2018.
2. C. trav., art. L. 2232-25.

tuant un conseil d'entreprise, diluant en conséquence la place sinon le rôle des organisations syndicales représentatives dans la négociation collective. Le Conseil constitutionnel en acceptait d'ailleurs déjà le principe il y a près de vingt-cinq ans : relevant que les dispositions issues du Préambule de la Constitution de 1946 « confèrent aux organisations syndicales vocation naturelle à assurer, notamment par la voie de la négociation collective, la défense des droits et intérêts des travailleurs », il reconnaissait qu'« elles n'attribuent pas pour autant à celles-ci un monopole de la représentation des salariés en matière de négociation collective », indiquant « que des salariés désignés par la voie de l'élection ou titulaires d'un mandat assurant leur représentativité, peuvent également participer à la détermination collective des conditions de travail dès lors que leur intervention n'a ni pour objet ni pour effet de faire obstacle à celle des organisations syndicales représentatives »[1]. À la réflexion, cependant, si cet élargissement de la négociation collective à toutes les entreprises a pour objet de leur permettre de se doter d'une couverture conventionnelle et en particulier d'adopter des accords lorsqu'ils sont le seul moyen de mettre en œuvre certaines mesures, il est plus contestable qu'il ait pour effet d'obliger de rechercher la conclusion d'un accord lorsque la loi prévoit un autre mode de traitement de la situation considérée, fût-ce au moyen d'une norme patronale.

311.193 Principe de la limitation de négocier aux entreprises pourvues de délégués syndicaux : considérations particulières. Du général au particulier, le préalable de négociation vise à stimuler la négociation collective et non à la forcer. S'il impose à l'employeur de tenter de négocier loyalement un accord, c'est en présence des acteurs ayant une « vocation naturelle » à conduire une négociation collective. En leur absence, l'employeur ne devrait pas avoir à solliciter des interlocuteurs avec lesquels négocier, qui plus est lorsqu'ils ne sont pas en condition pour négocier quand un mandatement est nécessaire. Les interrogations se bousculent, insécurisantes : dans les entreprises de onze à quarante-neuf salariés, l'employeur pourrait-il se contenter de démarcher un ou des membres titulaires du comité social et économique qui n'ont pas besoin d'être mandatés pour négocier un accord ? Dans les entreprises d'au moins cinquante salariés dépourvues de délégués syndicaux, l'employeur devrait-il faire connaître aux membres du comité social et économique son intention de négocier et attendre dans un délai d'un mois que des élus fassent éventuellement savoir qu'ils souhaitent négocier et indiquent s'ils sont, le cas échéant, mandatés ? De telles contraintes procédurales, dont le résultat est incertain, sont disproportionnées par rapport à l'objet du préalable de négociation qui est seulement d'obliger l'employeur à engager loyalement une négociation, ce qui suppose que les modalités de cet engagement soient d'ores et déjà effectives. Elles retarderaient de surcroît le traitement de la situation juridique alors que l'intention du législateur est de pallier l'absence d'accord, ce qui peut s'entendre comme une absence d'accord en mesure d'être conclu, en donnant la main à titre subsidiaire à l'employeur.

Si la portée du préalable de négociation devait, dans ces conditions, être limitée à la négociation par des délégués syndicaux, la question se pose tout de même de l'appliquer aussi dans les cas où la loi prévoit expressément que, en l'absence de délégués syndicaux, un accord peut être conclu entre l'employeur et le comité social et économique à la majorité des membres titulaires élus. C'est en particulier ce qui est envisagé à l'article L. 2313-3 du Code du travail pour la détermination du nombre et du périmètre des établissements distincts. Dans ce cas, l'article L. 2313-4 subordonne la décision unilatérale de l'employeur à l'absence d'accord conclu, soit avec les délégués syndicaux lorsqu'ils existent, soit avec le comité social et économique en leur absence, si bien que l'employeur devrait probablement, dans l'une et l'autre des hypothèses, tenter de négocier loyalement un accord.

311.194 Règles légales. Les applications du préalable de négociation qui se déduisent de la législation confirment au demeurant que sa dynamique n'est à l'œuvre que dans les entreprises pourvues de délégués syndicaux. Par exemple, la charte relative à l'exercice du droit à la déconnexion ne pouvant être adoptée par l'employeur qu'à défaut d'accord collectif dont la négociation s'impose dans le cadre de la négociation obligatoire sur la qualité de vie au travail, le préalable de négociation ne concerne, par hypothèse, que les entreprises d'au moins cinquante salariés dotés de délégués syndicaux[2]. Plus nettement, il est dit à l'article L. 3123-26 du Code du travail que, « à défaut de convention ou d'accord collectif, des horaires à temps partiel peuvent être

1. Cons. const. 6 nov. 1996, n° 96-383 DC, *Loi relative à l'information et à la consultation des salariés dans les entreprises et les groupes d'entreprises de dimension communautaire, ainsi qu'au développement de la négociation collective*, CONFORMITÉ, *JO* 13 nov., p. 16531, § 8 ; *Dr. soc.* 1997. 25, note M.-L. Morin.

2. Lorsque le droit à la déconnexion est prévu dans le cadre de dispositifs de forfait en jours ou en heures et que l'accord collectif instituant ce dispositif ne comporte pas de stipulations organisant les modalités d'exercice de ce droit, l'article L. 3121-65 du Code du travail indique que, dans les entreprises de moins de cinquante salariés, ces modalités sont définies par l'employeur et communiquées par tout moyen aux salariés concernés.

pratiqués à l'initiative de l'employeur, après avis du comité social et économique » et que, « dans les entreprises dépourvues d'institutions représentatives du personnel, des horaires à temps partiel peuvent être pratiqués à l'initiative de l'employeur ou à la demande des salariés, après information de l'agent de contrôle de l'inspection du travail ». De même, l'article L. 3121-37 dispose que, en l'absence d'accord collectif prévoyant le remplacement de tout ou partie des heures supplémentaires, ainsi que des majorations, par un repos compensateur équivalent, ce remplacement peut être mis en place par l'employeur « dans les entreprises dépourvues de délégué syndical [...] à condition que le comité social et économique, s'il existe, ne s'y oppose pas ». De même encore, après que l'article L. 2281-5 a posé en règle que « les modalités d'exercice du droit d'expression sont définies dans le cadre de la négociation portant sur l'égalité professionnelle entre les femmes et les hommes et la qualité de vie au travail prévue à l'article L. 2242-1 », l'article L. 2281-11 énonce que, « dans les entreprises où aucun délégué syndical n'a été désigné ou dans lesquelles un accord portant sur l'égalité professionnelle entre les femmes et les hommes et la qualité de vie au travail n'a pas été conclu, l'employeur consulte le comité social et économique sur les modalités d'exercice du droit d'expression des salariés ».

311.195 **Position de la Cour de cassation.** La Chambre sociale de la Cour de cassation, lorsqu'elle a eu l'occasion de s'exprimer sur la question, a abouti à la même conclusion. Dans l'arrêt rendu le 13 janvier 2021 à propos du recours au vote électronique, elle a jugé que, « dès lors que le législateur a expressément prévu qu'à défaut d'accord collectif, le recours au vote électronique pouvait résulter d'une décision unilatérale de l'employeur, cette décision unilatérale peut, en l'absence de délégués syndicaux dans l'entreprise ou dans le groupe, être prise par l'employeur sans qu'il soit tenu de tenter préalablement une négociation selon les modalités dérogatoires prévues aux articles L. 2232-23 à L. 2232-26 du code du travail »[1]. Pour les juges de cassation, la prévalence de la négociation collective sur la décision unilatérale de l'employeur n'oblige donc pas, en l'absence de délégués syndicaux dans l'entreprise, à tenter de recourir à la négociation dérogatoire, soit avec des salariés mandatés, soit avec les élus. La Chambre sociale en justifie, dans la note explicative, par la considération que les dispositions sur la négociation dérogatoire sont des dispositions subsidiaires dont l'objet est de permettre à l'employeur, en cas d'absence de délégué syndical, notamment dans le cadre de la négociation obligatoire, de parvenir malgré tout à élaborer un accord. À cet égard, la décision unilatérale de l'employeur se présentant elle-même comme un type de disposition subsidiaire, elle doit pouvoir être adoptée dès l'instant où la norme principale fait défaut, autrement dit en l'absence d'accord collectif dont la conclusion doit être recherchée, prioritairement, avec des délégués syndicaux. Encore que la qualification des dispositions relatives à la négociation dérogatoire de « subsidiaires » soit discutable au regard du sens donné à la notion de subsidiarité[2], l'articulation des normes principale et secondaire pour considérer que l'accord dérogatoire est une norme secondaire au même titre que la norme patronale paraît donner à l'arrêt une portée générale.

La Cour de cassation a toutefois également expliqué sa décision, dans la note qui l'accompagne, par un facteur temporel tenant au retard dans le traitement de la situation juridique qu'impliquerait l'obligation pour l'employeur d'engager une négociation dérogatoire en l'absence de délégués syndicaux. Contextualisant la décision rendue, la Chambre sociale relève que l'objectif du législateur de favoriser le recours au vote électronique ne serait pas rempli si, pour mettre en place un tel vote, l'employeur devait, dans le temps contraint de la préparation des élections professionnelles, franchir toutes les étapes que suppose le recours à la négociation dérogatoire, notamment par des informations préalables nécessitant des délais particuliers et le recours à la consultation des salariés eux-mêmes. Cette contextualisation peut alors se comprendre comme une précaution prise par la Cour de cassation pour se laisser la liberté de juger autrement dans d'autres circonstances.

En d'autres termes, si l'on peut convenir que le préalable de négociation a une portée relative et n'oblige en principe l'employeur à tenter de négocier un accord collectif que lorsque la négociation peut être entreprise avec des délégués syndicaux, il ne peut être totalement exclu que ce principe supporte des exceptions.

311.196 **Du préalable de négociation à la récurrence de l'obligation de négocier.** À un autre point de vue, la portée du préalable de négociation pose la question d'une éventuelle récurrence de l'obligation de négocier après que la norme patronale subsidiaire a été adoptée. La question se dédouble. D'une part, elle est celle de savoir si, lorsque la norme patronale porte sur un thème de négociation périodique obligatoire, l'adoption de cette norme dispense de rouvrir une négociation à ce sujet. L'hypothèse paraît se limiter au devenir de la charte sur la déconnexion que l'employeur aurait élaborée à défaut d'accord

1. Soc. 13 janv. 2021, n° 19-23.533, préc.

2. V. s^s n° 311.151.

collectif : les modalités d'exercice du droit à la déconnexion devant faire l'objet d'une négociation annuelle, il pourrait être considéré que l'employeur doit engager, chaque année, une discussion sur le sujet avec les partenaires sociaux même si une charte est en vigueur dans l'entreprise, à moins qu'un accord collectif dispense expressément d'aborder ce thème en application de l'article L. 2242-11 du Code du travail[1].

D'autre part, la question est aussi celle de savoir si la modification de la norme patronale en vigueur en l'absence d'accord collectif oblige l'employeur à rouvrir au préalable une négociation collective. Une telle exigence aurait, pour le coup, de très nombreuses applications possibles : modification de la charte sur le télétravail, modification de la charte sur la déconnexion, modification d'un plan d'action, etc. L'esprit du préalable de négociation, qui est de faire en sorte qu'une norme négociée puisse s'appliquer de préférence à la norme patronale, devrait en toute logique inciter également à tenter de remplacer celle-ci à l'occasion d'un changement que l'employeur voudrait lui apporter.

SECTION 3
NORMES DISPOSITIVES

311.201 Normes d'habilitation. Les normes dispositives[2] sont à part. Elles n'ont pas pour objet d'autoriser les partenaires sociaux à déroger, dans certaines conditions, à une mesure ou à un dispositif légal. Leur objet est de permettre aux partenaires sociaux d'adopter une certaine mesure ou de mettre en place un certain dispositif qui ne peut exister que si un accord collectif est conclu à cet effet dans les conditions établies plus ou moins strictement par la loi. L'accord, autrement dit, ne déroge à aucune disposition légale et son absence n'est suppléée par aucune disposition supplétive.

Les lois dispositives sont, ainsi considérées, un indice fort de la valorisation par le droit contemporain de la norme conventionnelle et du rôle accru donné à la négociation collective. Elles impulsent au droit négocié un champ d'action en constante extension dont le domaine est en outre, le cas échéant, exclusif. Ce monopole de l'accord collectif pour mettre en œuvre certains dispositifs peut être regardé comme le point culminant du mouvement de conventionnalisation du droit du travail[3]. Il n'y a même plus, pour pallier l'absence d'accord, de normes supplétives. Les acteurs sociaux sont seuls en capacité de mobiliser la norme dont il peut être fait application. Sans doute, cette capacité reste à la main du législateur qui fixe le cadre de son exercice et détermine, de façon plus ou moins précise et contraignante, le contenu de la norme.

311.202 Rôle dévolu au droit négocié. La marge d'adaptation laissée aux partenaires sociaux peut être plus ou moins importante. Elle est relativement modeste s'agissant d'organiser, par accord d'entreprise ou de branche, la mise en place d'un dispositif de forfait en jours (ou en heures) sur l'année, la loi étant directive sur les règles à respecter à ce propos[4]. La latitude laissée aux partenaires sociaux est moindre encore au sujet du recours au contrat de travail intermittent car, si celui-ci suppose qu'un accord collectif le prévoit, les règles le concernant sont pour l'essentiel impérativement déterminées par la loi[5]. La liberté dans la conception de la norme est en revanche plus marquée lorsqu'il est en vue de rendre possible, par un accord de branche étendu, le recours à un contrat de chantier ou d'opération dans les secteurs où l'usage de ce type de contrat n'est pas habituel et conforme à l'exercice régulier de la profession. Si le législateur assigne aux partenaires sociaux un cahier des charges à respecter, c'est à l'accord collectif qu'il revient de fixer les conditions et les modalités d'utilisation du contrat[6]. La démarche est semblable en ce qui concerne la mise en place d'un compte épargne-temps au moyen d'un accord d'entreprise ou, à défaut, d'un accord de branche[7] ou l'organisation de ruptures conventionnelles collectives auxquelles il ne peut être recouru que par accord d'entreprise. La loi détermine, dans ce dernier cas, la lettre de cadrage que les parties à la négociation doivent observer tout en leur laissant

1. La question ne se pose pas en revanche s'agissant de la prévention des effets de l'exposition aux facteurs de risques professionnels puisque l'article L. 2242-19 indique que la négociation obligatoire prévue à l'article L. 2242-17 « peut » porter et non pas « porte » sur ce thème.
2. Le terme de « règles dispositives » est emprunté à G. Bélier, H.-J. Legrand et A. Cormier Le Goff, *Le nouveau droit de la négociation collective : Acteurs et accords*, 6e éd., « Droit vivant », Liaisons – Wolters Kluwer, 2018, no 431, p. 529, qui parlent de « lois dispositives ».
3. G. Loiseau, « La conventionnalisation du droit du travail. Regards croisés sur la liberté contractuelle et sur la liberté conventionnelle », *Liber amirocum en hommage à Pierre Rodière*, « Mélanges », LGDJ, 2019, p. 205.
4. L'article L. 3121-64 du Code du travail énonce les éléments de contenu que l'accord doit impérativement comporter.
5. C. trav., art. L. 3123-33 s.
6. L'article L. 1223-8 du Code du travail s'en remet à l'accord collectif du soin de déterminer, notamment, la taille des entreprises concernées, les activités concernées ainsi que des éléments de régime du contrat.
7. C. trav., art. L. 3151-1. Le champ laissé à la négociation collective est large pour déterminer, notamment, les modalités d'alimentation et de gestion du compte ainsi que les conditions d'utilisation, de liquidation et de transfert des droits d'un employeur à un autre (C. trav., art. L. 3152-1 s.).

une certaine latitude pour remplir les champs obligatoires[1].

Le rôle dévolu à la convention collective va jusqu'à lui confier l'exclusivité de la constitution d'institutions au sein de l'entreprise. C'est, ici, le conseil d'entreprise dont la loi détermine la nature des compétences[2] tandis qu'il est attendu de l'accord de préciser le domaine d'exercice de ses prérogatives[3]. C'est, là, les représentants de proximité que le législateur permet de mettre en place par accord d'entreprise en reconnaissant à cet effet aux partenaires sociaux une très large liberté d'aménagement, notamment pour définir leurs prérogatives et les moyens de leur exercice[4]. La main de la loi reste toujours visible. Si les représentants de proximité ont une existence conventionnelle, la catégorie est légale. C'est la loi qui les institue en tant que nouvelle espèce de représentants du personnel et qui délègue aux partenaires sociaux la possibilité de les constituer[5]. Dans les deux cas, qu'il s'agisse du conseil d'entreprise ou des représentants de proximité, non seulement il faut un accord collectif pour décider leur mise en place mais seul un accord signé par des délégués syndicaux le permet, sans modalité supplétive de négociation en l'absence d'organisation syndicale représentative dans l'entreprise. Le principe, qui s'infère des textes, a été affirmé par la Cour de cassation le 1er juin 2023 à propos des représentants de proximité. La Chambre sociale a jugé que « les représentants de proximité ne peuvent être mis en place que par l'accord d'entreprise, conclu dans les conditions prévues au premier alinéa de l'article L. 2232-12, qui détermine le nombre et le périmètre des établissements distincts » et précisé que, « dans le cas où le nombre et le périmètre des établissements distincts ont été déterminés par décision unilatérale de l'employeur [...], un accord d'entreprise conclu dans les conditions prévues au premier alinéa de l'article L. 2232-12 de ce code peut prévoir pour l'ensemble de l'entreprise la mise en place de représentants de proximité rattachés aux différents comités sociaux et économiques d'établissement ». Elle a par ailleurs décidé que seul un accord d'entreprise peut prévoir « pour l'ensemble de l'entreprise la mise en place de représentants de proximité rattachés aux différents comités sociaux et économiques d'établissement », à l'exclusion d'un accord d'établissement[6].

1. L'article L. 1237-19-11 du Code du travail liste les rubriques qui doivent se retrouver dans laquelle, parmi lesquelles les modalités d'exercice du droit de rétractation des parties qui, rappelons-le, est impérativement réglementé dans la rupture conventionnelle homologuée, version loi du 25 juin 2008.
2. Participer à la négociation collective et, le cas échéant, exprimer un avis conforme.
3. C. trav., art. L. 2321-2 et 2321-3.
4. V. G. Loiseau, P. Lokiec, L. Pécaut-Rivolier, Y. Struillou et P.-Y. Verkindt, *Droit de la représentation du personnel*, « Dalloz action », 2e éd., 2023, nos 422-51 s., p. 676 s.
5. V. S. Guedes da Costa et G. Loiseau, « Les représentants de proximité », *BJT* 2018. 61.
6. Soc. 1er juin 2023, no 22-13.303, P ; *RDT* 2023. 489, note E. Peskine ; *JCP S* 2023. 1188, Étude G. Loiseau.

CHAPITRE

312. Rapports entre les différents niveaux normatifs

SECTION 0 ORIENTEUR

312.00 **Sommaire du chapitre.**

Division. Les rapports entre les différents niveaux normatifs sont organisés par le Code du travail. Les règles, en la matière, ont été profondément renouvelées à l'occasion des réformes de 2016 et de 2017. Ce sont, à la base, les principes directeurs présidant à l'articulation des normes qui ont évolué (sect. 1) : le principe de faveur a régressé ; le principe de primauté, qui dicte d'appliquer directement une norme par rapport à une autre indépendamment de son caractère plus favorable, s'est étendu, cette dernière évolution s'étant faite sous l'influence d'un autre principe, le principe de proximité, qui conduit à privilégier l'application de la norme d'entreprise (sect. 2).

312.01 Textes applicables.

- **C. trav.,** art. L. 2251-1 [Rapports accord et loi]
- **C. trav.,** art. L. 2252-1 [Rapports accord national interprofessionnel et accord de branche]
- **C. trav.,** art. L. 2253-1 à L. 2253-4 [Rapports accord de branche et accord d'entreprise]
- **C. trav.,** art. L. 2253-5 [Rapports accord de groupe et accord d'entreprise]
- **C. trav.,** art. L. 2253-6 [Rapports accord d'entreprise et accord d'établissement]
- **C. trav.,** art. L. 2253-7 [Rapports accord interentreprises et accord d'entreprise]
- **C. trav.,** art. L. 2254-1 [Rapports accord d'entreprise et contrat]
- **C. trav.,** art. L. 2254-2 [Accord de performance collective]

312.02 Jurisprudence de référence.

> Principe du non-cumul

- **Cass., ass. plén., 18 mars 2019,** n° 84-40.083, P

« En cas de concours de conventions collectives, les avantages ayant le même objet ou la même cause ne peuvent, sauf stipulations contraires, se cumuler, le plus favorable d'entre eux pouvant seul être accordé. »

> Principe de faveur

- **Soc. 17 juill. 1996,** n° 95-41.313, P

« Attendu qu'en vertu du principe fondamental, en droit du travail, selon lequel la situation des salariés doit être régie, en cas de conflit de normes, par celle qui leur est la plus favorable, il convient de déterminer si les dispositions du statut propre à la SNCF concernant les congés payés sont plus favorables que celles résultant du régime légal ; que cette appréciation doit être globale à raison du caractère indivisible de ce régime de congés payés institué en tenant compte des nécessités du service public. »

- **CE 17 nov. 2017,** n° 415063, NP

« Il ressort de la jurisprudence du Conseil constitutionnel, en particulier des décisions n° 97-388 *DC* du 20 mars 1997, n° 2002-485 *DC* du 13 janvier 2003 et n° 2004-494 *DC* du 29 avril 2004, que le principe en vertu duquel la loi ne peut permettre aux accords collectifs de travail de déroger aux lois et règlements ou aux conventions de portée plus large que dans un sens plus favorable aux salariés ne résulte d'aucune disposition législative antérieure à la Constitution de 1946 et ne saurait, dès lors, être regardé comme un principe fondamental reconnu par les lois de la République au sens du Préambule de la Constitution de 1946. Ce principe constituant une règle de niveau législatif et non constitutionnel, l'article 1er de l'ordonnance contestée pouvait, sans le méconnaître, l'aménager ou l'écarter. »

- **Soc. 18 nov. 2000,** n° 96-44.578, P

« Au cas où deux conventions collectives ou accords collectifs sont applicables, il convient de n'appliquer que le plus avantageux d'entre eux ; que le caractère plus avantageux doit être apprécié globalement pour l'ensemble du personnel, avantage par avantage. »

- **Soc. 8 janv. 2020,** n° 18-17.708, P

« Attendu qu'ayant, procédant à une comparaison des dispositions de l'accord de groupe du 13 mars 2013 avec celles des accords d'entreprise de la société MCA par ensemble d'avantages ayant le même objet ou la même cause, retenu que la renonciation des salariés à certains avantages, dont le retour à une durée de travail hebdomadaire de 35 heures sans augmentation de salaire, la perte de la possibilité d'utiliser les jours de congé de formation capitalisés pour bénéficier d'un congé de fin de carrière et la perte du choix d'utiliser librement les heures supplémentaires capitalisées au lieu de les faire rémunérer, avait eu une contrepartie réelle et effective de la part de (la société Renault) par ses engagements en ce qui concerne le niveau d'activité global de production en France et le maintien d'un certain niveau d'emploi, engagements qui avaient été respectés, et ainsi caractérisé que les dispositions de l'accord de groupe étaient globalement plus favorables à l'ensemble des salariés du groupe que celles de l'accord d'entreprise du 9 mai 1994 et de l'accord d'entreprise du 30 juin 1999 modifié par avenants des 9 mars 2001 et 19 décembre 2001, la renonciation à certains avantages étant compensée par les engagements de maintien de l'emploi, la cour d'appel a pu en déduire qu'en vertu du principe de faveur il convenait d'appliquer l'accord de groupe du 13 mars 2013. »

- **Soc. 7 déc. 2017,** n° 16-15.109, P

« Sauf disposition légale contraire, un accord collectif ne peut modifier le contrat de travail d'un salarié, seules les dispositions plus favorables de cet accord pouvant se substituer aux clauses du contrat. »

312.03 Bibliographie indicative.

Thèse. A. Weissenbacher, L'articulation entre la convention collective et le contrat de travail. Étude au regard de l'évolution de la négociation collective, th. Paris I, 2017.

Monographies. G. Bélier, H.-J. Legrand et A. Cormier Le Goff, *Le nouveau droit de la négociation collective : Acteurs et accords,* 6e éd., « Droit vivant », Liaisons – Wolters Kluwer, 2018 – B. Teyssié, *Droit du travail : Relations collectives,* 12e éd., « Manuels », LexisNexis, 2020 ; B. Teyssié (dir.), *L'articulation des normes en droit du travail,* « Études juridiques », Economica, 2011.

Contributions. Y. Chalaron, « L'application de la disposition la plus favorable », *Études offertes à Gérard Lyon-Caen : Les Transformations du droit du travail,* Dalloz, 1989, p. 243 – A. Martinon, « L'articulation des conventions et accords collectifs et des contrats de travail » *in* B. Teyssié (dir.), *L'articulation des normes en droit du travail,* « Études juridiques », Economica, 2011, p. 29 – P. Morvan, « L'articulation des conventions et accords collectifs » *in* B. Teyssié (dir.), *L'articulation des normes en droit du travail,* « Études juridiques », Economica, 2011, p. 7 – C. Neau-Leduc, « L'articulation de la norme légale et de la norme conventionnelle » *in* B. Teyssié (dir.), *L'articulation des normes en droit du travail,* « Études juridiques », Economica, 2011, p. 153 – J.-E. Ray, « Très libres propos sur les horribles GAME ("garanties au moins équivalentes") », *Liber amicorum en hommage à Pierre*

Rodière, « Mélanges », LGDJ, 2019, p. 431 – P.-Y. Verkindt, « L'articulation des normes contractuelles et conventionnelles et des usages » *in* B. Teyssié (dir.), *L'articulation des normes en droit du travail*, « Études juridiques », Economica, 2011, p. 163.

Articles. P. Ancel, « L'articulation du contrat de travail et des accords collectifs au regard de la force obligatoire du contrat », *RDT* 2016. 240 – P.-H. Antonmattei, « Accord collectif et contrat de travail, réponse du berger à la bergère ! », *Dr. soc.* 2002. 652 ; « La primauté de l'accord d'entreprise », *Dr. soc.* 2017. 1027 ; « L'irrésistible ascension de l'accord d'entreprise », *Dr. soc.* 2017. 1027 ; « À propos de la légitimité de la primauté de l'accord d'entreprise », *Dr. soc.* 2018. 160 – P.-H. Antonmattei, A. Donnette-Boissière et C. Mariano, « Actualité du droit et de la pratique de la négociation collective », *Dr. soc.* 2019. 1054 ; « La primauté de l'accord d'entreprise », *Dr. soc.* 2017. 1027 – G. Auzero, « Conventions d'entreprise et conventions de branche », *Dr. soc.* 2017. 1018 – J. Barthélémy, « Hiérarchie des normes, fonction protectrice du droit du travail et sécurisation de l'emploi », *RJS* 2016. 104 – J. Barthélémy et G. Cette, « Pour une nouvelle articulation des normes en droit du travail », *Dr. soc.* 2013. 17 ; « Contrat de travail et accord collectif : une bienheureuse nouvelle articulation », *Dr. soc.* 2018. 70 – S. Béal et A. Ferreira, « La comparaison entre deux conventions ou accords collectifs applicables dans l'entreprise », *JCP S* 2005. 1436 – F. Bergeron-Canut, « L'articulation entre accord de branche et accord d'entreprise : entre continuité et ruptures », *Dr. ouvrier* 2018. 61 ; « Ordonnancement des conventions collectives entre elles : panorama des cas de concours et des règles d'articulation », *BJT* 4/2020. 58 – G. Blanc-Jouvan, « Accords individuels et accords collectifs en droit du travail », *JCP S* 2007. 1265 – F. Boquillon, « Que reste-t-il du principe de faveur ? », *Dr. soc.* 2001. 255 – G. Borenfreund et M.-A. Souriac, « Les rapports de la loi et de la convention collective, une mise en perspective », *Dr. soc.* 2003. 72 – J.-L. Borie, « Accord de performance collective et contrat de travail », *BJT* 5/2021, p. 57 – A. Bugada, « L'articulation des dispositions de branche et d'entreprise : le Rubik's cube conventionnel », *JCP S* 2018. 1056 ; « La primauté stratégique de la branche », *JCP S* 2019. 1115 – J.-F. Cesaro, « L'automne dans les branches professionnelles et quelques mesures portant sur la négociation collective », *JCP S* 2017. 1306 – A. Chevillard, « Les conflits de normes », *SSL* 7 juill. 2008, n° 1361, p. 25 – L. Clavreul et B. Taillardat-Pietri, « Le principe de faveur et la nouvelle hiérarchie des normes », *SSL* 27 sept. 2021, n° 1968, p. 6 – J. Daniel, « L'articulation de la loi avec les accords collectifs. Point de vue », *JCP S* 2016. 1149 – G. Duchange, « Accord de performance collective : conséquence sur le contrat de travail », *BJT* 5/2021, p. 61 – F. Favennec-Héry, « Pour une nouvelle articulation accord collectif/contrat de travail », *SSL* 9 mars 2015, n° 1667, p. 12 ; « L'articulation de la loi avec les accords collectifs », *JCP S* 2016. 1148 – A. Favre, « La supériorité du contrat de travail en question », *Dr. ouvrier* 2017. 372 ; « L'articulation des niveaux de négociation devant le Conseil constitutionnel », *Dr. soc.* 2018. 688 – S. Frossard, « La supplétivité des règles en droit du travail », *RDT* 2009. 83 – B. Gauriau, « L'articulation des conventions collectives de groupe, d'entreprise et d'établissement », *JCP* 2017. 453 – E. Grass, « Routiers polonais et principe de faveur en droit communautaire : l'important arrêt Koelzsct », *Dr. soc.* 2011. 849 – A. Jeammaud, « Le principe de faveur. Enquête sur une règle émergente », *Dr. soc.* 1999. 115 ; « De l'incidence de l'accord collectif sur le contrat de travail », *RDT* 2016. 228 ; « Les principes dits « de faveur » ont-ils vécu ? », *RDT* 2018 177 – F. Géa, « Contre l'autonomie de l'accord d'entreprise », *Dr. soc.* 2016. 516 – M. Grignard, « La place de la négociation d'entreprise », *Dr. soc.* 2017. 429 – E. Jeansen, « L'insertion de l'accord de maintien de l'emploi dans le tissu conventionnel », *JCP S* 2014. 1327 – A. Johansson, « Les obligations conventionnelles face au silence du contrat de travail », *JCP S* 2006. 1304 – Ph. Langlois, « Contrat individuel de travail et convention collective » *Dr. soc.* 1975. 283 – S. Laulom et N. Merley, « La fabrication d'un principe de faveur », *RDT* 2009. 2019 – P. Lokiec, « Accord collectif et contrat de travail », *Dr. soc.* 2017. 1024 ; « Hiérarchie des normes et négociation : le pari de la confiance », *Dr. ouvrier* 2018. 142 – L. Marquet de Vasselot et A. Martinon, « L'articulation croisée des accords collectifs », *JCP S* 2016. 1150 – A. Martinon, « Brèves observations sur la nouvelle articulation des conventions et accords collectifs », *JCP S* 2018. 1047 – D. Mellot, « De la décentralisation de la négociation collective à la concentration du pouvoir », *Dr. ouvrier* 2022. 49 – S. Mercoli, « Le principe de faveur en droit du travail : l'entrée en disgrâce ? », *RRJ* 2006. 2381 – F. Millot, « Le principe d'équivalence en cas de concurrence entre accord d'entreprise et de branche », *JCP S* 2019. Actu. 47 – P. Morvan, « L'articulation des normes sociales à travers les branches », *Dr. soc.* 2009. 679 – C. Nicod, « Conventions de branche et d'entreprise : une nouvelle partition ? », *RDT* 2017. 657 – C. Nicod, « Conventions de branche et d'entreprise : une nouvelle partition », *RDT* 2017. 657 – J. Pettex-Sabarot, « La négociation à l'épreuve des articles L. 2253-5 à L. 2353-7 du Code du travail », *JCP S* 2018. 1405 – V. Roulet, « Protection sociale et principe de faveur », *Dr. soc.* 2013. 379 – Ph. Rozec, « Indépendance, interaction ou imbrication de l'accord individuel, de l'accord collectif et de la loi ? Pour une contextualisation du contrat de travail », *JCP S* 2016. 1152 – A. Sauret, « Accords de branche et accords d'entreprise : focus sur une articulation complexe entre les sources du droit », *Gaz. Pal.* 12 déc. 2017, p. 67 ; « Approche stratégique du contenu des conventions collectives de branche », *JCP S* 2019. 1114 – Y. Struillou, « L'articulation entre le règlement et l'accord collectif », *SSL* 7 sept. 2009, n° 1411, p. 92 – Y. Tarasewicz et A. Bighinatti, « La délicate appréciation du principe de faveur », *SSL* 30 janv. 2017, n° 1754, p. 7 – B. Teyssié, « À propos de l'articulation des normes en droit du travail », *JCP S* 2016. 1147 – S. Tournaux, « L'articulation de la loi et de l'accord collectif de travail », *Dr. ouvrier* 2017. 353 – G. Vachet, « L'articulation accord d'entreprise, accord de branche, concurrence, complémentarité ou primauté ? », *Dr. soc.* 2009. 896 – R. Vatinet, « L'articulation de la loi et des accords collectifs avec le contrat individuel de travail », *JCP S* 2016. 1151 – M. Vérical, « Le sort des engagements unilatéraux en cas de conclusion postérieure d'un accord collectif », *Dr. soc.* 2010. 1092 – P.-Y. Verkindt, « Ankylose et inflammation, à propos de l'articulation des normes en droit du travail », *JCP S* 2016. 1159 – Ph. Waquet, « Contrat de travail et statut collectif », *RJS* 1994. 399.

312.05 **Points clés.** Les situations de concours de normes mobilisent, pour leur règlement, plusieurs principes dont le plus fondamental, quoique son domaine s'étrécisse, est le principe de faveur. Le Code du travail, profondément remodelé en la matière par les réformes de 2016 et 2017, règle au moyen de ces principes les rapports entre les différents niveaux normatifs. L'évolution la plus remarquable, à ce sujet, est la consécration de la primauté de l'accord d'entreprise.

312.06 **Concours de normes.** Les normes susceptibles de s'appliquer à une même situation juridique relevant des relations individuelles ou collectives de travail sont multiples : texte supranational, loi, règlement, contrat de travail, convention ou accord collectif, engagement unilatéral ou usage, norme patronale unilatérale. S'agissant des normes conventionnelles, elles peuvent avoir été négociées à différents niveaux : national et interprofessionnel, branche, groupe, entreprise, établissement.

D'application impérative ou supplétive, certaines normes peuvent se combiner entre elles et être complémentaires ou s'ajouter pour appréhender un même objet. Mais d'autres sont exclusives et ne peuvent coexister avec des règles concurrentes ou ne s'appliquent que par défaut et supposent l'absence de concours de normes. Pour sélectionner la ou les règles efficientes dans un tel millefeuille juridique, il faut pouvoir s'appuyer sur des principes directeurs que le Code du travail met à l'œuvre pour régler les rapports entre les différents niveaux normatifs.

SECTION 1
PRINCIPES DIRECTEURS

312.10 **Plan – Énoncé des principes.** Le premier principe, en amont, est celui du non-cumul des normes (§ 1). Il conditionne les autres car si le concours de normes peut se solder par une application conjointe des règles, il n'est pas besoin d'autres principes pour traiter la situation juridique. Faute pour les normes en concours de pouvoir se cumuler, il faut en revanche déterminer celle qui est appelée à régir la situation juridique. Deux principes peuvent être à cet effet sollicités : le principe de faveur, qui conduit à faire prévaloir la norme la plus favorable (§ 3), et le principe de primauté directe, ainsi qualifié pour signaler qu'il commande d'appliquer d'autorité une règle plutôt qu'une autre indépendamment de son orientation au regard des intérêts des salariés (§ 2).

Un autre principe est latent dans le droit contemporain : il s'agit du principe de proximité qui porte à favoriser, voire à privilégier, la norme d'entreprise en raison de son adaptabilité aux spécificités de chaque entité employeur. Cette décentralisation de la norme applicable aux relations de travail est un aspect majeur du droit social actuel. Le principe de proximité a inspiré les grandes orientations des réformes de 2016 et de 2017. Le rapport *Combrexelle* l'annonçait : il était en vue de « tirer toutes les conséquences des exigences du principe de proximité » en posant « le principe général selon lequel, en dehors du champ de l'ordre public législatif et de l'ordre public conventionnel, l'accord d'entreprise s'applique en priorité » [1]. Ce principe pourrait également guider des interprétations qui seront rendues nécessaires pour appliquer les dispositions légales issues de ces dernières réformes. Seulement, il ne constitue pas pour autant un principe directeur en ce qu'il n'a pas d'autorité directe pour arbitrer un concours de normes, fût-ce simplement un concours de normes conventionnelles. Il inspire, guide, oriente ; mais il n'est pas, en l'état, décisionnaire pour trancher entre deux normes concomitamment applicables. Il est tout au plus sous-jacent dans l'ordre de préférence et la primauté corrélative établis par le législateur entre l'accord de branche et l'accord d'entreprise.

§ 1
Principe de non-cumul

312.21 **Conditions du non-cumul des normes.** Plusieurs normes pouvant concerner la même situation juridique, la question de leur cumul ou de leur non-cumul se pose lorsqu'elles ont le même objet ou la même cause, ce qui les met dans une position de concours. La Cour de cassation l'exprime en jugeant que, « en cas de concours de conventions ou accords collectifs, les avantages ayant le même objet ou la même cause ne peuvent, sauf stipulations contraires, se cumuler, le plus favorable d'entre eux pouvant seul être accordé » [2], que « si, en cas de concours de dispositions conventionnelles avec un usage, les avantages qu'ils

1. J.-D. Combrexelle, *La négociation collective, le travail et l'emploi,* Rapport au premier Ministre, France stratégie, sept. 2015, p. 92.
2. NOT. : Cass., ass. plén., 18 mars 1988, n° 84-40.083 ; P n° 3 ; *GADT,* 4e éd., Dalloz, 2008, n° 179 ; *Dr. ouvrier* 1988. 518, note Ballet ; *D.* 1989. 221, note J.-P. Chauchard – Cass., ass. plén., 24 oct. 2008, n° 07-42.799 ; P n° 4 ; *D.* 2008. 2798 ; *Dr. soc.* 2009. 38, avis J. Duplat ; *RDT* 2009. 43, obs. M. Véricel ; *RDT* 2009. 114, obs. S. Nadal ; *RJS* 2008. 994, n° 1200 ; *SSL* 2008, n° 1376, p. 13 ; *JCP S* 2008. 1601, note B. Gauriau ; *JSL* 24 nov. 2008, n° 244, p. 28, note N. Rérolle ; *JCP E* 2009. 1148, note S. Béal et A. Ferreira – Soc. 20 mai 2009, n° 08-41.471, NP – Soc. 23 nov. 2010, n° 09-40.493, NP – Soc. 9 mars 2011, n° 09-42.808, NP – Soc. 18 mai 2011, n° 10-15.749, NP – Soc. 28 mars 2018, n° 16-27.626 ; P V, n° 57 ; *RDT* 2018. 533, note M. Véricel ; *JCP S* 2018. 1163, note M. Morand. ; – RAPP. : Soc. 10 janv. 2018, n° 16-23.124, NP, *RJS* 3/2018, n° 203, qui juge que, « en cas de concours de dispositions légales et conventionnelles, les avantages qu'elles instituent ne peuvent se cumuler lorsqu'elles ont la même cause et le même objet, seul le plus favorable d'entre eux pouvant alors être accordé » ; – COMP. : Soc. 13 juin 2012, n° 10-27.395 ; P V, n° 184 ; *D.* 2012. 1622 ; *D.* 2012. 2622, obs. P. Lokiec et J. Porta ; *RJS* 2012. 630, n° 726 ; *Dr. soc.* 2012. 850, obs. Ch. Radé ; *JCP S* 2012. 1397, note B. Bossu, qui juge « si en cas de concours de stipulations contractuelles et de dispositions conventionnelles, les avantages qu'elles instituent ne peuvent se cumuler, c'est à la condition qu'ils aient le même objet et la même cause ».

instituent ne peuvent se cumuler, c'est à la condition qu'ils aient le même objet et la même cause »[1] ou que, « en cas de concours entre les stipulations contractuelles et les dispositions conventionnelles, les avantages ayant le même objet ou la même cause ne peuvent, sauf stipulations contraires, se cumuler, le plus favorable d'entre eux pouvant seul être accordé »[2]. Elle le formule parfois d'une autre manière en décidant que « les dispositions d'un plan social peuvent se cumuler avec celles d'un accord collectif, sauf si elles ont le même objet, auquel cas ne s'appliquent que les dispositions les plus favorables aux salariés »[3].

Une première démarche, préalable à toute sélection des normes en concours, consiste donc à apprécier si elles ont le même objet ou la même cause. La Cour de cassation y veille et censure les décisions qui écartent l'application de l'une des normes « sans constater que (les) dispositions avaient le même objet que celles de l'accord collectif »[4] ou « sans rechercher si la prime annuelle instaurée par l'accord national de 2001 avait le même objet ou la même cause que la prime permanente de fin d'année prévue par l'avenant de 1997 à la convention régionale d'établissement »[5].

312.22 Appréciation du cumul ou du non-cumul des normes. La question du cumul ou du non-cumul des normes se pose lorsque les normes en concurrence – la loi et un accord collectif ; un accord collectif et le contrat de travail ; un accord collectif et un engagement unilatéral ; des accords collectifs entre eux – sont proches sans être identiques et portent en particulier sur des avantages comparables. À cet égard, les situations de non-cumul devraient être prévalentes puisqu'il faut mais qu'il suffit que les avantages n'aient pas le même objet ou qu'ils n'aient pas la même cause pour que l'un puisse s'appliquer conjointement avec l'autre. Toutefois, sans qu'il se dégage de la jurisprudence une méthode d'appréciation, il apparaît que, bien souvent, les juridictions se satisfont de la constatation que les avantages en concours ont le même objet pour exclure leur cumul[6]. Le Code du travail, lorsqu'il règle aux articles L. 2253-5 à L. 2253-7 des situations de concours entre accords collectifs de niveaux différents – accord de groupe et accord d'entreprise ou d'établissement, accord d'entreprise et accord d'établissement ou encore accord interentreprises et accord d'entreprise ou d'établissement –, n'envisage d'ailleurs que la coexistence dans ces différents accords de stipulations ayant le même objet[7].

De ce point de vue, les juridictions s'attachent dès lors le plus souvent à relever que les dispositions d'actes juridiques distincts n'ont pas le même objet pour justifier leur application conjointe. Par exemple, il a été jugé que des primes peuvent se cumuler lorsque l'une d'elles, résultant d'un usage, rémunère la seule sujétion liée à l'autonomie exigée pour l'exercice des fonctions d'accueil sur site délocalisé tandis que l'autre, conventionnelle, rémunère l'affectation permanente au service du public[8]. De même, sont cumulables l'octroi par engagement unilatéral à des salariés de la rémunération correspondant à un niveau de classification supérieur à la suite de leur obtention d'un diplôme et de l'acquisition d'années de pratique professionnelle et la garantie minimale et automatique de salaire ouverte par accord collectif à tous les salariés[9] ou le bénéfice d'un treizième mois prévu par le contrat de travail, qui constitue une modalité de règlement d'un salaire annuel payable en treize fois, et la gratification instituée par un accord d'entreprise, qui constitue un élément de salaire répondant à des conditions propres d'ouverture et de règlement[10], ou encore une prime contractuelle de production, prime forfaitaire journalière basée sur la présence du salarié à son poste de travail, qui concerne tous les salariés ayant plus d'un an d'ancienneté et dont le montant, qui dépend du niveau et de l'échelon ainsi que de la gratification annuelle, peut varier en fonction de la valeur du salarié appréciée par le responsable d'exploitation selon certains critères, et la prime d'assiduité, instaurée par accord collectif, fondée sur la présence du salarié à son poste[11]. Le cumul a aussi été retenu s'agissant de la récupération des jours fériés tombant un lundi prévue par l'accord d'entreprise en faveur de l'équipe de nuit et l'attribution obligatoire d'un repos compensateur aux travailleurs de nuit correspondant aux périodes de nuit travaillées en application d'un accord de branche[12]. Et la décision

1. Soc. 6 févr. 2019, n° 17-18.829, NP.
2. Soc. 11 mai 2022, n° 21-11.240, P ; *JCP S* 2022. 1172, note L. Dauxerre ; *RJS* 2022. 621.
3. Soc. 23 juin 1999, n° 98-40.158 ; P V, n° 296 ; *D.* 1999. 199 ; *Dr. soc.* 2000. 392, note G. Couturier ; *RJS* 1999. 657, n° 1045.
4. Soc. 23 juin 1999, préc. V. aussi Soc. 15 févr. 2012, n° 10-27.397, NP ; *RJS* 5/2012, n° 483 – Soc. 11 mai 2022, n° 21-11.240, préc.
5. Soc. 23 janv. 2008, n° 06-45.119, NP ; – AUSSI : Soc. 15 févr. 2012, n° 10-27.397, NP ; *RJS* 5/2012, n° 483.
6. Par exemple, il est jugé que, dans la mesure où les avantages prévus par l'usage et les dispositions conventionnelles ont le même objet qui est d'accorder des repos compensateurs pour les heures de nuit, ils ne peuvent se cumuler : Soc. 4 nov. 2015, n° 14-11.172, NP ; *JCP S* 2016. 1014, note M. d'Allende ; *RDT* 2016. 188, note M. Véricel.
7. V. s^s^ n°s 312.121 s.
8. Soc. 6 févr. 2019, n° 17-18.829, NP.
9. Soc. 18 janv. 2012, n° 10-14.307, NP.
10. Soc. 13 juin 2012, n° 10-27.395 ; P V, n° 184 ; *D.* 2012. 1622 ; *D.* 2012. 2622, obs. P. Lokiec et J. Porta ; *RJS* 2012. 630, n° 726 ; *Dr. soc.* 2012. 850, obs. Ch. Radé ; *JCP S* 2012. 1397, note B. Bossu.
11. Soc. 11 mai 2022, n° 21-11.240, préc.
12. Soc. 21 janv. 2009, n° 07-42.277, NP.

de juges du fond a été cassée pour ne pas avoir admis le cumul entre les jours de récupération, qui sont acquis par le salarié au titre d'un accord d'aménagement et de réduction du temps de travail et représentent la contrepartie des heures de travail qu'il a exécutées en sus de l'horaire légal ou de l'horaire convenu, et les congés payés d'ancienneté auxquels le salarié a droit, en sus de ses congés légaux annuels, lesquels n'ont ni la même cause ni le même objet[1]. Dans un autre domaine, il a été jugé que la faculté offerte aux organisations syndicales par un accord collectif de désigner un délégué supplémentaire par rapport aux délégués syndicaux résultant de la loi ne les prive pas de la possibilité de désigner un délégué syndical supplémentaire en application de l'article L. 2143-4 du Code du travail[2].

Plus rarement, des décisions relèvent que les avantages prévus par des normes différentes n'ont pas la même cause[3] ou qu'ils n'ont pas la même nature[4] pour en déduire qu'ils peuvent se cumuler.

§ 2
Principe de primauté directe

312.31 **Exposé du principe.** Le principe de primauté directe n'est pas, à la différence du principe de faveur, un principe général du droit, ni un principe fondamental du droit du travail. Il n'est d'ailleurs, formulé en ces termes, consacré par aucun texte. Il se déduit de plusieurs dispositions qui, en cas de concours de normes par hypothèse non cumulables, commandent de faire prévaloir l'une d'elles indépendamment du sens, favorable ou défavorable, de la règle. La primauté opère alors dans un esprit de hiérarchie qui ne doit rien au contenu de la norme. Il en résulte que l'une des normes s'applique plutôt que l'autre ou qu'elle s'impose à l'autre sans qu'il soit besoin de procéder à une comparaison entre elles.

312.32 **Manifestations du principe.** Le principe de primauté directe opère de deux manières. Sous une première forme, il conduit à évincer une norme au profit d'une autre tout en laissant, le cas échéant, subsister la norme en concours lorsqu'elle peut continuer à s'appliquer dans des situations non-concurrentes. Le cas de figure le plus courant est le concours entre un accord de branche et un accord d'entreprise. Le principe dégagé par la loi du 8 août 2016[5] dans les domaines du temps de travail, des repos et des congés a été généralisé par l'ordonnance n° 2017-1385 du 22 septembre 2017 est celui de la primauté de l'accord d'entreprise. Il est dit à ce sujet, à l'article L. 2253-3 du Code du travail, que « dans les matières autres que celles mentionnées aux articles L. 2253-1 et L. 2253-2, les stipulations de la convention d'entreprise conclue antérieurement ou postérieurement à la date d'entrée en vigueur de la convention de branche ou de l'accord couvrant un champ territorial ou professionnel plus large prévalent sur celles ayant le même objet prévues par la convention de branche ou l'accord couvrant un champ territorial ou professionnel plus large ». C'est ce qu'exprime, dans les dispositifs légaux faisant appel au triptyque, le renvoi dans la rubrique « Champ de la négociation » à la conclusion d'un accord d'entreprise ou, « à défaut », à celle d'un accord de branche. Les termes « à défaut » peuvent avoir le sens de « en l'absence de », auquel cas l'article L. 2253-3 indique que, « en l'absence d'accord d'entreprise, la convention de branche ou l'accord couvrant un champ territorial ou professionnel plus large s'applique ». Mais ils ont aussi le sens d'une hiérarchie en présence d'un accord d'entreprise qui doit alors primer sur l'accord de branche. Il s'agit bien alors d'une primauté directe puisqu'il est indifférent à cet égard que l'accord d'entreprise soit ou non plus favorable à l'accord de branche[6].

À l'inverse, dans quelques matières qui constituent le domaine réservé de la branche, il est prévu par l'article L. 2253-1 que « les stipulations de la convention de branche ou de l'accord couvrant un champ territorial ou professionnel plus large prévalent sur la convention d'entreprise conclue antérieurement ou postérieurement à la date de leur entrée en vigueur, sauf lorsque la convention d'entreprise assure des garanties au moins équivalentes ». Dans ces matières qui représentent l'exception[7], le principe de primauté directe ne conduit pas toute-

1. Cass., ass. plén., 24 oct. 2008, n° 07-42.799 ; P n° 4 ; *JCP S* 2008. 1601, note B. Gauriau ; *JSL* 24 nov. 2008, n° 244, p. 28, note N. Rérolle ; *JCP E* 2009. 1148, note S. Béal et A. Ferreira – AUSSI : Soc. 23 févr. 2005, n° 02-17.433, NP, *TPS* avr. 2005, n° 120, qui casse une décision qui, pour appliquer les dispositions d'un accord collectif à l'exclusion de celles d'un autre au motif qu'elles étaient plus favorables, avait pris en considération les jours de récupération alors que cet avantage avait un autre objet et une autre cause que les congés payés.
2. Soc. 10 déc. 1986, n° 86-60.301, P V, n° 592 ; *D.* 1987. Somm. 212, obs. M. Verdier – Soc. 1er févr. 2006, n° 05-60.191, P V, n° 51.
3. Soc. 10 mai 1983, n° 81-10.914, P V, n° 253.
4. Soc. 22 oct. 1996, n° 93-43.616, P V, n° 339 ; *RJS* 1/1997, n° 69 ; à propos, d'un côté, des prestations versées par une compagnie d'assurances à raison de l'adhésion du salarié à un régime de prévoyance en application du statut du personnel et, de l'autre, de l'indemnité conventionnelle versée en cas de licenciement par l'employeur.
5. L. n° 2016-1088, 8 août 2016, relative au travail, à la modernisation du dialogue social et à la sécurisation des parcours professionnels, *JO* 9 août, n° 3.
6. V. ss n° 312.162.
7. V. ss n° 312.180.

fois à l'éviction systématique de l'accord d'entreprise en concours. Le texte réserve la possibilité d'appliquer tout de même l'accord d'entreprise lorsqu'il assure « des garanties au moins équivalentes »[1].

La seconde forme que prend le principe de primauté directe est la technique de la substitution : une norme s'applique à l'exclusion d'une autre qu'elle évince en la remplaçant. La technique est ici plus radicale car la norme prévalente ne laisse rien subsister de la norme en concours qui, sans disparaître forcément - c'est en tout cas une question qui se pose[2] -, est rendue ineffective. Cette radicalité explique que la substitution n'est pas l'effet mécanique d'un rapport hiérarchique et qu'elle doit être expressément prévue par les auteurs de la norme qui s'impose de cette manière à l'autre norme. À cette condition, la substitution opère en général dans les rapports entre normes conventionnelles de niveaux différents dans un sens descendant. L'article L. 2253-5 du Code du travail dispose ainsi que, « lorsqu'un accord conclu dans tout ou partie d'un groupe le prévoit expressément, ses stipulations se substituent aux stipulations ayant le même objet des conventions ou accords conclus antérieurement ou postérieurement dans les entreprises ou les établissements compris dans le périmètre de cet accord »[3]. L'article L. 2253-6 énonce dans des termes voisins que, « lorsqu'un accord conclu au niveau de l'entreprise le prévoit expressément, ses stipulations se substituent aux stipulations ayant le même objet des conventions ou accords conclus antérieurement ou postérieurement dans les établissements compris dans le périmètre de cet accord »[4]. Et l'on retrouve la même formule à l'article L. 2253-7 qui indique que, « lorsqu'un accord conclu au niveau de plusieurs entreprises le prévoit expressément, ses stipulations se substituent aux stipulations ayant le même objet des conventions ou accords conclus antérieurement ou postérieurement dans les entreprises ou les établissements compris dans le périmètre de cet accord »[5].

La technique de la substitution est également empruntée pour régler les rapports entre la norme conventionnelle et la norme contractuelle dans le cas particulier où la première procède d'un accord de performance collective. Par exception au principe de faveur, c'est le principe de primauté directe qui s'applique et, parce que cette primauté est dans la nature même de cet accord spécial dont la finalité est de forcer les contrats individuels de travail, elle n'a pas besoin d'être prévue. L'article L. 2254-2-III du Code du travail pose à ce sujet en règle que « les stipulations de l'accord se substituent de plein droit aux clauses contraires et incompatibles du contrat de travail, y compris en matière de rémunération, de durée du travail et de mobilité professionnelle ou géographique interne à l'entreprise »[6].

1. Sur cette condition, s^s^ n° 312.211.
2. V. s^s^ n° 312.312.
3. V. s^s^ n° 312.231.
4. V. s^s^ n° 312.251.
5. V. s^s^ n° 312.241.

§ 3
Principe de faveur

312.40 **Plan.** Consacré en 1988 par la Cour de cassation, le principe de faveur assure aux salariés le bénéfice de la norme la plus favorable lorsque plusieurs concourent au même objet. Malgré son caractère de principe fondamental du droit du travail, il ne possède qu'une valeur législative et subit une dégradation concomitante à la montée du droit conventionnel (A).

La norme la plus favorable s'apprécie au regard de sa dimension collective (B) et mobilise deux types de méthodes (C).

A.
Énoncé, valeur et affaissement du principe

312.51 **Énoncé du principe.** Principe fondamental du droit du travail[7], principe général du

6. V. s^s^ n° 312.312.
7. Cons. const. 25 juill. 1989, n° 89-257 DC, *Loi modifiant le code du travail et relative à la prévention du licenciement économique et au droit à la conversion*, CONFORMITÉ, *JO* 28 juill., p. 9503 ; Rec. 59 ; *Dr. soc.* 1989. 627 ; *AJDA* 1989. 796, note F. Benoit-Rôhmer ; *Dr. soc.* 1989. 701, note X. Prétot – Cons. const. 20 mars 1997, n° 97-388 DC, *Loi créant les plans d'épargne retraite*, CONFORMITÉ, *JO* 26 mars, p. 4661 ; Rec. 31 ; *D.* 1999. 236, obs. F. Mélin-Soucramanien ; *D.* 1999. 234, obs. L. Favoreu ; *Dr. soc.* 1997. 476, ét. X. Prétot ; *RTD civ.* 1997. 787, obs. N. Molfessis ; *RTD civ.* 1998. 99, obs. J. Mestre ; *JCP* 1997. I. 4039, obs. M. Fabre-Magnan ; *JCP* 1997. I. 4066, n° 16, obs. B. Mathieu et M. Verpeaux ; *LPA* 17 oct. 1997. 13, chron. B. Mathieu et M. Verpeaux ; *RFDC* 1997. 32, chron. L. Favoreu et F. Mélin-Soucramanien – Cons. const. 29 avr. 2004, n° 2004-494 DC, Loi relative à la formation professionnelle tout au long de la vie et au dialogue social, CONFORMITÉ, *JO 5 mai, p. 7998 ; D. 2004. 3029, obs. X. Prétot et D. Chelle ; D. 2005. 1125, obs. V. Ogier-Bernaud et C. Severino ; RFDA 2005. 409, note L. Dardalhon ; RTD civ. 2005. 93, obs. P. Deumier.* V. AUSSI : Soc. 17 juill. 1996, n° 95-41.313, P V, n° 297 ; *D.* 1996. 211 ; *Dr. Soc.* 1996. 1049, concl. P. Lyon-Caen ; *Dr. soc.* 1996. 1054, note J. Savatier ; *RJS* 10/1996, n° 1115 ; CSB 1996. 277, A. 56 ; *JCP* 1997. II. 22798, note J. Chorin ; *CJEG* 1997. 97, note Pouyaud ; *GADT*, 4e éd., Dalloz, 2008, n° 180 – Soc. 8 oct. 1996, n° 92-44.361 ; P V, n° 315 ; *Dr. soc.* 1996. 1048, note J. Savatier ; *RTD civ.* 1997. 792, obs. R. Libchaber ; *RJS* 1996, n° 1202 ; TPS 1996. Comm. 512 – Soc. 26 oct. 1999, n° 97-45.457 ; P V, n° 398 ; *Dr. soc.* 2000. 381, note Ch. Radé – Soc. 23 févr. 2005, n° 02-17.433, NP – Soc. 23 nov. 2010, n° 09-40.493, NP – Soc. 9 mars 2011, n° 09-42.808, NP – Soc. 28 nov. 2012, n° 11-17.501, NP.

droit[1], le principe de faveur est dans l'ADN du droit du travail ; on a écrit qu'il était « l'âme du droit du travail »[2]. Parce que ce droit s'est historiquement constitué en développant une base d'ordre public qui garantit un minimum légal en termes de droits individuels et collectifs, la liberté contractuelle est empêchée de s'en affranchir dans un sens régressif. En revanche, elle est laissée active, soit pour produire des normes dans les zones laissées vacantes par l'ordre public, soit pour organiser la relation de travail à des conditions plus avantageuses que le minimum légal. Quant au droit négocié, il est depuis longtemps pratiqué comme un moyen de compléter ou d'ajouter au statut légal sans esprit de le réduire. Dans les rapports entre la norme légale et la norme extralégale - contractuelle, conventionnelle, procédant d'un usage ou d'un engagement unilatéral - le principe de faveur se présente, tout compte fait, comme une projection de l'ordre public social. Il a toutefois une portée plus étendue et est appelé à opérer également dans les rapports des normes extralégales entre elles. De là vient sa nature de principe général du droit.

La Cour de cassation l'a consacré, pour la première fois, en assemblée plénière le 18 mars 1988 en ces termes : « En cas de concours de conventions collectives, les avantages ayant le même objet ou la même cause ne peuvent, sauf stipulations contraires, se cumuler, le plus favorable d'entre eux pouvant seul être accordé »[3]. Le Code du travail l'énonce aujourd'hui expressément à propos de certaines de ses applications. D'une part, dans les rapports entre la norme légale et la norme conventionnelle, l'article L. 2251-1 dispose qu'« une convention ou un accord peut comporter des stipulations plus favorables aux salariés que les dispositions légales en vigueur. Ils ne peuvent déroger aux dispositions qui revêtent un caractère d'ordre public ». De façon plus particulière, s'agissant des règles relatives au comité social et économique, il est à dit à l'article L. 2315-2 que « les dispositions du présent chapitre ne font pas obstacle aux dispositions plus favorables relatives au fonctionnement ou aux pouvoirs du comité social et économique résultant d'accords collectifs de travail ou d'usages ». D'autre part, dans les rapports entre la norme conventionnelle et la norme contractuelle, l'article L. 2254-1 indique que, « lorsqu'un employeur est lié par les clauses d'une convention ou d'un accord, ces clauses s'appliquent aux contrats de travail conclus avec lui, sauf stipulations plus favorables ». Enfin, certaines dispositions particulières concernent les rapports entre la norme contractuelle et la norme légale[4].

312.52 **Valeur du principe.** En dépit de l'importance que lui reconnaissent le Conseil constitutionnel, le Conseil d'État et la Cour de cassation, le qualifiant de principe fondamental du droit du travail ou de principe général du droit, le principe de faveur a une valeur simplement législative. Le Conseil constitutionnel a refusé, à plusieurs reprises, de lui reconnaître une valeur constitutionnelle[5].

Le Conseil d'État s'en est fait l'écho à l'occasion du recours formé par la CGT contre l'ordonnance n° 2017-1385 du 22 septembre 2017. Par une décision du 16 novembre 2017, la juridiction administrative a jugé qu'« il ressort de la jurisprudence du Conseil constitutionnel, en particulier des décisions n° 97-388 DC du 20 mars 1997, n° 2002-485 DC du 13 janvier 2003 et n° 2004-494 DC du 29 avril 2004, que le principe en vertu duquel la loi ne peut permettre aux accords collectifs de travail de déroger aux lois et règlements ou aux conventions de portée plus large que dans un sens plus favorable aux salariés ne résulte d'aucune disposition législative antérieure à la Constitution de 1946 et ne saurait, dès lors, être regardé comme un principe fondamental reconnu par les lois de la République au sens du Préambule de la Constitution de 1946. Ce principe constituant une règle de niveau législatif et non constitutionnel, l'article 1er de l'ordonnance contestée pouvait, sans le méconnaître, l'aménager ou l'écarter. Au demeurant, les dispositions de cet article codifiées aux articles L. 2253-2 et L. 2253-2 du code du travail, qui prévoient que l'accord d'entreprise doit, pour prévaloir sur la convention de branche ou s'en écarter, assurer aux salariés, dans

1. CE, avis, ass., 22 mars 1973, req. n° 310108 ; *GACE* 3e éd., 2008, p. 107 ; *Dr. ouvrier* 1973. 190 ; *Dr. soc.* 1973. 514 – CE 8 juill. 1994, *Confédération générale du travail*, req. n° 105471, *Lebon* 356 – CE 27 juill. 2001, req. n° 220067, *Lebon* ; *RJS* 2002. 9, note F. Bocquillon. V. aussi Soc. 17 juill. 1996, n° 95-41.313 ; P V, n° 297, préc.
2. Y. Chalaron, « L'application de la disposition la plus favorable », *Études offertes à Gérard Lyon-Caen : Les Transformations du droit du travail*, Dalloz, 1989, p. 243, n° 1.
3. Cass., ass. plén., 18 mars 1988, n° 84-40.083, préc.
4. C. trav., art. L. 8252-2 qui prévoit que le salarié étranger en situation irrégulière a droit, en cas de rupture de son contrat de travail, « à une indemnité forfaitaire dont le montant est égal à trois mois de salaire à moins que l'application des règles figurant aux articles L. 1234-5, L. 1234-9, L. 1243-4 et L. 1243-8 ou des stipulations contractuelles correspondantes ne conduise à une solution plus favorable » ; – POUR UNE APPLICATION : Soc. 18 mars 2020, n° 18-24.982, NP, *D.* 2020. 826 ; *RJS* 6/2020, n° 321.
5. Cons. const. 25 juill. 1989, n° 89-257 DC, préc. – Cons. const. 20 mars 1997, n° 97-388 DC, préc. – Cons. const. 13 janv. 2003, n° 2002-465 DC, *Loi relative aux salaires, au temps de travail et au développement de l'emploi*, CONFORMITÉ, *JO* 18 janv., p. 1084 ; *Rec.* 43 ; *D.* 2003. 642, ét. B. Mathieu ; *D.* 2003. 638, chron. B. Mathieu ; *D.* 2004. 1280, obs. V. Ogier-Bernaud ; *Dr. soc.* 2003. 260, note X. Prétot ; *RDC* 2003. 9, note Th. Revet ; *SSL* 23 févr. 2003, n° 1111, p. 6, note V. Ogier-Bernaud – Cons. Const. 29 avr. 2004, n° 2004-394 DC, préc.

chaque matière concernée, des garanties au moins équivalentes à cette convention visent à assurer que cet accord ne soit pas moins favorable que la convention pour les salariés »[1].

312.53 **Affaissement du principe.** Il est volontiers considéré depuis quelques années que le principe de faveur se dégrade[2]. Cette dégradation correspond à la montée en puissance du droit conventionnel dont les réformes législatives, et en particulier celles de 2016 et de 2017, ont renforcé la capacité d'action sans considération pour le caractère plus ou moins favorable de la norme. Le principe de primauté directe a été corrélativement privilégié pour asseoir l'autorité de la norme négociée lorsqu'elle est en concours avec une norme légale, conventionnelle ou contractuelle.

C'est ainsi que la méthode du triptyque, qui permet d'ouvrir un champ plus vaste à la négociation en reléguant dans les dispositions supplétives une partie des règles légales, provoque incidemment un recul du principe de faveur : des dispositions légales auxquelles il ne pouvait être dérogé dans un sens moins favorable ont été déclassées et, devenues supplétives, ne font plus obstacle à une norme conventionnelle qui peut être ou non plus favorable. Le reflux du principe de faveur est également un effet induit par la primauté reconnue à l'accord d'entreprise : le concours de normes ne se règle plus nécessairement au profit de la norme plus favorable.

Et c'est aussi dans les rapports entre l'accord collectif et le contrat individuel que le principe de faveur a perdu sa généralité alors que le contrat présentait, par l'effet de son immutabilité, une résistance à l'impact de mesures conventionnelles moins favorables au contractant. Le législateur a apporté de menues exceptions dont la somme a fini par grossir l'atteinte au principe de faveur. De façon subreptice, alors que la Cour de cassation analysait la modulation du temps de travail comme une modification du contrat requérant l'accord du salarié[3], la loi du 22 mars 2012[4] a introduit dans le Code du travail un article L. 3121-43 selon lequel la mise en place d'une répartition des horaires sur une période supérieure à la semaine et au plus égale à l'année prévue par un accord collectif ne constitue pas une modification du contrat de travail. La règle figure aujourd'hui dans une rubrique dédiée aux règles d'ordre public, ce qui révèle au passage que, non seulement une partie de l'ordre public social ne se retrouve pas dans la catégorie « ordre public » référencée dans le triptyque, mais que celle-ci comprend des dispositions qui ont fait régresser la protection des intérêts des salariés. Plus nettement, la loi du 14 juin 2013[5] a permis le forçage du contrat au moyen des accords de mobilité interne, géographique ou/et professionnelle, et surtout des accords de maintien de l'emploi. Il était précisé que les clauses des contrats de travail contraires à ces accords étaient suspendues[6]. À la suite de ce texte, la loi du 8 août 2016 a mis en place les accords de préservation ou de développement de l'emploi dont il était indiqué que leurs stipulations se substituaient de plein droit aux clauses contraires et incompatibles des contrats de travail[7]. Le même effet a été reconnu aux accords de performance collective qui, avec l'ordonnance n° 2017-1385 du 22 septembre 2017, ont remplacé les dispositifs spéciaux précédents[8].

On ne peut estimer pour autant que le droit du travail a perdu son âme : le principe de faveur a conservé sa valeur de principe directeur en cas de concours de normes ayant le même objet ou la même cause. La Cour de cassation veille d'ailleurs toujours à son application et censure les décisions qui font application d'une norme plutôt qu'une autre sans en justifier par son caractère plus favorable par rapport à celle avec laquelle elle peut se comparer[9]. De façon plus particulière, en cas de fusion absorption, la Chambre sociale subordonne la possibilité pour le nouvel employeur, en l'absence d'accord de substitution, de maintenir en vertu d'un engagement unilatéral tout ou partie des dispositions conventionnelles en vigueur dans l'entreprise absorbée à la condition, s'agissant d'avantages ayant le même objet ou la même cause, que cet accord soit plus favorable que celui applicable au sein de l'entreprise absorbante[10].

1. CE, réf., 16 nov. 2017, *Confédération générale du travail*, req. n° 415063, NP ; *Dr. soc.* 2017. 993, trib. Ch. Radé.
2. NOT. : A. Jeammaud, « Les principes dits "de faveur" ont-ils vécu ? », *RDT* 2018. 177.
3. Soc. 28 sept. 2010, n° 08-43.161 ; P V, n° 197 ; *D.* 2011. 219, obs. C. Dechristé, note S. Frossard ; *D.* 2011. 1246, obs. G. Borenfreund, E. Dockès, O. Leclerc, E. Peskine, J. Porta, L. Camaji, T. Pasquier, I. Odoul-Asorey et M. Sweeney ; *RDT* 2010. 725, obs. F. Canut ; *RJS* 2010. 841, n° 939 ; *SSL* 2010, n° 1464, p. 10, obs. Favennec-Héry ; *JCP S* 2010. 1466, note M. Morand ; *Dr. soc.* 2011. 151, note J. Barthélémy ; *JCP E* 2011. 1546, note G. Vachet ; *SSL* 2011. 137, n° 1477, note F. Favennec-Héry, et p. 141, note Ph. Florès ; *Dr. soc.* 2014. 71, note J. Mouly.
4. L. n° 2012-387, 22 mars 2012 relative à la simplification du droit et à l'allégement des démarches administratives, *JO* 23 mars.
5. L. n° 2013-504, 14 juin 2013, relative à la sécurisation de l'emploi, *JO* 16 juin.
6. C. trav. art. L. 2242-23, anc. (accords de mobilité), et art. L. 5125-2, anc. (accords de maintien de l'emploi).
7. C. trav., art. L. 2254-2, anc.
8. C. trav., art. L. 2254-2.
9. PAR EX. : Soc. 10 mai 2005, n° 03-44.313, P V, n° 153 ; *D.* 2005. 1505 ; *RJS* 2005. 532, n° 731 – Soc. 1er déc. 2016, n° 15-21.266, NP – Soc. 22 mars 2017, n° 15-19.973, NP ; *D.* 2017. 766 ; *D.* 2017. 1551, chron. P. Flores, F. Salomon et N. Sabotier ; *RJS* 6/2017, n° 414 ; *JCP S* 2017. 1194, note F. Broud – Soc. 7 sept. 2017, n° 16-14.743, NP ; *JCP S* 2017. 1340, note A. Barège.
10. Soc. 24 mars 2021, n° 19-15.920, P.

Cela étant, il faut bien reconnaître que la politique d'ouverture du droit négocié utilise d'autres ressorts que le principe de faveur pour renforcer la place et l'autorité des normes conventionnelles, ce qui concourt à son affaiblissement.

B. Référentiel d'appréciation de la norme la plus favorable

312.61 Ensemble des salariés. La Cour de cassation pose en règle que l'appréciation de la norme plus favorable doit être faite d'un point de vue collectif, au regard de l'ensemble des salariés dont la situation est concernée par les normes en concours dès lors qu'au moins l'une d'elles présente un caractère collectif : accord collectif de travail, engagement unilatéral de l'employeur, usage. Il est dit que « la détermination du régime le plus favorable doit résulter d'une appréciation tenant compte des intérêts de l'ensemble des salariés et non de tel ou tel d'entre eux »[1]. A été censurée en conséquence la décision qui avait apprécié le statut le plus avantageux des accords collectifs applicables pendant la période transitoire pour les salariés issus de l'entreprise absorbée en calculant la rémunération totale pour chacun des accords collectifs sans apprécier globalement les statuts pour l'ensemble du personnel[2]. A été également cassé l'arrêt qui, à propos d'une prime d'ancienneté, a fait prévaloir un accord national sur l'accord d'entreprise au motif que son application aboutissait à exclure certains salariés cadre des stipulations plus favorables de l'accord national, ce qui revenait à apprécier « le caractère plus favorable des deux dispositifs conventionnels pour une seule catégorie de salariés et non pour l'ensemble du personnel de l'entreprise »[3]. La Cour de cassation a approuvé en revanche une cour d'appel d'avoir considéré que, en présence de deux dispositifs conventionnels ayant le même objet, l'un ouvert à un plus grand nombre de salariés, l'autre plus généreux pour des salariés moins nombreux, l'avantage le plus favorable est celui dont le plus grand nombre de salariés a vocation à bénéficier[4].

Peu importe, en principe, que la question de la détermination de la norme la plus favorable soit posée à l'occasion d'un contentieux individuel qui, par hypothèse, met en jeu l'intérêt personnel du salarié sollicitant l'application d'une norme plutôt qu'une autre[5]. Ce n'est que dans le cas où les normes en concurrence sont, d'un côté, une disposition légale ou réglementaire et, de l'autre, le contrat individuel de travail que la comparaison peut être opérée en considération de l'intérêt du seul salarié concerné.

312.62 Situations individuelles. L'adoption du point de vue collectif pour dégager la règle plus favorable est cohérente avec le caractère collectif des normes en concours. Elle permet d'objectiver la détermination du sens plus favorable quand, à l'inverse, la prise en considération des points de vue individuels pourrait la faire varier en fonction des situations personnelles. Lorsqu'il s'agit en revanche de confronter la norme collective avec une norme individuelle – l'accord collectif et le contrat de travail –, l'approche ne peut plus avoir le même niveau de globalité puisque les contrats de travail ne sont pas toujours standardisés et peuvent comporter des stipulations particulières qui, sans être différentes d'un salarié à l'autre, peuvent dépendre de paramètres – nature des fonctions, date de recrutement dans l'entreprise, diplômes, etc. – qui singularisent les situations des uns et des autres.

L'application du principe de faveur est, dans ce type de concours de normes, dictée par la loi, l'article L. 2254-1 du Code du travail qui dispose que, « lorsqu'un employeur est lié par les clauses d'une convention ou d'un accord, ces clauses s'appliquent aux contrats de travail conclus avec lui, sauf stipulations plus favorables ». La Cour de cassation l'envisage plutôt en sens inverse lorsqu'elle juge que, « sauf disposition légale contraire, un accord collectif ne peut modifier le contrat de travail d'un salarié, seules les dispositions plus favorables de cet accord pouvant se substituer aux clauses du contrat »[6].

1. Soc. 19 févr. 1997, n° 94-45.286 ; P V, n° 398 ; *D.* 1997. 75 ; *Dr. Soc.* 1997. 432, obs. G. Couturier ; *RJS* 4/1997, n° 444 ; *CSB* 1997. 133, A. 24 ; *TPS* avr. 1997, p. 14, obs. B. Teyssié ; *Dr. soc.* 1999. 904, note M. Le Friant ; *Dr. soc.* 2000. 381, note Ch. Radé. V. aussi Soc. 25 janv. 1984, n° 81-41.609 ; P V, n° 33 – Soc. 18 janv. 2000, n° 96-44.578 ; P V, n° 27 ; *D.* 2000. 43 ; *RJS* 3/00, n° 307 ; *JCP* 2000. IV. 1420 – Soc. 11 juill. 2007, n° 05-46.048, NP – Soc. 14 nov. 2007, n° 06-42.200, NP – Soc. 19 déc. 2007, n° 06-43.330, NP, *RDT* 2008. 399, obs. M.-A. Souriac – Soc. 5 avr. 2018, n° 16-26.740, NP ; *RJS* 6/2018, n° 434.
2. Soc. 18 mai 2011, n° 10-15.749, préc.
3. Soc. 20 janv. 2021, n° 18-25.950 ; NP.
4. Soc. 5 avr. 2018, n° 16-26.740, préc.
5. CEPENDANT, appréciant le caractère plus ou moins favorable de la norme en considération de la situation particulière du salarié à propos d'un concours en un accord collectif et le Code civil local d'Alsace-Moselle : Soc. 11 oct. 1994, n° 91-40.322, P V, n° 265 – Soc. 26 oct. 1999, n° 97-45.457 ; P V, n° 70, préc. ; – Soc. 12 janv. 2000, n° 97-44.995, NP – Soc. 19 juin 2001, n° 98-44.926, P V, n° 226 ; *RJS* 10/2001, n° 1223. V. aussi Soc. 24 sept. 2014, n° 13-11.782 ; P V, n° 208 ; *D.* 2014. 1944 ; *JCP S* 2014. 1481, note B. Bossu ; *Cah. Soc.* 2014, p. 650, obs. F. Canut ; *RJS* 2014. 741.
6. Soc. 7 déc. 2017, n° 16-15.109, NP ; *D.* 2017. 2541 ; *D.* 2018. 813, obs. P. Lokiec et J. Porta ; *RJS* 2/2018, n° 91 ; *RDC* 2018. 103, note G. Loiseau ; *JCP S* 2018. 1052, note A. Barège ; *JCP E* 2018. 1274, obs. L. Dauxerre ; *JSL* 9 févr. 2018, n° 447, p. 8, obs. J.-Ph. Lhernould.

Que la norme plus favorable soit identifiée parmi les stipulations des contrats de travail ou parmi celles de l'accord collectif[1], la question se pose de savoir si la comparaison doit être opérée au regard de chaque contrat de travail, en tenant compte de la situation particulière de chaque salarié, introduisant ainsi une dose de subjectivité. En l'absence de décision indicative en la matière, il paraît préférable d'objectiver la comparaison à opérer en appréciant la norme plus favorable d'après ce qui peut être considéré comme plus favorable par une personne raisonnable placée dans la même situation ou, mieux encore, de ce qui apparaît communément plus favorable pour les salariés placés dans la même situation contractuelle.

C.
Méthode d'appréciation de la norme la plus favorable

312.70 **Plan – Méthodes de comparaison.** Il y a plusieurs façons d'identifier la norme la plus favorable lorsque deux normes sont en concours. Le choix d'une méthode dépend d'abord du sens à donner au terme de « norme » et, corrélativement, de ce qui constitue l'objet de la comparaison à opérer : dans l'approche la plus fine, c'est chaque clause de l'accord qui doit être comparée à la clause correspondante de l'acte juridique en concours ; dans l'approche la plus large, c'est l'accord dans sa globalité qu'il faut mettre en vis-à-vis avec l'acte qui peut être alternativement appliqué en tant qu'il a le même objet ou la même cause. Dans une approche médiane, enfin, la comparaison doit porter sur les avantages en concurrence pour déterminer celui qui est le plus favorable.

C'est cette dernière méthode qui est privilégiée par la Chambre sociale de la Cour de cassation, qui pose en règle que la détermination du régime le plus favorable doit résulter d'une appréciation globale, avantage par avantage, pour l'ensemble du personnel[2]. C'est la méthode dite analytique[3] qui suppose toutefois, pour son application, que les avantages à comparer soient autonomes au sein de chacun des actes juridiques respectifs qui les prévoient et puissent être dissociés d'autres avantages qui seraient stipulés dans les mêmes actes. S'il existe en revanche, au sein d'un même acte, différents avantages qui présentent un caractère interdépendant en ce qu'ils s'inscrivent dans un rapport de réciprocité et constituent chacun la contrepartie des engagements souscrits ou des concessions consenties par les parties à l'acte, le lien d'interdépendance s'oppose à ce qu'ils puissent faire l'objet d'une comparaison indépendamment les uns des autres. La méthode analytique n'est plus alors opératoire (1°) et c'est une méthode de comparaison globale qui doit être préférée (2°).

1. V. s[s] n° 312.291.
2. Soc. 17 janv. 1996, n° 93-20.066 ; P V, n° 15 ; *D.* 1996. 66 ; *RJS* 3/1996, n° 290 ; *Dr. Soc.* 1996. 643, note J. Barthélémy – Soc. 18 janv. 2000, n° 96-44.578, P ; préc. – Soc. 23 févr. 2005, n° 02-17.433, NP, préc. – Soc. 11 juill. 2007, n° 05-46.048, NP – Soc. 14 nov. 2007, n° 06-42.200, NP – Soc. 19 déc. 2007, n° 06-43.330, NP, préc. – Soc. 28 mars 2012, n° 11-12.043 ; P V, n° 114 ; *D.* 2012. 1013 ; *D.* 2012. 2622, obs. P. Lokiec et J. Porta ; *D.* 2013. 1026, obs. P. Lokiec et J. Porta ; *JA* 2012, n° 459, p. 13, obs. L. T. ; *Dr. soc.* 2012. 746, obs. Ch. Radé ; *RDT* 2012. 500, obs. S. Amalric ; *JCP S* 2012. 1344, note J. Daniel et L. Sébille – Soc. 5 avr. 2018, n° 16-26.740, préc.
3. V. F. Gaudu et R. Vatinet, *Les contrats du travail : Contrats individuels, conventions collectives et actes unilatéraux*, « Traité des contrats », LGDJ, 2001, n° 570, p. 502 – G. Bélier, H.-J. Legrand et A. Cormier Le Goff, *Le nouveau droit de la négociation collective : Acteurs et accords*, 6e éd., « Droit vivant », Liaisons – Wolters Kluwer, 2018, n° 424, p. 522.

1°
Méthode analytique

312.81 **Notion d'avantage.** Le terme d'avantage utilisé par la Cour de cassation comme élément de référence pour apprécier la norme plus favorable présente un caractère déceptif car il laisse entendre qu'il s'agit forcément d'un bénéfice au crédit des salariés. La comparaison consisterait alors à déterminer ce qui profite le plus aux salariés entre deux bénéfices ayant la même nature, le même objet ou la même cause, qui ne se cumulent donc pas. Cette conception de l'avantage correspond, il est vrai, le plus souvent à ses applications pratiques mais elle n'est pas exclusive d'autres emplois qui lui confèrent un sens plus large. L'avantage peut aussi tenir à des obligations – en présence, par exemple, d'une clause de non-concurrence prévue dans deux actes juridiques applicables aux salariés – et plus généralement à toute espèce de mesure ou de disposition qui ne sert pas les intérêts des salariés. La notion d'avantage ne se comprend alors que sous l'angle du principe de faveur comme étant le différentiel le plus favorable, ou le moins défavorable, entre les deux mesures ou dispositions faisant l'objet de la comparaison. De ce point de vue, il a été jugé que le mode de calcul de la retenue de traitement pour absence de service fait par suite de cessation concertée de travail tel que prévu par une note du directeur général de la RATP est plus favorable aux agents que celui résultant de la loi en ce qu'il interdit des retenues excédant la valeur de la cessation réelle de travail[4]. En matière de cotisations de retraite complémentaire, il a été retenu qu'un accord collectif est plus favorable d'un autre lorsqu'il prévoit une répartition du taux de cotisation plus important à la charge de l'employeur qu'à celle du salarié[5].

4. Soc. 19 déc. 2007, n° 06-43.330, NP, préc.
5. Soc. 11 juill. 2007, n° 05-46.048, NP. V. AUSSI, à propos de la répartition de la cotisation de retraite complémentaire et de son taux : Soc. 14 nov. 2007, n° 06-42.200, NP – Soc. 27 juin 2012, n° 11-20.599, NP – Soc. 23 janv. 2013, n° 11-16.172 ; P V, n° 17 ; *JCP S* 2013. 1256, note L. Richard.

Ainsi largement entendue, la notion d'avantage doit par ailleurs être appréhendée au regard de tous les éléments qui constituent, le cas échéant, la matière de la mesure ou de la disposition en cause. Il est parfois indiqué à ce propos que l'avantage correspond à un groupe de clauses[1]. Mais, si ce peut être effectivement le cas en fait, il ne s'agit pas, en droit, d'un critère ou d'un marqueur de l'existence d'un avantage. Une clause peut parfaitement caractériser en soi un avantage ou suffire à l'établir. Ce qui importe est de prendre en considération l'ensemble des éléments composant l'avantage lorsqu'il en comporte plusieurs et, corrélativement, uniquement les éléments qui participent à sa constitution. À cet égard, l'avantage est le tout que l'on identifie par son identité d'objet ou de cause avec un avantage concurrent ayant une autre source. C'est ce qu'exprime le terme « globalement » souvent utilisé dans les arrêts de la Cour de cassation. Ce terme désigne un tout : par exemple, lorsqu'une indemnité de départ à la retraite est prévue par deux accords collectifs de niveaux différents, il faut inclure dans les termes de la comparaison non seulement le montant de l'indemnité mais aussi les conditions d'ouverture du droit à indemnité[2] ; lorsqu'une cotisation à un régime de retraite complémentaire est instaurée par deux accords collectifs de niveaux différents, la comparaison ne doit pas porter que sur le taux de cotisation mais prendre également en compte la clé de répartition entre l'employeur et le salarié[3].

Seuls les éléments qui forment de façon certaine l'avantage sont cependant à intégrer dans la comparaison. Il n'y a pas lieu de prendre en compte des données simplement éventuelles. En ce sens, il a été jugé qu'un nouvel accord instituant un système d'attribution de primes ayant des conséquences financières moins avantageuses pour les salariés que le régime par ailleurs applicable, qui ne prévoyait en contrepartie ni compensation pécuniaire, ni garantie expresse d'emploi, était moins favorable que l'autre régime sans qu'il y ait lieu de prendre en considération les effets indirects du nouvel accord sur l'emploi dans l'entreprise escomptés par l'employeur dès lors que ces effets avaient un caractère purement éventuel[4]. Pour la même raison que l'avantage est un tout refermé sur son objet, il est indifférent à l'appréciation de son caractère plus ou moins favorable que son application ait des effets collatéraux pour les salariés en vertu d'une autre disposition de l'accord collectif rendu applicable. Ainsi, il a pu être jugé que le régime de retrait d'activité instauré par un accord collectif était plus avantageux pour les salariés qu'un régime d'allocation spéciale en cas de licenciement prévu par un arrêté en ce qu'il prévoyait un montant de ressource garantie supérieur au montant de cette allocation peu importe que, en exécution de l'accord devant recevoir application, il était imposé aux salariés adhérant à la convention de retrait d'activité de renoncer à l'indemnité conventionnelle de licenciement pour un montant supérieur au plafond de la participation du salarié au régime d'allocation spéciale-licenciement[5].

312.82 Comparaison avantage par avantage. La comparaison avantage par avantage peut être simple à opérer pour dégager la disposition ou la mesure plus favorable : le régime d'indemnisation du travail posté prévoyant une majoration de 25 % sur le salaire réel de nuit, outre une indemnité de casse-croûte, est plus avantageux que le régime prévoyant pour les semaines de travail de nuit une majoration de 15 % du salaire minimum de l'emploi et pour les semaines de travail de jour une majoration de 10 % sur le même salaire[6] ; les dispositions d'un accord interentreprises prévoyant que les heures supplémentaires comprises entre la 35e et la 38e heure hebdomadaire donnent lieu à une rémunération de base correspondant au salaire mensualisé maintenu ainsi qu'à neuf jours de RTT par an sont plus favorables pour les salariés que les seules dispositions légales sur le paiement des heures supplémentaires[7]. De même, lorsque la gratification annuelle et la prime de treizième mois désignent toutes deux une prime à caractère annuel, la plus élevée des deux est due même si leurs modalités de versement diffèrent[8] ; quand deux accords collectifs de niveaux différents mettent en place deux systèmes de rémunération distincts, celui de la convention nationale est plus favorable que celui de l'accord d'entreprise dès lors que ce dernier ne prévoit aucune détermination ni grille de rémunération en fonction d'un coefficient applicable mais uniquement une valeur du point qui n'avait pas été réévaluée depuis plus de dix ans[9]. Est également plus favorable l'avantage résultant d'un usage d'entreprise en application duquel les salariés travaillant la nuit bénéficient de deux journées de repos, ces temps de repos étant équivalents à 16 % de chacune des heures réalisées entre 21 heures et 6 heures, quand les temps de repos prévus par la convention collective nationale

1. G. Bélier, H.-J. Legrand et A. Cormier Le Goff, *Le nouveau droit de la négociation collective : Acteurs et accords*, préc., n° 424, p. 522.
2. Soc. 5 avr. 2018, n° 16-26.740, préc.
3. Soc. 13 mars 2013, n° 11-24.606, NP ; – AUSSI : Soc. 27 juin 2012, n° 11-20.599, NP.
4. Soc. 29 janv. 2002, n° 99-43.897, NP.
5. Soc. 29 juin 2005, n° 03-48.278, NP – Soc. 29 janv. 2008, n° 06-44.733, NP.
6. Soc. 18 janv. 2000, n° 96-44.578, P V, n° 27, préc.
7. Soc. 27 janv. 2016, n° 14-11.069, NP ; *RJS* 4/2016, n° 251.
8. Soc. 16 oct. 2013, n° 12-12.187, NP.
9. Soc. 9 juin 2015, n° 14-10.220, NP.

de l'hospitalisation privée l'accord d'entreprise en compensation des heures de travail de nuit équivalent à 2,50 % de chacune des heures réalisées entre 21 heures et 6 heures[1].

L'opération de comparaison peut être en revanche complexe lorsqu'il s'agit, par exemple, de déterminer le régime des congés le plus favorable pour des marins alors que le régime résulte de la combinaison de quatre accords successifs qui n'utilisent pas les mêmes modalités de calcul ni le même régime de veille et de conduite du navire. Il a été jugé que, pour y procéder, les juges pouvaient retenir les données annuelles comme base de raisonnement comparatif, ce qui leur a permis de constater que, en application d'un protocole d'accord, les marins avaient un horaire annuel de travail effectif supérieur et un nombre de jours à terre, après cumul des congés et jours de repos, inférieur à ceux résultant d'un protocole d'accord conclu postérieurement et que c'est ce dernier qui était plus favorable et devait recevoir application[2].

2°
Méthode globale

312.91 Interdépendance des dispositions conventionnelles. L'interdépendance des dispositions adoptées dans le cadre d'un accord collectif peut rendre la méthode analytique impropre à déterminer, en cas de concours de normes, celle qui doit être préférée faute de pouvoir l'appliquer, de façon pertinente, à un avantage particulier ayant le même objet dans les deux actes. L'interdépendance « se caractérise », a-t-on écrit, « par une dépendance réciproque appréciée entre le "tout" et chacun de ses éléments constitutifs, exprimant que le "tout" dépend de chacun de ses éléments et que, réciproquement, chaque élément dépend du tout »[3]. Cette notion est généralement utilisée en présence d'ensembles contractuels pour expliquer, en considération du lien spécifique qui existe entre plusieurs contrats, certains effets globaux et en particulier le fait que l'anéantissement de l'un provoque celui de l'autre. Cette notion a également tout son sens à propos d'un accord collectif de travail dont les éléments de contenu se servent mutuellement de cause et ne peuvent être dissociés les uns des autres et chacun de l'ensemble qu'ils constituent sans méconnaître l'économie de l'acte voulue par les parties.

1. Soc. 4 nov. 2015, n° 14-11.172, préc.
2. Soc. 15 oct. 2002, n° 00-17.504, P V, n° 314 ; *Dr. soc.* 2002. 1147, obs. P. Chaumette.
3. S. Pellé, *La notion d'interdépendance contractuelle : Contribution à l'étude des ensembles de contrats*, th. Paris II, « Nouvelle bibliothèque de thèse », vol. 64, Dalloz, 2007, préf. J. Foyer et M.-L. Demeester, n° 202, p. 178.

Ce type d'accord, parfois qualifié d'accord « donnant-donnant », se caractérise par des engagements réciproques ou par des engagements pris par l'employeur en contrepartie de concessions consenties par les salariés. Les engagements de l'employeur, concernant en particulier le maintien de l'emploi ou le volume de l'activité, sont alors dans un rapport de dépendance avec les concessions des salariés, et réciproquement. Chacun trouve sa cause dans l'autre et c'est l'accord lui-même dans son ensemble qui a sa raison d'être dans l'équilibre ainsi trouvé. Extraire un avantage d'un tel accord pour le comparer, de manière autonome, avec un avantage ayant un même objet prévu par une norme en concours sans tenir compte de la contrepartie que l'accord lui assigne aboutirait à une comparaison artificielle, déconnectée de la volonté des parties signataires. Et c'est pourquoi la Cour de cassation admet de ne pas appliquer dans cette situation la méthode analytique, avantage par avantage, et de lui préférer une méthode globale consistant à comparer les actes dans leur globalité. Il s'agit, de ce point de vue, d'apprécier la réalité et le sérieux des engagements respectifs qui font la matière de l'accord, et le cas échéant l'équilibre entre les engagements de l'employeur et les concessions des salariés, afin de déterminer si l'ensemble du dispositif est ou non plus favorable aux salariés que l'avantage prévu par une norme en concours[4].

312.92 Applications. La Chambre sociale de la Cour de cassation a fait application de la méthode globale, pour la première fois, dans un arrêt du 19 février 1997 au sujet d'un accord d'entreprise qui réduisait une prime instaurée au profit des salariés par un précédent accord qui demeurait en vigueur, le second accord n'ayant pas valeur d'accord de révision. Alors que la méthode analytique aurait conduit à centrer la comparaison sur la prime et à privilégier le premier accord, la méthode globale a permis de faire reconnaître le caractère plus favorable du second accord dans la mesure où, tout en réduisant la prime en question, il créait en contrepartie une prime sur les résultats et comportait surtout l'engagement de l'employeur de maintenir les salariés « dans leur emploi menacé, sauf à eux à opter pour un départ volontaire »[5]. En sens inverse, à propos à nouveau d'accords successifs ayant trait à un avantage – une prime – dont le second réduisait le montant, la Cour de cassation a approuvé les juges du fond d'avoir écarté l'application du dernier accord après avoir constaté que la baisse de la prime « n'était pas compensée par un autre avantage

4. G. Bélier, H.-J. Legrand et A. Cormier Le Goff, *Le nouveau droit de la négociation collective*, préc., n° 424, p. 523.
5. Soc. 19 févr. 1997, n° 94-45.286, préc.

consenti par l'employeur qui, notamment, n'avait pris aucun engagement de maintien de l'emploi au sein de l'entreprise »[1].

Et c'est ce raisonnement qui a été repris par un arrêt du 8 janvier 2020 pour déterminer l'accord à appliquer entre un accord de groupe et un accord d'entreprise s'agissant tous deux d'accords de compétitivité, l'un conclu au sein du groupe Renault en 2013, l'autre par sa filiale en 1999. Après avoir relevé que la cour d'appel avait procédé « à une comparaison des dispositions de l'accord de groupe du 13 mars 2013 avec celles des accords d'entreprise de la société MCA par ensemble d'avantages ayant le même objet ou la même cause [et] retenu que la renonciation des salariés à certains avantages, dont le retour à une durée de travail hebdomadaire de 35 heures sans augmentation de salaire, la perte de la possibilité d'utiliser les jours de congé de formation capitalisés pour bénéficier d'un congé de fin de carrière et la perte du choix d'utiliser librement les heures supplémentaires capitalisées au lieu de les faire rémunérer, avait eu une contrepartie réelle et effective de la part [du groupe Renault] par ses engagements en ce qui concerne le niveau d'activité global de production en France et le maintien d'un certain niveau d'emploi, engagements qui avaient été respectés, et ainsi caractérisé que les dispositions de l'accord de groupe étaient globalement plus favorables à l'ensemble des salariés du groupe que celles de l'accord d'entreprise [...], la renonciation à certains avantages étant compensée par les engagements de maintien de l'emploi », la Chambre sociale a approuvé les juges du fond d'en avoir déduit que, « en vertu du principe de faveur il convenait d'appliquer l'accord de groupe du 13 mars 2013 »[2]. Évoquant une comparaison « par ensemble d'avantages ayant le même objet ou la même cause », l'arrêt valide bien une méthode d'appréciation qui n'est pas ciselée, avantage par avantage, mais globale, par ensemble d'avantages interdépendants. L'exigence d'une identité d'objet ou de cause demeure ; mais elle est portée au niveau de l'accord, ou du moins de la partie de l'accord dont les mesures sont interdépendantes.

312.93 **Interdépendance et indivisibilité.** L'interdépendance et l'indivisibilité sont souvent rapprochées et parfois confondues. Sans entrer dans le débat de ce qui les distingue[3], on peut considérer que les dispositions interdépendantes d'un accord collectif ne sont pas objectivement indivisibles. Leur objet est susceptible de division. Les dispositions seraient-elles rendues indivisibles par la stipulation d'une clause d'indivisibilité dans l'accord, elles ne seraient pas pour autant interdépendantes.

Il suit de là que l'application par les juges de la méthode globale doit s'inférer d'une analyse de l'économie de l'accord collectif faisant ressortir une dépendance réciproque entre les différents éléments de l'accord ou de la partie d'entre eux ayant le même objet ou la même cause que les dispositions ou le dispositif d'une autre norme avec laquelle l'accord est en concours. Peu importe que, objectivement, les engagements réciproques ou les engagements et les concessions qui leur correspondent puissent être exécutés divisément : l'interdépendance n'est pas l'indivisibilité. Et il est, à l'inverse, indifférent à la considération d'une interdépendance conventionnelle justifiant le recours à la méthode globale que l'accord comporte expressément une clause d'indivisibilité.

SECTION 2
CADRE D'APPLICATION DES PRINCIPES

312.100 **Plan – Déclinaison des cas de concours de normes impliquant un accord collectif.** Faisant application, explicitement ou implicitement, des principes directeurs présidant à l'articulation des normes en concours, le Code du travail consacre, aux articles L. 2251-1 à L. 2254-2, une série de règles particulières aux différents cas de concours impliquant un accord collectif. Confrontant celui-ci, en amont, avec les lois et règlements (§ 1) et, en aval, avec le contrat individuel de travail (§ 5), les dispositions légales traitent surtout dans le détail des rapports des accords collectifs entre eux en déclinant les différentes situations selon le niveau de conclusion des actes et leur champ territorial ou professionnel d'application (§ 2, 3 et 4). Si la présentation a l'allure d'une pyramide de normes inversée – de la loi au contrat individuel de travail en passant par toutes les strates d'accords collectifs –, elle ne reflète cependant pas un ordre hiérarchique entre elles.

§ 1
Rapports entre conventions ou accords et lois et règlements

312.111 **Rappels.** Dans les rapports avec la loi ou le règlement, la liberté conventionnelle est strictement canalisée puisque les accords collectifs de

1. Soc. 3 nov. 1999, n° 98-44.271, P V, n° 429 ; *D.* 2000. 368, obs. T. Aubert-Monpeyssen ; *Dr. soc.* 1999. 1101, obs. P. Waquet.
2. Soc. 8 janv. 2020, n° 18-17.708, P ; *D.* 2020. 1136, obs. S. Vernac et Y. Ferkane ; *RJS* 3/2020, n° 143 ; *Dr. ouvrier* 2020. 501, obs. Bégué ; *RDT* 2020. 191, note I. Meftah ; *JCP S* 2020. 1073, note J. Daniel ; *BJT* 3/2020, p. 25, note F. Bergeron-Canut.
3. À CE SUJET : S. Bros, *L'interdépendance contractuelle*, th. Paris II, 2001 – S. Pellé, *La notion d'interdépendance contractuelle*, préc.

travail ne peuvent être moins-disant que les normes établies par l'autorité législative ou réglementaire. L'articulation se règle en conséquence en fonction du degré d'impérativité de la norme. Si celle-ci présente un caractère d'ordre public absolu, un accord collectif ne peut y déroger de quelque manière que ce soit. Si elle n'a pas ce caractère, l'accord collectif peut la modifier, la compléter, à condition que ce soit dans un sens plus favorable aux salariés. C'est ce que dispose l'article L. 2251-1 du Code du travail : « Une convention ou un accord peut comporter des stipulations plus favorables aux salariés que les dispositions légales en vigueur. Ils ne peuvent déroger aux dispositions qui revêtent un caractère d'ordre public ». Le législateur ne déterminant pas lui-même, selon la nature de la règle, son degré d'impérativité, c'est au juge qu'il revient d'identifier celles qui relèvent de l'ordre public absolu.

Pour celles-là, qui sont indérogeables, le principe de la primauté directe s'applique, le cas échéant, dans les situations où un texte d'ordre public absolu serait adopté postérieurement à un accord collectif comportant des stipulations qui se révéleraient contraires au texte. L'accord collectif deviendrait en principe illicite, encore qu'une action en nullité ne serait plus recevable pour en poursuivre l'anéantissement. L'exception d'illégalité devrait en revanche pouvoir être invoquée pour s'opposer à l'application des stipulations remises en cause par la règle d'ordre public absolu[1].

Pour les autres, leur articulation avec les stipulations d'un accord collectif ayant le même objet ou la même cause est réglée par l'application du principe de faveur.

312.112 Dispositions particulières. L'article L. 2315-2 du Code du travail dispose, à propos des règles relatives au comité social et économique, que « les dispositions du présent chapitre ne font pas obstacle aux dispositions plus favorables relatives au fonctionnement ou aux pouvoirs du comité social et économique résultant d'accords collectifs de travail ou d'usages ». Pour l'application de ce qui était l'équivalent de ce texte sous l'empire du droit antérieur à l'ordonnance n° 2017-1386 du 22 septembre 2017, la Cour de cassation a précisé que les dispositions d'un accord collectif portant sur les moyens alloués au comité d'entreprise sont opposables à ce dernier, même s'il n'est pas partie à l'accord, dès lors qu'elles sont plus favorables que les dispositions légales. Elle a ajouté que c'est à l'employeur qu'il appartient de démontrer, en tant que de besoin, le caractère plus favorable des stipulations de l'accord[2].

1. Sur l'exception d'illégalité, v. s^s n° 622.11.

Encore faut-il que les stipulations de l'accord soient plus favorables, ce qui se comprend uniquement dans le sens des intérêts des représentants du personnel. Il en résulte qu'un accord d'entreprise qui prévoit des crédits d'heure de délégation variables selon la taille de l'établissement, qui y déroge de manière défavorable, est nul[3].

L'article L. 2315-2 n'autorise par ailleurs des dérogations conventionnelles plus favorables que les dispositions légales qu'en ce qui concerne le fonctionnement et les pouvoirs du CSE. Il a été jugé, à cet égard, sous l'empire du droit antérieur à la réforme de 2017, qu'un accord collectif ne peut prévoir la présence permanente aux réunions d'un membre de la direction en sus du président du comité alors que cette stipulation a trait à « la composition du comité d'entreprise et non à son fonctionnement »[4]. Le texte a changé sur ce point puisqu'il est désormais possible pour le président du CSE d'être assisté par trois collaborateurs qui ont voix consultative[5]. Mais, sous cette réserve, il est probable qu'un accord collectif ne pourrait pas prévoir un nombre plus important de collaborateurs présents en permanence aux réunions, l'article L. 2314-1 n'autorisant à modifier par accord que le nombre de membres de la délégation du personnel.

§ 2
Rapports entre accords de branche ou professionnels et accords couvrant un champ territorial ou professionnel plus large

312.121 Accord de branche et accord professionnel ou interprofessionnel. L'article L. 2252-1 du Code du travail traite, de façon générale, des rapports entre les accords de branche ou professionnels, d'une part, et les accords couvrant un champ territorial ou professionnel plus large, d'autre part. Il pose à ce sujet deux règles selon que les uns sont conclus postérieurement aux autres ou leur sont antérieurs.

S'agissant des conventions de branche ou des accords professionnels qui seraient conclus postérieurement à un accord couvrant un champ territorial ou professionnel plus large, notamment à un accord national interprofessionnel, la règle est qu'ils

2. Soc. 5 févr. 2020, n° 18-23.055, NP ; *JCP S* 2020. 1083, note F. Duquesne.
3. CE 30 déc. 2003, req. n° 252545, *Lebon T ; JCP E* 2004, n° 5, p. 160.
4. Crim. 16 mars 1993, n° 92-81.168 ; P n° 117 ; *Dr. soc.* 1993. 653, note M. Cohen ; *Dr. soc.* 1993. 870, ét. J. Savatier ; *RJS* 1993. 358, n° 623 ; *CSB* 1993. 169, A. 38.
5. C. trav., art. L. 2315-23.

peuvent y déroger, y compris dans un sens moins favorable aux salariés. Un accord interprofessionnel pourrait également comporter des stipulations moins favorables aux salariés que celles d'un accord couvrant un champ territorial plus large. C'est ici le principe de primauté directe dont il est fait application au moyen de la technique de la dérogation. Cette « dérogeabilité » peut toutefois être bloquée par une clause de l'accord couvrant le champ territorial ou professionnel plus large s'il est expressément stipulé qu'on ne peut déroger en tout ou partie à ses stipulations.

Quant aux accords existant avant la conclusion de l'accord de niveau supérieur, par exemple des accords de branche ou des accords professionnels préexistant à un accord national interprofessionnel qui traiterait de questions faisant déjà de stipulations dans ces accords, les parties signataires doivent adapter ces stipulations si elles sont moins favorables aux salariés que celles de l'accord de niveau supérieur. Encore faut-il cependant que ce dernier le prévoit expressément. Dans ce cas, c'est le principe de faveur auquel il est donné effet, mais un effet renforcé puisqu'il ne s'agit pas seulement de faire prévaloir les stipulations plus favorables de l'accord de niveau supérieur. Il est attendu des auteurs des accords antérieurs qu'ils révisent les stipulations moins favorables afin de les aligner sur celles-là.

Dans les deux situations, le concours de normes est réglé par la loi qui laisse aussi aux partenaires sociaux la possibilité d'aménager le mode de règlement. Dans tout autre cas de figure, la détermination de la norme applicable devrait se faire en application du principe de faveur.

§ 3 Rapports entre accords d'entreprise ou d'établissement et accords couvrant un champ territorial ou professionnel plus large

312.130 **Plan – Principes applicables.** Les rapports entre l'accord d'entreprise ou d'établissement et un accord couvrant un champ territorial ou professionnel plus large sont réglés par le principe de primauté dont l'application s'inverse entre la règle et l'exception. La règle, énoncée à l'article L. 2253-3 du Code du travail, est la primauté de l'accord d'entreprise quel que soit le sens de ses stipulations, plus ou moins favorables, sur l'accord de niveau supérieur. L'exception est la primauté de l'accord de niveau supérieur dans les cas où celui-ci porte sur l'un des thèmes déterminés par le législateur. Ces thèmes sont répartis en deux blocs – dits « bloc 1 » et « bloc 2 » – dont le contenu est listé respectivement par les articles L. 2253-1 et L. 2253-2. L'article L. 2253-1 énumère treize thèmes qui sont réservés uniquement à la branche. L'article L. 2253-2 en mentionne quatre qui sont communs à tous les accords couvrant un champ territorial ou professionnel plus large que l'accord d'entreprise, ce qui vise non seulement les accords de branche (B) mais également les accords professionnels ou interprofessionnels (A).

A. Accord d'entreprise ou d'établissement et accord couvrant un champ territorial ou professionnel plus large autre que la branche

312.141 **Primauté de l'accord d'entreprise : principe.** L'ordonnance n° 2017-1385 du 22 septembre 2017 a généralisé le principe de primauté de l'accord d'entreprise sur tout accord couvrant un champ territorial ou professionnel plus large. Si la règle a particulièrement d'importance en présence d'un accord de branche, elle s'applique aussi en cas de concours entre un accord d'entreprise et un accord professionnel ou interprofessionnel.

C'est ce qu'exprime l'article L. 2253-3 du Code du travail en réservant les matières mentionnées à l'article L. 2253-1 aux seuls accords de branche et celles exposées à l'article L. 2253-2 à toute espèce d'accords de plus large périmètre : « Dans les matières autres que » celles-là, « les stipulations de la convention d'entreprise conclue antérieurement ou postérieurement à la date d'entrée en vigueur de la convention de branche ou de l'accord couvrant un champ territorial ou professionnel plus large prévalent sur celles ayant le même objet prévues par la convention de branche ou l'accord couvrant un champ territorial ou professionnel plus large ». Le même texte précise que, « en l'absence d'accord d'entreprise, la convention de branche ou l'accord couvrant un champ territorial ou professionnel plus large s'applique ».

L'article L. 2253-4 ajoute enfin, pour compléter les manifestations de la primauté de l'accord d'entreprise, que les clauses salariales qui seraient adoptées par accord au niveau de l'entreprise ou de l'établissement « peuvent prévoir des modalités particulières d'application des majorations de salaires décidées par les conventions de branche ou les accords professionnels ou interprofessionnels applicables dans l'entreprise »[1].

1. Le texte précise que « l'augmentation de la masse salariale totale doit être au moins égale à l'augmentation qui résulterait de l'application des majorations accordées par les conventions ou accords précités pour les salariés concernés » et que « les salaires minima hiérarchiques doivent être respectés ». Sur ce texte, v. s^s n° 312.173.

312.142 Primauté de l'accord professionnel ou interprofessionnel. Le principe de primauté est inversé au profit de l'accord professionnel ou interprofessionnel dans les quatre matières énumérées à l'article L. 2253-2 : « 1° La prévention des effets de l'exposition aux facteurs de risques professionnels énumérés à l'article L. 4161-1 [1] ; 2° L'insertion professionnelle et le maintien dans l'emploi des travailleurs handicapés ; 3° L'effectif à partir duquel les délégués syndicaux peuvent être désignés, leur nombre et la valorisation de leur parcours syndical ; 4° Les primes pour travaux dangereux ou insalubres [2] ».

Dans ces quatre matières, le principe de primauté est plus exactement à la main des partenaires sociaux et prend la forme d'une clause de verrouillage qu'ils stipuleraient dans l'accord professionnel ou interprofessionnel. Cette clause, à condition d'être stipulée expressément, fait obstacle à ce qu'un accord d'entreprise ou d'établissement conclu postérieurement puisse déroger aux stipulations différentes de l'accord professionnel ou interprofessionnel à moins, prévoit l'article L. 2253-2, que l'accord d'entreprise ou d'établissement assure des garanties au moins équivalentes. Le texte précise, de ce dernier point de vue, que « l'équivalence des garanties [...] s'apprécie par ensemble de garanties se rapportant à la même matière » [3].

Les dispositions transitoires posées à l'article 16 de l'ordonnance n° 2017-1385 du 22 septembre 2017 ont par ailleurs permis que, dans chacune des quatre matières susvisées, les clauses de verrouillage qui figuraient déjà dans des accords professionnels ou interbranches, faisant obstacle à des clauses dérogatoires d'accords d'entreprise ou d'établissement, puissent continuer de produire effet à condition qu'un avenant ait confirmé, avant le 1er janvier 2019, la portée de ces clauses [4]. Le même texte indique que, dans ces mêmes matières, les clauses des accords professionnels ou interbranches mentionnées par l'article 45 de la loi du 4 mai 2004 [5] peuvent continuer, elles aussi, de produire effet lorsqu'un avenant a confirmé, avant le 1er janvier 2019, la portée de ces clauses [6].

1. Ces facteurs sont liés, soit à des contraintes physiques marquées, soit à un environnement physique agressif, soit à certains rythmes de travail.
2. SUR CES MATIÈRES, v. ss n° 312.202.
3. SUR LA NOTION de « garanties au moins équivalentes », v. ss n° 312.211.
4. V. ss n° 312.203.
5. L. n° 2004-391, 4 mai 2004 relative à la formation professionnelle tout au long de la vie et au dialogue social, *JO* 5 mai, p. 7983. Dont l'article 45 dispose que « La valeur hiérarchique accordée par leurs signataires aux conventions et accords conclus avant l'entrée en vigueur de la présente loi demeure opposable aux accords de niveaux inférieurs ».
6. V. ss n° 312.203.

312.143 Équivalence de l'accord d'entreprise ou d'établissement et de l'accord couvrant un champ territorial plus vaste. En matière de travail de nuit, l'article L. 3122-19 du Code du travail permet de prévoir par accord collectif la faculté d'employer des salariés entre 21 heures et minuit dans les zones touristiques internationales. Selon le texte, cet accord peut être, soit un accord d'entreprise ou d'établissement ou, à défaut, un accord de branche, soit un accord conclu à un niveau territorial. L'accord d'entreprise ou d'établissement prime ici sur l'accord de branche mais l'accord conclu à un niveau territorial lui est rendu équivalent.

B.
Accord d'entreprise ou d'établissement et accord de branche

312.150 Plan. Les accords d'entreprise et les accords de branche s'inscrivent dans des rapports complexes (1°) où les premiers priment de manière générale sur les seconds (2°), à l'exception de quelques cas prévus par les textes (3°).

1°
Rapports entre les accords de branche et les accords d'entreprises

312.161 Compartimentation des règles applicables. Les articles L. 2253-1 à L. 2253-3 du Code du travail répartissent les règles organisant les rapports entre les accords de branche et les accords d'entreprise en trois volets que l'on a pris l'habitude de désigner comme le « bloc 1 », le « bloc 2 » et le « bloc 3 » [7]. Le « bloc 1 » comporte une liste de treize matières dans lesquelles les stipulations de l'accord de branche prévalent, en principe, sur l'accord d'entreprise, que celui-ci soit conclu antérieurement ou postérieurement à la date de leur entrée en vigueur. Le « bloc 2 » détermine quatre matières à propos desquelles un accord d'entreprise ne peut non plus, en principe, déroger aux stipulations d'un accord de branche conclu antérieurement mais à la condition que cet accord le stipule expressément. Le « bloc 3 », enfin, n'en est en réalité pas un puisque son contenu est indéterminé et s'ouvre à toutes les autres matières que celles identifiées dans les blocs 1 et 2. Dans ce troisième domaine, le principe s'inverse, la loi faisant prévaloir les stipulations de l'accord d'entreprise sur celles ayant le même objet prévues par un accord de branche, peu importe que l'accord d'entreprise ait été conclu avant ou après la date

7. Ces trois volets sont également qualifiés de domaine privilégié, de domaine de préférence et de domaine libre : A. Bugada, « L'articulation des dispositions de branche et d'entreprise : le rubik's cube conventionnel », *JCP S* 2018. 1056.

d'entrée en vigueur de l'accord de branche. En outre, alors que la primauté de l'accord de branche dans les blocs 1 et 2 est un principe relatif et peut être écartée au profit de l'application de l'accord d'entreprise lorsque celui-ci assure des garanties au moins équivalentes, la primauté de l'accord d'entreprise dans les autres matières est inconditionnelle.

312.162 Substitution du principe de primauté au principe de faveur. Le principe de faveur a longtemps dicté les rapports entre les accords de branche et les accords d'entreprise[1]. Les stipulations des premiers devaient être appliquées dans les entreprises entrant dans leur champ, à moins que les stipulations des seconds ayant le même objet présentent un caractère plus favorable. Réduit progressivement puis démantelé par les réformes de 2016 et de 2017, le principe de faveur a perdu son omnipotence et, s'il demeure opératoire dans certains rapports normatifs[2], il ne l'est plus en cas de concours entre un accord de branche et un accord d'entreprise. C'est le principe de primauté qui, désormais, règle les situations de concours dans tous les cas de figure. D'une part, dans toutes les matières autres que celles énoncées dans les blocs 1 et 2, l'accord d'entreprise prévaut sans qu'il y ait lieu de s'interroger sur le sens plus ou moins favorable de ses stipulations. D'autre part, dans les matières « réservées » à la branche, c'est à l'inverse les stipulations de l'accord de branche qui prévalent en principe, sous réserve que l'accord d'entreprise n'assure pas des garanties au moins équivalentes. Et, dans ce dernier cas, qui ne se confond pas avec l'existence de garanties plus favorables[3], c'est le principe de primauté de l'accord d'entreprise qui reprend le dessus.

La disparition du principe de faveur, définitivement délaissé par l'ordonnance n° 2017-1385 du 22 septembre 2017 dans les rapports entre accords de branche et accords d'entreprise, a été actée par le Conseil d'État devant lequel la CGT a contesté la légalité sur ce point de l'ordonnance. Par une décision du 16 novembre 2017, la juridiction administrative a jugé qu'« il ressort de la jurisprudence du Conseil constitutionnel, en particulier des décisions n° 97-388 DC du 20 mars 1997, n° 2002-485 DC du 13 janvier 2003 et n° 2004-494 DC du 29 avril 2004, que le principe en vertu duquel la loi ne peut permettre aux accords collectifs de travail de déroger aux lois et règlements ou aux conventions de portée plus large que dans un sens plus favorable aux salariés ne résulte d'aucune disposition législative antérieure à la Constitution de 1946 et ne saurait, dès lors, être regardé comme un principe fondamental reconnu par les lois de la République au sens du Préambule de la Constitution de 1946. Ce principe constituant une règle de niveau législatif et non constitutionnel, l'article 1er de l'ordonnance contestée pouvait, sans le méconnaître, l'aménager ou l'écarter. Au demeurant, les dispositions de cet article codifiées aux articles L. 2253-2 et L. 2253-2 du code du travail, qui prévoient que l'accord d'entreprise doit, pour prévaloir sur la convention de branche ou s'en écarter, assurer aux salariés, dans chaque matière concernée, des garanties au moins équivalentes à cette convention visent à assurer que cet accord ne soit pas moins favorable que la convention pour les salariés »[4].

2°

Primauté générale de l'accord d'entreprise

312.171 Inversion de l'ordre hiérarchique. L'article L. 2253-3 du Code du travail dispose que, « dans les matières autres que celles mentionnées aux articles L. 2253-1 et L. 2253-2, les stipulations de la convention d'entreprise conclue antérieurement ou postérieurement à la date d'entrée en vigueur de la convention de branche ou de l'accord couvrant un champ territorial ou professionnel plus large prévalent sur celles ayant le même objet prévues par la convention de branche ou l'accord couvrant un champ territorial ou professionnel plus large. En l'absence d'accord d'entreprise, la convention de branche ou l'accord couvrant un champ territorial ou professionnel plus large s'applique ». La généralité de la règle, encore que son domaine soit amputé des matières visées aux blocs 1 et 2, parachève un processus d'inversion de la hiérarchie entre les accords de branche et les accords d'entreprise. Jusqu'à la loi du 4 mai 2004 relative à la formation professionnelle tout au long de la vie et au dialogue social, les accords de branche primaient dans la limite de stipulations plus favorables des accords d'entreprise[5]. La loi du 4 mai 2004, tout en maintenant le principe de faveur, a sanctuarisé quatre matières dans lesquelles elle a proscrit toute dérogation par accord d'entreprise aux stipulations d'un accord de branche :

1. ENCORE : Soc. 7 sept. 2017, n° 16-14.743, P, préc., qui juge que, en matière de salaires minima et de classification professionnelle, les accords d'entreprise peuvent déroger dans un sens plus favorable aux salariés aux conventions de branche.
2. V. ss n° 312.51.
3. V. ss n° 312.213.
4. CE, réf., 16 nov. 2017, *Confédération générale du travail*, req. n° 415063, NP ; *Dr. soc.* 2017. 993, trib. Ch. Radé.
5. Selon l'ancien article L. 132-23 du Code du travail, « La convention ou les accords d'entreprise ou d'établissements peuvent adapter les dispositions des conventions de branche ou des accords professionnels ou interprofessionnels applicables dans l'entreprise aux conditions particulières de celle-ci ou des établissements considérés. La convention ou les accords peuvent comporter des dispositions nouvelles et des clauses plus favorables aux salariés ».

les salaires minima, les classifications, les garanties collectives mentionnées à l'article L. 912-1 du Code de la sécurité sociale ainsi que la mutualisation des fonds de la formation professionnelle. Pour le reste, elle a permis aux branches de rendre certaines de leurs dispositions insusceptibles de dérogations dans un sens défavorable par accord d'entreprise au moyen de clauses d'impérativité ou clauses de verrouillage. À défaut de telles clauses, la possibilité de déroger à l'accord de branche était en revanche très largement ouverte.

La loi du 20 août 2008 [1] portant rénovation de la démocratie sociale et réforme du temps de travail a poursuivi l'inflexion de la primauté des accords de branche en faisant prévaloir les accords d'entreprise pour certains thèmes en matière de durée du travail : le volume du contingent annuel d'heures supplémentaires, l'aménagement du temps de travail sur une période supérieure à la semaine, la mise en place des forfaits annuels en heures ou en jours.

Mais c'est la loi du 8 août 2016 relative au travail, à la modernisation du dialogue social et à la sécurisation des parcours professionnels qui a réellement ébranlé l'édifice. D'un côté, elle a ajouté aux quatre matières sanctuarisées deux autres thèmes – la prévention de la pénibilité et l'égalité professionnelle entre les femmes et les hommes – et a reconduit les règles organisant l'articulation des accords de branche et des accords d'entreprise – principe de faveur [2] et possibilité de déroger à un accord de branche « sauf si [...] cet accord en dispose autrement » [3]. Mais, de l'autre côté, la loi du 8 août 2016 a consacré la primauté de l'accord d'entreprise et la supplétivité de l'accord de branche dans toutes les matières relatives à la durée du travail et aux congés. La formule « un accord d'entreprise, à défaut de branche » exprime à cet égard le changement d'optique et le passage de la « dérogeabilité » à la supplétivité. Alors que la « dérogeabilité » laisse intacte l'autorité normative de l'accord de branche comme norme de référence, la supplétivité induit l'autonomie de l'accord d'entreprise qui s'émancipe de la branche. La hiérarchie s'inverse au profit de l'accord d'entreprise, l'accord de branche étant relégué au rôle de suppléant.

Cette redistribution des rôles a été voulue comme le *modus operandi* de la préférence donnée à l'accord d'entreprise en tant que norme de proximité. Le rapport *Combrexelle* l'annonçait : il s'agit de « tirer toutes les conséquences des exigences du principe de proximité » en posant « le principe général selon lequel, en dehors du champ de l'ordre public législatif et de l'ordre public conventionnel, l'accord d'entreprise s'applique en priorité » [4]. Ce fut chose faite à l'occasion de l'ordonnance n° 2017-1385 du 22 septembre 2017. Logiquement, ce texte a mis fin aux clauses de verrouillage qui avaient pu être stipulées dans les accords de branche en application de la loi du 4 mai 2004. Hormis celles portant sur des matières relevant du « bloc 2 » [5], ces clauses ont cessé de produire effet à l'égard des accords d'entreprise à compter du 1er janvier 2018 [6].

312.172 Manifestations du principe. La prévalence de l'accord d'entreprise applique le principe de primauté directe en ce sens qu'elle s'impose *de plano*. Aucune comparaison des normes en concours n'a à être opérée. Peu importe également que l'accord de branche préexiste à l'accord d'entreprise ou qu'il lui succède. Il n'est plus en particulier exigé, comme le stipulait l'article L. 2253-2 du Code du travail jusqu'à l'ordonnance n° 2017-1385 du 22 septembre 2017, que, lorsqu'une convention de branche vient à s'appliquer dans l'entreprise postérieurement à la conclusion d'un accord d'entreprise, les stipulations de ce dernier soient adaptées en conséquence.

Primé par l'accord d'entreprise lorsqu'il est en concours avec celui-ci à l'exception des matières limitativement mentionnées dans les blocs 1 et 2, l'accord de branche a, en son absence, la fonction d'une norme supplétive. C'est ce qu'indique, de façon générale, l'article L. 2253-3 en énonçant que, « en l'absence d'accord d'entreprise, la convention de branche ou l'accord couvrant un champ territorial ou professionnel plus large s'applique ». Et c'est ce qui ressort, de façon particulière, des nombreuses dispositions du Code qui, dans le cadre notamment du triptyque, ouvrent le champ de la négociation collective à l'accord d'entreprise et, à défaut seulement, à l'accord de branche.

L'article L. 2222-3-2 fait la synthèse de ces manifestations de la primauté de l'accord d'entreprise à propos de l'accord de méthode susceptible d'être conclu pour organiser les conditions de la négociation. Selon ce texte, « un accord conclu au niveau de la branche définit la méthode applicable à la négociation au niveau de l'entreprise. Cet accord

1. L. n° 2008-789, 20 août 2008, portant rénovation de la démocratie sociale et réforme du temps de travail, *JO* 21 août, p. 13064.
2. C. trav., art. L. 2253-1, disposant qu'un accord d'entreprise « peut adapter les stipulations des conventions de branche » et « peut également comporter des stipulations nouvelles et des stipulations plus favorables aux salariés ».
3. C. trav., art. L. 2253-3.
4. J.-D. Combrexelle, *La négociation collective, le travail et l'emploi,* Rapport au premier Ministre, France stratégie, sept. 2015, p. 92.
5. V. ss n° 312.202.
6. Ord. n° 2017-1385, 22 sept. 2017 relative au renforcement de la négociation collective, *JO* 23 sept., n° 29, art. 16-IV.

s'impose aux entreprises n'ayant pas conclu de convention ou d'accord en application de l'article L. 2222-3-1. Si un accord mentionné au même article L. 2222-3-1 est conclu, ses stipulations se substituent aux stipulations de cet accord de branche ».

312.173 Application particulière. L'article L. 2253-4 du Code du travail dispose que les clauses salariales qui seraient adoptées par accord au niveau de l'entreprise ou de l'établissement « peuvent prévoir des modalités particulières d'application des majorations de salaires décidées par les conventions de branche ou les accords professionnels ou interprofessionnels applicables dans l'entreprise »[1]. C'est une autre application de la primauté de l'accord d'entreprise.

3° Primauté spéciale de l'accord de branche

312.180 Plan – Primauté relative de l'accord de branche. Dans les matières énumérées aux articles L. 2253-1 et L. 2253-2 du Code du travail, l'accord de branche prévaut sur l'accord d'entreprise sans distinguer selon que ce dernier est antérieur ou postérieur à l'entrée en vigueur de l'accord de branche. Toutefois, cette primauté est à la fois spéciale et relative (a). Spéciale dans la mesure où elle n'est effective que dans les matières limitativement énumérées par ces textes. Relative car elle est conditionnelle. S'agissant des matières du « bloc 2 », elle n'opère que si les parties signataires ont expressément stipulé qu'un accord d'entreprise qui serait conclu postérieurement à l'accord de branche ne pourra comporter des stipulations différentes (b). Et, dans toutes les matières des blocs 1 et 2, la primauté est inversée au profit de l'accord d'entreprise lorsque celui-ci assure des garanties au moins équivalentes (c).

a. Primauté dans le « bloc 1 »

312.191 Matières du « bloc 1 » : aperçu général. L'article L. 2253-1 du Code du travail énumère les treize matières à propos desquelles les garanties qui seraient définies par accord de branche prévalent en cas de concours sur les stipulations d'un accord d'entreprise, à moins que ce dernier assure des garanties au moins équivalentes. Ces matières sont :

1° Les salaires minima hiérarchiques ;

2° Les classifications ;

3° La mutualisation des fonds de financement du paritarisme ;

4° La mutualisation des fonds de la formation professionnelle ;

5° Les garanties collectives complémentaires mentionnées à l'article L. 912-1 du Code de la sécurité sociale ;

6° Les mesures relatives à la durée du travail, à la répartition et à l'aménagement des horaires s'agissant de l'instauration d'une durée du travail équivalente à la durée légale, de la détermination de la période de référence en cas de répartition de la durée du travail sur une période supérieure à la semaine, de la fixation du nombre minimal d'heures entraînant la qualification de travailleur de nuit sur une période de référence ainsi que, en cas de travail à temps partiel, de la fixation de la durée minimale de travail hebdomadaire, de la fixation du taux de majoration des heures complémentaires et de la possibilité d'augmenter temporairement, par un avenant au contrat, et de la durée de travail prévue par ce contrat ;

7° Les mesures relatives aux contrats de travail à durée déterminée et aux contrats de travail temporaire en ce qui concerne la fixation de la durée totale du contrat, la fixation du nombre maximal de renouvellements possibles, la détermination des modalités de calcul du délai de carence, la prévision des cas d'inapplication du délai de carence ;

8° Les mesures relatives au contrat à durée indéterminée de chantier ou d'opération s'agissant des conditions dans lesquelles il peut y être recouru, de la taille des entreprises et des activités concernées, des mesures d'information du salarié sur la nature du contrat, des contreparties en termes de rémunération et d'indemnité de licenciement accordées aux salariés, des garanties en termes de formation pour les salariés concernés ainsi que des modalités adaptées de rupture de ce contrat dans l'hypothèse où le chantier ou l'opération pour lequel ce contrat a été conclu ne peut pas se réaliser ou se termine de manière anticipée ;

9° L'égalité professionnelle entre les femmes et les hommes ;

10° Les conditions et les durées de renouvellement de la période d'essai ;

11° Les modalités selon lesquelles la poursuite des contrats de travail est organisée entre deux entreprises lorsque les conditions d'application de l'article L. 1224-1 ne sont pas réunies ;

12° Les cas de mise à disposition d'un salarié temporaire auprès d'une entreprise utilisatrice ;

13° La rémunération minimale du salarié porté ainsi que le montant de l'indemnité d'apport d'affaire.

Sur ces treize matières, six sont la reprise des matières sanctuarisées par les lois du 4 mai 2004 et du 8 août 2016 en ce qu'il ne pouvait être dérogé aux stipulations d'un accord de branche par accord d'entreprise : les salaires minima (1°), les classifica-

1. Le texte précise que « l'augmentation de la masse salariale totale doit être au moins égale à l'augmentation qui résulterait de l'application des majorations accordées par les conventions ou accords précités pour les salariés concernés » et que « les salaires minima hiérarchiques doivent être respectés ».

tions (2°), la mutualisation des fonds de financement du paritarisme (3°), la mutualisation des fonds de la formation professionnelle (4°), les garanties collectives mentionnées à l'article L. 912-1 du Code de la sécurité sociale (5°) [1] et l'égalité professionnelle entre les femmes et les hommes (9°).

Quatre autres matières relevaient auparavant de la compétence exclusive du législateur, ce qui signifie que les dispositions correspondantes, qui étaient jusque-là impératives pour celles qui existaient déjà, sont devenues supplétives : les mesures relatives aux contrats de travail à durée déterminée et aux contrats de travail temporaire (7°), les mesures relatives au contrat à durée indéterminée de chantier ou d'opération (8°), les conditions et les durées de renouvellement de la période d'essai (10°) ainsi que les cas de mise à disposition d'un salarié temporaire auprès d'une entreprise utilisatrice (12°). Dans trois de ces matières, la conventionnalisation est « partielle » dans la mesure où l'accord de branche peut aménager des éléments de contenu d'un dispositif qui demeure légalement institué. S'agissant des contrats de chantier ou d'opération, la conventionnalisation est « globale » puisque seul l'accord collectif permet de recourir à ce type de contrat [2].

312.192 Matières du « bloc 1 » : règles particulières. Non seulement des matières du « bloc 1 » sont en principe réservées à la branche mais, pour la plupart d'entre elles, les règles légales qui en traitent de façon particulière requièrent un accord de branche étendu.

Il en est ainsi des mesures relatives à la durée du travail, à la répartition et à l'aménagement des horaires pour lesquelles les dispositions légales renvoient, pour leur détermination, à un accord de branche étendu : instauration d'une durée du travail équivalente à la durée légale [3], fixation du nombre minimal d'heures entraînant la qualification de travailleur de nuit sur une période de référence [4], fixation de la durée minimale de travail hebdomadaire en cas de travail à temps partiel [5], fixation du taux de majoration des heures complémentaires en cas de travail à temps partiel [6] ou encore la prévision de la possibilité d'augmenter temporairement, par un avenant au contrat, la durée de travail prévue au contrat, toujours en cas de travail à temps partiel [7].

Il en est de même des mesures relatives aux contrats de travail à durée déterminée et aux contrats de travail temporaire dont la détermination est renvoyée à un accord de branche étendu : fixation de la durée totale du contrat [8], fixation du nombre maximal de renouvellements possibles [9], détermination des modalités de calcul du délai de carence [10], prévision des cas d'inapplication du délai de carence [11]. Ou encore des mesures relatives au contrat à durée indéterminée de chantier ou d'opération s'agissant des conditions dans lesquelles il peut y être recouru [12], de la taille des entreprises et des activités concernées, des mesures d'information du salarié sur la nature du contrat, des contreparties en termes de rémunération et d'indemnité de licenciement accordées aux salariés, des garanties en termes de formation pour les salariés concernés ainsi que des modalités adaptées de rupture de ce contrat dans l'hypothèse où le chantier ou l'opération pour lequel ce contrat a été conclu ne peut pas se réaliser ou se termine de manière anticipée [13].

Un accord de branche étendu est également requis pour prévoir que la mise à disposition d'un salarié temporaire auprès d'une entreprise utilisatrice peut intervenir lorsque la mission de travail temporaire vise à favoriser le recrutement de personnes sans emploi rencontrant des difficultés sociales et professionnelles particulières ou lorsque l'entreprise de travail temporaire et l'entreprise utilisatrice s'engagent à assurer un complément de formation professionnelle au salarié [14]. Il l'est encore pour le renouvellement de la période d'essai et fixer les conditions et les durées de ce renouvellement [15]. Il l'est enfin pour définir la rémunération minimale du salarié porté [16] ainsi que le montant de l'indemnité d'apport d'affaire [17].

312.193 Matières du « bloc 1 » : négociation obligatoire. Certaines matières du « bloc 1 » font partie de celles sur lesquelles doit porter la négociation obligatoire de branche, selon une périodicité d'au moins une fois tous les quatre ans : les salaires minima hiérarchiques [18], les classifications [19] ainsi que l'égalité professionnelle entre les femmes et les

1. SUR LES DIFFICULTÉS que suscite ce thème : F. Wismer, « Prévoyance : la comparaison entre normes collectives est-elle possible ? », *JCP S* 2019. 1118.
2. SUR LA DISTINCTION entre conventionnalisation « partielle » et conventionnalisation « globale » : J. Icard, « La conventionnalisation des règles relatives aux contrats précaires », *BJT* 12/2019, p. 55.
3. C. trav., art. L. 2121-14.
4. C. trav., art. L. 3122-16.
5. C. trav., art. L. 3123-19.
6. C. trav., art. L. 3123-21.
7. C. trav., art. L. 3123-22.
8. C. trav., art. L. 1242-8 et L. 1251-12.
9. C. trav., art. L. 1242-13 et L. 1251-35.
10. C. trav., art. L. 1244-3 et L. 1251-36.
11. C. trav., art. L. 1244-84 et L. 1251-37.
12. C. trav., art. L. 2123-8.
13. C. trav., art. L. 2123-9.
14. C. trav., art. L. 1251-7.
15. C. trav., art. L. 1221-21.
16. C. trav., art. L. 1254-2.
17. C. trav., art. L. 1254-9.
18. C. trav., art. L. 2241-1 et L. 2241-8, qui visent les salaires.
19. C. trav., art. L. 2241-1 et L. 2241-15, qui font état de l'examen de la nécessité de réviser les classifications, en prenant en compte l'objectif d'égalité professionnelle entre les femmes et les hommes et de mixité des emplois.

hommes[1]. Ce dernier thème faisant également l'objet de la négociation obligatoire d'entreprise[2], celle-ci n'a qu'une liberté limitée en cas de conclusion d'un accord de branche puisqu'elle ne peut déboucher sur un accord que si celui-ci comporte des stipulations au moins équivalentes.

312.194 Matières du « bloc 1 » : omissions. Dans un *Questions-Réponses* publié le 15 juillet 2020 consacré à la négociation collective, le ministère du Travail a identifié plusieurs matières qui ne sont pas recensées dans le « bloc 1 » et qui relèvent pourtant de la compétence de la branche[3]. Distinguant l'exclusivité et la primauté des accords de branche selon les matières, le document compte cinq matières dans lesquelles la branche dispose d'une compétence exclusive :

1° Les cas de recours aux emplois à caractère saisonnier dans certains secteurs d'activité[4] ;

2° Les dérogations aux règles relatives à l'organisation et aux choix du service de santé au travail ainsi qu'aux modalités de surveillance de l'état de santé des travailleurs mentionnées à l'article L. 4625-1 du Code du travail[5] ;

3° Le cadre de réalisation d'actions de formation de longue durée[6] ;

4° Les conditions dans lesquelles l'employeur propose aux salariés occupant un emploi saisonnier des actions de formation[7] ;

5° Les modalités d'adaptation des congés d'enseignement ou de recherche[8].

Une sixième matière, d'après le document de l'administration, donne lieu à la primauté de l'accord de branche, ce qui induit qu'un accord d'entreprise peut être conclu s'il assure des garanties au moins équivalentes. Il s'agit du cas particulier de conclusion d'un contrat à durée déterminée pour le recrutement d'ingénieurs et de cadres en vue de la réalisation d'un objet défini[9].

1. C. trav., art. L. 2241-1 et L. 2241-11.
2. C. trav., art. L. 2242-1. V. s[s] n° 322.181.
3. Question-Réponse n° 2.
4. L'article L. 1242-2 du Code du travail prévoit que les secteurs d'activité sont définis par décret ou par accord de branche étendu.
5. L'article L. 4625-2 du Code du travail renvoie à un accord de branche étendu.
6. L'article L. 5121-4 du Code du travail renvoie à des accords d'entreprise conclus dans le cadre d'une convention de branche ou d'un accord professionnel sur l'emploi national, régional ou local.
7. L'article L. 6321-10 du Code du travail renvoie à un accord de branche étendu.
8. L'article L. 6322-57 du Code du travail renvoyait à un accord national interprofessionnel, une convention de branche, ou un accord professionnel ; mais ce texte a été abrogé par la loi du 5 septembre 2018.

b. Primauté dans le « bloc 2 »

312.201 Une primauté à déclarer. La primauté de l'accord de branche dans les matières recensées dans le « bloc 2 » n'est pas de plein droit et doit être conventionnellement stipulée. C'est ce qu'indique l'article L. 2253-2 du Code du travail lorsqu'il énonce qu'un accord d'entreprise conclu postérieurement à un accord de branche ne peut comporter des stipulations différentes de celles applicables en vertu de cet accord lorsque celui-ci le stipule expressément, à moins que l'accord d'entreprise assure des garanties au moins équivalentes.

Ce texte doit se lire avec, dans le rétroviseur, le droit antérieur qui remonte sur le sujet à la loi du 4 mai 2004. Tout en amorçant l'émancipation des accords d'entreprise par rapport aux accords de branche, ce texte avait donné un droit de regard aux partenaires sociaux au niveau de la branche en leur reconnaissant la possibilité de stipuler dans leurs accords des clauses de verrouillage. L'effet de ces clauses était d'interdire de déroger, dans un sens défavorable, aux dispositions de l'accord de branche qui étaient ainsi préservées en tant que minimum conventionnel. En présence de telles clauses, les stipulations d'un accord d'entreprise ayant le même objet ne pouvaient être rendues applicables que si elles présentaient un caractère plus favorable. La possibilité de stipuler des clauses de verrouillage avait été conservée par la loi du 8 août 2016 mais celle-ci a commencé à en réduire le domaine en les excluant au profit du principe de la primauté directe de l'accord d'entreprise en matière de temps de travail et de congés.

C'est une possibilité équivalente qui est donnée par l'article L. 2253-2 mais désormais bornée aux seules matières prévues par cette disposition.

312.202 Matières du « bloc 2 ». L'article L. 2253-2 du Code du travail liste quatre matières susceptibles de fait l'objet d'une clause d'indérogeabilité : la prévention des effets de l'exposition aux facteurs de risques professionnels énumérés à l'article L. 4161-1 ; l'insertion professionnelle et le maintien dans l'emploi des travailleurs handicapés ; l'effectif à partir duquel les délégués syndicaux peuvent être désignés, leur nombre et la valorisation de leurs parcours syndical ; ainsi que les primes pour travaux dangereux ou insalubres.

Les deux premiers de ces thèmes font partie de ceux sur lesquels doit porter la négociation obligatoire de branche, selon une périodicité d'au moins une fois

9. L'article L. 1242-2, 6°, du Code du travail renvoie à un accord de branche étendu ou, à défaut, à un accord d'entreprise.

tous les quatre ans[1]. Ils relèvent également du domaine de la négociation obligatoire d'entreprise[2], ainsi que le troisième thème sous l'angle de la question du déroulement de carrière des salariés exerçant des responsabilités syndicales et de l'exercice de leurs fonctions[3]. Du coup, en cas d'accord de branche sur l'un ou l'autre de ces thèmes et si l'accord comporte une clause d'indérogeabilité, la négociation d'entreprise a une liberté limitée puisqu'elle ne peut déboucher sur un accord que si celui-ci comporte des stipulations au moins équivalentes.

312.203 **Dispositions transitoires.** Les dispositions transitoires de l'article 16 de l'ordonnance n° 2017-1385 du 22 septembre 2017 ont permis aux partenaires sociaux de confirmer par avenant, avant le 1er janvier 2019, la portée des clauses de verrouillage stipulées dans les accords de branche préexistant, cette confirmation s'appliquant aux accords étendus[4]. Le maintien de ces clauses ne concerne cependant que les matières du « bloc 2 ».

C.
Existence de garanties au moins équivalentes

312.211 **Notion de garanties au moins équivalentes : généralités.** Introduite par l'ordonnance n° 2017-1385 du 22 septembre 2017 pour permettre de donner effet à un accord d'entreprise dans les matières en principe réservées à la branche, la notion de garanties au moins équivalentes n'est pas la reprise, autrement formulée, du principe de faveur[5]. Elle n'obéit d'ailleurs pas à la même logique. Le principe de faveur repose sur la prise en considération des intérêts des salariés qui doivent pouvoir bénéficier de la norme la plus favorable alors même que, dans les rapports entre les normes en concours, l'une – l'accord de branche – prime en principe sur l'autre – l'accord d'entreprise. La notion de garanties au moins équivalentes est le moyen de rétablir, dans l'intérêt de l'entreprise et pas forcément des salariés, la primauté de la norme de proximité – l'accord d'entreprise – dans des matières qui sont pourtant réservées à la branche. Pour le dire autrement, l'idée présente dans le principe de faveur est de valoriser la norme dès lors qu'elle contribue à l'amélioration de la condition des salariés. Elle est, dans la formule des garanties au moins équivalentes, de privilégier l'accord d'entreprise en lui permettant de traiter de matières en principe réservées à la branche à partir du moment où l'accord d'entreprise n'est pas moins favorable et permet d'atteindre au moins le même résultat que l'accord de branche.

Ce changement de logique explique que la formulation de la nouvelle notion n'est pas que terminologique et exprime un changement substantiel de la règle applicable. Pour en rendre compte, le législateur a volontairement adopté d'autres termes que ceux employés pour l'application du principe de faveur. Il n'est plus question d'avantages ayant le même objet ou la même cause mais de garanties se rapportant à la même matière. La comparaison n'est pas opérée avantage par avantage mais par ensemble de garanties se rapportant à la même matière, ce qui suggère que la méthode applicable ne soit pas la méthode analytique mais la méthode globale.

Nouvelle en droit du travail, la notion de garanties au moins équivalentes n'est pas pour autant inédite. Le Conseil constitutionnel, en particulier, l'emploie lorsqu'il vérifie que les dispositions d'une loi nouvelle n'abaissent pas le degré de protection d'un droit à valeur constitutionnelle en s'assurant qu'elles apportent à son sujet des garanties au moins équivalentes[6]. Même si le sens à donner à la formule en droit du travail pourra être propre à cet environnement juridique et sera précisé, en tant que

1. C. trav., art. L. 2241-1.
2. La prévention des effets de l'exposition aux facteurs de risques professionnels est, plus exactement, un thème facultatif qui peut être abordé à l'occasion de la négociation annuelle sur l'égalité professionnelle entre les femmes et les hommes et la qualité de vie au travail (C. trav., art. L. 2242-19. V. ss n° 322.214). La négociation sur les mesures relatives à l'insertion professionnelle et au maintien dans l'emploi des travailleurs handicapés relève également de la négociation annuelle sur l'égalité professionnelle entre les femmes et les hommes et la qualité de vie au travail (C. trav., art. L. 2242-17. V. ss n° 322.211).
3. C. trav., art. L. 2242-20. V. ss n° 322.344.
4. Cette possibilité a occupé une grande partie des négociations de branche au cours de l'année 2018 : Direction générale du Travail, *La négociation collective en 2018*, « Bilans & Rapports », Ministère du Travail, 2019, p. 231.
5. NOT. : G. Auzero, « Conventions d'entreprise et conventions de branche », *Dr. soc.* 2017. 1018 – J.-F. Cesaro, « L'automne dans les branches professionnelles et quelques mesures portant sur la négociation collective », *JCP S* 2017. 1306 – A. Bugada, « L'articulation des dispositions de branche et d'entreprise : le rubik's cube conventionnel », *JCP S* 2018. 1056 – F. Millot, « En questions : le principe d'équivalence en cas de concurrence entre accord d'entreprise et de branche », *JCP S* 2019. Actu. 47 – G. Auzero, D. Baugard et E. Dockès, *Droit du travail*, 34e éd., « Précis », Dalloz, 2020, n° 1440, p. 1758.
6. NOT. : Cons. const. 6 nov. 1996, n° 96-383 DC, *Loi relative à l'information et à la consultation des salariés dans les entreprises et les groupes d'entreprises de dimension communautaire, ainsi qu'au développement de la négociation collective*, CONFORMITÉ, *JO* 16 nov., p. 16531 ; *Rec.* 128 ; *D.* 1998. 152, chron. B. Mathieu, obs. J. Trémeau ; *Dr. soc.* 1997. 25, note M.-L. Morin ; *RTD civ.* 1997. 785, obs. R. Libchaber ; *RJS* 1996. 833, n° 1296 ; *Dr. Ouvrier* 1996. 479, note G. Lyon-Caen ; *GADT*, 4e éd., Dalloz, 2008, n° 157 – Cons. Const. 7 avr. 2017, n° 2017-623 QPC, *Conseil national des barreaux* [Secret professionnel et obligation de discrétion du défenseur syndical], CONFORMITÉ ; *D.* 2017. 824 ; *D.* 2018. 1344, obs. E. Debaets et N. Jacquinot. *RJS* 6/2017, n° 424 ; *SSL* 2017, n° 1766, p. 14.

de besoin, par la Cour de cassation, sa nouveauté dans ce domaine ne la rend pas inaccessible à la compréhension. C'est en tout cas l'avis du Conseil d'État : « en faisant référence aux garanties "au moins équivalentes", [...] les articles L. 2253-1 et L. 2253-2 du Code du travail [...] n'ont pas méconnu le principe d'intelligibilité et de clarté de la norme »[1]. Le Conseil constitutionnel a partagé, peu après, ce point de vue : « la notion de "garanties équivalentes", dont le législateur a d'ailleurs précisé qu'elle s'apprécie "par ensemble de garanties se rapportant à la même matière", n'est pas inintelligible »[2].

312.212 **Notion de garanties.** Dans la nouvelle formule de « garanties au moins équivalentes », le choix du terme de garantie se justifie probablement moins par un sens précis de la notion que par le souci de ne pas utiliser le terme d'avantage. Celui-ci est en effet connoté et renvoie au principe de faveur dont la mise en œuvre commande de procéder à une comparaison avantage par avantage[3]. Le terme d'avantage est associé, à cet égard, à l'idée de profit, dans l'esprit donc du principe de faveur, alors que celui de garantie paraît plus neutre, évoquant une finalité de protection ou de sauvegarde des droits qui se prête davantage à une recherche d'équivalence. De fait, la comparaison de deux avantages, dès lors qu'ils ne sont pas identiques, fait en général ressortir que l'un est préférable à l'autre. La démarche est en cela conforme à l'application du principe de faveur. La comparaison entre deux garanties, lorsqu'elles ne sont pas non plus identiques et diffèrent quant aux moyens pour se rejoindre sur le résultat, s'accorde en revanche plus volontiers avec la considération de leur équivalence.

La différence entre les notions d'avantage et de garantie n'est pas toutefois parfaitement nette. On a relevé, en particulier, que la notion d'avantage utilisée pour l'application du principe de faveur ne correspond pas toujours à un bénéfice au profit des salariés. L'avantage peut aussi tenir à des obligations – en présence, par exemple, d'une clause de non-concurrence prévue dans deux actes juridiques applicables aux salariés – et plus généralement à toute espèce de mesure ou de disposition qui ne sert pas les intérêts des salariés. La notion d'avantage ne se comprend alors que sous l'angle du principe de faveur comme étant le différentiel le plus favorable, ou le moins défavorable, entre les deux mesures ou dispositions faisant l'objet de la comparaison[4]. Reste que l'on pourrait avoir ici une approche également en termes d'équivalence.

312.213 **Notion d'équivalence.** Plus que la notion de garantie, c'est celle de l'équivalence qui démarque les garanties au moins équivalentes du principe de faveur. L'équivalence induit une égalité de valeur alors que la faveur postule une différence en termes d'avantage ou sous l'angle d'une préférence. Est équivalent ce qui, sans être identique, est comparable. En particulier, les moyens peuvent différer mais le résultat être semblable. De ce point de vue, l'équivalence peut se comprendre comme une interchangeabilité des normes dont l'application de l'une plutôt que celle de l'autre n'affecte pas la situation des intéressés. Au contraire, la faveur ou le favorable implique, dans une comparaison, un ordre de préférence. Dans ce dernier cas, la préférence suffit à désigner la norme à appliquer alors que, dans le premier cas, les normes étant comparables, c'est un choix législatif de privilégier la norme de proximité. Ce choix permet du coup de faire autrement au niveau de l'entreprise pour s'adapter à la situation de celle-ci ou à ses besoins dès lors que le résultat, pour les salariés, est semblable et n'est pas en tout cas moins favorable que ce qui a été convenu au niveau de la branche.

L'emploi de la locution adverbiale « au moins » assure à cet égard que la garantie ne puisse pas cependant être moins favorable[5]. De ce point de vue, si l'équivalence n'est pas assimilable à ce qui est plus favorable, l'exigence que la garantie soit au moins équivalente n'exclut pas qu'elle le soit. Il en résulte que le principe de garanties au moins équivalentes peut se traduire, en fait, par des avantages plus favorables mais qu'il suffit, en droit, qu'ils ne soient pas moins favorables.

312.214 **Notion de matière.** La notion de « matière » est couplée à celle de « garanties au

1. CE, réf., 16 nov. 2017, *Confédération générale du travail*, req. n° 415063, NP ; *Dr. soc.* 2017. 993, trib. Ch. Radé.
2. Cons. const. 21 mars 2018, n° 2018-761 DC, *Loi ratifiant diverses ordonnances prises sur le fondement de la loi n° 2017-1340 du 15 septembre 2017 d'habilitation à prendre par ordonnances les mesures pour le renforcement du dialogue social*, NON-CONFORMITÉ PARTIELLE – RÉSERVE, *JO* 31 mars, n° 2 ; *D.* 2018. 2203, obs. P. Lokiec et J. Porta ; *D.* 2019. 1248, obs. E. Debaets et N. Jacquinot ; *Dr. soc.* 2018. 677, trib. Ch. Radé ; *Dr. soc.* 2018. 682, ét. B. Bauduin ; *Dr. soc.* 2018. 688, ét. A. Fabre ; *Dr. soc.* 2018. 694, ét. Y. Pagnerre ; *Dr. soc.* 2018. 702, ét. J. Mouly ; *Dr. soc.* 2018. 708, ét. P.-Y. Verkindt ; *Dr. soc.* 2018. 713, ét. G. Loiseau ; *Dr. soc.* 2018. 718, ét. D. Baugard et J. Morin ; *Dr. soc.* 2018. 726, ét. Ch. Radé ; *Dr. soc.* 2018. 732, ét. P.-Y. Gahdoun ; *Dr. soc.* 2018. 739, ét. L. He ; *RDT* 2018. 666, ét. V. Champeil-Desplats. – A. Fabre, « L'articulation des niveaux de négociation devant le Conseil constitutionnel », *Dr. soc.* 2018. 688.
3. V. s[s] n° 312.70.
4. V. s[s] n° 312.81.
5. CE, réf., 16 nov. 2017, *Confédération générale du travail*, req. n° 415063, NP ; *Dr. soc.* 2017. 993, trib. Ch. Radé, qui juge que la disposition vise « à assurer que l'accord d'entreprise ne soit pas moins favorable que la convention de branche pour les salariés ».

moins équivalentes » dans le processus de comparaison puisque les articles L. 2253-1 et L. 2253-2 du Code du travail indiquent que l'équivalence des garanties s'apprécie par ensemble de garanties se rapportant à la même matière. Le terme de matière étant par ailleurs employé par ces dispositions lorsqu'elles déclinent les thèmes composant les blocs 1 et 2, il se comprend comme renvoyant à chacun de ces thèmes. Le rapport du Ministère du travail sur la négociation collective de 2017 le confirme au besoin en signalant que, « par matière, on entend chacun des alinéas numérotés de l'article L. 2253-1 et chacun des alinéas de l'article L. 2253-2 apprécié dans sa globalité. L'équivalence s'apprécie pour chaque alinéa et par rapport à la collectivité des salariés »[1].

312.215 Appréciation des garanties au moins équivalentes. Toute règle appelée à arbitrer un concours de normes exige de lui adjoindre une méthode de comparaison. Il en est ici de l'appréciation de l'existence de garanties au moins équivalentes comme il en était auparavant de l'application du principe de faveur : le choix de la méthode de comparaison a une incidence sur la détermination de la norme à appliquer. S'agissant du principe de faveur, la méthode analytique – conduisant à comparer avantage par avantage ayant le même objet ou la même cause – n'aboutit pas à tout coup au même résultat que la méthode globale. Le choix de la méthode a aussi des conséquences en termes de prévisibilité : il est plus facile d'identifier la norme la plus favorable pour l'ensemble des salariés que si l'appréciation devait varier en fonction des intérêts individuels de chacun.

À ce sujet, les articles L. 2253-1 et L. 2253-2 donnent une indication en disposant que l'équivalence des garanties s'apprécie par « ensemble » de garanties se rapportant à la même matière. Cette précision, qui a été ajoutée à l'occasion de la loi de ratification, induit une comparaison sur d'autres bases et d'une autre manière que celles à l'œuvre pour procéder à l'application du principe de faveur. Déjà, il fait sens que le législateur a préféré le terme de garantie à celui d'avantage[2]. Mais c'est surtout l'agglomération des garanties, appréhendées par ensemble, qui suggère fortement un mode de comparaison global[3]. Cette méthode devrait en outre favoriser l'application de l'accord d'entreprise et correspond donc, de ce point de vue aussi, à la philosophie de la réforme sensible aux qualités prêtées à la norme de proximité.

Si la méthode de comparaison devrait être ainsi adaptée au nouveau standard des garanties au moins équivalentes, le référentiel d'appréciation de ce standard devrait en revanche demeurer la collectivité des salariés ou, plus précisément, l'ensemble des salariés dont la situation est concernée par les normes en concours.

312.216 Effets de l'existence de garanties au moins équivalentes. La caractérisation de garanties au moins équivalentes rend l'accord d'entreprise applicable. L'emploi de la préposition « sauf » – les stipulations de la convention de branche prévalent « sauf lorsque la convention d'entreprise assure des garanties au moins équivalentes » – induit qu'il s'agit d'une exception à la règle si bien que, lorsque les conditions de celle-ci sont satisfaites, l'application de la norme d'entreprise n'est pas une faculté mais l'effet mécanique de l'existence de garanties au moins équivalentes. Cette primauté qui opère de plein droit soulève deux questions.

La première tient à la considération que l'application d'un accord d'entreprise assurant des garanties au moins équivalentes présuppose l'existence d'un accord de branche avec lequel il se compare. Est-ce à dire alors que, en l'absence d'accord de branche dans l'une des matières énumérées dans les blocs 1 et 2, un accord d'entreprise ne pourrait être conclu ? C'est probablement l'analyse qu'imposent les termes de l'article L. 2253-1 à propos des matières du « bloc 1 », s'agissant d'un domaine réservé dans lequel « la convention de branche définit les conditions d'emploi et de travail des salariés ». L'indication que les stipulations de l'accord de branche prévalent sur l'accord d'entreprise conclu « antérieurement ou postérieurement à la date de leur entrée en vigueur » pourrait, il est vrai, être interprétée comme reconnaissant l'éventualité d'un accord d'entreprise préexistant à l'accord de branche et pouvant en conséquence être conclu en son absence. Mais cette interprétation est contrariée dans la plupart des matières visées à l'article L. 2253-1 lorsque les textes qui traitent spécifiquement de ces matières se réfèrent uniquement à un accord de branche[4]. Il y a tout de même au moins une exception en ce qui concerne l'égalité professionnelle entre les femmes et les hommes qui constitue un thème obligatoire de la négociation de branche et de la négociation d'entreprise[5] et qui doit

1. Direction générale du Travail, *La négociation collective en 2018,* « Bilans & Rapports », Ministère du Travail, 2019, p. 205.
2. V. s[s] n° 312.212.
3. EN CE SENS : G. Auzero, « Conventions d'entreprise et conventions de branche », préc. – A. Bugada, « L'articulation des dispositions de branche et d'entreprise : le rubik's cube conventionnel », préc. ; – AUSSI : Direction générale du Travail, *La négociation collective en 2018,* « Bilans & Rapports », Ministère du Travail, 2019, p. 205.
4. V. s[s] n° 312.192.
5. V. s[s] n° 312.215.

dès lors pouvoir faire l'objet d'un accord d'entreprise même si aucun accord de branche n'a pu être conclu.

L'analyse pourrait être différente s'agissant des matières du « bloc 2 » dans lesquelles la primauté de l'accord de branche est conditionnée à la stipulation d'une clause par les partenaires sociaux au niveau de la branche s'opposant à ce qu'un accord d'entreprise conclu postérieurement puisse comporter des stipulations différentes. À envisager qu'un accord d'entreprise puisse être conclu en l'absence d'accord de branche, il ne serait pas alors affecté par la conclusion ultérieure d'un tel accord qui ne peut verrouiller la matière que s'agissant des accords d'entreprise conclus postérieurement. La question, cela étant, est plus complexe encore lorsque l'objet de l'accord est l'insertion professionnelle et le maintien dans l'emploi des travailleurs handicapés dans la mesure où il s'agit d'un thème obligatoire de la négociation d'entreprise[1]. C'est également le cas, à un moindre degré, de la prévention des effets de l'exposition aux facteurs de risques professionnels énumérés à l'article L. 4161-1 qui constitue un thème facultatif de la négociation obligatoire d'entreprise[2].

La seconde question que soulève la primauté de plein droit de l'accord d'entreprise comportant des garanties au moins équivalentes tient à l'incertitude qui entoure cette notion et qui affecte subséquemment la détermination de l'accord à appliquer. En cas de doute sur la réalité de garanties au moins équivalentes, ce qui alimente un risque de contestation, l'employeur doit-il appliquer par prudence l'accord de branche en raison de sa primauté de principe ou l'accord d'entreprise qui doit pouvoir être préféré en tant que norme de proximité ? Le recours à une présomption d'équivalence a été évoqué, envisagé par certains[3] et écarté par d'autres[4]. Si l'esprit des ordonnances favorisant l'application de la norme de proximité est à mettre au crédit de la présomption d'équivalence, la lettre des textes – les articles L. 2253-1 et L. 2253-2 – en employant la préposition « sauf » pour énoncer que les stipulations de la convention de branche prévalent « sauf lorsque la convention d'entreprise assure des garanties au moins équivalentes », induit un rapport de principe à exception qui serait inversé par une présomption d'équivalence.

En l'état actuel des choses, il peut tout au plus être conseillé aux partenaires sociaux de préciser spécifiquement dans l'accord d'entreprise que celui-ci comporte des garanties au moins équivalentes aux stipulations d'un accord de branche avec lequel il est en concours lorsque les matières dont il traite relèvent du « bloc 1 » et, le cas échéant, du bloc 2[5]. C'est la préconisation formulée dans le rapport du Ministère du travail sur la négociation collective de 2017 qui énonce que, « lorsqu'un accord d'entreprise entend mettre en œuvre ce principe d'équivalence des garanties, et ainsi prévoir des stipulations différentes de l'accord de branche dans une matière relevant de sa primauté, il est nécessaire que l'accord d'entreprise le prévoie expressément »[6]. Cette indication a l'intérêt, dans un esprit de transparence, de faire connaître aux salariés la norme qui leur est applicable malgré l'existence d'un accord de branche portant sur la même matière. Elle peut également être utile, dans la perspective d'une interprétation de l'accord d'entreprise pour déterminer la norme applicable, de faire ressortir la commune intention des partenaires sociaux. En revanche, elle ne devrait pas avoir d'impact sur la charge de la preuve de la réalité de garanties au moins équivalentes. Cette preuve devrait normalement incomber à l'employeur qui fait application de l'accord d'entreprise plutôt que de l'accord de branche, à moins que la jurisprudence consacre une présomption d'équivalence.

312.217 **La portée de l'existence de garanties au moins équivalentes : le débat.** Aux termes des articles L. 2253-1 et L. 2253-2, à partir du moment où l'accord d'entreprise assure des garanties au moins équivalentes, il doit – et non seulement peut – être appliqué au lieu de l'accord de branche comportant des stipulations dans la même matière. Seulement, s'agissant des matières du « bloc 1 » qui sont en principe réservées à la branche, la plupart d'entre elles font l'objet de règles légales spécifiques qui ne prévoient, pour en traiter, qu'un accord de branche étendu.

Il en est ainsi des mesures relatives à la durée du travail, à la répartition et à l'aménagement des horaires, des mesures relatives aux contrats de travail à durée déterminée et aux contrats de travail temporaire, des mesures relatives au contrat à durée indéterminée de chantier ou d'opération, des règles relatives aux conditions et aux durées de renouvellement de la période d'essai, de la détermination des

1. V. s[s] n° 322.211.
2. V. s[s] n° 322.214.
3. C. Nicod, « Conventions de branche et d'entreprise : une nouvelle partition », *RDT* 2017. 657 – F. Millot, « En questions : le principe d'équivalence en cas de concurrence entre accord d'entreprise et de branche », *JCP S* 2019. Actu. 47.
4. A. Bugada, « L'articulation des dispositions de branche et d'entreprise : le rubik's cube conventionnel », *JCP S* 2018. 1056.
5. NOT. : G. Auzero, « Conventions d'entreprise et conventions de branche », préc. – J.-F. Cesaro, « L'automne dans les branches professionnelles et quelques mesures portant sur la négociation collective », préc. – A. Martinon, « Brèves observations sur la nouvelle articulation des conventions et accords collectifs », *JCP S* 2018. 1047 – F. Millot, « En questions : le principe d'équivalence en cas de concurrence entre accord d'entreprise et de branche », préc.
6. Direction générale du Travail, *La négociation collective en 2018*, « Bilans & Rapports », Ministère du Travail, 2019, p. 205.

cas de mise à disposition d'un salarié temporaire auprès d'une entreprise utilisatrice ou encore de la fixation de la rémunération minimale du salarié porté et du montant de l'indemnité d'apport d'affaire[1].

Faut-il considérer dès lors que, dans ces matières, seul un accord de branche étendu peut en traiter à l'exclusion d'un accord d'entreprise même assurant des garanties au moins équivalentes[2] ? Ou faut-il croiser, à ce sujet, les dispositions générales de l'article L. 2253-1 et les dispositions particulières se rapportant aux matières mentionnées par ce texte et retenir que, lorsque les dispositions particulières font état d'un accord de branche étendu, il est possible de conclure un accord d'entreprise assurant des garanties au moins équivalentes par renvoi aux dispositions générales de l'article L. 2253-1[3] ? Ne pas l'admettre conduirait à réduire à peu de chose l'exception prévue par l'article L. 2253-1 dans la mesure où près de la moitié des matières que ce texte énumère font l'objet de dispositions particulières n'envisageant que la conclusion d'un accord de branche étendu.

312.218 Portée de l'existence de garanties au moins équivalentes : position du ministère du Travail. Dans un *Questions-Réponses* publié le 15 juillet 2020 consacré à la négociation collective, le ministère du Travail a livré son interprétation des dispositions légales, prenant parti dans le débat[4]. Il distingue à ce sujet les matières qui relèvent de la compétence exclusive de la branche et celles dans lesquelles il y a primauté de l'accord de branche. Seules ces dernières peuvent faire l'objet d'un accord d'entreprise au titre de l'équivalence des garanties. La répartition ne se fait pas uniquement par « matière », au sens de l'article L. 2253-1, mais par sous-thèmes au sein d'une même matière. Sont ainsi considérés comme étant du domaine de compétence exclusive de la branche, au motif – d'après le document du ministère – que « les dispositions de l'article L. 2253-1 ne sauraient être regardées comme remettant en cause les dispositions, y compris antérieures, confiant une compétence exclusive à la branche » :

1) La mutualisation des fonds de financement du paritarisme[5] ;

2) La mutualisation des fonds de la formation professionnelle[6] ;

3) Les mesures relatives à la durée du travail, à la répartition et à l'aménagement des horaires s'agissant de l'instauration d'une durée du travail équivalente à la durée légale, de la détermination de la période de référence en cas de répartition de la durée du travail sur une période supérieure à l'année et au plus égale à trois ans, de la fixation du nombre minimal d'heures entraînant la qualification de travailleur de nuit sur une période de référence ainsi que, en cas de travail à temps partiel, de la fixation de la durée minimale de travail hebdomadaire, de la fixation du taux de majoration des heures complémentaires et de la possibilité d'augmenter temporairement, par un avenant au contrat, et de la durée de travail prévue par ce contrat[7] ;

4) Les mesures relatives aux contrats de travail à durée déterminée et aux contrats de travail temporaire en ce qui concerne la fixation de la durée totale du contrat, la fixation du nombre maximal de renouvellements possibles, la détermination des modalités de calcul du délai de carence, la prévision des cas d'inapplication du délai de carence[8] ;

5) Les mesures relatives au contrat à durée indéterminée de chantier ou d'opération s'agissant des conditions dans lesquelles il peut y être recouru, de la taille des entreprises et des activités concernées, des mesures d'information du salarié sur la nature du contrat, des contreparties en termes de rémunération et d'indemnité de licenciement accordées aux salariés, des garanties en termes de formation pour les salariés concernés ainsi que des modalités adaptées de rupture de ce contrat dans l'hypothèse où le chantier ou l'opération pour lequel ce contrat a été conclu ne peut pas se réaliser ou se termine de manière anticipée[9] ;

6) Les conditions et les durées de renouvellement de la période d'essai[10] ;

7) Les modalités selon lesquelles la poursuite des contrats de travail est organisée entre deux entreprises lorsque les conditions d'application de l'article L. 1224-1 ne sont pas réunies[11] ;

8) Les cas de mise à disposition d'un salarié temporaire auprès d'une entreprise utilisatrice[12] ;

9) La rémunération minimale du salarié porté ainsi que le montant de l'indemnité d'apport d'affaire[13].

1. V. s[s] n° 312.192.
2. V. J. Icard, « La conventionnalisation des règles relatives aux contrats précaires », *BJT* 12/2019, p. 55.
3. EN CE SENS : G. Bélier, « Négociation collective : la probable inefficacité de la réforme », *SSL* 2017, n° 1790, p. 43 – G. Auzero, « Conventions d'entreprise et conventions de branche », préc., spéc. p. 1019 et 1020 – J.-F. Cesaro, « L'automne dans les branches professionnelles et quelques mesures portant sur la négociation collective », préc., spéc. n° 9 – A. Bugada, « L'articulation des dispositions de branche et d'entreprise : le rubik's cube conventionnel », préc., spéc. n° 6.
4. Question-Réponse n° 2.
5. C. trav., art. L. 2253-1, 3°.
6. C. trav., art. L. 2253-1, 4°.
7. C. trav., art. L. 2253-1, 6°.
8. C. trav., art. L. 2253-1, 7°.
9. C. trav., art. L. 2253-1, 8°.
10. C. trav., art. L. 2253-1, 10°.
11. C. trav., art. L. 2253-1, 11°.
12. C. trav., art. L. 2253-1, 12°.
13. C. trav., art. L. 2253-1, 13°.

Relèvent en revanche de la primauté de l'accord de branche, ce qui autorise la conclusion d'un accord d'entreprise à condition qu'il assure des garanties au moins équivalentes :

1) Les salaires minima hiérarchiques[1] ;

2) Les classifications[2] ;

3) Les garanties collectives complémentaires mentionnées à l'article L. 912-1 du Code de la sécurité sociale[3] ;

4) La détermination de la période de référence en cas de répartition de la durée du travail sur une période supérieure à la semaine[4] ;

5) L'égalité professionnelle entre les femmes et les hommes[5].

Si cette position n'est pas nouvelle[6], ni surprenante, elle interroge tout de même sur le point de savoir si le ministère du Travail est dans son rôle en procédant à l'interprétation des dispositions issues de l'ordonnance n° 2017-1385 du 22 septembre 2017 alors que le législateur n'a pas prévu que ses règles soient complétées par le pouvoir administratif. Celui-ci s'érige ici en pouvoir concurrent du pouvoir judiciaire. Sans doute, son interprétation ne lie pas le juge judiciaire qui conserve sa liberté de jugement. Mais l'analyse de l'administration n'est pas neutre, ni anodine, car elle aura une incidence directe sur la pratique de la négociation collective, les partenaires sociaux ne pouvant ignorer sa position s'ils envisagent de conclure au niveau de l'entreprise un accord dans une matière réservée, d'après le document de l'administration, à la compétence exclusive de la branche.

Cela pose plus largement la question de la valeur normative des interprétations ainsi opérées par les pouvoirs publics dans le cadre, notamment, de *Questions-Réponses*. Le Conseil d'État a jugé à ce sujet, le 12 juin 2020, que « les documents de portée générale émanant d'autorités publiques, matérialisés ou non, tels que les circulaires, instructions, recommandations, notes, présentations ou interprétations du droit positif peuvent être déférés au juge de l'excès de pouvoir lorsqu'ils sont susceptibles d'avoir des effets notables sur les droits ou la situation d'autres personnes que les agents chargés, le cas échéant, de les mettre en œuvre. Ont notamment de tels effets ceux de ces documents qui ont un caractère impératif ou présentent le caractère de lignes directrices ». Il a précisé, dans la même décision, qu'il « appartient au juge d'examiner les vices susceptibles d'affecter la légalité du document en tenant compte de la nature et des caractéristiques de celui-ci ainsi que du pouvoir d'appréciation dont dispose l'autorité dont il émane. Le recours formé à son encontre doit être accueilli notamment s'il fixe une règle nouvelle entachée d'incompétence, si l'interprétation du droit positif qu'il comporte en méconnaît le sens et la portée ou s'il est pris en vue de la mise en œuvre d'une règle contraire à une norme juridique supérieure »[7]. Autrement dit, quelle que soit la forme qu'elles peuvent prendre à condition d'être établies par des autorités publiques, les normes produites dans le cadre de *Questions-Réponses* et autres documents semblables sont susceptibles d'un recours pour excès de pouvoir devant le juge administratif lorsqu'elles présentent une portée générale en ce qu'elles ont vocation à s'appliquer à un nombre indéterminé de situations et qu'elles exercent une influence, en droit ou en fait, sur la situation des personnes concernées[8].

§ 4
Rapports entre accords de groupe, accords interentreprises, accords d'entreprises et accords d'établissement

312.220 Plan – Identité de la règle de traitement du concours de normes. Les articles L. 2253-5 à L. 2253-7 du Code du travail règlent trois situations dans lesquelles des accords collectifs de niveaux différents sont en concours : la première met en présence un accord de groupe et un accord d'entreprise ou un accord d'établissement comportant des stipulations ayant le même objet (A), la deuxième concerne les rapports entre un accord d'entreprise et un accord d'établissement (C) lorsque certaines stipulations leur sont communes, la troisième est relative à la coexistence d'un accord interentreprises et d'un accord d'entreprise ou d'établissement qui, là encore, feraient se chevaucher des stipulations ayant le même objet (B).

La clé de départage, dans tous les cas, est la même, à savoir la primauté directe de l'accord dont le périmètre est le plus large à la condition qu'il le prévoit expressément. À cette condition, les stipulations de cet accord se substituent à celles ayant le même objet de l'accord de niveau inférieur, peu

1. C. trav., art. L. 2253-1, 1°.
2. C. trav., art. L. 2253-1, 2°.
3. C. trav., art. L. 2253-1, 5°.
4. C. trav., art. L. 2253-1, 6°.
5. C. trav., art. L. 2253-1, 9°.
6. V. DÉJÀ EN CE SENS : Direction générale du Travail, *La négociation collective en 2017,* « Bilans & Rapports », Ministère du travail, 2018, p. 203.
7. CE 12 juin 2020, *Gisti*, req. n° 418142, *Lebon ; AJDA* 2020. 1196 ; *AJDA* 2020. 1407, chron. C. Malverti et C. Beaufils ; *AJ fam.* 2020. 426, obs. C. Bruggiamosca ; *AJCT* 2020. 523, Arrêt du mois S. Renard et E. Pechillon ; *RFDA* 2020. 785, concl. G. Odinet ; *RFDA* 2020. 801, note F. Melleray.
8. V. SUR LA QUESTION : G. Loiseau, « Juridicité et justiciabilité des normes de droit souple en droit du travail », *Justice & Cassation*, Dossier : « Le contentieux du droit souple », Dalloz, 2023, p. 73.

important à cet égard qu'il ait été conclu antérieurement ou postérieurement à ce dernier.

A. Accord d'entreprise ou d'établissement et accord de groupe

312.231 Primauté conventionnelle. Selon l'article L. 2253-5 du Code du travail, « lorsqu'un accord conclu dans tout ou partie d'un groupe le prévoit expressément, ses stipulations se substituent aux stipulations ayant le même objet des conventions ou accords conclus antérieurement ou postérieurement dans les entreprises ou les établissements compris dans le périmètre de cet accord ». Si la loi permet, aux termes de ce texte, d'organiser une hiérarchie entre l'accord de groupe et l'accord d'entreprise ou d'établissement, elle n'attribue pas au premier une autorité plus importante qui le ferait prévaloir, en soi, sur le second. Le principe est au contraire celui d'une mise en équivalence de ces accords, ce qu'exprime l'article L. 2232-11 : « Sauf disposition contraire, les termes "convention d'entreprise" désignent toute convention ou accord conclu soit au niveau du groupe, soit au niveau de l'entreprise, soit au niveau de l'établissement ».

Il revient dans ces conditions aux parties à la négociation de l'accord de groupe de prévoir la primauté de celui-ci qui lui assure d'être préféré en cas de concours avec des accords d'entreprise ou d'établissement qui comporteraient des stipulations ayant le même objet. Devant être expresse, la clause qui le prévoit est, à défaut d'indication contraire, générale : la primauté de l'accord de groupe sur l'accord d'entreprise ou d'établissement opère quelle que soit la date de conclusion de ce dernier, qu'il lui soit antérieur ou postérieur. En s'en remettant ainsi à la volonté des partenaires sociaux signataires de l'accord de groupe, la loi n'exclut cependant pas que la clause soit spéciale. La primauté de l'accord de groupe peut être limitée aux accords conclus antérieurement ou, à l'inverse, postérieurement à un accord d'entreprise ou d'établissement ; elle peut être cantonnée aux accords des entreprises faisant partie du groupe à l'époque où l'accord de groupe est conclu ou, au contraire, ne concerner que les accords des entreprises entrées postérieurement dans le groupe.

En l'absence de clause expresse à ce sujet, qu'elle soit générale ou spéciale, il n'y a pas de hiérarchie à observer. Le concours de normes doit se régler par application du principe de faveur pour les stipulations communes ayant le même objet.

312.232 Étendue de la primauté directe de l'accord de groupe. La primauté directe de l'accord de groupe, lorsqu'elle a été conventionnellement stipulée, n'implique pas seulement une préférence donnée à son application. Elle emporte modification de l'accord d'entreprise ou d'établissement puisque ses stipulations sont remplacées par celles ayant le même objet de l'accord de groupe. La technique de la substitution qui est ici mise en œuvre est, à cet égard, indifférente au caractère plus ou moins favorable des stipulations concurrentes. Il en résulte que l'accord de groupe peut, le cas échéant, modifier un accord d'entreprise préexistant dans un sens moins favorable.

Il peut aussi empêcher l'adoption de stipulations qui dérogeraient sur le même objet à ses propres clauses, dans un sens aussi bien plus favorable que moins favorable, opérant alors à la manière d'une clause de verrouillage. C'est, de ce dernier point de vue, la conséquence de la substitution des clauses de l'accord de groupe à celles de l'accord d'entreprise ou d'établissement conclu postérieurement.

Cet ascendant de l'accord de groupe sur l'accord d'entreprise ou d'établissement existant ou futur donne une autorité particulière aux partenaires sociaux au niveau du groupe puisque les orientations qu'ils décident peuvent avoir un impact sur la négociation d'entreprise ou d'établissement, spécialement en neutralisant l'adoption, dans le cadre de l'entreprise ou de l'établissement, de stipulations contraires à celles ayant le même objet déjà formalisées dans le cadre du groupe.

Cette autorité est nette, côté organisations de salariés, lorsque l'accord de groupe est négocié et conclu avec les organisations représentatives dans le groupe[1]. Les organisations syndicales de salariés représentatives dans chacune des entreprises ou chacun des établissements compris dans le périmètre de l'accord sont alors seulement informées préalablement de l'ouverture de la négociation[2]. Côté employeur, l'autorité est plus à nuancer dans la mesure où les employeurs parties aux accords d'entreprise ou d'établissement peuvent l'être aussi aux accords de groupe en mandatant un ou plusieurs représentants pour le conclure[3]. Mais, l'accord du groupe pouvant aussi être conclu par l'employeur de l'entreprise dominante[4], ce dernier peut faire des choix qui s'imposeront aux employeurs des autres entreprises du groupe si l'accord prévoit que ses clauses se substitueront à celles ayant le même objet des accords négociés par ces derniers. Et en toute hypothèse, les choix opérés dans l'accord de groupe par le ou les représentants des employeurs ou par l'employeur de l'entreprise dominante obligeront les employeurs des entreprises qui intégreraient pos-

1. C. trav., art. L. 2232-31.
2. C. trav., art. L. 2232-32.
3. C. trav., art. L. 2232-31.
4. C. trav., art. L. 2232-31.

térieurement le groupe, leurs accords d'entreprise ou d'établissement étant modifiés par substitution à certaines de leurs stipulations de celles de l'accord de groupe ayant le même objet.

Ce lissage du statut conventionnel au sein du groupe au moyen d'accords dont les stipulations se substituent à celles ayant le même objet des accords des entreprises appartenant au groupe fait de l'accord de groupe, au bénéfice des dispositions récentes de l'article L. 2253-5, un instrument de mise en œuvre d'une politique de groupe. L'accord de groupe n'est plus seulement une superstructure qui s'ajoute, en les coiffant, aux accords d'entreprise mais le moyen d'intégrer des éléments d'un droit conventionnel du groupe au niveau du droit conventionnel des entreprises qui le constituent.

B.
Accord d'entreprise ou d'établissement et accord interentreprises

312.241 **Duplication.** L'article L. 2253-7 du Code du travail reconduit, à propos des accords interentreprises, la règle posée pour les accords de groupe : « Lorsqu'un accord conclu au niveau de plusieurs entreprises le prévoit expressément, ses stipulations se substituent aux stipulations ayant le même objet des conventions ou accords conclus antérieurement ou postérieurement dans les entreprises ou les établissements compris dans le périmètre de cet accord ».

Cette autre application du principe de primauté directe, sauf réserve d'une clause qui le prévoit, appelle les mêmes observations qu'au sujet des accords de groupe, à l'exception de celles relatives à « l'autorité » que ce principe peut conférer aux auteurs de la norme pour imposer des choix impactant le droit conventionnel des entreprises. S'agissant d'un accord interentreprises, les auteurs de la norme sont ceux qui officient au niveau des entreprises, ces accords étant négociés et conclus entre les employeurs et les organisations syndicales représentatives à l'échelle de l'ensemble des entreprises concernées[1].

C.
Accord d'entreprise et accord d'établissement

312.251 **Triplication.** Seul le périmètre de l'accord collectif change. L'article L. 2253-6 reprend les mêmes termes que ceux de ses dispositions mitoyennes pour les appliquer aux rapports entre les accords d'entreprise et les accords d'établissement. Il est dit que, « lorsqu'un accord conclu au niveau de l'entreprise le prévoit expressément, ses stipulations se substituent aux stipulations ayant le même objet des conventions ou accords conclus antérieurement ou postérieurement dans les établissements compris dans le périmètre de cet accord ».

§ 5
Rapports entre accords collectifs et contrats de travail

312.260 **Plan – Principe et exception.** Les rapports entre les accords collectifs et les contrats individuels de travail font se succéder, pour procéder à leur règlement, un principe et une exception. Le principe est posé à l'article L. 2254-1 du Code du travail, selon lequel « lorsqu'un employeur est lié par les clauses d'une convention ou d'un accord, ces clauses s'appliquent aux contrats de travail conclus avec lui, sauf stipulations plus favorables ». L'exception est apportée par l'article L. 2254-2 qui traite des accords de performance collective dont les stipulations « se substituent de plein droit aux clauses contraires et incompatibles du contrat de travail, y compris en matière de rémunération, de durée du travail et de mobilité professionnelle ou géographique interne à l'entreprise ».

Le principe paraît lui-même se dédoubler en faisant de l'autorité des accords collectifs sur les contrats de travail la règle et du caractère plus favorable des stipulations contractuelles par rapport aux stipulations conventionnelles la limite à cette autorité. Mais, c'est en réalité l'immutabilité des contrats individuels que consacre, sur le principe, l'article L. 2254-1 dont il s'infère que les stipulations contractuelles ne peuvent être modifiées par un accord collectif au préjudice des salariés partie aux contrats (A). Tout au plus cette immutabilité n'est pas absolue car, comme l'exprime la Cour de cassation : « Sauf disposition légale contraire, un accord collectif ne peut modifier le contrat de travail d'un salarié, seules les dispositions plus favorables de cet accord pouvant se substituer aux clauses du contrat »[2] (B).

A.
Résistance du contrat de travail à l'accord collectif

312.270 **Plan – Individuel *vs* collectif.** Il peut sembler au prime abord paradoxal de parler de la « résistance » du contrat de travail à l'accord collectif. Le premier est souvent – même ce n'est pas systématique – un contrat d'adhésion dont le contenu, ou l'essentiel du contenu, est déterminé unilatéralement par l'employeur. S'il reçoit l'accord du salarié, ce dernier a rarement la possibilité de négocier les stipulations de l'acte dans un sens qui lui serait plus favorable. L'accord collectif, en revanche, est « négocié et signé par les organisations syndicales représentatives, investies de la défense

1. C. trav., art. L. 2232-36.

2. Soc. 7 déc. 2017, n° 16-15.109, préc.

des droits et intérêts des salariés et à l'habilitation desquelles ces derniers participent directement par leur vote »[1], de sorte qu'il peut en être attendu que, sans forcément servir les intérêts des salariés, il les prenne en considération pour les défendre au mieux.

C'est donc sous un autre angle qu'il peut faire sens de parler de la « résistance » du contrat de travail à l'accord collectif. Le premier, produit d'un accord de volontés, ne peut en principe être modifié que d'un commun accord. Il en résulte que le salarié est en principe assuré – dans la limite de la distinction opérée par la Cour de cassation entre la modification du contrat et le changement des conditions de travail, lequel relève du pouvoir de direction de l'employeur – de ne pas pouvoir se voir imposer une modification en cours d'exécution du contrat qui prendrait en défaut ses prévisions lors de la conclusion de celui-ci. L'accord collectif s'applique quant à lui aux salariés sans que ceux-ci aient à y adhérer personnellement. Un accord d'entreprise peut en conséquence modifier la situation juridique des salariés sans leur aval et pourrait, le cas échéant, l'affecter contre leur volonté. C'est de ce point de vue, dès lors, que le contrat individuel de travail peut apparaître comme une garantie de la stabilité des éléments constitutifs de la relation de travail en vertu du principe de l'immutabilité du contrat (1°). Et c'est pour assurer le respect de cette garantie qu'il est posé en règle qu'un accord collectif ne peut s'imposer au contrat individuel de travail et le modifier. Tout au plus, dans l'intérêt présumé des salariés, il est reconnu que ses stipulations plus favorables puissent se substituer aux clauses des contrats individuels (2°) et s'appliquer de plein droit (3°).

1°
Portée du principe de l'immutabilité du contrat

312.281 **Exposé du principe.** Le principe de l'immutabilité du contrat est posé à l'article 1193 du Code civil issu de l'ordonnance du 10 février 2016 en ces termes : « Les contrats ne peuvent être modifiés ou révoqués que du consentement mutuel des parties, ou pour les causes que la loi autorise ». L'ancien article 1134 était moins explicite en disposant, à l'alinéa 2, que les conventions « ne peuvent être révoquées que de leur consentement mutuel, ou pour les causes que la loi autorise ». La modification imposée du contrat est donc dorénavant expressément proscrite, même s'il était entendu qu'elle l'était déjà auparavant. En droit du travail, cette règle commande de recueillir le consentement exprès du salarié avant toute modification d'un élément essentiel du contrat, qu'il s'agisse de la rémunération au sens large – en ce compris le mode de rémunération et la structure de la rémunération – de la durée du travail ou de la nature des fonctions. Le principe est cependant appliqué moins strictement en droit du travail qu'en droit commun, la Cour de cassation qualifiant certaines clauses, comme la mention du lieu de travail, de clauses informatives pour favoriser la possibilité pour l'employeur de changer unilatéralement des conditions de travail. C'est dire que tout n'est pas contractuel dans le contrat de travail ou, plus exactement, que toutes les clauses du contrat ne sont pas couvertes par la force obligatoire de l'acte.

Ainsi conçu, le principe de l'immutabilité ne s'impose pas cependant au législateur qui peut y déroger et autoriser une modification du contrat de travail sans l'accord du salarié : « Pour les causes que la loi autorise » dispose l'article 1193 du Code civil. Le champ dérogatoire est ainsi à la main du législateur sous réserve de ne pas enfreindre une norme supranationale. En droit du travail, le législateur a fait usage, à plusieurs reprises, de son autorité normative, moins pour permettre directement une modification unilatérale du contrat[2] que pour l'autoriser au moyen d'un accord collectif de travail[3]. En dernier lieu, c'est l'accord de performance collective que la loi réglemente pour adopter des mesures dont la mise en œuvre implique la modification de certains éléments essentiels des contrats individuels de travail sans faire dépendre l'application de ces mesures de l'accord des salariés. Seule une opposition expresse est prise en compte pour en tirer, le cas échéant, les conséquences sur le terrain de la rupture des relations contractuelles[4].

De façon moins nette, la loi aménage également le principe d'immutabilité en déterminant un ordre d'application en cas de concours entre un accord collectif et le contrat individuel puisque les clauses du premier s'appliquent au second, sauf « sauf stipulations plus favorables ». L'aménagement est, il est vrai, modeste si l'on voit dans cette règle une

1. Soc. 27 janv. 2015, n° 13-22.179, *Fédération nationale des personnels des sociétés d'études, du conseil et de prévention CGT c/Fédération des syndicats des sociétés d'études et de conseils*, P V, n° 9 ; *D.* 2015. 270, obs. Chron. C. cass. ; *D.* 2015. 829, obs. J. Porta et P. Lokiec ; *D.* 2015. 2340, obs. P. Lokiec et J. Porta ; *Dr. soc.* 2015. 237, ét. A. Fabre ; *Dr. soc.* 2015. 351, ét. P.-H. Antonmattei ; *RDT* 2015. 339, obs. E. Peskine ; *RDT* 2015. 472, obs. G. Pignarre ; *RJS* 2015. 155, note J.-G. Huglo ; *Dr. soc.* 2015. 237, note A. Fabre ; *JCP S* 2015, note J. Daniel ; *RDT* 2015. 339, note E. Peskine.

2. Le législateur œuvre parfois de façon détournée. En particulier, alors que la Cour de cassation jugeait, de façon parfaitement rigoureuse, qu'une modulation du temps de travail sur une période supérieure à la semaine et au plus égale à l'année opérée par voie d'accord collectif constituait une modification du contrat de travail requérant l'accord exprès du salarié (Soc. 28 sept. 2010, n° 08-43.161, préc.) ; la loi du 22 mars 2012 est venue affirmer à l'inverse, contre toute évidence, que « La mise en place d'un dispositif d'aménagement du temps de travail sur une période supérieure à la semaine par accord collectif ne constitue pas une modification du contrat de travail pour les salariés à temps complet » (C. trav., art. L. 3121-43).
3. V. s[s] n° 312.311.
4. V. s[s] n° 511.81.

simple application du principe de faveur privilégiant l'application d'une norme – ici l'accord collectif – tout en laissant intacte la norme en concours – le contrat de travail. L'aménagement est en revanche plus sensible si, sous couvert du principe de faveur, c'est en réalité la primauté de l'accord collectif qui s'infère de la règle dans la mesure où, selon la Cour de cassation[1], son application a pour effet que ses dispositions plus favorables se substituent aux clauses du contrat[2].

312.282 Principe d'immutabilité et stipulation moins favorable de l'accord collectif. Le principe d'immutabilité remplit pleinement son office lorsqu'il s'oppose à l'application d'un accord collectif dont les stipulations sont moins favorables que celles du contrat de travail. Par exemple, il a été jugé que, à la suite du transfert du contrat de travail d'un salarié, le nouvel employeur peut lui appliquer l'accord collectif en vigueur dans l'entreprise prévoyant une période de référence plus courte pour le calcul des heures de travail, cet accord étant plus favorable que les stipulations du contrat de travail, mais qu'un autre accord collectif instaurant une période de référence moins favorable « ne pouvait prévaloir sur les clauses contractuelles en l'absence de tout accord de la salariée quant à la modification de son contrat de travail »[3]. Il a également été considéré que, lorsque la rémunération variable du salarié est fixée par son contrat de travail, l'employeur ne peut faire application sans son accord des dispositions d'un accord d'entreprise déterminant des modalités de rémunération variable moins favorables[4]. De même, lorsque l'application d'un accord collectif d'entreprise ayant pour objet de globaliser la rémunération a pour effet, par l'intégration d'une prime dans le salaire, de diminuer le taux de rémunération, la modification de la structure et du montant de leur rémunération qui en résulte requiert l'accord exprès du salarié[5].

312.283 Principe d'immutabilité et clause conventionnelle de variabilité. Le principe d'immutabilité ne s'oppose pas, en droit commun, à ce que les parties conviennent, dès la conclusion du contrat, du droit accordé à l'une d'elles de modifier unilatéralement, en cours d'exécution, un élément essentiel de la relation contractuelle. Valables sur le principe, les clauses de variation ou de variabilité deviennent suspectes lorsqu'elles sont le produit de l'unilatéralisme du « maître » du contrat qui, de fait, les impose pour le service de ses intérêts : traitées comme des clauses abusives en droit de la consommation[6], elles sont en général condamnées par la jurisprudence en droit du travail[7].

Le droit de modifier unilatéralement le contrat pourrait-il être reconnu, au profit de l'employeur, par un accord collectif ? L'employeur ne tient pas dans ce cas son pouvoir du contrat, c'est-à-dire en pratique de lui-même avec le risque d'abus de la stipulation de la clause, mais d'un accord collectif auquel il est partie avec les organisations syndicales représentatives signataires. La Cour de cassation n'admet pas, pour autant, la validité d'une stipulation conventionnelle à ce sujet. C'est ce qu'elle a jugé à propos d'un accord collectif qui prévoyait la possibilité de procéder à la diminution de la rémunération des salariés en aménageant le recueil de leur accord de telle sorte leur acceptation soit réputée acquise à défaut de réponse écrite dans un délai déterminé. En l'occurrence, la charte de football professionnel stipulait que, en cas de relégation en division inférieure, les clubs auraient la faculté de diminuer la rémunération des joueurs de 20 % et que, au-delà de ce pourcentage, ils pourraient proposer individuellement aux joueurs par écrit une diminution de la rémunération, leur réponse devant intervenir dans un délai de huit jours à compter de la réception de la proposition écrite. Il était précisé que l'absence de réponse écrite du joueur dans le délai indiqué valait acceptation de la diminution proposée par le club. À une cour d'appel qui avait fait application du dispositif conventionnel, la Cour de cassation a objecté, pour censurer sa décision, que, « sauf disposition légale contraire, une convention collective ne peut permettre à un employeur de procéder à la modification du contrat de travail sans recueillir l'accord exprès du salarié »[8].

On ne peut être plus clair : non seulement l'acte collectif ne peut reconnaître à l'employeur le pouvoir de modifier unilatéralement un élément essentiel du contrat, mais il ne peut même pas faciliter

1. Soc. 7 déc. 2017, n° 16-15.109, P, préc.
2. Sur la question, v. s^s n° 312.291.
3. Soc. 27 mars 2019, n° 17-20.667, NP.
4. Soc. 21 févr. 2007, n° 05-42.731, NP.
5. Soc. 7 févr. 2006, n° 04-43.196, NP.
6. C. consom., article R. 212-1.
7. L. Gratton, *Les clauses de variation du contrat de travail,* th. Paris I, Dalloz, 2011, préface P. Rodière – ADDE : G. Loiseau, « Les clauses abusives dans le contrat de travail », *Cah. soc.* 2014, p. 452.
8. Soc. 10 févr. 2016, n° 14-26.147, P, *D.* 2016. 431 ; *D.* 2017. 667, obs. Centre de droit et d'économie du sport (OMIJ-CDES) ; *Dr. soc.* 2016. 650, ét. S. Tournaux ; *Dr. soc.* 2017. 552, ét. A. Donnette-Boissière, S. Selusi-Subirats et B. Siau ; *RJS* 4/2016, n° 277 ; *JCP* 2016. 574, obs. J.-P. Tricoit ; *JS* 2016, n° 163, p. 34, ét. J.-P. Karaquillo ; *Dr. Soc.* 2016. 446, note J. Mouly ; *JCP E* 2016. 1276, note D. Chenu ; *JCP S* 2016. 1135, note D. Jacotot ; *Cah. soc.* 2016, p. 206, obs. F. Canut ; *JSL* 6 avr. 2016, n° 407, p. 20, note N. Gssime – Soc. 14 sept. 2016, n° 15-21.794, P, *RJS* 2016. 780 ; *D.* 2016. 1866 ; *Dr. soc.* 2017. 552, ét. A. Donnette-Boissière, S. Selusi-Subirats et B. Siau ; *JS* 2016, n° 168, p. 8, obs. F. Lagarde ; *JS* 2017, n° 173, p. 34, ét. G. Kertudo.

l'acceptation du salarié en dispensant de recueillir son accord exprès. Le contractuel ne cède donc pas devant le conventionnel et assure une protection du salarié contre le risque de variation du contrat décidée ou autorisée par voie conventionnelle.

312.284 Principe d'immutabilité et principe d'égalité de traitement. Une conséquence plus originale du principe d'immutabilité est de justifier la différence de traitement entre les salariés engagés avant l'entrée en vigueur d'un accord collectif et ceux recrutés postérieurement, différence qui résulte de l'impossibilité pour cet accord de modifier les contrats de travail des salariés déjà en fonction et du maintien en conséquence, pour ces derniers, des stipulations de leur contrat de travail. La Cour de cassation l'énonce ainsi : « sauf disposition légale contraire, un accord collectif ne peut modifier le contrat de travail d'un salarié, seules les dispositions plus favorables de cet accord pouvant se substituer aux clauses du contrat ; qu'il en résulte que cette règle constitue un élément objectif pertinent propre à justifier la différence de traitement entre les salariés engagés antérieurement à l'entrée en vigueur d'un accord collectif et ceux engagés postérieurement, et découlant du maintien, pour les premiers, des stipulations de leur contrat de travail ». En l'occurrence, il a été jugé que le fait que l'employeur ne puisse modifier sans leur accord la rémunération des salariés en place avant l'introduction par accord d'entreprise d'une grille de salaires suffisait à rendre légitime la disparité de traitement entre des salariés effectuant le même travail [1].

2°
Sens du principe de faveur

312.291 Application du principe de faveur au concours entre un accord collectif et un contrat de travail. Il ne fait pas de doute que l'article L. 2254-1 du Code du travail fait une application du principe de faveur en énonçant que, « lorsqu'un employeur est lié par les clauses d'une convention ou d'un accord, ces clauses s'appliquent aux contrats de travail conclus avec lui, sauf stipulations plus favorables ». Le texte identifie, dans le cas de concours d'un accord collectif avec le contrat individuel de travail, la norme dont la mise en œuvre doit être privilégiée - à savoir l'accord collectif - tout en réservant la possibilité de lui préférer l'autre norme si ses stipulations sont plus favorables afin d'en faire application dans la limite de ses stipulations plus favorables. Une comparaison doit en conséquence être opérée, avantage par avantage, pour sélectionner celles des stipulations, de l'accord collectif ou du contrat de travail, qui se révèlent plus favorables.

La Cour de cassation, dans plusieurs arrêts, inverse toutefois l'ordre de détermination de la norme plus favorable en privilégiant la mise en œuvre du contrat sous réserve de lui préférer les stipulations plus favorables de l'accord collectif. Elle juge à ce sujet que, « sauf disposition légale contraire, un accord collectif ne peut modifier le contrat de travail d'un salarié, seules les dispositions plus favorables de cet accord pouvant se substituer aux clauses du contrat » [2]. Autrement dit, le contrat de travail s'applique sauf en ses stipulations qui, comparées à celles de l'accord collectif, sont moins avantageuses que ces dernières.

La perspective est différente et n'aboutit pas exactement au même résultat. Suivant la règle légale, la condition du salarié est régie par l'accord collectif, le contrat de travail n'étant rendu applicable, au regard des clauses communes aux deux normes, qu'en ses stipulations jugées plus favorables. Dans l'optique de la jurisprudence, c'est à l'inverse le contrat de travail qui constitue la norme de référence dans l'exécution de la relation de travail et qui est préempté par l'accord collectif en ce qui concerne les stipulations plus favorables de celui-ci. La différence de perspective pourrait, tout bien considéré, porter davantage à conséquence si l'on observe que, dans le texte légal, l'application de l'accord collectif sous réserve de stipulations plus favorables du contrat n'a pas d'incidence sur ce dernier dont le contenu est écarté au profit de la norme conventionnelle sans être pour autant modifié. En revanche, la jurisprudence qui donne effet au contrat à l'exception des stipulations plus favorables de l'accord collectif décide que ces dernières se substituent aux clauses du contrat. La modification qui en résulte prend alors en défaut le principe d'immutabilité.

312.292 Du principe de faveur au principe de primauté directe. Le principe de faveur est un mode de détermination de la norme applicable qui, en la sélectionnant, n'affecte ni l'existence ni la consistance de la norme en concours dont l'application est écartée au profit de la norme jugée plus favorable. Le choix opéré laisse en effet subsister la norme moins favorable qui, cessant de s'appliquer en ce qui concerne les clauses ayant le même objet ou la même cause que celles de la norme avec laquelle elle se compare, persiste pour le reste. Elle pourrait même être à nouveau applicable en ses stipulations

1. Soc. 7 déc. 2017, n° 16-15.109, préc.

2. Soc. 7 déc. 2017, n° 16-15.109, préc. ; – AUSSI : Soc. 13 nov. 2001, n° 99-42.978, P V, n° 340 ; *RJS* 2002. 35, n° 12 – Soc. 27 juin 2002, n° 00-44.663, NP – Soc. 7 févr. 2006, n° 04-43.196, préc. – Soc. 21 févr. 2007, n° 05-42.731, préc.

mises en retrait si la norme préférée, parce que plus favorable, devait ne plus produire effet.

L'article L. 2254-1 paraît conforme avec ce mode opératoire lorsqu'il dispose que les clauses d'un accord collectif auquel l'employeur est lié s'appliquent aux contrats de travail conclus avec lui, « sauf stipulations plus favorables ». L'application des clauses de l'accord aux contrats de travail exprime une prévalence des unes sur les autres, sans impliquer autre chose que la mise en sommeil des stipulations contractuelles de même nature que celles de l'accord collectif. Les contrats de travail n'en subsistent pas moins dans l'intégralité de leurs clauses et continuent d'ailleurs de recevoir application pour celles qui sont plus favorables. En d'autres termes, les normes en concours conservent chacune leur contenu ; c'est seulement l'exécution de l'une qui a l'ascendant sur l'exécution qui pourrait être attendue de l'autre. Par exemple, la disposition conventionnelle qui prévoit que toute modification apportée à l'un des éléments du contrat de travail, notamment au cadre géographique du travail, doit faire l'objet d'une notification écrite préalable et qui impute au fait de l'employeur la rupture consécutive au refus du salarié d'accepter une telle modification doit s'appliquer dans la mesure où elle est plus favorable au salarié que la clause de mobilité prévue dans son contrat individuel de travail[1]. Autre exemple, la désignation de la norme conventionnelle comme devant être appliquée justifie la censure d'un arrêt qui condamne l'employeur au paiement d'une indemnité à titre de contrepartie financière de la clause de non-concurrence stipulée dans le contrat de travail, la clause étant illicite faute de prévoir une telle contrepartie, alors que « la disposition de la convention collective prévoyant une contrepartie financière de la clause de non-concurrence, plus favorable que le contrat de travail qui n'en prévoyait pas, devait recevoir application »[2].

Dans ces situations où l'accord collectif s'applique par priorité, « sauf stipulations plus favorables » du contrat, le principe de l'immutabilité est certainement respecté puisque les termes du contrat, pour ceux qui sont mis en sommeil, ne sont pas modifiés par l'application de l'accord collectif et, pour les autres qui seraient plus avantageux, demeurent effectifs. La logique de l'articulation des normes en concours commande au demeurant, dans ces situations, non seulement que les stipulations conventionnelles s'appliquent par priorité aux stipulations contractuelles ayant le même objet, par hypothèse moins favorables, mais également qu'elles ne puissent pas être modifiées par un avenant au contrat de travail dans un sens moins favorable[3]. L'accord du salarié, à cet égard, est sans effet car il ne dépend pas davantage de sa volonté que de celle de l'employeur que l'accord collectif s'applique au contrat de travail : alors que l'employeur est lié par les clauses de l'accord collectif, le salarié ne peut renoncer aux droits qu'il tient de cet accord[4].

La démarche n'est plus en revanche exactement la même lorsque la Cour de cassation, inversant l'ordre de détermination de la norme plus favorable en privilégiant l'application du contrat sous réserve des stipulations plus avantageuses de l'accord collectif, juge que l'accord collectif ne peut modifier le contrat de travail et que seules les dispositions plus favorables de cet accord peuvent se substituer aux clauses du contrat[5]. En décidant ainsi que les stipulations conventionnelles se substituent, parce que plus favorables, aux stipulations contractuelles ayant le même objet – certains arrêts précisant même que la substitution est de plein droit[6] – la Chambre sociale fait produire au principe de faveur un effet modificatif des clauses du contrat. De ce point de vue, l'application du principe de faveur se double d'un infléchissement du principe d'immutabilité du contrat résultant lui-même de la primauté donnée à l'accord collectif sur le contrat pris en ses clauses moins favorables. S'il est vrai que le principe de primauté directe opère normalement dans un esprit de hiérarchie qui ne doit rien au contenu de la norme, commandant de faire prévaloir une norme indépendamment du sens, favorable ou défavorable, de la norme en concours, c'est aussi une manifestation de ce principe de procéder par voie de substitution de la norme prévalente à celle qui est primée[7]. Il s'agit même de sa manifestation la plus aboutie puisqu'elle conduit à l'éviction de la norme primée par la norme prévalente qui la remplace. Seulement, le principe de primauté directe n'opère ici que de façon partielle dans la mesure où, combiné avec le

1. Soc. 4 févr. 2003, n° 01-40.384 ; P V, n° 40 ; *D.* 2003. 1658, obs. S. Frossard ; *RJS* 4/2003, n° 410.
2. Soc. 5 mai 2010, n° 09-40.710, NP ; *RJS* 2010, n° 599.
3. Soc. 4 févr. 2003, n° 01-40.066 ; P V, n° 38 ; *D.* 2003. 669 ; *RJS* 4/2003, n° 497 ; *Dr. Soc.* 2003. 532, obs. Ch. Radé.
4. Soc. 4 nov. 2015, n° 14-25.745, P ; *D.* 2015. 2255 ; *Dr. soc.* 2016. 9, chron. S. Tournaux ; *RDT* 2016. 104, obs. F. Canut ; *JSL* 2015, n° 399-400-7, obs. Ph. Pacotte et G. Halimi ; *JCP* 2015. 1291, obs. Daniel ; *JCP S* 2016. 1013, note M. Morand ; *RDT* 2016. 104, note F. Canut ; *Dr. soc.* 2016. 191, obs. P.-H. Antonmattei ; *RJS* 2016. 49. V. aussi Soc. 8 janv. 2020, n° 18-20.591, NP ; *JA* 2020, n° 613, p. 10, obs. D. Castel ; *Dr. Ouvrier* 2020. 554, note M. Bonnechère.
5. Soc. 13 nov. 2001, n° 99-42.978, préc. – Soc. 27 juin 2002, n° 00-44.663, préc. – Soc. 7 févr. 2006, n° 04-43.196, préc. – Soc. 21 févr. 2007, n° 05-42.731, préc. – Soc. 7 déc. 2017, n° 16-15.109, préc.
6. Soc. 17 juill. 2001, n° 98-42.310 ; P V, n° 273 ; *RJS* 11/2001, n° 1282 ; *Dr. Soc.* 2001. 1017, note Ch. Radé.
7. V. s^s n° 312.32.

principe de faveur, il aboutit à la substitution des seules stipulations conventionnelles plus favorables.

Il reste que, même partielle, la substitution opérant de plein droit, l'accord du salarié n'a pas à être recueilli. Considérerait-on que son accord est inutile dès lors que la substitution lui profite par hypothèse, le salarié n'en est pas moins privé de la possibilité de refuser la modification d'un élément du socle contractuel encore qu'il pourrait être de son intérêt de ne pas l'accepter, la modification pouvant être objectivement favorable sans être perçue comme telle par l'intéressé.

312.293 Substitution des stipulations conventionnelles plus favorables et contractualisation de la clause. Les stipulations plus favorables de l'accord collectif substituées aux clauses du contrat prennent-elles en conséquence un caractère contractuel ? La substitution se comprenant comme un remplacement, il s'en infère que la clause, conventionnelle par nature, deviendrait contractuelle par destination en intégrant le contrat à la place de la clause d'origine. Devenue contractuelle, la clause ne devrait plus pouvoir être modifiée sans l'accord du salarié, sauf nouvelle stipulation conventionnelle plus favorable qui la préempterait. Incorporée au contrat, elle devrait par ailleurs subsister à la disparition de l'accord collectif, soit que celui-ci était conclu pour une durée déterminée, soit qu'il ait été dénoncé ou mis en cause ultérieurement[1].

La Cour de cassation n'a pas eu l'occasion de se prononcer sur ce dernier point. Elle a en revanche admis que l'incorporation d'une clause conventionnelle dans les contrats individuels de travail a pour effet de lui conférer un caractère contractuel. Elle l'a jugé à propos d'une convention collective qui prévoyait que toute modification de caractère individuel apportée à l'établissement dans lequel l'emploi était exercé devait faire préalablement l'objet d'une notification écrite et que, dans le cas où cette modification ne serait pas acceptée par le salarié, elle serait considérée comme une rupture de contrat de travail du fait de l'employeur. Une cour d'appel ayant considéré que les dispositions de la convention collective n'avaient pas pour effet de conférer automatiquement au lieu de travail un caractère contractuel ni de préjuger par avance du bien-fondé du licenciement consécutif au refus du salarié, la Chambre sociale a censuré cette décision : faisant appel aux dispositions de l'article L. 2254-1 du Code du travail, les juges de cassation ont retenu que, en l'absence de stipulation plus favorable dans les contrats de travail, les stipulations conventionnelles prévoyant que le changement d'affectation géographique devait être considéré, dans le cas où il ne serait pas accepté par le salarié, comme une rupture du contrat de travail du fait de l'employeur se substituaient à celles des contrats relativement au lieu de travail[2]. L'analyse de la Chambre sociale a, il est vrai, été ensuite remise en cause par l'assemblée plénière de la Cour de cassation après que la cour d'appel de renvoi a résisté. Mais, c'est pour une raison d'interprétation de la clause conventionnelle que l'assemblée plénière est revenue sur l'arrêt de la Chambre sociale. Il a été considéré que cette clause ne pouvait avoir eu pour effet de conférer au lieu de travail un caractère contractuel car elle devait s'interpréter comme instaurant uniquement, en cas de non-acceptation par le salarié du changement de lieu de travail, une règle de procédure imposant à l'employeur qui n'entendait pas renoncer à ce changement de prendre l'initiative de licencier le salarié[3].

3°
Application du principe de faveur

312.301 Application impérative. À partir du moment où la stipulation d'un accord collectif est plus favorable que celle du contrat de travail d'un salarié, elle s'applique de plein droit et de manière impérative. Non seulement le salarié n'a pas à en réclamer le bénéfice, mais il ne pourrait y renoncer valablement. Toute convention contraire est nulle, la Cour de cassation précisant « que la nullité d'une convention résultant de la violation de l'interdiction pour un salarié de renoncer, tant que son contrat de travail est en cours, aux avantages qu'il tire d'une convention collective [...] est une nullité relative qui se prescrit par cinq ans »[4].

Logiquement, il est indifférent que les stipulations contractuelles moins favorables que celles de l'accord collectif lui soient antérieures ou postérieures. Dans ce dernier cas, il a été jugé, par exemple, « que les conditions de versement du 13ᵉ mois

1. CONTRA : B. Teyssié, *Droit du travail : Relations collectives*, 13ᵉ éd., « Manuels », LexisNexis, 2023, nº 2487, p. 1135, qui estime que la substitution des dispositions conventionnelles aux clauses du contrat « dure tant que la convention ou l'accord collectif demeure en vigueur. Au-delà, elle a vocation à cesser et la clause, un temps mise entre parenthèses, à retrouver application ».

2. Soc. 26 sept. 2012, nº 11-20.452, NP.
3. Cass., ass. plén., 23 oct. 2015, nº 13-25.279, P nº 6 ; *RJS* 1/2016, nº 6 ; *D.* 2015. 2185 ; *D.* 2016. 144, chron. P. Flores, S. Mariette, E. Wurtz et N. Sabotier ; *Dr. soc.* 2016. 9, chron. S. Tournaux ; *Dr. soc.* 2016. 27, ét. J. Mouly ; *Dr. soc.* 2016. 650, ét. S. Tournaux ; *JCP S* 2015. 1362, note F. Favennec-Héry ; *JCP S* 2015. 1433, note L. Dauxerre ; *Dr. soc.* 2016. 27, note J. Mouly ; *RDC* 2016. 118, note G. Loiseau ; *SSL* 2016. 11, nº 1707, note N. Gssime ; *RJS* 2016. 28.
4. Soc. 23 janv. 2019, nº 17-21.867, P ; *JSL* 8 avr. 2019, nº 473, p. 19, note N. Gssime ; *RJS* 2019. 316.

ne [peuvent] être modifiées par un avenant au contrat de travail dans un sens moins favorable que celles prévues par un accord collectif »[1]. À l'inverse, la stipulation d'un accord collectif prévoyant que toute modification apportée à un élément du contrat, notamment au cadre géographique de travail, doit faire l'objet d'une notification écrite préalable explicitant la nature de la modification et que, en cas de refus du salarié d'accepter cette modification, la rupture doit être considérée comme étant du fait de l'employeur et réglée comme telle conduit à écarter l'application de la clause de mobilité prévue dans le contrat individuel de travail[2].

312.302 **Application rétroactive.** Un accord collectif peut prévoir des avantages pour la période antérieure à son entrée en vigueur. Le Code du travail l'admet puisqu'il dispose que les accords collectifs s'appliquent le lendemain du jour de leur dépôt auprès de l'administration tout en réservant la possibilité de stipulations contraires[3]. En pareil cas, dès l'instant où les stipulations de l'accord sont plus favorables que celles de leurs contrats de travail, les salariés bénéficient rétroactivement de l'avantage instauré.

Les avantages conventionnels rétroactifs peuvent-ils également profiter au salarié licencié avant la date d'entrée en vigueur de l'accord qui les a prévus, pour la période pendant laquelle il faisait encore partie des effectifs ? La Chambre sociale l'admet et en justifie, au visa de l'article 2 du Code civil, en considérant « qu'une convention ou un accord collectif, même dérogatoire, ne peut priver un salarié des droits qu'il tient du principe d'égalité de traitement pour la période antérieure à l'entrée en vigueur de l'accord ». La Cour de cassation précise que « la seule circonstance que le contrat de travail d'un salarié ait été rompu avant la date de signature de l'accord collectif ne saurait justifier que ce salarié ne bénéficie pas, à la différence des salariés placés dans une situation identique ou similaire et dont le contrat de travail n'était pas rompu à la date de signature de l'accord, des avantages salariaux institués par celui-ci, de façon rétroactive, pour la période antérieure à la cessation du contrat de travail »[4]. C'est dire que, pour la Cour de cassation, des salariés occupant le même emploi ne sont pas dans des situations différentes selon que leur contrat de travail était ou non rompu à la date de signature de l'accord. Ne pas faire bénéficier le salarié licencié avant la date de conclusion de l'accord des avantages salariaux rétroactifs pour la période pendant laquelle il était encore salarié de l'entreprise constituerait dès lors une différence de traitement illégitime.

B. Modification du contrat du contrat de travail par l'accord collectif

312.311 **Des exceptions légales croissantes.** Conformément à la lettre de l'article 1193 du Code civil, qui reconnaît que les clauses d'un contrat peuvent être modifiées pour les causes que la loi autorise, la Cour de cassation indique dans ses arrêts, après avoir posé en règle qu'« un accord collectif ne peut modifier le contrat de travail d'un salarié, seules les dispositions plus favorables de cet accord pouvant se substituer aux clauses du contrat », qu'il en est ainsi « sauf disposition légale contraire ». Ces dispositions légales qui donnent une primauté directe à l'accord collectif sur le contrat de travail, et constituent autant de causes de modification du contrat que la loi autorise, se sont accrues ces dernières années au point d'éprouver durement la résistance du contractuel au conventionnel.

La loi du 14 juin 2013 a introduit les accords de mobilité interne, géographique ou/et professionnelle, ainsi que les accords de maintien de l'emploi en indiquant, à propos de chacun de ces accords, que les clauses des contrats de travail qui leur étaient contraires étaient suspendues[5]. Ce fut ensuite la loi du 8 août 2016 qui a mis en place les accords de préservation ou de développement de l'emploi dont il était indiqué que leurs stipulations se substituaient de plein droit aux clauses contraires et incompatibles des contrats de travail[6]. Et c'est enfin l'ordonnance n° 2017-1385 du 22 septembre 2017 qui, accentuant le recul de l'intangibilité du contrat au bénéfice de l'autorité directe de l'accord collectif, a élargi le domaine d'application des accords spéciaux en les remplaçant par des accords génériques dont les stipulations se substituent aux clauses contraires des contrats de travail. L'article L. 2254-2 du Code du travail est ainsi conçu que, à la condition que l'accord d'entreprise ait en vue de répondre aux nécessités liées au fonctionnement de l'entreprise ou de préserver ou de développer l'emploi, il peut prévaloir sur les contrats individuels de travail lorsqu'il a pour objet d'aménager la durée du travail,

1. Soc. 4 févr. 2003, n° 01-40.066, P V, n° 38 ; *Dr. soc.* 2003. 532, obs. Ch. Radé.
2. Soc. 4 févr. 2003, n° 01-40.384 ; P V, n° 40 ; *D.* 2003. 1658, obs. S. Frossard.
3. C. trav., art. L. 2261-1.
4. Soc. 13 janv. 2021, n° 19-20.736, P ; *JCP S* 2021. 1060, note A. Bonardi ; *BJT* 2/2021, p. 24, note F. Bergeron-Canut.
5. C. trav., art. L. 2242-23 anc. (accords de mobilité) et L. 5125-2 (accords de maintien de l'emploi).
6. C. trav., art. L. 2254-2 anc.

ses modalités d'organisation et de répartition, d'aménager la rémunération ou encore de déterminer les conditions de la mobilité professionnelle ou géographique interne à l'entreprise[1].

312.312 Application stricte des exceptions légales. Si les exceptions légales se sont accrues ces dernières années jusqu'à l'accord de performance collective, il est dans leur nature dérogatoire d'être d'application stricte. C'est ce que la Chambre sociale de la Cour de cassation a confirmé dans un arrêt rendu le 16 février 2022 à propos d'un accord de gestion des emplois et des compétences qui se référait expressément aux dispositions des articles L. 5125-1 et suivants du Code du travail applicables, à l'époque des faits, aux accords de maintien de l'emploi, aujourd'hui abrogées. Aux termes de l'accord, l'employeur s'engageait pendant la durée de celui-ci à ne pas procéder à des licenciements économiques dans la mesure où les salariés occupant certains emplois soumis à des pertes de marché acceptaient les éventuels aménagements relatifs à la durée du travail, à ses modalités d'organisation et de répartition, à la rémunération et au lieu de travail.

Se prononçant sur la validité d'un tel accord, la Chambre sociale ne l'admet pas, jugeant que, « sauf disposition légale contraire, un accord collectif ne peut suspendre les clauses contractuelles des contrats de travail qui lui seraient contraires et prévoir que le licenciement des salariés ayant refusé l'application de cet accord entraînant une modification de leur contrat de travail reposerait sur un motif de licenciement et serait prononcé, indépendamment du nombre de salariés concernés, selon les modalités d'un licenciement individuel pour motif économique ». L'arrêt en appelle, pour en justifier, aux dispositions de l'article L. 2254-1, selon lesquelles un accord collectif ne peut modifier, sans l'accord des salariés concernés, les droits qu'ils tiennent de leur contrat de travail, et aux dispositions de l'article L. 2251-1 qui prévoient qu'un accord collectif ne peut déroger aux dispositions qui revêtent un caractère d'ordre public telles que celles relatives à la cause du licenciement[2].

312.313 Portée de la substitution des stipulations conventionnelles. Il résulte des dispositions de l'article L. 2254-2 du Code du travail relatives à l'accord de performance collective que « les stipulations de l'accord se substituent de plein droit aux clauses contraires et incompatibles du contrat de travail, y compris en matière de rémunération, de durée du travail et de mobilité professionnelle ou géographique interne à l'entreprise ». Il s'agit là de l'effet le plus radical de l'application du principe de primauté directe[3], la substitution entraînant une modification du contrat. L'alinéa suivant du même texte le confirme en indiquant que « le salarié peut refuser la modification de son contrat de travail résultant de l'application de l'accord ». L'effet est ainsi renforcé par rapport à celui reconnu, sous l'empire de la loi du 14 juin 2013, aux accords de mobilité interne, géographique ou/et professionnelle, et aux accords de maintien de l'emploi dont l'application ne faisait que suspendre les clauses des contrats de travail qui leur étaient contraires.

Cette intégration des stipulations de l'accord dans les contrats de travail pose du coup la question de la pérennité de la modification des contrats qui en résulte. L'incorporation des stipulations conventionnelles est-elle réversible, pour la durée de l'accord s'il est à durée déterminée ou jusqu'à sa mise en cause ou sa dénonciation, ou est-elle irréversible dans la mesure où les stipulations ont pris un caractère contractuel ? Faut-il distinguer à ce sujet selon que l'accord de performance collective est à durée déterminée ou à durée indéterminée, ce qui pourrait s'interpréter dans ce dernier cas comme exprimant la volonté des partenaires sociaux de donner à la substitution un caractère définitif ? En toute hypothèse, certaines mesures susceptibles d'être prises dans le cadre d'un accord de performance collective sont par nature irréversibles comme le changement de lieu d'exécution du contrat en application d'un accord de mobilité. Mais, il est vrai que, dans cette situation, on peut estimer que l'accord ne confère pas un caractère contractuel au nouveau lieu de travail.

Si ces questions sont en attente de réponse de la part des juges judiciaires lorsque ces derniers seront appelés à interpréter à ce sujet les dispositions légales, le ministère du Travail, à l'occasion d'un *Questions-Réponses* consacré en juillet 2020 aux accords de performance collective a, semble-t-il, pris position. Il a affirmé, sans autre justification, que « si des clauses du contrat de travail sont incompatibles avec les dispositions de l'accord de performance collective, et que le salarié accepte l'application de cet accord, elles vont être suspendues pendant la durée de vie de l'accord »[4]. Si les mots ont un sens, l'utilisation du terme de « suspension » au lieu de celui de « substitution » induit que les stipulations contractuelles retrouvent effet lorsque l'accord prend fin d'une manière ou d'une autre, à moins que cette renaissance soit impossible quand la mesure est irréversible[5].

1. V. s[s] n° 511.62.
2. Soc. 16 févr. 2022, n° 20-17.644, P ; *Bull. Joly s[tés]* 4/2022, p. 18, note C. Mariano.
3. V. s[s] n° 312.32.
4. Question-Réponse n° 1.
5. Sur les accords de performance collective, v. s[s] n°s 511.21 s.

§ 6
Rapports entre accords collectifs et usages et engagements unilatéraux de l'employeur

312.321 **Hors-série.** Les articles L. 2251-1 à L. 2254-2 du Code du travail, qui consacrent une série de règles aux différents cas de concours impliquant un accord collectif, ne traitent pas des rapports entre celui-ci et les usages et engagements unilatéraux de l'employeur. La jurisprudence y supplée et fait application en la matière du principe de la primauté directe. Ce principe est même en l'occurrence renforcé car, non seulement les stipulations de l'accord collectif s'appliquent à l'exclusion des usages et engagements unilatéraux ayant le même objet, mais la Cour de cassation décide que l'adoption de l'accord collectif a pour effet de mettre fin à l'usage[1] ou à l'engagement unilatéral[2] sans qu'il soit besoin de le dénoncer. Le principe de primauté directe étant indifférent au sens plus favorable ou non de la norme dont il dicte l'application, l'accord collectif met fin à l'usage ou à l'engagement unilatéral même si celui-ci est plus favorable[3].

La primauté de l'accord collectif a également cet effet que « si l'employeur peut, par un engagement unilatéral, accorder des avantages supplémentaires à ceux résultant d'une convention ou d'un accord collectif de travail, il ne peut substituer à ces avantages conventionnels des avantages différents »[4].

1. Soc. 9 juill. 1996, nº 94-42.773 ; P V, nº 276 ; *RJS* 8-9/1996, nº 954 ; *D.* 1996. 196 – Soc. 8 janv. 2002, nº 00-12.252 ; P V, nº 4 ; *RJS* 5/2002, nº 586 ; *D.* 2002. 779 – Soc. 26 janv. 2005, nº 02-47.507 ; P V, nº 31 ; *RJS* 4/2005, nº 419 – Soc. 20 mai 2014, nº 12-26.322 ; P V, nº 124 ; *RJS* 7/2014, nº 581 ; *D.* 2014. 1210 ; *D.* 2014. 2374, obs. P. Lokiec et J. Porta ; *Dr. soc.* 2014. 685, obs. V. Roulet ; *Dr. soc.* 2014. 685, obs. V. Roulet ; *RDT* 2014. 636, note C. Nicod ; *JCP S* 2014. 1367, note B. Bossus ; *JCP E* 2014. 1563, note L. Vincens ; *Cah. Soc.* 2014, p. 436, obs. F. Canut ; *JSL* 21 juill. 2014, nº 370, p. 17, note J.-Ph. Lhernould ; *RJS* 2014. 478.
2. Soc. 5 mars 1997, nº 95-42.396 ; P V, nº 92 ; *RJS* 4/1997, nº 443 – Soc. 28 janv. 1998, nº 95-45.220, P V, nº 50 ; *D.* 1998. 75 – Soc. 25 janv. 2006, nº 04-42.792, NP – Soc. 10 mars 2010, nº 08-44.950, NP, *Dr. soc.* 2010. 1092, note M. Véricel ; *RDT* 2010. 382, obs. H. Tissandier – Soc. 26 sept. 2012, nº 10-24.529 ; P V, nº 247 ; *RJS* 12/2012, nº 976 ; *D.* 2012. 2316 ; *JA* 2012, nº 470, p. 13, obs. L. T. ; *JCP S* 2012. 1540, note J. Daniel ; *RJS* 2012. 825 – Soc. 8 mars 2017, nº 15-25.463, NP.
3. V. PAR EX. : Soc. 26 sept. 2012, nº 10-24.529, préc., qui juge que, lorsque l'application dans l'entreprise d'une convention collective à laquelle l'employeur n'est pas soumis résulte d'un usage ou d'un engagement unilatéral de ce dernier, la conclusion d'un accord d'entreprise ayant le même objet met fin à cet usage ou à cet engagement sans qu'il y ait lieu de rechercher si les clauses de l'accord sont ou non plus favorables que celles de la convention jusqu'alors appliquée volontairement.
4. Soc. 4 févr. 2015, nº 13-28.034, P V, nº 21 ; *BJT* 2015, p. 210, obs. F. Canut ; *RJS* 2015. 273 ; *D.* 2015. 380 ; *JA* 2015, nº 516, p. 11, obs. D. Rieubon ; *JT* 2015, nº 173, p. 14, obs. D. Rieubon ; *JCP S* 2016. 1146, note T. Lahalle.

TITRE

32. Le contenu de la négociation

SECTION 0
ORIENTEUR

32.00 **Sommaire du titre.**

Division. Le domaine de la négociation d'entreprise est indéterminé. Par hypothèse, toutes les matières qui ne font pas l'objet de règles relevant de l'ordre public absolu ou qui ne sont pas exclusivement réservées à la négociation de branche peuvent donner lieu à des accords d'entreprise. C'est au regard de son contenu que la négociation d'entreprise peut être dès lors appréhendée. De ce point de vue, celle-ci est aujourd'hui organisée, dans de nombreuses matières, au moyen du triptyque « ordre public », « champ de la négociation *collective* » et « dispositions supplétives » (chap. 321). La méthode n'a pas toutefois été généralisée. Il faut en conséquence toujours, pour se représenter le contenu de la négociation, distinguer ce qui participe de la négociation obligatoire (chap. 322) et les autres champs de négociation (chap. 323).

CHAPITRE

321. Ordonnancement de la négociation

SECTION 0
ORIENTEUR

321.00 Sommaire du chapitre.

Division. Le triptyque est d'abord une méthode qui consiste à démembrer l'ordre public social et, tout en laissant certaines des dispositions qui en sont issues dans la rubrique « ordre public », à faire passer les autres dans une rubrique « dispositions supplétives » afin de faire une place accrue au « champ de la négociation collective » (sect. 1). Initiée par la loi Travail du 8 août 2016 qui l'a expérimentée dans plusieurs domaines, dont celui de la durée du travail, la méthode a continué d'être déclinée par les ordonnances du 22 septembre 2017. Son domaine ne couvre pas toutefois l'ensemble des matières qui pourraient en faire l'objet (sect. 2).

321.03 Bibliographie indicative.

Articles. F. Bergeron-Canut, « L'architecture "ordre public/champ de la négociation/dispositions supplétives" : facteur de conventionnalisation », *BJT* 12/2019, p. 51 – O. Dutheillet de Lamothe et L. Marquet de Vasselot, « Loi Travail, refondation du Code du travail et négociation collective », *RJS* 2016. 807.

321.05 Points clés. L'ordonnancement de la négociation est opéré au moyen du triptyque, introduit en 2016 et étendu en 2017, déclinant en trois branches l'ordre public, le champ ouvert à la négociation collective et les dispositions supplétives. Aujourd'hui prévu dans de nombreuses matières, il n'a pas cependant été généralisé à tous les sujets de négociation.

SECTION 1
MÉTHODE DU TRIPTYQUE

321.11 Présentation du triptyque. Le triptyque a été introduit dans le Code du travail par la loi du 8 août 2016[1] relative au travail, à la modernisation du dialogue social et à la sécurisation des parcours professionnels qui l'a décliné dans toutes (ou presque) les dispositions traitant de la durée du travail et des congés. La loi ne faisait pas mystère de son ambition que ce mécanisme soit un moyen de « refonder le droit du travail et donner plus de poids à la négociation collective » en mettant en place « une nouvelle architecture des règles »[2]. Il était indiqué à ce sujet, dans l'exposé des motifs du projet de loi, que « les principes essentiels du droit du travail, dégagés par le comité présidé par Robert Badinter, serviront de base à une réécriture du code selon une nouvelle architecture en trois parties, comme l'avait préconisé la commission présidée par Jean-Denis Combrexelle : les règles d'ordre public auxquelles il n'est pas possible de déroger ; le champ renvoyé à la négociation collective ; les règles supplétives applicables en l'absence d'accord. Le présent projet de loi met dès à présent en place cette nouvelle architecture pour la partie du code relative au temps de travail et aux congés. Il crée une commission de refondation chargée de mener ce travail à son terme, dans un délai de deux ans. Elle devra renforcer la place de la négociation collective, notamment au niveau de l'entreprise ».

Dans son rapport sur *La négociation collective, le travail et l'emploi* en 2015, le Président de la section sociale du Conseil d'État, Monsieur Jean-Denis Combrexelle, projetait de généraliser « à moyen terme, c'est-à-dire dans un délai maximal de quatre ans, [la] nouvelle architecture du code du travail faisant le partage entre les dispositions impératives, le ren-

1. L. n° 2016-1088, 8 août 2016, relative au travail, à la modernisation du dialogue social et à la sécurisation des parcours professionnels, *JO* 9 août, n° 3.
2. Ce sont les intitulés respectivement du livre 1er et, en son sein, du chapitre 3 dans lequel le triptyque est appliqué en matière de durée du travail et de congés.

voi à la négociation collective et les dispositions supplétives en l'absence d'accord ». Et il proposait « à court terme, c'est-à-dire dans le courant de l'année 2016 », de modifier les « dispositions du code du travail concernant les conditions de travail, le temps de travail, l'emploi et les salaires »[1]. Cette généralisation n'a pas, pour le moment, été réalisée. Mais la place du triptyque a été étendue à l'occasion des ordonnances du 22 septembre 2017 pour traiter d'autres matières que la durée du travail et les congés. Le nouveau droit de la représentation du personnel, en particulier, y recourt pour accompagner et favoriser l'aménagement conventionnel du comité social et économique.

À cet égard, les dispositions organisant le triptyque sont toujours de nature législative mais elles peuvent, le cas échéant, être complétées par des mesures règlementaires.

321.12 Rôle du triptyque : extension de la place donnée à la négociation collective. Le triptyque est composé d'un socle normatif inamovible dont la découpe dessine en contrepoint le champ ouvert à la négociation collective, en complément de quoi sont prévues des dispositions supplétives, applicables par défaut en l'absence de norme négociée. Cette répartition des règles a pour objet et pour effet d'élargir la place donnée à la négociation collective. L'élargissement est un effet mécanique du démembrement de l'ordre public social « classique » dont une partie des règles a été maintenue dans la rubrique « ordre public » tandis que d'autres ont été reléguées au sein des dispositions supplétives. Cette scission opérée dans un esprit de hiérarchie a libéré en conséquence de nouveaux espaces à la négociation collective puisque des règles qui relevaient de l'ordre public social « classique » et qui ont été déclassées parmi les dispositions supplétives peuvent être aujourd'hui préemptées par des stipulations conventionnelles indépendamment de l'application du principe de faveur.

Dans les champs ainsi ouverts à la négociation collective, la formulation des termes du triptyque permet de prendre concrètement la mesure de l'étendue de la liberté conventionnelle et de la baliser, ce qui en facilite la mise en œuvre. Cette mise en œuvre est laissée par principe aux accords d'entreprise, les textes précisant le plus souvent leur primauté et ne faisant de place qu'« à défaut » à un accord de branche. Certaines dispositions, toutefois, réservent le champ de la négociation à des accords de branche qui doivent alors être étendus[2] ou l'envisagent pour des accords de groupe[3].

321.13 Rôle du triptyque : incitation à la négociation collective. L'articulation des normes conventionnelles, produit de la négociation collective, et des normes légales, d'application supplétive, aide à un redéploiement de la liberté conventionnelle dont le champ opératoire est substantiellement élargi. L'espace ouvert à la liberté conventionnelle est, qui plus est, parfois favorisé par un ordre public famélique[4]. À l'opposé, le recours au droit négocié peut être rendu profitable lorsque la règle impérative a été déplacée dans les dispositions supplétives et que la norme conventionnelle est un moyen de s'en affranchir. C'est le cas, par exemple, en matière de rémunération des heures supplémentaires. La règle supplétive prévoit une majoration de salaire de 25 % pour chacune des huit premières heures supplémentaires, les heures suivantes donnant lieu à une majoration de 50 % alors qu'un accord d'entreprise ou, à défaut, un accord de branche peut fixer un taux de majoration inférieur dans la limite de 10 %[5]. Également dans le domaine de la durée du travail, s'agissant du travail à temps partiel, la disposition d'ordre public se borne à renvoyer aux modalités déterminées par la norme collective et, à défaut, par la règle supplétive s'agissant de la durée minimale de travail hebdomadaire qui doit être garantie aux salariés en l'absence de volonté contraire. La règle supplétive prévoit à ce sujet une durée minimale de vingt-quatre heures hebdomadaires ; mais un accord de branche étendu peut fixer une durée différente, supérieure ou inférieure[6].

L'intérêt des partenaires sociaux à traiter une situation par la voie conventionnelle peut aussi tenir au souci de ne pas laisser la main à l'employeur quand, à défaut d'accord, les dispositions supplé-

1. J.-D. Combrexelle, *La négociation collective, le travail et l'emploi,* Rapport au premier Ministre, France stratégie, sept. 2015, p. 81.

2. C. trav., art. L. 3121-14 pour instituer, en matière d'équivalence, une durée du travail équivalente à la durée légale pour les professions et emplois comportant des périodes d'inaction ; article L. 3123-19 pour fixer la durée maximale de travail en matière de travail à temps partiel ; article L. 3123-21 pour prévoir le taux de majoration des heures complémentaires en matière de travail à temps partiel ; article L. 3123-22 pour prévoir la possibilité d'augmenter temporairement la durée du travail prévue par le contrat de travail toujours en matière de travail à temps partiel.
3. C. trav., art. L. 2312-20 s'agissant de la consultation sur les orientations stratégiques ; article L. 2312-56 à propos de certaines consultations ponctuelles.
4. PAR EX., en ce qui concerne les consultations récurrentes du comité social et économique, l'ordre public se borne à rendre obligatoire, sur le principe, les trois types de consultations que sont la consultation sur les orientations stratégiques de l'entreprise, celle sur la situation économique et financière de l'entreprise et, enfin, celle sur la politique sociale, les conditions de travail et l'emploi (C. trav., art. L. 2312-17). L'ordre public est réduit de cette manière à sa plus simple expression pour ouvrir le champ le plus large à la négociation, le dispositif légal relevant désormais de dispositions supplétives.
5. C. trav., art. L. 3121-33 et L. 3121-36.
6. C. trav., art. L. 3123-7 (ordre public), L. 3123-19 (champ de la négociation collective) et L. 3123-27 (disposition supplétive).

tives s'en remettent à sa décision unilatérale. Il est, par exemple, prévu que, à défaut d'accord d'entreprise ou d'accord de branche organisant la répartition de la durée du travail sur une période supérieure à la semaine, l'employeur peut, dans des conditions fixées par décret, mettre en place une répartition sur plusieurs semaines dans la limite de neuf semaines pour les entreprises employant moins de cinquante salariés et dans la limite de quatre semaines pour les entreprises de cinquante salariés et plus[1]. Il lui revient aussi, « à défaut d'accord », de fixer le mode d'organisation des astreintes et leur compensation[2] ou de définir la période de prise des congés et l'ordre des départs en fonction de certains critères[3].

Enfin, et surtout, la configuration du triptyque est un moyen pour le législateur de stimuler la liberté conventionnelle en posant un préalable de négociation pour le traitement de certaines situations. Ce n'est alors que, « à défaut » d'accord ou « en l'absence » d'accord, que la règle légale est appelée à opérer[4]. Ce préalable de négociation est tantôt une exigence implicite dans les situations qu'il reviendra à la Cour de cassation de préciser[5], tantôt un impératif expressément formulé, comme par exemple en ce qui concerne le recours au travail de nuit. En la matière, il est prescrit à l'employeur qu'il « ait engagé sérieusement et loyalement des négociations en vue de la conclusion d'un tel accord », ce qui implique qu'il ait « 1) convoqué à la négociation les organisations syndicales représentatives dans l'entreprise et fixé le lieu et le calendrier des réunions ; 2) communiqué les informations nécessaires leur permettant de négocier en toute connaissance de cause ; 3) répondu aux éventuelles propositions des organisations syndicales »[6].

SECTION 2
DOMAINE DU TRIPTYQUE

321.21 Matières couvertes par le triptyque. Plusieurs champs du droit du travail sont aujourd'hui organisés sur le modèle du triptyque. Encore que son application ne soit pas systématique dans tous les aspects de la matière, le triptyque atteste de l'importance donnée en ces domaines au droit négocié. Le triptyque est ainsi largement déployé dans les dispositions traitant du domaine et de la périodicité de la négociation obligatoire, qu'il s'agisse de la négociation de branche ou de la négociation d'entreprise. Il est également très présent dans les dispositions relatives au comité social et économique s'agissant, plus particulièrement, des consultations, permanentes et ponctuelles, et des commissions. Il est enfin diffusé dans tout le champ de la durée du travail, des repos et des congés.

Si l'on ne peut plus, dans ces conditions, parler d'application expérimentale de la méthode, le chantier de la refondation du Code du travail n'en est pas moins que partiellement réalisé. Sans doute, des pans entiers du Code ne peuvent pas être conçus sur le modèle du triptyque : les livres III (règlement intérieur et droit disciplinaire) et IV (résolution des litiges et conseil de prud'hommes) de la première partie du code (relations individuelles), les livres IV (salariés protégés) et V (conflits collectifs) de la deuxième partie (relations collectives), l'essentiel de la quatrième partie traitant de la santé et de la sécurité, une grande partie de la cinquième partie sur l'emploi, la sixième partie sur la formation professionnelle, la septième partie comportant des dispositions particulières à certaines activités et professions ou encore la huitième partie consacrée au contrôle de l'application de la législation du travail (rôle de l'inspection du travail et lutte contre le travail illégal). Mais le chantier ne donne pas l'impression d'être achevé. D'autres matières pourraient se prêter à la démarche du triptyque, spécialement au sujet des questions de salaire.

321.22 Progression de la démarche. L'article 1er de la loi du 8 août 2016, sous l'intitulé d'un chapitre consacré à la « refondation du Code du travail », prévoyait qu'« une commission d'experts et de praticiens des relations sociales [serait] instituée afin de proposer au Gouvernement une refondation de la partie législative du code du travail ». Il était indiqué que « cette refondation attribue[rait] une place centrale à la négociation collective, en élargissant ses domaines de compétence et son champ d'action, dans le respect du domaine de la loi fixé par l'article 34 de la Constitution. Les dispositions supplétives applicables en l'absence d'accord collectif [devraient], sauf à des fins de simplification, reprendre des règles de droit positif ». La même disposition projetait enfin que « la commission remet[te] ses travaux au Gouvernement dans un délai de deux ans à compter de la promulgation de la présente loi ».

Ce projet est resté lettre morte. Mais les ordonnances du 22 septembre 2017 ont tout de même poursuivi le déploiement de la formule du triptyque en en faisant application dans quelques domaines. La généralisation n'étant pas à l'ordre du jour et n'étant probablement pas réalisable, il semble que la démarche suivie soit celle d'une déclinaison progressive dans les domaines où le législateur entend favoriser le développement du droit négocié.

1. C. trav., art. L. 3121-45.
2. C. trav., art. L. 3121-12, qui précise que les modalités d'information des salariés concernés sont en revanche fixées par voie réglementaire.
3. C. trav., art. L. 3141-16.
4. V. s^s n° 311.151.
5. V. s^s n° 311.174.
6. C. trav., art. L. 3122-21.

CHAPITRE

322. Négociation obligatoire

SECTION 0
ORIENTEUR

322.00 **Sommaire du chapitre.**

Division. La négociation obligatoire en entreprise est organisée suivant la méthode du triptyque « ordre public », « champ de la négociation collective » et « dispositions supplétives » depuis l'ordonnance n° 2017-1385 du 22 septembre 2017. Son régime a évolué en conséquence (sect. 1), alors que son domaine est demeuré inchangé (sect. 2).

322.01 **Textes applicables.**

> Ordre public

• **C. trav.,** art. L. 2242-1 ; mod. par L. n° 2021-1018, 2 août 2021, art. 4 [entrée en vigueur : 31 mars 2022] [Rémunération, temps de travail, partage de la valeur, égalité professionnelle, qualité de vie et des conditions de travail]

• **C. trav.,** art. L. 2242-2 [Gestion des emplois et des parcours professionnels]

• **C. trav.,** art. L. 2242-3, R. 2242-2 et R. 2242-2-1 [Plan d'action en matière d'égalité professionnelle]

• **C. trav.,** art. L. 2242-4 [Interdiction des décisions unilatérales]

• **C. trav.,** art. L. 2242-5, L. 2242-6 et R. 2242-1 [Procès-verbal]

• **C. trav.,** art. L. 2242-7, L. 2242-8, R. 2242-5 à R. 2242-8 et D. 2242-13 à D. 2242-16 [Pénalités]

• **C. trav.,** art. L. 2242-9 [Autorité administrative]

> Champ de la négociation collective

• **C. trav.,** art. L. 2242-10 et art. L. 2242-11 [Accord de méthode]

> Dispositions supplétives

• **C. trav.,** art. L. 2242-13 ; mod. par L. n° 2021-1018, 2 août 2021, art. 4 [entrée en vigueur : 31 mars 2022] [Périodicité]

• **C. trav.,** art. L. 2242-14 [Modalités des négociations]

• **C. trav.,** art. L. 2242-15 [Objet de la négociation sur la rémunération, le temps de travail et le partage de la valeur]

• **C. trav.,** art. L. 2242-17 ; mod. par L. n° 2021-1018, 2 août 2021, art. 4 [entrée en vigueur : 31 mars 2022] [Objet de la négociation sur l'égalité professionnelle et la qualité de vie et des conditions de travail]

• **C. trav.,** art. L. 2242-18 [Travailleurs handicapés]

• **C. trav.,** art. L. 2242-19 [Prévention de l'exposition aux facteurs de risques professionnels]

• **C. trav.,** art. L. 2242-19-1 ; créé par L. n° 2021-1018, 2 août 2021, art. 4 [entrée en vigueur : 31 mars 2022] [Qualité des conditions de travail]

• **C. trav.,** art. L. 2242-20 [Gestion des emplois et des parcours professionnels]

322.03 Bibliographie indicative.

Contributions. F. Canut et P.-Y. Verkindt, « Négocier sous contrainte, un nouveau visage de la négociation collective en France ? », *Mélanges en l'honneur du Professeur François Gaudu : Droit du travail, Emploi, Entreprise,* « Bibliothèque de l'IRJS – André Tunc », IRJS, 2014, p. 241 – M.-A. Souriac, « Actualité et devenir de l'obligation de négocier, quelques aperçus », *Études offertes à Jean Pélissier : Analyse juridique et valeurs en droit social*, « Études, mélanges, travaux », Dalloz, 2004, p. 915.

Articles. P.-H. Antonmattei, « GPEC, le renforcement de l'obligation triennale de négocier », *Dr. soc.* 2013. 791 ; « Négocier un accord sur la qualité de vie au travail. Quelques observations sur l'article 33 de la loi du 5 mars 2014 », *Dr. soc.* 2015. 131 – J. Barthélémy, « Aménagements conventionnels du temps de travail », *Cah. DRH* 4/2022, n° 296, p. 75 – S. Béal et C. Terrenoire, « L'encadrement de la négociation obligatoire dans l'entreprise après la loi Travail », *JCP S* 2016. 1379 ; « La mise en œuvre de la négociation obligatoire dans l'entreprise après la loi Travail », *JCP E* 2016. 1579 ; « Négociation obligatoire dans l'entreprise (1re partie) », *JCP E* 2017. 1686 – J. Dirringer, F. Héas et V. A., « Négociation collective, pratiques et innovations en matière de risque santé », *Dr. soc.* 2019. 892 – V. Drochon et R. Tafini, « De l'incitation à la négociation sur la qualité de vie au travail dans l'entreprise », *JCP S* 2013. 372 – A. Favre, « Réforme des obligations de négocier dans l'entreprise, l'âge de raison ? », *Dr. soc.* 2015. 882 ; « Les sanctions du défaut de négociation collective », *Dr. soc.* 2023. 203 – F. Héas, « La négociation collective sur la qualité de vie au travail », *Dr. soc.* 2019. 907 – H.-J. Legrand, « Sur un nouvel objet juridique non identifié, la GPEC », *Dr. soc.* 2006. 330 – G. Loiseau, « La négociation des accords QVT », *BJT* 1/2019, p. 46 ; « La qualité des conditions de travail, un nouveau thème de négociation », *JCP S* 2022. 1086 – Ch. Mariano, « L'échec des négociations, quel traitement juridique ? », *Bull. Joly sociétés* 7/2022, p. 36 – I. Meftah, « La négociation sur la qualité des conditions de travail : premières analyses », *BJT* 10/2021, p. 52 – N. Moreau, « Conclure un accord collectif relatif au temps de travail », *JCP S* 2022. 1314 – Y. Pagnerre et E. Jeansen, « L'obligation de négocier, de la loi au contrat collectif », *JCP S* 2017. 1314 – M. Puech, « L'obligation, au regard du droit pénal, d'engager une négociation annuelle dans l'entreprise », *Dr. soc.* 1984. 49 – M.-N. Rouspide-Katchadourian, L. Fin-Langer, C. Geulin et M. Laffite, « Dialogue social et QVCT : des enjeux RH, juridiques, judiciaires », *JCP* 2023. 1007 – G. Santoro, « L'articulation des temps de vie par la négociation collective sur l'égalité professionnelle entre les femmes et les hommes », *Dr. soc.* 2017. 160 – J. Savatier, « L'obligation de négociation annuelle dans l'entreprise, quelle sanction ? », *Dr. soc.* 1990. 154 ; « L'interdiction des décisions unilatérales de l'employeur au cours de la négociation annuelle d'entreprise », *Dr. soc.* 1995. 43 – S. Selusi-Sobirats et M. Vaskou, « Pratiques innovantes en matière de négociation relative à la QVT », *BJT* 10/2019, p. 61 – R. Soubie, « L'obligation de négocier et sa sanction », *Dr. soc.* 1983. 55 – P.-Y. Verkindt, « Qualité de vie au travail et égalité professionnelle : coup d'œil rétrospectif sur l'ANI du 19 juin 2013 », *Cah. DRH* 7/2014, p. 32.

322.05 **Points clés.** La négociation obligatoire en entreprise est organisée suivant la méthode du triptyque « ordre public », « champ de la négociation collective » et « dispositions supplétives ». Du point de vue de leur objet, les règles se répartissent entre celles relatives au régime de la négociation et celles traitant de son domaine. Ce domaine est composé de trois thèmes principaux que sont, d'une part, la rémunération, le temps de travail et le partage de la valeur ajoutée dans l'entreprise, d'autre part, l'égalité professionnelle entre les femmes et les hommes et la qualité de vie et des conditions de travail, enfin, la gestion des emplois et des parcours professionnels.

322.06 **Négociations récurrentes et négociations non récurrentes.** La négociation obligatoire en entreprise peut être occasionnelle ou récurrente. Dans tous les cas, elle ne concerne pas toutes les entreprises et est conditionnée, soit par l'effectif qui doit excéder un certain seuil, soit à la présence d'une ou de plusieurs sections syndicales d'organisations représentatives. Les négociations occasionnelles portent sur des questions sociales que le législateur estime devoir être traitées par la voie conventionnelle plutôt qu'au moyen de normes légales uniformes. Par exemple, la loi de financement de la sécurité sociale pour 2009 avait instauré une obligation de négocier sur l'emploi des seniors pour toute entreprise employant cinquante salariés et plus ou appartenant à un groupe de cinquante salariés. La loi du 1er mars 2013 [1] a remplacé cette obligation par une négociation sur le contrat de génération, obligatoire dans les entreprises d'au moins trois cents salariés et encouragée dans celles d'au moins cinquante salariés. Cette dernière obligation a été à son tour supprimée par l'ordonnance n° 2017-1387 du 22 septembre 2017 [2]. Quelles qu'elles soient, les législations particulières instaurant des obligations de négocier ont en commun de prévoir une pénalité financière à défaut d'engagement d'une négociation et d'imposer à l'employeur l'adoption d'un plan d'action en l'absence de conclusion d'un accord collectif.

Les négociations récurrentes, quant à elles, sont rendues obligatoires sur des thèmes qui, en raison de leur importance et de leur évolutivité, réclament que les partenaires sociaux s'y intéressent périodiquement même s'ils ne donnent pas lieu systématiquement à la conclusion d'un accord collectif. À la différence des négociations ponctuelles dont il est attendu qu'elles aboutissent à un accord, l'absence d'accord à l'issue d'une négociation récurrente n'entraîne pas forcément l'obligation pour l'employeur d'adopter de manière unilatérale des mesures supplétives, notamment sous la forme d'un plan d'action. Soit qu'un accord a déjà été conclu sur la question, soit que celle-ci ne se prête pas à un traitement unilatéral par l'employeur, soit qu'il existe des dispositions légales sur lesquelles s'appuyer, la loi fixe un rendez-vous récurrent afin d'entretenir sur le sujet l'esprit de la négociation collective. Et, ici aussi, toutes les entreprises ne sont pas concernées. Il faut, déjà, qu'elles soient en condition de négocier des accords collectifs sans recourir pour cela à des modalités substitutives de négociation, autrement dit qu'elles soient pourvues d'une ou de plusieurs sections syndicales d'organisations représentatives. S'y ajoutent, ensuite, pour certains thèmes, des exigences relatives à l'effectif, seules les entreprises d'au moins trois cents salariés étant tenues d'ouvrir des négociations relativement à ces thèmes particuliers.

322.07 Réglementation de la négociation obligatoire. Organisée suivant la formule du triptyque, la négociation obligatoire fait l'objet de règles impératives qui se destinent, pour l'essentiel, à en fixer les thèmes généraux. En ce qui les concerne, les partenaires sociaux n'ont pas de liberté qui permettrait d'en écarter certains. Tout au plus peuvent-ils aménager leur périodicité sous réserve que chacun d'eux soit négocié au moins une fois tous les quatre ans. Ils ont, en revanche, la possibilité de préciser le contenu de chacun des thèmes à négocier de telle sorte que ce contenu est en pratique modulable conventionnellement. Et c'est pourquoi ce sont les dispositions supplétives qui listent, dans le détail, les éléments les concernant.

La place accordée aux agencements conventionnels est plus importante, logiquement, s'agissant du régime de la négociation obligatoire. Les partenaires sociaux peuvent adopter leurs propres règles à propos de la périodicité des négociations – dans la limite de quatre ans –, du calendrier et des lieux des réunions, des informations qui doivent être remises par l'employeur en vue de la négociation sur les thèmes prévus, des modalités de suivi des engagements souscrits ou encore de la périodicité de la renégociation d'un accord lorsqu'il est conclu sur l'un des thèmes – dans la limite, là encore, de quatre ans.

1. L. n° 2013-185, 1er mars 2013 portant création du contrat de génération, *JO* 3 mars, n° 1.
2. Ord. n° 2017-1387, 22 sept. 2017 relative à la prévisibilité et la sécurisation des relations de travail, *JO* 23 sept., n° 33.

SECTION 1 RÉGIME DE LA NÉGOCIATION OBLIGATOIRE

322.10 Plan – Régime légal et adaptations conventionnelles. Le régime de la négociation obligatoire est organisé, depuis l'ordonnance n° 2017-1385 du 22 septembre 2017, suivant la méthode du triptyque. Les règles légales demeurent prépondérantes (§ 1) mais des adaptations conventionnelles sont rendues possibles (§ 2).

§ 1 Règles légales

322.20 Plan – Ordre public et dispositions supplétives de la négociation obligatoire. L'ordre public est peu développé pour imposer des règles relatives à la mise en œuvre de la négociation obligatoire. Hormis la périodicité minimale de quatre ans (A), l'ordre public se concentre sur les conséquences d'un défaut d'engagement de la négociation sur l'un des thèmes, sanctionné par une pénalité financière, ou sur l'absence de conclusion d'un accord sur un autre des thèmes, imposant à l'employeur l'établissement d'un plan d'action, le défaut de l'un ou de l'autre exposant l'employeur au paiement d'une pénalité (C). Pour le reste, les modalités de la négociation obligatoire sont précisées par des dispositions supplétives s'agissant de questions qui n'appellent pas des règles communes à toutes les entreprises (B).

A. Périodicité de la négociation obligatoire

322.31 Négociations annuelles. À défaut d'accord collectif – qui peut être un accord d'entreprise, un accord de groupe ou un accord d'établissement – fixant une autre périodicité, une négociation doit être engagée chaque année sur la rémunération, le temps de travail et le partage de la valeur ajoutée dans l'entreprise. La négociation est également annuelle sur l'égalité professionnelle entre les femmes et les hommes et la qualité de vie et des conditions de travail[1]. Dans les deux cas, elle est obligatoire à partir du moment où il existe dans l'entreprise une ou plusieurs sections syndicales d'organisations représentatives[2].

322.32 **Négociation triennale.** La périodicité est triennale en ce qui concerne la négociation sur la gestion des emplois et des parcours professionnels[3]. Celle-ci n'est, de surcroît, obligatoire que dans les entreprises et les groupes d'entreprises d'au moins trois cents salariés ainsi que dans les entreprises et groupes d'entreprises de dimension communautaire comportant au moins un établissement ou une entreprise de cent cinquante salariés en France[4].

B. Déroulement de la négociation obligatoire

322.41 **Initiative de la négociation.** L'initiative de la négociation incombe toujours à l'employeur, ce que le législateur exprime sans ambiguïté en disposant aux articles L. 2242-1, L. 2242-2, L. 2242-13 et L. 2242-20 que « l'employeur engage » une négociation. « Engager » ne se limite pas ici à une invitation formelle à participer à la négociation. L'initiative de celle-ci implique d'en organiser matériellement la tenue et de fournir aux organisations syndicales représentatives toutes les informations qui sont utiles à la discussion et pertinentes dans la perspective d'un éventuel accord à conclure. Bref, « engager » une négociation s'accompagne d'obligations pour mettre les partenaires sociaux en condition d'échanger en connaissance de cause sur un contenu, sans préjuger de l'issue de la discussion. La loi se fait d'ailleurs précise et prescriptive quant à la marche à suivre à propos de la négociation sur les salaires effectifs ; mais rien ne justifie que les indications ne vaillent que pour celle-là. Il est dit, à l'article L. 2242-6 du Code du travail, que « les accords collectifs d'entreprise sur les salaires effectifs ne peuvent être déposés auprès de l'autorité administrative [...] qu'accompagnés d'un procès-verbal d'ouverture des négociations portant sur les écarts de rémunération entre les femmes et les hommes, consignant les propositions respectives des parties. Le procès-verbal atteste que l'employeur a engagé sérieusement et loyalement les négociations. L'engagement sérieux et loyal des négociations implique que, dans les entreprises où sont constituées une ou plusieurs sections syndicales d'organisations représentatives, l'employeur ait convoqué à la négociation les organisations syndicales représentatives dans l'entreprise et fixé le lieu et le calendrier des réunions. L'employeur doit également leur avoir communiqué les informations nécessaires pour leur permettre de négocier en toute connaissance de cause et avoir répondu de manière motivée aux éventuelles propositions des organisations syndicales ».

L'initiative requise de l'employeur ne concerne pas au demeurant seulement la négociation sur les thèmes rendus obligatoires par la loi. S'agissant de la négociation d'un éventuel accord de méthode en vue de la négociation sur les contenus, le législateur en fait également peser l'initiative sur l'employeur. Selon l'article L. 2242-10 du Code du travail, c'est à lui que revient d'engager une négociation précisant le calendrier, la périodicité, les thèmes et les modalités de la négociation. L'engagement de cette négociation n'est cependant pas, pour le coup, obligatoire, ni exclusive puisqu'elle peut aussi intervenir à la demande d'une organisation syndicale de salariés représentative.

322.42 **Période d'engagement de la négociation.** En l'absence d'accord collectif ou de stipulations conventionnelles à ce sujet, l'employeur peut décider du moment auquel engager la négociation dès l'instant où la date de réunion intervient au plus douze mois après la fin de la précédente négociation lorsque la périodicité de la négociation est annuelle et au plus trente-six mois suivant la précédente négociation s'agissant de la négociation triennale. C'est ce qui se déduit des termes de l'article L. 2242-13 qui font de cette durée maximale le terme au-delà duquel une organisation syndicale représentative peut exiger de l'employeur l'engagement de la négociation.

322.43 **Absence d'initiative de l'employeur.** Dans l'hypothèse où l'employeur ne prendrait pas l'initiative d'engager la négociation au cours de la période légale, annale ou triennale[5], l'article L. 2242-13 prévoit que la négociation s'engage obligatoirement à la demande d'une organisation syndicale représentative. L'initiative, autrement dit, change de côté mais c'est toujours l'employeur qui doit matériellement engager la négociation. Il est précisé à ce sujet que la demande de négociation formulée par l'organisation syndicale est transmise dans les huit jours par l'employeur aux autres organisations représentatives et que, dans les quinze jours qui suivent la demande

1. C. trav., art. L. 2242-13.
2. C. trav., art. L. 2242-1.
3. C. trav., art. L. 2242-13.
4. C. trav., art. L. 2242-2.
5. L'article L. 2242-13 fait état à ce sujet d'une absence d'initiative depuis plus de douze mois pour chacune des deux négociations annuelles et depuis plus de trente-six mois pour la négociation triennale suivant la précédente négociation.

formulée par l'organisation, l'employeur convoque les parties à la négociation. L'organisation de la négociation incombe donc toujours à l'employeur.

322.44 Lieu et calendrier des réunions. Le lieu et le calendrier de la ou des réunions, s'ils n'ont pas été fixés dans le cadre d'un accord collectif portant sur l'organisation des négociations, sont précisés par l'employeur lors de la première réunion. La règle, formulée par l'article L. 2242-14, est maladroitement exprimée car il paraît s'en inférer qu'une réunion préparatoire ou de cadrage doit de se tenir pour en fixer le lieu et la ou les dates auxquelles les partenaires sont appelés à se retrouver[1]. Il est plus probable que le législateur ait entendu laisser à l'employeur le soin de fournir ces indications aux organisations syndicales représentatives dans la convocation les invitant à la négociation. L'article L. 2242-6 le confirme au détour de dispositions relatives à la négociation sur les salaires effectifs en énonçant que « l'engagement sérieux et loyal des négociations implique que, dans les entreprises où sont constituées une ou plusieurs sections syndicales d'organisations représentatives, l'employeur ait convoqué à la négociation les organisations syndicales représentatives dans l'entreprise et fixé le lieu et le calendrier des réunions ».

322.45 Informations communiquées aux organisations syndicales représentatives. C'est également lors de la première réunion, selon l'article L. 2242-14, que l'employeur doit faire connaître aux organisations syndicales les informations qu'il remettra aux délégués syndicaux et aux salariés composant la délégation sur les thèmes prévus par la négociation et la date de cette remise. Là encore, ces indications sont plus vraisemblablement à fournir dans la convocation envoyée ou remise aux organisations syndicales représentatives pour les inviter à la négociation[2].

S'agissant des informations à communiquer, il ressort des dispositions de l'article L. 2242-6 relatives à la négociation sur les salaires effectifs, mais qui font sens pour toute espèce de négociation, que ce sont toutes « les informations nécessaires pour » permettre aux délégués syndicaux « de négocier en toute connaissance de cause ». La loi précise à l'occasion certains documents qui doivent être communiqués aux partenaires sociaux. S'agissant, par exemple, de la négociation sur l'insertion professionnelle et le maintien dans l'emploi des travailleurs handicapés, qui constitue l'un des sous-thèmes de la négociation annuelle sur l'égalité professionnelle entre les femmes et les hommes et la qualité de vie et des conditions de travail, l'article L. 2242-18 indique que la négociation se déroule sur la base d'un rapport établi par l'employeur présentant la situation de l'entreprise en ce qui concerne l'obligation d'emploi des travailleurs handicapés.

Et, pour que la négociation satisfasse à l'impératif de loyauté, les mêmes informations doivent être communiquées à chacune des organisations syndicales invitées à la négociation[3].

322.46 Interdiction des décisions unilatérales de l'employeur au cours de la négociation. L'impératif de loyauté de la négociation interdit à l'employeur de négocier sur une question et de prendre unilatéralement, parallèlement, une décision sur la même question. L'article L. 2242-4 énonce que, tant que la négociation est en cours, l'employeur ne peut arrêter, dans les matières traitées, des décisions unilatérales concernant la collectivité des salariés. À cet égard, la Cour de cassation décide que la dénonciation d'un accord collectif constitue une décision unilatérale qui ne peut être prise par l'employeur, à peine de nullité, pendant le cours de la négociation[4].

Le texte réserve toutefois l'hypothèse où l'urgence justifierait la prise immédiate de décision ou l'adoption de mesures malgré la négociation en cours.

322.47 Échec de la négociation. Si la négociation est infructueuse et qu'aucun accord n'est conclu, un procès-verbal de désaccord doit être établi dans lequel sont consignées, en leur dernier état, les propositions respectives des parties et les mesures que l'employeur entend appliquer unilatéralement.

Ce procès-verbal donne lieu à dépôt à l'initiative de la partie la plus diligente[5].

322.48 Échec de la négociation : cas particulier de la négociation sur l'égalité entre les femmes et les hommes. Les inégalités professionnelles entre les

1. V. RETENANT CETTE COMPRÉHENSION DU TEXTE et estimant qu'une première réunion, sorte de réunion zéro, doit être consacrée à l'information des délégués syndicaux du calendrier des réunions ultérieures et du lieu où elles se dérouleront : B. Teyssié, *Droit du travail : Relations collectives*, 12e éd., « Manuels », LexisNexis, 2020, n° 2013, p. 947.
2. CEP. : B. Teyssié, *Droit du travail : Relations collectives*, préc., n° 2013, p. 947.
3. NOT. : Soc. 9 oct. 2019, n° 19-10.780, P ; *D.* 2019. 1998 ; *JA* 2020, n° 612, p. 38, ét. M. Julien et J.-F. Paulin ; *RJS* 12/2019, n° 712 ; *JCP S* 2019. 1337, note B. Bossu ; *BJT* 11/2019, p. 32, obs. F. Bergeron-Canut, qui juge, à propos de la négociation d'un protocole d'accord préélectoral, qu'un employeur manque à son obligation de loyauté en restreignant l'accès à certaines informations d'un syndicat extérieur à l'entreprise qu'il était tenu de convier à la négociation.
4. Soc. 29 juin 1994, n° 91-18.640, P V, n° 219 ; *D.* 1994. 202 ; *Dr. soc.* 1995. 47 ; *JCP* 1995. I. 3817, n° 7, obs. P.-H. Antonmattéi ; *RJS* 1994. 606, n° 1022 ; *CSB* 1994. 269, A. 52.
5. C. trav., art. L. 2242-5. Il ressort cependant de l'article L. 2242-8 que le défaut d'accord relatif à l'égalité professionnelle entre les femmes et les hommes est attesté par un procès-verbal de désaccord uniquement dans les entreprises d'au moins trois cents salariés.

femmes et les hommes demeurant importantes, voire très importantes, dans de nombreuses entreprises, le thème de l'égalité n'est pas seulement un objet de négociation obligatoire. Il est attendu de l'entreprise que des objectifs soient fixés et que des mesures soient prises pour les atteindre et c'est pourquoi, si un accord collectif n'a pu être conclu à ce sujet, il revient à l'employeur d'établir unilatéralement un plan d'action. Ce plan doit être élaboré au regard des objectifs fixés et des mesures prises au cours de l'année écoulée, ce qui doit faire l'objet d'une évaluation. Pour l'année à venir, le plan doit déterminer les objectifs de progression, définir les actions qualitatives et quantitatives permettant de les atteindre et évaluer leur coût, le tout devant être fondé sur des critères clairs, précis et opérationnels[1].

La négociation sur l'égalité professionnelle devant notamment porter sur les mesures visant à supprimer les écarts de rémunération, la loi envisage le cas particulier de l'absence d'accord sur ce point pour exiger que la négociation sur les salaires effectifs porte également sur la programmation de mesures permettant de supprimer les écarts de rémunération et les différences de déroulement de carrière entre les femmes et les hommes[2]. Le législateur impose, autrement dit, une négociation de rattrapage en exigeant d'en rendre compte. Il est en effet précisé que les accords sur les salaires effectifs ne peuvent être déposés auprès de l'autorité administrative qu'accompagnés d'un procès-verbal d'ouverture des négociations portant sur les écarts de rémunération entre les femmes et les hommes, consignant les propositions respectives des parties[3].

C. Sanctions

322.50 Plan – Panorama. Les manquements aux obligations de négocier sont sévèrement sanctionnés. Le fait de s'y soustraire expose l'employeur à une sanction pénale (2°). Sa carence lui fait également encourir des pénalités s'agissant de certains thèmes de négociation (1°), soit qu'il n'a pas engagé la négociation, soit que, à l'issue de celle-ci, aucun accord n'a été conclu et qu'aucun plan d'action n'a été établi en conséquence. Un contentieux judiciaire ne peut par ailleurs être exclu, notamment à l'initiative d'organisations syndicales (3°).

1° Pénalité

322.61 Objectifs. Le législateur sanctionne par une pénalité, selon les cas, soit le manquement par l'employeur à son obligation de négocier, c'est-à-dire le fait en soi de ne pas avoir engagé de négociation avec les organisations syndicales représentatives dans l'entreprise, soit l'absence de mesure adoptée par voie conventionnelle ou, à défaut d'accord, d'un plan d'action établi par l'employeur. Dans le premier cas, le législateur est avant tout soucieux que les partenaires sociaux entament une discussion sur le thème à l'ordre du jour, même si elle n'aboutit pas à un accord. Dans le second cas, il est davantage préoccupé par l'adoption de mesures effectives et, s'il privilégie à cet effet la voie de la négociation collective, il se satisfait d'un plan d'action établi unilatéralement par l'employeur lorsque la négociation est infructueuse.

322.62 Sanction du défaut de négociation. C'est à propos de la négociation en principe annuelle sur les salaires effectifs que la loi soumet à pénalité l'employeur qui ne l'engagerait pas[4]. Le montant plafonné de la pénalité varie selon que la défaillance de l'employeur est ou non isolée. Si aucun manquement relatif à son obligation n'a été relevé lors d'un précédent contrôle au cours des six années civiles précédentes, la pénalité est plafonnée à un montant équivalent à 10 % des exonérations de cotisations sociales mentionnées à l'article L. 241-13 du Code de la sécurité sociale, la base de calcul étant les rémunérations versées chaque année où le manquement est constaté dans la limite de trois années consécutives à compter de l'année précédant le contrôle. Si au moins un manquement a déjà été constaté lors d'un précédent contrôle au cours des six années civiles précédentes, la pénalité est plafonnée à un montant équivalent à 100 % des exonérations de cotisations sociales mentionnées au même article L. 241-13 calculées dans les mêmes conditions.

S'agissant d'un plafond, la loi laisse à l'autorité administrative qui constate le manquement la possibilité de fixer le montant de la pénalité en tenant compte, notamment, des efforts constatés pour ouvrir les négociations, de la situation économique et financière de l'entreprise, de la gravité du manquement et des circonstances qui y ont conduit. L'article D. 2242-14 du Code du travail précise à ce propos que, pour déterminer le montant de la pénalité, la Dreets tient compte des efforts réalisés par l'employeur pour engager des négociations, de sa bonne foi ainsi que des motifs de défaillance dont il justifie. Au titre des motifs de défaillance, il y a lieu de prendre en considération la survenance de difficultés économiques de l'entreprise, les restructura-

1. C. trav., art. L. 2242-3.
2. C. trav., art. L. 2242-3.
3. C. trav., art. L. 2242-6.
4. C. trav., art. L. 2242-7. Le texte précise que, dans le cas où la périodicité de la négociation sur les salaires effectifs a été portée à une durée supérieure à un an par accord collectif, un manquement ne peut être caractérisé qu'au terme de la durée fixée par l'accord.

tions ou fusions en cours ou encore l'existence d'une procédure collective en cours.

Le produit de la pénalité est affecté au régime général de sécurité sociale.

322.63 **Sanction de l'absence d'accord ou de plan.** L'importance accordée à l'égalité professionnelle entre les femmes et les hommes conduit le législateur à imposer que des mesures soient prises sans les prescrire lui-même afin que celles-ci s'accordent à la situation des entreprises. L'obligation, pour l'employeur, est de résultat. C'est l'obligation, d'une part, d'engager une négociation. C'est l'obligation, d'autre part, d'adopter unilatéralement des mesures si la négociation n'aboutit pas. Et c'est pourquoi c'est ici l'absence d'accord, ou à défaut de plan d'action, qui expose l'employeur à une pénalité [1].

L'application d'une pénalité doit toutefois être précédée d'une mise en demeure de l'employeur de remédier à la situation dans un délai fixé en fonction de la nature du manquement et de la situation relevée dans l'entreprise et qui ne peut être inférieur à un mois [2]. Durant ce délai, l'employeur est invité à communiquer les éléments apportant la preuve qu'il respecte bien ses obligations ou à justifier des motifs de la défaillance de l'entreprise [3]. Et, à l'issue du délai, la Dreets décide s'il y a lieu d'appliquer la pénalité [4].

Le montant de cette pénalité est plafonné à 1 % des rémunérations et gains, au sens du premier alinéa de l'article L. 242-1 du Code de la sécurité sociale [5], versés aux travailleurs salariés ou assimilés au cours des périodes au titre desquelles l'entreprise n'a pas respecté ses obligations. Le montant est fixé par l'autorité administrative en fonction des efforts constatés dans l'entreprise en matière d'égalité professionnelle et salariale entre les femmes et les hommes ainsi que des motifs de sa défaillance quant au respect de ses obligations [6]. L'article R. 2242-6 du Code du travail précise à ce sujet que, pour fixer le taux de la pénalité, la Dreets tient compte des mesures prises par l'entreprise en matière d'égalité professionnelle entre les femmes et les hommes, de la bonne foi de l'employeur ainsi que des motifs de défaillance dont il justifie. Au titre des motifs de défaillance, sont pris en compte tous les motifs indépendants de la volonté de l'employeur susceptibles de justifier le non-respect de ses obligations et notamment : la survenance de difficultés économiques de l'entreprise, les restructurations ou fusions en cours, l'existence d'une procédure collective en cours ou encore le franchissement d'un seuil d'effectifs au cours des douze mois précédant celui de l'envoi de la mise en demeure.

1. C. trav., art. L. 2242-8.
2. C. trav., art. R. 2242-3, qui précise que la mise en demeure est transmise à l'employeur par tout moyen permettant de donner date certaine à sa réception.
3. C. trav., art. R. 2242-4.
4. C. trav., art. R. 2242-5.
5. Ou du premier alinéa de l'article L. 741-10 du Code rural et de la pêche maritime.
6. C. trav., art. L. 2242-8.

2°
Sanction pénale

322.71 **Incriminations.** Le fait pour l'employeur de se soustraire aux obligations légales relatives à la convocation des parties à la négociation et à l'obligation périodique de négocier prévue à l'article L. 2242-1 du Code du travail [7] est puni d'un emprisonnement d'un an et d'une amende de 3 750 euros [8]. L'incrimination étant ainsi largement conçue, la sanction pénale est encourue dès lors que l'employeur n'engage pas l'une des négociations obligatoires dans le délai légalement imparti ou conventionnellement convenu même si aucune organisation syndicale représentative ne lui en a fait la demande du fait de sa défaillance [9].

Est puni des mêmes peines le fait de se soustraire à l'obligation d'engager tous les trois ans une négociation sur la gestion des emplois et des parcours professionnels et sur la mixité des métiers [10].

3°
Autres sanctions

322.81 **Salariés et organisations syndicales.** La méconnaissance par l'employeur de l'obligation d'engager des négociations est constitutive d'une faute ou, d'un autre point de vue, d'un trouble manifestement illicite, spécialement si l'employeur refuse de convoquer les parties à la négociation malgré la demande d'une organisation syndicale représentative. À condition de faire la preuve d'un préjudice, qui peut consister en la perte de chance d'obtenir de nouveaux avantages [11], les salariés peuvent engager la responsabilité de l'employeur.

7. Sont concernées les obligations de négocier sur la rémunération, notamment les salaires effectifs, le temps de travail et le partage de la valeur ajoutée dans l'entreprise ainsi que de la négociation sur l'égalité professionnelle entre les femmes et les hommes, portant notamment sur les mesures visant à supprimer les écarts de rémunération, et la qualité de vie au travail.
8. C. trav., art. L. 2243-1.
9. EN CE SENS : B. Teyssié, *Droit du travail : Relations collectives,* 13e éd., « Manuels », LexisNexis, 2023, n° 2487, n° 2208, p. 1010.
10. C. trav., art. L. 2243-2.
11. Soc. 13 nov. 2008, n° 07-44.874, NP, à propos de la négociation sur les salaires effectifs. En pratique, la difficulté sera de distinguer la perte de chance, qui implique la disparition actuelle et certaine d'une éventualité favorable, d'un préjudice purement éventuel.

Il a été admis, par ailleurs, que les organisations syndicales peuvent demander la suspension de l'application d'une décision prise par l'employeur sur une question qui relevait de la négociation annuelle obligatoire et qui n'y avait pas été incluse malgré la demande des syndicats[1].

§ 2
Adaptations conventionnelles

322.90 Plan – Étendue des adaptations. Non seulement il est permis d'adapter certains éléments du régime de la négociation obligatoire par accord collectif, mais les adaptations peuvent substantiellement changer la physionomie de la négociation (A). Les partenaires sociaux peuvent faire, en la matière, du sur mesure (B).

A.
Principes

322.101 Règles générales. Le législateur encourage la conclusion d'un accord de méthode « permettant à la négociation de s'accomplir dans des conditions de loyauté et de confiance mutuelle entre les parties ». Cet accord est utile pour préciser la nature des informations partagées entre les négociateurs en s'appuyant notamment, au niveau de l'entreprise, sur la base de données économiques, sociales et environnementales, mais aussi pour définir les principales étapes du déroulement des négociations ou encore pour prévoir des moyens supplémentaires ou spécifiques, en termes spécialement de volume de crédits d'heures des représentants syndicaux, afin d'assurer le bon déroulement des négociations. Il est cependant précisé que, à moins que l'accord n'en stipule autrement, la méconnaissance de ses stipulations n'est pas de nature à entraîner la nullité des accords conclus dès lors qu'est respecté le principe de loyauté entre les parties[2].

À défaut d'accord d'entreprise, la méthode applicable à la négociation est celle définie par accord de branche si un tel accord a été conclu[3].

322.102 Règles particulières. Le législateur prévoit plus particulièrement, en ce qui concerne la négociation obligatoire en entreprise, qu'une négociation peut être engagée à l'initiative de l'employeur ou à la demande d'une organisation syndicale de salariés représentative afin de préciser le calendrier, la périodicité, les thèmes ou encore les modalités de négociation dans le groupe, dans l'entreprise ou dans l'établissement[4]. Cet accord peut porter sur les thèmes des négociations et leur périodicité, sur le contenu de chacun des thèmes, sur le calendrier et sur les lieux des réunions, sur les informations à remettre par l'employeur aux négociateurs sur les thèmes à l'ordre du jour et la date de leur remise ou/et encore sur les modalités de suivi des engagements souscrits par les parties[5].

Dans un *Questions-Réponses* publié le 15 juillet 2020 consacré à la négociation collective, le ministère du Travail indique que, outre l'accord de méthode visé à l'article L. 2242-10 du Code du travail permettant de fixer l'agenda social, un accord thématique peut définir une périodicité particulière en ce qui concerne un thème donné, le cas échéant différente de celle prévue dans l'accord de méthode, en application de l'article L. 2242-12. Il indique que, dans ce cas, l'accord thématique doit prévoir l'ensemble des stipulations prévues par l'article L. 2242-11 relatif aux accords de méthode (thèmes, périodicité, contenu, calendrier, lieu de réunion, information et modalités de suivi des engagements)[6], ce qui ne ressort nullement de la lecture des textes[7].

322.103 Durée de l'accord. L'accord organisant les négociations obligatoires, ou certaines d'entre elles, est nécessairement à durée déterminée. La loi fixe la durée maximale, qui est de quatre ans[8]. Celle-ci coïncide avec la durée maximale entre deux négociations sur un thème imposé. L'esprit est voisin : faire en sorte que les partenaires sociaux négocient au moins une fois sur chacun des thèmes au cours du cycle électoral. Parallèlement, il s'agit de laisser aux organisations syndicales représentatives, qui peuvent changer d'un cycle à l'autre, la liberté de négocier un nouvel accord sans avoir à procéder à la dénonciation ou à la révision de celui signé auparavant.

B.
Applications

322.111 Niveau de négociation. Lorsque l'entreprise comporte des établissements distincts, il est possible de décentraliser par accord collectif la négo-

1. Soc. 28 nov. 2000, n° 98-19.594, P V, n° 398 ; *RJS* 2001. 140, n° 212 ; *Dr. soc.* 2001. 212, obs. Ch. Radé ; *Dr. soc.* 2001. 252, note P.-H. Antonmattei.
2. C. trav., art. L. 2222-3-1.
3. C. trav., art. L. 2222-3-2, qui précise que l'accord de branche s'impose aux entreprises qui n'ont pas conclu d'accord de méthode. Néanmoins, si un accord est conclu au niveau de l'entreprise, ses stipulations se substituent à celles de l'accord de branche.
4. C. trav., art. L. 2242-10.
5. C. trav., art. L. 2242-11.
6. Question-Réponse n° 12.
7. L'article L. 2242-12 dispose qu'un accord conclu dans l'un des domaines de la négociation obligatoire peut fixer la périodicité de sa renégociation, dans la limite de quatre ans.
8. C. trav., art. L. 2242-11.

ciation de tout ou partie des thèmes de négociation[1]. Encore faut-il que chaque établissement soit pourvu de délégués syndicaux[2].

Symétriquement, lorsque l'entreprise appartient à un groupe, un accord collectif peut prévoir que la négociation est conduite dans le groupe.

Ces aménagements du niveau de négociation sont permis, dans l'un et l'autre cas, par l'article L. 2242-10 du Code du travail qui, dans le cadre du « champ de la négociation collective », ouvre la possibilité d'organiser la négociation dans le groupe, dans l'entreprise ou dans l'établissement.

322.112 Périodicité des négociations. Sous réserve que les thèmes de négociation imposée soient abordés par les partenaires sociaux au moins une fois tous les quatre ans, ces derniers peuvent convenir par accord de la périodicité de leur examen[3]. À cet égard, la marge d'adaptation est la plus large : la périodicité peut être supérieure ou inférieure à celle, annale ou triennale, fixée de manière supplétive par la loi ; la périodicité peut être différente d'un thème à l'autre ; rien ne s'oppose enfin à ce que l'accord collectif prévoit des périodicités variables en fonction des sous-thèmes.

Lorsque, dans le cadre de la négociation obligatoire, un accord a été conclu sur une question relevant du champ de celle-ci, son adoption ne dispense pas l'employeur de rouvrir une négociation sur le sujet, la négociation obligatoire étant par nature cyclique. Néanmoins, le rythme peut être, là aussi, conventionnellement aménagé, l'article L. 2242-12 permettant de fixer la périodicité de sa renégociation dans la limite de quatre ans.

Rien n'est dit, cependant, dans l'hypothèse où l'employeur ne prendrait pas l'initiative d'engager la négociation au cours de la période fixée par accord collectif si un accord a été conclu sur ce point. Il y aurait certainement lieu d'appliquer les mêmes règles que celles prévues en l'absence d'accord par l'article L. 2242-13, à savoir que la négociation s'engage obligatoirement à la demande d'une organisation syndicale représentative.

322.113 Organisation de la négociation et de ses suites. L'accord collectif aménageant les négociations obligatoires peut en fixer les modalités. L'article L. 2242-11 évoque à ce propos : le calendrier et les lieux des réunions, les informations que l'employeur doit remettre aux négociateurs sur les thèmes prévus par la négociation et la date de leur remise et/ou encore les modalités selon lesquelles sont suivis les engagements souscrits par les parties.

322.114 Contenu des négociations. Selon les termes de l'article L. 2242-11 du Code du travail, l'accord collectif susceptible d'être conclu pour organiser la négociation collective peut préciser les thèmes des négociations, sous réserve qu'ils soient négociés au moins une fois tous les quatre ans, ainsi que le contenu de chacun des thèmes. Ces contenus sont détaillés par les dispositions supplétives pour chacun des trois thèmes principaux visés par les dispositions impératives.

Il suit de là que les partenaires sociaux peuvent moduler par accord le contenu de la négociation en fixant des périodicités différentes, non seulement pour chacun des thèmes principaux, mais aussi en fonction des sous-thèmes en prévoyant que certains soient négociés ou renégociés suivant une fréquence plus courte ou plus longue que d'autres. Par exemple, un accord aurait-il déjà été conclu sur les modalités d'exercice du droit à la déconnexion et la mise en place de dispositifs de régulation de l'utilisation des outils numériques – ou celles-ci auraient-elles fait l'objet d'une charte dont les partenaires sociaux se satisfont – ces derniers peuvent décider de ne pas négocier sur le sujet tout en souhaitant en revanche conserver un rythme annuel de négociation sur les objectifs et les mesures permettant d'atteindre l'égalité professionnelle entre les femmes et les hommes, s'agissant de deux sous-thèmes du thème plus général relatif à l'égalité professionnelle entre les femmes et les hommes et la qualité de vie et des conditions de travail.

Tout en reconnaissant la possibilité de définir par accord collectif les sous-thèmes qui font l'objet d'une négociation et leur échéance, le *Questions-Réponses* publié par le ministère du Travail le 15 juillet 2020 sur la négociation collective distingue selon que les sous-thèmes relèvent des dispositions supplétives (exemple est pris de la mise en place du temps partiel) ou de l'ordre public (exemple est pris des salaires effectifs). Quant aux premiers, le ministère admet qu'un sous-thème peut être soustrait à toute négociation au cours de la période de quatre ans. Les partenaires sociaux ne pourraient pas en revanche s'affranchir d'ouvrir des négociations sur

1. Il a été jugé que, même en l'absence d'accord collectif, l'employeur peut engager la négociation au niveau des établissements dès lors qu'aucune des organisations syndicales représentatives dans l'établissement où la négociation doit s'ouvrir ne s'y oppose : Soc. 21 mars 1990, n° 88-14.794, P V, n° 139 ; *CSB* n° 20, 1990, A. 27, p. 125 ; *RJS* 1990, n° 400 ; *D.* 1990. 99 ; *D.* 1991. 154, obs. J. Goineau ; *Dr. soc.* 1990. 605, obs. Ph. Langlois – Soc. 12 juill. 2016, n° 14-25.794, NP ; *RJS* 10/2016, n° 638. Il est toutefois douteux que cette solution, qui date d'une époque où les textes étaient autrement rédigés, soit encore d'actualité, la possibilité d'engager la négociation au niveau des établissements étant prévue dans le cadre du « champ de la négociation collective » (C. trav., art. L. 2242-10).
2. Crim. 4 déc. 1990, n° 89-83.283, P n° 416 ; *RJS* 1991. 122, n° 225 ; *D.* 1991. 25 ; *RSC* 1991. 369, obs. A. Lyon-Caen.
3. C. trav., art. L. 2242-11.

les éléments de négociation mentionnés dans les dispositions d'ordre public[1]. Sans le dire expressément, le ministère du Travail semble admettre ainsi qu'un sous-thème précisé dans les dispositions supplétives puisse ne donner lieu à aucune négociation et n'être même pas abordé au cours de la période de quatre ans, ce qui n'est pas l'esprit de la loi. L'interprétation du ministère se fonde en outre sur la circonstance que certains thèmes précis sont évoqués dans le cadre des dispositions d'ordre public – les salaires effectifs, thème au demeurant précédé de l'adverbe « notamment » – alors les sous-thèmes des autres thématiques sont déclinés dans le cadre des dispositions supplétives. Mais c'est prêter au législateur une volonté qui est loin d'être évidente que de prétendre qu'il a entendu, par cette répartition, imposer une négociation au moins une fois tous les quatre ans uniquement en ce qui concerne les premiers.

SECTION 2
DOMAINE DE LA NÉGOCIATION OBLIGATOIRE

322.120 **Plan – Thèmes principaux.** Ce sont les articles L. 2242-1 et L. 2242-2 du Code du travail qui, au titre des dispositions d'ordre public, déterminent le domaine de la négociation obligatoire en fixant les trois thèmes principaux qui le composent : la rémunération, notamment les salaires effectifs, le temps de travail et le partage de la valeur ajoutée dans l'entreprise (§ 1) ; l'égalité professionnelle entre les femmes et les hommes, portant notamment les mesures visant à supprimer les écarts de rémunération, et la qualité de vie et des conditions de travail (§ 2) ; la gestion des emplois et des parcours professionnels (§ 3). Les entreprises concernées et la périodicité varient selon les thèmes.

Le contenu de chacun des thèmes est détaillé par les dispositions supplétives, respectivement à l'article L. 2242-15, aux articles L. 2242-17, L. 2242-19 et L. 2242-19-1 et aux articles L. 2242-20 et L. 2242-21.

322.121 **Extension.** La loi du 2 août 2021[2] pour renforcer la prévention en santé au travail a ajouté un nouveau thème de négociation, celui de la qualité des conditions de travail, qu'elle a intégré, à l'article L. 2242-1 du Code du travail, au sein du thème plus général de l'égalité professionnelle entre les femmes et les hommes et la qualité de vie au travail.

La volonté du législateur, en axant la négociation sur la qualité des conditions de travail, est d'intéresser les partenaires sociaux aux problématiques liées à la santé et à la sécurité et, plus spécifiquement encore, aux politiques de prévention des risques professionnels. Si certains sujets peuvent déjà être abordés dans le cadre de la négociation périodique, il est attendu du nouveau texte que les partenaires sociaux se saisissent de toutes les questions se rapportant à la santé et à la sécurité, spécialement dans une perspective de prévention, afin de traiter au moyen d'accords collectifs de travail toutes sortes d'aspects qui ne font pas l'objet de mesures légales ou règlementaires ou afin d'adopter des mesures *supra* légales[3].

§ 1
Négociation sur la rémunération, le temps de travail et le partage de la valeur ajoutée

322.130 **Plan – Obligation spéciale d'information.** Sans que le lien apparaisse clairement avec l'objet de la négociation – rémunération (A), temps de travail (B) et partage de la valeur ajoutée (C) – l'article L. 2242-16 impose à l'employeur de fournir à cette occasion des informations relatives aux mises à disposition de salariés auprès d'organisations syndicales ou d'associations d'employeurs. Le lien est d'autant plus incertain que le même texte envisage la même obligation dans l'hypothèse où l'entreprise n'est pas soumise à l'obligation annuelle de négocier, auquel cas les informations sur les mises à disposition doivent être directement communiquées aux salariés qui en font la demande.

A.
Rémunération

322.141 **Montant des rémunérations.** La négociation devant porter sur les salaires effectifs, cette notion peut être comprise, au sens de l'article L. 3221-3 du Code du travail, comme recouvrant le salaire ou traitement ordinaire de base ou minimum ainsi que tous les autres avantages et accessoires payés, directement ou indirectement, en espèces ou en nature, en raison de l'emploi du salarié. À cet égard, c'est avant tout du montant des rémunérations qu'il est question de discuter. Si cela n'exclut pas d'aborder le mode ou la structure des rémunérations, la négociation ne devrait pas pouvoir se limiter à ces derniers aspects[4]. Elle doit en outre intéresser tout ou partie des salariés puisque, par nature, l'accord collectif ne pourrait régler la situation personnelle d'un seul d'entre eux.

322.142 **Écarts de rémunération.** Le législateur a joint à la négociation sur les salaires effectifs celle sur les écarts de rémunération entre les femmes et les hommes ainsi que, aux termes du 4° de l'article

1. Question-Réponse n° 13.
2. L. n° 2021-1018, 2 août 2021 pour renforcer la prévention en santé au travail, *JO* 3 août, n° 2.
3. V. s[s] n° 322.231.
4. C. trav., art. L. 1142-9.

L. 2242-15, sur « le suivi de la mise en œuvre des mesures visant à supprimer les écarts de rémunération et les différences de déroulement de carrière entre les femmes et les hommes ». Ce sujet de négociation aurait pu s'intégrer dans le deuxième thème principal de négociation relatif à l'égalité professionnelle entre les femmes et les hommes. Mais le législateur a probablement privilégié le rattachement à la négociation sur les salaires effectifs afin de profiter de l'importance que cette dernière présente dans les entreprises - ce dont atteste la prévision d'une pénalité si elle n'est pas engagée [1] - pour donner toutes ses chances à l'adoption de mesures de nature à réduire et idéalement à supprimer les écarts de rémunération entre les femmes et les hommes. Il reste que, depuis la loi du 5 septembre 2018 [2], il est prévu que, dans les entreprises d'au moins cinquante salariés, lorsque les résultats obtenus par l'entreprise au regard des indicateurs relatifs aux écarts de rémunération entre les femmes et les hommes et aux actions mises en œuvre pour les supprimer se situent en deçà d'un niveau défini par décret, la négociation sur l'égalité professionnelle porte également sur les mesures adéquates et pertinentes de correction et, le cas échéant, sur la programmation, annuelle ou pluriannuelle, de mesures financières de rattrapage salarial [3]. Et, à défaut d'accord ou subsidiairement de plan d'action, une pénalité est due par l'employeur [4]. Il suit de là que la question des écarts de rémunération entre les femmes et les hommes est susceptible d'être abordée dans le cadre de deux négociations. Elle l'est nécessairement à l'occasion de la négociation sur les salaires effectifs. Elle peut de surcroît s'ajouter à la négociation sur l'égalité professionnelle lorsque les résultats de l'entreprise au regard des indicateurs relatifs aux écarts de rémunération entre les femmes et les hommes et aux actions mises en œuvre pour les supprimer se situent en deçà d'un niveau défini par décret.

Dans le premier cas, le législateur fait d'ailleurs plus que rattacher la négociation sur les écarts de rémunération entre les femmes et les hommes à celle sur les salaires effectifs. Il lie l'une à l'autre et conditionne l'entrée en vigueur d'un accord collectif sur les salaires effectifs à la justification de la réalité d'une négociation sur les écarts de rémunération. Il est dit à ce sujet, à l'article L. 2242-6 du Code du travail, que les accords collectifs d'entreprise sur les salaires effectifs ne peuvent être déposés auprès de l'autorité administrative qu'accompagnés d'un procès-verbal d'ouverture des négociations portant sur les écarts de rémunération entre les femmes et les hommes, consignant les propositions respectives des parties. Et il est précisé que le procès-verbal doit attester que l'employeur a engagé sérieusement et loyalement les négociations [5].

322.143 **Entreprise et branche.** Outre l'accord d'entreprise, l'entreprise peut être liée, dans la mesure du principe de subsidiarité, par un accord de branche sur le sujet. L'article L. 2241-1 du Code du travail impose à cet égard de négocier dans le cadre des branches sur « les salaires » au moins une fois tous les quatre ans. S'agissant plus spécialement des salaires minima hiérarchiques, ce thème fait partie de ceux énumérés à l'article L. 2253-1 du Code du travail à propos desquels les stipulations de l'accord de branche prévalent sur l'accord d'entreprise conclu antérieurement ou postérieurement, à moins que ce dernier assure des garanties au moins équivalentes [6].

B.
Temps de travail

322.151 **Durée effective du travail.** La durée effective est un vaste sujet qui recouvre de nombreuses questions susceptibles de faire elles-mêmes l'objet d'accords négociés [7] : durée quotidienne, durée hebdomadaire, temps de pause, durée légale et heures supplémentaires. L'article L. 2242-15 du Code du travail fait par ailleurs état de la mise en place du travail à temps partiel. Comme on l'a observé [8], les temps de travail et de repos étant liés, la négociation devrait pouvoir s'ouvrir au repos quotidien ou aux dérogations au repos hebdomadaire ou encore aux jours fériés.

322.152 **Organisation du temps de travail.** Le champ de la discussion, de ce point de vue aussi, est étendu : aménagement du temps de travail, horaires individualisés, travail de nuit, travail intermittent, travail en continu, travail en équipe.

322.153 **Réduction du temps de travail.** L'article L. 2242-15 prévoit que la négociation peut égale-

1. V. s[s] n° 322.62.
2. L. n° 2018-771, 5 sept. 2018 pour la liberté de choisir son avenir professionnel, *JO* 6 sept., n° 1.
3. C. trav., art. L. 1142-9. V. s[s] n° 322.182.
4. V. s[s] n° 322.63.
5. Le texte ajoute que l'engagement sérieux et loyal des négociations implique que, dans les entreprises où sont constituées une ou plusieurs sections syndicales d'organisations représentatives, l'employeur ait convoqué à la négociation les organisations syndicales représentatives dans l'entreprise et fixé le lieu et le calendrier des réunions. L'employeur doit également leur avoir communiqué les informations nécessaires pour leur permettre de négocier en toute connaissance de cause et avoir répondu de manière motivée aux éventuelles propositions des organisations syndicales.
6. V. s[s] n° 312.191.
7. V. s[s] n°s 323.30 s.
8. B. Teyssié, *Droit du travail : Relations collectives*, préc., n° 2225, p. 1015.

ment porter sur la réduction du temps de travail. Mais c'est une simple possibilité.

C.
Partage de la valeur ajoutée

322.161 Intéressement, participation, épargne salariale. Lorsque les salariés de l'entreprise ne sont pas couverts par un accord d'intéressement, un accord de participation, un plan d'épargne d'entreprise, un plan d'épargne pour la mise à la retraite collectif ou par un accord de branche comportant un ou plusieurs de ces dispositifs, la négociation doit porter sur ces sujets.

S'il y a lieu, ajoute l'article L. 2242-15, elle doit aussi concerner l'affectation d'une partie des sommes collectées dans le cadre du plan d'épargne pour la retraite collectif mentionné à l'article L. 3334-1 du Code du travail ou du plan d'épargne retraite d'entreprise collectif mentionné à l'article L. 224-14 du Code monétaire et financier et sur l'acquisition de parts de fonds investis dans les entreprises solidaires mentionnées à l'article L. 3334-13 du Code du travail ou à l'article L. 224-3 du Code monétaire et financier.

322.162 Accord national interprofessionnel sur le partage de la valeur en entreprise du 10 février 2023. En marge des règles légales existantes, les partenaires sociaux représentatifs au niveau national et interprofessionnel ont conclu, le 10 février 2023, un accord sur le partage de la valeur en entreprise[1]. Cet accord oblige les entreprises de onze à quarante-neuf salariés respectant certains critères à mettre en place, à partir de 2025, un système de partage des profits, ce qui permettra à un nombre conséquent de salariés (entre 700 000 et 1 million) de bénéficier d'un dispositif parmi ceux relatifs à l'intéressement, la participation ou la prime de partage de la valeur (PPV). Articulé autour de cinq grandes priorités, l'accord crée de nouvelles obligations et comporte de nombreuses recommandations.

Le premier axe est de poursuivre le travail engagé sur les politiques de rémunération et de valorisation du travail. Rappelant le principe de non-substitution, selon lequel les sommes versées dans le cadre des dispositifs de partage de la valeur ne doivent pas se substituer aux salaires, l'accord rappelle aussi les obligations concernant les négociations salariales au niveau des branches professionnelles et des entreprises ainsi que les obligations de révision en matière de classification. Sur ce dernier point, est acté l'engagement d'une discussion, dès 2023, sur les classifications pour les branches qui ne sont pas en conformité.

La deuxième priorité est d'aborder le partage de la valeur au sein des entreprises ou des branches. Relevant que la branche et l'entreprise sont les niveaux adéquats pour parler du partage de la valeur, il est souligné que la base de données économiques, sociales et environnementales est l'outil le plus adapté pour en traiter.

Le troisième axe est d'encourager le recours aux dispositifs d'intéressement, de participation et de prime de partage de la valeur. À cet égard, l'accord se donne de développer la participation dans les entreprises de moins de cinquante salariés et prévoit pour cela que les organisations d'employeurs et de salariés ouvrent dans chaque branche, avant le 30 juin 2024, une négociation pour mettre à disposition un dispositif facultatif de participation. La formule de participation pourra déroger à la formule légale, c'est-à-dire que le résultat pourra être inférieur, comme supérieur, à la formule de référence (alors que, aujourd'hui, une formule dérogatoire ne peut être que plus favorable que la formule légale). De manière plus prescriptive, les partenaires sociaux se sont entendus pour que, à partir du 1er janvier 2025, les entreprises de onze à cinquante salariés mettent en place au moins un dispositif de partage de la valeur (participation, intéressement, PPV). L'obligation concernera celles qui remplissent trois conditions : être constituées sous forme de société ; réaliser un bénéfice fiscal positif au moins égal à 1 % du chiffre d'affaires pendant trois ans consécutifs ; ne pas être déjà couvertes par un dispositif de partage de la valeur.

L'accord propose par ailleurs la suppression de la règle reportant l'obligation de participation en présence d'un accord d'intéressement et demande un bilan de l'impact des dispositions de la loi Pacte sur les règles de calcul des effectifs pour la mise en œuvre obligatoire de la participation. Il préconise aussi une meilleure prise en compte des résultats exceptionnels et, dans ce but, il prévoit que les entreprises de plus de cinquante salariés auront l'obligation de négocier une clause spécifique fixant les modalités de prise en compte des résultats réalisés en France et présentant un caractère exceptionnel. Ces modalités peuvent être le versement automatique d'un supplément d'intéressement ou le renvoi à une nouvelle discussion sur le versement d'un dispositif de partage de la valeur (participation, intéressement, PPV, abondement, etc.).

Toujours au titre du troisième axe, l'accord recommande de modifier le cadre légal et règlementaire existant, d'une part pour ouvrir la possibilité de placer la PPV dans un plan d'épargne entreprise (PEE) et/ou dans un plan d'épargne retraite (PER)

1. S. Riancho, « L'ANI du 10 février 2023, l'intéressement et la participation : des évolutions, avant la révolution ? », *D.* 2023. 693 – J. Kovac et L. Gaudemet-Toulemonde, « ANI relatif au partage de la valeur au sein de l'entreprise : quels sont les changements en matière d'épargne salariale et d'actionnariat salarié ? », *JCP S* 2023. 1080.

avec le même régime fiscal et social que l'intéressement, d'autre part pour permettre l'octroi de deux PPV chaque année dans la limite du plafond et du nombre de versements actuellement prévus. Le régime fiscal et social de la PPV en vigueur au 1er janvier 2023 serait maintenu pour les entreprises de moins de cinquante salariés (exonération totale de cotisations et contributions sociales et exonération de l'impôt sur le revenu) tandis que, pour les entreprises de plus de cinquante salariés, c'est le régime qui s'appliquera, selon la loi, au 1er janvier 2024 qui sera conservé (exonération de cotisations sociales, soumission à la CSG/CRDS, au forfait social pour les employeurs de deux cent cinquante salariés et plus, et à l'impôt sur le revenu). Enfin, l'accord préconise de simplifier le forfait social dont le taux est actuellement différent selon le dispositif (intéressement ou participation) et la taille de l'entreprise.

La quatrième priorité dégagée par l'ANI est de développer et de sécuriser l'actionnariat salarié dans les entreprises dont la forme juridique le permet. Dans cette perspective, il est prévu que, sur la base du volontariat, les entreprises de toutes tailles pourront instaurer « des plans de partage de l'accroissement de valeur de l'entreprise » au profit de tous les salariés ayant au moins un an d'ancienneté. L'entreprise attribuera aux bénéficiaires des « bons de partage de la valorisation » donnant droit, à l'issue d'une période minimum de trois ans et sous condition d'atteinte d'objectifs de création de valeur actionnariale, à un montant égal à l'appréciation de la valeur de l'entreprise. Ces bons n'étant pas cependant des valeurs mobilières et étant incessibles, il s'agit en réalité d'un mécanisme de prime et non d'actionnariat salarié.

Enfin, la cinquième priorité est d'aménager les dispositifs d'épargne salariale. Il s'agit ici de promouvoir une « épargne responsable » et, à cet effet, d'orienter les fonds d'épargne salariale vers des entreprises ou des projets socialement et environnementalement responsables. Il est également préconisé de créer de nouveaux cas de déblocage anticipé des plans d'épargne entreprise pour adapter l'épargne salariale aux nouveaux défis sociétaux. Ces cas seraient : financer les dépenses liées à la rénovation énergétique des résidences occupées à titre principal ; faire face aux dépenses engagées en tant que proche aidant ; et financer l'acquisition d'un véhicule dit « propre » (neuf ou d'occasion).

322.163 Loi n° 2023-1107 du 29 novembre 2023 portant transposition de l'accord national interprofessionnel relatif au partage de la valeur au sein de l'entreprise. L'ANI a été transposé par la loi n° 2023-1107 du 29 novembre 2023 qui, dans l'ensemble, est assez fidèle aux lignes directrices dégagées par les partenaires sociaux. Le texte est innovant particulièrement en ce qui concerne les entreprises de moins de cinquante salariés pour lesquelles il impose, à titre expérimental pour une durée de cinq ans à compter du 1er janvier 2025, de mettre en place un dispositif de partage de la valeur [1]. Sont plus précisément concernées les entreprises d'au moins onze salariés qui ont réalisé un bénéfice net fiscal au moins égal à 1 % de leur chiffre d'affaires pendant trois exercices consécutifs et qui ne sont pas tenues de mettre en place un régime de participation en application des articles L. 3322-1 à L. 3322-5 du Code du travail. Ces entreprises doivent, au titre de l'exercice suivant, soit mettre en place un régime de participation [2] ou un régime d'intéressement, soit abonder un plan d'épargne salariale (plan d'épargne entreprise ou plan d'épargne retraite), soit verser la prime de partage de la valeur prévue par l'article 1er de la loi n° 2022-1158 du 16 août 2022.

La nouveauté, s'agissant des entreprises d'au moins cinquante salariés, est l'obligation qui leur est faite de négocier sur le partage de la valeur en cas d'augmentation exceptionnelle du bénéfice net fiscal [3]. Selon le nouvel article L. 3346-1 du Code du travail introduit par la loi du 29 novembre 2023, les entreprises concernées sont celles soumises à la participation – c'est-à-dire les entreprises d'au moins cinquante salariés qui réalisent un bénéfice suffisant pour constituer une réserve spéciale de participation – qui disposent d'un ou plusieurs délégués syndicaux [4]. Ces entreprises doivent engager une négociation sur une définition de l'augmentation exceptionnelle de leur bénéfice [5] et sur les modalités de

1. L. n° 2023-1107, 29 nov. 2023 portant transposition de l'accord national interprofessionnel relatif au partage de la valeur au sein de l'entreprise, *JO* n° 0277 du 30 novembre 2023, article 5. V. Roche, « Publication de la loi portant trasnposition de l'ANI relatif au partage de la valeur », *JCP S* 2023. act. 489 - L. Ladaigue, « Partage de la valeur : mesures vertueuses, contraintes virtuelles », *JCP E* 2023. 1368.
2. En application de l'article 4 de la loi, les entreprises qui appliquent la participation à titre volontaire peuvent calcule une réserve spéciale de participation selon une formule plus ou moins favorable que la formule légale, soit aux termes d'un accord de participation, soit en adhérant à un accord de branche agréé proposant une telle formule.
3. L. n° 2023-1107, 29 nov. 2023, article 8.
4. Sont dispensées de cette obligation les entreprises qui ont déjà mis en place un accord de participation ou d'intéressement qui, soit prévoit dans une clause spécifique la prise en compte des bénéfices exceptionnels, soit comporte une formule dérogatoire de la réserve spéciale de participation plus favorable que la formule légale.
5. Selon l'article L. 3346-1 du Code du travail introduit par la loi, la définition de l'augmentation exceptionnelle du bénéfice doit prendre en compte des critères tels que la taille de l'entreprise, le secteur d'activité, la survenance d'une ou plusieurs opérations de rachat d'actions de l'entreprise suivie de leur annulation sans attribution gratuite d'actions aux salariés, les bénéfices réalisés lors des années précédentes ou les événements exceptionnels externes à l'entreprise intervenus avant la réalisation du bénéfice.

partage de la valeur avec les salariés qui en découlent. Lorsque les entreprises sont déjà pourvues d'un accord d'intéressement ou de participation, elles doivent engager cette négociation avant le 30 juin 2024. Les autres, qui concluraient pour la première fois un tel accord, doivent faire porter la négociation sur ce point lors de l'ouverture de la négociation sur la mise en place de l'intéressement ou de la participation. Dans tous les cas, les entreprises ont deux options : soit négocier le versement d'un supplément d'intéressement ou de participation, soit ouvrir une nouvelle négociation dont l'objet peut être lui-même alternativement de : mettre en place un dispositif d'intéressement lorsqu'il n'existe pas dans l'entreprise ; de verser un supplément d'intéressement ou de participation ; d'abonder un plan d'épargne (plan d'épargne entreprise ou plan d'épargne retraite) ou de verser la prime de partage de la valeur prévue par l'article 1er de la loi n° 2022-1158 du 16 août 2022.

La loi du 29 novembre 2023 comporte enfin des mesures qui intéressent toutes les entreprises, quel que soit leur effectif. La première concerne la possibilité de mettre en place un plan de partage de la valorisation de l'entreprise[1]. Ce plan, d'une durée de trois ans, peut être établi dans les entreprises et les groupes dont les salariés sont compris dans le champ d'accords d'intéressement et de participation ou de plans d'épargne salariale. Un accord doit être conclu à cet effet, au vu d'un rapport spécial du commissaire aux comptes de l'entreprise, suivant l'une des modalités suivantes : une convention ou un accord collectif de travail ; un accord entre l'employeur et les représentants d'organisations syndicales représentatives dans l'entreprise ; un accord conclu au sein du comité social et économique ; un projet d'accord proposé par l'employeur ratifié à la majorité des deux tiers du personnel[2]. Le plan bénéficie alors aux salariés ayant au moins un an d'ancienneté au début de la période de trois ans[3] et qui remplissent une condition de présence au terme de la période de trois ans[4]. Il leur permet de percevoir une prime de partage de la valorisation de l'entreprise dans le cas où la valeur de l'entreprise a augmenté au cours des trois années après la date fixée par l'accord.

Autre mesure, la loi inscrit dans le Code du travail[5], pour la participation[6], le principe de non-substitution selon lequel les sommes ayant la nature d'épargne salariale (ou de partage de la valeur) ne peuvent pas remplacer des éléments de nature salariale[7]. Elle inscrit également, dans les dispositions communes à l'épargne salariale, la possibilité de verser des avances sur l'intéressement et la participation en cours d'exercice de calcul. Des avances peuvent être versées périodiquement, sans que la périodicité puisse être inférieure au trimestre, avec l'autorisation du bénéficiaire[8]. Le texte permet par ailleurs de fixer dans un accord d'intéressement un salaire plancher et/ou un salaire plafond pour la répartition de l'intéressement proportionnel aux salaires[9]. Cette possibilité, qui permet une meilleure prise en compte des premiers niveaux de rémunération, existait déjà pour la participation et était autorisée par l'administration pour l'intéressement. À ces mesures s'en ajoute une autre, propre cette fois aux plans d'épargne d'entreprise. À compter du 1er juillet 2024, les règlements des plans d'épargne d'entreprise et des plans d'épargne retraite d'entreprise doivent comporter au moins un fonds labellisé ou un fonds nourricier d'un fonds labellisé au titre du financement de la transition énergétique et écologique ou de l'investissement socialement responsable[10].

§ 2 Négociation sur l'égalité professionnelle entre les femmes et les hommes et sur la qualité de vie et des conditions de travail

322.170 Plan – Auberge espagnole. Depuis la loi du 17 août 2015[11] relative au dialogue social et à l'emploi, la négociation sur l'égalité professionnelle se déroule dans le cadre plus large de la négociation sur l'égalité professionnelle entre les femmes et les hommes (A) et la qualité de vie au travail (B). Ce domaine de négociation n'est pas toutefois rigoureusement aménagé. Certaines problématiques, spécialement la question des écarts de rémunération entre les

1. L. n° 2023-1107, 29 nov. 2023, article 10.
2. Dans ce dernier cas, il est précisé que, lorsqu'il existe dans l'entreprise une ou plusieurs organisations syndicales représentatives ou un comité social et économique, la ratification doit être demandée conjointement par l'employeur et par une ou plusieurs de ces organisations ou ce comité.
3. L'accord mettant en place le plan peut fixer une ancienneté inférieure.
4. Les salariés qui quittent définitivement l'entreprise pendant la durée du plan sont exclus.
5. C. trav., art. L. 3325-1.
6. Le principe était déjà expressément énoncé dans le Code du travail pour l'intéressement, l'abondement versé sur le plan d'épargne d'entreprise ou de retraite ou encore la prime de partage de la valeur.
7. L. n° 2023-1107, 29 nov. 2023, article 3.
8. L. n° 2023-1107, 29 nov. 2023, article 12, introduisant dans le Code du travail un nouvel article L. 3348-1.
9. L. n° 2023-1107, 29 nov. 2023, article 14, modifiant l'article L. 3314-5 du Code du travail.
10. L. n° 2023-1107, 29 nov. 2023, art. 18.
11. L. n° 2015-994, 17 août 2015 relative au dialogue social et à l'emploi, *JO* 18 août, p. 14346.

femmes et les hommes, n'y sont pas incluses et sont traitées dans le cadre d'autres négociations, en l'occurrence celle sur les salaires effectifs[1]. Et au sein même du domaine de négociation, le contenu est une nébuleuse qui mêle les thèmes relevant de l'égalité professionnelle entre les femmes et les hommes et ceux qui se rapportent à la qualité de vie au travail sans répartition nette des sujets entre l'une et l'autre des rubriques.

L'impression de fourre-tout est aggravée depuis la loi du 2 août 2021 pour renforcer la prévention en santé au travail qui a ajouté aux thèmes de l'égalité professionnelle entre les femmes et les hommes et de la qualité de vie au travail celui de la qualité des conditions de travail (C). Après modification des articles L. 2242-1 – relatif aux dispositions d'ordre public – et L. 2242-13 – traitant des dispositions supplétives et plus particulièrement des modalités de la négociation obligatoire – il est prévu désormais que la négociation périodique porte sur l'égalité professionnelle entre les femmes et les hommes et la qualité de vie et des conditions de travail.

A. Égalité professionnelle entre les femmes et les hommes

322.181 **Niveau de négociation.** Rendue obligatoire au niveau des entreprises, la négociation sur l'égalité professionnelle entre les femmes et les hommes est également imposée dans le cadre des branches qui doivent engager, au moins une fois tous les quatre ans, une négociation, d'une part sur « les mesures tendant à assurer l'égalité professionnelle entre les femmes et les hommes et sur les mesures de rattrapage tendant à remédier aux inégalités constatées ainsi que sur la mise à disposition d'outils aux entreprises pour prévenir et agir contre le harcèlement sexuel et les agissements sexistes », d'autre part sur « l'examen de la nécessité de réviser les classifications, en prenant en compte l'objectif d'égalité professionnelle entre les femmes et les hommes et de mixité des emplois »[2].

L'égalité entre les femmes et les hommes fait, qui plus est, partie des treize thèmes énumérés à l'article L. 2253-1 du Code du travail à propos desquels les stipulations de l'accord de branche prévalent sur l'accord d'entreprise conclu antérieurement ou postérieurement, à moins que ce dernier assure des garanties au moins équivalentes[3].

322.182 **Contenu de la négociation.** Le contenu de la négociation fait l'objet de dispositions dispersées. Un noyau important est décrit à l'article L. 2242-17 du Code du travail qui, faisant porter la négociation sur les objectifs et les mesures permettant d'atteindre l'égalité de professionnelle entre les femmes et les hommes, détaille les sujets de discussion : la suppression des écarts de rémunération, l'accès à l'emploi, la formation professionnelle, le déroulement de carrière de la promotion professionnelle, les conditions de travail et d'emploi, en particulier pour les salariés à temps partiel qui sont très majoritairement des femmes, ou encore la mixité des emplois. Le texte précise que la négociation sur ces sujets, sans exclure qu'elle porte sur d'autres thèmes, s'appuie sur les données devant en principe figurer dans la base de données économiques, sociales et environnementales[4].

Le droit est, dans ses dispositions règlementaires, plus directif encore puisqu'il prescrit que l'accord relatif à l'égalité professionnelle entre les femmes et les hommes s'il est conclu, à défaut le plan d'action que doit élaborer l'employeur, fixe les objectifs de progression et les actions permettant de les atteindre dans au moins trois domaines pour les entreprises de moins de trois cents salariés et dans au moins quatre domaines pour les entreprises de trois cents salariés et plus. Ces domaines d'actions sont : l'embauche, la formation, la promotion professionnelle, la qualification, la classification, les conditions de travail, la sécurité et la santé au travail, la rémunération effective et l'articulation entre l'activité professionnelle et la vie personnelle et familiale[5]. Ce dernier domaine correspond à l'un des thèmes prévus à l'article L. 2242-17 en ce qui concerne la négociation sur l'égalité professionnelle entre les femmes et les hommes et la qualité de vie et des conditions de travail, ce qui confirme l'entrelacement des thèmes dans la mesure où la question se rapporte aussi bien à l'égalité entre les femmes et les hommes qu'à la qualité de vie au travail[6]. Il est par ailleurs précisé que la rémunération effective est

1. V. s[s] n° 322.142.
2. C. trav., art. L. 2241-1.
3. V. s[s] n° 312.193.

4. L'article L. 2312-36 du Code du travail précise à titre supplétif, c'est-à-dire en l'absence d'accord, les informations contenues dans la base en matière d'égalité professionnelle entre les femmes et les hommes : un diagnostic et une analyse de la situation comparée des femmes et des hommes pour chacune des catégories professionnelles de l'entreprise en matière d'embauche, de formation, de promotion professionnelle, de qualification, de classification, de conditions de travail, de sécurité et de santé au travail, de rémunération effective et d'articulation entre l'activité professionnelle et la vie personnelle et familiale ; une analyse des écarts de salaires et de déroulement de carrière en fonction de l'âge, de la qualification et de l'ancienneté ; l'évolution des taux de promotion respectifs des femmes et des hommes par métiers dans l'entreprise ; ainsi que la part des femmes et des hommes dans le conseil d'administration.
5. C. trav., art. R. 2242-2, qui précise les objectifs et les actions doivent être accompagnés d'indicateurs chiffrés.
6. V. DE FAÇON GÉNÉRALE : G. Santoro, « L'articulation des temps de vie par la négociation collective sur l'égalité professionnelle entre les femmes et les hommes », *Dr. soc.* 2017. 160.

obligatoirement comprise dans les domaines d'action retenus par l'accord collectif ou, à défaut, par le plan d'action et que les objectifs de progression, les actions et les indicateurs chiffrés fixés dans ce domaine doivent tenir compte, dans les entreprises d'au moins cinquante salariés, des indicateurs mentionnés à l'article L. 1142-8[1] ainsi, le cas échéant, que des mesures de correction définies dans les conditions prévues à l'article L. 1142-9.

Ce dernier texte ajoute au demeurant au contenu de la négociation lorsque les résultats obtenus par l'entreprise - par hypothèse d'au moins cinquante salariés - au regard des indicateurs mentionnés à l'article L. 1142-8 se situent en deçà d'un niveau défini par décret. Dans ce cas, la négociation sur l'égalité professionnelle doit également porter sur les mesures adéquates et pertinentes de correction et, le cas échéant, sur la programmation, annuelle ou pluriannuelle, de mesures financières de rattrapage salarial[2].

322.183 Sécurisation de la conformité de l'accord aux prescriptions légales et réglementaires. Le risque de pénalité financière auquel expose l'absence d'accord - ou, à défaut, l'absence de plan d'action - ou la conclusion d'un accord imparfait qui ne serait pas conforme aux prescriptions légales et règlementaires explique la possibilité donnée à l'employeur de sécuriser l'accord ou le plan en demandant à l'autorité administrative de se prononcer sur le respect de ces prescriptions[3]. Cette procédure de rescrit n'est ouverte qu'une fois l'accord conclu et déposé à l'administration. La loi ne prévoit pas de procédure préventive qui permettrait à l'employeur de saisir l'administration pour examiner un simple projet d'accord. Une demande tardive, alors que les services chargés de l'application de la législation du travail ont déjà engagé un contrôle sur le respect des dispositions légales, ne serait pas non plus recevable.

La Dreets dispose d'un délai de deux mois à compter de la date de réception de la demande complète pour notifier sa réponse à l'employeur[4]. Un examen effectif de l'accord et une réponse expresse sont nécessaires pour que l'employeur soit protégé contre le risque de pénalité. Autrement dit, le silence gardé par l'autorité administrative à l'issue du délai ne vaut pas approbation mais rejet de la demande[5]. L'employeur est en revanche protégé par la réponse établissant la conformité de l'accord puisque celle-ci lie l'administration pour l'application d'une pénalité pendant toute la période comprise entre la date de réception de la réponse par l'employeur et le terme de la périodicité de renégociation sur le thème de l'égalité professionnelle.

La demande aboutirait-elle à une décision négative, cette dernière peut faire l'objet d'un recours, recours hiérarchique devant le ministre du Travail ou recours contentieux devant le juge administratif[6]. Si la décision est confirmée ou en l'absence de recours, l'employeur a intérêt à rouvrir une négociation pour amender l'accord et, faute d'y parvenir, à élaborer un plan d'action conforme.

B.
Qualité de vie au travail

322.190 Plan. Depuis 2015, la qualité de vie au travail est devenue un sujet de négociation obligatoire (1°). Son objet est toutefois assez flou (2°) et se réduit dans le contenu des accords à quelques questions récurrentes (3°).

1°
Notion, thèmes et niveau de négociation

322.201 Notion. La qualité de vie au travail[7], réduite à l'acronyme QVT, est une notion assez mystérieuse devenue, depuis 2015, un objet imposé de négociation. Les termes de « qualité de vie au travail » ont été employés lors de travaux officiels à l'occasion de la Conférence sociale des 9 et 10 juillet 2012, mais l'attention que le sujet suscite de la part des pouvoirs publics remonte au rapport *Lachman, Larose* et *Penicaut* établi à la demande du Premier ministre et remis en février 2010. Ce rapport comportait à l'époque plusieurs propositions pour améliorer le bien-être au travail[8]. En 2012, la qua-

1. Ce texte renvoie aux indicateurs relatifs aux écarts de rémunération entre les femmes et les hommes et aux actions mises en œuvre pour les supprimer.
2. En l'absence d'accord, les mesures doivent être déterminées par décision de l'employeur après consultation du comité social et économique.
3. C. trav., art. L. 2242-9.
4. C. trav., art. R. 2242-10.
5. C. trav., art. L. 2242-9.
6. Instr. DGT/DPSIT, 4 avr. 2017 relative à la mise en œuvre du dispositif de pénalité financière et à la mise en place d'une procédure dite de « rescrit » en matière d'égalité professionnelle entre les femmes et les hommes, NOR : ETST1711072J.
7. V. V. Drochon et R. Tafini, « De l'incitation à la négociation sur la qualité de vie au travail dans l'entreprise », *JCP S* 2013. 372 – P.-H. Antonmattei, « Négocier un accord sur la qualité de vie au travail. Quelques observations sur l'article 33 de la loi du 5 mars 2014 », *Dr. soc.* 2015. 131 – G. Loiseau, « La négociation des accords QVT », *BJT* 1/2019, p. 46 – S. Selusi-Sobirats et M. Vaskou, « Pratiques innovantes en matière de négociation relative à la QVT », *BJT* 10/2019, p. 61 – F. Héas, « La négociation collective sur la qualité de vie au travail », *Dr. soc.* 2019. 907.
8. H. Lachmann, Ch. Larose et M. Penicaud, *Bien être et efficacité au travail : 10 propositions pour améliorer la santé psychologique au travail*, Rapport au Premier ministre, févr. 2010.

lité de vie au travail était appréhendée sous l'angle de la santé au travail dans une approche renouvelée de la question puisqu'ayant en vue de faire de l'optimisation de la qualité de vie professionnelle un levier pour améliorer, sur le terrain notamment de la prévention, la santé au travail.

Ce changement de perspective s'accompagne d'un élargissement du champ d'action, les questions de santé au travail débordant plus que jamais, en suivant ce point de vue, sur les problématiques des conditions de travail. C'est d'ailleurs en adoptant une large conception que les auteurs de l'accord national interprofessionnel du 19 juin 2013 ont donné une première définition de la qualité de vie au travail : « Elle peut se concevoir », est-il écrit, « comme un sentiment de bien-être au travail, perçu collectivement et individuellement, qui englobe l'ambiance, la culture de l'entreprise, l'intérêt du travail, les conditions de travail, le sentiment d'implication, le degré d'autonomie et de responsabilisation, l'égalité, un droit à l'erreur accordé à chacun, une reconnaissance et une valorisation du travail effectué »[1]. Cette conception n'est pas seulement très large ; elle est aussi décloisonnée, mêlant l'individuel et le collectif, l'appartenance à une communauté de travail et l'interrelation avec l'entreprise. L'approche a pu dérouter les partenaires sociaux, habitués à un découpage des sujets et donc peu coutumiers de les traiter sous l'angle des interactions entre les différents aspects d'une même problématique. Le fait est que, bien que la qualité de vie au travail soit devenue un thème de négociation obligatoire, les accords sont relativement peu nombreux et, pour ceux qui sont signés, sont pour la plupart peu ambitieux.

322.202 **Thème de négociation obligatoire.** On doit à la loi du 5 mars 2014[2] relative à la formation professionnelle, à l'emploi et à la démocratie sociale d'avoir autorisé, à titre expérimental, la conclusion d'un accord prévoyant le regroupement dans une négociation unique dite de « qualité de vie au travail » de tout ou partie des négociations obligatoires en matière notamment d'égalité professionnelle entre les femmes et les hommes, de durée effective et d'organisation du temps de travail, de régime de prévoyance maladie ou encore d'insertion professionnelle et de maintien dans l'emploi des travailleurs handicapés. Mais c'est la loi du 17 août 2015 relative au dialogue social et à l'emploi qui en a fait un objet de négociation obligatoire en créant une nouvelle section au sein du chapitre dédié à la négociation obligatoire en entreprise, intitulée « Égalité professionnelle entre les femmes et les hommes et qualité de vie au travail ».

L'ordonnance n° 2017-1385 du 22 septembre 2017[3], modifiée par la loi du 24 décembre 2019[4], en a fait, sous les articles L. 2242-17 et L. 2242-19 du Code du travail, une rubrique aux allures de fourre-tout mêlant vie personnelle et vie professionnelle, égalité femmes/hommes, lutte contre les discriminations, insertion professionnelle et maintien dans l'emploi des travailleurs handicapés, régime de prévoyance, droit d'expression directe et collective des salariés, droit à la déconnexion, mobilité entre le lieu de résidence et le lieu de travail ou encore, prévue à l'article L. 2242-19, la prévention des effets de l'exposition aux facteurs de risques professionnels.

322.203 **Niveau de négociation.** Si le niveau de négociation est en principe celui de l'entreprise, il ne faut pas exclure la possibilité d'accords de branche. Plusieurs thèmes se rapportant à la qualité de vie au travail relèvent aussi de la négociation de branche obligatoire, qui doit être engagée au moins une fois tous les quatre ans[5] : mesures destinées à faciliter la conciliation entre la vie professionnelle et la vie personnelle des salariés proches aidants ; mesures tendant à l'insertion professionnelle et au maintien dans l'emploi des travailleurs handicapés ; institution de plans d'épargne interentreprises ou de plans d'épargne pour la retraite d'entreprise collectifs interentreprises lorsqu'il n'existe aucun accord conclu à ce niveau en la matière. Et certains thèmes se croisent comme la définition des priorités, des objectifs et des moyens de la formation professionnelle des salariés qui entre dans la négociation de branche alors que la négociation d'entreprise doit porter sur les mesures de lutte contre les discriminations en matière de recrutement, d'emploi et d'accès à la formation professionnelle.

Par ailleurs, les branches peuvent avoir un rôle utile pour produire des outils, un cadrage ou encore une méthodologie pour faire face à des sujets complexes comme le droit à la déconnexion. Les accords de branche traitant explicitement de la problématique de la qualité de vie au travail sont encore assez peu nombreux. On peut citer : la convention collec-

1. H. Lanouzière, « Un coup pour rien ou un virage décisif ? L'accord du 19 juin 2013 sur la qualité de vie au travail », *SSL* 19 sept. 2013, n° 1597, p. 4 – P.-Y. Verkindt, « Qualité de vie au travail et égalité professionnelle : coup d'œil rétrospectif sur l'ANI du 19 juin 2013 », *Cah. DRH* 7/2014, p. 32.
2. L. n° 2014-288, 5 mars 2014 relative à la formation professionnelle, à l'emploi et à la démocratie sociale, *JO* 6 mars, p. 4848.
3. Ord. n° 2017-1385, 22 sept. 2017 relative au renforcement de la négociation collective, *JO* 23 sept., n° 29.
4. L. n° 2019-1428, 24 déc. 2019 d'orientation des mobilités, *JO* 26 déc., n° 1.
5. C. trav., art. L. 2241-1.

tive nationale des institutions de retraite complémentaires du 2 mars 2017 relative à la qualité de vie au travail ; l'accord de la branche sanitaire, sociale et médico-sociale à but non lucratif du 28 mars 2017 relatif à la santé et à la qualité de vie au travail ; la convention collective nationale de l'hospitalisation privée du 12 juin 2018 relative à la qualité de vie au travail et à l'égalité professionnelle ; l'accord de la Banque populaire du 29 janvier 2021 relatif à la qualité de vie au travail ; l'accord de la branche du courtage d'assurances et/ou de réassurances du 1er juillet 2021 relatif aux engagements responsables et solidaires en faveur de l'emploi et de la qualité de vie au travail ; l'accord de la métallurgie du 7 février 2022 relatif à la santé, à la sécurité, aux conditions et à la qualité de vie au travail ; l'accord de branche relatif à la qualité de vie et des conditions de travail dans les sociétés d'assurance du 29 novembre 2022.

2°
Objet de la négociation

322.211 **Nébuleuse.** L'objet de la négociation est une nébuleuse, ce qui tient d'abord au choix qui a été fait d'accoler le thème de la qualité de vie au travail à celui de l'égalité professionnelle entre les femmes et les hommes. Cette association remonte aux origines de la qualité de vie au travail puisque, dès les travaux de la conférence sociale des 9 et 10 juillet 2012, il était proposé de faire porter des négociations sur les thèmes de la qualité de vie au travail et de l'égalité professionnelle. L'accord national interprofessionnel du 19 juin 2013, intitulé « Qualité de vie au travail », indiquait dans le même esprit que cet accord avait pour « objet de favoriser l'égalité d'accès à la qualité de vie au travail et à l'égalité professionnelle pour tous les salariés »[1]. Pourtant, ces problématiques ont chacune leur propre singularité et leur propre importance de sorte que leur association les affaiblit plus qu'elle ne les renforce. Le couplage n'en est pas moins prégnant puisqu'il est même parfois présenté comme le contenu d'un seul et même accord, ce qui n'a pas vraiment de sens. Par exemple, il est dit à l'article L. 2312-26 du Code du travail que la consultation annuelle sur la politique sociale de l'entreprise, les conditions de travail et l'emploi porte sur les modalités d'exercice du droit d'expression des salariés dans les entreprises non couvertes par un accord sur l'égalité professionnelle et la qualité de vie au travail contenant des dispositions sur ce droit. C'est toutefois une erreur de vue de lier les deux problématiques au sein d'un même accord, même s'il est évidemment possible de les traiter conjointement. Très peu d'accords réunissent d'ailleurs, en pratique, les deux problématiques[2].

La conjonction des thèmes de l'égalité professionnelle entre les femmes et les hommes et de la qualité de vie au travail brouille en outre la répartition des sujets qui relèvent de l'une ou de l'autre de ces rubriques. Ils apparaissent enchevêtrés à l'article L. 2242-17 du Code du travail. Parmi ces sujets, déclinés du 1° au 7° du texte, la plupart concernent la qualité de vie au travail. Il s'agit : de l'articulation entre la vie personnelle et la vie professionnelle (1°) ; des mesures de lutte contre les discriminations en matière de recrutement, d'emploi et d'accès à la formation professionnelle (3°)[3] ; des mesures relatives aux travailleurs handicapés (4°) ; des modalités de définition d'un régime de prévoyance (5°) ; de l'exercice du droit d'expression directe et collective des salariés (6°) et des modalités d'exercice du droit à la déconnexion (7°).

Il reste que, même en les apparentant à la problématique commune de la qualité de vie au travail, les sujets qui en relèvent sont présentés en vrac, sans logique apparente. Et s'il est certainement possible d'aborder d'autres sujets que ceux-là, les termes de l'article L. 2242-17 énonçant que la négociation « porte sur » ces sujets se comprennent comme n'imposant de discuter que de ceux-là. Il y a, sur ce point, un appauvrissement très net de l'objet de la négociation par rapport à ce qu'envisageaient les auteurs de l'accord national interprofessionnel de 2013 qui voyaient dans une approche globale la possibilité d'aboutir à davantage d'effectivité pour résoudre les problèmes vécus par les salariés. Tout ce qui était vraiment novateur dans l'accord national interprofessionnel ne se retrouve pas dans le champ de la négociation obligatoire de la qualité de vie au travail. Spécialement, les auteurs de l'ANI soulignaient que « la qualité de vie au travail désigne et regroupe les dispositions récurrentes abordant notamment les modalités de mise en œuvre de l'organisation du travail permettant de concilier les modalités de l'amélioration des conditions de travail et de vie

1. Il en était justifié dans l'ANI par la considération que « l'intégration de l'égalité professionnelle dans la démarche de qualité de vie au travail permet d'aborder des thèmes étroitement imbriqués mais traités jusqu'alors de façon séparée, afin de les articuler de façon dynamique ».

2. IL Y EN A TOUT DE MÊME QUELQUES-UNS : l'accord de l'UES Korian France du 5 décembre 2017, l'accord Uniqlo Europe du 22 septembre 2017, l'accord Continental du 17 avril 2018 ou encore l'accord Coca-Cola European Partners France du 25 février 2020.

3. Il était indiqué à ce sujet dans l'ANI de 2013 que « la qualité de vie au travail nécessite qu'aucune forme de discrimination n'existe et ne soit tolérée dans l'entreprise autant dans les conditions de l'accès à l'emploi et à la promotion que dans la politique salariale et les autres déterminants des conditions de travail ».

pour les salariés et la performance collective de l'entreprise ». Cette représentation de la qualité de vie au travail permettait d'ouvrir sur les adaptations rendues nécessaires par les mutations du travail, qu'il s'agisse de l'organisation du travail ou des conditions de son exercice, à une époque où elles sont durablement affectées par le développement des technologies du numérique et, en particulier, de l'intelligence artificielle.

322.212 **Évolution ?** Le constat a été fait que la législation concernant les conditions de travail est principalement conçue au regard des modes de travail de l'ère industrielle[1]. Il lui faut donc évoluer pour prendre en compte le déploiement des outils faisant appel au numérique et, spécialement, à l'intelligence artificielle. Ces technologies impactent les conditions de travail avec des effets négatifs – comme la perte d'autonomie, l'intensification du travail, etc. – ou qui rendent nécessaires des adaptations – s'agissant notamment de la complémentarité entre le travail humain et la machine. Conscient des limites de la négociation obligatoire sur la qualité de vie au travail sur ces questions, le rapport de la mission *Villani* du 28 mars 2018, intitulé « Donner un sens à l'intelligence artificielle », a d'ailleurs proposé de modifier le contenu de la négociation annuelle sur l'égalité professionnelle et la qualité de vie au travail afin de prendre en considération ces nouvelles problématiques.

La proposition mérite d'être réfléchie. Il ne s'agit pas d'ajouter un nouveau sujet à la mosaïque de thèmes qui composent, sans cohérence visible, le vaste programme de la qualité de vie au travail. Il faudrait saisir l'occasion d'intégrer dans le champ de la négociation le paramètre des technologies numériques pour décloisonner les sujets – l'articulation vie personnelle/vie professionnelle ; les discriminations en matière de recrutement, d'emploi ou d'accès à la formation professionnelle ; la place des travailleurs handicapés ou encore la prévention de l'hyper-connexion hors entreprise et également en entreprise – en les examinant ensemble à la lumière des évolutions technologiques. De ce point de vue, l'adjonction d'une nouvelle thématique par la loi du 2 août 2021 à côté de celles de l'égalité professionnelle entre les femmes et les hommes et de la qualité de vie au travail, relative à la qualité des conditions de travail, crée certes l'opportunité d'étendre la négociation au traitement des effets de la robotique et de l'emploi d'outils algorithmiques – du fait, notamment, de l'automatisation, totale ou partielle, de certaines tâches ou de l'interopérabilité entre la personne et la machine[2]. Mais l'angle sous lequel le législateur suggère d'aborder la nouvelle thématique – la santé et la sécurité au travail et la prévention des risques professionnels[3] – étrécit à cet aspect des choses la prise en considération des effets, bien plus larges, de la transition numérique. Cela favorise en outre une approche en silo des problématiques en termes de santé et de sécurité au travail alors que la démarche devrait, à l'inverse, être transversale pour saisir tous les points d'impact du déploiement du numérique et des systèmes d'intelligence artificielle.

322.213 **Focus : le droit à la déconnexion.** L'article L. 2242-17 du Code du travail prévoit, depuis la loi du 8 août 2016, que « la négociation annuelle sur l'égalité professionnelle entre les femmes et les hommes et la qualité de vie au travail porte sur : [...] 7° Les modalités du plein exercice par le salarié de son droit à la déconnexion et la mise en place par l'entreprise de dispositifs de régulation de l'utilisation des outils numériques, en vue d'assurer le respect des temps de repos et de congé ainsi que de la vie personnelle et familiale ». Inspiré par le rapport *Mettling* sur la *Transformation numérique et* [la] *vie au travail*, le législateur n'a pas toutefois appréhendé la déconnexion comme « une coresponsabilité du salarié et de l'employeur » comme le suggérait le rapport[4], mais sous l'angle d'un *droit à* la déconnexion. Pour autant, il n'a pas consacré ce droit comme un droit de tous les travailleurs. En empruntant la voie d'un accord collectif pour le prévoir et pour en organiser l'exercice, et en s'en remettant à défaut d'accord à une charte élaborée unilatéralement par l'employeur, il n'en fait formellement profiter que les salariés des entreprises dans lesquelles un tel accord doit être négocié et, faute d'être conclu, dans lesquelles une charte doit être subsidiairement adoptée. Ces entreprises sont d'abord celles d'au moins cinquante salariés soumises à la négociation annuelle sur l'égalité professionnelle entre les femmes et les hommes et la qualité de vie et des conditions de travail. Ce sont aussi, à supposer qu'elles ne soient pas concernées au titre de la négociation annuelle obligatoire, celles qui ont recours aux conventions de forfait annuels en jours. Pour celles-là également, le principe est que les modalités d'exercice du droit à la déconnexion sont déterminées par accord collectif et, à défaut, unilatéralement par l'employeur, de manière informelle ou au moyen d'une charte selon que l'entreprise compte moins de cinquante salariés ou au moins cinquante salariés[5].

1. Rapport de la mission Villani du 28 mars 2018, « Donner un sens à l'intelligence artificielle ».
2. V. s[5] n° 322.237.
3. C. trav., art. L. 2242-19-1.
4. B. Mettling, *Transformation numérique et vie au travail*, Rapport au ministre du Travail, sept. 2015, § 2.1.2.3 « Travail connecté et articulation entre vie privée et vie professionnelle », p. 21.
5. C. trav., art. L. 3121-64-I et L. 3121-65.

En concevant la déconnexion comme un droit dont l'opposabilité à l'employeur est justifiée par le respect des temps de repos et de congé ainsi que par le respect de la vie personnelle et familiale, le législateur ne s'est préoccupé de la question de l'exposition aux risques numériques qu'en dehors de l'entreprise. De fait, l'un des risques est de favoriser une exportation de l'activité professionnelle dans la sphère personnelle de manière telle que le salarié n'est pas vraiment en mesure de le refuser. Cette prolongation par la voie numérique du temps d'occupation professionnelle, d'autant plus insidieuse que ce temps peut être bref, est susceptible de dégrader, en l'absence de rupture franche, le temps d'occupation personnelle. Lorsque la pratique est franchement excessive, c'est une forme d'astreinte numérique. Pourtant, les risques sont tout aussi sérieux en entreprise, les technologies numériques, si leur emploi est mal maîtrisé ou mal régulé, pouvant avoir un impact sur la santé des salariés. Elles peuvent notamment amplifier les facteurs à l'origine de risques psychosociaux (stress, épuisement professionnel, etc.) comme la charge de travail ou la surcharge informationnelle. Dans ces conditions, même si elle n'est pas imposée par la loi, la considération de ces risques et des mesures pour les prévenir ou les réduire trouve sa place dans le cadre de la négociation sur la qualité de vie au travail, peut-être même davantage aujourd'hui dans celui de la négociation sur la qualité des conditions de travail. Faute d'en traiter conventionnellement, il ne reste que l'obligation de l'employeur de veiller à la santé et à la sécurité des travailleurs et de prendre à cet effet les mesures de prévention appropriées.

Quant aux mesures destinées à garantir le droit à la déconnexion, ni leur nature, ni leur contenu, ni même un degré minimal d'exigence ne sont déterminés par la loi qui s'en remet aux partenaires sociaux, et à défaut à l'employeur, afin qu'ils traitent la question au regard de la situation propre à chaque entreprise, compte tenu de l'organisation du travail, des habitudes existantes, etc. Tous les salariés ne sont pas, il est vrai, confrontés de la même manière à la problématique de l'hyper-connexion que permettent les outils numériques, laquelle concerne davantage les cadres que les ouvriers et certains secteurs professionnels plus que d'autres. Les mesures peuvent être en conséquence variables, adaptées aux besoins préalablement identifiés dans chaque entreprise.

L'accord collectif et la charte ne font d'ailleurs pas l'objet, à ce sujet, de la même lettre de cadrage. La négociation doit porter sur « les modalités du plein exercice par le salarié de son droit à la déconnexion et la mise en place par l'entreprise de dispositifs de régulation de l'utilisation des outils numériques ». L'emploi de la conjonction « et » marque la différence faite par le législateur entre ce qui relève du droit à la déconnexion et son exercice par les salariés et ce qui participe du devoir de l'employeur de mettre en œuvre pour l'ensemble du personnel des dispositifs de régulation. La charte présente la même morphologie puisqu'il s'agit, en ce qui concerne le droit à la déconnexion, de définir les modalités de son exercice. Mais le devoir n'a pas exactement le même objet puisqu'il consiste, d'après l'article L. 2242-17, à mettre en œuvre, à destination des salariés et du personnel d'encadrement et de direction, des actions de formation et de sensibilisation à un usage raisonnable des outils numériques. Bien sûr, ces actions d'information et de formation pourraient être également prévues par voie d'accord collectif. Inversement, la charte peut programmer des dispositifs de régulation de l'utilisation des outils numériques.

En toute hypothèse, que les mesures soient établies par accord collectif ou au moyen d'une charte, elles doivent présenter un caractère sérieux et suffisant eu égard aux risques évalués par l'employeur. La première démarche pour l'employeur est donc de réaliser un diagnostic et de définir des indicateurs spécifiques à l'entreprise, ce que prévoyait déjà l'accord national interprofessionnel du 19 juin 2013 sur la qualité de vie au travail[1].

Il y a toutefois une hiérarchie entre l'accord collectif et la charte : si la conclusion d'un accord collectif dispense l'employeur de l'élaboration d'une charte, à l'inverse, l'employeur ne pourrait pas se dispenser d'engager, annuellement, une négociation sur la déconnexion en excipant de l'existence d'une charte. Même si celle-ci est établie après l'échec de la négociation, il est dans l'esprit de la loi de discuter à nouveau des mesures sur la déconnexion lors de la négociation annuelle suivante dans l'éventualité de conclure un accord collectif, le cas échéant sur la base de la charte précédemment mise en place.

322.214 Focus : la prévention des effets de l'exposition aux facteurs de risques professionnels. L'article L. 2242-19 du Code du travail indique que « la négociation prévue à l'article L. 2242-7 », c'est-à-dire la négociation annuelle sur les thèmes principaux relevant de l'égalité femmes/hommes et de la qualité de vie et des conditions de travail, « peut également porter sur la prévention des effets de l'exposition aux facteurs de risques professionnels prévue à l'article L. 4161-1 ». Cet appendice de la négociation obligatoire paraît en déphasage avec le reste du bloc auquel il se rattache. D'une part, il s'agit d'un thème facultatif en marge du contenu

1. Accord national interprofessionnel, 19 juin 2013 sur la qualité de vie au travail, art. 14 et 15.

obligatoire de la négociation et qui l'est doublement : la négociation sur la prévention des effets de l'exposition aux facteurs de risques professionnels peut être conduite à part et elle n'est pas nécessairement annuelle, même en l'absence d'accord prévoyant une autre périodicité, puisqu'un accord conclu à ce sujet a une durée (maximale) de trois ans[1]. D'autre part, la question des effets de l'exposition aux facteurs de risques professionnels renvoie à un aspect classique de la prévention en matière de santé au travail dont le lien avec la qualité de vie au travail est assez distendu.

De fait, les facteurs de risques professionnels identifiés à l'article L. 4161-1 du Code du travail sont liés à des contraintes physiques marquées, à un environnement physique agressif ou à certains rythmes de travail qui n'ont pas grand-chose à voir avec la qualité de vie au travail, à moins d'hypertrophier cette dernière notion et de lui faire perdre le peu de sens qu'il est possible de lui trouver. Peut-être un lien est-il plus perceptible, depuis que la loi du 2 août 2021 a ajouté cette thématique, avec la qualité des conditions de travail, la loi invitant à s'y intéresser du point de vue de la santé et de la sécurité au travail. Mais on a tout de même le sentiment que le législateur a voulu à tout prix donner un ancrage à la négociation sur cette question particulière pour ne pas laisser ce cas de négociation isolé dans la quatrième partie du code qui n'en prévoit pas d'autre. Les règles qui la concernent se suffisent pourtant à elles-mêmes en fixant un cadre précis à son accomplissement.

Selon l'article L. 4162-1, la négociation doit être engagée dans les entreprises qui emploient au moins cinquante salariés ou qui font partie d'un groupe dont l'effectif comprend au moins cinquante salariés, à moins d'être déjà couvertes par un accord de branche étendu si l'effectif est inférieur à trois cents salariés. Encore faut-il que le risque professionnel soit suffisamment important, ce qui suppose que, soit au moins 25 % des salariés soient exposés au risque, soit l'indice de sinistralité au titre des accidents du travail et des maladies professionnelles soit supérieur à 0,25[2]. L'accord d'entreprise ou de groupe est en outre strictement planifié. D'un côté, il doit reposer sur un diagnostic préalable des expositions aux facteurs de risques professionnels et doit prévoir les mesures de prévention qui en découlent et qui s'appliquent à tous les salariés exposés à un ou plusieurs de ces facteurs ainsi que les modalités de suivi de leur mise en œuvre effective[3]. De l'autre, il doit traiter d'un certain nombre de thèmes[4] et être assorti pour chacun de ceux-ci d'objectifs chiffrés dont la réalisation est mesurée au moyen d'indicateurs[5]. Le législateur tient ici fermement la plume des partenaires sociaux puisqu'il est imposé que l'accord porte sur au moins quatre thèmes déterminés par les dispositions règlementaires[6].

Le respect de ces prescriptions fait l'objet de contrôles. La caisse d'assurance retraite et de la santé au travail, qui doit être informée par la Dreets du dépôt de l'accord, peut l'informer à son tour lorsqu'une entreprise n'est pas couverte par un accord d'entreprise ou de groupe, ou à défaut par un plan d'action, répondant aux conditions légales. De son côté, s'il constate un manquement, l'agent de contrôle de l'inspection du travail peut mettre en demeure l'employeur de remédier à la situation dans un délai de six mois[7].

S'il ne peut y avoir, à cet égard, d'obligation de parvenir à la conclusion d'un accord, l'employeur est tenu à défaut d'arrêter au niveau de l'entreprise ou du groupe un plan d'action relatif à la prévention des effets de l'exposition aux facteurs de risques professionnels, après avis du comité social et économique[8]. Le non-respect de ces obligations – aussi bien celle d'engager une négociation que celle d'adopter un plan d'action si la négociation n'aboutit pas ou encore celles relatives au contenu de l'accord ou du plan et à sa durée maximale de trois ans – expose l'employeur au paiement d'une pénalité qui ne peut excéder 1 % des rémunérations ou gains versés aux travailleurs concernés au cours des périodes au titre desquelles l'entreprise n'est pas couverte par un accord ou par un plan d'action. Le produit de cette pénalité est affecté aux organismes nationaux de la branche accidents du travail et maladies professionnelles[9].

Outre l'accord d'entreprise ou de groupe ou, à défaut, le plan d'action, l'entreprise peut être liée, dans la mesure du principe de subsidiarité, par un accord de branche sur le sujet. L'article L. 2241-1 du Code du travail impose à cet égard de négocier dans le cadre des branches, au moins une fois tous les quatre ans, sur « la prise en compte des effets de

1. C. trav., art. L. 4162-3.
2. C. trav., art. D. 4162-1.
3. C. trav., art. D. 4162-2.
4. C. trav., art. L. 4162-3.
5. C. trav., art. D. 4162-2.
6. C. trav., art. D. 4162-3, qui exige que l'accord traite d'au moins deux thèmes parmi les trois suivants : la réduction des poly-expositions aux facteurs de risques, l'adaptation et l'aménagement des postes de travail, la réduction des expositions aux facteurs de risques ; et d'au moins deux autres thèmes parmi les quatre suivants : l'amélioration des conditions de travail notamment au plan organisationnel, le développement des compétences et des qualifications, l'aménagement des fins de carrière, le maintien en activité des salariés exposés aux facteurs de risques.
7. C. trav., art. D. 4162-5.
8. C. trav., art. L. 4162-2.
9. C. trav., art. L. 4162-4. Les règles relatives à la pénalité sont précisées aux articles R. 4162-6 à R. 4162-8.

l'exposition aux facteurs de risques professionnels énumérés à l'article L. 4161-1 ». L'existence d'un accord de branche peut plus spécialement concerner les entreprises qui, compte tenu de leur effectif, n'ont pas l'obligation de négocier sur ce thème.

3°
Contenu des accords

322.221 **Problématiques récurrentes.** L'examen des accords QVT fait ressortir des problématiques récurrentes, parmi lesquelles la prévention des risques psychosociaux et le droit à la déconnexion. En ce qui concerne ce dernier, les accords en traitent, non sous l'angle du respect des temps de repos et de congés, mais du point de vue de l'équilibre entre la vie privée et la vie professionnelle qui est l'autre aspect sous lequel la loi du 17 août 2015 a obligé à négocier sur le droit à la déconnexion et les modalités de son exercice. Cette approche n'est pas toutefois systématique et, dans plusieurs accords, la déconnexion n'est pas considérée seulement comme un droit du salarié en dehors du temps et du lieu de travail, comme l'envisage la loi du 8 août 2016, mais aussi comme un aménagement de l'utilisation des outils numériques au sein de l'entreprise sous la forme, généralement, d'un code de bonne conduite (bon usage des courriels, etc.).

Sur tous ces points, les accords obéissent dans l'ensemble à la commande législative et sont peu innovants. Prévention des risques psychosociaux, droit à la déconnexion, télétravail sont autant de sujets qui sont volontiers traités dans le cadre des accords QVT mais qui pourraient aussi bien l'être, et le sont d'ailleurs également, dans des accords spécifiques.

322.222 **Mesures particulières.** La vie personnelle et la vie familiale occupent une place importante dans les accords QVT, en lien avec la vie professionnelle. En vrac, différentes mesures s'y rapportent : don de jours de repos ou de congés ; journées enfants malades ou rentrée scolaire[1] ; horaires des réunions de façon à ce que celles-ci ne se déroulent pas avant 9 h et après 18 h ; mise en place de services de conciergerie (pressing, cordonnerie, livraison de colis...).

Un tout autre sujet de préoccupation est la question de la lutte contre les incivilités, symptôme d'une dégradation du comportement du public vis-à-vis des salariés au contact avec celui-ci.

C.
Qualité des conditions de travail

322.231 **Une nouvelle thématique de négociation.** Cette nouvelle thématique de négociation s'inscrit dans le projet du législateur, concrétisé par la loi du 2 août 2021[2] pour renforcer la prévention en santé au travail, de renforcer les règles en matière de santé et de sécurité au travail et, plus spécifiquement, les mesures de prévention des risques professionnels. Ce sens à donner à la notion de « qualité des conditions de travail » est éclairé par le nouvel article L. 2242-19-1 du Code du travail qui dispose que « la négociation prévue à l'article L. 2242-17 peut également porter sur la qualité des conditions de travail, notamment sur la santé et la sécurité au travail et la prévention des risques professionnels ». Le texte ajoute que cette négociation « peut s'appuyer sur les acteurs régionaux et locaux de la prévention des risques professionnels ». La volonté du législateur est ainsi de sensibiliser les partenaires sociaux aux problématiques relatives à la santé et à la sécurité au travail et de les inciter à traiter toutes sortes questions s'y rapportant, spécialement dans une perspective de prévention, au moyen d'accords collectifs de travail.

Le projet initial, à l'origine de la proposition de loi, n'était pas pourtant conçu exactement ainsi. La loi du 2 août 2021 transpose un accord national interprofessionnel « pour une prévention renforcée et une offre renouvelée en matière de santé au travail et conditions de travail », conclu le 9 décembre 2020. L'idée, dans cet accord source, était de promouvoir une qualité de vie au travail en articulation avec la santé au travail ou, pour reprendre les termes de l'ANI, « une vision collective et intégrée de la santé au travail »[3]. Pour cela, il ne s'agissait pas de penser autrement la qualité de vie au travail mais de la penser dans une optique plus large, en y associant la qualité des conditions de travail afin de prendre en compte, notamment, les aspects recoupant la santé et la sécurité au travail.

Le législateur, en revanche, a distingué la qualité des conditions de travail de la qualité de vie au travail, même s'il les mêle à l'article L. 2242-17 en accolant ces thématiques à celle de l'égalité professionnel entre les femmes et les hommes. L'article L. 2242-19-1 que la loi consacre, en propre, à la

1. Plus original, l'accord Uniqlo Europe du 22 septembre 2017 prévoit une possibilité d'aménagement des horaires pour les parents célibataires tandis que l'accord TDF du 23 mai 2018 introduit des mesures sur la grand-parentalité pour permettre aux salariés grands-parents de s'occuper de leurs petits-enfants le mercredi ou pendant les vacances scolaires.

2. L. n° 2021-1018, 2 août 2021 pour renforcer la prévention en santé au travail, *JO* 3 août, n° 2.

3. Accord national interprofessionnel du 9 décembre 2020, article 2.2, p. 12.

négociation sur la qualité des conditions de travail ne correspond pas à l'esprit dans lequel les partenaires sociaux envisageaient de traiter de la QVCT. L'intention affichée est plus étroitement d'impliquer les organisations syndicales de salariés dans le traitement des problématiques liées à la santé et à la sécurité au travail sous l'angle, notamment, de la prévention des risques professionnels. Encore faut-il savoir alors quel rôle peut jouer la négociation collective et quelle place elle peut avoir dans un domaine, celui de la santé et de la sécurité, imprégné par les obligations de l'employeur et modelé par l'unilatéralisme des mesures.

322.232 Caractère obligatoire ou facultatif de la négociation. À première vue, la nouvelle thématique de négociation fait partie des thèmes de négociation obligatoire en entreprise. Pourtant, les textes comportent, à ce sujet, une ambiguïté. L'article L. 2242-1 du Code du travail énonce, au titre des dispositions d'ordre public, que, « dans les entreprises où sont constituées une ou plusieurs sections syndicales d'organisations représentatives, l'employeur engage au moins une fois tous les quatre ans : (...) 2° Une négociation sur l'égalité professionnelle entre les femmes et les hommes, portant notamment sur les mesures visant à supprimer les écarts de rémunération, et la qualité de vie et des conditions de travail ». Il s'en infère que la qualité des conditions de travail est un nouvel objet de négociation obligatoire pour l'employeur. Seulement, elle apparaît facultative à la lecture combinée des articles L. 2242-13 et L. 2242-19-1. Le premier, qui traite des modalités de la négociation obligatoire au titre des dispositions supplétives, pose le principe d'une négociation annuelle sur l'égalité professionnelle entre les femmes et les hommes et la qualité de vie et des conditions de travail « dans les conditions prévues à la sous-section 3 de la présente section ». Et aux termes du nouvel article L. 2242-19-1, figurant dans la sous-section 3, il est dit que la négociation « peut » également porter sur la qualité des conditions de travail. Obligation ? Faculté ?

La lecture des travaux parlementaires fait ressortir, sans la moindre ambiguïté, qu'il s'agit d'un thème facultatif, les parlementaires ayant souhaité uniquement inciter les partenaires sociaux à se saisir des problématiques relatives à la qualité des conditions de travail. Des amendements ont été discutés et rejetés, aussi bien au cours de l'examen du texte par l'Assemblée nationale que par le Sénat, qui proposaient de rendre la négociation obligatoire sur ce thème. Les auteurs de ces amendements en appelaient, pour en justifier, au respect de l'ANI de 9 décembre 2020 qui, tout en rappelant que « la QVT fait partie des thématiques de négociation obligatoires prévues par le Code du travail », expose que « le présent accord propose que l'approche traditionnelle de la qualité de vie au travail soit revue pour intégrer la qualité de vie et des conditions de travail »[1]. Les auteurs des amendements ont souligné aussi que « mentionner des thèmes qui pourraient être abordés à titre supplétif mais facultatif n'apporte [...] rien au droit existant ». Mais, en dépit de ces arguments non dépourvus de pertinence, il a été dit et redit que la qualité des conditions de travail est un thème simplement optionnel, ajouté dans les textes pour encourager les partenaires sociaux à en traiter[2]. Quant à son ajout aux articles L. 2242-1 – au titre des dispositions d'ordre public – et L. 2242-13 – au titre des dispositions supplétives relatives aux modalités de la négociation obligatoire – dans une formule réunissant « la qualité de vie et des conditions de travail », il s'explique par la volonté du Sénat « d'harmoniser la terminologie du code du travail en remplaçant, en chacune de leurs occurrences, les termes « qualité de vie au travail » *par les termes* « qualité de vie et des conditions de travail » ». Il s'est agi de « sacralis(er) au niveau législatif la notion de « qualité de vie et des conditions de travail mentionnée dans l'ANI »[3].

Si l'intention du législateur est claire, le choix est regrettable. Sans doute, la liste des thèmes sur lesquels les entreprises ont l'obligation de négocier est déjà longue, encore qu'elle soit réductible par accord collectif. Mais il n'est pas très cohérent de considérer que la question de la qualité des conditions de travail et, sous cet angle, les problématiques relatives à la santé, à la sécurité et à la prévention des risques professionnelles sont suffisamment importantes pour figurer parmi les thèmes de négociation collective sans que cela justifie d'obliger d'ouvrir des discussions à ce sujet. La situation du texte parmi les dispositions supplétives aurait de toute façon permis de retirer ce thème du champ de la négociation annuelle. Il est en outre paradoxal de « sacraliser » la formule de « qualité de vie et des conditions de travail », promue par l'ANI, jusqu'à la faire apparaître à l'article L. 2242-1 dans la rubrique « ordre public », et de se distancier du même ANI en n'allant pas au bout de sa logique qui faisait de la QVCT deux thèmes conjoints de négociation obligatoire. À cet égard, la loi du 2 août 2021 est une transposition tiède de l'accord national interprofes-

1. Accord national interprofessionnel du 9 décembre 2020, article 2.2, p. 12.
2. V. le rapport fait au nom de la commission des affaires sociales de l'Assemblée nationale, déposé le 11 février 2021, et le rapport fait au nom de la commission des affaires sociales du Sénat, déposé le 23 juin 2021. V. aussi le compte-rendu intégral des débats de la séance du 5 juillet 2021 au Sénat.
3. Compte-rendu intégral des débats de la séance du 5 juillet 2021 au Sénat.

sionnel du 9 décembre 2020, qui était un texte beaucoup plus audacieux[1].

Les auteurs de la loi ont visiblement manqué d'ambition et, pire, ils ont pris le risque d'appauvrir le champ de la négociation obligatoire. Alors que les partenaires sociaux avaient observé, dans le cadre de l'ANI, que « la QVT fait partie des thématiques de négociation obligatoires prévues par le Code du travail qui peut prendre, à cette occasion, des aspects qui recoupent le domaine de la santé et de la sécurité au travail »[2], le caractère facultatif de la négociation sur la qualité des conditions de travail, portant « notamment sur la santé et la sécurité au travail et la prévention des risques professionnels », pourrait conduire à ne pas aborder les problématiques liées à la santé et la sécurité – puisqu'elles ne sont qu'optionnelles – et à les retrancher, sans même avoir à le prévoir par accord collectif, des thèmes de la négociation obligatoire pour alléger celle-ci.

322.233 La notion de qualité des conditions de travail. L'ANI du 9 décembre 2020 ne définit pas la qualité des conditions de travail à la différence de l'ANI du 19 juin 2013 sur la qualité de vie au travail qui profilait la notion. Les partenaires sociaux ont tout au plus esquissé des objectifs de la QVTC, en particulier dans le champ de la santé au travail, en identifiant plusieurs sujets : l'articulation des sphères de vie personnelle et professionnelle et la problématique de la déconnexion numérique ; les conditions d'exercice du travail sous l'angle du management, des moyens, des relations interpersonnelles de travail ; ou encore « l'utilité et le sens du travail, les transformations rapides du travail (numérisation...), la conduite du changement, la mobilisation de modalités d'organisation du travail tel le télétravail... »[3].

Cette relative indétermination est demeurée à l'issue des travaux parlementaires qui n'ont pas été l'occasion de clarifier la notion de qualité des conditions de travail, ni même de l'illustrer par des éléments de contenus. La seule question qui a été débattue a été de dépasser la discussion sur l'environnement de travail à travers les conditions de travail et de la faire porter sur l'organisation du travail, ce qui n'a pas été retenu. Il faudra dès lors attendre la pratique de la négociation collective pour avoir une idée plus précise de ce dont il est traité sous la qualification de qualité des conditions de travail et, en particulier, des problématiques en matière de santé et de sécurité qui donneront lieu à des accords QVCT ou simplement à des accords QCT. Dans cette perspective, les branches professionnelles peuvent certainement avoir un rôle d'impulsion non négligeable en constituant un cadre privilégié pour formaliser les grandes priorités dans le domaine de la santé et de la sécurité, notamment sous l'angle, plus spécialement, de la prévention des risques professionnels.

C'est d'ailleurs au niveau d'une branche, à l'occasion de la refonte du statut conventionnel de la branche de la métallurgie, que, avant même l'entrée en vigueur des nouvelles dispositions légales, un premier accord a été conclu le 7 février 2022 sur la santé, la sécurité, les conditions et qualité de vie au travail. Il est dit, en préambule, que « la qualité de vie et des conditions de travail, dont la santé et la sécurité au travail sont un des aspects, est un facteur de santé et de réalisation personnelle pour les salariés. Sur le plan collectif, la qualité de vie et des conditions de travail est une condition de la performance de l'entreprise ». À un article 1.1.2, l'accord donne une définition de la qualité de vie et des conditions de travail, énonçant que la notion « vise d'abord le travail, les conditions de travail et la possibilité qu'elles ouvrent, ou non, de « faire du bon travail » dans une bonne ambiance, dans le cadre de son organisation. Elle est également associée aux attentes fortes d'être pleinement reconnu dans l'entreprise et de mieux équilibrer vie professionnelle et vie personnelle. La qualité de vie et des conditions de travail désigne et regroupe sous un même intitulé les actions qui permettent de concilier à la fois l'amélioration des conditions de travail pour les salariés et la performance globale des entreprises, d'autant plus lorsque leurs organisations se transforment ». Il est également exposé que « La qualité de vie et des conditions de travail permet de dépasser l'approche par le risque professionnel en posant un regard plus large sur le travail et des conditions de sa réalisation. À cet égard, la qualité de vie au travail, et son corollaire, la qualité des conditions de travail participent à la qualité du travail et à la prévention primaire ».

Si ces considérations ont un degré de généralité qui n'aide pas vraiment à mieux cerner la notion de

1. On pense en particulier au refus des parlementaires d'inscrire dans la loi la classification des risques professionnels, retenue dans l'ANI, au prétexte de ne pas les figer alors que de nouveaux risques sont susceptibles d'apparaître dans l'avenir. À ce compte-là, on ne légifère plus car toute situation est susceptible d'évoluer. La véritable raison était de ne pas codifier certains risques comme les risques psychosociaux. La position de la députée Charlotte Parmentier-Lecocq, à l'origine de la proposition de loi, a été, à cet égard, très significative – et cela lui a été justement reproché – s'employant à justifier certaines règles par le respect de l'ANI et d'autres par la nécessité de conserver une marge d'appréciation afin de procéder au bout du compte à une transposition à géométrie variable, selon les intérêts à défendre, des stipulations de l'ANI.
2. Accord national interprofessionnel du 9 décembre 2020, article 2.2, p. 12.
3. Accord national interprofessionnel du 9 décembre 2020, article 2.3.1, p. 14.

qualité des conditions de travail *in se et per se*, on en retire tout de même que les auteurs de l'accord inscrivent ce thème dans une démarche plus large qui l'associe à la qualité de vie au travail. Comme dans l'ANI du 9 décembre 2000, la qualité des conditions de travail n'est pas présentée comme une notion autonome, mais en tant que partie de la QVCT. C'est d'ailleurs en suivant cette démarche que l'accord du 7 février 2022 donne des éléments de contenu, à un article 6.1 traitant de la « diversité des actions en matière de qualité de vie et des conditions de travail ». Ces éléments de contenu font apparaître que, sans se focaliser sur les problématiques relatives à la santé et à la sécurité, en ce compris à la prévention des risques professionnels, comme le fait le nouvel article L. 2242-19-1 en les faisant précéder de l'adverbe « notamment », l'accord du 7 février 2022 fait de la santé et de la sécurité au travail un aspect majeur de la qualité des conditions de travail.

Un autre accord de branche conclu dans la branche des sociétés d'assurance le 29 novembre 2022 et relatif à la qualité de vie et des conditions de travail montre en revanche un étrécissement de la conception de la qualité des conditions de travail présentée « comme un axe transversal de négociation propice à une approche holistique de la santé au travail »[1]. Pour les auteurs de l'accord, l'objectif conventionnel est désormais de placer « la QVCT comme un élément majeur de contribution à la santé au travail et à la prévention primaire. Dans cette perspective, les partenaires sociaux s'engagent à impulser et à mettre en œuvre une véritable culture de la prévention des risques professionnels et de partage de bonnes pratiques au sein de la branche, mais également à ce que les règles en matière de santé et sécurité au travail soient mieux comprises, mieux appliquées et mieux suivies »[2].

322.234 **Le périmètre de la négociation.** L'article L. 2242-17 du Code du travail avait déjà l'allure d'une « auberge espagnole »[3]. Le nouvel article L. 2242-19-1 désarticule un peu plus le contenu de la négociation. Non seulement la formulation du texte est tautologique – la prévention des risques professionnels relevant des questions de santé et de sécurité au travail –, mais ces questions recoupent partiellement la qualité de vie au travail s'agissant, en particulier, des modalités d'exercice du droit à la déconnexion et de la mise en place de dispositifs de régulation de l'utilisation des outils numériques visées à l'article L. 2242-17. L'examen des accords conclus à propos de la qualité de vie au travail fait d'ailleurs ressortir une proximité de ce thème avec des problématiques relatives à la santé au travail, que celles-ci soient intégrées dans des accords QVT ou qu'elles lui soient associées dans le cadre d'accords plus larges portant sur la santé et sur la QVT[4].

Un autre point de contact est tangible entre la prévention des risques professionnels rapportée à la qualité des conditions de travail et la prévention des effets de l'exposition aux facteurs de risques professionnels, objet de négociation obligatoire pouvant être réalisée à l'occasion de la négociation annuelle sur l'égalité professionnelle entre les femmes et les hommes et la qualité de vie et des conditions de travail[5]. Ces possibilités de chevauchement ne poseraient pas vraiment problème si tous les thèmes de négociation étaient soumis au même régime. Mais le risque que soulève le caractère facultatif de la négociation sur la qualité des conditions de travail est qu'il soit le prétexte pour ne pas engager de discussion « sur la santé et la sécurité au travail et la prévention des risques professionnels », objet du nouvel article L. 2242-19-1, et d'appauvrir en conséquence des thèmes de négociation obligatoire.

Il faudra, dans ces conditions, être attentif à ce que la conception de la qualité des conditions de travail n'aboutisse pas à réduire le périmètre des négociations sur la qualité de vie au travail, d'un côté, et sur la prévention des effets de l'exposition aux facteurs de risques professionnels, de l'autre. Pour autant, il ne s'agit surtout pas de cloisonner les thèmes de négociation dont la proximité prête parfaitement à la conclusion d'un accord QVCT, associant des problématiques de qualité de vie au travail et de qualité des conditions de travail, ou d'un accord sur la prévention des effets de l'exposition aux facteurs de risques professionnels intégrant, plus largement, des questions de prévention des risques professionnels.

322.235 **La place utile de la négociation.** Pour être utile, la négociation sur la qualité des conditions de travail doit trouver sa place par rapport aux dispositifs préexistants auxquels il est attendu qu'elle apporte une plus-value. Son articulation avec la négociation sur la qualité de vie au travail n'est probablement pas le plus difficile. La négociation peut en effet toujours porter sur des questions qui se recoupent, voire qui s'imbriquent, si bien que la négociation sur la qualité des conditions de travail, qui est facultative, peut prendre la roue de celle sur la qualité de vie au travail, qui est obligatoire. La

1. Article 3 de l'accord. L'article 10 énonce dans le même sens que « la prévention de la santé et de la sécurité au travail devient un principe fondateur de la QVCT ».
2. Article 2 de l'accord.
3. V. *supra* n° 322.214.
4. V. G. Loiseau, « La négociation des accords QVT », *BJT* 1/2019, p. 46 – F. Héas, « La négociation d'entreprise sur la QVT », *Dr. soc.* 2019. 907.
5. V. *supra* n°.

proximité des contenus ressortait d'ailleurs déjà de l'accord national interprofessionnel du 19 juin 2013 portant sur la « Qualité de vie au travail », qui énonçait que « la qualité de vie au travail désigne et regroupe les dispositions récurrentes abordant notamment les modalités de mise en œuvre de l'organisation du travail permettant de concilier les modalités de l'amélioration des conditions de travail et de vie pour les salariés et la performance collective de l'entreprise ». Cette représentation de la qualité de vie au travail permettait d'ouvrir sur des mesures œuvrant à une meilleure qualité des conditions de travail sous l'angle de l'organisation du travail ou de modalités de son exercice. Autrement dit, déjà en filigrane dans l'ANI sur la qualité de vie au travail, la qualité des conditions de travail renvoie à un fonds commun de questions, parmi lesquelles les transformations du travail liées au développement du numérique ou l'amplification de modalités d'organisation du travail comme le télétravail. Pour ces thématiques et celles qui s'y rapportent – déconnexion numérique, articulation entre la vie professionnelle et la vie personnelle, aménagement du temps de travail favorisant l'exercice des responsabilités familiales et parentales, etc. – la QVCT en tant qu'objet de négociation peut être utile à double sens. La négociation sur la qualité de vie au travail peut être motrice d'une négociation sur la qualité des conditions de travail, facultative. Inversement, le thème de la qualité des conditions de travail peut être un stimulus pour relancer une négociation sur la qualité de vie au travail qui n'a pas trouvé son dynamisme propre, sauf dans quelques entreprises.

La place de la négociation sur la qualité de vie au travail est en revanche plus difficile à dégager sous l'aspect de la santé et de la sécurité au travail et, incidemment, de la prévention des risques professionnels. La matière est traditionnellement sous la coupe des obligations de l'employeur dont l'action est présente dans tout le réseau de règles aménagé par le législateur avec l'appui, chaque fois que nécessaire, de la Cour de cassation. La prévention des risques professionnels visée par le nouvel article L. 2242-19-1 est d'abord, de façon primaire, l'affaire de la responsabilité de l'employeur. La loi du 2 août 2021 œuvre, il est vrai, à associer davantage les représentants du personnel à la politique de prévention de l'entreprise dans l'optique de renforcer la prévention en santé au travail. Spécialement, l'article L. 4121-3 du Code du travail prévoit que le comité social et économique et sa commission santé, sécurité et conditions de travail, s'ils existent, « apportent leur contribution à l'évaluation des risques professionnels dans l'entreprise » dans le cadre du dialogue social, en application du 1° de l'article L. 2312-9. Mais, une chose est de favoriser l'intervention d'autres acteurs et d'augmenter à cet effet les prérogatives des représentants du personnel ; autre chose est de partager avec les organisations syndicales représentatives de salariés le traitement de problématiques dans le domaine de la santé et de la sécurité, sous l'angle notamment de la prévention des risques professionnels, ce qui peut être perçu comme un risque d'atténuation du principe de responsabilité de l'employeur. L'écueil d'une négociation déjà plombée par son caractère facultatif est ici dans la crainte qu'un accord collectif aboutisse, sinon à décharger l'employeur de ses obligations, du moins à partager la responsabilité de mesures qu'il lui incombe d'adopter unilatéralement et dont il assume en principe seul les conséquences. Aussi faut-il attendre un changement de culture des organisations syndicales, le cas échéant également des employeurs habitués à décider seuls, pour convenir de l'intérêt à s'entendre sur des mesures touchant à la santé ou à la sécurité, y compris dans un objectif de prévention de certains risques professionnels. Il ne s'agit pas de rechercher un transfert de compétence pour tout ce qui relève des obligations de l'employeur qui n'en seraient pas allégées, mais d'arriver à une mutualisation des points de vue, des connaissances et des expériences sur la base d'un diagnostic partagé dans la perspective de parvenir à une amélioration à la fois des conditions de travail pour le collectif des salariés et de la performance globale pour l'entreprise. Dans cette voie, l'établissement d'un diagnostic partagé peut être facilité en s'appuyant, comme le prévoit le nouvel article L. 2242-19-1, sur les acteurs régionaux et locaux de la prévention des risques professionnels, parmi lesquels le réseau régional de l'agence nationale pour l'amélioration des conditions de travail (ANACT).

L'impératif que les obligations de l'employeur en matière de santé et de sécurité ne soient pas elles-mêmes négociables ne signifie pas qu'il ne faille pas en tenir compte dans le cadre de la négociation. Bien au contraire, il résulte de l'article L. 2242-4 du Code du travail que, tant que la négociation mentionnée à l'article L. 2242-1 est en cours – ce qui comprend la négociation sur la qualité de vie et des conditions de travail – l'employeur ne peut, dans les matières traitées, arrêter des décisions unilatérales concernant la collectivité des salariés, sauf si l'urgence le justifie. Si l'on admet que ces dispositions s'appliquent à la négociation sur la qualité des conditions de travail, ce qui peut être discuté en raison du caractère facultatif de la négociation, il importe de circonscrire en amont, par un accord de méthode, les thèmes ouverts à la discussion afin de « ne pas immobiliser le pouvoir unilatéral de l'employeur en matière de santé et sécurité »[1]. Certes, la perturba-

1. I. Meftah, « La négociation sur la qualité des conditions de travail : premières analyses », *BJT* 10/2021, p. 52.

tion du pouvoir de l'employeur est à relativiser puisque celui-ci peut toujours prendre des décisions unilatérales lorsque l'urgence le justifie. En outre, si une négociation est engagée sur des thèmes relatifs à la santé ou à la sécurité au travail, il est le plus probable qu'ils fassent l'objet d'un traitement « à froid » et ne concernent donc pas des questions pouvant prêter, « à chaud », à des actions de l'employeur. Mais il peut être tout de même prévoyant, sur certaines questions, de convenir des aspects abordés au cours de la négociation de manière à laisser à l'employeur la pleine responsabilité des mesures qu'il lui incombe de prendre.

322.236 Les éléments de contenu de la négociation. Il ne servirait pas à grand-chose de vouloir identifier tous les contenus possibles se rapportant à la qualité des conditions de travail, ou même ceux des contenus en lien avec la santé, la sécurité ou la prévention des risques professionnels qui pourraient se prêter à des aménagements conventionnels. Une projection exploratoire sur ces sujets n'apporterait rien qui puisse être pratiquement exploitable. Il est d'autant plus hasardeux de spéculer que la négociation collective peut être utile à différents points de vue. Elle est, pour commencer, l'occasion pour les partenaires sociaux de s'intéresser à des questions qui n'appellent pas forcément, en l'état, la conclusion d'un accord collectif. S'agissant de problématiques relatives à la santé ou à la sécurité et, par exemple, à la prévention de risques dits émergents liés à des technologies nouvelles [1], il peut être attendu un échange constructif sur différentes questions, encore qu'un accord soit prématuré pour en traiter. La négociation collective est aussi et surtout l'occasion de convenir de mesures adaptées à la situation de l'entreprise et aux besoins du collectif de travail. Et même dans des domaines très règlementés comme celui de la santé et de la sécurité au travail, l'accord collectif est susceptible de présenter une valeur ajoutée pour appréhender des risques très spécifiques ou tenir compte de paramètres propres à l'activité de l'entreprise.

Dans cet esprit, l'accord de la métallurgie du 7 février 2022 relatif à la santé, à la sécurité, aux conditions et à la qualité de vie au travail donne des exemples d'actions permettant d'améliorer les conditions d'exercice du travail telles qu'elles résultent, notamment, des modalités de mise en œuvre de l'organisation du travail. Il s'agit, est-il indiqué dans l'accord, de favoriser « le sens donné au travail et [de permettre] d'accroître la performance collective de l'entreprise et sa compétitivité, par l'engagement de chacun de ses acteurs ». On peut relever, parmi les différentes actions, le développement du télétravail ou du travail à distance, la mise en œuvre du droit à la déconnexion ou à la connexion choisie, l'aménagement du temps de travail favorisant l'exercice des responsabilités familiales et parentales ou encore le développement d'outils numériques permettant de réduire les déplacements professionnels [2].

322.237 La négociation sur les risques émergents liés aux technologies numériques et à l'emploi de systèmes d'intelligence artificielle. L'accord de la métallurgie du 7 février 2022 évoque aussi, dans une autre partie du texte qui ne traite pas des actions pouvant donner lieu à négociation, « l'introduction de technologies émergentes, telles que la robotique collaborative » [3]. Cette considération fait écho à l'accord national interprofessionnel du 9 décembre 2020, dans lequel il était souligné que la prévention des risques professionnels ne recouvre pas seulement « les risques dits classiques : physiques, chimiques, biologiques » mais également « la prévention d'autres risques dits "émergents" comme ceux liés aux nouvelles technologies notamment les nanotechnologies qui font déjà l'objet d'une recherche spécifique pour évaluer leur dangerosité » [4]. Si cette partie de l'ANI relative à la classification des risques professionnels et à l'identification de nouveaux risques n'a pas été reprise dans la proposition de loi, ni *in fine* dans la loi, il ne fait guère de doute que la prévention du risque technologique, et plus généralement l'impact des technologies émergentes sur les conditions de travail et l'organisation du travail, constituent des sujets dont il peut être utilement débattu dans le cadre de la négociation collective.

L'accord de branche relatif à la qualité de vie et des conditions de travail dans les sociétés d'assurance, conclu le 29 novembre 2022, en traite d'ailleurs aussi en procédant à une typologie des risques professionnels parmi lesquels sont identifiés les risques émergents liés aux mutations scientifiques et technologiques. Il est signalé que, « dans le secteur de l'assurance, ces risques sont principalement liés aux technologies de l'information, avec des aléas d'isolement, de surconnexion des salariés, d'inadaptation aux outils informatiques » [5].

Singulièrement, pourtant, il n'est pas prévu, en droit contemporain, de négociation obligatoire sur les problématiques liées au développement technologique et au risque technologique. Le législateur s'est certes intéressé aux technologies numériques, mais uniquement sous l'angle du droit à la décon-

1. V. s[s] n° 322.237.

2. Accord du 7 février 2022, article 6.1, p. 25 et 26.
3. Accord du 7 février 2022, article 4.3, p. 17.
4. Accord national interprofessionnel du 9 décembre 2020, article 1.2.1.1, p. 4.
5. Article 12.3 de l'accord.

nexion[1]. Dans la fonction publique, l'ordonnance nº 2021-174 du 17 février 2021 « relative à la négociation et aux accords collectifs dans la fonction publique » a eu en revanche une approche plus large et fait des impacts de la numérisation sur l'organisation et les conditions de travail un thème de négociation. Dans un rapport rendu public le 28 mars 2018, intitulé « Donner un sens à l'intelligence artificielle », la mission Villani avait bien proposé d'étendre la négociation annuelle obligatoire sur l'égalité professionnelle et la qualité de vie au travail à l'adaptation des compétences dans un environnement professionnel en transformation. Mais cette proposition n'a pas eu de suite malgré le développement croissant des systèmes d'intelligence artificielle et la détection de risques liés à leur utilisation. Un accord cadre européen du 20 juin 2020 sur la numérisation a d'ailleurs été conclu pour encourager les partenaires sociaux des États membres à se saisir du sujet des transformations numériques en général et des problématiques liées aux technologies de l'intelligence artificielle en particulier[2]. Tout en constatant que ces technologies peuvent potentiellement augmenter la productivité de la main-d'œuvre, concourir au bien-être au travail et aboutir à une meilleure répartition des tâches entre les personnes et entre les machines et les hommes, les organisations signataires de l'accord-cadre[3] attirent l'attention sur les risques de tension et de remise en cause des capacités humaines au travail ainsi que sur les risques que présentent les systèmes de surveillance faisant appel à ces technologies du numérique et de l'intelligence artificielle, notamment en termes de *détérioration des conditions de travail et du bien-être des travailleurs*. Si la négociation collective ne peut permettre de tout régler, certains thèmes peuvent être sélectionnés pour convenir de mesures concrètes contribuant, par exemple, au maintien du contrôle par la personne ou répondant, même partiellement, aux exigences de transparence.

Pour s'en donner les moyens, la négociation sur la qualité des conditions de travail couplée à celle sur la qualité de vie au travail constitue assurément, faute de mieux, une fenêtre pour discuter des impacts du numérique et de l'intelligence artificielle sur l'organisation du travail et les conditions de travail. L'intérêt est de sensibiliser les partenaires sociaux à des aspects du développement technologique à l'origine de nouveaux risques mais aussi de nouvelles façons de travailler, que ce soit en interaction avec des systèmes automatisés ou en se conformant aux directives d'un dispositif algorithmique contrôlant, le cas échéant, leur exécution, ou encore au moyen d'outils affectant certaines fonctionnalités du corps humain. Et l'occasion pourrait être prise de décloisonner en la matière les sujets – l'articulation entre la vie personnelle et la vie professionnelle, les discriminations en matière de recrutement, d'emploi ou d'accès à la formation professionnelle, les mesures relatives à l'insertion professionnelle et au maintien dans l'emploi des travailleurs handicapés, etc.[4] – en les examinant ensemble à la lumière des évolutions technologiques.

1. V. *supra* nº 322.213.
2. V. sur cet accord-cadre : M.-C. Amauger-Lattes, « Le dialogue social : outil de régulation de l'intelligence artificielle dans l'entreprise », *Dr. soc.* 2021. 146.
3. BusinessEurope, CEEP, SMEunited et CES (outre le comité de liaison EUROCADRES/CEC).

§ 3
Négociation sur la gestion des emplois et des parcours professionnels

322.240 **Plan.** Depuis 2005, la négociation sur la gestion des emplois et des parcours professionnels (C) est devenue obligatoire (A) dans les entreprises et groupes d'entreprises d'au moins trois cents salariés et de dimension communautaire (B). Le manquement à cette obligation est sanctionné pénalement (D). Si la négociation aboutit, en revanche, à la conclusion d'un accord, la loi attache des effets particuliers à celle-ci (E).

A.
Obligation de négocier

322.251 **Profil de l'obligation de négocier[5].** L'obligation de négocier sur la gestion des emplois et des parcours professionnels remonte à la loi du 18 janvier 2005[6]. Dès l'origine, le rythme triennal a

4. Ces sujets sont actuellement recensés, « en vrac », à l'article L. 2242-17 du Code du travail.
5. EN GÉNÉRAL, sur cette négociation obligatoire : F. Favennec-Héry, « La GPEC », *Dr. soc.* 2007. 1068 ; « L'accord de GPEC : un objet pluriel et une portée relative », *Gaz. Pal.* 12 août 2007, nº 224, p. 15 – C. Neau-Leduc, « Les sanctions de la GPEC », *Dr. soc.* 2007. 1081 – B. Gauriau, « Les accords GPEC : régime juridique et sanctions », *Gaz. Pal.* 12 août 2007, nº 224, p. 24 – Y. Chagny, « Une négociation pour les restructurations : la GPEC », *Dr. soc.* 2008. 72 – F. Héas, « Retour sur la gestion prévisionnelle des emplois et des compétences », *JCP S* 2008. 1300 – A. Martinon, « La gestion prévisionnelle des emplois et des compétences », *Dr. soc.* 2011. 613 – P.-H. Antonmattei, « GPEC, le renforcement de l'obligation triennale de négocier », *Dr. soc.* 2013. 791 – J.-M. Albiol, « Nouveau visage de la GPEC », *Cah. DRH* 11/2013, p. 31 – C. Selier, « La négociation collective d'entreprise sur la formation : enjeux juridiques et stratégiques », *Dr. soc.* 2014. 1020 – P. Le Cohu, « L'évolution du contenu de la négociation sur la gestion prévisionnelle des emplois et des compétences », *Gaz. Pal.* 7 janv. 2014, nº 5, p. 7 – S. Niel, « GPEC : les enjeux de la négociation », *Cah. DRH* 6/2014, p. 9.
6. L. nº 2005-32, 18 janv. 2005 de programmation pour la cohésion sociale, *JO* 19 janv., nº 1.

été préféré à une périodicité plus courte compte tenu vraisemblablement de la vocation du dispositif objet d'un accord à s'inscrire dans une certaine durée en raison de sa logique d'anticipation. La règle est devenue supplétive, mais la marge d'adaptation est modeste pour réduire la fréquence de la négociation puisque celle-ci doit être engagée au moins une fois tous les quatre ans[1].

Dès l'origine, aussi, l'obligation de négocier a été réservée aux grandes et très grandes entreprises ou aux groupes d'entreprises, le seuil d'effectif étant fixé à au moins trois cents salariés, ce qui est cohérent avec le thème de la négociation. Cela dit, rien n'empêche une entreprise qui n'atteindrait pas les seuils de s'engager dans une telle négociation. L'initiative appartient au seul l'employeur qui doit y inviter les syndicats représentatifs, ces derniers ne pouvant contraindre l'employeur à négocier.

322.252 **Entreprises et branches.** L'article L. 2241-1 du Code du travail impose de négocier, dans le cadre des branches, sur la gestion prévisionnelle des emplois et des compétences, également au moins une fois tous les quatre ans. Les entreprises qui, compte tenu de leur effectif, n'ont pas l'obligation de négocier sur ce thème ou celles qui ne sont pas couvertes par un accord doivent en conséquence appliquer l'accord de branche s'il en a été conclu un sur le sujet.

322.253 **Intérêt du dispositif.** À l'origine, le législateur comptait beaucoup sur le dispositif de gestion prévisionnelle des emplois et des compétences et sur les mesures qui l'accompagnent afin, selon l'exposé des motifs de la loi de 2005, de « parvenir à une gestion négociée, à froid, des restructurations auxquelles peuvent être conduites les entreprises en cas de difficultés économiques » et pour anticiper les mutations. Il était également écrit dans l'exposé des motifs que « cette réforme revêt un caractère prioritaire, tant l'économie des règles régissant la gestion prévisionnelle des emplois et l'accompagnement social des restructurations influe sur la compétitivité globale de notre pays, et partant, sur le développement de l'activité économique et de l'emploi ». Le succès n'a pas été aussi vif qu'escompté, mais le dispositif n'a pas non plus perdu son intérêt et a été reconduit, en dernier lieu, par les ordonnances du 22 septembre et du 20 décembre 2017 puis par la loi du 5 septembre 2018. En dernier lieu, il a été amendé, à la marge, par la loi du 22 août 2021[2] portant lutte contre le dérèglement climatique et renforcement de la résilience face à ses effets. Modifiant l'article L. 2242-20 du Code du travail, ce texte a précisé que la gestion prévisionnelle des emplois et des compétences vise « notamment *[à]* répondre aux enjeux de la transition écologique ».

L'accord de gestion prévisionnelle des emplois et des parcours professionnels constitue une sorte de « boîte à outils » de la fonction « ressources humaines » de l'entreprise. Bien conçu et appuyé sur une information économique et sociale de qualité, il peut constituer un instrument de pilotage efficace pour la collectivité de travail. Il comporte néanmoins deux limites. La première tient au seuil de déclenchement de l'obligation. Trois cents salariés est un seuil élevé. Il l'était déjà avant la loi Pacte, il l'est plus encore depuis la modification du mode de calcul des seuils. Or, les entreprises de taille moyenne et notamment celles atteignant le seuil de cinquante salariés n'ont pas moins besoin que les autres d'une gestion prévisionnelle de l'emploi, des compétences et des parcours professionnels. La seconde est qu'il s'agit en l'espèce d'une simple obligation de négocier. Elle n'est, ni une obligation de parvenir à un accord, ni même une obligation de couverture par un dispositif. Sous l'empire de la législation antérieure à l'ordonnance n° 2017-1385 du 22 septembre 2017, la chambre criminelle de la Cour de cassation avait d'ailleurs constaté l'absence de sanction pénale à l'obligation de négocier[3].

B. Entreprises concernées

322.261 **Entreprises et groupes d'entreprises d'au moins trois cents salariés.** La taille de l'entreprise, au point de vue de son effectif, est une condition de l'obligation de négocier : le seuil de trois cents salariés, fixé par la loi du 18 janvier 2005, est demeuré inchangé. Alternativement, l'appartenance à un groupe peut justifier l'obligation d'engager des négociations, soit au niveau du groupe, soit dans chacune des entreprises qui le constituent, peu importe l'effectif de ces dernières dès lors que le groupe réunit lui-même au moins trois cents salariés. Le groupe s'entend ici au sens de l'article L. 2331-1 du Code du travail pour la constitution d'un comité de groupe, autrement dit formé par une entreprise dominante dont le siège social est situé sur le territoire français et des entreprises qu'elle contrôle. En présence d'un groupe ainsi identifié, il peut être attendu que la négociation soit menée au

1. C. trav., art. L. 2242-2.
2. L. n° 2021-1104, 22 août 2021 portant lutte contre le dérèglement climatique et renforcement de la résilience face à ses effets, *JO* 24 août, n° 1.

3. Crim. 7 déc. 2010, n° 10-83.902, NP ; *Dr. pénal* 2011. Chron. 5, obs. Mouysset ; *D. actu.* 17 janv. 2011, obs. L. Perrin ; *Dr. soc.* 2011. 599, obs. F. Duquesne ; *RTD com.* 2011. 431, obs. B. Bouloc ; *SSL* 2011, n° 1489, p. 7, note X. Delassault et A.-L. Dodet ; *Dr. pénal* 2011. Chron. 9, n° 7, obs. M. Segonds.

niveau du groupe ; mais il n'y a pas d'obligation à cela. À défaut d'être engagée à ce niveau, elle se tient dans chacune des entreprises composant le groupe, de façon décentralisée. Il n'est pas nécessaire, dans ce contexte, que les entreprises atteignent elles-mêmes le seuil de trois cents salariés, celui-ci n'étant requis que pour le groupe. L'article L. 2242-20 exigeant, à cette condition, que « l'employeur engage » une négociation, cette obligation semble s'imposer à chacune des entreprises en tant qu'elles appartiennent au groupe d'au moins trois cent salariés.

La négociation pourrait-elle être conduite au niveau des établissements lorsque l'entreprise est à établissements multiples ? Sur le principe, l'article L. 2242-10 du Code du travail ouvre la possibilité, dans le cadre du « champ de la négociation collective », d'organiser la négociation dans le groupe, l'entreprise ou l'établissement, sans restriction particulière selon l'objet de la négociation obligatoire. Si cet aménagement conventionnel ne peut donc être exclu, il n'en est pas moins plus cohérent de procéder à la négociation au niveau de l'entreprise, ne serait-ce que parce que l'article L. 2242-30 commande qu'elle soit engagée, notamment, sur le fondement des orientations stratégiques de l'entreprise et de leurs conséquences.

322.262 Entreprises et groupes d'entreprises de dimension communautaire. La négociation est également obligatoire dans les entreprises et groupes d'entreprises de dimension communautaire dès lors qu'ils comportent au moins un établissement ou une entreprise d'au moins cent cinquante salariés en France[1].

La dimension communautaire est entendue au sens des articles L. 2341-1 et L. 2341-2, c'est-à-dire que l'entreprise ou le groupe doit employer au moins mille salariés dans les États membres de l'Espace économique européen et comporter au moins un établissement – s'il s'agit d'une entreprise – ou au moins une entreprise – s'il s'agit d'un groupe – employant au moins cent cinquante salariés dans au moins deux de ces États. Peu importe que l'entreprise ait son siège social dans un autre État de l'Espace économique européen que la France, voire dans un État extérieur à l'Espace économique européen, dès l'instant où elle a au moins un établissement en France. S'agissant, en revanche, d'un groupe d'entreprises de dimension communautaire, il faut que l'une au moins des entreprises du groupe ait son siège sur le territoire national.

Cette condition se double d'une exigence d'effectif en ce qui concerne l'établissement ou l'entreprise établi sur le territoire national. Cet effectif doit être d'au moins cent cinquante salariés. La différence de seuil avec les entreprises ou les groupes qui n'ont pas de dimension communautaire – le seuil étant alors de trois cents salariés – interroge car elle induit une disparité entre les entreprises et les groupes sur la seule base du lien d'implantation dont la pertinence n'est pas évidente. Dans le cas particulier où l'entreprise de dimension communautaire comporterait plusieurs établissements en France, il faut mais il suffit qu'au moins l'un d'eux ait un effectif d'au moins cent cinquante salariés. Si les autres établissements sont en deçà de ce seuil, la négociation n'en doit pas moins concerner l'ensemble des implantations françaises[2].

C. Objet de la négociation

322.270 Plan – Anticipation pour nature. Des termes utilisés pour désigner l'objet de la négociation, c'est celui de « prévisionnel » qui est le plus signifiant pour rendre compte de l'esprit et de la finalité du dispositif dont il est demandé aux partenaires sociaux de discuter au moins une fois tous les trois ans pour évaluer l'intérêt de conclure un accord collectif. Prévoir, anticiper, prévenir : l'utilité de l'outil est de gérer, après avoir analysé les besoins, l'emploi et les compétences des salariés concernés par des évolutions conjoncturelles ou structurelles tenant à des modifications de leur environnement économique, technologique, social et juridique.

La gestion peut être entreprise « à froid », au moyen de mesures *in futurum,* mais elle fait sens aussi « à chaud », pour surmonter des difficultés déjà présentes ou inévitables à court terme. « À froid » : le sort de certains métiers ou de certaines tâches dont la disparition est programmée ou l'existence simplement menacée par le développement des technologies de l'intelligence artificielle est un sujet actuel et d'une actualité durable qui appelle un traitement par la gestion prévisionnelle des emplois et des compétences[3]. « À chaud » : les mesures de crise sanitaire adoptées pour contenir la pandémie liée au Covid-19 ont eu des répercussions considérables sur la situation économique des entreprises qui les ont, pour certaines, appréhendé au moyen de l'outil de la GEPC. Outil de gestion sur le temps long, il peut être adapté pour appréhender des situations d'une durée variable.

L'article L. 2242-20 du Code du travail pose, dans ce contexte, le principe d'une négociation sur la gestion des emplois et des parcours professionnels et sur la mixité des métiers qu'il fait porter, à titre principal, sur « la mise en place d'un dispositif de gestion prévisionnelle des emplois et des compétences, ainsi que sur les mesures d'accompagnement susceptibles de lui être associées, en particulier en matière de formation, d'abondement du compte personnel de formation, de validation des acquis de l'expérience, de

1. C. trav., art. L. 2242-20.

2. EN CE SENS : B. Teyssié, *Droit du travail : Relations collectives*, 13e éd., « Manuels », LexisNexis, 2023, no 2256, p. 1026.
3. G. Loiseau et A. Bensamoun, « L'intégration de l'intelligence artificielle dans l'ordre juridique : questions de temps », *Dalloz IT/IP* 2017. 295.

bilan de compétences ainsi que d'accompagnement de la mobilité professionnelle et géographique des salariés autres que celles prévues dans le cadre de l'article L. 2154-2 » et, « le cas échéant, [sur] les conditions de la mobilité professionnelle ou géographique interne à l'entreprise prévue à l'article L. 2254-2, qui doivent, en cas d'accord, faire l'objet d'un chapitre spécifique » (1°). De façon connexe, les articles L. 2242-20 et L. 2242-21 rattachent à cet objet principal de négociation d'autres thèmes en lien avec l'objectif de gestion prévisionnelle. Certains sont obligatoires, d'autres facultatifs ; ensemble, ils donnent à l'objet de la négociation l'allure d'une hydre impressionnante pour les négociateurs (2°).

1°
Thème principal

322.280 **Plan.** La gestion prévisionnelle des emplois et des compétences a été définie à partir de 2008 par une succession d'accords nationaux interprofessionnels (a). Afin de prendre les mesures utiles (c), le cas échéant en matière de mobilité professionnelle et géographique (d), plusieurs dispositifs de gestion doivent être mis en place (b).

a.
Définition

322.291 **Définition de la gestion prévisionnelle des emplois et des compétences.** La gestion prévisionnelle des emplois et des compétences est définie, aux termes de l'accord national interprofessionnel sur la modernisation du marché du travail du 11 janvier 2008, par son objet qui est de « faciliter tant pour les salariés que pour les entreprises l'anticipation des besoins d'évolution et de développement des compétences, en fonction de la stratégie de l'entreprise ainsi que des évolutions économiques, démographiques et technologiques prévisibles ». L'accord national interprofessionnel du 14 novembre 2008 relatif à la gestion prévisionnelle des emplois et des compétences énonce, quant à lui, que « la gestion prévisionnelle des emplois et des compétences (GPEC) est une démarche favorable aux entreprises et aux salariés. Sans modifier les dispositions légales en vigueur, il s'agit de lui insuffler une nouvelle dynamique, avec l'objectif que chaque salarié puisse bénéficier d'une visibilité sur les évolutions des emplois, des métiers et des qualifications ainsi que sur les parcours professionnels possibles ». Le texte souligne que « la finalité de la gestion prévisionnelle des emplois et des compétences est d'anticiper les évolutions prévisibles des emplois et des métiers, des compétences et des qualifications, liées aux mutations économiques, démographiques et technologiques prévisibles, au regard des stratégies des entreprises, pour permettre à celles-ci de renforcer leur dynamisme et leur compétitivité et aux salariés de disposer des informations et des outils dont ils ont besoin pour être les acteurs de leur parcours professionnel au sein de l'entreprise ou dans le cadre d'une mobilité externe ».

L'accord du 14 novembre 2008 précise que, « lorsqu'elle est ainsi conçue et mise en œuvre dans le cadre d'un dialogue social et d'un processus de concertation, la gestion prévisionnelle des emplois et des compétences doit être tout à la fois : – pour les entreprises, un outil d'anticipation de leurs besoins en compétences et ainsi de préservation et de développement de leur compétitivité : – pour les salariés, le moyen d'aborder de façon maîtrisée et positive les évolutions des métiers et des qualifications tout au long de leur carrière, ce qui doit contribuer à sécuriser leur parcours professionnel ».

322.292 **Prise en considération des enjeux de la transition écologique.** La loi du 22 août 2021[1] portant lutte contre le dérèglement climatique et renforcement de la résilience face à ses effets a modifié l'article L. 2242-20 du Code du travail pour préciser que la gestion prévisionnelle des emplois et des compétences vise « notamment [à] répondre aux enjeux de la transition écologique ». Cette orientation s'inscrit dans le projet plus général que ce texte se donne d'adapter l'emploi à la transition écologique. Dans cette perspective, la loi étend en particulier les compétences du comité social et économique, et spécialement ses compétences consultatives, pour procéder à l'examen des conséquences environnementales de mesures prises par l'employeur ou de l'activité de l'entreprise. Dans ce mouvement, la base de données économiques et sociales devient la base de données économiques, sociales et environnementales et doit comporter des informations sur les conséquences environnementales de l'activité de l'entreprise[2].

Les représentants syndicaux ne sont pas oubliés puisque le congé de formation économique, sociale et syndicale des salariés appelés à exercer des fonctions syndicales est étendu à la formation économique, sociale, environnementale et syndicale. En matière de négociation, seule la négociation sur la gestion prévisionnelle des emplois et des compétences, qu'elle soit d'entreprise ou de branche[3], est impactée par ce nouvel ordre écologique. Reste à savoir ce qui peut être attendu de la GPEC pour répondre aux enjeux de la transition écologiques.

322.293 **GPEC et GPEEC.** La GPEEC est le pendant dans le secteur public de la GPEC, encore que – la différence est notable – elle ne fasse pas l'objet

1. L. n° 2021-1104, 22 août 2021, *JO* 24 août, n° 1.
2. C. trav., art. L. 2312-36 – G. Loiseau, P. Lokiec, L. Pécaut-Rivolier, Y. Struillou et P.-Y. Verkindt, *Droit de la représentation du personnel*, Dalloz Action, 2e éd., 2023, n° 431.22, p. 705.
3. C. trav., art. L. 2242-12.

d'une négociation collective. La gestion prévisionnelle des emplois, des effectifs et des compétences a été introduite par la circulaire du 23 février 1989, dite circulaire Rocard. Associée aux politiques de modernisation de l'État initiées notamment par la Loi organique relative aux lois de finances au début des années 2000 (Lolf) et la révision générale des politiques publiques (RGPP) en 2007, la GPEEC introduit des objectifs de performance et de rationalisation des moyens. Si toutes les administrations sont appelées à développer la GPEEC, les objectifs doivent être adaptés au contexte local et aux enjeux des ressources humaines. Dans la fonction publique territoriale, par exemple, la GPEEC est souvent préconisée par les Chambres régionales et la Cour des comptes aux collectivités afin de les inciter à gérer au plus juste leurs effectifs.

b. Dispositif de gestion prévisionnelle des emplois et des compétences

322.301 **Diagnostic.** La démarche pour déterminer les objectifs et les moyens d'une gestion prévisionnelle des emplois et des compétences doit commencer, en principe, par la réalisation d'un diagnostic qualitatif et quantitatif de l'emploi, des métiers et des compétences dans l'entreprise. Ce diagnostic permet d'établir un état des lieux des métiers et des compétences disponibles ou nécessaires dans le cadre des évolutions des activités de l'entreprise, en mobilisant différents outils comme la cartographie des emplois, des métiers et des compétences par famille de métiers ; le référentiel des compétences transversales ou transférables vers d'autres métiers ou d'autres sites/services ; les passerelles entre les métiers et les familles professionnelles ; l'analyse prospective des métiers en développement ou en décroissance ; les éléments d'information fournis par le bilan social (pyramide des âges, entrées/sorties de l'entreprise, niveaux de qualifications, etc.).

Ces éléments de diagnostic doivent être ensuite croisés avec les données prévisionnelles et prospectives, qu'elles soient de portée générale (économique, démographique, technologique) ou qu'elles relèvent des orientations résultant de la stratégie économique définie par l'entreprise. À cet égard, les données figurant dans la base de données économiques, sociales et environnementales dans la perspective de la consultation du comité social et économique sur les orientations stratégiques de l'entreprise sont une source d'information utile pour les négociateurs.

322.302 **Actions.** La définition des actions à engager dans le cadre de la GPEC suppose également de prendre en compte les moyens existants : dispositions relatives à la mobilité professionnelle et géographique ; mesures en matière de formation professionnelle (plan de formation, périodes de professionnalisation) ; dispositifs d'identification des compétences et qualifications propres au secteur d'activité, etc.

Pour le reste, il n'existe pas de méthodologie pour élaborer le dispositif de GEPC, la nature des actions dépendant en particulier des objectifs identifiés et de ce que la gestion prévisionnelle est entreprise « à froid » ou « à chaud ». « À froid », l'accent peut être mis sur l'évolution et l'adaptation des compétences. Peuvent être également programmées des actions de mobilité, qu'il s'agisse de mobilité géographique ou de mobilité professionnelle, de mobilité interne ou de mobilité externe (mobilité au sein du groupe, aménagement du dispositif de mobilité volontaire sécurisée...). « À chaud », la gestion de l'emploi peut être prioritaire et donner lieu, le cas échéant, à des suppressions d'effectifs. Dans ce dernier cas, l'article L. 1237-17 du Code du travail prévoit que l'accord collectif portant gestion prévisionnelle des emplois et des compétences peut définir les conditions et les modalités de la rupture d'un commun accord des contrats de travail, autrement dit comporter un dispositif de rupture conventionnelle collective.

En revanche, la Cour de cassation n'admet pas qu'un accord collectif portant gestion prévisionnelle des emplois et des compétences puisse comporter les mesures et se voir appliquer le régime propre à un accord de maintien de l'emploi qui serait aujourd'hui un accord de performance collective. C'est ce qu'a jugé la Chambre sociale dans un arrêt rendu le 16 février 2022 à propos d'un accord de GEPC qui se référait expressément aux dispositions des articles L. 5125-1 et suivants du Code du travail applicables, à l'époque des faits, aux accords de maintien de l'emploi, aujourd'hui abrogées. Aux termes de l'accord, l'employeur s'engageait pendant la durée de celui-ci à ne pas procéder à des licenciements économiques dans la mesure où les salariés occupant certains emplois soumis à des pertes de marché acceptaient les éventuels aménagements relatifs à la durée du travail, à ses modalités d'organisation et de répartition, à la rémunération et au lieu de travail. Se prononçant sur la validité de cet accord, la Chambre sociale a estimé qu'il n'était pas licite aux motifs que, « sauf disposition légale contraire, un accord collectif ne peut suspendre les clauses contractuelles des contrats de travail qui lui seraient contraires et prévoir que le licenciement des salariés ayant refusé l'application de cet accord entraînant une modification de leur contrat de travail reposerait sur un motif de licenciement et serait prononcé, indépendamment du nombre de salariés concernés, selon les modalités d'un licenciement individuel pour motif économique ». L'arrêt s'est fondé, pour en justifier, sur les dispositions de l'article L. 2254-1, selon lesquelles un accord collectif ne peut modifier, sans l'accord des salariés concernés, les droits qu'ils tiennent de leur contrat de travail, et sur celles de l'article L. 2251-1 qui prévoient qu'un accord collectif ne peut déroger aux dispositions qui revêtent un caractère d'ordre public telles que celles relatives à la cause du licenciement[1].

c.
Mesures d'accompagnement

322.311 Mesures en matière d'emplois et en matière de compétences. La négociation sur la mise en place d'un dispositif de gestion prévisionnelle des emplois et des compétences se double nécessairement d'une négociation sur les mesures d'accompagnement « susceptibles de lui être associées ». Au vrai, il paraît difficile de dissocier l'un des autres et, bien souvent, les mesures d'accompagnement sont en réalité le moyen de réaliser les actions identifiées dans le cadre du dispositif de GPEC.

À cet égard, l'article L. 2242-20 donne un aperçu, qui n'est pas exhaustif, des principales mesures d'accompagnement susceptibles d'être adoptées. Les unes se rapportent plus particulièrement au volet compétence s'agissant des mesures en matière de formation, d'abondement du compte personnel de formation, de validation des acquis de l'expérience ou de bilan de compétences. Les autres sont mixtes, orientées vers le développement des compétences lorsqu'il est en vue d'accompagner la mobilité professionnelle, et davantage vers l'emploi en ce qui concerne la mobilité géographique des salariés[2].

S'agissant des mesures d'accompagnement d'actions de mobilité professionnelle ou géographique, l'article L. 2242-20 précise qu'elles doivent être autres que celles prévues dans le cadre d'un accord de performance collective. De cette dernière précision, il résulte que le texte n'exclut pas de recourir à des mesures relevant de la mobilité professionnelle ou géographique interne au sens de l'article L. 2254-2. Mais c'est à la condition, alors, qu'elles fassent l'objet, en cas d'accord, d'un chapitre spécifique. Il s'en déduit aussi que, dès lors que les actions de mobilité professionnelle ou géographique ne s'inscrivent pas dans le cadre d'un accord de performance collective, les mesures adoptées à ce titre dans l'accord de gestion des emplois et des parcours professionnels n'en suivent pas le régime et ne se substituent pas de plein droit aux clauses contraires et incompatibles des contrats individuels de travail, comme les clauses contractuelles de mobilité notamment[3].

1. Soc. 16 févr. 2022, n° 20-17.644, P ; *Bull. Joly s*[tés] 4/2022, p. 18, note C. Mariano.
2. Les mesures d'accompagnement à la mobilité géographique, interne ou externe, peuvent consister en des aides financières au déménagement et à la réinstallation, la prise en charge de loyers…

d.
Mobilité professionnelle et géographique

322.321 Accord de GPEC et accord de performance collective. Tout en faisant porter la négociation, à titre principal, sur la mise en place d'un dispositif de gestion prévisionnelle des emplois et des compétences ainsi que sur les mesures d'accompagnement susceptibles de lui être associées, l'article L. 2242-20 envisage la possibilité de négocier, le cas échéant, sur les conditions de la mobilité professionnelle ou géographique interne à l'entreprise prévue à l'article L. 2254-2. Le renvoi opéré à ce texte induit qu'un accord de mobilité professionnelle ou géographique interne à l'entreprise soumis aux règles de l'accord de performance collective peut être couplé à un accord GPEC.

À cet égard, si le législateur autorise la conclusion d'un seul accord, il exige tout de même que leurs contenus soient formellement distingués. Il est en effet précisé que, en cas d'accord, les conditions de la mobilité professionnelle ou géographique interne à l'entreprise doivent faire l'objet d'un chapitre spécifique. Ce cloisonnement s'explique par l'effet que les mesures adoptées dans la partie « performance collective » ont sur les contrats individuels de travail, en ce qu'elles se substituent de plein droit aux clauses contraires et incompatibles des contrats, effet que n'ont pas les autres dispositions de l'accord.

2°
Thèmes connexes

322.330 Plan – Principal et accessoire. La négociation sur la gestion des emplois et des parcours professionnels et sur la mixité des métiers est à géométrie variable et, du principal que constitue le dispositif de GPEC et les mesures d'accompagnement, elle peut s'étendre à des questions connexes ou périphériques. Certaines de ces questions sont obligatoires et doivent en principe être abordées dans le cadre de la négociation sur la GPEC (a). D'autres sont facultatives, la pertinence d'en traiter étant laissée à l'appréciation des partenaires sociaux (b). Toutes se caractérisent par leur place accessoire dans la négociation en ce qu'il ne fait sens d'en faire des thèmes d'un accord collectif que dans la mesure où cet accord a pour objet principal la mise en place d'un dispositif de gestion prévisionnelle des emplois et des compétences.

a.
Thèmes obligatoires

322.341 Grandes orientations de la formation professionnelle. La négociation sur la gestion des

3. Comp. : Soc. 16 févr. 2022, n° 20-17.644, préc.

emplois et des parcours professionnels et sur la mixité des métiers doit s'élargir aux grandes orientations à trois ans de la formation professionnelle dans l'entreprise ainsi qu'aux objectifs du plan de développement des compétences[1]. Dans un domaine où les règles ont été substantiellement remodelées par la loi du 5 septembre 2018 pour la liberté de choisir son avenir professionnel, sont en particulier à discuter les catégories de salariés et d'emplois auxquelles le plan de développement des compétences est consacré en priorité, les compétences et les qualifications à acquérir pendant la période de validité de l'accord et les critères et modalités d'abondement par l'employeur du compte personnel de formation. Les questions abordées témoignent du caractère connexe des thèmes – formation professionnelle[2], développement des compétences – dans la conduite d'une politique de GPEC.

322.342 Perspectives de recours à des emplois précaires. Les perspectives de recours par l'employeur à des contrats précaires et les moyens mis en œuvre pour diminuer le recours aux emplois précaires au profit des contrats à durée indéterminée sont un autre thème accessoire à intégrer dans la négociation sur la gestion des emplois et des parcours professionnels et sur la mixité des métiers. Comme l'avaient souligné les partenaires sociaux dans l'accord national interprofessionnel du 14 novembre 2008, le dispositif de GPEC, qui concerne tous les salariés, doit conduire à prendre en compte de manière prioritaire les personnes les plus exposées au risque de rupture de leur parcours professionnel et celles qui ont des difficultés à accéder à un emploi stable.

Sont ici visés le volume des contrats de travail à durée déterminée, mais aussi le recours au travail temporaire et au travail à temps partiel ainsi qu'aux stages.

322.343 Information des entreprises sous-traitantes relative aux orientations stratégiques de l'entreprise. L'article L. 2242-20 ajoute à la liste des questions à aborder au cours de la négociation les conditions dans lesquelles les entreprises sous-traitantes sont informées des orientations stratégiques de l'entreprise ayant un effet sur leurs métiers, sur l'emploi et sur les compétences. L'objectif est de permettre aux entreprises sous-traitantes dont l'activité peut être largement dépendante de celle du donneur d'ordres d'anticiper l'impact des choix stratégiques opérés par celui-ci sur leur propre activité dans la mesure où elles manquent souvent de perspectives sur l'évolution nécessaire de leurs métiers et de leurs compétences.

Ce thème, comme ceux qui le précédent, sont à corréler avec la consultation du comité social et économique sur les orientations stratégiques de l'entreprise et sur leurs conséquences sur l'activité, l'emploi, l'évolution des métiers et des compétences, l'organisation du travail, le recours à la sous-traitance, à l'intérim, à des contrats temporaires et à des stages. L'article L. 2312-24 précise d'ailleurs que la consultation porte en outre sur la gestion prévisionnelle des emplois et des compétences et sur les orientations de la formation professionnelle.

322.344 Déroulement de carrière et exercice des fonctions des salariés ayant des responsabilités syndicales. Depuis la loi du 20 août 2008[3], le Code du travail prévoit qu'un accord détermine les mesures à mettre en œuvre pour concilier la vie personnelle, la vie professionnelle et les fonctions syndicales et électives, en veillant à favoriser l'égal accès des femmes et des hommes. Cet accord prend en compte l'expérience acquise dans le cadre de l'exercice de mandats par les représentants du personnel désignés ou élus dans leur évolution professionnelle[4]. Il peut s'articuler avec le dispositif de certification des compétences prévu par l'article L. 6112-4 du Code du travail ou avec la gestion prévisionnelle des emplois et des compétences. C'est sous cet angle que l'article L. 2242-20 prévoit que la négociation sur la gestion des emplois et des parcours professionnels et sur la mixité des métiers porte notamment sur le déroulement de carrière des salariés exerçant des responsabilités syndicales dans l'entreprise et l'exercice de leurs fonctions.

Encore faut-il savoir selon quelles modalités l'accord peut aménager le déroulement de carrière et l'exercice des fonctions des salariés ayant des responsabilités syndicales. La Cour de cassation a précisé à ce sujet, en ce qui concerne l'accord prévu à l'article L. 2141-5 du Code du travail, « que, pour la prise en compte dans son évolution professionnelle de l'expérience acquise par le salarié dans l'exercice de ses mandats représentatifs ou syndicaux, un accord collectif peut prévoir un dispositif, facultatif pour l'intéressé, permettant une appréciation par l'employeur, en association avec l'organisation syndicale, des compétences mises en œuvre dans l'exercice du mandat, susceptible de donner lieu à une offre de formation et dont l'analyse est destinée à être intégrée dans l'évo-

1. Le plan de développement des compétences a succédé, depuis le 1er janvier 2019, au plan de formation.
2. C. Seiler, « La négociation collective d'entreprise sur la formation : enjeux juridiques et stratégiques », *Dr. soc.* 2014. 1020 – S. Pélicier-Loevenbruck et S. Dougados, « Renforcement du volet formation professionnelle dans le cadre de la négociation sur la GPEC », *JCP S* 2014. 1162.
3. L. n° 2008-789, 20 août 2008 portant rénovation de la démocratie sociale et réforme du temps de travail, *JO* 21 août, p. 13064.
4. C. trav., art. L. 2141-5.

lution de carrière du salarié ». La Chambre sociale a indiqué en outre que « l'accord collectif qui prévoit, dans le cadre des dispositions visant à faciliter l'exercice de mandats syndicaux ou représentatifs par la valorisation des compétences mises en œuvre par les salariés dans l'exercice de ces mandats, l'élaboration par l'employeur, après négociation avec les organisations syndicales représentatives dans l'entreprise, d'un référentiel dont l'objet est d'identifier ces compétences ainsi que leur degré d'acquisition dans le but de les intégrer au parcours professionnel du salarié et dont le juge a vérifié le caractère objectif et pertinent, ne porte pas atteinte au principe de la liberté syndicale, l'employeur étant tenu en tout état de cause dans la mise en œuvre de l'accord au respect des prescriptions des articles L. 1132-1 et L. 2141-5, alinéa 1er, du code du travail »[1].

b. Thèmes facultatifs

322.351 **Accord de méthode.** Parmi les thèmes facultatifs auxquels peut s'étendre la négociation sur la gestion des emplois et des parcours professionnels et sur la mixité des métiers, l'article L. 2242-21 mentionne la détermination des modalités d'information consultation du comité social et économique et, le cas échéant, du cadre de recours à l'expertise s'agissant de la consultation sur un projet de licenciement économique d'au moins dix salariés dans une même période de trente jours. Dans ce cas de consultation, l'article L. 1233-21 du Code du travail permet de déroger aux règles légales par accord d'entreprise, l'article L. 1233-22 précisant que cet accord fixe les conditions dans lesquelles :

1) le comité social et économique est réuni et informé de la situation économique et financière de l'entreprise ;

2) qu'il peut formuler des propositions alternatives au projet économique à l'origine d'une restructuration ayant des incidences sur l'emploi et obtenir une réponse motivée de l'employeur à ses propositions ;

3) et qu'il peut recourir à une expertise.

En ajoutant cet objet possible de négociation à l'occasion de la négociation d'un accord GPEC, le législateur prend en compte l'intérêt qu'il peut y avoir d'organiser dans ce cadre certaines modalités de l'adoption d'un PSE, que la gestion prévisionnelle soit mise en œuvre « à froid » ou « à chaud ».

1. Soc. 9 oct. 2019, n° 18-13.529, P ; *D.* 2019. 1940 ; *D.* 2019. 2153, obs. P. Lokiec et J. Porta ; *RJS* 12/2019, n° 708 ; *JCP S* 2019. 1321, note J.-Y. Kerbourc'h ; *BJT* 11/2019, p. 33, obs. G. Auzero ; *RDT* 2019. 797, note L. Jubert ; *Dr. ouvrier* 2020. 124, note C. Nicod.

322.352 **Qualification des catégories d'emplois menacés par les évolutions économiques ou technologiques.** Ce thème de négociation peut surprendre. Son caractère facultatif laisse opportunément les coudées franches pour l'intégrer ou non dans le périmètre de la négociation. Les catégories d'emplois menacés par les évolutions économiques ou technologiques sont une donnée prospective dont l'identification et, le cas échéant, la détermination relèvent de la compétence de la direction de l'entreprise. C'est l'organe chargé de l'administration de la société employeur qui évalue les conséquences sur l'emploi d'une évolution prévisible de la situation économique de l'entreprise, d'ordre conjoncturel ou structurel, ou de l'adaptation de l'entreprise à des mutations technologiques, tenant par exemple à l'automatisation de certaines tâches. Cette opération réalisée en amont de l'ouverture d'une négociation peut d'ailleurs être ce qui décide l'employeur à rechercher la conclusion d'un accord GPEC.

Dans ces conditions, le seul sujet de discussion peut, le cas échéant, être la qualification des catégories d'emplois concernés afin d'ajuster le contenu des actions et des mesures d'accompagnement qui pourraient être décidées. Mais la marge de négociation paraît relativement réduite.

322.353 **Modalités de l'association des entreprises sous-traitantes au dispositif de GPEC de l'entreprise.** L'objectif du législateur de permettre aux entreprises sous-traitantes d'anticiper les répercussions des choix stratégiques opérés par le donneur d'ordres en faisant des conditions dans lesquelles ces entreprises sont informées de ces répercussions un thème obligatoire de négociation trouve un prolongement dans la possibilité d'étendre la négociation aux modalités en vue d'associer les sous-traitants au dispositif de CPEC du donneur d'ordres. Mais, alors que le premier est un thème obligatoire, le second est facultatif, ce qui ne va pas de soi.

322.354 **Conditions dans lesquelles l'entreprise participe aux actions de GPEC mises en œuvre à l'échelle des territoires où elle est implantée.** L'accord national interprofessionnel du 14 novembre 2008 a conçu le territoire comme un autre niveau, à côté de celui de la branche et de celui de l'entreprise, pour définir des stratégies pour l'emploi et les compétences. Alors que la GPEC d'entreprise se présente comme un outil d'ajustement au service des entreprises, la GPEC territoriale est un outil partagé, au service de tout le territoire. Elle s'inscrit dans le cadre des politiques nationales pour l'emploi et la sécurisation des parcours professionnels. Sa mise en place passe par l'élaboration d'un plan d'action entre l'État, les partenaires sociaux, les représentants des entreprises, les collectivités territoriales, Pôle emploi, etc., et, d'une façon générale, tout organisme ou instance nécessaire à la bonne fin du projet.

L'article L. 2241-12 du Code du travail prévoit en ce sens que, dans le cadre de la négociation de branche, « la négociation sur la gestion prévisionnelle des emplois et des compétences peut se décliner à l'échelle du territoire et s'appuie sur les travaux de l'observatoire prospectif des métiers et des qualifications mis en place par la commission paritaire nationale de l'emploi au niveau de chaque branche, tout en veillant à l'objectif de mixité des métiers ». Lorsqu'une telle GPEC est mise en œuvre à l'échelle d'un territoire, la participation de l'entreprise aux actions prévues dans le cadre de celle-ci est un thème facultatif de négociation.

322.355 Mise en place des congés de mobilités La négociation sur la GPEC peut être l'occasion d'envisager la mise en place dans l'entreprise de congés de mobilité. Cette mesure, qui entraîne la suspension du contrat de travail pendant la durée du congé, a pour objet de favoriser le retour à un emploi stable par des mesures d'accompagnement, des actions de formation et des périodes de travail[1]. À l'issue du congé, le contrat est rompu d'un commun accord des parties, cette rupture n'ayant pas à être formalisée à ce moment puisqu'elle procède de l'acceptation par le salarié de la proposition de congé de mobilité[2].

L'article L. 1237-18 du Code du travail prévoit que le congé peut être proposé par l'employeur, soit dans le cadre d'un accord portant rupture conventionnelle collective, soit dans les entreprises ayant conclu un accord collectif portant sur la gestion des emplois et des compétences. Depuis le 23 septembre 2017, les entreprises, quelle que soit leur taille, qui négocient des accords GPEC, bénéficient de deux incitations à mettre en place dans ce cadre des congés de mobilité lorsqu'elles souhaitent accompagner les transitions professionnelles d'une partie de leurs salariés :

1) les indemnités de rupture de contrat de travail et les allocations versées pendant douze mois sont assorties des mêmes exonérations sociales et fiscales que celles prévues pour les indemnités de rupture du contrat de travail versées dans le cadre d'un plan de sauvegarde de l'emploi ;

2) elles n'ont plus l'obligation de mettre en place un plan de sauvegarde de l'emploi lorsque dix ruptures de contrat de travail interviennent sur une période de trente jours dans le cadre du congé de mobilité dans la mesure où celui-ci est désormais déconnecté du licenciement pour motif économique.

1. C. trav., art. L. 1237-18.
2. C. trav., art. L. 1237-18-4.

322.356 Formation et l'insertion durable des jeunes dans l'emploi, l'emploi des salariés âgés et les perspectives de développement de l'alternance. L'importance de la question de l'emploi des jeunes et des salariés âgés conduit à s'interroger sur le caractère facultatif de ce thème de négociation. Sa place dans la négociation dépend en réalité des objectifs que les partenaires sociaux ont en vue en discutant d'un éventuel accord sur la gestion des emplois et des parcours professionnels et sur la mixité des métiers et des motifs pour lesquels un tel accord est susceptible d'être conclu.

En opportunité, la négociation peut porter sur la formation et l'insertion durable des jeunes dans l'emploi, sur l'emploi des salariés âgés et la transmission des savoirs et des compétences, sur les perspectives de développement de l'alternance ainsi que les modalités d'accueil des alternants et des stagiaires et sur l'amélioration des conditions de travail des salariés âgés.

322.357 Rupture d'un commun accord des contrats de travail. L'article L. 1237-17 du Code du travail expose qu'un accord collectif portant gestion prévisionnelle des emplois et des compétences « peut définir les conditions et modalités de la rupture d'un commun accord du contrat de travail qui lie l'employeur et le salarié ». L'accord de rupture conventionnelle collective inclus dans un accord de GEPC est soumis aux mêmes règles qu'un accord de rupture conventionnelle collective autonome.

D.
Sanction de l'absence de négociation

322.361 Sanction ordinaire. Le fait pour l'employeur de se soustraire à l'obligation d'engager tous les trois ans une négociation sur la gestion des emplois et des parcours professionnels et sur la mixité des métiers est puni d'un emprisonnement d'un an et d'une amende de 3 750 euros[3]. Lorsque l'obligation de négocier pèse sur une ou des entreprises en raison de leur appartenance à un groupe d'entreprises d'au moins trois cents salariés ou à un groupe d'entreprises de dimension communautaire, la sanction est encourue par chaque entreprise qui, en l'absence de négociations engagées au niveau du groupe, n'en a pas pris elle-même l'initiative. Faute d'avoir la personnalité juridique, le groupe ne pourrait être lui-même condamné pénalement.

La loi ne prévoit pas d'autre type de sanction pour ce type de négociation, en particulier de pénalité financière.

3. C. trav., art. L. 2243-2.

322.362 Absence de sanction dérivée. Afin de donner une plus grande effectivité à l'obligation de négocier sur la gestion prévisionnelle des emplois et des compétences, et de stimuler la conclusion d'accords, il pourrait être envisagé de sanctionner la méconnaissance de cette obligation en aval, en décalant la sanction au niveau des licenciements économiques qui auraient été prononcés : faute pour l'employeur d'avoir ouvert une négociation et à défaut en conséquence d'avoir recherché une possibilité d'anticiper la situation à l'origine des licenciements, ces derniers seraient privés de cause réelle et sérieuse.

Il y a plusieurs années, quelques juridictions statuant en référé avaient décidé que, dans la mesure où la négociation sur la gestion prévisionnelle des emplois et des compétences a une fonction anticipatrice et qu'elle devrait en conséquence être engagée avant de mettre en œuvre une procédure de licenciement économique, la défaillance de l'entreprise à ce sujet justifie de suspendre la procédure d'information consultation du comité d'entreprise tant qu'une négociation n'a pas été ouverte[1]. Mais d'autres décisions se sont désolidarisées de cette analyse[2]. La question a finalement été tranchée par la Cour de cassation qui a jugé, le 30 septembre 2009[3], que « la régularité de la consultation du comité d'entreprise sur un projet de licenciement économique n'est pas subordonnée au respect préalable par l'employeur de l'obligation de consulter le comité d'entreprise sur l'évolution annuelle des emplois et des qualifications prévue par l'article L. 2323-56 du code du travail ni de celle d'engager tous les trois ans une négociation portant sur la gestion prévisionnelle des emplois et des compétences imposée par l'article 2242-15 du même code ».

Cette solution n'exclut pas pour autant de prendre en considération le manquement de l'employeur à son obligation d'engager une négociation sur la gestion prévisionnelle des emplois et des compétences pour apprécier le bien-fondé de licenciements économiques qui seraient prononcés alors que des mesures d'anticipation auraient permis de les éviter ou d'en limiter le nombre. C'est ce qu'a indiqué la Chambre sociale de la Cour de cassation dans le communiqué accompagnant les arrêts *Pages Jaunes* du 11 janvier 2006. La Cour a souligné que l'« impératif de gestion prévisionnelle, dont l'article 72 de la loi de cohésion sociale du 18 janvier 2005 – article L. 320-2 du code du travail – a encore accru la portée, irrigue ces décisions qui portent, il faut le rappeler, sur des modifications du contrat de travail et non sur des suppressions d'emplois. On peut d'ailleurs se demander si dans les entreprises où l'article L. 320-2 du code du travail s'applique, la nouvelle obligation de négocier sur la gestion prévisionnelle de l'emploi et des compétences et les mesures d'accompagnement susceptibles d'y être associées ainsi que sur les modalités d'information et de consultation du comité d'entreprise sur la stratégie de l'entreprise et ses effets prévisibles sur l'emploi et les salaires, ne devrait pas conduire à une approche plus rigoureuse des mesures de licenciement économique qui interviendraient par la suite notamment lorsque la gestion prévisionnelle aura été défaillante »[4].

322.363 Évolution ? Le débat pourrait-il renaître avec la multiplication des suppressions d'emplois liées au développement du numérique et de l'intelligence artificielle qui aboutit à la disparition de certains métiers et à l'évolution nécessaire de nombreuses activités professionnelles ? Il s'agit sans conteste d'une mutation des emplois qui peut être anticipée et traitée en amont. On parle depuis quelques années déjà de plusieurs millions d'emplois détruits, encore que les chiffres avancés par des officines d'économistes ne veuillent pas dire grand-chose quand il est difficile de déterminer le nombre d'emplois nouveaux qui sont ou qui seront créés ainsi que le nombre des emplois qui pourront être sauvés par l'adaptation et la formation des salariés. De nombreuses entreprises ont déjà mis en place des plans d'adaptation et des mesures d'ajustement des effectifs pour les emplois supprimés en raison, notamment, de l'automatisation de certaines tâches. Ces mesures, qui s'inscrivent dans le temps, font appel en général au volontariat pour les salariés

1. TGI Nanterre, 5 sept. 2006, RG n° 06-01523 ; *RDT* 2006. 317, obs. A. Lyon-Caen ; *SSL* 9 oct. 2006, n° 1277, p. 9, obs. F. Lepany ; *Dr. ouvrier* 2007. 182, note T. Katz – TGI Nanterre, 28 sept. 2006, RG n° 06-01.989 ; *SSL* 9 oct. 2006, n° 1277, p. 8 – Versailles, 29 nov. 2006, RG n° 06-00.807, *JCP S* 2006. 2011, note P. Rozec – Paris, 7 mars 2007, RG n° 17-500.
2. Versailles, 15 nov. 2006, RG n° 06/06930 ; *JCP S* 2006. 2011, note P. Rozec – TGI Versailles, 13 févr. 2007, n° 07-00.101.
3. Soc. 30 sept. 2009, n° 07-20.525 ; P V, n° 217 ; *D.* 2009. 2494, obs. B. Ines ; *D.* 2010. 672, obs. O. Leclerc, E. Peskine, J. Porta, L. Camaji, A. Fabre, I. Odoul-Asorey, T. Pasquier et G. Borenfreund ; *RDT* 2009. 715, obs. F. Géa ; *RJS* 2009. 807, n° 915 ; *Dr. ouvrier* 2010. 147, obs. P. Tillie et T. Katz ; *JCP E* 2009. 2154, obs. S. Béal et C. Terrenoire ; *JSL* 2009, n° 264-2 ; *JCP S* 2009. 1526, note F. Aubonnet et C. Ventéjou ; *RLDA* 1/2010, p. 47, note C. Neau-Leduc.
4. Communiqué de la Chambre sociale de la Cour de cassation : Soc. 11 janv. 2006, n°s 04-46.201, 05-40.977 et s. ; P V, n° 10 ; *D.* 2006. 1013, note J. Pélissier ; *D.* 2002, obs. J. Pélissier, B. Lardy-Pélissier et B. Reynès ; *Dr. soc.* 2006. 138, note J.-E. Ray ; *Dr. soc.* 2006. 1010, note M. Keller ; *JSL* 2006, n° 182-2 ; *JSL* 2006, n° 187-1 ; *RJS* 3/06, n° 322 ; *JCP E* 2006. 1310, note P. Morvan ; *SSL* 2006, n 1245, note G. Couturier ; *JCP S* 2006. 1076, note F. Favennec-Héry.

dont le métier disparaît ou évolue et qui ne peuvent ou ne veulent s'adapter (ruptures conventionnelles collectives, plans de départs volontaires en particulier).

Les entreprises qui n'auront pas anticipé cette mutation afin de la gérer à froid pourront-elles se voir reprocher, lorsqu'elles procéderont à des licenciements pour mutations technologiques, de ne pas avoir même tenté de négocier un accord de gestion prévisionnelle des emplois et des compétences malgré l'obligation qui leur est faite ? Il est peu vraisemblable que la Cour de cassation change de position. Autrement dit, la circonstance que l'employeur n'a pas engagée de négociation sur la gestion prévisionnelle des emplois et des compétences sur une période de trois ans ne devrait pas être de nature à bloquer une procédure de licenciement. En revanche, il serait légitime que la carence de l'employeur, particulièrement lorsque sa défaillance est volontaire, justifie une appréciation rigoureuse des mesures de licenciement économique pour mutations technologiques, ce motif de licenciement, autonome, étant indépendant de la situation financière de l'entreprise.

E. Effets de la conclusion d'un accord

322.371 Dispense de consultation du comité social et économique. La loi attache un effet particulier à la conclusion d'un accord GPEC. L'article L. 2312-14 du Code du travail énonce que « les entreprises ayant conclu un accord relatif à la gestion prévisionnelle des emplois et des compétences ne sont pas soumises, dans ce domaine, à l'obligation de consultation du comité social et économique ». On retrouve là un effet similaire, quoique pour une application très différente, à celui que le législateur fait produire à la conclusion d'un accord organisant des licenciements économiques collectifs avec un plan de sauvegarde de l'emploi. L'article L. 1233-30 du Code du travail prévoit également dans ce cas que les éléments relatifs au projet de licenciement collectif qui font l'objet de l'accord déterminant le contenu du PSE ne sont pas soumis à la consultation du comité social et économique.

Potentiellement, les thèmes susceptibles d'être retirés de la consultation du CSE sont ceux sur lesquels porte l'accord GPEC. La négociation sur la gestion des emplois et des parcours professionnels étant réalisée sur la base des orientations stratégiques de l'entreprise et de leurs conséquences constituent un cas de consultation récurrente, sont notamment concernées les mesures en matière de formation, d'abondement du compte personnel de formation, de validation des acquis de l'expérience, de bilan de compétences ainsi que d'accompagnement de la mobilité professionnelle et géographique des salariés.

322.372 Limite à la dispense de consultation du comité social et économique. La Chambre sociale de la Cour de cassation a singulièrement réduit la portée du principe posé par l'article L. 2312-14. Interprétant les dispositions de droit national à la lumière de la directive du 11 mars 2022 sur l'information et la consultation des travailleurs, la Chambre sociale reconnaît que le CSE n'a pas à être consulté sur la gestion prévisionnelle dans le cadre de la consultation récurrente sur les orientations stratégiques. Mais elle décide que les mesures ponctuelles intéressant l'organisation, la gestion et la marche générale de l'entreprise au sens de l'article L. 2312-8 du Code du travail restent quant à elles soumises à consultation, quand bien même elles résulteraient de la mise en œuvre de l'accord de GPEC. Elle le décide, en particulier, en ce qui concerne les mesures de nature à affecter le volume ou la structure des effectifs[1].

1. Soc. 29 mars 2023, n° 31-17.729, P ; *BJT* 5/2023, p. 23, note C. Mariano ; *Bull. Joly sociétés* 6/2023, p. 11, note G. Auzero ; *RDT* 2023. 429, note F. Signoretto ; *SSL* 17 avr. 2023, n° 2042, p. 10, note P. Mureau et D. Guillouet ; *RJS* 2023. 72 ; *JSL* 9 mai 2023, n° 563, p. 7, note M.-L. Boulanger et A. Clerc.

CHAPITRE

323. Autres négociations

SECTION 0
ORIENTEUR

323.00 **Sommaire du chapitre.**

Division. L'organisation de la négociation en entreprise au moyen du triptyque a été appliquée par le législateur dans deux domaines principaux que sont le comité social et économique (sect. 1), d'une part, et la durée du travail, les repos et les congés (sect. 2), d'autre part.

323.01 **Textes applicables.**

> Consultations récurrentes du comité social et économique

• **C. trav.,** art. L. 2312-19 [Modalités des consultations récurrentes]

• **C. trav.,** art. L. 2312-20 [Accord de groupe et orientations stratégiques]

• **C. trav.,** art. L. 2312-21 [Base de données économiques, sociales et environnementales]

> Consultations ponctuelles du comité social et économique

• **C. trav.,** art. L. 2312-55 [Contenu des consultations et modalités]

• **C. trav.,** art. L. 2312-56 [Accord de groupe]

> Commissions

• **C. trav.,** art. L. 2315-41 à L. 2315-43 [Commission santé, sécurité et des conditions de travail]

• **C. trav.,** art. L. 2315-45 [Commissions supplémentaires]

> Travail effectif

• **C. trav.,** art. L. 3121-6 [Temps de restauration et de pause]

• **C. trav.,** art. L. 3121-7 [Temps d'habillage et de déshabillage, temps de déplacement]

> Astreintes

• **C. trav.,** art. L. 3121-11 [Mise en place des astreintes]

> Équivalences

• **C. trav.,** art. L. 3121-14 [Durée de travail équivalente à la durée légale]

> Temps de pause

• **C. trav.,** art. L. 3121-17 [Temps de pause]

> Durée quotidienne maximale

• **C. trav.,** art. L. 3121-19 [Dépassement de la durée quotidienne]

> Durée hebdomadaire maximale

• **C. trav.,** art. L. 3121-23 [Dépassement de la durée hebdomadaire]

> Durée légale et heures supplémentaires

• **C. trav.,** art. L. 3121-33 [Majoration des heures supplémentaires et contingent annuel]

• **C. trav.,** art. L. 3121-34 [Activité à caractère saisonnier]

> Aménagement du temps de travail sur une période supérieure à la semaine

• **C. trav.,** art. L. 3121-44 [Modalités d'aménagement du temps de travail]

> Horaires individualisés et récupération des heures perdues

• **C. trav.,** art. L. 3121-51 [Report et récupération des heures]

> Conventions de forfait

• **C. trav.,** art. L. 3121-63 [Mise en place]

• **C. trav.,** art. L. 3121-64 [Contenu de l'accord]

> Travail de nuit

• **C. trav.,** art. L. 3122-15 [Mise en place du travail de nuit]

• **C. trav.,** art. L. 3122-16 [Nombre minimal d'heures]

• **C. trav.,** art. L. 3122-17 et R. 3122-7 [Dépassement de la durée maximale quotidienne]

• **C. trav.,** art. L. 3122-18 [Dépassement de la durée maximale hebdomadaire]

• **C. trav.,** art. L. 3122-19 [Zones spécifiques]

> Travail à temps partiel

• **C. trav.,** art. L. 3123-17 [Mise en place d'horaires à temps partiel]

• **C. trav.,** art. L. 3123-18 [Passage d'un temps partiel à un temps complet]

• **C. trav.,** art. L. 3123-19 [Cumul d'activités]

• **C. trav.,** art. L. 3123-20 et art. L. 3123-21 [Heures complémentaires]

• **C. trav.,** art. L. 3123-22 [Augmentation temporaire de la durée de travail]

• **C. trav.,** art. L. 3123-23 et art. L. 3123-24 [Répartition des horaires de travail]

• **C. trav.,** art. L. 3123-25 [Garanties]

> Travail intermittent

• **C. trav.,** art. L. 3123-38 [Emplois susceptibles d'être pourvus]

> Repos quotidien

• **C. trav.,** art. L. 3131-2 et art. R. 3131-4 à R. 3131-6 [Dérogation à la durée minimale de repos quotidien]

> Repos hebdomadaire

• **C. trav.,** art. L. 3132-14 [Travail continu]

• **C. trav.,** art. L. 3132-15 [Travail en équipes successives]

• **C. trav.,** art. L. 3132-16 à L. 3132-19 [Équipe de suppléance]

> Jours fériés

• **C. trav.,** art. L. 3133-3-1 [Jours fériés chômés]

• **C. trav.,** art. L. 3133-11 [Journée de solidarité]

> Congés payés

• **C. trav.,** art. L. 3141-10 [Période de référence pour l'acquisition des congés]

• **C. trav.,** art. L. 3141-15 [Période de prise des congés et ordre des départs]

• **C. trav.,** art. L. 3141-21 [Fractionnement du congé]

• **C. trav.,** art. L. 3141-22 [Report des congés]

> Autres congés

• **C. trav.,** art. L. 3142-4 [Événements ouvrant droit à congé]

• **C. trav.,** art. L. 3142-14, L. 3142-26, L. 3142-32, L. 3142-40, L. 3142-52, L. 3142-58, L. 3142-65, L. 3142-73 et L. 3142-117 [Modalités du congé]

> Compte épargne-temps

• **C. trav.,** art. L. 3152-1 [Alimentation du compte]

• **C. trav.,** art. L. 3152-2 et art. L. 3152-4 [Conditions d'utilisation et de liquidation]

323.03 **Bibliographie indicative.**

Articles. D. Asquinazi-Bailleux et L. Gratton, « La durée du travail, laboratoire d'une nouvelle architecture du Code du travail », *Cah. soc.* 2016, p. 497 – A. Coeuret, « La mise en place négociée du comité social et économique », *Dr. soc.* 2019. 378 – A. Cormier Le Goff et J. Krivine, « De la négociation sur le comité social et économique à celle du conseil d'entreprise, seul habilité à négocier », *Dr. soc.* 2019. 204 – F. Favennec-Héry, « Nouvelle articulation des normes : la durée du travail comme terrain d'expérimentation », *JCP S* 2016. 1293 ; « La négociation collective dans la durée du travail », *Dr. soc.* 2016. 892 – I. Ferkane, « La représentation du personnel comme objet de négociation collective », *Dr. ouvrier* 2019. 446 – G. François, « La conventionnalisation du droit de la représentation du personnel », *BJT* 12/2019, p. 70 – H. Lanouzière, « Du CHSCT au CSE. Pour une lecture articulée du nouveau triptyque de la représentation collective en matière de santé au travail », *SSL* 4 déc. 2017, n° 1793, p. 5 – H. Lapalus, « L'aménagement collectif du temps de travail », *Cah. soc.* 2016, p. 627 – G. Loiseau et R. Dupire, « La durée du travail, temps libre pour la négociation collective », *SSL* 29 août 2011, n° 1502, p. 7, et 5 septembre 2011, n° 1503, p. 7 – M. Morand, « La conventionnalisation de la durée du travail », *BJT* 12/2019, p. 63 – N. Moreau, « Conclure un accord collectif relatif au temps de travail », *JCP S* 2022. 1314 – S. Sereno, « Les accords sur l'information-consultation du comité social et économique », *Dr. soc.* 2019. 402.

323.05 **Points clés.** Des marges d'adaptation conventionnelle ont été largement ouvertes par la loi Travail du 8 août 2016 en ce qui concerne les règles relatives à la durée du travail, aux repos et aux congés. C'est ensuite l'ordonnance n° 2017-1386 du 22 septembre 2017 qui a donné la main aux partenaires sociaux pour aménager le comité social et économique nouvellement institué.

SECTION 1
COMITÉ SOCIAL ET ÉCONOMIQUE

323.11 **Comité social et économique, objet conventionnel.** Le comité social et économique n'a pas été voulu seulement comme la fusion légale des trois instances qui lui préexistaient – comité d'entreprise, CHSCT et délégués du personnel –, il a été conçu comme un objet juridique à géométrie variable, adaptable par voie conventionnelle. La liberté donnée aux partenaires sociaux de l'aménager au moyen d'accords collectifs s'étend à de nombreux aspects de l'institution, à commencer par sa configuration : détermination du nombre et du périmètre des établissements de rattachement des CSE d'établissement, choix des commissions, mise en place de représentants de proximité. Les textes ouvrent également un large champ au droit négocié pour organiser l'exercice des attributions consultatives ou pour articuler les compétences entre le CSE central et les CSE d'établissement lorsque l'entreprise est à établissements multiples ou entre le CSE d'entreprise et le comité de groupe lorsqu'elle appartient à un groupe.

Dans ce contexte, il apparaît que le législateur a imposé la mise en place du CSE à partir d'une structure de base qui est relativement réduite, et volontairement limitée [1], parce qu'il a souhaité que le travail d'adaptation vienne des partenaires sociaux en faisant pour cela de l'accord collectif le moyen de constituer l'instance en prenant en compte les réalités de terrain, c'est-à-dire les spécificités de l'entreprise liées à sa situation et/ou à son activité [2].

La place donnée aux accords collectifs est à ce point favorisée que certaines institutions ne peuvent être mises en place que par ce moyen, le législateur n'ayant pas programmé de dispositions supplétives [3]. Ce sont les représentants de proximité, qui supposent qu'un accord d'entreprise les établisse et définisse à cette occasion leurs prérogatives ainsi que les moyens de leur exercice [4]. C'est aussi le conseil d'entreprise dont la loi détermine les compétences tandis qu'il est attendu de l'accord qui l'institue de préciser le domaine d'exercice de ses prérogatives [5].

323.12 Négociation collective selon le triptyque. Tous les dispositifs ou les mesures susceptibles d'être adoptés par accord collectif ne sont pas proposés à la négociation dans le cadre du triptyque. Plusieurs règles font appel à un accord collectif sans s'inscrire dans ce cadre, qu'il s'agisse de l'accord déterminant le nombre et le périmètre des établissements distincts, de l'accord – qui est en principe le même – instaurant les représentants de proximité, de l'accord mettant en place un conseil d'entreprise et d'autres encore [6].

Lorsque la négociation collective emprunte le canal qui lui est dédié par le triptyque, en bordure d'ordre public, le législateur permet qu'elle soit réalisée au moyen de différents types d'accords. Le premier dans l'ordre de la loi est l'accord d'entreprise qui est d'ailleurs parfois le seul type d'accord autorisé [7]. Plus souvent, le Code du travail prévoit le recours à un accord d'entreprise dans les entreprises qui sont pourvues de délégués syndicaux et offre la possibilité, à défaut d'en être dotées, de conclure l'accord directement entre l'employeur et le CSE à la majorité des membres titulaires de la délégation du personnel.

323.13 Consultations et informations récurrentes. L'article L. 2312-19 du Code du travail, placé dans la branche du triptyque consacrée au champ de la négociation, donne de larges marges de manœuvre aux partenaires sociaux pour aménager les consultations récurrentes portant, l'une, sur les orientations stratégiques de l'entreprise, l'autre sur la situation économique et financière et la troisième sur la politique sociale, les conditions de travail et l'emploi. Par accord d'entreprise ou, en l'absence de délégué syndical, par accord entre l'employeur et le CSE, il est permis de définir le contenu, la périodicité et les modalités de ces consultations. Le contenu peut donner lieu à des choix parmi l'ensemble des thèmes déclinés par les dispositions supplétives pour n'en retenir que certains considérés comme plus sensibles au regard de la situation de l'entreprise qui feront l'objet de l'information consultation du comité tandis que d'autres ne seront pas soumis à la consultation ou le seront suivant une périodicité différente. L'accord peut, à cet égard, faire varier la périodicité des consultations qui sont en principe annuelles mais dont la récurrence peut être étendue jusqu'à trois ans afin de ménager tout de même au moins une consultation au cours du cycle électoral. De ce point de vue, tous les aménagements sont concevables en pratique. Le CSE peut être totalement dispensé d'un type de consultation dans la limite de la séquence de trois ans ou être simplement déchargé de certains thèmes de consultation.

1. Le CSE légal qui ne peut compter que sur les dispositions supplétives est conçu comme un modèle réduit pour stimuler le recours au droit négocié afin d'améliorer la constitution et le fonctionnement de l'instance dans l'intérêt des travailleurs et de leurs représentants élus et dans l'intérêt de l'entreprise.
2. G. Loiseau, P. Lokiec, L. Pécaut-Rivolier, Y. Struillou et P.-Y. Verkindt, *Droit de la représentation du personnel*, Dalloz Action, 2e éd., 2023, nos 312-11 s., p. 462 s.
3. V. *supra* no.
4. C. trav., art. L. 2313-7. V. sur l'exclusivité d'un accord d'entreprise pour mettre en place les représentants de proximité : Soc. 1er juin 2023, no 22-13.303, P ; *RDT* 2023. 489, note E. Peskine ; *JCP S* 2023. 1188, Étude G. Loiseau.
5. C. trav., art. L. 2321-2.
6. On pense notamment aux accords organisant l'exercice d'attributions conjointes entre le CSE central et les CSE d'établissement ou répartissant entre eux le budget de fonctionnement.
7. C'est le cas pour la création de commissions autres que celles éventuellement rendues obligatoires au titre des dispositions d'ordre public, à savoir la commission santé, sécurité et conditions de travail et la commission des marchés (C. trav., art. L. 2315-45). C'est le cas aussi pour la mise en place de représentants de proximité (Soc. 1er juin 2023, no 22-13.303, préc.).

Rien ne s'oppose, dans cette dernière hypothèse, à découper au sein de l'une ou l'autre des trois espèces de consultations récurrentes les thèmes à aborder pour régler de manière variable la périodicité de la consultation dont ils doivent faire l'objet. Une limite pourrait toutefois être apportée à la liberté conventionnelle si la jurisprudence devait estimer que la dispense de consultation concernant certains thèmes n'est valable que dans la limite de la périodicité maximale de trois ans. Autrement dit, les partenaires sociaux ne pourraient pas exempter le CSE de toute consultation sur un ou certains thèmes particuliers pendant toute la durée de l'accord, à durée déterminée, voire à durée indéterminée[1].

Outre le contenu, la périodicité et les modalités des consultations, il est aussi possible de définir par accord le délai de consultation ainsi que le nombre de réunions. Il est néanmoins précisé, en ce qui concerne le nombre de réunions annuelles du comité, que celui-ci ne peut être inférieur à six, ce qui montre au passage qu'il y a de l'impératif dans le champ de la négociation.

323.14 **Consultations et informations ponctuelles.** Toutes les consultations ponctuelles mentionnées dans la partie du Code du travail traitant du CSE[2] peuvent être aménagées au moyen d'un accord d'entreprise ou, en l'absence de délégué syndical, d'un accord entre l'employeur et le CSE. L'article L. 2312-55 du Code du travail permet d'en adapter le contenu dans la limite de ce qui est prescrit par les dispositions d'ordre public[3]. Il autorise également d'organiser, d'un point de vue procédural, les modalités des consultations et les délais dans lesquels les avis sont rendus. Quant aux modalités, le texte mentionne le nombre de réunions mais l'emploi de l'adverbe « notamment » implique que d'autres modalités pourraient être fixées conventionnellement, comme l'utilisation de la visioconférence.

L'article L. 2312-56 ouvre par ailleurs la possibilité de prévoir par un accord de groupe que les consultations et informations ponctuelles mentionnées aux articles L. 2312-8 et L. 2312-37 soient effectuées au niveau du comité de groupe. Cette fixation ascendante du niveau de consultation peut présenter un intérêt lorsque plusieurs sociétés du groupe sont concernées par la situation justifiant la consultation de leurs instances respectives de représentation du personnel. Les CSE des entreprises du groupe ne sont pas pour autant dépossédés de leur compétence consultative. Celle-ci est simplement réduite, chacun des CSE n'étant consulté que sur les conséquences des projets sur l'entreprise à qui il appartient. À cet effet, l'accord de groupe doit d'ailleurs prévoir les modalités de transmission de l'avis du comité de groupe à chaque CSE des entreprises du groupe ainsi qu'à l'organe chargé de l'administration de l'entreprise dominante de ce groupe définie à l'article L. 2331-1.

323.15 **Base de données économiques, sociales et environnementales.** Obligatoire sur le principe, la base de données économiques, sociales et environnementales peut être entièrement façonnée par accord d'entreprise ou, en l'absence de délégué syndical, par un accord conclu entre l'employeur et le CSE[4]. Il n'y a même pas, en ce qui concerne l'organisation et le fonctionnement de la base, de référentiel minimal. La base de données devient potentiellement un outil sur mesure propre à chaque entreprise, adaptable sans restriction. La priorité donnée au droit négocié va jusqu'à envisager que l'absence d'accord d'entreprise puisse être suppléée par un accord de branche dans les entreprises de moins de trois cents salariés.

Dans tous les cas, sont à la main des partenaires sociaux l'organisation et l'architecture de la base ainsi que ses modalités de fonctionnement. S'agissant plus précisément des modalités, peuvent être aménagés les droits d'accès à la base, le niveau de mise en place de la base dans les entreprises comportant des établissements distincts, le support – informatique ou papier – ou encore les modalités de consultation et d'utilisation. Par exemple, si la base est en général mise en place au niveau de l'entreprise, il est possible d'en moduler l'accès en fonction de l'utilité des informations pour les membres du CSE central et pour ceux des CSE d'établissement. Mais le choix peut aussi être fait de constituer des bases spécifiques au niveau de chaque établissement.

La liberté conventionnelle permet encore de constituer une base de données au niveau du groupe. Celle-ci peut être décidée par un accord de groupe et s'ajoute alors nécessairement aux bases constituées au niveau des entreprises du groupe, qui sont obligatoires. L'accord détermine notamment les personnes ayant accès à la base ainsi que les modalités d'accès, de consultation et d'utilisation[5].

1. G. Loiseau, P. Lokiec, L. Pécaut-Rivolier, Y. Struillou et P.-Y. Verkindt, *Droit de la représentation du personnel*, préc., n° 432.32, p. 732, considérant que la périodicité maximale de trois ans pour procéder aux trois types de consultations récurrentes devrait s'appliquer à leur contenu tel qu'il est précisé au titre des dispositions supplétives.
2. Sont concernées les consultations énumérées aux articles L. 2312-8 et L. 2312-37 du Code du travail.
3. Le texte indique expressément que le contenu des consultations ne peut être défini conventionnellement que « dans le respect des dispositions du paragraphe 1 de la présente sous-section », autrement dit des dispositions d'ordre public.
4. C. trav., art. L. 2312-21.
5. C. trav., art. R. 2312-15.

Sous réserve des thèmes à propos desquels des éléments d'information doivent impérativement être mis à disposition dans la base, son contenu peut être enfin librement défini par un accord[1]. L'accord peut non seulement porter sur les thèmes auxquels se rapporte l'information mais il peut aussi déterminer la période couverte par l'information, laquelle s'étend par défaut aux deux années précédant l'année en cours et, en termes de perspective, aux trois années suivantes.

323.16 **Commissions.** Le champ de la négociation est particulièrement ouvert en ce qui concerne les commissions susceptibles d'assister le CSE dans la réalisation de certaines de ses attributions. Sous réserve de deux commissions dont l'existence et la mise en place font l'objet de règles d'ordre public – la commission santé, sécurité et conditions de travail et la commission des marchés – les autres sont, par principe, librement déterminées par accord, qu'il s'agisse de leur objet choisi dans les domaines de spécialité que les partenaires sociaux estiment utile de traiter en commission, de leur nombre et de leur périmètre qui peut être, le cas échéant, l'entreprise ou ses établissements, voire un niveau *infra*-établissement. Le principe est posé par l'article L. 2315-45 du Code du travail qui énonce qu'« un accord d'entreprise conclu dans les conditions prévues au premier alinéa de l'article L. 2232-12 peut prévoir la création de commissions supplémentaires pour l'examen de problèmes particuliers ». Le texte ne prévoit cependant à ce sujet que la conclusion d'un accord d'entreprise et n'envisage pas – comme pour la plupart des autres aménagements rendus possibles par accord collectif – la possibilité d'un accord entre l'employeur et le CSE en l'absence de délégué syndical.

Le droit négocié a également vocation à appréhender la commission santé, sécurité et conditions de travail, spécialement dans les situations où sa mise en place n'est pas rendue obligatoire par la loi. Un accord d'entreprise ou, en l'absence de délégué syndical, un accord entre l'employeur et le CSE peut fixer le nombre et le périmètre d'installation de la ou des CSSCT ainsi que leurs modalités de mise en place[2]. Ces modalités, qui doivent être déterminées prioritairement par l'accord collectif, sont : le nombre de membres de la ou des commissions ; les missions déléguées à la ou aux commissions par le comité social et économique et leurs modalités d'exercice ; les modalités de fonctionnement et notamment le nombre d'heures de délégation dont bénéficient les membres de la ou des commissions pour l'exercice de leurs missions ; les modalités de formation des membres ; le cas échéant, les moyens qui leur sont alloués ; enfin, les conditions et modalités dans lesquelles une formation spécifique correspondant aux risques ou facteurs de risques particuliers, en rapport avec l'activité de l'entreprise peut être dispensée aux membres de la commission. Lorsque la commission est légalement imposée, un accord peut également être conclu pour fixer les modalités de mise en place de la ou des commissions. Dans ce cas, il doit s'agir en principe de l'accord qui détermine le nombre et le périmètre des établissements distincts[3] mais, en l'absence de délégué syndical, un accord entre l'employeur et le CSE peut y pourvoir[4].

323.17 **Périodicité des réunions.** Sur la périodicité des réunions du CSE, le triptyque se réduit à un diptyque. Le Code du travail pose, d'un côté, des dispositions d'ordre public et prévoit, de l'autre, des dispositions supplétives. Aucun article ne traite spécifiquement du champ ouvert à la négociation qui devrait dès lors s'inférer du minimum légal impératif. À ce sujet, l'article L. 2315-27 du Code du travail indique qu'« au moins quatre réunions du comité social et économique portent annuellement en tout ou partie sur les attributions du comité en matière de santé, sécurité et conditions de travail, plus fréquemment en cas de besoin, notamment dans les branches d'activité présentant des risques particuliers ». Il est également impératif que le CSE soit réuni à la suite de tout accident ayant entraîné ou ayant pu entraîner des conséquences graves ainsi qu'en cas d'événement grave lié à l'activité de l'entreprise ayant porté atteinte ou ayant pu porter atteinte à la santé publique ou à l'environnement ou encore à la demande motivée de deux de ses membres sur les sujets relevant de la santé, de la sécurité ou des conditions de travail. Pour le reste, il est prévu au titre des dispositions supplétives que, dans les entreprises d'au moins trois cents salariés, le CSE se réunit au moins une fois par mois sur convocation de l'employeur ou de son représentant et que, dans les entreprises de moins de trois cents salariés, il se réunit au moins une fois tous les deux mois[5].

Entre l'impératif et le supplétif, il pourrait être considéré, en l'absence de texte propre au champ de la négociation, qu'un accord peut fixer la périodicité des réunions sur l'année à partir du moment où au moins quatre d'entre elles sont consacrées, en tout ou partie, aux questions en matière de santé, de sécurité et de conditions de travail. Mais encore faut-il tenir compte des règles relatives aux réunions

1. Accord d'entreprise ou, en l'absence de délégué syndical, accord entre l'employeur et le CSE ou encore, dans les entreprises de moins de trois cents salariés, accord de branche.
2. C. trav., art. L. 2315-43.
3. C. trav., art. R. 2315-41.
4. C. trav., art. R. 2315-42.
5. C. trav., art. L. 2315-28.

du CSE pour la tenue des consultations récurrentes. À défaut d'accord à ce sujet, le CSE doit être consulté chaque année sur les orientations stratégiques de l'entreprise, sur la situation économique et financière ainsi que sur la politique sociale, les conditions de travail et l'emploi[1]. Un accord peut fixer la périodicité de ces consultations - qui ne peut être supérieure à trois ans - et leurs modalités ainsi que le nombre de réunions annuelles du comité, qui ne peut alors être inférieur à six[2]. Dans ce dernier cas, les dispositions du Code du travail relatives à la périodicité des réunions, bien qu'elles ne comportent pas de règles propres à la négociation collective, doivent donc être mixées avec celles traitant des consultations récurrentes dont les règles propres à la négociation collective imposent un nombre minimal de réunions annuelles de six.

SECTION 2
DURÉE DU TRAVAIL, REPOS ET CONGÉS

323.20 Plan - Espace largement ouvert à la négociation collective. La durée du travail, les repos et congés forment un domaine dans lequel le législateur a voulu que les partenaires sociaux puissent largement prendre part à la conception des normes. C'est ce domaine qui a constitué, lors de la loi du 8 août 2016, le terrain d'expérimentation du triptyque pour stimuler la négociation collective en la canalisant au besoin. Les questions y sont pourtant sensibles qui touchent au respect par l'employeur de son obligation de sécurité et impliquent des droits fondamentaux des salariés : droit à la santé, droit au repos, droit au respect de la vie privée et familiale. Mais c'est aussi un domaine dans lequel le besoin d'adaptation des normes juridiques aux spécificités des entreprises, compte tenu notamment de leur activité, est particulièrement important. La technique du triptyque est, dans ces conditions, appropriée pour dégager un large espace à la négociation, notamment en faisant basculer dans le champ des dispositions supplétives des règles qui relevaient auparavant de l'ordre public social et auxquelles il ne pouvait en conséquence être dérogé que dans un sens plus favorable[3]. Désormais, un accord collectif peut abaisser certains seuils de protection fixés par des dispositions devenues supplétives. La présence d'un pôle d'ordre public garantit cependant la permanence d'un cadre dont les règles sont de nature à brider ou à guider la norme négociée. De ce point de vue, le triptyque décliné par le législateur pour traiter de la très grande majorité des thèmes relevant de la durée du travail, des repos et des congés ne borne pas d'ailleurs de la même manière la liberté conventionnelle et la liberté contractuelle. Des règles peuvent en effet être adoptées par voie conventionnelle dans un sens moins favorable que la règle légale qui, quoique supplétive, continue de faire échec à des stipulations contractuelles moins-disantes[4].

Les espaces de négociations ouverts à la négociation sont d'une grande variété : durée et aménagement du travail (§ 1), travail de nuit (§ 2), travail à temps partiel et travail intermittent (§ 3), repos et jours fériés (§ 4), congés payés et autres congés (§ 5), compte épargne-temps (§ 6).

§ 1
Durée et aménagement du travail

323.30 Plan - Monopole de l'accord collectif. La durée du travail (A), l'aménagement du temps de travail (B), les horaires individualisés (C) ou encore les conventions de forfait (D) sont autant de matières dans lesquelles les règles légales côtoient des normes conventionnelles. La place de l'accord collectif est telle que celui-ci est, le cas échéant, en situation de monopole pour instituer ou organiser certains dispositifs.

A.
Durée du travail

323.41 Travail effectif. L'action déléguée à la négociation collective en matière de travail effectif consiste principalement ici à compléter la règle d'ordre public pour organiser certaines modalités de sa mise en œuvre qui, à défaut d'accord, peuvent être fixées par le contrat individuel de travail au titre des dispositions supplétives[5]. Il est ainsi attendu de l'accord collectif qu'il prévoit la rémunération des temps de restauration et de pause[6], le cas échéant même lorsque ceux-ci ne sont pas reconnus comme du temps de travail effectif[7]. L'accord est aussi le moyen de déterminer les modalités de compensation des temps d'habillage et de déshabillage[8], soit en accordant des contreparties, soit en les assimilant à du temps de travail effectif[9]. Il peut enfin

1. C. trav., art. L. 2315-22.
2. C. trav., art. L. 2312-19.
3. V. s[s] n° 321.12.
4. Par exemple, la règle supplétive, en matière de rémunération des heures supplémentaires, prévoit une majoration de salaire de 25 % pour chacune des huit premières heures supplémentaires, les heures suivantes donnant lieu à une majoration de 50 % alors qu'un accord d'entreprise ou, à défaut, un accord de branche peut fixer un taux de majoration inférieur dans la limite de 10 % (C. trav., art. L. 3121-33 et L. 3121-36). Autre exemple, la règle supplétive en matière de travail à temps partiel fixe une durée minimale de vingt-quatre heures hebdomadaires, cette règle d'ordre public ne pouvant être écartée contractuellement, cependant qu'un accord de branche étendu peut déterminer une durée minimale le cas échéant inférieure (C. trav., art. L. 3123-19 et L. 3123-27).
5. C. trav., art. L. 3121-8.
6. Les temps de pause et de restauration sont définis à l'article L. 3121-2 du Code du travail.
7. C. trav., art. L. 3121-6.
8. Définis à l'article L. 3121-3.
9. C. trav., art. L. 3121-7.

avoir pour objet de fixer, sans directive particulière, les contreparties dues aux salariés lorsque le temps de déplacement professionnel dépasse le temps normal de trajet[1]. Dans ce dernier cas, à défaut d'accord, les contreparties sont déterminées par l'employeur après consultation du comité social et économique[2].

L'articulation du droit négocié et des dispositions supplétives fait ressortir en la matière une hiérarchie entre l'accord collectif et le contrat individuel, voire la décision unilatérale de l'employeur pour régler les modalités de compensation de temps péri-professionnels puisque le contrat ou la décision de l'employeur ne sont opératoires que pour suppléer l'absence d'accord collectif.

323.42 **Astreintes.** C'est également dans un esprit de hiérarchie que le triptyque relatif aux astreintes confie à l'accord collectif le soin de fixer leur mode d'organisation, les modalités d'information et les délais de prévenance des salariés concernés ainsi que la compensation sous forme financière ou sous forme de repos à laquelle elles donnent lieu[3]. Le mode d'organisation des astreintes et leur compensation sont, sinon, fixés par l'employeur après avis du CSE et après information de l'agent de contrôle de l'inspection du travail[4].

Cette hiérarchie des sources s'applique-t-elle aussi pour la mise en place des astreintes ? Le Code du travail ne renvoie expressément à ce sujet qu'à l'accord collectif[5], ne reconnaissant à l'employeur que le pouvoir de décider du mode d'organisation des astreintes. S'il s'en infère *a priori* que l'employeur ne pourrait imposer unilatéralement le recours aux astreintes sans l'accord des salariés concernés[6], leur prévision par le contrat pourrait probablement suppléer l'absence d'accord collectif, bien qu'elle ne soit pas évoquée par les textes. Encore faut-il que les astreintes soient fixées après avis du CSE comme le prescrit l'article L. 3121-12 en l'absence d'accord collectif, consultation dont la Cour de cassation semble faire une condition d'effectivité de l'organisation non conventionnelle des astreintes[7].

323.43 **Équivalences.** Le rôle de l'accord collectif est, ici aussi, d'apporter le complément nécessaire pour la mise en œuvre de la règle de référence posée dans la rubrique « ordre public », faute de quoi ce complément est déterminé par décret. En l'occurrence, les dispositions d'ordre public se bornent à définir le régime d'équivalence comme « un mode spécifique de détermination du temps de travail effectif et de sa rémunération pour des professions et des emplois déterminés comportant des périodes d'inaction »[8]. C'est à l'accord collectif que revient la possibilité d'instituer pour ces professions et emplois une durée du travail équivalente à la durée légale mentionnés et de déterminer la rémunération des périodes d'inaction[9]. À défaut, un décret y supplée[10].

323.44 **Durées maximales de travail.** La démarche est répétée : la norme de référence fixe une durée légale à laquelle il est permis de déroger par accord collectif. Un accord peut ainsi fixer un temps de pause supérieur à la norme de référence qui est de vingt minutes consécutives toutes les six heures[11]. Il est également possible de prévoir, par accord, le dépassement de la durée maximale quotidienne de travail effectif en cas d'activité accrue ou pour des motifs liés à l'organisation de l'entreprise, à condition que ce dépassement n'ait pas pour effet de porter cette durée à plus de douze heures[12]. Enfin, un accord peut prévoir le dépassement de la durée hebdomadaire de travail de quarante-quatre heures calculée sur une période de douze semaines consécutives à condition que ce dépassement n'ait pas pour effet de porter cette durée, calculée sur une période de douze semaines, à plus de quarante-six heures[13].

Il n'est même pas fait appel, dans les deux premiers cas, à des règles supplétives. Le dépassement de la durée hebdomadaire de travail peut en revanche être autorisé, à titre supplétif, par l'autorité administrative dans des conditions déterminées par décret dans la limite d'une durée maximale de quarante-six heures[14].

323.45 **Durée légale et heures supplémentaires.** Le pouvoir donné à la négociation collective est particulièrement étendu en matière d'heures supplémentaires. L'accord collectif est tout d'abord le

1. C. trav., art. L. 3121-7.
2. C. trav., art. L. 3121-8.
3. C. trav., art. L. 3121-11. L'employeur doit suivre les modalités prévues par l'accord collectif pour modifier l'organisation des astreintes : Soc. 1er mars 2017, n° 14-22.269, P ; *D.* 2017. 576 ; *JA* 2017, n° 563, p. 40, ét. M. Julien et J.-F. Paulin ; *RDT* 2017. 804, obs. M. Véricel ; *RJS* 5/2017, n° 336.
4. C. trav., art. L. 3121-12.
5. C. trav., art. L. 3121-11.
6. CEPENDANT, PLUS HÉSITANTS : G. Auzero, D. Baugard et E. Dockès, *Droit du travail,* 37e éd., « Précis », Dalloz, 2023, n° 873, p. 1128.
7. Soc. 23 mai 2017, n° 15-24.507, P ; *D.* 2017. 1129 ; *JA* 2017, n° 563, p. 40, ét. M. Julien et J.-F. Paulin ; *RDT* 2017. 804, obs. M. Véricel ; *RJS* 8-9/2017, n° 583 ; *JCP S* 2017. 1268, note M. Morand ; *RDT* 2017. 804, obs. M. Véricel.
8. C. trav., art. L. 3121-13.
9. C. trav., art. L. 3121-14.
10. C. trav., art. L. 3121-15.
11. C. trav., art. L. 3121-17.
12. C. trav., art. L. 3121-19.
13. C. trav., art. L. 3121-23.
14. C. trav., art. L. 3121-24.

moyen de fixer un taux de majoration des heures supplémentaires en deçà du minimum légal devenu supplétif, c'est-à-dire en deçà de 25 % pour les huit premières heures supplémentaires et de 50 % pour les suivantes[1]. Il y a tout de même une trace d'impérativité dans le champ de la négociation puisque le taux de majoration conventionnel ne peut être inférieur à 10 %[2]. Et il demeure de l'ordre public dans les dispositions supplétives puisqu'il ne pourrait être dérogé au taux de majoration légal par le contrat individuel de travail.

L'accord collectif permet ensuite d'ajuster à la situation de l'entreprise le contingent d'heures annuel dans la limite duquel des heures supplémentaires peuvent être en principe accomplies, les heures effectuées au-delà ouvrant droit à une contrepartie obligatoire sous forme de repos. L'accord détermine à cette occasion les conditions d'accomplissement d'heures supplémentaires au-delà du contingent annuel ainsi que la durée, les caractéristiques et les conditions de prise de la contrepartie obligatoire sous forme de repos. Il y a, à nouveau, du prescriptif dans le champ conventionnel car il est précisé que la contrepartie obligatoire sous forme de repos ne peut être inférieure à 50 % des heures supplémentaires accomplies au-delà du contingent annuel pour les entreprises de vingt salariés au plus, et à 100 % de ces mêmes heures pour les entreprises de plus de vingt salariés[3].

Le recours à la norme négociée permet aussi de prévoir qu'une contrepartie sous forme de repos est accordée au titre des heures supplémentaires accomplies dans la limite du contingent et de remplacer, le cas échéant, tout ou partie du paiement des heures supplémentaires ainsi que des majorations par un repos compensateur équivalent[4].

Des dispositions particulières sont par ailleurs consacrées aux branches d'activité à caractère saisonnier[5] : il est rendu possible de déroger par accord collectif, dans des conditions déterminées par décret, aux dispositions relatives à la détermination des périodes de référence pour le décompte des heures supplémentaires et des repos compensateurs[6].

B.
Aménagement du temps de travail sur une période supérieure à la semaine

323.51 **Intérêt de l'accord collectif.** L'article L. 3121-41 du Code du travail autorise la mise en place d'un dispositif d'aménagement du temps de travail sur une période qui peut être supérieure à la semaine, les heures supplémentaires n'étant alors décomptées qu'à l'issue de cette période. La durée de la période varie considérablement selon que l'aménagement du temps de travail est décidé unilatéralement par l'employeur – la période est d'au maximum quatre semaines (neuf pour les entreprises de moins de cinquante salariés) – ou qu'il est organisé par accord collectif – auquel cas la période peut s'étendre jusqu'à trois ans[7]. On mesure de ce point de vue l'intérêt qu'il y a de recourir à un accord collectif.

Dans ce cas, l'accord permet d'organiser l'ensemble du dispositif : il peut définir les modalités d'aménagement du temps de travail et régler la répartition de la durée du travail sur la période qu'il détermine. Cette période est d'au maximum un an si elle est fixée par accord d'entreprise ou d'établissement ; elle peut aller jusqu'à trois ans si un accord de branche l'autorise[8].

Il est par ailleurs attendu de l'accord qu'il détermine les conditions et délais de prévenance des changements de durée ou d'horaires de travail ainsi que les conditions de prise en compte, pour la rémunération des salariés, des absences ainsi que des arrivées et des départs en cours de période de référence. S'il s'applique aux salariés à temps partiel, il doit en outre prévoir les modalités de communication et de modification de la répartition de la durée et des horaires de travail[9].

C.
Horaires individualisés et récupération des heures perdues

323.61 **Dispositif conventionnel.** Selon l'article L. 3121-48 du Code du travail, l'employeur peut, à la demande de certains salariés, mettre en place un dispositif d'horaires individualisés permettant un report d'heures d'une semaine à une autre, dans

1. C. trav., art. L. 3121-36.
2. C. trav., art. L. 3121-33.
3. C. trav., art. L. 3121-33.
4. C. trav., art. L. 3121-33, qui précise qu'un accord d'entreprise peut adapter les conditions et les modalités d'attribution et de prise du repos compensateur de remplacement.
5. La liste des industries et établissements appartenant à ces branches d'activité est déterminée par décret en Conseil d'État (C. trav., art. L. 3132-7).
6. C. trav., art. L. 3121-34, qui précise que l'accord organise alors des procédures contradictoires de décompte des temps et périodes de travail.
7. La modulation triennale a toutefois été condamnée par le CEDS : décis. 18 oct. 2018, récl. n° 154/2017.
8. Le texte énonce que si la période de référence est supérieure à un an, l'accord doit prévoir une limite hebdomadaire, supérieure à trente-cinq heures, au-delà de laquelle les heures de travail effectuées au cours d'une même semaine constituent en tout état de cause des heures supplémentaires dont la rémunération est payée avec le salaire du mois considéré ; sur la contrariété d'une « modulation » sur une périodicité pluri annuelle avec le droit européen, V. la décision du CEDS précitée.
9. C. trav., art. L. 3121-44.

certaines limites et selon certaines modalités définies aux articles L. 3121-51 et L. 3121-52. Dans ce cadre, les heures de travail effectuées au cours d'une même semaine au-delà de la durée hebdomadaire légale ou conventionnelle ne sont pas considérées comme des heures supplémentaires, à condition qu'elles résultent d'un libre choix du salarié.

L'apport, en la matière, d'un accord collectif est de prévoir les limites et modalités du report d'heures d'une semaine à une autre et de fixer les modalités de récupération des heures perdues dans les cas prévus à l'article L. 3121-50[1]. L'employeur doit, à défaut, respecter des dispositions supplétives de nature réglementaire[2].

D. Conventions de forfait

323.71 **Monopole conventionnel.** L'accord collectif de travail est le seul moyen de mettre en place des dispositifs de forfaits annuels en heures ou en jours[3]. Il peut s'agir d'un accord d'entreprise ou d'établissement et, à défaut, d'un accord de branche. En pratique, il n'est pas rare que le dispositif soit prévu à la fois par un accord de branche dont dépend l'entreprise et par un accord d'entreprise ajusté aux besoins de celle-ci. Compte tenu du cadre légal strict pour recourir aux forfaits annuels en heures ou en jours, il est peu probable qu'une entreprise qui ne serait pas couverte par un accord de branche organisant la mise en place de dispositifs de forfaits et qui ne serait pas en situation d'adopter un accord en son sein puisse faire une application volontaire d'un accord conclu à ce sujet.

Il faut en outre relever qu'un accord de performance collective ne peut mettre en place un dispositif de forfait annuel. En revanche, il peut modifier un dispositif existant sans qu'il soit nécessaire de conclure une nouvelle convention individuelle de forfait par écrit avec les salariés concernés. L'article L. 2254-2 du Code du travail dispose à ce sujet que « lorsque l'accord modifie un dispositif de forfait annuel, l'acceptation de l'application de l'accord par le salarié conformément aux III et IV du présent article entraîne de plein droit l'application des stipulations de l'accord relatives au dispositif de forfait annuel ».

323.72 **Contenu légalement prescrit.** C'est sous la dictée du législateur qui assigne aux partenaires sociaux un cahier des charges à respecter que l'accord prévoyant la conclusion de conventions individuelles de forfait en heures ou en jours sur l'année doit être rédigé. Doivent être renseignés : 1) les catégories de salariés susceptibles de conclure une convention individuelle de forfait, dans le respect des articles L. 3121-56 et L. 3121-58 ; 2) la période de référence du forfait, qui peut être l'année civile ou toute autre période de douze mois consécutifs ; 3) le nombre d'heures ou de jours compris dans le forfait, dans la limite de deux cent dix-huit jours s'agissant du forfait en jours ; 4) les conditions de prise en compte, pour la rémunération des salariés, des absences ainsi que des arrivées et départs en cours de période ; 5) et les caractéristiques principales des conventions individuelles, qui doivent notamment fixer le nombre d'heures ou de jours compris dans le forfait[4].

S'agissant des seules conventions individuelles de forfait en jours, l'accord qui les autorise doit préciser en outre : 1) les modalités selon lesquelles l'employeur assure l'évaluation et le suivi régulier de la charge de travail du salarié ; 2) les modalités selon lesquelles l'employeur et le salarié communiquent périodiquement sur la charge de travail du salarié, sur l'articulation entre son activité professionnelle et sa vie personnelle, sur sa rémunération ainsi que sur l'organisation du travail dans l'entreprise ; 3) et les modalités selon lesquelles le salarié peut exercer son droit à la déconnexion prévu au 7° de l'article L. 2242-17[5]. L'accord peut cependant être valable même s'il ne comporte pas de stipulations sur chacun de ces points. Les dispositions supplétives viennent en relais, non pour suppléer comme de coutume l'absence d'accord, mais pour compléter au besoin des mentions qui seraient défaillantes. Ainsi, en l'absence de stipulations sur les items 1 et 2, une convention individuelle de forfait en jours peut être valablement conclue sous réserve que les dispositions suivantes soient respectées : 1) l'employeur doit établir un document de contrôle faisant apparaître le nombre et la date des journées ou demi-journées travaillées ; 2) l'employeur doit s'assurer que la charge de travail du salarié est compatible avec le respect des temps de repos quotidiens et hebdomadaires ; l'employeur doit organiser une fois par an un entretien avec le salarié pour évoquer sa charge de travail, qui doit être raisonnable, l'organisation de son travail, l'articulation entre son activité professionnelle et sa vie personnelle ainsi que sa rémunération.

En somme, l'action de l'employeur peut pallier le défaut de prévisions de l'accord. Dans le même esprit, en l'absence de stipulations relatives aux modalités d'exercice du droit à la déconnexion, ces modalités doivent définies par l'employeur et communiquées par tout moyen aux salariés concernés. Aucune direc-

1. C. trav., art. L. 3121-51.
2. C. trav., art. L. 3121-52 renvoyant à un décret en Conseil d'État.
3. C. trav., art. L. 3121-63.
4. C. trav., art. L. 3121-64.
5. C. trav., art. L. 3121-64.

tive n'est donnée à ce sujet à l'employeur si l'entreprise compte moins de cinquante salariés ; sinon, l'employeur doit fixer ces modalités conformément à la charte sur la déconnexion mentionnée au 7° de l'article L. 2242-17[1].

§ 2
Travail de nuit

323.81 Préférence conventionnelle. Le recours au travail de nuit est exceptionnel, commence par indiquer l'article L. 3122-1 du Code du travail. Avant de laisser la main à l'employeur avec l'autorisation de l'inspecteur du travail, la loi privilégie la conclusion d'un accord collectif pour mettre en place le travail de nuit dans l'entreprise ou dans l'un de ses établissements, ou le cas échéant pour l'étendre à de nouvelles catégories de salariés[2]. Cette faveur pour la norme conventionnelle afin de recourir au travail de nuit se manifeste ici par une exigence préalable de négociation[3] particulièrement ferme. Il est attendu de l'employeur qu'il « ait engagé sérieusement et loyalement des négociations en vue de la conclusion d'un tel accord », ce qui implique qu'il ait « convoqué à la négociation les organisations syndicales représentatives dans l'entreprise et fixé le lieu et le calendrier des réunions ; communiqué les informations nécessaires leur permettant de négocier en toute connaissance de cause ; répondu aux éventuelles propositions des organisations syndicales »[4].

323.82 Cahier des charges. C'est à nouveau suivant les instructions du législateur que les partenaires sociaux s'accordant pour mettre en place le travail de nuit doivent à cette occasion prévoir : 1) les justifications du recours au travail de nuit mentionnées à l'article L. 3122-1 ; 2) la définition de la période de travail de nuit, dans les limites mentionnées aux articles L. 3122-2 et L. 3122-3 ; 3) une contrepartie sous forme de repos compensateur et, le cas échéant, sous forme de compensation salariale ; 4) des mesures destinées à améliorer les conditions de travail des salariés ; 5) des mesures destinées à faciliter, pour ces mêmes salariés, l'articulation de leur activité professionnelle nocturne avec leur vie personnelle et avec l'exercice de responsabilités familiales et sociales, concernant notamment les moyens de transport ; 6) des mesures destinées à assurer l'égalité professionnelle entre les femmes et les hommes, notamment par l'accès à la formation ; 7) l'organisation des temps de pause[5].

1. C. trav., art. L. 3121-65.
2. C. trav., art. L. 3122-15.
3. Sur le préalable de négociation, v. s[s] n° 311.160.
4. C. trav., art. L. 3122-21.
5. C. trav., art. L. 3122-15.

Là encore, il peut être suppléé à d'éventuelles incomplétudes de l'accord. Spécialement, si la période de travail de nuit n'est pas définie dans l'accord, il est prévu au titre des dispositions supplétives qu'est considéré comme du travail de nuit tout travail accompli entre 21 heures et 6 heures et, pour les activités mentionnées à l'article L. 3122-3 (radio, télévision, spectacles vivants, etc.), tout travail accompli entre minuit et 7 heures[6]. Le cas échéant, l'inspecteur du travail peut autoriser la définition d'une période différente de celle-là après consultation des délégués syndicaux et avis du comité social et économique lorsque les caractéristiques particulières de l'activité de l'entreprise le justifient[7].

§ 3
Travail à temps partiel et travail intermittent

323.90 Plan – Force de l'accord collectif. Le contrat de travail à temps partiel comme le contrat de travail intermittent illustrent la force donnée à l'accord collectif par le droit contemporain. Le premier s'accompagne en principe, pour le travailleur, d'une durée minimale de travail garantie dont la durée, fixée à titre supplétif par la loi, peut être déterminée dans un sens plus favorable aussi bien que moins favorable par un accord de branche étendu (A). Le second ne peut être pratiqué que si un accord d'entreprise ou d'établissement ou, à défaut, un accord de branche étendu le prévoit (B).

A.
Travail à temps partiel

323.101 Recours au travail à temps partiel. Le travail à temps partiel présente de multiples aspects : il y a le temps partiel subi et le temps partiel choisi ; le temps partiel mis en place à l'initiative de l'employeur et le temps partiel accordé à la demande de salariés. Tout au plus, la durée du travail étant un élément essentiel du socle contractuel, l'accord du salarié est nécessaire pour passer d'un temps complet à un temps partiel[8] et réciproquement[9].

6. C. trav., art. L. 3122-20.
7. C. trav., art. L. 3122-22.
8. C. trav., art. L. 3123-4, qui dispose que « Le refus par un salarié d'accomplir un travail à temps partiel ne constitue ni une faute ni un motif de licenciement ».
9. CEPENDANT : C. trav., art. L. 3123-3, qui dispose que « Les salariés à temps partiel qui souhaitent occuper ou reprendre un emploi d'une durée au moins égale à celle mentionnée au premier alinéa de l'article L. 3123-7 ou un emploi à temps complet et les salariés à temps complet qui souhaitent occuper ou reprendre un emploi à temps partiel dans le même établissement ou, à défaut, dans la même entreprise ont priorité pour l'attribution d'un emploi ressortissant à leur catégorie professionnelle ou d'un emploi équivalent ou, si une convention ou un accord d'entreprise ou d'établissement ou, à défaut, une convention ou un accord de branche étendu le prévoit, d'un emploi présentant des caractéristiques différentes ».

Quelle est l'utilité, à ce sujet, d'un accord collectif de travail ? Lorsque c'est l'employeur qui recourt au travail à temps partiel, l'avantage de l'accord collectif est surtout la prévisibilité des règles de mise en œuvre. Son intérêt est renforcé lorsque l'accord fixe également les conditions de mise en place d'horaires à temps partiel à la demande des salariés. Dans ce cas, l'accord permet de convenir :

1) des modalités selon lesquelles les salariés à temps complet peuvent occuper un emploi à temps partiel et les salariés à temps partiel occuper un emploi à temps complet dans le même établissement ou, à défaut, dans la même entreprise ; 2) de procédure à suivre par les salariés pour faire part de leur demande à leur employeur ; 3) et du délai laissé à l'employeur pour y apporter une réponse motivée, en particulier en cas de refus[1].

L'utilité de l'accord collectif peut être aussi de prévoir la possibilité pour l'employeur de proposer au salarié à temps partiel un emploi à temps complet ou d'une durée au moins égale à la durée minimale conventionnelle ou légale ne ressortissant pas à sa catégorie professionnelle ou un emploi à temps complet non équivalent ; ou de proposer à l'inverse à un salarié à temps complet un emploi à temps partiel ne ressortissant pas à sa catégorie professionnelle ou un emploi à temps partiel non équivalent[2].

323.102 **Durée minimale de travail garantie.** C'était l'un des acquis sociaux de l'accord national interprofessionnel du 11 janvier 2013 et de la loi du 14 juin 2013 qui l'a codifié : une durée minimale de travail garantie pour les travailleurs à temps partiel « subis », durée fixée alors à vingt-quatre heures par semaine. La loi du 8 août 2016 en a repris le principe mais ne l'a pas quantifiée au titre des dispositions d'ordre public[3]. L'article L. 3123-7 dispose que « le salarié à temps partiel bénéficie d'une durée minimale de travail hebdomadaire » et renvoie, pour sa détermination, à la norme conventionnelle et, à défaut, aux dispositions supplétives qui reconduisent la durée de vingt-quatre heures hebdomadaire[4]. Il demeure tout de même de l'impérativité dans les dispositions supplétives puisqu'il ne pourrait être dérogé à la durée minimale de vingt-quatre heures par le contrat de travail.

La norme conventionnelle peut en revanche s'en écarter dans un sens plus favorable aussi bien que moins favorable ; mais, en fait de norme conventionnelle, seul un accord de branche étendu peut y procéder[5], la question de la durée minimale de travail relevant de la négociation de branche. L'article L. 2241-2 prévoit en effet que « les organisations liées par une convention de branche ou, à défaut, par des accords professionnels ouvrent une négociation sur les modalités d'organisation du temps partiel dès lors qu'au moins un tiers de l'effectif de la branche professionnelle occupe un emploi à temps partiel. Cette négociation porte notamment sur la durée minimale d'activité hebdomadaire ou mensuelle, le nombre et la durée des périodes d'interruption d'activité, le délai de prévenance préalable à la modification des horaires et la rémunération des heures complémentaires ».

Lorsqu'un accord de branche étendu fixe la durée minimale de travail à un niveau inférieur à vingt-quatre heures par semaine, il doit déterminer des garanties quant à la mise en œuvre d'horaires réguliers ou du moins qui permettent au salarié de cumuler plusieurs activités afin d'atteindre une durée globale d'activité correspondant à un temps plein ou au moins égale à celle de vingt-quatre heures hebdomadaires. L'accord de branche étendu - mais un accord d'entreprise ou d'établissement pourrait ici tout aussi bien le faire - détermine en outre les modalités selon lesquelles les horaires de travail des salariés effectuant une durée de travail inférieure à vingt-quatre heures par semaine sont regroupés sur des journées ou des demi-journées régulières ou complètes[6].

323.103 **Heures complémentaires et compléments d'heures.** En ce qui concerne les heures complémentaires, l'article L. 2123-9 pose en règle que « les heures complémentaires ne peuvent avoir pour effet de porter la durée de travail accomplie par un salarié à temps partiel au niveau de la durée légale du travail ou, si elle est inférieure, au niveau de la durée de travail fixée conventionnellement ». La voie de la négociation collective permet tout de même de porter la limite dans laquelle peuvent être accomplies des heures complémentaires jusqu'au tiers de la durée hebdomadaire ou mensuelle de travail prévue dans le contrat du salarié à temps partiel[7]. L'accord peut être surtout le moyen de fixer

1. C. trav., art. L. 3123-17.
2. C. trav., art. L. 3123-18.
3. Le texte a également repris la règle selon laquelle « Une durée de travail inférieure à celle prévue au premier alinéa du présent article peut être fixée à la demande du salarié soit pour lui permettre de faire face à des contraintes personnelles, soit pour lui permettre de cumuler plusieurs activités afin d'atteindre une durée globale d'activité correspondant à un temps plein ou au moins égale à la durée mentionnée au même premier alinéa. Cette demande est écrite et motivée » (C. trav., art. L. 3123-7).
4. C. trav., art. L. 3123-27.
5. C. trav., art. L. 3123-19.
6. C. trav., art. L. 3123-19.
7. C. trav., art. L. 3123-20. Dans ce cas, l'accord doit comporter des garanties relatives à la mise en œuvre, pour les salariés à temps partiel, des droits reconnus aux salariés à temps complet, notamment du droit à un égal accès aux possibilités de promotion, de carrière et de formation, ainsi qu'à la fixation d'une période minimale de travail continue et à la limitation du nombre des interruptions d'activité au cours d'une même journée (C. trav., art. L. 3123-25).

le taux de majoration des heures complémentaires à un taux qui ne peut être inférieur à 10 %[1] mais qui peut être en deçà du taux légal qui, selon les dispositions supplétives[2], est de 10 % pour chacune des heures accomplies dans la limite du dixième des heures prévues au contrat de travail et de 25 % pour chacune des heures accomplies entre le dixième et le tiers des heures prévues au contrat de travail.

Des compléments d'heures peuvent par ailleurs être rendus possibles par accord afin d'augmenter temporairement la durée de travail prévue par le contrat par un avenant à ce contrat. Cet accord doit alors déterminer le nombre maximal d'avenants pouvant être conclus, dans la limite de huit par an et par salarié, en dehors des cas de remplacement d'un salarié absent nommément désigné. Il peut prévoir la majoration salariale des heures effectuées dans le cadre de cet avenant[3] et arrêter les modalités selon lesquelles les salariés peuvent bénéficier prioritairement des compléments d'heures[4].

323.104 **Répartition de la durée du travail.** Il est posé en règle, au titre des dispositions impératives, que « toute modification de la répartition de la durée de travail entre les jours de la semaine ou entre les semaines du mois est notifiée au salarié en respectant un délai de prévenance »[5]. Un accord collectif peut quantifier le délai dans lequel la modification de la répartition de la durée du travail est notifiée au salarié, sans qu'il puisse être inférieur à trois jours ouvrés[6]. Si le délai de prévenance est inférieur à sept jours ouvrés, l'accord doit prévoir des contreparties apportées au salarié[7].

B.
Travail intermittent

323.111 **Monopole conventionnel.** Le contrat de travail intermittent est un autre contrat spécial du travail conclu pour une durée indéterminée dont la loi détermine la fonction qui est de pourvoir un emploi permanent qui, par nature, comporte une alternance de périodes travaillées et de périodes non travaillées. Comme le contrat de travail à temps partiel, il doit être écrit et comporter des mentions qu'énumère l'article L. 3123-36 du Code du travail. Surtout, comme d'autres contrats spéciaux, il ne peut être pratiqué dans une entreprise que si un accord d'entreprise ou d'établissement ou, à défaut, un accord de branche étendu le prévoit[8]. C'est, autrement dit, une création légale mais une créature conventionnelle, nouvelle illustration de l'exclusivité du droit négocié pour mettre en place certains dispositifs[9]. Le triptyque se réduit d'ailleurs à ce sujet à un diptyque car il n'est pas prévu de dispositions supplétives.

Institutif, l'accord collectif est également constitutif et, en l'absence de règles supplétives, doit pouvoir se suffire à lui-même. À cet effet, il définit les emplois permanents pouvant être pourvus par des salariés titulaires d'un contrat de travail intermittent et détermine, le cas échéant, les droits conventionnels spécifiques aux salariés titulaires d'un contrat de travail intermittent. De manière adventice, la loi indique qu'il peut aussi prévoir que la rémunération versée mensuellement aux salariés titulaires du contrat est indépendante de l'horaire réel et déterminer dans ce cas les modalités de calcul de cette rémunération[10].

§ 4
Repos et jours fériés

323.121 **Repos quotidien.** Le droit au repos consacré par le onzième alinéa du Préambule de la Constitution de 1946 commande que tout salarié bénéficie quotidiennement d'un temps de repos qui est en principe d'une durée minimale de onze heures consécutives[11]. Des dérogations sont cependant aménagées par décret, les unes en cas d'urgence, les autres en application d'un accord collectif ou, à défaut, de dispositions supplétives. À cet égard, l'article L. 3131-2 prévoit qu'un accord d'entreprise ou d'établissement ou, à défaut, un accord de branche

1. C. trav., art. L. 3123-21.
2. C. trav., art. L. 3123-29.
3. Il est précisé que les heures complémentaires accomplies au-delà de la durée déterminée par l'avenant donnent lieu à une majoration salariale qui ne peut être inférieure à 25 %.
4. C. trav., art. L. 3123-22.
5. C. trav., art. L. 3123-11.
6. C. trav., art. L. 3123-24, qui indique que, « Dans les associations et entreprises d'aide à domicile, ce délai peut être inférieur pour les cas d'urgence définis par convention ou accord de branche étendu ou par convention ou accord d'entreprise ou d'établissement ».
7. C. trav., art. L. 3123-24. En toute hypothèse, l'accord doit comporter des garanties relatives à la mise en œuvre, pour les salariés à temps partiel, des droits reconnus aux salariés à temps complet, notamment du droit à un égal accès aux possibilités de promotion, de carrière et de formation, ainsi qu'à la fixation d'une période minimale de travail continue et à la limitation du nombre des interruptions d'activité au cours d'une même journée (C. trav., art. L. 3123-25).
8. C. trav., art. L. 3123-33.
9. V. ss n° 311.201.
10. C. trav., art. L. 3123-38. Le texte ajoute que, dans les secteurs, dont la liste est déterminée par décret, où la nature de l'activité ne permet pas de fixer avec précision les périodes de travail et la répartition des heures de travail au sein de ces périodes, cette convention ou cet accord détermine les adaptations nécessaires, notamment les conditions dans lesquelles le salarié peut refuser les dates et les horaires de travail qui lui sont proposés.
11. C. trav., art. L. 3131-1.

peut déroger à la durée minimale de repos dans des conditions déterminées par décret[1], notamment pour des activités caractérisées par la nécessité d'assurer une continuité du service ou par des périodes d'intervention fractionnées.

L'article D. 3131-4 liste les activités concernées : activités caractérisées par l'éloignement entre le domicile et le lieu de travail du salarié ou par l'éloignement entre différents lieux de travail du salarié ; activités de garde, de surveillance et de permanence caractérisées par la nécessité d'assurer la protection des biens et des personnes ; activités caractérisées par la nécessité d'assurer la continuité du service ou de la production, notamment pour les établissements ou parties d'établissements pratiquant le mode de travail par équipes successives, chaque fois que le salarié change d'équipe ou de poste et ne peut bénéficier, entre la fin d'une équipe et le début de la suivante, d'une période de repos quotidien de onze heures consécutives ; activités de manutention ou d'exploitation qui concourent à l'exécution des prestations de transport ; activités qui s'exercent par période de travail fractionnée dans la journée.

L'article D. 3131-5 indique qu'il peut être également dérogé par accord à la durée minimale de repos quotidien en cas de surcroît d'activité, ce qui est permis, à défaut d'accord, en application des dispositions supplétives « en cas de surcroît exceptionnel d'activité »[2].

Dans tous les cas, c'est une nouvelle manifestation d'impérativité dans le champ ouvert à la négociation collective, l'article D. 3131-6 précise qu'« un accord collectif de travail ne peut avoir pour effet de réduire la durée du repos quotidien en deçà de neuf heures ».

323.122 **Repos hebdomadaire.** Le principe du repos hebdomadaire est également sanctuarisé : « Il est interdit de faire travailler un même salarié plus de six jours par semaine »[3]. Le repos ayant une durée minimale de vingt-quatre heures consécutives et étant donné dans l'intérêt des salariés le dimanche[4], les aménagements conventionnels correspondent à des dérogations au principe du repos dominical. La présentation en triptyque laisse au demeurant place, en la matière, à l'énoncé de principes - dont le caractère d'ordre public ne fait pas de doute - suivi de la formulation de différentes dérogations - dérogations au repos hebdomadaire, d'une part, dérogations au repos dominical, d'autre part - parmi lesquelles figurent les dérogations conventionnelles. Celles-ci concernent le travail en continu[5] et les activités faisant appel à des équipes de suppléance dont le propre est de remplacer les autres équipes de salariés pendant le ou les jours de repos qui leur sont accordés[6].

323.123 **Jours fériés.** Après que l'article L. 3133-1 a énoncé les onze jours fériés de l'année, le législateur laisse aux partenaires sociaux la possibilité de définir les jours fériés chômés[7], à défaut de quoi c'est l'employeur qui les fixe[8]. Une exception est faite pour le 1er mai qui est férié et chômé[9].

La norme conventionnelle peut par ailleurs être empruntée pour fixer les modalités d'accomplissement de la journée de solidarité. La liberté conventionnelle est tout au plus guidée par le législateur qui indique que l'accord peut prévoir : soit le travail d'un jour férié précédemment chômé autre que le 1er mai ; soit le travail d'un jour de repos accordé au titre de l'accord collectif conclu en application de l'article L. 3121-44 ; soit toute autre modalité permettant le travail de sept heures précédemment non travaillées en application de stipulations conventionnelles ou des modalités d'organisation des entreprises[10].

§ 5
Congés payés et autres congés

323.130 **Plan – Ordre public et liberté conventionnelle** L'ordre public reste largement prévalant pour réglementer les congés payés (A). La liberté conventionnelle gagne en revanche en force pour organiser les autres congés, qu'il s'agisse de fixer la durée du congé, de définir le cas échéant les conditions pour en bénéficier ou pour établir les modalités suivant lesquelles le congé peut être pris (B).

A.
Congés payés

323.141 **Durée et prise des congés.** Droit fondamental, le droit au congé est saisi par les seules dispositions d'ordre public[11] qui règlent aussi les principes directeurs en matière de durée des congés et posent quelques principes protecteurs relatifs à la prise des congés. La négociation collective n'a de place que pour aménager, à la marge, la durée des

1. Il est notamment précisé par décret que l'accord collectif ne peut avoir pour effet de réduire la durée du repos quotidien en deçà de neuf heures (C. trav., art. R. 3131-6).
2. C. trav., art. L. 3131-3.
3. C. trav., art. L. 3132-1.
4. C. trav., art. L. 3132-14 et L. 3132-15.
5. C. trav., art. L. 3132-2 et L. 3132-15.
6. C. trav., art. L. 3132-16 à L. 3132-19.
7. C. trav., art. L. 3133-3-1.
8. C. trav., art. L. 3133-3-2.
9. C. trav., art. L. 3133-4.
10. C. trav., art. L. 3133-11.
11. C. trav., art. L. 3141-1 qui dispose que « Tout salarié a droit chaque année à un congé payé à la charge de l'employeur ».

congés et pour organiser leur prise. À cet effet, un accord collectif peut être conclu pour fixer le début de la période de référence pour l'acquisition des congés ; le cas échéant, pour majorer la durée du congé en raison de l'âge, de l'ancienneté ou du handicap [1]. Cet accord, ou un autre, peut également avoir pour objet de déterminer la période de prise des congés, l'ordre des départs pendant cette période et les délais que l'employeur doit respecter s'il entend modifier l'ordre et les dates de départs [2]. L'accord collectif est, dans ce dernier cas, une alternative au pouvoir patronal puisque, à défaut de norme conventionnelle, il revient à l'employeur de définir, après avis du CSE si l'entreprise en est pourvue, la période de prise des congés et l'ordre des départs en tenant compte des critères énoncés par la loi [3]. De ce point de vue, l'accord collectif est un moyen de s'affranchir de certains de ces critères ou de retenir ou d'en ajouter d'autres.

323.142 Règles de fractionnement et de report des congés. L'ordre public est également présent, au moins formellement, en ce qui concerne un éventuel fractionnement ou report des congés. Mais il est peu pressant car il est indiqué, à la fin des dispositions de la rubrique « ordre public » du triptyque, qu'« il peut être dérogé aux règles de fractionnement des congés prévues à la présente sous-section selon les modalités définies aux paragraphes 2 [champ de la négociation collective] et 3 [dispositions supplétives] ».

Quant au fractionnement, un accord collectif peut fixer la période pendant laquelle la fraction continue d'au moins douze jours ouvrables est attribuée ainsi que les règles de fractionnement du congé au-delà du douzième jour [4]. Quant au report des congés, il est dit qu'un accord collectif peut prévoir que les congés ouverts au titre de l'année de référence sont susceptibles de faire l'objet de reports à partir du moment où, en application d'une disposition légale, la durée du travail d'un salarié est décomptée à l'année. Dans ce cas, l'accord précise : les modalités de rémunération des congés payés reportés ; les cas précis et exceptionnels de report ; et les conditions dans lesquelles ces reports peuvent être effectués, à la demande du salarié après accord de l'employeur [5].

B. Autres congés

323.151 Inventaire. Le Code du travail ne consacre pas moins de cent vingt-quatre articles à toutes sortes de congés autres que les congés payés. On y trouve de tout et sans doute du superflu : des congés pour événements familiaux aux congés sabbatiques en passant par les congés pour engagement associatif, politique ou militant sans oublier le congé pour acquisition de la nationalité...

Si le motif du congé est légal, le législateur laisse une relative liberté aux partenaires sociaux pour donner un cadre à son application, qu'il s'agisse de fixer la durée du congé, de définir le cas échéant les conditions pour en bénéficier ou pour établir les modalités suivant lesquelles le congé peut être pris.

323.152 Détermination de la durée du congé. Tous les congés prévus par le Code du travail ont une durée légale, fixe ou maximale, mais prévue à titre supplétif. La main est donc donnée, par priorité, aux partenaires sociaux pour quantifier le délai, quitte à ce que la loi impose des seuils. C'est le cas, en particulier, des congés pour événements familiaux, à propos desquels l'article L. 3142-4 indique que leur durée ne peut être inférieure à quatre jours pour le mariage du salarié ou pour la conclusion d'un pacte civil de solidarité ; à un jour pour le mariage d'un enfant ; à trois jours pour chaque naissance survenue au foyer ou pour l'arrivée d'un enfant placé en vue de son adoption ; à cinq jours pour le décès d'un enfant ; à trois jours pour le décès du conjoint, du partenaire lié par un pacte civil de solidarité, du concubin, du père, de la mère, du beau-père, de la belle-mère, d'un frère ou d'une sœur ; et à deux jours pour l'annonce de la survenue d'un handicap chez un enfant.

Le plus souvent, toutefois, la loi laisse à l'accord collectif le soin de déterminer la durée maximale du congé et, éventuellement, le nombre de renouvellements possibles, voire les conditions de son fractionnement : congé de solidarité familiale [6], congé de proche aidant [7], congé sabbatique [8], congé mutualiste de formation [9], congé pour catastrophe naturelle [10], congé de formation de cadres et d'animateurs pour la jeunesse, des responsables associatifs bénévoles, des titulaires de mandats mutualistes autres qu'administrateurs et des membres des conseils citoyens [11], congé de représentation [12], congé de solidarité internationale [13], congé pour acquisition

1. C. trav., art. L. 3141-10.
2. C. trav., art. L. 3141-15.
3. C. trav., art. L. 3141-17.
4. C. trav., art. L. 3141-21.
5. C. trav., art. L. 3141-22.
6. C. trav., art. L. 3141-14.
7. C. trav., art. L. 3141-26. La Cour de cassation a précisé, à propos des congés reportés, qu'ils ont la même nature que les congés acquis, de sorte que les règles de fixation de l'ordre des départs en congé annuel s'appliquent aux congés annuels reportés : Soc. 8 juill. 2020, n° 18-21.681, P.
8. C. trav., art. L. 3141-32, qui prévoit la détermination des durées minimale et maximale du congé et le nombre de renouvellements.
9. C. trav., art. L. 3141-40.
10. C. trav., art. L. 3141-52.
11. C. trav., art. L. 3141-58.
12. C. trav., art. L. 3141-65.
13. C. trav., art. L. 3141-73.

de la nationalité[1] ou encore congé pour la création ou la reprise d'entreprise[2].

323.153 **Conditions de bénéfice du congé.** Le droit négocié peut être mis à profit pour déterminer la condition d'ancienneté requise dans l'entreprise pour ouvrir droit au congé, ce que les textes prévoient à propos du congé sabbatique[3], du congé de solidarité internationale[4] ou du congé pour la création ou la reprise d'entreprise[5]. Il peut être également dévolu à l'accord collectif d'établir les règles selon lesquelles est déterminé, par établissement, le nombre maximal de salariés susceptibles de bénéficier du congé au cours d'une année, ce qui concerne le congé mutualiste de formation[6], le congé de formation de cadres et d'animateurs pour la jeunesse, des responsables associatifs bénévoles, des titulaires de mandats mutualistes autres qu'administrateurs et des membres des conseils citoyens[7] ou encore le congé de représentation[8], le congé de solidarité internationale[9].

323.154 **Modalités de la prise du congé.** Ce sont enfin les modalités de prise du congé qui peuvent être réglées par voie d'accord collectif. À cet égard, l'accord doit, dans certains cas, déterminer les délais d'information de l'employeur par le salarié sur la prise du congé et son éventuel renouvellement, ce qui concerne le congé de solidarité familiale[10], le congé de proche aidant[11], le congé sabbatique[12] ou le congé pour la création ou la reprise d'entreprise[13]. D'autres fois, il est prévu que l'accord détermine le délai dans lequel le salarié informe l'employeur de sa demande de congé : il en est ainsi à propos du congé mutualiste de formation[14], du congé de participation aux instances d'emploi et de formation professionnelle ou à un jury d'examen[15], du congé pour catastrophe naturelle[16], du congé de formation de cadres et d'animateurs pour la jeunesse, des responsables associatifs bénévoles, des titulaires de mandats mutualistes autres qu'administrateurs et des membres des conseils citoyens[17], du congé de représentation[18] et du congé de solidarité internationale[19].

§ 6
Compte épargne-temps

323.161 **Monopole conventionnel.** L'observation qui a pu être faite que le triptyque fait parfois perdre le sens de la notion d'ordre public[20] s'illustre parfaitement dans les dispositions signalées d'ordre public relatives au compte épargne-temps. Il est dit pour commencer que « le compte épargne-temps peut être mis en place par une convention ou un accord d'entreprise ou d'établissement ou, à défaut, par une convention ou un accord de branche »[21]. Il est indiqué ensuite que « le compte épargne-temps permet au salarié d'accumuler des droits à congé rémunéré ou de bénéficier d'une rémunération, immédiate ou différée, en contrepartie des périodes de congé ou de repos non pris ou des sommes qu'il y a affectées »[22]. S'il s'agit là d'énoncés normatifs traitant de la source et de l'objet du compte épargne-temps, ils n'ont pas de contenu prescriptif aux teintes impératives.

On en retiendra dès lors seulement que le compte épargne-temps est un dispositif d'origine exclusivement conventionnelle, ce qui induit une organisation elle-même conventionnelle. À ce sujet, les articles L. 3152-1 et L. 3152-2 indiquent que l'accord collectif détermine les conditions et les limites dans lesquelles le compte peut être alimenté à l'initiative du salarié, en temps ou en argent, ou à l'initiative de l'employeur pour les heures accomplies au-delà de la durée collective.

323.162 **Utilisation des droits affectés sur le compte épargne-temps.** Il revient également à l'accord collectif d'encadrer l'utilisation des droits affectés sur le compte épargne-temps, ces droits pouvant servir, en tout ou partie, soit à contribuer au financement de prestations de retraite qui revêtent un caractère collectif et obligatoire, soit à réaliser des versements sur un ou plusieurs plans d'épargne pour la retraite collectifs ou plan d'épargne retraite d'entreprise collectif[23]. Ces modalités d'utilisation ne privent cependant pas le salarié de la possibilité, qui est d'ordre public, d'employer les droits affectés sur le compte, sur sa demande et en accord avec son employeur, pour compléter sa rémunération ou pour cesser de manière progressive son activité[24].

1. C. trav., art. L. 3141-77.
2. C. trav., art. L. 3141-117.
3. C. trav., art. L. 3141-32.
4. C. trav., art. L. 3141-73.
5. C. trav., art. L. 3141-117.
6. C. trav., art. L. 3141-40.
7. C. trav., art. L. 3141-58.
8. C. trav., art. L. 3141-65.
9. C. trav., art. L. 3141-73.
10. C. trav., art. L. 3141-14.
11. C. trav., art. L. 3141-26.
12. C. trav., art. L. 3141-32.
13. C. trav., art. L. 3141-117.
14. C. trav., art. L. 3141-40.
15. C. trav., art. L. 3141-46.
16. C. trav., art. L. 3141-52.
17. C. trav., art. L. 3141-58.
18. C. trav., art. L. 3141-65.
19. C. trav., art. L. 3141-73.
20. V. s[s] n° 311.34.
21. C. trav., art. L. 3151-1.
22. C. trav., art. L. 3151-2.
23. C. trav., art. L. 3152-4.
24. C. trav., art. L. 3151-3.

LIVRE

4. LA DURÉE ET LA FIN DES ACCORDS

SECTION 0

ORIENTEUR

4.00 **Sommaire du livre.**

Division. Si les accords collectifs ont une durée déterminée (titre 41), ils peuvent également prendre fin par dénonciation (titre 42).

TITRE

41. La durée des accords

SECTION 0

ORIENTEUR

41.00 Sommaire du titre.

Division. Les accords collectifs sont conclus pour une durée déterminée (chap. 411) et les cas de caducité sont rares (chap. 412). Leur suivi est indispensable pour garantir l'effectivité du droit de la négociation collective (chap. 413), tout comme la possibilité de leur révision (chap. 414).

CHAPITRE

411. Accords à durée déterminée

SECTION 0

ORIENTEUR

411.00 Sommaire du chapitre.

Division. La France a longtemps privilégié l'accord collectif à durée indéterminée. Une tradition amenée à évoluer alors qu'en droit le principe est désormais l'accord collectif à durée déterminée (sect. unique).

411.01 Textes applicables.

- **C. trav.**, art. L. 2222-4 [Durée]
- **C. trav.**, art. L. 2222-5 [Formalisme]
- **C. trav.**, art. L. 2261-14, al. 3 [Mise en cause]

411.02 Jurisprudence de référence.

> Avant l'entrée en vigueur du régime issu de la loi Travail

- **Soc. 28 sept. 2010,** n° 09-13.708, P V, n° 199

« Aux termes de l'article L. 2222-4 du Code du travail, la convention ou l'accord à durée déterminée arrivant à expiration continue à produire ses effets comme une convention ou un accord à durée indéterminée, sauf stipulations contraires. Un accord relatif à la réduction du temps de travail devait donc perdurer au-delà de la date initialement prévue. Il n'avait de surcroît pas été stipulé qu'à défaut de renégociation, l'accord cesserait de produire ses effets, et l'accord avait continué à être appliqué au sein de l'entreprise, ce dont il résultait qu'il avait été tacitement reconduit. »

- **Soc. 17 juin 2003,** n° 01-15.710, P V, n° 198

Un accord à durée déterminée conclu en application de la loi de Robien et prévoyant des embauches est devenu caduc après le plan de cession décidé par le tribunal de commerce et prévoyant des licenciements. Il n'est donc pas opposable au repreneur.

- **Soc. 26 juin 1991,** n° 88-43.537, NP

N'est pas une « stipulation contraire », au sens de l'art. L. 132-6 [L. 2222-4 nouv.], la clause d'un accord collectif à durée déterminée prévoyant sa renégociation à l'arrivée du terme.

411.03 Bibliographie indicative.

Encyclopédie. *Rép. trav.*, *v°* Conventions et accords collectifs de travail : conclusion, effets, application et sanctions, par S. Nadal, janv. 2015, mis à jour mai 2021, n° 181.

Articles. A. Mazeaud, « Dynamique des conventions et accords collectifs à durée déterminée », *Dr. Soc.* 2016. 508 – S. Nadal, « Le juge et le sort de l'accord collectif : permanence d'une question, renouvellement des enjeux », *Dr. soc.* 2017. 123.

411.05 Points clés. La France possède une tradition d'accords collectifs à durée indéterminée, contrairement à un pays comme les États-Unis L'accord à durée déterminée était, jusqu'à la loi Travail de 2016, l'exception au point qu'à son terme il devenait en principe un accord à durée indéterminée. La logique est aujourd'hui inverse, l'accord collectif étant, faute de stipulation contraire, conclu pour une durée déterminée de cinq ans. Il est encore trop tôt pour déterminer si ce changement de logiciel va transformer la figure de l'accord collectif en France.

SECTION UNIQUE

DÉVELOPPEMENTS

411.11 Historique. Contrairement à d'autres pays, le droit français de la négociation collective s'est construit autour de la figure de la convention collective à durée indéterminée. Avant la loi Travail du 8 août 2016, il était prévu qu'à défaut de stipulations contraires, l'accord collectif à durée déterminée qui arrive à expiration continue à produire ses effets comme un accord à durée indéterminée. La durée de l'accord à durée déterminée ne pouvait excéder cinq ans. La tendance s'est progressivement inversée. D'abord parce que le législateur a prévu des accords sur l'emploi comportant une durée maximale : deux années pour les anciens accords de maintien de l'emploi par exemple[1]. Autre exemple, celui de l'ancien article L. 138-25 portant sur les accords relatifs à l'emploi des salariés âgés abrogé par la loi du 1er mars 2013[2]. Ensuite parce que le nouveau régime de représentativité syndicale, issu de la loi du 20 août 2008, était plus propice à la promotion de la convention collective à durée déterminée puisqu'il remet en question la qualité représentative des syndicats - et notamment des syndicats signataires - au bout d'une durée déterminée, en principe de quatre ans[3].

411.12 **Régime actuel.** Dans le silence de la convention, celle-ci est à durée déterminée, et conclue pour une durée de cinq ans[4], sachant que les parties peuvent prévoir une durée déterminée plus courte ou plus longue que les cinq ans. Avant l'arrivée du terme, la convention collective à durée déterminée ne peut être dénoncée unilatéralement. Elle ne peut prendre fin que par accord de l'ensemble des signataires ou à raison de la présence d'une clause résolutoire. À l'arrivée du terme, la convention cesse de produire effet, sans qu'aucun délai de survie ne joue contrairement à la convention collective à durée indéterminée[5].

La présomption de conclusion pour une durée de 5 ans ne s'applique qu'aux accords conclus depuis le 10 août 2016, date d'entrée en vigueur de la loi du 8 août 2016[6]. Les accords conclus avant cette date et ne mentionnant pas leur durée restent donc applicables pour une durée indéterminée[7].

411.13 **Clause de rendez-vous.** La convention collective doit contenir une clause de rendez-vous destinée à éviter autant que faire se peut l'existence d'un vide conventionnel une fois le terme écoulé. Cette clause implique des parties qu'elles se rencontrent avant l'expiration du délai pour ouvrir une négociation destinée à élaborer un nouveau statut collectif. L'absence de clause de rendez-vous, ou son non-respect, ne sont cependant pas une cause de nullité de l'accord, ainsi que le précise l'article L. 2222-5-1 du code du travail. Il n'en va différemment que pour certains accords spécifiques pour lesquels la clause de rendez-vous est une condition de fond. C'est le cas des accords en matière de prévoyance collective, s'agissant du choix de l'assureur[8].

411.14 **Clause de renouvellement.** La convention ou l'accord à durée déterminée doit prévoir les formes selon lesquelles et le délai au terme duquel il pourra être renouvelé[9]. La convention renouvelée en application d'une telle clause reste à durée déterminée et ne pourra pas être dénoncée unilatéralement. Autrement dit, cette clause est d'une efficacité supérieure à la clause de rendez-vous.

411.15 **Prorogation.** La prorogation se distingue du renouvellement en ce qu'elle consiste, par avenant ou par l'application d'une clause figurant dans l'accord, à décaler dans le temps le terme de l'accord collectif à durée déterminée.

411.16 **Révision d'un accord collectif à durée déterminée.** Si la dénonciation d'un accord collectif à durée déterminée est impossible, sa révision est, quant à elle, possible. Il est préférable d'en définir les modalités dans une clause de révision.

411.17 **Dénonciation d'un accord collectif à durée déterminée.** La convention ou l'accord à durée déterminée ne peut pas être unilatéralement dénoncé pendant sa durée[10]. Seul l'accord unanime de l'ensemble des signataires devrait pouvoir y mettre un terme.

411.18 **Mise en cause d'un accord collectif à durée déterminée.** Le législateur a prévu, comme il l'a fait pour les conventions collectives à durée indéterminée, les conditions de la mise en cause des accords collectifs à durée déterminée. Si l'arrivée du terme d'un accord collectif à durée déterminée intervient pendant le délai de survie de quinze mois, il est prévu que l'accord cesse de produire effet de plein droit sans que le régime de la mise en cause ait à être mis en œuvre. Si en revanche le terme de l'accord collectif à durée déterminée est postérieur à la date d'expiration de la période de survie de quinze mois, l'accord est mis en cause dans les conditions de droit commun[11]. Autrement dit, il cessera de s'appliquer avant son terme. Et à défaut d'accord de substitution conclu avant sa disparition, les salariés transférés bénéficieront du mécanisme de garantie de rémunération jusqu'au terme prévu de l'accord. Autrement dit, ce mécanisme ne jouera pas pour

1. Art. L. 5125-1, III, abrogé.
2. L. n° 2013-185, 1er mars 2013 portant création du contrat de génération, *JO* 3 mars, n° 1.
3. *Rép. trav.*, v° Conventions et accords collectifs de travail : conclusion, effets, application et sanctions, par S. Nadal, janv. 2015, mis à jour mai 2021, n° 181 ; C. Neau-Leduc, « Perte de représentativité et sort de l'accord collectif », *Dr. soc.* 2009. 910.
4. C. trav., art. L. 2222-4.
5. C. trav., art. L. 2222-4.
6. L. n° 2016-1088, 8 août 2016, relative au travail, à la modernisation du dialogue social et à la sécurisation des parcours professionnels, *JO* 9 août, n° 3.
7. C. trav., art. L. 2222-4.
8. Soc. 9 oct. 2019, n° 18-13.314, P ; *D.* 2019. 1999 ; *RDSS* 2020. 384, note N. Di Camillo ; *D. actu.* 27 oct. 2019, note L. de Montvalon ; *JCP S* 2019, n° 47, 1340, note D. Michel et L. Chrébor ; *JCP S* 2019. 1040, obs. C. Frouin ; *SSL* 2019, n° 1885, obs. C. Millet-Ursin ; *BJT* déc. 12/2019, n° 112, p. 8, obs. F. Kessler et Y.-E. Logeais.
9. C. trav., art. L. 2222-5.
10. Soc. 26 mai 1983, n° 81-15.262, P V, n° 282.
11. C. trav., art. L. 2261-14, al. 3.

une durée indéterminée comme c'est le cas pour la mise en cause des accords collectifs à durée indéterminée[1]. Cette solution est conforme au droit de l'Union puisque l'article 3, § 3 de la directive du 12 mars 2001, relative au maintien des droits des travailleurs en cas de transferts d'entreprise, « n'oblige pas le cessionnaire à garantir le maintien des conditions de travail convenues avec le cédant au-delà de la date d'expiration de la convention collective »[2].

1. Pour des exemples de délais de survie d'un accord, v. s[s] n° 811.12.

2. CJCE 27 nov. 2008, aff. C-396/07, point 34, *JCP S* 2009. 1187, note P. Morvan ; *Liaisons Soc. Europe*, n° 215, 24 déc. 2008, note H. Tissandier ; *RJS* 2009. 193, note J.-Ph. Lhernould ; *Dr. ouvr.* 2009. 349, note M. Bonnechère.

CHAPITRE

412. Caducité des accords collectifs

SECTION 0

ORIENTEUR

412.00 **Sommaire du chapitre.**

Division. Le mécanisme de mise en cause des accords collectifs réduit à de rares cas l'application de la caducité (sect. unique).

412.01 **Textes applicables.**

- **C. civ.,** art. 1186 [Conditions de la caducité]
- **C. civ.,** art. 1187 [Effets de la caducité]

412.02 **Jurisprudence de référence.**

- **Soc. 26 juin 2019,** n°s 17-28.287 à 17-28.292, 18-10.953, P

« L'abrogation d'un dispositif législatif prévoyant en faveur des salariés de certaines entreprises une prime obligatoire de participation, assortie de dispositifs d'exonération de charges, ne rend pas caduc de plein droit un accord collectif instaurant cette prime dans l'entreprise.

Le conseil de prud'hommes, qui a constaté que l'accord d'entreprise était à durée indéterminée, qu'il spécifiait les conditions d'attribution de la prime de partage de profits, sans la conditionner au maintien de la législation en vigueur ou à l'octroi d'exonérations particulières et qu'il précisait les conditions de sa dénonciation, a dit à bon droit que l'accord demeurait applicable. »

- **Soc. 17 juin 2003,** n° 01-15.710, P V, n° 198

« Il y a lieu de retenir la caducité de l'accord collectif lorsque la réduction d'horaire convenue dans le cadre de l'accord collectif conclu en application de la loi du 11 juin 1996 avec le précédent employeur avait pour finalité la création d'emplois et que cet accord n'avait plus d'objet dès lors que le plan de cession arrêté par le tribunal de commerce prévoyait des licenciements et entraînait en conséquence la disparition des aides publiques. »

412.03 **Bibliographie indicative.**

Thèses. Y. Buffelan-Lanore, *Essai sur la notion de caducité des actes juridiques en droit civil*, « Bibliothèque de droit privé », t. 43, préf. P. Hebraud, LGDJ, 1963 – C. Pelletier, *La caducité des actes juridiques en droit privé français*, th. Paris XII, 2000 – R. Chaaban, *La caducité des actes juridiques : Étude de droit civil*, « Bibliothèque de droit privé », t. 445, préf. Y. Lequette, LGDJ, 2006 – F. Garron, *La caducité du contrat : Étude de droit privé*, « Institut de Droit des Affaires », préf. J. Mestre, PUAM, 2000.

Articles. A. Aluome, « Caducité et mise en cause des accords collectifs », *JCP S* 2020, n° 3097 – P.-H. Antonmattei, « Caducité et conventions et accords collectifs de travail », *SSL* 2008, n° 1361, p. 35 – H. Cavat, « La caducité en droit du travail », *RDT*. 2021, p. 164 – H. Cavat, « La *caducité* en droit du travail », *RDT* 2021. 164 – C. Mariano, « La caducité de l'accord collectif », *Dr. Soc.* 2023. 225 – J. Mouly, « La caducité des accords collectifs de travail », *RJS* 2019. 755 – S. Nadal, « Le juge et le sort de l'accord collectif, permanence d'une question, renouvellement des enjeux », *Dr. soc.* 2017 – C. Terrenoire, « Caducité des conventions et accords collectifs : précisions jurisprudentielles récentes », *JCP S* 2019. 492.

412.05 **Points clés.** Le choix aurait pu être fait d'appliquer le mécanisme de caducité lorsque l'accord collectif perd son objet suite à un transfert d'entreprise. Le droit français mobilise un régime spécifique, celui de la mise en cause, ce qui réduit à de rares hypothèses l'application de la caducité aux accords collectifs de travail. L'inscription d'un régime de caducité des contrats au sein de l'article 1186 du code civil relance toutefois l'intérêt pour ce mécanisme.

SECTION UNIQUE

ÉTUDE D'ENSEMBLE

412.11 **Fin des accords collectifs.** En principe[1], un accord collectif qui n'est pas entaché d'une cause de nullité, ne prend fin que par dénonciation ou

1. Sur mise en cause et caducité, s^s n° 422.113.

mise en cause. Là où la caducité aurait entrainé la disparition immédiate et sans réserve de l'accord collectif, le législateur a entendu encadrer, par le jeu notamment de la mise en cause, dont les hypothèses peuvent recouper celles de la caducité, la disparition de l'accord collectif, d'une part en le maintenant provisoirement pour permettre une négociation, d'autre part en assurant une garantie individuelle au salarié en cas d'échec de ladite négociation (la garantie de rémunération). Les situations de mise en cause étant exclues, rares sont les hypothèses de caducité, lesquelles couvrent pour l'essentiel la perte d'objet de l'accord. Ainsi, un accord collectif à durée déterminée conclu en application d'une loi avec un objet précis – réduction du temps de travail afin de favoriser la création d'emplois – devient caduc dès lors que le plan de cession arrêté par le tribunal de commerce prévoit des licenciements et entraîne en conséquence la disparition des aides publiques[1]. En revanche, l'abrogation d'un dispositif législatif prévoyant en faveur des salariés de certaines entreprises une prime obligatoire de participation, assortie de dispositifs d'exonération de charges, ne rend pas caduc de plein droit un accord collectif instaurant cette prime dans l'entreprise[2]. Cette dernière solution doit se comprendre à la lumière de l'article 1186 du code civil qui rend un contrat caduc lorsque son exécution est devenue impossible du fait de la disparition d'un de ses éléments essentiels. En application de cette disposition, le fait que l'exécution de l'accord soit simplement plus onéreuse, et non impossible, n'entraîne pas le jeu de la caducité.

412.12 Abrogation d'un texte et défaut de caducité. L'abrogation du texte légal ayant imposé le versement d'une prime conventionnelle (prime de partage des profits, instituée par la loi de financement rectificative de la sécurité sociale pour 2011) assortie d'une exonération de charges entraîne-t-elle la caducité de l'accord instaurant ladite prime ? Le contexte de l'affaire était le suivant : le dispositif de partage des profits avait été abrogé par la loi de financement de la sécurité sociale de 2015, sans qu'ait été réglé le sort des accords collectifs accordant aux salariés une prime avec exonérations. Dans le silence du législateur, doit-on considérer que l'employeur était tenu de verser la prime à ses salariés alors que les exonérations de charges ont disparu du fait de l'abrogation du dispositif ? La Cour de cassation répond que « l'abrogation d'un dispositif législatif prévoyant en faveur des salariés de certaines entreprises une prime obligatoire de participation, assortie de dispositifs d'exonération de charges, ne rend pas caduc de plein droit un accord collectif instaurant cette prime dans l'entreprise ». Seule une clause expresse de l'accord collectif liant l'octroi de la prime aux exonérations de charge, ou la dénonciation – selon la procédure légale de dénonciation des accords collectifs – de l'accord aurait pu dispenser l'entreprise du paiement de la prime.

Cette solution doit être reliée à la réforme du droit des obligations par l'ordonnance du 10 février 2016[3] puisqu'en vertu de l'article 1186 nouveau du Code civil, la caducité d'un accord n'intervient que « lorsque son exécution est devenue impossible du fait de la disparition d'un de ses éléments essentiels ». L'exécution de l'accord collectif instaurant la prime de partage de profit n'est pas impossible, faute d'exonération de charges, mais plus onéreuse, ce qui ne permet pas de faire jouer la caducité[4].

412.13 Repos compensateur, désignation d'un délégué syndical, acte unilatéral et caducité. « Faute de procurer un avantage aux salariés, la décision par laquelle, en l'absence de délégué syndical, l'employeur instaure le repos compensateur de remplacement prévu à l'article L. 3121-24, devenu L. 3121-37, du code du travail ne constitue pas un acte soumis aux règles de dénonciation des engagements unilatéraux et devient caduque après que, les conditions de son existence ayant disparu par suite de l'assujettissement de l'entreprise à l'obligation annuelle de négocier, il ne lui a pas été substitué un accord collectif dans le délai imparti pour cette négociation.[5] »

412.14 Accords collectifs conclus selon une modalité ensuite impraticable (non). On est ici dans l'hypothèse où un accord collectif a été conclu selon un mode de négociation (négociation avec des délégués syndicaux ; recours au salarié mandaté) devenu impraticable, quelle qu'en soit la raison. Cette situation n'emporte pas caducité de l'accord collectif qui pourra être révisé ou dénoncé suivant une autre modalité que la modalité initiale[6]. Par ailleurs, la

1. Soc. 17 juin 2003, n° 01-15.710, P V, n° 198 ; *D.* 2004. 97, obs. M.-C. Amauger-Lattes ; *RJS* 2003. 696, n° 1024 ; *Act. proc. coll.* 2003/14, n° 189, obs. L. Fin-Langer.
2. Soc. 26 juin 2019, n°s 17-28.287, 17-28.288, 17-28.289, 17-28.290, 17-28.291, 17-28.292, 18-10.953, P ; *D.* 2019. 1345 ; *D.* 2019. 2153, obs. P. Lokiec et J. Porta ; *RJS* 10/ 2019, n° 584 ; *JSL* 2019, n° 481-2, obs. Chastagnol ; *JCP* 2019. 775, obs. G. Dedessus-Le-Moustier ; *JCP S* 2019. 1246, obs. D. Chenu ; *RJS* 10/2019, n° 584.
3. Ord. n° 2016-131, 10 févr. 2016 portant réforme du droit des contrats, du régime général et de la preuve des obligations, *JO* 11 févr., n° 26.
4. Soc. 26 juin 2019, n°s 17-28.287, 17-28.288, 17-28.289, 17-28.290, 17-28.291, 17-28.292, 18-10.953, préc. ; v. la note explicative de la Cour de cassation sur son site internet.
5. Soc. 29 janv. 2020, n° 18-16.001, NP ; – AUSSI : Soc. 24 juin 2014, n° 13-10,301, P V, n° 155.
6. C. trav., art. L. 2232-16 ; L. 2232-22-1 ; L. 2232-24 ; L. 2232-25 ; – Sur cette question : C. Mariano, « La caducité de l'accord collectif », *Dr. soc.* 2023. 225.

situation très spécifique dans laquelle l'ensemble des organisations syndicales signataires d'un accord collectif auraient disparu, ce qui aurait pu constituer un cas de caducité, est considérée comme un cas de mise en cause[1].

412.15 **Caducité conventionnelle.** Les parties devraient pouvoir, comme le suggère l'arrêt du 26 juin 2019[2], conditionner le versement d'une prime au maintien de la législation en vigueur lors de son octroi ou au bénéfice d'exonérations particulières. La Cour de cassation a en effet relevé dans cet arrêt, pour exclure la caducité, que les parties n'avaient pas conditionné le versement de la prime au maintien de la législation en vigueur ou à l'octroi d'exonérations particulières. Autrement dit, la caducité devrait pouvoir être organisée, dans le champ des rapports de travail, par une clause conventionnelle[3], c'est-à-dire par une « clause de caducité »[4].

A également été envisagé comme cas de caducité, celle d'un accord collectif en cas d'extinction de l'accord collectif dont il était interdépendant, par application de la théorie des ensembles contractuels (en l'occurrence « conventionnels »)[5]. L'article 1186, alinéa 2, du Code civil prévoit en effet que « lorsque l'exécution de plusieurs contrats est nécessaire à la réalisation d'une même opération et que l'un d'eux disparaît, sont caducs les contrats dont l'exécution est rendue impossible par cette disparition et ceux pour lesquels l'exécution du contrat disparu était une condition déterminante du consentement d'une partie ».

412.16 **Effets de la caducité.** La caducité se distingue de la nullité, de sorte que le régime de nullité des accords collectifs n'est pas applicable. Concernant la prescription, il y a lieu, vraisemblablement, d'appliquer le délai de droit commun de cinq ans[6]. De même, les dispositions de l'article L. 2262-15 du Code du travail relatif à la modulation des effets dans le temps de la nullité des accords collectifs n'ont pas vocation à s'appliquer à la caducité.

1. Soc. 16 mars 1995, n° 91-40.210, P ; *D.* 1995. 369, obs. E. Dockès ; *Dr. soc.* 1995. 370, concl. R. Kessous.
2. Soc. 26 juin 2019, n°s 17-28.287, 17-28.288, 17-28.289, 17-28.290, 17-28.291, 17-28.292, 18-10.953, P.
3. B. Teyssié, *Droit du travail, Relations collectives*, 12e éd., LexisNexis, 2020, n° 2214.
4. P.-H. Antonmattei, « Caducité et conventions et accords collectifs de travail », *SSL* suppl., 2008, n° 1361, p. 35.
5. I. Meftah, « La combinaison des accords collectifs : une ingénierie en quête de cohérence », *RJS* 2022. 79.
6. C. Mariano, « La caducité de l'accord collectif », préc.

CHAPITRE

413. Suivi des accords collectifs

SECTION 0

Orienteur

413.00 Sommaire du chapitre.

Division. Le suivi des accords collectifs est imposé par le code du travail qui en définit les conditions (sect. unique).

413.01 Textes applicables.

• **C. trav.**, art. L. 2222-5-1 [Exigences légales et conséquences]

413.03 Bibliographie indicative.

Article. J. Barthélémy, « Suivi des accords », *Cahiers DRH*, 1er mai 2018, n° 253.

413.05 Points clés. Le droit du travail est de plus en plus attentif à la procédure de négociation : obligation de loyauté, accord de méthode, informations... Le suivi de l'accord collectif, indispensable pour garantir l'effectivité du droit de la négociation collective, en fait partie.

SECTION UNIQUE

Étude d'ensemble

413.11 Règle. Au même titre que l'accord de méthode ou le préambule, le suivi de l'accord participe d'un dialogue social de qualité.

En ce sens, le code du travail impose que l'accord collectif définisse ses conditions de suivi et comporte des clauses de rendez-vous [1] :

a) Les clauses de rendez-vous, qui avaient été consacrées par la pratique avant que le législateur les consacre au sein de l'alinéa 1 de l'article L. 2222-5-1 issu de la loi du 8 août 2016 [2], doivent permettre aux partenaires sociaux de faire régulièrement le point sur la mise en œuvre de l'accord et de prendre, si besoin, la décision de le réviser. Il peut s'agir d'un suivi régulier (l'accord prévoit une périodicité) ou ponctuel, par exemple à l'occasion d'une modification de la législation en lien avec l'objet de l'accord [3]. En tout état de cause, la clause de rendez-vous n'impose pas d'obligation de conclure [4].

b) Le suivi peut notamment être assuré par une commission de suivi *ad hoc*. Il peut aussi prendre la forme d'un renvoi au CSE, par le biais notamment d'une clause prévoyant un suivi annuel de l'accord dans le cadre de la consultation récurrente sur la politique sociale de l'entreprise [5].

413.12 Sanctions du non-respect de l'exigence de suivi. Le non-respect de l'obligation de suivi ou des clauses de rendez-vous n'est pas sanctionné par la nullité.

1. C. trav., art. L. 2222-5-1.
2. L. n° 2016-1088, 8 août 2016, relative au travail, à la modernisation du dialogue social et à la sécurisation des parcours professionnels, *JO* 9 août, n° 3.
3. G. de Raincourt, « Rédiger l'accord », *Cah. DRH*, n° 259, 1er déc. 2018, p. 52.
4. Soc. 19 déc. 1989, n° 88-13.388, P ; *D.* 1991. 62, note J. Schmidt-Szalewski ; *Dr. soc.* 1990. 149, rapp. P. Waquet ; *RTD civ.* 1991. 330, obs. J. Mestre.
5. G. de Raincourt, « Rédiger l'accord », préc.

CHAPITRE

414. Révision des accords collectifs

SECTION 0 ORIENTEUR

414.00 Sommaire du chapitre.

Division. Après des propos liminaires (sect. 1), il conviendra d'envisager le champ d'application des règles de révision (sect. 2), les conditions d'engagement de la révision (sect. 3), l'objet de l'avenant (sect. 4) de même que les effets de la révision (sect. 5).

414.01 Textes applicables.

- **C. trav.,** art. L. 2222-5 [Formalisme]
- **C. trav.,** art. L. 2261-7 et art. L. 2261-7-1 [Conditions de la révision]
- **C. trav.,** art. L. 2261-8 [Effets]

414.02 Jurisprudence de référence.

- **Cass. soc. 4 oct. 2023,** n°22-23.551

Réponse de la Cour

Vu les articles L. 2231-1, alinéa 1, L. 2232-6, L. 2261-7 et L. 2261-8 du code du travail et le principe de la liberté contractuelle en matière de négociation collective :

12. En application de l'article L. 2231-1, alinéa 1, du code du travail, ont le pouvoir de conclure une convention ou un accord collectif de travail les organisations syndicales de salariés représentatives dans le champ d'application de la convention ou de l'accord.

13. L'article L. 2232-6 du même code dispose que la validité d'une convention de branche ou d'un accord professionnel est subordonnée à sa signature par une ou plusieurs organisations syndicales de salariés représentatives ayant recueilli, aux élections prises en compte pour la mesure de l'audience prévue au 3° de l'article L. 2122-5 ou, le cas échéant aux élections visées à l'article L. 2122-6, au moins 30 % des suffrages exprimés en faveur d'organisations reconnues représentatives à ce niveau, quel que soit le nombre de votants, et à l'absence d'opposition d'une ou plusieurs organisations syndicales de salariés représentatives ayant recueilli la majorité des suffrages exprimés en faveur des mêmes organisations à ces mêmes élections, quel que soit le nombre de votants. L'opposition est exprimée dans un délai de quinze jours à compter de la date de notification de cet accord ou de cette convention, dans les conditions prévues à l'article L. 2231-8.

14. Aux termes de l'article L. 2261-7 du code du travail, dans sa rédaction issue de la loi n° 2016-1088 du 8 août 2016 :

I. - Sont habilitées à engager la procédure de révision d'un accord interprofessionnel, d'une convention ou d'un accord de branche :

1° Jusqu'à la fin du cycle électoral au cours duquel la convention ou l'accord est conclu :

a) Une ou plusieurs organisations syndicales de salariés représentatives dans le champ d'application de la convention ou de l'accord et signataires ou adhérentes de la convention ou de l'accord ;

b) Une ou plusieurs organisations professionnelles d'employeurs signataires ou adhérentes. Si la convention ou l'accord est étendu, ces organisations doivent être en outre représentatives dans le champ d'application de la convention ou de l'accord ;

2° À l'issue de ce cycle :

a) Une ou plusieurs organisations syndicales de salariés représentatives dans le champ d'application de la convention ou de l'accord ;

b) Une ou plusieurs organisations professionnelles d'employeurs de la branche. Si la convention ou l'accord est étendu, ces organisations doivent être représentatives dans le champ d'application de la convention ou de l'accord.

II. - Les avenants de révision obéissent aux conditions de validité des accords prévues, selon le cas, aux sections 1 et 2 du chapitre II du titre III du présent livre II.

Lorsque l'avenant de révision a vocation à être étendu, sa validité est subordonnée à sa signature par une ou plusieurs organisations professionnelles d'employeurs représentatives dans son champ d'application, dans les conditions prévues au chapitre Ier du titre V du livre Ier de la présente deuxième partie.

15. Il résulte de ces textes qu'est valide un avenant de révision conclu par les organisations syndicales de salariés représentatives dans le champ d'application de l'accord révisé à la date de conclusion de l'avenant de révision et n'ayant pas fait l'objet d'opposition dans les conditions prévues à l'article L. 2232-6 précité.

16. Aux termes de l'article L. 2261-8 du code du travail, l'avenant portant révision de tout ou partie d'une convention ou d'un accord se substitue de plein droit aux stipulations de la convention ou de l'accord qu'il modifie. Il est opposable, dans des conditions de dépôt prévues à l'article L. 2231-6, à l'ensemble des employeurs et des salariés liés par la convention ou l'accord.

17. Selon la jurisprudence du Conseil constitutionnel (Cons. const., 29 novembre 2019, décision n° 2019-816 QPC), en matière de négociation collective, la liberté contractuelle découle des sixième et huitième alinéas du préambule de la Constitution de 1946.

18. Il en résulte que les partenaires sociaux sont en droit de conclure, dans les conditions fixées par l'article L. 2261-7 du code du travail, un avenant de révision d'un accord collectif de branche à durée indéterminée mettant fin à cet accord, dès lors que cette extinction prend effet à compter de l'entrée en vigueur d'un autre accord collectif dont le champ d'application couvre dans son intégralité le champ professionnel et géographique de l'accord abrogé par l'avenant de révision.

• **Cass., ass. plén., 20 mars 1992,** *Basirico*, n° 90-42.196, P n° 3 [Jurisprudence à vertu historique]

« Si des organisations syndicales représentatives peuvent valablement signer un accord collectif modifiant partiellement une convention collective, le nouvel accord, s'il n'a pas été conclu par l'ensemble des signataires initiaux de la convention collective et adhérents ultérieurs, ne peut, en l'absence de stipulation expresse relative à la révision ou à défaut de dénonciation régulière de la convention, être opposé à des salariés qui réclament le bénéfice d'un avantage prévu à ladite convention et supprimé par l'accord. »

• **Soc. 20 sept. 2005,** n° 04-46.441, P V, n° 258

« La cour d'appel ne pouvait refuser d'appliquer la grille de salaires corrigée, au motif que le processus de rectification de l'erreur invoquée par l'employeur était irrégulier dès lors qu'il n'avait pas appelé à en discuter toutes les organisations syndicales intéressées, et que la seule signature, au demeurant contestée, de la rectification par le syndicat CFTC était insuffisante.

Sachant qu'une erreur matérielle était invoquée, il convenait de rechercher quels étaient les coefficients de salaires des "vendeurs experts" convenus entre les signataires de l'accord, sans appliquer le processus de révision. »

• **Soc. 23 janv. 2001,** n° 99-41.250, NP

« La modification de la convention collective applicable n'entraîne aucune modification du contrat de travail. »

• **Soc. 17 janv. 2018,** n° 17-10.022, NP

« L'évolution des conditions d'acquisition par une organisation syndicale de la représentativité conduit à apprécier différemment les conditions mises à la révision d'un accord collectif d'entreprise ; les organisations syndicales de salariés représentatives, signataires d'une convention ou d'un accord ou qui y ont adhéré conformément aux dispositions de l'article L. 2261-3, sont seules habilitées à signer, dans les conditions prévues au chapitre II du livre III, les avenants portant révision de cette convention ou de cet accord ; il en résulte que l'organisation syndicale de salariés, signataire d'un accord d'entreprise, qui n'est plus représentative pour la durée du cycle électoral au cours duquel la révision d'un accord d'entreprise est proposée ne peut s'opposer à la négociation d'un tel accord *[solution explicitement rendue sous l'empire du droit antérieur à la loi du 8 août 2016]*. »

414.03 Bibliographie indicative.

Thèse. S. Blanchin, *La révision des conventions et accords collectifs de travail*, th. Montpellier, 1995.

Encyclopédie. *Rép. trav., v°* Conventions et accords collectifs de travail : conclusion, effets, application et sanctions, par S. Nadal, janv. 2015, mis à jour mai 2021 – *J.-Cl. Travail Traité,* fasc. 1-32 : Négociation, convention et accords collectifs, fasc. 1-32, par G. Vachet, févr. 2022, mise à jour oct. 2022.

Articles. V. Armillei, « La révision pour imprévision appliquée aux accords collectifs de travail », *RTD civ.* 2022. 815 – E. Appelzeller, « Les nouvelles règles de révision des accords collectifs », *Liaisons soc. Quotidien*, n° 17263, 10 févr. 2017 – J.-F. Cesaro, « La négociation collective et les crises », *JCP S* 2021, n° 1154 – A. Cormier-Le Goff, « La durée et la révision des accords collectifs après la loi du 8 août 2016 », *Cah. soc.* 2017, n° 292 – E. Jeansen, « L'accord interentreprises, d'une norme spéciale à une norme générale », *JCP S* 2016. 1411, § 7 – L. Marquet de Vasselot, « La révision de l'accord collectif, le sort de l'accord dépourvu de clause de révision », *JCP S* 2011. 1361 – M.-L. Morin, « La signature des accords collectifs, à propos de la procédure de révision », *RJS* 1993. 74 ; « La révision des conventions et accords collectifs après la loi du 4 mai 2004 », *RJS* 2005. 87 – G. Vachet, « La révision des conventions et accords collectifs », *Dr. soc.* 1993. 134.

414.05 **Points clés.** La révision permet de modifier le contenu d'un accord collectif de travail sans avoir à passer par la solution plus radicale que constitue la dénonciation de l'accord. Elle se concrétise par la conclusion d'un avenant. La loi Travail d'août 2016 a instauré des règles nouvelles en alignant les conditions de validité des avenants sur les conditions de conclusion des accords.

SECTION 1
PROPOS LIMINAIRES

414.11 **Deux logiques.** Comme souvent en droit du travail, deux logiques s'opposent en matière de révision, qu'il convient de combiner. La logique contractuelle, d'une part, qui découle de la nature conventionnelle de l'accord collectif de travail et qui implique que seules les parties signataires de l'accord puissent le modifier. La logique majoritaire, d'autre part, qui implique que seule compte la légitimité syndicale « actuelle », avec pour effet que des syndicats non signataires de l'accord initial mais désormais représentatifs peuvent prendre une part active dans le processus de révision.

414.12 **Historique.** La nature contractuelle attachée à la convention collective a pendant un temps conduit à réserver la négociation de révision aux signataires et, le cas échéant, aux adhérents de l'accord initial. Le très remarqué arrêt Basirico était allé jusqu'à exiger, dans cette perspective, que l'accord de révision soit signé par l'ensemble des signataires initiaux et adhérents ultérieurs : « si des organisations représentatives peuvent valablement signer un accord collectif modifiant partiellement une convention collective, le nouvel accord, s'il n'a pas été signé par l'ensemble des signataires initiaux de la convention collective et adhérents ultérieurs, ne peut, à défaut de dénonciation régulière de la convention, être opposé à des salariés qui réclament le bénéfice d'un avantage prévu à ladite convention et supprimé par l'accord »[1].

Cet arrêt a été considéré comme un appel au législateur qui, très vite, est intervenu pour tempérer la solution jurisprudentielle, par une loi du 31 décembre 1992. L'ancien article L. 132-7 du code du travail disposait en substance que les organisations syndicales de salariés représentatives au sens de l'article L. 132-2 du Code du travail, signataires d'une convention ou d'un accord collectif de travail ou y ayant adhéré conformément aux dispositions de l'article L. 132-9 du même code, sont seules habilitées à signer les avenants portant révision de cette convention ou de cet accord. Ces règles de conclusion de l'avenant étaient conformes aux conditions de conclusion des accords collectifs en vigueur à l'époque, c'est-à-dire avant la loi du 4 mai 2004, à savoir que l'avenant pouvait être valablement signé par une ou plusieurs organisations syndicales de salariés, sous réserve de l'absence d'opposition à l'entrée en vigueur du texte par « une ou des organisations syndicales de salariés représentatives [...] dans un délai de huit jours à compter de la signature [...], à condition d'avoir recueilli les voix de plus de la moitié des électeurs inscrits lors des dernières élections au comité d'entreprise ou, à défaut, des délégués du personnel ».

Malgré les réformes majeures de 2004 et 2008 portant à la fois sur la validité des accords collectifs et sur la représentativité des organisations syndicales de salariés, le législateur a préservé la règle selon laquelle sont seules habilitées à signer un avenant portant révision d'une convention ou d'un accord collectif de travail les organisations syndicales représentatives signataires ou adhérentes à ce dernier. Cependant, dès lors que la conclusion de l'avenant était soumise aux nouvelles règles de conclusion des accords collectifs, la condition d'audience ne pouvait jouer que parmi les organisations syndicales représentatives signataires de l'avenant de révision et parties ou adhérentes à l'accord initial.

À partir du moment où les exigences de représentativité des syndicats se sont renforcées en 2008, le régime de la révision à évolué. Comme il a été relevé, « Ce n'est pas le seul fait d'avoir ratifié un acte qui habilite à le réviser, mais le fait d'être un représentant de la collectivité de travail, investi par elle du droit de négocier des actes intéressant l'ensemble des salariés »[2]. En outre, la logique initiale conduisait à une pratique peu satisfaisante, qui consistait pour un syndicat désireux de participer à la révision d'un accord, à préalablement y adhérer

1. Cass., ass. plén., 20 mars 1992, n° 89-44.503, P n° 3 ; *D.* 1992. 296, obs. A. Lyon-Caen ; *Dr. soc.* 1992. 360, rapp. D. Tricot ; *Dr. soc.* 1992. 680, note J. Roche ; *JCP E* 1992. II. 324, note G. Vachet ; *CSB* 1992. 103, A. 18 ; *RJS* 1992. 359, n° 645 – Cass., ass. plén., 20 mars 1992, n° 90-44.359, P n° 3 ; *Dr. soc.* 1992. 360, rapp. D. Tricot ; *Dr. soc.* 1992. 680, note J. Roche ; *CSB* 1992. 103 ; *JCP E* 1992. II 324 ; *JCP* 1992. II 21945, note G. Vachet – Cass., ass. plén., 20 mars 1992, n° 90-42.196, *Basirico et a. c/ Montenay (SA)*, P n° 3 ; *D.* 1992. 296, obs. A. Lyon-Caen ; *Dr. soc.* 1992. 360, rapp. D. Tricot ; *Dr. soc.* 1992. 680, note J. Roche ; *JCP E* 1992. II. 324, note Vachet ; *CSB* 1992. 103, A. 18 ; *RJS* 1992. 359, n° 645.
2. J.-F. Cesaro, « Révision d'un accord collectif : le syndicat signataire non représentatif ne peut s'opposer à la révision », *JCP S* 2017. 1392.

uniquement dans le but de pouvoir ensuite participer à sa révision. La loi du 8 août 2016 a achevé le mouvement en consacrant un régime très différent de ce qu'il était initialement.

SECTION 2
CHAMP D'APPLICATION DES RÈGLES DE RÉVISION

414.21 **Champ d'application.** Les dispositions relatives à la révision des textes conventionnels s'appliquent à l'ensemble des activités concernées par le Code du travail (professions industrielles et commerciales, professions libérales, offices publics et ministériels, entreprises publiques, etc.)[1]. Elles s'appliquent également aux accords sur le fonctionnement du CSE. En pratique, l'accord sur le fonctionnement du comité aura souvent été conclu avant l'organisation des premières élections du CSE, dans un cycle électoral antérieur[2], ce qui signifie que s'appliqueront les règles d'engagement de la révision post premier cycle. Dans le cas contraire, seuls les syndicats représentatifs signataires ou adhérents pourront demander la révision.

Les règles ci-après exposées ne s'appliquent pas au protocole préélectoral, dont les règles de conclusion et par conséquent de révision sont spécifiques.

414.22 **Révision-extinction.** La question s'est posée, dans le cadre d'un contentieux portant sur la nouvelle convention collective de la métallurgie, de savoir si le mécanisme de révision peut être utilisé afin d'éteindre un accord collectif. Complexe, la question pouvait être résolue, soit en considérant que le mécanisme de dénonciation est d'ordre public de sorte que les parties qui voudraient, de leur propre volonté (sans événement emportant mise en cause de l'accord ou sans cause de nullité), éteindre un accord collectif ne pourraient le faire sans appliquer la procédure de dénonciation, soit en considérant, d'une part, que si un accord majoritaire peut faire un accord collectif, il peut aussi le défaire, d'autre part, que ce qui peut être fait de manière unilatérale (la dénonciation est un acte unilatéral - individuel ou collectif -, qu'elle émane de l'employeur ou de la totalité des organisations syndicales de salariés) doit pouvoir l'être de façon conventionnelle.

La Cour de cassation a tranché en faveur du mécanisme de révision-extinction, sur le fondement de la liberté contractuelle en matière de négociation collective, reconnue par le Conseil constitutionnel comme dotée d'une valeur constitutionnelle[3]. Elle a toutefois assorti sa décision d'une réserve qu'elle justifie dans sa notice explicative par le fait qu'« il n'est pas envisageable qu'un avenant de révision abroge un accord collectif sans dispositif conventionnel de remplacement ». Précisément, l'extinction litigieuse des conventions de branche territoriales, par révision-extinction, était prévue pour intervenir le jour même de l'entrée en vigueur de la convention nationale qui s'y substituait si bien qu'il n'existait pour les salariés concernés aucun vide conventionnel. La réserve ici rappelée est formulée dans les termes suivants par la Cour de cassation : « les partenaires sociaux sont en droit de conclure, dans les conditions fixées par l'article L. 2261-7 du code du travail, un avenant de révision d'un accord collectif de branche à durée indéterminée mettant fin à cet accord, dès lors que cette extinction prend effet à compter de l'entrée en vigueur d'un autre accord collectif dont le champ d'application couvre dans son intégralité le champ professionnel et géographique de l'accord abrogé par l'avenant de révision »[4].

Au vu de la rédaction de l'arrêt, il n'est pas certain qu'il autorise la révision-extinction des accords d'entreprise. La référence au « champ professionnel » fait écho aux accords et conventions de branche. De la même manière, la notice explicative énonce que « par cet arrêt important, la Cour de cassation s'est prononcée sur la validité d'un avenant de révision d'un accord collectif de branche à durée indéterminée mettant fin à cet accord au profit d'un autre accord collectif de branche, négocié et conclu dans un périmètre plus large ».

Sous cette réserve, il faut donc désormais inclure la révision-extinction parmi les mécanismes d'extinction des accords collectifs. Dit autrement, le Code du travail prévoit expressément qu'un avenant peut réviser en totalité un accord collectif (« L'avenant portant révision de tout ou partie d'une convention ou d'un accord se substitue de plein droit aux stipulations de la convention ou de l'accord qu'il modifie »[5]). Il faut désormais franchir un pas supplémentaire et considérer qu'il peut aussi éteindre un accord collectif.

414.23 **Révision de l'accord d'UES.** La révision de l'accord d'UES s'opère selon les règles de révision des accords d'entreprise et d'établissement.

Côté patronal, la personne habilitée à négocier et signer l'avenant de révision est le chef d'entreprise mandaté à cette fin. Il est indifférent que la personne

1. Circ. DRT n° 09, 22 sept. 2004 relative au titre II de la loi n° 2004-391 du 4 mai 2004 relative à la formation professionnelle tout au long de la vie et au dialogue social, *BOMT* 5 nov., n° 4, NOR : SOCT0410197C, ann., fiche 4, n° 1.1.
2. A.-S. Carlus, J.-B. Merlateau, « Comment renégocier l'accord sur la mise en place et le fonctionnement du CSE ? », *Cahiers Lamy CSE*, n° 229.
3. Cons. const. 29 nov. 2019, n° 2019-816 QPC.
4. Soc. 4 oct. 2023, n° 22-23.551, P.
5. C. trav. art. L. 2261-8.

mandatée pour négocier la révision ne soit pas celle qui l'avait été pour négocier et conclure l'accord initial.

Côté salarié, il convient d'appliquer le régime de la révision, et ainsi de distinguer selon qu'on se situe, ou non, dans le premier cycle électoral. Lorsqu'on se situe dans le premier cycle, il convient de préciser que dans le cas où un nouveau délégué syndical aurait été nommé en lieu et place du délégué syndical ayant signé l'accord initial, par la même organisation syndicale, ce nouveau DS a qualité pour signer l'avenant de révision. Les délégués syndicaux d'établissement (s'agissant d'une UES, cela veut dire les délégués syndicaux des entreprises qui composent l'UES) n'ont pas compétence pour signer un accord d'UES. Lorsqu'on se situe dans les cycles suivants, il faut et il suffit qu'une organisation syndicale soit représentative au niveau de l'UES pour pouvoir y signer un accord de révision.

414.24 Révision des accords de groupe et des accords interentreprises. Le législateur est resté silencieux sur la révision des accords de groupe. Il serait logique de transposer les règles de révision applicables aux accords d'entreprise et d'établissement [1]. Le plus sûr est de préciser, dans une clause de révision intégrée à l'accord, les conditions et modalités de déclenchement de sa révision [2].

Par ailleurs, comment traiter l'entrée d'une nouvelle entreprise dans le périmètre du groupe ? Il a été soutenu que pour que l'accord de groupe soit applicable à ladite entreprise, il faut et il suffit que celle-ci adhère – unilatéralement – audit accord [3]. Cette thèse a été contestée, au motif que les règles afférentes à l'adhésion individuelle des employeurs ont pour inspiration le régime des accords interprofessionnels, professionnels ou de branche, qui font l'objet de règles spécifiques d'appréciation de la représentativité. Il faudrait, dès lors, appliquer les règles de révision [4].

SECTION 3
ENGAGEMENT DE LA RÉVISION

414.30 Plan. Le Code du travail ne se contente pas, s'agissant des règles d'engagement de la révision des accords collectifs, d'une simple concordance avec les règles de conclusion desdits accords. Il ne se contente pas non plus de laisser la clause de révision définir, seule, les règles de révision (§ 1). Le législateur distingue selon que la révision intervient au cours du cycle pendant lequel la convention initiale a été conclue (§ 2), ou en dehors de ce cycle (§ 3).

1. E. Jeansen, « L'accord interentreprises, d'une norme spéciale à une norme générale », *JCP S* 2016. 1411, § 7.
2. E. Appelzeller, « Les nouvelles règles de révision des accords collectifs », *Liaisons soc. Quotidien*, n° 17263, 10 févr. 2017.
3. V., L. Aluome et V. Armillei, « Les accords de groupe », *in* B. Teyssié (dir.), *Le groupe en droit du travail*, LexisNexis, 2021, § 997.
4. Y. Pagnerre, « De l'entrée dans le périmètre d'un accord de groupe ou sa sortie », *JCP S* 2022, n° 1274.

§ 1
Propos liminaires

414.41 Clause de révision. Les accords collectifs doivent comporter une clause de révision fixant les formes selon lesquelles et le délai au terme duquel ils pourront être révisés et dont le non-respect emporte, en principe, la nullité de l'avenant de révision. Par exemple, le non-respect de la clause de révision qui impose un préavis de trois mois de date à date emporte la nullité de l'avenant de révision conclu avant la fin du préavis. Il a été jugé, en ce sens, que l'article 2 de la convention d'établissement de l'Association paritaire de médecine du travail du bâtiment et des travaux publics de la région parisienne prévoyant que la convention collective ne peut être révisée qu'après respect d'un préavis de trois mois, l'avenant de révision conclu en dehors de ce délai est nul [5].

La clause de révision peut prévoir [6] :

– Les cas et conditions de déclenchement de la procédure de révision, ce qui peut inclure une première période pendant laquelle la négociation ne peut être engagée.

– La procédure à suivre : quel délai entre la demande de révision par une organisation syndicale habilitée et l'engagement des négociations (faute de précision dans la clause, un délai raisonnable devrait s'appliquer conformément au principe de loyauté) ? quelles règles de conduite de la négociation (informations à fournir par la partie patronale notamment) ? Il convient d'appliquer, le cas échéant, l'accord de méthode qui, s'il ne stipule pas pour quel type de négociation il s'applique, a vocation à régir la négociation d'un avenant de révision.

– Les critères permettant d'identifier qu'on est en présence d'une négociation de révision.

– La date de prise d'effet de l'accord de révision.

414.42 Révision et forfait-jours. Les rapports entre révision et forfait-jours sont particulièrement complexes.

Une première question concerne la régularisation des insuffisances de l'accord en matière de suivi. La loi « Travail » [7] a permis, à compter de son l'entrée

5. Soc. 27 oct. 2004, n° 03-14.264, P V, n° 277 ; *RJS* 2005. 58, n° 64 ; *Dr. ouvrier* 2005. 195, note S. Nadal.
6. SUR les éléments qui suivent, J. Barthélémy, *Cah. DRH*, n° 245, 1er sept. 2017.
7. L. n° 2016-1088, 8 août 2016, relative au travail, à la modernisation du dialogue social et à la sécurisation des parcours professionnels, *JO* 9 août, n° 3.

en vigueur le 8 août 2016, de sécuriser automatiquement les conventions individuelles de forfait lorsque les accords collectifs d'entreprise ou de branche sont révisés pour intégrer des mesures de protection de la santé et de la sécurité des salariés[1]. Il n'est donc pas besoin de conclure une nouvelle convention individuelle de forfait. Dit autrement, lorsqu'un accord collectif conclu avant le 9 août 2016 est révisé pour y ajouter les stipulations ci-dessus, l'exécution de la convention de forfait se poursuit sans que l'accord du salarié soit requis dès lors que la révision de l'accord a eu lieu après l'entrée en vigueur de la loi du 8 août 2016. Attention, cependant, cela ne vaut pas pour les avenants de révision conclus avant l'entrée en vigueur de la loi[2]. En cas d'avenant de révision conclu avant l'entrée en vigueur de la loi 8 août 2016, les salariés bénéficiant d'un contrat de forfait-jours doivent donc se voir proposer une nouvelle convention de forfait-jours.

Derrière cette question, s'en pose une autre, plus générale. Lorsque la révision intervient en dehors de tout problème de licéité de l'accord collectif de mise en place du forfait-jours : la révision de l'accord collectif, destinée à aménager certains de ses aspects, oblige-t-elle à rédiger une nouvelle convention de forfaits-jours ? Comme il a été souligné, la révision de l'accord collectif peut impacter la population éligible à cette modalité, le nombre de jours travaillés dans l'année, les conditions de prise en compte pour la rémunération, des absences, ainsi que des entrées et des sorties en cours d'année, les caractéristiques principales des conventions individuelles ou encore les modalités de suivi de la charge de travail[3]. Dans quelle mesure ces changements, dont l'importance est très variable[4], impliquent-ils la conclusion d'une nouvelle convention individuelle de forfait-jours ? Faut-il limiter la conclusion d'une nouvelle convention individuelle aux modifications substantielles ?[5]

414.43 Ordre public. Si les objets de la clause de révision sont vastes, l'accord collectif peut compléter les dispositions légales mais ne peut pas y déroger. Il ne devrait donc pas pouvoir être porté atteinte par accord collectif aux règles régissant les personnes habilitées à engager les négociations, à celles déterminant les syndicats à convoquer à la négociation ou encore à celles définissant la validité de l'avenant de révision. Par ailleurs, l'absence de clause de révision n'empêchera pas la négociation de révision de s'engager, moyennant les règles d'engagement définies ci-après. Elle ne devrait pas davantage, contrairement à l'état de la jurisprudence antérieure à la loi de 2016, conduire à exiger l'accord unanime des signataires[6].

Par ailleurs, les partenaires sociaux peuvent être tentés de stipuler que leur nouvel accord (la tentation existe notamment de prévoir ce type de clause dans les accords de performance collective) se substitue à tout usage, engagement unilatéral (ce qui ne pose pas de problème juridique et a été admis par la Cour de cassation[7]) mais aussi accord d'entreprise en vigueur. Il est peu probable qu'une telle clause, alors que l'accord conclu n'est pas formellement présenté par les parties comme un avenant de révision et que les règles régissant la révision n'ont pas été appliquées, puisse produire effet sans que la loi l'ait prévu[8].

414.44 Formalisme de la demande de révision. Il revient en principe à la clause de révision de prévoir les formes qui doivent entourer la procédure de révision. Faute de stipulation en ce sens, il peut être recommandé de notifier cette demande à l'employeur et à l'ensemble des organisations syndicales intéressées, par voie de lettre recommandée AR. Lorsque la demande émane de plusieurs syndicats, une lettre commune peut être préférée[9].

414.45 Engagement de la procédure de révision. Les conditions d'engagement de la procédure de révision d'une convention ou d'un accord d'entreprise ou d'établissement diffèrent selon que l'on se situe en cours de cycle ou à l'issue du cycle, sachant que par cycle, il faut entendre le temps entre deux mesures de l'audience, sur la base des résultats du premier tour des élections au comité social et éco-

1. L. n° 2016-1088, 8 août 2016, art. 12.
2. Soc. 16 oct. 2019, n° 18-16.539 ; *D.* 2019. 1997, et les obs. ; *D.* 2020. 558, chron. A. David, A. Prache, M.-P. Lanoue et T. Silhol ; *D.* 2020. 1136, obs. S. Vernac et Y. Ferkane ; *JA* 2020, n° 612, p. 38, ét. M. Julien et J.-F. Paulin ; *RDT* 2020. 129, obs. M. Véricel.
3. J. Bénéteau, « Impact de la mise en cause, de la dénonciation ou de la modification de l'accord collectif sur la convention individuelle », *Cahier DRH* 2023, n° 306.
4. Par ex. : prévoir par avenant à l'accord collectif un second entretien annuel relatif à la charge de travail.
5. J. Bénéteau, « Impact de la mise en cause, de la dénonciation ou de la modification de l'accord collectif sur la convention individuelle », préc. : propose que seule une modification d'une caractéristique principale et déterminante de la convention individuelle requière de solliciter à nouveau l'accord individuel du salarié.
6. EN CE SENS : G. Bélier, H.-J. Legrand et A. Cormier Le Goff, *Le nouveau droit de la négociation collective : Acteurs et accords*, 6e éd., « Droit vivant », Liaisons – Wolters Kluwer, 2018, p. 578.
7. Soc. 25 janv. 1995, n° 90-45.796, *Charre (Mme) c/Comité français contre la faim*, P V, n° 40 ; *D.* 1995. 593, note P. Pochet ; *Dr. soc.* 1995. 274, obs. G. Borenfreund ; *RJS* 2005. 58, n° 64.
8. EN CE SENS : C. trav., art. L. 2253-5 à L. 2253-7, concernant la possibilité de prévoir une clause expresse de substitution d'un accord de niveau supérieur à un accord de niveau inférieur.
9. EN CE SENS : A.-S. Carlus, J.-B. Merlateau, « Comment renégocier l'accord sur la mise en place et le fonctionnement du CSE », *Cahiers Lamy CSE*, n° 229, 1er oct. 2022.

nomique[1]. Le cycle électoral débute à la date de la proclamation des résultats du premier tour des élections des élus titulaires au CSE et s'étend jusqu'aux prochaines élections professionnelles dans l'entreprise, c'est-à-dire en principe quatre ans plus tard.

Sous toutes réserves, il est probable que la clause de révision, dont il est prévu qu'elle fixe « les formes et les délais »[2] dans lesquels l'accord collectif peut être révisé, ce qui ne couvre probablement pas les règles d'engagement de la négociation, ne puisse pas déroger aux règles ci-après[3]. Une clause réservant aux organisations signataires de l'accord initial le droit d'engager la négociation de révision ne devrait donc pas paralyser le droit qu'accorde le législateur aux non signataires, une fois le premier cycle électoral écoulé, d'engager la procédure[4].

§ 2
En cours de cycle

414.51 **Révision en cours de premier cycle.** Jusqu'à la fin du cycle électoral au cours duquel la convention ou l'accord a été conclu, la procédure de révision peut être engagée par un ou plusieurs syndicats représentatifs dans le champ d'application du texte et signataires ou adhérents à celui-ci.

Le fait qu'« une ou plusieurs » organisations syndicales soient aujourd'hui habilitées à « engager » la procédure de révision signifie que durant le cycle électoral l'exigence d'un consentement unanime est abandonnée.

En revanche, les seuls syndicats habilités à engager la procédure de révision sont ceux qui sont signataires ou adhérents de l'accord initial. Si les organisations syndicales représentatives non signataires de l'accord ou n'y ayant pas adhéré ne peuvent engager la procédure de révision, elles devront être néanmoins invitées à participer à la négociation de révision, ce même si cette question n'a pas été formellement tranchée.

1. En cas d'entreprises à établissements distincts n'organisant pas les élections au même moment, v. Circ. DGT n° 20, 13 nov. 2008 relative à la loi du 20 août 2008 portant rénovation de la démocratie sociale et réforme du temps de travail, *BOMT* 30 déc., n° 2, NOR : MTST0880875C.
2. C. trav., art. L. 2222-5.
3. Il était jugé différemment avant l'entrée en vigueur de la loi de 2016, puisque la Cour de cassation jugeait que la clause de révision pouvait définir les conditions d'engagement de la négociation, faute de quoi s'appliquait la règle de l'unanimité : Soc. 13 nov. 2008, n° 07-42.481, P V, n° 224 ; *D.* 2008. 3090 ; *D.* 2009. 590, obs. G. Borenfreund, L. Camaji, A. Fabre, O. Leclerc, T. Pasquier, E. Peskine, J. Porta et C. Wolmark ; *RJS* 2009. 166, n° 199 ; *JCP S* 2009. 1116, obs. J.-Y. Kerbourc'h.
4. G. Bélier, H.-J. Legrand et A. Cormier Le Goff, *Le nouveau droit de la négociation collective : Acteurs et accords*, 6e éd., « Droit vivant », Liaisons – Wolters Kluwer, 2018.

La règle susvisée se décline de la façon suivante :

– Pour les accords d'entreprise et d'établissement sont habilitées à engager la procédure de révision d'un accord d'entreprise ou d'établissement, jusqu'à la fin du cycle électoral au cours duquel cette convention ou cet accord a été conclu, une ou plusieurs organisations syndicales de salariés représentatives dans le champ d'application de la convention ou de l'accord et signataires ou adhérentes de cette convention ou de cet accord[5].

– Pour les accords de branche et interprofessionnels, sont habilitées à engager la procédure de révision d'un accord interprofessionnel, d'une convention ou d'un accord de branche jusqu'à la fin du cycle électoral au cours duquel cette convention ou cet accord est conclu : (a) une ou plusieurs organisations syndicales de salariés représentatives dans le champ d'application de la convention ou de l'accord et signataires ou adhérentes de la convention ou de l'accord ; (b) une ou plusieurs organisations professionnelles d'employeurs signataires ou adhérentes. Si la convention ou l'accord est étendu, ces organisations doivent être en outre représentatives dans le champ d'application de la convention ou de l'accord.

§ 3
Après le cycle

414.61 **Révision après le premier cycle.** Passé le cycle électoral au cours duquel l'accord a été conclu, l'engagement de la procédure de révision n'est plus réservé aux signataires et adhérents de l'accord. Il faut y voir la volonté du législateur d'éviter les situations de blocage si seuls les signataires et adhérents étaient en droit, à moyen et long terme, de réviser l'accord. Il s'ensuit qu'un syndicat qui n'existait pas à l'époque de conclusion de l'accord collectif et dont l'existence aurait été constatée au cours d'un nouveau cycle électoral pourrait solliciter la révision dudit accord. Par ailleurs, la pratique consistant pour un syndicat qui jugerait le contenu d'un accord inacceptable, mais n'en est pas signataire, à adhérer à l'accord pour pouvoir initier sa révision, n'est plus nécessaire une fois le premier cycle électoral passé. Elle le reste, en revanche lors de ce premier cycle.

Ainsi, à l'issue du cycle, l'accord collectif peut être révisé par un ou plusieurs syndicats représentatifs dans le champ d'application du texte. La procédure peut également être engagée par l'employeur. Si la convention ou l'accord est étendu, les organisations professionnelles d'employeurs doivent être en outre représentatives dans le champ d'application de la convention ou de l'accord.

5. C. trav., art. L. 2261-7-1, I, 1°.

La règle susvisée se décline de la façon suivante :

Pour les accords d'entreprise ou d'établissement sont habilitées à engager la procédure de révision d'une convention ou d'un accord d'entreprise ou d'établissement à l'issue du cycle électoral une ou plusieurs organisations syndicales de salariés représentatives dans le champ d'application de la convention ou de l'accord[1].

Après chaque nouvelle élection professionnelle la révision peut ainsi être engagée par tous les syndicats représentatifs, même ceux n'ayant pas signé le texte conventionnel ou adhéré à celui-ci. Cette règle, qui découle du changement des règles de représentativité, s'explique par le fait que les syndicats signataires de l'accord ou adhérents à celui-ci peuvent ne plus être représentatifs et que d'autres, qui ne l'étaient pas, peuvent l'être devenus[2].

Pour les accords de branche, sont habilitées à engager la procédure de révision d'un accord interprofessionnel, d'une convention ou d'un accord de branche à l'issue du cycle :

- une ou plusieurs organisations syndicales de salariés représentatives dans le champ d'application de la convention ou de l'accord ;
- une ou plusieurs organisations professionnelles d'employeurs de la branche. Si la convention ou l'accord est étendu, ces organisations doivent être représentatives dans le champ d'application de la convention ou de l'accord[3].

414.62 Difficulté. Si à l'issue du cycle électoral, on ne dénombre plus d'organisations syndicales représentatives, il conviendra d'appliquer à l'avenant les règles de négociation applicables faute de délégué syndical.

414.63 Incertitude. Les stipulations de la clause de révision sont-elles opposables aux syndicats non signataires de la convention initiale, sachant qu'ils n'ont pas conclu cette clause ? Une réponse négative paraît peu pragmatique, mais la jurisprudence n'a pas tranché la question.

414.64 Engagement de la procédure de révision par l'employeur. Le législateur n'a pas prévu l'engagement de la procédure de révision par l'employeur[4], soit qu'il n'ait pas souhaité ouvrir cette possibilité, soit plus vraisemblablement et plus logiquement qu'il l'ait implicitement admise, ne traitant que l'initiative syndicale qui, seule, posait des difficultés juridiques eu égard au pluralisme des acteurs syndicaux et du risque de disparition des signataires. La Cour de cassation ne s'est pas expressément et formellement prononcée sur ce point[5].

À noter que la question a été réglée par le législateur, dans un sens affirmatif, dans le cas de la négociation dérogatoire dans les entreprises de moins de onze salariés (projet d'accord de l'employeur ratifié par les 2/3 des salariés). Les articles L. 2232-21 et L. 2232-22 du Code du travail rendent cette procédure dérogatoire de négociation applicable à un « projet d'accord ou d'avenant de révision ».

SECTION 4
AVENANT DE RÉVISION

414.70 Plan. Si les règles de droit commun des accords collectifs sont applicables pour l'essentiel, l'avenant de révision nécessite des développements spécifiques, quant à sa définition (§ 1), à ses conditions de négociation (§ 2), à ses règles de validité (§ 3), de même qu'aux formalités et procédures à respecter (§ 4).

§ 1
Définition de l'avenant

414.81 Accord autonome ou avenant. Un accord conclu entre les parties à une convention dans le même champ qu'un accord préexistant ne constitue pas toujours un avenant à celle-ci. Il peut s'agir soit d'un avenant, soit d'un accord autonome qui ne révise pas la convention initiale.

Contrairement aux préconisations du rapport Cesaro[6], le code du travail ne définit pas l'avenant de révision. Et la loi du 4 mai 2004[7] a supprimé le deuxième alinéa de l'ancien article L. 132-11 du code du travail selon lequel un accord ayant le même champ d'application que celui de la convention collective initiale est un avenant.

La qualification d'avenant de révision ne résulte désormais que d'un critère formel : la qualification donnée par les parties à l'acte[8]. Un tel critère offre

1. C. trav., art. L. 2261-7-1, I, 2°.
2. C. trav., art. L. 2261-7-1, I, 2°.
3. C. trav., art. L. 2261-7, I, 2°.
4. Pour une réponse affirmative : L. Augereau, « La modification ou l'extinction d'un accord collectif, précisions concernant les procédures de révision et de dénonciation », *Cahier Lamy CSE*, 1er févr. 2023, n° 233.
5. Soc. 21 sept. 2017, n° 15-25.531 ; *D.* 2017. 1922, obs. N. ; *RDT* 2017. 807, obs. Y. Ferkane ; dont la portée est très réduite sur la question qui nous intéresse ici.
6. J.-F. Cesaro, *Propositions pour le droit du renouvellement et de l'extinction des conventions et accords collectifs de travail*, Rapport au ministère du Travail, janv. 2016, p. 3.
7. L. n° 2004-391, 4 mai 2004 relative à la formation professionnelle tout au long de la vie et au dialogue social, *JO* 5 mai, n° 1.
8. Circ. DRT n° 09, 22 sept. 2004 relative au titre II de la loi n° 2004-391 du 4 mai 2004 relative à la formation professionnelle tout au long de la vie et au dialogue social, *BOMT* 5 nov., n° 4, NOR : SOCT0410197C ; V. AUSSI la note explicative sous : Soc. 4 oct. 2023, n° 22-23.551, P.

aux acteurs simplicité et sécurité. Il peut aussi conduire à une qualification en décalage avec ce qu'ont concrètement négocié les parties. Cela peut-il conduire à ce qu'un accord portant manifestement révision d'un accord collectif, et conclu au même niveau, échappe au régime légal de la révision ? Une réponse négative est fort probable[1]. Il est en tout état de cause fortement conseillé, afin de se conformer au critère formel, d'indiquer, le cas échéant dans le préambule et si telle est la volonté des parties, que celles-ci entendent qualifier leur accord d'accord de révision.

414.82 Étendue de l'avenant de révision. L'article L. 2261-8 du code du travail paraît autoriser que l'avenant porte sur l'accord initial dans sa totalité (« L'avenant portant révision de tout ou partie d'une convention ou d'un accord... », précise le texte) auquel cas il se mue en une sorte d'accord de substitution, à ne pas confondre avec l'accord de substitution conclu en cas de dénonciation ou mise en cause d'un accord collectif. Il est ici également conseillé d'être le plus précis possible dans l'accord et, si le champ d'application d'un avenant ou d'une annexe diffère de celui de l'accord initial, de l'indiquer expressément[2].

414.83 Obligation de révision. La révision n'est pas une obligation mais un libre choix des partenaires sociaux, sauf de très rares exceptions que le code du travail présente comme une obligation d'« adaptation » de l'accord. Le code du travail comporte ainsi une obligation de négocier en vue d'une révision d'adaptation. De l'article L. 2252-1 du Code du travail il résulte en effet qu'une convention de branche ou un accord professionnel ou interprofessionnel peut comporter des stipulations moins favorables aux salariés que celles qui leur sont applicables en vertu d'une convention ou d'un accord couvrant un champ territorial ou professionnel plus large, sauf si cette convention ou cet accord stipule expressément qu'on ne peut y déroger en tout ou partie. Lorsqu'une convention ou un accord de niveau supérieur à la convention ou à l'accord intervenu est conclu, les parties adaptent les stipulations de la convention ou accord antérieur moins favorables aux salariés si une stipulation de la convention ou de l'accord de niveau supérieur le prévoit expressément. Une adaptation s'impose donc dans cette hypothèse, mais uniquement si l'accord postérieur de niveau supérieur le prévoit.

414.84 Avenant de révision versus erreur matérielle. La correction d'une simple erreur matérielle ne nécessite pas de mettre en œuvre la procédure de révision. L'employeur peut l'effectuer de façon unilatérale[3], à la condition toutefois que la correction vise à rendre l'accord fidèle à la commune intention des parties au moment de la rédaction de l'accord[4]. S'il ne s'agit pas d'une simple erreur matérielle, la modification adoptée sans application de la procédure de révision sera sans effet.

On prendra pour exemple cette affaire dans laquelle une grille des métiers avait été annexée à l'accord collectif. L'employeur avait soutenu l'existence d'une erreur matérielle puisque les salariés « vendeurs experts » se voyaient appliquer les coefficients de salaires de leurs supérieurs hiérarchiques, chefs de rayons. Il l'avait donc rectifiée sans appliquer la procédure de révision, se contentant de notifier l'accord unilatéralement corrigé aux organisations syndicales représentatives et de le déposer à la Direccte [Dreets depuis le 1er avril 2021]. La cour d'appel donnera tort à l'employeur, annulant ainsi la modification unilatéralement apportée à l'accord. L'arrêt est cassé au motif que les juges d'appel auraient dû rechercher quelle avait été l'intention des parties, et ainsi quels avaient été les coefficients de salaires de cette catégorie convenus entre les signataires de l'accord[5].

414.85 Avenant de révision versus protocole d'accord. Un simple protocole d'accord, destiné à régler une situation de crise, ne constitue pas un avenant et, par conséquent, s'applique en sus de l'accord initial sous réserve d'être plus favorable. Dans l'affaire ayant donné lieu à un arrêt du 17 janvier 1973, la cour d'appel avait relevé, d'une part, que le protocole d'accord collectif du 7 juin 1968 avait précisé qu'il était intervenu pour régler les problèmes de rémunération des personnels en grève afin qu'ils reprennent le travail, en ajoutant que les conventions collectives et annexes demeuraient applicables jusqu'à la conclusion d'autres accords ; d'autre part, que le protocole ne prévoyant de majorations de salaires qu'aux 1er février, 1er juin et 1er octobre 1968, la Réunion des Théâtres Lyriques Nationaux avait elle-même repris l'application de l'évolution des traitements de la fonction publique aux rémunérations de son personnel depuis le 1er avril 1969, et que le litige ne portait que sur la période du 1er juin 1968 au 31 mars 1969. Ils en ont déduit que « compte tenu de ces circonstances les juges du

1. EN CE SENS : P.-H. Antonmattei (dir.), *Le Lamy : Négociation d'entreprise*, « Guide pratique », Wolters Kluwer, 2021, n° 512 [en ligne, mis à jour mars 2021].
2. C. trav., art. L. 2222-2 ; – EN CE SENS la question de la révision-extinction : v. ss n° 414.22.
3. Soc. 20 sept. 2005, n° 04-46.441, P V, n° 258 ; *D.* 2006. 410, obs. G. Borenfreund, F. Guiomard, O. Leclerc, P. Lokiec et E. Peskine ; *RJS* 12/2005, n° 1233.
4. Soc. 20 sept. 2005, n° 04-46.441, préc.
5. Soc. 20 sept. 2005, n° 04-46.441, préc.

fond ont pu estimer que le protocole ne s'était pas substitué à la convention collective, et avait eu uniquement pour objet de remédier à une crise en réglant les questions litigieuses à titre transitoire, sans déroger aux dispositions de la convention collective qui étaient maintenues expressément en vigueur et qui devaient continuer à être appliquées dans la mesure où elles étaient plus favorables aux salariés[1] ».

414.86 Dénonciation partielle et révision. La distinction entre la dénonciation partielle, dans les rares cas où celle-ci est envisageable, et la révision constitue une autre difficulté. L'accord de révision étant aujourd'hui celui qui est présenté comme tel par les parties signataires[2], la frontière est en principe résolue par la qualification expressément donnée par les parties à l'acte juridique[3].

§ 2
Négociation de l'avenant

414.91 Convocation à la négociation. L'employeur a l'obligation d'inviter à la négociation d'un avenant portant révision d'un accord collectif l'ensemble des syndicats représentatifs ayant un délégué syndical ou un représentant syndical dans l'entreprise[4]. Le manquement à cette obligation, qui caractérise un manquement à l'obligation de loyauté dans la conduite des négociations, est sanctionné au civil par la nullité de l'accord conclu[5]. Il expose également l'employeur à une sanction pénale puisque constitue une entrave à l'exercice du droit syndical le fait de ne pas inviter, en violation de l'article L. 2232-16 du Code du travail, un syndicat représentatif disposant d'un délégué syndical dans l'entreprise à des négociations portant révision d'accords collectifs, peu important que ce syndicat soit signataire ou non de l'accord initial[6].

Les sanctions sont identiques lorsque ne sont pas convoquées, au niveau de la branche, l'ensemble des organisations syndicales représentatives à ce niveau[7].

§ 3
Validité des avenants

414.100 Plan. Les conditions de validité de l'avenant dépendent du mode de négociation, distinct selon que l'entreprise est dotée de délégués syndicaux (A) ou non (B). En toute logique, pareille distinction n'existe pas pour les avenants conclus au niveau de la branche (C).

A.
Entreprises pourvues de délégué syndical

414.111 Alignement sur les conditions de validité des accords collectifs. Depuis que la loi « Travail » du 8 août 2016 a abrogé la règle qui interdisait aux syndicats n'ayant ni signé ni adhéré à l'accord initial de signer les avenants portant révision de cet accord, les avenants obéissent aux conditions de validité des accords collectifs. Autrement dit, tous les syndicats, y compris ceux n'ayant ni signé ni adhéré à l'accord collectif initial, peuvent désormais conclure les avenants de révision. Il faut toutefois qu'ils n'aient pas perdu leur représentativité : le syndicat signataire d'un accord d'entreprise qui n'est plus représentatif dans l'entreprise ne peut s'opposer à sa révision[8]. Rendue sous l'empire de dispositions désormais abrogées qui exigeaient l'unanimité des signataires de l'accord pour le réviser, cette solution n'est pas incompatible avec le nouveau régime de révision des accords collectifs, même si elle s'inscrit dans un contexte juridique différent.

L'impossibilité, pour un syndicat signataire ayant perdu sa représentativité au moment de la révision de l'accord, de bloquer le processus de révision repose sur l'idée que seule compte la collectivité de travail au moment où l'accord est révisé. Elle vise surtout à permettre plus facilement les révisions d'accords collectifs, comme le souligne la Cour de cassation dans son bulletin annuel : « cette jurisprudence, qui fait prévaloir en matière d'accords collectifs le principe démocratique sur le principe contractuel, est de nature à permettre aux entreprises de s'adapter plus facilement aux évolutions du marché sur lequel elles opèrent, lesquelles peuvent conduire à des mutations obligeant parfois à repen-

1. Soc. 17 janv. 1973, n° 72-40.030, P V, n° 29.
2. SUR cette frontière, avant que ne soit retenu le critère formel envisagé plus haut : Paris, 22 févr. 1989, RG n° 89-19.594, *Fédération des employés et cadres CGT-FO c/Fédération de banques et établissements financiers CFTC*.
3. Sur l'avenant interprétatif, v. s[s] n° 611.72.
4. C. trav., art. L. 2232-16 ; Soc. 26 mars 2002, n° 00-17.231, P V, n° 107 ; *D.* 2002. 3231, note F. Petit ; *Dr. soc.* 2002. 617, note M.-L. Morin ; *RJS* 2002. 553, n° 704 ; *Dr. ouvrier* 2002. 501, note F. S. ; *JCP E* 2002. 1764, obs. Darmaisin ; *JSL* 2002, n° 100-5 – Soc. 17 sept. 2003, n° 01-10.706, *Fédération Chimie CGT FO c/Union des industries chimiques*, P V, n° 240 ; *D.* 2004. 388, obs. I. Odoul-Asorey ; *GADT*, 4e éd., Dalloz, 2008, n° 160 ; *JCP E* 2004. 566, obs. Darmaisin ; *RJS* 2003. 896, n° 1297 ; *D.* 2003. IR 2608 – Crim. 28 oct. 2008, n° 07-82.799, NP ; *Dr. soc.* 2009. 504, obs. F. Duquesne ; *RDT* 2009. 245, obs. I. Odoul-Asorey ; *RJS* 3/2009, n° 264.
5. Soc. 26 mars 2002, n° 00-17.231, préc.
6. Crim. 28 oct. 2008, n° 07-82.799, préc.
7. Soc. 12 sept. 2007, n° 06-41.841, P V, n° 128 ; *D.* 2007. 2393 ; *RJS* 2007. 944, n° 1196 ; *JCP S* 2008. 1325, obs. C. Neau-Leduc.
8. Soc. 21 sept. 2017, n° 15-25.531, préc. – Soc. 17 janv. 2018, n° 17-10.022, NP.

ser, avec le concours des partenaires sociaux, les spécificités des relations de travail dans l'entreprise[1] ».

Ces règles valent quel que soit le niveau de l'accord collectif. L'avenant de révision conclu au niveau de l'entreprise, de l'interentreprise ou du groupe doit, dès lors, respecter les conditions de droit commun de validité de ces accords. La validité de l'avenant de révision des accords de branche est également soumise aux conditions de validité des accords collectifs si bien que, si l'avenant a vocation à être étendu, les règles exigeant une représentativité patronale pour ce type d'accords doivent être respectées[2].

B
Entreprises dépourvues de délégué syndical

414.120 **Plan – Indifférence aux conditions de conclusion de l'accord initial.** Les modalités de conclusion de l'accord initial sont indifférentes pour déterminer les modalités de négociation et de conclusion de l'avenant. Ainsi, un accord collectif conclu avec des délégués syndicaux peut faire l'objet d'un avenant de révision par la voie d'un projet d'accord ratifié par les deux tiers des salariés, si la configuration de l'entreprise et de la représentation du personnel font que telle est la voie applicable. De la sorte, l'entreprise qui a perdu toute représentation syndicale dans le périmètre d'un accord collectif ne sera pas contrainte, soit de laisser l'accord en l'état, soit de le dénoncer. Elle pourra le réviser. En revanche, faute d'organisation syndicale représentative dans l'entreprise, la négociation de l'avenant de révision ne pourra être engagée qu'à l'initiative de l'employeur[3].

Les conditions de conclusion de l'avenant de révision se déclinent dans trois situations : les entreprises de moins de onze salariés (1°), celles dont l'effectif habituel est compris entre onze et moins de cinquante salariés (2°), enfin, les entreprises dont l'effectif habituel est au moins égal à cinquante salariés (3°).

1°
Entreprises de moins de onze salariés (et entreprises de onze à vingt salariés sans représentants élus du personnel) dépourvues de délégué syndical

414.131 **Approbation et dénonciation de l'avenant de révision.** Dans les entreprises de moins de onze salariés dépourvues de délégué syndical (et dans celles de onze à vingt salariés sans délégué syndical ni comité social et économique), l'employeur peut proposer un avenant de révision aux salariés[4]. Le projet d'avenant de révision est soumis à la ratification des salariés selon les mêmes modalités que pour la ratification d'un projet d'accord collectif[5] : respect d'un délai minimum de quinze jours entre la communication à chaque salarié du projet d'avenant et la consultation ; approbation du projet à la majorité des deux tiers du personnel[6].

Il est prévu que l'avenant de révision, conclu dans les entreprises visées dans le présent paragraphe, peut être dénoncé[7] :

– soit à l'initiative de l'employeur dans les conditions prévues par l'accord ou, à défaut, dans les conditions de droit commun prévues par les articles L. 2261-9 à L. 2261-13 du Code du travail ;

– soit à l'initiative des salariés dans les conditions prévues par l'accord. À défaut de stipulation expresse, il peut l'être selon le régime de droit commun de la dénonciation des accords collectifs, sous réserve que les salariés représentant les deux tiers du personnel notifient collectivement et par écrit la dénonciation à l'employeur et que la dénonciation ait lieu pendant un délai d'un mois avant chaque date anniversaire de la conclusion de l'accord. Le texte est silencieux quant à la forme que doit revêtir la dénonciation par les salariés : un courrier adressé à l'employeur auquel est annexée une liste d'émargement des salariés favorables à la dénonciation devrait suffire[8].

2°
Entreprises dont l'effectif habituel est compris entre onze et moins de cinquante salariés, en l'absence de délégué syndical

414.141 **Initiative de la révision.** Dans les entreprises dont l'effectif habituel est compris entre onze et moins de cinquante salariés, en l'absence de délégué syndical dans l'entreprise ou l'établissement[9], les accords d'entreprise ou d'établissement peuvent être négociés, conclus, révisés ou dénoncés :

1) Soit par un ou plusieurs salariés expressément mandatés par une ou plusieurs organisations syndicales représentatives dans la branche ou, à défaut, par une ou plusieurs organisations syndicales représentatives au niveau national et interprofessionnel, étant membre ou non de la délégation du personnel du comité social et économique. À cet effet, une même organisation ne peut mandater qu'un seul salarié ;

2) Soit par un ou des membres titulaires de la délégation du personnel du comité social et économique.

1. Note *in BICC* préc. n° 19.
2. C. trav., art. L. 2261-7, II-al. 2.
3. S. Béal, C. Terrenoire, « La négociation selon un mode dérogatoire après la loi Travail », *JCP E* 2016. 1550.
4. C. trav., art. L. 2232-21 ; C. trav., art. L. 2232-23.
5. C. trav., art. L. 2232-21.
6. C. trav., art. L. 2232-21.
7. C. trav., art. L. 2232-22.
8. EN CE SENS : *FR Lefebvre* 5/18, n° 25.
9. C. trav., art. L. 2232-23-1.

Les accords ainsi négociés, conclus, révisés ou dénoncés peuvent porter sur toutes les mesures qui peuvent être négociées par accord d'entreprise ou d'établissement sur le fondement du présent code.

La validité des accords ou des avenants de révision conclus avec un ou des membres de la délégation du personnel du comité social et économique, mandaté ou non, est subordonnée à leur signature par des membres du comité social et économique représentant la majorité des suffrages exprimés en faveur des membres du comité social et économique lors des dernières élections professionnelles.

Pour l'appréciation de la condition de majorité prévue au paragraphe précédent, lorsqu'un accord est conclu par un ou des membres titulaires de la délégation du personnel du comité social et économique central, il est tenu compte, pour chacun des membres titulaires de la délégation, d'un poids égal au rapport entre le nombre de suffrages exprimés dans l'établissement en faveur de ce membre et le nombre total des suffrages exprimés dans chaque établissement en faveur des membres titulaires composant ladite délégation. La validité des accords ou des avenants de révision conclus avec un ou plusieurs salariés mandatés, s'ils ne sont pas membres de la délégation du personnel au comité social et économique, est subordonnée à leur approbation par les salariés à la majorité des suffrages exprimés, dans des conditions déterminées par décret et dans le respect des principes généraux du droit électoral.

3°
Entreprises dont l'effectif habituel est au moins égal à cinquante salariés, en l'absence de délégué syndical

414.151 Effectif au moins égal à cinquante, en l'absence de délégué syndical. Les membres[1] titulaires de la délégation du personnel au comité social et économique peuvent négocier, conclure, réviser ou dénoncer des accords collectifs de travail s'ils sont expressément mandatés à cet effet par une ou plusieurs organisations syndicales représentatives dans la branche dont relève l'entreprise ou, à défaut, par une ou plusieurs organisations syndicales de salariés représentatives au niveau national et interprofessionnel. Une même organisation ne peut mandater qu'un seul salarié.

Les organisations syndicales représentatives dans la branche dont relève l'entreprise ou, à défaut, les organisations syndicales représentatives au niveau national et interprofessionnel sont informées par l'employeur de sa décision d'engager des négociations.

La validité de ces accords ou avenants de révision conclus est subordonnée à leur approbation par les salariés à la majorité des suffrages exprimés, dans des conditions déterminées par décret et dans le respect des principes généraux du droit électoral.

Pour l'appréciation de la condition de majorité, lorsqu'un accord est conclu par un ou des membres de la délégation du personnel un comité social et économique central, il est tenu compte, pour chacun des membres de la délégation du personnel au comité social et économique central, d'un poids égal au rapport entre le nombre de suffrages exprimés dans l'établissement en faveur de ce membre et du nombre total des suffrages exprimés dans chaque établissement en la faveur de chacun des membres composant la délégation du personnel au comité social et économique central.

414.152 Avenant à un accord de mise en place des établissements distincts. À la question de savoir s'il est possible de modifier le nombre et le périmètre des établissements distincts pendant l'application de l'accord, notamment en cas d'évolution de l'organisation de l'entreprise, le ministère du travail répond par l'affirmative. L'accord peut être révisé selon les mêmes règles de révision que celles applicables à la révision d'un accord collectif[2]. Le nouveau découpage ne sera effectif que lors des prochaines élections, au moment du renouvellement du comité social et économique[3].

C.
Avenants conclus au niveau de la branche et au niveau interprofessionnel

414.161 Avenants à un accord de branche ou à un accord interprofessionnel. Les avenants de révision obéissent aux conditions de validité des accords interprofessionnels ou de branche signés avec des syndicats. Lorsque l'avenant de révision a vocation à être étendu, sa validité est subordonnée à sa signature par une ou plusieurs organisations professionnelles d'employeurs représentatives dans son champ d'application[4].

§ 4
Formalités et procédure

414.171 Notification. Les règles de notification régissant la conclusion des accords collectifs s'appliquent de la même manière à la révision. Ce qui

1. C. trav., art. L. 2232-24.

2. C. trav., art. L. 2261-7-1.
3. Ministère du Travail, Comité social et économique, *117 Questions – Réponses*, déc. 2019, question n° 30, p. 20.
4. C. trav., art. L. 2261-7.

emporte que la partie la plus diligente des organisations signataires d'une convention ou d'un accord collectif doit en notifier le texte à l'ensemble des organisations représentatives à l'issue de la procédure de signature[1].

414.172 Dépôt. L'avenant de révision doit être aussi déposé dans les mêmes conditions que l'accord collectif[2], autrement dit auprès de l'administration et du conseil de prud'hommes[3]. Le dépôt des avenants de révision susceptibles d'opposition (accords de branche, etc.) ne peut intervenir qu'après l'expiration du délai d'opposition.

414.173 Publicité. L'avenant de révision doit être publié sur le site legifrance selon les mêmes modalités que l'accord initial et avec les mêmes exceptions.

414.174 Transmission à la branche. Comme pour tout accord d'entreprise, l'avenant de révision conclu au niveau de l'entreprise et portant sur la durée du travail, le repos quotidien, les jours fériés, les congés et le compte épargne-temps doit être transmis à la commission paritaire permanente de négociation et d'interprétation de la branche[4].

414.175 Consultation du comité social et économique. La révision d'un accord collectif n'a pas à donner lieu à consultation du CSE[5]. En revanche, il y a lieu de le consulter, non pas sur le contenu de l'accord, mais sur les conséquences de la révision lorsque celles-ci relèvent de sa compétence consultative. La Cour de cassation énonçait en effet, en 2012, qu'« en vertu de l'article L. 2323-6 du Code du travail, le comité d'entreprise est informé et consulté sur les questions intéressant l'organisation et la marche générale de l'entreprise et, notamment, sur les mesures de nature à affecter le volume ou la structure des effectifs, la durée du travail, les conditions d'emploi, de travail et de formation professionnelle, sans qu'il y ait lieu de distinguer selon que la mise en œuvre de ces mesures résulte d'une décision unilatérale de l'employeur ou lui soit imposée par un accord collectif étendu[6] ». Cette solution n'est pas contradictoire avec la règle susvisée, issue de la loi Rebsamen de 2015, qui exclut la consultation du CSE sur la conclusion, la révision et la dénonciation des projets d'accords collectifs[7]. L'éventuelle consultation ne peut désormais plus concerner que les conditions de mise en œuvre de l'accord, lorsqu'elles posent des questions spécifiques. Elle ne vaut pas, en revanche, si l'accord porte sur la gestion prévisionnelle des emplois et des compétences, pour laquelle le Code du travail prévoit, depuis le 22 décembre 2017, une dispense de consultation[8].

SECTION 5
EFFETS DE LA RÉVISION

§ 1
Substitution et entrée en vigueur

414.181 Substitution de plein droit. L'avenant révisant tout ou partie d'une convention ou d'un accord collectif se substitue de plein droit aux stipulations du texte qu'il modifie. Cette modification est opposable à l'ensemble des salariés et des employeurs entrant dans son champ d'application. Il ne s'agit pas, en revanche, comme cela peut être le cas dans des pays comme le Royaume-Uni, d'une incorporation dans le contrat, pas davantage d'une modification du contrat[9]. Ce qui veut dire que si l'accord révisé l'est à nouveau, le salarié ne peut exiger le maintien des avantages au titre de son contrat de travail. Aucun mécanisme de garantie de rémunération n'a non plus été prévu en cas de révision des accords collectifs[10].

La logique de substitution inhérente à la révision des accords collectifs fait que le principe de faveur ne s'applique pas. L'avenant se substitue, de façon définitive, aux anciennes stipulations de l'accord collectif, peu important qu'il soit moins favorable que ces dernières.

414.182 Entrée en vigueur. L'accord de révision entre en vigueur dans les conditions de droit commun.

§ 2
Avenants

414.191 Avenant imposant des obligations aux salariés. Les dispositions de l'avenant de révision créant des sujétions ou obligations à la charge des salariés ne leur sont opposables que si ceux-ci ont été embauchés après l'entrée en vigueur de cet ave-

1. C. trav., art. L. 2231-5.
2. C. trav., art. L. 2261-9, al. 4.
3. C. trav., art. L. 2261-8.
4. C. trav., art. L. 2232-9, II, al. 7 ; Décr. n° 2016-1556, 18 nov. 2016 relatif à la procédure de transmission des conventions et accords d'entreprise aux commissions paritaires permanentes de négociation et d'interprétation, *JO* 19 nov., n° 31.
5. C. trav., art. L. 2312-14, al. 2.
6. Soc. 21 nov. 2012, n° 11-10.625, P V, n° 302 (rectifié par un arrêt du 27 févr. 2013) ; *D.* 2012. 2809 ; *D.* 2013. 2599, obs. P. Lokiec et J. Porta ; *Dr. ouvrier* 2013. 118, obs. C. Ménard ; *SSL* 2013, n° 1579, p. 8, obs. A. Stocki.
7. C. trav., art. L. 2323-2.
8. C. trav., art. L. 2312-14.
9. Soc. 16 nov. 1993, n° 90-43.233, P V, n° 273 ; *D.* 1994. 312, obs. A. Lyon-Caen ; *D.* 1993. IR 259 ; *Dr. soc.* 1994. 53 ; *RJS* 1993. 25, n° 3.
10. Soc. 30 mars 1994, n° 90-42.144, NP ; *Dr. soc.* 1994. 521, obs. J.-E. Ray.

nant et s'ils ont été informés et mis en mesure de prendre connaissance de cet avenant au moment de leur embauche. Il s'ensuit, par exemple, qu'une obligation de non-concurrence stipulée dans un avenant de révision ne sera pas opposable aux salariés d'ores et déjà en poste au moment de l'entrée en vigueur de l'avenant et dont le contrat de travail ne contient pas une telle obligation[1].

414.192 **Avenant non étendu.** L'avenant, non étendu, portant révision d'une convention collective n'est opposable qu'aux employeurs l'ayant signé ou aux membres du groupement l'ayant signé[2]. Les autres entreprises de la branche continuent donc à être soumises à l'accord collectif, dans sa version initiale[3].

414.193 **Avenant étendu.** Si l'avenant a fait l'objet d'un arrêté d'extension il s'impose à la date d'effet de cet arrêté aux adhérents des groupements patronaux non signataires et régira donc les rapports avec leurs salariés.

La règle est que l'extension des avenants ou annexes à une convention ou un accord étendu produit ses effets dans le champ d'application de la convention ou de l'accord initial, sauf disposition expresse fixant un champ d'application différent. Les signataires d'un avenant peuvent en effet attribuer à leur texte un champ d'application territorial ou professionnel plus étroit que celui de la convention initiale. Dans ce cas, l'extension ne produira ses effets que dans le champ d'application territorial[4] ou professionnel[5] défini par l'avenant.

Lorsque les avenants à une convention étendue ne portent que sur les salaires, ils sont soumis à une procédure d'examen accélérée, prévue à l'article R. 2261-5 du code du travail. Cela se traduit par la transmission de ces avenants aux membres de la sous-commission des conventions et accords de la Commission nationale de la négociation collective, de l'emploi et de la formation professionnelle, laquelle dispose d'un délai de quinze jours à compter de la date d'envoi pour demander l'examen par cette sous-commission. Sont examinés : 1° Les avenants pour lesquels au moins une demande d'examen a été faite ; 2° Les avenants pour lesquels des oppositions sont notifiées, sans demande d'examen, lorsque ces oppositions émanent soit de deux membres employeurs, soit de deux membres salariés. Les avenants qui n'ont pas à être soumis à l'examen de la sous-commission sont réputés avoir recueilli l'avis motivé favorable de la Commission nationale de la négociation collective, de l'emploi et de la formation professionnelle.

Cette procédure doit être de nature à préserver les droits des tiers.

Dans les professions agricoles, les avenants salariaux à des conventions collectives régionales ou départementales étendues peuvent être étendus par arrêté[6].

§ 3
Révision

414.201 **Champ d'application de la révision (convention de branche).** Lorsque le champ d'application d'un avenant ou d'une annexe diffère de celui de la convention qu'il modifie ou complète, il doit être précisé[7], conformément à l'article L. 2222-1 du code du travail[8].

414.202 **Démission par l'employeur du groupement signataire de la convention de branche.** Il est constant que l'employeur démissionnaire demeure lié par les accords signés avant la date d'effet de sa démission. De cette règle, il résulte aussi que l'employeur est lié par les accords dans leur rédaction en vigueur à cette date, ce qui signifie que les avenants de révision conclus après sa démission ne s'appliquent pas à lui[9]. Ce qui vaut pour la révision ne vaut pas pour la simple application de l'accord initial, notamment dans le cas où l'accord initial renvoie, sur la fixation des salaires par exemple, à des accords ultérieurs pris en son application.

414.203 **Révision de l'accord conclu par un conseil d'entreprise.** Le conseil d'entreprise peut négocier et conclure une convention ou un accord collectif. Il peut logiquement aussi procéder à sa révision. Se pose par ailleurs la question de la possibilité de révision d'un accord collectif conclu par un conseil d'entreprise lorsque l'instance n'existe plus. S'il existe des délégués syndicaux dans l'entreprise, ceux-ci recouvrent leur compétence de sorte qu'il leur revient de procéder, le cas échéant, à la révision de l'accord ; À défaut de délégués syndicaux, l'accord collectif devrait pouvoir être révisé selon les règles applicables en l'absence de délégués syndicaux[10].

1. Soc. 17 oct. 2000, n° 98-42.018, P V, n° 334 ; *D.* 2001. 2061, note J. Mouly ; *Dr. soc.* 2000. 1147, obs. J. Savatier – Soc. 27 juin 2002, n° 00-42.646, P V, n° 222 ; *D.* 2002. 3115, obs. M.-C. Amauger-Lattes ; *JSL* 2002, n° 108-4.
2. Soc. 29 mai 1996, n°s 94-41.948, 94-43.888, P V, n° 214 ; *Dr. soc.* 1996. 608, rapp. J.-Y. Frouin ; *JCP* 1996. II. 22662, concl. Kessous ; *JCP E* 1996. I. 597, n° 21, obs. Chevillard ; *RJS* 1996. 524, n° 817 ; *CSB* 1996. 199, A. 42.
3. Soc. 5 mai 1978, n° 76-40.886, P V, n° 15.
4. Soc. 29 juin 1994, n° 90-45.768, P V, n° 218.
5. Soc. 18 oct. 2006, n° 05-42.489, NP ; *RJS* 1/2007, n° 88.
6. C. trav., art. L. 2261-26.
7. C. trav., art. L. 2222-2.
8. C. trav., art. L. 2222-1.
9. Soc. 4 avr. 1979, n° 76-15.266, P V, n° 329.
10. G. Loiseau, P. Lokiec, L. Pécaut-Rivolier, Y. Struillou, P.-Y. Verkindt, *Droit de la représentation du personnel 2023/2024*, Dalloz Action, n° 441.21 ; *contra* : B. Teyssié, « Le conseil d'entreprise », *JCP S* 2018. 1011 qui estime que l'accord devient caduc.

414.204 Révision d'un accord collectif par un accord de niveau différent. Jusqu'à la loi Travail de 2016, un accord collectif conclu à un niveau donné ne pouvait réviser un accord conclu à un autre niveau. En particulier, un accord de groupe ne pouvait réviser les accords d'entreprise conclus dans son champ. Depuis cette loi, si l'accord de niveau supérieur le prévoit, ses clauses se substituent à celles de l'accord de niveau inférieur ayant le même objet[1], ce qui permet d'assurer une plus forte harmonisation du statut collectif, notamment dans les groupes de sociétés. Les parties à l'accord de niveau supérieur ont par conséquent la possibilité d'éviter les situations de concours entre accords de niveaux différents en remplaçant le principe de faveur par un mécanisme de substitution. Un accord de groupe peut prévoir, en ce sens, que ses stipulations se substituent à celles ayant le même objet des conventions ou accords conclus antérieurement ou postérieurement dans les entreprises ou les établissements compris dans le périmètre de cet accord[2].

Faute pour l'accord de groupe d'avoir expressément prévu l'application du mécanisme de substitution envisagé ci-dessus, il convient d'appliquer le principe de faveur. Si l'accord de groupe est jugé plus favorable, il s'appliquera en lieu et place des accords d'entreprise, avec toute la question de l'appréciation du plus favorable. Il a été jugé, en ce sens, que les dispositions de l'accord de compétitivité signé par le Groupe Renault, qui contenait des engagements en matière de maintien de l'emploi en contrepartie de la renonciation par les salariés à certains avantages (retour aux 35 heures hebdomadaires sans augmentation de salaire, perte de la possibilité d'utiliser les jours de congé-formation capitalisés pour bénéficier d'un congé de fin de carrière et perte du choix d'utiliser librement les heures supplémentaires capitalisées au lieu de les faire rémunérer) étaient « globalement plus favorables à l'ensemble des salariés du groupe que celles des accords d'entreprise préexistants »[3].

La même règle vaut dans les rapports entre accord d'entreprise et accords d'établissements : « lorsqu'un accord conclu au niveau de l'entreprise le prévoit expressément, ses stipulations se substituent aux stipulations ayant le même objet des conventions ou accords conclus antérieurement ou postérieurement dans les établissements compris dans le périmètre de cet accord »[4].

Il en va de même concernant les accords interentreprises : « Lorsqu'un accord conclu au niveau de plusieurs entreprises le prévoit expressément, ses stipulations se substituent aux stipulations ayant le même objet des conventions ou accords conclus antérieurement ou postérieurement dans les entreprises ou les établissements compris dans le périmètre de cet accord »[5].

À chaque fois, seule une clause expresse permet de faire jouer la substitution. Cette clause doit préciser l'accord ciblé mais aussi, le cas échéant, si seules certaines de ses clauses sont concernées. Les textes n'explicitent pas les contours exacts du mécanisme de substitution ici envisagé, ce qui laisse subsister des interrogations. Que se passe-t-il en cas de disparition du nouvel accord, ou de la clause qui s'est substituée à celle de l'accord initial ? L'ancien accord retrouve-t-il application, comme s'il avait été « neutralisé »[6], ou doit-on considérer que la substitution a force d'avenant et qu'ainsi l'ancien accord ne peut plus revivre[7] ? Les difficultés pratiques sont nombreuses, en particulier dans le premier cas : fait-on revivre un dispositif conçu à un temps donné et jamais révisé car rendu inapplicable par l'effet de la substitution ? *Quid* pour les salariés recrutés après la substitution et n'ayant donc jamais connu l'accord d'origine ? Comment concevoir la mise en cause dans un tel contexte ?[8] Comme il a été relevé, « un accord de groupe pourrait réaménager ou supprimer un treizième mois, lequel aurait pu être consenti dans un accord d'entreprise en contrepartie d'un dispositif d'aménagement annuel du temps de travail »[9].

414.205 Révision d'une convention de branche mise en cause. Que se passe-t-il si la convention de branche mise en cause est révisée pendant la période de survie de quinze mois ? Période pendant laquelle elle continue à s'appliquer, le cas échéant en concours avec la convention collective applicable dans l'entreprise d'accueil.

Convient-il d'appliquer la convention de branche, dans sa version initiale, qui serait en quelque sorte figée par l'engagement de la procédure de révision[10] ou d'appliquer la convention de branche révisée ? La question n'est pas tranchée.

1. C. trav., art. L. 2253-5 à L. 2253-7.
2. C. trav., art. L. 2253-5.
3. Soc. 8 janv. 2020, n° 18-17.708, P.
4. C. trav., art. L. 2253-6.
5. C. trav., art. L. 2253-7.
6. M. Morand, « Substitution aux clauses conventionnelles ou contractuelles », *SSL* 2018, n° 1801.
7. E. Jeansen, « La place de l'accord de groupe dans le champ conventionnel », *Cah. Soc.* 2017. 269.
8. M. Morand, « Substitution aux clauses conventionnelles ou contractuelles », *préc.*
9. *Ibid.*
10. En ce sens : *J.-Cl. Travail Traité,* fasc. 1-32 : Négociation, convention et accords collectifs, fasc. 1-32, par G. Vachet, févr. 2022, mise à jour oct. 2022, n° 272.

TITRE

42. La dénonciation et la mise en cause

SECTION 0
ORIENTEUR

42.00 Sommaire du titre.

Division. Deux techniques principales existent pour mettre un terme à l'application d'un accord collectif à durée indéterminée : d'une part la dénonciation, qui résulte de la décision d'une ou plusieurs des parties à l'accord (chap. 421), d'autre part la mise en cause, qui résulte d'un événement extérieur aux parties (chap. 422).

CHAPITRE

421. Dénonciation des accords et conventions collectifs

SECTION 0 ORIENTEUR

421.00 Sommaire du chapitre.

Division. La dénonciation d'un accord collectif est un processus complexe, qui implique de prêter attention à la procédure qui lui est applicable (sect. 1), à ses auteurs (sect. 2) et à ses effets (sect. 3). Des règles spécifiques de dénonciation existent pour certains types d'accords collectifs (sect. 4).

421.01 Textes applicables.

- **C. trav.,** art. L. 2222-6 [Formalisme et conditions de la dénonciation]
- **C. trav.,** art. L. 2261-9, art. L. 2261-10, art. L. 2261-11 [Auteurs de la dénonciation]
- **C. trav.,** art. L. 2261-12 [Modification du champ d'application de l'accord]
- **C. trav.,** art. L. 2261-13 [Effets de la dénonciation]

421.02 Jurisprudence de référence.

- **Soc. 20 oct. 1993,** n° 89-18.949, P V, n° 243, p. 165

« Sauf clause contraire de la convention ou de l'accord collectif, l'employeur n'a pas à justifier sa décision de le dénoncer. »

- **Soc. 5 déc. 2007,** n° 06-43.554, NP

« L'accord du 17 décembre 2002 avait pour objet, d'une part, la reconnaissance d'une unité économique et sociale et, d'autre part, l'organisation d'une représentation et la définition des moyens dont elle dispose dans le cadre ainsi reconnu.

Or, la lettre du 7 juin 2004 portant dénonciation de l'accord dont les termes ambigus rendaient nécessaire l'interprétation ne remettait en cause que les dispositions relatives aux institutions représentatives au sein de l'unité économique et sociale et leurs moyens.

Par conséquent, la cour d'appel en a exactement déduit que la dénonciation était partielle et, partant, nulle. »

- **Soc. 28 juin 2018,** n° 17-16.499, P

« Mais attendu que les salariés engagés postérieurement à l'entrée en vigueur d'un accord de substitution ne peuvent revendiquer, au titre du principe d'égalité de traitement, le bénéfice des dispositions prévues par l'accord collectif antérieur ;

Et attendu que la cour d'appel, qui a relevé que l'intéressé avait été engagé postérieurement à l'accord de 1998, qui s'était substitué à l'ancien accord, et qu'il ne pouvait, en conséquence, revendiquer l'application de l'ancien accord du 10 mai 1988, a, par ses seuls motifs, légalement justifié sa décision. »

• **Soc. 20 oct. 2021, n°** 20-14.516, NP

« Vu les articles L. 2261-10 et L. 2261-13 du code du travail :

5. Il résulte de ces textes qu'en cas de dénonciation d'un accord collectif, l'accord continue de produire effet jusqu'à l'entrée en vigueur de la convention ou de l'accord qui lui est substitué ou, à défaut, pendant une durée d'un an à compter de l'expiration du délai de préavis, sauf clause prévoyant une durée déterminée supérieure. À l'issue de cette période, si aucun accord de substitution n'a été conclu, l'accord collectif dénoncé cesse de s'appliquer et il est mis en œuvre la garantie de rémunération instituée par l'article L. 2261-13 du code du travail.

6. Pour interdire à l'employeur de mettre en œuvre la hausse des cotisations, et ordonner le remboursement des sommes perçues à ce titre auprès des salariés, l'arrêt retient que, dès lors qu'aucun accord de substitution n'est intervenu, le syndicat est fondé au titre des « avantages individuels acquis » à solliciter l'application des dispositions des accords dénoncés.

7. En statuant ainsi, alors que la décision de l'employeur ayant été prise le 21 décembre 2018, soit pendant la période de survie des accords collectifs, ces derniers continuaient à recevoir application, sans qu'il y ait lieu de se référer aux dispositions relatives au maintien de la rémunération perçue, la cour d'appel a violé les textes susvisés. »

• **Soc. 10 nov. 2021,** n° 21-17.717, P

« 4. Vu les articles L. 2261-10 et L. 2261-13 du code du travail, dans leur rédaction antérieure à la loi n° 2016-1088 du 8 août 2016, et L. 314-6 du code de l'action sociale et des familles :

5. Aux termes du premier de ces textes, en cas de dénonciation d'un accord ou d'une convention collective, la convention ou l'accord continue de produire effet jusqu'à l'entrée en vigueur de la convention ou de l'accord qui lui est substitué ou, à défaut, pendant une durée d'un an à compter de l'expiration du délai de préavis, sauf clause prévoyant une durée déterminée supérieure.

6. Aux termes du deuxième texte susvisé, lorsque la convention ou l'accord qui a été dénoncé n'a pas été remplacé par une nouvelle convention ou un nouvel accord dans un délai d'un an à compter de l'expiration du préavis, les salariés des entreprises concernées conservent les avantages individuels qu'ils ont acquis, en application de la convention ou de l'accord, à l'expiration de ce délai.

7. En application du troisième texte suvisé [*sic*], lorsque la négociation concerne les établissements privés gérant un service social ou médico-social à but non lucratif et dont les dépenses de fonctionnement sont supportées directement ou indirectement par une personne morale de droit public ou un organisme de sécurité sociale, un accord collectif à caractère salarial ne peut légalement prendre effet qu'après agrément ministériel. Dans un tel système, la recommandation patronale doit être soumise aux mêmes conditions.

8. Pour dire que la recommandation patronale du 4 décembre 2012 agréée par la ministre le 21 décembre 2012 ne pouvait valablement suppléer à l'absence d'un accord collectif alors même que sa négociation était en cours, le jugement retient que le procédé utilisé par la FEHAP et consistant à évoquer le recours à une recommandation patronale pendant le délai de négociation et dans les matières traitées par celle-ci, faute de signature de l'avenant par les organisations syndicales, apparaît empreint de déloyauté dès lors qu'il fait pression sur ces dernières afin de permettre l'adoption du texte dans l'état souhaité par la fédération patronale, et alors que les négociations sont toujours en cours. Le jugement ajoute que cette recommandation patronale signée le 4 septembre 2012 semble d'autant plus sujette à caution qu'elle est intervenue alors que les organisations syndicales avaient exprimé d'emblée à la FEHAP leur volonté de poursuivre la négociation collective et que celle-ci a précisément pu reprendre dès octobre 2012. Le jugement conclut qu'il ressort en définitive des dispositions de l'article L. 2261-10 du code du travail une prévalence accordée par le législateur à la négociation collective d'un accord de substitution conforté par un dispositif protecteur des droits des salariés prévu par l'article L. 2261-13 dans le cadre des avantages individuels acquis et en déduit qu'un préalable de négociation s'impose à l'employeur avant que ce dernier ne puisse en tirer les conséquences et décider par engagement unilatéral, en l'espèce par recommandation patronale.

9. En statuant ainsi, alors qu'il résultait de ses constatations d'une part que la période de survie de la convention collective s'achevait le 2 décembre 2012 et qu'après plusieurs réunions de négociation, les partenaires sociaux n'étaient pas parvenus à un accord à la fin du mois d'août 2012, d'autre part que la recommandation patronale mentionnait une entrée en vigueur différée au 2 décembre 2012 compte tenu des délais nécessaires à l'agrément de la recommandation patronale et que l'avenant à la convention collective dénoncée n'a été adopté que le 4 février 2014 et agréé le 22 mai 2014, de sorte qu'en adoptant la recommandation patronale le 4 septembre 2012 tout en poursuivant la négociation, la FEHAP n'avait pas agi de manière déloyale mais fait en sorte qu'à l'expiration de la période de survie de la convention collective dénoncée, les salariés employés par les entreprises adhérentes puissent continuer à bénéficier de dispositions conventionnelles plus avantageuses que les dispositions légales, indépendamment du droit au maintien des avantages individuels acquis que seuls les salariés engagés antérieurement à l'expiration de la période de survie de la convention collective pouvaient revendiquer, le tribunal a violé les textes susvisés. »

421.03 Bibliographie indicative.

Thèse. C. Mariano, *La négociation substitutive d'entreprise*, th. Montpellier, 2018.

Articles. L. Aluome, « L'accord tripartite de transition », *JCP S* 2019. 1305 ; « L'accord de substitution au sens de l'article L. 2261-14 du Code du travail », *Dr. soc.* 2021. 527 – L. Aluome et V. Armillei, « La négociation collective des accords de substitution, en l'absence de délégué syndical », *JCP S* 2020, n° 3114 – J. Barthélémy, « Encadrer conventionnellement la dénonciation des accords collectifs », *Cah. DRH*, oct. 2017, n° 246 – S. Béal et C. Terrenoire, « Dénonciation et mise en cause des accords collectifs d'entreprise après la loi Travail », *JCP S* 2016. 1421 – J.-F. Cesaro, « Propositions pour le droit du renouvellement et de l'extinction des conventions et accords collectifs de travail *[Rapport 22 janv. 2016]* », *JCP S* 2016. Actu. 29 – B. Delmas, « L'accord de transition, un outil de sécurisation… risqué », *Dr. soc.* 2022. 70 et 151 – E. Dockès, « Les titulaires du droit de dénoncer efficacement une convention collective », *Dr. soc.* 2011. 1257 – M. Morand, « Rémunération annuelle maintenue : interrogation », *SSL* 2017. 1751, p. 8.

421.05 Points clés. Lorsqu'il n'est pas possible de réviser l'accord, la décision de le dénoncer sera parfois prise. S'ensuit une période de quinze mois au cours de laquelle les partenaires sociaux sont tenus de rechercher la conclusion d'un accord de substitution. Faute d'un tel accord, les salariés ont droit à la rémunération annuelle garantie. Au vu de ses effets, qui aboutissent *in fine* à l'extinction de l'accord, les conditions de la dénonciation sont strictes. Elle doit en principe être décidée par la totalité des signataires de l'accord collectif.

SECTION 1
PROCÉDURE DE DÉNONCIATION

421.10 Plan. La procédure de dénonciation mérite d'être explicitée, tant dans ses conditions préalables (§ 1) que dans ses modalités de notification (§ 2). La consultation du CSE n'est plus requise (§ 3).

§ 1
Conditions préalables

421.21 Accord à durée indéterminée. La dénonciation est réservée aux accords à durée indéterminée. Il faut cependant réserver l'hypothèse où certains accords conclus initialement à durée déterminée se sont, sous l'empire de la législation en vigueur avant la loi « Travail » d'août 2016, transformés en accord à durée indéterminée. Il en allait ainsi lorsqu'à l'expiration de la période déterminée dans l'accord, l'accord a continué à être appliqué en l'absence de clause expresse de reconduction.

421.22 Motivation. Sauf disposition contraire de l'accord collectif, sa dénonciation n'a pas à être motivée. « Sauf clause contraire de la convention ou de l'accord collectif, l'employeur n'a pas à justifier sa décision de le dénoncer », a en effet jugé la Cour de cassation[1]. La question se pose de façon renouvelée avec la réforme du droit des obligations qui soumet la résiliation unilatérale des contrats à une exigence de motivation. Adoptera-t-elle la solution retenue dans son avis du 3 avril 2019[2] d'où il résultait que l'article 1226 du code civil, qui exige à la fois mise en demeure et motivation pour résilier unilatéralement un contrat, n'est pas applicable au salarié qui prend acte de la rupture de son contrat de travail, ou fera-t-elle au contraire application du droit commun des contrats à la dénonciation de l'accord collectif ? Car, pour rappel, l'article 1100-1 du code civil affirme que les actes unilatéraux, auxquels peut être rattachée la dénonciation des accords collectifs, « obéissent en tant que de raison, pour leur validité et leurs effets, aux règles qui gouvernent les contrats ».

Le fait que, pour l'heure, la dénonciation n'ait pas à être motivée ne signifie pas qu'elle ne peut pas, dans des cas certes rarissimes, être annulée si l'intention de l'auteur de la dénonciation repose sur un mobile illicite. Il en va ainsi si le seul mobile de la dénonciation est de faire échec ou de dissuader d'exercer le droit de grève. Une telle solution a été retenue à propos de la dénonciation d'un usage, la Cour ayant décidé en substance que l'absence d'obligation de motivation dans la dénonciation d'un usage n'empêche pas d'invoquer l'existence d'un mobile illicite, en l'occurrence la violation du droit de grève[3]. Le TGI de Nanterre a plus précisément jugé, dans une affaire intéressant la dénonciation d'un accord collectif que « le but de supprimer les moyens octroyés aux institutions représentatives du personnel après un mouvement de grève peut être considéré comme une atteinte indirecte au droit de grève et plus généralement comme une atteinte aux droits des institutions représentatives du personnel et doit être déclaré illicite[4] ».

421.23 Dénonciation totale et non partielle. La dénonciation de l'accord collectif doit être totale, ce qui s'explique par le fait que la convention collective est considérée comme indivisible[5]. Ainsi, a-t-il été jugé, en présence d'une lettre de dénonciation ne remettant en cause que les dispositions relatives aux institutions représentatives du personnel au sein de l'unité économique et sociale, s'agissant d'un accord qui portait aussi sur la reconnaissance d'UES, que la dénonciation était partielle et, partant, nulle[6]. De même, est nulle la dénonciation – totale – d'un accord d'établissement sachant, que la lettre de

1. Soc. 20 oct. 1993, n° 89-18.949, P V, n° 243, p. 165 ; *Dr. soc.* 1994. 30, note J. Savatier ; *RJS* 1993. 719, n° 1217 ; *CSB* 1993. 259, A. 56.
2. Cass., ch. soc., avis n° 15003, 3 avr. 2019 (Demande d'avis n° F 19-70.001).
3. Soc. 13 févr. 1996, n° 92-42.066, P V, n° 54 ; *RJS* 1996. 293, n° 480 ; *CSB* 1996. 113, A. 27, 1re esp., note A. Philbert ; *JCP E* 1996. I. 595, n° 4, obs. P. Coursier ; *Dr. ouvrier* 1996. 217, concl. Chauvy.
4. TGI Nanterre, 25 nov. 2005, RG n° 05/11716.
5. Soc. 21 nov. 1973, n° 72-40.228, P V, n° 592 – Soc. 16 oct. 1974, n° 73-11.562, P V, n° 478 ; *Dr. soc.* 1975. 116, note Rongère.
6. Soc. 5 déc. 2007, n° 06-43.554, NP.

dénonciation précisait que certaines clauses de l'accord dénoncé ne seraient pas renégociables[1]. Conséquence de l'indivisibilité de l'accord : les avenants et annexes à l'accord ne peuvent échapper à la dénonciation, sauf comme il va être vu, si l'accord dénoncé le stipulait expressément[2].

Cette stipulation expresse, qui seule autorise la dénonciation partielle[3], doit être soigneusement rédigée. Elle doit, en particulier, préciser les parties de l'accord pouvant être dénoncées partiellement et ainsi préciser ce qui est divisible et ce qui ne l'est pas[4]. Aussi, une clause, certes fréquente, du type : « Le présent accord peut être totalement ou partiellement dénoncé par l'une des parties signataires sous réserve d'un préavis de trois mois », ne devrait pas suffire. À défaut d'une clause autorisant une dénonciation partielle de l'accord, celle-ci sera sans effet et il faudra le cas échéant passer par la révision de l'accord.

Est assimilée à une dénonciation partielle la dénonciation d'un accord faisant partie d'un ensemble conventionnel, autrement dit un accord central progressivement complété par des conventions, annexes et avenants portant sur un objet distinct, mais dans le même champ territorial et professionnel. La question s'est posée à propos de la convention collective de la maroquinerie. Les organisations syndicales patronales signataires de la convention avaient dénoncé celle-ci, plus précisément les clauses communes, les trois annexes catégorielles, l'accord relatif à l'apprentissage et l'accord d'indemnisation du chômage partiel. En revanche, l'accord instituant un régime complémentaire de retraite, l'accord sur le financement de formation en alternance, l'accord sur les moyens et objectifs de la formation professionnelle ne l'avaient pas été. Pour la Cour de cassation, lorsqu'un ensemble conventionnel est constitué d'une convention collective et d'accords successifs ayant le même champ d'application territorial et professionnel, la dénonciation qui ne vise expressément que la convention collective et certains de ces accords, est nulle[5]. Cette solution est plus fragile depuis l'abrogation par la loi du 4 mai 2004[6] de l'article L. 132-11[7] du Code du travail, sur lequel se fondait implicitement l'arrêt précité. Cette loi a en effet supprimé l'incorporation automatique dans l'accord de branche des annexes et avenants audit accord qui avaient le même champ d'application.

421.24 **Moment de la dénonciation.** La dénonciation peut intervenir à tout moment, sous deux réserves. Elle est d'abord nulle et de nul effet si elle intervient pendant la négociation obligatoire[8]. Par exemple, la dénonciation d'un accord portant sur l'augmentation des rémunérations et une prime de vacances constitue une décision unilatérale qui ne pouvait être prise par l'employeur pendant le cours de la négociation annuelle obligatoire[9]. Ensuite, la clause de dénonciation peut limiter la période durant laquelle la dénonciation est possible.

421.25 **Respect des modalités définies par la clause de dénonciation.** De manière générale, la dénonciation sera irrégulière si les modalités spécifiques prévues par l'accord ne sont pas respectées : durée du préavis ; obligation prévue dans l'accord dénoncé d'accompagner la lettre de dénonciation d'un projet d'accord de substitution, etc.[10]

§ 2
Notification – Dépôt

421.31 **Notification : destinataires.** La dénonciation doit être notifiée aux « signataires »[11], prévoit l'article L. 2261-9 du code du travail. L'expression laisse entendre qu'il s'agit de l'entité (le syndicat, la fédération, l'union départementale), non du délégué syndical qui n'en est que le représentant syndical. Même si la Cour de cassation ne s'est pas prononcée sur la question, la notification peut être adressée aux délégués syndicaux qui représentent les organisations syndicales ayant signé l'accord[12].

1. Soc. 12 oct. 2005, n° 04-43.355, P V, n° 289 ; *RJS* 12/2005, n° 1234.
2. Soc. 5 déc. 2006, n° 06-43.554, NP.
3. Soc. 16 oct. 1974, n° 73-11.562, préc.
4. EN CE SENS : G. Bélier, H.-J. Legrand et A. Cormier Le Goff, *Le nouveau droit de la négociation collective : Acteurs et accords*, 6e éd., « Droit vivant », Liaisons – Wolters Kluwer, 2018, p. 584 ; – DANS LE MÊME SENS : J. Barthélémy, « Encadrer conventionnellement la dénonciation des accords collectifs », *Cah. DRH*, n° 246, 1er oct. 2017 – DANS LE SENS CONTRAIRE : P.-H. Antonmattei (dir.), *Le Lamy : Négociation d'entreprise*, « Guide pratique », Wolters Kluwer, 2021, n° 517 [en ligne, mis à jour mars 2021].
5. Soc. 16 mars 1995, n° 91-40.210, P V, n° 91 ; *D.* 1995. 369, obs. E. Dockès ; *Dr. soc.* 1995. 370, concl. R. Kessous ; *JCP* 1995. II. 22419, rapp. Frouin ; *JCP E* 1995. II. 722, note P. Pochet ; *RJS* 1995. 273, n° 402.
6. L. n° 2004-391, 4 mai 2004 relative à la formation professionnelle tout au long de la vie et au dialogue social, *JO* 5 mai, p. 7983.
7. C. trav., art. L. 132-11 ; abrog. par Ord. n° 2007-329, 12 mars 2007, art. 12 : « Lorsqu'un accord professionnel a le même champ d'application territorial et professionnel qu'une convention de branche, il s'incorpore à ladite convention, dont il constitue un avenant ou une annexe. »
8. Soc. 29 juin 1994, n° 91-18.640, P V, n° 219 ; *D.* 1994. 202 ; *Dr. soc.* 1995. 47 ; *JCP* 1995. I. 3817, n° 7, obs. P.-H. Antonmattéi ; *RJS* 1994. 606, n° 1022 ; *CSB* 1994. 269, A. 52.
9. Soc. 29 juin 1994, préc.
10. Soc. 12 oct. 2005, n° 04-43.355, P V, n° 289.
11. C. trav., art. L. 2261-9, al. 3.
12. Ce par transposition de la jurisprudence sur l'opposition à un accord collectif, dont il est admis qu'elle peut être adressée au délégué syndical ou au syndicat signataire : Soc. 8 juill. 2014, n° 13-18.390.

Chaque délégué syndical doit dans ce cas recevoir la notification de la dénonciation. Faute dans l'entreprise de délégué syndical représentant les syndicats signataires, il convient de notifier la dénonciation à l'autorité qui les a désignés, c'est-à-dire en principe au syndicat. S'il n'est pas obligatoire à ce stade d'adresser une notification aux non signataires ou non adhérents de l'accord, cela peut être opportun dans la mesure où il sera nécessaire de le faire pour la négociation de l'accord de substitution.

La Cour de cassation a expressément exclu que la dénonciation soit notifiée à une section syndicale[1] ou au CSE, y compris si les organisations syndicales étaient représentées lors de la réunion[2], pas davantage à un représentant syndical au comité social et économique[3]. Elle ne peut non plus être notifiée par note de service[4].

Même si cela peut être conseillé, il n'existe pas d'obligation d'informer individuellement les salariés de la dénonciation de l'accord collectif.

421.32 **Notification : forme.** La forme de la notification est en principe précisée dans la clause de dénonciation ; il est en tout état de cause conseillé de procéder par lettre recommandée AR afin d'être en mesure de prouver la date exacte de la dénonciation, qui détermine le point de départ du délai de préavis. Par ailleurs, la remise par l'employeur à un délégué syndical signataire de l'accord dénoncé d'une simple copie de la lettre de dénonciation ne vaut pas dénonciation régulière[5].

Comme il a été vu, la notification, adressée aux signataires de l'accord, n'a pas à indiquer les motifs de la dénonciation. Faute de précision dans une clause de dénonciation, la notification indiquera la durée de préavis (trois mois sauf clause contraire) et la date d'échéance du préavis, ainsi que l'ouverture de négociations en vue de la conclusion d'un accord de substitution.

421.33 **Dépôt.** La dénonciation doit être déposée dans les mêmes conditions que l'accord collectif[6]. Elle doit donc l'être, en deux exemplaires, auprès de la Dreets du lieu de conclusion de l'accord[7], et un exemplaire être remis au secrétariat-greffe du conseil de prud'hommes du lieu de conclusion de l'accord dénoncé.

1. Soc. 24 févr. 1993, n° 90-44.912, NP.
2. Soc. 16 févr. 1989, n° 86-41.035, P V, n° 138 ; *D.* 1989. IR 87 ; *Dr. soc.* 1990. 426, note J. Déprez.
3. Soc. 16 févr. 1989, n° 86-41.035, préc. – Soc. 19 avr. 1989, n° 87-45.530, P V, n° 289 ; *D.* 1990. 165, obs. M.-A. Rotschild-Souriac ; *RJS* 6/1989, n° 527.
4. Soc. 11 mai 1988, n° 86-18.162, NP ; *Dr. ouvrier* 1989. 28.
5. Soc. 15 févr. 2012, n° 10-21.330, NP.
6. C. trav., art. L. 2261-9, al. 4.
7. C. trav., art. D. 2231-2.

§ 3
Consultation – Procédure d'alerte

421.41 **Consultation du CSE.** La Cour de cassation jugeait avant que n'entre en vigueur la loi Rebsamen d'août 2015, que le comité d'entreprise devait être consulté sur la dénonciation par le chef d'entreprise d'un accord d'entreprise qui intéresse l'organisation, la gestion ou la marche de l'entreprise. Tant que cette formalité n'était pas accomplie, la dénonciation était sans effet[8]. Il y avait là l'application à la dénonciation de la fameuse jurisprudence issue d'un arrêt du 5 mai 1998 selon laquelle la consultation du comité d'entreprise devait avoir lieu « concomitamment à l'ouverture de la négociation d'un accord collectif et au plus tard avant la signature de l'accord »[9]. Cette solution se heurte aujourd'hui à la rédaction de l'article L. 2312-14 en vertu de laquelle « les projets d'accord collectif, leur révision ou leur dénonciation ne sont pas soumis à la consultation du comité ». Cependant, comme pour la révision, l'impact d'un projet d'accord peut conduire à l'obligation d'informer-consulter le CSE sur les conditions de mise en œuvre de cet accord, si elles nécessitent des décisions spécifiques. Il en va ainsi si la dénonciation a un impact sur l'emploi, les conditions de travail et la marche générale de l'entreprise[10].

421.42 **Dénonciation et alerte du CSE.** Le déclenchement de la procédure d'alerte peut, dans des cas particuliers, être justifié par la mise en œuvre d'une procédure de dénonciation d'un accord collectif. Il a été jugé, en ce sens, qu'est justifié ledit déclenchement pour un projet de dénonciation de certains accords collectifs applicables au sein d'une entreprise, au sujet duquel le comité avait posé de nombreuses questions auxquelles l'employeur a apporté des « explications insuffisantes »[11] Solution inverse à propos de la simple annonce d'un projet de fusion

8. M. Morand, « Le rôle des représentants du personnel dans la remise en cause du statut collectif d'entreprise », *JCP E* 2008. 2147.
9. Soc. 5 mai 1998, n° 96-13.498, P V, n° 219 ; *GADT*, 4e éd., Dalloz, 2008, n° 159 ; *D.* 1998. 608, note G. Auzero ; *Dr. soc.* 1998. 579, rapp. J.-Y. Frouin ; *RJS* 1998. 476, n° 750 ; *CJEG* 1998. 362, note Papin ; *JCP E* 1998. 1407, note Aubert-Monpeyssen ; *Dr. ouvrier* 1998. 350, note D. Boulmier ; *D.* 1998. IR 144 ; *Dr. soc.* 1998. 585, note Frouin ; *CSB* 1998. 167, A. 34 ; *TPS* 1998. 15, n° 244 ; *RJS* 8-9/1998, p. 611, chron. P.-H. Antonmatteï – Crim. 13 déc. 1994, n° 93-85.092, P n° 405 ; *D.* 1995. IR 53 ; *RJS* 1995. 179, n° 252 ; *Gaz. Pal.* 1996. 1. 43, note Berenguer-Guillon ; *RSC* 1995. 361, obs. G. Giudicelli-Delage – Soc. 28 nov. 2000, n° 98-19.594, P V, n° 398 ; *RJS* 2001. 140, n° 212 ; *Dr. soc.* 2001. 212, obs. Ch. Radé ; *Dr. soc.* 2001. 252, note P.-H. Antonmattei.
10. C. trav., art. L. 2323-1, al. 2 ; F. Petit, « Actualité de l'action syndicale en matière prud'homale », *JCP S* 2016. 1291.
11. Soc. 12 sept. 2018, n° 17-18.027, NP.

alors que n'est établi aucun élément de nature à caractériser une situation économique préoccupante[1].

En pratique[2] :

- On doit être en présence d'un accord collectif à durée indéterminée.

- On ne doit pas être en présence d'un accord d'intéressement, d'un accord de participation ou d'un accord relatif à la protection sociale complémentaire, lesquels font l'objet d'un régime de dénonciation spécifique.

- Depuis la loi de ratification des ordonnances de mars 2018, la dénonciation est possible, peu importe que l'entreprise soit ou non pourvue de délégués syndicaux.

- L'auteur de la dénonciation doit faire le choix, en opportunité, entre réviser et dénoncer l'accord. La portée de la dénonciation est tout autre car, d'une part l'accord collectif disparaît, d'autre part faute de conclusion d'un accord de substitution, les salariés de l'entreprise bénéficient d'une garantie de rémunération dont le montant annuel ne peut être inférieur à la rémunération versée, en application de la convention ou de l'accord dénoncé et du contrat de travail, lors des douze derniers mois. La révision ne fait pas disparaître l'accord, mais le modifie. Il se peut que la dénonciation soit utilisée comme un mode de pression afin d'obtenir la révision de l'accord.

- Il convient de respecter les stipulations de la clause de dénonciation figurant dans l'accord, lesquelles peuvent prévoir des modalités d'information, des formalités de notification aux organisations syndicales, des règles de préavis, des modalités spécifiques à la négociation de substitution, etc. À défaut d'accord, les conditions de dénonciation sont celles fixées par le code du travail.

SECTION 2
AUTEURS DE LA DÉNONCIATION

421.50 **Plan.** Les accords et conventions collectifs peuvent être dénoncés par la totalité des signataires (§ 1), ou par une partie des signataires (§ 2). Doit être isolé le cas des entreprises dépourvues de délégué syndical (§ 3).

§ 1
Dénonciation par la totalité des signataires

421.61 **Principe.** La modification des règles de représentativité en 2008, qui a fait qu'un syndicat minoritaire ne peut plus, seul, valablement conclure un accord collectif, aurait pu conduire le législateur à revenir sur la règle qui veut que la dénonciation des accords collectifs n'est efficace que si elle émane de la totalité des signataires. Il n'en a rien été puisqu'aujourd'hui encore elle ne produit ses pleins effets que lorsqu'elle émane de la totalité des signataires côté salarié, ou côté patronal.

421.62 **Cas de la perte de représentativité d'une organisation signataire.** Même si la règle générale n'a pas changé, une difficulté nouvelle peut se présenter, depuis la loi du 20 août 2008, pour que la dénonciation émane de la totalité des signataires salariés. Le risque de perte de représentativité de l'un ou l'autre des signataires à chaque cycle est réel puisque la représentativité est remise en jeu à chaque élection. La loi de 2008 répond à cette difficulté en prévoyant que lorsqu'une des organisations syndicales de salariés signataires de la convention ou de l'accord perd la qualité d'organisation représentative dans le champ d'application de cette convention ou de cet accord, la dénonciation de ce texte n'emporte d'effets que si elle émane d'une ou plusieurs organisations syndicales de salariés représentatives dans son champ d'application ayant recueilli la majorité des suffrages exprimés[3].

Il en résulte que le syndicat signataire d'un accord collectif qui perd sa représentativité ultérieurement ne peut plus participer à la dénonciation dudit accord. La dénonciation est néanmoins possible, dans cette hypothèse, si elle émane d'une ou plusieurs organisations représentatives majoritaires qu'elles soient signataires ou non de l'accord. Faut-il comprendre qu'il suffit qu'une organisation syndicale signataire ait perdu sa représentativité pour effacer la règle de l'unanimité au profit de celle de la majorité ? À confirmer.

Le questions-réponses du ministère sur la négociation d'entreprise ajoute qu'en application de l'article L. 2232-16, lorsque des délégués syndicaux apparaissent dans l'entreprise, les organisations syndicales représentatives sont également compétentes pour dénoncer, à la majorité des accords qui ont été conclus selon les modalités applicables en l'absence de délégué syndical[4].

§ 2
Dénonciation par une partie des signataires

421.70 **Plan – Dénonciation par une partie des signataires.** De l'article L. 2261-11 du code du travail, il résulte que « lorsque la dénonciation est le fait d'une partie seule-

1. Soc. 30 juin 1993, n° 90-20.158, P V, n° 190 ; *Dr. soc.* 1993. 777, note Cohen ; *RJS* 1993. 594, n° 998 ; *CSB* 1993. 229, A. 50 ; *JCP E* 1993, Pan., n° 1118.
2. S. Dorlencourt (dir.), *Conseils opérationnels gestion du personnel*, Wolters Kluwer, n° 740-10 [en ligne, mis à jour sept. 2018].
3. C. trav., art. L. 2261-10, al. 3.
4. Q/R sur la négociation collective, n° 30.

ment des signataires employeurs ou des signataires salariés, elle ne fait pas obstacle au maintien en vigueur de la convention ou de l'accord entre les autres parties signataires ». Cette solution, logique dès lors qu'au moins une organisation syndicale représentative de salariés et une organisation représentative des employeurs restent parties à l'accord, se décline cependant différemment selon que c'est une partie des organisations syndicales signataires (A) ou des organisations patronales signataires (B) qui a procédé à la dénonciation. Il faut enfin réserver le cas où la dénonciation émane d'une partie des signataires, seuls représentatifs pour une partie du champ d'application de l'accord (C).

A. Partie des organisations syndicales signataires

421.01 Partie des organisations syndicales signataires. La dénonciation est, dans ce cas, sans effet sur les salariés, y compris pour les conventions de branche puisque l'applicabilité d'une convention collective de branche aux salariés de telle entreprise de ladite branche dépend de l'affiliation de l'employeur et que rien ne s'oppose à ce qu'une convention collective reste en vigueur dans une entreprise où les organisations signataires ne sont plus majoritaires. La dénonciation par une partie des organisations syndicales signataires produit en revanche des effets sur la partie dite « contractuelle » de l'accord collectif, puisque n'étant plus parties à l'accord, les syndicats qui l'ont dénoncé ne peuvent plus se prévaloir des dispositions de l'accord applicables, non pas aux salariés, mais aux parties signataires. Il en ira ainsi, par exemple, de la participation aux commissions d'interprétation et de conciliation. Pour les parties signataires de la convention ou de l'accord qui n'ont pas participé à la dénonciation, la convention ou l'accord reste en vigueur[1].

L'article L. 2261-11 du Code du travail précise que les dispositions de la convention ou de l'accord continuent de produire effet à l'égard des auteurs de la dénonciation jusqu'à l'entrée en vigueur de la convention ou de l'accord qui lui est substitué ou, à défaut, pendant une durée d'un an à compter de l'expiration du délai de préavis, sauf clause prévoyant une durée déterminée supérieure.

B. Partie des organisations d'employeurs signataires

421.91 Partie des organisations patronales signataires. La question intéresse essentiellement les conventions de branche. L'application de la convention de branche aux salariés d'une entreprise étant tributaire de l'adhésion de l'employeur aux groupements patronaux signataires de ladite convention, la dénonciation par une partie des organisations d'employeurs signataires produira logiquement des effets plus puissants. L'accord va cesser de s'appliquer aux salariés des entreprises membres de ces organisations patronales, à l'issue d'un délai de douze mois après l'expiration du préavis. Délai pendant lequel devra être recherchée la conclusion d'un accord de substitution faute de quoi le mécanisme de garantie de rémunération produira ses effets. Dans le cas où l'on est en présence d'un accord collectif étendu, la dénonciation sera sans effet.

Pour rappel, l'employeur qui démissionne de l'organisation ou du groupement signataire postérieurement à la signature de la convention ou de l'accord demeure lié par ces derniers[2].

C. Dénonciation par une organisation seule signataire pour une partie du champ d'application de l'accord

421.101 Partie des organisations syndicales de salariés signataires. Deux situations font l'objet d'un traitement particulier : celle où le seul groupement qui dénonce la convention collective est seul représentatif pour une partie du champ d'application de ladite convention (par exemple un département ou un secteur d'activité) et celle où le seul syndicat de salariés qui dénonce la convention est seul représentatif pour une partie du champ d'application de l'accord. Dans ces cas, il est prévu que la dénonciation a pour effet de modifier le secteur territorial ou professionnel de l'accord[3] et que dans le secteur concerné par la dénonciation, une négociation devra s'ouvrir à l'initiative d'une organisation syndicale représentative de salariés intéressée[4].

Trois types de situations peuvent être envisagés[5] :

1) Le texte est dénoncé par la totalité des signataires, d'un côté ou de l'autre (situation identique lorsqu'il n'existe qu'un seul signataire d'un côté, qui dénonce) : le texte reste en vigueur pendant au moins un an, sauf à être remplacé entre-temps par celui résultant de la nouvelle négociation qui doit s'engager à la demande de l'une quelconque des parties.

2) Le texte est dénoncé par une partie seulement des signataires, d'un côté ou de l'autre, mais, du

1. Soc. 27 oct. 1982, n° 81-13.806, P V, n° 588.

2. C. trav., art. L. 2262-3.
3. C. trav., art. L. 2261-12.
4. C. trav., art. L. 2261-10, al. 3.
5. Circ. DRT n° 15, 25 oct. 1983 relative à la nouvelle législation de la négociation collective, *JONC* 10 janv. 1984, p. 289.

côté d'où émane la dénonciation, il reste signé par une ou des organisations représentatives pour l'ensemble du champ professionnel et territorial de l'accord : le texte reste en vigueur entre les parties signataires et, pour ce qui concerne les auteurs de la dénonciation, les incidences sont différentes selon qu'il s'agit d'employeurs ou de salariés ; dans le premier cas le texte leur reste applicable pendant un an au niveau atteint au jour du dépôt de la dénonciation (s'il s'agit d'un texte étendu, celui-ci continuera à s'appliquer et les avenants ultérieurs s'appliqueront, non du jour de leur signature mais de celui de leur extension) ; dans le deuxième cas le texte continue à s'appliquer à l'ensemble des salariés comme précédemment, la seule incidence de la dénonciation pour ses auteurs résidant dans le fait que les clauses institutionnelles (présence dans les commissions d'interprétation ou de conciliation) cessent de leur être opposables au terme du délai de prorogation. Mais la loi n'impose pas aux auteurs de la dénonciation d'engager une nouvelle négociation.

3) Le texte est dénoncé par une partie seulement des signataires, d'un côté ou de l'autre, mais cette dénonciation émanant d'une organisation qui est seule représentative de son côté pour une partie du champ professionnel ou territorial de l'accord entraîne une réduction de ce champ ; cette situation a trois conséquences :

- Le texte continue de lier les signataires qui n'ont pas dénoncé, la seule obligation qui leur incombe étant de modifier la définition du champ d'application.
- Le texte ne continue à lier les auteurs de la dénonciation que durant le délai de prorogation ; même s'il s'agit d'un texte étendu, l'extension d'avenants ultérieurs sera sans effet dans les secteurs que la dénonciation a fait sortir du champ du texte.
- L'initiative de la négociation pour prévenir un vide conventionnel dans ces secteurs revient aux organisations de salariés ; les amputations de champ d'application résultant, dans la quasi-totalité des cas, de dénonciations opérées par des organisations d'employeurs, il appartient aux organisations de salariés de peser les avantages et les inconvénients d'une nouvelle négociation, au regard notamment des risques d'émiettement de la couverture conventionnelle.

§ 3
Entreprises dépourvues de délégué syndical

421.110 **Plan – Dénonciation dans les entreprises sans délégué syndical.** Les règles de dénonciation ont été aménagées pour faciliter la dénonciation dans les petites entreprises. Un accord ratifié par les deux tiers du personnel peut, par exemple, être dénoncé, selon la procédure classique de dénonciation des accords collectifs, par des organisations syndicales nouvellement présentes dans l'entreprise.

Deux cas sont à considérer : les entreprises de moins de onze salariés (ou de onze à vingt sans élus) (A), et les entreprises d'au moins onze salariés (ou vingt et un sans élus) (B).

A.
Entreprises de moins de onze salariés (ou de onze à vingt sans élus)

421.121 **Dénonciation dans les TPE.** Dans ces entreprises, l'accord peut être dénoncé[1] :

- soit à l'initiative de l'employeur dans des conditions prévues par l'accord ou, à défaut, dans les conditions de droit commun ;
- soit à l'initiative des salariés dans les conditions prévues par l'accord. À défaut de stipulation expresse, il peut l'être dans les conditions de droit commun sous réserve que la dénonciation soit notifiée à l'employeur collectivement et par écrit par au moins deux tiers des salariés et qu'elle ait lieu pendant un délai d'un mois avant chaque date anniversaire de la conclusion de l'accord.

Ces modalités de dénonciation valent quelles qu'aient été les conditions de conclusion de l'accord collectif initial[2]. L'accord collectif conclu avec des délégués syndicaux peut ainsi être dénoncé par référendum si l'effectif de l'entreprise compte désormais 20 salariés, sans élus.

B.
Entreprises d'au moins onze salariés (ou vingt et un sans élus)

421.131 **Premier cas : entreprises entre onze et quarante-neuf salariés.** Dans ces entreprises, les accords peuvent être dénoncés soit par un ou plusieurs salariés expressément mandatés par un ou plusieurs syndicats représentatifs, soit par un ou des membres titulaires de la délégation du personnel du CSE.

Le questions-réponses vient préciser que, dans une entreprise de onze à vingt salariés en présence de membre élu de la délégation du personnel du CSE, ou de vingt à quarante-neuf salariés, en l'absence de délégué syndical dans l'entreprise, sont compétents pour dénoncer un accord, outre l'employeur : les membres du CSE mandatés ou non représentant la majorité des suffrages exprimés, ou un salarié mandaté[3].

1. C. trav., art. L. 2232-22 à L. 2232-23.
2. C. trav., art. L. 2232-22-1.
3. C. trav., art. L. 2232-23-1.

La condition de majorité des suffrages, prévue par le code du travail pour la conclusion et la révision des accords collectifs, est logiquement étendue par le questions-réponses à la dénonciation des accords collectifs.

Le syndicat CGT-FO a contesté l'absence de priorité donnée à la voie syndicale. Selon le syndicat, l'article L. 2232-23-1 du Code du travail, qui constitue la base légale du décret[1] du 10 novembre 2017, lequel organise la consultation des salariés pour valider l'accord conclu avec un salarié mandate, « évincerait les organisations syndicales de la négociation des accords d'entreprise concernés, faute d'instituer une priorité entre la négociation avec des salariés élus et la négociation avec les salariés mandatés, de limiter le champ de la négociation avec les salariés non mandatés et d'imposer à l'employeur d'informer les organisations syndicales représentatives dans la branche de l'engagement d'une négociation sur un tel accord ». Le recours a été rejeté par le Conseil d'État[2].

421.132 Second cas : entreprises d'au moins cinquante salariés. La dénonciation peut être effectuée :

- par des élus mandatés par un ou plusieurs syndicats représentatifs ;
- en l'absence d'élu(s) mandaté(s), par des élus non mandatés mais dans ce cas, l'accord dénoncé doit ne porter que sur des mesures dont la mise en œuvre est subordonnée par la loi à un accord collectif, à l'exception des accords de méthode ;
- par des salariés mandatés mais seulement, à notre sens, en cas de carence de représentants du personnel.

Côté employeur, il n'existe aucune restriction concernant la dénonciation dans les entreprises dépourvues de délégués syndicaux. L'employeur peut dénoncer tout type d'accord conclu au sein de l'entreprise.

SECTION 3
EFFETS DE LA DÉNONCIATION

421.140 Plan. La dénonciation ne fait pas immédiatement disparaître l'accord collectif. Cet accord va survivre (§ 1) jusqu'à la conclusion éventuelle d'un accord de substitution (§ 2).

§ 1
Survie de l'accord

421.151 Délai de survie. L'accord dénoncé continue de s'appliquer jusqu'à l'entrée en vigueur de la convention ou de l'accord qui lui est substitué ou, à défaut, pendant une durée d'un an à compter de l'expiration du délai de préavis, sauf clause prévoyant une durée déterminée supérieure[3]. La clause doit prévoir une durée déterminée, ce qui n'est pas le cas de celle prévoyant la survie de la convention jusqu'à la signature d'une nouvelle convention[4]. Une telle clause n'empêchera pas la cessation des effets de l'accord à l'issue des quinze mois.

Pendant la période de survie, l'accord continue à s'appliquer à l'ensemble des salariés de l'entreprise, y compris ceux embauchés après la dénonciation, à moins qu'un accord de substitution ait été conclu pendant cette période. En revanche, la garantie de rémunération dont bénéficient les salariés faute d'accord de substitution, ne peut être invoquée que par les travailleurs ayant la qualité de salariés de l'entreprise au jour de la dénonciation[5].

Une nouvelle négociation doit s'engager à la demande d'une des parties intéressées, dans les trois mois qui suivent le début du préavis.

Tant que la durée de survie n'a pas expiré ou qu'un accord de substitution n'a pas été conclu, la convention collective dénoncée continue à s'appliquer normalement : les salariés embauchés après la dénonciation peuvent prétendre aux avantages prévus par la convention ou l'accord dénoncé, s'ils remplissent les conditions pour en bénéficier[6]. De même, tant qu'un accord collectif de substitution ne s'applique pas, l'employeur peut décider d'appliquer la hausse des cotisations de prévoyance complémentaire conformément aux dispositions de l'accord dénoncé[7]. Pendant la période de survie, l'accord collectif dénoncé continue en effet de recevoir pleinement application, sans qu'il y ait lieu de se référer aux dispositions relatives au maintien de la rémunération, de sorte que l'employeur peut décider d'appliquer la hausse des cotisations de prévoyance complémentaire conformément aux dispositions de l'accord en cause.

421.152 Préavis. Il appartient en principe à l'accord collectif de définir les conditions de sa dénonciation. À défaut de précision (le délai peut être alors de moins ou de plus de trois mois), la dénonciation doit être précédée d'un préavis de trois mois, le préavis commençant à courir à compter de la date de notification de la dénonciation par son

1. Décr. n° 2017-1551, 10 nov. 2017 relatif aux modalités d'approbation par consultation des salariés de certains accords d'entreprise, *JO* 11 nov., n° 18.
2. CE 18 févr. 2019, n° 417209, *Lebon*.
3. C. trav., art. L. 2261-10, al. 1.
4. Soc. 8 nov. 1983, n° 81-41.230, P V, n° 541.
5. Soc. 28 juin 2018, n° 17-16499, P V, n° 131 ; *D.* 2018. 1443 ; *RJS* 10/2018, n° 582 ; *JSL* 2018, n° 459-1 ; *JCP S* 2018. 1323, obs. G. Vachet.
6. Soc. 15 mai 2001, n° 99-41.669, NP ; *D.* 2001. 1849 ; *RJS* 2001. 620, n° 897 ; *Dr. ouvrier* 2001. 441.
7. Soc. 20 oct. 2021, n° 20-14.516, NP.

auteur aux autres signataires de la convention ou de l'accord.

Si la durée du préavis peut être aménagée à la baisse ou la hausse[1], le délai de survie – qui suit le préavis – peut être aussi aménagé, mais seulement si c'est pour dépasser la durée d'un an. Par ailleurs, comme il a été vu plus haut, le délai de survie doit être déterminé, ce qui emporte que ne peut être prévu, sans fixation de délai, le maintien en vigueur de la convention collective dénoncée jusqu'à la prise d'effet du nouvel accord[2].

§ 2 Accord de substitution

421.160 **Plan.** L'accord de substitution, comme son nom l'indique, remplace l'ancien accord. Il permet de combler le vide qui résultera de la disparition de l'accord dénoncé. Une négociation doit s'engager qui aboutira, ou non, à la signature d'un tel accord. Il convient d'examiner la conclusion (A), les modalités d'application (B) et la portée (C) de l'accord de substitution.

A. Conclusion

421.171 **Ouverture d'une négociation.** « Une nouvelle négociation s'engage, à la demande d'une des parties intéressées, dans les trois mois qui suivent le début du préavis mentionné à l'article L. 2261-9. Elle peut donner lieu à un accord, y compris avant l'expiration du délai de préavis. »[3]. Le code du travail n'impose pas à l'employeur de prendre l'initiative de la négociation de substitution ; la négociation doit s'engager « à la demande d'une des parties intéressées », prévoit le texte. Il peut cependant y avoir intérêt dès lors que, faute d'accord, s'appliquera la règle de garantie du niveau de rémunération.

Lorsque la convention est dénoncée par la totalité des signataires employeurs ou salariés, une nouvelle négociation s'engage à la demande d'une des parties intéressées, dans les trois mois qui suivent le début du préavis. Elle peut donner lieu à un accord, y compris avant l'expiration du préavis[4], auquel cas l'accord de substitution s'appliquera à la date convenue peu important que le délai de préavis ne soit pas achevé[5]. Autrement dit, la négociation peut s'engager dès le début du préavis. Par contre, cette négociation doit commencer après la dénonciation.

421.172 **Invitations à la négociation.** Toutes les organisations syndicales représentatives doivent être invitées, par l'intermédiaire de leur délégué syndical, à la négociation de substitution[6], y compris les non signataires de l'accord dénoncé. Il doit s'agir d'une négociation collective, à laquelle une négociation individuelle avec les salariés ne peut pas se substituer, peu important qu'elle vise à modifier les contrats de travail[7].

421.173 **Qualification d'accord de substitution.** Pour qu'un accord soit un accord de substitution, il doit reprendre les dispositions de l'accord dénoncé. Mais il n'a pas à les reprendre point par point, et n'a pas non plus à être plus favorable que l'accord dénoncé. Et un accord portant seulement sur certains points de l'accord dénoncé et renvoyant à une négociation ultérieure pour les points non traités peut néanmoins recevoir la qualification d'accord de substitution[8]. Surtout, si l'accord de substitution possède un champ d'application plus étroit que l'accord dénoncé, les salariés non couverts par le nouvel accord bénéficieront de la garantie de rémunération[9]. Le manquement de l'employeur à son obligation de négocier n'est pas sanctionné par la nullité de la dénonciation[10], ni par le prolongement de la période de survie provisoire de la convention collective[11].

421.174 **Dénonciation d'un accord fixant des établissements distincts.** L'accord collectif fixant le périmètre des établissements distincts peut donner lieu à révision ou à dénonciation, dans les conditions normales. Un nouvel accord peut alors fixer de nouveaux périmètres[12].

1. Circ. DRT n° 15, 25 oct. 1983 relative à la nouvelle législation de la négociation collective, JONC 10 janv. 1984, p. 289 : « Elle fixe, à titre supplétif, un préavis de trois mois ; si le texte a prévu expressément un préavis, même plus court, c'est ce dernier qui s'applique. »
2. Soc. 12 févr. 1991, n° 89-45.314, P V, n° 62 ; *RJS* 1/1992. 6, note J. Déprez ; *RJS* 3/1991, n° 361 ; *D.* 1991. IR 83 ; *JCP E* 1991. I. 181, note P. Pochet ; *RJS* 1992. 3, note J. Déprez ; *CSB* 1991. 53, A. 16.
3. C. trav., art. L. 2261-10.
4. C. trav., art. L. 2261-10, al. 2.
5. Soc. 6 juin 2018, n° 16-22.361, P V, n° 108 ; *D.* 2018. 1261 ; *D.* 2018. 2209, obs. P. Lokiec et J. Porta ; *JCP S* 2018, n° 1278, note F. Dumont.
6. Soc. 9 févr. 2000, n° 97-22.619, P V, n° 59 ; *D.* 2001. 740, obs. I. Odoul-Asorey ; *RJS* 2000. 203, n° 306.
7. Soc. 19 oct. 1999, n°s 97-45.907 à 97-45.911, P V, n° 386 ; *Dr. soc.* 2000. 228, obs. G. Bélier ; *RJS* 11/1999, n° 1392.
8. Soc. 30 nov. 1994, n° 91-43.509, P V, n° 319 ; *Dr. soc.* 1995. 178, note J. Savatier ; *JS UIMM* 1995, n° 95-580, p. 48 ; *CSB* 1995, n° 66, A3 ; *RJS* 1/95, n° 46.
9. Soc. 7 juin 2005, n° 04-43.652, P V, n° 192 ; *D.* 2005. 1730 ; *Dr. soc.* 2005. 937, obs. J. Savatier ; *RJS* 2005. 632, n° 879.
10. Soc. 13 juin 1984 ; *JCP E* 1984. II. 14411, obs. G. Vachet.
11. Soc. 12 févr. 1991, nos 89-45.314 à 89-45.431, préc.
12. SUR cette question, v. : G. Loiseau, P. Lokiec, L. Pecaut-Rivolier et P.-Y. Verkindt, *Droit de la représentation du personnel*, « Dalloz Action », 2018, n° 113.102.

421.175 Modalités de l'accord de substitution.

- Date de conclusion de l'accord de substitution : l'accord de substitution peut être conclu pendant le préavis[1].

- Niveau de l'accord : l'accord collectif doit être conclu au même niveau que l'accord dénoncé (on ne substitue pas un accord de branche à un accord d'entreprise).

- Champ de l'accord de substitution : un accord de substitution peut ne porter que sur certains domaines réglés par les accords antérieurs et se contenter de prévoir que les autres points feront l'objet de négociations ultérieures.

- Contenu de l'accord : les rapports entre l'accord collectif dénoncé et l'accord de substitution ne reposent pas sur le principe de faveur. Peu importe que ses stipulations soient moins ou plus favorables que l'accord dénoncé[2], il recevra, seul, application. Si l'accord de substitution est nul et qu'un autre accord n'a pas été conclu pendant le délai de survie, on est dans une situation d'absence d'accord de substitution[3].

421.176 Signature de l'accord. Même si la loi ne l'impose pas, il peut être conseillé d'organiser une réunion préparatoire, avec entre la convocation et la date de la réunion un délai suffisant pour permettre aux délégués syndicaux de réfléchir au contenu de l'accord. En cas d'échec des négociations, il est recommandé de dresser un procès-verbal de désaccord.

421.177 Principe de loyauté et recommandation patronale. L'adoption d'une recommandation patronale au cours de la période de négociation d'un accord de substitution ne constitue pas nécessairement un manquement au principe de loyauté. Il a ainsi été jugé que la fédération patronale FEHAP n'a pas manqué audit principe en permettant, à l'expiration de la période de survie de la convention collective dénoncée, aux salariés employés par les entreprises adhérentes de continuer à bénéficier de dispositions conventionnelles plus avantageuses que les dispositions légales[4]. Cette solution, qui valide une recommandation adoptée pendant le délai de survie (et donc pendant le délai de négociation), mais ayant vocation à s'appliquer une fois le délai échu, s'explique au vu des tentatives de négociation effectuées par la Fédération. Autrement dit, il convient que, d'une part des tentatives loyales de négociation aient eu lieu, d'autre part que la recommandation patronale prenne effet à l'issue du délai de survie. Le fait que son contenu soit similaire à celui d'un accord de substitution négocié mais ayant fait l'objet d'une opposition majoritaire n'a pas été jugé dirimant.

B. Modalités d'application

421.181 Communication de l'accord.

- Aux organisations syndicales non signataires : la partie la plus diligente des signataires de l'accord doit en notifier le texte à l'ensemble des organisations non signataires[5].

- Aux salariés : il convient d'informer les salariés de la conclusion et du contenu de l'accord de substitution.

421.182 Dépôt de l'accord de substitution. L'accord de substitution doit, comme tout accord collectif, être déposé auprès du secrétariat-greffe du conseil des prud'hommes et de l'administration du travail.

C. Portée

421.191 Portée de l'accord. L'accord de substitution n'a pas d'effet rétroactif si bien que les salariés qui bénéficiaient d'une retraite anticipée en vertu de l'accord d'entreprise continuent à en bénéficier malgré l'adoption d'un accord de substitution qui remet en cause ce droit[6].

421.192 Disparition de l'accord collectif dénoncé. En cas de conclusion d'un accord de substitution, l'accord collectif d'origine cesse immédiatement de s'appliquer, à moins que les parties aient expressément stipulé que son application est différée dans le temps. Ainsi, un salarié ne peut réclamer le paiement d'une prime d'ancienneté calculée selon les dispositions de l'ancienne convention que si le mode de calcul de cette prime figure parmi les avantages dont la prolongation temporaire est prévue[7]. Le principe de faveur ne joue pas ici[8], et la conclu-

1. C. trav., art. L. 2261-10, al. 2.
2. Soc. 3 mars 1998, n° 96-11.115, P V, n° 151 ; *RJS* 1998, n° 498 ; *D.* 1998. 86.
3. Soc. 9 nov. 2005, n°s 03-43.290 et 03-45.774, P V, n° 320 ; *BICC* n° 634 ; *D.* 2005. 2898 ; *D.* 2006. 410, obs. G. Borenfreund, F. Guiomard, O. Leclerc, P. Lokiec et E. Peskine ; *RJS* 2006. 50, n° 69 ; *JCP S* 2005. 1010, note C. Neau-Leduc ; *JSL* 2005, n° 179-4.
4. Soc. 10 nov. 2021, n° 21-17.717, P ; *D.* 2021. 2092.
5. C. trav., art. L. 2231-5 : « La partie la plus diligente des organisations signataires d'une convention ou d'un accord en notifie le texte à l'ensemble des organisations représentatives à l'issue de la procédure de signature. ».
6. Soc. 5 janv. 1999, n° 96-42.930, P V, n° 3 ; *Dr. soc.* 1999. 307, obs. J. Savatier ; *RJS* 1999. 149, n° 242 ; *Dr. soc.* 1999. 307, obs. J. Savatier ; d'où il ressort que l'accord collectif du 19 décembre 1991 applicable au Commissariat à l'énergie atomique (CEA) ne peut remettre en cause les droits d'un salarié placé sous le régime de la retraite anticipée en application de l'article 157 de la Convention de travail.
7. Soc. 11 févr. 2015, n° 13-13.689, P V, n° 29 ; *D.* 2015. 2340, obs. P. Lokiec et J. Porta ; *RJS* 4/2015, n° 272 ; *JCP S* 2015. 1147, obs. T. Lahalle.
8. Soc. 11 févr. 2015, n° 13-13.689, préc.

sion de l'accord de substitution empêchera que joue la garantie de la rémunération perçue. Tout au plus les salariés pourront-ils conserver le bénéfice d'une partie des avantages de leur ancien accord si :

- soit l'accord de substitution le prévoit ;
- soit les avantages ou certains avantages issus de l'accord dénoncé ont été contractualisés.

421.193 Consultation du comité social et économique. Comme pour le projet de dénonciation, l'accord de substitution ne doit donner lieu à information-consultation que si ses dispositions affectent la marche générale de l'entreprise [1], puisque la dénonciation n'est plus en elle-même un cas d'information-consultation du CSE [2].

421.194 Vices de l'accord de substitution. L'accord de substitution peut, comme tout accord, être affecté d'un certain nombre de vices :

- Accord de substitution signé hors délai : cet accord produit bien son effet substitutif et fait disparaître l'ancien accord. En revanche, la règle de garantie de la rémunération produit effet [3].
- Nullité de l'accord de substitution (non-respect des règles de conclusion ; contenu illicite) : l'annulation d'un accord conclu en vue de remplacer un accord dénoncé équivaut à une absence d'accord de substitution [4]. Ainsi, lorsque la convention ou l'accord qui a été dénoncé n'a pas été remplacé par une nouvelle convention ou un nouvel accord dans le délai de survie, les salariés des entreprises concernées bénéficient de la garantie de rémunération à l'expiration dudit délai [5].

§ 3
Absence d'accord de substitution

421.200 Plan. La disparition du statut collectif antérieur entraîne le retour à une situation de droit commun pour les salariés (A). Ces derniers disposent à cet égard d'une garantie de rémunération (B).

A.
Disparition du statut collectif antérieur

421.211 Difficultés pratiques. Que fait-on si un salarié était en travail de nuit, en aménagement du temps de travail sur une durée d'un an ou en forfait jours et que l'accord collectif qui servait de support à ces dispositifs disparaît ? Il paraît logique que les salariés retournent à une situation de droit commun [6].

Les salariés engagés après la dénonciation ne bénéficient pas de la règle de maintien : « les salariés engagés après la dénonciation, s'ils peuvent prétendre au bénéfice des avantages prévus par la convention ou l'accord dénoncé tant que la convention ou l'accord dénoncé continue à produire effet quand ils remplissent les conditions pour y prétendre, ne les conservent pas au titre d'avantages individuels acquis après que la convention ou l'accord dénoncé a cessé de produire effet » [7]. Rien n'empêche, cependant, d'accorder un avantage aux salariés embauchés après la dénonciation, que les salariés embauchés avant la dénonciation ont en vertu du mécanisme de maintien des avantages individuels acquis [8], désormais en vertu de la garantie annuelle de rémunération.

B.
Garantie de rémunération

421.221 Garantie de rémunération (renvoi). V. s^s^ n° 422.240.

SECTION 4
RÈGLES SPÉCIALES DE DÉNONCIATION

421.231 Dénonciation du protocole préélectoral. La dénonciation du protocole préélectoral suit un régime autrement plus souple que celle des accords collectifs de travail. Lorsque se présente une nouvelle élection, les négociateurs du nouveau protocole n'ont pas à respecter le formalisme de l'article L. 2261-9 du Code du travail. Il suffit de faire

1. V. s[s] n° 414.175.
2. C. TRAV., ART. L. 2312-14.
3. Soc. 31 janv. 2007, n° 05-17.216, NP : « [...] la cour d'appel qui a constaté que la convention de substitution avait été signée postérieurement à l'expiration du délai prévu par l'article L. 132-8, alinéa 3, et que le bénéfice d'un jour de repos/congé supplémentaire lorsqu'un jour férié coïncide avec un jour de repos hebdomadaire profitait individuellement à chaque cadre se trouvant dans cette situation, en a exactement déduit que cet avantage était acquis à l'expiration de ce délai. »
4. Soc. 9 nov. 2005, n°s 03-43.290, 03-45.774, préc. : « [...] l'annulation de l'accord conclu en vue de remplacer l'accord dénoncé équivaut à une absence d'accord de substitution. Lorsque la convention ou l'accord qui a été dénoncé n'a pas été remplacé par une nouvelle convention ou un nouvel accord dans les délais précisés au troisième alinéa de l'article L. 132-8 du Code du travail, les salariés des entreprises concernés conservent les avantages individuels qu'ils ont acquis en application de la convention ou l'accord dénoncé à l'expiration de ces délais [...] ».
5. Soc. 9 nov. 2005, n°s 03-43.290, 03-45.774, préc.
6. SUR cette question : *J.-Cl. Travail Traité*, fasc. 21-12 : Temps de travail – organisation, par M. Morand, nov. 2020, mis à jour mai 2021.
7. Soc. 15 mai 2011, n° 99-41.669, préc.
8. Soc. 24 avr. 2013, n° 12-10.196, P V, n° 114 ; *D.* 2013. 1144, obs. C. de presse ; *D.* 2013. 2599, obs. P. Lokiec et J. Porta ; *RDT* 2013. 497, obs. M.-A. Souriac ; *RJS* 7/2013, n° 540 ; *Dr. soc.* 2013. 567, obs. Ch. Radé ; *SSL* 2013, n° 1583, p. 9, obs. F. Ducloz.

connaître par tout moyen la volonté de modifier son contenu. Les juges considèrent que la proposition par l'employeur d'un nouveau protocole vaut dénonciation de l'ancien [1], tout comme la demande d'un nouveau syndicat de participer à la négociation préélectorale [2]. Après sa dénonciation, l'ancien protocole préélectoral cesse définitivement de s'appliquer sans qu'il soit possible, en cas d'échec de la nouvelle négociation, de décider de revenir à son application [3].

421.232 Dénonciation de l'accord conclu par un conseil d'entreprise. Compétent pour négocier et conclure une convention ou un accord collectif, le conseil d'entreprise l'est aussi, logiquement, pour procéder à sa dénonciation. Que se passe-t-il si le Conseil d'entreprise disparait ? Cette dénonciation est a *priori* sans effet sur la pérennité des accords collectifs que le conseil d'entreprise a pu valablement conclure. Mais la disparition de l'instance change la donne quant à la possibilité de le dénoncer. S'il existe des délégués syndicaux dans l'entreprise, ces derniers recouvrent leur compétence, de sorte qu'il leur revient de procéder, le cas échéant, à la dénonciation de l'accord. À défaut de délégués syndicaux, l'accord devrait pouvoir être dénoncé à l'initiative de l'employeur selon les règles applicables en l'absence de délégués syndicaux [4].

421.233 Dénonciation de l'accord collectif de retraite complémentaire. V. s^s n° 512.52.

1. Soc. 22 févr. 1996, n° 95-60.566, P V, n° 64 ; *RJS* 1996. 256, n° 425.
2. Soc. 5 déc. 1973, n° 72-60.134, P V, n° 627.
3. G. Loiseau, P. Lokiec, L. Pecaut-Rivolier et P.-Y. Verkindt, *Droit de la représentation du personnel*, « Dalloz Action », 2018, n° 325.18.
4. G. Loiseau, P. Lokiec, L. Pecaut-Rivolier, Y. Struillou, P.-Y. Verkindt, *Droit de la représentation du personnel*, « Dalloz Action », 2018, n° 441.21 ; – B. Teyssié, « Le conseil d'entreprise », *JCP S* 2018. 1011.

CHAPITRE

422. Mise en cause

SECTION 0
ORIENTEUR

422.00 **Sommaire du chapitre.**

Division. La mise en cause est le deuxième type de mécanisme mettant un terme à l'application d'un accord collectif à durée indéterminée (sect. 1). Son champ d'application est large (sect. 2) et sa procédure balisée (sect. 3).

422.01 **Textes applicables.**

• **C. trav.,** art. L. 2261-14 ; mod. par L. n° 2018-217, 29 mars 2018, art. 21 [Régime de la mise en cause]

• **C. trav.,** art. L. 2261-14-1 [Perte de représentativité d'une organisation syndicale]

• **C. trav.,** art. L. 2261-14-2, art. L. 2261-14-3, art. L. 2261-14-4 [Accord de transition et accord d'adaptation anticipé]

422.02 **Jurisprudence de référence.**

• **Soc. 14 déc. 2005,** n° 03-21.103, NP

« La mise en cause résulte de plein droit de l'événement qui l'a entraînée, sans qu'il soit besoin de le notifier. »

• **Soc. 10 févr. 2010,** n° 08-44.454, P V, n° 36

« En cas de transfert du contrat de travail par application des dispositions de l'article L. 1224-1 du Code du travail, la convention collective dont relève le cessionnaire s'applique immédiatement au salarié, les dispositions plus favorables de l'accord mis en cause continuant cependant à lui bénéficier dans les conditions prévues par l'article L. 2261-14 du Code du travail. »

• **Soc. 13 nov. 2007,** n° 06-42.090, NP

« En vertu des dispositions combinées des troisième et septième alinéas de l'article L. 132-8 du code du travail, lorsque l'application d'une convention ou d'un accord collectif est mise en cause dans une entreprise déterminée en raison notamment d'une fusion, d'une cession, d'une scission ou d'un changement d'activité, ladite convention ou ledit accord continue de produire ses effets jusqu'à l'entrée en vigueur de la convention ou de l'accord qui lui est substitué ou, à défaut, pendant une durée d'un an à compter de l'expiration du préavis, sauf clause prévoyant une durée supérieure.

Il en résulte qu'à défaut de convention ou d'accord de substitution, le nouvel employeur ne peut imposer aux salariés repris l'application immédiate du statut collectif en vigueur dans l'entreprise, lorsque ce statut est différent de celui dont ils relevaient avant le transfert des contrats de travail ;

Une cour d'appel, qui a relevé que le nouvel employeur avait prononcé un licenciement uniquement fondé sur le refus du salarié d'accepter immédiatement l'application de la convention collective "cinq branches" en vigueur dans l'entreprise, en a exactement déduit que ce licenciement était dépourvu de cause réelle et sérieuse. »

• **Soc. 30 nov. 2017,** n° 16-20.532, P

« L'évolution générale de la législation du travail en matière de négociation collective et de la jurisprudence en ce qui concerne le principe d'égalité de traitement à l'égard des accords collectifs conduit à apprécier différemment la portée de ce principe à propos du transfert des contrats de travail organisé par voie conventionnelle ;

La différence de traitement entre les salariés dont le contrat de travail a été transféré en application d'une garantie d'emploi instituée par voie conventionnelle par les organisations syndicales représentatives investies de la défense des droits et intérêts des salariés et à l'habilitation desquelles ces derniers participent directement par leur vote et les salariés de l'employeur entrant, qui résulte de l'obligation à laquelle est tenu ce dernier de maintenir au bénéfice des salariés transférés les droits qui leur étaient reconnus chez leur ancien employeur au jour du transfert, n'est pas étrangère à toute considération de nature professionnelle et se trouve dès lors justifiée au regard du principe d'égalité de traitement. »

• **Soc. 24 mars 2021,** n° 19-15.920, P

« 11. Il résulte de l'article L. 2261-14 du code du travail que la mise en cause de l'application de la convention ou de l'accord collectif résulte de la survenance de la fusion, cession, scission, changement d'activité, prévus par ce texte, sans qu'il soit besoin d'une dénonciation.

12. Si, conformément au droit commun des accords collectifs de travail, le nouvel employeur peut, en l'absence d'adaptation aux dispositions conventionnelles nouvellement applicables ou d'élaboration de nouvelles dispositions, maintenir, en vertu d'un engagement unilatéral, tout ou partie des dispositions conventionnelles en vigueur dans l'entreprise absorbée, ce n'est qu'à la condition, s'agissant d'avantages ayant le même objet ou la même cause, que cet accord soit plus favorable que celui applicable au sein de l'entreprise absorbante.

13. La cour d'appel a retenu qu'en raison de l'absorption par la société Scolarest de la société Medirest l'accord Medirest du 25 janvier 2000 avait été mis en cause et a fait ressortir que l'employeur en faisait une application volontaire.

14. Relevant, d'abord, qu'avant application de la journée de solidarité, la durée du travail prévue par l'accord d'entreprise Médirest du 25 janvier 2000 était de 1 600 heures alors que celui conclu, le 22 décembre 1999, au sein de la société Scolarest, prévoyait une durée annuelle de 1 594 heures, et ensuite, que 143 jours de repos annuels étaient prévus dans l'accord Médirest (104 jours de repos hebdomadaires, 25 jours de congés payés et 14 jours annuels de crédit repos comprenant 7 jours fériés et 7 jours de repos complémentaires RTT) contre 149 jours dans l'accord d'entreprise Scolarest (104 jours de repos hebdomadaires, 25 jours de congés payés, 9 jours fériés et 11 jours de repos complémentaires RTT), la cour d'appel a, sans priver sa décision de base légale, procédé à une comparaison d'avantages ayant le même objet ou la même cause.

15. Elle en a exactement déduit, sans avoir à procéder à une recherche que ses constatations rendaient inopérantes, que les dispositions de l'accord Scolarest, qui étaient plus favorables que celles de l'accord Medirest, étaient seules applicables, en sorte que le salarié était bien fondé à en réclamer le bénéfice. »

• **Soc. 31 mars 2021,** n° 19-12.289, P

« Vu l'article L. 1224-1 du code du travail :

5. Dès lors que le règlement intérieur constitue un acte réglementaire de droit privé, dont les conditions d'élaboration sont encadrées par la loi, le règlement intérieur s'imposant à l'employeur et aux salariés avant le transfert de plein droit des contrats de travail de ces derniers en application de l'article L. 1224-1 du code du travail n'est pas transféré avec ces contrats de travail.

6. Pour juger le licenciement dépourvu de cause réelle et sérieuse, l'arrêt retient que la société Carl Zeiss Meditec n'a pas respecté les dispositions du règlement intérieur de la société Ioltech, qu'elle avait rachetée en 2005, prévoyant que tout salarié à l'égard duquel est envisagée une sanction disciplinaire est convoqué au moyen d'une lettre l'informant des griefs retenus contre lui.

7. En statuant ainsi, alors que la société Carl Zeiss Meditec n'était pas tenue d'appliquer le règlement intérieur de la société Ioltech qui ne lui avait pas été transmis en application de l'article L. 1224-1 du code du travail, la cour d'appel a violé le texte susvisé. »

422.03 Bibliographie indicative.

Thèses. L. Aluome, *La norme collective à l'épreuve du transfert d'entreprise. Essai en droit du travail*, préf. B. Teyssié et E. Jeansen, « Thèses », LexisNexis, 2019 – A. Bugada, *L'avantage acquis en droit du travail,* préf. D. Berra, « Centre de droit social », PUAM, 1999 – H. Ouaissi, *Les incidences des restructurations d'entreprise sur la situation collective des salariés,* préf. B. Teyssié, « Bibliothèque de droit privé », t. 462, LGDJ, 2006.

Monographies. B. Cormier Le Goff, E. Benard, *Les restructurations,* 3e éd., « Droit vivant – Liaisons », Wolters Kluwer, 2014 – P. Morvan, *Restructuration en droit social,* 5e éd., « Droit&Professionnels », LexisNexis, 2020.

Manuel. N. Moizard, *Transferts d'entreprise : Droit de l'Union européenne et droit français,* « Paradigme », Larcier, 2015.

Contributions. A. Bugada, « Pour un retour aux avantages individuels acquis », *mél. Teyssié*, Lexisnexis, 2019, p. 51 – B. Teyssié, « La mise en cause des conventions et accords collectifs de travail » *in* Institut d'études européennes et internationales du travail, *Révision, dénonciation et mise en cause des conventions et accords collectifs de travail,* « Droit », t. VII, Litec, 1996, p. 82 – E. Jeansen, « Accord d'adaptation » *in* B. Teyssié (dir.), *Notions et normes en droit du travail*, « Colloques », Éditions Panthéon-Assas, 2016.

Articles. L. Aluome, « L'accord de substitution au sens de l'article L. 2261-14 C. trav. », *Dr. soc.* 2021. 527 ; « L'accord tripartite de transition », *JCP S* 2019. 1305 ; « Caducité et mise en cause de l'accord collectif de travail : plaidoyer pour une nouvelle articulation », *JCP S* 2020. 3097v – Y. Aubrée, « L'accord "substitué" au statut collectif mis en cause après transfert total ou partiel d'entreprise », *RJS* 1999. 275 – J. Barthélémy, « Restructurations et tissu conventionnel : critique de la construction prétorienne », *JCP S* 2010. 235 ; « Restructurations et protection sociale complémentaire », *Dr. soc.* 1989. 110 – S. Béal et C. Terrenoire, « Dénonciation et mise en cause des accords collectifs d'entreprise après la loi travail », *JCP E* 2016. 1619 ; *JCP S* 2016. 1421 – G. Bélier, « Restructurations et statut collectif : aspects pratiques », *Dr. soc.* 1989. 71 – J. Bourdoiseau et V. Roulet, « Les conséquences du transfert d'entreprise sur la protection sociale des salariés », *Gaz. Pal.* 2015. 188, p. 2110 – G. Camerlynck, « La clause de maintien des avantages acquis dans les conventions collectives », *Dr. soc.* 1959. 406 – J.-F. Cesaro, « Révision, transition, extinction des conventions et accords collectifs après la loi du 8 août 2016 », *JCP S* 2016. 1301 – J.-F. Cesaro, « Propositions pour le droit du renouvellement et de l'extinction des conventions et accords collectifs de travail », Rapport 22 janv. 2016, *JCP S* 2016, act. 29 – J.-F. Cesaro et A. Martinon, « Le maintien de la rémunération perçue : observations et propositions », *JCP E* 2017. 1062 ; « La garantie de rémunération », *BJT* 4/2020. 65 – J.-P. Chauchard, « Négociation collective et restructurations d'entreprises », *Dr. soc.* 1995. 37 – R. Chiss, V. Manigo, « Le sort des engagements unilatéraux de l'employeur lors des transferts d'entreprises », *JCP S* 2010. 1007 – E. Dockès, « L'avantage individuel acquis », *Dr. soc.* 1993. 826. – M. Hautefort, « Transfert d'activité : comment gérer le statut collectif ? », *Cah. DRH* 2017, n° 242 – E. Jeansen, J. De Calbiac, « Dénonciation des régimes de protection sociale complémentaire », *JCP S* 2017, n° 1344 – G. Jolivet, H. Ouaissi, « Le sort des régimes d'épargne salariale lors de transferts d'entreprise », *JCP S* 2007. 1466 – P. Langlois, « La révision d'un régime de protection sociale complémentaire », *Dr. soc.* 1999. 384 – H.-J. Legrand et M.-L. Morin, « La "mise en cause" d'une convention ou d'un accord collectif... en question », *RDT* 2008. 10 – P. Lokiec, « Transfert d'entreprise et accord collectif », *Cah. soc.* 2017, n° 299, p. 440. – M. Morand, « La face cachée des accords d'adaptation », *RJS* 2013. 571 – M. Morand, « Rémunération annuelle maintenue : interrogation », *SSL* 2017. 1751, p. 8 – J.-M. Olivier, « L'impact des transferts sur les normes collectives en vigueur dans l'entreprise », *Dr. soc.* 2005. 743 – Y. Pagnerre, « De l'entrée dans le périmètre d'un accord de groupe ou sa sortie », *JCP S* 2022. 1274 – Y. Pagnerre, « Restructuration, mise en cause d'accords collectifs et garantie des rémunérations », *JCP S* 2023. 1333 – Y. Pagnerre et E. Jeansen, « Des avantages individuels acquis au maintien de la rémunération annuelle : une notion byzantine chasse l'autre », *JCP S* 2016. 1420 – J.-E. Ray, « Restructurations et statut collectif », *Dr. soc.* 1989. 56 – J. Savatier, « L'accord de substitution à un accord collectif ayant fait l'objet d'une dénonciation », *Dr. soc.* 1995. 178. – A. Stocki, « La loi travail et la mise en cause des conventions et accords collectifs », *Cah. soc.* 2017. 292 – G. Vachet, « Mise en cause d'un accord collectif et accord anticipé de substitution », *SSL* 2017, n° 1751.

422.05 **Points clés.** En présence d'un transfert d'entreprise ou de tout autre événement emportant « mise en cause » de l'accord collectif, ledit accord n'est pas caduc. Comme pour la dénonciation, le droit du travail entend faire disparaître progressivement l'accord mis en cause, en assurant une sorte de statut de substitution aux salariés concernés. Ainsi, l'accord va survivre pendant 15 mois à l'issue desquels, faute d'accord de substitution, le salarié bénéficiera de la rémunération annuelle garantie. Si nombre de similarités existent entre le régime de la mise en cause et celui de la dénonciation, la première ne nécessite pas d'acte de dénonciation. La mise en cause « résulte de la survenance de la fusion, cession, scission, changement d'activité, prévus par ce texte, sans qu'il soit besoin d'une dénonciation », énonce la Cour de cassation[1].

SECTION 1
PROPOS LIMINAIRES

422.11 **Logique générale.** Le régime de la mise en cause des accords collectifs a une origine européenne, comme celui régissant les aspects individuels du transfert d'entreprise. L'article 3, § 3 de la directive Transfert[2] organise aussi le maintien temporaire de l'accord collectif : « Après le transfert, le cessionnaire maintient les conditions de travail convenues par une convention collective dans la même mesure que celle-ci les a prévues pour le cédant, jusqu'à la date de la résiliation ou de l'expiration de la convention collective ou de l'entrée en vigueur ou

1. Soc. 24 mars 2021, n° 19-15.920, P.
2. Dir. 2001/23 du Conseil, 12 mars 2001 concernant le rapprochement des législations des États membres relatives au maintien des droits des travailleurs en cas de transfert d'entreprises, d'établissements ou de parties d'entreprises ou d'établissements, *JOCE L* 22 mars, p. 16.

de l'application d'une autre convention collective. Les États membres peuvent limiter la période du maintien des conditions de travail, sous réserve que celle-ci ne soit pas inférieure à un an ».

Le régime de la mise en cause doit être envisagé en parallèle à celui régissant le transfert des contrats de travail. En vertu de l'article L. 1224-1 du Code du travail, le salarié conserve son contrat de travail et les droits qui y sont attachés. En revanche, l'accord collectif qui lui est applicable va disparaître mais, pour que cette disparition ne soit pas brutale et soit acceptable, elle va prendre du temps et devra faire l'objet d'une négociation en vue de l'éventuelle conclusion d'un accord de substitution.

Même si le régime de la mise en cause est largement aligné sur celui de la dénonciation des accords collectifs, leur finalité diffère puisque dans le premier cas, il s'agit de se préparer à l'application d'un nouveau statut conventionnel[1]. Dans le cas de la dénonciation, on se prépare au contraire à la disparition du statut collectif dans l'entreprise.

422.12 Transfert conventionnel. Décidé entre les deux employeurs, dans une hypothèse où le régime légal de la mise en cause est inapplicable[2], le transfert conventionnel peut créer une différence de traitement entre salariés de l'entreprise d'accueil et salariés transférés. Est-il possible de prévoir que la prime, prévue par l'accord collectif de l'entreprise d'origine des salariés transférés, ne bénéficiera qu'à eux une fois le transfert intervenu ? La jurisprudence a répondu par l'affirmative, estimant que les salariés de l'entreprise d'accueil ne peuvent se fonder sur le principe d'égalité de traitement pour revendiquer un avantage maintenu aux salariés transférés[3]. Cette solution, qui aligne le régime du transfert conventionnel sur celui du transfert légal – du point de vue de l'égalité de traitement – est confortée par le nouvel article L. 1224-3-2, issu de la loi Travail du 8 août 2016, d'où il résulte qu'en cas de changement de prestataire sur un marché, « les salariés employés sur d'autres sites de l'entreprise nouvellement prestataire ne peuvent invoquer utilement les différences de rémunération résultant d'avantages obtenus avant cette poursuite avec les salariés dont les contrats de travail ont été poursuivis »[4].

On rappellera ici que, bien que le transfert conventionnel ne soit pas soumis aux dispositions de l'article L. 1224-1 du code du travail, le refus du nouveau titulaire du marché d'appliquer l'accord collectif lui faisant obligation de poursuivre les contrats de travail des salariés affectés à ce marché produit les effets d'un licenciement sans cause réelle et sérieuse[5]. En revanche, en cas d'application volontaire de l'article L. 1224-1 du Code du travail, le premier employeur ne peut être tenu d'indemniser le salarié au titre d'un manquement du nouvel employeur aux obligations résultant de la poursuite du contrat de travail, à moins qu'il ne s'y soit contractuellement engagé ou qu'une collusion frauduleuse soit constatée entre les deux employeurs successifs afin de le priver des avantages qu'il tenait de son contrat avant le changement d'employeur[6].

SECTION 2
CHAMP DE LA MISE EN CAUSE

422.20 Plan. Le champ de la mise en cause est relativement large (§ 1), qu'il s'agisse du niveau des accords ou de leur objet (§ 2).

§ 1
Niveaux d'accords

422.31 Quels accords ? Seuls les accords applicables dans l'entreprise cédée sont mis en cause. Les accords collectifs applicables au sein de l'entreprise juridiquement bénéficiaire du transfert (entreprise cessionnaire ou absorbante) ne le sont pas.

422.32 Régime commun. Le législateur a fait le choix de conférer un régime similaire à la mise en cause de l'accord d'entreprise et de la convention de branche. Il a cependant été soutenu que le régime du premier aurait pu être plus souple[7]. Les accords d'établissement peuvent également faire l'objet d'une mise en cause.

422.33 Mise en cause d'une convention de branche applicable à titre volontaire. La mise en cause vaut non seulement pour la convention de

1. Celui de l'entreprise d'accueil, lorsqu'un tel statut existe dans ladite entreprise.
2. Un transfert d'entreprise ne rentrant pas dans le domaine d'application de l'article L. 1224-1 du code du travail.
3. Soc. 30 nov. 2017, n° 16-20.532, P ; *D.* 2017. 2483 ; *JCP S* 2018. 1023, note J.-F. Cesaro ; *RDT* 2018. 56, obs. A. Fabre ; *JSL* 25 janv. 2018, n° 446, p. 9, note J.-Ph. Lhernould ; *RJS* 2/2018, n° 100 ; *JCP* 2017. 1341, obs. Corrignan-Carsin ; *JCP S* 2017. 1023, obs. Cesaro ; – Soc. 30 mai 2018, n° 17-12.790, P V, n° 94.
4. C. trav., art. L. 1224-3-2.
5. Soc. 15 juill. 1998, n° 96-43.869, P V, n° 377 ; *RJS* 1998, n° 1180.
6. Soc. 17 juin 2003, n° 01-42.171, P V, n° 196 ; *D.* 2004. 1408, note M. Billiau ; *RJS* 2003. 62, n° 988.
7. M. Despax, *Négociations, conventions et accords collectifs*, Dalloz, 2e éd., 1989, p. 378, nos 317 s. : « Le cadre plus limité de l'accord [...] aurait pu permettre d'envisager plus facilement la possibilité d'une transmission au nouvel entrepreneur de l'accord conclu par l'employeur précédent. » ; J. Savatier, note ss. Soc. 23 oct. 1979, n° 79-60.200, P V, n° 768, *Dr. soc.* 1980. 343.

branche appliquée à titre obligatoire mais aussi pour celle appliquée volontairement par l'effet d'un accord collectif d'entreprise. Elle ne vaut pas, en revanche, lorsque l'application volontaire par le cédant résulte d'une décision unilatérale ou d'un usage[1]. Il y a alors transfert de plein droit de l'application de la convention au cessionnaire.

422.34 **Application au transfert partiel.** Le transfert partiel n'affecte qu'en partie l'accord d'entreprise d'origine. C'est pourquoi est seule mise en cause son application aux salariés transférés, extraits du périmètre de ladite entreprise.

422.35 **Usages, engagements unilatéraux et accords atypiques.** Les règles de mise en cause des accords collectifs sont inapplicables à ces actes juridiques. Leur régime est comme suit : usages et engagements unilatéraux se maintiennent en cas de transfert d'entreprise mis en œuvre en application de l'article L. 1224-1 du Code du travail. Le nouvel employeur peut décider le maintien de l'usage à l'égard des seuls salariés transférés, puisqu'il est jugé qu'une telle solution ne porte pas atteinte au principe d'égalité de traitement[2]. S'il souhaite que l'usage ou l'engagement unilatéral cesse de s'appliquer, il devra appliquer la procédure de dénonciation à savoir informer préalablement le CSE et les salariés, à titre individuel, et respecter un délai de prévenance suffisant. Lorsqu'un accord collectif d'entreprise ayant le même objet que l'usage a été conclu postérieurement au transfert, cet accord met fin à l'usage, sans qu'il y ait lieu à dénonciation, et s'y substitue de plein droit[3].

422.36 **Règlement intérieur.** Le règlement intérieur n'est pas transféré[4], de sorte que les salariés ne peuvent se prévaloir des garanties prévues par leur ancien règlement intérieur en matière disciplinaire[5]. Seul s'applique le règlement intérieur de l'entreprise d'accueil de façon immédiate.

§ 2 Situations concernées

422.40 **Plan.** « Lorsque l'application d'une convention ou d'un accord est mise en cause dans une entreprise déterminée en raison notamment d'une fusion, d'une cession, d'une scission ou d'un changement d'activité… », dispose l'article L. 2261-14. Cet artile, dont la rédaction inclut le fameux « notamment », autorise d'autres hypothèses de mises en cause[6].

Les situations ainsi prévues sont d'une grande variété : le changement d'employeur (A), d'activité ou de lieu d'implantation (B), la disparition du seul syndicat signataire patronal (C) et la perte de représentativité des organisations syndicales signataires (D). Les accords spéciaux font parfois l'objet de dispositions propres (E).

A. Changement d'employeur

422.51 **Statut collectif.** Tout changement d'employeur régi par l'article L. 1224-1 du code du travail met en cause les accords collectifs conclus par le cédant. Cette règle vaut y compris lorsque le périmètre de conclusion de l'accord est inchangé après l'opération de restructuration.

L'article L. 2261-14, alinéa 1, du Code du travail mentionne expressément, sans que la liste soit exhaustive (notamment) comme événement emportant la mise en cause de l'accord collectif la fusion, la cession, la scission ou le changement d'activité. Le nouvel employeur n'étant plus partie à l'accord collectif initial, il est normal que ledit accord soit mis en cause. Il ne peut en être autrement que dans de rares hypothèses, qui se produisent dans le cadre d'un groupe ou d'une UES.

Les modifications juridiques de la situation de l'employeur n'entrant pas dans le champ de l'article L. 1224-1 ne donnent pas lieu à mise en cause et tombent le cas échéant dans le régime du transfert conventionnel. Ainsi, la cession des parts d'une société commerciale à un nouvel actionnaire, qui ne réalise à elle seule ni une fusion, ni une cession, ni une scission d'entreprise, ne met en cause l'application d'aucune convention collective[7]. Il en va de même en cas de simple perte de marché[8], ce qui explique qu'un certain nombre de branches ont organisé, dans cette hypothèse, le transfert conventionnel, avec maintien de certains avantages : vente et services des animaux familiers (pour les activités de refuges et fourrières), Hôtels, cafés, restaurants, Manutention ferroviaire et travaux connexes, Prévention et sécurité, Propreté, Restauration de collectivités, Transport aérien (pour les entreprises d'assis-

1. B. Cormier Le Goff, E. Benard, *Les restructurations,* 3e éd., « Droit vivant – Liaisons », Wolters Kluwer, 2014, 87, n° 118.
2. Soc. 28 mars 2018, n° 16-19.260, P.
3. Soc. 14 mars 2000, n° 98-40.545, P.
4. Soc. 17 oct. 2018, n° 17-16.465, P ; *D.* 2018. 2143 ; *JA* 2018, n° 589, p. 10, obs. D. Castel ; *Rev. sociétés* 2019. 482, note J.-M. Moulin ; *Dr. soc.* 2019. 90, obs. J. Mouly.
5. Soc. 31 mars 2021, n° 19-12.289, P ; *D.* 2021. 701 ; *RDT* 2021. 388, obs. P. Adam.
6. Soc. 31 janv. 2001, n° 99-60.378, P V, n° 31 ; *D.* 2001. 673 ; *Dr. soc.* 2001. 455, obs. J. Savatier ; *RJS* 2001, n° 478.
7. Soc. 18 janv. 2006, n° 03-43.023, P V, n° 18 ; *RDT* 2006. 186, obs. S. Nadal ; *RJS* 2006. 324, n° 479.
8. Soc. 20 déc. 2006, n° 04-19.829, P V, n° 389 ; *D.* 2006. AJ 227 ; *RJS* 2006. 132, n° 196 ; *Dr. soc.* 2007. 374, obs. A. Mazeaud ; *JCP S* 2007, n° 1036, note P. Morvan ; *RJS* 2/2007, n° 196.

tance en escale), « Transports de fonds et de valeurs », « Transports routiers » (pour les entreprises de transport routier de voyageurs), etc.

B. Changement d'activité ou de lieu d'implantation

422.61 Changement professionnel ou territorial. Les conventions de branche sont mises en cause en cas de changement d'activité ou de lieu d'implantation lorsque la nouvelle entité ne correspond pas à l'activité ou au champ d'application territorial de la convention de branche applicable dans l'entreprise cédante. Par conséquent, en cas d'application d'une convention collective territoriale, le transfert du siège social de l'entreprise dans un autre département entraîne sa mise en cause par l'effet de l'article L. 2261-14 du code du travail [1].

Les changements conventionnels issus du dispositif de restructuration des branches [2] ne relèvent pas du régime de mise en cause des accords collectifs.

De même, il y aura mise en cause si une entreprise ou un établissement sort du champ d'application d'un accord d'entreprise, d'un accord interentreprise ou d'un accord de groupe : la cession d'un établissement ou d'une entreprise qui les sort du périmètre de l'entreprise, du groupe ou de l'UES, ou la fusion ou la scission qui fait disparaître la personnalité juridique de l'employeur constituent des cas de mise en cause.

La situation s'avère particulièrement complexe en présence d'un accord de groupe. La sortie du groupe de l'une des filiales couvertes par l'accord devrait entraîner la mise en cause dudit accord dans cette entreprise. Il est plus vraisemblable que le changement de lieu ne suffise pas à entraîner la mise en cause de l'accord collectif, dès lors toutefois que le champ territorial de l'accord est défini par rapport au lieu d'implantation et à l'activité du groupe dans son ensemble, ou que rien n'est précisé [3]. Le droit positif n'étant pas établi sur ce sujet, il est préférable que l'accord de groupe régisse avec précision les mises en cause susceptibles d'intervenir au sein du groupe. Le même type de précaution vaut pour l'UES.

En revanche, la suppression d'un établissement de l'entreprise est sans incidence sur les accords conclus dans les autres établissements, à moins que plusieurs établissements aient formé, « dans l'esprit des parties, un ensemble indivisible » [4]. L'hypothèse suivante est tout sauf théorique : deux entreprises, ayant chacune leur siège à Paris, fusionnent. La fusion implique que les succursales de chacune des entreprises seront maintenues telles quelles, avec leur personnel. S'il ne fait pas de doute que les accords des établissements de Paris (sièges) sont mis en cause, la question peut se poser s'agissant des accords d'établissement conclus au niveau des succursales. Les établissements étant une émanation de l'entreprise qui les contient, on peut considérer que les accords d'établissement de l'entreprise qui fait l'objet du transfert d'entreprise sont mis en cause.

Autre cas, le transfert d'entreprise n'emporte pas mise en cause lorsque l'accord est initialement négocié par les deux employeurs parties à l'opération, membres d'un même groupe d'entreprises [5].

C. Disparition du seul syndicat signataire patronal

422.71 Disparition du syndicat patronal. La disparition du syndicat patronal signataire, seul signataire de la convention de branche, entraîne la mise en cause de la convention ou de l'accord collectif de branche ou de niveau supérieur [6].

D. Perte de représentativité des organisations syndicales signataires (absence de mise en cause)

422.81 Perte de représentativité. La perte de la qualité d'organisation représentative de toutes les organisations syndicales signataires d'une convention ou d'un accord collectif n'entraîne pas la mise en cause de cette convention ou de cet accord [7]. La convention collective continue de s'appliquer même

1. Soc. 21 mai 1997, n° 93-46.617, P V, n° 182 ; *D.* 1997. IR 151 ; *Dr. soc.* 1997. 762, obs. G. Couturier ; *RJS* 1997. 549, n° 848.
2. C. trav., art. L. 2261-33.
3. P. Morvan, *Restructurations et droit social*, 4e éd., « Droit&Professionnels », LexisNexis, 2017, p. 241 – B. Teyssié, « Variations sur les conventions et accords collectifs de groupe », *Dr. soc.* 2005. 643.
4. J. Savatier, « L'accord de substitution à un accord collectif ayant fait l'objet d'une dénonciation », *Dr. soc.* 1995. 178.
5. Y. Chalaron, *Négociation et accords collectifs d'entreprise*, « Pratique social », Litec, 1990, p. 287, n° 285 – B. Teyssié, « La mise en cause des conventions et accords collectifs de travail » *in* Institut d'études européennes et internationales du travail, *Révision, dénonciation et mise en cause des conventions et accords collectifs de travail*, « Droit », t. VII, Litec, 1996, p. 82, n° 16 – G. H. Camerlynck (dir.), *Droit du travail*, t. VII, *Négociations, conventions et accords collectifs*, par M. Despax, 2e éd., Dalloz, 1989, p. 375, n° 215.
6. Soc. 16 mars 1995, n° 91-40.210, P V, n° 91 ; *D.* 1995. 369, obs. E. Dockès ; *Dr. soc.* 1995. 370, concl. R. Kessous ; *JCP* 1995. II. 22419, rapp. Frouin ; *JCP E* 1995. II. 722, note P. Pochet ; *RJS* 1995. 273, n° 402 – Soc. 13 oct. 2016, n° 14-18.905, P.
7. C. trav., art. L. 2261-14-1.

si tous les syndicats qui l'ont signée perdent leur représentativité lors du prochain cycle électoral.

E.
Accords spéciaux

422.91 Accords de protection sociale complémentaire, d'intéressement et de participation. L'article L. 911-3 du Code de la sécurité sociale prévoit que « les dispositions du titre III du livre Ier du code du travail sont applicables aux conventions et accords collectifs mentionnés à l'article L. 911-1 », ce qui emporte que les conventions et accords collectifs relatifs à la protection sociale complémentaire[1] sont soumis au régime de mise en cause des accords collectifs. Il en va autrement des accords d'intéressement et de participation, soumis à des règles particulières. En cas de modification survenue dans la situation juridique de l'entreprise, par fusion, cession ou scission et lorsque cette modification rend impossible l'application de l'accord d'intéressement ou de participation, ce dernier cesse de produire effet entre le nouvel employeur et les salariés de l'entreprise[2]. L'accord collectif qui met en place un plan d'épargne d'entreprise (PEE) est lui également soumis à un régime spécial : « En cas de modification survenue dans la situation juridique d'une entreprise ayant mis en place un plan d'épargne d'entreprise, notamment par fusion, cession, absorption ou scission, et lorsqu'elle rend impossible la poursuite de l'ancien plan d'épargne, les sommes qui y étaient affectées peuvent être transférées dans le plan d'épargne de la nouvelle entreprise, après information des représentants du personnel dans des conditions prévues par décret. Dans ce cas, le délai d'indisponibilité écoulé des sommes transférées s'impute sur la durée de blocage prévue par le nouveau plan. »[3] En résumé, si le transfert d'entreprise rend impossible la poursuite du plan d'épargne d'entreprise en vigueur au sein de l'entreprise absorbée, les sommes qui y sont affectées peuvent être transférées dans celui de la nouvelle entreprise, après information des représentants du personnel.

SECTION 3
PROCÉDURE DE MISE EN CAUSE

422.100 Plan. Après une mise en cause, l'accord ou les accords applicables chez le cédant restent provisoirement applicables aux salariés du cédant transférés chez le cessionnaire (§ 1). Ce qui peut créer des situations de concours dès lors que les accords en vigueur au sein de l'entreprise d'accueil s'appliquent immédiatement (§ 2).

§ 1
Survie provisoire de l'accord initial

422.111 Concours possible d'accords. L'accord mis en cause continue de s'appliquer jusqu'à l'entrée en vigueur de l'accord ou de la convention qui lui est substitué ou, à défaut, pendant un délai de survie provisoire, identique à celui applicable en cas de dénonciation d'un accord collectif. Il est jugé que « la convention collective dont relève le cessionnaire s'applique immédiatement au salarié, les dispositions plus favorables de l'accord mis en cause continuant cependant à lui bénéficier dans les conditions prévues par l'article L. 2261-14 du Code du travail »[4]. Le concours entre la convention collective de l'entreprise d'origine et celle de l'entreprise d'accueil est régi par le principe de faveur avec un non-cumul des avantages ayant le même objet ou la même cause[5].

La survie temporaire de la convention collective de l'entreprise d'origine vaut pour les salariés transférés, pas pour les salariés nouvellement embauchés dans l'entreprise cessionnaire[6].

Une fois le délai de survie écoulé, autrement dit au bout de quinze mois en principe, le statut conventionnel de l'entreprise d'origine cesse de s'appliquer. Si un salarié bénéficie du statut de cadre en vertu, non pas de son contrat de travail mais de sa convention collective, il perd son statut à l'issue du délai de survie[7].

422.112 Règle d'ordre public. Quoi qu'aient convenu les parties, le nouvel employeur ne peut imposer, pendant le délai de survie, aux salariés transférés l'application exclusive du statut collectif dont il relève[8]. Il ne peut pas non plus subordonner

1. AUSSI : V. s^s n° 512.53.
2. C. trav., art. L. 3313-4 et art. L. 3323-8.
3. C. trav., art. L. 3335-1.

4. Soc. 10 févr. 2010, n° 08-44.454, P V, n° 36 ; *D.* 2010. AJ 586, obs. L. Perrin ; *Dr. soc.* 2010. 476, obs. Ch. Radé ; *JSL* 2010, n° 275-31, obs. N. Gardair-Rérolle ; *RJS* 4/2010, n° 361 – Soc. 1er juill. 2009, n° 07-42. 675, P V, n° 168 ; *Dr. soc.* 2009. 1002, obs. Ch. Radé ; *Dr. soc.* 2009. 1169, note P.-H. Antonmattei.
5. Soc. 10 févr. 2010, n° 08-44.454, P ; *D.* 2010. 586, obs. L. Perrin ; *Dr. soc.* 2010. 476, obs. C. Radé ; – Soc. 24 mars 2021, n° 19-15.920, P ; *D.* 2021. 639 ; *Dr. soc.* 2021. 665, obs. C. Radé.
6. Soc. 24 févr. 1993, n° 90-40.104, P V,°67 ; *RJS* 1993. 258, n° 249 ; *D.* 1993. Somm. 259, obs. J. Goineau ; *RJS* 1993. 258, n° 249 ; *CSB* 1993. 191 – Soc. 10 oct. 2007, n° 06-42.962, NP.
7. Soc. 20 avr. 2017, n° 15-28.789, P ; *D. actu.* 19 mai 2017, obs. M. Roussel ; *RJS* 7/2017, n° 507 ; *JSL* 2017, n° 432-3, obs. H. Tissandier ; *JCP S* 2017. 1214, obs. D. Chenu.
8. Soc. 13 nov. 2007, n° 06-42.090, NP ; *RDT* 2008. 38, obs. Ph. Waquet – Soc. 4 mars 2009, n° 07-45.344, P V, n° 58 ; *RJS* 5/09, n° 452 ; *D.* 2009. AJ 878 ; *Procédures* 2009, n° 187, obs. R. Perrot.

le bénéfice, pendant le délai de survie, des avantages conventionnels de l'entreprise cédante, au fait que les salariés renoncent à l'application des usages et engagements unilatéraux de leur entreprise d'origine, ou encore à la rémunération garantie par la loi faute de conclusion d'un accord de substitution[1]. Impossible d'obtenir des salariés transférés qu'ils renoncent à l'application de l'accord collectif mis en cause ; une telle renonciation serait nulle[2]. Est ainsi considéré comme nul l'avenant au contrat de travail conclu pendant ce délai et renonçant aux dispositions de la convention mise en cause mais encore en vigueur[3].

Il faut faire exception des accords d'intéressement et de participation, inapplicables au sein de l'entreprise cessionnaire.

422.113 Impossibilité d'invoquer la caducité. La tentation existe de faire jouer la caducité[4] pour que l'accord collectif cesse immédiatement de s'appliquer et que l'entreprise ne risque pas, faute d'accord de substitution, de devoir garantir la rémunération des salariés transférés. Elle est d'autant plus forte depuis l'adoption de l'article 1186 du Code civil par l'ordonnance du 10 février 2016[5]. Ce texte pose une règle de caducité selon laquelle « un contrat valablement formé devient caduc si l'un de ses éléments essentiels disparaît ». Le raisonnement est le suivant : « pour que le régime de la mise en cause s'applique, encore faut-il que l'acte collectif puisse continuer à s'appliquer. Or tel n'est pas le cas lorsque la caducité résulte de la disparition de l'objet. Il n'y a pas d'autre alternative que de reconnaître la disparition immédiate de l'accord »[6].

Faire jouer la technique de la caducité est cependant incompatible avec la reconnaissance d'un régime propre de mise en cause des accords collectifs[7] Il serait « contraire à l'autonomie du régime des accords collectifs que de venir admettre cette technique qui mettrait à mal les régimes propres voulus par le législateur ». Et « admettre la caducité [...] ruinerait l'intérêt du régime de la mise en cause en n'incitant pas l'employeur à négocier la conclusion d'un nouvel accord »[8].

La caducité ne peut davantage être invoquée lorsque la configuration de l'entreprise d'accueil rend difficile l'application de l'accord du cédant. Il a été jugé, à propos de deux établissements d'une UES comportant cinq sociétés qui avaient été transférées dans une autre entreprise, que cette dernière entreprise ne peut se prévaloir de la différence de taille et d'organisation entre l'ancienne UES et ladite entreprise pour refuser d'appliquer l'accord sur le dialogue social applicable dans l'UES. C'est précisément l'objet de l'accord de substitution que d'adapter l'accord initial au nouveau contexte ou de créer des dispositions nouvelles plus adéquates[9]. Dans une autre affaire, la nouvelle entité (UES HOP) avait soutenu que c'était spécifiquement au regard de l'organisation et de la taille de la société HOP (ancienne entité fusionnée avec les sociétés Hop ! Britair, Hop ! Airlinair et Hop ! Regional pour constituer l'UES Hop) qu'avait été autorisée la désignation dérogatoire d'un nombre de délégués syndicaux supérieur à celui prévu par la loi. Il était soutenu que la fusion ayant entraîné la disparition du périmètre au titre duquel était prévue, par accord collectif, la désignation des six délégués syndicaux, les stipulations de cet accord relatives au nombre de délégués syndicaux avaient perdu leur objet et étaient devenues caduques. Rappelant que la négociation de substitution a vocation à adapter l'accord initial au nouveau contexte ou à créer des dispositions nouvelles plus adéquates, la Cour de cassation écarte la caducité : « le tribunal d'instance a fait une exacte application des dispositions de l'article L. 2261-14 du code du travail, en retenant que l'accord en vigueur dans le cadre de la société Hop ! Britair avait vocation à s'appliquer pendant une durée de quinze mois suivant l'absorption de la société, ce délai ayant pour but de permettre l'organisation de négociations afin d'adapter l'accord à la nouvelle structure de l'entreprise ou de définir de nouvelles dispositions, de sorte que sa caducité ne pouvait pas être invoquée »[10].

422.114 Possibilité de maintenir les avantages conventionnels au-delà de la période de survie. Le nouvel employeur peut, en l'absence de conclusion d'un accord d'adaptation ou d'un nouvel accord dans ce délai, maintenir par voie d'engagement unilatéral tout ou partie des dispositions conventionnelles en vigueur dans l'entreprise absorbée. Ce à la condition que celles-ci soient plus favorables que le statut collectif de l'entreprise absorbante. Dans l'affaire ayant conduit à cette solution de principe, un sala-

1. Soc. 13 oct. 2016, n° 14-25.411, P ; *D.* 2016. Actu. 2220 ; *RJS* 12/2016, n° 777.
2. Soc. 13 nov. 2011, n° 99-42.709, P ; *D.* 2001. 3585.
3. Soc. 2 juill. 2003, n° 01-43.711, NP.
4. V. AUSSI, s[s] n°s 412.11 s.
5. Ord. n° 2016-131, 10 févr. 2016 portant réforme du droit des contrats, du régime général et de la preuve des obligations, *JO* 11 févr., n° 26.
6. P.-H. Antonmattei, « Caducité et conventions et accords collectifs de travail », *SSL* 2008, n° 1361, p. 35.
7. CEPENDANT : P.-H. Antonmattei, « Caducité et conventions et accords collectifs de travail », *extrait préc.*
8. Ch. Radé, note s[s] Soc. 13 déc. 2017, n° 16-26.55.
9. Soc. 21 oct. 2008, n° 08-60.008, P V, n° 195 ; *JCP E* 2009. 1126, p. 53, note F. Dumont ; *D.* 2008. 2800.
10. Soc. 13 déc. 2017, n° 16-26.553, P ; *D. actu.* 2 févr. 2018, obs. J. Siro ; *RJS* 2/2018, n° 131 ; *JCP S* 2017. 1054, obs. B. Gauriau.

rié d'une société absorbée s'était vu appliquer pendant plusieurs années l'accord RTT de son ancien employeur, alors que la période de survie était largement expirée. Considérant que cet accord n'était plus applicable, il a saisi le conseil de prud'hommes de demandes de rappel de salaires et de congés en se prévalant de l'accord RTT de la société absorbante[1].

§ 2
Application immédiate du statut conventionnel de l'entreprise d'accueil

422.121 **Application du nouveau statut.** À compter de la date du transfert des contrats de travail, les salariés changent d'employeur et deviennent salariés du cessionnaire. Le statut conventionnel de l'entreprise d'accueil s'applique donc à eux. Cela inclut la convention collective applicable à titre volontaire par l'entreprise d'accueil, dont les salariés transférés peuvent, par conséquent, réclamer l'application[2].

Les stipulations conventionnelles régissant les salariés de l'entreprise d'accueil ne sont pas toujours applicables aux salariés transférés. Ne le sont pas les clauses conventionnelles issues de l'entreprise d'accueil et ayant eu pour objet de compenser un préjudice subi par les salariés présents dans l'entreprise lors de l'entrée en vigueur dudit accord, par exemple celles d'un accord de RTT prévoyant un maintien de salaire par le biais d'une indemnité différentielle ; les salariés en poste dans l'entreprise d'accueil avaient, du fait de la RTT, subi une réduction de leur salaire de base, ce qui n'était pas le cas du salarié nouvellement embauché ou des salariés transférés[3].

422.122 **Cas particulier du forfait-jours.** Si le contrat de travail est transféré dans sa totalité, une difficulté particulière se présente lorsque celui-ci contient une convention individuelle de forfait en jours. En effet, la conclusion d'une telle convention doit être prévue par un accord collectif d'entreprise ou d'établissement ou, à défaut, par une convention ou un accord de branche. Il en résulte que le décompte du temps de travail sous la forme du forfait-jours ne peut être maintenu que si le cessionnaire est couvert par un accord collectif prévoyant le recours au forfait en jours. À défaut, le salarié peut réclamer le paiement d'un rappel d'heures supplémentaires à compter de son transfert[4]. En théorie, le fait que, suite à la dénonciation ou à la mise en cause de l'accord d'entreprise prévoyant le forfait-jours, le salarié reste couvert par une convention de branche prévoyant elle-même le recours au forfait-jours, ou que l'accord d'entreprise ait été remplacé par un accord de substitution, permet de maintenir en place le forfait-jours du salarié[5]. Ceci étant, comme il a été suggéré, la convention individuelle de forfait-jours ayant été conclue sur la base et en considération de certaines dispositions conventionnelles, reste-t-elle valable, sans réitération du consentement du salarié, lorsque s'appliquent d'autres dispositions conventionnelles ?[6] Une caducité de la convention individuelle de forfait-jours a été envisagée par certains, au motif que la convention individuelle de forfait serait directement liée à la convention collective sur la base de laquelle elle a été conclue[7].

§ 3
Négociation d'un accord de substitution

422.130 **Plan – Nature de l'accord de substitution.** L'accord de substitution est nécessairement un accord collectif. Ni un accord « atypique », c'est-à-dire un accord conclu en marge des dispositions légales régissant la négociation collective, ni un engagement unilatéral du cessionnaire, ne peuvent constituer un accord de substitution[8]. Rien n'empêche cependant, faute d'accord de substitution, le cessionnaire d'assurer la survie d'une ou plusieurs dispositions de l'accord collectif mis en cause en passant par la voie de l'engagement unilatéral. Cela n'empêchera toutefois pas le jeu de la garantie de rémunération et les dispositions maintenues à titre d'engagement unilatéral ne s'appliqueront que si elles sont plus favorables que les dispositions conventionnelles applicables chez le cessionnaire[9].

Si le législateur avait initialement prévu que l'accord de substitution serait conclu postérieurement à la mise en cause (B), la loi du 8 août 2016, dite loi Travail, a consacré la pratique de certaines entreprises consistant à négocier avant même le transfert (A).

A.
Négociation anticipée

422.140 **Plan.** Création de la pratique (1°), la négociation anticipée d'adaptation peut prendre différentes formes :

1. Soc. 24 mars 2021, nº 19-15.920, P ; *D.* 2021. 639 ; *Dr. soc.* 2021. 665, obs. C. Radé.
2. Soc. 2 févr. 1999, nº 96-42.672, NP – Soc. 16 mars 1999, nº 96-45.353, P V, nº 117.
3. Soc. 4 févr. 2009, nº 07-42.024, P V, nº 37.
4. Soc. 15 mai 2014, nº 12-14.993, NP.
5. En ce sens : Aix-en-Provence, 4e et 5e ch., 3 déc. 2020, nº 18/05259.
6. En ce sens : J. Bénéteau, « Impact de la mise en cause, de la dénonciation ou de la modification de l'accord collectif sur la convention individuelle », *Cahier DRH* 2023, nº 306.
7. M. Morand, « Disparition de l'accord collectif et forfait en jours », *SSL* suppl. au nº 1544 ; F. Favennec-Héry, « Le forfait jours en sursis », *SSL* 2023, nº 2034.
8. Soc. 9 oct. 2001, nº 99-43.661, P V, nº 311 ; – Soc. 25 janv. 2006, nº 02-46.112, NP.
9. Soc. 24 mars 2021, nº 19-15.920, P.

l'accord de transition (2°), l'accord anticipé d'adaptation (3°) et l'accord interentreprises (4°).

1°
Propos liminaires

422.151 Précédents jurisprudentiels. La loi du 8 août 2016 a modifié le dispositif de la mise en cause en permettant aux partenaires sociaux d'engager une négociation de substitution par anticipation, c'est-à-dire avant la réalisation du transfert. À partir des préconisations du professeur Cesaro, ont été créés l'accord tripartite de transition et l'accord quadripartite d'anticipation. Il s'agit là de la consécration légale d'une pratique d'ores et déjà admise par la Cour de cassation en 2010 et 2015[1]. En 2010, la Cour énonçait « qu'il n'est pas interdit d'engager les négociations rendues nécessaires par la mise en cause d'un accord collectif avant que se réalise l'événement entraînant cette mise en cause », l'employeur n'étant « tenu de reprendre la négociation après cet événement que lorsque les organisations syndicales représentatives ne sont plus les mêmes dans la nouvelle entreprise »[2]. La Cour de cassation se fait plus précise en 2015, en posant les critères et conditions de la négociation d'anticipation :

a) il s'agit bien d'une négociation de substitution (les termes sont dans l'arrêt : « accord de substitution ») ;

b) l'ensemble des organisations syndicales représentatives des sociétés cédantes et cessionnaire doivent être invitées à négocier ;

c) seule la signature de l'ensemble des organisations syndicales représentatives du cessionnaire est nécessaire[3]. En bref, on est ici en présence d'un accord négocié avec l'entreprise cessionnaire et les organisations syndicales représentatives des entreprises cédant et cessionnaire, et signé par les organisations syndicales représentatives des salariés du cessionnaire.

Cet arrêt laisse en suspens une question : faut-il inviter, dans le cadre de ces négociations, non seulement l'employeur de l'entreprise cessionnaire (ce qui est une évidence) mais aussi celui de l'entreprise cédante, qui a vocation à disparaître ? La question n'est pas tranchée, pas davantage que celle de savoir si la loi de 2016 rend caduque cette voie ouverte par la jurisprudence[4].

Il ne sera ci-après question que du mécanisme légal de négociation anticipée.

422.152 Déclenchement de la négociation anticipée. La négociation anticipée peut être ouverte « dès lors qu'est envisagée une fusion, une cession, une scission ou toute autre modification juridique qui aurait pour effet la mise en cause d'une convention ou d'un accord », prévoit le code du travail[5]. Dans le silence du Code sur le moment où l'opération est « envisagée », il est conseillé d'aligner la date d'ouverture de la négociation d'anticipation sur la date de présentation du projet de transfert au comité social et économique[6]. Cette solution permet d'appliquer la jurisprudence sur le moment adéquat de consultation du CSE (pour rappel, l'opération doit être au stade de projet, et donc ne pas présenter le caractère de décision définitive). Par exemple, l'existence d'un accord commercial de principe avec le cessionnaire, qui ne serait pas une simple esquisse et définirait des orientations générales, paraît suffisante[7]. Néanmoins, les mesures sociales concrètes et précises d'application du projet ne doivent pas être de nature « à remettre en cause dans son principe l'opération ou les orientations adoptées »[8].

422.153 Exclusion des négociateurs non syndicaux ? Côté patronal, les deux employeurs successifs doivent donner leur accord. Côté salarié, les articles L. 2261-14-2 et L. 2261-14-3 évoquent une négociation avec « les organisations syndicales de salariés représentatives ». Il devrait s'en déduire que les voies alternatives de négociation (référendum, salariés mandatés...) ne sont pas ouvertes.

422.154 Conclusion au niveau du groupe. La conclusion d'un accord de substitution anticipée au niveau du groupe a été posée, à propos de l'accord de transition, mais suscite de fortes réserves, notamment sur des arguments de texte. L'article L. 2261-14-2 du code du travail vise expressément les « employeurs » des entreprises concernées en qualité de signataires. De surcroit, l'article susvisé se réfère

1. Soc. 28 oct. 2015, n° 14-16.043, P V, n° 393 ; *D. actu.* 23 nov. 2015, obs. J. Siro ; *RDT* 2016. 50, obs. I. Odoul-Asorey.
2. Soc. 13 oct. 2010, n° 09-13.109, P V, n° 230 ; *D. actu.* 5 nov. 2010, obs. B. Ines ; *D.* 2010. AJ 2586 ; *D.* 2011. Pan. 1246, obs. L. Camaji ; *RDT* 2010. 715, obs. F. Géa ; *RJS* 2010. 945, n° 946 ; *JCP S* 2011. 1047, obs. B. Bossu.
3. Soc. 28 oct. 2015, n° 14-16.043, préc.
4. POUR UNE RÉPONSE NÉGATIVE : J.-F. Cesaro, « Révision, transition, extinction des conventions et accords collectifs après la loi du 8 août 2016 », *JCP S* 2016. 1301 ; – P. Morvan, *Restructurations et droit social*, 4e éd., « Droit&Professionnels », LexisNexis, 2017, p. 244, n° 408.800 ; – DANS LE SENS DE LA DISPARITION de la voie ouverte par la jurisprudence ; – V. *CONTRA* : P.-H. Antonmattei et L. Enjolras, « Chronique d'actualité du droit de la négociation collective : commentaire de la loi du 8 août 2016 », *Dr. soc.* 2016. 933.
5. C. trav., art. L. 2261-14-2 et L. 2261-14-3.
6. EN CE SENS : L. Aluome, *La norme collective à l'épreuve du transfert d'entreprise. Essai en droit du travail*, préf. B. Teyssié et E. Jeansen, « Thèses », *LexisNexis*, 2019, n° 271.
7. L. Aluome, *op. cit.*, n° 272.
8. B. Teyssié, *Droit du travail : Relations collectives,* 11e éd., « Manuels », LexisNexis, 2018, p. 510, n° 1006.

aux seules organisations syndicales représentatives « dans l'entreprise qui emploie les salariés dont les contrats de travail sont susceptibles d'être transférés ». Autre argument soulevé, celui du caractère très spécifique de l'accord de transition, lequel vise à régler un problème particulier, ce qui exclurait l'assimilation voulue par le législateur entre accord de groupe et accord d'entreprise[1]. Un autre auteur soulève une réserve d'opportunité, à propos de l'accord de transition et de l'accord d'adaptation anticipée : « Imagine-t-on un accord d'anticipation conclu dans le cadre d'un transfert, fruit d'une négociation ayant, surtout, vocation à rassurer les salariés transférés, « écrasé » ensuite par un accord conclu au niveau du groupe ? On sait qu'un accord est le fruit d'un équilibre, d'un compromis, trouvé au niveau où il a été négocié. Comment dès lors peut-il être réellement pris en compte dans le cadre d'une négociation de groupe ? »[2].

2°
Accord de transition

422.161 **Accord tripartite.** L'accord de transition, prévu à l'article L. 2261-14-2 du Code du travail, est conclu entre les employeurs des entreprises concernées et les organisations syndicales représentatives dans l'entreprise d'origine. Le fait que les accords en vigueur chez le cessionnaire ne soient pas impactés explique l'absence des organisations syndicales représentatives dans l'entreprise d'accueil.

Sa durée maximale est de trois ans.

Il entre en vigueur à la date de réalisation de l'événement ayant entraîné la mise en cause et s'applique à l'exclusion des stipulations portant sur le même objet des conventions et accords applicables dans l'établissement ou l'entreprise d'accueil. Autrement dit, sur les objets non traités par l'accord de transition, les dispositions de l'entreprise d'accueil s'appliquent immédiatement aux salariés transférés. Par contre, lorsque l'accord de transition et l'accord de l'entreprise d'accueil traitent du même objet, on aura d'un côté les salariés transférés qui vont être exclusivement régis, pendant la durée de vie de cet accord, par l'accord de transition, de l'autre les salariés de l'entreprise d'accueil qui seront exclusivement régis par leur propre statut collectif. Cette situation duale cesse à l'expiration de l'accord de transition.

À son expiration, l'accord de transition cesse en effet de produire effet et les conventions et accords de l'entreprise d'accueil s'appliquent, à titre exclusif (le principe de faveur ne joue pas puisque l'accord de transition n'est plus applicable) à ces salariés[3].

1. V. sur ces arguments : B. Delmas, « L'accord de transition… un outil de sécurisation risqué », *Dr. soc.* 2022. 70.
2. S. Béal, « Accord de groupe, de la reconnaissance à l'émancipation », *SSL* 2016, n° 1742.

422.162 **Absence de couverture conventionnelle dans l'entreprise d'origine.** Tel que l'article L. 2262-14-3 est rédigé, il faut qu'existe dans l'entreprise d'accueil une couverture conventionnelle[4]. Il n'est pas exclu que, faute de couverture conventionnelle dans l'entreprise d'accueil, les parties puissent conclure un accord d'adaptation sur la base des arrêts précités de la Cour de cassation de 2010 et 2015.

422.163 **Audience.** L'audience des organisations syndicales représentatives au sein de l'entité transférée s'apprécie dans le périmètre de l'entreprise d'origine concernée par le transfert, y compris l'éventuel référendum qui devra ne concerner que les salariés de l'entité transférée.

422.164 **Utilité de l'accord de transition.** Cet accord permet une stabilité du statut conventionnel pendant une certaine durée, avec le maintien des dispositions conventionnelles régissant les salariés transférés pendant cette durée. Ces salariés fonctionneront avec leur propre statut collectif : le statut conventionnel de l'entreprise d'accueil ne s'appliquera pas à eux, dès lors qu'il porte sur le même objet, même s'il est plus favorable[5]. Il appartient, relève J.-F. Cesaro, au cessionnaire « de déterminer les clauses qui ont un objet différent pour connaître les droits des salariés »[6]. Toute interprétation du texte prévoyant qu'en cas de disposition de même objet, c'est l'accord de l'entreprise cessionnaire qui s'applique, paraît à exclure[7].

L'accord de transition permet également de conférer une durée supérieure aux quinze mois du dispositif légal, pour la négociation de substitution.

3. C. trav., art. L. 2261-14-2.
4. C. trav., art. L. 2262-14-3 : « […] peuvent négocier et conclure une convention ou un accord se substituant aux conventions et accords mis en cause et révisant les conventions et accords applicables dans l'entreprise ou l'établissement dans lequel les contrats de travail sont transférés. »
5. Pour une analyse pratique des accords de transition (conclus en 2020) : B. Delmas, « L'accord de transition, un outil de sécurisation… risqué », *Dr. soc.* 2022. 70 et 151.
6. F. Cesaro, « Révision, transition, extinction des conventions et accords collectifs après la loi du 8 août 2016 », *JCP S* 2016. 1301.
7. V. l'exposé des motifs de l'amendement ayant introduit l'incise relative à une disposition de même objet : cette adjonction vise à « préciser que lorsqu'un accord de substitution a vocation à s'appliquer aux salariés dont les contrats de travail sont transférés dans une autre entreprise, les dispositions de cet accord de substitution sont les seules applicables aux salariés concernés ; les conventions et accords applicables dans l'entreprise d'accueil portant sur le même objet ne leur sont pas applicables », exposé sommaire de l'amendement n° 4476 (adopté) déposé sur le texte n° 3675 lors de la première lecture à l'Assemblée nationale du projet de loi dite Travail (L. n° 2016-1088, 8 août 2016).

Il évite toute négociation d'adaptation au nouveau statut puisqu'à l'issue de la période d'application de l'accord de transition, il cesse purement et simplement de s'appliquer au profit du statut conventionnel de l'entreprise d'accueil sans nécessité de négocier un accord de substitution et sans application de la règle de garantie de la rémunération.

L'accord de transition présente aussi des inconvénients. Maintenir deux statuts différents, l'un pour les salariés transférés, l'autre pour les salariés de l'entreprise d'accueil, n'est pas simple lorsqu'il est question d'organisation du temps de travail : forfaits, aménagement des horaires de travail sur une durée supérieure à la semaine...[1] Comme il a été relevé, en cas de mise en cause par absorption d'une entreprise qui appliquait un accord de modulation, il n'est pas évident de voir un tel accord produire effet pour les seuls salariés de l'entreprise absorbée si un dispositif similaire n'existe pas dans l'entreprise d'accueil.

3°
Accord anticipé d'adaptation

422.171 **Effets.** L'accord anticipé d'adaptation, prévu à l'article L. 2261-14-3 du Code du travail, ne cherche pas à maintenir le statu quo pendant un certain temps mais purement et simplement à substituer aux deux statuts, celui de l'entreprise cédante et celui de l'entreprise cessionnaire, un nouveau statut. Il permet autrement dit de créer immédiatement un statut unique. Il résulte de ce qui précède que l'accord d'adaptation est plus puissant que le précédent. Il se substitue aux conventions et accords mis en cause et révise[2] les conventions et accords applicables dans l'entreprise ou l'établissement d'accueil.

422.172 **Accord quadripartite.** L'accord anticipé d'adaptation est conclu par les deux employeurs (de l'entreprise d'origine et de l'entreprise d'accueil) et par les syndicats représentatifs de salariés dans les deux entreprises ou établissements concernés. La convention ou l'accord est conclu pour 5 ans, sauf s'il en dispose autrement, en application du droit commun. Il entre en vigueur à la date de réalisation de l'événement ayant entraîné la mise en cause[3].

Pour déterminer si les conditions de majorité sont remplies, le droit commun des accords collectifs s'applique : le taux d'audience des organisations syndicales représentatives signataires est apprécié dans le périmètre de l'entreprise ou de l'établissement d'accueil s'agissant de l'accord de transition. S'agissant de l'accord d'adaptation, ce taux est apprécié dans chacune des deux entreprises, entreprise par entreprise ou, le cas échéant, établissement par établissement (autrement dit pas de manière globale), en appliquant les règles du droit commun des accords collectifs. Et si consultation des salariés il y a, elle s'effectue dans ces mêmes périmètres[4]. L'absence d'appréciation globale signifie que si l'accord est adopté dans l'une des deux entreprises, et pas dans l'autre, la négociation échoue.

422.173 **Terme de l'accord anticipé d'adaptation.** Faute de précision dans l'accord, selon lequel ledit accord serait à durée indéterminée, il est à durée déterminée. Et faute de précision du terme de l'accord, il est réputé conclu pour une durée de cinq ans.

422.174 **Avantages et inconvénients de l'accord anticipé d'adaptation.** Ce type d'accord présente toute son utilité lorsque la collectivité de l'entreprise cédante est plus large que celle de l'entreprise cessionnaire. Dans pareil cas, faire du statut de l'entreprise d'accueil le nouveau statut applicable aux salariés transférés n'est pas le plus pertinent. Ce type d'accord va permettre d'intégrer dans le statut conventionnel de l'entreprise d'accueil tout ou partie du statut de l'entreprise cédante. Avec cet accord, les statuts sont immédiatement unifiés.

422.175 **Questions pratiques non résolues.** Un certain nombre d'interrogations devront être résolues, parmi lesquelles : que se passe-t-il si, après qu'un accord d'anticipation ait été conclu, le transfert d'entreprise n'intervient pas sous un certain délai ? Faut-il recourir à la règle du délai raisonnable et considérer que l'accord est caduc une fois écoulé un tel délai ? Autre question, que se passe-t-il si l'opération de transfert ne correspond pas exactement à celle sur la base de laquelle l'accord d'anticipation a été conclu ? Y a-t-il dans ce cas caducité ?[5]

4°
Recours à l'accord interentreprises

422.181 **Uniformisation par l'accord interentreprises.** Bien qu'il ne soit pas conçu pour régir des situations de mise en cause, la tentation peut exister de recourir dans ce genre d'hypothèses à l'accord interentreprises[6]. Il a été soutenu que ce dispositif permettrait « l'adoption d'un statut social uniforme aux entités visées » lors du transfert[7]. Il faudrait

1. *J.-Cl. Travail* Traité, fasc. 21-12 : Temps de travail – organisation, par M. Morand, nov. 2020, mis à jour mai 2021.
2. La procédure de révision ne devrait pas s'appliquer puisque cet accord fait l'objet d'un régime spécifique à l'article L. 2261-14-3 du code du travail.
3. C. trav., art. L. 2261-14-3.
4. C. trav., art. L. 2261-14-4.
5. L. Aluome, *La norme collective à l'épreuve du transfert d'entreprise. Essai en droit du travail*, préc., n° 408, 409.
6. L. Aluome, *op. cit.*, n° 292.
7. E. Jeansen, « L'accord interentreprises, d'une norme spéciale à une norme générale », *JCP S* 2016. 1411.

cependant, selon ce même auteur[1], que l'accord contienne, d'une part une condition suspensive subordonnant son entrée en vigueur à la réalisation du transfert d'entreprise ; d'autre part une stipulation expresse en vertu de laquelle le nouvel accord se substitue dans son contenu aux différents accords ayant le même objet et conclus antérieurement au sein des entités parties à l'opération.

Contrairement à l'accord anticipé d'adaptation, cet accord est conclu entre les employeurs et les organisations syndicales représentatives à l'échelle de l'ensemble des entreprises entrant dans le périmètre de l'accord[2].

B.
Négociation post mise en cause

422.190 **Plan.** La situation classique, envisagée dès l'origine par le législateur, consiste à chercher à négocier un accord de substitution postérieurement à l'événement ayant généré la mise en cause. L'ouverture des négociations doit s'engager dans un délai précis et mobiliser les organisations syndicales représentatives (1°). Si les conditions de validité de l'accord de substitution sont les mêmes que celles des accords collectifs de droit commun (2°), la négociation peut se heurter à certaines difficultés quant à la définition du moment de la mise en cause (3°), et quant aux effets de l'accord (4°).

1°
Ouverture des négociations

422.201 **Obligation de négocier.** Une négociation doit s'engager dans l'entreprise, à la demande d'une des parties intéressées, dans les trois mois suivant la mise en cause, soit pour l'adaptation aux dispositions conventionnelles nouvellement applicables, soit pour l'élaboration de nouvelles dispositions[3]. La négociation s'impose quel que soit le niveau de l'accord ou de la convention mis en cause (accord d'entreprise ou d'établissement, mais aussi accord de branche).

La demande de négociation émane donc soit du nouvel employeur soit des organisations syndicales de l'entreprise, sans qu'aucune priorité n'ait été donnée par la loi à l'une ou l'autre de ces initiatives[4].

Dans l'hypothèse du transfert d'entreprise, la négociation en vue de l'éventuelle conclusion d'un accord de substitution doit s'engager même s'il existe déjà une convention ou un accord collectif dans l'entreprise d'accueil. La négociation de substitution constitue en effet une négociation spécifique[5].

De même, si une convention de branche est mise en cause suite à un transfert d'entreprise, et qu'ainsi cette convention n'est pas applicable chez le nouvel employeur, ce dernier va devoir négocier avec les organisations syndicales un accord d'entreprise permettant l'adaptation du statut collectif en vigueur dans l'entreprise cédée, à la convention collective de branche nouvellement applicable aux salariés[6].

422.202 **Avec qui négocier ?** Seules les organisations syndicales représentatives visées à l'article L. 2231-1 du code du travail ont qualité pour négocier avec l'employeur un accord de substitution. Une négociation engagée directement avec les salariés[7] ou avec les représentants du personnel[8] ne peut donc déboucher sur la conclusion d'un accord de substitution. À cette négociation, doivent être invités l'ensemble des syndicats représentatifs des sociétés cédante et cessionnaire[9], sans que le changement d'employeur impacte la représentativité syndicale dans l'entreprise cessionnaire. Cela veut dire que, la représentativité des organisations syndicales valant pour toute la durée du cycle électoral, les syndicats qui n'ont pas atteint les 10 % de suffrages aux dernières élections de l'entreprise d'accueil n'y sont pas représentatifs même s'ils l'étaient dans l'entreprise d'origine : ils ne pourront pas négocier l'accord de substitution[10].

Une nuance est à apporter : la Cour de cassation considère qu'un syndicat représentatif qui a présenté dans l'entreprise d'accueil des candidats lors des dernières élections précédant le transfert, peut désigner comme délégué syndical un salarié de l'entité transférée, alors même que ce dernier ne justifierait pas de la condition d'audience de 10 % dans sa nouvelle entreprise. Ce peu important que ce syndicat dispose de candidats ayant obtenu le score personnel de 10 % lors des dernières élections[11]. Pour une analyse détaillée de ces solutions[12].

1. V. AUSSI : L. Aluome, *La norme collective à l'épreuve du transfert d'entreprise. Essai en droit du travail*, préc., n° 292.
2. C. trav., art. L. 2232-36.
3. C. trav., art. L. 2261-14, al. 7.
4. Y. Chalaron, *Négociation et accords collectifs d'entreprise*, « Pratique social », Litec, 1990, p. 291, n° 288.
5. Soc. 19 oct. 1999, n° 97-42.946, NP.
6. Soc. 9 févr. 1994, n° 91-16.000, P V, n° 50 ; *D.* 1994. Somm. 314, obs. M.-A. Souriac-Rotschild ; *Dr. soc.* 1994. 384, obs. G. Bélier ; *RJS* 1994. 197, n° 280.
7. Soc. 9 oct. 2001, n° 99-43.661, P V, n° 311 ; *D.* 2001. 3329 ; *JCP E* 2001. 1845 ; *RJS* 12/2001, n° 1447.
8. Soc. 13 nov. 2001, n° 99-42.709, P V, n° 344 ; *D.* 2001. IR 3585 ; *RJS* 2002. 62, n° 60 – Soc. 2 juill. 2003, n° 01-43.711, préc. ; Soc. 25 janv. 2006, n° 02-46.112, NP.
9. Soc. 28 oct. 2015, n° 14-16.043, préc.
10. Soc. 19 févr. 2014, nos 13-17.445, 13-16.750, P V, nos 59 et 60 ; *D.* 2014. 547 ; *RDT* 2014. 272, obs. M. Grévy.
11. Soc. 15 avr. 2015, n° 14-18.653, P V, n° 90 ; *RJS* 7/2015, n° 499 ; *Dr. soc.* 2015. 624, ét. J. Icard ; *RDT* 2015. 765, obs. I. Odoul-Asorey.
12. V. : G. Loiseau, P. Lokiec, L. Pécaut-Rivolier, Y. Struillou, P.-Y. Verkindt, *Le droit de la représentation du personnel*, « Dalloz Action », 2023-2024, nos 212-112 ; 212-114.

2°
Validité et contenu de l'accord

422.211 **Validité de l'accord de substitution.** L'accord de substitution est régi par les conditions de validité de droit commun des accords collectifs. Parce que ce type d'accord permet une plus forte harmonisation en se substituant aux clauses contraires du contrat de travail[1], il n'est pas exclu que, dans certaines entreprises, un accord de substitution prenne la forme d'un accord de performance collective, ou comprenne une partie sous forme d'accord de performance collective (accord mixte), ou encore que se juxtaposent un accord de substitution et un accord de performance collective. Ce avec toutes les précautions qu'implique, notamment en termes de loyauté de la négociation, la conclusion d'accords de performance collective.

422.212 **Contenu de l'accord de substitution.** L'accord de substitution est celui résultant de la négociation qui doit s'engager dans l'entreprise, soit pour l'adaptation des dispositions conventionnelles antérieures à celles nouvellement applicables, soit pour l'élaboration de nouvelles dispositions selon le cas[2]. Il doit résulter d'une négociation spécifique, si bien que, comme il a été précisé, un accord d'entreprise préexistant ne peut constituer un tel accord[3]. En revanche, l'accord de substitution n'a pas à être plus favorable que l'accord auquel il se substitue[4]. Même si l'accord de substitution n'a ni à reprendre point par point les avantages figurant dans l'accord dénoncé, ni à traiter tous les thèmes évoqués dans l'accord mis en cause[5], il paraît opportun, pour éviter les difficultés d'interprétation, de stipuler une clause prévoyant une substitution totale aux avantages antérieurement en vigueur[6]. En toute logique, si certains avantages du statut collectif mis en cause sont repris, ils trouvent leur source dans le nouvel accord qui se substitue à l'accord mis en cause[7].

422.213 **Égalité de traitement et accord de substitution.** L'accord de substitution peut réserver le maintien de certains des avantages mis en cause aux seuls salariés transférés. Il a notamment été jugé ainsi dans une affaire où un salarié soutenait l'existence d'une inégalité de traitement entre lui et un de ses collègues occupant le même poste. Le salarié s'appuyait sur la jurisprudence selon laquelle le fait qu'un salarié ait été engagé avant ou après l'entrée en vigueur d'un accord collectif ne justifie pas une différence de traitement. La Cour de cassation considère cependant, depuis une dizaine d'années, que cette solution doit recevoir exception lorsque l'accord collectif permet de compenser le préjudice subi du fait de l'application de ces nouvelles dispositions par les salariés présents dans l'entreprise lors de son entrée en vigueur[8]. L'exception est plus large depuis 2018 puisque la preuve du préjudice n'est plus exigée : « les salariés engagés postérieurement à l'entrée en vigueur d'un accord de substitution ne peuvent revendiquer, au titre du principe d'égalité de traitement, le bénéfice des dispositions prévues par l'accord collectif antérieur[9] ». Un tel accord fait d'ailleurs l'objet de la présomption de justification inhérente aux accords collectifs instituant des différences de traitement[10], avec pour bémol que cette présomption paraît limitée au cas où « les salariés auxquels les avantages "historiques" sont maintenus constituent un établissement distinct »[11].

1. C. trav., art. L. 2254-2.
2. Soc. 14 mai 1992, n° 88-45.316, P V, n° 310 ; *GADT*, 4e éd., Dalloz, 2008, n° 170 ; *D.* 1993. 67, note N. Decoopman ; *Dr. ouvrier* 1993. 183, note F. Saramito ; *Dr. soc.* 1992. 631 ; *CSB* 1992. 193, A. 36 ; *RJS* 1992. 420, n° 768 ; *RJS* 1992. 451, note J. Déprez – Soc. 24 févr. 1993, n° 90-40.104, préc.
3. Soc. 19 oct. 1999, nos 97-45.907 à 97-45.911, P V, n° 386 ; *Dr. soc.* 2000. 228, obs. G. Bélier ; *RJS* 11/1999, n° 1392 – Soc. 31 janv. 1995, n° 91-41.965, NP ; *RJS* 3/1995, n° 277.
4. Soc. 3 mars 1998, n° 96-11.115, P V, n° 151 ; *RJS* 1998, n° 498 ; *D.* 1998. 86.
5. Soc. 30 nov. 1994, n° 91-43.509, P V, n° 319 ; *Dr. soc.* 1995. 178, note J. Savatier ; *JS UIMM* 1995, n° 95-580, p. 48 ; *CSB* 1995, n° 66, A3 ; *RJS* 1/1995, n° 46.
6. Lamy social, 2450.
7. Soc. 28 févr. 2006, n° 04-14.202, P V, n° 93 ; *Dr. soc.* 2006. 897, chron. P.-H. Antonmattei ; *RDT* 2006. 112, obs. H. Tissandier ; *RJS* 5/2006, n° 611 : « lorsqu'un accord qui intervient dans les conditions prévues à l'article L. 132-8 du Code du travail après mise en cause d'un précédent accord a pour objet une rémunération complémentaire et offre aux salariés une option leur permettant ou de conserver sous réserve de certaines modifications la rémunération complémentaire en vigueur dans l'ancienne entreprise ou d'adhérer au nouveau système de rémunération qu'il instaure, la rémunération conservée trouve sa source dans le nouvel accord qui se substitue au premier ; qu'il en résulte, à défaut de clause contraire, que les modalités de calcul de l'incidence des absences sur le montant de la prime de productivité prévues à l'accord dénoncé, ne peuvent plus s'appliquer et ne constituent pas un avantage individuel s'incorporant au contrat de travail ».
8. Soc. 21 févr. 2007, n° 05-43.136, P V, n° 27 ; *D.* 2007. AJ 729, obs. E. Pahlawan-Sentilhes ; *D.* 2007. Pan. 2269 ; *RJS* 2007. 439, n° 598 ; *Dr. soc.* 2007. 647, obs. Ch. Radé – Soc. 3 mars 2015, n° 13-17.103.
9. Soc. 28 juin 2018, n° 17-16.499, P V, n° 131 ; *D.* 2018. 1443 ; *RJS* 10/2018, n° 582 ; *JSL* 2018, n° 459-1 ; *JCP S* 2018. 1323, obs. G. Vachet.
10. Soc. 4 oct. 2017, n° 16-17.517, P V, n° 170 ; *D.* 2017. 1981 ; *D.* 2018. 813, obs. P. Lokiec et J. Porta ; *JCP S* 2017. 1391, note J.-F. Cesaro ; *JCP* 2017. 1133, note N. Dedessus-Le-Moustier ; *RDT* 2018. 67, note Y. Ferkane ; *RJS* 12/2017, n° 780 ; *JSL* 2017, n° 442-2, obs. J.-Ph. Lhernould ; *Gaz. Pal.* 12 déc. 2017, Jur. 51, obs. S. Harir.
11. G. Bélier, H.-J. Legrand et A. Cormier Le Goff, *Le nouveau droit de la négociation collective : Acteurs et accords*, 6e éd., « Droit vivant », Liaisons – Wolters Kluwer, 2018, p. 618, n° 506.

422.214 **Accord de substitution et maintien de la rémunération.** Le maintien d'un avantage acquis en cas de mise en cause de l'application d'un accord collectif dans les conditions prévues à l'article L. 132-8, alinéa 7[1], du code du travail ne méconnaît pas le principe « à travail égal, salaire égal », jugeait la Cour de cassation[2]. Une solution qui devrait logiquement être reconduite avec le passage des avantages individuels acquis à la garantie de rémunération.

3°
Définition du moment

422.221 **Date de la mise en cause.** Le délai de survie commençant à courir à la date de la mise en cause, bien identifier cette date constitue une question clé, avec des difficultés dans deux cas.

Première difficulté, le changement d'employeur. Les premiers éléments de réponse sont apportés par la Cour de justice de l'Union européenne qui situe la date du transfert au moment de « la transmission, du cédant au cessionnaire, de la qualité de chef d'entreprise responsable de l'exploitation de l'entité en cause »[3] et exclut que ce moment puisse être reporté « au gré du cédant ou du cessionnaire, à une autre date »[4]. La Cour de cassation a affiné la position française en énonçant que la mise en cause des conventions et accords collectifs de travail du cédant intervient à « la date d'application effective de l'absorption »[5] ou encore à « la date d'application effective de l'acte de cession de la succursale »[6]. Les nouveaux articles L. 2261-14-2 et L. 2261-14-3 du Code du travail retiennent la même règle : les accords de transition ou d'adaptation entrent en vigueur « à la date de réalisation de l'événement ayant entraîné la mise en cause ».

Pour aller plus loin, un certain nombre de questions se posent :

1) la date du transfert à retenir est-elle la date du transfert effectif de la direction de l'entreprise ou la signature de l'acte commercial de cession ? La date du transfert effectif paraît plus logique[7] ;

2) une clause de l'acte juridique de fusion-absorption peut-elle prévoir une application rétroactive à une date déterminée ? Il est soutenu que la transposition dans le champ des relations de travail de la rétroactivité stipulée dans l'acte de fusion serait contraire à l'article 3, § 1 de la Directive Transfert du 12 mars 2001[8].

Seconde difficulté, le changement d'activité. Comment le dater lorsqu'il est progressif et qu'ainsi un salarié vient soutenir que le délai de survie de 15 mois s'est écoulé et qu'ainsi la garantie de rémunération s'applique[9] ?

4°
Modalités et effets

422.231 **Impossibilité de négocier un accord de substitution.** En cas de fusion d'entreprises avec constitution d'une nouvelle entité, aucune négociation d'anticipation n'est possible car aucun employeur ni organisation syndicale représentative ne sont encore identifiables. Il a été proposé, lorsque la nouvelle entreprise fait partie d'un groupe, de permettre à la société mère de négocier un accord collectif de groupe applicable à la seule entreprise en formation et valant accord d'anticipation[10]. Ce raisonnement pourrait se prévaloir de deux dispositions :

- D'abord, l'article L. 2232-11 dispose que « les termes "convention d'entreprise" désignent toute convention ou accord conclu soit au niveau du groupe, soit au niveau de l'entreprise, soit au niveau de l'établissement » ce qui signifierait que l'accord de substitution pourrait être conclu au niveau du groupe, de l'entreprise ou de l'établissement.
- Ensuite, l'article L. 2232-30 du code du travail dispose que « la convention ou l'accord de groupe fixe son champ d'application constitué de tout ou partie des entreprises constitutives du groupe », ce qui autoriserait à limiter le champ d'application de l'accord de groupe à une entreprise du groupe[11].

422.232 **Date de conclusion de l'accord de substitution.** Contrairement au cas de la dénonciation[12], il n'a pas été prévu, en cas de mise en cause,

1. C. trav., art. L. 132-8, al. 7 ANC. ; abr. par Ord. n° 2007-329, 12 mars 2007, art. 12 – NOUV. art. L. 2261-14.
2. Soc. 4 déc. 2007, n° 06-44.041, P V, n° 203 ; *RDT* 2008. 115, note H. Tissandier ; *Dr. soc.* 2008. 244, obs. Ch. Radé ; *JCP E* 2008. 1288, note Th. Aubert-Monpeyssen ; *JCP S* 2008. 1191, note G. Vachet.
3. CJUE, 26 mai 2005, aff. C-478/03, *Celtec Ltd c/Astley a.* ; *Rec.* I. 4389 : *RJS* 2005. 831, obs. J.-Ph. Lhernould.
4. CJCE 14 nov. 1996, aff. C-305/94, *Rostart de Hertaing c/ Benoidt (SA) a.* ; *Rec.* I. 5939 – CJUE, 26 mai 2005, aff. C-478/03, préc.
5. Soc. 22 févr. 1995, n° 91-42.838, NP ; *Dr. soc.* 1995. 395, obs. J.-P. Chauchard.
6. Soc. 10 juill. 1997, n° 95-44.037, NP.
7. EN CE SENS : Soc. 19 mai 2010, n° 08-45.638, NP ; *RJS* 7/2010, n° 585 ; prenant en compte la date où le cessionnaire « est mis en mesure ».
8. P. Morvan, *Restructurations en droit social*, 3e éd., « Droit & Professionnels », LexisNexis, 2013, p. 148 et 240.
9. SUR cette question : G. Bélier, H.-J. Legrand et A. Cormier Le Goff, *Le nouveau droit de la négociation collective : Acteurs et accords*, préc., p. 594.
10. G. Gury, *L'accord collectif de groupe : Contribution à l'étude du droit des groupes*, préf. B. Teyssié, « Thèses », LexisNexis, 2016, p. 158, n° 473. – P. Morvan, *Restructurations et droit social*, 4e éd., « Droit&Professionnels », LexisNexis, 2017, p. 242, n° 405.
11. Solution proposée par : L. Aluome, *La norme collective à l'épreuve du transfert d'entreprise. Essai en droit du travail*, préc., p. 226.
12. C. trav., art. L. 2261-10, al. 2.

que l'accord de substitution peut être conclu et prendre effet pendant le préavis. Faut-il, contrairement à la dénonciation, attendre la fin du préavis pour appliquer cet accord, pourtant valablement conclu pendant le préavis ? Une telle solution ne paraît pas logique au vu de la règle consacrée à propos de la dénonciation[1].

422.233 Prolongation conventionnelle de la durée de survie. L'entreprise cessionnaire et les organisations syndicales représentatives en son sein peuvent proroger, par accord collectif, la durée de survie des effets de l'accord mis en cause, sans que cette prorogation ait pour effet de faire de l'accord un accord à durée indéterminée[2]. Une telle prolongation peut aussi être prévue par une clause de la convention ou de l'accord collectif mis en cause[3].

422.234 Adoption d'un engagement unilatéral. Le nouvel employeur peut, en l'absence de conclusion d'un accord d'adaptation ou d'un nouvel accord dans ce délai, prévoir par engagement unilatéral de maintenir tout ou partie des dispositions conventionnelles en vigueur dans l'entreprise absorbée. Ce à la condition, s'agissant d'avantages ayant le même objet ou la même cause, que cet accord soit plus favorable que le statut collectif de l'entreprise absorbante[4]. En l'espèce, l'employeur avait continué à appliquer à titre volontaire l'accord RTT de la société absorbée[5], ce qui valait engagement unilatéral de la part de l'employeur. L'accord de la société absorbée appliqué à titre volontaire étant plus favorable que celui de la société absorbante, il doit seul recevoir application.

422.235 Effets de l'accord de substitution. L'accord de substitution peut être exclusivement destiné aux salariés transférés, afin d'adapter leur statut à l'entreprise d'accueil. Dans ce cas, on appliquera, entre les stipulations de cet accord et celles de l'entreprise d'accueil, les stipulations les plus favorables au salarié. L'accord de substitution peut également comporter des clauses applicables à la fois aux salariés transférés et aux salariés d'ores et déjà présents dans l'entreprise d'accueil. Il est conseillé, pour éviter tout problème d'interprétation, de préciser le champ d'application des clauses de l'accord de substitution[6].

Par ailleurs, comme tout accord collectif, l'accord de substitution peut se heurter aux stipulations plus favorables du contrat de travail des salariés transférés[7].

§ 4 Garantie de rémunération

422.240 Plan. Notion nouvelle et peu explicite, la notion de garantie de rémunération, qui intervient en l'absence de conclusion d'un accord de substitution, doit être envisagée avec prudence, faute de recul (A). Très différente de celle, désormais révolue, d'avantages individuels acquis, elle doit être envisagée dans son calcul (B), dans sa période de référence (C), dans sa comparaison avec la rémunération précédemment perçue par le salarié (D), dans ses bénéficiaires (E), dans sa durée d'application (F) et dans les aménagements conventionnels dont elle peut faire l'objet (G).

A. Propos liminaires

422.251 Introduction. La règle étant celle de la disparition de l'accord collectif à l'issue du délai de survie, les salariés s'exposent à une disparition totale des avantages qu'ils avaient dans leur entreprise d'origine, si leur employeur l'entend ainsi. Il lui suffirait de refuser de conclure tout accord de substitution et ainsi laisser le délai expirer. D'où la mise en place d'un mécanisme de maintien d'un certain nombre d'avantages. Il s'agit à la fois d'un droit pour les salariés et d'un levier de négociation puisque le risque de devoir garantir la rémunération des salariés incitera probablement l'employeur à négocier un accord de substitution. Comme l'écrit J.-F. Cesaro dans son rapport, « la "crainte des avantages acquis" inciterait à conclure. En leur absence, il suffirait aux entreprises d'attendre l'extinction de la convention collective »[8].

422.252 Fin des « avantages individuels acquis ». Le Code du travail a d'abord utilisé la notion, inscrite dans le code du travail par la loi du 13 novembre 1982, d'avantage individuel acquis. À l'issue du délai de survie et faute d'accord de substitution, les salariés conservaient leurs « avantages individuels acquis », lesquels étaient incorporés dans leur con-

1. Pour une critique de l'application à la mise en cause d'un délai de préavis : P. Morvan, *Restructurations en droit social*, 5e éd., « Droit&Professionnels », LexisNexis, 2020, p. 258, n° 401 – L. Aluome, *La norme collective à l'épreuve du transfert d'entreprise. Essai en droit du travail*, préc., p. 68, n° 158.
2. Soc. 12 févr. 1991, n° 89-45.314, P V, n° 62 ; *RJS* 1/1992. 6, note J. Déprez ; *RJS* 3/1991, n° 361 ; *D.* 1991. IR 83 ; *JCP E* 1991. I. 181, note P. Pochet ; *RJS* 1992. 3, note J. Déprez ; *CSB* 1991. 53, A. 16.
3. C. trav., art. L. 2261-14, al. 1.
4. Soc. 24 mars 2021, n° 19-15.920, P.
5. Possibilité admise par la jurisprudence : Soc. 5 févr. 1975, n° 74-40.140, P V, n° 50.
6. Soc. 27 oct. 2010, n° 09-41.292, NP.
7. Soc. 7 sept. 2017, n° 16-14.743, P ; *JCP S* 2017. 1340, note A. Barège.
8. J.-F. Cesaro, *Propositions pour le droit du renouvellement et de l'extinction des conventions et accords collectifs de travail*, Rapport au ministère du Travail, janv. 2016, p. 28.

trat de travail. Cette notion a fini par être critiquée par certains en raison de critères imprécis qui en faisaient un facteur d'insécurité juridique. On trouvait ainsi en jurisprudence à la fois une définition « positive » et une définition « négative » de l'avantage individuel acquis. Selon la première, était « un avantage individuel acquis [...] un avantage qui, au jour de la dénonciation de la convention ou de l'accord collectif procurait au salarié une rémunération ou un droit dont il bénéficiait à titre personnel et qui correspondait à un droit déjà ouvert et non simplement éventuel »[1]. Selon la seconde constituait, « notamment, un avantage collectif, et non un avantage individuel acquis, celui dont le maintien est incompatible avec le respect par l'ensemble des salariés concernés de l'organisation collective du temps de travail qui leur est désormais applicable »[2]. Le rapport Cesaro, constatant notamment d'importantes divergences doctrinales quant aux contours à donner à cette notion[3], en a proposé la suppression : « La notion d'avantages individuels acquis est génétiquement vouée à l'imprécision, car elle est davantage une intuition qu'une notion dont les implications concrètes auraient, d'emblée, été maîtrisées. Son caractère collectif, son importance pour les salariés et les entreprises, en a fait un sujet naturellement litigieux, imposant un travail d'interprétation à l'origine d'un droit complexe »[4]. D'où la proposition de créer un tout autre mécanisme, celui de la rémunération annuelle garantie, qui constitue désormais le droit en vigueur.

422.253 Date d'application du nouveau régime. Selon l'article 17, IV, de la loi du 8 août 2016[5], les nouvelles dispositions issues de la loi du 9 août 2016 s'appliquent dès « la date où les accords ou conventions dénoncés ou mis en cause cessent de produire leurs effets, y compris si la date de dénonciation ou de leur mise en cause est antérieure à la publication de la loi »[6]. Ce qui signifie que l'ancien concept d'avantages individuels acquis ne reçoit plus aujourd'hui application.

422.254 Intérêt du nouveau régime. D'après l'étude d'impact de la loi Travail, la mesure a vocation à sécuriser les salariés et les employeurs et « contribuer à freiner le contentieux grâce à une définition stabilisée, identique pour toutes les entreprises, ne laissant pas la place à de nombreuses possibilités d'interprétation »[7]. Le mécanisme de la loi Travail n'a d'ailleurs pas été laissé en l'état puisque la loi de ratification des ordonnances a modifié sa définition. La notion de maintien de la rémunération annuelle, plus rigide et axée uniquement sur l'accord collectif a ainsi cédé la place, avec la loi du 29 mars 2018, à la garantie de rémunération versée en application de la convention ou de l'accord mis en cause et du contrat de travail transféré. Autrement dit, la loi de 2018 a apporté deux modifications majeures par rapport à celle de 2016 : d'une part, il est désormais question de « garantie », notion plus souple que celle de « maintien », ce qui permet d'introduire la possibilité d'une indemnité différentielle, d'autre part la rémunération issue du contrat de travail est incluse dans la garantie.

Fort complexe, le régime de la rémunération garantie appellera sans doute plusieurs années de jurisprudence pour être stabilisé, ce qui oblige à la prudence quant à sa description et son analyse aujourd'hui.

B.
Calcul de la rémunération – Garantie

422.260 Plan. Le calcul de la rémunération nécessite d'en déterminer à la fois le montant (1°) et l'assiette (2°).

1°
Montant

422.271 Uniquement la rémunération. La notion d'« avantage », utilisée dans l'ancien système des avantages individuels acquis, était plus large que celle de rémunération. Elle pouvait inclure des temps de repos supplémentaires ou des congés. Est désormais concernée la seule rémunération : primes, 13e mois, majorations de salaire (seulement le montant perçu pendant les douze derniers mois, non pas un pourcentage d'augmentation), la rémunération variable (uniquement le montant perçu pendant les

1. Soc. 5 nov. 2014, n° 13-14.077, P V, n° 258 ; *Dr. soc.* 2015. 95, obs. P.-H. Antonmattei ; *JSL* 2015, n° 379-6, obs. H. Tissandier.
2. Soc. 8 juin 2011, n° 09-42.807, P V, n° 146 ; *D. actu.* 28 juin 2011, obs. B. Ines ; *D.* 2011. Actu. 1693 ; *RDT* 2011. 652, obs. C. Nicod ; *JSL* 2011, n° 304-5, obs. J.-E. Tourreil ; *SSL* 2011, n° 1507, p. 8, obs. Colin ; *JCP S* 2011. 1407, obs. F. Dumont.
3. Y. Aubree, « Le concept légal "d'avantage individuel acquis". Hypothèse de la mise en cause du statut conventionnel de l'entreprise cédée », *RJS* 2000. 699 s. ; E. Dockès, « L'avantage individuel acquis », *Dr. soc.* 1993. 826 s.
4. J.-F. Cesaro, *Propositions pour le droit du renouvellement et de l'extinction des conventions et accords collectifs de travail*, préc., p. 44.
5. L. n° 2016-1088, 8 août 2016, relative au travail, à la modernisation du dialogue social et à la sécurisation des parcours professionnels, *JO* 9 août, n° 3.
6. L. n° 2016-1088, 8 août 2016 relative au travail, à la modernisation du dialogue social et à la sécurisation des parcours professionnels, *JO* 9 août, n° 3, art. 17, IV.
7. Étude d'impact du projet de loi visant à instituer de nouvelles libertés et de nouvelles protections pour les entreprises et les actifs, 24 mars 2016, NOR : ETSX1604461L/Bleue-1, p. 119.

douze derniers mois, ce qui aura un impact non négligeable selon que le variable était important ou non l'année précédente).

422.272 **Disparition des sujétions.** La rémunération des temps de pause prévue par l'accord dénoncé devrait logiquement être intégrée dans la garantie de salaire (la pause persistera nécessairement après la dénonciation) de même que les contreparties financières aux temps d'habillage et d'astreinte, à la condition que la sujétion n'ait pas disparu. Un doute est permis sur le sort des contreparties en cas de baisse ou de disparition de la sujétion. Garantir la rémunération versée signifie-t-il que la baisse et plus encore la disparition de la sujétion sont sans impact, contrairement à la logique du droit des obligations ? On peut en effet considérer que la contrepartie devient sans objet en cas de disparition de la sujétion, par exemple lorsque le salarié qui travaillait de nuit exerce désormais exclusivement son activité de jour. Une question similaire est posée en cas d'arrêt maladie : le revenu complémentaire de remplacement versé par l'employeur en vertu de l'accord collectif, qui complète les indemnités de sécurité sociale, est-il garanti, alors même que le salarié aurait cessé d'être malade ?[1] *Quid* d'une prime exceptionnelle, versée durant les douze derniers mois ?

422.273 **Approche globale de la rémunération.** Il est question de garantir « la » rémunération, ce qui semble se rapporter à la garantie d'un niveau de rémunération, pas à celle de la structure de la rémunération, par exemple la part dans cette rémunération occupée par les primes, les pourboires, etc.

2°
Assiette de calcul

422.281 **Notion de rémunération.** La rémunération s'entend au sens de l'article L. 242-1 du Code de la sécurité sociale, à l'exception de la première phrase du deuxième alinéa du même article[2]. Elle comprend toutes les sommes versées aux travailleurs en contrepartie ou à l'occasion du travail, notamment les salaires ou gains, les indemnités de congés payés, le montant des retenues pour cotisations ouvrières, les indemnités, primes, gratifications et tous autres avantages en argent, les avantages en nature, ainsi que les sommes perçues directement ou par l'entremise d'un tiers à titre de pourboire. Constitue également une rémunération la compensation salariale d'une perte de rémunération consécutive à une réduction du temps de travail, qu'elle prenne la forme d'un complément différentiel de salaire ou d'une hausse du taux de salaire horaire. Sont en revanche exclus les frais professionnels, l'intéressement, la participation et les stock-options.

La question se pose de la prise en compte, ou non, des avantages ponctuels, par exemple une somme d'argent perçue à titre exceptionnel en récompense d'une médaille du travail. Si cette somme est prévue par la Convention collective, a-t-elle vocation à être intégrée dans le calcul de la garantie de rémunération dès lors qu'elle a été versée dans les douze derniers mois ?[3]

422.282 **Notion de rémunération versée.** Expressément visés par l'article L. 242-1 C. sécu., les avantages en nature devraient figurer dans l'assiette de la rémunération annuelle garantie. Un doute existe cependant, l'attribution d'un logement de fonction ou autre véhicule de fonction n'étant pas *stricto sensu* une rémunération « versée » au salarié[4]. Faut-il cependant attacher de l'importance au fait que le texte mentionne la rémunération « versée », et pas simplement « perçue » ? La lettre de l'article L. 2261-13 interroge aussi sur le cas de la rémunération qui était due au salarié mais ne lui a pas été versée. Il est probable que, dans ces deux exemples, la référence à la rémunération « versée » ne fasse pas l'objet d'une interprétation excessivement stricte.

422.283 **Rémunération versée en vertu de l'accord collectif et du contrat de travail.** Seule la rémunération versée en vertu de l'accord collectif et du contrat de travail est prise en compte pour définir la garantie de rémunération. Le législateur a fait le choix d'exclure les éléments de rémunération issus d'un usage ou d'un engagement unilatéral. L'exclusion est à double versant, puisque les avantages non contractuels et non conventionnels ne seront pas inclus dans le calcul de la rémunération garantie, et ne le seront pas non plus lorsqu'il s'agira de déterminer si une indemnité différentielle est due. Autrement dit, une augmentation contractuelle de salaire sera déduite de l'indemnité différentielle, pas une prime discrétionnaire.

Des questions pourraient se poser car il n'est pas toujours évident de tracer la frontière entre un avantage fondé sur un engagement unilatéral ou un usage et le même avantage implicitement convenu entre les parties, lequel sera doté d'une valeur contractuelle. Par exemple, une prime dont les salariés sont informés de l'existence par un e mail, auxquels ils répondent par un remerciement ou quelque message que ce soit, peut être considérée comme un simple engagement unilatéral ou comme ayant été contractualisée par acceptation tacite des salariés.

1. G. Bélier, H.-J. Legrand et A. Cormier Le Goff, *Le nouveau droit de la négociation collective : Acteurs et accords*, préc., p. 611.
2. C. trav., art. L. 2261-13.
3. Pour une réponse négative : *Lamy social*, n° 1544.
4. G. Bélier, H.-J. Legrand et A. Cormier Le Goff, *Le nouveau droit de la négociation collective : Acteurs et accords*, préc., p. 610.

C.
Versement

422.291 **Périodicité du versement.** L'indemnité différentielle peut être versée, soit mensuellement (ce qui permet des variations d'un mois sur l'autre), soit annuellement, en une seule fois.

D.
Période et durée de référence

422.301 **Douze derniers mois.** L'article L. 2261-13 du Code du travail vise les douze derniers mois : il n'y a donc pas à prendre en compte l'année civile mais les douze derniers mois précédant la fin de la période de survie, ce qui correspond peu ou prou à la durée de survie de l'accord collectif, hors préavis. Autrement dit, pour déterminer la rémunération à garantir, il convient de se placer à la date à laquelle l'accord dénoncé ou mis en cause cesse de produire effet, et de calculer le total des rémunérations perçues en application dudit accord et du contrat de travail au cours des douze mois précédents.

La règle des douze derniers mois pourrait avoir un certain nombre de conséquences ; elle pourrait pénaliser les salariés malades, les indemnités versées par la sécurité sociale ne constituant pas une rémunération versée. Les questions sont loin d'être toutes réglées à ce jour. Que faire lorsque la « rémunération » du salarié malade se compose à la fois des indemnités journalières de sécurité sociale et du complément de rémunération versé par l'entreprise en application de l'accord dénoncé ? Le complément de salaire étant seul soumis à cotisations, l'employeur peut-il n'intégrer dans l'assiette de la garantie de rémunération que cette somme ? Une solution qui pourrait être fort pénalisante pour le salarié ! Ou doit-il reconstituer le salaire pour les besoins du dispositif de garantie de rémunération ?[1] Autre question, comment traiter la situation du salarié qui quitte l'entreprise avant l'expiration du délai de douze mois ? Faut-il définir sa garantie de rémunération au prorata de son temps de présence ?

Le dispositif de garantie de rémunération rend également salarié et employeur tributaires du montant de la rémunération variable versée l'année précédente. Si l'année N-1 était exceptionnelle, le montant à garantir sera d'autant plus élevé. À l'inverse, le salarié sera perdant si ses résultats l'année N-1 étaient faibles.

Comment traiter la situation du salarié qui exécute moins d'heures de travail dans l'entreprise d'accueil que dans son entreprise d'origine ? L'article L. 2261-13 du code du travail précise en effet : « Pour une durée de travail équivalente à celle prévue par leur contrat de travail. » Cette limite signifie d'abord qu'une diminution de la durée de travail entraînera une diminution de la rémunération. Le salarié qui passera à temps partiel après la dénonciation ou la mise en cause verra sa rémunération garantie baisser. À noter que la durée de référence n'est pas la durée réelle du travail mais celle inscrite dans le contrat de travail : un salarié qui a, dans les faits, effectué moins d'heures que ce qui était prévu par son contrat, percevra davantage en application du mécanisme de garantie de rémunération. La réponse n'est pas aussi évidente s'agissant des heures supplémentaires : la référence à la durée prévue par le contrat pourrait, si les heures supplémentaires n'ont pas été contractualisées, aboutir à ce qu'elles ne soient pas incluses dans l'assiette servant de calcul à la rémunération annuelle garantie[2].

422.302 **Vérification du respect de la rémunération annuelle garantie.** Comme il a été précisé, c'est désormais un montant de rémunération qui est maintenu, non pas la structure de la rémunération. Ce montant s'appréciera, logiquement, à la fin de chaque année. L'employeur devra vérifier que la rémunération perçue par le salarié au cours de l'année est au moins égale à celle qui lui est due en application du mécanisme de garantie de rémunération. Cela veut dire que chaque année devra être calculée la garantie de rémunération, avec un montant qui variera donc au fil des années. Elle est logiquement amenée à disparaitre car absorbée par les augmentations de salaires et primes.

La logique voulue par le législateur – particulièrement explicite dans la version du mécanisme issue de la loi de 2016 qui se référait exclusivement à la rémunération issue de la convention collective – est que la garantie de rémunération ne joue pas dans le cas où les salariés bénéficient d'une nouvelle convention collective plus favorable que l'ancienne. Si leur nouveau statut social est moins favorable, un complément devra leur être attribué, sous forme d'indemnité différentielle. Cependant, comme il va être vu, le législateur laisse ouverte la possibilité de cumuls, ou d'autres modes de calcul.

E.
Comparaison

422.311 **Indemnité différentielle.** Il est expressément prévu que la garantie de rémunération peut être assurée par le versement d'une indemnité différentielle entre le montant de la rémunération qui

1. Sur cette question : *Lamy social*, n° 1544.

2. SUR CETTE QUESTION : G. Bélier, H.-J. Legrand et A. Cormier Le Goff, *op. cit.*, p. 614.

était due au salarié en vertu de la convention ou de l'accord dénoncé et de son contrat de travail et le montant de la rémunération du salarié résultant de la nouvelle convention ou du nouvel accord, s'il existe, et de son contrat de travail[1].

Les critiques qu'a rencontrées la première mouture du mécanisme, notamment la rigidité qu'aurait impliqué un maintien pur et dur de la rémunération perçue ont, en effet, conduit à assouplir le dispositif ; la référence à la « garantie », plus souple que celle au « maintien » de la rémunération retenue en 2016, emporte qu'une rémunération non pas identique dans sa structure, mais équivalente dans son montant, est satisfaisante au regard du mécanisme de garantie annuelle de rémunération. Cette souplesse se concrétise dans le recours à une indemnité différentielle : une sorte « d'amortisseur »[2] qui fait dépendre l'indemnité perçue par le salarié de sa rémunération future (elle augmentera ou diminuera selon que la rémunération augmente ou baisse).

L'indemnité différentielle ne sera plus due lorsque, par une augmentation de la rémunération contractuelle ou le versement de nouveaux éléments conventionnels de rémunération, le montant garanti aura été atteint. La comparaison doit se faire entre la totalité des avantages de rémunération dus aux salariés en vertu de l'accord collectif dénoncé ou mis en cause (la comparaison est globale, et ne distingue donc pas selon l'objet des éléments de rémunération : prime de Noël, de 13e mois, etc.) et du contrat de travail, et ceux résultant des accords collectifs en vigueur dans l'entreprise d'accueil et du contrat de travail. L'article L. 2261-13 du code du travail garantit le différentiel entre les deux. Il s'ensuit, par exemple, que si le salaire contractuel du salarié augmente après la dénonciation ou le transfert, le différentiel diminuera d'autant, et vice versa.

422.312 L'indemnité différentielle n'est qu'une faculté. Comme son nom l'indique, c'est une logique indemnitaire à laquelle obéit le recours à l'indemnité différentielle. Une logique très différente de celle des anciens avantages individuels acquis. Le texte de l'article L. 2261-13 ne fait du recours à l'indemnité différentielle qu'une possibilité (« peut »), ce qui pourrait autoriser à maintenir les avantages au niveau atteint avant le transfert ou la dénonciation, peu important l'évolution de la rémunération du salarié, contractuelle et conventionnelle, dans la nouvelle entreprise[3].

Si l'on prend le texte de loi à la lettre, et que l'on en déduit que le recours à une indemnité financière est une simple possibilité, reste à déterminer quelles peuvent être les modalités du choix[4] entre maintien du montant (le montant ne bougera pas) et versement d'une indemnité différentielle (le montant fluctuera en fonction de la rémunération versée dans le futur). Ce choix appartient-il à l'employeur, de manière unilatérale, ou doit-il passer par la voie conventionnelle ? La question n'aura par définition pas été tranchée par les accords antérieurs à la loi de 2016 qui introduit le nouveau dispositif et, comme il a été justement relevé, trouver des stipulations en ce sens dans un accord de substitution est une hypothèse d'école, cet accord ayant précisément pour objet d'écarter le jeu du mécanisme de garantie de la rémunération[5].

F. Bénéficiaires

422.321 Salariés présents lors de la dénonciation ou de la mise en cause. Seuls les salariés présents lors de la dénonciation ou de la mise en cause bénéficient de la garantie de rémunération. La formule de la Cour de cassation est claire : « les salariés engagés après la dénonciation, s'ils peuvent prétendre au bénéfice des avantages prévus par la convention ou l'accord dénoncé tant que la convention ou l'accord dénoncé continue à produire effet quand ils remplissent les conditions pour y prétendre, ne les conservent pas au titre d'avantages individuels acquis après que la convention ou l'accord dénoncé a cessé de produire effet »[6]. Faute de précision, la solution devrait se pérenniser avec le nouveau mécanisme de rémunération garantie.

G. Durée de vie du mécanisme

422.331 Incorporation ou pas ? À la question de la durée de vie de la garantie de rémunération, la réponse est actuellement incertaine. A-t-elle vocation, faute de disposition conventionnelle en ce sens, à perdurer dans le temps pendant X années ?

1. C. trav., art. L. 2261-13.
2. A. Bugada, « Pour un retour aux avantages individuels acquis », *Mélanges en l'honneur du Professeur Bernard Teyssié*, « Mélanges », LexisNexis, 2019, p. 67.
3. A. Bugada, « Pour un retour aux avantages individuels acquis », mél. Teyssié, Lexisnexis, 2019, p. 51.
4. POUR UNE ÉTUDE APPROFONDIE des options possibles : J.-F. Cesaro et A. Martinon, « Le maintien de la rémunération perçue : observations et propositions », *JCP E* 2017. 1062, rédigé avant les modifications apportées en 2018 mais dont les analyses restent largement valables aujourd'hui.
5. A. Bugada, « Pour un retour aux avantages individuels acquis », préc., p. 68.
6. Soc. 12 mai 2001, nº 99-41.669, P V, nº 170 ; *D.* 2001. 1849 ; *RJS* 2001. 620, nº 897 ; *Dr. ouvrier* 2001. 441.

La solution la plus simple consisterait à considérer, sur la base de l'ancien système, que la garantie de rémunération est, de plein droit, incorporée dans le contrat de travail. Dans ce cas, seul un accord des parties pourrait y mettre un terme. Il n'est pas certain qu'un accord de performance collective le puisse si le choix a été fait de passer par l'indemnité différentielle, qui n'est pas à proprement parler une rémunération mais une indemnisation [1].

Problème : rien dans le nouveau dispositif ne permet d'opter avec une quelconque assurance pour la thèse de l'incorporation ! Certains éléments contredisent même ladite thèse. D'abord, la possibilité de garantir la rémunération sous la forme d'une indemnité différentielle, laquelle aboutit à ne pas verser la rémunération prévue par l'accord collectif [2]. Il est soutenu que s'agissant d'une garantie et non plus d'un maintien, un accord collectif futur pourrait envisager sa suppression, notamment dans le cadre d'un accord de performance collective [3]. Faute d'accord collectif le supprimant, l'employeur peut-il, pour des raisons économiques, décider de supprimer l'indemnité différentielle, en se soumettant à la procédure des licenciements économiques ? Si on ne retient pas la thèse de l'incorporation, on n'est pas en présence de la modification du contrat visée à l'article L. 1233-3 du code du travail.

H. Clause de maintien des avantages individuels acquis

422.341 **Place et contenu de la clause.** La conclusion de l'accord de substitution faisant disparaitre, à terme, l'accord collectif d'origine, peut être stipulée une clause de maintien des avantages acquis, pour reprendre l'appellation qui était la leur aux temps où le mécanisme légal était celui des avantages individuels acquis. La clause permettra ainsi de faire survivre certains des avantages, individuels ou collectifs, de l'ancien accord collectif, en mentionnant précisément les avantages maintenus pour ne pas générer de difficultés d'interprétation. La portée du maintien des avantages acquis dépend en effet ici, non plus de l'application de la loi, mais de l'interprétation de l'accord collectif qui le prévoit. On peut cependant penser que si la clause se contente de se référer au maintien des avantages individuels acquis, la jurisprudence l'interprétera comme elle interprétait la notion avant la réforme législative : incluant les avantages salariaux de toute nature, à l'exception de ceux liés à une organisation collective (organisation du temps de travail) ou ceux purement éventuels [4].

Faute de régime légal, il faut considérer que la clause de maintien des avantages acquis stipulée dans la convention collective, en tant que clause conventionnelle, ne s'incorpore pas dans le contrat. Comme il a été relevé, « une clause de maintien des avantages acquis est une clause conventionnelle comme les autres » qui « ne peut avoir d'effets exorbitants du droit commun » [5]. Il s'ensuit, notamment, que cette clause peut être dénoncée sans que le salarié puisse y opposer les clauses de son contrat de travail.

SECTION 4 TRANSFERT D'UNE ENTITÉ DE DROIT PRIVÉ VERS UNE ENTREPRISE PUBLIQUE

422.351 **Changement de statut.** Lorsque des salariés sont transférés vers une entreprise publique soumise à un statut, les salariés de l'entreprise absorbée se voient appliquer de plein droit et immédiatement le statut de l'entreprise absorbante. L'article L. 2233-2 du Code du travail prévoit que dans les entreprises publiques, les conventions ou accords collectifs peuvent seulement compléter les dispositions statutaires ou en déterminer les modalités d'application dans les limites fixées par le statut, de sorte que des dispositions issues d'accords collectifs de travail ne peuvent contredire celles du statut [6]. Il en résulte aussi que le régime de mise en cause, et les règles qui l'accompagnent ne s'appliquent pas [7].

1. SUR cette question, A. Bugada, « Pour un retour aux avantages individuels acquis », préc.
2. M. Morand, « Fin des avantages individuels acquis, création de la notion de rémunération annuelle maintenue dans la loi Travail et interprétée dans la loi de ratification des ordonnances. Où en est-on ? », *SSL* 2018, n° 1807.
3. C. Aranda et V. Correia, « L'accord de performance collective : Un nouvel outil pour obtenir l'adhésion des partenaires sociaux et des salariés aux projets d'évolution de l'entreprise », *Cah. DRH*, n° 250-251.
4. PAR EXEMPLE, le droit aux indemnités de préavis de licenciement qui naissent après la rupture du contrat de travail et ne peuvent en conséquence constituer un avantage individuel acquis : Soc. 5 juin 1996, n° 92-42.995, NP ; *RJS* 1996. 678, n° 1065.
5. E. Dockes, « L'avantage individuel acquis », *Dr. soc.* 1993. 826.
6. V. déjà : Soc. 12 juill. 1999, n° 98-20.837, P ; *D.* 1999. 210.
7. Soc. 17 mai 2005, n° 03-13.582, P ; *D.* 2005. 1587.

LIVRE

5. LE DROIT SPÉCIAL DES ACCORDS

SECTION 0 ORIENTEUR

5.00 Sommaire du livre.

Division. Sur le socle général des règles de la négociation collective, viennent s'appuyer un certain nombre de dispositions qui, tout en s'inscrivant dans la philosophie du droit conventionnel, présentent une plus ou moins forte originalité. Il est aujourd'hui permis de considérer qu'à côté d'un droit commun de la convention collective, existe un « droit spécial », de la même manière qu'un droit spécial des contrats s'est développé en se greffant sur le droit commun du contrat individuel. Comme en matière de droit du contrat individuel, les liens entre le droit spécial de la convention collective et son droit commun sont plus ou moins resserrés pour des raisons qui tiennent à la fois aux objectifs poursuivis par ces accords collectifs spéciaux et à l'intensité de l'autonomie et de la liberté laissée aux négociateurs. C'est ce second critère qui permet de distinguer les négociations librement choisies (titre 51) des négociations sous contrainte de l'autorité publique (titre 52) qui cherche alors à réaliser par la voie conventionnelle des objectifs de politique publique, s'agissant par exemple de l'accès à l'emploi de certaines catégories de travailleurs, ou de la protection de la santé au travail.

TITRE

51. Les négociations choisies

SECTION 0
ORIENTEUR

51.00 Sommaire du titre.

Division. On rappellera ici que sous l'expression « négociations choisies », on envisagera les accords dans lesquels la liberté de parties s'exprime sans autre contrainte que celles des règles de forme et de fond du droit de la négociation collective. À vrai dire, au fil du temps la distinction entre les négociations choisies et les négociations contraintes, tend à s'estomper dans la mesure où les incitations à négocier se sont affinées et où la distinction de l'incitation et de l'obligation n'a plus l'évidence qu'on lui prêtait. Il est néanmoins possible d'identifier parmi les négociations « choisies » les accords qui, depuis quelques années, permettent une organisation des restructurations (chap. 511) et les accords qui, répondant sans doute mieux à la philosophie première du droit de la négociation collective, assurent une amélioration du statut social du salarié (chap 512).

CHAPITRE

511. Accords conclus dans le cadre des restructurations

SECTION 0 ORIENTEUR

511.00 **Sommaire du chapitre.**

Division. En amont de la restructuration, les accords conclus peuvent concerner la prévention des licenciements (sect. 1). Ils sont également susceptibles d'intervenir dans des situations diverses : les accords de performance collective (sect. 2), la rupture conventionnelle collective (sect. 3). Enfin, les accords peuvent organiser conventionnellement le licenciement (sect. 4) ainsi que l'activité partielle de longue durée (sect. 5).

511.01 **Textes applicables.**

- **C. trav.**, art. L. 1233-21 à L. 1233-24 [Accords de méthode]
- **C. trav.**, art. L. 1233-24-1 à L. 1233-24-3 [PSE conventionnel]
- **C. trav.**, art. L. 1233-57-1 à L. 1233-57-3 [Contrôle de l'administration]
- **C. trav.**, art. L. 2242-20, L. 2242-21 [Négociaion sur la GEPP]
- **C. trav.**, art. L. 2254-2 [Accords de performance collective]
- **C. trav.**, art. 1237-19 à L. 1237-19-8 [Rupture conventionnelle collective]

511.02 **Jurisprudence de référence.**

- **Soc. 11 déc 2019,** n° 18-13.599, P

« Mais attendu que selon l'article L. 2242-21 du code du travail, dans sa rédaction issue de la loi n° 2013-504 du 14 juin 2013, l'employeur peut engager une négociation portant sur les conditions de la mobilité professionnelle ou géographique interne à l'entreprise dans le cadre de mesures collectives d'organisation courantes sans projet de réduction d'effectifs ; que la cour d'appel, qui a constaté que la mobilité individuelle du salarié était envisagée dans le cadre d'une réorganisation de la direction centrale commerciale ne s'accompagnant pas d'une réduction d'effectifs, a exactement déduit de ces seuls motifs que cette réorganisation constituait une mesure collective d'organisation courante au sens du texte précité ; que le moyen n'est pas fondé ;

Sur le deuxième moyen :

[...]

Mais attendu que la cour d'appel, qui n'était pas tenue de procéder aux recherches prétendument omises selon les première et quatrième branches, qui ne lui étaient pas demandées, a constaté, d'une part, que l'accord de mobilité interne prévoyait que trois offres de reclassement concernant des emplois de même catégorie ou équivalents, situés si possible dans la zone d'emploi des salariés, seraient présentées simultanément, et, d'autre part, que les trois propositions de reclassement faites au salarié, concernant des postes situés à Lyon, Toulouse et Clichy, étaient conformes aux dispositions de l'accord ; qu'elle en a exactement déduit que l'employeur avait ainsi satisfait à son obligation de reclassement interne, telle qu'adaptée par l'accord ; que le moyen n'est pas fondé ;

Par ces motifs :

Rejette le pourvoi. »

• **Soc. 15 mai 2019,** n°s 18-10.302 à 18-10.321, NP

« Attendu, selon les arrêts attaqués (Poitiers, 8 nov. 2017), que la société SFR service client (SFR-SC), principale filiale de la société SFR, était chargée des relations entre le groupe SFR et ses clients, aussi bien grand public, qu'entreprises et distributeurs ; que, le 12 octobre 2006, les entreprises composant l'unité économique et sociale SFR ont conclu, avec les organisations syndicales représentatives, un accord de gestion prévisionnelle des emplois et des compétences (GPEC) dans le cadre de l'ancien article L. 320-2 du code du travail ; qu'en 2007, la société SFR-SC a envisagé de sous-traiter l'activité « relation client grand public » de ses établissements de Lyon, Toulouse et Poitiers à deux sociétés, la société Infomobile, aux droits de laquelle est venue la société Téleperformance France, et la société Aquitel ; que ce projet a donné lieu à d'importantes grèves à compter du 5 juin 2007 au sein de la société SFR-SC ; que, le 20 juillet 2007, la société SFR-SC et les organisations syndicales ont signé « un accord de méthode et de garanties relatifs au traitement des conséquences de la mise en œuvre du projet de transfert des sites de relation client grand public de Lyon, Poitiers et Toulouse » ; que cet accord prévoyait, d'une part, des garanties inhérentes au transfert et, d'autre part, la mise en place ainsi que le contenu d'un plan de départ volontaire pour les salariés qui ne souhaiteraient pas rester à la disposition du nouvel employeur, notamment en raison de la modification de leur statut collectif à terme ; que Mme W… et quarante-trois autres salariés du site de Poitiers de la société SFR-SC, dont les contrats de travail avaient été transférés le 1er août 2007 à la société Aquitel, ont signé une convention de rupture amiable de leurs contrats pour motif économique dans le cadre de la mise en œuvre du plan de départ volontaire ; qu'estimant que cette opération de transfert avait été effectuée en fraude de leurs droits résultant notamment de l'accord de gestion prévisionnelle des emplois et des compétences du 12 octobre 2006, les salariés ont, respectivement le 17 octobre 2014 et le 2 juillet 2015, saisi la juridiction prud'homale de demandes tendant notamment à la réparation de la perte de chance de conserver leur emploi au sein du groupe SFR et de la société Aquitel, sur le fondement de la responsabilité délictuelle ;

Attendu que les salariés font grief aux arrêts de juger leurs demandes irrecevables comme prescrites […]

Mais attendu qu'en application de l'article 2224 du code civil, en matière de responsabilité civile, le point de départ du délai de prescription est la date à laquelle le dommage se manifeste au titulaire du droit ;

Et attendu que la cour d'appel, qui a constaté que les salariés, eu égard à l'accord de méthode du 20 juillet 2007 prévoyant notamment la mise en place d'un plan de départ volontaire, avaient connaissance, depuis le transfert de leur contrat de travail intervenu le 1er août 2007, des faits sur lesquels ils fondaient leur action, à savoir le préjudice résultant de la méconnaissance par la décision de transfert du service client grand public de l'engagement de maintien de l'emploi contenu dans l'accord de gestion prévisionnelle des emplois et des compétences du 12 octobre 2006, a exactement, par une décision motivée, fixé à cette date le point de départ du délai de prescription ;

Par ces motifs :

Rejette »

• **Soc. 14 nov 2019,** n° 18-13.887, P

« Attendu, selon l'arrêt attaqué (Versailles, 18 janv. 2018), que la société Chubb France, qui exploite une activité de conception, d'installation et de maintenance de systèmes de sécurité incendie, a présenté au début de l'année 2015 un projet de réorganisation de son activité, intitulé « Convergence », destiné à harmoniser et simplifier les processus de gestion informatique, notamment en développant de nouveaux outils informatiques entre les différentes entités fusionnées au sein de la société ; que ce projet s'accompagnait d'un plan de sauvegarde de l'emploi compte tenu de la suppression prévue de soixante et onze postes de travail ; que le projet « Convergence » a fait l'objet d'une mesure d'expertise, à la demande du comité d'hygiène, de sécurité et des conditions de travail (CHSCT), ayant pour objet l'évaluation des impacts sur la santé, la sécurité et les conditions de travail, à la suite duquel a été émis le 20 avril 2015 par ledit comité un avis défavorable ; qu'un accord collectif majoritaire portant plan de sauvegarde de l'emploi a été conclu le 29 mai 2015 et validé par la Direction régionale des entreprises, de la concurrence, de la consommation, du travail et de l'emploi le 30 juin 2015 ; que le 1er juillet 2015, le CHSCT réseau a voté le recours à une nouvelle expertise avec notamment pour mission l'identification des risques de facteurs psychosociaux en lien avec le projet ; qu'à compter du 4 juillet 2015, le projet « Convergence » a été mis en place à titre expérimental avant d'être déployé en juillet 2016 sur l'agence de Marseille littoral et étendu en janvier 2017 à l'ensemble de la région Méditerranée ; que plusieurs licenciements économiques étaient intervenus dès novembre 2015 ; que le 16 janvier 2017, l'expert a conclu à l'existence de risques psychosociaux ; que le secrétaire du CHSCT réseau a déclenché le 10 mars 2017 une procédure d'alerte en raison de l'existence d'une cause de danger grave et imminent au sein de la région Méditerranée, puis a saisi le 16 mars 2017 l'inspection du travail ; que le CHSCT a fait assigner en référé la société afin notamment qu'il soit constaté que celle-ci n'avait pas pris les mesures nécessaires pour préserver la santé des salariés, qu'il lui soit ordonné, sous astreinte, de suspendre toute mise en œuvre du projet « Convergence » dans la région pilote Méditerranée et qu'il soit interdit tout déploiement de ce même projet dans d'autres régions ;

Sur le premier moyen :

Attendu que la société fait grief à l'arrêt de déclarer le juge judiciaire compétent et en conséquence de rejeter l'exception d'incompétence au profit du juge administratif, alors, selon le moyen, que l'appréciation des éventuels manquements de l'employeur à son obligation de sécurité, commis dans le cadre de l'établissement ou de la mise en œuvre d'un plan de sauvegarde de l'emploi conclu après l'entrée en vigueur de la loi n° 2013-504 du 14 juin 2013 relative à la sécurisation de l'emploi, relève de la compétence du juge administratif ; qu'en l'espèce, le plan de sauvegarde applicable à la société Chubb France avait été conclu dans le cadre d'un accord majoritaire du 29 mai 2015, de sorte que l'appréciation des éventuels manquements de l'employeur à son obligation de sécurité dans l'établissement et la mise en œuvre de ce plan, s'agissant notamment de la prise en compte des risques psychosociaux induits par le projet de restructuration, échappait à la compétence du juge judiciaire ; que dès lors, en retenant la compétence du juge judiciaire, et en se prononçant sur les demandes de suspension et d'interdiction formées par le CHSCT de la société Chubb France, la cour d'appel a violé la loi des 16-24 août 1790, le décret fructidor an III, ensemble les articles L. 1233-61 et L. 1235-7-1 du code du travail dans leur rédaction applicable au litige ;

Mais attendu que selon l'article L. 1233-57-2 du code du travail, dans sa rédaction issue de la loi n° 2014-856 du 31 juillet 2014, l'autorité administrative valide l'accord collectif mentionné à l'article L. 1233-24-1 dès lors qu'elle s'est assurée notamment de sa conformité aux articles L. 1233-24-1 à L. 1233-24-3, de la présence dans le plan de sauvegarde de l'emploi des mesures prévues aux articles L. 1233-61 et L. 1233-63, de la régularité de la procédure d'information et de consultation du comité d'entreprise et, le cas échéant, du comité d'hygiène, de sécurité et des conditions de travail et de l'instance de coordination mentionnée à l'article L. 4616-1 ; que selon l'article L. 1235-7-1 du code du travail, l'accord collectif mentionné à l'article L. 1233-24-1, le document élaboré par l'employeur mentionné à l'article L. 1233-24-4, le contenu du plan de sauvegarde de l'emploi, les décisions prises par l'administration au titre de l'article L. 1233-57-5 et la régularité de la procédure de licenciement collectif ne peuvent faire l'objet d'un litige distinct de celui relatif à la décision de validation ou d'homologation mentionnée à l'article L. 1233-57-4 ; que ces litiges relèvent de la compétence, en premier ressort, du tribunal administratif, à l'exclusion de tout autre recours administratif ou contentieux ;

Et attendu que la cour d'appel, qui a constaté que le juge judiciaire avait été saisi de demandes tendant au contrôle des risques psychosociaux consécutifs à la mise en œuvre du projet de restructuration, en a exactement déduit que celui-ci était compétent ;

Par ces motifs :

Rejette »

• **Soc. 16 janv. 2019,** n° 17-20.969, P

Sur le moyen relevé d'office, après avis donné aux parties conformément à l'article 1015 du code de procédure civile :

« Vu l'article L. 1235-7-1 du code du travail, ensemble la loi des 16-24 août 1790 et l'article 76 du code de procédure civile ;

Attendu que, selon l'article L. 1233-57-3 du code du travail, dans sa rédaction issue de la loi n° 2014-856 du 31 juillet 2014, en l'absence d'accord collectif ou en cas d'accord ne portant pas sur l'ensemble des points mentionnés aux 1° à 5° de l'article L. 1233-24-2, l'autorité administrative homologue le document élaboré par l'employeur mentionné à l'article L. 1233-24-4, après avoir notamment vérifié le respect, le cas échéant, des obligations prévues aux articles L. 1233-57-9 à L. 1233-57-16, L. 1233-57-19 et L. 1233-57-20, relatives à la recherche d'un repreneur en cas de projet de fermeture d'un établissement ; que le respect du principe de la séparation des pouvoirs s'oppose à ce que le juge judiciaire se prononce sur le respect par l'employeur de son obligation de recherche d'un repreneur ;

Attendu, selon l'arrêt attaqué et les productions, que l'ensemble du personnel du site de Rantigny de la société Caterpillar matériel routiers a fait l'objet d'un licenciement économique collectif, le processus d'information-consultation du comité d'entreprise étant mis en œuvre lors d'une réunion du 25 avril 2014 ; qu'un accord collectif relatif au contenu du plan de sauvegarde de l'emploi portant notamment sur les mesures sociales d'accompagnement des licenciements était conclu entre l'entreprise et les organisations syndicales, tandis qu'un document unilatéral fixait la procédure, le calendrier des départs et les mesures envisagées quant à la recherche d'un repreneur ; que l'accord collectif et le document unilatéral faisaient respectivement l'objet d'une validation et d'une homologation par les services de la direction régionale des entreprises, de la concurrence, de la consommation, du travail et de l'emploi selon une décision du 6 août 2014 ; que les licenciements ont été notifiés à compter de janvier 2015 ; que M. X… et d'autres salariés de la société ont saisi la juridiction prud'homale de demandes en paiement de dommages-intérêts pour inexécution de bonne foi de l'obligation légale de recherche d'un repreneur ;

Attendu que l'arrêt déboute les salariés de leurs demandes ;

Qu'en statuant ainsi, alors que l'appréciation du respect de l'obligation de recherche d'un repreneur relève de la seule compétence de la juridiction administrative, la cour d'appel a excédé ses pouvoirs et violé les deux premiers des textes susvisés ;

Par ces motifs, et sans qu'il y ait lieu de statuer sur le moyen du pourvoi :

Casse »

• **CE 7 févr. 2018,** n° 403989, *Lebon*

« Considérant qu'il ressort des pièces des dossiers soumis aux juges du fond que le tribunal de commerce de Paris a, par un jugement du 30 juillet 2015, placé la société Polymont IT Services en redressement judiciaire ; que la société Laureau-Jeannerot, administrateur judiciaire de cette société, et le syndicat CFDT ont signé, le 16 novembre 2015, un accord collectif fixant, en application des dispositions de l'article L. 1233-24-1 du code du travail, le contenu d'un plan de sauvegarde de l'emploi ; que le directeur régional des entreprises, de la concurrence, de la consommation, du travail et de l'emploi d'Ile-de-France a validé cet accord par une décision du 24 novembre 2015 ; que, par un jugement du 12 avril 2016, le tribunal administratif de Paris a rejeté la demande de la fédération CGT des sociétés et bureaux d'études tendant à l'annulation de cette décision ; que la société Polymont IT Services et la société Laureau-Jeannerot, d'une part, et, d'autre part, la ministre du travail, de l'emploi, de la formation professionnelle et du dialogue social se pourvoient en cassation contre l'arrêt du 4 août 2016 par lequel la cour administrative d'appel de Paris a annulé ce jugement ainsi que la décision de validation ; qu'il y a lieu de joindre leurs pourvois pour statuer par une seule décision ;

2) Considérant qu'aux termes de l'article L. 1233-24-1 du code du travail : « Dans les entreprises de cinquante salariés et plus, un accord collectif peut déterminer le contenu du plan de sauvegarde de l'emploi mentionné aux articles L. 1233-61 à L. 1233-63 [...] » ; que l'article L. 1233-24-2 du même code dispose, dans sa rédaction alors applicable : « L'accord collectif mentionné à l'article L. 1233-24-1 porte sur le contenu du plan de sauvegarde de l'emploi mentionné aux articles L. 1233-61 à L. 1233-63 / Il peut également porter sur : [...] 1° Les modalités d'information et de consultation du comité d'entreprise [...] » ; qu'aux termes de l'article L. 1233-63 du même code, dans sa rédaction alors applicable : « Le plan de sauvegarde de l'emploi détermine les modalités de suivi de la mise en œuvre effective des mesures contenues dans le plan de reclassement prévu à l'article L. 1233-61. / Ce suivi fait l'objet d'une consultation régulière et détaillée du comité d'entreprise ou, à défaut, des délégués du personnel, dont les avis sont transmis à l'autorité administrative [...] » ; qu'enfin l'article L. 1233-57-2 du code dispose, dans sa rédaction alors applicable : « L'autorité administrative valide l'accord collectif mentionné à l'article L. 1233-24-1 dès lors qu'elle s'est assurée de : / 1° Sa conformité aux articles L. 1233-24-1 à L. 1233-24-3 ; / 2° La régularité de la procédure d'information et de consultation du comité d'entreprise et, le cas échéant, du comité d'hygiène, de sécurité et des conditions de travail et de l'instance de coordination mentionnée à l'article L. 4616-1 ; / 3° La présence dans le plan de sauvegarde de l'emploi des mesures prévues aux articles L. 1233-61 et L. 1233-63 ; / 4° La mise en œuvre effective, le cas échéant, des obligations prévues aux articles L. 1233-57-9 à L. 1233-57-16, L. 1233-57-19 et L. 1233-57-20 » ; qu'il résulte de ces dispositions que l'omission, dans un accord collectif fixant un plan de sauvegarde de l'emploi, de stipulations qui doivent obligatoirement y figurer, telles que les stipulations relatives aux modalités du suivi de la mise en œuvre des mesures contenues dans le plan de reclassement, fait obstacle à sa validation par l'autorité administrative ; qu'en revanche, ces dispositions n'imposent pas qu'un tel accord fixe des modalités particulières d'information et de consultation du comité d'entreprise ; que, notamment, elles n'imposent pas que l'accord fixe des modalités particulières pour la consultation obligatoire du comité d'entreprise sur le suivi de la mise en œuvre des mesures contenues dans le plan de reclassement ; que, par suite, l'absence de telles stipulations est, par elle-même, insusceptible de faire obstacle à la validation de l'accord par l'autorité administrative ;

3) Considérant que, pour annuler la décision validant l'accord majoritaire fixant le contenu du plan de sauvegarde de l'emploi de la société Polymont IT Services, la cour administrative d'appel de Paris s'est fondée sur la circonstance que, s'il avait fixé les modalités du suivi de la mise en œuvre des mesures contenues dans le plan de sauvegarde de l'emploi, cet accord n'avait, en revanche, pas fixé les modalités selon lesquelles le comité d'entreprise serait consulté sur ce suivi ; qu'il résulte de ce qui a été dit ci-dessus que la cour a, ce faisant, commis une erreur de droit ; que, sans qu'il soit besoin d'examiner les autres moyens de leurs pourvois, les requérantes sont fondées à demander l'annulation de l'arrêt qu'elles attaquent ;

4) Considérant que, le délai de trois mois imparti à la cour administrative d'appel pour statuer par les dispositions de l'article L. 1235-7-1 du code du travail étant expiré, il y a lieu pour le Conseil d'État, en application des mêmes dispositions, de statuer immédiatement sur l'appel formé par la fédération CGT des sociétés et bureaux d'études contre le jugement du 12 avril 2016 du tribunal administratif de Paris ;

5) Considérant que l'article L. 1233-57-2 du code du travail cité ci-dessus fixe, notamment par renvoi à l'article L. 1233-24-3 du même code, les dispositions du code du travail auxquelles un accord collectif fixant un plan de sauvegarde de l'emploi ne peut déroger ; que, sauf à ce qu'il soit entaché de nullité, un tel accord ne peut faire l'objet d'un refus de validation par l'autorité administrative que s'il méconnaît ces dispositions ;

6) Considérant, en premier lieu, que si les conditions légales qui s'imposent à un accord collectif majoritaire fixant un plan de sauvegarde de l'emploi sont, ainsi qu'il vient d'être dit, distinctes de celles qui s'imposent à une décision unilatérale de l'employeur fixant un tel plan, cette circonstance est, en tout état de cause et contrairement à ce que soutient la fédération requérante, sans incidence sur le droit d'exercer un recours juridictionnel effectif, garanti par les stipulations de l'article 6, paragraphe 1, de la convention européenne de sauvegarde des droits de l'homme et des libertés fondamentales ;

7) Considérant, en deuxième lieu, qu'aux termes de l'article L. 1233-24-2 du code du travail : « L'accord collectif [...] peut également porter sur : / [...] 4° Le nombre de suppressions d'emploi et les catégories professionnelles concernées » ; que la circonstance que, pour déterminer les catégories professionnelles concernées par le licenciement, un accord collectif fixant un plan de sauvegarde de l'emploi se fonde sur des considérations étrangères à celles qui permettent de regrouper les salariés par fonctions de même nature supposant une formation professionnelle commune, ou ait pour but de permettre le licenciement de salariés affectés sur un emploi ou dans un service dont la suppression est recherchée, n'est pas, par elle-même, de nature à caractériser une méconnaissance des dispositions de l'article L. 1233-57-2 du code du travail ; qu'elle ne saurait, par suite, faire obstacle à la validation de cet accord ; qu'il en va autrement si les stipulations qui déterminent les catégories professionnelles sont entachées de nullité, en raison notamment de ce qu'elles revêtiraient un caractère discriminatoire ;

8) Considérant, par suite, que, contrairement à ce que soutient la fédération CGT des sociétés et bureaux d'études, la circonstance que les catégories professionnelles définies par l'accord litigieux procèdent à des regroupements de salariés en fonction de leur ancienneté dans l'emploi, ou à raison de leur affectation dans certains services, n'est pas de nature à entacher d'illégalité la décision de validation attaquée ;

9) Considérant, en troisième lieu, que le moyen tiré de ce que la décision de validation est illégale au motif que l'accord

n'a pas déterminé le périmètre d'application des critères d'ordre des licenciements manque en fait ;

10) Considérant, en quatrième lieu, que, pour écarter le moyen de la fédération requérante tiré de ce que l'accord collectif litigieux était entaché de nullité en raison d'un vice affectant le consentement donné à cet accord par l'un de ses signataires, le tribunal administratif a jugé, d'une part, que le vice du consentement allégué n'était pas établi et, d'autre part et au surplus, qu'un tel moyen ne pouvait être utilement soulevé par un syndicat non signataire de l'accord ; qu'à l'appui de son appel, la fédération CGT des sociétés et bureaux d'études, sans remettre en cause l'absence de vice du consentement, se borne à soutenir que le second motif du tribunal est entaché d'erreur de droit ; que, par suite, son moyen ne peut qu'être écarté ;

11) Considérant, en cinquième lieu, qu'il résulte de ce qui a été dit au point 2 que le moyen tiré de ce que l'accord collectif qui fixe le plan de sauvegarde de l'emploi de la société Polymont IT Services ne fixe pas les modalités selon lesquelles le comité d'entreprise est consulté sur le suivi de la mise en œuvre des mesures de reclassement est inopérant ;

12) Considérant, enfin, que si la fédération CGT des sociétés et bureaux d'études indique, en outre, dans ses mémoires d'appel, procéder « par évocation » à un « renvoi aux mémoires communiqués en première instance », elle n'a ni repris dans ses mémoires d'appel les autres moyens soulevés en première instance, ni joint à sa requête la copie de ces mémoires de première instance ; qu'il n'y a, par suite, pas lieu d'examiner d'autres moyens ;

13) Considérant qu'il résulte de tout ce qui précède que la fédération CGT des sociétés et bureaux d'études n'est pas fondée à soutenir que c'est à tort que, par son jugement du 12 avril 2016, qui, en tout état de cause, n'est pas entaché de contradiction de motifs et ne s'est pas mépris sur la portée de ses écritures, le tribunal administratif de Paris a rejeté sa demande d'annulation de la décision du 24 novembre 2015 validant le plan de sauvegarde de l'emploi de la société Polymont IT Services ;

[…] »

• **CE 10 oct 2018,** n° 395280, *Lebon T.*

« La fédération Force Ouvrière des employés et cadres et la fédération des syndicats du personnel de la banque et de l'assurance CGT ont demandé au tribunal administratif de Melun d'annuler pour excès de pouvoir la décision du 2 janvier 2015 du directeur régional des entreprises, de la concurrence, de la consommation, du travail et de l'emploi d'Ile-de-France validant l'accord collectif et homologuant le document unilatéral complétant cet accord relatifs au plan de sauvegarde de l'emploi de la société Le Crédit Lyonnais (LCL). Par un jugement n°s 1501476, 1501477 du 22 mai 2015, le tribunal administratif a rejeté leurs demandes.

[…]

1) Considérant qu'il ressort des pièces du dossier soumis aux juges du fond que la société Le Crédit Lyonnais (LCL) a décidé en 2014, dans le cadre de la stratégie d'entreprise « Centricité Clients 2018 », la réorganisation de plusieurs de ses services ; que cette réorganisation comportait des suppressions de postes au sein, d'une part, de la direction des services banque et assurance (DSBa), à hauteur de 289 unités de temps plein sur la période 2014-2016 et, d'autre part, du réseau des agences (réseau Retail hors CRC), à hauteur de 1 369 unités de temps plein sur la période 2014-2018 ; que, par une décision du 2 janvier 2015, le directeur régional des entreprises, de la concurrence, de la consommation, du travail et de l'emploi d'Ile-de-France a, d'une part, validé l'accord collectif majoritaire du 11 décembre 2014 portant sur les mesures d'accompagnement social du plan de sauvegarde de l'emploi relatif à cette opération et, d'autre part, homologué le document unilatéral complétant cet accord ; que la fédération Force Ouvrière des employés et cadres et la fédération des syndicats du personnel de la banque et de l'assurance CGT se pourvoient en cassation contre l'arrêt du 15 octobre 2015 par lequel la cour administrative d'appel de Paris a rejeté leurs appels formés contre le jugement du tribunal administratif de Melun du 22 mai 2015 rejetant leurs demandes d'annulation de cette décision ;

2) Considérant qu'il ressort des termes de l'arrêt attaqué, qui n'est pas entaché de dénaturation sur ce point, que, compte tenu du nombre des départs volontaires en retraite et des autres départs volontaires des salariés de la DSBa et du réseau Retail hors CRC qui étaient anticipés par l'employeur, le plan de sauvegarde de l'emploi a été élaboré en estimant que le nombre de postes qui deviendraient, de fait, vacants au sein de la DSBa et du réseau Retail hors CRC, dépasserait largement, pour chacune des catégories professionnelles concernées, le nombre de suppressions de postes qui devait être atteint dans ces mêmes services ; qu'il ressort ainsi des pièces du dossier soumis aux juges du fond que le plan soumis à l'administration ne prévoyait, compte tenu des départs volontaires, aucun licenciement lié à une suppression d'emploi ; qu'il retenait au contraire, pour sa période d'exécution, la nécessité d'un recrutement net de 387 équivalents temps plein (ETP) au sein de la DSBa et de 750 ETP au sein du réseau Retail hors CRC ; que, toutefois, les postes affectés par les départs volontaires n'étant pas nécessairement ceux qui devaient être supprimés, l'employeur prévoyait, une fois effectués ces départs volontaires, de proposer aux salariés qui occuperaient un poste ayant vocation à être supprimé un autre poste au sein de la DSBa ou du réseau Retail hors CRC ; que, dans la mesure où ces propositions étaient susceptibles d'entraîner des modifications des contrats de travail des salariés concernés et donc à des refus de leur part, le plan de sauvegarde de l'emploi envisageait la possibilité de licenciements consécutifs à de tels refus, qu'il évaluait à, au plus, 231 pour la DSBa et 260 pour le réseau Retail hors CRC ;

Sur le droit applicable :

3) Considérant qu'aux termes de l'article L. 1233-25 du code du travail : « Lorsqu'au moins dix salariés ont refusé la modification d'un élément essentiel de leur contrat de travail, proposée par leur employeur pour l'un des motifs économiques énoncés à l'article L. 1233-3 et que leur licenciement est envisagé, celui-ci est soumis aux dispositions applicables en cas de licenciement collectif pour motif économique » ; qu'aux termes de l'article L. 1233-61 du code du travail : « Dans les entreprises d'au moins cinquante salariés, lorsque le projet de licenciement concerne au moins dix salariés dans une même période de trente jours, l'employeur établit et met en œuvre un plan de sauvegarde de l'emploi pour éviter les licenciements ou en limiter le nombre […] » ; que, par suite,

alors même que le projet de réorganisation et de compression d'effectifs de la société LCL n'aboutissait par lui-même, une fois tenu compte des départs volontaires en retraite et des autres départs volontaires, à aucune suppression d'emploi, il devait, dès lors qu'il prévoyait en revanche le licenciement des salariés refusant la modification de leur contrat de travail, faire l'objet d'un plan de sauvegarde de l'emploi, soumis à l'homologation ou à la validation de l'autorité administrative ;

Sur les moyens du pourvoi :

4) Considérant, en premier lieu, que l'article L. 1233-57-2 du code du travail fixe, notamment par renvoi à l'article L. 1233-24-3 du même code, les dispositions auxquelles un accord collectif majoritaire fixant un plan de sauvegarde de l'emploi ne peut déroger ; qu'un tel accord ne peut, par suite, faire l'objet d'un refus de validation par l'autorité administrative que s'il méconnaît ces dispositions ou s'il comporte des clauses qui l'entachent de nullité, en raison notamment de ce qu'elles revêtiraient un caractère discriminatoire ;

5) Considérant que les requérantes se bornaient à soutenir, devant la cour administrative d'appel, que le seul fait que l'accord collectif du 11 décembre 2014 réserve les mesures d'accompagnement social aux seuls salariés de la DSBa et du réseau Retail hors CRC, sans les étendre à l'ensemble des salariés de la société LCL, violait une prétendue règle d'application uniforme des plans de sauvegarde de l'emploi au sein des entreprises et créait une inégalité de traitement entre les salariés d'une même entreprise ; qu'il résulte de ce qui précède que de telles circonstances, qui ne sont pas au nombre de celles mentionnées au point précédent, ne pouvaient être utilement invoquées pour faire obstacle à la validation d'un accord collectif majoritaire par l'administration ; que ce motif de pur droit pouvant être substitué au motif par lequel l'arrêt attaqué répond à ces moyens d'appel, il y a lieu, par suite, d'écarter les moyens de cassation dirigés contre le motif retenu par la cour ;

6) Considérant, en deuxième lieu, qu'aux termes de l'article L. 1233-5 du code du travail : « Lorsque l'employeur procède à un licenciement collectif pour motif économique et en l'absence de convention ou accord collectif de travail applicable, il définit les critères retenus pour fixer l'ordre des licenciements […] » ; qu'aux termes des dispositions de l'article L. 1233-24-2 du code du travail, l'accord collectif fixant le contenu d'un plan de sauvegarde de l'emploi peut également porter sûr : « […] 2° La pondération et le périmètre d'application des critères d'ordre des licenciements mentionnés à l'article L. 1233-5 ; […] » ; qu'enfin, aux termes des dispositions de l'article L. 1233-57-3 du même code : « En l'absence d'accord collectif ou en cas d'accord ne portant pas sur l'ensemble des points mentionnés aux 1° à 5° de l'article L. 1233-24-2, l'autorité administrative homologue le document élaboré par l'employeur mentionné à l'article L. 1233-24-4 […] » ; qu'il résulte de l'ensemble de ces dispositions que, lorsqu'un plan de sauvegarde de l'emploi fait l'objet, pour certaines de ses dispositions, d'un accord collectif majoritaire et, pour le reste de ses dispositions, d'une décision unilatérale de l'employeur, l'administration ne peut homologuer cette dernière qu'après avoir vérifié que l'ensemble des points mentionnés aux 1° à 5° de l'article L. 1233-24-2, notamment la pondération et le périmètre d'application des critères d'ordre des licenciements, figurent, soit dans l'accord collectif déjà validé par elle ou en cours d'examen devant elle, soit dans le document unilatéral soumis à son homologation ;

7) Considérant, toutefois, que les critères d'ordre prévus par les dispositions de l'article L. 1233-5 du code du travail citées ci-dessus se trouvent privés d'objet lorsque l'employeur, soit en l'absence de toute suppression d'emploi, soit après avoir procédé aux licenciements consécutifs à des suppressions d'emploi en respectant ces critères d'ordre, envisage seulement de proposer à des salariés une modification de leur contrat de travail et ne prévoit leur licenciement qu'à raison de leur refus ; que par suite, dans ce cas, la circonstance que le plan de sauvegarde de l'emploi ne comporte pas la pondération des critères d'ordre et la définition de leur périmètre d'application ne fait pas légalement obstacle à ce que l'administration homologue le document unilatéral relatif à ce plan ; que, le cas échéant, il lui appartient toutefois de s'assurer, sous le contrôle du juge de l'excès de pouvoir, de la légalité des règles auxquelles ce document aurait décidé de soumettre les propositions de modification de contrat de travail envisagées par le plan ;

8) Considérant qu'il résulte de ce qui précède et de ce que, ainsi qu'il a été dit au point 2, le plan de sauvegarde de l'emploi de la société LCL n'envisageait le licenciement que des seuls salariés qui, après que les réductions d'effectifs aient été atteintes par des départs volontaires, refuseraient une proposition de modification de leur contrat de travail, que la cour administrative d'appel n'a pas commis d'erreur de droit en jugeant que l'absence de la pondération des critères d'ordre et la définition de leur périmètre d'application n'entachaient pas d'illégalité la décision attaquée en tant qu'elle homologue le document unilatéral ; que, pour les mêmes motifs, la cour n'a pas davantage commis d'erreur de droit en jugeant, par une décision qui, alors même qu'elle ne fait pas expressément référence aux stipulations de l'article 29-2 de la convention collective de la banque, est suffisamment motivée sur ce point, que l'absence de consultation des représentants du personnel sur les critères d'ordre applicables à l'opération n'entachait pas d'irrégularité la procédure d'information et de consultation ;

9) Considérant, en troisième lieu, que l'article L. 1233-30 du code du travail impose à l'employeur qui envisage de procéder à un licenciement collectif pour motif économique d'au moins dix salariés dans une période de trente jours de consulter les représentants du personnel sur, notamment, « le nombre de suppressions d'emplois » ; que, le plan de sauvegarde de l'emploi de la société LCL n'envisageant, ainsi qu'il a été dit au point 2, que le licenciement des salariés refusant la modification de leur contrat de travail, la cour administrative d'appel n'a pas commis d'erreur de droit ni insuffisamment motivé sa décision en jugeant, par adoption des motifs du jugement du tribunal administratif, que la présentation, par l'employeur, du nombre des propositions de modification du contrat de travail qu'il estimait nécessaires, ne méconnaissait pas les dispositions de l'article L. 1233-30 du code du travail ;

10) Considérant, enfin, qu'il résulte des termes mêmes de l'arrêt attaqué que, contrairement à ce que soutiennent les requérantes, celui-ci n'adopte pas les motifs du jugement du tribunal administratif pour écarter le moyen tiré de l'absence de définition des catégories professionnelles par le plan de

sauvegarde de l'emploi ; que, par suite, le moyen tiré de ce que la cour administrative d'appel aurait, en raison d'une telle adoption de motifs, réitéré une erreur de droit précédemment commise par le tribunal administratif, est inopérant ;

11) Considérant qu'il résulte de tout ce qui précède que la fédération Force Ouvrière des employés et cadres et la fédération des syndicats du personnel de la banque et de l'assurance CGT ne sont pas fondées à demander l'annulation de l'arrêt qu'elles attaquent ;

12) Considérant que les dispositions de l'article L. 761-1 du code de justice administrative font obstacle à ce qu'une somme soit mise à ce titre à la charge de la société LCL, qui n'est pas la partie perdante dans la présente instance ; qu'il n'y a pas lieu, dans les circonstances de l'espèce, de mettre à la charge de la fédération Force Ouvrière des employés et cadres ou de la fédération des syndicats du personnel de la banque et de l'assurance CGT la somme que demande au même titre la société LCL ;

Décide :

Article 1er : Le pourvoi de la fédération Force Ouvrière des employés et cadres et de la fédération des syndicats du personnel de la banque et de l'assurance CGT est rejeté.

Article 2 : Les conclusions de la société LCL, présentées au titre de l'article L. 761-1 du code de justice administrative, sont rejetées.

Article 3 : La présente décision sera notifiée à la fédération Force Ouvrière des employés et cadres, à la fédération des syndicats du personnel de la banque et de l'assurance CGT, à la société Le Crédit Lyonnais et à la ministre du travail. »

• CE , 1ère chambres réunies, 21/03/2023, 459626, Rupture conventionnelle collective

511.03 Bibliographie indicative.

Articles. L. Aluome, « L'accord de performance collective et le consentement du salarié », *JCP S* 2019. 1138 – D. Baugard, « L'impact de la rupture conventionnelle collective sur les plans de départs volontaires dits autonomes : quelques observations », *RJS* 10/2018 – D. Baugard, L. Gratton, « Les accords de préservation ou de développement de l'emploi : premier regard conventionnel et constitutionnel », *Dr. soc.* 2016. 745 – L. Bento de Carvalho, « Le contrôle juridictionnel des usages de l'accord de performance collective », *RJS* 6/2023. 7 – J.-L. Borie, « Accord de performance collective et contrat de travail », *BJT* 5/2021, p. 57 – G. Bossie, O. Dutheillet de Lamothe et H. Hassouni, « Licenciement d'un salarié protégé : l'*APC* à l'épreuve du contrôle de l'administration », *SSL* 30 sept. 2019, n° 1876, p. 6 – H. Cavat, « Les accords de performance collective. Enseignements d'une étude empirique », *RDT* 2020. 165 – C. Chevrier, « La *RCC*, un nouvel outil de gestion prévisionnelle des emplois », *SSL* 2018, n° 180, p. 3 ; « Rappel à l'ordre de l'OIT : pour « un véritable contrôle judiciaire » des accords de performance collective et des licenciements subséquents », *RDT* 2022. 300 – J.-B. Cottin, « Accords de performance collective : illustrations conventionnelles », *Cah. du DRH* 11/2020, n° 280, p. 39 – R. Dalmasso, « La rupture conventionnelle collective, une chimère », *Dr. ouvr.* 2017. 549 – D. Delevallée, « L'*APC* : les vrais risques de dévoiement », *SSL* 14 déc. 2020, n° 1933, p. 11 – G. Duchange, « Accord de performance collective : conséquences sur le contrat de travail », *BJT* 5/2021, p. 61 – A. Fabre, « Rupture conventionnelle collective et congé de mobilité : de faux jumeaux », *SSL* 2018, n° 180, p. 3 – M. Gadrat, « De l'avantage du recours à la rupture conventionnelle collective », *Dr.soc.* 2019, p. 239 – G. François et Ch. Mariano, « L'accord de performance collective : trois questions en qui d'introduction », *BJT* 5/2021, p. 42 – B. Gauriau, « L'accord de performance collective depuis la loi n° 2018-217 du 29 mars 2018 (À propos de l'article L. 2254-2 du Code du travail) », *Dr. soc.* 2018. 504 ; « L'accord de performance collective est-il un accord majoritaire ? », *JCP S* 2019. Actu. 64 ; « L'accord collectif est-il contractuellement dépendant ? », *JCP S* 2023. 1174 – F. Géa, « L'activité réduite pour le maintien en emploi », *RDT* 2020. 471 ; « Accord de performance collective et accord de substitution (en cas de transfert d'entreprise) », *RJS* 2020. 315 – E. Guénot, « La négociation de l'accord de performance collective », *BJT* 5/2021, p. 47 – J. Icard, « Le contrôle *sui generis* du licenciement consécutif au refus d'application d'un accord de mobilité interne », *BJT* 2021. 20 – J. Icard, Y. Tarasewicz, « Bilan et perspectives des alternatives au licenciement pour motif économique », *JCP S* 2023. 1121 – G. Loiseau, « Quelques observations sur les ruptures conventionnelles collectives d'un commun accord », *SSL* 2017, n° 1788 – P. Lokiec, « L'accord de performance collective ou le champ infini des possibles », *SSL* 31 août 2020, n° 1918, p. 3 – P. Lokiec, I. Taraud, A. Cormier Le Goff, « Juges et accords de performance collective », *Dr. soc.* 2020. 511 – P. Lopes, « L'accord de performance collective aux prises avec le refus du salarié », *JCP S* 2020. 3051 – I. Meftah, « Les accords de performance collective », *RJS* 2020. 667 ; « La singularité de l'accord de performance collective », *BJT* 5/2021, p. 53 ; « Les accords de performance collective », *RJS* 2020. 667 ; « Le contrôle de la justification du licenciement consécutif à un refus d'application d'un accord de mobilité interne : entre rétrospective et perspective », *RDT* 2021. 104 ; « Les accords de performance collective », *RJS* 2020. 667 – G. Meyer, « L'exigence de loyauté dans la négociation des accords de performance collective », *SSL* 2020, n° 1918, p. 9 – J.-M. Mir et F. Aknin, « Les nouvelles ruptures amiables prévues par accord collectif », *JCP S* 2017. 1317 – N. Moizard, « Les accords sur l'emploi (version Ordonnances Macron) sont-ils compatibles avec la directive "licenciements économiques" ? », *RDT* 2018. 128 – M. Morand, « L'*APC*, un accord né sous X », *SSL* 2020, n° 1933, p. 8 – F. Morel, « Licenciement à la suite d'un accord de performance collective : quel contrôle du juge ? », *SSL* 14 déc. 2020, n° 1933, p. 13 – P. Morvan, « La salade des ruptures conventionnelles », *Dr. soc.* 2018. 26 – Y. Pagnerre, « Les accords de performance collective », *Dr. soc.* 2018. 694 – S. Ranc, « Le refus du salarié d'un accord de mobilité interne : vers un droit conventionnel du licenciement ? », *Lexbase*, 2021. n° 851 – Y. Tarasewicz, H. Cavat, « Controverse : L'accord de performance collective : un instrument adéquat pour gérer une crise conjoncturelle ? », *RDT* 2020. 584 – A. de Teissier, « L'accord de performance collective : quelques points de repère », *JCP S* 2020. 3029.

511.05 Objet du chapitre. On pourrait *a priori* penser qu'il y a quelque chose d'antinomique entre la réalisation du licenciement pour motif économique et la négociation collective. C'était peut-être le cas lorsque cette dernière n'était envisagée que comme mode d'amélioration de la situation des salariés ou comme moyen d'obtention de droits nouveaux par comparaison à un socle minimal de droits déterminé par le législateur. Que le droit conventionnel puisse être utilisé pour organiser la disparition d'emplois est une idée qui paraissait totalement incongrue à beaucoup. La donne a changé en une trentaine d'années. La montée en puissance de la négociation collective, et particulièrement de la négociation collective d'entreprise, l'irruption de la négociation donnant-donnant puis l'affirmation de l'accord collectif ou de la convention collective comme modalités privilégiées de production des normes organisant la relation de travail ont changé la donne. Désormais, la négociation collective est installée dans le champ du droit du licenciement pour motif économique.

Il n'est pas question ici de décrire et d'analyser l'ensemble des procédures de restructuration accompagnées de licenciement pour motif économique mais de repérer au sein de cet ensemble le rôle de l'accord collectif. On constate alors suivant une gradation qui va de la prévention des licenciements située très en amont de la décision économique à l'organisation conventionnelle de licenciements dont le principe est arrêté que se présentent quatre contextes d'intervention de textes conventionnels : la prévention par la gestion prévisionnelle des emplois et des compétences dont on peut rapprocher les accords de performance collective considérés comme des outils de prévention d'une réduction des effectifs de l'entreprise, la toute récente rupture conventionnelle collective et, *in fine*, l'organisation conventionnelle du plan de sauvegarde de l'emploi.

SECTION 1
PRÉVENTION DES LICENCIEMENTS ÉCONOMIQUES

511.11 Prévention des licenciements économiques. Sous l'angle de la prévention, il est permis de repérer très en amont de la décision économique une négociation totalement à froid, c'est-à-dire sans même l'idée de la potentialité de difficultés économiques. À vrai dire, l'idée d'une négociation « à froid » est non seulement théorique mais ne correspond pas à la pratique des entreprises qui, contraintes d'évoluer dans un environnement incertain, sont en continu en situation d'anticipation de difficultés. Reste que les deux instruments conventionnels que sont, d'une part, la négociation sur la gestion prévisionnelle des emplois et des compétences et, d'autre part, les accords de performance collective ont vocation à être élaborés en dehors d'une phase de compression d'effectifs.

511.12 Accord sur la gestion prévisionnelle des emplois et des compétences. L'accord sur la gestion prévisionnelle des emplois et des compétences peut être négocié « à froid » ou « à chaud »[1]. « À froid », l'accent peut être mis, principalement, sur l'évolution et l'adaptation des compétences. Par exemple, le sort de certains métiers ou de certaines tâches dont la disparition est programmée ou l'existence simplement menacée par le développement des technologies de l'intelligence artificielle se prête parfaitement à un traitement par la gestion prévisionnelle des emplois et des compétences. Peuvent être également programmées des actions de mobilité, qu'il s'agisse de mobilité géographique ou de mobilité professionnelle, de mobilité interne ou de mobilité externe (mobilité au sein du groupe, aménagement du dispositif de mobilité volontaire sécurisée...).

« À chaud », la gestion de l'emploi peut être prioritaire et donner lieu, le cas échéant, à des suppressions d'effectifs. Dans ce dernier cas, l'article L. 1237-17 du Code du travail prévoit que l'accord collectif portant gestion prévisionnelle des emplois et des compétences peut définir les conditions et les modalités de la rupture d'un commun accord des contrats de travail, autrement dit comporter un dispositif de rupture conventionnelle collective.

511.13 Accord sur la gestion prévisionnelle des emplois et des compétences et accord de performance collective. Si un accord de GEPC peut gérer des suppressions d'emplois, sur un court, moyen ou long terme, la Cour de cassation n'admet pas en revanche qu'il puisse comporter les mesures et se voir appliquer le régime propre à un accord de maintien de l'emploi qui serait aujourd'hui un accord de performance collective. C'est ce qu'a jugé la Chambre sociale dans un arrêt rendu le 16 février 2022 à propos d'un accord de GEPC qui se référait expressément aux dispositions des articles L. 5125-1 et suivants du Code du travail applicables, à l'époque des faits, aux accords de maintien de l'emploi, aujourd'hui abrogées. Aux termes de l'accord, l'employeur s'engageait pendant la durée de celui-ci à ne pas procéder à des licenciements économiques dans la mesure où les salariés occupant certains emplois soumis à des pertes de marché acceptaient les éventuels aménagements relatifs à la durée du travail, à ses modalités d'organisation et de répartition, à la rémunération et au lieu de travail. Se prononçant sur la validité de cet accord, la Chambre sociale a estimé qu'il n'était pas licite aux motifs

1. Sur l'obligation de négocier en la matière, v. s[s] n° 322.251.

que, « sauf disposition légale contraire, un accord collectif ne peut suspendre les clauses contractuelles des contrats de travail qui lui seraient contraires et prévoir que le licenciement des salariés ayant refusé l'application de cet accord entraînant une modification de leur contrat de travail reposerait sur un motif de licenciement et serait prononcé, indépendamment du nombre de salariés concernés, selon les modalités d'un licenciement individuel pour motif économique ». L'arrêt s'est fondé, pour en justifier, sur les dispositions de l'article L. 2254-1, selon lesquelles un accord collectif ne peut modifier, sans l'accord des salariés concernés, les droits qu'ils tiennent de leur contrat de travail, et sur celles de l'article L. 2251-1 qui prévoient qu'un accord collectif ne peut déroger aux dispositions qui revêtent un caractère d'ordre public telles que celles relatives à la cause du licenciement[1].

SECTION 2
ACCORDS DE PERFORMANCE COLLECTIVE

511.21 Accords de performance collective : origine. L'ordonnance n° 2017-1385 du 22 septembre 2017 a rassemblé dans la catégorie d'« accord de performance collective » quatre dispositifs antérieurs que sont les accords de réduction du temps de travail (2000), les accords de mobilité interne et de maintien dans l'emploi (2013) et les accords de préservation et de développement de l'emploi (2016). L'accord dit de « performance collective » a pour fonction de permettre une meilleure adaptation de l'entreprise à son environnement par des mesures visant à aménager la durée et l'organisation du travail, à aménager la rémunération tout en respectant les minima légaux et conventionnels et à organiser des mobilités internes professionnelle et géographique dans l'entreprise. Ces accords sont normalement des accords d'entreprise, le niveau de l'entreprise étant le plus approprié.

511.22 Progression des accords conclus. Le *Bilan de la négociation collective en 2021* publié par le ministère du Travail en septembre 2022 fait état d'une nette progression des accords de performance collective. Leur nombre a fortement augmenté en 2020 et 2021 en raison de la crise sanitaire, 226 accords ayant été conclus en 2021.

Il est relevé qu'une majorité d'accords est signée dans les PME (64 %), les *APC* signés par les entreprises d'au moins 250 salariés et les TPE représentant respectivement 28 % et 6 % des accords conclus depuis 2018. Par ailleurs, alors qu'ils constituaient presque trois quarts des accords à la fin 2020, les accords à durée indéterminée ne représentent plus que 65 % des accords en 2021. Les accords à durée déterminée ont donc progressé probablement en lien avec la crise sanitaire.

Enfin, le *Bilan* permet d'observer qu'un part importante des accords porte sur le temps de travail puisque 31 % d'entre eux concernent exclusivement ce domaine, 19 % des accords se consacrant uniquement à la rémunération et 13 % à la mobilité géographique et/ou professionnelle.

§ 1
Conclusion de l'accord de performance collective

511.31 Accords de performance collective : niveau de négociation. Si le niveau de l'entreprise paraît être le niveau idoine pour la signature de tels accords compte tenu de leur finalité affichée, les articles L. 2232-11 et L. 2232-33 du Code du travail semblent ouvrir la possibilité d'un accord de groupe. Pourtant, quand bien même l'accord de groupe serait envisageable, il ne serait pas opportun de signer un accord de performance collective à ce niveau dans la mesure où le point d'ancrage des mesures possibles reste l'entreprise et son environnement économique. Un accord de performance collective pourrait en revanche être utilement conclu au niveau d'un établissement.

511.32 Champ d'application personnel des accords de performance collective. L'accord de performance collective peut concerner toute espèce de salariés mais il ne présente guère d'intérêt pour les salariés en contrat à durée déterminée puisqu'un employeur ne pourra pas mettre un terme au contrat de travail si le salarié refuse. Le refus d'un *APC* ne constitue pas une cause de rupture anticipée des contrats à durée déterminée[2].

L'accord de performance collective concerne-t-il nécessairement l'ensemble des salariés de l'entreprise ? Comme un accord collectif de droit commun, l'*APC* peut ne concerner qu'une seule catégorie de salariés, ou qu'un seul établissement. Le questions-réponses consacré par le ministère du Travail à l'accord de performance collective en juillet 2020 indique, en ce sens, que « les règles applicables aux *APC* sont celles mentionnées aux articles L. 2232-11 et suivants, qui s'appliquent à toutes les “conventions d'entreprise”, conclues soit au niveau

1. Soc. 16 févr. 2022, n° 20-17.644, P ; *Bull. Joly s[tés]* 4/2022, p. 18, note C. Mariano.

2. EN CE SENS : Ministère du Travail, *L'accord de performance collective, Questions-Réponses*, juill. 2020, p. 11, question n° 23.

du groupe, soit au niveau de l'entreprise, par accord d'entreprise avec un périmètre réduit »[1].

Il est à noter que l'*APC* est parfois utilisé en guise d'accord de substitution en cas de transfert d'entreprise dans la perspective de l'élaboration d'un statut collectif commun aux salariés du cédant et du cessionnaire[2]. Concrètement, l'*APC* remplace les clauses du contrat de travail qui visaient les stipulations de l'accord collectif du cédant. La question se pose aussi de savoir si un *APC* peut réviser un accord collectif de travail de droit commun, à la condition bien sûr que cela soit justifié par les nécessités de fonctionnement de l'entreprise, la création ou la sauvegarde de l'emploi.

A. Modalités de conclusion

511.41 Négociation de l'accord de performance collective. L'accord de performance collective est soumis au droit commun des accords collectifs, à savoir le respect de la règle majoritaire et la possibilité d'un rattrapage par référendum. La question est posée de savoir si l'accord de performance collective peut être négocié par les modes de dérogatoires de négociation. Le Conseil constitutionnel a en effet relevé qu'« en vertu de l'article L. 2232-12 du code du travail, l'accord, pour être adopté, doit soit être signé par des organisations syndicales représentatives majoritaires, soit être approuvé par les salariés à la majorité des suffrages exprimés s'il n'a été signé que par des organisations syndicales représentatives minoritaires ayant recueilli plus de 30 % des voix au premier tour des dernières élections des membres titulaires du comité social et économique »[3]. Il pourrait en être déduit que le Conseil exclut toute conclusion d'un *APC* en dehors de la voie de principe que constitue la négociation avec les délégués syndicaux[4].

Il faut cependant constater qu'une proportion non négligeable d'*APC* sont conclus par ces modes dérogatoires de négociation[5]. Le *Bilan de la négociation collective en 2021* relève d'ailleurs que, si une majorité d'accords sont signés par des délégués syndicaux (54 %), d'autres le sont autrement et notamment par des élus du CSE (37 %). Une cour d'appel s'est du reste prononcée dans le cas où un accord de performance collective est conclu par l'employeur avec les élus du comité social et économique pour justifier par la nature de l'accord une stricte application des règles relatives aux modalités dérogatoire de négociation. Se fondant sur les dispositions de l'article L. 2232-29 du Code du travail qui fixent les règles applicables à la négociation entre l'employeur et les membres du CSE dans les entreprises de moins de cinquante salariés et qui prévoient, parmi ces règles, une concertation avec les salariés, la cour d'appel a jugé que la validité d'un *APC* doit, au regard de l'importance des enjeux pour les salariés, être appréciée en s'assurant du respect scrupuleux des règles de négociation et en particulier l'exigence que les salariés de l'entreprise soient consultés et sollicités par l'intermédiaire de la direction ou de leurs représentants. De ce point de vue, les juges ont estimé qu'il appartient à l'employeur, soit de procéder lui-même à la consultation des salariés, soit de s'assurer que les salariés élus y procèdent dans le cadre d'un accord de méthode, soulignant que cette concertation est fixée, non dans l'intérêt des parties à l'accord, mais au profit des salariés concernés par son application[6].

511.42 Loyauté. Eu égard aux effets de l'accord de performance collective, une exigence de loyauté renforcée s'impose. Encore que ce ne soit pas obligatoire, l'impact social de ce type d'accord justifierait amplement qu'il soit précédé d'un accord de méthode de manière à garantir le respect des conditions de loyauté.

La loyauté commande, en amont, à ce qu'il n'y ait aucune ambiguïté, lors de l'engagement des négociations, sur l'objectif de celles-ci qui visent à la conclusion d'un accord de performance collective. Même si l'annulation d'un accord collectif pour vices du consentement est exceptionnelle, un défaut d'information sur le cadre dans lequel s'inscrit la négociation pourrait ouvrir la voie à une réticence dolosive[7], ce d'autant que les négociateurs syndicaux seront de ce fait privés du droit à l'expertise comptable que prévoit le Code de travail en cas de négociation d'un *APC*. La question pourrait tout particulièrement se poser dans le cas d'*APC* conclus par projets d'accords ratifiés par les deux tiers du personnel de l'entreprise dans les entreprises de moins de onze salariés.

La loyauté est aussi un impératif pendant tout le déroulement de la négociation qui, comme l'a observé

1. *Ibid.*, question n° 19.
2. V. sur la question : F. Géa, « Accord de performance collective et accord de substitution (en cas de transfert d'entreprise) », *RJS* 2020. 315.
3. Cons. const. 21 mars 2018, n° 2018-761 DC, préc. – Sur l'accord de performance collective : P. Lokiec et G. Meyer, « Accord de performance collective. L'accord "tout terrain" », *SSL* 2020, n° 1918, p. 2 s. et les références citées.
4. Dans le sens d'une possibilité de négociation dérogatoire : E. Guénot, « La négociation de l'accord de performance collective », *BJT* 5/2021, p. 47.
5. H. Cavat, « Les accords de performance collective. Enseignements d'une étude empirique », *RDT* 2020. 165.
6. Nancy, 6 févr. 2023, n° 21/03031 ; *RDT* 2023. 261, note H. Cavat ; *SSL* 6 mars 2023, n° 2036, p. 10, note E. Lilia ; *RJS* 2023. 73.
7. P. Lokiec, I. Taraud, A. Cormier Le Goff, « Juges et accords de performance collective », *Dr. soc.* 2020. 511, qui envisagent aussi le vice de violence.

une juridiction, « doit être apprécié avec une particulière vigilance par le juge au regard de la nature de l'accord de performance collective, qui est dérogatoire au droit commun puisqu'il permet de licencier les salariés qui refusent son application sans appliquer la législation sur le licenciement pour motif économique »[1].

511.43 Expert-comptable. Dans les entreprises d'au moins 50 salariés pourvues d'un comité social et économique, l'instance peut mandater un expert-comptable afin qu'il apporte toute analyse utile aux organisations syndicales pour préparer la négociation relative à l'accord de performance collective. Les frais de cette expertise sont pris en charge par l'employeur, à hauteur de 80 %, et par le comité, à hauteur de 20 %[2].

B. Objectifs de l'accord

511.51 Amplitude. Il ressort de l'article L. 2254-2 du Code du travail que l'accord de performance collective a pour objectif « de répondre aux nécessités liées au fonctionnement de l'entreprise ou [...] de préserver, ou de développer l'emploi ». Le texte précise que cet objectif doit être défini dans le préambule de l'accord et il est conseillé, en pratique, d'expliquer les raisons qui justifient sa conclusion.

À la différence des accords de maintien de l'emploi version loi du 14 juin 2013, la conclusion d'un accord de performance collective ne requiert pas en revanche la constatation de difficultés économiques, ni même l'anticipation expresse de telles difficultés. La Chambre sociale de la Cour de cassation l'a d'ailleurs jugé à propos des accords de mobilité interne auxquels les *APC* ont succédé, considérant que le licenciements des salariés ayant refusé l'application à leur contrat de travail des stipulations de l'accord repose sur un motif (à l'époque économique) autonome, distinct des motifs économiques prévus à l'article L. 1233-3 du Code du travail, pour en déduire que l'employeur n'a pas à justifier que la modification des contrats de travail résultant de l'application de l'accord est consécutive à des difficultés économiques, des mutations technologiques, une réorganisation de l'entreprise nécessaire à la sauvegarde de sa compétitivité ou une cessation d'activité[3]. Conçu comme un accord conclu – au moins sur le papier – à froid, son contenu tel que défini par l'article L. 2254-2 autorise une entreprise dont la situation financière et économique est saine à le conclure. Cela étant, rien n'empêche, à l'inverse, de conclure un *APC* en cas de difficultés économiques[4].

511.52 Contrôle. Malgré la rédaction très large des objectifs légitimes de recours à l'accord de performance collective, les cas de recours à l'*APC* peuvent donner lieu à contentieux à deux point de vue.

Un contrôle peut tout d'abord être opéré de la pertinence des nécessités liées au fonctionnement de l'entreprise. La référence au sein de l'article L. 2254-2 au fait que l'accord doit « répondre » à ces nécessités autorise un tel contrôle que conforte le Conseil constitutionnel lorsqu'il énonce, dans sa décision sur la loi de ratification des ordonnances, que « le cas échéant, la pertinence des motifs ayant justifié l'accord peut être contestée devant le juge »[5]. Cette position est aussi celle de l'OIT qui a été saisie par des syndicats d'une réclamation portant sur la non-conformité à la Convention n° 158 sur le licenciement des dispositions de la loi du 8 août 2016 relatives aux accords de préservation et de développement de l'emploi auxquels ont succédé les *APC*. Le comité a considéré « qu'il incombe au juge national de déterminer si [la] notion de nécessité de fonctionnement de l'entreprise a été effectivement respectée au sens de l'article 4 de la convention », ajoutant qu'« il appartient au juge dans le cadre des procédures judiciaires relatives au licenciement fondé sur l'article L. 2254-2 de déterminer s'il existe ou non un motif valable au sens de l'article 4 de la convention, à savoir si le motif du licenciement est fondé sur « les nécessités du fonctionnement de l'entreprise, de l'établissement ou du service » »[6].

1. TJ Paris, 20 juin 2023, n° 22/04785 ; *BJT* 10/2023, p. 75, note H. Cavat ; *RJS* 11/2023. 75.
2. C. trav., art. L. 2315-92. II.
3. Soc. 2 déc. 2020, n° 19-11.986, P ; *RDT* 2021. 104, note I. Meftah ; *BJT* 1/2021, p. 23, obs. J. Icard ; *JCP E* 2021. 1102, obs. Y. Pagnerre ; *JSL* 22 janv. 2021, n° 512, p. 8, note C. Mo.
4. *Questions-Réponses*, juill. 2020, p. 3, question n° 3.
5. Cons. const. 21 mars 2018, n° 2018-761 DC, *Loi ratifiant diverses ordonnances prises sur le fondement de la loi n° 2017-1340 du 15 septembre 2017 d'habilitation à prendre par ordonnances les mesures pour le renforcement du dialogue social*, NON-CONFORMITÉ PARTIELLE – RÉSERVE, *JO* 31 mars, n° 2 ; *D.* 2018. 2203, obs. P. Lokiec et J. Porta ; *D.* 2019. 1248, obs. E. Debaets et N. Jacquinot ; *Dr. soc.* 2018. 677, trib. Ch. Radé ; *Dr. soc.* 2018. 682, ét. B. Bauduin ; *Dr. soc.* 2018. 688, ét. A. Fabre ; *Dr. soc.* 2018. 694, ét. Y. Pagnerre ; *Dr. soc.* 2018. 702, ét. J. Mouly ; *Dr. soc.* 2018. 708, ét. P.-Y. Verkindt ; *Dr. soc.* 2018. 713, ét. G. Loiseau ; *Dr. soc.* 2018. 718, ét. D. Baugard et J. Morin ; *Dr. soc.* 2018. 726, ét. Ch. Radé ; *Dr. soc.* 2018. 732, ét. P.-Y. Gahdoun ; *Dr. soc.* 2018. 739, ét. L. He ; *RDT* 2018. 666, ét. V. Champeil-Desplats.
6. Rapport du directeur général de l'OIT du 16 février 2022. Troisième rapport supplémentaire : Rapport du comité chargé d'examiner la réclamation alléguant l'inexécution par la France de la convention (n 158) sur le licenciement, 1982, § 54 et 58. V. sur ce rapport : H. Cavat, « Rappel à l'ordre de l'OIT : pour « un véritable contrôle judiciaire » des accords de performance collective et des licenciements subséquents », *RDT* 2022. 300.

Enfin, la Chambre sociale de la Cour de cassation s'est clairement prononcée en ce sens à propos des accords de mobilité interne, dont les accords de performance collective sont également les successeurs. S'appuyant sur les stipulations de l'article 4 de la Convention OIT n° 158 de l'OIT qui prévoient qu'un licenciement non inhérent à la personne du salarié doit être fondé sur les nécessités du fonctionnement de l'entreprise, elle a jugé que le caractère réel et sérieux du ou des licenciements des salariés ayant refusé les mesures de l'accord suppose que celui-ci soit justifié par l'existence des nécessités du fonctionnement de l'entreprise, ce qu'il appartient au juge d'apprécier[1].

Un contrôle peut par ailleurs être réalisé sous l'angle de la fraude au PSE. Selon le *Questions-réponses* du ministère du Travail publié en juillet 2020, « l'accord de performance collective ne peut pas être utilisé pour la fermeture définitive d'un site ou d'un établissement, lorsque cette fermeture entraîne un déménagement de l'intégralité des postes et fonctions du site ou de l'établissement et que les conditions de reclassement proposées aux salariés par l'employeur dans le cadre de l'accord présentent des caractéristiques telles qu'un refus de la très grande majorité des salariés concernés peut être anticipé avec un degré de certitude élevé (ex : déménagement d'un site à plusieurs centaines de kilomètres entraînant une nécessaire mobilité géographique des salariés) »[2]. Il faut comprendre par là que l'accord performance collective est conclu en fraude à la loi s'il était acquis dès le départ que les modifications induites par l'accord seraient massivement refusées par les salariés, de sorte que la finalité de l'accord n'était pas de changer la rémunération, la durée du travail, d'organiser la mobilité géographique ou professionnelle mais bien de supprimer des emplois. Dans cet esprit, une cour d'appel a écarté l'application du régime des accords de performance collective lorsque l'accord est conclu dans un contexte de difficultés économiques ayant conduit à la fermeture d'un site, ce dont il résultait que les ruptures des contrats des salariés ayant refusé les mesures de l'*APC* présentaient un caractère économique. L'accord de performance collective visant à éluder les règles du licenciement économique, il a été jugé que le licenciement du salarié n'était pas causé par son refus d'une modification de son contrat de travail mais était intervenu en méconnaissance des règles applicables en matière de licenciement pour motif économique[3]. Une autre cour d'appel n'a pas exclu, sur le principe, le recours à un accord de performance collective à l'occasion de la fermeture d'un site s'agissant d'organiser des mesures de mobilité du site fermé à un autre. Mais elle a estimé que l'employeur devait alors pouvoir justifier du remplacement par de nouveaux salariés de l'ensemble des salariés licenciés pour n'avoir pas accepté la modification de leur contrat de travail, sous-entendant par là que, à défaut pour les salariés visés par les mesures de mobilité de l'*APC* d'avoir rejoint l'autre site ou d'y avoir été remplacés, l'accord était en réalité un moyen de supprimer des postes dans le cadre de la fermeture du site[4].

§ 2
Contenu et durée de l'accord de performance collective

A.
Contenu de l'accord

511.61 **Préambule.** L'accord doit comporter un préambule dont l'absence de préambule n'est pas, cependant, sanctionnée par la nullité de l'accord collectif.

Le préambule doit impérativement définir les objectifs de l'accord collectif. Pour le reste, il peut – ce qui n'a donc rien d'obligatoire – apporter un certain nombre de précisions. L'article L. 2254-2 indique à ce propos que l'accord peut prévoir les modalités d'information des salariés sur son application et son suivi pendant toute sa durée, ainsi que, le cas échéant, l'examen de la situation des salariés au terme de l'accord.

S'inspirant des accords de maintien de l'emploi, version loi du 14 juin 2013 qui en faisait une obligation, l'accord peut aussi fixer les conditions dans lesquelles les dirigeants salariés exerçant dans le périmètre de l'accord ainsi que les mandataires sociaux et les actionnaires, dans le respect des compétences des organes d'administration et de surveillance, sont astreints à fournir des efforts proportionnés à ceux demandés aux salariés pendant toute sa durée.

Les autres questions que l'accord peut traiter dans le préambule portent sur les modalités selon lesquelles sont conciliées la vie professionnelle et la vie personnelle et familiale des salariés et sur les modalités d'accompagnement des salariés ainsi que l'abondement du compte personnel de formation au-delà du montant minimal défini par décret.

511.62 **Objets de l'accord de performance collective.** Suivant l'article L. 2254-2, l'accord collectif

1. Soc. 2 déc. 2020, n° 19-11.986, P.
2. Ministère du Travail, L'accord de performance collective, Questions-Réponses, p. 3, question n° 2.
3. Versailles, 24 nov. 2022, n° 20/01405.
4. Nancy, 6 févr. 2023, préc.

peut aménager la durée du travail, ses modalités d'organisation et de répartition ; aménager la rémunération au sens de l'article L. 3221-3 dans le respect du salaire minimum interprofessionnel de croissance et des salaires minimas conventionnels ; déterminer les conditions de la mobilité professionnelle ou géographique interne à l'entreprise.

En ce qui concerne de la durée du travail, il peut s'agir de diminuer celle-ci, avec ou sans réduction proportionnelle de la rémunération, ou de l'augmenter, avec ou sans augmentation proportionnelle de la rémunération. De façon générale, tout type d'aménagement de la durée du travail est possible au moyen d'un *APC*, y compris la répartition du temps de travail sur une durée supérieure à la semaine. Dans ce dernier cas, il faut respecter les articles L. 3121-41, L. 3121-42, L. 3121-44 et L. 3121-47 du Code du travail relatifs aux accords d'aménagement pluri-hebdomadaire du temps de travail. Le *Questions-réponses* publié par le ministère du Travail retient d'ailleurs, à ce sujet, une acception très large de la durée du travail puisqu'il cite comme objets possibles le fait de prévoir une durée maximale quotidienne de 12 heures par jour dans la limite de 46 heures par semaine en moyenne, toute heure travaillée au-delà de 35 heures étant alors nécessairement une heure supplémentaire (majorée et compensée comme telle) sauf mise en place d'un aménagement pluri-hebdomadaire du temps de travail ; de répartir le temps de travail sur six jours au lieu de cinq dès lors que cette répartition respecte les règles du repos hebdomadaire et du repos dominical ; de supprimer ou de diminuer le nombre de congés conventionnels dans la limite des cinq semaines de congés payés ; de décider de ne plus faire chômer les jours fériés, à l'exception du 1er mai [1] ; de mettre en place un dispositif d'aménagement pluri-hebdomadaire du temps de travail ou de modifier les termes d'un accord préexistant dans le respect des dispositions du Code du travail propres à ce dispositif ; de mettre en place un dispositif de forfait annuel du temps de travail. Sur la question spécifique du forfait-jours, l'article L. 2254-2 précise lui-même que lorsque le forfait annuel en jours est mis en place par un accord de performance collective, l'accord doit contenir l'ensemble des clauses obligatoires prévues par le code du travail et respecter les conditions d'éligibilté des salariés aux forfaits annuels. L'accord individuel du salarié, concrétisé par la signature d'une convention individuelle de forfait, est également requise. En revanche, lorsque le forfait annuel en jours est modifié par un accord de performance collective, l'acceptation de l'accord de performance collective par le salarié vaut acceptation de la modification de sa convention individuelle et entraîne son application automatique à l'intéressé.

En ce qui concerne la rémunération, l'accord de performance collective peut aménager, au sens de l'article L. 3221-3, le salaire ou le traitement ordinaire de base ou minimum ainsi que tous les autres avantages et accessoires payés, directement ou indirectement, en espèces ou en nature, par l'employeur au salarié en raison de l'emploi de ce dernier. Concrètement, l'accord peut réduire les salaires, modifier la structure de la rémunération, supprimer les primes, etc. Bien que la jurisprudence n'ait pas encore eu à se prononcer, il est vraisemblable que les remboursements de frais professionnels, les indemnités de rupture de même que la contrepartie pécuniaire à la clause de non-concurrrence ne relèvent pas du champ des accords de performance collective.

S'agissant, enfin, de la mobilité, celle-ci peut être géographique, à charge pour l'accord de définir le périmètre géographique. À cet égard, l'accord de performance collective présente un intérêt certain lorsque l'entreprise entend organiser des modifications du lieu de travail au-delà d'un même secteur géographique, par exemple en cas de déménagement, et ne pas se voir opposer des refus de modifications du contrat de travail. L'*APC* n'empêcherait pas des salariés d'invoquer une atteinte disproportionnée à leur droit au respect de la vie personnelle, d'où l'intérêt de prévoir dans l'accord des mesures de protection de la vie personnelle en vertu de l'article L. 1121-1 (contrôle de proportionnalité et de justification). Au sein d'un même secteur géographique, l'utilité de l'*APC* est au contraire beaucoup plus limitée, le changement de lieu constituant alors un changement des conditions de travail ne nécessitant pas l'accord des salariés. La mobilité organisée par *APC* peut être également professionnelle : création de périodes probatoires, de formations, de systèmes d'avancement (à la condition de respecter la classification conventionnelle définie par l'accord de branche puisque celle-ci figure dans le bloc 1 donnant lieu à primauté de l'accord de branche), etc. Les entreprises peuvent aussi utiliser l'*APC* pour redéployer certains salariés sur tel ou tel site (mobilité géographique) ou développer certaines activités, par exemple des livraisons à domicile (mobilité professionnelle). En revanche, l'*APC* ne permet pas d'imposer au salarié une mobilité intragroupe. Il ne devrait pas non plus prévoir une mobilité entre entreprises appartenant à une même UES, celle-ci, dépourvue de la personnalité juridique, n'ayant pas la qualité d'employeur.

Si les marges de manœuvre des partenaires sociaux sont ainsi très larges, la limite est celle qu'impose le respect des règles d'ordre public : il n'est pas possi-

1. À suivre le *Questions-Réponses*, la durée travail inclurait donc les congés et jours fériés.

ble de dépasser les durées maximales du travail, de prévoir des cas de récupération des heures perdues autres que ceux prévus par la loi, d'instituer des forfaits jours sur une durée supérieure à un an, de réduire la rémunération en deçà du Smic et des minima conventionnels, etc.

Par ailleurs, s'il n'est pas exclu qu'un accord de performance collective inclue des clauses ne correspondant pas à l'un des objets visés à l'article L. 2254-2 – ce qui en ferait un accord mixte – le refus de mettre en œuvre l'une de ces clauses devrait être traité comme le refus d'une modification instituée par un accord collectif de droit commun et ne tomberait donc pas sous le coup du régime propre aux *APC*.

511.63 **Clauses de l'accord.** À la différence des dispositifs ayant précédé les accords de performance collective (accords de maintien de l'emploi puis accords de préservation et développement de l'emploi), ces derniers ne comportent pas de clauses impératives. Hormis l'obligation de définir les objectifs de l'accord dans le préambule, il est dit que l'accord « peut » prévoir certains éléments de contenu indiqué par le texte. Mais un accord peut stipuler bien d'autres clauses à titre facultatif : une clause de retour à meilleure fortune, un engagement de maintien de l'emploi, etc. Ces clauses peuvent d'ailleurs constituer une condition de signature de l'*APC* par les syndicats.

Néanmoins, en fonction de l'objet traité par l'accord, certaines clauses peuvent être rendues nécessaires : obligation d'appliquer les « dispositions des articles L. 3121-41 [décompte des heures supplémentaires], L. 3121-42 [information des salariés sur le changement de l'organisation du temps de travail], L. 3121-44 [contenu des accords] et L. 3121-47 [délai de prévenance des salariés en cas de changement de durée du travail ou d'horaires de travail] s'appliquent si l'accord met en place ou modifie un dispositif d'aménagement du temps de travail sur une période de référence supérieure à la semaine » ainsi que l'obligation de respecter les « articles L. 3121-53 à L. 3121-66 s'appliquent si l'accord met en place ou modifie un dispositif de forfait annuel, à l'exception de l'article L. 3121-55 et du 5° du I de l'article L. 3121-64 en cas de simple modification ».

B.
Durée de l'accord

511.71 **Durée indéterminée ou déterminée.** L'accord de performance collective peut être conclu à durée indéterminée ou à durée déterminée. Une majorité d'accords est à durée indéterminée (65 % des accords en 2021), en particulier ceux portant une nouvelle organisation du temps de travail dans l'entreprise ou faisant office d'accord de substitution en cas de mise en cause d'un accord de substitution.

Si l'on considère que la substitution des stipulations de l'accord de performance collective aux clauses du contrat de travail n'est que temporaire, ce qui constitue la solution la plus probable[1], les clauses suspendues retrouveront application une fois que l'accord collectif aura cessé de produire effet. En cas d'*APC* à durée déterminée, le contrat de travail retrouvera donc application au terme de l'accord. Lorsque l'*APC* est à durée indéterminée, les clauses du contrat seront restaurés si l'accord est dénoncé.

Une autre question, non tranchée, est celle des effets de la révision de l'accord collectif. Il est probable que l'absence de refus du salarié à la version initiale de l'*APC* ne vale pas pour l'accord révisé, si bien que l'employeur devra obtenir son consentement. Le salarié s'est en effet prononcé en fonction d'un certain contenu de l'accord de performance collective, ce qui ne vaut pas pour une version révisée de l'accord.

§ 3
Effets de l'accord de performance collective

511.81 **Droit de refus.** Les salariés concernés par les mesures de l'accord disposent d'un délai d'un mois pour faire connaître leur refus par écrit à l'employeur à compter de la date à laquelle ce dernier a communiqué dans l'entreprise sur l'existence et le contenu de l'accord et sur le droit de chacun des salariés d'accepter ou de refuser l'application de l'accord. Les partenaires sociaux ont intérêt à spécifier cette date dans l'accord pour éviter toute difficulté.

511.82 **Effets vis-à-vis des salariés soumis aux mesures de l'accord.** À l'égard des salariés soumis aux mesures de l'APC, les effets de l'accord sont puissants. Ses stipulations se substituent de plein droit aux clauses contraires et incompatibles du contrat de travail. La question consistant à déterminer quel est le sort des modifications induites par l'accord une fois son terme intervenu – en cas d'APC à durée déterminée – ou celui-ci dénoncé ou mis en cause – en cas d'*APC* à durée indéterminée – n'est pas tranchée de façon sûre : le contrat de travail retrouve-t-il application ou le changement prévu par l'accord est-il définitivement acté ? Le *Questions-Réponses* du ministère du Travail semble aller dans le sens d'une simple suspension des clauses du contrat de travail qui, en conséquence,

1. Sur cette question, v. ss nos 511.81 s.

retrouveraient application une fois que les accords collectifs auront cessé de produire effet[1]. Il serait effectivement difficilement compréhensible que les mesures adoptées dans le cadre de l'accord persistent, intégrées aux contrats individuels de travail, au-delà de l'accord, après son terme s'il est à durée déterminée[2] ou malgré sa dénonciation ou sa mise en cause s'il est à durée indéterminée. La suspension dont le texte fait état n'aurait donc pas le sens, juridiquement, d'une incorporation des mesures dans les contrats individuels qui aurait pour effet de les contractualiser mais plutôt celui d'un remplacement qui peut être limité dans le temps. Il y a tout de même des mesures qui sont irréversibles, spécialement en ce qui concerne la mobilité géographique, même s'il rare, en pratique, que ces mesures soient concernées par des clauses contraires des contrats de travail.

Si la solution de la suspension des stipulations de l'APC aux clauses contractuelles contraires devait être retenue, elle devrait inciter les auteurs de l'accord à préciser le sort des avantages des salariés embauchés en cours d'application de l'APC puisque, contrairement à ceux embauchés avant sa conclusion, ils ne bénéficieront pas de la restauration des stipulations contractuelles antérieures. Des disparités de traitement potentiellement importantes pourraient en conséquence en résulter entre salariés.

511.83 **Effets vis-à-vis des salariés ayant refusé les mesures de l'accord.** Le refus du salarié d'appliquer l'accord donne à l'employeur un motif spécifique de licenciement, ni personnel, ni économique, que le salarié ne peut en principe pas contester. Le « *licenciement repose sur un motif spécifique qui constitue une cause réelle et sérieuse* » dispose l'article L. 2254-2.V. Le salarié retrouve tout de même la possibilité de contester son licenciement s'il parvient à remettre en cause la validité de l'accord de performance collective, soit parce que les règles de conclusion n'ont pas été respectées, soit parce qu'il ne satisfait pas à l'un des objectifs consistant à répondre aux nécessités liées au fonctionnement de l'entreprise ou à préserver ou à développer l'emploi. Spécialement, le contrôle de la pertinence des nécessités liées au fonctionnement de l'entreprise peut déboucher sur la remise en cause du caractère réel et sérieux du ou des licenciements des salariés ayant refusé les mesures de l'accord[3]. L'employeur peut en outre avoir à respecter les régimes de protection. En particulier, il a été jugé que la seule conclusion d'un accord de mobilité interne ne peut suffire à préconstituer le licenciement lorsque celui-ci est attentatoire aux règles protectrices de la grossesse[4]. En transposant cette solution à l'accord de performance collective, il s'en déduit que, pour licencier une salariée en état de grossesse médicalement constatée, l'employeur ne peut pas se prévaloir de son seul refus d'une mesure prévue dans le cadre d'un accord de performance collective. Encore faut-il qu'il caractérise l'impossibilité de maintenir son contrat de travail pour un motif étranger à sa grossesse.

La procédure de licenciement applicable est la procédure de licenciement individuel. Elle doit être engagée dans les deux mois suivant le refus par le salarié de l'application de l'accord. Une cour d'appel a précisé que le délai de deux mois relève de l'ordre public absolu et ne peut « *être laissé à la libre appréciation des partenaires sociaux* ». Elle a considéré que, « *nonobstant l'absence d'indication dans l'article L. 2254-2 d'une sanction apportée au non respect du délai de deux mois* », un délai de quatre mois à l'issue duquel la procédure de licenciement avait en l'espèce été engagée prive « *l'employeur de la possibilité de fonder la rupture sur le motif sui generis tiré du refus de mobilité du salarié, l'employeur conservant toutefois la possibilité de fonder le licenciement sur un autre motif* »[5].

Il faut encore ajouter que le salarié a le droit à l'assurance chômage à l'issue de son licenciement et que l'employeur a l'obligation d'abonder le compte personnel de formation de celui-ci à hauteur de 3 000 euros[6], ce montant pouvant être augmenté par l'accord de performance collective. Cet abondement n'entre pas en compte dans les modes de calcul des heures créditées chaque année sur le compte et du plafond[7].

511.84 **Embauche en cours d'application d'un accord de performance collective.** Le législateur est resté silencieux sur la situation des salariés embauchés en cours d'application d'un APC. Le risque pour l'employeur qui embaucherait le ou les salariés aux conditions de l'accord, et non aux conditions contractuelles des salariés recrutés avant sa conclusion, est de se retrouver, une fois que l'APC aura cessé de s'appliquer, avec des disparités en termes de durée du travail ou en termes de rémunération avec

1. Ministère du Travail, *L'accord de performance collective, Questions-Réponses*, p. 2, question n° 1 ; M. Morand, « L'APC un accord né sous X », *SSL* 2000, n° 1933.
2. La durée déterminée de l'accord est du reste un indice fort du caractère temporaire des mesures adoptées et, subséquemment, de la substitution de ses clauses à celles des contrats de travail.
3. Soc. 2 déc. 2020, préc.
4. Soc. 4 mars 2020, n° 18-19.189, P ; *D.* 2020. 606 ; *Dr. soc.* 2020. 565, obs. J. Mouly ; *Dr. soc.* 2020. 847, ét. L. Bento de Carvalho et S. Tournaux ; *RJS* 5/2020, n° 233.
5. CA Toulouse, 23 juin 2023, n° 21/01577 ; *BJT* 10/2023, note I. Meftah.
6. C. trav., art. R. 6323-3-2.
7. C. trav., art. L. 2254-2 ; C. trav., art. L. 6323-15.

le risque de se voir condamné au regard du principe à travail égal, salaire égal.

SECTION 3
RUPTURES CONVENTIONNELLES COLLECTIVES

511.91 Alternative au licenciement pour motif économique. Le dispositif de rupture conventionnelle collective est tout entier construit autour de la négociation collective. Il n'est pas inutile de préciser, à cet égard, que le seul support juridique licite d'un tel dispositif, contrairement au traditionnel plan de départ volontaire, est conventionnel. Cet accord, qui détermine le contenu de la *RCC*, doit exclure « tout licenciement pour atteindre les objectifs qui lui sont assignés en termes de suppressions d'emplois »[1]. Cette exclusion implique, d'une part que l'accord comporte l'engagement de maintenir l'emploi de ceux qui ne sont pas volontaires, d'autre part que l'accord définisse sa durée d'application, à savoir celle pendant laquelle aucun licenciement économique n'est envisageable. Il s'ensuit que la rupture conventionnelle collective peut intervenir en cas de difficultés économiques, à la condition toutefois qu'elle ne se traduise pas par la fermeture du site auquel cas le volontariat serait biaisé[2].

511.92 Intérêt du dispositif. L'intérêt est d'abord pour l'employeur qui peut, grâce au dispositif et sans attendre la survenance de difficultés économiques, les anticiper ou bien recentrer l'entreprise sur son cœur de métier. La réduction d'effectifs à laquelle le dispositif peut conduire est supposée pouvoir être réalisée sans engendrer de situation conflictuelle, à l'image de ce que le droit français a fait prévaloir par la rupture conventionnelle individuelle. Du côté des salariés, on peut supposer que les syndicats n'accepteront d'apposer leur signature sur l'accord collectif que s'ils obtiennent des contreparties satisfaisantes, notamment mais pas seulement en termes d'indemnités de rupture.

511.93 Accords servant de support à la rupture conventionnelle collective. L'article L. 1237-19 issu de l'ordonnance n° 2017-1387 du 22 septembre 2017[3] et de la loi du 29 mars 2018[4] prévoit la possibilité de mettre en place dans l'entreprise un dispositif de rupture conventionnelle collective. Ce dispositif peut être envisagé en dehors de toute difficulté économique ou de toute menace pour la compétitivité de l'entreprise ; il permet d'encadrer des départs de l'entreprise en évitant aussi bien les démissions que les licenciements tout en assurant une réduction des effectifs. Le niveau idoine, compte tenu de l'objet de l'accord, semble bien être celui de l'entreprise ou le cas échéant celui de l'établissement.

Cet accord est soumis au droit commun de la négociation collective qui définit les conditions de sa validité. Il comporte nécessairement un préambule et est à durée déterminée puisqu'il doit prévoir en application de l'article L. 1237-19-1, 2° la période au cours de laquelle les ruptures des contrats peuvent être engagées. Son contenu est strictement réglementé. Non seulement il doit comporter des clauses relatives à son renouvellement ou à sa révision, mais l'article L. 1237-19-1 du Code du travail précise qu'il doit inclure :

1° Les modalités et conditions d'information du comité social et économique ;

2° Le nombre maximal de départs envisagés, de suppressions d'emplois associées, et la durée pendant laquelle des ruptures de contrat de travail peuvent être engagées sur le fondement de l'accord ;

3°Les conditions que doit remplir le salarié pour en bénéficier ;

4° Les modalités de présentation et d'examen des candidatures au départ des salariés, comprenant les conditions de transmission de l'accord écrit du salarié au dispositif prévu par l'accord collectif ; 4° *bis* Les modalités de conclusion d'une convention individuelle de rupture entre l'employeur et le salarié et d'exercice du droit de rétractation des parties ;

5° Les modalités de calcul des indemnités de rupture garanties au salarié, qui ne peuvent être inférieures aux indemnités légales dues en cas de licenciement ;

6° Les critères de départage entre les potentiels candidats au départ ;

7° Des mesures visant à faciliter le reclassement externe des salariés sur des emplois équivalents, telles que les congés de mobilité dans les conditions prévues aux articles L. 1237-18 à L. 1237-18-5, des actions de formation, de validation des acquis de l'expérience ou de reconversion ou des actions de soutien à la création d'activités nouvelles ou à la reprise d'activités existantes par les salariés ;

8° Des modalités de suivi de la mise en œuvre effective de l'accord portant rupture conventionnelle collective.

511.94 Rôle du comité social et économique. Aux termes de l'article L. 1237-19-1 1°, l'accord

1. C. trav., art. L. 1237-19.
2. CE 21 mars 2023, req. n° 459626, P – Ministère du Travail, *La rupture conventionnelle collective, Questions-Réponses*, p. 4, question n° 8.
3. Ord. n° 2017-1387, 22 sept. 2017 relative à la prévisibilité et la sécurisation des relations de travail, *JO* 23 sept., n° 33.
4. L. n° 2018-217, 29 mars 2018 ratifiant diverses ordonnances prises sur le fondement de la loi n° 2017-1340 du 15 septembre 2017 d'habilitation à prendre par ordonnances les mesures pour le renforcement du dialogue social, *JO* 31 mars, n° 1.

portant *RCC* détermine, pour les entreprises de plus de onze salariés, « les modalités et conditions d'information du comité social et économique », sauf en présence d'un constat de carence. Il s'ensuit que le CSE n'est qu'informé (et non consulté sauf si l'accord de *RCC* le prévoit[1]) sur le contenu de l'accord, ce qui ne dispense pas nécessairement de l'informer et de le consulter au titre de la marche générale de l'entreprise[2]. Le Code du travail prévoit une information-consultation du CSE sur la mise en œuvre de l'accord de *RCC*[3].

511.95 Validation de l'accord collectif organisant la rupture conventionnelle collective. La Dreets dont relève l'entreprise (ou le cas échéant l'établissement[4]) est présente à tous les stades de la construction de l'accord. En premier lieu, la Dreets doit être informée de l'ouverture d'une négociation ayant pour objet la mise en place de la rupture conventionnelle collective. Le ou les préfets compétents peuvent alors demander à l'entreprise de réaliser une étude d'impact sur les conséquences sociales de l'accord ainsi que sur ses effets sur les territoires affectés. Une fois conclu, l'accord est notifié à la Dreets. Cette notification doit être accompagnée de tous éléments permettant d'établir la régularité de la procédure. L'administration dispose d'un délai de quinze jours pour demander la fourniture d'informations complémentaires. Celles-ci, ainsi que l'information initiale, doivent être fournies sous une forme dématérialisée sur un site dédié[5]. Il appartient à l'administration de notifier aux parties prenantes le caractère complet du dossier. À compter de la réception du dossier complet, comme le précise l'article L. 1237-9 du Code du travail, s'ouvre un délai de quinze jours au cours duquel l'administration procédera à l'instruction de la décision de validation. Au cours de cette période, la Dreets vérifie[6] :

- l'absence de tout licenciement pour atteindre les objectifs de suppression d'emplois ;
- la régularité de la procédure d'information du CSE ou des salariés si un procès-verbal de carence a été établi ;
- le respect par l'accord du contenu obligatoire.

Il a été jugé, à propos d'un accord portant rupture conventionnelle collective conclu dans le secteur privé, que le contrôle de l'administration du travail saisie d'une demande de validation est un contrôle restreint qui vise seulement à s'assurer de la régularité de la procédure d'information du comité social et économique au regard des prescriptions de l'accord collectif. Il n'appartient pas en revanche à l'Administration de s'assurer, au titre de ce contrôle, d'une éventuelle consultation de l'instance, avant la signature de l'accord, sur le projet de réorganisation et de compression des effectifs corrélé à l'accord de rupture conventionnelle collective, ni de vérifier que le CHSCT, à l'époque où il existait, aurait été lui-même consulté dans la mesure où les dispositions légales ne prévoient pas l'intervention de cette instance[7]. À l'issue du délai de quinze jours :

- soit la Dreets a validé l'accord par une décision motivée notifiée à l'employeur, à la représentation du personnel et à tous les syndicats signataires même non représentatifs ;
- soit la Dreets refuse la validation, auquel cas il est possible de négocier un nouvel accord sur la base des remarques de l'administration, le CSE devant être informé de la reprise des négociations et le nouvel accord doit être transmis à l'administration selon les mêmes modalités dématérialisées ;
- soit la Dreets ne répond pas. Le silence gardé quinze jours vaut validation de l'accord. L'employeur doit alors communiquer l'ensemble des pièces du dossier et les justifications de la transmission à l'administration à la représentation du personnel et aux organisations syndicales représentatives signataires de l'accord. Il doit être procédé à un affichage sur les lieux de travail.

S'agissant de la mesure phare de l'accord de *RCC* que constituent les mesures de reclassement, le contrôle de l'administration n'est pas purement formel et portera sur le caractère précis et concret des

1. Une telle possibilité est expressément envisagée par le *Questions-Réponses* du ministère, Q. n° 19.
2. C. trav., art. L. 2312-8.
3. C. trav., art. L. 1237-19-7.
4. Si plusieurs établissements sont concernés par le dispositif entrant dans la compétence de plusieurs Dreets différentes, le Ministre en charge du travail désignait la Dreets, et à défaut la Dreets compétente était celle dans le ressort de laquelle se trouve le siège social de l'entreprise. Le décret n° 2020-88 du 5 février 2020 (*JO* 6 févr., n° 24) modifie cette solution et désormais l'employeur doit informer la Dreets du siège social de la situation. La Dreets est alors celui du siège de l'entreprise principale de l'UES.
5. C. trav., art. D. 1237-7 et L. 1237-8 – Le site dédié est : www.portail-pse-rcc.emploi.gouv.fr
6. À noter que, même si la version définitive des textes ne demande plus à l'administration de vérifier l'absence de discrimination fondée sur l'âge, le *Questions-Réponses* établi par le Ministère précise que l'administration veillera aux dispositions concernant les ruptures des salariés les plus âgés ; possibilité pour eux de s'engager dans un projet professionnel concret ou possibilité de faire liquider leur retraite ou dans l'attente de cette liquidation de bénéficier d'un « portage » financier totalement financé par l'entreprise.
7. TA Cergy-Pontoise, 16 oct. 2018, *Société Téleperformance France*, RG n° 1807099 ; *JCP S* 2018. 1381, note F. Aknin ; *RDT* 2018. 762, note F. Géa ; *Dr. soc.* 2019. 139, note M. Gadrat ; *BJT* 1/2019, p. 12, note J. Grangé ; *Dr. ouvrier* 2019. 193, note R. Dalmasso. EN APPEL : CAA Versailles, 14 mars 2019, RG n° 18VE04158 ; *JCP S* 2019. 1136, note F. Aknin ; *BJT* 6/2019, p. 8, note A. Casado ; *SSL* 25 mars 2019, n° 1854, p. 5, note S. Brotons ; *RJS* 2019. 368.

mesures au regard de l'objectif d'accompagnement et de reclassement des salariés[1].

511.96 **Suivi de l'accord.** Les modalités de suivi doivent être prévues par l'accord lui-même en application de l'article L. 1237-19-1, 8°. Le suivi est à la fois interne – en ce sens que la mise en œuvre doit faire l'objet d'une consultation régulière et détaillée du CSE – et externe – puisque d'une part la Dreets [Direccte jusqu'au 1er avril 2021] est destinataire des avis rendus par le CSE et doit recevoir un bilan des mesures au plus tard un mois après la fin des mesures destinées à faciliter le reclassement du travailleur concerné. Le contenu de ce bilan est fixé par l'arrêté du 8 octobre 2018 précisant le contenu des bilans des ruptures d'un commun accord dans le cadre d'un accord collectif[2]

511.97 **Extension du champ d'application de la rupture conventionnelle collective.** Introduite en droit du travail en 2017, la rupture conventionnelle collective a été rendue applicable au personnel de la Caisse des dépôts et consignations par la loi de transformation de la fonction publique[3]. Pourquoi cet établissement public en particulier ? Qualifié d'établissement « spécial »[4], la Caisse des dépôts et consignations a une physionomie singulière dans le secteur public : son personnel comprend des agents contractuels de droit public, des salariés sous le régime des conventions collectives ainsi que des personnels sous statut de la Caisse autonome nationale de la sécurité sociale dans les mines. Cette population relevant de régimes différents a conduit le législateur à mettre en place des dispositifs communs par souci de garantir une équité de traitement au sein d'une même communauté de travail, en consacrant l'existence d'un dialogue social unifié et en homogénéisant les règles sociales applicables aux personnels publics et privés de l'établissement public. D'un côté, une instance unique de représentation du personnel a été instituée, réunissant les compétences d'un comité technique et d'un comité d'hygiène et de sécurité en un comité unique de l'établissement public (CUEP). De l'autre, la Caisse a été spécialement habilitée à conclure avec les organisations syndicales représentatives des accords collectifs ayant pour objet la mise en cohérence des règles sociales dont relèvent les personnels, ces accords s'appliquant de plein droit à l'ensemble des personnels après approbation par arrêté du directeur général de la Caisse. Il y avait là les bases d'une négociation collective efficiente que la loi du 6 août 2019 a projeté de généraliser en habilitant le Gouvernement à prendre par ordonnance les dispositions en vue de favoriser, aux niveaux national et local, la conclusion d'accords négociés dans la fonction publique[5].

Cette situation particulière a convaincu le législateur de faire de la Caisse des dépôts et consignations le terrain d'expérimentation d'une possible application du dispositif de rupture conventionnelle collective avant une éventuelle généralisation à l'ensemble du secteur public. À cet effet, la loi du 6 août 2019[6], sans créer de nouvelles règles, a procédé par renvoi aux dispositions du Code du travail en indiquant que, « pour l'application du 1° de l'article L. 1237-19-1 du Code du travail, l'instance unique de représentation du personnel de la Caisse des dépôts et consignations tient lieu de comité social et économique »[7]. Dès l'adoption de la loi, un accord de ruptures conventionnelles collectives a été conclu dont la validité a été contestée, sans succès, devant les juridictions administratives[8].

511.98 **Révision de l'accord de rupture conventionnelle collective.** Comme pour tout accord, l'accord de *RCC* doit prévoir les formes selon lesquelles et le délai au terme duquel il pourra être renouvelé ou révisé. En toute logique, l'accord révisé devra être soumis pour validation à l'administration dans les mêmes conditions que l'accord initial. La question de la dénonciation ne se posera pas, en principe, puisque l'accord de *RCC* est, en principe, un accord collectif à durée déterminée.

SECTION 4
ORGANISATION CONVENTIONNELLE DU LICENCIEMENT ÉCONOMIQUE

511.100 **Plan.** Il y a quelque chose de paradoxal dans le fait de mettre le droit conventionnel au service du licenciement économique. Sur le principe même de la décision de recourir au licenciement économique, celle-ci revient au chef d'entreprise ou à ceux qui la dirigent et on ne voit guère l'intérêt d'associer les partenaires sociaux à une décision sur laquelle ils n'ont en réalité aucun pouvoir. Il y aurait même

1. Ministère du Travail, *La rupture conventionnelle collective, Questions-Réponses*, p. 10, question n° 22 ; C. trav., art. L. 1237-19-1.
2. Arr. 8 oct. 2018 précisant le contenu des bilans des ruptures d'un commun accord dans le cadre d'un accord collectif, *JO* 13 oct., n° 30, NOR : MTRD1827497A.
3. L. n° 2019-828, 6 août 2019 de transformation de la fonction publique, *JO* 7 août, n° 1 ; rectif. *JO* 7 sept., n° 1.
4. C. mon. fin., art. L. 518-2.
5. V. G. Loiseau et S. Bloch, « Vers une "travaillisation" du droit de la fonction publique ? », *JCP S* 2019. 1315.
6. L. n° 2019-828, 6 août 2019, de transformation de la fonction publique, *JO* 7 août.
7. L. n° 2019-828, 6 août 2019, préc., art. 73.
8. EN PREMIÈRE INSTANCE : TA Paris, 5 mars 2020, RG n° 1926448-3-2 ; *JCP S* 2020. 1098, note G. Loiseau et S. Bloch ; *BJT* 5/2020, p. 32, note N. Labat. EN APPEL : CAA Paris, 15 sept. 2020, n° 20PA01285.

quelque chose de cynique à associer les salariés par le canal de négociation collective à la perte de leur propre emploi. En revanche, une fois prise la décision, il est possible d'organiser par accord au mieux des intérêts des salariés les conséquences du licenciement économique (§ 1). Le contenu des accords (§ 2) et leur surveillance (§ 3) sont à ce titre déterminant. Si elle n'est pas obligatoire, au contraire de l'adoption d'un PSE (unilatéral ou conventionnel), la conclusion d'un accord de méthode peut être aussi très utile (§ 4).

§ 1 Pourquoi solliciter le droit conventionnel dans le cadre d'une décision de licenciement pour motif économique ?

511.111 Place du droit conventionnel dans le droit du licenciement économique. Le rôle de la négociation collective dans le droit du licenciement économique est longtemps resté discret. Tout au plus, était-il relevé que les critères d'ordre des licenciements applicables pouvaient résulter d'un accord collectif[1]. Il n'y a cependant rien de surprenant à ce que le droit conventionnel fasse désormais irruption dans le champ du droit du licenciement économique. Dans les entreprises d'au moins cinquante salariés envisageant le licenciement d'au moins dix salariés, la procédure et/ou le plan de sauvegarde de l'emploi (PSE) peuvent faire l'objet d'aménagements conventionnels très importants.

511.112 Initiative du recours au droit conventionnel. L'initiative d'avoir recours à un accord appartient au seul employeur. Si les organisations syndicales demandent une négociation sur la procédure et/ou le PSE, l'employeur n'est pas obligé d'accéder à la demande. En l'absence de positionnement du Conseil d'État sur cette question, et malgré à la fois l'incertitude générée par la formule de l'article L. 1233-24-4 du Code du travail (« à défaut d'accord..., un document élaboré par l'employeur... ») et une jurisprudence judiciaire qui, au nom de l'exigence de loyauté, se montre favorable à des préalables obligatoires de négociation, aucune obligation de négocier n'est reconnue à l'heure actuelle en matière de PSE. Il faut, en revanche, en cas d'ouverture de négociation, que l'administration en soit immédiatement informée.

511.113 Nature de l'accord. L'accord est nécessairement aujourd'hui un accord collectif majoritaire mais il convient de préciser que dans l'appréciation du caractère majoritaire, les suffrages pris en compte ne sont que ceux exprimés en faveur des organisations syndicales représentatives. Dans une entreprise à forme complexe et quand bien même les compressions d'effectifs ne concerneraient que certains établissements, l'audience électorale des syndicats représentatifs signataires est appréciée au niveau de l'entreprise comme l'a rappelé le Conseil d'État[2]. Du même arrêt, il résulte également que la condition de majorité s'apprécie au regard de l'audience obtenue par tous les signataires représentatifs au niveau de l'entreprise, sans considération des catégories de salariés que leurs statuts leur donnent vocation à représente[3].

« 3. Considérant qu'eu égard tant à l'objet et à la portée d'un accord fixant un plan de sauvegarde de l'emploi qu'à la lettre des dispositions citées ci-dessus de l'article L. 1233-24-1 du code du travail, la condition de majorité posée par cet article doit s'apprécier en additionnant l'audience électorale des syndicats signataires qui sont représentatifs au niveau de l'entreprise, sans considération des catégories de salariés que leurs statuts leur donnent vocation à représenter ; qu'à ce titre, la circonstance que l'opération de restructuration à l'origine du plan de sauvegarde de l'emploi ne concernerait que certains établissements ou n'entraînerait de licenciements qu'au sein de certaines catégories professionnelles, ne fait pas obstacle à la prise en compte de l'audience électorale de tous les syndicats signataires représentatifs au niveau de l'entreprise, y compris ceux qui n'auraient pas statutairement vocation à représenter les salariés de ces établissements ou de ces catégories professionnelles particuliers », énonce la décision du Conseil d'État.

À ce qui précède, il convient d'ajouter que l'accord ne peut être signé qu'avec des délégués syndicaux.

511.114 Accord sur le PSE conclu au niveau d'une UES : (oui). Le Conseil d'État a pris position sans ambiguïté sur la possibilité de conclure un accord portant PSE au niveau d'une UES : « eu égard à l'objet d'une UES constituée par voie conventionnelle ou par voie judiciaire, qui est d'assurer la protection des droits des salariés appartenant à une même collectivité de travail, en raison de l'existence, en dépit d'entités juridiques distinctes, d'activités complémentaires ou similaires de celles-ci et d'une concentration du pouvoir de direction économique et d'une unité sociale, en permettant une représentation de leurs intérêts communs, l'accord prévu à L. 1233-24-1 [relatif au PSE] peut être conclu au niveau de l'UES »[4]. L'administration véri-

1. C. trav., art. L. 1233-5.

2. CE 5 mai 2017, req. n° 389620, *Lebon* ; *AJDA* 2017. 964 ; *AJDA* 2017. 1217, chron. G. Odinet et S. Roussel ; *D.* 2017. 2270, obs. P. Lokiec et J. Porta ; *RDT* 2017. 486, obs. F. Géa ; *RDT* 2017. 556, obs. I. Odoul-Asorey.
3. CE 5 mai 2017, req. n° 389620, P.
4. CE 2 mars 2022, req. n° 438136, NP.

fiera que les règles de conclusions de l'accord ont bien été respectées, notamment qu'il a été conclu :

– côté syndical, « par une ou plusieurs organisations syndicales de salariés représentatives au niveau de l'UES » ;

– côté employeur, « soit par chacune des entreprises constituant l'UES, soit par l'une d'entre elles, sur mandat exprès préalable des entreprises membres de l'UES ».

Ce degré d'exigence s'explique par le défaut de personnalité juridique de l'UES.

511.115 Situation particulière des entreprises disposant d'un conseil d'entreprise. Les accords portant sur le PSE peuvent être négociés dans le cadre du conseil d'entreprise mis en place.

511.116 Moment de l'ouverture de la négociation. Les règles sont ici assez souples puisque l'ouverture de la négociation est possible avant la première réunion du CSE ou lors de cette première réunion. En pareil cas, l'article L. 1233-24-1 impose à l'employeur d'informer immédiatement l'administration. Elle peut même intervenir au cours de la procédure d'information /consultation du CSE. Quel que soit le moment d'ouverture de la négociation, le projet d'accord doit faire l'objet d'une consultation du CSE. On peut penser que dans l'hypothèse où le projet est élaboré dans le cours de la procédure d'information / consultation du CSE, le projet d'accord doit faire l'objet d'une consultation spécifique.

§ 2
Quel contenu aux accords portant plan de sauvegarde de l'emploi ?

511.121 Contenu de l'accord. Pour que l'accord collectif ait valeur de PSE, et permette à l'entreprise de licencier au moins dix salariés pour motif économique dans une entreprise d'au moins cinquante salariés, encore faut-il qu'il respecte des exigences de continu. *A minima*, il doit contenir le PSE. Mais il peut s'intéresser également à certains éléments de la procédure de licenciement, à savoir[1] :

– les modalités d'information et de consultation du comité social et économique. Rien n'oblige cependant à prévoir dans l'accord collectif des modalités particulières d'information et de consultation du CSE, ou d'y faire figurer les dispositions d'un éventuel accord de méthode[2] ;

– la pondération et le périmètre d'application des critères d'ordre des licenciements ;

– le calendrier des licenciements ;

– le nombre de suppressions d'emploi et les catégories professionnelles concernées ;

– les modalités de mise en œuvre des mesures de formation, d'adaptation et de reclassement.

Si l'accord ne traite pas l'ensemble de ces points, on sera en présence d'un PSE mixte puisque l'employeur n'aura d'autre choix que de le compléter par un document unilatéral. En application de l'article L. 1233-24-3 du Code du travail, l'accord ne peut en tout cas déroger aux règles d'information et de consultation du CSE[3] ni à la communication aux membres de la représentation du personnel des éléments utiles sur le projet de licenciement économique ainsi que sur le PSE. S'agissant de la situation des salariés, l'obligation de proposer aux salariés concernés un CSP ou un congé de reclassement et l'obligation de réaliser des efforts de formation, d'adaptation ou de reclassement restent entières. Ol importe que l'administration, chargée du contrôle en vue de la validation[4], veille au strict respect de ces règles, la négociation n'ayant pas vocation à réduire les responsabilités de l'employeur en la matière.

511.122 Moyens donnés aux négociateurs. Outre les moyens classiques dont disposent les négociateurs syndicaux, les alinéas 4 et 5 de l'article L. 1233-34 du Code du travail précisent que « Le comité social et économique peut également mandater un expert afin qu'il apporte toute analyse utile aux organisations syndicales pour mener la négociation prévue à l'article L. 1233-24-1 » et que « Le rapport de l'expert est remis au comité social et économique et, le cas échéant, aux organisations syndicales, au plus tard quinze jours avant l'expiration du délai mentionné à l'article L. 1233-30 »[5]. Cette modalité de désignation de l'expert est nouvelle dans le cas de la discussion du PSE. Elle est aussi originale dans la mesure où le bénéficiaire de l'expertise est différent de celui qui désigne l'expert. Elle a néanmoins sa logique dans la mesure où l'accord qui porte sur les mesures du PSE s'insère dans un processus dont le CSE est l'acteur avec l'employeur.

Cet expert doit, d'ailleurs, être le même que celui que désigne le CSE pour l'aider. Les délais applicables aux échanges d'information sont les mêmes que ceux en matière de consultation du CSE. Cependant, l'expertise au service des négociateurs fait l'objet de règles spécifiques de contestation : la contestation doit être adressée à la Dreets [Direccte jusqu'au 1er avril 2021] compétente avant la trans-

1. C. trav. art. L. 1233-24-2.
2. CE 12 juin 2019, req. n° 420084, NP.
3. Sauf dans le cas où l'accord est conclu par le conseil d'entreprise mis en place.
4. V. ss n° 511.131.
5. V. AUSSI : C. trav., art. L. 2315-92.

mission de la demande de validation du PSE, l'administration disposant alors d'un délai de 5 jours pour se prononcer sur le recours en application de l'article L. 1233-35-1 du Code du travail.

§ 3
Quelle surveillance des accords portant plan de sauvegarde de l'emploi ?

511.131 Nécessaire validation de l'accord par l'administration. L'accord devra faire l'objet d'une validation par la Dreets * compétente. L'intensité du contrôle exercé par l'administration est alors plus faible qu'en matière d'homologation du document unilatéral portant plan de sauvegarde de l'emploi. La solution est logique à la condition évidemment que la négociation se déroule dans les conditions de loyauté totale. Le contrôle de la Dreets est :

– un contrôle de conformité légale, au regard des articles L. 1233-24-1 à L. 1233-24-3 du Code du travail ;

– un contrôle sur la procédure d'information et de consultation du comité social et économique incluant le contrôle de la régularité de la composition de ce dernier ;

– un contrôle du caractère majoritaire de l'accord collectif ;

– un contrôle de la régularité du mandat des signataires et notamment de leur renouvellement à l'issue des dernières élections professionnelles ; si le délégué syndical signataire n'avait plus de mandat du fait de son non renouvellement à l'issue des dernières élections, le score de son syndicat n'a pas à être pris en compte dans le contrôle du respect de la règle majoritaire (50 % des suffrages) [1] ;

– un contrôle du contenu de l'accord lequel doit être conforme aux articles L. 1233-61 et L. 1233-63 (al. 1 du Code du travail) et ne pas comporter de dispositions discriminatoires [2] ; l'administration vérifiera le respect, par l'employeur, de ses obligations en matière de prévention des risques pour assurer la sécurité et protéger la santé physique et mentale des travailleurs [3] ;

– un contrôle des dispositions de l'accord sur les modalités de suivi de sa mise en œuvre. Le Conseil d'État a néanmoins indiqué qu'il n'était pas nécessaire que l'accord rentre dans le détail des modalités de consultation du comité social et économique. Les règles relatives au suivi par l'administration du suivi de l'accord sont apparues suffisantes à assurer le respect des droits des travailleurs [4].

511.132 Nécessaire dépôt de l'accord. L'accord portant plan de sauvegarde de l'emploi une fois validé doit faire l'objet d'un dépôt à la Dreets dans les conditions du droit commun fixées désormais aux articles D. 2231-2 et suivants du Code du travail. Il appartient donc au représentant légal de l'entreprise de prendre l'initiative de ce dépôt sur la plateforme dédiée du ministère du travail. Un exemplaire doit par ailleurs être remis au greffe du conseil de prud'hommes du lieu de conclusion.

511.133 Question des plans de départs volontaires. Le plan de départ volontaire est parfois une composante ou un élément associé à un plan de sauvegarde de l'emploi dont il suit alors le régime. Tel est le cas lorsque sont envisagés dans le même processus de restructuration à la fois des départs volontaires et des licenciements. En revanche, il arrive que le plan de départ volontaire soit autonome et s'appuie sur une base conventionnelle qui assurera l'organisation de l'opération. Le dernier alinéa de l'article L. 1233-3 du Code du travail qui détermine le déclenchement des règles d'application du droit du licenciement économique, précise que ce dernier leur est applicable. La jurisprudence a cependant allégé les contraintes pesant sur l'entreprise en la matière. On peut penser que la création de la rupture conventionnelle collective qui offre en la matière une plus grande sécurité tarira en grande partie le recours aux plans de départ volontaires autonomes.

§ 4
L'accord de méthode dans le cadre du licenciement pour motif économique

511.141 Les contours de l'accord de méthode. L'accord de méthode ne doit en aucun cas être confondu avec l'accord portant PSE, à la fois par son contenu (il ne comporte pas le PSE) et par ses conditions de validité (il obéit aux conditions de droit commun de la négociation collective). Il est prévu par le législateur à l'article L. 1233-21 du Code du travail : « Un accord d'entreprise, de groupe ou de branche peut fixer, par dérogation aux règles de consultation des instances représentatives du

1. CE 22 juill. 2015, req. n° 385668, P ; – CE 30 mai 2016, req. n° 385730, NP.
2. CE 7 févr. 2018, req. n° 403989, *Lebon ; D.* 2018. 823, note P. Lokiec ; *RDT* 2018. 213, note F. Géa ; *RJS* 4/2018, n° 261 ; *JCP S* 2018. 1086, obs. S. Poncet et F. Renaud ; *SSL* 2018, n° 1803, p. 6, interview D. Piveteau ; *SSL* 2018. 9, concl. S.-J. Lieber.
3. T. confl. 8 juin 2020, n° 4189 ; – Sur la nature du contrôle, il faudra voir si les principes posés à propos du document unilatéral (CE, ch. réu., 21 mars 2023, n° 450012 ; CE, ch. réu., 21 mars 2023, n° 460660) le sont aussi à propos du PSE conventionnel.
4. *Ibid.*

personnel prévues par le présent titre et par le livre III de la deuxième partie, les modalités d'information et de consultation du comité social et économique et, le cas échéant, le cadre de recours à une expertise par ce comité lorsque l'employeur envisage de prononcer le licenciement économique d'au moins dix salariés dans une même période de trente jours. ».

Réservé aux entreprises dotées d'un CSE, cet accord peut être conclu aussi bien au niveau de l'entreprise que du groupe ou de la branche.

Comme le prévoit l'article L. 1233-22, il peut définir les conditions dans lesquelles le CSE :

1) est réuni et informé de la situation économique et financière de l'entreprise ;

2) peut formuler des propositions alternatives au projet économique à l'origine d'une restructuration ayant des incidences sur l'emploi et obtenir une réponse motivée de l'employeur à ses propositions ;

3) peut recourir à une expertise.

L'accord de méthode ne peut déroger :

- aux règles générales d'information et de consultation du comité social et économique : principe de la consultation préalable ; droit pour le comité de disposer d'informations précises et écrites et de la réponse motivée de l'employeur à ses observations ; accès à l'information utile détenue par les administrations publiques et les organismes agissant pour leur compte ;

- à la communication aux représentants du personnel des renseignements prévus aux articles L. 1233-31 à L. 1233-33 du Code du travail, ce qui recouvre les informations devant être portées à la connaissance des représentants du personnel lorsqu'un licenciement collectif pour motif économique est envisagé ;

- aux règles de consultation applicables lors d'un redressement ou d'une liquidation judiciaire[1].

Les conditions de validité de l'accord de méthode sont, au contraire de l'accord portant PSE, celles du droit commun des accords collectifs.

Par ailleurs, toute action en contestation doit être formée, à peine d'irrecevabilité, avant l'expiration d'un délai de trois mois à compter du dépôt de l'accord[2].

SECTION 5
ACTIVITÉ PARTIELLE LONGUE DURÉE[3]

511.150 **Plan.** L'irruption violente de la pandémie de Covid-19 au début de l'année 2020 a placé les entreprises et leurs salariés dans une position extrêmement difficile. L'organisation du travail que d'aucuns imaginaient aussi solide que pérenne a été bousculée dans ses fondamentaux au moment même où les schémas de croissance s'effondraient pour certains secteurs. Les réponses législatives et règlementaires à la situation ont dû être trouvées dans un laps de temps réduit (§ 1). Parmi ces réponses, l'activité partielle de longue durée a occupé une place essentielle (§ 2) avec un rôle joué par la négociation collective (§ 3). Ce dispositif, introduit en juin 2020 sous couvert d'un encadrement de son usage par l'administration (§ 4), a fait l'objet d'un *Questions-Réponses* du ministère du Travail[4].

511.151 **Extinction du dispositif d'APLD.** Il s'agit d'un dispositif temporaire, désormais éteint. Le dispositif d'activité partielle de longue durée ne peut plus être mis en place dans une entreprise depuis le 1er janvier 2023. Les dispositifs mis en place avant cette date peuvent continuer à s'appliquer jusqu'au 31 décembre 2026 au plus tard.

Une modification de l'accord collectif ou du document unilatéral mis en place avant le 31 décembre 2022 peut cependant intervenir après cette date auquel cas un avenant est transmis à l'administration[5]. Malgré son extinction, ce dispositif mérite d'être exposé, d'abord par le rôle qui a été le sien ces dernières années, ensuite parce qu'il s'est avéré un dispositif efficace en temps de crise, que le législateur est susceptible de réactiver en cas de nouvelle crise.

§ 1
Une réponse aux situations de crise

511.161 **Nouveau dispositif dans le contexte de la crise sanitaire.** Dans le cadre de la crise du Covid-19, la loi du 16 juin 2020[6] a créé un dispositif d'activité partielle spécifique, aussi appelé activité partielle de longue durée (APLD). L'acronyme a d'ailleurs suscité des difficultés puisqu'il était question d'« Arme » avant d'en revenir à une appellation plus classique, d'ailleurs déjà existante en droit français, d'APLD. En voie d'extinction, le dispositif est entré en vigueur le 31 juillet 2020[7] et offre aux entreprises une alternative à l'activité partielle de droit commun. Ce dispositif a pour point commun avec l'accord de performance collective de permettre une réduction du temps de travail. Outre le fait que l'APLD est autrement plus encadrée que l'accord de performance col-

1. C. trav., art. L. 1233-23.
2. C. trav., art. L. 1233-24.
3. Le dispositif d'APLD ne peut plus être mis en place depuis le 1er janvier 2023. Il continue cependant à s'appliquer pour les entreprises, l'ayant instauré avant cette date, jusqu'au 31 décembre 2026.
4. Ministère du Travail, *Activité partielle longue durée, Questions-Réponses*, oct. 2020, mis à jour juin 2021.
5. https://www.service-public.fr/particuliers/vosdroits/F35381
6. L. n° 2020-734, 17 juin 2020 relative à diverses dispositions liées à la crise sanitaire, à d'autres mesures urgentes ainsi qu'au retrait du Royaume-Uni de l'Union européenne, *JO* 18 juin, n° 1, art. 53.
7. Décr. n° 2020-926, 28 juill. 2020 relatif au dispositif spécifique d'activité partielle en cas de réduction d'activité durable, *JO* 30 juill., n° 37.

lective (clauses obligatoires, engagement de maintien de l'emploi, aide de l'État, etc.), sa portée est très différente puisque l'APLD ne permet que de réduire le temps de travail et ce sur une période limitée à 24 mois, consécutifs ou non, sur une période de 36 mois consécutifs, alors que les *APC*, qui permettent aussi de jouer sur la rémunération et sur les conditions de la mobilité, peuvent être à durée indéterminée, ce qu'ils sont d'ailleurs assez souvent en pratique.

Il faut savoir que les entreprises dont l'activité a été affectée par les conséquences économiques de la guerre en Ukraine, eu égard notamment à l'augmentation du coût de l'énergie, ont pu être éligibles au bénéfice de l'activité partielle de longue durée. Un question réponse spécifique a d'ailleurs été élaboré par le ministère[1].

§ 2
Cas de recours et finalités de la mise en place de l'activité partielle de longue durée

511.171 **Cas de recours.** L'APLD est destinée à assurer le maintien dans l'emploi « dans les entreprises confrontées à une réduction d'activité durable qui n'est pas de nature à compromettre leur pérennité ».

511.172 **Objet de l'APLD.** À la différence des *APC* qui permettent d'agir sur la rémunération, sur la durée du travail et sur la mobilité, l'APLD a pour objet exclusif une réduction de la durée du travail.

La réduction de l'horaire de travail ne peut être supérieure à 40 % de la durée légale. Cette réduction s'apprécie pour chaque salarié concerné sur la durée d'application du dispositif prévue par l'accord collectif ou le document unilatéral. Son application peut conduire à la suspension temporaire de l'activité.

Par exemple, si un accord est signé pour une durée d'un an, la réduction maximale d'activité par salarié sur cette période est de 642,80 heures (1 607 × 40 %). Il se peut qu'un salarié se retrouve à avoir des périodes sans activité. La limite des 40 % ne peut être dépassée que dans des cas exceptionnels résultant de la situation particulière de l'entreprise, sur décision de l'autorité administrative et dans les conditions prévues par l'accord collectif, sans que la réduction de l'horaire de travail puisse être supérieure à 50 % de la durée légale. Faute pour l'accord (accord d'entreprise ou de branche) de l'avoir prévu, la réduction à 50 % est impossible.

1. Ministère du Travail, *Questions-réponses AP/APLD dans le contexte du conflit en Ukraine*, 16 mars 2022 (mis à jour 5 mai 2023) [en ligne].

511.173 **Entreprises concernées.** Toute entreprise, quelle que soit sa taille ou son secteur d'activité, peut mobiliser le dispositif d'APLD.

§ 3
Conditions du recours à l'APLD

511.181 **Conditions du recours à l'APLD.** Le recours à l'APLD a été possible suivant deux voies, alternatives :

- Soit un accord d'entreprise, d'établissement ou de groupe ;
- Soit un document unilatéral lequel doit être conforme aux stipulations d'un accord de branche étendu prévoyant le recours à l'APLD.

Ni la loi ni le décret n'ont prévu de hiérarchie entre les deux voies de recours à l'APLD, ce qui a conduit le premier accord de branche conclu sur le sujet, dans la branche de la métallurgie (juill. 2020) à inciter les employeurs à privilégier la voie de l'accord d'entreprise par rapport à la voie unilatérale. Les accords de branche conclus montrent aussi une volonté d'améliorer le dispositif tel que prévu par la loi et le décret (conditions d'indemnisation, abondement du compte personnel de formation, efforts proportionnés des dirigeants, etc.). Cette volonté d'encadrement strict du document unilatéral de l'employeur a conduit certaines branches (Syntec notamment, sept 2020) à prévoir un document unilatéral type, ayant vocation à être utilisé par toutes les entreprises, à commencer par les TPE/PME.

Les demandes de validation ou homologation (pour les accords d'entreprise, d'établissement ou de groupe) et les demandes d'extension (pour les accords de branche) devaient être transmises pour validation à l'autorité administrative au plus tard le 31 décembre 2022[2].

L'accord collectif et le document doivent prévoir :

1° La date de début et la durée d'application du dispositif spécifique d'activité partielle ;

2° Les activités et salariés auxquels s'applique ce dispositif ;

3° La réduction maximale de l'horaire de travail en deçà de la durée légale ;

4° Les engagements en matière d'emploi et de formation professionnelle ;

5° Les modalités d'information des organisations syndicales de salariés signataires et des institutions représentatives du personnel sur la mise en œuvre de

2. Ord. n° 2022-543, 13 avr. 2022, modifiant le Décr. n° 2020-926, 28 juill. 2020, préc., art. 10 qui fixait la date limite au 30 juin 2022.

l'accord. Cette information a lieu au moins tous les trois mois.

L'accord collectif et le document doivent, en outre, comporter un préambule présentant un diagnostic sur la situation économique et les perspectives d'activité de l'établissement, de l'entreprise, du groupe ou de la branche.

Le décret précise que le document élaboré par l'employeur précise les conditions de mise en œuvre, au niveau de l'entreprise ou de l'établissement, des stipulations de l'accord de branche étendu. Il comporte les éléments prévus ci-dessus (1° à 5°) et en particulier les engagements spécifiques souscrits par l'employeur en matière d'emploi. Il peut être renouvelé, dans le respect de la durée maximale d'application du dispositif fixée par l'accord de branche étendu.

L'accord collectif et le document peuvent aussi prévoir, mais les clauses qui suivent ne sont que facultatives :

1° Les conditions dans lesquelles les dirigeants salariés exerçant dans le périmètre de l'accord, les mandataires sociaux et les actionnaires, dans le respect des compétences des organes d'administration et de surveillance, fournissent des efforts proportionnés à ceux demandés aux salariés pendant la durée de recours au dispositif ;

2° Les conditions dans lesquelles les salariés prennent leurs congés payés et utilisent leur compte personnel de formation, avant ou pendant la mise en œuvre du dispositif ;

3° Les moyens de suivi de l'accord par les organisations syndicales.

511.182 Contours de l'engagement de maintien de l'emploi. À la différence des accords de performance collective, l'APLD doit comporter un engagement de maintien de l'emploi. Cet engagement doit porter sur la totalité des emplois de l'entreprise ou de l'établissement, sauf stipulations contraires. « Sauf stipulation contraire de l'accord collectif d'établissement, d'entreprise ou de groupe validé par l'autorité administrative ou de l'accord collectif de branche étendu, les engagements en matière de maintien de l'emploi portent sur l'intégralité des emplois de l'établissement ou de l'entreprise », prévoit l'article 1er du décret. À titre d'exemple, l'accord conclu dans la branche Syntec prévoit qu'en cas de chômage partiel de longue durée dans un établissement, « tout plan de sauvegarde de l'emploi [sera] interdit pendant toute la période de mise en œuvre », interdisant de la sorte jusqu'à une ouverture de négociations sur un PSE.

L'accord collectif peut néanmoins limiter le périmètre des emplois protégés mais l'engagement de maintien de l'emploi doit au minimum porter sur les emplois des salariés placés en APLD. La durée de l'engagement de maintien dans l'emploi devra par ailleurs correspondre *a minima* à la durée de recours totale au dispositif d'APLD prévue par l'accord ou le document unilatéral, y compris pendant les mois inclus dans la durée de l'accord ou du document unilatéral pour lesquels l'employeur ne dépose pas de demandes d'indemnisation.

511.183 Sanction du non-respect de l'engagement de maintien de l'emploi. S'agissant des salariés concernés par l'APLD, le recours à un licenciement pour motif économique oblige l'employeur à rembourser à l'État les sommes perçues au titre de l'allocation reçue, pour chaque salarié bénéficiaire du dispositif licencié pour motif économique pendant la durée de recours à l'APLD.

S'agissant des salariés de l'entreprise non bénéficiaires de l'APLD, mais que l'employeur s'était engagé à maintenir dans l'emploi, le recours au licenciement pour motif économique oblige l'employeur à rembourser une somme égale, pour chaque rupture, au rapport entre le montant total des sommes versées à l'employeur au titre de l'allocation d'activité partielle spécifique et le nombre de salariés placés en activité partielle spécifique.

Il est prévu que le remboursement de tout ou partie des sommes dues par l'employeur peut ne pas être exigé s'il est incompatible avec la situation économique et financière de l'établissement, de l'entreprise ou du groupe. Par ailleurs, le remboursement dû par l'employeur ne sera pas exigible si les perspectives d'activité se sont dégradées par rapport à celles prévues dans l'accord collectif ou le document de l'employeur. Il est recommandé de prévoir des indicateurs dans le préambule de l'accord ou du document unilatéral (chiffre d'affaires, rentabilité, etc.)

Par ailleurs, le remboursement n'est pas dû en cas de départs volontaires dans le cadre d'un PSE ou de ruptures du contrat de travail d'un commun accord (ruptures conventionnelles individuelles ou collectives).

Un accord APLD peut être négocié en même temps qu'un PSE. Cependant, le remboursement des allocations perçues peut être exigé si les salariés ayant bénéficié du dispositif sont licenciés pendant la période d'application de l'accord APLD.

§ 4
Formalités administratives

511.191 Information de l'administration. L'employeur doit adresser à l'autorité administrative, avant l'échéance de chaque période d'autorisation d'activité partielle spécifique, un bilan portant sur le respect de ses engagements de maintien de l'emploi et de formation professionnelle tels que mentionnés dans l'accord collectif ou le document unilatéral. Ce bilan est accompagné d'un diagnostic actualisé de la situation économique et des perspectives d'activité de l'établissement, de l'entreprise ou du groupe, ainsi que du procès-verbal de la dernière réunion au cours de laquelle le comité social et économique, s'il existe, a été informé sur la mise en œuvre de l'activité partielle spécifique.

511.192 **Procédure de transmission à l'administration.** Par emprunt aux règles sur les plans de sauvegarde de l'emploi, la Dreets dispose de quinze jours pour valider un accord et de vingt et un jours pour homologuer le document unilatéral.

La demande de validation de l'accord collectif ou d'homologation du document élaboré par l'employeur est adressée à l'autorité administrative par voie dématérialisée dans les conditions fixées par l'article R. 5122-26 du code du travail. les démarches sont à effectuer en ligne sur le portail https://activitepartielle.emploi.gouv.fr. Le service est mis en place pour l'APLD depuis le 6 août 2020. Elle doit être accompagnée de l'accord ou du document, et de l'avis rendu par le comité social et économique, si ce comité existe.

L'autorité administrative compétente est le préfet du département dans lequel est implanté l'établissement concerné par l'accord collectif ou le document. Lorsque l'accord ou le document porte sur des établissements implantés dans plusieurs départements, le préfet compétent est celui, parmi ceux de ces départements, auquel l'employeur adresse sa demande de validation ou d'homologation. Dans ce cas, le contrôle de la régularité des conditions de placement des salariés en activité partielle spécifique est confié, pour chaque établissement, au préfet de département où est implanté l'établissement concerné.

La décision d'homologation ou de validation est notifiée par voie dématérialisée à l'employeur. Elle est également notifiée, par tout moyen, au comité social et économique, lorsqu'il existe, et, si elle porte sur un accord collectif, aux organisations syndicales signataires.

La décision d'homologation ou de validation vaut autorisation d'activité partielle spécifique pour une durée de six mois. L'autorisation est renouvelée par période de six mois, au vu du bilan mentionné à l'article 2.

La demande de validation ou d'homologation auprès de l'administration ne dispense pas d'adresser l'accord d'établissement, d'entreprise ou de groupe pour dépôt sur la plateforme TéléAccords.

511.193 **Contrôle de l'administration.** Le contrôle de l'administration diffère selon qu'il porte sur un accord collectif ou sur un document unilatéral.

S'agissant de l'accord collectif d'établissement, d'entreprise ou de groupe, la validation ne peut être obtenue que dès lors que l'administration s'est assurée :

1) des conditions de validité et de la régularité de la procédure de négociation ;

2) de la présence dans l'accord de l'ensemble des stipulations obligatoires : préambule présentant un diagnostic, date de début et durée d'application du dispositif d'activité partielle de longue durée, activités et salariés auxquels s'applique le dispositif, réduction maximale de l'horaire de travail, engagements en matière d'emploi et de formation professionnelle, modalités d'information des organisations syndicales de salariés signataires et des institutions représentatives du personnel sur la mise en œuvre de l'accord.

S'agissant du document unilatéral, l'homologation ne peut être obtenue qu'après que l'administration a vérifié :

1) la régularité de la procédure d'information et de consultation du comité social et économique, lorsqu'il existe ;

2) la présence de l'ensemble des dispositions obligatoires : diagnostic, date de début et durée d'application du dispositif d'activité partielle de longue durée, activités et salariés auxquels s'applique le dispositif, réduction maximale de l'horaire de travail ;

3) la conformité de ces dispositions aux stipulations de l'accord de branche ;

4) la présence d'engagements en matière d'emploi et de formation professionnelle.

511.194 **Durée du bénéfice de l'APLD.** Le bénéfice de l'allocation est accordé dans la limite de vingt-quatre mois, consécutifs ou non, sur une période de référence de trente-six mois consécutifs.

Par exemple, comme le relève le *Questions-Réponses* du ministère, un accord collectif ou un document unilatéral pris en application d'un accord de branche prévoyant un recours au dispositif sur une durée totale de vingt-quatre mois permet à l'entreprise :

- de recourir à l'APLD durant douze mois ;
- puis, de revenir à une activité normale durant six mois, sans recourir au dispositif ;
- puis de recourir de nouveau à l'APLD durant douze mois.

Le décompte est réalisé en mois civils, sachant qu'un mois durant lequel l'entreprise recourt à APLD compte pour un mois entier.

511.195 **Suivi de l'APLD.** Le décret prévoit un suivi périodique du bénéfice de l'APLD. L'employeur est en effet tenu d'adresser à l'autorité administrative, avant l'échéance de chaque période d'autorisation d'APLD, un bilan portant sur le respect des engagements :

- d'emploi et de formation professionnelle des salariés ;

- d'information des organisations syndicales de salariés signataires de l'accord et des représentants du personnel sur la mise en œuvre de l'accord. Ce bilan est accompagné d'un diagnostic actualisé de la situation économique et des perspectives d'activité de l'établissement, de l'entreprise ou du groupe, ainsi que du procès-verbal de la dernière réunion au cours de laquelle le comité social et économique, s'il existe, a été informé sur la mise en œuvre de l'activité partielle spécifique.

511.196 Cumul de l'APLD avec l'activité partielle de droit commun. Il est interdit de cumuler le dispositif d'activité partielle de longue durée, sur une même période et pour un même salarié, avec le dispositif d'activité partielle de droit commun[1].

Un employeur bénéficiant du dispositif d'activité partielle de longue durée au titre d'une partie de ses salariés peut en revanche concomitamment bénéficier pour d'autres salariés du dispositif d'activité partielle de droit commun, pour l'un des motifs suivants :

- difficultés d'approvisionnement en matières premières ou énergie ;

- sinistre ou intempéries de caractère exceptionnel ;

- la transformation, restructuration ou modernisation de l'entreprise ;

- toute autre circonstance de caractère exceptionnel, ce qui inclut la crise de la Covid-19.

Le motif lié à la conjoncture économique subit un sort à part : il est exclu de recourir concomitamment au dispositif exceptionnel d'activité partielle et à l'activité partielle de droit commun pour ce motif.

511.197 Indemnisation de l'APLD. Dans le cadre de l'APLD, le salarié reçoit une indemnité horaire, versée par son employeur, correspondant à 70 % de sa rémunération brute servant d'assiette de l'indemnité de congés payés, prise en compte dans la limite de 4,5 Smic. L'employeur reçoit une allocation équivalant à 60 % de la rémunération horaire brute limitée à 60 % de 4,5 fois le taux horaire Smic. Par dérogation, pour les heures chômées à compter du 1er novembre 2020, le taux horaire de l'allocation d'activité partielle spécifique est égal au taux horaire de l'allocation de l'activité partielle de droit commun qui serait applicable à l'employeur lorsque ce taux est supérieur à 60 %. En cas de licenciement pour motif économique d'un ou plusieurs salariés placés en APLD pendant la durée de recours au dispositif, l'employeur devra rembourser les sommes perçues au titre de l'activité partielle pour chacun de ces salariés[2].

1. C'est-à-dire le dispositif de l'article L. 5122-1 du Code du travail.

2. https://www.urssaf.fr/portail/home/employeur/reduire-ou-cesser-lactivite/la-reduction-ou-la-cessation-tem/lactivite-partielle-de-longue-du.html

CHAPITRE

512. Accords tendant à l'amélioration du statut social du travailleur

SECTION 0 ORIENTEUR

512.00 Sommaire du chapitre.

Division. La mise en place de la prévoyance et d'une protection sociale complémentaire (sect. 1), l'organisation de mécanismes de retraite supplémentaire (sect. 2) ou encore l'amélioration de la rémunération par la participation ou l'intéressement (sect. 3) sont autant de moyens de parfaire le statut social du salarié. Si la négociation collective n'est pas le seul outil à disposition en ces domaines, il faut bien reconnaître qu'en pratique, elle est l'instrument principal au demeurant favorisé par les dispositions législatives. Il convient donc d'examiner la place de la négociation collective dans l'organisation de la prévoyance au niveau de la branche ou de l'entreprise, dans la construction de dispositifs de retraite venant compléter tant la retraite de base que la retraite complémentaire obligatoire et les différents mécanismes qui cherchent à assurer un meilleur équilibre entre la rémunération du travail et celle du capital puisque telle était la finalité première de la participation et de l'intéressement.

512.01 Textes applicables.

• **CSS,** art. L. 911-1 à L. 911-8 [Détermination des garanties complémentaires des salariés]

• **CSS,** art. L. 912-1 à L. 912-4 [Clauses obligatoires]

• **CSS,** art. L. 913-1 à L. 913-3 [Clauses prohibées]

• **CSS,** art. R. 912-1 à R. 912-3 [Dispositions générales relatives à la protection sociale complémentaire des salariés]

512.02 Jurisprudence de référence.

• **Soc. 11 févr. 2015,** n° 14-13.538, P V, n° 26.

« Sur le moyen unique :

Vu l'article 62 de la Constitution, ensemble l'article L. 912-1 du code de la sécurité sociale dans sa rédaction alors applicable et l'avenant n° 83 à la convention collective nationale de la boulangerie et boulangerie-pâtisserie du 19 mars 1976 ;

Attendu, cependant, que le Conseil constitutionnel dans sa décision du 13 juin 2013 a énoncé que la déclaration d'inconstitutionnalité de l'article L. 912-1 du code de la sécurité sociale n'était pas applicable aux contrats pris sur ce fondement, en cours lors de la publication de la décision et liant les entreprises à celles qui sont régies par le code des assurances, aux institutions relevant du titre III du code de la sécurité sociale et aux mutuelles relevant du code de la mutualité ; qu'il en résulte que les contrats en cours sont les actes ayant le caractère de conventions ou d'accords collectifs ayant procédé à la désignation d'organismes assureurs pour les besoins du fonctionnement des dispositifs de mutualisation que les partenaires sociaux ont entendu mettre en place, voire les actes contractuels signés par eux avec les organismes assureurs en vue de lier ces derniers et de préciser les stipulations du texte conventionnel de branche et ses modalités de mise en œuvre effective ;

Qu'en statuant comme elle a fait, la cour d'appel a violé les textes susvisés. »

• **Soc. 9 oct. 2019,** n° 18-13.314, P.

« Mais attendu qu'il résulte de l'article L. 912-1, III, du code de la sécurité sociale que les accords mentionnés au I comportent une clause fixant dans quelles conditions et selon quelle périodicité, qui ne peut excéder cinq ans, les modalités d'organisation de la recommandation sont réexaminées ; que l'existence de cette clause est une condition de validité d'accords dérogeant aux principes de libre concurrence et de liberté d'entreprendre ;

Qu'il en résulte que le tribunal de grande instance, qui, lié par la formulation de la question préjudicielle, ne pouvait statuer sur l'éventuelle régularisation ultérieure de l'accord par un avenant rectificatif, a statué à bon droit ;

Mais sur le premier moyen :

Vu l'article 6 du code civil ;

[…]

Attendu cependant, d'une part, qu'aucune disposition d'ordre public n'interdit à des organisations syndicales et patronales représentatives dans le champ de l'accord de prévoir, par accord collectif, un système de mutualisation du financement et de la gestion de certaines prestations de prévoyance sociale non obligatoires même en l'absence de dispositions légales en ce sens ;

Attendu, d'autre part, que la signature d'une convention de branche ou d'un accord professionnel par les organisations syndicales et patronales représentatives dans le champ de l'accord engage les signataires de l'accord ainsi que les adhérents aux organisations interprofessionnelles signataires de l'accord ;

D'où il suit qu'en déniant aux partenaires sociaux la liberté contractuelle de conclure un accord organisant un système de mutualisation du financement et de la gestion de certaines prestations, et notamment un prélèvement de 2 % sur les cotisations versées à l'organisme recommandé par l'accord ou un prélèvement équivalent à cette somme exigible auprès des entreprises qui n'adhèrent pas à l'organisme recommandé, accord s'appliquant aux entreprises l'ayant signé et à celles adhérant à une organisation patronale représentative ayant signé l'accord, le tribunal de grande instance a violé le texte susvisé. »

• **CE 1re-4e ch. réun., 16 déc. 2019,** req. n° 396001, *Lebon T.*

« Considérant ce qui suit :

1 L'article L. 911-1 du code de la sécurité sociale prévoit qu'à moins qu'elles ne soient instituées par des dispositions législatives ou réglementaires, les garanties collectives dont bénéficient les salariés, anciens salariés et ayants droit en complément de celles qui résultent de l'organisation de la sécurité sociale sont déterminées, notamment, par voie de conventions ou d'accords collectifs. Le I de l'article L. 912-1 du même code, dans sa rédaction issue de la loi du 23 décembre 2013, dispose que : « Les accords professionnels ou interprofessionnels mentionnés à l'article L. 911-1 peuvent, dans des conditions fixées par décret en Conseil d'État, prévoir l'institution de garanties collectives présentant un degré élevé de solidarité et comprenant à ce titre des prestations à caractère non directement contributif, pouvant notamment prendre la forme d'une prise en charge partielle ou totale de la cotisation pour certains salariés ou anciens salariés, d'une politique de prévention ou de prestations d'action sociale. / Dans ce cas, les accords peuvent organiser la couverture des risques concernés en recommandant un ou plusieurs organismes mentionnés à l'article 1er de la loi n° 89-1009 du 31 décembre 1989 renforçant les garanties offertes aux personnes assurées contre certains risques ou une ou plusieurs institutions mentionnées à l'article L. 370-1 du code des assurances […] », sous réserve du respect des conditions de mise en concurrence et d'égalité définies au II du même article.

2 En application du premier alinéa de l'article L. 2261-15 du code du travail, auquel renvoie l'article L. 911-3 du code de la sécurité sociale, le ministre chargé du travail a, par un arrêté du 2 novembre 2015, étendu les stipulations de l'avenant du 9 décembre 2014 à l'accord du 9 avril 2008 relatif au régime de prévoyance, conclu dans le cadre de la convention collective nationale des industries et du commerce de la récupération et du recyclage. L'avenant ainsi étendu procède notamment, en application de l'article L. 912-1 du code de la sécurité sociale, à la recommandation de l'institution de prévoyance Humanis Prévoyance pour l'assurance des garanties capital décès, allocation obsèques et frais de santé ainsi que pour la gestion de l'ensemble des garanties, à la recommandation de l'Organisme commun des institutions de rente et de prévoyance (OCIRP) pour l'assurance des garanties rente éducation et rente handicap et désigne Humanis Prévoyance pour procéder, y compris auprès des entreprises non adhérentes à cette institution au titre du régime conventionnel de prévoyance, à l'appel des cotisations relatives au fonds de solidarité de la branche qu'il institue. Les sociétés Allianz IARD et Allianz Vie demandent au Conseil d'État d'annuler pour excès de pouvoir cet arrêté.

3 Par une décision du 17 mars 2017, le Conseil d'État, statuant au contentieux a sursis à statuer sur les conclusions de la requête tendant à l'annulation de l'arrêté du 2 novembre 2015 en tant qu'il étend les stipulations correspondantes, jusqu'à ce que le tribunal de grande instance de Paris se soit prononcé sur le point de savoir, d'une part, si les stipulations des quatrième et cinquième alinéas de l'article 16.4 de l'avenant du 9 décembre 2014 méconnaissent l'obligation faite par le deuxième alinéa du II de l'article L. 912-1 du code de la sécurité sociale à l'organisme recommandé par l'accord d'appliquer un tarif unique et d'offrir des garanties identiques pour toutes les entreprises et pour tous les salariés concernés et si les parties à l'avenant pouvaient laisser aux organismes recommandés le soin de déterminer le montant

d'une cotisation spécifique, au surplus postérieurement à la procédure de mise en concurrence, et, d'autre part, si l'exercice de la liberté contractuelle par les parties à l'avenant leur permettait, en l'absence de disposition législative, de prévoir, par les stipulations des articles 17.3 et 18 de l'avenant, la mutualisation du financement et de la gestion de certaines prestations et notamment leur financement par un prélèvement de 2 % sur les cotisations versées à l'organisme recommandé, ou un prélèvement équivalent à cette somme exigible auprès des entreprises qui n'adhèrent pas à l'organisme recommandé. Il a rejeté les conclusions de la requête tendant à l'annulation de l'arrêté du 2 novembre 2015 en tant qu'il étend les autres clauses de l'avenant du 9 décembre 2014.

Sur l'arrêté attaqué, en tant qu'il étend les stipulations des quatrième et cinquième alinéas de l'article 16.4 de l'avenant du 9 décembre 2014 :

4 Le II de l'article L. 912-1 du code de la sécurité sociale prévoit que le ou les organismes ou institutions faisant l'objet d'une recommandation « ne peuvent refuser l'adhésion d'une entreprise relevant du champ d'application de l'accord. Ils sont tenus d'appliquer un tarif unique et d'offrir des garanties identiques pour toutes les entreprises et pour tous les salariés concernés ». Les quatrième et cinquième alinéas de l'article 16.4 de l'avenant étendu, relatif aux conditions de reprise des risques en cours à la date d'effet du régime, stipulent que : « Ces dispositions ne seront accordées qu'aux entreprises qui adhéreront au présent régime au plus tard à la date du 1er avril 2015. / Au-delà de cette date, la prise en compte des garanties décès au titre des arrêts de travail en cours sera conditionnée au règlement par l'entreprise d'une cotisation spécifique correspondant à la couverture de ces risques, calculée par les organismes recommandés. » Le tribunal de grande instance de Paris, par un jugement rendu le 20 février 2018, devenu définitif sur ce point, a jugé que, laissant le tarif applicable aux entreprises adhérant après le 1er avril 2015 à l'arbitraire de l'organisme recommandé, ces stipulations contreviennent au II de l'article L. 912-1 du code de la sécurité sociale, qui impose un tarif et des garanties uniques pour toutes les entreprises et tous les salariés sans distinction. Il en résulte que les sociétés requérantes sont fondées à soutenir que l'arrêté attaqué ne pouvait légalement étendre cette clause de l'avenant en cause et, eu égard au caractère divisible de cette clause, à demander l'annulation de l'arrêté attaqué en tant qu'il ne l'a pas exclue de l'extension.

Sur l'arrêté attaqué, en tant qu'il étend les stipulations des articles 17.3 et 18 de l'avenant du 9 décembre 2014 :

5 Par ses articles 17.3 et 18, les parties à l'avenant ont décidé qu'un fonds de solidarité propre à la branche, géré par une association créée à cette fin, serait financé par un prélèvement de 2 % sur les cotisations versées aux organismes recommandés par les entreprises entrant dans son champ d'application ou, pour celles n'adhérant pas à ces organismes, par un prélèvement équivalent, pour mener une politique d'action sociale, de secours et d'entraide auprès des salariés, ayants droit et anciens salariés de la branche ainsi que des campagnes de prévention en matière de santé ou d'amélioration des conditions de travail auprès des salariés ou entreprises de la branche.

6 Le IV de l'article L. 912-1 du code de la sécurité sociale dispose que : « Les accords mentionnés au I peuvent prévoir que certaines des prestations nécessitant la prise en compte d'éléments relatifs à la situation des salariés ou sans lien direct avec le contrat de travail les liant à leur employeur sont financées et gérées de façon mutualisée, selon des modalités fixées par décret en Conseil d'État, pour l'ensemble des entreprises entrant dans leur champ d'application. » Toutefois, ainsi que le Conseil d'État l'a jugé par sa décision du 17 mars 2017, ces dispositions n'étaient pas entrées en vigueur à la date de la conclusion de l'accord litigieux, faute que soit intervenu, à cette date, le décret nécessaire à cette entrée en vigueur, prévoyant ces modalités de gestion et de financement mutualisé de certaines prestations.

En ce qui concerne la validité des stipulations litigieuses :

7 En premier lieu, la Cour de cassation, par un arrêt rendu le 9 octobre 2019, statuant sur le pourvoi formé contre le jugement du tribunal de grande instance de Paris du 20 février 2018 en tant qu'il portait sur la question préjudicielle relative aux stipulations des articles 17.3 et 18 de l'avenant du 9 décembre 2014 et l'annulant dans cette mesure, a jugé qu'aucune disposition d'ordre public n'interdisant à des organisations syndicales et patronales représentatives dans le champ de l'accord de prévoir, par accord collectif, un système de mutualisation du financement et de la gestion de certaines prestations de prévoyance sociale non obligatoires même en l'absence de dispositions légales en ce sens, l'avenant du 9 décembre 2014 prévoyant la mutualisation du financement et de la gestion de certaines prestations et notamment leur financement par un prélèvement de 2 % sur les cotisations versées à l'organisme recommandé ou un prélèvement équivalent à cette somme exigible auprès des entreprises qui n'adhèrent pas à l'organisme recommandé, en tant qu'il s'applique aux entreprises l'ayant signé, à celles adhérant à une organisation patronale représentative ayant signé l'accord, et à celles adhérant volontairement à l'organisme recommandé par l'accord dans les conditions prévues à l'article 16.2 de ce dernier, est conforme à la liberté contractuelle des parties. Les sociétés requérantes ne sont ainsi pas fondées à soutenir que les parties à l'avenant en cause ne pouvaient, sans base législative, eu égard notamment aux principes de liberté contractuelle et de liberté d'entreprendre, instituer un fonds de solidarité de branche en prévoyant la mutualisation du financement et de la gestion de certaines prestations et notamment leur financement par un prélèvement de 2 % sur les cotisations versées à l'organisme recommandé ou un prélèvement équivalent à cette somme exigible auprès des entreprises qui n'adhèrent pas à l'organisme recommandé.

8 En second lieu, si les sociétés requérantes soutiennent, en outre, que les parties à l'avenant ont ainsi méconnu les articles 49 et 56 du traité sur le fonctionnement de l'Union européenne, l'autorité s'attachant aux décisions du Conseil constitutionnel, les dispositions législatives applicables à la protection complémentaire des salariés et le principe d'égalité, cette contestation, qui touche à la licéité des stipulations de l'avenant ayant fait l'objet de la question préjudicielle, ne peut plus être utilement portée devant le Conseil d'État statuant au contentieux dès lors que l'autorité judiciaire s'est prononcée sur cette question.

En ce qui concerne la légalité de l'extension des stipulations litigieuses :

9 En premier lieu, aux termes de l'article L. 2261-15 du code du travail, applicable à l'arrêté attaqué en vertu de l'article L. 911-3 du code de la sécurité sociale : « Les stipulations d'une convention de branche ou d'un accord professionnel ou interprofessionnel [...] peuvent être rendues obligatoires pour tous les salariés et employeurs compris dans le champ d'application de cette convention ou de cet accord, par arrêté du ministre chargé du travail, après avis motivé de la Commission nationale de la négociation collective. / L'extension des effets et des sanctions de la convention ou de l'accord se fait pour la durée et aux conditions prévues par la convention ou l'accord en cause. » Sur le fondement de ces dispositions, qui dérogent au principe, désormais repris à l'article 1199 du code civil, selon lequel le contrat ne crée d'obligations qu'entre les parties, le ministre chargé du travail avait compétence pour étendre les clauses des articles 17.3 et 18 de l'avenant en litige, relevant du champ de la négociation collective et valablement adoptées, ainsi qu'il a été dit au point 7, par les parties signataires, sans que les sociétés requérantes puissent se prévaloir de ce que certaines des obligations en résultant relèvent du domaine réservé à la loi par l'article 34 de la Constitution.

10 En deuxième lieu, dans la mise en œuvre des pouvoirs que le ministre du travail tient des dispositions précitées de l'article L. 2261-15 du code du travail, il lui appartient de veiller à ce que l'extension d'une convention collective ou d'un accord collectif de travail n'ait pas pour effet de conduire à empêcher, restreindre ou fausser le jeu de la concurrence sur un marché, notamment en limitant l'accès à ce marché ou le libre exercice de la concurrence par d'autres entreprises. À ce titre, il incombe au ministre d'opérer, sous le contrôle du juge de l'excès de pouvoir, une conciliation entre, d'une part, les objectifs d'ordre social de nature à justifier que les règles définies par les signataires d'une convention ou d'un accord collectif soient rendues obligatoires pour tous les salariés et employeurs du secteur et, d'autre part, les impératifs tenant à la préservation de la libre concurrence dans le secteur en cause. Toutefois, en l'espèce, il ne ressort pas des pièces du dossier que l'extension des clauses litigieuses de l'avenant du 9 décembre 2014, qui n'excèdent pas par leur contenu les objectifs d'ordre social assignés à la négociation collective, aurait porté une atteinte disproportionnée à la libre concurrence.

[...]

14 Les dispositions de l'article L. 761-1 du code de justice administrative font obstacle à ce qu'une somme soit mise à ce titre à la charge de l'État, qui n'est pas la partie perdante pour l'essentiel. Il y a lieu, en revanche, de mettre à la charge de chacune des sociétés requérantes une somme de 1 000 euros à verser, au titre des mêmes dispositions, à la Fédération générale des mines et de la métallurgie CFDT, à la CFTC FGT SNED et à la Fédération des entreprises de recyclage en France. »

- **CE 1re-6e ch. réun., 17 mars 2017,** req. n° 396001, NP

« Considérant ce qui suit :

1 L'article L. 911-1 du code de la sécurité sociale prévoit qu'à moins qu'elles ne soient instituées par des dispositions législatives ou réglementaires, les garanties collectives dont bénéficient les salariés, anciens salariés et ayants droit en complément de celles qui résultent de l'organisation de la sécurité sociale sont déterminées, notamment, par voie de conventions ou d'accords collectifs. Le I de l'article L. 912-1 du même code, dans sa rédaction issue de la loi du 23 décembre 2013, dispose que : « Les accords professionnels ou interprofessionnels mentionnés à l'article L. 911-1 peuvent, dans des conditions fixées par décret en Conseil d'État, prévoir l'institution de garanties collectives présentant un degré élevé de solidarité et comprenant à ce titre des prestations à caractère non directement contributif, pouvant notamment prendre la forme d'une prise en charge partielle ou totale de la cotisation pour certains salariés ou anciens salariés, d'une politique de prévention ou de prestations d'action sociale. / Dans ce cas, les accords peuvent organiser la couverture des risques concernés en recommandant un ou plusieurs organismes mentionnés à l'article 1er de la loi n° 89-1009 du 31 décembre 1989 renforçant les garanties offertes aux personnes assurées contre certains risques ou une ou plusieurs institutions mentionnées à l'article L. 370-1 du code des assurances [...] », sous réserve du respect des conditions de mise en concurrence et d'égalité définies au II du même article.

2 En application du premier alinéa de l'article L. 2261-15 du code du travail, auquel renvoie l'article L. 911-3 du code de la sécurité sociale et aux termes duquel : « Les stipulations d'une convention de branche ou d'un accord professionnel ou interprofessionnel [...] peuvent être rendues obligatoires pour tous les salariés et employeurs compris dans le champ d'application de cette convention ou de cet accord, par arrêté du ministre chargé du travail, après avis motivé de la Commission nationale de la négociation collective », le ministre chargé du travail a, par un arrêté du 2 novembre 2015, étendu les stipulations de l'avenant du 9 décembre 2014 à l'accord du 9 avril 2008 relatif au régime de prévoyance conclu dans le cadre de la convention collective nationale des industries et du commerce de la récupération et du recyclage. L'avenant ainsi étendu procède notamment, en application de l'article L. 912-1 du code de la sécurité sociale, à la recommandation de l'institution de prévoyance Humanis Prévoyance pour l'assurance des garanties capital décès, allocation obsèques et frais de santé ainsi que pour la gestion de l'ensemble des garanties, à la recommandation de l'Organisme commun des institutions de rente et de prévoyance (OCIRP) pour l'assurance des garanties rente éducation et rente handicap et désigne Humanis Prévoyance pour procéder, y compris auprès des entreprises non adhérentes à cette institution au titre du régime conventionnel de prévoyance, à l'appel des cotisations relatives au fonds de solidarité de la branche qu'il institue. Les sociétés Allianz IARD et Allianz Vie demandent au Conseil d'État d'annuler pour excès de pouvoir cet arrêté d'extension.

Sur les fins de non-recevoir opposées en défense :

3 Les sociétés Allianz IARD et Allianz Vie, qui sont régies par le code des assurances, sont concurrentes des organismes recommandés par l'avenant faisant l'objet de l'arrêté d'extension pour l'assurance des garanties capital décès, allocation obsèques et frais de santé et pour l'assurance des garanties rente éducation et rente handicap ainsi que pour la

gestion de l'ensemble des garanties et proposent des prestations concurrentes de celles qui sont couvertes par le fonds de solidarité de branche. Dès lors, la Fédération générale des mines et de la métallurgie CFDT, la CFTC FGT SNED, la Fédération des entreprises de recyclage en France et le ministre chargé du travail ne sont pas fondés à soutenir que ces sociétés ne justifient pas d'un intérêt leur donnant qualité pour demander l'annulation de l'arrêté qu'elles attaquent.

Sur les interventions :

4 L'Association pour la promotion de la concurrence dans le secteur de l'assurance collective, le syndicat professionnel Planète courtier, la Chambre syndicale des courtiers d'assurance, la Fédération nationale des syndicats d'agents généraux d'assurance et la Fédération française de l'assurance justifient d'un intérêt suffisant à l'annulation de la décision attaquée. Ainsi, leurs interventions sont recevables.

Sur la légalité externe de l'arrêté attaqué :

5 En premier lieu, le II de l'article L. 912-1 du code de la sécurité sociale prévoit que la recommandation d'un organisme ou d'une institution, permise par le I du même article cité au point 1, « doit être précédée d'une procédure de mise en concurrence des organismes ou institutions concernés, dans des conditions de transparence, d'impartialité et d'égalité de traitement entre candidats et selon des modalités prévues par décret ». L'article D. 912-13 du code de la sécurité sociale, dans sa rédaction issue du décret 8 janvier 2015, dispose que : « Lorsque les organisations syndicales de salariés et les organisations professionnelles d'employeurs demandent l'extension d'une convention ou d'un accord collectif comportant une clause de recommandation [...], ils joignent à leur demande les pièces afférentes à la procédure de mise en concurrence dont la liste est fixée par arrêté du ministre chargé de la sécurité sociale, du ministre chargé du budget et du ministre chargé du travail. » Les dispositions de l'article D. 912-13 du code de la sécurité sociale ont pour seul objet de permettre au ministre chargé du travail, saisi d'une demande d'extension d'un accord comportant une clause de recommandation, de vérifier que celle-ci a été adoptée au terme d'une procédure de mise en concurrence régulière, en l'absence de laquelle il ne peut légalement l'étendre. Si les parties à l'accord doivent pouvoir justifier de l'organisation d'une procédure de mise en concurrence conforme au II de l'article L. 912-1 du code de la sécurité sociale et si le ministre est en droit de refuser l'extension d'un accord lorsque les pièces mentionnées à l'article D. 912-13 ne sont pas jointes à la demande d'extension, la seule circonstance que le ministre se serait prononcé sans disposer de ces pièces n'est pas, par elle-même, de nature à entacher d'illégalité l'arrêté pris sur cette demande. Le moyen tiré par les requérantes de ce que l'arrêté attaqué serait illégal de ce seul fait ne peut dès lors qu'être écarté.

6 En deuxième lieu, aux termes du premier alinéa de l'article D. 2261-3 du code du travail : « Lorsqu'un arrêté d'extension ou d'élargissement est envisagé, il est précédé de la publication au Journal officiel de la République française d'un avis. Cet avis invite les organisations et personnes intéressées à faire connaître leurs observations. [...] ». Il ressort des pièces du dossier que l'extension par l'arrêté attaqué de l'avenant du 9 décembre 2014 a été précédée de la publication au Journal officiel de la République française le 2 avril 2015 d'un avis, d'ailleurs visé par l'arrêté attaqué, conforme à ces dispositions. Par suite, le moyen tiré de ce que l'arrêté attaqué devrait être regardé comme pris au terme d'une procédure irrégulière faute de mentionner le respect de la formalité prévue à l'article D. 2261-3 du code du travail manque en fait.

7 En troisième lieu, les requérantes se bornent à soutenir que rien n'établit que l'avis rendu par la Commission nationale de la négociation collective au vu duquel l'arrêté attaqué a été pris serait suffisamment motivé. Un tel moyen, qui n'est pas assorti des précisions permettant d'en apprécier le bien-fondé, ne peut qu'être écarté.

Sur la légalité interne de l'arrêté attaqué :

8 En premier lieu, si l'article L. 2261-25 du code du travail dispose que : « le ministre chargé du travail peut exclure de l'extension [...] les clauses qui seraient en contradiction avec des dispositions légales », ces dispositions n'interdisent pas au ministre chargé du travail, en l'absence de disposition contraire, d'étendre un accord ou une convention valablement conclu mais dont la seule procédure d'adoption ne serait pas conforme à des dispositions législatives ou réglementaires entrées en vigueur entre la date de leur conclusion et celle de l'arrêté d'extension. En prévoyant au II de l'article L. 912-1 du code de la sécurité sociale, dans sa rédaction issue de la loi du 23 décembre 2013, que la recommandation d'un organisme ou d'une institution « doit être précédée d'une procédure de mise en concurrence des organismes ou institutions concernés, dans des conditions de transparence, d'impartialité et d'égalité de traitement entre candidats et selon des modalités prévues par décret », le législateur a entendu faire désormais du respect de cette procédure de mise en concurrence une condition de validité de l'accord procédant à une telle recommandation. Toutefois, en précisant au II de l'article 14 de la même loi que la nouvelle rédaction que celle-ci donnait à l'article L. 912-1 du code de la sécurité sociale s'appliquerait « aux accords conclus à compter du 1er janvier 2014 », le législateur, intervenant à la suite de la décision n° 2013-672 *DC* du 13 juin 2013 par laquelle le Conseil constitutionnel avait déclaré les dispositions antérieures de l'article L. 912-1 du code de la sécurité sociale contraires à la Constitution, a nécessairement entendu permettre, d'une part, que les accords qui seraient conclus entre l'entrée en vigueur de la nouvelle rédaction de l'article L. 912-1 du code de la sécurité sociale et l'intervention du décret auquel cet article a renvoyé la définition des modalités de la procédure de mise en concurrence le soient de façon valable dès lors qu'ils ont été précédés d'une procédure de mise en concurrence des organismes ou institutions concernés menée dans des conditions suffisantes de transparence, d'impartialité et d'égalité de traitement entre candidats et, d'autre part, que ces accords valablement conclus puissent être légalement étendus même après l'intervention du décret d'application du II de l'article L. 912-1 du code de la sécurité sociale.

9 Il ressort en l'espèce des pièces du dossier que la procédure de mise en concurrence définie par les parties à l'avenant a respecté les principes de transparence, d'impartialité et d'égalité de traitement entre les candidats fixés par le II de l'article L. 912-1 du code de la sécurité sociale, dans des conditions d'ailleurs similaires à celles qui ont été ultérieurement définies par le décret du 8 janvier 2015, sans que la mention

à l'article 17.1 de l'avenant du caractère paritaire de l'organisme en définitive recommandé ne soit de nature à établir que la procédure de mise en concurrence aurait fait du caractère paritaire des organismes candidats un critère d'éligibilité ou d'appréciation des candidatures en méconnaissance du principe d'égalité de traitement des candidats. Par suite, les sociétés requérantes ne sont fondées à soutenir ni que l'avenant conclu le 9 décembre 2014 serait illégal faute que le décret d'application du II de l'article L. 912-1 du code de la sécurité sociale ait été pris à cette date, ni que le ministre chargé du travail n'aurait pu légalement l'étendre postérieurement à l'intervention de ce décret le 8 janvier 2015.

10 En deuxième lieu, le II de l'article L. 912-1 du code de la sécurité sociale prévoit que le ou les organismes ou institutions faisant l'objet d'une recommandation « ne peuvent refuser l'adhésion d'une entreprise relevant du champ d'application de l'accord. Ils sont tenus d'appliquer un tarif unique et d'offrir des garanties identiques pour toutes les entreprises et pour tous les salariés concernés ». Les quatrième et cinquième alinéas de l'article 16.4 de l'avenant étendu, relatif aux conditions de reprise des risques en cours à la date d'effet du régime, stipulent que « ces dispositions ne seront accordées qu'aux entreprises qui adhéreront au présent régime au plus tard à la date du 1er avril 2015. / Au-delà de cette date, la prise en compte des garanties décès au titre des arrêts de travail en cours sera conditionnée au règlement par l'entreprise d'une cotisation spécifique correspondant à la couverture de ces risques, calculée par les organismes recommandés ». Les sociétés requérantes soutiennent que l'arrêté d'extension attaqué ne pouvait légalement étendre cette clause de l'avenant en cause, dès lors qu'elle méconnaîtrait l'obligation faite par le deuxième alinéa du II de l'article L. 912-1 du code de la sécurité sociale à l'organisme recommandé par l'accord d'appliquer un tarif unique et d'offrir des garanties identiques pour toutes les entreprises et pour tous les salariés concernés. La question de savoir si ces stipulations ont méconnu les dispositions du deuxième alinéa du II de l'article L. 912-1 de la sécurité sociale présente à juger une difficulté sérieuse, qu'il n'appartient qu'au juge judiciaire de trancher et qui ne peut être résolue au vu d'une jurisprudence établie. Il en va de même de la question de savoir si les parties à l'avenant pouvaient laisser aux organismes recommandés le soin de déterminer le montant d'une cotisation spécifique, au surplus postérieurement à la procédure de mise en concurrence.

11 En troisième lieu, le IV de l'article L. 912-1 du code de la sécurité sociale dispose que : « Les accords mentionnés au I peuvent prévoir que certaines des prestations nécessitant la prise en compte d'éléments relatifs à la situation des salariés ou sans lien direct avec le contrat de travail les liant à leur employeur sont financées et gérées de façon mutualisée, selon des modalités fixées par décret en Conseil d'État, pour l'ensemble des entreprises entrant dans leur champ d'application ».

12 Le décret du 11 décembre 2014 relatif aux garanties collectives présentant le degré élevé de solidarité mentionné à l'article L. 912-1 du code de la sécurité sociale a, d'une part, inséré dans ce code l'article R. 912-1, aux termes duquel : « Les accords professionnels ou interprofessionnels mentionnés au premier alinéa du I de l'article L. 912-1 prévoient la part de la prime ou de la cotisation acquittée qui sera affectée au financement de prestations mentionnées aux 1°, 2° et 3° de l'article R. 912-2 ainsi que, le cas échéant, à d'autres actions équivalentes procédant d'un objectif de solidarité qu'ils stipulent. / Sont regardés comme présentant un degré élevé de solidarité au sens des dispositions du premier alinéa de l'article L. 912-1 les accords pour lesquels la part de ce financement est au moins égale à 2 % de la prime ou de la cotisation ». Il a inséré dans ce même code, d'autre part, l'article R. 912-2, aux termes duquel : « Les accords professionnels ou interprofessionnels mentionnés au premier alinéa du I de l'article L. 912-1 peuvent prévoir, en vue de comporter des garanties présentant un degré élevé de solidarité au sens des dispositions de cet alinéa : / 1° Une prise en charge, totale ou partielle, de la cotisation de tout ou partie des salariés ou apprentis pouvant bénéficier des dispenses d'adhésion prévues au b du 2° de l'article R. 242-1-6, ainsi que de la cotisation de tout ou partie des salariés, apprentis ou anciens salariés dont la cotisation représente au moins 10 % de leurs revenus bruts ; / 2° Le financement d'actions de prévention concernant les risques professionnels ou d'autres objectifs de la politique de santé, relatifs notamment aux comportements en matière de consommation médicale. [...] / 3° La prise en charge de prestations d'action sociale, comprenant notamment : / a) Soit à titre individuel : l'attribution, lorsque la situation matérielle des intéressés le justifie, d'aides et de secours individuels aux salariés, anciens salarié et ayants droit ; / b) Soit à titre collectif, pour les salariés, les anciens salariés ou leurs ayants droit : l'attribution suivant des critères définis par l'accord d'aides leur permettant de faire face à la perte d'autonomie, y compris au titre des dépenses résultant de l'hébergement d'un adulte handicapé dans un établissement médico-social, aux dépenses liées à la prise en charge d'un enfant handicapé ou à celles qui sont nécessaires au soutien apporté à des aidants familiaux. / Les orientations des actions de prévention ainsi que les règles de fonctionnement et les modalités d'attribution des prestations d'action sociale sont déterminées par la commission paritaire de branche, en prenant en compte, le cas échéant, les objectifs d'amélioration de la santé définis dans le cadre de la politique de santé à la mise en œuvre desquels ces orientations contribuent dans le champ professionnel ou interprofessionnel qu'elles couvrent. / La commission paritaire de branche contrôle la mise en œuvre de ces orientations par les organismes auprès desquels les entreprises organisent la couverture de leurs salariés ».

13 Il résulte des dispositions mêmes de ce décret qu'elles ont été édictées, de façon d'ailleurs conforme à son titre, pour préciser le « degré élevé de solidarité » que doivent présenter les garanties collectives instituées en vertu du I de l'article L. 912-1 du code de la sécurité sociale et qu'elles ne sauraient tenir lieu des dispositions également renvoyées à un décret en Conseil d'État pour l'application du IV de ce même article afin de préciser les modalités selon lesquelles les accords conclus au titre du I pourraient prévoir le financement et la gestion mutualisés de certaines prestations. Ces modalités ont d'ailleurs été fixées par le décret du 9 février 2017 relatif au financement et à la gestion de façon mutualisée des prestations mentionnées au IV de l'article L. 912-1 du code de la sécurité sociale.

14 Il suit de là que l'article R. 912-2 du code de la sécurité sociale n'est pas applicable à la gestion et au financement mutualisés de certaines prestations de solidarité instaurées par l'accord et que les sociétés requérantes ne peuvent utilement invoquer leur méconnaissance par les clauses de l'accord étendu relatives à cette gestion et à ce financement mutualisés.

15 Toutefois, il est constant que ni à la date de la conclusion de l'accord litigieux, ni même à celle de l'arrêté l'étendant, aucun décret n'était intervenu pour prévoir ces modalités de gestion et de financement mutualisés de certaines prestations, qui étaient nécessaires à l'entrée en vigueur des dispositions du IV de l'article L. 912-1 du code de la sécurité sociale. Par suite, en l'absence d'un tel décret, ces dispositions n'étaient pas entrées en vigueur.

16 Dès lors, l'appréciation du bien-fondé des moyens tirés de ce que l'arrêté d'extension attaqué ne pouvait dans ces conditions légalement étendre les clauses de l'avenant en cause instituant un fonds de solidarité de branche en prévoyant les prestations qui seraient financées et gérées de façon mutualisée et en fixant lui-même les modalités de leur financement, par un prélèvement à la charge de toutes les entreprises, et de leur gestion mutualisés dépend notamment de la question de savoir si l'exercice par les parties à l'avenant du 9 décembre 2014 de leur liberté contractuelle leur permettait, en l'absence de disposition législative, de prévoir la mutualisation du financement et de la gestion de certaines prestations et notamment leur financement par un prélèvement de 2 % sur les cotisations versées à l'organisme recommandé ou un prélèvement équivalent à cette somme exigible auprès des entreprises qui n'adhèrent pas à l'organisme recommandé. Cette question présente à juger une difficulté sérieuse, qu'il n'appartient qu'au juge judiciaire de trancher et qui ne peut être résolue au vu d'une jurisprudence établie.

17 Il résulte de ce qui précède qu'il y a lieu pour le Conseil d'État de surseoir à statuer sur la requête des sociétés Allianz IARD et Allianz Vie en ce qu'elle tend à l'annulation de l'arrêté en tant qu'il étend les stipulations des quatrième et cinquième alinéas de l'article 16.4 ainsi que des articles 17.3 et 18 de l'avenant, qui sont divisibles de ses autres clauses, jusqu'à ce que la juridiction compétente se soit prononcée sur les questions préjudicielles mentionnées aux points 10 et 16. »

• **CE 1re-4e ch. réun., 16 déc. 2019,** req. n° 397134, NP

« Considérant ce qui suit :

1 L'article L. 911-1 du code de la sécurité sociale prévoit qu'à moins qu'elles ne soient instituées par des dispositions législatives ou réglementaires, les garanties collectives dont bénéficient les salariés, anciens salariés et ayants droit en complément de celles qui résultent de l'organisation de la sécurité sociale sont déterminées, notamment, par voie de conventions ou d'accords collectifs. Le I de l'article L. 912-1 du même code, dans sa rédaction issue de la loi du 23 décembre 2013, dispose que : « Les accords professionnels ou interprofessionnels mentionnés à l'article L. 911-1 peuvent, dans des conditions fixées par décret en Conseil d'État, prévoir l'institution de garanties collectives présentant un degré élevé de solidarité et comprenant à ce titre des prestations à caractère non directement contributif, pouvant notamment prendre la forme d'une prise en charge partielle ou totale de la cotisation pour certains salariés ou anciens salariés, d'une politique de prévention ou de prestations d'action sociale. / Dans ce cas, les accords peuvent organiser la couverture des risques concernés en recommandant un ou plusieurs organismes mentionnés à l'article 1er de la loi n° 89-1009 du 31 décembre 1989 renforçant les garanties offertes aux personnes assurées contre certains risques ou une ou plusieurs institutions mentionnées à l'article L. 370-1 du code des assurances [...] », sous réserve du respect des conditions de mise en concurrence et d'égalité définies au II du même article.

2 En application du premier alinéa de l'article L. 2261-15 du code du travail, aux termes duquel : « Les stipulations d'une convention de branche ou d'un accord professionnel ou interprofessionnel [...] peuvent être rendues obligatoires pour tous les salariés et employeurs compris dans le champ d'application de cette convention ou de cet accord, par arrêté du ministre chargé du travail, après avis motivé de la Commission nationale de la négociation collective », le ministre chargé du travail a, par un arrêté du 11 décembre 2015, étendu les stipulations de l'accord du 2 juillet 2015 relatif à l'instauration d'un régime professionnel de santé, conclu dans le cadre de la convention collective nationale de la librairie. L'accord ainsi étendu procède notamment, en application de l'article L. 912-1 du code de la sécurité sociale, à la recommandation de l'institution de prévoyance IPSEC pour l'assurance des garanties frais de santé ainsi que pour la gestion de l'ensemble des garanties et pour procéder, y compris auprès des entreprises non adhérentes à cette institution au titre du régime conventionnel de prévoyance, à l'appel des cotisations relatives au fonds de solidarité de la branche qu'il institue. La Fédération française des sociétés d'assurance (FFSA), devenue Fédération française de l'assurance, demande au Conseil d'État d'annuler pour excès de pouvoir cet arrêté.

3 Par une décision du 17 mars 2017, le Conseil d'État, statuant au contentieux a sursis à statuer sur les conclusions de la requête tendant à l'annulation de l'arrêté du 11 décembre 2015 en tant qu'il étend les stipulations des articles 8.1, 9.3, 10, 10.1 et 10.2 de l'accord du 2 juillet 2015 relatives au fonds de solidarité de la branche, jusqu'à ce que le tribunal de grande instance de Paris se soit prononcé sur le point de savoir si l'exercice par les parties à l'accord de la liberté contractuelle leur permettait, en l'absence de disposition législative, de prévoir la mutualisation du financement et de la gestion de certaines prestations et notamment leur financement par un prélèvement de 2 % sur les cotisations versées à l'organisme recommandé, ou un prélèvement équivalent à cette somme exigible auprès des entreprises qui n'adhèrent pas à l'organisme recommandé.

Sur l'arrêté attaqué, en tant qu'il étend les stipulations des articles 8.1, 9.3, 10, 10.1 et 10.2 de l'accord du 2 juillet 2015 relatives au fonds de solidarité de la branche :

4 Le IV de l'article L. 912-1 du code de la sécurité sociale dispose que : « Les accords mentionnés au I peuvent prévoir que certaines des prestations nécessitant la prise en compte d'éléments relatifs à la situation des salariés ou sans lien direct avec le contrat de travail les liant à leur employeur sont financées et gérées de façon mutualisée, selon des modalités fixées par décret en Conseil d'État, pour l'ensemble des

entreprises entrant dans leur champ d'application ». Toutefois, ainsi que le Conseil d'État l'a jugé par sa décision du 17 mars 2017, ces dispositions n'étaient pas entrées en vigueur à la date de la conclusion de l'accord litigieux faute que soit intervenu, à cette date, le décret nécessaire à cette entrée en vigueur, prévoyant ces modalités de gestion et de financement mutualisé de certaines prestations.

5 Le tribunal de grande instance de Paris, par un jugement du 20 février 2018, a jugé qu'en l'absence de dispositions législatives, les signataires de 1'accord du 2 juillet 2015 relatif à l'instauration du régime professionnel de santé ne pouvaient prévoir la mutualisation du financement et de la gestion de certaines prestations et notamment leur financement par un prélèvement de 2 % sur les cotisations versées à l'organisme recommandé, ou un prélèvement équivalent à cette somme exigible des entreprises qui n'adhèrent pas à l'organisme recommandé. Ce jugement n'a pas fait l'objet d'un pourvoi et est devenu définitif. En raison de l'autorité qui s'y attache, la réponse ainsi faite par le tribunal à la question qui lui a été renvoyée s'impose au Conseil d'État, sans que les parties défenderesses puissent utilement faire valoir que la Cour de cassation, saisie de pourvois en cassation contre des jugements analogues rendus le même jour par le même tribunal dans des affaires similaires, a statué dans un sens différent par des arrêts du 9 octobre 2019, qui sont dépourvus de toute autorité de chose jugée dans la présente affaire.

6 Il en résulte que la fédération requérante est fondée à soutenir que l'arrêté attaqué ne pouvait légalement étendre les clauses du cinquième alinéa de l'article 8.1, de l'article 9.3, du troisième alinéa de l'article 10 et des articles 10.1 et 10.2 de l'accord du 2 juillet 2015, relatives au fonds de solidarité de la branche, prévoyant les prestations qui seraient financées et gérées de façon mutualisée ainsi que les modalités de leur financement, par un prélèvement à la charge de toutes les entreprises, et de leur gestion mutualisés, et à demander, pour ce motif, l'annulation de l'arrêté attaqué, en tant seulement qu'il n'a pas exclu de l'extension ces clauses, qui sont divisibles. »

• **CE 1re ch., 31 déc. 2019,** req. n° 397152, NP

« Vu la procédure suivante :

Considérant ce qui suit :

1 L'article L. 911-1 du code de la sécurité sociale prévoit qu'à moins qu'elles ne soient instituées par des dispositions législatives ou réglementaires, les garanties collectives dont bénéficient les salariés, anciens salariés et ayants droit en complément de celles qui résultent de l'organisation de la sécurité sociale sont déterminées, notamment, par voie de conventions ou d'accords collectifs. Le I de l'article L. 912-1 du même code, dans sa rédaction issue de la loi du 23 décembre 2013, dispose que : « Les accords professionnels ou interprofessionnels mentionnés à l'article L. 911-1 peuvent, dans des conditions fixées par décret en Conseil d'État, prévoir l'institution de garanties collectives présentant un degré élevé de solidarité et comprenant à ce titre des prestations à caractère non directement contributif, pouvant notamment prendre la forme d'une prise en charge partielle ou totale de la cotisation pour certains salariés ou anciens salariés, d'une politique de prévention ou de prestations d'action sociale. / Dans ce cas, les accords peuvent organiser la couverture des risques concernés en recommandant un ou plusieurs organismes mentionnés à l'article 1er de la loi n° 89-1009 du 31 décembre 1989 renforçant les garanties offertes aux personnes assurées contre certains risques ou une ou plusieurs institutions mentionnées à l'article L. 370-1 du code des assurances [...] », sous réserve du respect des conditions de mise en concurrence et d'égalité définies au II du même article.

2 En application du premier alinéa de l'article L. 2261-15 du code du travail, aux termes duquel : « Les stipulations d'une convention de branche ou d'un accord professionnel ou interprofessionnel [...] peuvent être rendues obligatoires pour tous les salariés et employeurs compris dans le champ d'application de cette convention ou de cet accord, par arrêté du ministre chargé du travail, après avis motivé de la Commission nationale de la négociation collective », le ministre chargé du travail a, par un arrêté du 11 décembre 2015, étendu les stipulations de l'accord du 1er avril 2015 instituant un régime complémentaire en matière de frais de santé, conclu dans le cadre de la convention collective nationale des vins, cidres, jus de fruits, sirops, spiritueux et liqueurs de France. L'accord ainsi étendu procède notamment, en application de l'article L. 912-1 du code de la sécurité sociale, à la recommandation des institutions de prévoyance Klesia Prévoyance et Malakoff Médéric Prévoyance pour la couverture du régime complémentaire de frais de santé et pour procéder, y compris auprès des entreprises non adhérentes à ces institutions au titre du régime conventionnel de prévoyance, à l'appel des cotisations relatives au fonds d'action sociale de la branche qu'il institue. La Fédération française des sociétés d'assurances (FFSA), devenue Fédération française de l'assurance, demande au Conseil d'État d'annuler pour excès de pouvoir cet arrêté.

3 Par une décision du 17 mars 2017, le Conseil d'État, statuant au contentieux, a sursis à statuer sur les conclusions de la requête tendant à l'annulation de l'arrêté du 11 décembre 2015 en tant qu'il étend les stipulations de l'article 2 de l'accord du 1er avril 2015 jusqu'à ce que le tribunal de grande instance de Paris se soit prononcé sur le point de savoir si l'exercice par les parties à l'accord de la liberté contractuelle leur permettait, en l'absence de disposition législative, de prévoir la mutualisation du financement et de la gestion de certaines prestations et notamment leur financement par un prélèvement de 2 % sur les cotisations versées à l'organisme recommandé, ou un prélèvement équivalent à cette somme exigible auprès des entreprises qui n'adhèrent pas à l'organisme recommandé.

Sur l'arrêté attaqué, en tant qu'il étend les stipulations de l'article 2 de l'accord du 1er avril 2015 :

4 Le IV de l'article L. 912-1 du code de la sécurité sociale dispose que : « Les accords mentionnés au I peuvent prévoir que certaines des prestations nécessitant la prise en compte d'éléments relatifs à la situation des salariés ou sans lien direct avec le contrat de travail les liant à leur employeur sont financées et gérées de façon mutualisée, selon des modalités fixées par décret en Conseil d'État, pour l'ensemble des entreprises entrant dans leur champ d'application ». Toutefois, ainsi que le Conseil d'État l'a jugé par sa décision du 17 mars 2017, ces dispositions n'étaient pas entrées en

vigueur à la date de la conclusion de l'accord litigieux faute que soit intervenu, à cette date, le décret nécessaire à cette entrée en vigueur, prévoyant ces modalités de gestion et de financement mutualisé de certaines prestations.

5 Le tribunal de grande instance de Paris, par un jugement du 20 février 2018, a jugé qu'en l'absence de dispositions législatives, les signataires de 1'accord du 1er avril 2015 instituant un régime complémentaire en matière de frais de santé dans la branche des industries et des commerces de gros des vins, cidres, jus de fruits, sirops, spiritueux et liqueurs de France ne pouvaient prévoir la mutualisation du financement et de la gestion de certaines prestations et notamment leur financement par un prélèvement de 2 % sur les cotisations versées à l'organisme recommandé, ou un prélèvement équivalent à cette somme exigible des entreprises qui n'adhèrent pas à l'organisme recommandé. Ce jugement n'a pas fait l'objet d'un pourvoi et est devenu définitif. En raison de l'autorité qui s'y attache, la réponse ainsi faite par le tribunal à la question qui lui a été renvoyée s'impose au Conseil d'État, sans que les parties défenderesses puissent utilement faire valoir que la Cour de cassation, saisie de pourvois en cassation contre des jugements analogues rendus le même jour par le même tribunal dans des affaires similaires, a statué dans un sens différent par des arrêts du 9 octobre 2019, dépourvus de toute autorité de chose jugée dans la présente affaire.

6 Il en résulte que la fédération requérante est fondée à soutenir que l'arrêté attaqué ne pouvait légalement étendre les clauses de l'article 2 de l'accord du 1er avril 2015 instituant un fonds de solidarité de branche en prévoyant les prestations qui seraient financées et gérées de façon mutualisée ainsi que les modalités de leur financement, par un prélèvement à la charge de toutes les entreprises, et de leur gestion mutualisée, et à demander, pour ce motif, l'annulation de l'arrêté attaqué, en tant qu'il n'a pas exclu de l'extension cet article, qui est divisible. »

512.03 **Bibliographie indicative.**

Format réduit. G. Lyon-Caen, *La prévoyance,* « Connaissance du droit », Dalloz, 1994.

Manuels. M. Borgetto et R. Lafore, *Droit de la sécurité sociale,* 19e éd., « Précis », Dalloz, 2019 – J.-P. Chauchard, J.-Y. Kerbouc'h et C. Willmann, *Droit de la sécurité sociale,* 10e éd., « Manuel », LGDJ, 2022 – P. Morvan, *Droit de la protection sociale,* 11e éd., « Manuels », LexisNexis, 2023.

Articles. J. Barthélémy, « Les fondamentaux du droit de la PSC », *Dr. soc.* 2013. 373 – D. Rigaud, P. Baron et X. Pignaud, « La prévoyance collective des salariés et la loi Évin », *Dr. soc.* 2009. 465 – E. Gestner et V. Alazard, « Prévoyance : le Conseil d'État se prononce sur les clauses de recommandation et la mutualisation », *FRS* 5/20, p. 16 – J.-Ph. Lhernould, « La liberté contractuelle au soutien des clauses de recommandation », *JSL* 2020. 489-3 – A. Wazir-Leparquier, T. Minjollet, « Accord collectif de santé/prévoyance et période de survie », *JCP S* 2022, no 1051.

512.05 **Présentation générale du chapitre et précaution méthodologique.** Bien que la nouvelle architecture normative du droit du travail ne permette plus de voir dans la négociation collective l'outil premier de l'amélioration des droits des travailleurs, il n'en reste pas moins que certains accords spéciaux ont pour fonction première de parfaire le statut social des salariés. Seront abordés dans le cadre de ce chapitre trois ensembles d'accords susceptibles d'exercer une influence certaine sur leur situation : le premier concerne la mise en place de mécanismes de prévoyance, le deuxième rassemble les mécanismes d'instauration de compléments de retraite. Ces deux premières catégories sont rattachables à ce que la terminologie commune appelle la « protection sociale complémentaire ». Le troisième ensemble concerne l'épargne salariale *lato sensu,* c'est-à-dire incluant la participation et l'intéressement. Il importe cependant de signaler qu'il existe une certaine porosité entre les dispositifs. Ainsi le Plan d'épargne retraite d'entreprise collectif (Pereco) qui remplace le Plan d'épargne collectif pour la retraite (Perco) des suites de la loi du 22 mai 2019[1] et de l'ordonnance du 24 juillet 2019[2] peut tout autant être rattaché à la problématique de l'épargne salariale qu'à celle de la recherche de compléments de retraite. En raison de sa finalité, il sera abordé avec l'analyse des supports conventionnels d'amélioration de la retraite et traité immédiatement après les mécanismes de prévoyance en raison de l'application de normes communes à cette dernière et aux retraites dites supplémentaires.

SECTION 1
NÉGOCIATION COLLECTIVE ET PRÉVOYANCE

512.10 **Plan.** La prévoyance dépasse très largement le cadre du droit social même si elle en constitue un terrain d'application privilégier (§ 1). Elle peut relever soit d'un accord de branche (§ 2), soit d'un accord d'entreprise (§ 3), mais sa mise en place peut aussi résulter d'un *référendum* (§ 4).

§ 1
Propos liminaires

512.21 **Importance de la prévoyance.** La prévoyance occupe une place importante dans le champ de la protection sociale. Longtemps cantonnée aux seules initiatives émanant des entreprises ou des organisations de métiers, elle fait l'objet d'une régle-

1. L. no 2019-486, 22 mai 2019 relative à la croissance et la transformation des entreprises, *JO* 23 mai, no 2.
2. Ord. no 2019-766, 24 juill. 2019 portant réforme de l'épargne retraite, *JO* 25 juill., no 30 ; – AUSSI : Décr. no 2019-807, 30 juill. 2019 portant réforme de l'épargne retraite, *JO* 1er août, no 15 ; et : Arr. 7 août 2019 portant application de la réforme de l'épargne retraite, *JO* 11 août, no 8.

mentation complexe car mobilisant de nombreuses techniques qui n'appartiennent pas principalement au domaine du droit social.

512.22 Précisions terminologiques. S'agissant du vocabulaire propre à la matière, la prévoyance forme avec la retraite complémentaire ou supplémentaire, le contenu de la protection sociale complémentaire. L'expression parle d'elle-même car elle renvoie à l'ensemble des techniques permettant d'améliorer une protection sociale « de base » que celle-ci soit d'essence bismarkienne (fondée sur une solidarité professionnelle) ou d'essence beveridgienne (fondée sur une solidarité élargie financée essentiellement par l'impôt *lato sensu*). Le complément de couverture que permet la protection sociale complémentaire (désormais PSC) s'exprime de différentes manières. Parfois, la PSC permet d'offrir une réponse sociale à des risques non couverts par un régime légal de sécurité sociale. C'est le cas lorsqu'est mise en place une rente éducation au profit des enfants mineurs ou encore étudiants d'une personne décédée. Parfois, la PSC permet d'augmenter le niveau de couverture offert par un régime légal. Ainsi lorsque le dispositif de prévoyance complète les revenus de remplacement servis par les caisses de sécurité sociale ou les prestations d'assurance décès.

512.23 Complexité du droit de la prévoyance. Cette complexité tient au fait qu'il mobilise de nombreuses règles juridiques appartenant à des ensembles différents, parfois difficiles à combiner. Le droit de la prévoyance ou plus largement de la protection sociale complémentaire fait appel au droit des assurances dont il emprunte nombre des techniques. C'est ainsi que, quelle que soit la source de l'obligation de l'employeur de mettre en place un dispositif de PSC (loi, acte unilatéral ou accord collectif), le contrat collectif d'assurance conclu avec l'un ou l'autre des opérateurs de prévoyance (mutuelle, institution paritaire ou société d'assurance) obéit au Code des assurances. Pour autant, les règles relatives à l'acte fondateur (acte unilatéral de l'employeur, convention ou accord de branche ou accord d'entreprise) sont à rechercher dans le Code du travail et le cas échéant dans la partie IX du Code de la sécurité sociale.

Le droit de la sécurité sociale et le droit fiscal seront sollicités lorsqu'il s'agira de s'interroger sur le sort social et fiscal de la participation de l'employeur au financement de la prévoyance ou de déterminer l'étendue des prélèvements sociaux et fiscaux sur les avantages servis aux salariés ou anciens salariés ou leurs ayant-droits. Il n'est pas jusqu'au droit de la concurrence qu'il soit européen ou français qui ne doive être utilisé à propos des droits des opérateurs et de la conformité des règles relatives à leurs interventions. C'est ainsi que la Cour de Justice de l'Union Européenne a largement participé à l'évolution du droit des clauses de désignation tout comme les positions adoptées par le Conseil de la concurrence en France.

512.24 Définition de la prévoyance. Étymologiquement, la prévoyance renvoie à l'idée d'anticipation (pré-voir) et dans le cas présent à l'idée d'anticipation de la réalisation d'un risque affectant les capacités de l'individu de s'assurer des ressources par son activité et pour lui-même et sa famille. Ses enjeux sont à la fois de politique publique et de protection des individus. Sur le plan des politiques publiques, la prévoyance permet d'améliorer la solvabilisation de l'accès aux soins dans un contexte sinon de recul au moins de contraintes budgétaires fortes pesant sur les systèmes de protection sociale. Sur le plan plus individuel, la participation de l'entreprise au financement de la couverture sociale et de santé (*a fortiori* le financement intégral par l'entreprise) est une composante devenue importante de sa politique globale de rémunération et l'aide qui en résulte pour le salarié et au-delà pour sa famille est un élément de mieux-être qui ne saurait être négligé.

Certains risques sont obligatoirement couverts en entreprise, d'autres restent facultativement couverts. Il faut ainsi distinguer la prévoyance obligatoire en matière de couverture des frais de santé mais aussi de couverture du risque décès pour les cadres et assimilés (ANI du 17 novembre 2017 relatif à la prévoyance des cadres, art. 1er) issu au départ de la prévoyance des cadres de l'Ani du 14 mars 1947 (art. 7) ; de l'autre la couverture des autres risques en entreprise, qui reste libre.

512.25 Diversité des supports juridiques mais prééminence de la négociation collective. Même si d'autres supports juridiques tel l'engagement unilatéral de l'employeur peuvent être mobilisés pour assurer la mise en place d'un mécanisme de prévoyance, la convention collective de branche et l'accord d'entreprise sont fréquemment sollicités dans ce but. On relèvera cependant d'emblée que l'organisation de la prévoyance au niveau de la branche présente un triple avantage. D'une part, elle donne aux acteurs sociaux de la branche un poids plus grand dans la négociation avec les opérateurs d'assurance et donc des leviers de négociation plus efficaces. D'autre part, elle permet d'assurer une mutualisation plus grande entre les entreprises de la branche tout en permettant aux plus petites entreprises d'accéder à une protection sociale complémentaire qu'elles n'auraient ni les moyens financiers ni les moyens logistiques de mettre en place. Enfin, en organisant la prévoyance au niveau de la branche, on améliore les conditions d'une mobilité intra-branche des salariés puisque l'éventuel changement d'employeur ne se traduit pas par une rupture dans les garanties collectives. À l'inverse le « sur-mesure » résultant d'une mise en place par accord d'entreprise fait de la politique de prévoyance une pièce centrale de la politique de rémunération dans l'entreprise. D'autant que les avantages fiscaux et sociaux liés au financement de la prévoyance par l'employeur sont sans commune mesure avec les cotisations calculées sur la base des salaires.

§ 2
Accord de branche

512.31 **Rôle de la branche en matière de prévoyance.** La prévoyance, sous le nom de « garanties collectives », fait partie des matières pour lesquelles la négociation de branche continue de prévaloir sur la négociation d'entreprise en application de l'article L. 2253-1 du Code du travail. Ce principe comporte néanmoins une atténuation en ce que la loi elle-même réserve la situation où l'accord d'entreprise offrirait des garanties au moins équivalentes appréciées, par l'effet de la loi du 29 mars 2018 [1] par ensemble de garanties se rapportant à la même matière. Mais la question principale qui a agité (et continue en partie de l'agiter) la pratique et la doctrine a porté sur la licéité des clauses de désignation qui figuraient dans nombre d'accords.

512.32 **Des clauses de désignation aux clauses de recommandation.** Les accords collectifs de prévoyance de branche comportaient souvent une clause désignant pour l'ensemble de la branche un ou plusieurs opérateurs d'assurance auquel (ou auxquels les entreprises de la branche devaient nécessairement recourir). Ces clauses de désignation étaient parfois durcies par l'effet de clauses dites « de migration » contraignant les entreprises qui avaient déjà un système de prévoyance propre et donc un opérateur de prévoyance propre de changer d'opérateur pour prendre celui « désigné » par la branche qui mettait en place un dispositif de prévoyance. Cette situation était régulièrement dénoncée notamment par les sociétés d'assurance *stricto sensu* qui voyaient l'essentiel du marché de l'assurance confié par les branches aux institutions de prévoyance. Après de nombreuses péripéties, le Conseil constitutionnel avait dans une décision rendue à propos de ce qui deviendra la loi du 13 juin 2013, considéré contraire à la Constitution, les dispositions de l'article L. 912-1 du Code de la sécurité sociale qui prévoyaient la possibilité de clauses de désignation dans les accords de branche de prévoyance. Selon le Conseil, ces dispositions « portent à la liberté d'entreprendre et à la liberté contractuelle une atteinte disproportionnée au regard de l'objectif poursuivi de mutualisation des risques. »

Pour autant, pour le Conseil constitutionnel, si « la déclaration d'inconstitutionnalité de l'article L. 912-1 du code de la sécurité sociale prend effet à compter de la publication de la présente décision ; [...] elle n'est toutefois pas applicable aux contrats pris sur ce fondement, en cours lors de cette publication, et liant les entreprises à celles qui sont régies par le code des assurances, aux institutions relevant du titre III du code de la sécurité sociale et aux mutuelles relevant du code de la mutualité ».

Dans son dernier état, après une ultime modification résultant de la loi de financement de la sécurité sociale n° 2013-1203 du 23 décembre 2013, l'article L. 912-1 précise :

I. – Les accords professionnels ou interprofessionnels mentionnés à l'article L. 911-1 peuvent, dans des conditions fixées par décret en Conseil d'État, prévoir l'institution de garanties collectives présentant un degré élevé de solidarité et comprenant à ce titre des prestations à caractère non directement contributif, pouvant notamment prendre la forme d'une prise en charge partielle ou totale de la cotisation pour certains salariés ou anciens salariés, d'une politique de prévention ou de prestations d'action sociale.

Dans ce cas, les accords peuvent organiser la couverture des risques concernés en recommandant un ou plusieurs organismes mentionnés à l'article 1er de la loi n° 89-1009 du 31 décembre 1989 renforçant les garanties offertes aux personnes assurées contre certains risques ou une ou plusieurs institutions mentionnées à l'article L. 370-1 du code des assurances, sous réserve du respect des conditions définies au II du présent article.

Le ou les organismes ou institutions adressent annuellement au ministre chargé de la sécurité sociale un rapport sur la mise en œuvre du régime, le contenu des éléments de solidarité et son équilibre, dont le contenu est précisé par décret.

II. – La recommandation mentionnée au I doit être précédée d'une procédure de mise en concurrence des organismes ou institutions concernés, dans des conditions de transparence, d'impartialité et d'égalité de traitement entre les candidats et selon des modalités prévues par décret.

Le ou les organismes ou institutions ne peuvent refuser l'adhésion d'une entreprise relevant du champ d'application de l'accord. Ils sont tenus d'appliquer un tarif unique et d'offrir des garanties identiques pour toutes les entreprises et pour tous les salariés concernés.

1. L. n° 2018-217, 29 mars 2018, ratifiant diverses ordonnances prises sur le fondement de la loi n° 2017-1340 du 15 septembre 2017 d'habilitation à prendre par ordonnances les mesures pour le renforcement du dialogue social, *JO* 31 mars, n° 1.

III. – Les accords mentionnés au I comportent une clause fixant dans quelles conditions et selon quelle périodicité, qui ne peut excéder cinq ans, les modalités d'organisation de la recommandation sont réexaminées. La procédure prévue au premier alinéa du II est applicable à ce réexamen.

IV. – Les accords mentionnés au I peuvent prévoir que certaines des prestations nécessitant la prise en compte d'éléments relatifs à la situation des salariés ou sans lien direct avec le contrat de travail les liant à leur employeur sont financées et gérées de façon mutualisée, selon des modalités fixées par décret en Conseil d'État, pour l'ensemble des entreprises entrant dans leur champ d'application.

La modification du texte n'a pas mis fin au débat qui s'est déployé dans deux directions. La première a porté sur la possibilité de maintien à titre temporaire ou non, de clauses de désignation dans les accords de branche. La Cour de cassation a dû pour mettre fin au contentieux rappeler que les « contrats en cours » visés par le Conseil constitutionnel dans sa décision devaient s'entendre des accords collectifs comportant les clauses de désignation[1]. Elle l'a fait dans des termes très clairs : « Attendu, cependant, que le Conseil constitutionnel dans sa décision du 13 juin 2013 a énoncé que la déclaration d'inconstitutionnalité de l'article L. 912-1 du code de la sécurité sociale n'était pas applicable aux contrats pris sur ce fondement, en cours lors de la publication de la décision et liant les entreprises à celles qui sont régies par le code des assurances, aux institutions relevant du titre III du code de la sécurité sociale et aux mutuelles relevant du code de la mutualité ; qu'il en résulte que les contrats en cours sont les actes ayant le caractère de conventions ou d'accords collectifs ayant procédé à la désignation d'organismes assureurs pour les besoins du fonctionnement des dispositifs de mutualisation que les partenaires sociaux ont entendu mettre en place, voire les actes contractuels signés par eux avec les organismes assureurs en vue de lier ces derniers et de préciser les stipulations du texte conventionnel de branche et ses modalités de mise en œuvre effective. »

La seconde branche du débat a porté sur le régime juridique associé aux clauses dites de recommandation, seules désormais admissibles au sein des accords collectifs de prévoyance de branche. La loi de financement de la sécurité sociale pour 2014 a en effet substitué le mécanisme des clauses de recommandation à celui des clauses de désignation[2]. Comme son nom l'indique, l'exigence est plus souple puisqu'il ne s'agira pas de désigner mais de recommander un ou plusieurs organismes assureurs. On n'est plus ici dans la logique où l'entreprise est liée avec un cocontractant déjà désigné par un contrat négocié au niveau de la branche et au contenu totalement prédéfini, pour reprendre les termes du Conseil constitutionnel dans sa décision sur les clauses de désignation[3].

La validité des clauses de recommandation est subordonnée à la présence dans l'accord de garanties collectives présentant un degré élevé de solidarité que traduiraient l'existence de prestations à caractère non directement contributif ou des actions de prévention. À ce titre, l'article R. 912-2 du Code de la sécurité sociale prévoit que les accords (professionnels ou interprofessionnels) peuvent prévoir :

– Une prise en charge, totale ou partielle, de la cotisation de tout ou partie (a) des salariés ou apprentis pouvant bénéficier de la dispense d'adhésion justifiée par le fait qu'ils sont bénéficiaires d'un contrat à durée déterminée ou d'un contrat de mission d'une durée inférieure à douze mois, même s'ils ne bénéficient pas d'une couverture individuelle souscrite par ailleurs ; (b) des salariés, apprentis ou anciens salariés dont la cotisation représente au moins 10 % de leurs revenus bruts ;

– Le financement d'actions de prévention concernant les risques professionnels ou d'autres objectifs de la politique de santé, relatifs notamment aux comportements en matière de consommation médicale ;

– La prise en charge de prestations d'action sociale, comprenant notamment : (a) soit à titre individuel : l'attribution, lorsque la situation matérielle des intéressés le justifie, d'aides et de secours individuels aux salariés, anciens salariés et ayants droit ; (b) soit à titre collectif, pour les salariés, les anciens salariés ou leurs ayants droit : l'attribution suivant des critères définis par l'accord d'aides leur permettant de faire face à la perte d'autonomie, y compris au titre des dépenses résultant de l'hébergement d'un adulte handicapé dans un établissement médico-social, aux dépenses liées à la prise en charge d'un enfant handicapé ou à celles qui sont nécessaires au soutien apporté à des aidants familiaux.

Par ailleurs, la recommandation doit être précédée par une procédure de mise en concurrence transparente et impartiale, respectant l'égalité entre les opérateurs d'assurance susceptibles d'être recommandés[4]. Enfin, une clause de l'accord collectif doit prévoir le réexamen de l'accord au moins tous les

1. Soc. 11 févr. 2015, n° 14-13.538, P V, n° 26 ; *JCP E* 2015. 1200, obs. Y.-E. Logeais et D. Jonin ; *SSL* 2015. 12, obs J. Barthélemy ; *JCP S* 2015, n° 1141, note P. Coursier ; *Gaz. Pal.* 21 avr. 2015, n° 111. 36, obs. V. Roulet ; *RGDA* 1er avr. 2015, n° 4. 206, obs. L. Mayaux ; *RJS* 4/2015, n° 289 – V. aussi : Soc. 1er juin 2016, n° 15-12.276, P.

2. L. n° 2013-1203, 23 déc. 2013, art. 14.
3. C. const., 13 juin 2013, déc. n° 2013-672 DC.
4. CSS, art. D. 912-1 à D. 912-13.

cinq ans. La présence d'une telle clause constitue une condition de validité de l'accord[1]. En contrepartie, les organismes assureurs *recommandés* perdent la possibilité de refuser l'adhésion d'une entreprise relevant du champ de l'accord et doivent appliquer un tarif unique et des garanties identiques pour tous les salariés.

Annuellement, le ou les organismes recommandés doivent adresser au ministre chargé de la Sécurité sociale un rapport sur la mise en œuvre du régime, le contenu des éléments de solidarité et son équilibre[2].

Suivant une logique de recommandation, les entreprises soumises à l'accord de branche sont libres de choisir un autre organisme que celui ou ceux qui sont recommandés.

512.33 Particularisme de l'extension des accords ou conventions collectives de branche. Selon l'article L. 911-3 du Code de la sécurité sociale « les dispositions du livre II de la deuxième partie du code du travail sont applicables aux conventions et accords collectifs mentionnés à l'article L. 911-1 du présent code. Toutefois, par dérogation à l'article L. 2261-15 du code du travail, lorsque les accords ont pour objet exclusif la détermination des garanties mentionnées à l'article L. 911-2 du présent code, leur extension aux salariés, aux anciens salariés, à leurs ayants droit et aux employeurs compris dans leur champ d'application est décidée par arrêté du ministre chargé de la sécurité sociale, après avis de la Commission nationale de la négociation collective, de l'emploi et de la formation professionnelle mentionnée à l'article L. 2271-1 du code du travail. »

Une distinction doit donc être opérée selon que la prévoyance ou les « garanties collectives » est organisée dans le cadre d'un accord collectif ou d'une convention collective à objet plus large ou que les garanties collectives font l'objet d'un accord spécifique à objet défini (la prévoyance). Dans le premier cas, la procédure d'extension est celle de droit commun applicable à toutes les conventions collectives dont l'extension est demandée. Lorsqu'en revanche l'accord porte exclusivement sur la protection sociale complémentaire, l'extension résulte d'un arrêté émanant du ministre en charge de la sécurité sociale après avis de la Commission nationale de la négociation collective, de l'emploi et de la formation professionnelle. Avant sa suppression par la loi du 7 décembre 2020 d'accélération et de simplification de l'action publique, l'avis était celui de la Commission des accords de retraite et de prévoyance (Comarep).

§ 3
Accord d'entreprise

512.41 Place de la négociation d'entreprise. Les garanties collectives peuvent aussi être prévues par un accord d'entreprise dont la conclusion obéit aux règles du droit commun de la négociation collective. Néanmoins, la question doit être rappelée ici de l'articulation éventuelle de l'accord d'entreprise et de l'accord de branche.

Deux sous-questions se posent.

La première concerne le principe d'articulation entre accord d'entreprise et accord de branche. Cette articulation est régie par l'article L. 2253-1 du Code du travail qui inscrit les « garanties collectives complémentaires mentionnées à l'article L. 912-1 du code de la sécurité sociale » dans le bloc 1, c'est-à-dire dans le bloc comprenant les matières donnant lieu à une priorité de l'accord de branche sur l'accord d'entreprise. Ici, se pose la question de déterminer quelles sont les garanties concernées par cette priorité. L'article L. 912-1 vise des « garanties collectives présentant un degré élevé de solidarité et comprenant à ce titre des prestations à caractère non directement contributif, pouvant notamment prendre la forme d'une prise en charge partielle ou totale de la cotisation pour certains salariés ou anciens salariés, d'une politique de prévention ou de prestations d'action sociale ». Son périmètre est donc plus étroit que celui de l'article L. 911-2 du même code qui renvoie à toutes les garanties de PSC d'origine conventionnelle. Certains ont d'ailleurs regretté que le législateur n'ait pas fait le choix de la simplicité en visant l'article L. 911-1 plutôt que l'article L. 912-1[3].

La différence tient à la présence, ou non, de garanties collectives présentant un degré élevé de solidarité et comprenant à ce titre des prestations à caractère non directement contributif[4]. L'enjeu est majeur puisque si la garantie en cause n'entre pas dans le champ de l'article L. 912-1, on bascule sur le bloc 3 (art. L. 2253-3 C. trav.) et l'accord d'entreprise prime, peu important les stipulations de l'accord de branche. « Les accords collectifs de branche traitant de la prévoyance collective ressortent du principe de supplétivité lorsqu'ils se contentent de fixer la nature et le niveau des prestations mais s'imposent à toutes les entreprises lorsqu'est poursuivi un objectif de solidarité. Ceci ressort expressément du contenu de l'article L. 2253-1 nouveau du Code du travail mais plus fondamentalement peut être tiré de la distinction entre simple système de prévoyance et

1. Soc. 9 oct. 2019, n° 18-13.314, P.
2. CSS, art. L. 912-1 – Décr. n° 2015-752, 24 juin 2015, *JO* 28 juin.
3. CSS, art. L. 912-1, I.
4. J. Barthélémy, « Essai sur le concept de convention collective de sécurité sociale », *RDT* 2019. 308.

régime de protection sociale, distinction fondée sur la solidarité », a-t-il été souligné[1]. Cette distinction a d'ailleurs conduit les partenaires sociaux de certaines branches à orienter les garanties vers une logique de solidarité pour entrer dans le champ du bloc 1, et préserver la primauté de la branche. Dans ce « contexte législatif et réglementaire complexe, les partenaires sociaux de certaines branches ont mis en place des accords qui comportent des garanties collectives présentant un degré élevé de solidarité. Cette tendance s'explique par une interprétation de l'article L. 2253-1 alinéa 5 du Code du travail qui prévoit la primauté des accords de branche uniquement lorsqu'ils contiennent des "garanties collectives complémentaires mentionnées à l'article L. 912-1 du Code de la sécurité sociale", peu importe la teneur de ces garanties »[2].

Dès lors qu'on se situe dans le bloc 1, ce qui devrait regrouper la majorité des situations,

il est clair qu'*a priori* l'accord d'entreprise ne peut déroger dans un sens moins favorable aux salariés à l'accord de branche. Néanmoins, le dernier alinéa de l'article L. 2253-1 du Code du travail réserve l'hypothèse d'un accord d'entreprise qui assurerait des « garanties au moins équivalentes ». Cette formule (initiale) a laissé les praticiens et les commentateurs dans une grande perplexité sur le sens à lui donner. D'une part l'emploi de l'adjectif « équivalent » de préférence à celui d'« égal » n'est pas anodin en ce qu'il ajoute une dimension qualitative à la comparaison des « garanties » ou des « avantages ». D'autre part, l'emploi du mot « équivalent » élargit le champ de l'interprétation en ce sens que l'équivalence qui signifie « de même valeur » renvoie à l'idée de valeur quantitative ou qualitative.

Un auteur illustre très bien la difficulté. « En matière d'assurance collective, une entreprise peut obtenir d'un organisme habilité qu'il assure « des garanties équivalentes » mais, par exemple, au double d'un tarif prévu par un accord de branche. On imagine mal qu'il soit alors considéré que l'accord collectif d'entreprise conclu ainsi puisse prévaloir »[3].

La loi du 29 mars 2018 a apporté une précision au texte en indiquant que l'« équivalence des garanties s'apprécie par ensemble de garanties se rapportant à la même matière ».

Cela veut-il dire qu'il faut raisonner à partir de matières relevant de thématiques communes : la couverture des frais de santé, les garanties en cas de décès, l'épargne retraite, les droits à la réversion, etc.[4] ? Faut-il aller au-delà, suivant un rapport de la DGT selon lequel « par matière, on entend chacun des alinéas numérotés de l'article L. 2253-1 et chacun des alinéas de l'article L. 2253-2 apprécié dans sa globalité »[5] ?

L'option est alors la suivante :

– soit les garanties collectives sont appréciées globalement ;

– soit la comparaison s'organise entre chaque item du champ des garanties collectives (par exemple, le traitement du risque décès) étant précisé qu'au sein d'un risque donné, les outils de réponse au risque peuvent être différents. Ainsi une assurance-décès conventionnelle qui prévoit une prestation d'un montant supérieur à une autre est-elle plus favorable qu'une assurance décès dont le montant de base est plus faible mais qui comporte une rente éducation au profit des enfants de la personne décédée.

Il semble sous réserve de ce qui sera la position de la jurisprudence en la matière qu'il faille en matière de protection sociale complémentaire raisonner de façon distributive catégorie de risques par catégorie de risques et comparer les garanties par catégories. En revanche, l'appréciation pourrait être globale, ce qui emporterait que l'équivalence s'apprécie par rapport à la collectivité de salariés et non au regard d'un seul salarié[6].

512.42 Obligation de négocier et intérêt de parvenir à un accord. À défaut De couverture par un accord de branche ou d'entreprise, existe une obligation de négocier la mise en place d'un régime de remboursements complémentaires de frais occasionnés par une maladie, une maternité ou un accident, ce dans un objectif d'égalité entre hommes et femmes[7], ce régime devant être au moins aussi favorable que celui visé à l'article L. 911-7 du Code de la sécurité sociale selon lequel :

« I. – Les entreprises dont les salariés ne bénéficient pas d'une couverture collective à adhésion obligatoire en matière de remboursements complémentaires de frais occasionnés par une maladie, une maternité ou un accident déterminée selon l'une des modalités mentionnées à l'article L. 911-1 dont chacune des catégories de garanties et la part du financement assurée par l'employeur sont au moins aussi favorables que celles mentionnées aux II et III

1. J. Barthélémy, *ibid.* ; V. aussi P. Coursier, D. Coleu, « Hiérarchie des normes et garanties au moins équivalentes en matière de PSC », *JCP S* 8 juin 2021, nº 1145.
2. Rapp. min. « La Négociation collective en 2018 – Bilan & Rapports » DGT, Bur. de la négociation coll., 2019, p. 38-39.
3. F. Wismer, « Prévoyance : la comparaison entre normes collectives est-elle possible ? », *JCP S*, avr. 2019, 1118.
4. P. Coursier, D. Coleu, Hiérarchie des normes et garanties au moins équivalentes en matière de PSC, *JCP S* 8 juin 2021, nº 1145.
5. *Rapp. min.* « La Négociation collective en 2017 – Bilan & Rapports », *DGT, Bur. de la négociation coll., 2018, p. 205.*
6. P. Coursier, D. Coleu, *op. cit.*
7. C. trav., art. L. 2242-17.

du présent article sont tenues de faire bénéficier leurs salariés de cette couverture minimale par décision unilatérale de l'employeur, dans le respect de l'article 11 de la loi n° 89-1009 du 31 décembre 1989 renforçant les garanties offertes aux personnes assurées contre certains risques. Les salariés concernés sont informés de cette décision.

II. – La couverture minimale mentionnée au I comprend la prise en charge totale ou partielle des dépenses suivantes :

1° La participation de l'assuré aux tarifs servant de base au calcul des prestations des organismes de sécurité sociale, prévue au I de l'article L. 160-13 pour les prestations couvertes par les régimes obligatoires ;

2° Le forfait journalier prévu à l'article L. 174-4 ;

3° Les frais exposés, en sus des tarifs de responsabilité, pour les soins dentaires prothétiques ou d'orthopédie dentofaciale et pour certains dispositifs médicaux à usage individuel admis au remboursement.

Un décret détermine le niveau de prise en charge de ces dépenses ainsi que la liste des dispositifs médicaux mentionnés au 3° entrant dans le champ de cette couverture.

Les contrats conclus en vue d'assurer cette couverture minimale sont conformes aux conditions prévues à l'article L. 871-1 et au II de l'article L. 862-4.

III. – L'employeur assure au minimum la moitié du financement de la couverture collective à adhésion obligatoire des salariés en matière de remboursement complémentaire des frais occasionnés par une maladie, une maternité ou un accident.

Les salariés en contrat à durée déterminée ou en contrat de mission peuvent se dispenser, à leur initiative, de l'obligation d'affiliation si la durée de la couverture collective à adhésion obligatoire dont ils bénéficient en matière de remboursement complémentaire des frais occasionnés par une maladie, une maternité ou un accident est inférieure à un seuil fixé par décret et s'ils justifient bénéficier d'une couverture respectant les conditions fixées à l'article L. 871-1. Cette durée s'apprécie à compter de la date de prise d'effet du contrat de travail et sans prise en compte de l'application, le cas échéant, de l'article L. 911-8.

Un décret fixe, en outre, les catégories de salariés pouvant se dispenser, à leur initiative, de l'obligation de couverture, eu égard à la nature ou aux caractéristiques de leur contrat de travail ou au fait qu'ils disposent par ailleurs d'une couverture complémentaire.

IV. – Un décret précise les adaptations dont fait l'objet la couverture des salariés relevant du régime local d'assurance maladie complémentaire des départements du Haut-Rhin, du Bas-Rhin et de la Moselle défini à l'article L. 325-1, en raison de la couverture garantie par ce régime ».

En l'absence d'accord collectif, il appartient à l'employeur de mettre en place la couverture santé telle que décrite par le texte de l'article L. 911-7 du Code de la sécurité sociale par la voie d'une décision unilatérale[1]. Ce que décrit l'article L. 911-7 du CSS constitue ce que l'on dénomme « le panier de soins minimal » qui constitue le contrat « responsable », et fait l'objet d'un cahier des charges avec des obligations de couverture, mais aussi des plafonds de couverture et des exclusions de prise en charge (art. R. 871-1 et R. 871-2 du CSS). Il faut ajouter, depuis le 1er janvier 2021, le « 100 % santé » pour certains dispositifs d'optique médicale, les aides auditives et les soins dentaires prothétiques.

512.43 **Conclusion et contenu de l'accord collectif.** Les règles relatives à l'accord de protection sociale complémentaire sont celles du droit commun de la négociation collective d'entreprise. Sont de la même manière applicables les règles relatives au dépôt et à la publicité des accords collectifs. La seule différence résulte dans le maintien de l'obligation de consultation du comité social et économique en matière de protection sociale complémentaire alors que cette exigence a été abandonnée pour le droit commun des accords d'entreprise[2].

512.44 **Effets de l'accord collectif.** Ici encore les règles applicables sont celles du droit commun étant précisé cependant que la validité de l'accord (comme au demeurant celle du référendum et du respect des règles applicables s'agissant de la mise en place par décision unilatérale) conditionne la mise en œuvre du régime fiscal et social plus favorable concernant notamment la participation de l'employeur au financement du régime complémentaire.

§ 4
Mise en place de la prévoyance par « référendum »

512.51 **Référendum : une formule peu utilisée.** L'hypothèse de mise en place des garanties collectives par la voie d'un référendum est explicitement prévue depuis 1994 par l'article L. 911-1 du Code de la sécurité sociale. Celui-ci dispose en effet :

1. Il est toujours possible pour l'entreprise de souscrire des contrats non responsables mais ces contrats perdront le bénéfice des mesures fiscales et sociales de faveur.
2. C. trav., art. L. 2312-14 et R. 2312-22 ; L. n° 2016-1088, 8 août 2016, relative au travail, à la modernisation du dialogue social et à la sécurisation des parcours professionnels, *JO* 9 août.

« À moins qu'elles ne soient instituées par des dispositions législatives ou réglementaires, les garanties collectives dont bénéficient les salariés, anciens salariés et ayants droit en complément de celles qui résultent de l'organisation de la sécurité sociale sont déterminées [...] à la suite de la ratification à la majorité des intéressés d'un projet d'accord proposé par le chef d'entreprise [...] ».

Un décret devait organiser cette modalité particulière d'installation dans l'entreprise d'un régime de prévoyance. En son absence, la pratique et la jurisprudence ont dû construire un régime, essentiellement par analogie avec les autres modalités, mais l'insécurité juridique qui le caractérise a conduit à ce que ce mode de mise en place soit en définitive très rarement utilisé.

Pour l'essentiel, on relèvera :

- que l'article L. 911-5 du Code de la sécurité sociale déclare applicables au référendum les articles L. 2251-1 du Code du travail (articulation entre la loi et la convention collective) et L. 2222-4 du même Code (sur la durée de la convention collective) ;

- que la consultation du comité social et économique préalablement à la consultation s'impose en application de l'article R. 2312-22 du Code du travail ;

- que la consultation des travailleurs doit respecter les principes généraux du droit électoral ; on considère habituellement que les règles relatives aux élections professionnelles s'appliquent, y compris celles relatives au contentieux et à la compétence du tribunal judiciaire[1] ;

- que les salariés doivent être informés du projet et recevoir une notice d'information précisant l'étendue de la couverture et le cas échéant l'organisme assureur ; cette communication doit intervenir avant le vote et dans un délai suffisant pour permettre aux salariés de prendre connaissance des conditions de la protection dont eux-mêmes et leurs ayants-droit bénéficieront ;

- que le projet de l'employeur doit être ratifié à la majorité des intéressés, laquelle majorité s'apprécie au regard des électeurs inscrits et non pas des seuls votants[2] ;

- que l'accord accepté par référendum rejoint le statut collectif du travail et n'est donc pas incorporé au contrat de travail[3].

1. SUR CE POINT, l'article L. 911-5 du Code de la sécurité sociale renvoie à l'article L. 2314-32 du Code du travail.
2. Soc. 15 nov 2011, n° 10-20.891, P V, n° 262 ; *RJS* 2012, n° 190 ; *Dr. soc.* 2012. 70, note J. Barthélemy ; *Dr. soc.* 2012. 203, obs. F. Petit ; *SSL* 2012, Suppl. au n° 1550, p. 184, obs. M. Halopeau et P. Klein ; *SSL* 2012, n° 1530, p. 12, obs. M. Delumeau ; *JCP S* 2012, n° 1091, obs. B. Dorin et V. Roulet.

512.52 Dénonciation des accords de prévoyance ou retraite complémentaire[4]. La dénonciation de l'accord de prévoyance ou de retraite complémentaire obéit aux règles propres à la nature juridique de la norme ayant mis en place un tel régime : convention, accord collectif, référendum ou engagement unilatéral de l'employeur, etc. Lorsque le support est celui d'un accord collectif, il faudra, outre les stipulations de l'accord, appliquer le régime de dénonciation des accords collectifs tel que prévu aux articles L. 2261-10 à L. 2261-14 du code du travail. Ainsi, en vertu de la règle de survie provisoire de l'accord dénoncé, tant qu'un accord collectif de substitution ne s'applique pas, l'employeur peut décider d'appliquer la hausse des cotisations de prévoyance complémentaire conformément aux dispositions de l'accord dénoncé[5]. Cette solution, issue de l'arrêt remarqué du 20 octobre 2021, illustre le fait que la dénonciation d'un accord collectif déterminant des avantages de protection sociale complémentaire dans l'entreprise obéit aux règles régissant la dénonciation des conventions et accords collectifs de travail en général[6].

Depuis le remplacement du mécanisme des avantages individuels acquis par celui de la garantie de rémunération, il n'est plus certain que les avantages en matière de prévoyance puissent être maintenues faute de conclusion d'un accord de substitution. Les garanties de prévoyance peuvent-elles être assimilées à des rémunérations ? La question devra être tranchée. Parmi les interrogations, la cotisation patronale à un régime de protection sociale complémentaire, est exclue (sous conditions) de l'assiette de cotisations en vertu du 4° du II de l'article L. 242-1 du Code de la sécurité sociale tout en étant un élément de rémunération versé « en contrepartie ou à l'occasion d'un travail ». Doit-on en déduire qu'une telle cotisation n'a pas à intégrer l'assiette du « maintien de la rémunération perçue » ?[7]

Le régime de dénonciation des accords collectifs est inapplicable, en revanche, à la prévoyance complémentaire instituée par référendum ou engagement unilatéral. Dans ce cas, outre les dispositions de l'accord issu du référendum qui peuvent aménager sa future dénonciation, il faudra appliquer les règles de dénonciation des usages et engagements unilatéraux, à savoir l'information préalable des représentants du personnel ainsi que des salariés, à

3. Soc. 10 févr. 1999, n° 97-13.015, P V, n° 63 ; *Dr. soc.* 1999. 388, concl. D.-N. Commaret et obs. Ph. Langlois ; *RJS* 1999, n° 424.
4. Ces développements n'incluent pas les dispositions sur les conventions collectives en matière de frais de santé.
5. Soc. 20 oct. 2021, n° 50-14.516.
6. CSS art. L. 911-3.
7. Sur cette interrogation, Q. Chatelier, Questions, réponses, Le maintien de la rémunération perçue, Lettre juridique Lexbase 2021, n° 886.

titre individuel, de même qu'un délai de préavis suffisant pour permettre l'ouverture d'éventuelles négociations[1]. En effet, selon l'article L. 911-5 du Code de la sécurité sociale, « les dispositions des articles L. 2222-4 et L. 2251-1 du code du travail s'appliquent au projet d'accord proposé par le chef d'entreprise mentionné à l'article L. 911-1 du présent code. Les conditions dans lesquelles ce projet d'accord est ratifié et adopté et les conditions dans lesquelles l'accord est ensuite modifié, mis en cause à raison notamment d'une fusion, d'une cession ou d'une scission ou d'un changement d'activité ou dénoncé ainsi que la durée du préavis qui doit précéder la dénonciation sont définies par décret en Conseil d'État. Ce même décret détermine les conditions dans lesquelles une convention ou un accord collectif d'entreprise peut se substituer à une décision unilatérale de l'employeur ou à un accord ratifié mentionné à l'article L. 911-1 ou ce même accord ratifié peut se substituer à la décision unilatérale de l'employeur lorsque ceux-ci mettent en œuvre les garanties collectives régies par le présent chapitre ».

Ne sont donc expressément applicables à la protection sociale complémentaire que les articles L. 2251-1 et L. 2222-4 du Code du travail. Dans le même temps, le décret annoncé par l'article L. 911-5 du Code de la sécurité sociale n'a pas été pris. La seule solution certaine dégagée par la jurisprudence est qu'un régime mis en place par accord collectif ou par référendum ne peut être révisé ou dénoncé par une décision unilatérale[2].

Lors du processus de dénonciation de l'accord de prévoyance, il convient de prêter attention au sort du contrat d'assurance. Par exemple, prévoir que la dénonciation ne produira d'effet qu'à l'échéance du contrat d'assurance ou que la résiliation du contrat d'assurance obligera les parties à se revoir pour déterminer le sort de l'accord de prévoyance.

512.53 Mise en cause des accords de prévoyance ou retraite complémentaire[3]. En vertu de l'article L. 911-3 du Code de la sécurité sociale, les articles L. 2261-13 et suivants sont applicables à la mise en cause des accords de prévoyance ou retraite complémentaire. Il faudra donc chercher la négociation d'un accord de substitution et, à défaut, la règle de maintien du niveau de rémunération s'appliquera, avec des difficultés à venir quant à l'application du mécanisme en ce domaine. Comme en matière de dénonciation, depuis le remplacement du mécanisme des avantages individuels acquis par celui de la garantie de rémunération, il n'est plus certain que les avantages en matière de prévoyance puissent être maintenus faute de conclusion d'un accord de substitution. Les garanties de prévoyance peuvent-elles être assimilées à des rémunérations ? La question devra être tranchée. Parmi les interrogations, d'ores et déjà évoquées plus haut à propos de la dénonciation, la cotisation patronale à un régime de protection sociale complémentaire est exclue (sous conditions) de l'assiette de cotisations en vertu du 4° du II de l'article L. 242-1 du Code de la sécurité sociale tout en étant un élément de rémunération versé « en contrepartie ou à l'occasion d'un travail ». Doit-on en déduire qu'une telle cotisation n'a pas à intégrer l'assiette du « maintien de la rémunération perçue » ?[4]

En application des règles susvisées, les salaries transférés seront couverts par l'accord collectif applicable dans la nouvelle entreprise. Il résulte par ailleurs des dispositions de l'article L. 913-2 du Code de la sécurité sociale qu'« aucune disposition entraînant la perte des droits acquis ou en cours d'acquisition à des prestations de retraite, y compris à la réversion, des salariés ou anciens salariés en cas d'insolvabilité de l'employeur ou de transfert d'entreprises, d'établissements ou de parties d'établissements à un autre employeur, résultant d'une cession conventionnelle ou d'une fusion, ne peut être insérée à peine de nullité dans les conventions, accords ou décisions unilatérales mentionnés à l'article L. 911-1 du Code de la sécurité sociale ».

La situation est très différente concernant les usages, engagements unilatéraux et l'accord référendaire, assimilé à un accord « atypique » qui seront transférés avec le contrat de travail. Leur suppression supposera, dès lors, d'appliquer le régime de dénonciation des usages et engagements unilatéraux. Dans le cas où l'usage ou l'accord atypique ont été incorporés dans le contrat, il faudra l'accord du salarié pour remettre en causes les garanties. S'agissant spécifiquement de l'accord ratifié à la majorité des salariés, le décret d'application de l'article L. 911-5 du code de la sécurité sociale (CSS) définissant les conditions dans lesquelles il est modifié ou mis en cause en raison d'une scission ou d'une fusion n'ayant jamais été pris, la question reste ouverte.

Il convient d'ajouter qu'en vertu de l'article 11 de la loi n° 89-1009 du 31 décembre 1989 renforçant les garanties offertes aux personnes assurées contre certains risques[5], « aucun salarié employé dans une

1. Rappr. : Soc. 26 sept. 2002, n° 01-00.550, NP.
2. C'est ce qu'il est permis de déduire de l'arrêt de la deuxième chambre civile du 29 mai 2013, n° 11-28.396, NP ; *JCP S* 2013. Actu. 339.
3. Ces développements n'incluent pas les dispositions sur les conventions collectives en matière de frais de santé.
4. Sur cette interrogation, Q. Chatelier, *Questions, réponses, Le maintien de la rémunération perçue, Lettre juridique Lexbase* 2021, n° 886.
5. L. n° 89-1009, 31 déc. 1989 renforçant les garanties offertes aux personnes assurées contre certains risques, *JO* 2 janv. 1990, p. 13, art. 11 ; mod. par L. n° 94-678, 8 août 1994, art. 14.

entreprise avant la mise en place, à la suite d'une décision unilatérale de l'employeur, d'un système de garanties collectives contre le risque décès, les risques portant atteinte à l'intégrité physique de la personne ou liés à la maternité ou les risques d'incapacité de travail ou d'invalidité ne peut être contraint à cotiser contre son gré à ce système »[1].

SECTION 2
ACCORDS EN MATIÈRE DE RETRAITE

512.60 **Plan.** Le régime des retraites en France (§ 2) s'organise en trois piliers dont l'un se fonde sur la négociation de branche et la négociation d'entreprise (§ 1). Les plans d'épargne (§ 4) sont un des sujets de discussion des négociations collectives (§ 3) en matière de retraite.

512.61 **Bibliographie indicative**

Manuels. N. Di Camillo, *La protection sociale complémentaire au prisme des mobilités professionnelles*, thèse Paris X, 2019, dir. I. Vacarie ; P. Morvan, *Droit de la protection sociale*, 11e éd., « Manuels », 2023 – M. Borgetto et R. Lafore, *Droit de la sécurité sociale*, 19e éd., « Précis », Dalloz, 2019, nos 1551 s. et la bibliographie, p. 1196-1197, note 4.

Contribution Ph. Langlois, « Partenaires sociaux et régimes nationaux de protection sociale », *Mélanges en l'honneur de Jean-Maurice Verdier : Droit syndical et droits de l'homme à l'aube du XXe siècle*, « Études, mélanges, travaux », Dalloz, 2000, p. 67.

Articles Ph. Langlois, « Qu'est ce que l'interprofession ? », *Dr. soc.* 2005. 640 ; « La négociation collective au-delà du travail », *Dr. soc.* 2009. 1037; « Variation sur les régimes à prestations définies », *Dr. soc.* 2009. 462 – G. Briens, « Retraites à prestations définies », *Cah. DRH* 2015, n° 216, p. 38.

§ 1
Propos liminaires

512.71 **Introduction.** Si l'on écarte les contrats individuels permettant à chacun de se constituer une « épargne-retraite », on considère habituellement le système français des retraites comporte trois piliers. Le premier est constitué par les régimes de base (qui sont tantôt des régimes généraux, tantôt des régimes spéciaux pour certains métiers ou certains secteurs d'activité). Le deuxième est formé par les régimes complémentaires obligatoires, dont la base fut historiquement conventionnelle[2], et les régimes supplémentaires. Seul ce troisième pilier sera examiné dans les lignes qui suivent en ce qu'ils sont fondés sur la négociation de branche et surtout sur la négociation d'entreprise.

512.72 **Droit applicable.** Les dispositifs juridiques français servant de support aux retraites supplémentaires ou aux retraites d'entreprise étaient très complexes et cette complexité était de nature à constituer un frein à leur développement. Il en résultait que seules les grandes entreprises paraissaient à même de mettre en place des régimes de retraite supplémentaires de qualité et performants. Or dans un contexte d'inquiétudes sur la pérennité des retraites de base et même des retraites complémentaires obligatoires, la tentation était grande de promouvoir les retraites d'entreprise non sans ambiguïtés au demeurant, liées à des présupposés idéologiques libéraux ainsi qu'à la puissance des marchands d'assurance et de protection sociale. Le droit des retraites supplémentaires a fait l'objet de nombreuses modifications au cours des dernières années : la loi Évin du 8 août 1994[3] a imposé aux entreprises de recourir à des opérateurs extérieurs (sociétés d'assurance, institutions de prévoyance ou mutuelles) pour gérer les retraites d'entreprise, la loi du 21 août 2003 a renforcé la sécurité des mécanismes et l'ordonnance n° 2017-484 du 6 avril 2017[4] prise sur la base de la loi du 9 décembre 2016[5] (dite Sapin II) a donné naissance à un nouvel acteur, le Fonds de retraite professionnelle supplémentaire. Avec la Loi Sapin, les fonds de pension font une entrée remarquée sur la scène française de la protection sociale.

La loi du 22 mai 2019, dite loi Pacte, et l'ordonnance du 24 juillet 2019[6] opèrent une refonte du droit français en la matière. Pour l'essentiel, un plan d'épargne retraite (Per) est appelé à regrouper les dispositifs existants. Le Perp, les contrats Madelin, le Corem et la Prefon sont rassemblés sous l'intitulé de Per individuel tandis que le Per dit collectif englobera les dispositifs en entreprise (les anciens Perco et les dispositifs de retraite à cotisations définies de l'art. 83 du Code général des impôts).

1. V. ss n° 422.91.

2. Sur les régimes complémentaires obligatoires, v. : Fr. Charpentier, *Retraites complémentaires : Histoire et place des régimes Arrco et Agirc dans le système français, 75 ans de paritarisme*, Economica, 2014. Ces régimes complémentaires trouvent leur origine dans des accords nationaux interprofessionnels et sont gérés par des organes paritaires.
3. L. n° 94-678, 8 août 1994 relative à la protection sociale complémentaire des salariés et portant transposition des directives n° 92-49 et n° 92-96 des 18 juin et 10 novembre 1992 du Conseil des communautés européennes, *JO* 10 août, p. 11655.
4. Ord. n° 2017-484, 6 avr. 2017 relative à la création d'organismes dédiés à l'exercice de l'activité de retraite professionnelle supplémentaire et à l'adaptation des régimes de retraite supplémentaire en unités de rente, *JO* 7 avr., n° 30.
5. L. n° 2016-1691, 9 déc. 2016 relative à la transparence, à la lutte contre la corruption et à la modernisation de la vie économique, *JO* 10 déc., n° 2.
6. Ord. n° 2019-766, 24 juill. 2019 portant réforme de l'épargne retraite, *JO* 25 juill., n° 30.

§ 2
Retour sur quelques notions utiles

512.81 Régimes à cotisations définies et régimes à prestations définies. Les régimes de retraite supplémentaires à cotisations définies – parfois nommés « article 83 » par référence au Code général des impôts qui exonèrent partiellement les contributions de l'employeur à leur financement – sont des dispositifs de capitalisation. Le contrat de retraite article 83 n'est plus commercialisable depuis le 1er octobre 2020, même si les versements restent possibles sur ce type de contrat. Il a été remplacé par le PER obligatoire (PERO). Pour l'essentiel, les salariés acquièrent progressivement des droits auprès d'un organisme assureur avec lequel leur employeur a passé contrat. Si les versements sont définis par ledit contrat, les risques du placement sont assumés par le salarié qui ne pourra en principe bénéficier des sommes épargnées sur son compte qu'au moment où il liquidera sa retraite (de base et complémentaire). En principe, les sommes déposées par l'entreprise complétées le cas échéant par des versements facultatifs du salarié sont frappées d'indisponibilité[1]. L'alimentation du compte personnel du salarié obéit à des règles sociales et fiscales avantageuses dès l'instant où le régime est à la fois obligatoire et collectif. Cela signifie qu'il doit bénéficier à l'ensemble des salariés ou au moins à une catégorie objective dont l'article R. 242-1-1 du Code de la sécurité sociale dans sa rédaction issue du décret du 30 juillet 2021[2] fixe précisément les limites :

« pour le bénéfice de l'exclusion de l'assiette des cotisations prévue au 4° du II de l'article L. 242-1, les garanties mentionnées au même alinéa, qu'elles soient prévues par un ou par plusieurs dispositifs mis en place conformément aux procédures mentionnées à l'article L. 911-1, doivent couvrir l'ensemble des salariés.

Ces garanties peuvent également ne couvrir qu'une ou plusieurs catégories de salariés sous réserve que ces catégories permettent, dans les conditions prévues à l'article R. 242-1-2, de couvrir tous les salariés que leur activité professionnelle place dans une situation identique au regard des garanties concernées. Une catégorie est définie à partir des critères objectifs suivants :

1° L'appartenance aux catégories des cadres et non-cadres résultant de l'application des articles 2.1 et 2.2 de l'accord national interprofessionnel du 17 novembre 2017 relatif à la prévoyance des cadres, dans les conditions prévues à l'article 3 de cet accord national interprofessionnel.

Peuvent être intégrés à la catégorie des cadres pour le bénéfice des garanties collectives mentionnées à l'article L. 911-1 certains salariés définis par accord interprofessionnel ou professionnel ou convention de branche mentionnés au livre II de la deuxième partie du code du travail, sous réserve que l'accord ou la convention soit agréé par la commission paritaire mentionnée à l'article 3 de l'accord national interprofessionnel précité dans les conditions prévues par ce même article ;

2° Un seuil de rémunération égal au plafond mentionné à l'article L. 241-3 ou à deux, trois, quatre ou huit fois ce plafond, sans que puisse être constituée une catégorie regroupant les seuls salariés dont la rémunération annuelle excède huit fois ce plafond ;

3° La place dans les classifications professionnelles définies par les conventions de branche ou les accords professionnels ou interprofessionnels mentionnés au livre deuxième de la deuxième partie du code du travail ;

4° Le niveau de responsabilité, le type de fonctions ou le degré d'autonomie ou l'ancienneté dans le travail des salariés correspondant aux sous-catégories fixées par les conventions ou les accords mentionnés au 3° ;

5° L'appartenance au champ d'application d'un régime légalement ou réglementairement obligatoire assurant la couverture du risque concerné, ou bien l'appartenance à certaines catégories spécifiques de salariés définies par les stipulations d'une convention collective, d'un accord de branche ou d'un accord national interprofessionnel caractérisant des conditions d'emploi ou des activités particulières, ainsi que, l'appartenance aux catégories définies clairement et de manière non restrictive à partir des usages constants, généraux et fixes en vigueur dans la profession ;

Ces catégories ne peuvent en aucun cas être définies en fonction du temps de travail, de la nature du contrat, de l'âge ou, sous réserve du 4° et du dernier alinéa de l'article R. 242-1-2, de l'ancienneté des salariés ».

Dans les régimes de retraite à prestations définies, l'employeur assure seul le financement de l'assurance, les sommes capitalisées n'étant normalement versées au salarié concerné que s'il est présent dans l'entreprise au moment où il procède à la liquidation de ses droits[3]. Les régimes à prestations

1. La réglementation permet néanmoins la sortie avant la retraite : invalidité (2e ou 3e catégories) de l'assuré, fin de droits au chômage, décès du conjoint ou du partenaire du Pacs, surendettement.
2. Décr. no 2018-821, 27 sept. 2018 portant mise en conformité des textes réglementaires avec l'ordonnance no 2018-474 du 12 juin 2018 relative à la simplification et à l'harmonisation des définitions des assiettes des cotisations et contributions de sécurité sociale, *JO* 29 sept., no 42.

3. V. CEPENDANT sur l'Ordonnance no 2019-697 du 3 juillet 2019, ss no 512.81.

définies se présentent sous deux formes principales. Tantôt, ils sont dits « différentiels » garantissant aux bénéficiaires un certain niveau de revenus incluant les éléments des retraites de base et complémentaire. La garantie est donc maximale puisque l'éventuelle réduction de ces dernières, obligera le régime à compenser jusqu'au niveau garanti. Tantôt, ils sont dits « additifs », auquel cas le montant calculé en pourcentage du dernier salaire s'ajoutera aux pensions de base et complémentaires dans la limite d'un certain montant correspondant au dernier revenu d'activité. La directive 2014/50/UE[1] obligeait le droit français à abandonner le caractère conditionnel des prestations, c'est chose faite avec l'ordonnance du 3 juillet 2019[2]. Au surplus aucun régime construit selon l'ancienne formule ne peut être créé à compter du 4 juillet 2019, les anciens régimes étant mis en voie d'extinction.

512.82 Architecture juridique des régimes de retraite d'entreprise. Le dispositif français des retraites d'entreprise s'appuie sur deux ensembles normatifs. Le premier est un contrat d'assurance conclu entre l'employeur et un opérateur d'assurance qui sera selon les cas, une société d'assurance, une mutuelle ou une institution de prévoyance étant précisé que la loi Pacte prévoit que les plans d'épargne retraite pourront être souscrits auprès de sociétés de gestion d'actifs. Ce contrat est un contrat d'assurance groupe soumis comme tel au Code des assurances et, le cas échéant, aux règles spécifiques du Code de la mutualité (pour les opérateurs mutualistes) et du Code de la sécurité sociale (pour les Institutions de prévoyance). Le second ensemble est ce que l'on appelle l'acte fondateur du régime qui pourra prendre trois formes différentes comme en matière de prévoyance : un accord collectif *de droit commun*, un accord ratifié à la majorité des salariés et dans certains cas un acte unilatéral. Seules les deux premières modalités feront l'objet de développements dans le cadre du présent ouvrage.

§ 3
Place de la négociation collective en matière de retraite supplémentaire

512.91 Branche et/ou entreprise. La négociation en matière de retraite supplémentaire peut être conduite au niveau de la branche et/ou de l'entreprise ou d'un groupe d'entreprises, de l'établissement ou d'un ensemble d'établissements. Il y a lieu cependant de tenir compte de la hiérarchie des textes conventionnels telle qu'elle résulte de l'Ordonnance n° 2017-1385 du 22 septembre 2017 (et de la loi du 29 mars 2018). La « constitution d'avantages sous forme de pensions de retraite » étant visée à l'article L. 911-2 du Code de la sécurité sociale, les retraites supplémentaires ou d'entreprise entrent dans le cadre de l'article L. 2253-1 du Code du travail (5°) et par conséquent priment sur les accords d'entreprise lorsqu'elles sont prévues par un accord ou une convention de branche. On rappellera néanmoins que le dernier alinéa de l'article L. 2253-1 prévoit le renversement de la hiérarchie dès lors que la convention d'entreprise « assure des garanties au moins équivalentes ».

Puisque l'équivalence des garanties s'apprécie « par ensemble de garanties se rapportant à la même matière », on doit considérer qu'il y aura lieu de comparer ici le contrat collectif d'assurance prévu au niveau de la branche et celui prévu au niveau de l'entreprise à la fois dans leur contenu (ampleur des avantages) et dans leur périmètre (catégories de salariés éligibles). L'intérêt du niveau de la branche est, comme en matière de prévoyance, d'assurer une mutualisation du risque, une homogénéité sociale entre les entreprises et *in fine* de permettre l'accès au système de retraite supplémentaire pour les salariés d'entreprises de taille petite ou moyenne qui sans la mutualisation n'auraient pas l'assise financière pour supporter les coûts inhérents à l'opération ni les leviers suffisants pour négocier avec les assureurs. L'intérêt du niveau de l'entreprise est de lier les mécanismes de retraite supplémentaire à la politique générale de rémunération.

512.92 Dans l'entreprise : la nécessaire consultation du comité social et économique. La mise en place ou la modification d'un avantage collectif de retraite requiert l'information par l'employeur du CSE et l'avis de ce dernier. Cette consultation ne fait pas partie des consultations récurrentes.

512.93 Accord collectif d'entreprise. Cet accord obéit aux règles de droit commun de la négociation collective comme en matière de prévoyance. Il serait tentant de faire entrer les retraites supplémentaires dans le champ du « partage de la valeur ajoutée » tel que prévu à l'article L. 2242-1, 2° (« ordre public »), et L. 2242-13, 1° (« dispositions supplétives »), en matière de négociation obligatoire d'entreprise. Pour y parvenir, il faudrait ne voir dans la retraite supplémentaire qu'une des formes de salaire différé. Faute de jurisprudence, il ne semble pas que cette option soit possible. Ce qui veut dire que les retraites supplémentaires n'entrent pas dans le champ de la négociation obligatoire sous réserve du lien qui

1. Dir. 2014/50 du Parlement européen et du Conseil, 16 avr. 2014 relative aux prescriptions minimales visant à accroître la mobilité des travailleurs entre les États membres en améliorant l'acquisition et la préservation des droits à pension complémentaire, *JOUE L* 30 avr., p. 1.
2. Ord. n° 2019-697, 3 juill. 2019 relative aux régimes professionnels de retraite supplémentaire, *JO* 4 juill., n° 9.

pourra s'établir avec les règles relatives au Pereco ou PER Collectif (avec la disparition du Perco) et à l'épargne salariale. C'est ainsi que l'entreprise qui a mis en place un plan d'épargne d'entreprise depuis au moins trois ans doit engager une négociation sur la mise en place d'un Pereco ou d'un régime de retraite supplémentaire[1].

512.94 **Accord ratifié.** Comme en matière de prévoyance et avec les mêmes incertitudes, la mise en place d'un régime de retraite supplémentaire peut faire l'objet d'un accord ratifié par la majorité du personnel. Le « référendum » obéit aux règles du droit commun électoral, la majorité s'entendant de la majorité des électeurs inscrits et non des seuls votants. On considère que la dénonciation ou la révision de l'accord référendaire n'obéissent pas aux règles applicables en matière de dénonciation et des révisions des conventions et accords collectifs *stricto sensu*.

On rappellera ici les remarques faites à propos des mécanismes de mise en place et de dénonciation ou de révision en matière de prévoyance qui s'appliquent en matière de retraite supplémentaire. Selon l'article L. 911-5 du Code de la sécurité sociale :

« les dispositions des articles L. 2222-4 et L. 2251-1 du code du travail s'appliquent au projet d'accord proposé par le chef d'entreprise mentionné à l'article L. 911-1 du présent code. Les conditions dans lesquelles ce projet d'accord est ratifié et adopté et les conditions dans lesquelles l'accord est ensuite modifié, mis en cause à raison notamment d'une fusion, d'une cession ou d'une scission ou d'un changement d'activité ou dénoncé ainsi que la durée du préavis qui doit précéder la dénonciation sont définies par décret en Conseil d'État.

Ce même décret détermine les conditions dans lesquelles une convention ou un accord collectif d'entreprise peut se substituer à une décision unilatérale de l'employeur ou à un accord ratifié mentionné à l'article L. 911-1 ou ce même accord ratifié peut se substituer à la décision unilatérale de l'employeur lorsque ceux-ci mettent en œuvre les garanties collectives régies par le présent chapitre ».

Ne sont donc expressément applicables à la protection sociale complémentaire que les articles L. 2251-1 et L. 2222-4 du Code du travail, et les dispositions relatives à la dénonciation et à la révision des conventions collectives semblent donc écartées. Dans le même temps, le décret annoncé par l'article L. 911-5 du Code de la sécurité sociale n'a pas été pris. La seule solution certaine dégagée par la jurisprudence est qu'un régime mis en place par accord collectif ou par référendum ne peut être révisé ou dénoncé par une décision unilatérale[2]. Pour le reste quelques rares décisions semblent opter pour une formule très souple selon laquelle après avoir rappelé « que le régime complémentaire de retraite résultant d'une proposition de la direction ratifiée à la majorité des salariés relève du statut collectif des salariés qui n'est pas incorporé à leurs contrats de travail », la Cour de cassation estime qu'« un régime complémentaire de retraite, qu'il ait été créé par voie d'accord collectif ou à la suite de la ratification par la majorité des intéressés d'une proposition de l'employeur, peut indifféremment être modifié ou révisé selon l'une ou l'autre de ces formes ».[3] Le pourvoi qui avait invoqué le parallélisme de formes étant rejeté, on peut en déduire que les modalités de révision et de dénonciation propres à la négociation collective sont écartées.

512.95 **Sanctions des irrégularités commises lors de la mise en place du système.** L'enjeu est ici de taille comme en matière de prévoyance puisque le non-respect des règles de la négociation ou du référendum a pour effet, selon nous, de dégrader le support juridique du régime en simple engagement unilatéral de l'employeur. Il en résulte d'une part que l'adhésion du salarié devenant facultative, les avantages fiscaux et sociaux attachés audit régime disparaissent, et d'autre part, que les modalités de dénonciation de l'engagement unilatéral reçoivent application. Une grande rigueur s'impose donc dans la mise en place d'un système de retraite supplémentaire (ou de prévoyance) en raison des réactions en chaîne aux conséquences financières très lourdes qui en découlent.

512.96 **Révision.** Les conditions de l'opposabilité aux bénéficiaires d'un régime de retraite supplémentaire à prestations définies de la dénonciation ou révision de ce régime par l'employeur constituent une source de difficultés. La jurisprudence de la Cour de cassation a longtemps porté exclusivement sur les régimes « à droits aléatoires », à savoir ceux dont le bénéfice des prestations est conditionné à la présence du salarié dans l'entreprise au jour de la liquidation de sa pension de retraite.

§ 4 Plans d'épargne de retraite

512.101 **Évolutions récentes.** La loi du 22 mai 2019, dite loi Pacte, a profondément réformé l'ensemble de l'épargne retraite. D'une part, avec l'ordonnance du 3 juillet 2019, elle met fin aux régimes à

1. CGI, art. 83.

2. C'est ce qu'il est permis de déduire de l'arrêt de la deuxième chambre civile du 29 mai 2013, n° 11-28.396 ; *JCP S* 2013. Actu. 339.

3. Soc. 10 févr. 1999, n° 97-13.015, préc.

prestations définies à droits incertains pour leur substituer des régimes à droits certains, c'est-à-dire non conditionnels[1]. D'autre part, la loi réorganise les autres régimes dont les textes figurent désormais au Code monétaire et financier[2]. Même si les règles issues de la loi Pacte s'inspirent beaucoup de celles qui figuraient dans le Code du travail, cette insertion des textes au Code monétaire et financier est très significative d'un changement de paradigme de l'épargne retraite qui, d'outil d'amélioration du statut du travailleur à l'instar de la prévoyance, devient un « produit d'épargne » particulier[3]. Par ailleurs, la même rubrique rassemble désormais le plan d'épargne retraite individuel – qui est sans conteste la forme la plus nette de capitalisation – et le plan d'épargne retraite d'entreprise. Cette catégorie comprendra désormais deux « sous-espèces » : le plan d'épargne retraite d'entreprise collectif (Pereco) qui a vocation à remplacer le Perco (Plan d'épargne retraite collectif) et le plan d'épargne retraite obligatoire qui remplacera le régime de retraite à cotisations définies. Le Code monétaire et financier donne une base juridique commune aux deux nouveaux mécanismes. Les Plans d'épargne retraite d'entreprise font l'objet des articles L. 224-1 du Code monétaire et financier (pour les dispositions communes à tous les plans) et les articles L. 224-13 du même Code pour les dispositions spéciales au Pereco. Par ailleurs, certaines règles relatives aux plans d'épargne d'entreprise[4] s'appliquent ici.

On rappellera les grandes lignes du Perco avant de présenter le nouveau Pereco et le plan de retraite substitué au régime à cotisation définie.

1. Il s'agit là de mettre le droit français des régimes à prestations définies en conformité avec la directive 2014/50 du 16 avril 2014, préc.
2. Livre II consacré au Produits ; Titre II relatif aux produits d'épargne ; Chapitre IV.
3. CMF, art. L. 224-1 « Les personnes physiques peuvent verser des sommes dans un plan d'épargne retraite. Le plan a pour objet l'acquisition et la jouissance de droits viagers personnels ou le versement d'un capital, payables au titulaire à compter, au plus tôt, de la date de liquidation de sa pension dans un régime obligatoire d'assurance vieillesse ou de l'âge mentionné à l'article L. 161-17-2 du code de la sécurité sociale. Le plan donne lieu à ouverture d'un compte-titres ou, pour les plans ouverts auprès d'une entreprise d'assurance, d'une mutuelle ou union, d'une institution de prévoyance ou union, à l'adhésion à un contrat d'assurance de groupe dont l'exécution est liée à la cessation d'activité professionnelle ou, pour les plans ouverts auprès d'un organisme de retraite professionnelle supplémentaire, à l'adhésion à un contrat ayant pour objet la couverture d'engagements de retraite supplémentaire mentionnés à l'article L. 381-1 du code des assurances. Le plan prévoit la possibilité pour le titulaire d'acquérir une rente viagère à l'échéance prévue au premier alinéa du présent article, ainsi qu'une option de réversion de cette rente au profit d'un bénéficiaire en cas de décès du titulaire ».
4. V. s^s n°s 512.211 s.

512.102 **Plan d'épargne retraite collectif (Perco).** À compter du 1er octobre 2020, les entreprises ne pourront plus mettre en place de Perco mais ceux qui existent continueront de fonctionner. Simplement en cas de transfert, le transfert devra se faire nécessairement vers un plan d'épargne retraite issu des textes nouveaux. Jusqu'à cette date, les entreprises ont gardé une option entre s'engager directement sur un Pereco ou de mettre en place un Perco tel qu'il était organisé jusqu'alors. On ne sera pas surpris de constater que les avantages sociaux sont plus grands en cas d'option pour le Pereco afin d'inciter les entreprises à s'orienter vers lui.

512.103 **Plan d'épargne retraite d'entreprise collectif (Pereco) : mise en place et bénéficiaires.** Selon l'article L. 224-14 du Code monétaire et financier dans la réduction issue de l'ordonnance du 24 juillet 2019[5], « Un plan d'épargne retraite d'entreprise collectif peut être mis en place à l'initiative de l'entreprise ou selon l'une des modalités mentionnées à l'article L. 3322-6 du code du travail[6] ». Le principe est celui de la négociation, l'article L. 224-14, alinéa 2 disposant que « Lorsque l'entreprise compte au moins un délégué syndical ou est dotée d'un comité social et économique, le plan d'épargne retraite d'entreprise collectif est négocié dans les conditions prévues aux 1° à 3° de l'article L. 3322-6 du code du travail ». Cela signifie qu'il convient de recourir à la négociation collective de droit commun, l'accord avec les représentants des syndicats représentatifs ou un accord au sein du comité social et économique.

Néanmoins, en l'absence de toute représentation syndicale ou de CSE, le recours à une décision unilatérale est possible. Par ailleurs « Si, au terme de la négociation, aucun accord n'a été conclu, un procès-verbal de désaccord est établi dans lequel sont consignées en leur dernier état les propositions respectives des parties et les mesures que l'employeur entend soumettre à la ratification du personnel dans les conditions prévues au 4° de l'article L. 3322-6 du code du travail ou appliquer unilatéralement ».

En principe, tous les salariés de l'entreprise doivent pouvoir accéder au Pereco. Tout au plus, l'acte fondateur (ou le règlement) peut-il prévoir une ancienneté minimale qui ne peut excéder trois mois. Les anciens salariés peuvent sous certaines conditions rester bénéficiaires et continuer à opérer des versements. Cette situation concerne les salariés qui ont quitté l'entreprise et qui dans leur nouvelle

5. Ord. n° 2019-766, 24 juill. 2019 portant réforme de l'épargne retraite, *JO* 25 juill., n° 30.
6. Il s'agit des trois premières modalités de mise en place de la participation dans l'entreprise.

entreprise (ou s'ils n'ont pas retrouvé d'emploi) ne bénéficient pas d'un Pereco. S'ils poursuivent licitement des versements, ceux-ci ne feront pas l'objet d'un abondement.[1]

512.104 **Plan d'épargne retraite d'entreprise collectif : quelques repères sur son alimentation et sa liquidation.** Selon l'article L. 224-20 du Code monétaire et financier, le plan peut être alimenté :

- par des versements du salarié qui, contrairement au plan d'épargne d'entreprise, ne sont pas limités au quart de la rémunération annuelle du déposant ;

- par un abondement de l'entreprise qui n'est plus conditionné par un versement du salarié. Cet abondement, contrairement aux versements volontaires du salarié est doublement limité. : il ne peut être supérieur au triple du versement du salarié et en tout état de cause, ne peut être supérieur à 16 % du plafond annuel de sécurité sociale, soit 7 038 euros en 2023.

L'article L. 224-20 du Code monétaire et financier ne vise pas la possibilité de verser au Pereco les versements obligatoires de l'entreprise ou du salarié. Il faut donc en déduire que ces versements ne sont pas possibles sauf si un accord particulier prévoit le regroupement du Per et du Pereco.

En principe, le salarié pourra obtenir le versement de ses droits à la date de liquidation de sa pension de vieillesse d'un régime obligatoire, soit à l'âge d'ouverture de son droit à une pension de vieillesse[2]. La formulation de l'alinéa 1 l'article L. 224-1 du Code monétaire et financier (« [...] Le plan a pour objet l'acquisition et la jouissance de droits viagers personnels ou le versement d'un capital, payable au titulaire à compter, au plus tôt, de la date de liquidation de sa pension dans un régime obligatoire d'assurance vieillesse ou de l'âge mentionné à l'article L. 161-17-2 du code de la sécurité sociale ») tend à laisser penser que le salarié peut obtenir le versement dès qu'il a l'âge visé à l'article L. 161-17-2 sans devoir nécessairement faire liquider ses droits à la retraite du régime obligatoire. Certains cas de déblocage anticipés sont prévus. Pour partie, ce sont les cas d'ores et déjà prévus en matière de Perco (invalidité, décès, surendettement etc.) mais la réglementation propre au Pereco permet deux cas supplémentaires de déblocage anticipés à destination des non salariés[3] et ne permet le seul déblocage des versements volontaires du salarié que pour l'acquisition d'une résidence principale.

Enfin, la sortie du plan à la liquidation de la retraite, se fait normalement en rente viagère pour les droits issus de versements obligatoires ; pour les autres versements la sortie peut se faire en capital ou en rente viagère, le choix appartenant au seul salarié, sachant qu'il peut l'exprimer jusqu'au terme du plan. Lorsque le Pereco est « couplé » à un contrat d'assurance (de prévoyance), il peut prévoir l'accès à d'autres prestations de prévoyance (invalidité, décès, rente éducation etc.)

512.105 **Plan d'épargne retraite obligatoire (Pero).** La refonte des dispositifs de suppléments de retraite par l'article 71 de la loi du 22 mai 2019 a conduit à la constitution d'une base commune aux différents mécanismes d'épargne retraite existants. Parmi ceux-ci, figurent les régimes de retraite d'entreprise à cotisations définies[4]. Par application de l'article L. 224-1 du Code monétaire et financier, ce plan peut donner lieu :

- à l'ouverture d'un compte-titres,

- ou, pour les plans ouverts auprès d'une entreprise d'assurance, d'une mutuelle ou union, d'une institution de prévoyance ou union, à l'adhésion à un contrat d'assurance de groupe dont l'exécution est liée à la cessation d'activité professionnelle ou, pour les plans ouverts auprès d'un organisme de retraite professionnelle supplémentaire, à l'adhésion à un contrat ayant pour objet la couverture d'engagements de retraite supplémentaire mentionnés à l'article L. 381-1 du code des assurances.

Le plan est alimenté par les versements volontaires du salarié, par les sommes versées au titre de la participation aux résultats de l'entreprise ou de l'intéressement, ou encore de versements des entreprises (abondements), ainsi que des droits inscrits au compte épargne-temps ou, en l'absence de compte épargne-temps dans l'entreprise et dans des limites fixées par décret, des sommes correspondant à des jours de repos non pris, s'agissant des plans d'épargne retraite d'entreprise. Par ailleurs, le plan peut recevoir les versements obligatoires du salarié ou de l'employeur en présence de plans d'épargne retraite d'entreprise auxquels le salarié est affilié à titre obligatoire. Il s'agit là des dispositions applicables à tous les plans d'épargne retraite. Au sein de cet ensemble existent les plans d'épargne retraite d'entreprise pour lesquels le Code monétaire et financier fixe des

1. On notera que dans les entreprises d'au moins un salarié et de moins de 250 salariés, des dirigeants peuvent être bénéficiaires du Perco dans les mêmes conditions que celles prévues pour les plans d'épargne d'entreprise, l'article L. 224-13 du Code monétaire et financier renvoyant à l'article L. 3332-2 du Code du travail. Le plan peut aussi prévoir que le conjoint collaborateur ou associé peut entrer dans le dispositif.
2. CSS, art. L. 161-17-2.
3. Le dirigeant se voit reconnaître un droit de déblocage anticipé s'il est encore sans emploi deux ans après la fin de son mandat ou si l'entreprise a fait l'objet d'une liquidation judiciaire.
4. Sur la notion de régime à cotisations définies, v. s^s n° 512.81.

dispositions communes. Au titre de ces dispositions communes, l'article L. 224-9 dudit Code dispose que ce plan peut prendre :

– la forme d'un plan d'épargne retraite d'entreprise collectif (Pereco) ;

– la forme d'un plan d'épargne retraite obligatoire (Pero).

tout en précisant que l'entreprise qui a mis en place un plan d'épargne d'entreprise mentionné à l'article L. 3332-1 du code du travail depuis plus de trois ans ouvre une négociation en vue de la mise en place d'un plan d'épargne retraite d'entreprise ouvert à tous les salariés de l'entreprise[1].

S'agissant de la mise en place d'un plan d'épargne retraite obligatoire, l'article L. 224-23 du Code monétaire et financier renvoie expressément aux modalités prévues à l'article L. 911-1 du Code de la sécurité sociale puisqu'elle correspond à la mise en œuvre de « garanties collectives » au sens du Code de la sécurité sociale[2] : « les garanties collectives... sont déterminées soit par voie de conventions ou d'accords collectifs, soit à la suite de la ratification à la majorité des intéressés d'un projet d'accord proposé par le chef d'entreprise, soit par une décision unilatérale du chef d'entreprise constatée dans un écrit remis par celui-ci à chaque intéressé ».

C'est la même raison qui explique les règles qui déterminent les bénéficiaires du régime créé par le Plan. Il doit s'agir de l'ensemble des salariés, soit à une ou plusieurs catégories constituées à partir des critères objectifs évoqués au 4° du II de l'article L. 242-1 du Code de la sécurité sociale, ces critères figurant à l'article R. 242-1-1 dudit Code[3] :

« Pour le bénéfice de l'exclusion de l'assiette des cotisations prévue au 4° du II de l'article L. 242-1, les garanties mentionnées au même alinéa, qu'elles soient prévues par un ou par plusieurs dispositifs mis en place conformément aux procédures mentionnées à l'article L. 911-1, doivent couvrir l'ensemble des salariés.

Ces garanties peuvent également ne couvrir qu'une ou plusieurs catégories de salariés sous réserve que ces catégories permettent, dans les conditions prévues à l'article R. 242-1-2, de couvrir tous les salariés que leur activité professionnelle place dans une situation identique au regard des garanties concernées. Une catégorie est définie à partir des critères objectifs suivants :

1° L'appartenance aux catégories des cadres et non-cadres résultant de l'application des articles 2.1 et 2.2 de l'accord national interprofessionnel du 17 novembre 2017 relatif à la prévoyance des cadres, dans les conditions prévues à l'article 3 de cet accord national interprofessionnel.

Peuvent être intégrés à la catégorie des cadres pour le bénéfice des garanties collectives mentionnées à l'article L. 911-1 certains salariés définis par accord interprofessionnel ou professionnel ou convention de branche mentionnés au livre II de la deuxième partie du code du travail, sous réserve que l'accord ou la convention soit agréé par la commission paritaire mentionnée à l'article 3 de l'accord national interprofessionnel précité dans les conditions prévues par ce même article ;

2° Un seuil de rémunération égal au plafond mentionné à l'article L. 241-3 ou à deux, trois, quatre ou huit fois ce plafond, sans que puisse être constituée une catégorie regroupant les seuls salariés dont la rémunération annuelle excède huit fois ce plafond ;

3° La place dans les classifications professionnelles définies par les conventions de branche ou les accords professionnels ou interprofessionnels mentionnés au livre deuxième de la deuxième partie du code du travail ;

4° Le niveau de responsabilité, le type de fonctions ou le degré d'autonomie ou l'ancienneté dans le travail des salariés correspondant aux sous-catégories fixées par les conventions ou les accords mentionnés au 3° ;

5° L'appartenance au champ d'application d'un régime légalement ou réglementairement obligatoire assurant la couverture du risque concerné, ou bien l'appartenance à certaines catégories spécifiques de salariés définies par les stipulations d'une convention collective, d'un accord de branche ou d'un accord national interprofessionnel caractérisant des conditions d'emploi ou des activités particulières, ainsi que, l'appartenance aux catégories définies clairement et de manière non restrictive à partir des usages constants, généraux et fixes en vigueur dans la profession.

Ces catégories ne peuvent en aucun cas être définies en fonction du temps de travail, de la nature du contrat, de l'âge ou, sous réserve du 4° et du dernier alinéa de l'article R. 242-1-2, de l'ancienneté des salariés ».

Le plan comporte un règlement qui doit prévoir que l'adhésion des salariés intéressés revêt un caractère obligatoire. Il est alimenté par 1° Les versements volontaires mentionnés au 1° de l'article L. 224-2. Les dispositions du deuxième alinéa de l'article L. 224-20 sont applicables à ces versements ;

2° Les versements mentionnés au 2° de l'article L. 224-2, à l'exception des versements des entre-

1. Sur le Plan d'épargne d'entreprise des articles L. 3332-1 du Code du travail, v. s^s n°s 512.211 s.
2. CSS, art. L. 911-1.
3. Il s'agit des critères permettant de qualifier les avantages de « garanties collectives » permettant l'exclusion de l'assiette des cotisations sociales.

prises prévus au titre III du livre III de la troisième partie du code du travail, à condition que l'entreprise ait mis en place un plan d'épargne retraite bénéficiant à tous les salariés. Cette condition n'est toutefois pas exigée pour le versement de droits inscrits au compte épargne-temps ou, en l'absence de compte épargne-temps dans l'entreprise, de sommes correspondant à des jours de repos non pris ;

3° Les versements obligatoires mentionnés au 3° de l'article L. 224-2. Toutefois, lorsque le plan a été mis en place à la suite d'une décision unilatérale de l'employeur, les salariés déjà présents dans l'entreprise lors de la mise en place du plan peuvent se dispenser, à leur initiative, de participer aux versements obligatoires des salariés.

Le plan doit pouvoir également recevoir les sommes issues des versements mentionnés aux 1°, 2° et 3° de l'article L. 224-2 par transfert en provenance d'un autre plan d'épargne retraite. Le dispositif fait l'objet de mesures de gouvernance.

512.106 **Articulation du Pereco et du Pero.** Il est désormais possible de regrouper en un seul plan le Pereco qui doit nécessairement s'appliquer à l'ensemble des salariés et le Per qui peut ne s'appliquer qu'à « certaines catégories objectives » de salariés comme en matière de prévoyance. Ces catégories objectives sont celles visés aux articles L. 242-1 et R. 242-1-1 du Code de la sécurité sociale. Ce regroupement ne peut être opéré que par voie conventionnelle dans les conditions de l'alinéa 2 de l'article L. 224-14 du Code monétaire et financier. Rappelons que ce texte dispose « Lorsque l'entreprise compte au moins un délégué syndical ou est dotée d'un comité social et économique, le plan d'épargne retraite d'entreprise collectif est négocié dans les conditions prévues aux 1° à 3° de l'article L. 3322-6 du code du travail. Si, au terme de la négociation, aucun accord n'a été conclu, un procès-verbal de désaccord est établi dans lequel sont consignées en leur dernier état les propositions respectives des parties et les mesures que l'employeur entend soumettre à la ratification du personnel dans les conditions prévues au 4° de l'article L. 3322-6 du code du travail ou appliquer unilatéralement ». Cela signifie que le regroupement des deux plans passe soit par un accord collectif de droit commun, soit par un accord conclu avec les représentants des syndicats représentatifs dans l'entreprise, soit enfin par la voie d'un accord au sein du comité social et économique. Le recours au référendum ou à la décision unilatérale n'est pas une alternative mais purement et simplement subsidiaire. Il n'est donc possible qu'en présence de l'échec de l'une ou l'autre des modalités conventionnelles.

SECTION 3

ACCORDS EN MATIÈRE D'ÉPARGNE SALARIALE, D'INTÉRESSEMENT ET DE PARTICIPATION

512.110 **Textes applicables.**

> Intéressement

- **C. trav.,** art. L. 3312-1 et art. R. 3311-1 à R. 3311-4 [Champ d'application]
- **C. trav.,** art. L. 3312-1 [Caractères aléatoire et facultatif]
- **C. trav.,** art. L. 3312-2 [Entreprises concernées]
- **C. trav.,** art. L. 3312-3 [Entreprises de 1 à 199 salariés]
- **C. trav.,** art. L. 3312-4 [Nature et régime social des sommes]
- **C. trav.,** art. L. 3312-5 [Durée de l'accord]
- **C. trav.,** art. L. 3312-8 [Accord de branche]
- **C. trav.,** art. L. 3313-1 et art. L. 3313-2 [Contenu des accords]
- **C. trav.,** art. L. 3313-3 et art. R. 3313-1 à R. 3313-4 [Dépôt et contrôle administratif]
- **C. trav.,** art. L. 3313-4 [Modification dans la situation juridique de l'entreprise]
- **C. trav.,** art. L. 3314-1 à L. 3314-4 et art. D. 3314-1 [Calcul de l'intéressement]
- **C. trav.,** art. L. 3314-5 à L. 3314-7 et art. D. 3314-3 [Répartition de l'intéressement]
- **C. trav.,** art. L. 3314-8 à L. 3314-11 et art. D. 3314-2 [Distribution de l'intéressement]
- **C. trav.,** art. L. 3315-1 à L. 3315-5 [Régime social et fiscal de l'intéressement]
- **C. trav.,** art. R. 3313-5 à R. 3313-7 [Modification et dénonciation]
- **C. trav.,** art. R. 3313-7-1 [Reconduction]
- **C. trav.,** art. R. 3313-8 à R. 3313-11 [Information des salariés]
- **C. trav.,** art. R. 3313-12 et art. R. 3313-13 [Disponibilité des droits des bénéficiaires]

> Participation

- **C. trav.,** art. L. 3321-1, R. 3321-1 et D. 3321-2 [Champ d'application]
- **C. trav.,** art. L. 3322-1 [Objet]
- **C. trav.,** art. L. 3322-2 [Entreprises d'au moins cinquante salariés]
- **C. trav.,** art. L. 3322-3 [Baisse d'effectif]
- **C. trav.,** art. L. 3322-4-1 [Appréciation du seul d'effectif]
- **C. trav.,** art. L. 3322-5 [Entreprise nouvellement créée]
- **C. trav.,** art. L. 3322-6 [Modalités de conclusion des accords]
- **C. trav.,** art. L. 3322-7 [Accord de groupe]
- **C. trav.,** art. L. 3322-9 [Mise en place dans la branche]
- **C. trav.,** art. L. 3323-1 et art. L. 3323-2 [Contenu de l'accord]
- **C. trav.,** art. L. 3323-3 [Sociétés coopératives de production]

- **C. trav.,** art. L. 3323-4 et art. D. 3323-1 à D. 3323-6 [Dépôt]
- **C. trav.,** art. L. 3323-5 [Absence d'accord]
- **C. trav.,** art. L. 3323-6 [Participation volontaire]
- **C. trav.,** art. L. 3323-7 [Participation dans les entreprises agricoles]
- **C. trav.,** art. L. 3323-8 [Modification dans la situation juridique de l'entreprise]
- **C. trav.,** art. D. 3321-2 [Groupement d'employeurs]
- **C. trav.,** art. R. 3322-2 [UES]
- **C. trav.,** art. D. 3323-8 [Dénonciation]
- **C. trav.,** art. R. 3323-9 à R. 3323-11 [Sociétés ouvrières coopératives de production et coopératives agricoles]
- **C. trav.,** art. D. 3323-12 et D. 3323-18 [Information des salariés]
- **C. trav.,** art. D. 3324-1 à D. 3324-9 [Calcul de la réserve spéciale de participation]
- **C. trav.,** art. D. 3324-10 à D. 3324-16 [Répartition de la réserve spéciale de participation]
- **C. trav.,** art. D. 3324-17 à D. 3324-21 [Évaluation des titres]
- **C. trav.,** art. R. 3324-24-1 à R. 3324-24 [Disponibilité des droits des bénéficiaires]
- **C. trav.,** art. D. 3324-25 à D. 3324-40 [Gestion de la réserve spéciale]
- **C. trav.,** art. D. 3324-41 à D. 3324-44 [Paiement et déblocage anticipé]
- **C. trav.,** art. D. 3325-1 à D. 3325-7 [Régime social et fiscal de la participation]
- **C. trav.,** art. R. 3326-1 [Contestations et sanctions]

> Plans d'épargne salariale

- **C. trav.,** art. L. 3331-1 [Champ d'application]
- **C. trav.,** art. L. 3332-1 et art. L. 3332-2 [Bénéficiaires]
- **C. trav.,** art. L. 3332-3 à L. 3332-6-1 [Mise en place]
- **C. trav.,** art. L. 3332-7 à L. 3332-8 [Information des salariés]
- **C. trav.,** art. L. 3332-9 [Dépôt]
- **C. trav.,** art. L. 3332-10 à L. 3332-14 [Versements]
- **C. trav.,** art. L. 3332-15 à L. 3332-17-1 [Composition et gestion du plan]
- **C. trav.,** art. L. 3332-18 à L. 3331-24 [Augmentation de capital]
- **C. trav.,** art. L. 3332-25 et art. L. 3332-26 [Indisponibilité des sommes, déblocage anticipé et liquidation]
- **C. trav.,** art. L. 3332-27 [Régime social et fiscal]
- **C. trav.,** art. L. 3333-1 à L. 3333-8 [Plan d'épargne interentreprises]
- **C. trav.,** art. L. 3334-1 à L. 3334-16 [Plan d'épargne pour le retraite collectif]
- **C. trav.,** art. L. 3335-1 et art. L. 3335-2 [Transferts]

512.111 Jurisprudence de référence.

- **Soc. 26 juin 2019,** n°s 17-23.110, 17-26.254, P.

« En application de l'article L. 3326-1 du code du travail, les contestations relatives au montant des salaires et au calcul de la valeur ajoutée relèvent de la compétence de la juridiction administrative ;

La cour d'appel, ayant relevé que la contestation, portant sur les modalités de présentation comptable des dotations aux provisions et la prise en compte des reprises, avait pour effet d'affecter le montant de la valeur ajoutée retenue pour le calcul de la réserve de participation, en a exactement déduit que le tribunal de grande instance était incompétent au profit du juge administratif. »

- **Soc. 6 juin 2018,** n°s 17-14.372, 17-14.373, 17-14.374, 17-14.375, P

« 1) Attendu qu'il résulte de l'article L. 3342-1 du code du travail que tous les salariés de l'entreprise où a été conclu un accord de participation doivent avoir la possibilité de bénéficier de la répartition des résultats de l'entreprise, sans que puisse leur être opposé le fait qu'ils n'exécutent pas leur activité en France ou qu'ils n'y sont pas rémunérés ; que la clause d'un accord de participation excluant les salariés détachés à l'étranger dans une succursale est réputée non écrite ;

Et attendu qu'ayant constaté que les salariés n'avaient jamais cessé d'appartenir à l'effectif de la société BNP Paribas durant leur période de détachement dans les succursales concernées, la cour d'appel a, par ces seuls motifs, légalement justifié sa décision ;

2) Attendu qu'il résulte de l'article L. 3342-1 du code du travail que tous les salariés de l'entreprise où a été conclu un accord d'intéressement doivent avoir la possibilité de bénéficier de la répartition des résultats de l'entreprise, sans que puisse leur être opposé le fait qu'ils n'exécutent pas leur activité en France ou qu'ils n'y sont pas rémunérés ; que la clause d'un accord d'intéressement excluant les salariés détachés à l'étranger dans une succursale est réputée non écrite ;

Et attendu qu'ayant constaté que les salariés n'avaient jamais cessé d'appartenir à l'effectif de la société BNP Paribas durant leur période de détachement dans les succursales concernées, la cour d'appel a, par ces seuls motifs, abstraction faite des motifs erronés mais surabondants tenant à l'application du principe d'égalité de traitement, légalement justifié sa décision. »

- **Soc. 6 mars 2019,** n° 18-10.615, P

« Attendu qu'il résulte des articles L. 3312-2 et L. 3313-2 du code du travail que la référence dans le contrat de travail d'un salarié aux modalités de calcul de la prime d'intéressement telles que prévues par l'accord collectif alors en vigueur n'emporte pas contractualisation, au profit du salarié, de ce mode de calcul ;

Et attendu que c'est à bon droit que la cour d'appel, qui a constaté que l'accord d'intéressement du 29 juin 2012 s'était substitué à celui en vigueur au moment de la signature de l'avenant au contrat de travail du salarié, a dit applicables à ce dernier les nouvelles modalités de calcul de l'intéressement. »

- **Soc. 28 févr. 2018,** n° 16-13.682, P

« Attendu qu'aux termes de l'article R. 3326-1 du code du travail, les litiges relatifs à la participation aux résultats de l'entreprise, autres que ceux mentionnés aux premier et deuxième alinéas de l'article L. 3326-1, relèvent du tribunal de grande instance dans les conditions fixées à l'article R. 311-1 du code de l'organisation judiciaire ; que l'article L. 211-3 de ce dernier code, qui s'est substitué à l'article R. 311-1 abrogé par décret n° 2008-522 du 2 juin 2008, dispose que le tribunal de grande instance connaît de toutes les affaires civiles et commerciales pour lesquelles compétence n'est pas attribuée, en raison de leur nature ou du montant de la demande, à une autre juridiction ; qu'aux termes de l'article L. 1411-1 du code du travail, le conseil de prud'hommes règle par voie de conciliation les différends qui peuvent s'élever à l'occasion de tout contrat de travail soumis aux dispositions du présent code entre les employeurs, ou leurs représentants, et les salariés qu'ils emploient et juge les litiges lorsque la conciliation n'a pas abouti ; qu'il en résulte que les litiges individuels opposant un ou plusieurs salariés à leur employeur en matière de participation ou d'intéressement relèvent de la compétence des conseils de prud'hommes. »

• **Soc. 18 janv. 2018,** n° 16-25.820, P V, n° 7

« Sur le moyen unique :

Mais attendu que selon l'article 4 de l'avenant du 21 décembre 2012 à l'accord d'intéressement du Paris Football club du 15 décembre 2011, l'intéressement sera calculé si, à l'issue de la saison sportive, le Paris Football Club se maintient dans le championnat national au cours de la saison suivante, le montant de la prime du joueur dépendant du nombre de points acquis par l'équipe première du Paris Football Club auquel il a participé, et la participation se caractérisant par l'identification du joueur sur une feuille de match de championnat national FFF ; qu'il en résulte que la prime d'intéressement n'est due que si au 30 juin de l'année en cours, terme de la saison sportive, le club s'est maintenu en championnat national, peu important la décision administrative ultérieure de réintégration du club dans ce championnat. »

• **Civ. 2e, 19 janv. 2017,** n° 16-11.312, P

« Vu les articles L. 3345-2, alinéa 1er, et L. 3345-3 du code du travail, ensemble l'article 1315, devenu 1353 du code civil ;

Attendu, selon le premier de ces textes, que l'autorité administrative dispose d'un délai de quatre mois à compter du dépôt d'un accord d'intéressement, d'un accord de participation ou d'un règlement d'épargne salariale pour demander, après consultation de l'organisme en charge du recouvrement des cotisations de sécurité sociale dont relève l'entreprise, le retrait ou la modification des dispositions contraires aux dispositions légales ; que, selon le deuxième, en l'absence de demande de l'autorité administrative pendant le délai de quatre mois, aucune contestation ultérieure de la conformité des termes de l'accord ou du règlement aux dispositions légales en vigueur au moment de sa conclusion ne peut avoir pour effet de remettre en cause les exonérations fiscales et sociales attachées aux avantages accordés aux salariés au titre des exercices en cours ou antérieurs à la contestation. »

• **Civ. 2e, 22 janv. 2015,** n° 14-10.701, P II, n° 9

« Sur le premier moyen :

1) Vu les articles L. 242-1 du code de la sécurité sociale et L. 441-2, alinéa 9, L. 441-4 et R. 441-1 devenus L. 3314-4, D. 3313-1, D. 3313-5 et D. 3313-6 du code du travail ;

Attendu qu'il résulte de ces textes que le bénéfice de l'exonération de cotisations qu'ils prévoient, est subordonné, notamment au dépôt, selon les modalités qu'ils fixent, de l'accord d'intéressement auprès de la direction départementale du travail ; que cette formalité s'impose également aux avenants qui modifient l'accord initial ;

2) Vu l'article 17 de la loi n° 2005-1579 du 19 décembre 2005 ;

Attendu, selon ce texte, que le montant du bonus exceptionnel distribué aux salariés en 2006 et exonéré de cotisations sociales peut être modulé selon les salariés ; que cette modulation ne peut s'effectuer qu'en fonction du salaire, de la qualification, du niveau de classification, de l'ancienneté et de la durée dans l'entreprise. »

512.112 Bibliographie indicative.

Articles. G. Bordier, « Les apports de la loi du 30 décembre 2006 relative au développement de la participation et l'actionnariat salarié », *JCP S* 2007. 1216 – C. Debiemme, B. Nicolini et E. Delannoy, « La sécurisation des accords d'épargne salariale », *JCP S* 2021. 1273 – A. Devaux, « Le point sur le contrôle des accords d'épargne salariale », *SSL* 16 janv. 2023, n° 2029, p. 4 – C. Frouin, A. Sauret, V. Roche, « La mise en place de l'épargne salariale par accord de branche », *JCP S* 2020. 1027 – J. Kovac, « La participation aux résultats, instrument d'une politique de rémunération », *JCP S* 2023. 1332 – J. Kovac, « L'impact des restructurations sur le plan d'épargne salariale », *JCP S* 2013. 1330 – J. Kovac et L. Gaudemet-Toulemonde, « Épargne salariale et actionnariat salarié », *JCP S* 2019. 118 ; « ANI relatif au partage de la valeur au sein de l'entreprise : quels sont les changements en matière d'épargne salariale et d'actionnariat salarié ? », *JCP S* 2023. 1080 – P. Morvan, « Le nouveau droit de la rémunération », *Dr. soc.* 2008. 643 – Y. Pagnerre et S. Blondeau, « Développer l'actionnariat », *JCP S* 2023. 1235 – S. Riancho, « L'ANI du 10 février 2023, l'intéressement et la participation : des évolutions, avant la révolution ? », *D.* 2023. 693 – D. Rigaud et D. Alazard, « Épargne salariale : restructurations et épargne retraite entreprise », *JCP S* 2023. 1331 – V. Roche, « Mesures en faveur de l'intéressement et de la participation », *JCP S* 2023. 1234.

§ 1
Négociation collective et mécanismes d'épargne salariale

512.120 Plan. Le droit de l'épargne salariale se fonde pour l'essentiel sur les dispositions du Code du travail et quelques réformes initiées en 2019 (A). Il prend la forme de deux mécanismes, l'intéressement et la participation, qui sont régis par des règles communes (B) et des règles qui leurs sont particulières (C, D).

A.
Propos liminaires

512.131 Siège de la matière. Le droit de l'épargne salariale trouve sa matière principale dans le Livre III de la Troisième partie du Code du travail sous le titre « Dividende du travail : intéressement, participation et épargne salariale ». Ce Livre comporte quatre Titres : outre le Titre IV qui rassemble les dispositions communes, le Titre I est consacré à l'intéressement, le Titre II est relatif à la participation et le Titre III aux plans d'épargne salariale. Comme le droit de la retraite supplémentaire avec lequel il entretient de nombreux liens, le droit de l'épargne salariale a été impacté par la loi du 22 mai 2019[1]. Une importante instruction ministérielle du 19 décembre 2019[2] en détaille les modalités de mise en œuvre. Elle précise notamment le mode de calcul des seuils d'effectifs et les dates d'application de certaines dispositions de la loi du 22 mai 2019. Plus récemment, dans un domaine où décidément la législation semble avoir quelque peine à se stabiliser, la loi du 7 décembre 2020[3] d'accélération et de simplification de l'action publique a mis en place un agrément administratif des accords de branche d'épargne salariale et a confié aux Urssaf le contrôle de fond des accords d'entreprise. Cette loi, par ailleurs, généralise la possibilité de mettre en place un régime d'intéressement pour une durée de trois ans. On signalera encore que la loi nouvelle organise pour les accords de branche de participation, d'intéressement ou d'épargne salariale une procédure d'agrément administratif. Une fois agréé par l'autorité administrative (DGT), la conformité de l'accord aux conditions légales ne peut plus être remise en cause et les entreprises qui y adhèrent voient les exonérations fiscales et sociales sécurisées. S'agissant des accords d'entreprise, ils font l'objet depuis le 1er septembre 2021 d'un double contrôle. La Dreets contrôle les modalités de négociation (et de dénonciation ou de révision), tandis que l'organisme en charge du recouvrement des cotisations sociales procède à un contrôle du contenu de l'accord.

512.132 **Précisions terminologiques et méthodologiques.** La tentation est forte de réserver l'expression épargne salariale aux seuls plans d'épargne d'entreprise, interentreprises ou aux plans d'épargne pour la retraite collectifs étant précisé que ceux-ci ne peuvent plus être mis en place depuis le 1er octobre 2020 et ont été remplacés par les plans d'épargne retraite d'entreprise collectifs (Pere-Co). Les plans d'épargne pour la retraite collectifs et les plans d'épargne retraite d'entreprise collectifs ayant été examinés[4], la présente section aborde l'intéressement et la participation dans une conception élargie de l'épargne salariale. Une dernière précision s'impose : il ne sera envisagé ici que le rôle joué par la négociation collective dans la mise en place des dispositifs.

512.133 **Quelques données chiffrées.** Le dernier *Bilan de la négociation collective en 2021* publié en septembre 2022 permet d'établir une photographie de la négociation collective en matière d'épargne salariale *lato sensu*.

Au niveau des branches, douze accords et avenants ont été adoptés en matière d'épargne salariale en 2021, soit le même nombre qu'en 2020. Six portent exclusivement sur l'intéressement, trois sur les trois dispositifs (intéressement, participation et plans) et trois sur les seuls plans. Ce nombre relativement faible s'explique par le fait que la branche n'est pas considérée comme le bon niveau pour les négociations sur le sujet. Certes, la loi du 6 août 2015[5] avait tenté de mobiliser les branches, notamment pour permettre à des entreprises de taille réduite d'aller vers la mise en place de l'épargne salariale. La loi Pacte du 22 mai 2019 a renforcé cette possibilité à l'article L. 3322-9 du Code du travail qui prévoit que toute entreprise peut faire application d'un dispositif de participation conclu au niveau de la branche dès lors que l'accord de branche a été agréé en application de l'article L. 3345-4 (procédure d'agrément conduite par l'autorité administrative).

Au niveau de l'entreprise, le nombre d'accords et avenants relatifs à l'épargne salariale reste également stable avec 34 120 accords et avenants conclus en 2021 (34 150 accords et avenants en 2020). L'épargne salariale fait l'objet du plus grand nombre d'accords et avenants et représente 44 % de la totalité des textes signés et déposés, soit un point de moins qu'en 2020 et trois de plus qu'en 2019. La quasi-totalité (96 %) des accords traitant de l'épargne salariale abordent uniquement ce thème. Parmi ces accords, ceux traitant du dispositif d'intéressement restent les plus nombreux avec 26 770 accords signés en 2021, un peu moins qu'en 2020 (27 790 accords) mais plus qu'en 2017 (18 540 accords). Leur part au sein des accords d'épargne salariale est de 64 % (68 % en 2020 contre 62 % en 2017). Une disposition fiscale a été de nature à stimuler les textes d'intéressement : le montant de la prime exceptionnelle de pouvoir d'achat reconduite en

1. L. n° 2019-486, 22 mai 2019 relative à la croissance et la transformation des entreprises, *JO* 23 mai, n° 2.
2. Instr. intermin. n° DGT/RT3/DSS/DGT/2019/252, 19 déc. 2019 relative à loi n° 2019-486, 22 mai 2019 sur la croissance et la transformation des entreprises et au décret n° 2019-862, 20 août 2019 portant application des dispositions en matière d'épargne salariale et d'actionnariat salarié, NOR : MTRT1935338J.
3. L. n° 2020-1525, 7 déc. 2020 d'accélération et de simplification de l'action publique, *JO* 8 déc., n° 1.
4. V s[s] n°s 512.60 s.
5. L. n° 2015-990, 6 août 2015 pour la croissance, l'activité et l'égalité des chances économiques, *JO* 7 août, n° 1 ; rectif. *JO* 8 août, n° 2.

2020 et 2021 est plafonné à 1 000 euros pour les entreprises n'ayant pas signé un accord d'intéressement et 2 000 euros lorsqu'un accord d'intéressement est signé. Pour le reste, 9 % des textes abordent la participation, 21 % concernent les placements sur le PEE/PEG et 12 % les placements sur le Perco/Percoi.

512.134 **Actualité de la question : l'accord national interprofessionnel sur le partage de la valeur en entreprise du 10 février 2023.** Les partenaires sociaux représentatifs au niveau national et interprofessionnel ont conclu, le 10 février 2023, un accord sur le partage de la valeur en entreprise [1]. Cet accord oblige les entreprises de onze à quarante-neuf salariés respectant certains critères à mettre en place, à partir de 2025, un système de partage des profits, ce qui permettra à un nombre conséquent de salariés – estimé entre 700 000 et 1 million – de bénéficier d'un dispositif : intéressement, participation, prime de partage de la valeur (PPV). Articulé autour de cinq grandes priorités, l'accord crée de nouvelles obligations et comporte de nombreuses recommandations [2].

Le premier axe est de poursuivre le travail engagé sur les politiques de rémunération et de valorisation du travail. Rappelant le principe de non-substitution, selon lequel les sommes versées dans le cadre des dispositifs de partage de la valeur ne doivent pas se substituer aux salaires, l'accord rappelle aussi les obligations concernant les négociations salariales au niveau des branches professionnelles et des entreprises ainsi que les obligations de révision en matière de classification. Sur ce dernier point, est acté l'engagement d'une discussion, dès 2023, sur les classifications pour les branches qui ne se sont pas en conformité.

La deuxième priorité est d'aborder le partage de la valeur au sein des entreprises ou des branches. Relevant que la branche et l'entreprise sont les niveaux adéquats pour parler du partage de la valeur, il est souligné que la base de données économiques, sociales et environnementales est l'outil le plus adapté pour en traiter.

Le troisième axe est d'encourager le recours aux dispositifs d'intéressement, de participation et de prime de partage de la valeur. À cet égard, l'accord se donne de développer la participation dans les entreprises de moins de cinquante salariés et prévoit pour cela que les organisations d'employeurs et de salariés ouvrent dans chaque branche, avant le 30 juin 2024, une négociation pour mettre à disposition un dispositif facultatif de participation. La formule de participation pourra déroger à la formule légale, c'est-à-dire que le résultat pourra être inférieur, comme supérieur, à la formule de référence (alors que, aujourd'hui, une formule dérogatoire ne peut être que plus favorable que la formule légale). De manière plus prescriptive, les partenaires sociaux se sont entendus pour que, à partir du 1er janvier 2025, les entreprises de onze à cinquante salariés mettent en place au moins un dispositif de partage de la valeur (participation, intéressement, PPV). L'obligation concernera celles qui remplissent trois conditions : être constituées sous forme de société ; réaliser un bénéfice fiscal positif au moins égal à 1 % du chiffre d'affaires pendant trois ans consécutifs ; ne pas être déjà couvertes par un dispositif de partage de la valeur.

L'accord propose par ailleurs la suppression de la règle reportant l'obligation de participation en présence d'un accord d'intéressement et demande un bilan de l'impact des dispositions de la loi Pacte sur les règles de calcul des effectifs pour la mise en œuvre obligatoire de la participation. Il préconise aussi une meilleure prise en compte des résultats exceptionnels et, dans ce but, il prévoit que les entreprises de plus de cinquante salariés auront l'obligation de négocier une clause spécifique fixant les modalités de prise en compte des résultats réalisés en France et présentant un caractère exceptionnel. Ces modalités peuvent être le versement automatique d'un supplément d'intéressement ou le renvoi à une nouvelle discussion sur le versement d'un dispositif de partage de la valeur (participation, intéressement, PPV, abondement, etc.).

Toujours au titre du troisième axe, l'accord recommande de modifier le cadre légal et règlementaire existant, d'une part pour ouvrir la possibilité de placer la PPV dans un plan d'épargne entreprise (PEE) et/ou dans un plan d'épargne retraite (PER) avec le même régime fiscal et social que l'intéressement, d'autre part pour permettre l'octroi de deux PPV chaque année dans la limite du plafond et du nombre de versements actuellement prévus. Le régime fiscal et social de la PPV en vigueur au 1er janvier 2023 serait maintenu pour les entreprises de moins de cinquante salariés (exonération totale de cotisations et contributions sociales et exonération de l'impôt sur le revenu) tandis que, pour les entreprises de plus de cinquante salariés, c'est le régime qui s'appliquera, selon la loi, au 1er janvier 2024 qui sera conservé (exonération de cotisations sociales, soumission à la CSG/CRDS, au forfait social pour les employeurs de deux cent cinquante salariés et plus, et à l'impôt sur le revenu). Enfin, l'accord préconise de simplifier le forfait social dont le taux

1. S. Riancho, « L'ANI du 10 février 2023, l'intéressement et la participation : des évolutions, avant la révolution ? », *D.* 2023. 693 – J. Kovac et L. Gaudemet-Toulemonde, « ANI relatif au partage de la valeur au sein de l'entreprise : quels sont les changements en matière d'épargne salariale et d'actionnariat salarié ? », *JCP S* 2023. 1080.
2. V. pour le détail de ces axes, *supra* n° 322.162.

est actuellement différent selon le dispositif (intéressement ou participation) et la taille de l'entreprise.

La quatrième priorité dégagée par l'ANI est de développer et de sécuriser l'actionnariat salarié dans les entreprises dont la forme juridique le permet. Dans cette perspective, il est prévu que, sur la base du volontariat, les entreprises de toutes tailles pourront instaurer « des plans de partage de l'accroissement de valeur de l'entreprise » au profit de tous les salariés ayant au moins un an d'ancienneté. L'entreprise attribuera aux bénéficiaires des « bons de partage de la valorisation » donnant droit, à l'issue d'une période minimum de trois ans et sous condition d'atteinte d'objectifs de création de valeur actionnariale, à un montant égal à l'appréciation de la valeur de l'entreprise. Ces bons n'étant pas cependant des valeurs mobilières et étant incessibles, il s'agit en réalité d'un mécanisme de prime et non d'actionnariat salarié.

Enfin, la cinquième priorité est d'aménager les dispositifs d'épargne salariale. Il s'agit ici de promouvoir une « épargne responsable » et, à cet effet, d'orienter les fonds d'épargne salariale vers des entreprises ou des projets socialement et environnementalement responsables. Il est également préconisé de créer de nouveaux cas de déblocage anticipé des plans d'épargne entreprise pour adapter l'épargne salariale aux nouveaux défis sociétaux. Ces cas seraient : financer les dépenses liées à la rénovation énergétique des résidences occupées à titre principal ; faire face aux dépenses engagées en tant que proche aidant ; et financer l'acquisition d'un véhicule dit « propre » (neuf ou d'occasion).

512.135 Actualité de la question : la loi du 29 novembre 2023 portant transposition de l'accord national interprofessionnel relatif au partage de la valeur au sein de l'entreprise. L'ANI a été transposé par la loi du 29 novembre 2023[1] qui reprend les lignes directrices dégagées par les partenaires sociaux. Le texte est particulièrement innovant en ce qui concerne les entreprises de moins de cinquante salariés pour lesquelles il impose, à titre expérimental pour une durée de cinq ans à compter du 1er janvier 2025, de mettre en place un dispositif de partage de la valeur. Sont plus précisément concernées les entreprises d'au moins onze salariés qui ont réalisé un bénéfice net fiscal au moins égal à 1 % de leur chiffre d'affaires pendant trois exercices consécutifs et qui ne sont pas tenues de mettre en place un régime de participation en application des articles L. 3322-1 à L. 3322-5 du Code du travail. Ces entreprises doivent, au titre de l'exercice suivant, soit mettre en place un régime de participation[2] ou un régime d'intéressement, soit abonder un plan d'épargne salariale (plan d'épargne entreprise ou plan d'épargne retraite), soit verser la prime de partage de la valeur prévue par l'article 1er de la loi n° 2022-1158 du 16 août 2022.

La nouveauté, s'agissant des entreprises d'au moins cinquante salariés, est l'obligation qui leur est faite de négocier sur le partage de la valeur en cas d'augmentation exceptionnelle du bénéfice net fiscal[3]. Selon le nouvel article L. 3346-1 du Code du travail introduit par la loi du 29 novembre 2023, les entreprises concernées sont celles soumises à la participation – c'est-à-dire les entreprises d'au moins cinquante salariés qui réalisent un bénéfice suffisant pour constituer une réserve spéciale de participation – qui disposent d'un ou plusieurs délégués syndicaux[4]. Ces entreprises doivent engager une négociation sur une définition de l'augmentation exceptionnelle de leur bénéfice[5] et sur les modalités de partage de la valeur avec les salariés qui en découlent. Lorsque les entreprises sont déjà pourvues d'un accord d'intéressement ou de participation, elles doivent engager cette négociation avant le 30 juin 2024. Les autres, qui concluraient pour la première fois un tel accord, doivent faire porter la négociation sur ce point lors de l'ouverture de la négociation sur la mise en place de l'intéressement ou de la participation. Dans tous les cas, les entreprises ont deux options : soit négocier le versement d'un supplément d'intéressement ou de participation, soit ouvrir une nouvelle négociation dont l'objet peut être lui-même alternativement de : mettre en place un dispositif d'intéressement lorsqu'il n'existe pas dans l'entreprise ; de verser un supplément d'intéressement ou de participation ; d'abonder un plan

1. L. n° 2023-1107, 29 nov. 2023 portant transposition de l'accord national interprofessionnel relatif au partage de la valeur au sein de l'entreprise, *JO* 30 nov., art. 5.

2. En application de l'article 4 de la loi, les entreprises qui appliquent la participation à titre volontaire peuvent calcule une réserve spéciale de participation selon une formule plus ou moins favorable que la formule légale, soit aux termes d'un accord de participation, soit en adhérant à un accord de branche agréé proposant une telle formule.
3. L. n° 2023-1107, 29 nov. 2023, art. 8.
4. Sont dispensées de cette obligation les entreprises qui ont déjà mis en place un accord de participation ou d'intéressement qui, soit prévoit dans une clause spécifique la prise en compte des bénéfices exceptionnels, soit comporte une formule dérogatoire de la réserve spéciale de participation plus favorable que la formule légale.
5. Selon l'article L. 3346-1 du Code du travail introduit par la loi, la définition de l'augmentation exceptionnelle du bénéfice doit prendre en compte des critères tels que la taille de l'entreprise, le secteur d'activité, la survenance d'une ou plusieurs opérations de rachat d'actions de l'entreprise suivie de leur annulation sans attribution gratuite d'actions aux salariés, les bénéfices réalisés lors des années précédentes ou les événements exceptionnels externes à l'entreprise intervenus avant la réalisation du bénéfice.

d'épargne (plan d'épargne entreprise ou plan d'épargne retraite) ou de verser la prime de partage de la valeur prévue par l'article 1er de la loi n° 2022-1158 du 16 août 2022.

La loi du 29 novembre 2023 comporte enfin des mesures qui intéressent toutes les entreprises, quel que soit leur effectif. La première concerne la possibilité de mettre en place un plan de partage de la valorisation de l'entreprise[1]. Ce plan, d'une durée de trois ans, peut être établi dans les entreprises et les groupes dont les salariés sont compris dans le champ d'accords d'intéressement et de participation ou de plans d'épargne salariale. Un accord doit être conclu à cet effet, au vu d'un rapport spécial du commissaire aux comptes de l'entreprise, suivant l'une des modalités suivantes : une convention ou un accord collectif de travail ; un accord entre l'employeur et les représentants d'organisations syndicales représentatives dans l'entreprise ; un accord conclu au sein du comité social et économique ; un projet d'accord proposé par l'employeur ratifié à la majorité des deux tiers du personnel[2]. Le plan bénéficie alors aux salariés ayant au moins un an d'ancienneté au début de la période de trois ans[3] et qui remplissent une condition de présence au terme de la période de trois ans[4]. Il leur permet de percevoir une prime de partage de la valorisation de l'entreprise dans le cas où la valeur de l'entreprise a augmenté au cours des trois années après la date fixée par l'accord.

Autre mesure, la loi inscrit dans le Code du travail[5], pour la participation[6], le principe de non-substitution selon lequel les sommes ayant la nature d'épargne salariale (ou de partage de la valeur) ne peuvent pas remplacer des éléments de nature salariale[7]. Elle inscrit également, dans les dispositions communes à l'épargne salariale, la possibilité de prévoir dans l'accord d'intéressement ou de participation le versement, en cours d'exercice de calcul, d'avances sur les sommes dues au titre de l'intéressement ou de la réserve spéciale de participation. Des avances peuvent être versées périodiquement, sans que la périodicité puisse être inférieure au trimestre, avec l'autorisation du bénéficiaire[8]. Le texte permet par ailleurs de fixer dans un accord d'intéressement un salaire plancher et/ou un salaire plafond pour la répartition de l'intéressement proportionnel aux salaires[9]. Cette possibilité, qui permet une meilleure prise en compte des premiers niveaux de rémunération, existait déjà pour la participation et était autorisée par l'administration pour l'intéressement. À ces mesures s'en ajoute une autre, propre cette fois aux plans d'épargne d'entreprise. À compter du 1er juillet 2024, les règlements des plans d'épargne d'entreprise et des plans d'épargne retraite d'entreprise doivent comporter au moins un fonds labellisé ou un fonds nourricier d'un fonds labellisé au titre du financement de la transition énergétique et écologique ou de l'investissement socialement responsable[10].

En intégrant ces nouvelles dispositions issues de la loi du 29 novembre 2023, on distinguera ci-après les règles communes à l'intéressement et la participation, puis successivement les deux mécanismes avant d'évoquer les plans d'épargne d'entreprise.

B. Règles communes à l'intéressement et à la participation

512.141 **Définitions.** Si la formulation des articles L. 3312-1 pour l'intéressement et L. 3322-1 pour la participation diffère, les deux mécanismes ont pour objectif d'associer financièrement les salariés aux résultats (participation) ou aux performances économiques et techniques de l'entreprise (intéressement). Sur le plan idéologique, ils s'inscrivent en France dans la recherche d'une association du capital et du travail. D'un point de vue technique, ils appartiennent à la grande famille de la rémunération du travail avec, néanmoins, deux particularités qui les distinguent des autres modalités de rémunération.

La première particularité tient à l'aléa qui les caractérise. Leur mode de calcul doit en effet être tel que la somme dégagée à destination des salariés doit pouvoir être nulle. Par ailleurs, le montant des sommes doit dépendre d'évènements indépendants de la seule volonté de l'employeur. S'agissant de la dépendance à l'égard de la volonté des salariés, la nuance s'impose. Il n'y a pas, *a priori*, de doute sous l'angle

1. L. n° 2023-1107, 29 nov. 2023, art. 10.
2. Dans ce dernier cas, il est précisé que, lorsqu'il existe dans l'entreprise une ou plusieurs organisations syndicales représentatives ou un comité social et économique, la ratification doit être demandée conjointement par l'employeur et par une ou plusieurs de ces organisations ou ce comité.
3. L'accord mettant en place le plan peut fixer une ancienneté inférieure.
4. Les salariés qui quittent définitivement l'entreprise pendant la durée du plan sont exclus.
5. C. trav., art. L. 3325-1.
6. Le principe était déjà expressément énoncé dans le Code du travail pour l'intéressement, l'abondement versé sur le plan d'épargne d'entreprise ou de retraite ou encore la prime de partage de la valeur.
7. L. n° 2023-1107, 29 nov. 2023, art. 3.
8. L. n° 2023-1107, 29 nov. 2023, art. 12, introduisant dans le Code du travail un nouvel article L. 3348-1.
9. L. n° 2023-1107, 29 nov. 2023, art. 14, modifiant l'article L. 3314-5 du Code du travail.
10. L. n° 2023-1107, 29 nov. 2023, art. 18, modifiant l'article L. 3332-17 du Code du travail.

de rémunérations collectives : c'est la performance collective qui constitue le critère. Mais l'intéressement, et dans une moindre mesure la participation, ont aussi pour finalité d'amener le salarié pris individuellement à des efforts particuliers au service de l'entreprise. Par exemple, un système d'intéressement calculé à partir du taux de retour des produits dans des entreprises de vente par correspondance est supposé avoir un effet sur l'attention des salariés préparateurs de commande. Reste qu'il n'est pas question qu'un système de participation et d'intéressement s'appuie directement sur les performances individuelles de chaque salarié.

La seconde caractéristique tient au fait qu'il s'agit de rémunérations collectives en ce qu'elles s'adressent, soit à la collectivité de travail tout entière, soit à une partie identifiée de cette collectivité de travail. C'est pourquoi la reprise dans un contrat de travail d'une prime de participation ou d'intéressement ne contractualise pas la prime[1]. À ces deux caractères cumulatifs s'ajoutent par ailleurs des caractères communs de mise en place puisque l'intéressement et la participation résultent d'un accord qui peut prendre quatre formes principales : un accord collectif de droit commun, un accord entre le chef d'entreprise et les représentants des organisations syndicales représentatives, un accord conclu au sein du comité social et économique ou enfin un référendum auprès de la collectivité de travail organisé sur un projet d'accord établi par l'employeur. Le caractère « spécial » des accords, supports de la participation et de l'intéressement est ainsi clairement manifesté par l'article L. 3322-6 du Code du travail puisque le recours à la négociation collective de droit commun n'est qu'une des modalités de mise en place.

Ces règles communes sont particulièrement importantes dans la mesure où leur strict respect conditionne l'application des avantages fiscaux et sociaux de la participation et de l'intéressement tant pour le salarié que pour l'employeur.

C. Règles particulières en matière de participation

512.150 **Plan – Combinaison des règles.** Les règles relatives à la participation obligent à combiner, d'une part, les règles de base propres à la négociation collective – si toutefois c'est ce mode de mise en place qui est choisi –, les règles spéciales mais communes à la participation et l'intéressement et, enfin, les dispositions particulières à la participation. Ces dernières permettent d'en mesurer la philosophie et le champ d'application (1°). La mise en place de l'accord (2°) présente aussi des spécificités qui se retrouvent tant dans la mise en cause et la dénonciation de l'accord (3°) que dans son devenir en cas de transfert d'entreprise ou de passage en dessous du seuil d'effectif (4°).

1° Philosophie et champ d'application de la participation

512.161 **Philosophie de la participation.** La participation garantit aux salariés le droit de participer financièrement aux résultats de l'entreprise, l'article L. 3322-1 du Code du travail précisant qu'elle concourt à la mise en œuvre de la gestion participative dans l'entreprise. Le montant de la participation est calculé en fonction du bénéfice net fiscal de l'entreprise. Chaque année, la participation dégagée rejoint une « réserve spéciale de participation » sur laquelle chaque salarié dispose d'un droit dont il ne peut, en principe, obtenir le versement que de façon différée.

L'article L. 3324-1 du Code du travail propose une formule de calcul de la réserve de participation qui peut être adaptée par les partenaires sociaux en cas d'accord ou par l'employeur dans le cadre du projet qu'il soumet à référendum. Cette adaptation ne peut cependant conduire à remettre en question les fondamentaux de la participation que sont le caractère aléatoire et le caractère collectif. Une formule qui conduirait à fixer directement ou indirectement un minimum incompressible serait illicite et, comme telle, amènerait l'Urssaf et les services fiscaux à supprimer les avantages liés à la participation.

512.162 **Champ d'application de l'obligation de mettre en place la participation : entreprises d'au moins cinquante salariés.** Toutes les entreprises atteignant le seuil de cinquante salariés doivent mettre en place un dispositif de participation selon l'une des quatre modalités rappelées[2]. L'alinéa 1 de l'article L. 3322-2 du Code du travail dispose que « les entreprises employant au moins cinquante salariés garantissent le droit de leurs salariés à participer aux résultats de l'entreprise. Il en va de même pour les entreprises constituant une unité économique et sociale mentionnée à l'article L. 2313-8 et composée d'au moins cinquante salariés ».

Les modalités de décompte des effectifs issues de la loi du 22 mai 2019 doivent recevoir application comme le prévoit le dernier alinéa de l'article L. 3321-1 du Code du travail[3].

1. Soc. 6 mars 2019, n° 18-10.615, P+B ; *D. actu.* 22 mars 2019, obs. H. Ciray ; *D.* 2019. Actu. 542 ; *RDT* 2019. 249, obs. S. Maillard-Pinon ; *Dr. soc.* 2019. 443, obs. M. Véricel ; *RJS* 5/2019, n° 311 ; *Dr. ouvrier* 2019. 675, obs. Th. Kahn ; *JCP S* 2019. 1123, obs. N. Anciaux.

2. V. s[s] n° 512.141.
3. C. trav., art. L. 3321-1 : « Lorsque, dans le présent titre, il est fait référence à l'effectif salarié, cet effectif et le franchissement du seuil sont déterminés au niveau de l'entreprise ou de l'unité économique et sociale selon les modalités prévues à l'article L. 130-1 du code de la sécurité sociale ».

512.163 **Extension du champ d'application du dispositif de participation : entreprises de moins cinquante salariés.** À titre expérimental pour une durée de cinq ans, la loi du 29 novembre 2023 [1] impose aux entreprises de moins de cinquante salariés de mettre en place, à compter du 1er janvier 2025, un dispositif de partage de la valeur. La mesure concerne plus précisément les entreprises d'au moins onze salariés qui ont réalisé un bénéfice net fiscal au moins égal à 1 % de leur chiffre d'affaires pendant trois exercices consécutifs. Ces entreprises doivent, au titre de l'exercice suivant, soit mettre en place un régime de participation ou un régime d'intéressement, soit abonder un plan d'épargne salariale (plan d'épargne entreprise ou plan d'épargne retraite), soit verser la prime de partage de la valeur prévue par l'article 1er de la loi n° 2022-1158 du 16 août 2022.

512.164 **Présentation sommaire du mécanisme de participation financière.** La réserve spéciale de participation est répartie entre les bénéficiaires proportionnellement au salaire perçu [2] dans la limite d'un montant global défini par l'accord de mise en place identique pour tous les salariés. La somme est au plus égale à quatre fois le plafond annuel de sécurité sociale. Les sommes ainsi accumulées par les salariés sont en principe indisponibles pendant cinq ans à compter du premier jour du sixième mois suivant l'exercice au titre duquel les droits sont nés [3]. Ce principe d'indisponibilité ou de blocage est cependant atténué par trois séries de règles.

La plus ancienne est un ensemble d'hypothèses qui ont varié au cours du temps et qui sont aujourd'hui prévues à l'article R. 3324-22 du Code du travail (mariage, conclusion d'un PACS, naissance d'un enfant, rupture du contrat de travail, surendettement, etc.). L'idée qui domine est celle de permettre à un salarié de répondre à un besoin de liquidités.

La deuxième atténuation, plus récente, est à mettre en lien avec les volontés politiques d'améliorer le pouvoir d'achat des salariés. Prévue à l'article R. 3324-21-1, elle permet au salarié de manifester sa volonté d'obtenir le versement de la participation dans les quinze jours de son information à défaut de dispositions conventionnelles sur ce point.

La troisième atténuation, enfin, est issue de la loi du 29 novembre 2023 portant transposition de l'accord national interprofessionnel relatif au partage de la valeur au sein de l'entreprise qui a admis la possibilité de prévoir dans l'accord de participation, comme d'ailleurs dans l'accord d'intéressement, le versement, en cours d'exercice, d'avances sur les sommes dues au titre de la réserve spéciale de participation. Ces avances peuvent être versées périodiquement, sans que la périodicité puisse être inférieure au trimestre, avec l'autorisation du bénéficiaire [4].

Sans entrer ici dans le détail des dispositions législatives et règlementaires relatives à la participation et du statut fiscal et social des sommes affectées à la réserve spéciale de participation et des sommes libérées au profit des salariés, on s'attachera plus particulièrement à la base conventionnelle du mécanisme et à l'articulation du dispositif avec d'autres dispositions conventionnelles relatives à l'épargne salariale.

2°
Négociation de l'accord de participation

512.171 **Conclusion de l'accord de participation : niveau *supra* entreprise.** L'accord de participation peut être conclu à un niveau *supra* entreprise (la branche, l'UES, le groupe) ou au niveau de l'entreprise.

Un accord de participation peut être conclu au niveau de la branche, la seule modalité admise étant le recours à la négociation collective de branche de droit commun. La loi Pacte du 22 mai 2019 imposait aux branches de négocier un accord de participation au plus tard le 30 décembre 2020 et laissait aux entreprises la faculté d'opter pour l'application de l'accord de branche. Selon l'article L. 3322-9, les entreprises peuvent faire application d'un dispositif de participation conclu au niveau de la branche dès lors que l'accord de branche a été agréé en application de l'article L. 3345-4 qui prévoit une procédure d'agrément conduite par l'autorité administrative. Les entreprises qui souhaitent appliquer l'accord de branche agréé concluent à cet effet un accord dans les conditions de l'article L. 3322-6 (accord collectif, accord conclu au sein du CSE, projet de contrat de l'employeur soumis à ratification). L'article L. 3322-9 précise que les entreprises de moins de cinquante salariés peuvent opter pour l'application de ce régime au moyen d'un document unilatéral d'adhésion de l'employeur si l'accord de branche prévoit cette possibilité.

De façon plus particulière, la loi du 29 novembre 2023 portant transposition de l'accord national interprofessionnel permet, à titre expérimental et pendant une durée de cinq ans, aux entreprises qui ne sont pas tenues de mettre en application un régime de participation d'appliquer un régime dérogeant à la règle de l'équivalence des avantages

1. L. n° 2023-1107, 29 nov. 2023, art. 5.
2. Il s'agit des revenus d'activité au sens de l'article L. 242-1 du Code de la sécurité sociale.
3. C. trav., art. L. 3324-10.
4. C. trav., art. L. 3348-1.

consentis aux salariés prévue à l'article L. 3324-2 du Code du travail, soit par application d'un accord de participation conclu au niveau de la branche, soit par application d'un accord de participation conclu dans les conditions de l'article L. 3322-6. Dans cette perspective, la loi impose l'ouverture d'une négociation dans chaque branche au plus tard le 30 juin 2024 en vue de la mise en place d'un tel régime de participation. Il est précisé que, à défaut d'initiative de la partie patronale avant cette date, la négociation s'engage dans un délai de quinze jours à compter de la demande d'une organisation de salariés représentative dans la branche [1].

Un accord de participation peut également être conclu au niveau du groupe, soit selon les règles du droit commun, soit selon l'une des modalités prévues à l'article L. 3322-7 du Code du travail ainsi rédigé : « Par dérogation à l'article L. 3322-6 [2], un accord de groupe peut être passé entre les sociétés d'un même groupe ou seulement certaines d'entre elles. Cet accord est conclu selon l'une des modalités suivantes : 1° Entre le mandataire des sociétés intéressées et le ou les salariés appartenant à l'une des entreprises du groupe mandatés à cet effet par une ou plusieurs organisations syndicales représentatives ; 2° Entre le mandataire des sociétés intéressées et les représentants mandatés par chacun des comités sociaux et économiques concernés ; 3° À la suite de la ratification, à la majorité des deux tiers du personnel, d'un projet d'accord proposé par le mandataire des sociétés du groupe. S'il existe dans les sociétés intéressées une ou plusieurs organisations syndicales représentatives ou, lorsque toutes les sociétés du groupe sont intéressées, s'il existe un comité de groupe, la ratification est demandée conjointement par le mandataire des sociétés du groupe et soit une ou plusieurs de ces organisations, soit la majorité des comités sociaux et économiques des sociétés concernées, soit le comité de groupe. La majorité des deux tiers est appréciée au niveau de l'ensemble des sociétés concernées ».

Enfin, l'accord peut être conclu au niveau de l'unité économique et sociale – soit par un accord unique soit par plusieurs accords conclus au niveau des différentes composantes de l'UES – ou au niveau de l'entreprise. Lorsqu'il prend la forme d'un accord de droit commun, la consultation du comité social et économique n'est pas nécessaire.

512.172 **Négociation au niveau de l'entreprise.** Selon l'article L. 3222-6 du Code du travail, les accords de participation peuvent être conclus par convention collective ou accord collectif de travail de droit commun, par accord entre l'employeur et les représentants des organisations syndicales représentatives dans l'entreprise, par accord au sein du conseil social et économique ou encore suite à la ratification, à la majorité des deux tiers du personnel, d'un projet de contrat proposé par l'employeur. Dans ce dernier cas, et s'il existe dans l'entreprise une ou plusieurs organisations syndicales représentatives ou un comité social et économique, la ratification doit être demandée conjointement par l'employeur et par une ou plusieurs des organisations syndicales ou le comité social et économique.

512.173 **Moment et durée de l'accord de participation.** L'accord peut être à durée déterminée ou indéterminée. S'il est à durée déterminée, sa durée minimale est d'un an et une clause de l'accord peut prévoir sa tacite reconduction.

512.174 **Contenu de l'accord de participation.** L'accord doit prévoir obligatoirement :

– la date de prise d'effet de l'accord ;

– la durée de l'accord ;

– les conditions d'information des salariés ;

– les conditions auxquelles le salarié peut bénéficier de la somme qui lui est due au titre de la participation ;

– la formule servant de base de calcul à la réserve spéciale de participation (RSP) ou clause d'équivalence avec la formule légale, lorsqu'il s'agit d'un accord qui n'utilise pas cette formule de calcul ;

– la durée d'indisponibilité des droits des bénéficiaires et les cas de déblocages anticipés ;

– les modalités de versement immédiat ;

– les conditions et délais dans lesquels les bénéficiaires peuvent demander, lors de chaque répartition, la disponibilité immédiate de tout ou partie de leur participation ;

– les conditions et délais dans lesquels les bénéficiaires peuvent choisir la ou les affectations des sommes leur revenant au titre de la participation (en précisant que sans choix exprimé par eux, la moitié de ces sommes sera affectée d'office dans un Perco lorsqu'il a été mis en place dans l'entreprise) ;

– les modes de répartition de la réserve entre les bénéficiaires et les plafonds ;

– la nature et les modes de gestion des droits des bénéficiaires.

512.175 **Dépôt de l'accord.** Depuis le décret du 26 juin 2020 [3], l'accord de participation ou le document unilatéral portant application de l'accord de branche type (entreprises de moins de cinquante salariés) doivent être déposés sur la plateforme de

1. L. n° 2023-1107, 29 nov. 2023, art. 4.
2. Qui vise les quatre modalités de conclusion d'un accord de participation.
3. Décr. n° 2020-795, 26 juin 2020 actualisant certaines dispositions relatives à l'intéressement, à la participation et aux accords et plans d'épargne salariale, *JO* 28 juin, n° 36.

téléprocédure du ministère du Travail, à l'instar des autres conventions et accords conclus depuis le 1er septembre 2017[1].

Le dépôt de l'accord auprès de l'autorité administrative (Dreets) conditionne l'accès aux droits à exonération. La Cour de cassation en tire la conséquence que l'exonération ne s'applique qu'à compter de la date du dépôt de l'accord et que les sommes attribuées aux salariés en exécution de l'accord antérieurement à son dépôt sont soumises à cotisations[2].

La procédure de dépôt s'applique aussi bien à la conclusion de l'accord qu'à sa modification ou sa dénonciation[3].

3°
Dénonciation et mise en cause de l'accord

512.181 Révision et dénonciation de l'accord de participation. Il faut, pour pouvoir réviser un accord de participation, respecter les formes présidant à la conclusion de ce type d'accord. Cela implique aussi de déposer l'avenant auprès de la Dreets dépositaire de l'accord initial.

L'accord de participation peut faire l'objet d'une dénonciation unilatérale à la condition pour la partie qui dénonce l'accord de notifier cette décision à la Dreets et d'informer l'autre partie. S'il s'agit d'un accord conclu au sein du CSE, il faudra constater la dénonciation par un procès-verbal de la délibération ayant décidé cette dénonciation.

La révision ou la dénonciation d'un accord de participation ne peut intervenir qu'avant la clôture d'au moins un exercice dont les résultats n'étaient ni connus ni prévisibles à la date de leur conclusion. Il y a là en effet la condition *sine qua non* pour respecter le caractère aléatoire de la participation. Et si un accord retient une formule dérogatoire, l'accord de participation ne peut être modifié lorsque les résultats de l'exercice concerné par cette modification sont connus ou tout au moins prévisibles[4].

L'abrogation d'un dispositif législatif prévoyant en faveur des salariés de certaines entreprises une prime obligatoire de participation, assortie de dispositifs d'exonération de charges, ne rend pas caduc de plein droit un accord collectif instaurant cette prime dans l'entreprise[5].

512.182 Mise en cause de l'accord de participation. En vertu de l'article L. 3323-8 du Code du travail, en cas de modification survenue dans la situation juridique de l'entreprise par fusion, cession ou scission et lorsque cette modification rend impossible l'application de l'accord d'intéressement ou de participation, ce dernier cesse de produire effet entre le nouvel employeur et les salariés de l'entreprise. Dans le cas contraire, les règles de l'article L. 2261-14 du Code du travail s'appliquent et l'accord d'origine poursuit ses effets vis-à-vis des salariés transférés, sauf conclusion d'un nouvel accord[6]. Selon une circulaire de l'administration, l'impossibilité d'appliquer l'accord est une notion objective qui ne dépend pas de la volonté de l'employeur. Elle résulte des modifications dans la structure juridique, technique ou financière de l'entreprise telles qu'elles rendraient impossible l'application des dispositions de l'accord. Il en irait ainsi dans le cas d'une fusion qui remettrait en cause les paramètres de la formule de calcul de la réserve de participation ou de l'intéressement (chiffre d'affaires, capitaux propres, valeur ajoutée, etc.)[7].

S'il existe un accord de participation chez le cessionnaire, il s'applique aussitôt. En l'absence d'accord de participation applicable à la nouvelle entreprise, celle-ci engage, dans un délai de six mois à compter de la clôture de l'exercice au cours duquel est intervenue la modification, une négociation en vue de la conclusion d'un nouvel accord.

La circulaire de l'administration ainsi que le Guide de l'épargne salariale ajoutent que « l'accord de participation se poursuive ou non, la garantie de la gestion des droits à participation déjà affectés des salariés transférés jusqu'au terme de la période d'indisponibilité [de cinq ans ou, dans le régime d'autorité, de huit ans] doit être assurée : les modifications de la situation juridique de l'entreprise ne peuvent avoir pour effet de remettre en cause les règles légales d'indisponibilité. Il est donc souhaitable que la convention intervenant entre l'ancien et le nouvel employeur envisage l'éventualité que la gestion de ces droits incombe au nouvel employeur, notamment en ce qui concerne la participation placée en comptes courants bloqués que le salarié

1. C. trav., art. D. 2231-4 et art. D. 3323-1.
2. Civ. 2e, 22 juin 2023, no 21-18.363, P ; *JCP S*. 1215, note J. Kovac et L. Gaudemet-Toulemonde.
3. CEPENDANT à compter du 1er septembre 2021, ss no 512.131 ; et : L. no 2020-1525, 7 déc. 2020, préc., art. 118-1 et 119.
4. Soc. 19 nov. 1998, no 96-22.869, P V, no 510, p. 380 ; *RJS* 1/1999, no 82 – Circ. intermin. 14 sept. 2005 relative à l'épargne salariale, *JO* 1er nov., no 6. NOR : SOCX0508715C.
5. Soc. 26 juin 2019, nos 17-28.287 à 17-28.292, 18-10.953, P ; *D.* 2019. 1345 ; *D.* 2019. 2153, obs. P. Lokiec et J. Porta ; *JCP G* 2019. p. 1579, note R. Vatinet ; *JCP S* 2019. 1246, note D. Chenu ; *BJT* 9/2019, p. 41, obs. F. Bergeron-Canut ; *JSL* 16 sept. 2019, no 481, p. 8, note G. Chastagnol ; *RJS* 2019. 730. – *Adde* : C. Mariano, « La caducité de l'accord collectif », *Dr. soc.* 2023. 225.
6. Sur l'impossibilité d'application, v. C. Metzger, M. Khelif, « Sort de l'épargne salariale », *Cah. DRH* 2020, no 281, p. 29 s.
7. Circ. intermin. 14 sept. 2005, préc.

transféré pourrait ne pas recouvrer en cas de défaillance de son ancien employeur »[1].

512.183 Dénonciation de l'accord de participation. Les règles de droit commun de la négociation collective, telles que prévues aux articles L. 2261-10 à L. 2261-13 du Code du travail, s'appliquent à la dénonciation de l'accord de participation mais uniquement lorsqu'il est signé avec les syndicats. S'agissant des autres modalités de conclusion de l'accord de participation prévues à l'article L. 3322-6 du Code du travail, rien n'est prévu si bien que ce sera aux signataires d'organiser les modalités de dénonciation de l'accord. Le Code du travail se contente de prévoir les modalités de notification de la dénonciation. Ainsi, la dénonciation d'un accord conclu au sein d'un comité social et économique est constatée au procès-verbal de la séance au cours de laquelle cette dénonciation a eu lieu[2]. La dénonciation doit, dans les meilleurs délais, faire l'objet d'un dépôt auprès de la Dreets et être notifiée à l'autre partie[3].

Pour respecter le caractère aléatoire des accords de participation, ceux-ci ne peuvent être modifiés ou dénoncés avant la clôture d'au moins un exercice dont les résultats n'étaient ni connus ni prévisibles à la date de leur conclusion[4].

4°
Devenir de l'accord en cas de passage en dessous du seuil d'effectif

512.191 Devenir de l'accord de participation dans l'entreprise passant en dessous du seuil d'effectifs. Une autre situation est celle de l'entreprise qui passe en dessous du seuil d'effectif de cinquante salariés requis pour un accord de participation. Que se passe-t-il si l'entreprise, en fin d'exercice, passe en dessous du seuil ? L'accord peut contenir une clause de suspension ou de caducité de plein droit, ce que l'administration n'admet que pour les accords à durée indéterminée[5]. La Cour de cassation n'est pas du même avis et juge qu'un accord de participation à durée déterminée peut prévoir qu'il cessera de produire effet si l'effectif devient inférieur à cinquante salariés[6].

En revanche, si l'accord de participation est silencieux sur son sort en cas de changement dans les seuils d'effectifs, il y a lieu de considérer que le fait que l'entreprise passe en dessous du seuil requis est sans effet. En présence d'une « clause de renouvellement par tacite reconduction de l'accord de participation [qui] ne comportait aucune stipulation excluant son application en cas d'abaissement de l'effectif de l'entreprise en dessous du seuil d'assujettissement au régime de la participation », il faut considérer qu'« à défaut de dénonciation de l'accord [...] l'entreprise était demeurée soumise au régime de participation pendant les exercices litigieux, peu important le nombre de salariés alors employés »[7]. La solution se justifie d'autant plus si l'entreprise compte encore au moins onze salariés et a réalisé un bénéfice net fiscal au moins égal à 1 % de son chiffre d'affaires pendant trois exercices consécutifs. Dans ce cas, la loi du 29 novembre 2023[8] impose en effet aux entreprises de mettre en place, à compter du 1er janvier 2025, un dispositif de partage de la valeur qui peut être un régime de participation[9].

512.192 Sanction de l'absence d'accord. L'accord de participation doit être conclu dans le délai d'un an à compter de la clôture de l'exercice au titre duquel les droits des salariés sont nés. L'absence d'accord constatée par l'inspecteur du travail déclenche la mise en œuvre d'un régime d'autorité prévu par l'article L. 3323-5 du Code du travail. Ce régime conduit à la création d'une réserve spéciale de participation selon la formule légale, mais son fonctionnement est moins favorable pour l'employeur (statut fiscal et social des sommes) et pour les salariés (sauf si les salariés demandent le paiement immédiat de leurs droits, la période de blocage passe de cinq ans à huit ans).

D.
Règles particulières en matière d'intéressement

512.201 Conclusion de l'accord. L'intéressement peut être mis en place au niveau d'une branche. En pareil cas, les entreprises de la branche de moins de cinquante salariés peuvent opter pour l'application de l'accord de branche de façon unilatérale. En revanche, les entreprises de la branche employant au moins cinquante salariés ne peuvent adhérer à l'accord de branche que dans les conditions de l'article L. 3312-5 (accord collectif, accord conclu au sein du CSE, projet de contrat de l'employeur soumis à ratification)[10].

1. *Ibid.*
2. C. trav., art. D. 3323-8.
3. https://travail-emploi.gouv.fr/IMG/pdf/imprime_type_-_accord_participation.pdf
4. *Ibid.*
5. Circ. intermin. 14 sept. 2005, préc.
6. Soc. 18 sept. 2002, n° 99-15.454, P V, n° 271 ; *D.* 2002. IR 2717 ; *RJS* 2002. 942, n° 1264.
7. Soc. 3 mai 2007, n° 05-12.340, P V, n° 68 ; *D.* 2007. IR 1505, obs. A. Fabre ; *D.* 2007. 536, obs. G. Borenfreund ; *RJS* 2007. 662, n° 875 ; *JSL* 2007, n° 218-4.
8. L. n° 2023-1107, 29 nov. 2023.
9. V. s[s] n° 512.163.
10. C. trav., art. L. 3312-8.

Le plus souvent, l'accord d'intéressement est mis en place au niveau de l'entreprise selon l'une des quatre modalités suivantes : un accord collectif, un accord avec les représentants des syndicats représentatifs, un accord au sein du comité social et économique ou une ratification à la majorité des deux tiers du personnel.

Hormis l'hypothèse du référendum dont les conditions sont fixées à l'article L. 3312-5, 4° du Code du travail, les modalités conventionnelles peuvent prendre trois formes différentes. Il peut s'agir d'un accord avec les représentants des syndicats représentatifs dans l'entreprise qui ne sont pas nécessairement les délégués syndicaux (par exemple des salariés mandatés par les syndicats représentatifs). L'intéressement peut aussi être prévu par un accord conclu entre l'employeur et la majorité des élus (présents) du comité social et économique. C'est alors le procès-verbal de la réunion du CSE qui constate l'accord, étant précisé que les élus ont la possibilité de mandater l'un des leurs pour signer l'accord. Ce mandat doit être mentionné expressément dans le procès-verbal de la réunion. Le cas le plus fréquent est néanmoins celui de la mise en place par un accord collectif d'entreprise conclu dans les conditions du droit commun de la négociation prévues par l'article L. 2231-12 du Code du travail.

Par ailleurs, l'intéressement peut être mis en place au sein d'une unité économique et sociale, soit sous la forme d'un accord unique, soit sous la forme de plusieurs accords conclus au sein des différentes entreprises composant l'UES. Le groupe peut également servir de cadre à la conclusion d'un accord « de groupe » d'intéressement. Il peut s'agir d'un accord de groupe unique conclu entre, d'un côté, l'employeur, chef de l'entreprise dominante et un ou plusieurs employeurs membres des entreprises du groupe et, de l'autre, les syndicats représentatifs au niveau du groupe ou dans toutes les entreprises membres du groupe, avec le cas échéant l'intervention des coordinateurs syndicaux de groupe.

Depuis l'adoption de la loi du 7 décembre 2020[1], tous les accords d'intéressement peuvent être conclus pour une durée comprise entre un an et trois ans. En cas de renouvellement par tacite reconduction, ce renouvellement a une durée identique à celle de la durée initiale comme le prévoit l'article L. 3312-5, I, du Code du travail. Cette possibilité, qui assouplit les conditions de l'accord d'intéressement – jusque-là conclu pour trois ans –, entend favoriser le recours au mécanisme[2].

512.202 Date de conclusion et exonération de cotisations sociales. Les sommes allouées au salarié au titre de l'intéressement, comme celles réparties au titre de la réserve spéciale de participation ou encore les sommes versées par l'employeur à un plan d'épargne, sont exclues de l'assiette de cotisations sociales[3]. La Cour de cassation a précisé à ce sujet que, pour ouvrir droit aux exonérations de cotisations sur les sommes versées aux salariés à titre d'intéressement, l'accord d'intéressement doit avoir été conclu avant le premier jour de la deuxième moitié de la période de calcul suivant la date de sa prise d'effet et déposé dans les quinze jours à compter de cette date limite à la Dreets. Lorsqu'il est déposé hors délai, l'accord n'ouvre droit aux exonérations que pour les périodes de calcul ouvertes postérieurement à son dépôt[4].

512.203 Contenu minimal et clauses facultatives. L'accord d'intéressement a un contenu minimal obligatoire et peut comporter d'autres clauses dites facultatives. Les articles L. 3313-1, L. 3313-2, L. 3314-1 et L. 3314-2 du Code du travail déterminent le contenu obligatoire[5]. L'accord doit ainsi comporter un préambule précisant les motifs de l'accord ainsi que les justifications des modalités de calcul de l'intéressement et les critères de répartition.

512.204 Simplicité de mise en place et formalisme réduit mais important par ses effets. L'accord d'intéressement n'est pas soumis à la consultation préalable du comité social et économique. En revanche, il est soumis à des formalités de publicité et notamment au dépôt dans les quinze jours de sa conclusion. Dans tous les cas, il doit être déposé sur la plateforme idoine mais il n'est pas publié dans la base de données nationale. S'il est conclu sous la forme d'un accord collectif de droit commun, il doit en outre faire l'objet d'un dépôt au greffe du conseil de prud'hommes.

512.205 Révision et dénonciation des accords d'intéressement. L'accord d'intéressement ne peut être modifié ou dénoncé que par l'ensemble des signataires et dans la même forme que sa conclusion. La dénonciation doit faire l'objet, dans les

1. L. n° 2020-1525, 7 déc. 2020, préc.

2. Il faut noter que la durée avait déjà été assouplie dans des cas particuliers par des textes antérieurs pour certains cas ; pour les régimes d'intéressement mis en place par voie de décision unilatérale dans les entreprises n'atteignant pas le seuil de onze salariés, v. : L. n° 2020-734, 17 juin 2020 relative à diverses dispositions liées à la crise sanitaire, à d'autres mesures urgentes ainsi qu'au retrait du Royaume-Uni de l'Union européenne, *JO* 18 juin, n° 1.
3. CSS, art. L. 242-1.
4. Civ. 2e, 12 mai 2022, n° 20-22.367, P ; *Bull. Joly sociétés* 7/2022, p. 30, note X. Aumeran ; *JSL* 5 juill. 2022, n° 545, p. 7, note P. Mureau ; *RJS* 2022. 622.
5. Dans l'hypothèse d'une entreprise à structure complexe où l'intéressement tient compte de cette structure, les clauses obligatoires doivent figurer dans l'accord-cadre.

meilleurs délais, d'un dépôt auprès de la Dreets et être notifiée à l'autre partie.

Un décret du 28 juin 2020[1] précise que, lorsque la révision ou la dénonciation dans la même forme que sa conclusion est rendue impossible par la disparition d'un ou plusieurs signataires d'origine, l'accord peut être dénoncé ou peut faire l'objet d'un avenant selon l'une des modalités de conclusion des accords d'intéressement.

La dénonciation unilatérale de l'accord d'intéressement est impossible, sauf pour prendre en compte les remarques de la Dreets suite au dépôt de l'accord, celle-ci pouvant demander le retrait ou la modification des dispositions contraires aux dispositions légales. Il est prévu en effet que, « sur le fondement de cette demande, l'accord ou le règlement peut être dénoncé à l'initiative d'une des parties en vue de la renégociation d'un accord conforme aux dispositions légales ». Cette faculté de dénonciation unilatérale vaut pour les accords d'intéressement, de participation et pour le règlement d'un plan d'épargne salariale[2].

Tout comme la participation, l'intéressement doit présenter un caractère aléatoire. Il en résulte que la signature d'un avenant qui modifierait la formule de calcul doit avoir lieu au plus tard les six premiers mois de l'exercice au cours duquel il doit prendre effet, ou avant l'expiration de la première moitié de la première période de calcul[3].

§ 2 Plans d'épargne d'entreprise et plans d'épargne interentreprises

512.211 De la rémunération du travail à l'épargne. Systèmes d'épargne collectifs, les plans d'épargne salariale sont mis en place au niveau de l'entreprise – ou de l'unité économique et sociale ou encore du groupe – (PEE) ou entre plusieurs entreprises n'appartenant pas à un groupe (PEI). L'idée est de permettre aux salariés de se constituer une épargne sous la forme d'un portefeuille de valeurs mobilières avec l'aide de l'entreprise[4]. Le plan est alimenté par des versements opérés par les salariés et des abondements réalisés par l'entreprise. Comme en matière d'intéressement et de participation, on présentera ici de façon succincte le régime juridique des dispositifs mis en place sous le terme de plan d'épargne d'entreprise ou de plan pour privilégier la place et le rôle de la négociation collective dans ces domaines.

512.212 Entreprises visées et salariés concernés. Les entreprises privées et les établissements publics à caractère industriel et commercial ainsi que les succursales françaises d'entreprises étrangères peuvent mettre en place un plan d'épargne salariale. Celui-ci peut aussi être installé dans le cadre d'une unité économique et sociale ou au niveau d'un groupe « constitué par des entreprises juridiquement indépendantes, mais ayant établi entre elles des liens financiers et économiques »[5]. Tous les salaries bénéficient du plan d'épargne salariale en raison de son caractère nécessairement collectif. Néanmoins, une condition d'ancienneté peut être prévue, dans la limite de trois mois.

Comme en matière de prévoyance, les anciens salaries ont la possibilité de conserver leur épargne dans le plan. Pour autant, il y a lieu de distinguer selon les raisons qui ont conduit le salarié à quitter l'entreprise. Les anciens salariés peuvent continuer à alimenter le plan s'ils sont partis à la retraite ou, le cas échéant, en préretraite mais, dans ce cas, l'entreprise n'a plus l'obligation de verser son abondement. Si la rupture du contrat de travail intervient pour une autre raison, le salarié ne peut plus alimenter son plan sauf avec la prime d'intéressement ou de participation qui serait versée après la rupture[6]. Il est à noter que, dans les entreprises ayant au moins un salarié et moins de deux cent cinquante, le chef d'entreprise et son conjoint ont accès au plan.

512.213 Fonctionnement du plan d'épargne salariale : notions. Le plan est alimenté par le salarié et par l'abondement réalisé par l'employeur. Le premier peut opérer des versements volontaires, décider d'y transférer tout ou partie de l'intéressement ou tout ou partie de la participation. Il peut encore y transférer des sommes en provenance d'un autre plan d'épargne salariale ou même d'un compte épargne-temps. Sans entrer dans le détail[7], on relèvera que, jusqu'à l'adoption de la loi Pacte du

1. Décr. n° 2020-795, 26 juin 2020 actualisant certaines dispositions relatives à l'intéressement, à la participation et aux accords et plans d'épargne salariale, *JO* 28 juin, n° 36.
2. C. trav., art. L. 3345-2.
3. Civ. 2e, 9 nov. 2017, n° 16-22.572, NP.
4. Les plans permettant la constitution d'une épargne en vue de la retraite (anciennement Perco et Perco interentreprises, désormais à la suite de la loi n° 2019-486 du 22 mai 2019, dite loi Pacte, sont examinés avec les dispositifs permettant l'amélioration de la retraite.
5. C. trav., art. L. 3344-1 ; un plan d'épargne salariale peut aussi être mis en place au sein d'un groupement d'employeurs mais si une seule entreprise a mis en place un tel plan, le salarié mis à disposition par le groupement peut en bénéficier si le règlement du plan le permet.
6. La solution est différente s'agissant du Perco puisque l'article L. 3334-7 du Code du travail leur permet de continuer à opérer des versements dans le cas où l'entreprise qu'ils rejoignent ne dispose pas d'un Perco.
7. Sur les aspects techniques des versements et de leur statut social : A. Ferreira, *Protection sociale d'entreprise et épargne salariale*, « Les Fondamentaux de l'Assurance », L'Argus de l'Assurance, 2020 – Revue Fiduciaire, *Épargne salariale et actionnariat salarié*, « Les guides », 2022.

22 mai 2019, l'abondement de l'employeur n'était possible qu'en présence d'un versement du salarié. Désormais, un abondement dit « unilatéral » de l'employeur est possible. À défaut de volonté contraire exprimée par le salarié, la moitié de la participation et la totalité de l'intéressement sont versées sur le plan d'épargne d'entreprise. Les versements du salarié comme les abondements de l'entreprise sont plafonnés. Les actions et parts acquises pour le compte du salarié sont bloquées pour une durée de cinq ans [1]. Enfin, les conditions de gestion des sommes affectées au plan sont strictement fixées : tant les versements et les abondements que la perception des sommes à l'issue du blocage sont soumis à des règles fiscales et sociales très précises globalement plus favorables que celles applicables aux gains et salaires.

La gestion du plan fait l'objet d'un règlement, les articles L. 3332-15 et suivants du Code du travail précisant les conditions d'utilisation des sommes recueillies. Il est en effet essentiel que l'épargne du salarié soit protégée des vicissitudes propres à l'économie financière. Les garanties données sur ce point sont essentielles dès lors que le législateur veut promouvoir cette catégorie d'épargne. À compter du 1er juillet 2024, les règlements des plans d'épargne d'entreprise et des plans d'épargne retraite d'entreprise doivent comporter au moins un fonds labellisé ou un fonds nourricier d'un fonds labellisé au titre du financement de la transition énergétique et écologique ou de l'investissement socialement responsable [2].

512.214 Place de la négociation collective dans la mise en place des PEE : une obligation de négocier. L'intéressement, la participation et l'intéressement font partie de la rubrique « partage de la valeur ajoutée » dont l'article L. 2242-1 du Code du travail précise qu'elle doit faire l'objet d'une négociation dans l'entreprise au moins tous les quatre ans. Elle fait encore partie du domaine éligible à l'organisation conventionnelle d'une autre périodicité, sachant que, si aucun accord portant une telle organisation n'intervient, le 3° de l'article L. 2242-15 du Code du travail précise qu'une négociation annuelle doit être engagée au titre des dispositions supplétives.

Ce dernier texte précise que la négociation annuelle sur la rémunération, le temps de travail et le partage de la valeur ajoutée dans l'entreprise porte sur « l'intéressement, la participation et l'épargne salariale, à défaut d'accord d'intéressement, d'accord de participation, de plan d'épargne d'entreprise, de plan d'épargne pour la mise à la retraite collectif ou d'accord de branche comportant un ou plusieurs de ces dispositifs. S'il y a lieu, la négociation porte également sur l'affectation d'une partie des sommes collectées dans le cadre du plan d'épargne pour la retraite collectif mentionné à l'article L. 3334-1 du présent code ou du plan d'épargne retraite d'entreprise collectif mentionné à l'article L. 224-14 du code monétaire et financier et sur l'acquisition de parts de fonds investis dans les entreprises solidaires mentionnés à l'article L. 3334-13 du présent code ou à l'article L. 224-3 du code monétaire et financier. La même obligation incombe aux groupements d'employeurs ». Cela signifie que l'entreprise peut, par accord, porter la périodicité annuelle de cette négociation à une durée supérieure à un an dans la limite (d'ordre public) de quatre ans.

512.215 Règles dérogatoires. Le PEE fait l'objet, comme les accords de participation et d'intéressement, de règles dérogatoires de mise en cause. L'article L. 3335-1 du Code du travail dispose qu'« en cas de modification survenue dans la situation juridique d'une entreprise ayant mis en place un plan d'épargne d'entreprise, notamment par fusion, cession, absorption ou scission, et lorsqu'elle rend impossible la poursuite de l'ancien plan d'épargne, les sommes qui y étaient affectées peuvent être transférées dans le plan d'épargne de la nouvelle entreprise, après information des représentants du personnel dans des conditions prévues par décret ».

Dans ce cas, « le délai d'indisponibilité écoulé des sommes transférées s'impute sur la durée de blocage prévue par le nouveau plan ». Il faut comprendre que, si le transfert d'entreprise rend impossible la poursuite du plan d'épargne d'entreprise en vigueur au sein de l'entreprise absorbée, les sommes qui y sont affectées peuvent être transférées dans celui de la nouvelle entreprise, après information des représentants du personnel [3].

512.216 Place de la négociation collective dans la mise en œuvre technique de l'épargne salariale. Comme en matière d'intéressement ou de participation, la mise en place fait l'objet d'un accord si l'entreprise dispose d'au moins un délégué syndical ou d'un comité social et économique. Cet accord peut prendre des formes différentes comme en matière de participation. Il peut s'agir d'un accord collectif de droit commun, d'un accord conclu au sein du comité social et économique, d'un accord avec les représentants de syndicats représentatifs ou encore d'une ratification par référendum à la majorité des deux tiers du personnel. En cas d'échec des

1. POUR LE CONTENU du PEE : C. trav. art. L. 3332-25 et L. 3324-10, art. R. 3324-22 et R. 3332-28 pour les cas de déblocage anticipé.
2. C. trav. art. L. 3332-17, modifié par la L. n° 2023-1107, 29 nov. 2023, art. 18.
3. C. Metzger, M. Khelif, « Sort de l'épargne salariale », *Cah. DRH*, 2020, n° 281, p. 29 s.

négociations, il convient d'établir un procès-verbal de désaccord qui retranscrira le dernier état des propositions des parties ainsi que les mesures que l'employeur se propose d'appliquer unilatéralement.

Lorsque l'entreprise n'a ni délégué syndical ni comité social et économique, l'employeur peut mettre en place unilatéralement le PEE.

512.217 **Plan d'épargne interentreprises.** Le plan d'épargne interentreprises est prévu aux articles L. 3333-1 du Code du travail. Les conditions de mise en place d'un tel support d'épargne figurent à l'article L. 3333-2 du Code du travail. Selon ce texte, « un plan d'épargne interentreprises peut être institué par accord collectif conclu dans les conditions prévues au livre II de la deuxième partie. Si ce plan est institué entre plusieurs employeurs pris individuellement, il peut également être conclu au sein du comité social et économique ou à la suite de la ratification à la majorité des deux tiers du personnel de chaque entreprise du projet d'accord instituant le plan. Dans ce cas, l'accord est approuvé dans les mêmes termes au sein de chacune des entreprises et celles qui souhaitent y adhérer ou en sortir doivent recueillir l'accord de leur comité social et économique ou de la majorité des deux tiers de leur personnel ».

Le texte montre bien la force du schéma de l'organisation conventionnelle de la participation, de l'intéressement ou de l'épargne salariale d'entreprise. On y retrouve le triptyque, évidemment aménagé pour tenir compte de la pluralité d'entreprises, accord collectif de droit commun/accord au sein du comité social et économique – plus exactement au sein des comités sociaux et économiques –, et accord de la collectivité de travail. On relèvera néanmoins, d'une part, que la mise en place unilatérale qui serait ici une décision collective des chefs des entreprises concernées n'est pas envisageable et, d'autre part, que le texte appelle un strict parallélisme des formes s'agissant de la « sortie » du plan.

Cet accord doit fixer le règlement du plan qui doit lui-même déterminer : les entreprises signataires ou le champ d'application professionnel et géographique ; la nature des sommes qui peuvent être versées ; les différentes possibilités d'affectation des sommes recueillies, en particulier le nombre, l'orientation de gestion et le profil de risque des fonds utilisés ; les conditions dans lesquelles les frais de tenue de compte sont pris en charge par les employeurs ; la liste de différents taux et plafonds d'abondement parmi lesquels les entreprises souhaitant effectuer des versements complémentaires à ceux de leurs salariés pourront opter ; les conditions dans lesquelles sont désignés les membres des conseils de surveillance des fonds communs de placement prévus par le règlement du plan et les modalités de fonctionnement des conseils.

TITRE

52. La négociation sous contrainte ou administrée

SECTION 0

ORIENTEUR

52.00 Sommaire du titre.

Division. La négociation sous contrainte se place au-delà de l'obligation de négocier et en deçà de la réglementation étatique (chap. 521). Cette modalité particulière de négociation est pour le moins paradoxale et a connu des vicissitudes (chap. 522).

CHAPITRE

521. Logique de la négociation sous contrainte : au-delà de l'obligation de négocier et en deçà de la réglementation étatique

SECTION 0 ORIENTEUR

521.00 **Sommaire du chapitre.**

Division. Initiée dans les années 1980 dans des domaines spécifiques, l'obligation de négocier s'est progressivement étendue (sect. unique).

SECT. UNIQUE OBLIGATION DE NÉGOCIER ET OBLIGATION « DE COUVERTURE »

521.11 **Apparition des obligations de négocier.** Les premières obligations de négocier apparaissent en 1982[1] avec l'inscription dans le Code du travail d'une obligation de négocier sur les modalités d'exercice du droit d'expression directe des salariés puis d'une négociation annuelle obligatoire dans l'entreprise[2], annuelle dans la branche sur les salaires et quinquennale toujours dans la branche sur les classifications[3]. L'idée est alors qu'en obligeant les acteurs sociaux de la branche et surtout de l'entreprise à des rendez-vous réguliers, l'habitude ainsi instaurée aurait pour effet de faire émerger une « culture » de la négociation, de promouvoir une négociation « à froid » et de favoriser globalement le développement du droit conventionnel.

521.12 **Expansion des obligations de négocier.** Au fil du temps, ces obligations de négocier se sont multipliées[4] et leurs objets se sont diversifiés avec des succès variés selon les thèmes abordés. Les Bilans annuels de la négociation collective publiés sous l'égide du Ministère du travail et examinés par

1. L. n° 82-689, 4 août 1982 relative aux libertés des travailleurs dans l'entreprise, *JO* 6 août.
2. Sur les salaires effectifs, sur la durée effective du travail, sur l'organisation du temps de travail.
3. L. n° 82-957, 13 nov. 1982 relative à la négociation collective et au réglement des conflits collectifs du travail, *JO* 14 nov., p. 3414 ; – Circ. 5 mai 1983 relative a l'application des dispositions de la Loi n° 82-957 du 13 novembre 1982 concernant l'obligation annuelle de négocier dans les entreprises, *JO* 3 juill., n° compl., p. 6153.
4. Sur la prévoyance, sur l'épargne salariale, sur l'égalité professionnelle, sur l'emploi des seniors, etc.

la Commission nationale de la négociation collective en application de l'article L. 2271-1 du Code du travail permettent de constater le regain la négociation collective, notamment d'entreprise, depuis les années quatre-vingt-dix. On peut penser que ce développement est dû pour l'essentiel aux obligations de négocier à la fois de façon directe et de façon indirecte par l'effet d'acculturation de la négociation collective dans le champ des relations sociales.

La loi du 17 août 2015[1], dite « Rebsamen », est venue opérer une première remise en ordre en rassemblant les 12 négociations obligatoires en entreprise en trois ensembles ou blocs[2]. Moins d'un an plus tard, la loi du 8 août 2016[3] modifiait de nouveau la législation sur de nombreux points en particulier sur l'articulation des accords collectifs d'entreprise et de branche et sur le développement des adaptations conventionnelles de la négociation d'entreprise. Dans la continuité de ces textes, les ordonnances du 22 septembre 2017 et en particulier l'ordonnance n° 2017-1385 relative au renforcement de la négociation collective met en place une nouvelle architecture normative que l'on peut présenter succinctement de la façon suivante (le but étant d'apprécier le dernier état du droit des négociations obligatoires au niveau de l'entreprise).

Le principe désormais applicable est celui de la primauté de l'accord d'entreprise sur l'accord de branche, y compris lorsque l'accord d'entreprise s'avère moins favorable pour le salarié. Il comporte des exceptions strictement délimitées tandis que les négociations obligatoires viennent s'insérer dans le nouveau dispositif. Appartiennent au premier bloc de thèmes pour lesquels l'accord d'entreprise ne peut déroger à l'accord de branche sauf si le premier accord des « garanties au moins équivalentes » :

- les salaires minima, les classifications, la mutualisation des fonds de financement du paritarisme et les garanties « collectives » de la protection sociale complémentaire ;
- certaines mesures relatives au temps ou à la durée du travail[4] et en particulier l'aménagement du temps de travail sur une période supérieure à un an, dans la limite de trois ans ;
- certaines mesures relatives aux contrats à durée déterminée, aux contrats de travail temporaires ou contrat de chantier, aux périodes d'essai ou aux modalités de transfert de contrat de travail prévues par des conventions collectives ainsi que les hypothèses de mise à disposition d'un salarié temporaire dans le cadre des politiques d'emploi ou d'insertion professionnelle ;
- les mesures relatives à l'égalité professionnelle entre les hommes et les femmes ;
- la rémunération minimale du salarié « porté » et le montant de l'indemnité d'apport d'affaires.

Dans un deuxième bloc de thèmes, l'accord de branche peut exclure la possibilité de dérogations par l'accord d'entreprise. Il s'agit :

- des règles relatives à la prévention de la pénibilité ;
- de l'insertion et du maintien dans l'emploi des travailleurs handicapés ;
- de l'effectif permettant la désignation de délégués syndicaux, de leur nombre et des mécanismes de valorisation du parcours syndical ;
- des primes pour travaux insalubres ou dangereux.

Ainsi pour ce bloc de thèmes, l'accord d'entreprise pourra déroger à l'accord de branche sauf si ce dernier le lui interdit. Mais même dans ce cas, une dérogation sera possible si l'accord d'entreprise offre des garanties au moins équivalentes à celles de l'accord de branche.

Pour tous les thèmes ne figurant pas au bloc n° 1 ou au bloc n° 2, l'accord d'entreprise pourra désormais primer sur l'accord de branche quand bien même il serait moins favorable au salarié.

Les négociations obligatoires viennent désormais s'inscrire dans cette nouvelle architecture.

521.13 Diversité des obligations de négocier. Cette architecture conduit à distinguer deux catégories d'accord. La première ne concerne pas toutes les entreprises et oblige à une négociation au moins triennale. La seconde concerne toutes les négociations qui, à défaut d'accord « organisateur », ont lieu nécessairement chaque année. La première catégorie concerne les entreprises ou groupes d'au moins trois cents salariés, ainsi que les entreprises et groupes de dimension communautaire comprenant au moins une entreprise d'au moins cent cinquante salariés en France. Une négociation collective doit y être engagée tous les trois ans sur la gestion des emplois et des parcours professionnels ainsi que sur la mixité des métiers. Cette négociation est réalisée dans le cadre plus général de la question des orientations stratégiques de l'entreprise et porte sur la mise en place d'un dispositif de gestion prévision-

1. L. n° 2015-994, 17 août 2015 relative au dialogue social et à l'emploi, *JO* 18 août, p. 14346.
2. Rémunérations, temps de travail et répartition de la valeur ajoutée/Qualité de la vie au travail/Gestion des emplois et des parcours professionnels.
3. L. n° 2016-1088, 8 août 2016, relative au travail, à la modernisation du dialogue social et à la sécurisation des parcours professionnels, *JO* 9 août, n° 3.
4. Régime d'équivalence, travail de nuit, durée minimale du temps partiel inférieure à la limite légale de 24 heures hebdomadaire, au taux de majoration des heures complémentaires ainsi qu'à l'augmentation temporaire du temps de travail des travailleurs à temps partiel.

nelle des emplois et des compétences, les orientations de la formation professionnelle à trois ans, sur les prévisions de recours aux différents contrats de travail ou stage, ainsi sur le déroulement de carrière des salariés exerçant des responsabilités syndicales.

La seconde catégorie, à défaut d'accord « organisateur »[1], les négociations qui suivent sont obligatoirement annuelles :

- sur la rémunération, le temps de travail et le partage de la valeur ajoutée (sur les salaires effectifs, la durée effective du travail et l'organisation du temps de travail, l'intéressement, la participation et l'épargne salariale, à défaut d'un accord de branche applicable sur ces thématiques, et le suivi de la mise en œuvre des mesures destinées à supprimer les écarts de rémunération ainsi que les différences de carrière entre les hommes et les femmes) ;

- sur l'égalité professionnelle entre les femmes et les hommes et sur la qualité de vie au travail.

Au sein de cet ensemble, certaines négociations occupent une place particulière en ce que leur caractère obligatoire est renforcé par le fait que, posées comme obligatoires en termes de négociation, elles sont aussi un outil permettant à l'entreprise de satisfaire une obligation de couverture par des dispositifs considérés par le législateur comme essentiels. C'est ce que l'on appelle parfois la négociation sous contrainte ou la « négociation administrée ».

1. On entend ici par accord organisateur, l'accord qui peut résulter d'une négociation engagée à l'initiative de l'employeur ou à la demande d'une organisation syndicale représentative portant sur la périodicité, le contenu des thèmes, le calendrier et le lieu des réunions. En cas d'accord, sa durée maximale est de quatre ans.

CHAPITRE

522. Négociation administrée

SECTION 0 ORIENTEUR

522.00 **Sommaire du chapitre.**

Division. Il y a un certain paradoxe à faire de la négociation collective un espace de liberté pour les partenaires sociaux et une expression de leur autonomie et de les contraindre par ailleurs, non seulement à négocier, mais encore à parvenir à un résultat sous peine de sanction (sect. 1). L'histoire de cette modalité particulière de la négociation collective peut apparaître avec le recul quelque peu chaotique, certaines tentatives ayant été abandonnées, d'autres inventées et continuant à prospérer (sect. 2).

522.03 **Bibliographie indicative.**

> Sur la négociation relative à l'égalité professionnelle

Articles. C. Coron et a., « Quelle efficacité attendre des indicateurs pour mesurer les écarts de rémunération entre les femmes et les hommes », *RDT* 2019. 147 – Y. Pagnerre et E. Jeansen, « L'obligation de négocier. De la loi à l'accord collectif », *JCP S* 2017. 1314 – S. Perira et J. Devaux, « Égalité professionnelle entre les femmes et les hommes » ; *JCP S* 2013. 1029 – A. de Ravaran, « Une démarche d'anticipation au service de l'égalité entre les femmes et les hommes », *JCP S* 2013. 1030 – G. Santoro, « Réflexions sur l'efficacité du droit de la négociation collective sur l'égalité hommes-femmes », *Dr. soc.* 2016. 49.

> Sur la négociation relative à la prévention de la pénibilité

Manuel. B. Teyssié, *Droit du travail. Relations collectives,* 13e éd., « Manuels », LexisNexis, 2023.

Articles. C.-F. Pradel et a., « Prévention des risques professionnels et compte professionnel de prévention », *JCP S* 2017. 1315 ; « La réforme du dispositif de prévention de la pénibilité », *JCP S* 2018. 1022.

SECTION 1 LOGIQUE ET PARADOXE DE LA NÉGOCIATION ADMINISTRÉE

522.11 **Oxymore.** L'expression « négociation administrée » a un parfum d'oxymore. La notion de négociation renvoie en effet à l'idée de construction d'un accord ou d'un contrat et par voie de conséquence à la liberté contractuelle qui caractérise notamment le droit français. Le qualificatif d'« administrée » évoque l'intervention d'une réglementation au moins partiellement contradictoire avec la liberté qui préside à l'accord. Parler de « négociation administrée » a donc quelque chose de paradoxal même si chacun sait que la liberté contractuelle n'est pas totale en matière de négociation collective et que la convention collective a toujours une nature duale mise en évidence par Durand : contractuelle par son mode d'élaboration, elle est réglementaire partiellement par ses effets. En même temps la volonté de promotion de la négociation collective comme mode normal d'élaboration de normes applicables aux relations de travail ne peut se satisfaire d'une approche trop rigide mais doit privilégier une approche plus souple et plus culturelle. C'est la raison pour laquelle le Rapport Combrexelle[1] préconise de circonscrire les dispositifs de « négociation administrée » à quelques domaines caractérisés par d'impératives exigences d'intérêt général. Comme l'écrit l'auteur du Rapport « Ces dispositifs peuvent forcer à l'existence d'une négociation, et donc à la présentation de statistiques en apparence avantageuses ; mais non à la qualité de la négociation sur des champs où pourtant cette qualité et cette effectivité seraient essentielles »[2]. Cette technique particulière apparaît aux alentours de 2010.

Certaines d'entre elles ont disparu (en matière d'emploi des seniors et de contrats de génération). Demeurent aujourd'hui sous ce registre, les négociations sur l'égalité professionnelle entre les femmes et les hommes ainsi que celles portant sur la pénibilité. Obéissant à une logique quelque peu différente, les sanctions attachées à l'absence de négociation sur les rémunérations peuvent être rapprochées de ce mouvement tendant à renforcer l'exigence de négociation. À vrai dire, les négociations sur la pénibilité, sur l'égalité professionnelle entre les femmes et les hommes et les négociations sur les rémunérations (dans les conditions évoquées *infra*) ont en commun de comporter l'éventualité de pénalités financières en cas de violation par l'employeur de ses obligations.

SECTION 2
NÉGOCIATIONS ADMINISTRÉES AUJOURD'HUI

522.20 **Plan.** Le développement de négociations sous contrainte allant au-delà de l'obligation de négocier a connu des vicissitudes. Certaines d'entre elles ont été abandonnées quelques années à peine après leur mise en place (§ 1), d'autres se sont maintenues selon des modalités particulières (§ 2), enfin la négociation sur l'égalité professionnelle entre les femmes et les hommes et la négociation sur la pénibilité ont pris dans l'espace de la négociation une place spécifique en raison de leur importance sociétale (§ 3).

§ 1
Négociations administrées abandonnées

522.31 **Abandon de la négociation administrée en matière d'emploi des séniors.** La loi de financement de la sécurité sociale n° 2009-1646 du 24 décembre 2009 avait décidé la mise en œuvre d'un dispositif pour maintenir et favoriser l'emploi des seniors. Il s'agissait pour l'essentiel d'obliger les entreprises d'au moins cinquante salariés ou appartenant à un groupe d'au moins cinquante salariés à négocier un accord d'entreprise ou de groupe ayant un tel objet sauf si l'entreprise ou le groupe était déjà soumis à un accord de branche sur le même objet. Il s'agissait d'une exigence plus importante que la seule obligation de négocier puisqu'à défaut d'accord l'entreprise avait l'obligation de mettre en place un plan d'action au contenu défini par la loi. L'absence d'accord ou de plan d'action engendrait des pénalités plutôt lourdes. En effet, les entreprises qui ne remplissent pas leurs obligations étaient redevables d'une pénalité de 1 % des rémunérations et gains dus aux salariés et assimilés, pour chaque mois entier de non couverture (la pénalité était recouvrée par l'Urssaf).

L'idée ultérieure des "contrats de génération" pour donner place à tous les âges dans l'entreprise avec notamment la recherche d'un recrutement ou d'un maintien dans l'emploi des seniors prenait appui sur des aides, des avantages ou des pénalités conditionnés en partie par la négociation d'accords collectifs ou de plan d'action au sein de l'entreprise. D'une durée maximale de trois ans, ces accords portaient sur l'insertion des jeunes, l'emploi des seniors, les procédures de transmission des savoirs et des compétences, etc., avec des calendriers prévisionnels et des objectifs chiffrés. Ce dispositif a été supprimé par l'article 9 de l'ordonnance n° 2017-1387 du 22 septembre 2017[3] relative à la prévisibilité et la sécurisation des relations de travail.

§ 2
Obligation de négocier sur les rémunérations

522.41 **Principe.** L'employeur qui n'a pas satisfait à son obligation de négocier sur les salaires effectifs, que cette négociation soit annuelle ou selon une autre périodicité prévue par accord collectif, se verra appliquer une sanction financière. Celle-ci prend la forme d'un remboursement obligatoire des exonérations sociales accordées à l'employeur sur les « bas salaires », c'est-à-dire les salaires inférieurs à 1,6 % du Smic. L'éviction du droit à l'allègement général des cotisations sociales patronales[4] et la pénalité fixée par la Dreets [Direccte jusqu'au 1er avril 2021] ont été confirmées par l'ordonnance n° 2017-1385 du 22 septembre 2017[5]. La règle est

1. J.-D. Combrexelle, *La négociation collective, le travail et l'emploi*, Rapport au Premier ministre, France stratégie, sept. 2015.
2. *Ibid.*, p. 27.
3. Ord. n° 2017-1387, 22 sept. 2017 portant diverses mesures relatives au cadre de la négociation collective, *JO* 23 sept., n° 33.
4. CSS, art. L. 241-13 et D. 241-2-4, D. 241-7.
5. Ord. n° 2017-1385, 22 sept. 2017 relative au renforcement de la négociation collective, *JO* 23 sept., n° 29.

désormais rappelée à l'article L. 2242-7 du Code du travail et fait partie des règles d'ordre public de la négociation collective en entreprise.

« Dans les entreprises où sont constituées une ou plusieurs sections syndicales d'organisations représentatives, l'employeur qui n'a pas rempli l'obligation de négociation sur les salaires effectifs mentionnée au 1° de l'article L. 2242-1 est soumis à une pénalité. Si aucun manquement relatif à cette obligation n'a été constaté lors d'un précédent contrôle au cours des six années civiles précédentes, la pénalité est plafonnée à un montant équivalent à 10 % des exonérations de cotisations sociales mentionnées à l'article L. 241-13 du code de la sécurité sociale au titre des rémunérations versées chaque année où le manquement est constaté, sur une période ne pouvant excéder trois années consécutives à compter de l'année précédant le contrôle. Si au moins un manquement relatif à cette obligation a été constaté lors d'un précédent contrôle au cours des six années civiles précédentes, la pénalité est plafonnée à un montant équivalent à 100 % des exonérations de cotisations sociales mentionnées au même article L. 241-13 au titre des rémunérations versées chaque année où le manquement est constaté, sur une période ne pouvant excéder trois années consécutives comprenant l'année du contrôle.

Dans le cas où la périodicité de la négociation sur les salaires effectifs a été portée à une durée supérieure à un an en application de l'article L. 2242-11 du présent code, le premier alinéa n'est pas applicable pendant la durée fixée par l'accord. Au terme de cette durée, il est fait application du premier alinéa du présent article.

Lorsque l'autorité administrative compétente constate le manquement mentionné au premier alinéa, elle fixe le montant de la pénalité en tenant compte notamment des efforts constatés pour ouvrir les négociations, de la situation économique et financière de l'entreprise, de la gravité du manquement et des circonstances ayant conduit au manquement, dans des conditions fixées par décret.

La pénalité est recouvrée dans les conditions prévues à la section 1 du chapitre VII du titre III du livre Ier du code de la sécurité sociale.

Le produit de la pénalité est affecté au régime général de sécurité sociale, selon les mêmes modalités que celles retenues pour l'imputation de la réduction mentionnée à l'article L. 241-13 du même code »[1].

Mise au service de la promotion de la négociation sur les salaires et par ricochet de la politique salariale globale, la sanction financière de l'absence de négociation est supposée avoir un effet de levier. L'abattement qui en résulte sur les exonérations de cotisations engendre un coût pour l'entreprise autrement plus important que le montant d'une amende pénale. Reste néanmoins, comme vient de le rappeler la Cour de cassation que pour bénéficier de la réduction de cotisations sur les bas salaires, il suffit à l'entreprise d'avoir engagé une négociation sur les rémunérations effectives.[2]. C'est donc plus la pénalité qui conduit à considérer que la négociation est « administrée » que l'obligation de couverture que l'on retrouvera dans les deux négociations administrée aujourd'hui.

Les deux autres cas de négociation administrée, s'ils conduisent aussi à des pénalités qui peuvent s'avérer importantes, sont tout autant des leviers pour l'action mais traduisent des préoccupations sociétales que les pouvoirs publics considèrent à juste titre comme devant pénétrer les comportements d'entreprise. Il s'agit d'atteindre l'égalité professionnelle entre les femmes et les hommes et d'améliorer les conditions de travail et de santé en luttant contre la pénibilité au travail.

§ 3
Négociations administrées en vigueur

522.50 **Plan – Questions à fort impact sociétal.** Si l'on peut admettre aisément que les acteurs du monde du travail disposent d'une véritable capacité pour créer les règles qui les concernent au premier chef, il est cependant des questions dont l'enjeu dépasse le périmètre de l'entreprise et dont on peut penser qu'elles n'appartiennent pas au champ du négociable. Le respect de l'égalité et de la personne humaine sont de celles-là qui devraient être assurées par l'intervention de l'État lorsqu'il est démocratique. C'est ainsi alors que laisser l'égalité et notamment l'égalité entre les femmes et les hommes (A) ou la protection de l'intégrité physique ou mentale (B) à la seule main des « partenaires sociaux » au nom du pragmatisme ou du réalisme s'analyse plus en une démission des pouvoirs publics qu'en une promotion du droit conventionnel. S'il en reste un signe aujourd'hui on le trouvera du côté des négociations dites administrées, à l'occasion desquelles les pouvoirs publics ont substitué à la simple obligation de négocier, une obligation de « couverture » par un dispositif social. Dans la gradation qui va de la liberté contractuelle absolue à l'interventionnisme étatique, cette négociation « sous contrainte de résultat » est celle qui est la plus proche du second.

A.
Négociations sur l'égalité professionnelle entre les femmes et les hommes

522.60 **Plan.** La description de la négociation sur l'égalité professionnelle doit tenir compte du contexte dans lequel

1. C. trav., art. L. 2242-7.

2. Civ. 2e, 7 nov. 2019, n° 18-21.499, P+B+I ; *JCP S* 2019, n° 1365, note O. Anfray ; *RJS* 2020, n° 37.

s'est affirmée la nécessité de contraindre les entreprises à mettre en place une politique active en matière de lutte contre les inégalités de tous ordres entre les hommes et les femmes. Se posent comme souvent en pareil cas la question du niveau idoine de la négociation (1°), du contenu des accords ou des plans d'action (2°) et la question de la sanction de l'absence de l'un ou de l'autre (3°).

1°
Niveaux de négociation

522.71 **Lutte contre les inégalités entre les femmes et les hommes.** Devant la difficulté rencontrée par la politique d'éradication des différences de traitement entre les hommes et les femmes notamment en matière salariale, le législateur est intervenu à de très nombreuses reprises depuis 1983. Si des progrès ont été réalisés, les résultats ne sont pas à la hauteur du caractère massif de ces interventions. Assez rapidement, l'idée s'est fait jour que l'acculturation de l'idée d'égalisation des situations des hommes et des femmes au regard de l'emploi et du salaire pouvait trouver dans la négociation collective un renfort efficace à condition d'aller plus loin qu'une simple obligation de négocier encore trop impactée par les données culturelles ou sociétales.

522.72 **Architecture générale.** La lutte contre les inégalités professionnelles entre les femmes et les hommes comprend trois volets. D'une part, parmi les textes relatifs à l'interdiction des discriminations, figure la prohibition des discriminations fondées sur le sexe[1]. D'autre part, les articles L. 1142-1 et suivants du Code du travail concernent cette fois l'égalité de traitement et constituent le socle de la réglementation dont l'objectif n'est désormais plus de réduire les écarts de rémunération entre les hommes et les femmes mais bien de les supprimer comme le rappelle à propos de la rémunération le chapitre II *bis* du Titre IV du Livre I de la Première partie du Code. Enfin, parmi les voies et moyens de la politique d'égalité de traitement, la négociation de branche[2] et la négociation d'entreprise[3] occupent une place déterminante. C'est à ce troisième volet que sont consacrés les développements qui suivent.

522.73 **Négociations de branche.** Au titre de l'ordre public, les acteurs de la branche doivent négocier au moins une fois tous les quatre ans sur « les mesures tendant à assurer l'égalité professionnelle entre les femmes et les hommes et sur les mesures de rattrapage tendant à remédier aux inégalités constatées... » et au moins une fois tous les cinq ans « sur l'examen de la nécessité de réviser les classifications en prenant en compte l'objectif d'égalité professionnelle entre les femmes et les hommes et de mixité des emplois »[4]. Les deux thèmes sont néanmoins ouverts à la négociation dans les conditions des articles L. 2241-4 et suivants du Code du travail évidemment dans la limite de la périodicité prévue par les dispositions d'ordre public rappelées *supra*. En l'absence d'organisation conventionnelle de la négociation, les dispositions supplétives prévoit :

– une négociation annuelle sur les salaires « prenant en compte l'objectif d'égalité professionnelle entre les femmes et les hommes, ainsi que les mesures permettant de l'atteindre »[5] ;

– une négociation triennale prévue par l'article L. 2241-11. Cette négociation doit porter sur les mesures tendant à assurer l'égalité professionnelle entre les femmes et les hommes et sur les mesures de rattrapage tendant à remédier aux inégalités constatées. La mise en œuvre de ces mesures de rattrapage, lorsqu'elles portent sur des mesures salariales, est suivie dans le cadre de la négociation annuelle obligatoire sur les salaires prévue à l'article L. 2241-8. L'article L. 2241-11 fixe un contenu *minimal* à la négociation : conditions d'accès à l'emploi, à la formation et à la promotion professionnelle et condition de travail et d'emploi notamment relatives au temps partiel largement plus fréquent chez les femmes que chez les hommes[6]. Selon l'article D. 2241-2 du Code du travail, cette négociation doit se dérouler à partir d'un rapport présentant la situation comparée des femmes et des hommes dans les domaines mentionnés aux 1° et 2° de l'article L. 2241-11 (conditions d'accès à l'emploi, à la formation et à la promotion professionnelle et condition de travail et d'emploi notamment relatives au temps partiel). Elle s'appuie également sur des indicateurs pertinents, reposant sur des éléments chiffrés, pour chaque secteur d'activité. Ce rapport de situation comparée dans la branche conduit à l'établissement d'un diagnostic des écarts éventuels de rémunération ;

– une négociation quinquennale sur les classifications étant précisé que les négociateurs de la branche sont appelés à une vigilance particulière sur l'impact des classifications en matière d'égalité professionnelle. L'article L. 2241-15 dispose en effet que les négociations de révision des classifications prennent en compte l'objectif d'égalité profession-

1. C. trav., art. L. 1132-1 s.
2. C. trav., art. L. 2241-1 s.
3. C. trav., art. L. 2242-1 s.
4. C. trav., art. L. 2241-1.
5. C. trav., art. L. 2241-8, al. 2.
6. Selon l'Insee (www.insee.fr) et à partir des données de l'enquête emploi pour 2019 (Insee Première, 20 févr. 2020, nº 1793) 18,1 % des hommes étaient employés à temps partiel pour 28,4 % des femmes.

nelle entre les femmes et les hommes et de mixité des emplois. Lorsqu'à cette occasion est constaté un écart moyen de rémunération entre les femmes et les hommes, les organisations liées par une convention de branche ou, à défaut, par des accords professionnels font de sa réduction une priorité. Plus précisément encore, la négociation quinquennale sur la révision des classifications doit conduire à l'analyse des critères d'évaluation retenus dans la définition des différents postes de travail. Il s'agit pour les négociateurs d'identifier et de corriger ceux des critères susceptibles d'induire des discriminations entre les femmes et les hommes.

Au niveau de la branche, la lutte contre les inégalités professionnelles entre les femmes et les hommes implique la mise en place d'une véritable ingénierie articulée autour de quatre moments : collecte d'informations/analyse des données/diagnostic qui implique la recherche des causes/action. Cette rationalité s'applique à tous les domaines du travail et de l'emploi (rémunérations, emplois occupés, postes de travail etc.). Le niveau de branche permet d'obtenir une vue globale de la situation dans le secteur d'activité concerné et de prendre suffisamment de distance pour disposer d'outils d'analyse pertinents. Il permet encore de conduire une politique globale tenant compte des spécificités éventuelles du secteur économique.

C'est néanmoins l'entreprise qui constitue l'échelon opérationnel pour employer une métaphore guerrière et c'est à son niveau que s'affirme le plus nettement le caractère « administré » de la négociation.

522.74 Négociation d'entreprise en matière d'égalité professionnelle entre les femmes et les hommes. La négociation d'entreprise sur l'égalité professionnelle entre les femmes et les hommes est affectée par la nouvelle organisation de la négociation collective d'entreprise, distinguant les règles d'ordre public, la possibilité de négocier l'organisation de la négociation et les dispositions supplétives. C'est ainsi que dans les entreprises soumises à l'obligation de négocier sur l'égalité professionnelle une négociation peut être engagée[1] pour organiser le calendrier, la périodicité et les modalités de négociation.

L'accord d'organisation (de la négociation) ainsi conclu définit les thèmes étant précisé que les thèmes relevant de l'ordre public doivent être négociés au moins tous les quatre ans ; cet accord fixe le calendrier et le cas échéant les lieux de la négociation, les informations remises aux négociateurs et les modalités de suivi des engagements des parties. Sa durée maximale est de quatre ans. À défaut d'accord de ce type, la négociation est une négociation annuelle qui portera sur les thèmes visés à l'article L. 2242-13 et L. 2242-17 du Code du travail.

Plusieurs questions se posent à propos de la négociation d'entreprise : objectifs assignés à la négociation, niveau de négociation, effets de l'impossibilité de négociation, contenu et périodicité de l'accord ou subsidiairement du plan d'action, sanction de l'absence de couverture. Elles seront examinées successivement.

2°
Conditions de la négociation

522.81 Champ d'application. La négociation obligatoire en entreprise concerne toutes les entreprises comportant au moins une section syndicale d'organisation représentative. Il faut préciser cependant qu'en application de l'article L. 1142-5 du Code du travail, l'employeur est tenu d'une obligation générale « de prendre en compte les objectifs en matière d'égalité professionnelle entre les femmes et les hommes dans l'entreprise et les mesures permettant de les atteindre ». Cette règle s'applique « 1° Dans les entreprises dépourvues de délégué syndical ; 2° Dans les entreprises non soumises à l'obligation de négocier en application des articles L. 2232-21 et L. 2232-24 ; 3° Dans les entreprises non couvertes par une convention ou un accord de branche étendu relatif à l'égalité salariale entre les femmes et les hommes ». En d'autres termes, pour les entreprises non soumises à une obligation de négocier, les textes généraux relatifs aux discriminations et à l'égalité professionnelle prennent le relais.

522.82 Objectifs de la négociation, Les objectifs sont similaires à ceux imposés en matière de négociation de branche[2].

522.83 Niveau de négociation. Le niveau idoine est celui de l'entreprise et sur ce point, la soumission de cette dernière à un accord de branche sur le même objet ne la dispense pas d'un accord propre ou subsidiairement d'un plan d'action. La solution est différente en présence d'un accord de groupe. Si ce dernier est conforme aux exigences légales relatives au contenu obligatoire de l'accord d'entreprise tel que défini à l'article L. 2242-17 du Code du travail, il peut dispenser l'entreprise d'engager une négociation. Par ailleurs, s'il existe dans les entreprises à forme complexe des organisations syndicales représentatives dans tous les établissements et si elles ne s'opposent pas à une négociation au

1. À l'initiative de l'employeur ou d'une organisation syndicale.

2. V. s^{s} n° 522.73.

niveau de l'établissement, la négociation peut être engagée à ce dernier niveau.

522.84 Contenu et la périodicité de l'accord ou subsidiairement du plan d'action. Le contenu de l'accord, et le cas échéant du plan d'action, résulte de la combinaison des articles L. 2312-36 du Code du travail et R. 2242-2 du Code du travail dans sa rédaction issue du décret du 29 avril 2019[1]. Selon le premier qui porte à titre principal sur le contenu de la Base de données économiques, sociales et environnementales (BDESE), les informations relatives à l'égalité professionnelle sont les suivantes « diagnostic et analyse de la situation comparée des femmes et des hommes pour chacune des catégories professionnelles de l'entreprise en matière d'embauche, de formation, de promotion professionnelle, de qualification, de classification, de conditions de travail, de sécurité et de santé au travail, de rémunération effective et d'articulation entre l'activité professionnelle et la vie personnelle et familiale, analyse des écarts de salaires et de déroulement de carrière en fonction de l'âge, de la qualification et de l'ancienneté, évolution des taux de promotion respectifs des femmes et des hommes par métiers dans l'entreprise, part des femmes et des hommes dans le conseil d'administration[2] ».

Selon le second, l'accord relatif à l'égalité professionnelle « conclu à l'issue de la négociation mentionnée au 2° de l'article L. 2242-1 ou, à défaut, le plan d'action prévu à l'article L. 2242-3 fixe les objectifs de progression et les actions permettant de les atteindre portant sur au moins trois des domaines d'action mentionnés au 2° de l'article L. 2312-36 pour les entreprises de moins de 300 salariés et sur au moins quatre de ces domaines pour les entreprises de 300 salariés et plus[3]. Ces domaines d'actions sont les suivants : embauche, formation, promotion professionnelle, qualification, classification, conditions de travail, sécurité et santé au travail, rémunération effective et articulation entre l'activité professionnelle et la vie personnelle et familiale » Le texte précise encore que tant les objectifs que les actions doivent être accompagnés « indicateurs chiffrés » et que « La rémunération effective est obligatoirement comprise dans les domaines d'action retenus par l'accord collectif ou, à défaut, le plan d'action mentionnés au premier alinéa. Dans les entreprises d'au moins cinquante salariés, les objectifs de progression, les actions et les indicateurs chiffrés fixés dans ce domaine tiennent compte des indicateurs mentionnés à l'article L. 1142-8, ainsi, le cas échéant, que des mesures de correction définies dans les conditions prévues à l'article L. 1142-9[4] ».

S'agissant de la périodicité de la négociation, la distinction désormais traditionnelle entre ordre public, domaine de la négociation et règles supplétives trouve ici à s'appliquer. Selon les dispositions d'ordre public, la négociation doit être organisée au moins une fois tous les quatre ans. À l'intérieur de cette période, un accord collectif peut définir un autre calendrier ainsi que préciser les thèmes qui seront abordés mais si aucun accord collectif de ce type n'est conclu, les dispositions supplétives imposent une négociation annuelle sur l'égalité professionnelle.

L'absence de conclusion d'un accord sur l'égalité professionnelle entre les hommes et les femmes oblige l'entreprise :

– à insérer dans la négociation annuelle sur les salaires effectifs la programmation de mesures dont la finalité et de supprimer les écarts de rémunération (et les différences de déroulement de carrière) entre les femmes et les hommes ;

– à mettre en place un plan d'action comme le dispose le premier alinéa de l'article L. 2242-3. Selon ce texte, en l'absence d'accord à l'issue de la négociation engagée selon le 2° de l'article L. 2242-1 du Code du travail, il appartient à l'employeur d'établir un plan d'action annuel destiné à assurer l'égalité professionnelle entre les femmes et les hommes.

Ce plan d'action répond à la rationalité déjà évoquée (collecte d'informations/analyse/diagnostic/action). C'est ainsi qu'après avoir évalué les objectifs fixés et les mesures prises au cours de l'année écoulée, il doit en se fondant sur des critères clairs, précis et opérationnels, déterminer les objectifs de progression prévus pour l'année à venir, définir les actions qualitatives et quantitatives permettant de les atteindre et évaluer leur coût.

Le plan d'action est déposé auprès de l'autorité administrative, le texte prévoyant qu'une synthèse

1. Décr. n° 2019-382, 29 avr. 2019 portant application des dispositions de l'article 104 de la loi n° 2018-771 du 5 septembre 2018 pour la liberté de choisir son avenir professionnel relatif aux obligations en matière d'égalité professionnelle entre les femmes et les hommes dans l'entreprise, *JO* 30 avr., n° 23.
2. C. trav., L. 2312-36.
3. C. trav., art. L. 2312-36, 2° : « Égalité professionnelle entre les femmes et les hommes au sein de l'entreprise : diagnostic et analyse de la situation comparée des femmes et des hommes pour chacune des catégories professionnelles de l'entreprise en matière d'embauche, de formation, de promotion professionnelle, de qualification, de classification, de conditions de travail, de sécurité et de santé au travail, de rémunération effective et d'articulation entre l'activité professionnelle et la vie personnelle et familiale, analyse des écarts de salaires et de déroulement de carrière en fonction de l'âge, de la qualification et de l'ancienneté, évolution des taux de promotion respectifs des femmes et des hommes par métiers dans l'entreprise, part des femmes et des hommes dans le conseil d'administration ».
4. C. trav., R. 2242-2.

comprenant « au minimum des indicateurs et des objectifs de progression définis par décret, est portée à la connaissance des salariés par l'employeur par voie d'affichage sur les lieux de travail et, éventuellement, par tout autre moyen adapté aux conditions d'exercice de l'activité de l'entreprise. Elle est également tenue à la disposition de toute personne qui la demande et publiée sur le site internet de l'entreprise lorsqu'il en existe un ».

L'employeur n'a pas le libre choix entre l'accord collectif et le plan d'action. Le second ne peut être mis en place qu'après une tentative de négociation loyale et après l'établissement d'un procès-verbal de désaccord. Ce dernier doit faire l'objet d'un dépôt à l'initiative de la partie la plus diligente. Il doit consigner le dernier état des propositions des parties et mentionner les mesures envisagées par l'entreprise. Reste que seul un procès-verbal de désaccord autorise l'entreprise (soumise à l'obligation de négociation) à basculer sur un plan d'action qui supposera la consultation du comité social et économique.

3°
Sanctions

522.91 Sanctions de l'absence de couverture. C'est le fait que l'absence d'accord ou quand il est autorisé l'absence de plan d'action soit sanctionné qui conduit à rattacher la négociation sur l'égalité professionnelle entre les femmes et les hommes à la catégorie de la négociation dite administrée[1].

C'est qu'en la matière, les entreprises soumises à l'obligation qui ne peuvent justifier ni d'un accord, ni d'un plan d'action légitime sont redevables d'une pénalité financière au maximum égale à 1 % de la masse salariale brute (c'est-à-dire servant de base au calcul des cotisations sociales). La pénalité est due tant que l'entreprise ne s'est pas mise en règle. Le montant est un montant maximum dont le quantum sera fixé par l'autorité administrative, en l'espèce la Dreets [Direccte jusqu'au 1er avril 2021]. La défaillance est constatée par l'agent de contrôle de l'administration du travail qui met l'entreprise en demeure de se conformer à la loi dans un délai de six mois[2]. À l'expiration du délai de mise en demeure, l'autorité administrative fixe à la fois le principe et le montant de la pénalité en tenant compte de la bonne foi de l'employeur, des mesures prises et le cas échéant d'évènements extérieurs à l'entreprise susceptibles d'avoir exercé une influence sur sa défaillance. L'article R. 2242-8 du Code du travail précise par ailleurs les conditions du recouvrement : « Le directeur régional des entreprises, de la concurrence, de la consommation, du travail et de l'emploi adresse à l'employeur qui n'a pas rempli les obligations en matière d'égalité professionnelle et salariale entre les femmes et les hommes définies aux deux premiers alinéas de l'article L. 2242-8, par tout moyen permettant de conférer date certaine à leur réception, une notification motivée du taux de la pénalité qui lui est appliqué, dans le délai de deux mois à compter de la date d'expiration de la mise en demeure prévue à l'article R. 2242-3, et lui demande de communiquer en retour le montant des gains et rémunérations servant de base au calcul de la pénalité conformément à l'article R. 2242-7 dans le délai de deux mois. À défaut, la pénalité est calculée sur la base de deux fois la valeur du plafond mensuel de la sécurité sociale par mois compris dans la période mentionnée à l'article R. 2242-7 ».

Le directeur régional des entreprises, de la concurrence, de la consommation, du travail et de l'emploi émet un titre de perception pris en charge par le directeur départemental ou régional des finances publiques qui en assure le recouvrement comme en matière de créance étrangère à l'impôt et au domaine.

Le souci de pragmatisme explique non seulement les règles susvisées relatives à la mise en demeure mais aussi la procédure de rescrit résultant des articles L. 2242-9 et R. 2242-9 à 11 du Code du travail. Cette procédure permet à l'employeur avant l'engagement de la procédure de contrôle diligentée par l'agent de contrôle de l'administration du travail de solliciter de l'administration compétente une prise de position formelle sur l'accord ou sur le plan d'action. Le troisième alinéa de l'article R. 2242-10 dispose que l'autorité administrative doit signifier la conformité dans les deux mois, le silence de l'administration valant rejet.

522.92 Conclusion provisoire. On relèvera pour conclure à propos de la négociation relative à l'égalité professionnelle entre les hommes et les femmes, que dans les entreprises d'au moins cinquante salariés, lorsque « l'Index de l'égalité Femmes-Hommes »[3] est inférieur à 75 points sur 100, la négociation sur l'égalité professionnelle mentionnée au 2° de l'article L. 2242-1 du code du travail doit également porter sur les mesures adéquates et pertinentes de

1. Une sanction non directement pécuniaire mais possiblement très efficace réside dans le fait d'écarter des marchés publics les entreprises qui n'ont pas mis en œuvre l'obligation de négociation sur l'égalité professionnelle alors qu'elles y étaient tenues. Cette exclusion résulte de l'article 16 de la loi n° 2014-873 du 4 août 2014. Elle s'applique aussi en cas de méconnaissance par l'entreprise (quel que soit son effectif) des dispositions des articles L. 1141-1 et L. 1141-2 du Code du travail.
2. C. trav., art. R. 2242-3.

3. L'« Index de l'égalité Femmes-Hommes », obtenu par l'entreprise au regard des indicateurs définis aux articles D. 1142-2 pour les entreprises de plus de 250 salariés ▶

correction et, le cas échéant, sur la programmation, annuelle ou pluriannuelle, de mesures financières de rattrapage salarial. En l'absence d'accord prévoyant de telles mesures, celles-ci seront déterminées par décision de l'employeur, après consultation du CSE. Désormais, en l'absence d'accord sur les mesures visant à supprimer les écarts de rémunération entre les femmes et les hommes, la négociation sur les salaires effectifs prévue au 1° de l'article L. 2242-1 du code du travail porte également sur la programmation de mesures permettant de supprimer les écarts de rémunération et les différences de déroulement de carrière entre les femmes et les hommes. Le dispositif vient compléter la règle selon laquelle en l'absence d'accord relatif à l'égalité professionnelle entre les femmes et les hommes à l'issue de la négociation mentionnée au 2° de l'article L. 2242-1 du code du travail, l'employeur établit un plan d'action annuel destiné à assurer l'égalité professionnelle entre les femmes et les hommes.

Le feuilleton de ce combat pour l'égalité professionnelle n'est sans doute pas terminé ni en droit[1] ni en fait tant il est vrai qu'en cette matière plus qu'en toute autre, il est illusoire de penser changer la société par le seul effet du droit.

B.
Négociation sur la pénibilité

522.101 Absence de définition de la pénibilité. En l'absence de définition juridique de la notion de pénibilité, le législateur, lorsqu'il a tenté d'identifier les effets d'une exposition à un risque de pénibilité, a opté pour une liste qui figure toujours à l'article L. 4161-1 du Code du travail sous l'appellation « facteurs de risques professionnels »[2]. Selon ce texte, sont des risques professionnels (de pénibilité mais le mot est tabou) les contraintes physiques marquées qui rassemblent trois catégories de situations (Manutentions manuelles de charges ; Postures pénibles définies comme positions forcées des articulations ; Vibrations mécaniques), un environnement physique agressif qui rassemblent quatre catégories Agents chimiques dangereux, y compris les poussières et les fumées ; Activités exercées en milieu hyperbare ; Températures extrêmes ; Bruit et certains rythmes de travail, catégorie rassemblant trois items (Travail de nuit dans les conditions fixées aux articles L. 3122-2 à L. 3122-5 ; Travail en équipes successives alternantes ; Travail répétitif caractérisé par la réalisation de travaux impliquant l'exécution de mouvements répétés, sollicitant tout ou partie du membre supérieur, à une fréquence élevée et sous cadence contrainte). Des textes réglementaires sont associés à ce texte pour préciser les facteurs de risques.

522.102 Effets de la pénibilité. L'exposition à la pénibilité conduit la personne exposée à accumuler des points sur un compte dénommé « compte personnel de prévention de la pénibilité » (C3P). Depuis l'ordonnance n° 2017-1389 du 22 septembre 2017[3] seules engendrent des points cumulables les facteurs de risque suivants : le travail de nuit, en équipes successives alternantes, en milieu hyperbare, le travail répétitif et l'exposition au bruit et aux températures extrêmes. Les points du compte peuvent être

▶ *(1° L'écart de rémunération entre les femmes et les hommes, calculé à partir de la moyenne de la rémunération des femmes comparée à celle des hommes, par tranche d'âge et par catégorie de postes équivalents ; 2° L'écart de taux d'augmentations individuelles de salaire ne correspondant pas à des promotions entre les femmes et les hommes ; 3° L'écart de taux de promotions entre les femmes et les hommes ; 4° Le pourcentage de salariées ayant bénéficié d'une augmentation dans l'année de leur retour de congé de maternité, si des augmentations sont intervenues au cours de la période pendant laquelle le congé a été pris ; 5° Le nombre de salariés du sexe sous-représenté parmi les dix salariés ayant perçu les plus hautes rémunérations.)* et D. 1142-2-1 du code du travail pour les entreprises de 50 à 250 salariés *(1° L'écart de rémunération entre les femmes et les hommes, calculé à partir de la moyenne de la rémunération des femmes comparée à celle des hommes, par tranche d'âge et par catégorie de postes équivalents ; 2° L'écart de taux d'augmentations individuelles de salaire entre les femmes et les hommes ; 3° Le pourcentage de salariées ayant bénéficié d'une augmentation dans l'année suivant leur retour de congé de maternité, si des augmentations sont intervenues au cours de la période pendant laquelle le congé a été pris ; 4° Le nombre de salariés du sexe sous-représenté parmi les dix salariés ayant perçu les plus hautes rémunérations.)*. est déterminé selon les modalités fixées aux annexes I et II du décret du 8 janvier 2019. Il est publié annuellement, au plus tard le 1er mars de l'année en cours au titre de l'année précédente, sur le site internet de l'entreprise lorsqu'il en existe un. À défaut, il est porté à la connaissance des salariés par tout moyen. Pour le calcul des indicateurs et pour la définition des mesures adéquates et pertinentes de correction, les entreprises de 50 à 250 salariés peuvent, si elles le demandent, être accompagnées par un référent désigné par le directeur régional de l'économie, de l'emploi, du travail et des solidarités (Dreets) [Direccte jusqu'au 1er avril 2021].

1. Décr. n° 2021-265, 10 mars 2021 relatif aux mesures visant à supprimer les écarts de rémunération entre les femmes et les hommes dans l'entreprise et portant application de l'article 244 de la loi n° 2020-1721 du 29 décembre 2020 de finances pour 2021, *JO* 11 mars, n° 19, qui rappelle l'obligation de publier de manière visible et lisible les résultats obtenus pour chaque indicateur de l'index égalité.
2. L'appellation a été substituée à celle de « pénibilité » par l'Ordonnance n° 2017-1389 du 22 septembre 2017. Beaucoup moins évocatrice que celle de pénibilité, elle avait néanmoins le mérite de ne pas effaroucher les organisations patronales pour qui ce terme évoquait l'extraordinaire complexité du dispositif issu de la loi n° 2014-40 du 20 janvier 2014.
3. Ord. n° 2017-1389, 22 sept. 2017 relative à la prévention et à la prise en compte des effets de l'exposition à certains facteurs de risques professionnels et au compte professionnel de prévention, *JO* 23 sept., n° 37.

mobilisés par le salarié pour financer un complément de rémunération en cas de passage à temps partiel, financer une formation professionnelle ou encore accéder à une majoration de durée d'assurance retraite permettant une retraite anticipée. Par ailleurs, lorsque les expositions (aux dix facteurs) conduisent à des lésions et à une incapacité permanente partielle, la loi du 9 novembre 2010[1] toujours applicable sur ce point, permet à la personne concernée d'accéder à une retraite anticipée directement sans mobilisation de son compte de points. La loi de novembre 2010 avait amorcé un renforcement de la prévention des expositions aux facteurs de pénibilité.

Ce mouvement s'est poursuivi faisant d'ailleurs de la prévention de la pénibilité un élément de l'obligation de sécurité[2] « L'employeur prend les mesures nécessaires pour assurer la sécurité et protéger la santé physique et mentale des travailleurs. Ces mesures comprennent : 1° Des actions de prévention des risques professionnels, y compris ceux mentionnés à l'article L. 4161-1 ; 2° Des actions d'information et de formation ; 3° La mise en place d'une organisation et de moyens adaptés. L'employeur veille à l'adaptation de ces mesures pour tenir compte du changement des circonstances et tendre à l'amélioration des situations existantes ».

On n'entrera pas ici dans le détail des mécanismes de prise en compte des expositions aux facteurs de pénibilité ni même de la prévention des expositions pour centrer le propos sur le rôle joué en matière de prévention par le droit conventionnel. Plusieurs questions doivent être envisagées. La première porte sur le niveau de la négociation. La deuxième concerne le support juridique de la prévention (accord ou plan d'action). Le troisième est relatif aux contenus de l'accord ou du plan d'action.

522.103 Accord de branche ou accord d'entreprise. Il faut distinguer ici deux questions. La première porte sur la possibilité donnée aux négociateurs de la branche de déterminer l'exposition des travailleurs à des facteurs de risques en se référant aux métiers, postes et aux mesures de protection individuelles ou collectives. En l'absence d'un tel accord (étendu), un arrêté conjoint du ministre du travail et du ministre en charge des affaires sociales peut établir un référentiel professionnel de branche[3]. L'employeur qui applique alors ce référentiel est présumé de bonne foi La seconde porte sur la prévention des expositions. L'article L. 2253-2 du Code du travail dispose que la convention de branche peut imposer que les accords d'entreprise ne comporteront pas de stipulations différentes des siennes s'agissant de la prévention des expositions à la pénibilité (sauf à offrir des garanties au moins équivalentes). En d'autres termes, la convention de branche peut s'assurer la primauté (relative) sur l'accord d'entreprise en matière de prévention des expositions au risque de pénibilité. Reste néanmoins que l'objet spécifique de la négociation concerne les conditions de travail et que l'on peut penser que le bon niveau de négociation serait ici le niveau de l'entreprise, voire dans certains cas de l'établissement. La question de la pénibilité doit être abordée au plus près des conditions concrètes de l'activité de travail.

522.104 Prévention de la pénibilité dans l'entreprise : accord ou plan d'action. La réforme opérée par la loi du 9 novembre 2010 plaçait sur un plan d'égalité l'accord collectif et le plan d'action (unilatéral après consultation des instances représentatives) comme support des politiques de prévention de la pénibilité des entreprises. La loi du 20 janvier 2014[4] a donné la priorité à la négociation collective. Dès lors, le recours au plan d'action n'est possible que sur la base d'un procès-verbal de désaccord établi après une tentative loyale et rationnelle de négociation ou lorsque l'entreprise est dépourvue de négociateurs. Dans tous les cas cependant, le projet de plan d'action de l'employeur doit faire l'objet d'une consultation du comité social et économique.

522.105 Durée et contenu du plan d'action ou de l'accord. Les contenus du plan d'action ou de l'accord sont identiques de même que leur durée maximale (trois ans). Ils doivent l'un comme l'autre être précédés d'un diagnostic. En réalité, ce diagnostic qui conditionne la mise en œuvre rationnelle de la politique de prévention de la pénibilité peut être analysé comme la transposition collective de la méthode de prévention prévue à l'article L. 4121-2 du Code du travail.

Le contenu de l'accord ou du plan d'action est délimité par l'article D. 4162-3 du Code du travail qui précise qu'il doit traiter 1° D'au moins deux thèmes dans la liste suivante : a) La réduction des polyexpositions aux facteurs mentionnés à l'article D. 4161-1 ; b) L'adaptation et l'aménagement du poste de travail ; c) La réduction des expositions aux facteurs de risques professionnels mentionnés à l'article D. 4161-1, et d'au moins deux thèmes dans la liste suivante : a) L'amélioration des conditions de travail, notamment au plan organisationnel ; b) Le développement des compétences et des qualifications ; c) L'aménagement des fins de carrière ; d) Le

1. L. n° 2010-1330, 9 nov. 2010 portant réforme des retraites, *JO* 10 nov., n° 1.
2. C. trav., art. L. 4121-1.
3. C. trav., art. L. 4163-2 ; mod. par Ord. n° 2017-1718, 20 déc. 2017, art. 1.
4. L. n° 2014-40, 20 janv. 2014 garantissant l'avenir et la justice du système de retraites, *JO* 21 janv., n° 1.

maintien en activité des salariés exposés aux facteurs mentionnés à l'article D. 4161-1.

Pour les thèmes mentionnés dans la deuxième liste, l'accord ou le plan d'action précise les mesures de nature à permettre aux titulaires d'un compte professionnel de prévention d'affecter les points qui y sont inscrits aux utilisations prévues aux 1° et 2° du I de l'article L. 4163-7.

522.106 **Pénalités.** La qualification retenue de « négociation administrée » ou de « négociation sous contrainte » résulte de ce que l'absence d'accord collectif ou de plan d'action conduit à l'application d'une pénalité financière. On notera d'abord que les entreprises de moins de trois cents salariés qui sont couvertes par un accord de branche de prévention de la pénibilité répondant aux exigences légales susvisées ne sont pas soumises à la pénalité.

En revanche, toutes les entreprises d'au moins cinquante salariés ou appartenant à un groupe d'au moins cinquante salariés au sein desquelles au moins 25 % de l'effectif est exposé à au moins un facteur de pénibilité (parmi les six facteurs permettant l'alimentation du C2P) et qui ne peuvent justifier ni d'un accord ni d'un plan d'action seront soumises à une pénalité financière au plus égale à 1 % de la masse salariale brute versée aux salariés ou assimilés concernés. Si les agents de contrôle de l'administration du travail constatent soit par eux-mêmes soit sur information de la CARSAT que l'entreprise n'a pas conclu d'accord ni établi de plan d'action conformes à la réglementation, ils mettent l'entreprise en demeure de remédier à la situation. L'entreprise a six mois soit pour négocier soit pour compléter son accord ou pour élaborer ou compléter son plan d'action. À l'issue des six mois, si elle n'a pas obtempéré, la Dreets [Direccte jusqu'au 1er avril 2021] décide d'appliquer ou non la pénalité et d'en fixer le cas échéant le taux. Il peut en effet tenir compte des arguments de l'employeur expliquant sa défaillance, si besoin après l'avoir entendu. La décision de l'administration est notifiée à l'employeur et la pénalité est recouvrée par l'Urssaf selon les mêmes modalités que les cotisations sociales. À noter que cette pénalité est due pour chaque mois entier au cours duquel l'entreprise ne respecte pas ses obligations.

Ainsi et pour conclure sur l'hypothèse d'un droit spécial des accords collectifs, on notera que la focalisation sur la primauté accordée à la négociation collective dans la construction du droit social contemporain est souvent considérée comme le gage d'une législation plus concrète et plus proche du « terrain ». Il est par ailleurs permis de la rattacher à une vision plus politique faisant des acteurs sociaux des « fabricants » de droit légitimes. Il est néanmoins nécessaire de rappeler que les normes d'origine conventionnelle ne sont pas par elles-mêmes moins complexes que les normes de sources étatiques et que l'articulation en ce domaine d'un droit général et d'un droit spécial n'est pas moins problématique que celle à envisager dans le droit des obligations au sens large.

LIVRE

6. LE CONTENTIEUX

SECTION 0

ORIENTEUR

6.00 Sommaire du livre.

Division. Le contentieux de la négociation collective peut se scinder en deux types d'actions : celles liées à l'interprétation des accords (titre 61) et celles contestant les accords eux-mêmes (titre 62).

TITRE

61. Les actions liées à l'interprétation des accords

SECTION 0 ORIENTEUR

61.00 Sommaire du titre.

Division. Le juge judiciaire a une compétence générale pour statuer sur la validité, l'interprétation (chap. 611) et l'exécution d'un accord collectif (chap. 612). La nature hybride de l'accord, acte de droit privé contractuel mais collectif a une influence directe sur la manière dont le juge accomplit ce triple office. L'approche du juge a varié à cet égard considérablement, suivant en cela d'ailleurs les évolutions législatives sur la place et la force de l'accord collectif dans le paysage français. La jurisprudence sur l'application du principe d'égalité de traitement dans les accords collectifs est le témoin majeur de cette évolution. Après avoir, dans un premier temps, appliqué ce principe de la même manière et avec le même contrôle de pertinence que pour les actes unilatéraux de l'employeur, le juge a pris acte de la nouvelle légitimité que la loi avait donné aux partenaires sociaux négociateurs d'un accord, pour poser une approche totalement différente du contrôle judiciaire de l'acte. Parallèlement le législateur a également, par les lois successives depuis 2015, orienté le juge vers une approche plus distanciée de l'accord collectif, sur le fond, en limitant les règles d'ordre public, et sur la forme, par des règles spécifiques de procédure et de prescription.

61.05 Quelques chiffres. En 2018, le contentieux collectif du travail et de la protection sociale a représenté 3 828 affaires devant les tribunaux de grande instance en France, soit 0,6 % du contentieux civil[1].

1. *Les chiffres clés de la Justice 2018*, Ministère de la Justice.

CHAPITRE

611. Interprétation des accords collectifs

SECTION 0 ORIENTEUR

611.00 Sommaire du chapitre.

Division. Les clauses des accords collectifs nécessitent souvent d'être interprétées, comme tout écrit produisant des effets juridiques. C'est le juge judiciaire qui est compétent pour procéder à cette interprétation lorsque celle-ci est nécessaire dans le cadre d'un litige. Il lui a fallu déterminer les grands principes guidant l'interprétation des accords collectifs, et sa réflexion a évolué dans le temps (sect. 1). Par ailleurs, le législateur a demandé aux partenaires sociaux de constituer des commissions d'interprétation qui peuvent être saisies en interprétation par les parties ou par le juge (sect. 2). Enfin, depuis 2017, le législateur incite à la rédaction, dans le cadre des accords collectifs, d'un préambule permettant aux signataires de l'accord de guider l'interprétation future de celui-ci (sect. 3).

611.01 Textes applicables.

> Commissions au niveau interprofessionnel

• **C. trav.,** art. L. 2232-4 [Institution par accords collectifs]

> Commissions au niveau de la branche

• **C. trav.,** art. L. 2232-9 [Missions de la commission paritaire permanente de négociation et d'interprétation dans les branches]

> Préambule

• **C. trav.,** art. L. 2222-3-3 [Préambule d'un accord]

611.02 Jurisprudence de référence.

• **Soc. 25 mars 2020,** n° 18-12.467, P

« Une convention collective, si elle manque de clarté, doit être interprétée comme la loi, c'est-à-dire d'abord en respectant la lettre du texte, ensuite en tenant compte d'un éventuel texte législatif ayant le même objet et, en dernier recours, en utilisant la méthode téléologique consistant à rechercher l'objectif social du texte. »

• **Cass., ass. plén., 23 oct. 2015,** n° 13-25.279, P, n° 6

« Selon l'article 3 de l'avenant « Mensuels » du 2 mai 1979 à la convention collective régionale des industries métallurgiques, mécaniques et connexes de la région parisienne, que toute modification de caractère individuel apportée à l'établissement dans lequel l'emploi est exercé doit faire préalablement l'objet d'une notification écrite, et que, dans le cas où cette modification ne serait pas acceptée par le salarié, elle serait considérée comme une rupture de contrat de travail du fait de l'employeur et réglée comme telle ; que la cour d'appel a exactement énoncé que ces dispositions conventionnelles ne confèrent pas au lieu de travail un caractère contractuel et signifient seulement qu'en cas de non-acceptation par le salarié de la modification envisagée du lieu de travail, l'employeur qui n'entend pas renoncer à la modification doit prendre l'initiative de la rupture du contrat de travail en engageant une procédure de licenciement. »

• **Soc. 18 mars 2008,** n° 07-41.813, P V, n° 66

« Le juge prud'homal, compétent pour connaître de l'interprétation d'un accord collectif lorsque celle-ci est nécessaire à la solution d'un litige lié au contrat de travail d'un salarié, est compétent pour statuer sur une question préjudicielle relative à l'interprétation d'un accord collectif posée par le juge administratif dans le cadre d'un litige individuel opposant le salarié à son employeur.

Doit dès lors être rejeté le pourvoi qui reproche à une cour d'appel d'avoir dit qu'un conseil de prud'hommes, saisi par un salarié protégé contestant la régularité de sa mise à la retraite prononcée sur le fondement d'un accord collectif et autorisée par l'administration du travail, était compétent pour interpréter ledit accord sur question préjudicielle posée par le juge administratif lui-même saisi par le salarié de la légalité de la décision administrative ayant autorisé cette mise à la retraite. »

- **Soc. 2 déc. 2008,** n° 07-44.132, P V, n° 243

« L'avis d'une commission d'interprétation instituée par un accord collectif ne s'impose au juge que si l'accord lui donne la valeur d'un avenant. »

- **Soc. 13 janv. 2010,** n° 08-18.202, P V, n° 10

« Dès lors qu'un accord collectif ne confère aucun caractère obligatoire au préliminaire de conciliation qu'il institue, des syndicats peuvent saisir directement le juge de demandes en exécution ou en interprétation de cet accord.

Doit dès lors être rejeté le pourvoi formé contre un arrêt de cour d'appel qui déclare recevables de telles demandes malgré l'absence de saisine préalable de l'instance conventionnelle de conciliation. »

611.03 Bibliographie indicative.

Thèse. E. Filipetto, *Le juge et l'accord collectif de travail*, th. Nancy, 2019.

Traité. G. H. Camerlynck (dir.), *Traité de droit du travail*, t. VII, *Conventions collectives*, par M. Despax, 2e éd., Dalloz, 1989.

Manuel. B. Teyssié, *Droit du travail : Relations collectives*, 11e éd., « Manuels », LexisNexis, 2018, nos 2074 à 2079.

Articles. G. Vachet, « L'interprétation des conventions collectives », *JCP E* 1992, n° 45 – G. Lhuilier, « Le dualisme de la convention collective devant la Cour de cassation, réflexions sur le contrôle de l'interprétation des règles conventionnelles de forme du licenciement pour motif personnel », *Dr. Soc.* 1995, p. 162 – J.-Y. Frouin, « Interprétation des conventions et accords collectifs de travail », *RJS* 1996. 138 – P.-Y. Verkindt, « L'interprétation des accords collectifs », *SSL* 2008, suppl., n° 1361, p. 45 – G. Loiseau, « Guide de l'interprétation des conventions et accords collectifs », *Cah. soc.* 2016. 167 – F. Géa, « L'interprétation des conventions et accords collectifs, une question à reconsidérer ? », *RJS* 2020. 771.

611.05 Points clés. L'interprétation des accords collectifs est de la compétence du juge judiciaire, qui peut intervenir soit parce qu'il est saisi directement de cette question, soit parce que le litige dont lui ou le juge administratif est saisi (ce dernier devant alors renvoyer une question préjudicielle) nécessite préalablement l'interprétation de l'acte collectif. La Cour de cassation a progressivement déterminé des règles d'interprétation qui se rapprochent de celles dégagées pour l'interprétation des textes de loi. Sous l'impulsion du législateur, des commissions créées par voie conventionnelle doivent également être en mesure d'intervenir pour interpréter les textes collectifs. Enfin, les partenaires sociaux sont incités à rédiger un préambule à l'accord ou la convention collective pour servir de guide à l'interprétation.

SECTION 1 INTERPRÉTATION DES ACCORDS PAR LE JUGE

611.10 Plan. L'interprétation des accords collectifs est de la compétence du juge judiciaire (§ 1). Certaines règles d'interprétation ont été théorisées par la jurisprudence (§ 2), mais au final, la technique d'interprétation reste empirique, car elle dépend de la qualité de rédaction de l'accord, et de la connaissance qui peut se dégager de la volonté des parties signataires (§ 3).

§ 1 Compétence

611.21 Compétence du juge judiciaire. Les conventions et accords collectifs ayant la nature d'actes de droit privé, la compétence pour connaître des difficultés de leur exécution, et donc des difficultés éventuelles liées à leur interprétation, est celle du juge judiciaire. Cette compétence de principe a été posée, dès 1958, par le Tribunal des conflits[1].

Il en résulte que lorsque le juge administratif est saisi d'un litige nécessitant l'interprétation d'un accord collectif, « il appartient au juge administratif, lorsque la solution du litige dont il est saisi dépend de l'interprétation d'un acte de droit privé et que celle-ci soulève une difficulté sérieuse, de surseoir à statuer jusqu'à ce que l'autorité judiciaire se soit prononcée sur la question préjudicielle que présente à juger cette interprétation »[2]. Il n'en est autrement que lorsque l'interprétation ne soulève pas de difficulté sérieuse, soit parce que l'acte est clair, soit parce qu'il a déjà fait l'objet d'une interprétation par le juge judiciaire[3]. Lorsque la question préjudicielle doit être résolue dans le cadre d'un litige entre un employeur et un salarié, c'est le conseil de prud'hommes qui doit en être saisi[4].

611.22 Compétence du tribunal judiciaire, à titre principal. Lorsque le litige ne porte que sur la question de l'interprétation d'un accord collectif, parce que cette interprétation conditionne ensuite les conditions d'exécution, c'est le juge de droit commun qui est compétent, donc le tribunal judiciaire[5].

1. T. confl. 19 mai 1958, *JCP* 1958. II. 10658.
2. CE 28 déc. 2018, *FEHAP*, req. n° 412849, *Lebon T.*
3. CE, sect., 23 mars 2012, req. n° 331805, *Fédération Sud Santé sociaux, Lebon*, p. 102 ; *AJDA* 2012. 620 ; *AJDA* 2012. 1583, note E. Marc ; *D.* 2012. 1012, obs. S. Brondel ; *Just. & cass.* 2013. 118, concl. C. Landais ; *RDT* 2012. 376, obs. H. Tissandier ; *RFDA* 2012. 429, concl. C. Landais ; *RFDA* 2012. 961, chron. C. Mayeur-Carpentier, L. Clément-Wilz et F. Martucci ; *Constitutions* 2012. 294, obs. A. Levade ; *RTD eur.* 2012. 926, obs. D. Ritleng.
4. Soc. 18 mars 2008, n° 07-41.813, P V, n° 66.
5. Soc. 21 nov. 2012, n° 11-15.057, P V, n° 297 ; *RJS* 2/13, n° 151, p. 133 ; *D.* 2012. Actu. 2809 ; *JCP S* 2013. 1094, obs. T. Lahalle.

Peu importe que l'interprétation ait vocation à avoir une incidence sur les contrats de travail individuels, ce n'est que la conséquence du litige qui est collectif lorsqu'il est présenté à titre principal, par exemple par une organisation syndicale. La décision rendue par le tribunal judiciaire saisi à titre principal s'imposera à tous ceux qui doivent appliquer l'accord collectif soumis à l'interprétation.

Le tribunal judiciaire est également compétent pour statuer en matière d'élections professionnelles ou de désignation des représentants syndicaux, lorsqu'un accord collectif a déterminé des règles particulières à ce sujet.

La procédure est celle de applicable au litige principal. S'il s'agit de la contestation des conditions de désignation des représentants syndicaux ou des représentants de proximité, la procédure est sur requête, conformément à l'article 761, 2°, du code de procédure civile[1].

611.23 **Compétence du juge prud'homal par voie d'exception.** Le plus souvent, c'est le juge prud'homal qui, à l'occasion d'un litige individuel, devra trancher une question d'interprétation d'un accord collectif. Il en a parfaitement la compétence, même si la solution qu'il va adopter est susceptible d'intéresser l'entière collectivité des travailleurs ressortissant de la convention collective[2]. Et il est également compétent quand bien même le litige opposerait l'employeur à plusieurs salariés, pris individuellement[3]. En pratique, le juge prud'homal est le juge habituel de l'interprétation des conventions et accords collectifs, puisque d'innombrables litiges (montant de la rémunération, calcul des conséquences d'un licenciement, droits à congés...) en dépendent.

Lorsque la question de l'interprétation vient en accessoire de la demande principale, le taux de ressort n'en est pas affecté. Selon la jurisprudence, si la demande principale est en dessous du taux d'appel, elle le demeure même si le juge a été invité à interpréter une convention collective pour arriver à la solution[4].

611.24 **Contrôle de la Cour de cassation.** Si la décision d'interprétation, rendue à l'occasion d'un litige individuel, n'est juridiquement opposable qu'aux seules parties au litige, il est bien évident que la réponse donnée peut intéresser tous les salariés et employeurs qui appliquent la convention collective. C'est pourquoi la Cour de cassation, alors qu'elle ne contrôle pas l'interprétation donnée par les juges du fond d'un contrat individuel, contrôle totalement l'interprétation donnée à un accord collectif. Dans l'étendue du contrôle de la Cour de cassation, l'interprétation relève du contrôle le plus étendu, le contrôle dit « lourd », comme l'est le contrôle de l'interprétation des textes législatifs ou réglementaires[5]. Cela signifie que l'interprétation est vérifiée par la Cour de cassation, qui rectifie le cas échéant en cas de mauvaise interprétation, afin que la solution puisse être prise en compte de manière générale, à chaque fois que la clause doit être appliquée. C'est également pour cette raison que la chambre sociale de la Cour de cassation publie systématiquement les arrêts dans lesquels elle interprète, pour la première fois, une clause d'une convention collective. Les arrêts publiés constituent ainsi une sorte de banque de données d'interprétation.

611.25 **Autorité des décisions d'interprétation.** Malgré la volonté de la Cour de cassation, par l'instauration du contrôle lourd, de limiter le contentieux né de l'interprétation en donnant force à chacune de ses décisions en la matière, l'autorité des décisions d'interprétation se heurte à deux limites :

– D'abord, si la décision est rendue dans un litige individuel, la décision d'interprétation, fût-elle allée jusqu'à la Cour de cassation, ne sera opposable qu'aux parties, puisqu'il n'existe pas d'arrêts de règlement. En cas de litige opposant d'autres parties, les juridictions ne pourront opposer la force de la chose jugée et devront se prononcer, même si leur travail consistera – sauf à vouloir sciemment résister à la décision prise par la Cour de cassation, ce qui alors conduit à renvoyer le litige en assemblée plénière – à recopier la décision d'interprétation précédente.

– Ensuite, une décision d'interprétation ne vaut que pour la convention collective qu'elle concerne. Si le litige porte sur une autre convention ou un autre accord, même si la clause est rédigée dans les mêmes termes, son interprétation peut, en raison des critères qui guident l'interprétation[6] être différente.

1. Soc. 1 févr. 2023, n° 21-13.206, P ; *D.* 2023. 1443, obs. S. Vernac et Y. Ferkane.
2. Soc. 20 oct. 1988, n° 85-45.164, P V, n° 548 ; *CSB* 1989. 83, A. 21.
3. Soc. 23 juin 1960, n° 59-40.574, P.
4. Soc. 25 janv. 2023, n° 21-17.948, NP.
5. Arrêt de principe dit « Belle Jardinière » : Cass., ass. plén., 6 févr. 1976, n° 74-40.223, P 2 ; *GADT*, 4e éd., Dalloz, 2008, n° 20 ; *Dr. soc.* 1976. 472, note J. Savatier ; *JCP* 1976. II. 18481, note H. Groutel ; – CONFIRMATION : Cass., ass. plén., 23 oct. 2015, n° 13-25.279, P n° 6 ; *RJS* 1/16, n° 6 ; *D.* 2015. 2185 ; *D.* 2016. 144, chron. P. Flores, S. Mariette, E. Wurtz et N. Sabotier ; *Dr. soc.* 2016. 9, chron. S. Tournaux ; *Dr. soc.* 2016. 27, ét. J. Mouly ; *Dr. soc.* 2016. 650, ét. S. Tournaux ; *JCP S* 2015. 1362, note F. Favennec-Héry ; *JCP S* 2015. 1433, note L. Dauxerre ; *Dr. soc.* 2016. 27, note J. Mouly ; *RDC* 2016. 118, note G. Loiseau ; *SSL* 2016. 11, n° 1707, note N. Gssime ; *RJS* 2016. 28.
6. V. ss n° 611.42.

§ 2
Histoire et questionnements sur l'interprétation des accords collectifs

611.31 Histoire en lien avec les questionnements sur la nature de l'accord collectif. Les règles d'interprétation définies de manière générale par la Cour de cassation sont différentes selon l'acte à interpréter.

Lorsque l'acte à interpréter est un acte contractuel, individuel ou synallagmatique, le juge, dès lors que la clause n'est pas claire et précise, doit d'abord rechercher la commune intention des parties. C'est la règle posée par l'article 1188 du code civil : « le contrat s'interprète d'après la commune intention des parties plutôt qu'en s'arrêtant au sens littéral de ses termes ». En effet, l'idée est que dans un contrat qui lie deux personnes, l'important est de comprendre ce qu'elles ont souhaité acter, peu importe la maladresse éventuelle de la rédaction. Le même article 1188 poursuit en indiquant que, lorsque l'intention commune des parties ne peut être décelée, le contrat s'interprète selon le sens que lui donnerait une personne raisonnable placée dans la même situation. Notons enfin que, depuis la réforme du droit des contrats par l'ordonnance du 10 février 2016[1], il est prévu par l'article 1190 que « dans le doute, le contrat de gré à gré s'interprète contre le créancier et en faveur du débiteur, et le contrat d'adhésion contre celui qui l'a proposé. »[2]

Lorsque l'acte à interpréter est un acte législatif ou réglementaire, la méthode du juge est totalement différente. C'est d'abord la lettre du texte qui prédomine, l'analyse exégétique. Lorsque les mots cependant ne suffisent pas, qu'il existe une ambiguïté ou plusieurs sens possibles, le juge peut rechercher l'intention du législateur, notamment via les travaux parlementaires. À titre plus subsidiaire, le juge donne au texte l'interprétation qui lui donne un sens, ou peut également procéder par voie d'analogie, lorsqu'il existe des dispositions identiques dans d'autres textes.

S'agissant de l'accord collectif, le mode d'interprétation choisi par le juge dépendait donc de savoir s'il rattachait l'acte plutôt à la catégorie des contrats, ou plutôt à la catégorie des actes réglementaires.

611.32 Évolution. Assez logiquement, les critères d'interprétation de l'accord collectif ont évolué au fur et à mesure qu'évoluait la conception, par le juge, de l'accord collectif[3]. Au départ, les règles d'interprétation se rapprochaient très manifestement de celles du droit des contrats. Ainsi, pendant des années, la Cour de cassation considérait que l'interprétation des conventions collectives relevait du pouvoir souverain des juges du fond, qui devaient prendre en compte tous éléments leur étant produits. C'est à compter de 1976 que la Haute cour a orienté son contrôle dans le sens des critères d'interprétation de la loi, orientation définitivement consacrée par un arrêt d'assemblée plénière du 23 octobre 2015[4], critères réaffirmés par la chambre sociale en mars 2020[5].

§ 3
Guide actuel d'interprétation des accords collectifs

611.41 Importance du contentieux de l'interprétation. S'il n'existe aucune quantification des contentieux qui posent la question de l'interprétation d'un accord collectif, dès lors qu'il est généralement associé à un contentieux principal (demande en paiement ou autre), on sait qu'il s'agit d'un rôle essentiel et récurrent du juge judiciaire. C'est qu'en effet, outre le fait que de manière générale un texte écrit, surtout s'il perdure dans le temps, surtout s'il a vocation à englober diverses situations, peut nécessiter un éclairage spécifique au cas d'espèce, les conventions collectives présentent deux spécificités :

– elles sont, le plus souvent, le résultat de compromis qui parfois aboutissent à laisser dans l'ombre, volontairement, des points non entièrement tranchés. Il en résulte des ambiguïtés de rédaction parfois volontairement ignorées par les signataires pour parvenir à la conclusion de l'accord[6] ;

– elles sont rédigées par des personnes qui ne sont pas nécessairement des professionnels de la rédaction de textes juridiques ce qui peut parfois, au niveau des termes, créer des malentendus involontaires.

611.42 Trois critères guidant l'interprétation du juge[7]. Depuis l'arrêt de principe de l'assemblée plé-

1. Ord. n° 2016-131, 10 févr. 2016 portant réforme du droit des contrats et du régime général de la preuve des obligations, *JO* 11 févr., n° 26.
2. Étienney de Sainte Marie, « Les principes, les directives et les clauses relatives à l'interprétation », *RDC* 2016/2, p. 384 ; N. Ferrier, « La détermination par le juge du contenu du contrat », *La réforme du droit des contrats : 1re Journée Cambacérès : 3 juillet 2015,* Montpellier, « Actes de colloque », Presses de la Faculté de Montpellier, 2015, p. 109, spéc. p. 116-117.
3. V. ss nos 012.11 s.
4. Cass., ass. plén, 23 oct. 2015, n° 13-25.279, préc.
5. Soc. 25 mars 2020, n° 18-12.467, P ; *D.* 2020. 771 ; *RDT* 2020. 476 ; *RJS* 6/2020, n° 309 ; *JCP S* 2020. 2079, obs. B. Gauriau.
6. D. Teyssié, la loi n° 2016-1088, 8 août 2016 ou l'art de l'entremêlement, *JCP S* 2016, n° 35.
7. Ces critères sont largement détaillés dans l'article lumineux de J.-Y. Frouin, « Interprétation des conventions et accords collectifs de travail », *RJS* 1996. 138.

nière du 23 octobre 2015[1], la chambre sociale suit trois critères d'interprétation des accords collectifs :

- d'abord, elle s'attache à la lettre du texte. Si la lettre du texte a un sens, et même si manifestement ce sens n'est pas celui qui avait été voulu par les négociateurs, le juge doit respecter ce sens. L'interprétation littérale est donc toujours privilégiée dans le travail du juge, alors même qu'en replaçant l'interprétation dans un certain contexte, celui de sa signature ou celui de son application, on aboutirait à des résultats différents[2]. Il en résulte que deux textes de convention collective semblant refléter la même disposition peuvent, par un choix de rédaction un peu différent, induire une interprétation très différente[3] ;

- lorsque la lettre du texte ne permet pas du tout son interprétation, le juge peut se référer à un éventuel texte législatif ayant le même objet, pour lui donner un sens ;

- à défaut, le juge peut tenter de rechercher l'intention des partenaires sociaux, soit au regard de l'économie générale de l'accord collectif qui lui est soumis, soit au regard des éléments de discussion qui sont reconnus par les signataires. La difficulté est évidemment qu'il n'existe pas, en la matière, de travaux préparatoires ou débats parlementaires comme pour un projet de loi, ou de déclaration d'intention. C'est à cette difficulté que le législateur de 2017 tente de remédier en proposant aux parties la signature d'un préambule[4].

Un arrêt du 25 mars 2020 synthétise ainsi les différentes étapes du raisonnement interprétatif : « Une convention collective, si elle manque de clarté, doit être interprétée comme la loi, c'est-à-dire d'abord en respectant la lettre du texte, ensuite en tenant compte d'un éventuel texte législatif ayant le même objet et, en dernier recours, en utilisant la méthode téléologique consistant à rechercher l'objectif social du texte[5]. »

611.43 **Critères écartés par le juge judiciaire.** Il existe deux modes d'interprétation que le juge judiciaire a clairement écartés :

- le premier est celui d'une lecture du texte en fonction de l'évolution du droit ou de la société. Lorsqu'une convention ou un accord collectif ont été négociés et conclus il y a plusieurs années, voire plusieurs décennies[6], il peut être tentant de vouloir lui donner une interprétation qui soit conforme à la législation ou la jurisprudence en vigueur, ou l'évolution sociétale. La Cour de cassation s'oppose à ce mode d'interprétation : « l'interprétation de la convention collective (au moment de son application) ne doit pas avoir pour effet d'en modifier la portée, ni de lui conférer une utilité en remplacement de celle qu'elle présentait lors de sa conclusion et qu'elle put perdre par suite de l'évolution législative et jurisprudentielle »[7]. Le juge se refuse donc le droit d'actualiser une convention ou un accord collectif. C'est à ceux qui sont habilités à le négocier de le modifier, si nécessaire. Le juge interprète l'acte dans sa rédaction et son contexte de signature[8] ;

- le second est le critère que promeut désormais le code civil, en son article 1190 : le doute profite à la partie la plus faible au contrat. Ce critère peut-il être décliné lors de l'interprétation d'une convention collective ? La jurisprudence l'exclut également, considérant qu'en matière de négociation collective, le principe ne peut pas se décliner, sauf à risquer de briser l'équilibre voulu par les parties signataires.

1. Cass., ass. plén, 23 oct. 2015, n° 13-25.279, préc., voir en particulier le commentaire, beaucoup plus explicite que l'arrêt, au *Rapport annuel 2015* de la Cour de cassation, p. 111.
2. Ainsi, lorsqu'une convention collective attribue le statut de « responsable d'établissement » aux salariés qui possèdent une expérience et une formation particulières, il ne suffit pas qu'un salarié soit responsable de l'établissement pour bénéficier du statut, il faut qu'il justifie de l'expérience et de la formation mentionnées par la convention collective : Soc. 12 janv. 2011, n° 09-68.859, P V, n° 19 ; *D.* 2011. 311. On peut également voir : Soc. 30 avr. 2014, n° 13-10.772, P V, n° 108 ; *D. actu.* 22 mai 2014, obs. W. Fraisse ; *Dr. soc.* 2014. 675, obs. J. Mouly ; *RJS* 2014. 462, n° 561 ; *SSL* 2014, n° 1630, obs. F. Champeaux ; *JSL* 2014, n° 368-6, obs. J. Belloeil et R. Chiss – ÉGALEMENT, sur le mode de désignation des représentants de proximité, lorsque la convention évoque un vote : Soc. 1 févr. 2023, n° 21-18.990, P.
3. On songe notamment aux nombreux litiges relatifs au nombre de jours fériés dont disposaient les salariés lorsqu'en 2008, le 1er mai était également le jour de l'Ascension. Cette coïncidence créait-elle pour les salariés le droit à récupérer le jour férié perdu, ou non ? La chambre sociale a jugé que lorsque la convention collective citait les jours fériés, soit onze selon le texte légal, leur coïncidence faisait perdre au salarié le bénéfice d'une de ces journées : Soc. 28 sept. 2010, n° 09-42.281, NP ; *RJS* 2011, n° 45. En revanche, lorsque la convention collective évoquait un nombre de jours fériés, en l'occurrence onze, la coïncidence de deux jours fériés ouvrait aux salariés le droit à un autre jour de congé : Soc. 30 nov. 2010, n° 09-42.990, P V, n° 276 ; *D.* 2011. AJ 22 ; *JSL* 2011, n° 292-36, obs. N. Gardair-Rérolle ; *JCP S* 2011. 1066, obs. Y. Pagnerre.
4. V. ss n° 611.81.
5. Soc. 25 mars 2020, n° 18-12.467, préc. ; v. ss n° 611.02.
6. En moyenne, les conventions de branche ou interprofessionnelle ont une ancienneté de 30 ans, même si elles sont régulièrement révisées par avenants (Direction générale du Travail, *La négociation collective en 2019,* « Bilans & Rapports », Ministère du Travail, 2020).
7. Comm. ss Cass., ass. plén, 23 oct. 2015, n° 13-25.279, R. 2015, p. 211.
8. PAR EX. : Soc. 11 juill. 2016, n° 14-22.651, P V, n° 153 ; *RJS* 2016, n° 625. – AUSSI : *JCP S* 2016. II. 1363, note T. Lahalle. CEPENDANT, v. l'arrêt de principe du 25 mars 2020, n° 18-12.467, qui intègre dans son interprétation d'un accord la situation du licenciement pour insuffisance professionnelle qui n'existait pas lors de la signature de l'accord.

Cependant, le fait de vouloir donner du sens à la convention collective le conduit parfois à faire naturellement une interprétation favorable au salarié., de même que la volonté de faire respecter certains principes supérieurs : santé du travailleur, égalité hommes/femmes...[1]

SECTION 2 Commissions d'interprétation

611.50 **Plan.** Les commissions d'interprétation ont été, à l'origine, des créations conventionnelles, pour que l'interprétation à donner aux conventions collectives soit l'œuvre des acteurs de la négociation eux-mêmes. La loi du 8 août 2016[2] les a institutionnalisées (§ 1). Mais leur saisine reste facultative, et leur avis ne s'impose pas totalement au juge (§ 2).

§ 1 Conditions d'intervention des commissions d'interprétation

611.61 **Commissions conventionnelles institutionnalisées par la loi du 8 août 2016.** La possibilité de recourir à des commissions paritaires pour faire interpréter une convention ou un accord collectif n'est pas nouvelle. Les accords prévoient ce type de commission depuis bien avant la loi du 13 novembre 1982, qui en a acté l'existence en inscrivant dans les textes que les conventions de branche ou des accords interprofessionnels peuvent instituer des commissions paritaires d'interprétation. Cependant, le fonctionnement de ces commissions était peu satisfaisant : elles n'avaient pas été instituées dans toutes les branches, et lorsqu'elles l'étaient, leur office était généralement très réduit.

La loi du 8 août 2016 a tenté de leur donner une nouvelle dynamique.

611.62 **Des commissions toujours instituées par accords.** Qu'elles soient interprofessionnelles[3] ou de branche[4], ou à un autre niveau, les commissions d'interprétation doivent toujours résulter d'un accord collectif, qui détermine leur composition et leur mode de fonctionnement, tout en respectant les principes résultant de la loi, notamment le caractère paritaire de la commission[5].

611.63 **Deux modes de saisine en interprétation.** Les commissions peuvent être saisies en interprétation d'un accord ou d'une convention par les personnes auxquelles s'applique cette convention, dans les conditions prévues par l'accord qui les a instituées. La nouveauté, résultant de la loi du 8 août 2016, est que les commissions d'interprétation au niveau de la branche, les commissions paritaires permanentes de négociation et d'interprétation (CPPNI) doivent obligatoirement être prévues par accord, et peuvent désormais être également saisies par une juridiction, pour rendre un avis sur l'interprétation d'un accord ou d'une convention dans les conditions mentionnées à l'article L. 441-1 du code de l'organisation judiciaire. L'article L. 441-1 du Code de l'organisation judiciaire évoque les hypothèses dans lesquelles les juridictions de l'ordre judiciaire peuvent solliciter directement l'avis de la Cour de cassation. Depuis la loi du 8 août 2016, les juridictions du fond « peuvent, dans les mêmes conditions, solliciter l'avis de la commission paritaire mentionnée à l'article L. 2232-9 du code du travail ou de la Cour de cassation avant de statuer sur l'interprétation d'une convention ou d'un accord collectif présentant une difficulté sérieuse et se posant dans de nombreux litiges ».

Concrètement, cela veut dire qu'une juridiction saisie d'un litige nécessitant l'interprétation d'une convention collective, peut directement saisir la CPPNI pour lui demander de donner son avis sur cette interprétation. La loi ne précisant pas les conditions de la demande d'avis, on peut en déduire que, comme pour les demandes d'avis à la Cour de cassation, la demande peut être faite d'office par le juge, ou sur requête des parties, et qu'elle se formule par jugement (ou arrêt d'appel).

Lorsque le juge formule une demande d'avis, il sursoit à statuer sur le litige en cours.

611.64 **Simple faculté de l'intervention.** Il n'y a à l'heure actuelle aucune obligation, en cas de litige relatif à l'interprétation d'une convention ou d'un accord, de saisir une commission d'interprétation. La Cour de cassation affirme en effet qu'un accord ne peut contraindre à saisir une commission d'interprétation préalablement à la saisine du juge[6]. De même, le juge n'est jamais obligé de faire droit à une

1. EN CE SENS, V. : E. Filipetto, *Le juge et l'accord collectif de travail*, th. Nancy, 2019.
2. L. n° 2016-1088, 8 août 2016, relative au travail, à la modernisation du dialogue social et à la sécurisation des parcours professionnels, *JO* 9 août, n° 3.
3. C. trav., art. L. 2232-4.
4. C. trav., art. L. 2232-9.
5. SUR les commissions, v. s[s] n°s 151.11 s.
6. SOLUTION CONSTANTE, PAR EX. : Soc. 6 févr. 2001, n° 98-42.679, NP : « la cour d'appel a décidé, à bon droit, que le défaut de saisine de la commission paritaire ne rendait pas irrecevables les demandes des salariés » ; – OU : Soc. 30 juin 2004, n° 02-41.518, NP ; *RJS*, n° 10/2004, comm. n° 1075, p. 737 ; *Cah. Soc.* 2004, n° 164, S. 368, p. 435, obs. J. Pansier : « la saisine préalable obligatoire d'une commission paritaire ne saurait constituer, à défaut de dispositions légales, une condition de recevabilité de l'action prud'homale ».

demande d'avis, que ce soit à la Cour de cassation ou à la commission d'interprétation. Il lui appartient de décider, d'une part, s'il se trouve dans le cadre du texte (difficulté sérieuse se posant dans de nombreux litiges), d'autre part s'il a besoin d'un avis extérieur. Outre le fait qu'un préalable obligatoire d'interprétation conventionnelle serait un cas exceptionnel de limitation du recours au juge, une telle procédure risquerait de retarder la solution de litiges lorsque la question d'interprétation est évidente. En toute hypothèse, la commission d'interprétation ne pourrait pas juger du litige au fond[1]. Enfin, la commission d'interprétation n'étant pas nécessairement constituée de ceux-là mêmes qui ont négocié l'accord, son avis procède, comme celui du juge, d'une réinterprétation *a posteriori*, sans que cela puisse être une révision par ce biais de la convention.

Le recours à la commission d'interprétation peut s'avérer particulièrement utile en présence de clauses manifestement ambiguës, pour l'interprétation desquelles la concertation entre les partenaires sociaux est une solution beaucoup plus opportune que la décision judiciaire.

§ 2
Autorité de l'avis de la commission

611.71 **Avis généralement consultatif.** La jurisprudence considère traditionnellement que l'avis de la commission d'interprétation est consultatif et ne lie pas le juge[2]. Il en résulte que le juge ne peut motiver sa décision par simple renvoi à l'avis rendu par la commission d'interprétation[3], et ne peut s'estimer tenu par cette interprétation. Cependant, il ne peut pas non plus ignorer l'avis : il lui appartient d'en tenir compte et d'en faire un élément de sa décision, voire de le faire sien si, au regard des éléments de vérification qu'il a opérée, cet avis constitue l'interprétation à retenir[4].

Cette autorité donnée à l'avis – élément que le juge doit prendre en considération, mais qui ne s'impose pas à lui – ne devrait probablement pas évoluer après la loi de 2016, la chambre sociale l'a rappelé dans une décision *post* Loi 2016 qui montre bien la continuité de la jurisprudence, en affirmant que : « Si l'interprétation donnée par une commission paritaire conventionnelle du texte d'une convention collective n'a pas de portée obligatoire pour le juge, ce dernier peut, après analyse du texte, faire sienne l'interprétation de la commission[5]. »

Un arrêt récent censure ainsi les juges du fond d'avoir repris l'interprétation d'une commission d'interprétation qui avait considéré qu'il fallait aménager le texte de la convention collective pour éviter des situations de blocage. La Cour de cassation rappelle que lorsque le texte est clair, il faut s'en tenir à sa lecture[6].

611.72 **Exception : l'avis à valeur d'avenant.** La jurisprudence admet que « l'avis d'une commission d'interprétation ne lie pas le juge sauf s'il a valeur d'avenant à la convention collective »[7]. Pour que l'avis de la commission d'interprétation puisse avoir l'autorité d'un avenant, plusieurs conditions sont nécessaires :

– il faut que l'accord objet d'interprétation ait prévu le recours à l'avenant interprétatif par l'intermédiaire de la commission ;

– il faut que l'avenant interprétatif soit signé par l'ensemble des syndicats signataires de l'accord initial[8] ;

– il faut que l'avenant constitue une véritable interprétation de l'accord initial, qui ne modifie pas les termes de cet accord[9].

Lorsque toutes ces conditions sont réunies, le juge, qui doit surseoir à statuer jusqu'à ce que la commission ait pu rendre son avis, sera tenu par l'avis rendu sous forme d'avenant. Cet avis a un effet rétroactif, puisqu'il s'agit d'une interprétation, et non d'une révision de l'accord initial[10].

1. SUR LES DÉBATS autour de l'opportunité de rendre la saisine de la commission d'interprétation obligatoire, v. : P.-H. Antonmattei, « Le juge judiciaire et l'accord collectif, brèves observations », *Dr. soc.* 2017. 425.
2. Cass., ass. plén., 6 févr. 1976, n° 74-40.223, préc.
3. Soc. 15 juill. 1998, n° 96-42.005, P V, n° 389 – Soc. 12 déc. 2000, n° 98-43.818, NP.
4. Soc. 12 nov. 2002, n°s 00-40.232, 99-45.882, 00-40.295, P V, n° 341 ; *RJS* 2003, n° 105.
5. Soc. 27 mai 2020, n° 19-10.886, NP ; *RJS* 7/2020, n° 363.
6. Soc. 1 févr. 2023, n° 21-18.990, P : en l'espèce, il s'agissait de la désignation de représentants de proximité par le CSE. La convention prévoyait un vote à la majorité des présents, et la commission d'interprétation avait considéré que « dans l'hypothèse d'un blocage de la désignation des représentants de proximité telle que prévue par l'accord au stade du vote par les membres du comité social et économique, la règle de vote change afin d'éviter que puissent être désignés les représentants de proximité ne correspondant pas aux votes exprimés par les salariés localement ». La Cour de cassation constate que cet aménagement décidé par la commission d'interprétation ne figure pas à la convention collective.
7. Soc. 11 oct. 1994, n° 90-41.818, P V, n° 272 ; *D.* 1995. Somm. 369, obs. Soubise ; *Dr. soc.* 1994. 984 ; *RJS* 1994. 772, n° 1285 – Soc. 20 janv. 1999, n° 96-44.814, NP.
8. Soc. 14 oct. 2009, n° 08-41.892, NP.
9. Soc. 12 juin 2014, n° 13-15.416, P V, n° 143, P ; *RJS* 2014. 518, n° 624 ; *JCP S* 2014. 34, note Y. Pagnerre – Soc. 4 févr. 2015, n° 14-13.646, P ; *D.* 2015. Actu. 380 ; *RJS* 4/2015, n° 270 ; *JCP S* 2015. 1138, obs. D. Asquinazi-Bailleux. POUR UN EXEMPLE d'avenant qualifié à tort d'interprétatif : Civ. 2e, 25 mai 2019, n° 18-17.850, NP.
10. Soc. 24 avr. 2001, n° 99-40.142, P.

SECTION 3
PRÉAMBULE DES ACCORDS

611.81 Création de la pratique. Le préambule est une création de la pratique des négociateurs. Dans certains cas, pour expliquer le contexte de l'accord, ou insister sur l'économie générale de celui-ci, les rédacteurs des accords introduisaient un préambule à ce dernier. Dans le silence des textes, la jurisprudence considérait que le préambule s'intégrait au texte même de l'accord, et que, s'il contenait des dispositions précises, ces dernières devaient recevoir application au même titre que les autres dispositions de l'accord[1].

611.82 Obligation légale depuis la loi du 8 août 2016. La loi du 8 août 2016 a introduit dans le code du travail un article L. 2222-3-3 aux termes duquel « la convention ou l'accord contient un préambule présentant de manière succincte ses objectifs et son contenu ». L'emploi du verbe « contient » au présent de l'indicatif fait du préambule une obligation posée aux négociateurs. À tous les négociateurs, quel que soit le niveau de négociation, que l'accord soit d'entreprise, de branche, ou interprofessionnel.

611.83 Obligation non sanctionnée. Toutefois, l'article L. 2222-3-3 poursuit en précisant que « l'absence de préambule n'est pas de nature à entraîner la nullité de la convention ou de l'accord ». La disposition est donc fortement incitative, mais le législateur n'a pas souhaité mettre en péril la validité des accords collectifs en cas de non respect de la conclusion d'un préambule.

Cependant, par exception, bien que contrairement aux anciens accords de maintien de l'emploi, le législateur n'ait pas prévu que l'absence de préambule à un accord de performance collective soit sanctionnée par la nullité de l'accord, l'article L. 2254-2 exige que le préambule définisse les objectifs de l'accord. Faute de préambule, l'accord de performance collective sera considéré, soit comme nul du fait qu'une de ses conditions de validité[2] n'est pas respectée, soit disqualifié en accord collectif de droit commun. La jurisprudence n'a pas, pour l'heure, tranché entre ces deux branches de l'alternative[3].

611.84 Finalités du préambule. Le préambule doit présenter les objectifs de l'accord et son contenu. L'objectif poursuivi a été explicité dans le rapport de la commission Combrexelle, qui en a suggéré la consécration légale[4] : « l'exigence d'un préambule auprès des signataires doit permettre d'expliquer aux tiers l'économie générale de l'accord et ses principales mesures. Il convient dans ce cadre d'avoir à l'esprit qu'un juge pourra être conduit à lire l'accord collectif, voire à l'interpréter. C'est l'une des raisons pour lesquelles son contenu doit être exprimé de manière claire et intelligible. ». La rédaction d'un préambule vise donc clairement à faciliter l'interprétation future de l'accord, notamment par le juge. Dès lors, il ne s'agit plus d'un élément de l'accord, mais d'un éclairage de cet accord, qui doit guider sa compréhension. Il a, en quelque sorte, vocation à remplacer l'exposé des motifs d'un projet de loi. Le préambule devient donc très important, et doit faire l'objet d'une réflexion des négociateurs pour lui donner sa valeur. S'ils se contentent de déclarations d'intention trop vagues, ils enlèvent toute utilité au préambule, le transformant en « morceau de sucre qui aide la médecine à couler »[5].

S'ils tentent, en toute transparence, d'expliquer les raisons d'être non seulement de l'accord, mais des principaux points d'équilibre, voire de concessions, qu'il contient, ils en feront à l'évidence un outil utile, mais ils se trouveront tenus par ces explications.

Il en résulte que, paradoxalement, le préambule doit probablement être rédigé à la fin des négociations, lorsque toutes les clauses ont été conclues. C'est en effet en connaissance précise du contenu de l'accord qu'il sera possible aux négociateurs d'en expliquer les points principaux auxquels ils tiennent et l'équilibre auquel ils souhaitent être parvenus.

Dans le cas où il n'a pas été conclu, en amont, d'accord de méthode, le préambule peut également permettre de relater la manière dont la négociation s'est déroulée, pour en acter la loyauté.

611.85 Force du préambule. Dans sa nouvelle acception législative, le préambule ne devrait plus être une clause de l'accord, mais un éclairage de celui-ci, un guide d'interprétation. Est-ce qu'en tant que guide d'interprétation, il s'impose au juge ? La question est complexe, car tout dépend de la manière dont le préambule est rédigé et de sa précision. Mais on peut penser que s'il explicite véritablement la manière dont les clauses qui suivent doivent être comprises, le juge devra respecter cette indication donnée par les partenaires sociaux de leurs intentions.

1. Soc. 7 mai 2008, n° 06-43.989, P V, n° 99 – Soc. 16 déc. 2015, n° 14-18.908, P V, n° 265 ; *RJS* 3/2016, n° 219.
2. Définition de ses objectifs qui peuvent être les nécessités liées au fonctionnement de l'entreprise, la préservation ou le développement de l'emploi.
3. Sur le préambule des accords de performance collective, v. s^s n° 511.61.
4. J.-D. Combrexelle, *La négociation collective, le travail et l'emploi,* Rapport au premier Ministre, France stratégie, sept. 2015.
5. M. Hautefort, « Accords collectifs : le préambule n'est pas neutre », *Les Échos*, 1er juill. 2008.

La Cour de cassation a pu ainsi s'appuyer sur un préambule pour déterminer dans quelle mesure un accord d'entreprise donnait la possibilité d'écarter certaines de ses clauses aux éventuels accords de restructuration ultérieurs [1].

1. Soc. 14 déc. 2022, pourvoi n° 21-19.370, 21-19.371, 21-19.372, P.

CHAPITRE

612. Actions en exécution de l'accord

SECTION 0
ORIENTEUR

612.00 **Sommaire du chapitre.**

Division. Un accord collectif doit être exécuté, et exécuté de bonne foi. Toute personne intéressée, donc les organisations syndicales, les salariés ou l'employeur peut ainsi saisir le juge d'une action aux fins d'exécution d'un accord collectif. La procédure et les pouvoirs du juge dépendent du contexte de l'action : action collective (sect. 1), ou action individuelle (sect. 2).

612.01 **Textes applicables.**

- **C. trav.**, art. L. 2262-9 [Capacité à agir des organisations]
- **C. trav.**, art. L. 2262-10 [Intervention volontaire]
- **C. trav.**, art. L. 2262-11 [Action en exécution ou en manquement des organisations et groupements]
- **C. trav.**, art. L. 2262-12 [Action en exécution ou en manquement des personnes liées par l'accord]

612.02 **Jurisprudence de référence.**

- **Soc. 11 juin 2013,** n° 12-12.818, P V, n° 151

« Indépendamment de l'action réservée par l'article L. 2262-11 du code du travail aux syndicats liés par une convention ou un accord collectif de travail, les syndicats professionnels, qu'ils soient ou non signataires, sont recevables à demander sur le fondement de l'article L. 2132-3 de ce code, l'exécution d'une convention ou d'un accord collectif de travail, même non étendu, son inapplication causant nécessairement un préjudice à l'intérêt collectif de la profession. »

- **Soc. 19 nov. 2014,** n° 13-23.899, P V, n° 271

« Un comité d'entreprise n'a pas qualité pour intenter une action visant à obtenir l'exécution des engagements résultant de la convention collective applicable, cette action étant réservée aux organisations ou groupements définis à l'article L. 2231-1 du code du travail, qui ont le pouvoir de conclure une convention ou un accord collectif de travail. »

- **Soc. 19 nov. 2014,** n° 13-23.899, P V, n° 271

« Viole les articles L. 2262-11 et L. 2132-3 du code du travail une cour d'appel qui, pour déclarer irrecevable l'action des organisations syndicales, retient qu'il ressort des dispositions de l'article L. 2262-11 du code du travail que l'action reconnue aux organisations syndicales leur permet d'obtenir l'exécution des engagements conventionnels et le cas échéant le paiement de dommages-intérêts, mais non la condamnation de l'employeur au paiement de sommes qui seraient dues à leurs adhérents en application de cette convention, alors que l'action du syndicat ne tendait pas au paiement de sommes déterminées à des personnes nommément désignées mais à l'application des clauses de la convention collective à tous les salariés compris dans son champ d'application et poursuivait en conséquence la réparation du préjudice porté à l'intérêt collectif de la profession. »

612.03 **Bibliographie indicative.**

O. Levannier-Gouël, « Le droit d'agir en exécution d'un accord collectif d'entreprise conclu en l'absence de délégué syndical », *JCP S* 2023. 1340.

SECTION 1
ACTIONS COLLECTIVES EN EXÉCUTION D'UN ACCORD

612.10 **Plan.** Lorsque l'action en exécution d'un accord est formée par voie collective (§ 3), elle ne peut émaner que d'un groupement habilité à représenter un intérêt collectif (§ 1). En ce cas, elle est de la compétence du juge de droit commun, le tribunal judiciaire (§ 2), et les effets de cette action sont également collectifs (§ 4).

§ 1
Intérêt à agir

612.21 **Intérêt naturel à agir des syndicats.** En vertu de l'article L. 2262-11 du code du travail, les « organisations ou groupements ayant la capacité d'agir en justice, liés par une convention ou un accord » peuvent engager une action en justice pour obtenir l'exécution d'un accord ou indemnisation pour la défaillance d'une partie engagée à l'accord.

Dans un premier temps, appliquant strictement cette disposition législative, la jurisprudence considérait que, conformément au droit commun, seul pouvait agir en exécution d'un accord un syndicat engagé par l'accord, donc signataire dudit accord[1].

Cette restriction heurtait cependant directement deux principes essentiels du droit du travail. D'abord, l'effet erga omnes des conventions collectives, donc le fait que ces conventions, une fois entrées en vigueur, s'appliquent à tous les salariés. Ensuite, le droit des syndicats à agir en justice dès qu'un fait porte atteinte à l'intérêt collectif de la profession[2]. Ces deux principes cumulés ont conduit la jurisprudence à évoluer, et affirmer, à compter de 2001, qu'une organisation syndicale, qu'elle soit ou non signataire de l'accord collectif, avait toujours vocation à en demander l'exécution, « le non respect des dispositions d'une convention collective étant de nature à causer nécessairement un préjudice à l'intérêt collectif de l'ensemble de la profession »[3]. Cette règle de principe, posée dans un premier temps pour les accords et convention étendus, a ensuite été généralisée à tous les accords collectifs[4]. Il en résulte par exemple qu'un syndicat local est recevable à demander l'exécution d'une convention collective de branche au sein de son entreprise[5].

La Cour de cassation est venue ajouter que l'action introduite par un syndicat sur le fondement de l'article L. 2132-3 du Code du travail, c'est-à-dire de l'intérêt collectif de la profession, est recevable du seul fait que ladite action repose sur l'inexécution de dispositions d'une convention ou d'un accord collectif qui cause nécessairement un préjudice à l'intérêt collectif de la profession. La circonstance que seuls quelques salariés de l'entreprise seraient concernés par cette violation est sans incidence sur le droit d'agir du syndicat. Dans cette affaire, l'employeur invoquait l'absence d'intérêt à agir des syndicats, les manquements reprochés ne concernant que quatre salariés sur une entreprise avoisinant les 10 000 salariés[6].

Il faut donc distinguer, d'un côté l'action qu'un syndicat peut engager « en son nom propre » en application de l'article L. 2262-11 du Code du travail, s'il a signé l'accord, et qui lui permet d'agir à titre individuel et de demander l'exécution de l'accord et, le cas échéant, indemnisation à son profit, de l'autre l'action qu'un syndicat peut exercer au nom de l'intérêt collectif, en représentation de la collectivité des salariés, peu important qu'il soit ou non signataire de l'accord[7].

Faut-il, pour agir en justice aux fins d'exécution d'un accord, être représentatif au sein de l'entreprise ? Bien que la Cour de cassation n'ait pas eu l'occasion de se prononcer sur ce point depuis l'entrée en vigueur des dispositions de la loi du 20 août 2008[8], il apparaît que, dès lors que le droit à agir est fondé sur la défense par les syndicats de l'intérêt collectif de la profession, le droit est ouvert à toute organisation syndicale dont le champ professionnel et territorial couvre le champ d'action.

612.22 **Autres actions collectives.** D'autres acteurs ont ils intérêt à agir pour demander l'exécution au profit de la collectivité d'une convention ou d'un accord collectif ?

Le comité d'entreprise – aujourd'hui le comité social et économique – n'a pas qualité pour intenter une action ou intervenir dans une action tendant au respect ou à l'exécution de dispositions légales ou conventionnelles[9]. Certes, il peut, comme tout groupement ou salarié, exercer une action individuelle en exécution d'un accord collectif s'il est personnellement concerné par cet accord, mais il n'est pas en

1. Soc. 10 mai 1994, n° 92-14.097, P V, n° 173 ; *RJS* 1994. 446, n° 736 ; *JCP E* 1994. 384, obs. S. Darmaisin ; *Dr. soc.* 1994. 717.
2. C. trav., art. L. 2132-3 du code du travail.
3. Soc. 12 juin 2001, n° 00-14.435, P V, n° 221 ; *D.* 2002. 503, note J.-M. Verdier ; *D.* 2001. IR 2240 ; *Dr. soc.* 2001. 1019, obs. P.-H. Antonmattéi ; *RJS* 2001. 715, n° 1045 ; *JSL* 2001, n° 83-4.
4. Soc. 3 mai 2007, n° 05-12.340, P V, n° 68 ; *D.* 2007. IR 1505, obs. A. Fabre ; *D.* 2007. 536, obs. G. Borenfreund ; *RJS* 2007. 662, n° 875 ; *JSL* 2007, n° 218-4.
5. Soc. 18 févr. 2003, n° 01-02.079, P V, n° 60 ; *RJS* 5/2003, n° 645.
6. Soc. 15 févr. 2023, n° 21-22.030, NP.
7. SUR LA DIFFÉRENCE entre les deux actions : Soc. 14 févr. 2001, n° 99-43.521, NP.
8. L. n° 2008-789, 20 août 2008 portant rénovation de la démocratie sociale et réforme du temps de travail, *JO* 21 août, n° 1.
9. Soc. 14 déc. 2016, n° 15-20.812, P V, n° 255 ; *JCP S* 2016. Actu. 480 ; – AUSSI : *JCP E* 2017. Act. 23 ; *RDT* 2017. Actu. 11, note Magali Roussel ; *JCP S* 2017. II. 1045, note B. Gauriau ; – DANS LE MÊME SENS : Soc. 19 nov. 2014, n° 13-23.899, P V, n° 271 ; *D. actu.* 9 janv. 2015, obs. W. Fraisse ; *RJS* 2/2015, n° 129 ; – OU ENCORE : Soc. 14 mars 2007, n° 06-41.647, P V, n° 51 ; *RDT* 2007. 401, note E. Andreo ; *JSL* 2007, n° 211-2.

charge de la représentation collective des salariés s'agissant de la mise en œuvre d'un accord.

De même, plusieurs salariés peuvent se regrouper pour diligenter ensemble une action visant à l'exécution d'un accord à leur profit, mais il s'agira toujours d'une action individuelle, ou en l'occurrence de plusieurs actions individuelles, dont l'effet ne pourra être étendu au-delà des personnes présentes ou représentées à l'instance.

L'UES ne peut pas être à l'origine d'une action en justice, faute de disposer de la personnalité juridique. L'action doit être introduite par toutes les entités la composant, ou par l'une d'entre elles ayant mandat pour représenter l'ensemble des sociétés de l'UES. Lorsqu'une action concerne l'exercice de sa mission par une institution représentative d'une UES, elle doit être, de la même manière, et sous peine d'irrecevabilité, introduite contre toutes les entités composant l'UES.[1].

§ 2
Juridiction compétente

612.31 **Tribunal judiciaire.** L'action, dès lors qu'elle est collective, est de la compétence du tribunal judiciaire, c'est-à-dire la juridiction de droit commun[2].

Cependant, il peut arriver qu'une instance soit introduite par un ou plusieurs salariés devant le conseil de prud'hommes, et que, seulement dans un second temps, une organisation syndicale décide d'intervenir volontairement à l'action en raison de son intérêt collectif[3]. Dans ce cas, l'action se poursuit devant la juridiction prud'homale initialement saisie, mais l'effet de la décision sera différent[4].

§ 3
Procédure

612.41 **Rappel : règles applicables aux actions en justice diligentées par une organisation syndicale.** Une organisation syndicale n'est recevable, procéduralement, à agir en justice que si pouvoir pour agir à cette fin a été donné par l'organe compétent pour décider d'une action en justice, en application des statuts, à un représentant du syndicat habilité à recevoir un tel pouvoir, s'il n'est avocat, toujours en vertu des statuts. Ce sont donc les statuts qui sont décisifs pour savoir si l'action est recevable. L'existence d'un pouvoir régulier au jour où l'action est diligentée est une condition de fond qui relève de l'article 117 du code de procédure civile. Son absence ne peut être régularisée que si la délivrance du pouvoir intervient avant l'expiration du délai dont disposait le syndicat pour intenter l'action[5]. Lorsqu'il résulte des statuts du syndicat qu'une personne est habilitée à le représenter en justice, la production d'un pouvoir spécial n'est pas nécessaire[6].

Si le défendeur peut se prévaloir des statuts d'une personne morale pour justifier du défaut de pouvoir d'une personne à figurer dans un litige comme représentant de celle-ci, il ne peut en revanche invoquer, sur le fondement de ces mêmes statuts, l'irrégularité de la nomination de ce représentant pour contester sa qualité à agir en justice, car il s'agit là d'un acte interne au syndicat[7].

612.42 **Préalable de conciliation obligatoire.** La jurisprudence admet la validité des clauses de conciliation préalable prévues par un accord collectif en cas de contentieux sur la mise en œuvre de celui-ci. Toutefois, une telle clause n'empêche la saisine directe d'une juridiction que si elle se présente comme un préalable obligatoire et non une simple faculté[8].

612.43 **Délai de l'action.** À la différence des actions tendant à contester la validité de l'accord, désormais soumises à des délais de prescription extrêmement courts[9], les actions tendant à l'exécution ou à l'interprétation d'un accord collectif ne sont soumises à aucun délai de prescription particulier, puisque la question peut se poser à tout moment des conditions de mise en œuvre de l'accord.

Cependant, si l'action conduit à une condamnation au titre des sommes ou indemnités qui auraient dû être versées en application de l'accord, la condamnation doit tenir compte des délais de prescription de droit commun de l'article 2277 du Code civil. Le délai, de cinq ans, court, selon l'article 2224 du code civil, à compter du jour où le titulaire d'un droit a connu ou aurait dû connaître les faits lui permettant d'exercer son action. Le délai peut de ce fait ne commencer à courir en l'espèce que lorsqu'une décision de justice a permis de connaître les droits résultant de la convention collective[10].

1. Soc. 26 févr. 2020, n° 18-22.123, P ; *D.* 2020. 491.
2. Soc. 12 févr. 2013, n° 11-27.689, P V, n° 36 – Soc. 3 mai 2007, n° 05-12.340, P V, n° 68.
3. C. trav., art. L. 2262-10.
4. Soc. 24 janv. 2007, n° 05-44.795, NP.
5. Soc. 20 déc. 2006, n° 06-60.017, P V, n° 400 ; *JCP S* 2007. 1608, note J.-Y. Kerbourc'h.
6. Soc. 16 avr. 2008, n° 07-60.157, P V, n° 89 ; *BICC* 15 sept. 2008, n° 1330.
7. Soc. 12 sept. 2018, n° 17-15.619, NP.
8. Soc. 13 janv. 2010, n° 08-18.202, P V, n° 10 ; *RTD civ.* 2010. 780, obs. B. Fages ; *Procédures* 2010, n° 232, note A. Bugada ; *JCP S* 2010. 1199, obs. A. Martinon.
9. V. s[s] n° 621.31.
10. Soc. 27 mai 2015, n° 14-10.864, P V, n° 106 ; *D.* 2015. Actu. 1214 ; *JCP S* 2015. 1303, obs. H. Guyot.

§ 4
Pouvoirs du juge

612.51 Ordonner une mission de médiation. Selon l'article 131-1 du Code de procédure civile : « Le juge, saisi d'un litige, peut, après avoir recueilli l'accord des parties, désigner une tierce personne afin d'entendre les parties et de confronter leur point de vue pour leur permettre de trouver une solution au conflit qui les oppose. Ce pouvoir appartient également au juge des référés en cours d'instance. »

Le recours à une mission de médiation, ordonnée d'office par le juge, ou à la demande de l'une ou l'autre des parties, toujours possible dans le cadre d'une action en justice, peut paraître particulièrement adapté en cas de litige sur la mise en œuvre d'un accord collectif. En effet, la question posée à l'occasion d'un tel litige est rarement circonscrite à un simple désaccord sur l'interprétation ou les conditions d'exécution d'une clause. Il s'inscrit souvent dans un cadre plus large de conflit interne à l'entreprise, qui n'a pas pu être résolu par le dialogue social. Une mission de médiation peut permettre de réamorcer un tel dialogue, et résoudre par la même le litige ponctuel ayant justifié la saisine.

612.52 Ordonner sous astreinte l'exécution de l'accord. Si le juge constate qu'un accord n'est pas mis en œuvre, ou que les conditions de sa mise en œuvre ne sont pas conformes aux termes de l'accord, il peut d'abord, lorsqu'il est saisi par une action collective, en ordonner l'exécution, si besoin est sous astreinte, après en avoir déterminé les conditions d'exécution. La mise à exécution d'un accord peut également conduire à faire cesser des actes qui seraient contraires à cet accord. Ainsi d'un syndicat qui emploierait un mode de communication non conforme à l'accord[1], ou d'un employeur qui au contraire empêcherait l'utilisation d'un mode de communication syndicale autorisé par accord.

612.53 Ordonner le paiement de certaines sommes. La non exécution d'un accord collectif peut donner lieu à condamnation financière, au titre des sommes qui auraient dû être versées et ne l'ont pas été en application de l'accord. Cependant, si l'action est une action collective, il ne pourra pas y avoir condamnation au paiement de sommes précises dues individuellement aux salariés, puisque ces derniers ne sont pas dans la cause, mais fixation des sommes à payer globalement. Les syndicats pourront demander paiement des sommes leur étant éventuellement dues à titre personnel, ainsi que des dommages et intérêts pour le préjudice résultant pour eux de l'inexécution de l'accord.

612.54 Action du syndicat dans l'intérêt collectif de la profession et action individuelle des salariés. Lorsque le syndicat agit devant le tribunal judiciaire au nom de l'intérêt collectif de la profession, il ne peut pas se substituer aux salariés qui entendent, à titre individuel, obtenir la réparation de leur préjudice[2]. La Cour de cassation a cependant admis, dans quelques décisions, que le tribunal judiciaire se prononce, indirectement, sur la situation individuelle des salariés. Il a ainsi été jugé que bien que l'action du syndicat tendait à obtenir la condamnation de l'employeur à procéder à des augmentations de salaire rétroactives sur le fondement d'un accord collectif, elle concernait l'intérêt collectif de la profession dans la mesure où elle ne « tendait pas au paiement de sommes déterminées à des personnes déterminées[3] ». A également été admise l'action du syndicat visant à « la condamnation de l'employeur à constituer une réserve spéciale de participation [...] ainsi qu'à *[procéder à]* sa répartition entre les salariés de l'entreprise »[4] de même que l'action du syndicat qui ne tend pas « au paiement de sommes déterminées à des personnes nommément désignées mais à l'application du principe d'égalité de traitement »[5].

Des décisions plus récentes tendent à repréciser la frontière entre action collective (compétence du tribunal judiciaire) et action individuelle (compétence du Conseil de prud'hommes). L'hypothèse est tout sauf théorique : si le syndicat peut solliciter l'augmentation salariale prévue par un accord collectif, peut-il demander dans le même temps un rappel de salaires au profit des salariés concernés ? Autre exemple, un syndicat sollicite la condamnation de l'employeur pour non paiement d'une prime de sujétion prévue par accord collectif. Peut-il aller

1. Soc. 12 juill. 2017, n° 15-27.742, P V, n° 122 ; *D.* 2017. Actu. 1536 ; *Dr. soc.* 2017. 1087, obs. F. Petit ; *RJS* 10/2017, n° 683 ; *JCP S* 2017. 1300, obs. F. Duquesne. Dans cette affaire, l'employeur a été autorisé à suspendre l'accès d'un délégué syndical au mailing de l'entreprise pendant une certaine durée, en raison de l'utilisation de ce mailing dans des conditions non conformes à ce que prévoyait l'accord d'entreprise.
2. Soc. 15 déc. 2021, n° 19-18.226, P ; *D.* 2022. 19 ; *D.* 2022. 414, chron. S. Ala et M.-P. Lanoue ; *Dr. soc.* 2022. 286, obs. F. Petit ; *RDT* 2022. 317, obs. M. Véricel ; *RTD civ.* 2022. 197, obs. N. Cayrol ; *RJS* 2022, n° 76 ; *RTD civ.* 2022. 197, obs. N. Cayrol.
3. Soc. 22 févr. 2006, n° 04-14.771, NP ; *RDT* 2006. 329, obs. H. Tissandier.
4. Soc. 3 mai 2007, n° 05-12.340, P V, n° 68 ; *JCP S* 2007. 1918, note R. Vatinet ; *D.* 2007. 1504, obs. A. Fabre ; *Dr. soc.* 2008. 571, étude O. Levannier-Gouël ; *RDT* 2007. 536, obs. G. Borenfreund.
5. Soc. 12 févr. 2013, n° 11-27.689, P V, n° 36 ; *JCP S* 2013. 1398, note J.-B. Cottin et A. Martinon ; *D.* 2013. 513 ; *D.* 2013. 1026, obs. P. Lokiec et J. Porta.

jusqu'à demander à ce que soit ordonné à l'employeur de régulariser individuellement la somme ?[1]

Deux arrêts plus récents délimitent la portée de l'action du syndicat. L'action dans l'intérêt collectif de la profession n'est pas l'action de substitution. Dans une première affaire, un syndicat avait agi devant le tribunal judiciaire pour faire condamner l'employeur au paiement rétroactif de cotisations de retraite complémentaire au profit de certains salariés, auquel il se serait indûment soustrait. Selon la Cour de cassation, si le syndicat peut faire constater une irrégularité commise par l'employeur dans le paiement des cotisations de retraite complémentaire, il « ne peut prétendre obtenir la condamnation de l'employeur à régulariser la situation des salariés concernés »[2]. Dans une deuxième affaire, le syndicat reprochait à l'employeur les conditions dans lesquelles il avait imposé aux salariés de prendre des jours de repos en application de la législation de crise appliquée en temps de Covid[21]. Il demandait au tribunal judiciaire de mettre fin aux irrégularités commises et régularise la situation des salariés concernés. La Cour de cassation admet que le syndicat agisse pour contraindre l'employeur à mettre fin à un dispositif irrégulier, mais refuse au tribunal judiciaire la faculté d'ordonner que « les salariés concernés soient rétablis dans leurs droits »[3].

612.55 Intervention volontaire dans l'action individuelle du salarié au nom de l'intérêt collectif de la profession. Sur le fondement de l'action collective dans l'intérêt collectif de la profession, les syndicats ne peuvent pas défendre les intérêts individuels des salariés[4]. Il n'en résulte pas que le syndicat est dépourvu de toute capacité d'action pour défendre l'intérêt collectif de la profession. Un syndicat peut participer à l'instance engagée devant un conseil de prud'hommes par la voie d'une intervention volontaire[5]. Il est nécessaire pour ce faire que la demande du syndicat se rattache de manière suffisante aux prétentions soulevées par le salarié[6], et qu'il justifie d'un droit d'agir relativement à la prétention qu'il élève[7], en l'occurrence une atteinte à l'intérêt collectif de la profession. Dans le cadre de son intervention volontaire, le syndicat peut se contenter d'appuyer les prétentions du salarié mais aussi demander la réparation d'un préjudice causé à l'intérêt collectif de la profession. Si le syndicat décide de demander réparation de ce dernier préjudice dans le cadre de l'intervention volontaire dans le contentieux prud'homal du salarié, il ne pourra plus le faire devant le tribunal judiciaire.

Attention toutefois, ce que les syndicats peuvent faire, les salariés ne le peuvent pas. Ces derniers ne peuvent se joindre, en formulant des demandes individuelles, à l'action exercée par le syndicat dans l'intérêt collectif de la profession devant le Tribunal judiciaire.

SECTION 2
ACTIONS INDIVIDUELLES

612.60 Plan. Les actions en exécution d'un accord peuvent résulter également d'un litige porté par un salarié individuellement, ou par un employeur à l'égard d'un salarié (§ 1), soit par voie principale, soit par voie d'exception (§ 3). C'est alors en général le juge du contrat de travail qui a compétence, c'est-à-dire le juge prud'homal (§ 2).

§ 1
Intérêt à agir

612.71 Tous les salariés concernés par l'accord ont intérêt à agir. Si un accord n'est pas exécuté ou pas mis en œuvre correctement, tous les salariés bénéficiant potentiellement de l'accord ont intérêt à agir. Il suffit donc, mais il faut, être salarié de l'entreprise et remplir les conditions pour bénéficier de la clause ou de l'accord dont l'inexécution est reprochée à l'employeur. Un salarié ne peut agir que pour son propre compte. Mais plusieurs salariés peuvent se regrouper pour intenter l'action en exécution. L'action restera individuelle, même si de très nombreux salariés sont parties à l'instance, car il n'existe pas en droit du travail de « class action » ou action collective des salariés en dehors des litiges tenant à une discrimination collective. Mais le regroupement de plusieurs salariés donne plus de force à l'action, et, en cas de condamnation, permet d'indemniser tous les salariés qui sont parties au litige.

612.72 Syndicats (action de substitution). Les syndicats, qui peuvent agir par voie d'action collective[8], peuvent également agir à titre individuel en représentation d'un ou plusieurs salariés. Cette possibilité, qui leur est ouverte en matière d'exécution

1. SUR ces deux exemples : A. Martinon, « Les actions en exécution de l'accord collectif de travail », *Dr. Soc.* 2023. 234.
2. Soc. 30 mars 2022, n° 20-15.022, P V, n° 429 ; *JCP S* 2022. 1117, note F. Wismer et J. Serrier ; *SSL* 2022, n° 1996 ; *RDT* 2022. 654, chron. M. Véricel.
3. Soc. 6 juill. 2022, n° 21-15.189, P V, n° 892 ; *JCP G* 2022, act. 883 ; *RJS* 2022, n° 518 ; *Dr. soc.* 2022. 840, obs. Y. Leroy ; *D.* 2022. 1314.
4. SUR l'action de substitution, v. s[s] n° 612.72.
5. Soc. 9 déc. 1960, n° 59-40.080, P V, n° 1168.
6. C. pr. civ., art. 325 : cette condition sera remplie si le syndicat invoque la violation de dispositions analogues à celles invoquées par le salarié).
7. C. pr. civ., art. 329, al. 2.

8. V. s[s] n° 612.21.

d'une convention collective par les articles L. 2262-9 et L. 2262-11 du Code du travail, est une action en substitution particulière, puisqu'elle ne nécessite pas de mandat écrit ou tacite du ou des salariés représentés. Dans ce cadre légal, il suffit que le syndicat ait averti les salariés, qui ne sont pas nécessairement ses adhérents, de l'action et que les salariés n'aient pas expressément fait connaître leur opposition. Les syndicats qui agissent au nom d'un ou plusieurs salariés ont les mêmes droits et uniquement les mêmes droits que les salariés qu'ils représentent ; donc l'action est individuelle et limitée à la reconnaissance du manquement vis-à-vis des salariés concernés.

612.73 **Comité d'entreprise ou le CSE.** Ayant la personnalité morale, le CSE, antérieurement le comité d'entreprise, peut agir pour obtenir la mise en œuvre ou l'exécution conforme d'un accord en tant qu'il en est le bénéficiaire. Il ne représente pas l'intérêt collectif, mais son intérêt propre, et ne peut donc demander que la mise en œuvre de clauses qui le concernent, par exemple les clauses concernant le montant des dotations qui lui sont imparties, la mise à disposition de personnels, ou les conditions de réunion.

La place croissante de la négociation collective dans la configuration de la représentation du personnel, avec la mise en place des CSE, pourrait conduire au développement de ce type d'actions.

612.74 **Employeur.** L'affirmation est très théorique. En effet, si l'employeur a certainement intérêt à agir en exécution d'un accord, il a d'autres moyens d'action lorsqu'il s'agit d'un problème individuel, concernant seulement un ou quelques salariés. Le non respect des clauses d'un accord collectif peut en effet être de l'ordre du disciplinaire, et c'est sous cet angle que l'employeur va donc réagir, si bien que le litige ne s'élèvera que par le biais de la contestation de la sanction disciplinaire éventuellement mise en œuvre.

§ 2
Juridictions compétentes

612.81 **Juridiction prud'homale.** S'agissant d'une action individuelle, ou même de plusieurs actions individuelles, le conseil de prud'hommes est exclusivement compétent pour en connaître. Il l'est, qu'il soit saisi par voie principale ou par voie d'exception.

612.82 **Juridiction administrative.** Le juge administratif peut être appelé à intervenir en matière d'exécution d'un accord collectif dans les domaines de sa compétence, notamment le licenciement des salariés protégés[1], et les licenciements économiques collectifs. Il a compétence pour le faire, mais si la mise en œuvre de l'accord collectif pose une question sérieuse quant à l'interprétation de l'accord, il devra au préalable poser une question préjudicielle à la juridiction judiciaire.

§ 3
Procédure et pouvoirs du juge

612.91 **Procédure de droit commun.** La procédure est la procédure de droit commun en matière prud'homale.

612.92 **Effet de la décision.** La décision n'a d'effet qu'à l'égard des salariés parties à la cause. Une juridiction peut donc avoir constaté l'absence d'exécution d'un accord vis-à-vis d'un ou plusieurs salariés, sans que l'employeur ne soit contraint d'appliquer cette décision aux autres salariés. Cependant, l'existence d'un tel précédent est incitatif ou, selon les cas, dissuasif.

1. CE 13 mars 1992, *Association l'Hôpital Belle-Isle*, req. n° 100756, *Lebon T.* 1347 ; – CE 19 janv. 1998, *S.A. Société Nouvelle d'Armement Transmanche*, req. n° 165208, *Lebon T.* 1204.

TITRE

62. Les actions en contestation des accords

SECTION 0 ORIENTEUR

62.00 **Sommaire du titre.**

Division. L'action en contestation d'un accord prend le plus généralement la forme d'une action en nullité (chap. 621). Exercée à titre principal, cette action est cependant, depuis les ordonnances du 22 septembre 2017, soumise à des conditions de délai très stricts. Elle peut cependant aussi être formée, sans délais, par voie d'exception. D'autres actions peuvent également intervenir (chap. 623), telle l'action en inopposabilité de l'accord (chap. 622).

CHAPITRE

621. Action en annulation

SECTION 0 ORIENTEUR

621.00 Sommaire du chapitre.

Division. L'action en nullité d'un accord est par essence une action collective, puisqu'elle vise à ôter tout effet à une norme s'appliquant à tous les salariés couverts dans son champ d'application. Elle est, depuis l'ordonnance n° 2017-1385, soumise à des conditions de forme et de délais particulièrement restrictives, dans l'optique d'assurer la sécurité juridique de la norme conventionnelle (sect. 1). Il est vrai que les conséquences d'une annulation sont lourdes, même si la loi prévoit désormais la possibilité pour le juge de moduler dans le temps les effets de sa décision (sect. 2). Ces conséquences sont par définition différentes de celles d'une dénonciation, mécanisme spécifique, distinct de la nullité, qui ne fait disparaitre la norme collective qu'au bout d'un certain laps de temps.

621.01 Textes applicables.

• **C. trav.,** art. L. 2262-13 ; créé par Ord. n° 2017-1385, 22 sept. 2017, art. 4 [Charge de la preuve]

• **C. trav.,** art. L. 2262-14 ; créé par Ord. n° 2017-1385, 22 sept. 2017, art. 4 [Délai de prescription]

• **C. trav.,** art. L. 2262-14-1 ; créé par L. n° 2018-217, 29 mars 2018, art. 2 [Délai de rendu de la décision de justice]

• **C. trav.,** art. L. 2262-15 ; créé par Ord. n° 2017-1385, 22 sept. 2017, art. 4 [Aménagement des effets dans le temps de la nullité]

621.02 Jurisprudence de référence.

• **Soc. 6 juin 2018,** n° 17-21.068, P+B

« La nullité d'un accord collectif relatif à la mise en place d'institutions représentatives du personnel n'a pas d'effet rétroactif. »

• **Soc. 13 janv. 2021,** n° 19-13.977, P+B+R+I

« Il résulte de l'article L. 2262-15 du code du travail, issu de l'ordonnance n° 2017-1385 du 22 septembre 2017, que, en cas d'annulation par le juge de tout ou partie d'un accord ou d'une convention collective, celui-ci peut décider, s'il lui apparaît que l'effet rétroactif de cette annulation est de nature à emporter des conséquences manifestement excessives en raison tant des effets que cet acte a produits et des situations qui ont pu se constituer lorsqu'il était en vigueur que de l'intérêt général pouvant s'attacher à un maintien temporaire de ses effets, que l'annulation ne produira ses effets que pour l'avenir ou de moduler les effets de sa décision dans le temps, sous réserve des actions contentieuses déjà engagées à la date de sa décision sur le même fondement.

En l'absence de dispositions transitoires spécifiques, l'article L. 2262-15 est d'application immédiate, quelle que soit la date à laquelle l'accord collectif a été conclu.

En l'espèce, la cour d'appel, a retenu que l'annulation de l'article III. 24.1 de l'annexe 3 de la convention collective nationale de l'édition phonographique du 30 juin 2008 relatif à l'objet du cachet perçu par les artistes interprètes conduisait à la remise en cause des sommes perçues par les salariés depuis une dizaine d'années, supposant un travail considérable, compliqué par l'ancienneté des situations établies avec une collecte de données de grande ampleur pour un résultat incertain en vue d'une reconstitution des droits de chacun. Elle a également relevé que le maintien de la clause pour le passé n'était pas de nature à priver les salariés de contrepartie puisque le salaire minimum déterminé par les articles III. 2 à III. 4 a été négocié par les partenaires sociaux pour couvrir les deux objets de cette rémunération et que les parties n'apportent pas d'éléments permettant de dégager un manque à gagner par rapport à ce que les artistes auraient eu des chances de percevoir au titre de l'exploitation selon le mode A en cas de recours à deux rémunérations distinctes pour la prestation et pour l'exploitation des droits en cause. Elle a ainsi caractérisé l'existence d'un intérêt général l'autorisant à reporter les effets de l'annulation de la clause.

Constatant la nécessité de laisser un délai pour la renégociation de la clause de rémunération, la cour d'appel a pu, sans encourir les griefs de la quatrième branche du moyen, fixer à la date du 1er octobre 2019 la prise d'effet de sa décision d'annulation. »

• **Soc. 2 mars 2022,** n° 20-16.002, P

« 4. Aux termes de l'article L. 2262-14 du code du travail toute action en nullité de tout ou partie d'une convention ou d'un accord collectif doit, à peine d'irrecevabilité, être engagée dans un délai de deux mois à compter :

1° De la notification de l'accord d'entreprise prévue à l'article L. 2231-5, pour les organisations disposant d'une section syndicale dans l'entreprise ;

2° De la publication de l'accord prévue à l'article L. 2231-5-1 dans tous les autres cas.

5. Aux termes de l'article L. 2231-5 du même code, la partie la plus diligente des organisations signataires d'une convention ou d'un accord en notifie le texte à l'ensemble des organisations représentatives à l'issue de la procédure de signature.

6. Selon l'article 15 de l'ordonnance n° 2017-1385 du 22 septembre 2017, pour les conventions ou accords conclus antérieurement à la publication de la présente ordonnance et pour lesquels aucune instance n'a été introduite avant cette publication, le délai de deux mois mentionné à l'article L. 2262-14 court à compter de cette publication.

7. Toutefois, dans sa décision n° 2018-761 DC du 21 mars 2018, le Conseil constitutionnel a précisé que l'article L. 2262-14 ne prive pas les salariés de la possibilité de contester, sans condition de délai, par voie d'exception, l'illégalité d'une clause de convention ou d'accord collectif, à l'occasion d'un litige individuel la mettant en œuvre, de sorte que l'article L. 2262-14 ne méconnaît pas le droit à un recours juridictionnel effectif garanti par l'article 16 de la Déclaration des droits de l'homme et du citoyen de 1789.

8. Eu égard au droit à un recours juridictionnel effectif garanti tant par l'article 16 de la Déclaration de 1789 que par l'article 47 de la Charte des droits fondamentaux de l'Union européenne, applicable en l'espèce du fait de la directive 2002/14/CE du Parlement européen et du Conseil du 11 mars 2002 établissant un cadre général relatif à l'information et la consultation des travailleurs dans la Communauté européenne, et l'article 6 de la Convention de sauvegarde des droits de l'homme et des libertés fondamentales, un comité social et économique est recevable à invoquer par voie d'exception, sans condition de délai, l'illégalité d'une clause d'un accord collectif aux motifs que cette clause viole ses droits propres résultant des prérogatives qui lui sont reconnues par la loi.

9. L'exception d'illégalité d'une convention ou d'un accord collectif ne relève pas des dispositions de l'article 1185 du code civil.

10. Lorsque l'illégalité de tout ou partie d'une convention ou d'un accord collectif est invoquée par voie d'exception, la durée de la prescription est déterminée par la nature de la créance objet de la demande.

11. La reconnaissance de l'illégalité d'une clause d'une convention ou d'un accord collectif la rend inopposable à celui qui a soulevé l'exception.

12. C'est dès lors à bon droit que la cour d'appel a retenu, par motifs adoptés, que l'employeur ne pouvait pas se prévaloir des nouvelles dispositions de l'article L. 2262-14 du code du travail issues de l'ordonnance n° 2017-1385 du 22 septembre 2017 instaurant un délai de recours en annulation de deux mois, dès lors que ces dispositions ne sont pas applicables lorsque l'illégalité de tout ou partie d'une convention ou d'un accord collectif est invoquée par voie d'exception. »

• **Soc. 2 mars 2022,** n° 20-18.442, P

« 6. En premier lieu, aux termes de l'article L. 2262-14 du code du travail toute action en nullité de tout ou partie d'une convention ou d'un accord collectif doit, à peine d'irrecevabilité, être engagée dans un délai de deux mois à compter :

1° De la notification de l'accord d'entreprise prévue à l'article L. 2231-5, pour les organisations disposant d'une section syndicale dans l'entreprise ;

2° De la publication de l'accord prévue à l'article L. 2231-5-1 dans tous les autres cas.

7. Aux termes de l'article L. 2231-5 du même code, la partie la plus diligente des organisations signataires d'une convention ou d'un accord en notifie le texte à l'ensemble des organisations représentatives à l'issue de la procédure de signature.

8. Toutefois, dans sa décision n° 2018-761 DC du 21 mars 2018, le Conseil constitutionnel a précisé que l'article L. 2262-14 ne prive pas les salariés de la possibilité de contester, sans condition de délai, par voie d'exception, l'illégalité d'une clause de convention ou d'accord collectif, à l'occasion d'un litige individuel la mettant en œuvre, de sorte que l'article L. 2262-14 ne méconnaît pas le droit à un recours juridictionnel effectif garanti par l'article 16 de la Déclaration des droits de l'homme et du citoyen de 1789.

9. Eu égard au droit à un recours juridictionnel effectif garanti tant par l'article 16 de la Déclaration de 1789 que par l'article 6 de la Convention de sauvegarde des droits de l'homme et des libertés fondamentales, une organisation syndicale non signataire d'un accord collectif est recevable à invoquer par voie d'exception, sans condition de délai, l'illégalité d'une clause d'un accord collectif lorsque cette clause est invoquée pour s'opposer à l'exercice de ses droits propres résultant des prérogatives syndicales qui lui sont reconnues par la loi.

10. En second lieu, aux termes de l'article L. 2143-3, alinéa 4, du code du travail, la désignation d'un délégué syndical peut intervenir au sein de l'établissement regroupant des salariés placés sous la direction d'un représentant de l'employeur et constituant une communauté de travail ayant des intérêts propres, susceptibles de générer des revendications communes et spécifiques.

11. Ces dispositions, même si elles n'ouvrent qu'une faculté aux organisations syndicales représentatives, sont d'ordre public quant au périmètre de désignation des délégués syndicaux.

12. Il s'ensuit que ni un accord collectif de droit commun, ni l'accord d'entreprise prévu par l'article L. 2313-2 du code du travail concernant la mise en place du comité social et économique et des comités sociaux et économiques d'établissement ne peuvent priver un syndicat du droit de désigner un délégué syndical au niveau d'un établissement au sens de l'article L. 2143-3 du code du travail.

13. C'est dès lors à bon droit que le tribunal judiciaire a retenu que l'avenant signé le 11 décembre 2019 ne pouvait priver le syndicat CGT de son droit légal de désigner un délégué syndical sur le périmètre contesté. »

621.03 Bibliographie indicative.

Articles. Dossier, « Juges et accords collectifs », *Dr. soc.* 2020. 481 s. – P.-H. Antonmattei, « Exception d'illégalité d'une clause d'un accord collectif : la Cour de cassation prend la main », *SSL* 1995, 11 avr. 2022, n° 1995 – G. Auzero, « La nullité de l'accord collectif invoquée par les syndicats », *Dr. soc.* 2023. 212 – G. Auzero et L. Bento de Carvalho, « L'exception d'illégalité appliquée aux conventions et accords collectifs de travail », *Dr. soc.* 2022. 531 – D. Baugard, « L'illégalité d'un accord collectif invoqué par un salarié. De l'exception de nullité à l'exception d'illégalité », *JCP S* 2019. 1297 – F. Bergeron, « L'illégalité de l'accord collectif invoquée par voie d'exception », *Dr. soc.* 2023. 217 – D. Jacotot, « L'accord collectif confronté à l'exception d'illégalité », *JCP E* 2022. 1192 – A. Lucchini, « Articulation entre action en nullité et exception d'illégalité ou la théorie des vases (non) communicants », *SSL* 2023, n° 2034 – Y. Pagnerre, « L'illégalité d'un accord collectif invoquée par un salarié. *De lege lata*, une action en inopposabilité », *JCP S* 2019. 1298 ; « Modulation judiciaire de l'annulation d'une clause d'un accord collectif », *JCP S* 2021. 1081 – C. Pernot et L. Bento de Carvahlo, « Quelle place pour le contentieux des accords collectifs par voie d'exception après les "ordonnances Macron" ? », *Dr. soc.* 2020. 43 – S. Tournaux, « L'aménagement conventionnel des délais d'action en droit du travail », *SSL* 2023, n° 2052.

621.05 Points clés. Pendant longtemps soumise aux conditions de droit commun, l'action en nullité d'un accord collectif est, depuis l'entrée en vigueur des ordonnances de 2017, enserrée dans un ensemble de règles extrêmement contraignantes, qui visent manifestement à en réduire l'opportunité et la portée.

SECTION 1
CONDITIONS DE L'ACTION EN NULLITÉ

621.10 Plan. L'action en nullité (§ 3) est de la compétence de principe du tribunal judiciaire. Elle est soumise à des conditions de délais (§ 2), et d'intérêt à agir (§ 1).

§ 1
Compétence et intérêt pour agir

621.21 Action par essence collective. L'action en nullité, qu'elle porte sur une clause ou sur la totalité d'un accord collectif, est par hypothèse, et contrairement à l'action en inopposabilité, une action collective. Elle vise en effet à mettre à néant, à l'égard de tous, un acte normatif. L'action relève donc de l'intérêt collectif, et par conséquent, du rôle des organisations syndicales et patronales.

Les institutions représentatives du personnel n'ont pas intérêt à agir lorsqu'elles ne sont pas négociatrices de l'accord [1]. Cependant, lorsque leur intervention est nécessaire pour la validité d'un accord, par exemple leur consultation ou leur avis préalable, elles ont intérêt à agir [2].

621.22 Compétence du tribunal judiciaire. S'agissant d'une action collective, la compétence en la matière est traditionnellement celle de la juridiction de droit commun : le tribunal judiciaire.

621.23 Procédure. La procédure est également celle de droit commun, donc initiée par assignation, avec représentation obligatoire.

Le juge doit statuer sur les actions en nullité dans un délai de 6 mois maximum [3].

§ 2
Délai pour agir

621.31 Délai de l'action en nullité. Jusqu'en 2017, l'action en nullité d'un accord collectif était soumise au droit commun en termes de délai pour agir. Le délai était donc de cinq ans, conformément à l'article 2244 du code civil, sachant que ce délai ne courait qu'à compter du jour où le requérant a connu ou aurait dû connaître les faits lui permettant d'exercer son droit.

Issu de l'ordonnance du 22 septembre 2017 [4], le nouvel article L. 2262-14 a réduit à deux mois le délai permettant d'agir en nullité d'un accord ou d'une clause d'un accord. Ce délai de deux mois a été inspiré par le délai existant en matière de contestation d'un acte administratif [5]. Sa portée est très large puisqu'est visée « toute action en nullité » d'un accord collectif.

1. Soc. 1er juin 1994, n° 92-18.896, P V, n° 186 ; *Dr. soc.* 1994. 715, obs. A. Lyon-Caen ; *RJS* 1994. 531, n° 884.
2. Soc. 5 mai 1998, n° 96-13.498, P V, n° 219 ; *GADT*, 4e éd., Dalloz, 2008, n° 159 ; *D.* 1998. 608, note G. Auzero ; *Dr. soc.* 1998. 579, rapp. J.-Y. Frouin ; *RJS* 1998. 476, n° 750 ; *CJEG* 1998. 362, note Papin ; *JCP E* 1998. 1407, note Aubert-Monpeyssen ; *Dr. ouvrier* 1998. 350, note D. Boulmier ; *D.* 1998. IR 144 ; *Dr. soc.* 1998. 585, note Frouin ; *CSB* 1998. 167, A. 34 ; *TPS* 1998. 15, n° 244 ; *RJS* 8-9/1998, p. 611, chron. P.-H. Antonmatteï.
3. C. trav., art. L. 2262-14-1.
4. Ord. n° 2017-1385, 22 sept. 2017 relative au renforcement de la négociation collective, *JO* 23 sept., n° 29.
5. Ass. nat., 1re lecture, séance 22 nov. 2017, *JOAN CR* 23 nov.

Le délai commence à courir, soit à compter de la notification de l'accord d'entreprise, s'agissant des organisations syndicales disposant d'une section syndicale dans l'entreprise, soit dans les autres cas, de la publicité de l'accord prévue par l'article L. 2231-5-1 du code du travail, c'est-à-dire dans la base nationale des accords instituée par la même ordonnance du 22 septembre 2017[1]. Solution logique car la base de données nationale est le seul moyen officiel par lequel une personne étrangère à l'entreprise peut avoir connaissance de la conclusion de l'accord[2]. Concrètement, les « autres cas » recouvrent les recours des salariés contre les accords d'entreprise ou d'établissement, ainsi que les recours de tous, syndicats et salariés, contre les accords interentreprises, de groupe ou de branche.

Il en résulte que le délai de forclusion pour agir en nullité d'un accord de branche court à compter de la date à laquelle l'accord de branche a été rendu public par sa publication au bulletin officiel des conventions collectives[3]. La Cour de cassation, qui justifie cette solution par un objectif de sécurité juridique, ajoute que « le versement dans une base de données nationale, dont le contenu est publié en ligne dans un standard ouvert aisément réutilisable, n'est qu'une mesure complémentaire répondant à l'objectif d'accessibilité de la norme de droit »[4].

Par ailleurs, le point de départ du délai de délai de recours n'est pas opposable aux organisations syndicales non représentatives, même si elles disposent par ailleurs d'une section syndicale dans l'entreprise[5].

Le Conseil constitutionnel a émis une réserve d'interprétation au sujet de l'opposabilité du délai de recours, lorsque les signataires de l'accord collectif choisissent de ne pas publier une partie de cet accord[6]. Dans cette hypothèse, le délai de recours contre la partie de l'accord non publiée ne saurait, sans méconnaître le droit à un recours juridictionnel effectif, courir à partir de la publication partielle de l'accord collectif dans la base de données nationale. Il ne peut courir qu'à compter du moment où les personnes intéressées en ont eu valablement connaissance[7]. Cette réserve est transposable aux accords collectifs soustraits à l'obligation de publicité, à savoir les accords d'intéressement ou de participation ou portant création d'un plan d'épargne d'entreprise ou interentreprise ou d'un plan d'épargne retraite, les accords déterminant le contenu du PSE et les accords de performance collective.

Au final, le délai est donc considérablement raccourci, dans le but clairement exprimé de sécuriser les accords. Les organisations syndicales souhaitant contester l'accord doivent ainsi agir immédiatement après sa signature, sans attendre son éventuelle mise en œuvre, laquelle peut pourtant être révélatrice de ses carences.

Même si, en tout état de cause, les actions en nullité d'un accord n'étaient pas nombreuses[8], le risque est que les contestations passent par la voie d'exception d'illégalité, ce qui peut poser un certain nombre de difficultés[9].

621.32 Application du nouveau délai pour agir. D'après l'article 15 de l'ordonnance du 22 septembre 2017[10], le délai prévu par l'article L. 2262-14 du Code du travail ne s'applique qu'aux accords conclus postérieurement au 23 septembre 2017. Mais il s'applique également aux accords conclus avant cette date, si aucune instance n'avait jusqu'alors été introduite, et commence à courir à compter de la publication de l'ordonnance. Il semble se déduire de ce texte que pour les accords signés antérieurement au 22 septembre 2017, l'action en nullité est prescrite depuis le 23 novembre 2017.

621.33 Exceptions. L'article L. 2262-14 du Code du travail, relatif au délai de deux mois, dispose que « ce délai s'applique sans préjudice des articles L. 1233-

1. SUR la publicité des accords, v. s[s] n° 143.11.
2. B. Teyssié, *Droit du travail, relations collectives*, LexisNexis, 2023, n° 2424.
3. Soc. 21 sept. 2022, n° 20-23.500, P ; *D.* 2022. 1706 ; *D.* 2022. 2245, obs. S. Vernac et Y. Ferkane.
4. Soc. 21 sept. 2022, n° 20-23.500, préc.
5. Cons. const. 21 mars 2018, n° 2018-761 DC ; *D.* 2018. 2203, obs. P. Lokiec et J. Porta ; *D.* 2019. 1248, obs. E. Debaets et N. Jacquinot ; *Dr. soc.* 2018. 677, tribune C. Radé ; *Dr. soc.* 2018. 682, étude B. Bauduin ; *Dr. soc.* 2018. 688, étude A. Fabre ; *Dr. soc.* 2018. 694, étude Y. Pagnerre ; *Dr. soc.* 2018. 702, étude J. Mouly ; *Dr. soc.* 2018. 708, étude P.-Y. Verkindt ; *Dr. soc.* 2018. 713, étude G. Loiseau ; *Dr. soc.* 2018. 718, étude D. Baugard et J. Morin ; *Dr. soc.* 2018. 726, étude C. Radé ; *Dr. soc.* 2018. 732, étude P.-Y. Gahdoun ; *Dr. soc.* 2018. 739, étude L. He ; *RDT* 2018. 666, étude V. Champeil-Desplats.
6. C. trav., art. L. 2231-5-1.
7. Cons. const. 21 mars 2018, n° 2018-761 DC, *Loi ratifiant diverses ordonnances prises sur le fondement de la loi n° 2017-1340 du 15 septembre 2017 d'habilitation à prendre par ordonnances les mesures pour le renforcement du dialogue social*, NON-CONFORMITÉ PARTIELLE – RÉSERVE, *JO* 31 mars, n° 2 ; *D.* 2018. 2203, obs. P. Lokiec et J. Porta ; *D.* 2019. 1248, obs. E. Debaets et N. Jacquinot ; *Dr. soc.* 2018. 677, tribune Ch. Radé ; *Dr. soc.* 2018. 682, ét. B. Bauduin ; *Dr. soc.* 2018. 688, ét. A. Fabre ; *Dr. soc.* 2018. 694, ét. Y. Pagnerre ; *Dr. soc.* 2018. 702, ét. J. Mouly ; *Dr. soc.* 2018. 708, ét. P.-Y. Verkindt ; *Dr. soc.* 2018. 713, ét. G. Loiseau ; *Dr. soc.* 2018. 718, ét. D. Baugard et J. Morin ; *Dr. soc.* 2018. 726, ét. Ch. Radé ; *Dr. soc.* 2018. 732, ét. P.-Y. Gahdoun ; *Dr. soc.* 2018. 739, ét. L. He ; *RDT* 2018. 666, ét. V. Champeil-Desplats.
8. Les tribunaux de grande instance n'ont été saisis, en 2018, que de 2998 affaires concernant la mise en œuvre ou la nullité d'un accord collectif.
9. V. s[s] n°s 622.11 s.
10. Ord. n° 2017-1385, 22 sept. 2017, préc.

24, L. 1235-7-1 et L. 1237-19-8 du code du travail ».

Ne sont donc pas soumises au délai de deux mois les actions concernant :

1) Les accords de méthode en matière de licenciement économique collectifs, soumis à un délai de prescription de trois mois [1].

En vertu de l'article L. 1233-24, « toute action en contestation visant tout ou partie d'un accord » prévu à l'article L. 1233-21 doit être formée, à peine d'irrecevabilité, avant l'expiration d'un délai de trois mois à compter de la date du dépôt de l'accord prévu à l'article L. 2231-6. L'article L. 1233-21 vise les accords d'entreprise, de groupe ou de branche fixant, par dérogation aux règles de consultation des instances représentatives du personnel, les modalités d'information et de consultation du comité social et économique et, le cas échéant, le cadre de recours à une expertise par ce comité lorsque l'employeur envisage de prononcer le licenciement économique d'au moins dix salariés dans une même période de trente jours. Il vise autrement dit les accords dits de méthode.

Autrement dit, le délai n'est pas de deux mais de trois mois, et le point de départ est constitué par la date du dépôt de l'accord auprès des services du ministère du travail, et non de sa notification ou de sa publication.

2) Les accords de sauvegarde de l'emploi [2], soumis à une procédure de recours particulière.

En vertu de l'article L. 1235-7-1 du Code du travail, le litige doit être porté devant le juge administratif, qui doit être saisi dans un délai de deux mois, s'agissant de l'employeur, à compter de la date à laquelle il a reçu la notification de la décision de validation et, s'agissant des syndicats et des salariés, de la date à laquelle cette décision a été portée à leur connaissance conformément à l'article L. 1233-57-4 du Code du travail. S'il en est ainsi, c'est que le litige portant sur l'accord PSE ne peut être distinct de celui portant sur la décision de validation.

3) Les accords de rupture conventionnelle collective [3].

Tout comme en matière de PSE, le litige portant sur l'accord de *RCC* ne peut être distinct de celui portant sur la décision de validation par l'administration. Par renvoi d'articles (L. 1237-19-8 à L. 1235-7-1), le délai est aligné sur celui applicable aux PSE négociés. Le recours est donc présenté devant le juge administratif qui doit être saisi dans un délai de deux mois ; s'agissant de l'employeur, à compter de la date à laquelle il a reçu la notification de la décision de validation et, s'agissant des syndicats et des salariés, de la date à laquelle cette décision a été portée à leur connaissance conformément à l'article L. 1233-57-4 du Code du travail. S'il en est ainsi, c'est que le litige portant sur l'accord PSE ne peut être distinct de celui portant sur la décision de validation.

1. C. trav., art. L. 1233-24.
2. C. trav., art. L. 1235-7-1.
3. C. trav., art. L. 1237-19-8.

§ 3
Cas de nullité

621.41 **Présomption de légalité.** L'article L. 2262-13 du code du travail, issu de l'ordonnance du 22 septembre 2017 [4] pose en principe que c'est à celui qui conteste la légalité d'une convention ou d'un accord collectif de démontrer qu'il n'est pas conforme aux conditions légales qui le régissent.

Cette règle a finalement remplacé la présomption de légalité que le législateur avait un temps pensé insérer dans les textes. Elle ne paraît pas avoir un effet juridique particulier, puisqu'elle ne fait que reprendre la règle générale de procédure civile, selon laquelle c'est à celui qui conteste un acte de démontrer qu'il n'est pas régulier.

621.42 **Conditions de conclusion de l'accord.** La nullité peut d'abord être encourue si l'accord n'est pas conclu conformément aux conditions d'ordre public s'appliquant à sa négociation et à sa conclusion : conditions de la négociation, qualité des négociateurs, absence de représentativité, règles de signature et de majorité, défaut de capacité d'un syndicat catégoriel à signer seul un accord dont le champ d'application est intercatégoriel [5], défaut d'habilitation des négociateurs par les groupements qu'ils représentent [6].

621.43 **Contenu de l'accord.** La nullité peut également s'appliquer à tout ou partie de l'accord si les clauses sont contraires aux dispositions légales d'ordre public.

§ 4
Titulaires de l'action en nullité

621.51 **Titulaires de l'action.** L'employeur dispose du droit d'agir en nullité de l'accord collectif tout comme les syndicats signataires de l'accord. La jurisprudence étend ce droit aux syndicats non signataires en cas d'atteinte à une disposition d'ordre

4. Ord. n° 2017-1385, 22 sept. 2017, préc.
5. Soc. 2 juill. 2014, n° 13-14.622, P ; *D.* 2014. 1503 ; *D.* 2014. 2374, obs. P. Lokiec et J. Porta ; *Dr. soc.* 2014. 864, obs. P.-H. Antonmattei ; *Dr. soc.* 2014. 1070, obs. F. Petit ; *RDT* 2014. 701, obs. G. Borenfreund.
6. Soc. 27 mars 1968, P V, n° 186.

public absolu[1] mais aussi, ce qui constitue aujourd'hui le fondement habituel, en cas d'atteinte à l'intérêt collectif de la profession[2]. Au titre de l'intérêt collectif de la profession, on devrait pouvoir considérer qu'un syndicat ou une union de syndicats peut agir en nullité à l'encontre d'un accord d'entreprise qui aurait été conclu par des élus, des salariés mandatés, voire directement approuvé par les salariés[3]. Quant aux salariés, ils peuvent, comme nous le verrons, invoquer devant le conseil de prud'hommes le caractère illicite d'une clause d'une convention collective qui leur est normalement applicable et, de ce fait, rendre la dite clause inopposable à leur situation individuelle[4]. Le CSE ne peut pas, en revanche, agir en nullité d'un accord collectif auquel il n'est pas partie[5] mais, comme les salariés, il peut agir par voie d'exception pour voir reconnaitre l'illicéité d'une clause ou d'un accord dont l'application est demandée à son égard.

SECTION 2
CONSÉQUENCES DE L'ACTION EN NULLITÉ

621.60 Plan. L'action en nullité, si elle est accueillie, peut mettre à néant tout ou partie de l'accord collectif (§ 1). Toutefois, le législateur a prévu que le juge puisse moduler dans le temps les effets de cette annulation (§ 2).

§ 1
Absence d'effet de l'accord ou de la clause déclaré nul

621.71 Délai de prononcé du jugement. Le juge doit, lorsqu'il est saisi d'une action en nullité d'un accord collectif, se prononcer dans un délai de six mois[6].

621.72 Nullité de l'accord ou d'une clause : absence d'effet. En application du droit commun de la nullité, un accord nul ou une clause nulle est censé n'avoir jamais pu avoir d'effets. La jurisprudence le rappelle régulièrement : un accord nul ne peut produire aucun effet[7]. Une juridiction ne peut donc pas condamner l'employeur à l'exécuter pendant la période ayant précédé l'annulation, et l'employeur peut demander restitution éventuelle des sommes versées à ce titre[8]. Comme en matière contractuelle, les parties doivent être replacées dans la situation où elles étaient hors convention.

621.73 Exception jurisprudentielle traditionnelle : accords en matière de représentation du personnel. La jurisprudence affirme traditionnellement que la nullité des accords en matière de représentation du personnel n'a pas d'effet rétroactif[9]. La nullité n'a donc aucune incidence sur le fonctionnement des institutions représentatives du personnel avant que la nullité n'ait été prononcée, ni sur les actes effectués par ces institutions.

§ 2
Modulation dans le temps des effets de l'annulation

621.81 Exception proposée par le législateur. Issu de l'ordonnance n° 2017-1385 du 22 septembre 2017, l'article L. 2262-15 du code du travail ouvre expressément au juge la possibilité, lorsqu'il prononce l'annulation de tout ou partie d'un accord collectif, de décider que cette annulation ne produira ses effets que pour l'avenir, ou de moduler les effets de sa décision dans le temps, lorsque « l'effet rétroactif de cette annulation est de nature à emporter des conséquences manifestement excessives en raison tant des effets que cet acte a produits et des situations qui ont pu se constituer lorsqu'il était en vigueur que de l'intérêt général pouvant s'attacher à un maintien temporaire de ses effets ». Concrètement, cette disposition permet au juge d'écarter l'effet rétroactif de sa décision d'annulation, afin d'éviter les conséquences parfois lourdes – pour les employeurs comme pour les salariés – du retour en arrière, et les restitutions éventuelles qu'un tel retour suppose. En réalité, compte tenu du délai de prescription de deux mois prévu par l'article L. 2262-14

1. Soc. 9 JUILL. 1996, N° 95-13.010, P ; *D.* 1998. 258, OBS. M.-A. SOURIAC-ROTSCHILD.
2. Soc. 26 MAI 2004, N° 02-18.756, P ; *D.* 2004. 1866, ET LES OBS. ; *DR. SOC.* 2004. 839, NOTE P.-H. ANTONMATTEI ; *DR. SOC.* 2004. 845, NOTE J.-M. VERDIER.
3. G. Auzero, « La nullité de l'accord collectif invoquée par les syndicats », *Dr. soc.* 2023. 212.
4. Soc. 5 oct. 2017, n° 16-23.106, P ; *D.* 2017. 2033 ; *D.* 2017. 2018. 813, obs. P. Lokiec et J. Porta ; – Soc. 9 mai 2019, n° 17-16.484, NP ; *D.* 2017. 2033 ; *D.* 2017. 2018. 813, obs. P. Lokiec et J. Porta.
5. Soc. 1er juin 1994, n° 92-18.896, préc.
6. L. n° 2018-217, 29 mars 2018, ratifiant diverses ordonnances prises sur le fondement de la loi n° 2017-1340 du 15 septembre 2017 d'habilitation à prendre par ordonnances les mesures pour le renforcement du dialogue social, *JO* 31 mars, n° 1.
7. Soc. 9 déc. 2014, n° 13-21.766, P V, n° 283 ; *D.* 2015. 18 ; *RDT* 2015. 269, obs. H. Tissandier ; *JCP S* 2015. 1050, note L. Drai ; *RJS* 2015, n° 203 ; – AUSSI Soc. 9 nov. 2005, n° 03-43.290, P V, n° 320.
8. Soc. 9 déc. 2014, n° 13-21.766, préc. ; prime d'assiduité.
9. Soc. 6 juin 2018, n° 17-21.068, P+B ; *JCP S* 2018, Act., n° 194, et II, 1277, note G. François ; *JCP E* 2018. Actu. 507 ; *JCP E* 2018. II. 1457, note G. François ; *D.* 2018. Somm. 1262 ; *JCP* 2018. Actu. 737, note N. Dedessus-Le Moustier ; *RJS* 2018, n° 547.

du code du travail, les situations de rétroactivité de l'annulation ayant des effets manifestement excessifs devraient être plus rares. La disposition pourrait cependant trouver son utilité en cas d'action en nullité portant sur des accords antérieurs au 23 septembre 2017. En ce qu'elle permet en outre de « moduler » pour l'avenir les effets de l'annulation, c'est-à-dire qu'il pourra continuer à recevoir application après la décision d'annulation, par exemple jusqu'à signature d'un nouvel accord, la disposition est en tout cas originale, et incite le juge à tenir compte, dans sa décision, de l'impact de cette dernière.

621.82 **Mise en œuvre de la modulation.** Faisant une application inaugurale de cette nouvelle disposition légale, la chambre sociale de la Cour de cassation s'est prononcée, par un arrêt du 13 janvier 2021[1], sur les conditions d'exercice et l'étendue du pouvoir du juge. Elle a d'abord précisé que ce texte était d'application immédiate, quelle que soit la date de conclusion de l'accord collectif, ce qui ne lui a pas paru faire discussion s'agissant d'une disposition procédurale. Dans la note explicative accompagnant l'arrêt, elle a d'ailleurs rappelé que « la possibilité d'une modulation des effets dans le temps d'une décision d'annulation n'a pas été créée par l'ordonnance de 2017, qui a une vocation plutôt incitative » et que cette modulation avait déjà été mise en œuvre par le passé par la chambre sociale.

Sur les conditions d'une application non rétroactive, la chambre sociale rappelle les critères légaux, et s'inscrit directement dans la lignée de la jurisprudence *Association AC !* du Conseil d'État[2]. Il faut donc que l'annulation ait des conséquences « manifestement excessives » ce qui exprime l'importance que doivent présenter les perturbations susceptibles d'en résulter. Les conséquences excessives signalent un trouble qui dépasse le seuil d'acceptabilité : « l'excès » est ce qui dépasse la mesure ordinaire de l'acceptable. Les conséquences « manifestement » excessives renvoient de surcroît à un degré de gravité qui ne souffre pas de contestation. Il faut ensuite que l'excès soit objectivement caractérisé par les inconvénients que présente, pour les intérêts privés ou pour l'intérêt général, une remise en cause des effets passés de l'accord annulé. La Cour de cassation indique à ce sujet, dans la note explicative, vouloir exercer un contrôle lourd des conditions qui sont mises au pouvoir du juge. Au cas d'espèce, celles-ci ont été jugées satisfaites au regard du nombre de salariés concernés par l'annulation de la clause d'une convention collective nationale fixant la rémunération des artistes-interprètes du secteur de l'édition phonographique et du temps écoulé, la convention collective ayant été signée en 2008 et étendue à l'ensemble du secteur en 2009.

Il a également été tenu compte de la complexité des opérations imposées par une remise en cause des rémunérations perçues par les salariés depuis une dizaine d'années et du fait que ces derniers n'avaient pas été privés de contrepartie pendant l'application de la clause. C'est dire que, à devoir être dûment justifié, l'aménagement de la rétroactivité est une possibilité qui fait figure d'exception. Une fois rendu praticable, le pouvoir du juge a en revanche la portée la plus large. Le juge peut écarter la rétroactivité, l'annulation ne produisant d'effet qu'à compter de la décision qui la prononce, ou moduler sa mise en œuvre en faisant remonter la cessation des effets de l'accord à une date antérieure au prononcé de l'annulation mais postérieure à la conclusion de l'acte dont les effets passés sont ainsi, pour partie, maintenus. Il peut aussi, à l'inverse, repousser après sa décision la cessation des effets de l'accord, ce qui revient à laisser l'acte temporairement survivre après le prononcé de l'annulation. Cette dernière mesure pouvait probablement prêter davantage à discussion car elle aboutit à ce que des situations juridiques nouvelles puissent se constituer sous l'empire d'un acte qui a été judiciairement anéanti alors que la finalité du texte est de permettre au juge de préserver des situations juridiques constituées à une époque où l'acte était encore en vigueur alors qu'elles auraient dû, en principe, être remises en cause. L'arrêt du 13 janvier 2021 l'admet pourtant, toujours dans la lignée jurisprudentielle ouverte par le Conseil d'État, pour éviter une situation de vide juridique : l'acte perdure le temps de laisser aux partenaires sociaux un délai raisonnable pour conclure un nouvel accord., fait évidemment penser au report *ad futurum* d'une décision d'inconstitutionnalité. Les similitudes sont manifestes : le pouvoir que le Conseil constitutionnel peut exercer de fixer la date d'abrogation du texte et de reporter dans le temps la prise d'effet de sa décision est exercé pour un motif d'intérêt général, lorsque l'application immédiate de la censure aurait des conséquences manifestement excessives et dans la perspective de permettre au législateur d'intervenir.

621.83 **Limite de la modulation : réserve des actions en cours.** De même encore, alors que, en principe, la déclaration d'inconstitutionnalité doit

1. Soc. 13 janv. 2021, n° 19-13.977, P ; *Gaz. Pal.* 2 févr. 2021, p. 34, C. Berlaud ; P. Grosser, D. Houtcieff, G. Loiseau, G. Virassamy et Y.-M. Serinet, « Droit des contrats », chron. in *JCP* n° 8-9, 22 févr. 2021, Doctr. 240 ; E. Peskine, « Modulation des effets de l'annulation d'un accord collectif : la Cour de cassation ouvre le bal », *SSL* 1er mars 2021, n° 1943.
2. CE 11 mai 2004, req. n° 255886, *Lebon ; AJDA* 2004. 1183, obs. C. Landais et F. Lenica ; *D.* 2004. 1603, chr. B. Mathieu ; *Dr. soc.* 2004. 762, P. Langlois ; *Dr. soc.* 2004. 766, note X. Prétot ; *RFDA* 2004. 438, note J.-H. Stahl et A. Courrèges.

bénéficier à l'auteur de la question prioritaire de constitutionnalité et que la disposition déclarée contraire à la Constitution ne peut être appliquée dans les instances en cours, le Code du travail précise que le pouvoir du juge de moduler les effets de sa décision dans le temps s'exerce sous réserve des actions contentieuses déjà engagées à la date de sa décision. La chambre sociale est ferme sur ce dernier point et juge, dans l'arrêt rapporté, que la modulation des effets de la décision ne peut être opposée à l'encontre des demandes contentieuses formées par les parties avant la décision, que ces parties soient des personnes physiques ou des personnes morales. Il en résulte qu'un syndicat ne peut se voir opposer les effets d'une modulation dans le cadre de la demande de dommages et intérêt qu'il a formée au titre du préjudice moral consécutif à l'illégalité de l'accord : même si, fictivement, les effets de l'accord pour le passé sont confirmés, il n'en demeure pas moins que l'accord était bien illégal et que le syndicat peut en avoir subi un préjudice dans le cadre de l'intérêt collectif qu'il défend.

Des questions restent néanmoins en suspens, sur ce que recouvre la notion « d'actions en cours ». Dans une vision restrictive, seules sont concernées par la réserve les actions engagées pour faire reconnaître l'illégalité de l'accord. Dans une vision large, il pourrait s'agir de tous les litiges autour de la mise en œuvre de l'accord collectif qui étaient en cours au moment de l'annulation de ce dernier. Bénéficieraient alors de la réserve, non seulement ceux qui invoquaient l'illégalité de l'acte, mais ceux qui, dans le cadre d'une action en cours, refusaient sa mise en œuvre à leur égard, par exemple l'application d'une clause. La jurisprudence européenne, dont est issue la réserve liée aux actions en cours[1], étant peu prolixe sur ce point, la Cour de cassation devra trancher sur l'ampleur à donner à la notion.

1. *CJCE* 26 avr. 1994, aff. C-228/92, *Rec.* I. 1445. La chambre sociale se réfère d'ailleurs sur ce point à l'article 6, § 1 de la Convention EDH.

CHAPITRE

622. Actions en inopposabilité de l'accord

SECTION 0 ORIENTEUR

622.00 **Sommaire du chapitre.**

Division. La contestation de la légalité d'un accord collectif peut prendre d'autres formes que celle de l'action en nullité. Ainsi, l'illégalité peut toujours être opposée par voie d'exception par celui à qui on veut appliquer l'accord (sect. 1). Par ailleurs, l'application jurisprudentielle du principe d'égalité de traitement aux accords collectifs prévoyant des différences de traitement entre catégories professionnelles a pu, un temps, être source de tension. L'arrêt du 27 janvier 2015, et ceux qui l'ont suivi, en ont défini les cas d'application (sect. 2).

SECTION 1 ACTION PAR VOIE D'EXCEPTION

622.11 **Action ouverte sans condition de délai.** Si l'action en nullité d'un accord collectif ou d'une clause d'un accord collectif est désormais enserrée dans une procédure et des délais extrêmement brefs[1], il est toujours possible à un salarié de s'opposer à une action tendant à le voir exécuter les clauses d'un accord collectif en faisant valoir l'illégalité de cet accord ou de la clause lui étant opposé. L'exception d'illégalité peut en effet être invoquée à tout moment par celui à qui on veut appliquer un acte. Concrètement, le défendeur va se servir de l'exception d'illégalité, au cours d'un contentieux, pour ne pas avoir à appliquer un acte juridique, en l'occurrence un accord collectif, qu'il juge illégal. Il ne demande pas sa nullité mais son inopposabilité, ce qui rend le délai de deux mois régissant l'action en nullité inapplicable.

L'exception d'illégalité, à ne pas confondre avec l'exception de nullité de l'article 1185 du Code civil, laquelle suppose que l'acte n'ait pas reçu de commencement d'exécution, n'est pas expressément mentionnée dans la loi. Elle est avant tout une notion que le droit administratif a développée s'agissant de la contestation des actes réglementaires, ou des actes individuels administratifs, après l'expiration des délais du recours pour excès de pouvoir, qui tend à l'annulation de ces actes. La jurisprudence judiciaire s'était servie de cette notion, de manière empirique, par exemple pour permettre à un salarié de contester une clause qu'il estimait discriminatoire d'un accord collectif[2] ou pour admettre l'inopposabilité à des salariés d'une clause d'un accord prévoyant une modulation du temps de travail ne respectant pas les prescriptions légales[3]. Jusqu'à présent mise en œuvre de manière ponctuelle, sans véritable régime d'ensemble, devant le juge judiciaire, l'exception d'illégalité prend une dimension toute nouvelle dès lors que le Conseil constitutionnel en a fait une condition d'admission de la constitutionnalité de la disposition de l'ordonnance du 22 septembre 2017 réduisant à deux mois le délai de prescription des actions en nullité de l'accord collectif[4].

1. V. s[s] n° 621.31.

2. Soc. 24 sept. 2008, n°s 07-40.935, 06-46.179, 06-46.180, P V, n° 187 : « Attendu cependant que tout salarié qui y a intérêt est recevable à invoquer le caractère illicite d'une clause d'une convention collective qui lui est applicable ».

3. Soc. 5 oct. 2017, n°s 16-23.110, 16-23.111, 16-23.106, 16-23.107, 16-23.108, 16-23.109, P V, n° 173.

4. Cons. const. 21 mars 2018, n° 2018-761 DC, *Loi ratifiant diverses ordonnances prises sur le fondement de la loi n° 2017-1340 du 15 septembre 2017 d'habilitation à prendre par ordonnances les mesures pour le renforcement du dialogue social,* NON-CONFORMITÉ PARTIELLE – RÉSERVE, *JO* ▶

L'exception d'illégalité, ou d'inopposabilité, selon le nom que donnent les auteurs de doctrine à ce mécanisme[1] était donc vouée à connaître un essor, puisqu'il devient la seule arme juridique à l'encontre d'un accord collectif qui serait illégal, mais n'a pas été contesté à titre principal dans le délai très court de deux mois. Les premiers arrêts de la Cour de cassation étaient donc très attendus pour connaître quel périmètre la Cour suprême allait offrir à cette action, qui ne connait quant à elle aucun délai de prescription et peut être invoquée à tout moment.

C'est un périmètre large pour lequel a opté la Cour de Cassation. Comme elle le rappelle dans la notice explicative sous son arrêt du 2 mars 2022, dans sa décision, le Conseil constitutionnel a jugé que l'article L. 2262-14 du Code du travail « ne prive pas les salariés de la possibilité de contester, sans condition de délai, par la voie de l'exception, l'illégalité d'une clause de convention ou d'accord collectif, à l'occasion d'un litige individuel la mettant en œuvre » et qu'il en résulte que « cette disposition ne méconnaît pas le droit à un recours juridictionnel effectif garanti par l'article 16 de la Déclaration des droits de l'homme et du citoyen de 1789[2] ». Elle admet ainsi un principe général du droit à l'inopposabilité d'un accord illégal qui peut être invoqué par toute personne à qui est demandée l'application de cet accord.

622.12 **Action ouverte au salarié.** Le salarié peut invoquer l'illégalité de la clause conventionnelle dans le cadre d'un contentieux individuel et, par exemple, s'opposer par ce biais à la mise en œuvre d'une clause de non-concurrence prévue par l'accord collectif.

Dans un arrêt du 31 janvier 2024, la chambre sociale a précisé qu'un salarié ne peut pas cependant se prévaloir, au soutien d'une exception d'illégalité d'un accord collectif, d'un grief tiré des conditions dans lesquelles la négociation de l'accord a eu lieu. Mais elle admet qu'il puisse invoquer, en revanche, le non-respect des conditions légales de validité de l'accord collectif et notamment celles relatives à la qualité des parties signataires telles que prévues, pour les accords d'entreprise et d'établissement, par les articles L. 2232-12 à L. 2232-14 du Code du travail. La Cour de cassation en justifie en déclarant, dans la notice au rapport annuel, s'inspirer du droit administratif. « Dans la distinction traditionnelle en contentieux administratif entre moyens de légalité interne (le fond du droit) et moyens de légalité externe (les conditions d'adoption de l'acte réglementaire) », écrit-elle, « la question de la compétence de l'auteur de l'acte attaqué relève de la légalité externe mais elle est considérée comme étant d'ordre public et comme devant être soulevée d'office par le juge ». Elle ajoute que « le Conseil d'État juge, par une jurisprudence établie, qu'en raison de la permanence de l'acte réglementaire, la légalité des règles qu'il fixe, comme la compétence de son auteur et l'existence d'un détournement de pouvoir doivent pouvoir être mises en cause à tout moment, [tant par voie d'action que par voie d'exception], de telle sorte que puissent toujours être sanctionnées les atteintes illégales que cet acte est susceptible de porter à l'ordre juridique ». Elle décide en conséquence « de s'inspirer de ces principes du droit administratif compte tenu de la double nature, réglementaire et contractuelle, de l'accord collectif. Et ce d'autant plus qu'en l'espèce l'exception d'illégalité était soulevée par un salarié auquel l'accord collectif s'applique en raison de son aspect réglementaire ». Elle indique d'ailleurs également s'inspirer de la jurisprudence administrative en décidant que le salarié ne peut invoquer un grief tiré des conditions dans lesquelles la négociation de l'accord collectif a eu lieu. Il est en effet retenu par les juridictions administratives que les « conditions d'édiction de [l'acte réglementaire], les vices de forme et de procédure dont il serait entaché ne [peuvent] être utilement invoqués que dans le cadre du recours pour excès de pouvoir dirigé contre l'acte réglementaire lui-même et introduit avant l'expiration du délai de recours contentieux »[3].

622.13 **Action ouverte au syndicat et au CSE non signataires.** Selon la Cour de cassation, dans la mesure où le Conseil constitutionnel a seulement précisé les conditions de la constitutionnalité de l'article L. 2262-14 du Code du travail au regard du droit à un recours juridictionnel effectif, sa décision ne pouvait conduire à exclure la possibilité pour

▶ 31 mars, n° 2 ; « 36. En dernier lieu, l'article L. 2262-14 ne prive pas les salariés de la possibilité de contester, sans condition de délai, par la voie de l'exception, l'illégalité d'une clause de convention ou d'accord collectif, à l'occasion d'un litige individuel la mettant en œuvre » ; *D.* 2018. 2203, obs. P. Lokiec et J. Porta ; *D.* 2019. 1248, obs. E. Debaets et N. Jacquinot ; *Dr. soc.* 2018. 677, trib. C. Radé ; *Dr. soc.* 2018. 682, ét. B. Bauduin ; *Dr. soc.* 2018. 688, ét. A. Fabre ; *Dr. soc.* 2018. 694, ét. Y. Pagnerre ; *Dr. soc.* 2018. 702, ét. J. Mouly ; *Dr. soc.* 2018. 708, ét. P.-Y. Verkindt ; *Dr. soc.* 2018. 713, ét. G. Loiseau ; *Dr. soc.* 2018. 718, ét. D. Baugard et J. Morin ; *Dr. soc.* 2018. 726, ét. C. Radé ; *Dr. soc.* 2018. 732, ét. P.-Y. Gahdoun ; *Dr. soc.* 2018. 739, ét. L. He ; *RDT* 2018. 666, ét. V. Champeil-Desplats.

1. NOTA. D. Baugard, « L'illégalité d'un accord collectif invoquée par un salarié. De l'exception de nullité à l'exception d'illégalité ? », *JCP S* 2019. 1297.
2. Soc. 2 mars 2022, n° 20-16.002, P ; *D.* 2022. 463 ; *D.* 2022. 1280, obs. S. Vernac et Y. Ferkane ; *Dr. soc.* 2022. 531, étude G. Auzero et L. Bento de Carvalho ; *Dr. soc.* 2022. 539, étude J. Icard ; *RDT* 2022. 395, obs. D. Baugard ; *RJS* 5/22, n° 262.
3. Soc. 24 janv. 2024, n° 22-11.770, P.

d'autres personnes que le salarié de soulever, dans un litige individuel, une telle exception d'illégalité[1]. Elle en conclut, dans deux arrêts importants du 2 mars 2022, que l'usage de l'exception d'illégalité n'est pas réservé aux salariés mais peut être admis au profit d'un CSE ou d'un syndicat non signataire de l'accord. Dans ces arrêts, la Cour rappelle aussi que les salariés peuvent invoquer par voie d'exception, sans condition de délai, l'illégalité d'une clause conventionnelle violant leurs droits propres[2].

Dans la première affaire[3], un comité d'établissement avait désigné un expert dans le cadre des consultations sur la situation économique et financière de l'entreprise et sur la politique sociale. L'employeur réclamait l'annulation de la désignation en se fondant sur un accord d'entreprise du 25 mai 2017 sur le dialogue social qui réserve au seul comité central d'entreprise les consultations périodiques, notamment celle sur la situation économique et financière de l'entreprise. En défense, le comité d'établissement invoquait l'illégalité de l'accord sur cette question, par voie d'exception. La Cour de cassation énonce, en réponse à cette argumentation, qu'« un comité social et économique est recevable à invoquer par voie d'exception, sans condition de délai, l'illégalité d'une clause d'un accord collectif aux motifs que cette clause viole ses droits propres résultant des prérogatives qui lui sont reconnues par la loi » et ajoute que « l'employeur ne pouvait pas se prévaloir des nouvelles dispositions de l'article L. 2262-14 du Code du travail issues de l'ordonnance n° 2017-1385 du 22 septembre 2017 instaurant un délai de recours en annulation de deux mois, dès lors que ces dispositions ne sont pas applicables lorsque l'illégalité de tout ou partie d'une convention ou d'un accord collectif est invoquée par voie d'exception ».

Il faut pour que le CSE puisse invoquer l'exception d'illégalité qu'elle le soit pour défendre l'un de ses droits propres, notamment le droit à l'information-consultation et celui de recourir à une expertise. Cette condition se retrouve pour le droit du CSE à invoquer la nullité d'un accord collectif, comme le relève la note explicative de la Cour de cassation : « il résulte de la jurisprudence constante de la chambre sociale qu'un comité d'entreprise – et aujourd'hui un comité social et économique – est irrecevable à intenter une action ou intervenir dans une action tendant au respect ou à l'exécution de dispositions conventionnelles générales, car ce n'est pas lui qui assure la défense des salariés et de l'intérêt collectif de la profession, mais les organisations syndicales. En revanche, de façon[4] tout autant traditionnelle, la chambre sociale admet depuis longtemps l'intérêt à agir d'un comité d'entreprise à l'encontre d'un accord collectif dès lors qu'il s'agit de défendre ses droits propres, notamment à l'information-consultation[5]. »

La même notice explicative justifie l'ouverture de la voie de l'exception d'illégalité au CSE par le droit qu'a celui-ci à un recours effectif. « En décider autrement aurait suscité de graves difficultés au regard du droit à un recours juridictionnel effectif et aurait privé l'institution représentative du personnel de la possibilité de défendre ses prérogatives, en contradiction avec l'article 8 de la directive 2002/14/CE précitée qui impose aux États membres de prévoir des sanctions effectives, proportionnées et dissuasives », estime la Cour de cassation.

La seconde affaire[6] portait sur la contestation d'un accord collectif d'entreprise sur le dialogue social, lequel disposait que les périmètres des établissements distincts pour l'élection des représentants du personnel aux différents comités sociaux et économiques d'établissement serviront à l'identique de périmètre de désignation de tous les représentants syndicaux. Or, il résulte de l'article L. 2143-3 du code du travail, tel qu'issu de la loi du 5 mars 2014[7], qu'un syndicat peut désigner un délégué syndical sur un périmètre plus restreint que celui des établissements distincts déterminés pour l'élection des comités sociaux et économiques d'établissement. Une règle que la Cour de cassation considère comme étant d'ordre public : « même si elles n'ouvrent qu'une faculté aux organisations syndicales représentatives, sont d'ordre public quant au périmètre de désignation des délégués syndicaux ». Il s'ensuit « qu'un accord d'entreprise, conclu antérieurement à l'entrée en vigueur de ce texte, se référant à un périmètre de désignation des délégués syndicaux identique à celui des élections au comité d'entreprise, ne peut priver un syndicat du droit de désigner un délégué syndical au niveau d'un établissement, au sens de l'article L. 2143-3 du code du travail, peu important que cet accord n'ait pas été dénoncé[8] ».

1. Notice au rapport annuel de la Cour de cassation relative à l'arrêt du 2 mars 2022, n° 20-16.002, P.
2. Soc. 2 mars 2022, n° 20-16.002, préc.
3. Soc. 2 mars 2022, n° 20-16.002, préc.
4. Soc. 14 déc. 2016, n° 15-20.812, P V, n° 255 ; Soc. 19 nov. 2014, n° 13-23.899, P V, n° 271.
5. Soc. 5 mai 1998, n° 96-13.498, P V, n° 219, publié au Rapport annuel ; Soc. 19 mars 2003, n° 01-12.094, P V, n° 105, publié au Rapport annuel.
6. Soc. 2 mars 2022, n° 20-18.442, P ; *D.* 2022. 464 ; *D.* 2022. 1280, obs. S. Vernac et Y. Ferkane ; *Dr. soc.* 2022. 531, étude G. Auzero et L. Bento de Carvalho ; *Dr. soc.* 2022. 562, obs. F. Petit ; *RDT* 2022. 395, obs. D. Baugard.
7. L. n° 2014-288, 5 mars 2014 relative à la formation professionnelle, à l'emploi et à la démocratie sociale, *JO* 6 mars, n° 1.
8. Soc. 31 mai 2016, n° 15-21.175, P ; Soc. 9 juin 2021, n° 20-14.171, NP ; Soc. 29 sept. 2021, n° 20-15.870, NP ; Soc. 8 déc. 2021, n° 20-60.257, NP ; Soc. 5 janv. 2022, n° 20-16.725, NP.

La disposition conventionnelle litigieuse étant incontestablement illégale, la Cour de cassation transpose le raisonnement retenu à propos des CSE pour reconnaitre au syndicat – non signataire de l'accord collectif – ayant procédé à la désignation contestée par l'employeur sur le fondement de ladite disposition le droit de paralyser le jeu de celle-ci par la voie de l'exception d'illégalité. « Une organisation syndicale non signataire d'un accord collectif est recevable à invoquer par voie d'exception, sans condition de délai, l'illégalité d'une clause d'un accord collectif », énonce-t-elle.

Comme pour le CSE, cette possibilité est limitée à la situation où l'accord collectif prive un syndicat des droits propres résultant des prérogatives syndicales qui lui sont reconnues par la loi.

Dans sa notice explicative, la Cour de cassation ne se prononce pas sur le cas où il est porté atteinte, non pas aux droits propres du syndicat, mais à l'intérêt collectif de la profession. La question est « plus ouverte », relève-t-elle.

622.14 Action ouverte sans condition d'exécution. Au vu des arrêts rendus par la Cour de cassation, et ce en toute logique, la perpétuité n'est pas subordonnée à l'absence d'exécution de l'accord collectif. S'il en était autrement, du fait que l'on est en présence d'un accord collectif intéressant potentiellement des centaines voire des milliers de salariés, l'exception d'illégalité serait purement théorique[1].

622.15 Action non ouverte au CSE ou au syndicat signataires de l'accord collectif. La Cour de cassation considère que la possibilité pour une partie à l'accord d'agir en nullité contre ce dernier l'empêche, par là même, de soulever toute exception d'illégalité dans le futur. Autrement dit, en dehors du délai ouvert pour l'action en nullité, la contestation de la légalité de l'accord collectif par ses signataires est impossible[2].

Des interrogations subsistent. Lorsque dans les entreprises de moins de 11 salariés, un projet d'accord est ratifié par deux tiers des salariés, doit-on en déduire que les salariés sont signataires de l'accord collectif de sortent qu'ils ne peuvent plus soutenir, par voie d'exception, son illégalité dans le cadre d'un contentieux ultérieur ?[3] La situation est particulière car dans le cadre de ce référendum, les salariés sont appréhendés comme une collectivité (les deux tiers des salariés), non à titre individuel. L'exclusion des signataires ne vaut donc pas nécessairement dans cette hypothèse[4].

Une autre voie a été suggérée dans ces différentes situations (CSE ou syndicats signataires ; accord ratifié par les salariés), qui consiste à passer par l'exception de nullité de droit commun, ouverte aux signataires (elle n'est d'ailleurs ouverte qu'à eux) mais qui suppose que l'acte n'ait reçu aucun début d'exécution[5].

622.16 Effets de l'illégalité. La reconnaissance de l'illégalité d'une clause ou d'un accord lorsqu'elle est invoquée par un salarié par voie d'exception a pour seule conséquence de rendre cette clause ou cet accord inopposable au salarié. La clause ou l'accord ne peut donc plus lui être appliqué. Le raisonnement vaut à l'identique à l'égard du CSE ou du syndicat non signataires de l'accord collectif.

Cependant, l'accord ou la clause reste valable, puisque l'inopposabilité ne joue que vis-à-vis du ou des salariés, CSE ou syndicats parties à l'instance et n'a pas pour effet d'entraîner la nullité de l'acte. Il est cependant bien évident que l'acte se trouve fragilisé par la reconnaissance de son illégalité, fût-elle prononcée seulement à titre individuel. Compte tenu des nouveaux délais de prescription de l'action en nullité, introduits par les ordonnances de 2017, l'inopposabilité à effet relatif ne pourra pas donner lieu à action collective en nullité pour faire trancher erga omnes la question de la validité de l'acte. Mais si les salariés refusent pour l'avenir de mettre en œuvre la convention collective, la sachant irrégulière, l'employeur n'aura d'autre choix que de les assigner, au risque de se voir opposer cette irrégularité, ou de la dénoncer[6].

622.17 Source de l'illégalité (interrogations). Un salarié, un syndicat ou un CSE non signataires peuvent invoquer l'illégalité d'une clause ou d'un accord en raison de son contenu. Ainsi d'une clause qui serait contraire à une disposition légale d'ordre public (montant de la rémunération, temps de tra-

1. P.-H. Antonmattei, « Exception d'illégalité d'une clause d'un accord collectif : la Cour de cassation prend la main », *SSL* 1995, 11 avr. 2022, nº 1995.
2. Soc. 19 oct. 2022, nº 21-15.270, P ; *Dr. soc.* 2023. 190, obs. D. Chenu.
3. Question soulevée par : A. Lucchini, « Articulation entre action en nullité et exception d'illégalité ou la théorie des vases (non) communicants », *SSL* 2023, nº 2034,
4. Rappr. : Cons. const. 21 mars 2018, nº 2018-761 DC, préc.
5. C. civ., art. 1185 : « L'exception de nullité ne se prescrit pas si elle se rapporte à un contrat qui n'a reçu aucune exécution » – F. Bergeron, « L'illégalité de l'accord collectif invoquée par voie d'exception », *Dr. soc.* 2023. 217 ; A. Lucchini, « Articulation entre action en nullité et exception d'illégalité ou la théorie des vases (non) communicants », préc. ; G. Auzero, L. Bento de Carvalho, « L'exception d'illégalité appliquée aux conventions et accords collectifs de travail », *Dr. soc.* 2022. 531, qui insistent sur le choix de la Cour de cassation de ne pas fonder l'exception d'illégalité sur l'exception de nullité.
6. L. Pécaut-Rivolier, « Regard du juge judiciaire sur l'accord collectif », *Dr. soc.* 2020. 507.

vail), ou porterait atteinte à un droit ou une liberté fondamentale, ou encore serait discriminatoire. Peut-il contester l'application d'un accord, en raison d'une irrégularité affectant ses conditions de conclusion ? Ainsi d'un accord qui ne serait pas signé à la condition de majorité prévue par les textes lors de sa conclusion, ou qui aurait été signé par un syndicat non représentatif, ou encore d'un accord signé sur un périmètre qui ne serait pas un périmètre effectif (UES, établissement distinct...) La question n'a pas été semble-t-il tranchée de savoir si l'illégalité « externe » de l'accord peut faire l'objet d'une exception soulevée à titre individuel par un salarié auquel l'acte est opposé.

En matière administrative, l'exception d'illégalité ne peut pas être invoquée pour les vices de forme et de procédure[1]. Telle était peu ou prou la position du rapport Combrexelle : « L'invalidité de telle ou telle clause de l'accord ne pourrait être invoquée devant le juge que par la voie de l'exception d'illégalité, à l'occasion d'un litige particulier et à la condition que les moyens ne portent que sur le fond du droit et non sur la forme de la procédure de négociation et de signature. »[2]. La chambre sociale en fera-t-elle de même s'agissant de l'exception d'illégalité d'un accord collectif, en considérant que les salariés peuvent exciper de l'illégalité d'une clause lorsqu'elle leur est opposée, mais non des conditions dans lesquelles elle a pu être négociée, qui relèverait nécessairement d'une action collective ? D'autres questions seront à trancher, et notamment le caractère perpétuel ou non de l'action en illégalité, ainsi que les parties pouvant la soulever (salariés, syndicats, CSE ?).

SECTION 2
PRINCIPE D'ÉGALITÉ DE TRAITEMENT

622.20 **Plan.** Appliqué aux accords collectifs par la jurisprudence à partir de 2009, le principe d'égalité de traitement conduit à s'assurer qu'il existe une raison objective et pertinente aux différences qui peuvent être faites entre plusieurs catégories de salariés. À compter de 2015, prenant acte de la légitimité conférée aux acteurs de la négociation par les différents textes sur la représentativité, la jurisprudence a cependant largement atténué l'application de ce principe aux accords collectifs en créant une présomption spécifique (§ 1). L'inégalité de traitement emporte toutefois des effets lorsqu'elle n'est pas justifiée (§ 2).

§ 1
Contenu du principe d'égalité de traitement

622.31 **Source du principe.** Le principe d'égalité de traitement fait sa première apparition dans la jurisprudence française avec le fameux arrêt *Ponsolle*, du 29 octobre 1996[3], qui consacre le droit des salariés à bénéficier d'une rémunération égale pour un travail égal, c'est-à-dire le contrôle de ce que l'employeur ne fait pas de différence entre les salariés occupant des fonctions comparables sans motif objectif et pertinent permettant de justifier cette différence. Progressivement, le principe d'égalité a été étendu à d'autres éléments de la relation de travail, notamment, en 2008, à la question de la mise à disposition de tickets restaurants, cette décision ayant, pour la première fois, affirmé que la différence entre cadres et non cadres ne suffisait pas à justifier une différence de traitement[4].

Si l'introduction du principe d'égalité de traitement dans les obligations de l'employeur, et donc le contrôle du juge, a été, de manière générale, considérée comme logique, les réactions ont été très vives lorsque la jurisprudence, franchissant un pas supplémentaire, a mis en œuvre le principe s'agissant d'un accord collectif et non d'une décision unilatérale de l'employeur. Le célèbre arrêt *Pain*[5] a déclenché une avalanche de critiques mais également des réflexions de fond, à la fois sur la notion de cadre et de non cadre, et à la fois sur la force juridique de l'accord collectif.

Sur ce second point, la jurisprudence, par l'arrêt de 2009, semblait considérer l'accord collectif comme un acte contractuel, lui conférant la même nature qu'un acte unilatéral ou qu'un contrat. Or, à compter de la loi du 20 août 2008, les accords ont changé à la fois de nature, de fonction, et de force[6]. La jurisprudence sur l'égalité de traitement, telle qu'appliquée aux accords collectifs, devait donc nécessairement évoluer pour tenir compte des nouvelles données législatives.

1. CE 18 mai 2018, req. n° 414583, *Lebon ; AJDA* 2018. 1009 ; *AJDA* 2018. 1206, chron. S. Roussel et C. Nicolas ; *D.* 2019. 2241, édito. T. Perroud ; *AJFP* 2018. 278 ; *AJCT* 2018. 528, obs. G. Le Chatelier ; *RFDA* 2018. 649, concl. A. Bretonneau.
2. J.-D. Combrexelle, *La négociation collective, le travail et l'emploi*, La Documentation française, 2015, prop. n° 21, p. 73.
3. Soc. 29 oct. 1996, n° 92-43.680, P V, n° 359 ; *GADT*, 4e éd., Dalloz, 2008, n° 71 ; *D.* 1996. IR 264 ; *Dr. soc.* 1996. 1013, note A. Lyon-Caen ; *CSB* 1997. 5, A. 1, note A. P. et J. M. ; *RJS* 1996. 821, n° 1272 ; *RDT* 2008. 22, note Ph. Waquet.
4. Soc. 20 févr. 2008, n° 05-45.601, P V, n° 39 ; *RJS* 5/2008, n° 512.
5. Soc. 1er juill. 2009, n° 07-42.675, P V, n° 168 ; *Dr. soc.* 2009. 1002, obs. Ch. Radé ; *Dr. soc.* 2009. 1169, note P.-H. Antonmattei.
6. SUR l'évolution de la légitimité des accords collectifs, v. ss nos 012.11 s.

622.32 Évolution de l'application du principe d'égalité de traitement dans les accords collectifs. Par une série d'arrêts du 27 janvier 2015 [1], la chambre sociale a marqué de manière explicite qu'elle modifiait son approche de la nature juridique des accords collectifs. S'appuyant sur la légitimité particulière des accords, « négociés et signés par des organisations syndicales représentatives, investies de la défense des droits et intérêts des salariés et à l'habilitation desquelles ces derniers participent directement par leur vote », la chambre sociale pose le postulat que les différences de traitement, lorsqu'elles sont effectuées entre catégories professionnelles différentes, sont présumées justifiées. Autrement dit, lorsque l'accord collectif fait un sort différent aux cadres et aux non cadres, l'inégalité est présumée reposer sur une raison objective et pertinente, et c'est à celui qui conteste cette présomption d'apporter la preuve contraire. La même présomption a ensuite été appliquée aux différences opérées entre salariés exerçant des fonctions différentes au sein d'une même catégorie professionnelle [2], entre salariés d'établissements distincts différents, que cette différence résulte d'accords d'établissement séparés [3], ou d'un accord d'entreprise [4], entre salariés provenant d'entreprises différentes en cas de transfert conventionnel [5] et, s'agissant des entreprises de nettoyage, aux différences faites entre salariés travaillant sur des sites différents [6]. Dans ces cas, il n'appartient pas à l'employeur de prouver que la différence de traitement repose sur une raison objective et pertinente, mais à celui qui la conteste de démontrer qu'elle est étrangère à toute considération de nature professionnelle.

Mais la Cour de cassation a précisé le 3 avril 2019 que la présomption de justification n'était pas générale et absolue, si bien que, hors les cas dans lesquels elle est posée par la loi ou par la jurisprudence, les différences de traitement même opérées par voie d'accord collectif doivent avoir une justification contrôlable par le juge [7].

622.33 Égalité de traitement dans les accords collectifs – Droit positif. Au regard de ces évolutions, il est donc certain qu'il existe plusieurs cas dans lesquels les différences de traitement opérées par accord collectif sont présumées justifiées. Ces cas sont ceux qui résultent des décisions rappelées ci-dessus (différence de catégorie professionnelle, différence de fonctions, différence d'établissements, différence de site pour les entreprises de nettoyage), mais également les cas dans lesquels la loi pose elle-même une présomption de justification (par exemple en matière de travail de nuit, art. L. 3122-15, *in fine*). Ces cas correspondent à des cas dans lesquels les différences de situation qui induisent les différences de traitement sont en soi objectives et vérifiables [8]. Les notions de cadre et non cadres, d'établissements distincts ou de transfert sont des notions

1. Soc. 27 janv. 2015, n° 13-22.179, *Fédération nationale des personnels des sociétés d'études, du conseil et de prévention CGT c/Fédération des syndicats des sociétés d'études et de conseils*, P V, n° 9 ; *D.* 2015. 270, obs. Chron. C. cass. ; *D.* 2015. 829, obs. J. Porta et P. Lokiec ; *D.* 2015. 2340, obs. P. Lokiec et J. Porta ; *Dr. soc.* 2015. 237, ét. A. Fabre ; *Dr. soc.* 2015. 351, ét. P.-H. Antonmattei ; *RDT* 2015. 339, obs. E. Peskine ; *RDT* 2015. 472, obs. G. Pignarre ; *RJS* 2015. 155, note J.-G. Huglo ; *Dr. soc.* 2015. 237, note A. Fabre ; *JCP S* 2015, note J. Daniel ; *RDT* 2015. 339, note E. Peskine – Soc. 27 janv. 2015, n° 13-14.773, P V, n° 8 ; n° 13-25.437, P V, n° 10.
2. Soc. 8 juin 2016, n° 15-11.324, P V, n° 130 ; *D.* 2016. 1259, obs. N. explicative de la Cour de cassation ; *D.* 2016. 1588, chron. P. Flores, E. Wurtz, N. Sabotier, F. Ducloz et S. Mariette ; *JCP E* 2016. 1659, note J.-F. Cesaro ; *JCP S* 2016. 1321, note B. Bossu ; *RJS* 2016. 575, rapport F. Ducloz ; *Dr. ouvrier* 2016. 720, note A. Mazières ; *Cah. Soc.* 2016, p. 371, obs. F. Canut ; *JSL* 2016, n° 414-2, obs. H. Tissandier.
3. Soc. 3 nov. 2016, n° 15-18.444, P V, n° 206 ; *D.* 2016. 2286, obs. N., explicative de la Cour de cassation ; *D.* 2017. 235, chron. F. Ducloz, P. Flores, F. Salomon, E. Wurtz et N. Sabotier ; *D.* 2017. 2270, obs. P. Lokiec et J. Porta ; *JCP S* 2016. 1392, note J.-F. Cesaro ; *JCP E* 2017. 1014, note S. Béal et A. Kootstra ; *RDT* 2017. 140, obs. I. Odoul-Azoray ; *Dr. soc.* 2017. 87, obs. P.-H. Antonmattei ; *RJS* 1/2017, n° 7 ; *JSL* 2016, n° 421-422-1, obs. H. Tissandier.
4. Soc. 4 oct. 2017, n° 16-17.517, P V, n° 170 ; *D.* 2017. 1981 ; *D.* 2018. 813, obs. P. Lokiec et J. Porta ; *JCP S* 2017. 1391, note J.-F. Cesaro ; *JCP* 2017. 1133, note N. Dedessus-Le-Moustier ; *RDT* 2018. 67, note Y. Ferkane ; *RJS* 12/2017, n° 780 ; *JSL* 2017, n° 442-2, obs. J.-Ph. Lhernould ; *Gaz. Pal.* 12 déc. 2017, Jur. 51, obs. S. Harir.
5. Soc. 30 nov. 2017, n° 16-20.532, P ; *D.* 2017. 2483 ; *JCP S* 2018. 1023, note J.-F. Cesaro ; *RDT* 2018. 56, obs. A. Fabre ; *JSL* 25 janv. 2018, n° 446, p. 9, note J.-Ph. Lhernould ; *RJS* 2/2018, n° 100 ; *SSL* 2017, n° 1795, p. 12, obs. F. Champeaux ; *JCP* 2017. 1341, obs. H. Corrignan-Carsin ; *JCP S* 2017. 1023, obs. J.-F. Cesaro.
6. Soc. 30 mai 2018, n° 17-12.925, D.
7. Soc. 3 avr. 2019, n° 17-11.970, P+B ; *RJS* 2019, n° 338, avis avocat général et note ; *JCP S* 2019, Act., n° 150, et II, 1134, note Grégoire Loiseau ; *JCP S* 2019. 1135, note Joël Cavallini ; *JCP E* 2019, Act., 254 ; *JCP* 2019. II. 519, note G. Vachet, 520, note J. Daniel ; *JCP* 2019. 525, note B. Serizay ; *Dr. soc.* 2019. 447, note Ch. Radé ; *Rev. dr. tr.*, mai 2019, controverse, p. 301, note Ismaël Omarjee ; *Rev. dr. tr.*, mai 2019, p. 305, note G. Loiseau ; *Gaz. Pal.* 2019, n° 20, p. 67, note H. de Brier ; *BJT* juin 2019, p. 30, note Florence Bergeron-Canut ; *D.* 2019. 766 ; *D.* 2019. 1558, chron. A. David, F. Le Masne de Chermont, A. Prache et F. Salomon ; *Just. et cass.* 2020. 297, rapp. F. Le Masne de Chermont ; *Just. et cass.* 2020. 314, avis A. Berriat ; *Dr. soc.* 2019. 559, ét. J.-E. Ray ; *RDT* 2019. 578, obs. F. Rosa ; *SSL* 25 avr. 2019, n° 1858, p. 8, note O. Dutheillet de Lamothe et L. Marquet de Vasselot ; *RDT* 2019. 498, obs. J.-E. Berthier ; *JCP S* 2020. 1078, note A. Berriat.
8. SUR le contrôle des accords collectifs par le juge et le principe d'égalité de traitement, voir J.-G. Huglo, Accords collectifs et principe d'égalité de traitement, la métamorphose du rôle du juge, *RJS* 2018. 179.

objectives et contrôlables en amont. Dans ces conditions, lorsqu'un accord collectif décide de créer des dispositions distinctes dans ces cas objectivement différents, il n'y a pas lieu à justifier à nouveau devant le juge de l'objectivation de ces différences. Il n'est pas exclu que la loi ou la jurisprudence pose d'autres présomptions que celles existant déjà, lorsqu'on se trouve face à des situations objectivement différentes.

La présomption n'est cependant pas générale. Elle ne peut pas l'être, puisqu'il y a des cas dans lesquelles les différences de traitement ne peuvent pas être admises, même si elles résultent d'un accord collectif. Ainsi bien évidemment des cas de discrimination, notamment ceux résultant de la mise en œuvre du droit de l'union [1], mais également de tous les cas dans lesquels les différences qui sont faites ne reposent sur aucune justification objective. Lorsqu'il n'existe pas, en amont de la différence de traitement, une différence de situation objective qui permet de faire jouer la présomption, il appartient à ceux qui veulent faire application de l'accord de démontrer qu'en l'espèce, la différence a une raison d'être. À défaut, la différence, qui résulterait par exemple seulement des rapports de force au moment de la négociation, ne peut être admise. La chambre sociale a ainsi écarté la régularité d'une différence de traitement reposant uniquement sur la date de présence sur un site, sans que cette date n'ait un rapport avec l'avantage considéré [2], ou encore la différence de traitement en faveur de salariés ayant participé « activement » à une grève, listés par les organisations syndicales [3].

622.34 **Questions qui subsistent.** Parmi les questions qui n'ont pas encore été tranchées, il y a celle de savoir si les présomptions de justification sont applicables à tous les types d'accords collectifs, ou seulement aux accords de droit commun qui, comme l'indiquent les arrêts du 3 janvier 2015, ont été signés par des organisations syndicales représentatives [4].

§ 2
Effets de l'inégalité de traitement

622.41 **Inopposabilité.** Lorsque la différence de traitement instituée par l'accord collectif n'est pas justifiée, il n'y a pas nullité de la clause litigieuse, mais inopposabilité de la différence au salarié « lésé ». Il en résulte que celui-ci pourra revendiquer le bénéfice de l'avantage dont il a été indûment exclu. Cette forme de sanction, particulièrement attractive pour les salariés désavantagés, fait l'objet de critiques en doctrine [5]. Cependant, elle permet de rétablir l'équilibre, de manière dissuasive, le temps qu'une nouvelle négociation puisse être engagée.

622.42 **Pas de différence selon le niveau de l'accord collectif.** Les mêmes règles de vérification et de sanction éventuelle s'appliquent à tous les accords collectifs, qu'il s'agisse d'accords d'établissement, d'entreprise, de branche, ou interprofessionnels.

S'agissant des accords étendus, la solution est complexe. Le Conseil d'État juge depuis sa décision de Section du 4 mars 1960 [6], et constamment depuis lors, que « la légalité d'un arrêté ministériel prononçant l'extension d'une convention collective de travail est nécessairement subordonnée à la validité de la convention en cause ». L'administration doit dès lors porter une appréciation sur cette validité. Sous le contrôle du juge administratif, elle doit refuser l'extension d'un accord s'il apparaît que le principe d'égalité de traitement, tel que mise en œuvre par la juridiction judiciaire, n'y est pas respecté.

Il n'y a pas de partage de compétence pour l'administration, qui n'a pas à se préoccuper de l'ordre de juridiction qui la contrôlera dans cette appréciation et n'est pas dispensée de la porter sous prétexte que ce contrôle sera fait par le juge judiciaire. En revanche, le juge administratif, lui, ne pourra pas opérer ce contrôle s'il est saisi de l'arrêté d'extension, il posera donc le cas échéant une question préjudicielle au juge judiciaire sur ce point.

1. Soc. 9 oct. 2019, n° 17-16.642, P ; *D.* 2019. 1999 ; *D.* 2020. 1136, obs. S. Vernac et Y. Ferkane ; *JCP S* 2019. 1336, note J. Daniel ; *BJT* 11/2019, p. 19, obs. G. Duchange ; *Dr. ouvrier* 2020. 158, note S. Maillard-Pinon ; *RJS* 12/2019, n° 676.
2. Soc. 3 avr. 2019, n° 17-11.970, préc.
3. Soc. 13 déc. 2017, n° 16-12.397, P+B ; *D.* 2018. 14 ; *D.* 2018. 813, obs. P. Lokiec et J. Porta ; *JSL* 2018, n° 448-5, obs. J.-Ph. Lhernould ; *RJS* 2/2018, n° 140 ; *JCP* 2018. 14, obs. G. Dedessus-Le-Moustier.
4. L. Pécaut-Rivolier, « Regard du juge judiciaire sur l'accord collectif », *Dr. soc.* 2020. 507.
5. J.-F. Césaro, « Catégories professionnelles et sanction *in medio* du principe jurisprudentiel d'égalité », *RJS* 2011. 747.
6. CE, sect., 4 mars 1960, req. n° 39.554, *SA* « Le Peignage de Reims », *Lebon* 168.

CHAPITRE

623. Autres actions

SECTION 0
ORIENTEUR

623.00 Sommaire du chapitre.

Division. Le non-respect des conventions collectives peut faire l'objet de sanctions autres que les traditionnelles sanctions civiles. Ces sanctions peuvent être pénales (sect. 1), avec le cas échéant le recours à la transaction pénale (sect. 3), ou administratives (sect. 2).

623.01 Textes applicables.

• **C. trav.,** art. L. 8112-1 [Compétence de l'inspection du travail]

• **C. trav.,** art. L. 8115-1 à L. 8115-7 [Amendes administratives]

• **C. trav.,** art. L. 8114-4 [Transaction pénale]

623.02 Jurisprudence de référence.

• **Cons. const. 10 nov. 1982,** n° 82-145 DC

« Considérant que si, aux termes de l'article 34 de la Constitution, "la loi fixe les règles concernant la détermination des crimes et délits ainsi que les peines qui leur sont applicables", aucun principe ou règle de valeur constitutionnelle n'interdit au législateur d'ériger en infractions le manquement à des obligations qui ne résultent pas directement de la loi elle-même ; que la méconnaissance par une personne des obligations résultant d'une convention ayant force obligatoire à son égard peut donc faire l'objet d'une répression pénale ;

Considérant que l'article L. 153-1 du code du travail tel qu'il résulte de l'article 10 de la loi déférée au Conseil constitutionnel définit de façon précise et complète les éléments constitutifs des infractions qu'il vise ; que, si le contenu des obligations dont la méconnaissance est pénalement sanctionnée peut évidemment différer d'un cas à l'autre, cette circonstance, qui concerne la variété des faits pouvant être l'occasion de la répression pénale, sans altérer l'unité de la définition légale des infractions, n'a ni pour objet ni pour effet de transférer à des particuliers la détermination des infractions et des peines qui leur sont attachées ;

Considérant que, loin de violer le principe de l'égalité devant la loi, les dispositions en question en assurent au contraire l'exacte application ; qu'en effet, en l'absence de telles dispositions, les personnes valablement soustraites dans les conditions visées par loi à l'application du droit commun par l'effet de clauses dérogatoires se verraient exempter de toute répression pénale en cas de manquement aux obligations résultant desdites clauses et bénéficieraient ainsi, par rapport aux personnes soumises au droit commun, d'un privilège pénal dont on chercherait vainement la justification. »

• **Crim. 4 avr. 1991,** n°s 89-85.536, 88-84.270, 89-83.204, P n° 164

« Selon l'article L. 153-1 du Code du travail, dans sa rédaction issue de la loi du 13 novembre 1982, lorsqu'en vertu d'une disposition législative expresse dans une matière déterminée, une convention ou un accord collectif étendu déroge à des dispositions législatives ou réglementaires, les infractions aux stipulations dérogatoires sont passibles des sanctions qu'entraînerait la violation des dispositions législatives ou réglementaires en cause. Il en résulte qu'un prévenu ne peut être condamné pour la méconnaissance d'un accord d'entreprise prévoyant la désignation d'un représentant syndical au comité de groupe, pour la violation des dispositions de l'article L. 236-11 du Code du travail lors du licenciement du représentant syndical d'un comité interentreprises d'hygiène et de sécurité institué par voie conventionnelle, ou encore pour l'abrogation d'un usage accordant des avantages aux membres suppléants d'un comité d'entreprise. »

623.03 Bibliographie indicative.

Manuel. A. Coeuret, E. Fortis et F. Duquesne, *Dr. pénal* du travail : Infractions, responsabilités, procédure pénale en droit du travail et de la sécurité sociale, 6e éd., « Manuels », LexisNexis, 2016 – R. Salomon et A. Martinel, *Dr. pénal* social : Droit pénal du travail et de la sécurité sociale, 5e éd., « Corpus », Economica, 2019.

Articles. M.-C. Amauger-Lattes, « L'évolution paradoxale de la sanction pénale du droit conventionnel du travail », *Dr. soc.* 2009. 568 – G. Auzero, « Assouplissements en matière de sanctions pénales du droit conventionnel », *La lettre juridique,* n° 520, 21 mars 2013 – F. Canut, « La dérogation, une technique de flexibilité éprouvée », *SSL* 2015, n° 1680 – Y. Chalaron, « La sanction pénale du droit conventionnel. Une nouvelle base ? », *Dr. soc.* 1983. 163 – A. Fabre, « Les sanctions du défaut de négociation », *Dr. soc.* 2023. 203 – G. François, « Négociation collective et accord collectif : quelle classification des sanctions ? », *Dr. soc.* 2023. 196 ; M. Morand, « L'obsolescence du transfert législatif des sanctions pénales au droit conventionnel de la durée du travail », *SSL* 2020, n° 1923.

623.05 **Points clés.** Comme toutes les branches du droit, le droit du travail est confronté à une problématique d'efficacité des sanctions. Si la sanction pénale apparaît, *a priori,* comme la plus sévère et donc la plus dissuasive, sa pertinence est remise en cause depuis plusieurs années, tout au moins dans certains domaines. À la place, on voit se développer le prononcé d'amendes administratives aux employeurs en infraction, de même que des transactions pénales qui les font échapper aux poursuites pénales.

SECTION 1
SANCTIONS PÉNALES

623.11 **Légalité des délits et des peines.** En vertu du principe de légalité des délits et des peines, les partenaires sociaux ne peuvent, pas davantage que toute autre personne privée, créer des sanctions pénales qui n'auraient pas été prévues par la loi[1]. Le législateur est en revanche habilité, comme l'a jugé le Conseil constitutionnel, à sanctionner pénalement la violation de dispositions conventionnelles[2].

Toutes les violations des dispositions du code du travail relatives à la négociation collective ne sont pas sanctionnées pénalement. Ainsi, le non-respect des dispositions conventionnelles relatives à la santé et la sécurité des salariés ne peut, à lui seul, fonder une sanction pénale, même si un tel manquement sera généralement pris en compte par le juge, en cas d'accident du travail, pour caractériser une éventuelle faute à caractère pénal.

1. CE, avis, 22 mars 1973, req. n° 310108 ; *GACE* 3e éd., 2008, p. 107 ; *Dr. soc.* 1973. 514 ; *Dr. ouvrier* 1973. 190.
2. Cons. const. 10 nov. 1982, n° 82-145 DC, *Loi relative à la négociation collective et au règlement des conflits collectifs du travail,* CONFORMITÉ, *JO* 11 nov., p. 3393 ; *Dr. soc.* 1983. 162, note L. Harnon ; *RJC* I. 133.

623.12 **En matière de salaire.** Le fait pour l'employeur, lié par une convention ou un accord collectif de travail étendu, de payer des salaires inférieurs à ceux fixés dans cette convention ou cet accord, est puni de l'amende prévue pour les contraventions de la quatrième classe. L'amende est prononcée autant de fois qu'il y a de salariés concernés[3]. Attention, seule l'inobservation des dispositions d'une convention collective étendue est pénalement sanctionnée.

Dans le prolongement de la règle précédente, il est prévu que l'employeur qui méconnaît les stipulations conventionnelles relatives aux accessoires du salaire prévus par une convention ou un accord collectif de travail étendu, encourt l'amende prévue pour les contraventions de la quatrième classe[4]. Les mêmes peines d'amende sont encourues par l'employeur qui contrevient aux dispositions législatives et réglementaires relatives aux accessoires du salaire[5]. Ne sont sanctionnés que les manquements aux dispositions relatives au paiement de salaires ou d'accessoires. Ne sont donc pas concernés le défaut d'affiliation à une caisse de prévoyance[6] et le défaut de maintien de leurs salaires à des salariés malades, qu'exigent les dispositions du Code de commerce local d'Alsace Lorraine[7].

L'amende est prononcée autant de fois qu'il y a de salariés concernés[8] et, en cas de pluralité de contraventions entraînant des peines de récidive, autant de fois qu'il a été relevé de nouvelles contraventions.

623.13 **Violation de dispositions conventionnelles étendues dérogatoires.** Lorsqu'en application d'une disposition législative expresse dans une matière déterminée, une convention ou un accord collectif de travail étendu déroge à des dispositions légales, les infractions aux stipulations dérogatoires sont punies des sanctions qu'entraîne la violation des dispositions légales en cause[9]. Deux conditions sont posées par ce texte : 1) la convention collective doit être étendue ; 2) la dérogation doit être expressément prévue par le texte légal auquel il est dérogé.

Le droit français n'a jamais été jusqu'à admettre que toute violation d'une disposition conventionnelle expose celui qui la viole à des sanctions

3. C. trav., art. R. 2263-3.
4. C. trav., art. R. 2263-4.
5. C. trav., art. R. 3246-4.
6. Crim. 26 juin 1990, n° 89-85.583, P n° 262 ; *CSB* 1990. 222, S. 133 ; *RJS* 1990. 478, n° 711.
7. Crim. 29 sept. 1992, n° 91-86.248, P n° 287 ; *JCP* 1992. IV. 3059 ; *RJS* 1993. 107, n° 152 ; *CSB* 1992, n° 45, p. 308.
8. C. trav., art. R. 2263-3 ; C. trav., art. R. 2263-4 ; C. trav., art. R. 3246-4.
9. C. trav., art. L. 2263-1.

pénales. Si la position de la Cour de cassation était souple dans les années 1980[1], elle n'est jamais allée si loin. Et depuis trois arrêts du 4 avril 1991[2], fondés sur les dispositions de l'article L. 153-2 C. travail (aujourd'hui L. 2263-1), la sanction pénale est limitée à la violation de dispositions conventionnelles étendues dérogatoires.

En application de cette disposition qui organise en quelque sorte un transfert de sanction pénale, commet un délit d'entrave l'employeur qui refuse la création d'un conseil d'établissement dans une entreprise de moins de cinquante salariés, imposée par une convention collective nationale étendue et dotée des mêmes attributions et exerçant le même rôle qu'un comité d'entreprise. Cette dérogation, instituée par convention de branche étendue, avait bien été prévue par une disposition législative expresse, en l'occurrence l'article L. 2322-3 du code du travail qui prévoit que « dans les entreprises employant moins de cinquante salariés, des comités d'entreprise peuvent être créés par convention ou accord collectif de travail »[3]. À l'inverse, n'est pas pénalement sanctionné l'employeur qui méconnaît l'obligation de négocier avec les organisations syndicales le report de l'heure de fermeture d'un magasin, cette obligation n'ayant pas été instituée en application d'une disposition législative expresse, dans une matière déterminée[4] ; seuls des recours civils sont possibles. N'est pas non plus pénalement sanctionnable le défaut d'application du statut protecteur à un représentant syndical au CHSCT institué conventionnellement, alors que l'existence d'un tel représentant n'est pas prévue par la loi[5].

La sanction pénale liée à la méconnaissance de dispositions conventionnelles suppose que l'on soit en présence d'une disposition législative expresse ; il en résulte que la méconnaissance d'une obligation conventionnelle de négocier avec les organisations syndicales qui n'a pas été instituée en application d'une disposition législative expresse, dans une matière déterminée, n'est pas susceptible de sanctions pénales. Seuls des recours civils sont envisageables[6].

L'article L. 2263-1 du Code du travail a aussi été appliqué aussi au défaut de mise en place d'un comité d'entreprise dans une entreprise employant moins de cinquante salariés alors qu'une convention collective étendue le prévoyait. Un texte aujourd'hui abrogé[7] prévoyait expressément la possibilité de création d'un comité d'entreprise dans les entreprises de moins de cinquante salariés par accord collectif[8]. Même si le texte susvisé n'existe plus, la question se pose pareillement à propos du CSE. L'article L. 2312-4 du Code du travail prévoit que « les dispositions du présent chapitre ne font pas obstacle aux dispositions plus favorables relatives aux attributions du comité social et économique résultant d'accords collectifs de travail ou d'usages ». Le fait de ne pas accorder à un CSE mis en place dans une entreprise de moins de cinquante salariés les prérogatives d'un CSE plénier, ce alors qu'une convention collective étendue le prévoit expressément, pourrait-il être sanctionné au titre du délit d'entrave suivant la jurisprudence précitée ? L'arrêt précité du 5 mars 2013 fait application de l'article L. 2263-1 du Code du travail en présence d'une convention collective qui déroge favorablement à la loi[9].

La Dreets peut, en l'absence de poursuites pénales déjà engagées par le parquet, proposer à l'employeur coupable de cette infraction au code du travail une transaction pénale. Il obtiendra alors la minoration du montant de l'amende sous réserve de se mettre en conformité.

623.14 Violation de l'obligation de négocier dans l'entreprise. L'employeur qui ne respecte pas ses obligations en matière de négociation annuelle obligatoire s'expose à des sanctions pénales, à savoir, pour les personnes physiques, une amende de 3 750 euros et une peine d'emprisonnement d'un

1. En matière d'institutions représentatives du personnel, la Cour de cassation considérait que les sanctions pénales de l'entrave s'appliquaient non seulement à la violation des normes légales, mais également à celle des accords plus favorables ; Crim. 14 févr. 1978, n° 76-93.406, P n° 58 ; *D.* 1978. IR 384, obs. J. Pélissier ; *Dr. soc.* 1979. 172, note Pradel.
2. Crim. 4 avr. 1991, n°s 89-85.536, 88-84.270, 89-83.204 (ce dernier concernait la violation d'un usage plus favorable que la loi), P n° 164 ; *RSC* 1991. 783, obs. A. Lyon-Caen ; *RJS* 1991. 325, n° 614 ; *D.* 1991. 140 ; *D.* 1991. 156 ; *JCP E* 1991. II. 213, note O. Godard ; *Dr. ouvrier* 1991. 313, obs. N. Alvarez-Pujana.
3. Crim. 5 mars 2013, n° 11-83.984, P n° 59 ; *D.* 2013. 715 ; *D.* 2013. 2599, obs. P. Lokiec et J. Porta ; *Dr. soc.* 2013. 626, chron. R. Salomon ; *RDT* 2014. 54, obs. S. Frossard ; *JCP S* 2013. 1197, obs. Duquesne ; *JCP E* 2013. 48, n° 43, note Amauger-Lattes ; *RPDP* 2013. 665, obs. Chopin.
4. Crim. 24 févr. 1987, n° 84-92.156, P n° 97 – Crim. 19 juin 2012, n° 11-84.884, P n° 154 ; *D.* 2012. 2029 ; *D.* 2012. 2622, obs. P. Lokiec et J. Porta ; *Dr. soc.* 2012. 1067, obs. J. Mouly ; *Dr. soc.* 2013. 142, chron. R. Salomon et A. Martinel ; *JCP S* 2012. 1466, note E. Jeansen ; *Dr. pénal* 2012. Chron. 9, n° 11, obs. M. Segonds ; *JCP E* 2012. 1751, obs. M.-C. Amauger-Lattes.
5. Crim. 4 avr. 1991, n° 89-85.536, préc.
6. Crim. 19 juin 2012, n° 11-84.884, préc.
7. C. trav., art. L. 2322-3 ; abrogé par ord. n° 2017-1386, 22 sept. 2017, art. 1.
8. Crim. 5 mars 2013, n° 11-83.984, P n° 59.
9. Pour une critique de cette approche de la notion de dérogation qui, selon l'auteur, serait réduite aux dispositions conventionnelles moins favorables que la loi, v. : M. Morand, « L'obsolescence du transfert législatif des sanctions pénales au droit conventionnel de la durée du travail », *SSL* 2020, n° 1923.

an[1]. En cas de récidive, les peines sont doublées Pour les personnes morales, l'amende est fixée à 18 750 euros et 37 500 euros en cas de récidive. Sont concernées les négociations visées à l'article L. 2242-1 du code du travail, à savoir, d'une part, la négociation sur la rémunération, notamment les salaires effectifs, le temps de travail et le partage de la valeur ajoutée dans l'entreprise, d'autre part la négociation sur l'égalité professionnelle entre les femmes et les hommes, portant notamment sur les mesures visant à supprimer les écarts de rémunération, et la qualité de vie au travail.

Est pénalement sanctionné le fait, non seulement de ne pas respecter l'obligation périodique de négocier mais aussi celle de convoquer les parties à la négociation. En ce sens, l'employeur qui se contente d'inviter les organisations syndicales de son choix commet une entrave[2] et une discrimination syndicale, laquelle l'expose à des dommages-intérêts ainsi que des sanctions pénales[3]. Il a été jugé que le juge des référés peut condamner l'employeur à convoquer tout syndicat représentatif dans l'entreprise aux réunions afin de remédier à la discrimination dont fait l'objet l'un des syndicats[4].

La jurisprudence a dû délimiter ce qui constitue ou non la violation de l'obligation de négocier prévue par l'article L. 2242-1 du code du travail. Le comportement de l'employeur lors des négociations, notamment sa bonne foi ou non, n'en fait pas partie[5]. Cette solution, initiée à une époque où l'obligation de loyauté dans la négociation collective avait un poids limité, est-elle amenée à évoluer au vu du poids aujourd'hui acquis par la loyauté ? Inversement, l'employeur peut être condamné pour délit d'entrave à l'exercice du droit syndical s'il exclut une catégorie de personnel de la négociation[6]. Il a aussi été jugé que caractérise le délit d'entrave le fait pour l'employeur de conclure un accord avec le comité d'établissement alors qu'existait une représentation syndicale dans l'entreprise, sur un sujet relevant de la négociation annuelle obligatoire, en l'occurrence le temps de travail[7]. Est également puni d'un emprisonnement d'un an et d'une amende de 3 750 euros le fait de se soustraire aux obligations[8] prévues aux articles L. 2242-1 et L. 2242-20 (adaptation des règles de négociation par voie d'accord collectif).

Une question se pose quant à la sanction – pénale ou non – des obligations de négocier aménagées par accord collectif. Elle se pose depuis que la loi du 17 août 2015[9], dite Loi Rebsamen, a, tout en rassemblant les obligations de négocier en trois blocs, permis leur adaptation par accord collectif. L'article L. 2243-2, relatif à la sanction pénale de l'obligation de négocier, visait expressément, dans sa rédaction issue de cette loi, le nouvel article L. 2242-20 relatif aux possibilités d'adaptation par accord des obligations de négocier. Il en résultait que si un accord prévoyait de regrouper plusieurs thèmes dans une négociation unique à périodicité triennale, comme l'a permis la loi Rebsamen, l'employeur qui méconnaissait l'accord s'exposait à la même sanction pénale que s'il avait méconnu l'obligation légale. Ce qui paraissait acquis ne l'est plus depuis les modifications apportées par les ordonnances de 2017 à l'architecture des obligations de négocier. Comme l'analyse un auteur, les rédacteurs n'ont pas modifié l'incrimination pénale prévue à l'article L. 2243-2. Ils ont laissé la référence à la méconnaissance de l'article L. 2242-20 du code du travail alors que, suite à l'adoption du triptyque « ordre public, champ de la négociation collective, dispositions supplétives », cet article a changé de contenu puisqu'il concerne les dispositions supplétives relatives à l'obligation de négocier sur la GEPP. Ce même auteur en conclut que « les obligations de négocier résultant d'un accord ne sont plus sanctionnées pénalement[10] ». Cette difficulté, qui résulte manifestement non pas d'une volonté du législateur mais d'un problème de codification lié à la mise en place du triptyque, n'a pour l'heure pas été tranchée.

623.15 Violation de dispositions dérogatoires d'accords d'entreprise. Le fait de méconnaître les stipulations d'une convention ou d'un accord d'entreprise ou d'établissement, ou, à défaut, celles d'une convention ou d'un accord de branche, conformes aux dispositions des articles L. 3121-27 à L. 3121-33, et L. 3121-35 à L. 3121-40 est puni de l'amende prévue pour les contraventions de la quatrième

1. C. trav., art. L. 2243-1.
2. Crim. 28 oct. 2008, nº 07-82.799, NP ; *Dr. soc.* 2009. 504, obs. F. Duquesne ; *RDT* 2009. 245, obs. I. Odoul-Asorey ; *RJS* 3/2009, nº 264.
3. C. trav., art. L. 2141-7 et L. 2146-2.
4. Soc. 13 juill. 1988, nº 86-16.302, P V, nº 454 ; *D.* 1989. Somm. 202, obs. J. Goineau.
5. Crim. 4 oct. 1989, nº 88-86.163, P nº 341 ; *D.* 1990. 158, obs. A. Lyon-Caen ; *D.* 1990. 166, obs. A. Lyon-Caen ; *Dr. soc.* 1990. 154, note J. Savatier ; *Dr. soc.* 1990. 205, note J. Savatier ; *RSC* 1990. 361, obs. A. Lyon-Caen ; *RSC* 1990. 363, obs. A. Lyon-Caen ; *RJS* 12/1989, nº 942.
6. Crim. 28 mars 1995, nº 92-80.694, P nº 130 ; *RJS* 1995. 663, nº 1033 ; *JCP* 1996. I. 3901, nº 22, obs. P.-H. Antonmattéi ; *CSB* 1995, A 31.
7. Crim. 18 nov. 1997, nº 96-80.002, P nº 390 ; *D.* 1998. 260, obs. M.-A. Souriac-Rotschild ; *Dr. soc.* 1998. 409, obs. M. Cohen ; *RJDA* 1998, nº 180 ; *BJS* 1998. 646 ; *GADT*, 4e éd., Dalloz, 2008, nº 158 ; *RJS* 1998. 56, nº 76 ; *CSB* 1998. 37, A 7, obs. A. Philbert ; *RTD com.* 1998. 432, note B. Bouloc.
8. C. trav., art. L. 2243-2.
9. L. nº 2015-994, 17 août 2015 relative au dialogue social et à l'emploi, *JO* 18 août, nº 3.
10. A. Fabre, « Les sanctions du défaut de négociation collective », *Dr. soc.* 2023. 203.

classe. Sont concernées les infractions relatives au contingent, au décompte et aux contreparties des heures supplémentaires. Les infractions donnent lieu à autant d'amendes qu'il y a de salariés indûment employés [1].

Inversement, le fait d'appliquer les stipulations d'une convention ou d'un accord d'entreprise ou d'établissement ou d'une convention ou d'un accord de branche contraires aux dispositions des articles L. 3121-27 à L. 3121-33 et L. 3121-35 à L. 3121-40 est puni de la même sanction. Les infractions donnent lieu à autant d'amendes qu'il y a de salariés indûment employés [2].

623.16 **Violation des règles sur l'affichage des conventions collectives.** Le non-affichage de l'avis prévu à l'article R. 2262-3 du code du travail – communication aux salariés de l'avis comportant l'intitulé des conventions et des accords applicables dans l'établissement – ou la non-transmission de cet avis aux travailleurs mentionnés à l'article R. 2262-4 – pour les concierges ou gardiens d'immeubles, les employés de maison, les travailleurs isolés ou à domicile – est sanctionné par l'article R. 2263-1 de l'amende prévue pour les contraventions de la quatrième classe [3].

Les modifications ou compléments à apporter aux informations figurant sur ledit avis ou sur le document doivent être réalisées dans un délai d'un mois au plus tard à compter de leur date d'effet [4], à défaut de quoi l'employeur sera passible de l'amende prévue pour les contraventions de la quatrième classe [5].

623.17 **Précision.** La Dreets peut, en l'absence de poursuites pénales déjà engagées par le parquet, proposer à l'employeur coupable de cette infraction au code du travail une transaction pénale. Il obtiendra alors la minoration du montant de l'amende sous réserve de se mettre en conformité.

623.18 **Non-respect des minima conventionnels.** Le fait pour l'employeur, lié par une convention ou un accord collectif de travail étendu, de payer des salaires inférieurs à ceux fixés dans cette convention ou cet accord, est puni de l'amende prévue pour les contraventions de la quatrième classe. L'amende est prononcée autant de fois qu'il y a de salariés concernés [6].

De même le fait pour l'employeur de méconnaître les stipulations conventionnelles relatives aux accessoires du salaire prévus par une convention ou un accord collectif de travail étendu, est puni de l'amende prévue pour les contraventions de la quatrième classe. L'amende est prononcée autant de fois qu'il y a de salariés concernés [7].

SECTION 2
SANCTIONS ADMINISTRATIVES

623.20 **Plan.** Le contrôle du respect des accords collectifs de travail fait partie des compétences de l'inspection du travail (§ 1), ce qui explique la place des sanctions administratives en ce domaine (§ 2).

§ 1
Compétence de l'inspection du travail en matière de respect des conventions collectives

623.31 **Pouvoirs de l'inspecteur du travail.** Les inspecteurs du travail « sont chargés de veiller à l'application des dispositions du code du travail et des autres dispositions légales relatives au régime du travail, ainsi qu'aux stipulations des conventions et accords collectifs de travail répondant aux conditions fixées au livre II de la deuxième partie » [8].

Ils ne sont toutefois habilités à dresser de procès-verbal en cas de non-respect des clauses conventionnelles que dans les domaines où des sanctions pénales sont prévues [9]. Les inspecteurs du travail ont certes compétence pour veiller à la bonne application des accords collectifs. Ils n'ont pas pour autant la possibilité de prononcer des amendes administratives. L'article L. 8115-1 du Code du travail permet toutefois au Dreets, en cas de manquement à certaines dispositions, mais pas, de façon générale, en cas d'inexécution d'un accord collectif de travail, de prononcer de telles amendes. Cette compétence est reconnue au directeur régional pas au Dreets qui peut adresser un rapport au directeur (plutôt qu'un PV au parquet) en lui proposant de prononcer une amende [10], mais pas prononcer lui-même l'amende.

Lorsque la violation de la stipulation conventionnelle ne caractérise aucune infraction pénale, les agents de contrôle de l'inspection du travail sont invités à renvoyer les parties à se pourvoir devant les instances compétentes, à savoir en cas de difficulté d'interprétation la commission paritaire d'interpré-

1. C. trav., art. R. 3124 1.
2. C. trav., art. R. 3124-2.
3. C. trav., art. R. 2263-3.
4. C. trav., art. R. 2262-5.
5. C. trav., art. R. 2263-2.
6. C. trav., art. R. 2263-3.
7. C. trav., art. R. 2263-4.
8. C. trav., art. L. 8112-1.
9. V. s^s n°s 623.11.
10. C. trav., art. R. 8115-1 et -2.

tation ou la juridiction compétente, et en cas de problème d'inexécution la juridiction compétente.

§ 2
Contours des sanctions administratives

623.41 **Essor récent.** Ces dernières années ont connu le développement des sanctions administratives : pénalités financières, contributions spéciales, retrait du bénéfice de certaines aides, ou fermetures administratives. L'impulsion en a été donnée par l'ordonnance du 7 avril 2016 [1] relative au contrôle de l'application du droit du travail qui a introduit dans le livre VII de la quatrième partie du Code du travail un titre V intitulé « Amendes administratives ». Ce pouvoir donné à l'administration de prononcer des sanctions administratives avait commencé avec la sanction de l'absence d'accord ou de plan d'action sur l'égalité professionnelle entre les femmes et les hommes [2], ou la méconnaissance des obligations, notamment procédurales, en matière de détachement à l'étranger d'un salarié [3]. Ce remplacement progressif des sanctions pénales, jugées peu efficientes en droit du travail, par des sanctions administratives, s'explique, entre autres, par un souci d'efficacité. Un rapport fait au nom de la Commission des affaires sociales de l'Assemblée nationale concluait que seules 2 % des interventions constatant une ou plusieurs infractions se concluent par la rédaction d'un procès-verbal [4]. « Pour être efficace, la sanction doit être effective et intervenir rapidement. C'est dans cet objectif que l'ordonnance du 16 avril 2016 a profondément modifié les sanctions en matière de droit du travail », énonce l'instruction DGT n° 2016/03 du 12 juillet 2016 sur la mise en œuvre de l'ordonnance du 7 avril 2016 relative au contrôle de l'application du droit du travail. Il convient d'ajouter que l'arrêt du Conseil d'État du 26 avril 2017 [5] a rejeté le recours pour excès de pouvoir dirigé contre le décret du 25 avril 2016 pris pour l'application de l'ordonnance en écartant un certain nombre de critiques de principe faites contre ce dispositif d'amendes administratives.

623.42 **Salaire minimum.** En vertu de l'article L. 8115-1 du code du travail, l'autorité administrative compétente peut, sur rapport de l'agent de contrôle de l'inspection du travail mentionné à l'article L. 8112-1, et sous réserve de l'absence de poursuites pénales, soit adresser à l'employeur un avertissement, soit prononcer à l'encontre de l'employeur une amende en cas de manquement aux dispositions relatives à la détermination du Smic et aux dispositions relatives au salaire minimum fixé par la convention collective ou l'accord étendu applicable à l'entreprise, et aux mesures réglementaires prises pour leur application. Il est prévu que la Dreets informe par tout moyen le procureur de la République des suites données au rapport de l'agent de contrôle [6].

Pour déterminer si elle prononce un avertissement ou une amende et, le cas échéant, pour fixer le montant de cette dernière, l'autorité administrative prend en compte les circonstances et la gravité du manquement, le comportement de son auteur, notamment sa bonne foi, ainsi que les ressources et ses charges [7].

Le montant maximal de l'amende est de 4 000 euros et peut être appliqué autant de fois qu'il y a de travailleurs concernés par le manquement. Le Conseil d'État a précisé que le pouvoir de sanction de l'administration n'est pas limité au prononcé d'une seule amende par catégorie de manquements et par travailleur concerné [8].

Le plafond de l'amende est porté au double en cas de nouveau manquement constaté dans un délai de deux ans à compter du jour de la notification de l'amende concernant un précédent manquement de même nature. Il est majoré de 50 % en cas de nouveau manquement constaté dans un délai de deux ans à compter du jour de la notification d'un avertissement concernant un précédent manquement de même nature [9].

Avant toute décision, l'autorité administrative informe par écrit la personne mise en cause de la sanction envisagée en portant à sa connaissance le manquement retenu à son encontre et en l'invitant à présenter, dans un délai fixé par décret en Conseil d'État (délai fixé à un mois), ses observations. À l'issue de ce délai, l'autorité administrative peut, par décision motivée, prononcer l'amende et émettre le titre de perception correspondant.

Elle informe de cette décision le comité social et économique. Le délai de prescription de l'action de l'autorité administrative pour la sanction du manquement par une amende administrative est de deux

1. Ord. n° 2016-413, 7 avr. 2016 relative au contrôle de l'application du droit du travail, *JO* 8 avr., n° 20.
2. C. trav., art. L. 2242-5-1.
3. C. trav., art. L. 1264-1 à L. 1264-3.
4. D. Robillard, *Rapport fait au nom de la commission des affaires sociales sur la proposition de loi relative au pouvoir de l'inspection du travail*, n° 1942, 14 mai 2014, p. 8.
5. CE 26 avr. 2017, req. n° 400971, *Syndicat Sud Travail Affaires sociales*, NP.
6. C. trav., art. L. 8115-2.
7. C. trav., art. L. 8115-4.
8. CE 11 févr. 2022, req. n° 448382, *Société Distribution Casino France*, *Lebon T*, p^t 7.
9. C. trav., art. L. 8115-3.

années révolues à compter du jour où le manquement a été commis[1].

623.43 Non-respect de l'obligation de négocier sur les salaires effectifs. En vertu de l'article L. 2242-7 du Code du travail, dans les entreprises où sont constituées une ou plusieurs sections syndicales d'organisations représentatives, l'employeur qui n'a pas rempli l'obligation de négociation sur les salaires effectifs mentionnée au 1° de l'article L. 2242-1 est soumis à une pénalité. Si aucun manquement relatif à cette obligation n'a été constaté lors d'un précédent contrôle au cours des six années civiles précédentes, la pénalité est plafonnée à un montant équivalent à 10 % des exonérations de cotisations sociales mentionnées à l'article L. 241-13 du code de la sécurité sociale au titre des rémunérations versées chaque année où le manquement est constaté, sur une période ne pouvant excéder trois années consécutives à compter de l'année précédant le contrôle. Si au moins un manquement relatif à cette obligation a été constaté lors d'un précédent contrôle au cours des six années civiles précédentes, la pénalité est plafonnée à un montant équivalent à 100 % des exonérations de cotisations sociales mentionnées au même article L. 241-13 au titre des rémunérations versées chaque année où le manquement est constaté, sur une période ne pouvant excéder trois années consécutives comprenant l'année du contrôle.

Si la périodicité de la négociation a été portée à une durée supérieure à un an, la pénalité ne s'applique pas durant la durée fixée par l'accord. La pénalité retrouve à s'appliquer à l'issue de cette durée. Lorsque l'autorité administrative compétente constate le manquement, elle fixe le montant de la pénalité en tenant compte notamment des efforts constatés pour ouvrir les négociations, de la situation économique et financière de l'entreprise, de la gravité du manquement et des circonstances ayant conduit au manquement[2].

623.44 Pénalité en l'absence d'accord ou de plan d'action sur l'égalité professionnelle. Les entreprises d'au moins cinquante salariés sont soumises à une pénalité financière à la charge de l'employeur lorsqu'elles ne sont pas couvertes par un accord relatif à l'égalité professionnelle ou, à défaut d'accord, par les objectifs et les mesures constituant le plan d'action. Le montant de cette pénalité est égal au maximum à 1 % de sa masse salariale. Il est fixé par le Dreets, en fonction des efforts constatés dans l'entreprise en matière d'égalité professionnelle et salariale entre les femmes et les hommes ainsi que des motifs de défaillance de l'entreprise quant au respect de ses obligations[3]. Ces motifs de défaillance sont notamment la survenance de difficultés économiques de l'entreprise, les restructurations ou fusions en cours, l'existence d'une procédure collective en cours, le franchissement du seuil d'effectifs de cinquante salariés au cours des douze derniers mois précédant la mise en demeure par l'agent de contrôle de l'inspection du travail[4]. Le produit de cette pénalité est affecté au fonds de solidarité vieillesse.

La procédure de sanction est définie aux articles R. 2242-3 à R. 2242-8 du Code du travail.

L'agent de contrôle de l'inspection du travail met en demeure l'employeur de remédier à la situation dans un délai d'exécution fixé en fonction de la nature du manquement et de la situation relevée dans l'entreprise et qui ne peut être inférieur à un mois, lorsqu'il constate :

1° Soit que l'entreprise n'est pas couverte par l'accord relatif à l'égalité professionnelle entre les femmes et les hommes ou, à défaut, par le plan d'action ;

2° Soit qu'elle n'a pas publié les indicateurs relatifs à l'index d'égalité professionnelle pendant une ou plusieurs années consécutives ;

3° Soit qu'elle n'a pas défini de mesures de corrections suite à la publication de l'index.

Cette mise en demeure est transmise à l'employeur par tout moyen permettant de donner date certaine à sa réception.

Dans ce délai, l'employeur communique à l'agent de contrôle de l'inspection du travail, par tout moyen permettant de donner date certaine à leur réception, les éléments apportant la preuve qu'il respecte bien la ou les obligations mentionnées dans la mise en demeure, à savoir soit l'accord ou, à défaut, le plan d'action, soit la preuve de la publication des indicateurs, soit l'accord ou, à défaut, la décision de l'employeur relatives aux mesures de rattrapage. S'il n'est pas en mesure de communiquer ces éléments, il doit justifier des motifs de la défaillance de l'entreprise au regard de ces obligations. À sa demande, il peut être entendu.

À l'issue du délai imparti à l'employeur pour se mettre en conformité, le Dreets décide s'il y a lieu d'appliquer la pénalité et en fixe le taux. Il tient compte des motifs de défaillance, des mesures prises par l'entreprise en matière d'égalité professionnelle entre les femmes et les hommes et de la bonne foi de l'employeur.

1. C. trav., art. L. 8115-5.
2. Les détails sont fixés par : Décr. n° 2017-1703, 15 déc. 2017 portant application des dispositions des articles 6 et 7 de l'ordonnance n° 2017-1385 du 22 septembre 2017 relative au renforcement de la négociation collective, *JO* 17 déc., n° 29.
3. C. trav., art. L. 2242-8.
4. C. trav., art. R. 2242-6.

Les revenus d'activité qui constituent la base du calcul de la pénalité sont ceux du mois entier qui suit le terme de la mise en demeure. La pénalité est due pour chaque mois entier à compter du terme de la mise en demeure et jusqu'à la réception par l'inspection du travail, selon le cas, de l'accord relatif à l'égalité professionnelle, du plan d'action, de l'accord ou de la décision de l'employeur de rattrapage ou de la preuve de la publication des indicateurs d'égalité professionnelle. Le Dreets adresse à l'employeur qui n'a pas rempli ses obligations en matière d'égalité professionnelle et salariale entre les femmes et les hommes une notification motivée du taux de la pénalité qui lui est appliqué, dans le délai de deux mois à compter de la date d'expiration de la mise en demeure, et lui demande de communiquer en retour le montant des gains et rémunérations servant de base au calcul de la pénalité dans le délai de deux mois. À défaut, la pénalité est calculée sur la base de deux fois la valeur du plafond mensuel de la sécurité sociale par mois compris dans la période faisant l'objet de la pénalité.

L'entreprise qui veut éviter tout risque de pénalité peut faire une demande de rescrit auprès de l'autorité administrative. Celle-ci est tenue de se prononcer sur toute demande d'appréciation de la conformité d'un accord ou d'un plan d'action aux dispositions précitées[1].

623.45 Pénalité en cas de non-respect de l'obligation en matière de pénibilité. Les entreprises soumises à l'obligation de négocier en matière de pénibilité sont sujettes à une pénalité lorsqu'elles ne sont pas couvertes par un accord ou, à défaut d'accord, par un plan d'action relatif à la prévention de la pénibilité.

La pénalité est fixée par la Dreets, suivant un montant qui peut atteindre 1 % de la masse salariale versée au cours des périodes au titre desquelles l'entreprise n'est pas couverte par l'accord ou au plan d'action.

SECTION 3
TRANSACTION PÉNALE

623.51 Compétence de la Dreets. Les pouvoirs de l'administration ont été modifiés par l'ordonnance du 7 avril 2016[2], relative au contrôle de l'application du droit du travail[3], offrant à cette dernière une solution alternative aux poursuites. La Dreets[4], peut, tant que l'action publique n'a pas été mise en mouvement, transiger avec les personnes physiques et les personnes morales sur la poursuite d'une infraction constituant une contravention ou un délit, prévue et réprimée, entre autres, au titre VI du livre II de la 2e partie du Code du travail (application des conventions collectives)[5].

623.52 Privilégier la voie pénale dans certains cas. L'exclusion de la transaction pénale au profit de la voie pénale a été préconisée par l'instruction de la Direction générale du travail du 12 juillet 2016[6], sur la mise en œuvre de l'ordonnance du 7 avril 2016, dans trois séries de cas :

1) Les infractions les plus graves pour lesquelles le procès est la voie répressive appropriée ; sont concernées, entre autres, précise l'instruction ministérielle, les atteintes les plus graves aux conditions nécessaires au dialogue social : droit syndical, de la négociation collective et des institutions représentatives du personnel.

2) Les manquements frauduleux graves pour lesquels les voies pénales et administratives peuvent se combiner pour des faits identiques, connexes ou distincts ; la négociation collective est ici peu concernée ; cette hypothèse vise principalement le travail illégal.

3) Les cas où l'inspection du travail, en raison des circonstances particulières, choisira l'établissement et la transmission au parquet d'un procès-verbal plutôt que d'un rapport au Dreets en vue d'une sanction administrative. Ces circonstances tiennent :

4) à la réitération de situations de non-conformité,

5) à l'intérêt spécifique à faire comparaître l'auteur du manquement,

6) à des situations complexes ou nécessitant des pouvoirs d'enquête particuliers,

7) ou à la volonté d'une organisation syndicale ou d'une institution représentative du personnel de se porter partie civile.

623.53 Procédure de transaction pénale. La proposition transactionnelle est effectuée par la Dreets ou son représentant, à la suite de la transmission du procès-verbal d'infraction par l'agent de contrôle de l'inspection du travail. La Dreets met en œuvre cette procédure au regard des critères fixés par le procureur de la République et en informe l'agent ayant procédé à la verbalisation. Il détermine le montant de la transaction, ainsi que, le cas échéant, et en

1. C. trav., art. L. 2242-9.
2. Décr. n° 2016-510, 25 avr. 2016 relatif au contrôle de l'application du droit du travail, *JO* 27 avr., n° 29.
3. CE 26 avr. 2017, req. n° 400971, NP ; *Dr. pénal* 2017. Chron. 10, n° 15, obs. M. Segonds.
4. C. trav., art. R. 8114-3.
5. C. trav., art. L. 8114-4.
6. Instr. DGT n° 2016/03, 12 juill. 2016 sur la mise en œuvre de l'ordonnance n° 2016-413 du 7 avril 2016 relative au contrôle de l'application du droit du travail.

relation avec l'agent verbalisateur, les mesures correctives qu'il souhaite voir imposées à l'entreprise et leur délai d'exécution. Lorsque le projet de transaction a été accepté par le mis en cause, le procès-verbal ainsi que cette acceptation sont transmis pour homologation au procureur de la République. En cas d'homologation, le procès-verbal est retourné avec la décision d'homologation au Dreets qui notifie la transaction au mis en cause et vérifie, en lien avec l'agent de contrôle en cas de mesures de mise en conformité, son exécution dans le délai imparti.

Le CSE doit être informé de l'homologation de la transaction.

En cas de refus d'homologation, le procureur de la République conserve l'opportunité des suites à donner à la procédure. Il en informe la Dreets. En cas d'exécution complète dans le délai imparti, la transaction emporte extinction de l'action publique. En cas d'inexécution partielle ou totale, la Dreets constate la carence ou les mesures partiellement mises en œuvre au terme du délai imparti et retourne l'ensemble de la procédure au procureur de la République qui apprécie alors les suites à donner à la procédure et en informe la Dreets[1].

1. SUR cette procédure : C. trav., art. L. 8114-5 s. ; Instr. DGT nº 2016/03, 12 juill. 2016, préc.

LIVRE

7. LA NÉGOCIATION DANS LES RELATIONS DE TRAVAIL NON SALARIÉES

SECTION 0

ORIENTEUR

7.00 **Sommaire du livre.**

TITRE

71. La négociation de secteur des plateformes de mobilité

SECTION 0
ORIENTEUR

71.00 Sommaire du titre.

71.03 Bibliographie indicative.

Thèse. A. Pacquetet, *Les plateformes numériques : Essai de qualification en droit du travail*, th. Paris II, 2020 – M. Vicente, *Les droits collectifs des travailleurs de plateformes : étude sur le champ d'application personnel des droits collectifs dans le contexte des plateformes numériques*, th. Strasbourg, 2022.

Articles. Y. Ferkane et J. Dirringer, « Modéliser la négociation collective dans le champ économique. L'exemple des plateformes numériques », *Dr. soc.* 2021. 598 – F. Gabroy, « Une représentation collective des travailleurs des plateformes numériques (à peine) ébauchée », *Les Petites affiches* 2021, 1er juill. 2021, p. 23 – G. Loiseau, « Travailleurs de plateformes : le néo-salariat », *JCP G* 2021. 165 ; « Travailleurs de plateformes : l'amorce d'un droit de la négociation collective », *JCP G* 2021. 590 ; « Travailleurs des plateformes de mobilité : où va-t-on ? », *JCP S* 2021. 1129 ; « La règlementation prévenante des plateformes de mobilité », *JCP G* 2022. 577.

71.05 Le droit fuyant des travailleurs de plateformes. Le droit contemporain est à la peine pour organiser la situation des travailleurs de plateformes, employés sous le statut d'autoentrepreneurs, au moyen de règles qui leur permettent d'accéder à un niveau de protection décent[1]. D'un côté, la Chambre sociale de la Cour de cassation a ouvert la voie à la possibilité de requalifier les liens contractuels en contrat de travail[2]. Cette ouverture a marqué les esprits, encore que la requalification ne soit pas devenue, dans la pratique judiciaire, un risque systémique. La Chambre sociale elle-même l'écarte par-

1. POUR UNE PRÉSENTATION D'ENSEMBLE : G. Loiseau, « Situation des travailleurs des plateformes : la confrontation des options, la réalisation des choix, conclusions colloque Avo-Sial Les travailleurs de plateformes », *JCP S* 2020. 2045 ; et « Travailleurs de plateformes : le néo-salariat », *JCP S* 2021. 165.
2. Soc. 28 nov. 2018, nº 17-20.079, P ; *D.* 2019. 177, note M.-C. Escande-Varniol ; *D.* 2018. 2409, édito. N. Balat ; *D.* 2019. 169, avis C. Courcol-Bouchard ; *D.* 2019. 326, chron. F. Salomon et A. David ; *D.* 2019. 963, obs. P. Lokiec et J. Porta ; *AJ contrat* 2019. 46, obs. L. Gamet ; *Dr. soc.* 2019. 185, tribune Ch. Radé ; *RDT* 2019. 36, obs. M. Peyronnet ; *RDT* 2019. 101, chron. K. Van Den Bergh ; *Dalloz IP/IT* 2019. 186, obs. J. Sénéchal ; *JT* 2019, nº 215, p. 12, obs. C. Minet-Letalle ; *RDSS* 2019. 170, obs. M. Badel ; *JCP S* 2018. 1398, note G. Loiseau et avis C. Courcol-Bouchard ; *SSL* 17 déc. 2018, nº 1841, p. 6, note B. Gomes, et p. 10, note P. Lokiec ; *SSL* 24 déc. 2018, nº 1842, p. 3, note J.-G. Huglo ; *JCP S* 2019. 1026, ét. N. Anciaux ; *JCP* 2019. 103, note V. Roche ; *JCP E* 2019. 1031, note B. Bossu ; *D.* 2019. 169, avis C. Courcol-Bouchard, et p. 177, note M.-C. Escande-Varniol ; *RDT* 2019. 36, note M. Peyronnet ; *CCE* 2019, comm. 2, note G. Loiseau – Soc. 4 mars 2020, nº 19-13.316, P ; *D.* 2020. 490 ; *D.* 2020. 1136, obs. S. Vernac et Y. Ferkane ; *AJ contrat* 2020. 227, obs. T. Pasquier ; *Dr. soc.* 2020. 550, chron. R. Salomon ; *JCP S* 2020. 1080, note G. Loiseau ; *JCP E* 2020. 1282, note M. Depincé, D. Mainguy et B. Siau ; *JCP* 2020. 601, note B. Bossu ; *Dr. soc.* 2020. 374, note P.-H. Antonmattei ; *RDT* 2020. 328, note L. Willocx ; *Dr. ouvrier* 2020. 181, note A. Jeammaud ; *LPA* 12 mai 2020, nº 18, p. 20, note G. Duchange ; *RJS* 2020. 337.

fois[1] – mais la retient également d'autres fois[2] – faisant ainsi le choix de s'en tenir à une appréciation réaliste, et donc circonstancielle, du lien de subordination, ce qui n'est probablement pas étranger à la conscience qu'elle a des limites de l'action judiciaire. De fait, le traitement judiciaire de la situation des travailleurs se limite au règlement *ex-post* des effets de la rupture du contrat. Il ne résout pas, *ex-ante*, la question du statut applicable à ceux qui sont, pour la réalisation de leur activité, des autoentrepreneurs et qui restent à ce titre sans protection particulière s'agissant, notamment, des durées maximales de travail, d'une rémunération minimale ou encore de la prise en charge des accidents du travail.

De son côté, le législateur s'emploie plutôt à favoriser l'adoption d'un statut *ad hoc* qui élèverait le niveau de protection des travailleurs indépendants sans exposer les opérateurs de plateforme au risque de requalification. D'abord discret, à l'occasion de la loi Travail du 8 août 2016, le législateur a entendu appréhender ensuite plus globalement la condition des travailleurs tout en réservant son action aux seules plateformes de mobilité qui focalisaient à l'époque l'attention. La loi d'orientation des mobilités (LOM) du 24 décembre 2019[3] n'a pas toutefois élaboré elle-même un régime applicable aux travailleurs et s'en est remise pour cela à l'initiative des plateformes, invitées à élaborer une charte pour déterminer les droits et les obligations de leurs cocontractants, chauffeurs de VTC et livreurs à vélo ou motocycle[4]. Bien que la charte fût facultative, son adoption devait faire profiter les plateformes d'une présomption de non-salariat leur assurant une immunité contre le risque de requalification en contrat de travail. Le législateur parvenait donc tout à la fois à pérenniser ainsi la qualité d'autoentrepreneur des travailleurs, et à la préserver du risque judiciaire de requalification, et à améliorer indirectement leur condition juridique. Le Conseil constitutionnel a cependant fait s'effondrer l'édifice en déclarant la présomption de non-salariat inconstitutionnelle, privant la charte de toute utilité pour les plateformes. La loi LOM fut en définitive, sur ce point, un fiasco[5].

Le législateur n'a pourtant pas changé de politique. Habilitée à légiférer par voie d'ordonnance, l'autorité publique a tout au plus développé une autre méthode en créant les conditions d'un dialogue social entre des représentants élus des travailleurs et des représentants des plateformes dont il est attendu la production de normes conventionnelles. C'est l'objet des ordonnances du 21 avril 2021[6] et n° 2022-492 du 6 avril 2022[7] qui se complètent dans cette perspective, organisant la représentation des travailleurs et celle des plateformes et posant les règles de la négociation collective[8]. Conditions de négociation et de conclusion des accords de secteur ; thèmes de négociation – obligatoires et facultatifs – ; application, dénonciation et révision des accords collectifs ; effets et homologation des accords : le droit de la négociation précède ici le droit des travailleurs.

1. Soc. 13 avr. 2022, n° 20-11.139, P ; *JCP S* 2022. 1137, note G. Loiseau ; *Dr. soc.* 2022. 522, note C. Radé ; BJT 5/2022, p. 21, note A. Charbonneau. V. aussi Paris, 11 mai 2023, n° 22/08225, n° 22/08217, n° 22/08219, n° 22/08221, n° 22/08228, n° 22/08229, n° 22/08230, n° 22/08231 ; Comm. com. électr. 2023, comm. 51, note G. Loiseau. Dans huit arrêts rendus le même jour, la cour d'appel de Paris prend le contrepied de la jurisprudence de la Cour de cassation (Soc. 4 mars 2020, n° 19-13.316, préc. et Soc. 25 janv. 2023, n° 21-11.273, NP) et refuse de requalifier les contrats des chauffeurs *Uber*.
2. Soc. 25 janv. 2023, n° 21-11.273, NP ; *SSL* 27 mars 2023, n° 2039, p. 4, note T. Pasquier – Soc. 15 mars 2023, n° 21-17.316, NP.
3. L. n° 2019-1428, 24 déc. 2019 d'orientation des mobilités, *JO* 26 déc., n° 1.
4. C. trav., art. L. 7342-9.
5. G. Loiseau, « Travailleurs des plateformes : un naufrage législatif », *JCP S* 2020. 1000 – V. Roche et V. Colombani, « Charte de responsabilité pour renforcer le statut des travailleurs de plateformes. L'occasion (totalement) manquée ? », *JCP* 2020. 117 ; – AUSSI : F. Favennec-Héry, « Les travailleurs des plateformes collaboratives : en attendant Godot », *SSL* 24 févr. 2020, n° 1896, p. 8.
6. Ord. n° 2021-484, 21 avr. 2021 relative aux modalités de représentation des travailleurs indépendants recourant pour leur activité aux plateformes et aux conditions d'exercice de cette représentation. V. sur ce texte : G. Loiseau, « Travailleurs de plateformes de mobilité : où va-t-on ? », *JCP S* 2021. 1129.
7. Ord. n° 2022-492, 6 avr. 2022 renforçant l'autonomie des travailleurs indépendants des plateformes de mobilité, portant organisation du dialogue social de secteur et complétant les missions de l'Autorité des relations sociales des plateformes d'emploi. V. sur ce texte : G. Loiseau, « La règlementation prévenante des plateformes de mobilité », *JCP G* 2022. 577.
8. C. trav., art. L. 7343-27 à L. 7343-53.

CHAPITRE

711. Domaine de la négociation

SECTION 0 ORIENTEUR

711.00 **Sommaire du chapitre.**

SECTION UNIQUE LA NÉGOCIATION DE SECTEUR

711.11 **Statut collectif pour les travailleurs de certains types de plateformes.** La loi Travail du 8 août 2016 avait, très modestement, préparé le terrain à un dialogue social encore hypothétique en reconnaissant aux travailleurs de plateformes la liberté syndicale[1] et un semblant de droit de grève[2]. Ce sont les ordonnances du 21 avril 2021 et du 6 avril 2022 qui ont réellement mis en place les bases du dialogue social entre travailleurs et plateformes. Bien que la volonté du législateur soit d'empêcher les travailleurs d'accéder au salariat, c'est dans le Code du travail que les règles sont logées à la suite de celles introduites en 2016. Structurellement, trois chapitres ont été ajoutés au sein du titre IV du livre III de la septième partie du code consacré aux travailleurs utilisant une plateforme de mise en relation par voie électronique. Le chapitre III porte sur le dialogue social de secteur ; le chapitre IV a vocation à traiter du dialogue social de plateforme ; le chapitre V se rapporte à la mise en place d'un établissement public administratif dédié à ces problématiques, dénommé « Autorité des relations sociales des plateformes d'emploi ». Cette nouvelle autorité, placée sous la tutelle du ministère du Travail et du ministère des Transports, est chargée, entre autres choses, d'organiser les élections des représentants de travailleurs, de gérer le financement de leur formation et de leur indemnisation et d'assurer leur protection en se prononçant sur les demandes d'autorisation en cas de rupture des relations contractuelles.

Substantiellement, si l'on excepte les dispositions spécifiques à la nouvelle autorité administrative, les règles se concentrent sur le dialogue social de secteur. Le chapitre destiné à traiter du dialogue social de plateforme a, pour l'instant, été laissé vacant[3]. Réservé donc au dialogue social de secteur, le dispositif est divisé en trois blocs principaux portant respectivement sur la représentation des travailleurs indépendants recourant aux plateformes[4], sur la représentation des plateformes[5] et sur l'organisation du dialogue social et de la négociation de secteur[6]. Cette architecture est complétée par des dispositions sur la commission de négociation[7], d'une part, et sur l'expertise[8], d'autre part.

La sectorisation des normes – seuls étant concernés (pour le moment ?) les secteurs de la conduite de voiture de transport avec chauffeur et de la livraison de marchandises au moyen d'un véhicule à deux ou trois roues – correspond au but des autorités légiférantes qui est de se cantonner à un petit droit professionnel. Cette façon de faire est volontairement en rupture avec l'interventionnisme de la loi lorsqu'il s'agit de garantir aux travailleurs salariés, par une règlementation impérative, le bénéfice

1. C. trav., art. L. 7342-6.
2. C. trav., art. L. 7342-5.
3. Le chapitre III comprend les articles L. 7343-1 à L. 7343-59 ; le chapitre V comprend les articles L. 7345-1 à L. 7545-6, ce qui laisse la place pour au moins vingt-quatre articles dans le chapitre IV.
4. C. trav., art. L. 7343-2 à L. 7343-20.
5. C. trav., art. L. 7343-21 à L. 7343-26.
6. C. trav., art. L. 7343-27 à L. 7343-53.
7. C. trav., art. L. 7343-54 et L. 7343-55.
8. C. trav., art. L. 7343-56 à L. 7343-59.

de droits sociaux. En confinant l'élaboration de la norme au sein de chaque secteur d'activité et en réservant sa constitution à la négociation d'accords collectifs, la méthode ressemble à celle de la régulation. Le résultat recherché est de parvenir à des normes spéciales, accommodées à la situation particulière de chaque secteur d'activité, des micro-normes professionnelles à l'opposé des macro-normes légales de portée générale.

711.12 Mise en place des bases du dialogue social : la représentation des travailleurs. Les représentants des travailleurs de plateforme sont désignés à l'issue d'élections professionnelles organisées sur le modèle des élections des représentants des salariés des toutes petites entreprises et des particuliers employeurs. Le principe est celui d'une élection nationale qui se déroule tous les quatre ans[1], le scrutin étant à tour unique et par vote électronique[2]. L'élection est sur sigle, les électeurs votant pour des organisations qui désignent ensuite leurs représentants. Chaque travailleur électeur dispose d'une voix par secteur et d'une seule voix quel que soit le nombre de plateformes auprès desquelles il exerce son activité. Sont électeurs les travailleurs qui ont réalisé au moins cinq prestations par mois sur une plateforme pendant au moins trois mois au cours des six mois précédant l'élection[3]. Quant aux organisations qui peuvent se présenter aux élections, il peut s'agir, soit de syndicats professionnels mentionnés à l'article L. 2131-1 du Code du travail et leurs unions mentionnées à l'article L. 2133-2, à condition que la défense des droits des travailleurs de plateformes entre dans leur objet social, soit d'associations loi de 1901 dès lors que la représentation des travailleurs de plateformes et la négociation des accords qui leur sont applicables entrent dans leur objet social[4]. Cette extension de la représentativité à des structures associatives répond à des préoccupations pratiques pour tenir compte de l'existence d'organisations émergentes qui ne se sont pas constituées en syndicats pour défendre les intérêts des travailleurs de plateformes de mobilité, afin aussi de permettre à des syndicats de salariés qui ne voudraient pas modifier leurs statuts pour représenter des travailleurs non-salariés de créer une entité distincte consacrée à la représentation de travailleurs indépendants. Dans tous les cas, les organisations doivent satisfaire à des critères de représentativité qui sont la reprise de ceux conçus pour les syndicats de salariés : respect des valeurs républicaines ; indépendance ; transparence financière ; ancienneté minimale d'un an dans le champ professionnel des travailleurs recourant aux plateformes et au niveau national ; audience électorale, l'organisation devant recueillir au moins 8 % des suffrages exprimés ; influence appréciée au regard de l'activité et de l'expérience de l'organisation en matière de représentation des travailleurs ; effectifs d'adhérents et cotisations[5].

Comme on peut s'y attendre, la représentation des plateformes est également aménagée sur le modèle de celle des employeurs au niveau des branches professionnelles. Les organisations professionnelles représentant les plateformes peuvent être des syndicats professionnels ou des associations ayant pour objet la représentation des plateformes et la négociation des accords qui leur sont applicables[6]. Elles doivent satisfaire à des critères de représentativité qui sont : le respect des valeurs républicaines ; l'indépendance ; la transparence financière ; une ancienneté minimale d'un an dans le champ professionnel des plateformes et au niveau national ; l'influence ; et l'audience[7]. En ce qui concerne l'audience, elle est mesurée tous les quatre ans et est appréciée en tenant compte, à hauteur de 30 % du nombre de travailleurs des plateformes adhérentes à l'organisation candidate rapporté au nombre total de travailleurs de l'ensemble des plateformes adhérentes aux organisations candidates du secteur et à hauteur de 70 %, du montant des revenus d'activité générés par les plateformes adhérentes à l'organisation candidate rapporté au montant total des revenus générés par les plateformes adhérentes à l'ensemble des organisations candidates. L'audience résultant de ce calcul doit être au moins égale à 8 %.

Les premières élections des organisations représentant les travailleurs se sont déroulées du 9 mai au 16 mai 2022. Le taux de participation a été très faible : 3,91 % dans le secteur des chauffeurs de VTC ; 1,83 % dans le secteur des livreurs. Dans le secteur des VTC, les sept organisations candidates ont toutes dépassé les 5 % requis : l'Association des VTC de France (AVF) est arrivée en tête avec près de 42,81 % des voix, suivie de l'Union-indépendants, soutenue par la CFDT (11,51 %), et de l'Association des chauffeurs indépendants lyonnais (11,44 %). Les autres groupements ont obtenu des scores entre 5 et 10 % : FO (9,19 %), FNAE (8,98 %), CFTC (8,84 %) et Unsa (7,23 %). Dans le secteur des

1. C. trav., art. L. 7343-7.
2. C. trav., art. L. 7343-9.
3. C. trav., art. L. 7343-7.
4. C. trav., art. L. 7343-2.
5. C. trav., art. L. 7343-3. Par dérogation, pour les deux premières élections, il suffit que les organisations justifient d'une ancienneté minimale de six mois. De même, par dérogation, le seuil de représentativité des organisations représentant les travailleurs est fixé à 5 % lors de la première élection et le deuxième cycle électoral est organisé au bout de deux ans.
6. C. trav., art. L. 7343-21.
7. C. trav., art. L. 7343-22.

livreurs, la Fédération nationale des autoentrepreneurs et microentrepreneurs (FNAE) s'est placée en tête (28,45 %), juste devant la CGT (27,28 %). Arrivent ensuite l'Union-indépendants (22,32 %) et la Fédération SUD commerces et Services – Solidaires (5,69 %). Les cinq autres organisations – la Fédération nationale des transports routiers (FNTR), l'Unsa, FO, la Confédération nationale des travailleurs – Solidarité ouvrière (CNT-SO) et la CFTC – ont été écartées en raison de scores inférieurs à 5 %.

CHAPITRE

712. Régime de la négociation et des accords collectifs

SECTION 0

ORIENTEUR

712.00 **Sommaire du chapitre.**

SECTION UNIQUE

CONTENU DE LA NÉGOCIATION ET EFFETS DES ACCORDS

712.11 **Modalités de la négociation de secteur.** Ne s'étant pour le moment intéressé qu'à la négociation menée au niveau des secteurs d'activité – rien n'étant encore normé au niveau des plateformes elles-mêmes – le législateur ne s'est en outre préoccupé que deux secteurs, celui du transport avec chauffeur et celui la livraison de marchandises. Pour ceux-là, il a posé des règles qui singent celles du droit du travail. De manière générale, il est énoncé que les accords collectifs de secteur peuvent porter, notamment, sur l'ensemble des conditions de travail, de rémunération et d'exercice de l'activité professionnelle, sur la formation professionnelle et les garanties sociales des travailleurs ainsi que sur l'établissement et la rupture des relations commerciales avec les plateformes. Et il est précisé qu'ils peuvent, le cas échéant, comporter des stipulations plus favorables aux travailleurs que les dispositions légales en vigueur, encore qu'il faille observer que, pour l'instant, ces dispositions, que l'on trouve dans le Code des transports, demeurent assez sommaires.

De façon plus précise, un premier ensemble de règles se rapporte aux conditions de négociation et de conclusion des accords collectifs de secteur. La négociation doit être loyale, étant précisé que le principe de loyauté implique que les organisations représentant les plateformes communiquent aux organisations représentant les travailleurs les informations nécessaires pour leur permettre de négocier en toute connaissance de cause et qu'elles répondent de manière motivée à leurs éventuelles propositions[1]. L'accord, pour être valablement conclu, doit être signé par au moins une organisation professionnelle de plateformes reconnue représentative et par une ou plusieurs organisations de travailleurs reconnues représentatives ayant recueilli aux élections plus de 30 % des suffrages exprimés en faveur d'organisations de travailleurs reconnues représentatives. La validité de l'accord est de surcroît subordonnée à l'absence d'opposition d'une ou plusieurs organisations de travailleurs reconnues représentatives ayant recueilli la majorité des suffrages exprimés en faveur des mêmes organisations[2]. L'accord, qui doit être écrit et rédigé en français[3], peut être à durée déterminée ou indéterminée et, à défaut de stipulation sur ce point, a une durée de cinq ans[4]. Il doit faire l'objet d'un dépôt auprès de l'Autorité des relations sociales des plateformes d'emploi[5].

Les textes prévoient par ailleurs la possibilité de définir dans un accord de méthode les modalités de la négociation, les modalités de prise en compte des demandes relatives aux thèmes de négociation émanant d'une ou de plusieurs organisations de travailleurs reconnues représentatives ou/et les informations à remettre aux négociateurs[6].

712.12 **Contenu de la négociation de secteur.** Quant aux thèmes de négociation, certains présentent un caractère obligatoire et commandent en conséquence qu'une négociation soit engagée au moins une fois par an sur : 1) les modalités de

1. C. trav., art. L. 7343-30.
2. C. trav., art. L. 7343-29.
3. C. trav., art. L. 7343-32.
4. C. trav., art. L. 7343-31.
5. C. trav., art. L. 7343-35.
6. C. trav., art. L. 7343-38.

détermination des revenus des travailleurs, en ce compris le prix de leur prestation de service ; 2) les conditions d'exercice de l'activité professionnelle, notamment l'encadrement de leur temps d'activité, ainsi que les effets des algorithmes et des changements les affectant sur les modalités d'accomplissement des prestations ; 3) la prévention des risques professionnels auxquels les travailleurs sont exposés et les dommages causés à des tiers ; 4) les modalités de développement des compétences professionnelles et de sécurisation des parcours professionnels[1]. Pour le reste, de manière par hypothèse non exhaustive, la loi mentionne des thèmes facultatifs que sont les modalités d'échanges d'informations entre la plateforme et les travailleurs sur l'organisation de leurs relations commerciales, les modalités de contrôle par la plateforme de l'activité du travailleur et de la réalisation de la prestation lui incombant ou encore les prestations de protection sociale complémentaire[2].

712.13 Révision et dénonciation des accords collectifs. Après les thèmes de négociation, un autre groupe de règles est relatif à l'application, à la révision et à la dénonciation des accords collectifs. Le droit du travail en boussole, aucune règle ne s'en éloigne vraiment. La révision peut être le fait, pendant un délai de deux ans à compter de la signature de l'accord, des organisations de travailleurs et des organisations professionnelles de plateformes signataires et elle est, au-delà, rendue possible aux organisations de travailleurs reconnues représentatives et aux organisations professionnelles de plateformes reconnues représentatives[3]. La dénonciation, quant à elle, est en principe réservée aux parties signataires et doit être précédée d'un préavis de trois mois, sauf stipulation particulière dans l'accord. Lorsqu'elle émane de la totalité des signataires représentant les travailleurs ou des signataires représentant les plateformes, l'accord continue de produire effet jusqu'à l'entrée en vigueur de l'accord qui lui est substitué ou, à défaut, pendant une durée d'un an à compter de l'expiration du délai de préavis, sauf clause prévoyant une durée déterminée supérieure. Dans l'hypothèse où l'une des organisations signataires aurait perdu la qualité d'organisation représentative, la dénonciation demeure possible si elle émane, soit d'organisations de travailleurs reconnues représentatives ayant recueilli aux élections plus de 50 % des suffrages exprimés en faveur d'organisations représentatives, soit d'organisations professionnelles de plateformes reconnues représentatives dont le poids au sein du secteur considéré est supérieur à 50 %, ce poids étant calculé de la même manière que pour la détermination de leur représentativité[4].

712.14 Effets des accords collectifs. Les effets des accords collectifs de secteur font également l'objet de dispositions dupliquant celles du droit du travail. L'articulation entre un accord et le contrat commercial individuel conclu entre le travailleur et la plateforme est, ainsi, réglée par le principe de faveur[5]. Et le même principe décide de l'articulation entre l'accord collectif et une charte que la plateforme adopterait en application de l'article L. 7342-9 issu de la loi LOM du 24 décembre 2019 ou un engagement unilatéral de la plateforme[6]. Le régime de l'action en nullité est, lui aussi, conçu sur le modèle du droit du travail, le texte renvoyant même expressément aux dispositions de l'article L. 2262-15 en ce qui concerne la possibilité donnée au juge de moduler dans le temps les effets de l'annulation[7]. Il est probable que la jurisprudence de la Chambre sociale de la Cour de cassation relative à l'exception d'illégalité d'un accord collectif de travail[8] serait transposable aux accords collectifs de secteur.

Il est enfin prévu que les accords puissent être rendus obligatoires par un mécanisme voisin de l'extension pour toutes les plateformes et leurs travailleurs compris dans leur champ d'application par une décision d'homologation de l'Autorité des relations sociales des plateformes d'emploi[9].

712.15 Premiers accords collectifs de secteur. Un premier accord a été conclu le 18 janvier 2023 dans le secteur des plateformes VTC, relatif au revenu minimal par course, accord qui a été homologué par décision du directeur général de l'Autorité des relations sociales des plateformes d'emploi du 17 mars 2023. Le 18 janvier également, les partenaires sociaux ont conclu un accord relatif à la méthode et aux moyens de la négociation dans lequel ils ont fixé, entre autres choses, un agenda social sectoriel pour l'année 2023. Ils se sont donné comme priorité d'aborder, au cours de cette année, la question des revenus des chauffeurs, incluant notamment une garantie de revenus horaire, et celle de la désactivation des comptes de chauffeurs et la transparence du fonctionnement des plateformes.

Dans le secteur de la livraison de marchandises, trois accords ont été signés le 20 avril 2023, l'un sur la garantie d'un revenu minimum horaire[10], l'autre

1. C. trav., art. L. 7343-36.
2. C. trav., art. L. 7343-37.
3. C. trav., art. L. 7343-40.
4. C. trav., art. L. 7343-41.
5. C. trav., art. L. 7343-44.
6. C. trav., art. L. 7343-43.
7. C. trav., art. L. 7343-48.
8. V. s[s] n° 622.11.
9. C. trav., art. L. 7343-49.
10. Le revenu minimum horaire est de 11,75 euros pour chaque heure d'activité des livreurs.

sur les modalités de rupture des relations commerciales entre les travailleurs et plateformes et un troisième sur la méthode et aux moyens de la négociation. Ces accords ont été homologués par décisions du directeur général de l'Autorité des relations sociales des plateformes d'emploi respectivement le 28 août 2023, le 10 juillet 2023 et le 31 juillet 2023.

712.16 L'évolution du dialogue social : interrogations et perspectives. Plusieurs aspects du dialogue social dont le législateur a posé les premières bases demeurent, en l'état, incertains. D'une part, le volet consacré au dialogue social de plateforme reste à élaborer. Lorsqu'il le sera – une place lui étant d'ores et déjà faite dans le Code du travail –, le double niveau de négociation fera coexister des accords de secteur et des accords de plateforme, les premiers constituant des normes de spécialité tandis que les seconds seront plutôt des normes de proximité. Si rien ne permet de préjuger de l'articulation entre les deux niveaux normatifs, le rapport Frouin remis au Premier Ministre en décembre 2020 préconisait que les stipulations de la convention de secteur prévalent, dans l'ensemble des matières, sur la convention conclue antérieurement ou postérieurement au niveau de la plateforme, à moins que cette dernière assure des garanties au moins équivalentes[1]. Le principe serait alors inverse de celui ordonnant les rapports entre accords de branche et accords d'entreprise, ce qui serait justifié à deux points de vue. D'un côté, le droit des travailleurs de plateformes étant à construire, il faut privilégier dans un esprit d'uniformisation le droit conventionnel commun à un secteur d'activité par rapport aux accords particuliers propres à une plateforme. De l'autre, la prévalence d'un droit uniforme élaboré au niveau du secteur d'activité a l'avantage du pragmatisme pour les travailleurs qui, bien souvent, travaillent avec plusieurs plateformes.

D'autre part, une interrogation sensiblement plus importante porte sur le domaine du dialogue social aujourd'hui limité à deux secteurs d'activité qui correspondent, globalement, aux plateformes de mobilité. Le législateur ne s'est intéressé pour l'instant qu'à celles-là pour la mise en œuvre du dialogue social, mais les règles qu'il a posées pourraient s'appliquer dans d'autres secteurs d'activité et appréhender d'autres types de plateformes. La question est ici, en réalité, de savoir dans quelle démarche s'inscrit le législateur. Mises en perspective, les règles actuellement opérationnelles peuvent être regardées comme une première étape, ou un ballon d'essai, dans l'élaboration d'un droit de la représentation et de la négociation collective des travailleurs de plateformes. Se destinant dans l'immédiat aux types de plateformes pour lesquels le besoin de règles est le plus pressant pour faire progresser le statut des travailleurs, la législation pourrait, après expérimentation, être élargie à d'autres secteurs d'activité. Mais on ne peut non plus exclure que, avant tout soucieux d'éloigner le risque de contentieux, le législateur se concentre sur la situation des plateformes de mobilité pour ne régler que celle-là, sans intention d'aller au-delà tant que des nécessités ne l'exigent pas. C'est alors un droit *sui generis* qui se mettrait en place, propre à ce type de plateforme, dans une optique de micro-règlementation.

En toute hypothèse, en devenant concrète, la mise en œuvre d'un droit de la négociation collective soulève dès à présent la question du rôle et de la place de la négociation collective. En attend-on de pallier l'absence d'un droit légiféré des travailleurs de plateformes ou d'ajouter à un statut légal qui sera parallèlement constitué ? Dans ce dernier cas, quelle sera la part respective de la norme légale et de la norme conventionnelle dans l'établissement de règles protectrices des travailleurs ? On pressent aisément l'intérêt qu'il peut y avoir de s'en remettre principalement à des accords collectifs pour surmonter la difficulté, réelle, de traiter de manière homogène la situation des travailleurs des différents modèles de plateformes. Mais on anticipe aussi les risques de statuts collectifs inégaux d'un secteur d'activité à un autre et, demain peut-être, d'une plateforme à une autre ou d'un modèle de plateforme à un autre. Surtout, il manque crûment, à ce stade, un fond législatif sur lequel le droit conventionnel peut prendre appui. C'est là une différence fondamentale avec les relations de travail salariées dans le cadre desquelles le droit négocié s'inscrit dans un environnement légal au sein duquel il constitue une source normative complémentaire ou supplémentaire. Son rôle a certes été renforcé par les dernières réformes jusqu'à faire de la conclusion d'un accord collectif le seul moyen de mettre en œuvre certains dispositifs – représentants de proximité, conseil d'entreprise, ruptures conventionnelles collectives, etc. Mais, outre que cette exclusivité de la norme conventionnelle présente un caractère exceptionnel, elle est toujours le fait de la loi qui institue le dispositif considéré et détermine, de façon plus ou moins précise, sa logistique.

C'est dès lors une tout autre orientation de mettre en place un droit conventionnel autonome qui ne se greffe pas sur une infrastructure légale préexistante réglementant les rapports entre les plateformes et les travailleurs auxquels elles ont recours. Cette démarche, il est vrai, est actuellement celle choisie par le législateur, le recours à la méthode de chartes élaborées unilatéralement par les plateformes montrant déjà sa volonté de sous-traiter la concep-

1. J.-Y. Frouin, *Réguler les plateformes numériques de travail*, rapport au Premier Ministre, 1er déc. 2020, p. 79.

tion des règles applicables aux travailleurs indépendants. *Mutatis mutandis*, la négociation collective est le moyen de déléguer – ici aux partenaires sociaux – l'organisation des droits et des obligations des travailleurs et des plateformes à l'échelle des secteurs d'activité et à celui des plateformes. L'avantage, du point de vue du législateur qui veut à tout prix préserver les plateformes du risque de requalification des relations contractuelles en contrat de travail, est que les droits et obligations d'origine conventionnelle peuvent plus difficilement être pris en considération à l'occasion d'un contentieux comme des indices d'un lien de subordination juridique. Le développement d'un droit conventionnel présente ainsi plusieurs atouts. Il décharge le législateur de la responsabilité d'imposer lui-même aux opérateurs de plateforme la garantie de droits des travailleurs autoentrepreneurs ; il permet d'adapter ces droits au cadre particulier de chaque secteur d'activité ; il contribue en outre à prémunir les plateformes contre le risque de requalification. L'inconvénient majeur d'une telle démarche est toutefois de faire varier la condition juridique des travailleurs de plateformes selon les secteurs d'activité et selon les plateformes. L'existence et l'étendue des droits garantis sont livrées à un dialogue social dans lequel les organisations représentatives des plateformes sont en position de force, ne serait-ce qu'en raison de l'absence d'un minimum légal impératif. D'envergure différente d'un secteur d'activité à un autre, le droit conventionnel des travailleurs de plateformes risque d'être un droit corporatiste et inégalitaire.

Cette perspective doit néanmoins être tempérée. La condition juridique des travailleurs pourrait évoluer, à moyen terme, sous l'impulsion du droit de l'Union européenne. Une proposition de directive « relative à l'amélioration des conditions de travail dans le cadre du travail via une plateforme », rendue publique par la Commission européenne le 9 décembre 2021, prévoit d'instaurer une présomption réfragable de salariat au profit des travailleurs de plateformes. Le texte, pour le moment, n'est pas stabilisé, les positions des États, au sein du Conseil, divergeant en particulier sur les critères à remplir pour déclencher l'application de la présomption. Mais le principe de cette présomption semble, à ce stade, acquis et corrélativement la possibilité que les plateformes auront de faire tomber celle-ci en rapportant la preuve de l'exercice de l'activité dans des conditions caractérisant un travail indépendant. Même s'il faudra encore attendre que la directive soit adoptée puis transposée en droit interne, le progrès, pour les travailleurs de plateformes, sera considérable. Seulement, il ne signifie pas que tous auront la même condition juridique. Outre l'éventualité que la présomption soit combattue, les travailleurs eux-mêmes peuvent souhaiter, le cas échéant, ne pas en bénéficier. Spécialement, les chauffeurs travaillant pour les plateformes de mobilité urbaine pour lesquels l'activité présente un caractère secondaire, accessoire à une activité principale, pourraient ne pas avoir intérêt à être salariés pour un simple complément de revenus s'ils ont par ailleurs cette qualité qui leur assure une protection sociale suffisante. De manière plus générale, la relative autonomie des travailleurs exerçant en qualité d'autoentrepreneurs – même s'il s'agit plutôt d'un « sentiment d'autonomie » – pourrait être préférée à un statut de salarié soumis aux pleins pouvoirs de direction, de contrôle et de sanction d'une plateforme employeur. Alors que la présomption ne devrait pas pouvoir forcer les travailleurs à être salariés « malgré eux » – comme les présomptions de salariat déjà prévues par le Code du travail –, il n'y aura donc pas de droit général applicable globalement et uniformément à tous les travailleurs de plateforme. Concrètement, les règles aujourd'hui conçues pour des travailleurs indépendants devraient rester en partie actives.

TITRE

72. La négociation dans la fonction publique

SECTION 0

ORIENTEUR

72.00 Sommaire du titre.

Division. Relevant longtemps d'une pratique marginale, compte tenu de l'absence d'effets juridiques des accords signés et de la place tenue par les instances consultatives dans le dialogue social au sein de la fonction publique, la négociation collective dans la fonction publique a été progressivement encadrée sur le modèle des dispositions prévues par le code du travail, tout en subissant quelques adaptations (chap. 721). Ces règles déterminent à la fois l'organisation (chap. 722) et la réglementation (chap. 723) de la négociation collective.

72.03 Bibliographie indicative.

Rapport. M.-O. Esch, C. Vigouroux et J.-L. Rouquette, *Renforcer la négociation collective dans la fonction publique,* Ministère de l'action et des comptes publics, ministère des solidarités et de la santé, ministère de la cohésion des territoires et des relations avec les collectivités territoriales, 2020.

Articles. F. Debord, « La singularité conventionnelle dans la fonction publique », *RDT* 2022. 29 – G. Loiseau, « Le nouveau droit public de la négociation collective », *BJT* 4/2021, p. 6 – G. Loiseau et S. Bloch, « Vers une "travaillisation" du droit de la fonction publique ? », *JCP S* 2019. 1315 – M. Firoud, « Le dialogue social franchit le Rubicon », *AJCT* 2021 – E. Marc, « L'ordonnance du 17 février 2021 : extension substantielle et maîtrisée de la négociation collective », *AJFP* 2021. 1013 – F. Roussel, « La contractualisation des accords collectifs dans la fonction publique », *AJDA* 2021. 1013 – A. Taillefait, « La situation légale et réglementaire des fonctionnaires prend l'eau ! À propos de l'ordonnance relative à la négociation et aux accords collectifs dans la fonction publique », *AJDA* 2021. 1026.

CHAPITRE

721. Établissement de la négociation collective

SECTION 0
ORIENTEUR

721.00 **Sommaire du chapitre.**

721.01 **Textes applicables.**

• **CGFP,** art. L. 1 [situation statutaire et réglementaire des agents publics]

• **CGFP,** art. L. 112-1 [principe de participation des agents public]

721.02 **Jurisprudence de référence.**

• **Cons. Const. 28 janv. 2011,** n° 2010-91 QPC,

« Considérant que, si le Préambule de la Constitution du 27 octobre 1946 dispose, en son huitième alinéa, que « tout travailleur participe, par l'intermédiaire de ses délégués, à la détermination collective des conditions de travail », l'article 34 de la Constitution range dans le domaine de la loi la fixation des garanties fondamentales accordées aux fonctionnaires civils de l'État ainsi que la détermination des principes fondamentaux du droit du travail ; qu'ainsi, c'est au législateur qu'il revient de déterminer, dans le respect du principe énoncé au huitième alinéa du Préambule, les conditions et garanties de sa mise en œuvre. »

• **CE 27 oct. 1989,** req. n° 102990, *Lebon T.* 766

« Considérant que le protocole d'accord signé entre le ministre des transports et de la mer et certaines organisations syndicales de l'aviation civile constitue une déclaration d'intention dépourvue de valeur juridique et de force contraignante ; qu'ainsi les dispositions attaquées de l'article 4 du chapitre 5 de ce protocole ne font pas grief au syndicat national des ingénieurs des études et de l'exploitation de l'aviation civile qui n'est, dès lors, pas recevable à en demander l'annulation »

721.03 **Bibliographie indicative.**

Rapports. Conseil d'État *Perspectives pour la fonction publique* (La Documentation française, Études et documents du Conseil d'État, 2003) – M.-O Fesh, C. Vigouroux et J.-L. Rouquette, « Renforcer la négociation dans la fonction publique ».

Articles. E. Marc et Y. Struillou, « La loi du 5 juillet 2010 relative à la rénovation du dialogue social dans la fonction publique : une mutation inachevée du système de relations professions », *Dr. dm.* 2010, étude 20 – D. Jean-Pierre, « La rénovation du dialogue social dans la fonction publique », *JCP A* 2010. 2284 – F. Melleray, « La loi relative à la rénovation du dialogue social dans la fonction publique – Première étape d'une réforme profonde », *AJDA* 2010. 2045 et « Accord collectif dans la fonction publique et acte faisant grief », *AJDA* 2013. 2041 – G. Loiseau, « Le nouveau droit public de la négociation collective », *BJT* 4/2021, p. 6 – E. Bledniak et F. Carpentier, « L'ordonnance du 17 février 2021 sur la réforme de la négociation collective dans la fonction publique : vers le "détricotage" du statut de la fonction publique ? », *SSL* 2021, n° 1945, p. 13.

SECTION UNIQUE
ÉTUDE D'ENSEMBLE

721.11 **Mise en place d'une négociation collective dans la fonction publique.** Le principe de participation des travailleurs à la détermination collective des conditions de travail s'applique tant aux salariés du secteur privé qu'aux fonctionnaires et aux autres agents publics, ainsi que le Conseil constitutionnel l'a confirmé dans sa décision du 28 janvier 2011[1]. Il trouve également une reconnaissance dans le droit international du travail applicable aux fonctions publiques[2]. Mais il demeure principale-

1. Cons. Const. 28 janv. 2011, n° 2010-91 QPC, *Fédération nationale CGT des personnels des organismes sociaux*, p[t] 3. Voir également : Cons. Const. 1er août 2019, n° 2019-790 DC, *Loi de transformation de la fonction publique*, p[t] 8.
2. Sans toutefois se traduire nécessairement par des normes internationales applicables dans l'ordre interne. La convention internationale du travail n° 151 de juin 1978 sur les relations de travail dans la fonction publique, entrée en vigueur le 25 février 1981, n'a, ainsi, pas été ratifiée par la France. De même, le Cadre général pour l'information et la consultation des fonctionnaires et employés des administrations des gouvernements centraux, qui retient une liste ▶

ment mis en œuvre par la consultation d'instances représentatives, comme le prévoit le statut général lui-même[1], plutôt que par la négociation collective.

Si la pratique de la négociation n'a pas été absente dans la fonction publique, elle est longtemps demeurée dépourvue de cadre juridique[2] et surtout de toute portée juridique. On peut en identifier l'existence dans la signature du « protocole Oudinot »[3] le 2 juin 1968. Sa pratique s'est développée à partir des « accords Durafour » du 9 février 1990[4] et de la mise en œuvre des trente-cinq heures dans la fonction publique, les lois les plus importantes modifiant le statut général étant, de fait, désormais précédées d'un protocole d'accord entre le gouvernement et les syndicats.

La loi du 5 juillet 2010[5] relative à la rénovation du dialogue social, qui se présentait précisément elle-même comme la déclinaison des « accords de Bercy » sur le dialogue social dans la fonction publique signés le 2 juin 2008, a reconnu ces pratiques – en évoquant désormais explicitement la possibilité que ces négociations aboutissent à conclure un accord – et engagé la définition d'un cadre juridique, notamment en fixant, au nouvel « article 8 *bis* » de la loi du 13 juillet 1983[6], des critères pour apprécier la validité des accords, et a surtout encouragé le développement d'une culture de la négociation à tous les niveaux où celle-ci est susceptible de s'exercer. En revanche, pour ne pas risquer de remettre en cause la situation statutaire et réglementaire dans laquelle sont placés les fonctionnaires vis-à-vis de l'administration[7], elle a esquivé le sujet de leur valeur juridique. La règle jurisprudentielle est donc demeurée qu'un accord entre l'État – ou, depuis la loi de 2010, un autre employeur public – et les organisations syndicales est sans incidence sur les dispositifs légaux et réglementaires[8]. Même après la loi de 2010, les stipulations des accords constituaient de simples « déclarations d'intention dépourvues de valeur juridique et de force contraignante »[9]. Elles n'étaient donc pas, par elles-mêmes, source de droit[10] et ne liaient pas juridiquement l'administration.

Il a, alors, pu paraître paradoxal que le législateur ait pris soin de définir les conditions de validité d'un accord restant dépourvu de portée normative[11]. En outre, le bilan de l'article 8 *bis* a été jugé décevant. Mais la réflexion sur la portée juridique des accords dans la fonction publique était déjà engagée depuis une dizaine d'années[12] et certains ont perçu cette loi comme une première étape, le temps que les esprits s'habituent à cette perspective[13].

C'est ce que la loi du 6 août 2019 a entrepris, en habilitant le Gouvernement à prendre par ordon-

► de cas dans lesquels il préconise que la consultation des partenaires sociaux soit systématique, n'a pas donné lieu à l'élaboration d'une norme de droit de l'Union.

1. L. n° 83-634, 1er juill. 1983 portant droits et obligations des fonctionnaires, art. 9 ; désormais repris à l'article L. 112-1 du CGFP.
2. On peine à en identifier un avant l'article 8 de la loi du 1er juillet 1983, préc., dont le troisième alinéa disposait initialement que : « Les organisations syndicales de fonctionnaires ont qualité pour conduire au niveau national avec le Gouvernement des négociations préalables à la détermination de l'évolution des rémunérations et pour débattre avec les autorités chargées de la gestion, aux différents niveaux, des questions relatives aux conditions et à l'organisation du travail. »
3. Du nom de la rue où se situait alors la direction générale de l'administration et de la fonction publique, et qui portait sur les rémunérations, la durée du travail et les droits syndicaux dans la fonction publique.
4. Sur la rénovation de la grille des classifications et des rémunérations des trois fonctions publiques.
5. L. n° 2010-751, 5 juill. 2010 relative à la rénovation du dialogue social et comportant diverses dispositions relatives à la fonction publique, *JO* 6 juill., n° 2.
6. Les dispositions actuelles consacrées à la négociation et aux accords collectifs occupent désormais un titre entier du code général de la fonction publique, comportant les art. L. 221-1 à L. 227-4.
7. L. n° 83-634, 1er juill. 1983 portant droits et obligations des fonctionnaires, art. 4 ; désormais repris à l'article L. 1 du CGFP.
8. CE, ass., 23 mars 1973, *Fédération du personnel de la défense nationale CFDT*, req. nos 76767, 76768, *Lebon* 247.
9. CE 27 oct. 1989, *Syndicat national des ingénieurs des études et de l'exploitation de l'aviation*, req. n° 102990, *Lebon T.* 766.
10. L'accord ou le refus de l'administration de négocier ou d'appliquer un accord n'étant, eux-mêmes, pas susceptibles de recours contentieux : CE 3 juill. 1987, *Fédération nationale des syndicats libres des P.T.T.*, req. n° 69139, *Lebon T.* 795 ; CE 27 oct. 1989, *Syndicat national des ingénieurs des études et de l'exploitation de l'aviation*, préc. ; CE 19 juin 2006, *Syndicat national unifié des impôts*, req. n° 279877, *Lebon* 298.
11. E. Marc et Y. Struillou ont évoqué, à ce propos, un « oxymoron juridique » : « La loi du 5 juillet 2010 relative à la rénovation du dialogue social dans la fonction publique : une mutation inachevée du système de relations professions », *Dr. dm.* 2010, étude 20.
12. On peut mentionner à ce propos le rapport Fournier (*Livre blanc sur le dialogue social dans la fonction publique*, La Documentation française, janvier 2002), le rapport Silicani (*Livre blanc sur l'avenir de la fonction publique : faire des services publics et de la fonction publique des atouts pour la France*, La Documentation française, avril 2008) et les rapports annuels du Conseil d'État de 2003 et 2008, respectivement consacrés aux *Perspectives pour la fonction publique* et au *Contrat, mode d'action publique et de production de normes* (La Documentation française, Études et documents du Conseil d'État).
13. Voir, en particulier : D. Jean-Pierre, « La rénovation du dialogue social dans la fonction publique », *JCP A* 2010. 2284 et F. Melleray, « La loi relative à la rénovation du dialogue social dans la fonction publique – Première étape d'une réforme profonde », *AJDA* 2010. 2045 et « Accord collectif dans la fonction publique et acte faisant grief », *AJDA* 2013. 2041.

nance toutes les dispositions en vue de favoriser, aux niveaux national et local, la conclusion d'accords négociés. Il était attendu de l'ordonnance qu'elle : 1) définisse les autorités compétentes pour négocier et les domaines de négociation ; 2) fixe les modalités d'articulation entre les différents niveaux de négociation ainsi que les conditions dans lesquelles des accords locaux peuvent être conclus en l'absence d'accords nationaux ; 3) définisse les cas et conditions dans lesquels les accords majoritaires disposeront d'une portée ou d'effets juridiques en précisant les modalités d'appréciation du caractère majoritaire des accords, leurs conditions de conclusion et de résiliation et en déterminant les modalités d'approbation permettant de leur conférer un effet juridique. Le cahier des charges élaboré par le législateur prévoyait que les accords collectifs soient juridiquement contraignants, c'est-à-dire que, dans les cas et aux conditions à définir, ils lient l'administration et soient la source de droits autant pour les personnels contractuels que pour les fonctionnaires. Il était également programmé qu'une place soit faite aux accords locaux, l'exposé des motifs de la loi soulignant que « l'objectif est de promouvoir le rôle et la culture de la négociation et d'en développer la pratique, en particulier aux niveaux de proximité qui constituent le quotidien des agents ».

De là vient l'ordonnance du 17 février 2021 relative à la négociation et aux accords collectifs dans la fonction publique[1], complétée par son décret d'application du 7 juillet 2021[2].

721.12 Inspiration du droit privé. De façon générale, la loi du 6 août 2019 a largement puisé dans le code du travail pour dupliquer, en les aménageant pour certains, des dispositifs mis en place par les récentes réformes : création de comités sociaux – d'administration, territoriaux et d'établissement selon les trois fonctions publiques – directement inspirés du comité social et économique ; introduction du contrat de projet qui est le pendant du contrat de chantier ou d'opération ; importation de la rupture conventionnelle individuelle et même de la rupture conventionnelle collective, limitée, pour celle-là, à titre expérimental, à la Caisse des dépôts et consignations, etc. Les emprunts au droit privé du travail sont nombreux au point d'ébaucher un droit public du travail qui viendrait relayer le droit de la fonction publique[3].

L'ordonnance n° 2021-174 du 17 février 2021 a, de même, trouvé une inspiration dans le droit privé de la négociation collective pour élaborer le nouveau droit relatif à la négociation et aux accords collectifs dans la fonction publique. Mais des différences subsistent qui, pour celles qui tiennent aux particularités structurelles de la fonction publique, paraissent irréductibles, de sorte que le cadre législatif de la négociation collective dans la fonction publique conserve assurément son autonomie.

D'une part, il n'est pas fait obligation aux autorités administratives ou territoriales de négocier de façon périodique sur des thèmes définis par la loi. Cette différence avec les règles du code du travail qui imposent une négociation obligatoire périodique est cependant tempérée pour éviter que la négociation ne soit livrée à la discrétion de l'administration. L'ordonnance prévoit que, lorsque des organisations syndicales de fonctionnaires représentatives au niveau national, local ou à l'échelon de proximité ayant recueilli au total au moins 50 % des suffrages exprimés demandent à l'autorité administrative ou territoriale compétente d'ouvrir une négociation dans l'un des domaines énumérés à l'article 8 *ter* de la loi du 13 juillet 1983 – désormais à l'article L. 222-3 du code général de la fonction publique -, cette autorité est tenue de proposer, dans un délai d'une durée maximale fixée par voie réglementaire, une réunion visant à déterminer si les conditions d'ouverture d'une négociation sont réunies.

D'autre part, et c'est là une différence irréductible, il est prévu que les accords puissent comporter des dispositions édictant des mesures règlementaires à condition que ces mesures ne portent pas sur des règles devant être fixées, selon la loi, par un décret en Conseil d'État – ce qui exclut la matière statutaire -, ni ne modifient de telles règles – autrement dit, les mesures édités ne peuvent être que de celles qui auraient pu être prises par décret simple ou par arrêté. Cette possibilité d'associer, dans un même accord, des mesures conventionnelles et des mesures règlementaires aboutit à une formule qui peut avoir l'air originale en droit du travail comme en droit de la fonction publique mais n'est pas inhabituelle en droit des contrats administratifs[4]. Le patchwork normatif peut également prendre une autre forme, l'ordonnance envisageant qu'un accord puisse comporter des clauses par lesquelles l'autorité administrative s'engage à entreprendre des actions déterminées, pourvu que celles-ci n'impliquent pas l'édiction de mesures réglementaires, ou des

1. SUR CE TEXTE : G. Loiseau, « Le nouveau droit public de la négociation collective », *BJT* 4/2021, p. 6 – E. Bledniak et F. Carpentier, « L'ordonnance du 17 février 2021 sur la réforme de la négociation collective dans la fonction publique : vers le "détricotage" du statut de la fonction publique ? », *SSL* 2021, n° 1945, p. 13.
2. Décr. n° 2021-904, 7 juill. 2021 relatif aux modalités de négociation et de la conclusion des accords collectifs dans la fonction publique, *JO* 8 juill., n° 1.
3. G. Loiseau et S. Bloch, « Vers une "travaillisation" du droit de la fonction publique ? », *JCP S* 2019. 1315.
4. Voir, sur ce point, le rapport de M.-O Fesh, C. Vigouroux et J.-L. Rouquette, « Renforcer la négociation dans la fonction publique », *op. cit.*

clauses dont la mise en œuvre implique des mesures règlementaires, l'autorité compétente devant alors seulement faire connaître aux organisations syndicales le calendrier dans lequel elle envisage de prendre ces mesures.

721.13 **Perspectives.** S'il y a ainsi une originalité des accords collectifs de droit public, l'inspiration dans le droit privé fait profiter le droit de la fonction publique d'un dispositif déjà expérimenté. C'est le cas aussi bien du cadre élaboré pour négocier des accords collectifs que des règles qui en déterminent le régime. Le tout est de savoir si les conditions sont réunies d'une acculturation du droit de la fonction publique à des normes conventionnelles contraignantes.

Le premier accord négocié dans le cadre de l'ordonnance du 17 février 2021 a été conclu le 13 juillet 2021 et a porté sur la mise en œuvre du télétravail dans l'ensemble de la fonction publique. Il a été publié au Journal officiel le 3 avril 2022.

Une première négociation collective nationale a abouti dans le versant territorial de la fonction publique, sans la présence de l'État, le 11 juillet 2023. Quasiment un an après la conclusion d'un accord de méthode et à l'issue de négociations engagées en septembre 2022, employeurs territoriaux et organisations syndicales ont signé un accord collectif national portant réforme de la protection sociale complémentaire des agents territoriaux. Cet accord, qui définit des garanties minimales pouvant être améliorées au niveau local par des accords négociés, porte principalement sur le volet prévoyance, que les collectivités et leurs établissements publics devront prendre au charge au moins à hauteur de 20 % d'un montant de référence à compter du 1er janvier 2025, la négociation se poursuivant en matière de dépenses complémentaires de santé, que les employeurs territoriaux devront prendre en charge à compter de 2026. L'État devra, dans un délai de six mois, opérer la transposition de l'accord en prenant les dispositions législatives et réglementaires permettant son application.

En parallèle, une négociation s'est tenue dans la fonction publique de l'État. Après une longue négociation, un accord interministériel sur l'amélioration des garanties en prévoyance a en définitive été signé par six des sept syndicats de la fonction publique de l'État (l'UNSA, la CFDT, la FSU, la CGT, la CFE-CGC et Solidaires) le 20 octobre 2023, représentant environ 80 % des voix exprimées lors des élections professionnelles de décembre 2022 et permettant ainsi son adoption en dépit du refus de signature de FO, premier syndicat de la fonction publique de l'État. Il prévoit notamment de mieux compenser les pertes de revenus des agents publics en cas d'incapacité, d'invalidité ou de décès, ainsi qu'une participation de 7 euros versée par l'État chaque mois aux agents qui souscriront des contrats de prévoyance collectifs à adhésion facultative.

Une négociation devait également s'engager à compter de septembre 2023 dans le versant hospitalier.

CHAPITRE

722. Organisation de la négociation collective

SECTION 0 ORIENTEUR

722.00 **Sommaire du chapitre.**

Division. L'ordonnance du 17 février 2021 pose trois séries de règles : les unes déterminent les parties à la négociation collective (sect. 1) ; les autres précisent les niveaux de négociation (sect. 2) ; les troisièmes fixent le contenu de la négociation (sect. 3). Pour le reste, le texte prévoit la possibilité de conclure des accords-cadres pour définir la méthode applicable aux négociations, en déterminer les modalités et, le cas échéant, le calendrier. Ces accords-cadres, qui engagent leurs signataires, peuvent être conclus, soit en commun pour la fonction publique de l'État, la fonction publique territoriale et la fonction publique hospitalière, soit pour l'une des trois fonctions publiques, soit encore pour un département ministériel ainsi que les établissements publics qui en relèvent. Outre ces accords-cadres, qui sont appelés à organiser les négociations en général, l'ordonnance envisage la conclusion d'accords de méthode préalablement à l'engagement d'une négociation dans un domaine particulier, dont la portée est en conséquence spéciale.

722.01 **Textes applicables.**

> négociation et accords collectifs dans la fonction publique

• **CGFP,** art. L. 221-1 à L. 221-4 [acteurs habilités à négocier]

• **CGFP,** art. L. 222-1 à L. 222-5 [objet et contenu des accords]

> comités sociaux

• **CGFP,** art. L. 251-2 [comités sociaux d'administration dans la fonction publique de l'État]

• **CGFP,** art. L. 251-5 [comités sociaux territoriaux dans la fonction publique territoriale]

• **CGFP,** art. L. 251-11 [comités sociaux d'établissement dans la fonction publique hospitalière]

722.03 **Bibliographie indicative.**

Rapport. M.-O. Esch, C. Vigouroux, J.-L. Rouqette, « Renforcer la négociation collective dans la fonction publique ».

SECTION 1 PARTIES À LA NÉGOCIATION COLLECTIVE

722.11 **Partie employeur.** L'ordonnance du 17 février 2021 ne s'attarde pas sur la détermination de la partie employeur en capacité de négocier et de conclure des accords collectifs. Elle retient un principe simple : l'autorité administrative ou territoriale compétente pour conclure un accord à portée normative est celle qui est compétente pour prendre les mesures réglementaires qu'il comporte le cas échéant ou pour entreprendre les actions qu'il prévoit.

De façon plus particulière, il est indiqué que, dans les collectivités territoriales et les établissements publics qui ne disposent pas d'un comité social territorial, les centres de gestion regroupant des collectivités et des établissements [1], sont autorisés à négocier et à conclure des accords collectifs. Ils doivent alors déterminer avec la ou les collectivités concernées les conditions de déroulement de la négociation et les modalités de conclusion de l'accord. L'application de l'accord est dans ce cas subordon-

1. L'affiliation à un centre de gestion est obligatoire pour les communes et leurs établissements publics employant moins de trois cent cinquante fonctionnaires à temps complet. Elle est facultative pour les autres : L. n° 84-53, 26 janv. 1984 portant dispositions statutaires relatives à la fonction publique territoriale, *JO* 27 janv., p. 441, art. 15 ; mod. par L. n° 2016-483, 20 avr. 2016, art. 80 et désormais repris à l'article L. 452-14 du code général de la fonction publique.

née à son approbation par l'autorité territoriale ou l'organe délibérant de la collectivité territoriale ou de l'établissement.

L'objectif, sensible dans cette dernière situation, d'aider la négociation collective en permettant à des entités de négocier et de conclure des accords pour le compte de collectivités qui n'y procèderaient pas elles-mêmes, se retrouve, avec une portée plus générale, dans la possibilité donnée à une autorité administrative compétente pour signer un accord d'autoriser une autre autorité administrative à conduire les négociations et à conclure l'accord, sous réserve qu'elle en approuve les stipulations. L'idée est bonne : en l'absence de culture de la négociation collective, en particulier au niveau local et à l'échelon de proximité, le recours à une autorité expérimentée peut être le moyen pour certaines administrations ou collectivités territoriales de profiter et de faire profiter les agents qu'elles emploient d'un accord collectif sans avoir à réaliser les démarches pour l'adopter.

722.12 Organisations syndicales représentatives. Les organisations syndicales représentatives au niveau national ont seules qualité pour participer à des négociations relatives à l'évolution des rémunérations et du pouvoir d'achat des agents publics – négociations qui ne peuvent donc se faire qu'à ce niveau.

Pour le reste, les organisations représentatives qui peuvent participer à des négociations sont celles qui disposent d'au moins un siège au sein d'une instance représentative, ce que l'ordonnance détermine selon le niveau national ou local des négociations et selon la fonction publique concernée. Au niveau national, les instances sont, d'une part, le Conseil commun de la fonction publique, qui connaît de toute question d'ordre général commune à au moins deux des trois fonctions publiques[1], et, d'autre part, les conseils supérieurs en place dans chacune des trois fonctions publiques. Il s'agit respectivement, dans la fonction publique de l'État, du conseil supérieur de la fonction publique de l'État, des commissions administratives paritaires et des comités sociaux d'administration[2] ; dans la fonction publique territoriale, du conseil supérieur de la fonction publique territoriale[3] ; et, dans la fonction publique hospitalière, du conseil supérieur de la fonction publique hospitalière[4].

Au niveau local, les instances varient également selon la fonction publique concernée[5]. Il s'agit : dans la fonction publique de l'État, des comités sociaux placés auprès de l'autorité administrative ou territoriale compétente, autrement dit des comités sociaux d'administration instaurés dans toutes les administrations de l'État et dans tous les établissements publics de l'État qui ne présentent pas un caractère industriel ou commercial[6] ; dans la fonction publique territoriale, des comités sociaux territoriaux créés dans chaque collectivité ou établissement employant au moins cinquante agents ainsi qu'auprès de chaque centre de gestion pour les collectivités et établissements affiliés employant moins de cinquante agents[7] ; dans la fonction publique hospitalière, des comités sociaux d'établissement créés dans chaque établissement public de santé et dans chaque groupement de coopération sanitaire de moyens de droit public[8], des comités sociaux d'établissement créés dans chaque établissement public social ou médico-social[9] ainsi que des instances exerçant les attributions conférées aux comités sociaux.

L'ordonnance prévoit qu'un accord peut par ailleurs être conclu à un échelon administratif inférieur qui ne dispose pas d'un organisme consultatif. La condition de majorité doit s'apprécier, dans ce cas, au niveau de l'organisme consultatif institué à l'échelon administratif de proximité supérieur le plus proche du périmètre des agents publics concernés par l'accord.

1. L. n° 83-634, 13 juill. 1983 portant droits et obligations des fonctionnaires, *JO* 14 juill., p. 2174, art. 9 *ter* ; créé par L. n° 2010-751, 5 juill. 2010, art. 5 ; mod. par L. n° 2019-828, 6 août 2019, art. 90, désormais chapitre II du titre IV du livre II du CGFP.
2. L. n° 84-16, 11 janv. 1984 portant dispositions statutaires relatives à la fonction publique de l'État, *JO* 12 janv., p. 271, art. 12 ; mod. par L. n° 2019-828, 6 août 2019, art. 4, désormais chapitre III du titre IV du livre II du CGFP.
3. L. n° 84-53, 26 janv. 1984, art. 8 ; mod. par L. n° 2019-828, 6 août 2019, art. 2 et 4, désormais chapitre IV du titre IV du livre II du CGFP.
4. L. n° 86-33, 9 janv. 1986 portant dispositions statutaires relatives à la fonction publique hospitalière, *JO* 11 janv., p. 235, art. 11 ; mod. par L. n° 2019-828, 6 août 2019, art. 4, désormais chapitre V du titre IV du livre II du CGFP.
5. Il est précisé que, jusqu'au renouvellement général des instances de la fonction publique, les organisations syndicales représentatives ayant qualité pour participer aux négociations et signer les accords sont celles qui, placées auprès de l'autorité administrative ou territoriale compétente, disposent d'au moins un siège dans les comités techniques de la fonction publique de l'État, de la fonction publique territoriale et dans la fonction publique hospitalière.
6. L. n° 84-16, 11 janv. 1984, art. 15 ; mod. par L. n° 2019-828, 6 août 2019, art. 4, repris à l'article L. 251-2 du CGFP.
7. L. n° 84-53, 26 janv. 1984, art. 32 ; mod. par L. n° 2019-828, 6 août 2019, art. 4, repris à l'article L. 251-5 du CGFP.
8. CSP, art. L. 6144-3 et L. 6144-3-1, repris à l'article L. 251-11 du CGFP.
9. CASF, art. L. 315-13, repris à l'article L. 251-11 du CGFP.

SECTION 2
NIVEAUX DE LA NÉGOCIATION COLLECTIVE

722.21 Les niveaux de la négociation collective : national, local, de proximité... ou inférieur. Si le niveau national n'appelle pas d'observation, le texte ne définit, ni le niveau local, ni l'échelon de proximité. L'échelon de proximité pourrait évoquer le principe de proximité qui a conduit en droit privé à réorganiser l'articulation des normes conventionnelles de niveaux différents pour privilégier la norme d'entreprise ou assimilée, même si elle est moins favorable, considérée comme celle qui est au plus près de la situation des travailleurs. Cette conception n'a pas toutefois d'équivalent dans la fonction publique. L'échelon de proximité y renvoie plutôt, dans la fonction publique d'État, aux instances de représentation des agents situées au niveau de leur service (c'est-à-dire les anciens comités techniques, devenus comités sociaux d'administration), par opposition à celles situées au niveau national ou ministériel.

L'ordonnance du 17 février 2021 paraît avoir voulu ainsi traduire la proposition du rapport qui l'a préparée[1]. Dans ce contexte, la terminologie conjuguant, outre le niveau national, le « niveau local » et « l'échelon de proximité » permet de couvrir l'éventail de tous les niveaux auxquels une instance de représentation des agents existe, quelle que soit la fonction publique dont on parle, puisque c'est cette instance qui est en principe compétente pour négocier et conclure un accord collectif. Le niveau local et l'échelon de proximité correspondent ainsi à un niveau de représentation où il existe un comité social – comité social d'administration, comité social territorial ou comité social d'établissement – au sein duquel l'organisation syndicale dispose d'au moins un siège.

L'ordonnance permet toutefois de conclure un accord à un échelon administratif inférieur ne disposant pas d'un organisme consultatif, la condition de représentativité s'appréciant alors au niveau de l'organisme consultatif institué à l'échelon administratif de proximité supérieur le plus proche du périmètre des agents publics concernés par cet accord. En outre, elle autorise la conclusion d'accords au sein des collectivités territoriales et de leurs établissements publics ne disposant pas d'un organisme consultatif, l'organisme consultatif de référence étant alors celui du comité social territorial du centre de gestion de rattachement de la personne publique en cause.

1. M.-O. Esch, C. Vigouroux, J.-L. Rouqette, « Renforcer la négociation collective dans la fonction publique », *op. cit.*, proposition n° 8.

SECTION 3
CONTENU DE LA NÉGOCIATION COLLECTIVE

722.31 Quatorze domaines de la négociation. Hormis l'évolution des rémunérations et du pouvoir d'achat des agents publics, qui est réservée à des négociations conduites au niveau national[2], l'ordonnance n° 2021-174 du 17 février 2021 dresse la liste des différents domaines dans lesquels la négociation peut être mise en œuvre[3]. Cette énumération n'est pas exhaustive car le texte indique que les organisations syndicales représentatives de fonctionnaires et les autorités administratives ou territoriales compétentes ont qualité pour participer à des négociations « portant sur tout autre domaine ». Néanmoins, dans ces autres domaines, les accords ne peuvent produire d'effets juridiques. En outre, ce n'est que dans les domaines identifiés par le texte que l'autorité administrative ou territoriale compétente peut être tenue de proposer une réunion, à la demande d'une organisation syndicale ayant recueilli au moins 50 % des suffrages exprimés, afin de déterminer si les conditions d'ouverture d'une négociation sont réunies.

Il y a quatorze domaines recensés par l'ordonnance :

1) Les conditions et l'organisation du travail, notamment les actions de prévention dans les domaines de l'hygiène, de la sécurité et de la santé au travail.

2) Le temps de travail, le télétravail, la qualité de vie au travail, les modalités des déplacements entre le domicile et le travail ainsi que les impacts de la numérisation sur l'organisation et les conditions de travail.

3) L'accompagnement social des mesures de réorganisation des services ;

4) La mise en œuvre des actions en faveur de la lutte contre le changement climatique, de la préservation des ressources et de l'environnement et de la responsabilité sociale des organisations.

5) L'égalité professionnelle entre les femmes et les hommes.

6) La promotion de l'égalité des chances et à la reconnaissance de la diversité et la prévention des discriminations dans l'accès aux emplois et la gestion des carrières.

7) L'insertion professionnelle, le maintien dans l'emploi et l'évolution professionnelle des personnes en situation de handicap.

8) Le déroulement des carrières et la promotion professionnelle.

2. CGFP, art. L. 221-1.
3. Liste figurant désormais à l'article L. 222-3 du CGFP.

9) L'apprentissage.

10) La formation professionnelle et la formation tout au long de la vie.

11) L'intéressement collectif et les modalités de mise en œuvre de politiques indemnitaires.

12) L'action sociale.

13) La protection sociale complémentaire.

14) L'évolution des métiers et la gestion prévisionnelle des emplois et des compétences.

722.32 **Thèmes originaux.** Parmi ces thèmes, la plupart sont communs à la négociation obligatoire en entreprise et, pour certains, à la négociation obligatoire de branche. L'attention est attirée en revanche par ceux que l'on ne les retrouve pas en droit du travail et qui témoignent d'une actualisation des thèmes de négociation.

C'est le cas du télétravail, encore que, bien avant que l'accord national interprofessionnel du 26 novembre 2020 pour une mise en œuvre réussie du télétravail étendu par arrêté du 2 avril 2021 fasse de l'accord collectif le mode privilégié de mise en place et d'organisation du télétravail, l'article 8 *bis* de la loi du 13 juillet 1983 portant droit et obligations des fonctionnaires, issu de la loi du 5 juillet 2010, en avait fait l'un des thèmes de négociation ouverts aux organisations syndicales de fonctionnaires. Mais il n'est pas indifférent que l'ordonnance du 17 février 2021 envisage le télétravail comme un thème de négociation en soi, distinct de la qualité de vie au travail. La crise sanitaire n'y est pas étrangère, qui a donné à voir le télétravail, non pas seulement comme un mode de réalisation du travail pouvant améliorer la qualité de vie des travailleurs, mais aussi comme une organisation structurelle de l'activité professionnelle à laquelle l'employeur peut avoir un intérêt propre.

Plus original encore est le thème de négociation relatif aux modalités des déplacements entre le domicile et le travail. Il s'agit là d'une novation par rapport à la liste issue de la loi du 5 juillet 2010. Le sujet renvoie d'emblée aux problématiques liées au temps de trajet ; mais on peut aussi y voir l'écho de préoccupations d'ordre environnemental. Les questions d'ordre environnemental occupent d'ailleurs une place en soi parmi les thèmes de négociation, l'ordonnance invitant à traiter à ce titre des actions en faveur de la lutte contre le changement climatique, de la préservation des ressources et de l'environnement, ainsi que de la responsabilité sociale des organisations.

Enfin, et c'est probablement le thème qui présente la plus forte valeur ajoutée, le champ de la négociation collective est étendu aux impacts de la numérisation sur l'organisation et les conditions de travail[1]. Il n'est pas besoin de souligner l'importance du sujet dans un environnement numérique de travail qui constitue le quotidien d'un nombre croissant de travailleurs. Le numérique est bien plus qu'un outil de travail : il affecte la façon de travailler, les modes de communication et même la réalisation de certaines activités qui font l'objet d'une automatisation. S'il concerne directement les conditions de travail, il affecte aussi, le cas échéant, la santé au travail. L'accord national interprofessionnel du 9 décembre 2020 pour une prévention renforcée et une offre renouvelée en matière de santé au travail et conditions de travail étend d'ailleurs la prévention des risques professionnels aux « risques dits "émergents" comme ceux liés aux nouvelles technologies notamment les nanotechnologies ». Les risques d'hyper-connexion en font partie et pourraient être appréhendés, dans la négociation collective, sous l'angle des impacts sur les conditions de travail.

1. Un avis de la Commission d'enrichissement de la langue française publié au Journal officiel du 9 mars 2021 relatif au vocabulaire de l'informatique indique que le terme de « numérique » doit être utilisé pour traduire celui de « digital » et définit le numérique comme l'« ensemble des disciplines scientifiques et techniques, des activités économiques et des pratiques sociétales fondées sur le traitement de données numériques ».

CHAPITRE

723. Règlementation des accords collectifs

SECTION 0 ORIENTEUR

723.00 Sommaire du chapitre.

Division. L'ordonnance n° 2021-174 du 17 février 2021 complète le droit de la négociation collective par un droit des accords collectifs. S'y retrouvent les principaux éléments d'un régime juridique : les conditions de validité des accords (sect. 1), les principes d'articulation des accords lorsqu'ils correspondent à des niveaux de négociation différents (sect. 2), les règles relatives à leur entrée en vigueur ainsi que celles traitant de leur éventuelle révision ou de leur possible dénonciation (sect. 3). La question de la durée des accords a été précisée par le décret n° 2021-904 du 7 juillet 2021. Rien n'est dit en revanche de la sanction de la nullité en cas de défaillance d'une condition de validité, ce qui peut être ennuyeux, spécialement lorsque les accords combinent des normes conventionnelles et des mesures règlementaires. En l'absence de règle particulière relative aux voies et délais de recours ouverts, c'est le délai de droit commun pour contester les actes de la personne publique devant les juridictions administratives, soit un délai de deux mois, qui devrait en principe s'appliquer.

723.01 Textes applicables.

- **CGFP,** art. L. 223-1 [conditions de majorité des accords]
- **CGFP,** art. L. 224-1 à L. 224-4 [autorités compétentes pour conclure, signer ou approuver un accord]
- **CGFP,** art. L. 225-1 [négociations sur initiative syndicale]
- **CGFP,** art. L. 226-1 [entrée en vigueur et publication des accords]
- **CGFP,** art. L. 227-1 à L. 227-4 [suivi, modification, suspension et dénonciation des accords]

723.02 Jurisprudence de référence.

- **CE 21 avr. 2000,** req. n° 199638, *Lebon T.*

« Considérant d'une part, qu'aux termes des dispositions de l'article 9 de la loi du 13 juillet 1983 susvisée : "Les fonctionnaires participent par l'intermédiaire de leurs délégués siégeant dans les organismes consultatifs à l'organisation et au fonctionnement des services publics, à l'élaboration des règles statutaires et à l'examen des décisions individuelles relatives à leur carrière…" ; que ces dispositions se bornent à poser le principe de participation dans la fonction publique et n'imposent par elles-mêmes aucune modalité particulière de consultation des organismes de participation créés par la loi et les décrets, sur un texte déterminé ; qu'ainsi, le moyen tiré de ce qu'en vertu desdites dispositions, le conseil supérieur de la fonction publique de l'État aurait dû être consulté sur le décret attaqué ne peut qu'être écarté. »

- **Cons. const. 10 déc. 2021,** n° 2021-956 QPC.

« 8. Les dispositions contestées du premier alinéa du paragraphe III de l'article 8 octies de la loi du 13 juillet 1983 prévoient que les accords collectifs conclus dans la fonction publique peuvent être modifiés par des accords adoptés dans le respect de la condition de majorité précitée.8. Les dispositions contestées du dernier alinéa du même paragraphe permettent la dénonciation totale ou partielle d'un accord par les parties signataires, et sous réserve, pour les organisations syndicales, du respect de la même condition de majorité.9. En premier lieu, les dispositions contestées du premier alinéa du paragraphe III n'ont, par elles-mêmes, ni pour objet ni pour effet d'interdire aux organisations syndicales représentatives qui n'étaient pas signataires d'un accord collectif de prendre l'initiative de sa modification.10. En second lieu, d'une part, en réservant le droit de dénoncer un accord aux seules organisations qui sont à la fois signataires de cet accord et représentatives au moment de sa dénonciation, les dispositions contestées du dernier alinéa du même paragraphe III ont pour objectif d'inciter à la conclusion de tels accords et d'assurer leur pérennité.11. D'autre part, les organisations syndicales représentatives respectant la condition de majorité peuvent, même sans être signataires d'un accord, demander d'ouvrir une négociation en vue de sa modification ou participer à la négociation d'un nouvel accord, dans le cadre prévu par l'article 8 *quinquies* de la loi du 13 juillet 1983.12. Il résulte de ce qui précède que les dispositions contestées ne méconnaissent pas l'exigence découlant des sixième et huitième alinéas du Préambule de 1946. »

SECTION 1
CONCLUSION DES ACCORDS COLLECTIFS

723.11 **Parties signataires.** L'ordonnance pose, pour la conclusion des accords collectifs dans le secteur public, des règles générales et des règles particulières. De manière générale, il est prescrit que les accords soient signés, côté organisations syndicales, par une ou plusieurs organisations représentatives de fonctionnaires ayant recueilli, à la date de signature de l'accord, au moins 50 % des suffrages exprimés en faveur des organisations habilitées à négocier lors des dernières élections professionnelles organisées au niveau auquel l'accord est négocié. La condition d'audience des signataires est donc la même que dans les entreprises pourvues de délégués syndicaux, mais il n'est pas prévu de mécanisme référendaire dans l'hypothèse où l'accord aurait tout de même recueilli la signature d'une ou de plusieurs organisations syndicales justifiant d'une audience supérieure à 30 %.

Côté employeur, les accords doivent en principe être conclus par les autorités administratives ou territoriales compétentes correspondant au niveau de négociation. Ils peuvent également l'être par des autorités ayant le pouvoir de conclure des accords pour autrui, qu'il s'agisse de centres de gestion regroupant des collectivités ou des autorités autorisées à négocier et à conclure un accord pour le compte d'une autre autorité administrative, sous réserve que cette dernière en approuve les stipulations. Lorsque l'accord comporte des mesures réglementaires ou prévoit des actions déterminées à entreprendre, l'ordonnance précise que l'autorité compétente est celle qui est compétente pour prendre les mesures réglementaires ou pour entreprendre les actions.

723.12 **Formalités particulières.** Les mesures réglementaires figurant dans les accords ne sont pas soumises à la consultation préalable des organismes consultatifs le cas échéant compétents, la participation des organisations syndicales à la négociation, à la conclusion et à la signature de l'accord constituant l'une des modalités possibles du principe de participation, qu'elle suffit donc à satisfaire[1].

Le texte traite par ailleurs de situations particulières tenant au contenu de certains accords. Des formalités d'approbation sont alors rendues nécessaires pour leur conférer un effet juridique. Il en est ainsi lorsque l'accord comporte des dispositions réglementaires qui se substituent à un acte unilatéral relevant de la compétence de plusieurs autorités administratives ou territoriales : l'accord doit être signé par l'ensemble des autorités compétentes pour édicter l'acte unilatéral. Autre situation, lorsque l'accord porte sur le déroulement des carrières et la promotion professionnelle, l'intéressement collectif et les modalités de mise en œuvre de politiques indemnitaires ou encore sur la protection sociale complémentaire et qu'il comporte des dispositions réglementaires : il est exigé que sa signature soit soumise à l'approbation préalable des ministres chargés du budget et de la fonction publique. Enfin, dans l'hypothèse où l'accord porte sur un objet qui entre dans les compétences d'un organe collégial ou délibérant, il ne peut entrer en vigueur que si cet organe a préalablement autorisé l'autorité administrative ou territoriale à engager les négociations et à conclure l'accord ou si l'organe a approuvé, après en avoir vérifié les conditions de validité, l'accord signé par cette autorité.

Les accords collectifs de droit public doivent être publiés, selon des modalités qui ont été précisées par le décret n° 2021-904 du 7 juillet 2021 relatif aux modalités de la négociation et de la conclusion des accords collectifs dans la fonction publique. Cette publication, par voie numérique ou par tout autre moyen, incombe à l'autorité administrative ou territoriale signataire de l'accord, qui doit également en transmettre sans délai copie au conseil supérieur compétent pour la fonction publique concernée et au Conseil commun de la fonction publique, s'il concerne au moins deux fonctions publiques, de même, en vue de sa mise à disposition de l'ensemble des agents, selon le cas, qu'au ministre chargé de la fonction publique, au ministre chargé des collectivités territoriales ou au ministre chargé de la santé. Lorsque l'accord comporte des clauses édictant des mesures règlementaires, le choix simple a été fait d'un alignement sur les formalités de publicité imposées aux actes réglementaires auxquels ces mesures se substituent. Les accords conclus par le directeur d'un établissement de la fonction publique hospitalière ne peuvent toutefois être publiés qu'après vérification de leur conformité aux normes de niveau supérieur par le directeur général de l'agence régionale de santé dont dépend l'établissement, vérifica-

1. Sur le fait que le principe de participation dans la fonction publique n'impose pas par lui-même qu'il soit recouru à une de ses modalités particulières : CE 21 avril 2000, *Union des syndicats CGT de la Caisse des dépôts et autres*, req. n° 199638, *Lebon T.* Le Conseil d'État l'a confirmé dans sa décision du 5 octobre 2021 (*Union fédérale des syndicats de l'État CGT et autres*, req. n° 451584, pt 5, NP), en refusant de renvoyer une question prioritaire de constitutionnalité portant sur cette disposition.

tion dont le décret du 7 juillet 2021 détaille les modalités.

Il est prévu qu'un comité de suivi soit désigné pour chaque accord conclu. Ce comité est composé de membres désignés par les organisations syndicales signataires de l'accord et des représentants de l'autorité administrative ou territoriale compétente. Le Conseil d'État, refusant de renvoyer au Conseil constitutionnel la question prioritaire de constitutionnalité qui lui avait été présentée sur ce point, a jugé que l'institution systématique d'un tel comité ne pouvait affecter la liberté contractuelle des organisations syndicales de signer ou non un accord et qu'elle n'avait ni pour objet ni pour effet d'exclure les organisations non signataires des négociations qui excèdent le suivi de la mise en œuvre de l'accord et qui relèvent des domaines dans lesquelles doivent être appelées à participer l'ensemble des organisations représentatives[1].

SECTION 2
AUTORITÉ DES ACCORDS COLLECTIFS

723.21 Combinaison de normes conventionnelles et de normes règlementaires. L'autorité des accords collectifs conclus dans la fonction publique en général ou dans l'une des trois fonctions publiques en particulier peut être envisagée sous deux angles : du point de vue du contenu de l'accord et du point de vue de l'articulation des accords entre eux.

En ce qui concerne le contenu des accords, l'ordonnance prévoit qu'ils peuvent comporter des dispositions édictant des mesures réglementaires, sauf s'il s'agit de règles que la loi a chargé un décret en Conseil d'État de fixer. Cette possibilité concerne tous les accords entrant dans le champ des quatorze domaines dont la liste est dressée à l'article L. 222-3 du code général de la fonction publique, qu'ils soient conclus au niveau national, au niveau local, à l'échelon de proximité ou à un niveau inférieur. En concevant que des accords collectifs puissent intégrer ainsi des clauses règlementaires, le législateur admet qu'ils aient corrélativement une nature mixte, pour partie conventionnelle et pour partie règlementaire. Leur autorité normative est elle-même duale, pour partie celle d'un contrat administratif qui s'impose aux parties qui l'ont conclu et pour partie celle d'un acte règlementaire qui peut avoir des effets sur les droits ou la situation de tiers au contrat.

Cette conception laissant à chaque disposition sa nature propre et son autorité correspondante s'explique par le fait que l'intégration de mesures réglementaires dans un accord collectif n'a pas pour effet de conventionnaliser ces mesures. Les mesures réglementaires qu'un accord collectif peut comporter, si elles se distinguent par leur mode d'élaboration et de production – de sorte qu'il faudra préciser les effets de la nullité de l'accord sur les clauses réglementaires – devraient en revanche répondre au même régime juridique que les actes administratifs auxquels elles se substitueront. L'ordonnance prévoit d'ailleurs prudemment qu'en cas de dénonciation d'un accord comportant des clauses réglementaires, ces clauses restent en vigueur jusqu'à ce que le pouvoir réglementaire ou un nouvel accord les modifie ou les abroge. Indépendamment du contrôle de validité de l'accord, qui devrait relever du contentieux de pleine juridiction, le recours pour excès de pouvoir devrait donc, comme pour n'importe quel autre acte réglementaire, être ouvert à toute personne ayant intérêt à agir à l'encontre des mesures règlementaires.

La combinaison de normes conventionnelles et de normes règlementaires se retrouve également dans l'hypothèse qu'envisage l'ordonnance où l'accord comprend des clauses par lesquelles l'autorité administrative s'engage à entreprendre des actions déterminées. Ces actions peuvent impliquer, le cas échéant, l'édiction de mesures réglementaires, auquel cas il est indiqué que l'autorité compétente doit seulement faire connaître aux organisations syndicales le calendrier dans lequel elle envisage de prendre ces mesures. Dans cette situation, les mesures réglementaires sont une suite de l'accord mais, bien que nécessaires à son application, ne font pas corps avec celui-ci. La nullité ou la dénonciation de celui-ci devrait donc les laisser intactes.

723.22 Articulation des accords collectifs de niveaux différents. L'autorité des accords collectifs pose aussi la question de leur articulation lorsque des accords conclus à des niveaux différents comportent, en tout ou en partie, des clauses ayant le même objet et ne peuvent être appliqués cumulativement. Le principe posé par l'ordonnance du 17 février 2021 est qu'« un accord relatif aux conditions d'application à un niveau inférieur d'un accord mentionné au II de l'article 8 *bis*[2] ne peut que préciser cet accord ou en améliorer l'économie générale dans le respect de ses stipulations essentielles ». La formule pose question. Son sens est probablement de hiérarchiser les accords dans un ordre descen-

1. CE 5 oct. 2021, *Union fédérale des syndicats de l'État CGT et autres*, req. n° 451584, NP, pt. 9.

2. Les accords mentionnés au II de l'article 8 *bis* sont les accords conclus au niveau national, au niveau local ou à l'échelon de proximité.

dant, un accord de niveau inférieur ne pouvant être contraire à un accord de niveau supérieur ou en altérer le contenu. Il ne peut, pour reprendre les termes de l'ordonnance, que le préciser ou en améliorer l'économie générale. Reste à savoir ce qu'il faut entendre par l'« amélioration ». Est-ce une réplique du principe de faveur, ce qui induit que l'amélioration doit être appréciée en considération de la situation collective des travailleurs auxquels les accords en concours sont applicables ? Est-ce plutôt une qualité strictement objective de l'accord, rendu plus efficace par exemple par des mesures règlementaires ? Si la première analyse semble devoir être préférée, l'amélioration doit en tout cas être caractérisée, non pas en comparant les normes en concours clause par clause ou avantage par avantage mais de manière globale ou, plus exactement, au regard de l'économie générale de chacun des accords. La méthode suggérée se rapproche donc plus, dans le champ du droit du travail, de la méthode globale que de la méthode analytique privilégiée par la chambre sociale de la Cour de cassation[1].

La notion d'économie générale est cependant suffisamment mystérieuse, même si elle n'est pas nouvelle, pour laisser une marge d'appréciation dans la comparaison à opérer. Elle n'est pas en particulier l'équivalent de l'interdépendance des dispositions au sein de chacun des accords collectifs en concours dont on fait dépendre, en général, l'application de la méthode globale en droit du travail. En outre, l'amélioration est canalisée et ne justifie d'appliquer l'accord de niveau inférieur que si ce dernier ne modifie pas les stipulations essentielles de l'accord de niveau supérieur. L'amélioration de l'économie générale de l'accord ne peut, autrement dit, consister en un changement substantiel de ses clauses principales.

SECTION 3
APPLICATION DES ACCORDS COLLECTIFS

723.31 Force obligatoire des accords. L'ordonnance du 17 février 2021 fixe la date d'entrée en vigueur des accords collectifs au lendemain de leur publication, à moins qu'ils ne déterminent eux-mêmes une date postérieure.

Une fois entré en vigueur, l'accord s'impose à l'autorité administrative ou territoriale signataire qui est tenue de l'appliquer. Désormais, les accords lient donc juridiquement l'administration. Un tempérament est toutefois apporté à la règle, l'autorité administrative signataire ayant la possibilité de suspendre l'application de l'accord pour une durée déterminée en cas de situation exceptionnelle et dans des conditions qui ont été précisées par le décret du 7 juillet 2021. Un préavis de quinze jours est nécessaire et la durée maximale de suspension est de trois mois renouvelable une fois. L'autorité administrative ou territoriale signataire doit en outre informer les organisations syndicales signataires des motifs justifiant la suspension ou son renouvellement.

723.32 Révision et dénonciation. L'ordonnance ne dit rien de la durée des accords, se contentant d'envisager leur révision et leur dénonciation. Le décret du 7 juillet 2021 a en revanche prévu que les accords mentionnent leur calendrier et, le cas échéant, leur durée de validité, de sorte que celle-ci peut être aussi bien déterminée qu'indéterminée.

Quant à la révision, l'ordonnance a prévu que les accords peuvent être modifiés par des accords conclus dans le respect des mêmes conditions de majorité et selon des modalités qui ont également été précisées par le décret du 7 juillet 2021. Quant à la dénonciation, l'ordonnance a prévu que celle-ci peut être totale ou partielle et doit être le fait des parties signataires selon des modalités déterminées, elles aussi, par ce décret. Lorsque la dénonciation émane d'organisations syndicales signataires, il est prescrit que ces dernières représentent au moins 50 % des suffrages exprimés en faveur des organisations habilitées à négocier lors des dernières élections professionnelles.

Ces dispositions législatives ont fait l'objet d'une question prioritaire de constitutionnalité transmise par le Conseil d'État et ont été jugées conformes à la Constitution par le Conseil constitutionnel[2]. Les parties requérantes leur reprochaient de porter atteinte à la liberté syndicale et au principe de participation faute de permettre à des organisations syndicales représentatives de demander la révision ou la dénonciation d'un accord conclu dans la fonction publique dont elles ne sont pas signataires. S'agissant des conditions de révision, le Conseil constitutionnel a observé que les dispositions contestées ne comportaient pas une telle interdiction – c'est en réalité dans le décret que la restriction figurait. S'agissant des conditions de dénonciation, le Conseil constitutionnel a jugé que la disposition réservant le droit de dénoncer un accord aux seules organisations qui sont à la fois signataires de cet accord et représentatives au moment de sa dénonciation avait pour objet d'inciter à la conclusion de tels accords et d'assurer

1. CEPENDANT, faisant application de la méthode globale : Soc. 8 janv. 2020, n° 18-17.708, P ; *RDT* 2020. 191, note I. Meftah ; *JCP S* 2020. 1073, note J. Daniel ; *BJT* 3/2020, p. 25, note F. Bergeron-Canut.

2. Cons. const. 10 déc. 2021, n° 2021-956 QPC, *Union fédérale des syndicats de l'État – CGT et autres, JO* 11 déc.

leur pérennité et qu'à condition de respecter cette condition de majorité, même les organisations syndicales non signataires pouvaient demander d'ouvrir une négociation en vue de la modification de l'accord ou participer à la négociation d'un nouvel accord.

À son tour saisi, cette fois-ci du décret du 7 juillet 2021, le Conseil d'État l'a annulé partiellement, en tant qu'il avait réservé l'initiative de la révision de l'accord aux seules organisations syndicales signataires [1], ajoutant ce faisant une condition non prévue par la loi et méconnaissant les sixième et huitième alinéas du Préambule de la Constitution de 1946.

1. CE 19 mai 2022, *Union fédérale des syndicats de l'État CGT et autres*, req. n° 456425, NP.

LIVRE

8. L'ÉCHEC DU DIALOGUE SOCIAL : LES CONFLITS COLLECTIFS

SECTION 0
ORIENTEUR

8.00 Sommaire du livre.

Division. La grève est le signe de l'échec du dialogue social, ou du moins de son blocage. Droit d'action reconnu comme fondamental pour les salariés, il vise à signaler une situation de revendication ou une problématique particulière qui n'a pu être appréhendée par d'autres modes de traitement. Pour qu'un mouvement de grève soit licite, il doit répondre à certaines conditions prévues par les textes (titre 81) ; sa mise en œuvre emporte des conséquences pour les salariés et l'employeur (titre 82) ; sa fin peut être le fait de différents modes de règlement (titre 83). Au-delà des relations de travail salarié, le droit de grève concerne, à de très rares exceptions, tous les travailleurs, son exercice donnant à des règles particulières dans les services publics (titre 84).

8.03 Bibliographie indicative.

Monographies. M. Miné, *Le droit social international et européen en pratique*, 2e éd., « Références », Eyrolles, 2013 – C. Radé, *Droit des conflits collectifs du travail*, « Droit&Professionnels », LexisNexis, 2023 – S. Sirot, *La grève en France. Une histoire sociale XIX-XXe siècle*, « Histoire », O. Jacob, 2002 ; *Le syndicalisme, la politique et la grève*, « Le Corps social », L'arbre bleu, 2011.

Manuel. B. Teyssié, *Droit européen du travail*, 6e éd., « Manuels », LexisNexis, 2019, nos 1102 s.

Articles. P.-Y. Gahdoun, « Les aléas du droit de grève dans la Constitution », *Dr. soc.* 2014. 349 – T. Lahalle, « Quelques suggestions anachroniques sur le droit de grève... quoique », *Dr. soc.* 2017. 960 – S. Laulom, « Les actions collectives et le dumping social », *SSL* 2008, no 1335, p. 8 – P. Rodière, « L'impact des libertés économiques sur les droits sociaux dans la jurisprudence de la CJCE », *Dr. soc.* 2010. 573 – B. Teyssié, « Esquisse du droit communautaire des conflits collectifs », *JCP S* 2008. 1075 ; « Les conflits collectifs du travail ou l'entrelac des qualifications », *BJT* 11/2021, p. 79.

SECTION UNIQUE
QU'EST-CE QU'UN CONFLIT COLLECTIF ?

8.11 Historique. Contrairement à une idée répandue, la loi du 25 mai 1864[1] ne « reconnaît » pas à proprement parler le droit de grève. Elle se contente

1. L. 25 mai 1864 qui modifie les articles 414, 415, 416 du Code pénal, *Bull. lois,* XIe série, t. XXIII, no 1206, p. 733.

de « dépénaliser » la coalition que sanctionnait jusque-là et depuis 1810 le Code pénal. On se souviendra sur ce point que la loi des 14-17 juin 1791[1], dite « Le Chapelier », interdisait les corps intermédiaires et les groupements ou regroupements qu'ils soient temporaires (coalitions) ou pérennes (corporations). À partir de 1864, la coalition professionnelle, ou grève, ne peut donc plus être pénalement réprimée mais elle demeure une faute légitimant la rupture du contrat de travail ou le refus d'embauche d'un travailleur connu pour sa participation à des mouvements collectifs que l'on persiste à qualifier de « séditieux ». Ce tout premier âge de la grève[2] est suivi d'une période qui se termine à la Seconde guerre mondiale et qui se caractérise par la multiplication des conflits collectifs et des tentatives d'organisation juridique des fins de conflits (procédure de conciliation et d'arbitrage). La toute dernière période est celle de l'institutionnalisation[3] qui débute par l'affirmation du droit de grève dans le Préambule de la Constitution d'octobre 1946 dont le sixième alinéa dispose « Le droit de grève s'exerce dans le cadre des lois qui le réglementent ».

Pourtant, les lois annoncées par le texte constitutionnel tarderont à venir. Tout au plus celle du 31 juillet 1963 prévoira-t-elle l'institution d'un préavis syndical dans la fonction publique et celle du 11 février 1950 relative aux conventions collectives posera-t-elle le principe selon lequel la grève ne fait que suspendre le contrat de travail de travail du gréviste sauf dans le cas d'une faute lourde de ce dernier. L'essentiel du régime juridique de la grève en France est le produit d'une jurisprudence qui se déploie dans deux directions principales. La première est celle de la qualification du mouvement collectif. En effet, le régime juridique protecteur du gréviste ne peut s'appliquer que si, et seulement si, ce mouvement répond aux critères dégagés par le juge pour définir la grève. En d'autres tous les mouvements collectifs revendicatifs ne sont pas nécessairement des « grèves » au sens juridique du terme. La seconde direction concerne les effets de la grève (notamment sur le contrat de travail et sur les pouvoirs de l'employeur) et les responsabilités, civiles, pénales voire administratives, qui s'y attachent.

8.12 Droit international et européen. Cette consécration du droit de grève est confortée par plusieurs textes internationaux ou européens. C'est ainsi qu'il est prévu par l'article 8, d), du Pacte des Nations unies relatif aux droits économiques, sociaux et culturels. Les conventions de l'OIT ne l'évoquent que de façon incidente et le Comité sur la liberté syndicale le rattache au droit syndical[4]. L'article 6 point 4 de la Charte sociale européenne pose comme moyen d'assurer l'exercice effectif du droit de la négociation, « le droit des travailleurs et des employeurs à des actions collectives en cas de conflits d'intérêts, y compris le droit de grève » et l'article 28 de la Charte des droits fondamentaux de l'Union européenne sous le titre « Droit de négociation et d'action collective ». Selon ces textes, « les travailleurs et les employeurs, ou leurs organisations respectives, ont, conformément au droit communautaire et aux législations et pratiques nationales, le droit de négocier et de conclure des conventions collectives aux niveaux appropriés et de recourir, en cas de conflits d'intérêts, à des actions collectives pour la défense de leurs intérêts, y compris la grève ».

La Cour européenne des droits de l'homme rattache le droit de grève à l'article 11 de la Convention européenne de sauvegarde des droits de l'homme qui vise les libertés de réunion et d'association[5]. La position adoptée par la Cour de justice de l'Union européenne dans les décisions très critiquées *Viking* et *Laval* des 11 et 18 décembre 2007[6] apparaît plus ambivalente. En effet, tout en reconnaissant la grève

1. L. 14-17 juin 1791 relative aux assemblées d'ouvriers et d'artisans de même état et profession, dite Le Chapelier ; *Lois, et actes du Gouvernement*, t. III, p. 287.
2. S. Sirot, *La grève en France. Une histoire sociale XIX-XXe siècle*, « Histoire », O. Jacob, 2002.
3. *Ibid.*, p. 31.
4. M. Miné, *Le droit social international et européen en pratique*, 2e éd., « Références », Eyrolles, 2013, p. 198.
5. CEDH 21 avr. 2009, *Enerji Yapı-Yol Sen c/Turquie*, req. n° 68959/01, *RDT* 2009. 499, note J.-P. Marguénaud et J. Mouly ; *JCP* 2009. I. 143, n° 25, obs. F. Sudre.
6. CJCE 11 déc. 2007, *International Transport Workers'Federation et Finnish Seamen's Union c/Viking Line ABP et OÜ Viking Line Eesti*, aff. C-438/05, *Rec.* I. 10779 ; *AJDA* 2008. 240, chron. E. Broussy, F. Donnat et C. Lambert ; *D.* 2008. 2560, obs. L. d'Avout et S. Bollée ; *D.* 2008. 3038, obs. F. Muller et M. Schmitt ; *D.* 2009. 1547, chron. B. Edelman ; *Dr. soc.* 2008. 210, note P. Chaumette ; *RDT* 2008. 80, ét. S. Robin-Olivier et E. Pataut ; *Rev. crit. DIP* 2008. 356, note H. Muir Watt ; *Rev. crit. DIP* 2008. 781, ét. M. Fallon ; *RTD com.* 2008. 445, obs. G. Jazottes ; *RTD eur.* 2008. 47, note P. Rodière ; *RTD eur.* 2009. 511, chron. A.-L. Sibony et A. Defossez ; *RTD eur.* 2015. 258, obs. A. Defossez ; *Rev. UE* 2016. 151, ét. S. de La Rosa ; *JCP S* 2008. 1086, note J. Cavallini – et CJCE 18 déc. 2007, *Laval un Partneri Ltd c/Svenska Byggnadsarbetareförbundet e.a.*, aff. C-341/05, *Rec.* I. 11767 ; *AJDA* 2008. 240, chron. E. Broussy, F. Donnat et C. Lambert ; *D.* 2008. 3038, obs. F. Muller et M. Schmitt ; *D.* 2009. 1547, chron. B. Edelman ; *Dr. soc.* 2008. 210, note P. Chaumette ; *RDT* 2008. 80, ét. S. Robin-Olivier et E. Pataut ; *Rev. crit. DIP* 2008. 356, note H. Muir Watt ; *Rev. crit. DIP* 2008. 781, ét. M. Fallon ; *RTD com.* 2008. 445, obs. G. Jazottes ; *RTD eur.* 2008. 47, note P. Rodière ; *RTD eur.* 2009. 511, chron. A.-L. Sibony et A. Defossez ; *RTD eur.* 2015. 258, obs. A. Defossez ; *Rev. UE* 2016. 151, ét. S. de La Rosa ; – S. Laulom, « Les actions collectives et le dumping social », *SSL* 2008, n° 1335, p. 8 – B. Teyssié, *Droit européen du travail*, 6e éd., « Manuels », LexisNexis, 2019, n° 1102 et s. – M. Miné, *Le droit social international et européen en pratique*, 2e éd., « Références », Eyrolles, 2013, p. 198.

comme « un droit fondamental faisant partie intégrante des principes généraux du droit communautaire », elle estime que l'exercice du droit de grève peut comporter des restrictions en considération notamment des principes de libre établissement et de libre prestation de services.

8.13 **Tendances de la conflictualité en France.** Sur le plan sociologique, l'évolution de la conflictualité au cours des dernières années présente deux caractères principaux. D'une part, à s'en tenir au nombre de journées de grève dans le secteur privé et public nationalisé, la tendance, sur le long terme, serait plutôt au déclin si l'on exclut le secteur des transports. D'autre part, on a vu apparaître de nouvelles formes de conflits plus diffus et moins encadrés par les organisations syndicales traditionnelles. Certains de ces conflits s'avèrent plus violents et plus désespérés, conduisant parfois à des dégradations, des violences aux personnes ainsi qu'à des pratiques de « chantage » à l'atteinte à l'environnement.

Les dernières analyses disponibles conduisent à nuancer l'affirmation d'une tendance à la diminution du nombre de conflits collectifs. Une relance de la conflictualité souvent autour des thèmes des rémunérations et du temps de travail de 2012 à 2014 [1] avant un nouveau recul en 2015 [2]. « En 2015, 1,3 % des entreprises de 10 salariés et plus du secteur marchand non agricole déclarent avoir connu un ou plusieurs arrêts collectifs de travail, soit un taux équivalent à celui de 2014. Ces entreprises emploient 24 % des salariés du champ. Le nombre de journées individuelles non travaillées (JINT) est de 69 jours pour 1 000 salariés. ». Depuis 2015 et selon les chiffres publiés par la DARES à partir des données de l'enquête « Action et conditions d'emploi de la main-d'œuvre (Acemo) » sur le dialogue social en entreprise, le nombre de journées non travaillées pour fait de grève dans les entreprises d'au moins dix salariés du secteur marchand non agricoles s'établissaient à 69 pour mille salariés en 2015, grimpait à 131 en 2016 (effets de la contestation de la loi El Khomri) et revenait à 71 en 2017 [3].

Les derniers chiffres connus, grâce aux enquêtes Dares [4], portent sur l'année 2021. Il en ressort que 1,6 % des entreprises de 10 salariés ou plus du secteur privé non agricole (employant 21 % des salariés de ce champ) ont connu cette année là un ou plusieurs arrêts collectifs de travail, ce qui est en légère augmentation par rapport à 2021, mais le nombre de jours de grève, lui, a plutôt diminué : 58 jours pour 1 000 salariés. Les statistiques sont cependant biaisées par l'impact très fort des grèves dans les transports, avec 325 jours d'arrêt de travail pour 1 000 salariés, et 73 % des entreprises du secteur ayant connu au moins un mouvement de grève en 2021.

1. M. Bobbio et A. Naboulet, « Négociation collective et grèves dans les entreprises du secteur marchand en 2008 », *Dares Analyse*, juin 2010, n° 33.
2. C. Higounenc, « Les grèves en 2015. Une intensité en léger repli », *Dares Résultats*, 2017, n° 065.
3. C. Higounenc, « Les grèves en 2017. Une intensité moindre après le pic de conflictualité de 2016 », *Dares Résultats*, 2019, n° 59.
4. Dares emploi, les grèves en 2021, n° 8, février 2023 [en ligne : https://dares.travail-emploi.gouv.fr/sites/default/files/a5c2d1ff92f695d8f713bb975c70bdbd/Dares-Resultats%20-Les%20greves%20en%202021.pdf].

TITRE

81. Les conditions de la grève

SECTION 0

ORIENTEUR

81.00 Sommaire du titre.

Division. Dans le silence des textes, la jurisprudence a dû déterminer les conditions pour qu'un mouvement d'arrêt de travail soit considéré comme une grève, et donc licite. Trois conditions sont nécessaires : un arrêt de travail, collectif et des revendications (chap. 811). De très nombreux mouvements ne rentrent pas dans la catégorie de la grève, lorsqu'ils visent à désorganiser l'entreprise, sans respecter les règles de la grève. Un mouvement de grève apparemment licite peut également être disqualifié lorsque les conditions dans lesquelles il s'effectue sont considérées comme abusives par le juge (chap. 812).

CHAPITRE

811. Conditions d'une grève licite

SECTION 0 ORIENTEUR

811.00 Sommaire du chapitre.

Division. La grève est caractérisée par une cessation (sect. 1) collective (sect. 2) du travail, appuyée par des revendications professionnelles (sect. 3).

811.01 Textes applicables.

• **C. trav.,** art. L. 2511-1 [Protection du droit de grève]

811.02 Jurisprudence de référence.

• **Soc. 16 mai 1989,** n° 85-43.359, P V, n° 360

« Attendu que la grève n'est caractérisée légalement que par un arrêt de travail concerté en vue d'appuyer des revendications professionnelles. »

• **Soc. 25 févr. 1988,** n° 85-43.293, P V, n° 133

« Mais attendu qu'après avoir énoncé que la répétition d'arrêts de travail dont l'employeur avait été prévenu à l'avance, même de très courte durée, constitue l'exercice normal du droit de grève, si ce mouvement ne procède pas d'une volonté de désorganiser l'entreprise ou de nuire à sa situation économique, les juges du fond ont constaté que les arrêts de travail d'une très courte durée, dont l'employeur avait été averti par les salariés avaient été moins préjudiciables à l'entreprise qu'une cessation totale et continue du travail, dès lors notamment que les salariés non-grévistes n'avaient pas été empêchés d'accomplir leur tâche ; qu'ils ont pu en déduire que M. X... et 12 autres salariés étaient bien fondés à demander le paiement de leur salaire pour les heures travaillées. »

• **Soc. 25 janv. 2011,** n° 09-69.030, P V, n° 28

« Vu l'alinéa 7 du préambule de la Constitution du 27 octobre 1946, ensemble l'article 78 de l'ordonnance n° 85-1181 du 13 novembre 1985 relative aux principes directeurs du droit du travail et à l'organisation et au fonctionnement de l'inspection du travail et du tribunal du travail en Nouvelle-Calédonie devenu l'article L. 371-1 du code du travail de Nouvelle-Calédonie ;

Attendu que des arrêts de travail courts et répétés, quelque dommageables qu'ils soient pour la production, ne peuvent, en principe, être considérés comme un exercice illicite du droit de grève. »

• **Soc. 26 janv. 2000,** n° 97-15.291, P V, n° 38

« Mais attendu, d'abord, qu'il résulte des constatations tant des premiers juges que de la cour d'appel que le mouvement litigieux n'a pas comporté d'arrêt collectif et concerté du travail ; qu'il a consisté en une série d'actions : blocage de l'accès aux sites et du système d'information de l'entreprise, détournement de matériel, dégradation de locaux, coupures de courant, blocage du système de tarification heures pleines-heures creuses sur ce dernier tarif ; que ces actions, qui n'ont pas cessé malgré l'intervention de plusieurs ordonnances de référé tendant à la libération des sites et à la restitution du matériel, ne caractérisent ni l'exercice normal du droit de grève, ni l'exécution d'un service minimum au cours d'une grève ; que, dès lors, c'est à bon droit, qu'abstraction faite des motifs surabondants relatifs à l'absence d'un préavis, qui, dans les services publics, doit précéder l'arrêt de travail, la cour d'appel a qualifié l'ensemble de ces agissements fautifs de mouvement illicite. »

• **Soc. 16 mai 1989,** n°s 85-43.359, 85-43.365, P V, n° 360

« Attendu que pour condamner la société Allia Doulton à payer diverses sommes aux défendeurs au pourvoi à titre de préavis, indemnité de licenciement et dommages-intérêts, l'arrêt attaqué a affirmé que la légitimité de la grève n'était pas contestée, et a considéré que le licenciement avait été prononcé sans que les salariés aient commis une faute lourde ;

Attendu, cependant, qu'en se prononçant ainsi alors, d'une part, que la société Allia Doulton avait soutenu dans ses conclusions que l'action des émailleurs correspondait à une exécution volontairement défectueuse de leurs contrats de travail et qu'il s'agissait "d'une grève perlée considérée comme illicite" et alors, d'autre part, qu'il résulte des propres constatations des juges du fond qu'aucune cessation du travail n'a eu lieu, la cour d'appel a méconnu les termes du litige et violé les textes susvisés. »

• **Soc. 2 févr. 2006,** n° 04-12.336, P V, n° 52

« Attendu que pour dire que ces seuls arrêts de travail répondaient à la définition de la grève, la cour d'appel énonce que les temps non travaillés pendant la période d'astreinte doivent être assimilés à du travail effectif pour l'exercice du droit de grève puisque pendant ce temps le salarié est à la disposition de l'employeur et doit se conformer à ses directives sans pouvoir vaquer à des occupations personnelles, ce qui est précisément la définition du travail effectif ;

Attendu, cependant, que la grève est la cessation collective et concertée du travail en vue d'appuyer des revendications professionnelles ; qu'elle ne peut, dès lors, être limitée à une obligation particulière du contrat de travail ;

Qu'en statuant comme elle l'a fait, alors qu'elle avait constaté que durant leur service les salariés avaient cessé d'exécuter leur seule obligation d'astreinte, la cour d'appel a violé le texte susvisé ; »

• **Soc. 29 mars 1995,** n° 93-41.863, P V, n° 111

« Attendu que le salarié soutient d'abord qu'il ne pouvait pas être sanctionné par une mise à pied à raison de son refus de travailler pendant 2 jours puisqu'il n'avait fait, même s'il était seul à cesser le travail, qu'exercer le droit de grève pour revendiquer le paiement régulier des salaires dans l'entreprise ;

Mais attendu que la grève étant une cessation collective et concertée du travail en vue d'appuyer des revendications professionnelles, un salarié, sauf dans le cas où il obéit à un mot d'ordre formulé au plan national, ne peut prétendre exercer isolément le droit de grève ; qu'ayant constaté que M. X..., en cessant son travail les 18 et 19 juin 1992, ne participait pas à un mouvement collectif dans l'entreprise et ne répondait pas à un mot d'ordre de grève nationale, le conseil de prud'hommes a exactement décidé que son arrêt de travail ne pouvait pas recevoir la qualification de grève ; que le moyen n'est pas fondé. »

• **Soc. 13 nov. 1996,** n° 93-42.247, P V, n° 379

« Attendu cependant que, si la grève est la cessation collective et concertée du travail par des salariés en vue d'appuyer des revendications professionnelles et ne peut, en principe, être le fait d'un salarié agissant isolément, dans les entreprises ne comportant qu'un salarié, celui-ci, qui est le seul à même de présenter et de défendre ses revendications professionnelles, peut exercer ce droit constitutionnellement reconnu » ;

• **Soc. 22 nov. 1995,** n° 93-44.017, P V, n° 307

« Mais attendu, d'abord, que la cour d'appel, par motifs adoptés, a relevé que l'arrêt de travail était concomitant à l'annonce d'un licenciement pour motif économique ; que la menace sur l'emploi que faisait peser ce licenciement caractérisait une revendication professionnelle de défense et de maintien de l'emploi intéressant l'ensemble du personnel ;

Attendu, ensuite, que les juges du fond ont constaté que les faits, invoqués comme faute lourde susceptible de justifier le licenciement, n'étaient pas établis ;

D'où il suit que la cour d'appel, qui a décidé, à bon droit, que l'arrêt de travail des salariés constituait l'exercice du droit de grève, a légalement justifié sa décision. »

811.03 Bibliographie indicative.

Thèse. J.-E. Ray, *Les pouvoirs de l'employeur à l'occasion de la grève,* « Bibliothèque de droit privé », t. 17, LGDJ, 1985.

Traité. G. H. Camerlynck (dir.), *Traité de droit du travail,* t. VI, *La Grève*, par H. Sinay, Dalloz, 1966.

Monographie. M. Perrot, *Les ouvriers en grève : France 1871-1890*, Éditions Mouton, Paris – La Haye, 1973 – C. Radé, *Droit des conflits collectifs du travail*, « Droit&Professionnels », LexisNexis, 2023.

Contributions. L. He, « Dynamique des droits d'action collective », *Liber amirocum en hommage à Pierre Rodière,* « Mélanges », LGDJ, 2019, p. 101 – B. Teyssié, « La grève ou la tentation de l'illicite », *Mélanges dédié à Bernard Bouloc : Les droits et le Droit,* « Études, Mélanges, Travaux, Dalloz, 2006, p. 1105 – R. Vouin, « L'entrave à la liberté du travail », *Mélanges offert à Jean Brèthe de la Gressaye,* Bordeaux, Éditions Bière, 1967, p. 797.

Articles. Ph. Bernoux, « Le modèle français de déclenchement des grèves », *Dr. soc.* 1988. 624 – M. Borysewicz, « Les grèves tournantes », *D.* 1961. Chron. 53 – R. Bouyssic, « Une nouvelle conception du droit de grève ? », *Dr. soc.* 1986. 745 – J. Brethe de La Gressaye, « Grèves et conventions collectives », *D.* 1950. Chron. 65 – P. Chaumette, « Les actions collectives syndicales dans le maillage des libertés communautaires des entreprises », *Dr. soc.* 2008. 10 – F. Chevalier-Dumas, « Occupation d'usines et expulsion des grévistes », *JCP CI* 1979. II. 13140 – M. Choisez, « La grève avec occupation des lieux de travail devant le juge des référés », *Dr. soc.* 1975. 367 – M. Cohen, « Les entraves directes ou indirectes à l'exercice du droit syndical et du droit de grève », *Dr. soc.* 1978. 268 – J. Deprez, « Les grèves de solidarité », *BS Lefebvre* 1983. 349 ; « L'existence de revendications professionnelles préalables, condition de licéité de la grève », *Dr. soc.* 1986. 610 ; « L'évolution de la jurisprudence sur l'existence de revendications préalables non satisfaites », *Dr. soc.* 1988. 646 ; « Exercice du droit de grève, interdiction des limitations conventionnelles », *RJS* 1995. 564 – O. Drague, « Les conflits collectifs », *Dr. soc.* 1988. 573 – J.-J. Dupeyroux, « Le droit de grève, de quoi parle-t-on ? », *Dr. soc.* 1988. 619 – F. Duquesne, « De l'atteinte à la liberté d'aller et de venir dans l'entreprise en grève », *JCP S* 2009. 1435 – P. Durand, « Le régime juridique de la grève politique », *Dr. soc.* 1953. 22 – F. Duquesne, « Les emplois-jeunes et la grève », *Dr. soc.* 2001. 701 – J. Frossard, « Les obstacles juridiques au déclenchement des grèves », *Dr. soc.* 1988. 630 – P.-Y. Gahdoun, « Les aléas du droit de grève dans la Constitution », *Dr. soc.* 2014. 349 – H. Galland, « La grève perlée et ses conséquences juridiques », *JCP* 1947. I. 367 – E. de Gaudin de Lagrange, « Constitutionnalité de la grève perlée », *D.* 1961. Chron. 35 – L. Isidro, « La grève des travailleurs sans-papiers. Réflexions sur l'occupation », *RDT* 2011. 363 – A. Jeammaud et M.-C. Rondeau-Rivier, « Vers une nouvelle géométrie de l'intervention judiciaire dans les conflits du travail », *D.* 1988. Chron. 229 – J.-P. Laborde, « Conflits collectifs et conflits de lois, entre réalité et métaphore », *Dr.*

soc. 2001. 715 – P. Lanquetin, « Les conflits collectifs », *Dr. soc.* 1988. 577 – S. Laulom, « Détachement, grève et libertés fondamentales », *BJT* 2018, p. 203 – G. Levasseur, « La notion de grève », *Dr. soc.* 1960. 654 – A. Lyon-Caen, « La grève en droit international privé », *Rev. crit. DIP* 1977. 271 – G. Lyon-Caen, « Réglementer le droit de grève ? », *Dr. soc.* 1988. 709 ; « Entreprise et politique », *JCP* 1977. I. 2863 – S. Michel, « L'exercice du droit de grève dans le secteur privé », *RPDS* 2004. 43 – G. Pignarre, « À propos des séquestrations. Observer, interpréter, équilibrer les forces sociales », *RDT* 2010. 357 – J.-E. Ray, « Les pouvoirs de l'employeur à l'occasion de la grève, évolution jurisprudentielle et légale, 1988-1991 », *Dr. soc.* 1991. 768 ; « Le juge et les conflits collectifs du travail », *Dr. soc.* 1986. 617 ; « L'interdiction de la grève par le juge des référés », *Dr. soc.* 1987. 739 – J. Rivero, « La réglementation de la grève », *Dr. soc.* 1948. 58 – F. Saramito, « Les conflits collectifs », *Dr. soc.* 1988. 580 – J. Savatier, « La distinction de la grève et de l'action syndicale », *Dr. soc.* 1984. 53 ; « L'occupation des lieux de travail », *Dr. soc.* 1988. 655 – H. Sellami, « Grève et séquestration », *RPDS* 2000. 139 – H. Sinay, « La neutralisation du droit de grève ? », *Dr. soc.* 1980. 250 ; « Heurs et malheurs du droit de grève », *D.* 1989, chr. 297 – M.-A. Souriac, « Conflits du travail et négociation collective, quelques aspects », *Dr. soc.* 2001. 705 – A. Supiot, « Revisiter les droits d'action collective », *Dr. soc.* 2001. 687 – B. Teyssié, « Esquisse du droit communautaire des conflits collectifs », *JCP S* 2008. 1075 ; « La grève, du licite à l'illicite », *Cah. dr. entr.* 1987, n° 5, p. 3 ; « La raison, la grève et le juge », *Dr. soc.* 1988. 562 – G. Toscano, « Les grèves tournantes », *Quest. prud'h.* 1971. 592 – J.-M. Verdier, « Débat sur le droit de grève à la Conférence internationale du travail », *Dr. soc.* 1994. 968 – P. Verge, « La syndicalisation de la grève », *Relations industrielles / Industrial Relations*, vol. 38, n° 3, 1983, p. 475 – M. Vericel, « L'exercice normal du droit de grève », *Dr. soc.* 1988. 672 – Ph. Waquet, « La grève, les mouvements illicites et l'abus du droit de grève », *RJS* 1995. 139.

811.05 **Points clés.** Le code du travail est peu disert sur la grève, à laquelle il ne consacre que quelques articles. C'est à la Cour de cassation qu'est revenue la charge de la définir comme « la cessation collective et concertée de travail en vue d'appuyer des revendications professionnelles »[1]. À partir de cette définition, toute une série de formes de grève (perlée, du zèle, tournante, etc.) ont été, pour les unes validées, pour les autres invalidées par la jurisprudence.

SECTION 1
UN ARRÊT

811.11 **Arrêt total, peu important la durée.** Pour qu'il y ait grève, il faut que les salariés cessent totalement le travail, peu important la durée. Une grève peut durer quelques minutes[2], une heure ou plusieurs semaines. De même, des arrêts de travail de quelques minutes toutes les heures[3], par exemple, peuvent constituer une grève et ne dégénèrent pas en abus dès lors qu'ils ne font que désorganiser la production, pas l'entreprise[4].

La grève suppose « une cessation du travail et non une exécution fautive »[5]. « N'ont pas exercé le droit de grève des agents de la SNCF qui n'ont pas cessé leur travail, même si, à titre individuel, ils l'ont exécuté de manière défectueuse en s'abstenant de contrôler les titres de voyage. »[6]. De même, le fait pour les salariés de ne refuser que d'exécuter les astreintes, alors même qu'ils exécutent leur relation de travail, ne peut s'inscrire dans le cadre du droit de grève[7]. Il en va de même des salariés qui se servent des temps de pause rémunérés pour émettre leurs revendications professionnelles[8].

811.12 **Différence entre grève et exécution défectueuse du travail.** Le médecin qui participe à un mouvement collectif consistant à refuser de payer des cotisations à l'Ordre des médecins à titre de protestation contre les prises de position du Conseil de l'ordre ne peut revendiquer la protection du droit de grève[9].

Ne peut pas non plus la revendiquer le salarié qui prétend faire grève en cessant d'exécuter une partie seulement de ses obligations. La Cour de cassation juge en effet que la grève ne peut « être limitée à une obligation particulière du contrat de travail ». Elle a retenu en ce sens que le mouvement qui emportait seulement l'inexécution par les salariés de certaines de leurs obligations correspondant aux tâches spécifiques susceptibles de leur être demandées pendant les travaux de maintenance des installations nucléaires, ce dont il résulte que le mouvement ne tendait qu'à permettre aux salariés de refuser d'être à la disposition de l'employeur en dehors de leur horaire normal de travail pour l'exécution d'obligations particulières, ne constitue pas une grève[10].

1. Soc. 21 oct. 2009, n° 08-14.490, P V, n° 225 ; *D.* 2009. 2691 ; *JCP S* 8 déc. 2019, comm. A. Martinon ; *RJS* 1/10, n° 82.
2. VALIDITÉ d'une grève d'un quart d'heures : Soc. 6 nov. 1958, *Dr. soc.* 1959. 291.
3. Soc. 25 févr. 1988, n° 85-43.293, P V, n° 133 : de deux fois cinq minutes par heure.
4. Soc. 7 avr. 1993, n° 91-16.834, P V, n° 111 ; *RJS* 1993. 316, n° 539 ; *Dr. soc.* 1993. 607.
5. Soc. 22 févr. 1978, n° 76-40.327, P V, n° 135.
6. Soc. 16 mars 1994, n° 91-43.349, P V, n° 92 ; *D.* 1994. 364, note Y. Saint-Jours ; *JCP* 1994. II. 22340, note F. Duquesne ; *Dr. soc.* 1994. 524 ; *RJS* 1994. 344, n° 548.
7. Soc. 2 févr. 2006, n° 04-12.336, P V, n° 52 ; *D.* 2006. 469 ; *JSL* 2006, n° 184-3 ; *RJS* 4/2006, n° 487.
8. Soc. 18 déc. 2001, n° 01-41.036, P V, n° 387 ; *RJS* 2002. 239, n° 321.
9. Soc. 15 janv. 1991, n° 89-18.630, P I, n° 19 ; *D.* 1991. 353, obs. J. Penneau ; *D.* 1992. 297, obs. A. Lyon-Caen ; *RDSS* 1991. 571, obs. L. Dubouis.
10. Soc. 21 oct. 2009, n° 08-14.490, préc.

811.13 **Grève perlée.** On parle de grève perlée en cas de ralentissement de l'activité (les salariés travaillent volontairement plus lentement que la normale) destiné à satisfaire des revendications professionnelles. Il « n'y a pas arrêt du travail lorsque celui-ci est exécuté au ralenti ou dans des conditions volontairement défectueuses », souligne la Cour de cassation[1]. Ces salariés ne sont pas protégés par le droit de grève et encourent une sanction disciplinaire, peu importe qu'ils aient commis une faute lourde ou non. Il s'agira par exemple du manquement à leur obligation de loyauté. En effet, en aucun cas le droit de grève autorise-t-il les salariés à exécuter leur prestation de travail autrement que de la façon initialement convenue.

Il n'y a pas, en revanche, exécution défectueuse du contrat de travail si le salarié exécute normalement son travail mais le cesse totalement pendant les heures où il fait grève. Il ne faut donc pas confondre grève et diminution volontaire de la durée du travail[2].

811.14 **Grève du zèle.** La grève du zèle consiste à exécuter à la lettre son contrat de travail, en se limitant au strict nécessaire tel que le prévoit ledit contrat. Il ne s'agit certes pas d'une grève, en l'absence de cessation de l'activité du salarié mais pas non plus d'une faute, dès lors qu'il n'est pas porté atteinte à l'obligation de bonne foi. La frontière entre la bonne et la mauvaise foi peut être difficile à tracer.

811.15 **Droit de grève et droit de retrait.** La frontière entre droit de grève et droit de retrait peut poser problème, tous deux se caractérisant par une cessation du travail. Pour rappel, dans le cadre du droit de retrait, le travailleur doit avoir un motif raisonnable de craindre un danger grave et imminent[3]. Du même article L. 4131-1 du code du travail, il résulte que « l'employeur ne peut demander au travailleur qui a fait usage de son droit de retrait de reprendre son activité dans une situation de travail où persiste un danger grave et imminent résultant notamment d'une défectuosité du système de protection ». D'un arrêt de la Cour de cassation rendu à propos d'agents de la SNCF qui avaient cessé le travail suite à l'agression d'un de leurs collègues, on peut déduire que le droit de retrait cesse dès que le danger n'est plus imminent, en l'occurrence parce que l'agresseur a été arrêté. En revanche, cette arrestation n'empêche pas les agents de poursuivre des revendications d'une meilleure sécurité, ce qui doit s'opérer dans le cadre du droit de grève[4]. Il faut donc distinguer crainte d'un danger grave et imminent et poursuite de revendications professionnelles.

SECTION 2
COLLECTIF

811.21 **Action concertée.** Aucun préavis n'est exigé pour faire grève, sauf exceptions dans le cas des services publics[5]. Il n'est pas non plus exigé que les syndicats présents dans l'entreprise procèdent à un appel à la grève[6]. Une grève peut donc être spontanée et résulter d'une décision collective des salariés à l'annonce de l'interruption des négociations par l'employeur[7].

Il faut cependant que puisse être caractérisée la volonté de faire grève. Par exemple, le fait pour un salarié isolé, sans aucune concertation avec ses collègues, d'actionner la sirène pour arrêter le travail ne constitue pas une grève mais une faute[8]. De même, une action destinée uniquement à permettre aux salariés d'assister à une audience de référé tendant au maintien en vigueur des dispositions de la convention collective dénoncée ne peut être constitutive d'une grève alors qu'« aucune discussion interne n'avait eu lieu dans l'entreprise à ce sujet »[9].

811.22 **Plusieurs salariés sauf exception.** L'action des salariés doit, pour être qualifiée de grève, être collective. À cela, deux exceptions. Premièrement, la grève peut être le fait de salariés minoritaires. Elle n'a ni à être unanime[10], ni à être majoritaire[11]. Un nombre réduit de salariés, animés d'une revendication commune, peut donc se mettre en grève[12]. Aucune exigence majoritaire, qui découlerait par exemple d'une consultation des salariés de l'entreprise[13], ne peut en contrarier l'exercice.

Ensuite, un salarié ne peut faire grève seul, sauf dans deux cas. D'abord, il peut faire grève lorsque l'entreprise ne comporte qu'un salarié, l'exercice d'un droit à valeur constitutionnelle ne pouvant

1. Soc. 5 mars 1953, n° 53-01.392, P V, n° 185 ; *D.* 1954. Jur. 109 ; *Gaz. Pal.* 1953. 1. 184 ; *JCP* 1953. II. 7553, note J. Delpech.
2. Soc. 16 oct. 2001, n° 99-18.128, P V, n° 319 ; *D.* 2001. 3252.
3. C. trav., art. L. 4131-1.
4. Soc. 27 sept. 2017, n° 16-22.224, NP ; *RDT* 2018. 137, obs. M. Véricel.
5. V. ss nos 841.00 s.
6. Soc. 19 févr. 1981, n° 79-41.281, P, n° 143 ; *D.* 1981. 417, note T. Bonneau.
7. Soc. 19 févr. 1981, n° 79-41.281, préc.
8. Soc. 15 nov. 1951, P III, n° 750 : retenant la qualification de faute lourde.
9. Soc. 7 juin 1995, n° 93-43.895, P V, n° 179.
10. Soc. 28 juin 1951, P III, p. 374.
11. Soc. 3 oct. 1963, n° 62-40.059 – Soc. 21 juin 1967, n° 66-40.442.
12. Soc. 9 juin 1982, n° 80-40.899.
13. Soc. 22 juin 1957 ; *D.* 1957. 675.

être tributaire de la taille de l'entreprise[1] : « si la grève est la cessation collective et concertée du travail par des salariés en vue d'appuyer des revendications professionnelles et ne peut, en principe, être le fait d'un salarié agissant isolément, dans les entreprises ne comportant qu'un salarié, celui-ci, qui est le seul à même de présenter et de défendre ses revendications professionnelles, peut exercer ce droit constitutionnellement reconnu »[2].

Ensuite, lorsque le salarié est seul à faire grève dans une entreprise de plusieurs salariés, il peut se mettre en grève à la condition qu'il se raccroche à un mouvement qui dépasse la sphère de l'entreprise, notamment un mouvement national[3]. « La grève étant une cessation collective et concertée du travail en vue d'appuyer des revendications professionnelles, un salarié, sauf dans le cas où il obéit à un mot d'ordre formulé au plan national, ne peut prétendre exercer isolément le droit de grève », énonce la Cour de cassation[4]. Il en résulte *a contrario* qu'un salarié isolé peut être considéré comme en grève régulière si son arrêt de travail s'inscrit dans le cadre d'un préavis de grève déposé par une organisation syndicale représentative dans une entreprise gérant un service public, et cela même s'il est le seul gréviste dans l'entreprise[5]. Il faut en effet, dans ce cadre, tenir compte de l'incidence particulière de la règle du préavis de grève. Selon les termes de l'avocat général, S. Laulom : « Parce ce que ce préavis court, et parce que le droit de grève est un droit individuel, un salarié peut décider de poursuivre le mouvement quand bien même il serait isolé. » Cet acte s'inscrit bien dans une action concertée revêtant les caractères d'une grève.

811.23 **Salarié d'une entreprise extérieure.** S'il est concerné par les revendications, le salarié détaché dans une entreprise utilisatrice peut participer à un mouvement de grève dans cette entreprise[6].

811.24 **Grève de solidarité.** On parle de grève de solidarité à propos des grèves destinées à soutenir des revendications émises par d'autres salariés de la même entreprise (grève de solidarité interne) ou par des salariés extérieurs à l'entreprise, ce qui peut recouvrir une grève nationale (grève de solidarité externe).

a) Solidarité interne – La grève de solidarité interne vise à soutenir un salarié de l'entreprise qui, par exemple, a subi une sanction disciplinaire ou un licenciement. Cette grève est admise à la condition qu'elle se rattache à une revendication d'ordre professionnel concernant l'ensemble du personnel.

Est ainsi considérée comme licite la grève visant à défendre des collègues ayant subi des sanctions en lien avec un conflit provoqué par de nouvelles mesures de contrôle du travail par la direction, mesures qui intéressaient l'ensemble du personnel[7]. Il en va de même de la grève pour défendre un représentant du personnel qui s'était engagé, dans le cadre de la négociation annuelle obligatoire, à défendre le pouvoir d'achat des salariés de l'entreprise[8].

Constitue également une grève de solidarité interne licite celle destinée à soutenir les salariés menacés par des sanctions disciplinaires pour des faits commis lors d'un précédent mouvement de grève, dont la légitimité n'était pas contestée, ces menaces ayant pu être perçues au sein de l'entreprise comme susceptibles de porter atteinte au droit de grève[9].

Il en va de même s'agissant d'un arrêt de travail motivé, non par le seul souci de défendre les salariés licenciés, mais aussi par le fait de soutenir des demandes tendant à l'organisation d'élections professionnelles et à la préservation de l'emploi[10].

De même, à l'employeur qui soutenait que l'arrêt de travail était simplement destiné à soutenir un ouvrier dont le licenciement pour motif économique était envisagé, sans qu'aucun intérêt collectif et professionnel soit concerné, même de façon indirecte, la Cour de cassation rétorque que l'arrêt de travail était concomitant à l'annonce d'un licenciement pour motif économique, que la menace sur l'emploi que faisait peser ce licenciement caractérisait une revendication professionnelle de défense et de maintien de l'emploi intéressant l'ensemble du personnel, de sorte que l'on était en présence d'une grève de solidarité licite[11].

1. Soc. 13 nov. 1996, n° 93-42.247, P V, n° 379 ; *D.* 1997. 6 ; *Dr. soc.* 1996. 1108, obs. J.-E. Ray ; *Dr. soc.* 1997. 368, note Ch. Radé ; *JCP* 1997. II. 22754, rapp. P. Waquet et note D. Corrignan-Carsin ; *CSB* 1997. 11, A. 3, note A. Philbert ; *RJS* 1996. 843, n° 1312 ; *RJS* 1997. 8, chron. J. Savatier ; *Dr. ouvrier* 1997. 143, note F. Saramito ; *LPA* 22 janv. 1997, note G. Picca.
2. Soc. 13 nov. 1996, n° 93-42.247, préc.
3. Soc. 29 mars 1995, n° 93-41.863, P V, n° 111 ; *RJS* 1995. 369, n° 553.
4. Soc. 29 mars 1995, n° 93-41.863, préc.
5. Soc. 21 avr. 2022, pourvoi n° 20-18.402, P.
6. Soc. 17 déc. 2003, n° 01-46.251, P V, n° 317 ; *Dr. soc.* 2004. 327, obs. Ch. Radé ; *RJS* 3/04, n° 339.
7. Soc. 30 nov. 1977, n° 76-40.043, P n° 655.
8. Soc. 5 janv. 2011, n°s 10-10.685, 10-10.688 à 10-10.692, P V, n° 1 ; *RDT* 2011. 254, obs. S. Nadal ; *D. actu.* 28 janv. 2011, obs. B. Ines ; *RJS* 3/2011, n° 268 ; *JSL* 2011, n° 294-3, obs. J.-E. Tourreil ; *JCP S* 2011. 1188, obs. Bailly.
9. Soc. 2 juill. 2014, n° 13-12.562, P V, n° 158 ; *Dr. ouvrier* 2015. 1, note E. Dockès ; *Cah. Soc.* 2014, p. 514, obs. F. Canut ; *D.* 2014. 1503 ; *RJS* 2014. 621, n° 730 ; *JSL* 2014, n° 372-4, obs. H. Tissandier.
10. Soc. 15 janv. 2003, n° 00-44.693, NP.
11. Soc. 22 nov. 1995, n° 93-44.017, P V, n° 307 ; *D.* 1996. IR 5 ; *Dr. soc.* 1996. 204 ; *RJS* 1996. 43, n° 61 ; *CSB* 1996. 41, A. 11 ; *JCP* 1996. I. 3925, n° 20, obs. B. Teyssié ; *RJS* 1/96, n° 61.

En revanche, la grève de solidarité interne ne peut viser à soutenir un salarié licencié pour un motif strictement personnel, sans qu'aucun lien puisse être opéré avec une quelconque revendication professionnelle. Ainsi, n'est pas licite la grève motivée par le soutien à un salarié licencié pour un motif strictement personnel et apparemment sérieux : avoir insulté des clients[1] ; avoir fait un jet de peinture au pistolet sur son supérieur hiérarchique[2]. Suivant cette même logique, doit être requalifiée en mouvement illicite la grève au soutien d'un salarié licencié pour motif personnel pour avoir refusé de nettoyer un local autre que son lieu de travail, le salarié concerné ayant commis une « faute personnelle » et aucune revendication professionnelle n'étant en cause[3]. Est au contraire licite la grève visant à soutenir un représentant du personnel licencié et dont les revendications intéressaient l'ensemble du personnel[4].

Au vu de la jurisprudence rendue en matière de grève de solidarité interne, la frontière entre la grève licite et la grève illicite tient en partie au caractère justifié (auquel cas la grève est illicite) ou injustifié (auquel cas la grève est licite) du licenciement ou de la sanction. Le caractère injustifié ou illicite du licenciement permettra d'autant plus d'établir l'existence – on rappellera cependant que la légitimité des revendications n'est pas un critère – de revendications professionnelles. Ce critère n'a cependant rien de décisif. Ainsi, même si la mesure patronale (sanction, licenciement, etc.), décidée[5] ou simplement envisagée[6], est justifiée, la grève de solidarité interne sera licite si le comportement sanctionné était dicté par des revendications professionnelles[7].

b) Solidarité externe – La grève de solidarité externe vise à défendre les intérêts de salariés d'autres entreprises. Elle n'est pas licite sauf si elle est animée par des intérêts communs avec ces autres salariés. Un cas typique est celui de revendications en lien avec une convention de branche commune aux différentes entreprises concernées.

Il peut aussi s'agir d'un mouvement national dès lors qu'il s'appuie sur des revendications professionnelles (défense de l'emploi par exemple) susceptibles d'intéresser également les salariés grévistes. En ce sens, la Cour de cassation relève qu'« une grève engagée sur le plan national n'est licite que si, à cette occasion, sont présentées des revendications précises insatisfaites de nature à intéresser les ouvriers de l'entreprise en cause ou, tout au moins d'autres ouvriers avec lesquels ils auraient entendu se solidariser »[8].

Participer à une grève nationale sur les retraites, ce qui intéresse nécessairement les salariés de l'entreprise, s'inscrit également dans le cadre du droit de grève[9].

La grève de solidarité externe a pour particularité de pouvoir être exercée, de façon licite, par un seul salarié de l'entreprise.

811.25 Grève politique. La grève à objet politique n'en est pas une. Ainsi lorsque les revendications professionnelles ne sont qu'un pur prétexte[10], la grève dégénère en mouvement illicite. La frontière entre mouvement politique et grève, en particulier la grève de solidarité externe, est parfois difficile à tracer étant donné qu'un mouvement national portant des revendications professionnelles (sur l'emploi, les retraites...) a souvent une dimension politique. Il faudra rechercher si la cause déterminante du mouvement de grève est professionnelle ou politique[11]. Par exemple la grève destinée à s'opposer aux mesures économiques et sociales du plan Barre a été considérée comme licite, dès lors que les revendications des grévistes avaient pour l'essentiel un caractère professionnel : refus du blocage des salaires, réduction de la durée du travail, etc.[12]

Même si la jurisprudence n'est pas pléthorique sur le sujet, la chambre criminelle de la Cour de cassation a pu retenir la qualification de grève alors que les revendications professionnelles n'étaient qu'accessoires par rapport aux revendications politiques[13].

SECTION 3
REVENDICATIONS

811.30 Plan. Le droit français se contente d'exiger qu'aient été émises des revendications professionnelles (§ 1).

1. Soc. 18 mars 1982, n° 80-40.576, P V, n° 182.
2. Soc. 30 mai 1989, n° 86-16.765, P V, n° 405 ; *RJS* 7/89, n° 616 ; *JCP* 1989. IV. 282.
3. Soc. 16 nov. 1993, n° 91-41.024, P V, n° 268 ; *Dr. soc.* 1994. 35, rapp. P. Waquet ; *Dr. soc.* 1994. 38 ; *JCP E* 1995. II. 658, note Siau ; *CSB* 1993. 293, A. 60.
4. Soc. 27 nov. 1985, n° 82-43.649, P IV, n° 559 ; *Dr. soc.* 1988. 143, note J. Déprez.
5. Soc. 27 nov. 1985, *Dr. soc.* 1988. 152, obs. J. Déprez.
6. Soc. 5 janv. 2011, n°s 10-10.685, 10-10.688 à 10-10.692, préc.
7. *J.-Cl. Travail*, fasc. 70-10 : Conflits collectifs – Grève dans le secteur privé – Conditions, par B. Teyssié, avril 2020, n° 37.
8. Crim. 12 janv. 1971, n° 70-90.753, P n° 5.
9. Soc. 15 févr. 2006, n° 04-45.738, P V, n° 65 ; *JCP S* 2006. 1364, note R. Vatinet ; *Dr. soc.* 2006. 577, obs. Ch. Radé ; *D.* 2006. 604 ; *RJS* 1993. 455, n° 779 ; *JCP S* 2006. 1364, note R. Vatinet.
10. Soc. 4 mai 1956, *D.* 1956. Jur. 487.
11. Soc. 5 oct. 1960, n° 59-40.439.
12. Soc. 29 mai 1979, n° 78-40.553, P n° 464 ; *GADT*, 4e éd., Dalloz, 2008, n° 190.
13. Crim. 29 oct. 1969, *D.* 1970. 128, note H. Sinay : la plus grande prudence est à adopter concernant la portée à conférer à cet arrêt.

Leur légitimité n'est pas contrôlée (§ 2) et aucun formalisme n'entoure leur émission (§ 3). Peu de marges sont laissées aux parties concernées pour aménager conventionnellement ces règles s'agissant d'un droit protégé par la Constitution (§ 4).

§ 1 Revendications professionnelles

811.41 Exigence de revendications professionnelles. La grève n'est protégée que si elle vise à la satisfaction de revendications professionnelles. À défaut de revendications (le salarié se met en arrêt de travail sans la moindre revendication) ou si la revendication est, par exemple, de nature personnelle ou politique, la grève sera requalifiée en mouvement illicite, privant le salarié de toute protection.

811.42 Objet des revendications. Tout type d'objet peut constituer une revendication, dès lors qu'il est de nature professionnelle : augmentation de salaire, défense du droit syndical, aménagement du temps de travail, amélioration des conditions de travail, défense du système de retraite, etc.

Les exemples sont multiples : la contestation du plan de restructuration de l'entreprise[1], d'un plan de réduction des effectifs[2], de l'annonce d'un licenciement pour motif économique dès lors que la menace sur l'emploi intéresse l'ensemble du personnel[3] ; la contestation d'une nouvelle politique commerciale ; l'ouverture d'un nouveau mode de transport ou la création d'indemnités de grand déplacement[4] ; un mouvement dicté par une demande de remboursement des heures perdues en raison d'intempéries[5] ; faire cesser les violences dans l'entreprise[6] ; protester contre les mauvaises conditions de chauffage d'un magasin[7] ; demandes d'organisation d'élections professionnelles et de préservation de l'emploi[8] ; inquiétudes sur la stabilité de l'emploi en raison d'une décision de l'employeur d'ouvrir un nouveau magasin[9].

1. Soc. 20 mai 1992, n° 90-45.271, P V, n° 319 ; *D.* 1992. IR 185 ; *RJS* 7/1992, n° 905.
2. Soc. 12 avr. 1995, *Dr. trav.* 1995. Comm. 222, 2.
3. Soc. 22 nov. 1995, n° 93-44.017, préc.
4. Soc. 18 juin 1996, n° 92-44.497, P V, n° 243 ; *D.* 1998. 258, obs. A. Lyon-Caen ; *GADT*, 4e éd., Dalloz, 2008, n° 195 ; *RJS* 1996. 622, n° 970 ; *Dr. ouvrier* 1997. 33.
5. Soc. 12 déc. 2000, n° 99-40.265, P V, n° 414.
6. Soc. 26 oct. 1977, *Dr. ouvrier* 1978. 77.
7. Soc. 4 avr. 1990, n° 88-43.909, P V, n° 156 ; *D.* 1990. IR 108 ; *RJS* 1990. 299, n° 419 ; *RJS* 5/90, n° 419.
8. Cass., ass. plén., 27 oct. 1972, n° 70-92.627, P n° 5 – Soc. 15 janv. 2003, n° 00-44.693, NP.
9. Soc. 4 avr. 1990, n° 88-43.909, préc.

§ 2 Absence de contrôle de légitimité des revendications

811.51 Connaissance préalable par l'employeur des revendications. L'employeur doit avoir eu connaissance des revendications professionnelles avant le déclenchement de la grève. Sauf le cas particulier de la grève dans les services publics, aucun préavis n'est exigé et les grévistes n'ont pas à attendre la réponse du chef d'entreprise à leurs revendications professionnelles pour débuter la grève[10]. Le fait qu'il les ait rejetées est également sans incidence[11]. De ce qui précède, il résulte que les salariés qui n'informent pas l'employeur du motif de leur grève au préalable, et qui ne l'en informent que suite à la demande d'explications de ce dernier, confronté à un piquet de grève, ne peuvent pas se prévaloir de la protection du droit de grève[12].

Le caractère préalable des revendications n'interdit pas de les envoyer à l'employeur le même jour que le déclenchement du mouvement[13].

811.52 Auto-satisfaction des revendications : interdit. La grève constitue un moyen de pression destiné à la satisfaction de revendications professionnelles. Elle ne peut donc pas prendre la forme d'une auto-satisfaction des revendications. Ceux qui demandent à ce que le travail du samedi ne soit plus systématique ne peuvent pas, s'ils travaillent le samedi, se dispenser de venir travailler ce jour. « Le droit pour les salariés de recourir à la grève ne les autorise pas, sous son couvert, à exécuter leur travail dans les conditions qu'ils revendiquent et autres que celles prévues par leur contrat », juge en ce sens la Cour de cassation[14]. Il faut réserver le cas où l'auto-satisfaction ne concerne qu'une partie des revendications. Il a été jugé, en ce sens, que : « Dès lors que le préavis de grève a été déposé aux fins de voir satisfaire des revendications ne portant pas uniquement sur le week-end, le salarié, qui cesse son travail le week-end, dans le but de faire aboutir ces revendications, ne fait qu'user de son droit de grève. »[15]

10. Soc. 24 mars 1988, *Dr. soc.* 1988. 646, note J. Déprez.
11. Soc. 20 mai 1992, n° 90-45.271, préc.
12. Soc. 30 juin 2015, n° 14-11.077, P n° 833 ; *D.* 2015. 1493 ; *D.* 2015. 2340, obs. P. Lokiec et J. Porta ; *RDT* 2016. 108, obs. Y. Ferkane ; *RJS* 10/2015, n° 663 ; *JCP S* 2015. 1367, note F. Duquesne.
13. Soc. 22 oct. 2014, n° 13-19.858, P V, n° 246 ; *D.* 2014. 2179 ; *D.* 2015. 2340, obs. P. Lokiec et J. Porta ; *Dr. soc.* 2015. 206, chron. S. Tournaux ; *RDT* 2015. 128, obs. I. Odoul-Asorey ; *RJS* 1/2015, n° 56.
14. Soc. 21 juin 1989, P V, n° 457.
15. Soc. 25 juin 1991, n° 89-40.029, P V, n° 323 ; *Dr. soc.* 1992. 60, concl. D. J. Graziani ; *RJS* 8-9/1991, n° 998.

811.53 Absence de sérieux des revendications : indifférent. La question s'est posée de savoir si la légitimité des revendications professionnelles peut être contestée devant le juge. Autrement dit, doit-on considérer que seules les revendications « raisonnables » peuvent être à l'origine d'une grève ? C'est ce qu'avait retenu un arrêt de l'Assemblée plénière de la Cour de cassation du 4 juillet 1986[1] avant que la Cour revienne sur cette solution, réaffirmant quelques années plus tard que : « Si la grève suppose l'existence de revendications de nature professionnelle, le juge ne peut sans porter atteinte au libre exercice d'un droit constitutionnellement reconnu, substituer son appréciation à celle des grévistes sur la légitimité ou le bien-fondé de ces revendications. »[2] Sauf abus, le caractère déraisonnable des revendications ne peut pas disqualifier la grève en mouvement illicite.

À noter que dans le cas particulier où la grève affecte les libertés de circulation proclamées par le droit de l'Union européenne, ce qui implique que le litige comporte un élément de transnationalité, la Cour de justice de l'Union européenne applique un principe de proportionnalité, ce qui conduit indirectement à un contrôle de légitimité des revendications[3].

811.54 Impossibilité pour l'employeur de satisfaire les revendications : indifférent. Le fait que l'employeur soit dans l'impossibilité de satisfaire les revendications professionnelles est indifférent. Il a été jugé, en ce sens que la défense du mode d'exploitation du réseau des transports urbains de la ville de Marseille constitue, pour les employés de la régie des transports de Marseille (RTM), établissement public industriel et commercial, une revendication d'ordre professionnel et que la capacité de l'employeur à satisfaire les revendications des salariés est sans incidence sur la légitimité de la grève[4].

811.55 Revendications illégales. Une revendication illégale ne peut être l'objet d'une grève. Il en va ainsi de la revendication consistant à obtenir des indemnités de chômage-intempéries alors que cette revendication était contraire aux dispositions de la loi du 21 octobre 1946 relative aux indemnités d'intempéries[5].

§ 3
Absence de formalisme

811.61 Présentation des revendications. La forme d'expression des revendications est indifférente. Ce qui importe est uniquement que l'employeur en ait une connaissance, sous une forme ou une autre. Il a même été admis que ce soit par le biais de l'inspecteur du travail que l'employeur ait connaissance des revendications des grévistes. Est ainsi approuvée la cour d'appel « qui a constaté que l'employeur avait été informé, avant l'arrêt de travail, des revendications professionnelles des salariés peu important les modalités de cette information », ce dont il se déduit que les salariés licenciés l'ont été en raison de leur participation à une grève[6].

811.62 Absence de préavis. La grève, dans le secteur privé, n'est soumise à aucun préavis. Et une convention collective ne pourrait pas créer un préavis[7]. Sur les règles spécifiques aux entreprises gérant un service public, voir *infra* n° 841.20 s.

811.63 Liberté conventionnelle limitée. « Une convention collective ne peut avoir pour effet de limiter ou de réglementer pour les salariés l'exercice du droit de grève constitutionnellement reconnu ; seule la loi peut créer un délai de préavis de grève s'imposant à eux », affirme la Cour de cassation dans un arrêt important du 7 juin 1995[8]. Dans le secteur privé, à part l'aviation civile (transport de passagers), la convention collective ne peut pas aménager l'exercice du droit de grève : fixation d'un préavis de grève[9], d'une obligation de déclaration en tant que gréviste, d'une procédure de conciliation,

1. Cass., ass. plén., 4 juill. 1986, *Dr. soc.* 1986. 745, note G. Lyon-Caen.
2. Soc. 2 juin 1992, *Dr. soc.* 1992. 696, rapp. Ph. Waquet, note J.-E. Ray.
3. CJCE 11 déc. 2007, *International Transport Workers'Federation et Finnish Seamen's Union c/Viking Line ABP et OÜ Viking Line Eesti*, aff. C-438/05, *Rec.* I. 10779 ; *AJDA* 2008. 240, chron. E. Broussy, F. Donnat et C. Lambert ; *D.* 2008. 2560, obs. L. d'Avout et S. Bollée ; *D.* 2008. 3038, obs. F. Muller et M. Schmitt ; *D.* 2009. 1547, chron. B. Edelman ; *Dr. soc.* 2008. 210, note P. Chaumette ; *RDT* 2008. 80, ét. S. Robin-Olivier et E. Pataut ; *Rev. crit. DIP* 2008. 356, note H. Muir Watt ; *Rev. crit. DIP* 2008. 781, ét. M. Fallon ; *RTD com.* 2008. 445, obs. G. Jazottes ; *RTD eur.* 2008. 47, note P. Rodière ; *RTD eur.* 2009. 511, chron. A.-L. Sibony et A. Defossez ; *RTD eur.* 2015. 258, obs. A. Defossez ; *Rev. UE* 2016. 151, ét. S. de La Rosa ; *JCP S* 2008. 1086, note J. Cavallini.
4. Soc. 23 oct. 2007, *D.* 2008. 662, note A. Bugada ; *D.* 2008. Pan. 450, obs. O. Leclerc.
5. Soc. 9 févr. 1961, n° 59-40.795.
6. Soc. 28 févr. 2007, n° 06-40.944, P V, n° 33 ; *D.* 2007. 869 ; *D.* 2007. 2261, obs. M.-C. Amauger-Lattes, I. Desbarats, B. Lardy-Pélissier, J. Pélissier et B. Reynès ; *RJS* 2007. 481, n° 651.
7. Soc. 12 mars 1996, n° 94-41.670 – Soc. 7 juin 1995, n° 93-46.448, P V, n° 180, p. 132 ; *D.* 1996. 75, note B. Mathieu ; *Dr. soc.* 1996. 37, note Ch. Radé ; *RJS* 1995. 607, n° 933 ; *RJS* 1995. 564, Chron. J. Déprez ; *JCP E* 1995. I. 499, n° 8, obs. B. Teyssié ; *Dr. ouvrier* 1996. 94, note L. Milet ; *RTD civ.* 1996. 153, obs. J. Mestre ; *RDSS* 1996. 115, obs. J.-M. Lhuillier ; *GADT*, 4e éd., Dalloz, 2008, n° 197 – V. s[s] n° 611.63.
8. Soc. 7 juin 1995, *RJS* 1995, n° 933.
9. Soc. 12 mars 1996, n° 93-41.670, P V, n° 88 ; *Dr. soc.* 1996. 541 ; *RJS* 1996. 263, n° 439.

d'un délai de réflexion avant de pouvoir se mettre en grève, etc. Le règlement intérieur ne peut pas davantage le faire, par exemple accorder à l'employeur le pouvoir de réquisitionner des grévistes ; le salarié récalcitrant ne peut alors faire l'objet d'aucune sanction[1]. L'arrêt précité de 1995 met fin à la pratique des clauses conventionnelles de préavis, pendant un temps admise par la Cour de cassation. Le salarié engageait en effet sa responsabilité lorsqu'il était établi qu'il connaissait l'existence ou qu'il aurait dû ne pas ignorer l'existence de telles clauses[2]. Il est cependant soutenu que la formule de l'arrêt de 1995 prive d'effet les clauses de préavis à l'égard des grévistes, mais n'emporterait pas leur nullité. De la sorte un syndicat engagerait sa responsabilité si, en violation des stipulations d'un accord collectif dont il est signataire, il est à l'origine d'une grève sans que celle-ci ait été précédée d'un préavis[3].

1. Soc. 15 déc. 2009, n° 08-43.603, P V, n° 283 ; *D.* 2010. 154, obs. B. Ines ; *JSL* 2010, n° 270-6 ; *Dr. ouvrier* 2010. 278.

2. Soc. 5 mai 1960, *JCP* 1960. II. 11692.
3. Rép. trav., *v°* Grève dans le secteur privé, par A. Cristau, n° 63 ; – POUR UNE POSITION CONTRAIRE : L. Milet, *Dr. ouvrier* 1996. 94.

CHAPITRE

812. Mouvement illicite et abus du droit de grève

SECTION 0 ORIENTEUR

812.00 **Sommaire du chapitre.**

Division. La gêne occasionnée par la grève explique que les employeurs, parfois aussi les non grévistes, cherchent à démontrer son irrégularité. Des distinctions sont à opérer entre mouvement illicite (sect. 1) et grève abusive (sect. 2). Lorsque la régularité n'est pas celle du mouvement en tant que tel, mais de certains actes commis par les grévistes, la question dévient celle des actes abusifs commis lors de la grève (sect. 3). Dans les cas les plus extrêmes, une mesure d'expulsion sera demandée (sect. 4).

812.02 **Jurisprudence de référence.**

• **Soc. 4 nov. 1992,** n° 90-41.899, P V, n° 529

« Vu l'article 7 du préambule de la constitution du 27 octobre 1946 et l'article L. 521-1 du Code du travail ;

Attendu que la cessation collective et concertée du travail en vue d'appuyer des revendications professionnelles caractérise l'exercice du droit de grève ; que la commission, par certains salariés grévistes, d'actes illicites au cours de leur mouvement, ne modifie pas la nature de ce dernier ; que ce n'est qu'au cas où la grève entraîne la désorganisation de l'entreprise qu'elle dégénère en abus. »

• **Soc. 30 mai 1989,** n° 87-10.994, P V, n° 404

« Attendu que pour condamner solidairement le syndicat CGT, MM. Z..., Y..., X... et A... à payer à la société Le Tabac reconstitué industries des dommages-intérêts, la cour d'appel a énoncé que si l'action de grève entreprise avait bien eu pour objet d'appuyer la négociation sur des revendications professionnelles régulièrement formulées, le type d'action choisi et régulièrement maintenu entraînait une désorganisation grave de la production et qu'une telle action constituait à l'évidence un abus de droit de grève qui, dans les circonstances de l'espèce, conférait à celle-ci un caractère illicite engageant la responsabilité de ses auteurs ;

Qu'en statuant ainsi, alors que la grève entraîne nécessairement une désorganisation de la production et qu'il ne résulte pas des constatations des juges du fond que les arrêts de travail répétés avaient entraîné une désorganisation de l'entreprise elle-même, qui eût seule rendue la grève illicite, la cour d'appel a violé le texte susvisé. »

• **Soc. 7 juin 1995,** n° 93-46.448, P V, n° 180

« une convention collective ne peut avoir pour effet de limiter ou de réglementer pour les salariés l'exercice du droit de grève constitutionnellement reconnu et seule la loi peut créer un délai de préavis de grève s'imposant à eux ».

• **Soc. 15 déc. 2009,** n° 08-43.603, P V, n° 283

« Vu l'article 7 du préambule de la Constitution du 27 octobre 1946 ensemble l'article L. 1132-2 du code du travail ;

Attendu que, sauf dispositions législatives contraires, l'employeur ne peut en aucun cas s'arroger le pouvoir de réquisitionner des salariés grévistes. »

• **Soc. 21 juin 1984,** n° 82-16.596, P V, n° 263

« Mais attendu que l'employeur demandait qu'il soit mis fin au préjudice personnel résultant des entraves qui l'avaient empêché d'exercer son industrie ; que les juges d'appel, après avoir relevé que les grévistes interdisaient l'entrée de l'usine à quiconque, notamment au directeur et au personnel non gréviste, ont exactement énoncé que le droit de grève n'emporte pas celui de disposer arbitrairement des locaux de l'entreprise ; qu'ils ont ainsi constaté le caractère manifestement illicite du trouble invoqué. »

• **Soc. 13 mars 1980,** n° 78-41.613, P n° 251

« Un employeur ne peut prendre des mesures disciplinaires contre les caissières de son magasin à grande surface qui ont cessé inopinément le travail au motif que si elles avaient le droit de recourir à la grève elles ne pouvaient en revanche exécuter leur travail dans des conditions autres que celles prévues au contrat notamment en l'exécutant d'une manière défectueuse ayant entraîné de nombreux vols par les clients, dès lors qu'il est établi que les caissières avaient complètement cessé le travail, ce qui ne saurait être assimilé à une exécution défectueuse de celui-ci et que l'employeur, pour qui la grève était prévisible puisqu'il avait fait venir un huissier pour la constater, aurait pu prendre les mesures nécessaires pour en pallier les conséquences dommageables.

Justifie légalement sa décision d'annuler les sanctions disciplinaires de mise à pied de huit jours prononcées contre deux délégués du personnel par l'employeur, la cour d'appel qui constate que les sanctions prises contre ces délégués n'ont pas été soumises à l'inspecteur du travail qui devait donner son avis, conformément à l'article 42 de la Convention collective nationale des magasins de vente d'alimentation. »

SECTION 1
MOUVEMENT ILLICITE

812.11 Mise à l'écart du régime de la grève. Un mouvement qui ne répond pas aux critères de la grève, tels que précités, dégénère en mouvement illicite. Il en va ainsi des mouvements impliquant une cessation partielle du travail[1], de simples blocages ou dégradations de matériel sans arrêt de travail[2]. Les salariés ne bénéficient donc d'aucune protection et l'arrêt de travail les expose à une sanction pour abandon de poste. Pas besoin de faute lourde pour licencier ou sanctionner le salarié qui participe à une grève de solidarité illicite ; il pourra être licencié, pour faute grave[3] ou faute sérieuse. L'ensemble du régime juridique de la grève est inapplicable aux mouvements illicites.

SECTION 2
GRÈVE ABUSIVE

812.21 Abus. Contrairement au mouvement illicite, la grève abusive est une grève, ce qui implique qu'elle remplit les conditions de qualification de la grève. Elle dégénère cependant en abus lorsqu'elle vise à désorganiser l'entreprise. Dès lors que toute grève entraîne nécessairement une désorganisation, il a fallu que la jurisprudence créée une distinction, entre la désorganisation de l'entreprise et la simple désorganisation de la production[4]. La frontière n'est pas toujours aisée à tracer. Ainsi, le fait que l'exploitation de l'entreprise soit rendue « très onéreuse et plus difficile » ne caractérise pas en soi une désorganisation de l'entreprise : « constatant que les salariés avaient cessé leur travail en vue d'appuyer des revendications professionnelles et que leur mouvement de grève, s'il a rendu l'exploitation des lignes très onéreuse et plus difficile, n'avait pas abouti à une désorganisation de l'entreprise, la cour d'appel a pu décider que les intéressés n'avaient pas abusé de leur droit de grève », énonce la Cour de cassation[5].

Lorsqu'aucune entrave à la liberté du travail du personnel non gréviste et des membres de la direction n'a été commise et que seules l'entrée et la sortie de marchandises ont été entravées, la paralysie de l'activité qui en découle, exempte de désorganisation de l'entreprise, ne fait pas dégénérer le mouvement en abus[6]. De la même manière, une grève tournante ne désorganise pas nécessairement l'entreprise ; la Cour de cassation a ainsi approuvé une cour d'appel d'avoir relevé que ne constituaient pas une grève abusive les arrêts successifs de travail ayant seulement provoqué une désorganisation de la production, tandis que l'entreprise, elle-même, qui n'avait pas perdu sa clientèle, n'avait pas été désorganisée[7].

Autre exemple, l'absence de grève abusive lorsque la perturbation du service dont se plaignait l'employeur n'était que la conséquence normale de la limitation de la durée du travail du fait de la grève, et qu'aucune désorganisation de l'entreprise ne s'était manifestée, la société ayant eu la possibilité de réduire les tournées et d'informer sa clientèle des reports de convoyage des fonds[8].

De même à propos de l'arrêt de travail d'un commandant de bord qui avait avisé sa compagnie aérienne de son état de gréviste suffisamment tôt pour permettre son remplacement dans le commandement du vol Pointe-à-Pitre – Paris, il a été jugé

1. PAR EX. des contrôleurs SNCF qui ne contrôlent plus les billets mais exécutent leurs autres tâches : Soc. 16 mars 1994, n° 91-43.349, P V, n° 92 ; *D.* 1994. 364, note Y. Saint-Jours ; *JCP* 1994. II. 22340, note F. Duquesne ; *Dr. soc.* 1994. 524 ; *RJS* 1994. 344, n° 548.
2. Soc. 16 mars 1994, n° 91-43.349, préc.
3. Soc. 16 nov. 1993, n° 91-41.024, P V, n° 268 ; *Dr. soc.* 1994. 35, rapp. P. Waquet ; *Dr. soc.* 1994. 38 ; *JCP E* 1995. II. 658, note Siau ; *CSB* 1993. 293, A. 60.
4. Soc. 18 janv. 1995, n° 91-10.476, P V, n° 27 ; *D.* 1995. 50 ; *Dr. soc.* 1995. 183, rapp. P. Waquet ; *GADT*, 4e éd., Dalloz, 2008, n° 196 ; *D.* 1995. IR 50 ; *Dr. soc.* 1995. 183, rapp. Waquet ; *RJS* 1995. 201 ; *CSB* 1995. 79, A. 15.
5. Soc. 5 juill. 1995, n° 93-20.402, P V, n° 232 ; *RJS* 1995. 669, n° 1045.
6. Soc. 9 mars 2004, n° 02-30.294, NP.
7. Soc. 7 avr. 1993, n° 91-16.834, P V, n° 111 ; *RJS* 1993. 316, n° 539 ; *Dr. soc.* 1993. 607.
8. Soc. 16 oct. 2001, n° 99-18.128, P V, n° 319 ; *D.* 2001. 3252.

que « le risque de désorganisation de l'entreprise n'était pas caractérisé » de sorte que la grève n'était pas abusive[1].

Malgré les exemples assez nombreux fournis par la jurisprudence, la frontière entre désorganisation de la production et de l'entreprise est difficile à tracer. Comme il a été relevé, le tracé de la frontière tient pour l'essentiel dans l'idée de proportionnalité[2].

812.22 **Cas de la grève tournante.** La grève tournante est celle qui prend la forme d'arrêts de travail affectant successivement les différents secteurs de l'entreprise ou différentes catégories professionnelles. Elle a un impact maximum pour l'entreprise tout en limitant le préjudice des salariés qui perdent moins en salaire que lors d'une grève « classique ». Cette forme de grève, dès lors qu'elle se caractérise bien par des arrêts de travail, est licite[3]. Elle ne doit toutefois pas aboutir à désorganiser totalement l'entreprise[4].

812.23 **Cas de la grève bouchon.** La grève bouchon consiste à bloquer un atelier ou un service de l'entreprise, avec pour but de désorganiser la production ou l'entreprise. En principe licite, elle devient abusive si elle aboutit à une désorganisation de l'entreprise. « L'usage du droit de grève, sous la forme apparemment anodine d'arrêts limités et répétés du travail dans un seul atelier d'une chaîne de fabrication, révèle en vérité le souci des grévistes de porter atteinte au fonctionnement d'une chaîne de fabrication tout entière », a-t-il été jugé[5].

812.24 **Cas des débrayages.** Le débrayage, qui consiste dans des arrêts de travail irréguliers et de très courte durée, n'est pas en soi exclusif du droit de grève. Lorsque le mouvement n'est pas disqualifié en mouvement illicite[6], il risque fort d'être qualifié de grève abusive. Un arrêt, dont l'interprétation est délicate (il est indiqué que les salariés n'ont pas « franchement » arrêté le travail) retient la qualification de grève abusive : « les juges du fond ont relevé qu'en procédant à des débrayages inopinés et intermittents au lieu de cesser franchement le travail, les souffleurs dont le travail devait être continu avaient paralysé la fabrication, les opérations de fusion commencées ne pouvant être menées à leur terme, et qu'en organisant leurs arrêts de travail dans des conditions permettant à une minorité d'ouvriers d'empêcher toute production et au reste du personnel d'être payé sans rien faire, ces salariés avaient exécuté leur contrat dans des conditions autres que celles convenues, et commis un abus du droit de grève »[7]. La Cour de cassation a également retenu une inexécution du contrat de travail, « le personnel de la société ayant accompli son travail dans des conditions autres que celles prévues au contrat », à propos de cent arrêts de travail en deux mois, sachant en outre que parfois douze avaient lieu au cours d'une même journée[8].

812.25 **Cas de la grève surprise.** La grève surprise est licite, la perturbation de la production étant admise dans le cadre du droit de grève. Il faut toutefois que l'employeur ait eu connaissance au préalable des revendications (ce qui peut se faire le jour même). De même, un tel procédé ne doit pas conduire à une désorganisation de l'entreprise, ce qui peut être le cas lorsque la grève prend la forme d'arrêts répétés et que l'employeur n'a pas disposé d'un délai suffisant pour procéder à la réorganisation provisoire de son entreprise[9]. Il faut toutefois, ici également, que l'on ne soit pas seulement en présence d'une désorganisation de la production. Dans le cas du caissier ou de la caissière dont il est avéré qu'ils avaient « complètement cessé le travail, ce qui ne saurait être assimilé à une exécution défectueuse de celui-ci », il « aurait appartenu à l'employeur, pour qui la grève était prévisible puisqu'il avait fait venir un huissier pour la constater, de prendre les mesures nécessaires pour en pallier les conséquences dommageables ». La grève est donc licite[10].

SECTION 3
ACTES ABUSIFS LORS DE LA GRÈVE

812.31 **Occupation des locaux.** L'occupation des locaux par les grévistes est en principe interdite et constitue un trouble manifestement illicite[11]. Est constitutif d'un tel trouble le fait d'interdire l'accès à l'entreprise au directeur et aux non grévistes[12]. L'occupation des locaux n'est toutefois pas systéma-

1. Cass., ass. plén., 23 juin 2006, n° 04-40.289, P n° 7 ; *D.* 2006. 1843, obs. A. Astaix ; *Dr. soc.* 2006. 935, obs. E. Dockès ; *RDT* 2006. 248, obs. N. Olszak ; *RDT* 2006. 404, obs. O. Leclerc ; *JCP E* 2006. 1102, note Vatinet ; *RJS* 2006. 819, n° 1112.
2. Ph. Waquet, « La grève, les mouvements illicites et l'abus du droit de grève », *RJS* 1995. 139 – G. Auzero, D. Baugard, E. Dockès, *Droit du travail,* 37e éd., « Précis », Dalloz, 2023, n° 1546, p. 1986.
3. Soc. 14 janv. 1960, n° 58-40.009.
4. Soc. 4 oct. 1979, P V, n° 679.
5. Paris, 5 nov. 1963, *Gaz. Pal.* 1964. I. 270.
6. Absence de concertation entre « débrayeurs », absence d'information préalable de l'employeur.
7. Soc. 11 juin 1981, n° 79-42.013, P n° 522.
8. Soc. 26 févr. 1975, *Dr. soc.* 1975. 449, obs. J. Savatier.
9. Soc. 26 oct. 1977, n° 76-40.603, P n° 562.
10. Soc. 13 mars 1980, n° 78-41.613, P n° 251.
11. Soc. 21 juin 1984, n° 82-16.596, P V, n° 263 ; *GADT*, 4e éd., Dalloz, 2008, n° 212 ; *Dr. soc.* 1985. 15, note J. Savatier.
12. Soc. 21 juin 1984, n° 82-16.596, préc.

tiquement constitutive d'une faute lourde. Elle ne l'est pas si elle n'a « eu qu'un caractère symbolique et qu'aucune entrave n'avait été apportée par les grévistes à la liberté du travail »[1]. Il en va ainsi de l'occupation du seul réfectoire, sans aucune entrave à la liberté du travail des non grévistes[2].

Il a été jugé, dans une entreprise où il a été décidé l'arrêt des activités, de fermer l'unité de production sans information ni consultation préalable des institutions représentatives du personnel et d'interdire aux salariés l'accès à leur lieu de travail en leur notifiant sans autre explication leur mise en disponibilité, que ne caractérise pas un trouble manifestement illicite le fait pour les salariés d'avoir occupé les locaux sans aucun fait de dégradation du matériel, de violence, séquestration ou autre comportement dangereux à l'égard des personnels se trouvant sur le site. La cour d'appel a pu en déduire, souligne la Cour de cassation, que l'occupation des lieux, intervenue en réaction à la fermeture, dans ces circonstances, de l'unité de production, ne caractérisait pas un trouble manifestement illicite[3].

812.32 Piquets de grève : légalité. Les piquets de grève consistent en un regroupement des salariés grévistes devant l'entrée de l'entreprise. Ils sont illicites lorsqu'ils remettent en cause la liberté du travail des non grévistes ou désorganisent l'entreprise. L'abus est ainsi constitué lorsque les piquets de grève aboutissent à bloquer l'entrée de l'entreprise[4], de sorte que ses auteurs commettent une faute lourde. Il n'en est pas de même lorsque les grévistes se contentent de ralentir l'entrée dans l'usine, entraînant uniquement des retards qui n'entravent pas la liberté du travail des non grévistes, ou encore lorsque les salariés peuvent librement rentrer par une autre porte[5]. N'est pas non plus une faute lourde le fait pour les salariés en grève d'une entreprise de transport d'avoir garé les camions devant la porte d'entrée de l'usine tout en ayant accepté comme le leur demandait l'employeur, de remettre les documents et les clefs des véhicules, lesquels étaient vides de tout chargement, et tout en étant restés sans violence à côté desdits camions[6].

812.33 Piquets de grève : preuve. C'est à l'employeur qu'il incombe de prouver, par tous moyens, le blocage par piquets de grève, ce qui nécessitera le plus souvent un constat d'huissier. Il faudra établir que toutes les portes d'entrée ont été bloquées[7]. Il a été jugé dans une affaire intéressant un salarié protégé que si « le requérant produit en appel plusieurs témoignages datant de 1994, ainsi qu'une photographie des abords de l'établissement prise durant la grève, ces pièces ne sont pas d'une force probante telle qu'elles permettent de tenir pour matériellement inexacts les faits, ressortant notamment des deux constats d'huissier des 8 et 12 février 1990, sur lesquels s'est fondé le ministre pour prendre la décision attaquée »[8].

L'huissier diligenté par l'employeur joue un rôle de constitution de preuves et excède ses pouvoirs en demandant aux salariés de décliner leur identité et d'enlever des véhicules, de sorte que son constat ne peut plus être utilisé à titre de preuve[9].

SECTION 4
EXPULSION DES GRÉVISTES

812.40 Plan. L'expulsion des grévistes est strictement encadrée (§ 1) et pourra nécessiter le recours à la fois au juge et à la force publique (§ 2).

§ 1
Recours au juge

812.50 Plan. Deux possibilités s'ouvrent à l'employeur pour faire expulser les grévistes qui pratiquent une entrave à la liberté du travail, d'une part l'ordonnance de référé (A), d'autre part l'ordonnance sur requête (B).

A.
Voie de l'ordonnance de référé

812.61 Référé. Lorsque l'occupation des locaux entrave la liberté du travail, on est en présence d'un trouble manifestement illicite qui permet à l'employeur de demander, en référé, l'expulsion des grévistes. Ce

1. Soc. 26 févr. 1992, n° 90-40.760, P V, n° 124 ; *RJS* 4/92, n° 485.
2. Soc. 19 déc. 1990, n° 89-14.576, P V, n° 698 ; *GADT*, 4e éd., Dalloz, 2008, n° 213 ; *D.* 1991. IR 25.
3. Soc. 9 mars 2011, n° 10-11.588 ; *D.* 2011. 888 ; *Dr. soc.* 2011. 734, obs. B. Gauriau ; *Procédures* 2011, n° 173, note A. Bugada ; *RJS* 5/2011, n° 454 ; *JCP S* 2011. 1330.
4. Soc. 8 déc. 1983, n° 81-14.238, P n° 598 ; *D.* 1984. 90, concl. G. Picca ; *JCP* 1984. II. 20220, note J. Le Calonnec et J. Bedoura – Soc. 30 juin 1993, n° 91-44.824, P V, n° 185 ; *D.* 1993. IR 174 ; *CSB* 1993, n° 52, A. 47 : blocage à l'entrée de l'usine, pour les personnes et les véhicules.
5. CE 2 févr. 1996, req. n° 152406, *Lebon ; RJS* 1996. 178, n° 299.
6. Soc. 7 juin 1995, n° 93-46.448, P V, n° 180 ; *D.* 1996. 75, note B. Mathieu ; *Dr. soc.* 1996. 37, note Ch. Radé ; *RJS* 1995. 607, n° 933 ; *RJS* 1995. 564, Chron. J. Déprez ; *JCP E* 1995. I. 499, n° 8, obs. B. Teyssié ; *Dr. ouvrier* 1996. 94, note L. Milet ; *RTD civ.* 1996. 153, obs. J. Mestre ; *RDSS* 1996. 115, obs. J.-M. Lhuillier ; *GADT*, 4e éd., Dalloz, 2008, n° 197.
7. CE 2 févr. 1996, req. n° 152406, préc.
8. CE 10 janv. 2000, req. n° 157269, NP ; *RJS* 5/2000, n° 554.
9. Soc. 2 mars 2004, n° 01-44.644, P V, n° 69.

trouble peut être prouvé par tous moyens, notamment par constat d'huissier.

On rappellera qu'en vertu de l'article 835 [anc. 809] du code de procédure civile, le président du tribunal judiciaire peut, même en présence d'une contestation sérieuse, prescrire en référé les mesures conservatoires ou de remise en état qui s'imposent, soit pour prévenir un dommage imminent, soit pour faire cesser un trouble manifestement illicite. S'agissant de l'expulsion des grévistes, le contentieux porte pour l'essentiel sur la caractérisation d'un trouble manifestement illicite. Ce trouble sera constitué en présence d'une entrave à la liberté du travail, caractérisée pour l'essentiel par l'occupation des locaux ou d'un piquet de grève entraînant blocage de l'entrée de l'entreprise.

B.
Ordonnance sur requête

812.71 **Requête.** L'employeur ne va pas toujours pouvoir assigner individuellement l'ensemble de celles et ceux qui bloquent l'entreprise, ce d'autant plus qu'ils ne sont pas toujours identifiables. Après des tentatives, souvent infructueuses, des juges du fond de contourner cet obstacle[1], la Cour de cassation a donc admis le recours à l'ordonnance de requête, sur le fondement de l'article 812, désormais 845 du Code de procédure civile. Elle a jugé en 1977 qu'« Il appartenait [...] à la cour d'appel de rechercher si le président du tribunal qui a le pouvoir d'ordonner sur requête toutes mesures urgentes lorsque les circonstances exigent qu'elles ne soient pas prises contradictoirement ne devait pas en l'espèce statuer de la sorte à l'égard des autres occupants, en raison de l'urgence à prévenir un dommage imminent, de la difficulté pratique d'appeler individuellement en cause tous les occupants et de la possibilité pour les dirigeants de fait du mouvement de grève de présenter les moyens de défense communs à l'ensemble du personnel »[2].

En vertu de l'article 845, précité, du code de procédure civile, « le président du tribunal judiciaire ou le juge des contentieux de la protection est saisi par requête dans les cas spécifiés par la loi. Il peut également ordonner sur requête toutes mesures urgentes lorsque les circonstances exigent qu'elles ne soient pas prises contradictoirement. Les requêtes afférentes à une instance en cours sont présentées au président de la chambre saisie ou à laquelle l'affaire a été distribuée ou au juge déjà saisi. »

Cette disposition autorise le président du tribunal à ordonner à l'encontre de tous les occupants, sans qu'ils soient cités en personne, toutes mesures urgentes lorsque les circonstances exigent qu'elles ne soient pas prises contradictoirement, par exemple lorsque l'abandon des consignes de sécurité par les grévistes fait courir un danger immédiat aux personnes. Parce que cette procédure est non contradictoire, elle est soumise à de strictes conditions. Il convient, outre l'urgence à prévenir un dommage imminent, d'identifier les dirigeants de fait du mouvement (le plus souvent des représentants syndicaux ou élus), et de caractériser leur rôle actif dans l'organisation de la grève et de l'occupation des locaux, ainsi que la possibilité pour eux de présenter des moyens de défense communs à l'ensemble du personnel[3].

Concrètement, l'employeur qui souhaite l'expulsion de l'ensemble des grévistes a intérêt à déclencher en même temps une procédure de référé contre les occupants qu'il aura identifiés, et une procédure de requête contre les autres occupants[4] ; les deux procédures seront examinées en même temps par le juge.

§ 2
Recours à la force publique

812.81 **Force publique.** Malgré les lourdes sanctions auxquelles s'exposent les salariés qui n'obtempèrent pas, que ce soit un licenciement pour faute lourde[5] ou une éventuelle condamnation à des dommages et intérêts, l'obtention d'une ordonnance d'expulsion valant titre exécutoire n'aboutit pas toujours à libérer les locaux.

L'employeur qui dispose d'une ordonnance d'expulsion peut, si les locaux ne sont pas libérés, demander le recours à la force publique. Il n'est pas toujours autorisé par l'autorité administrative qui peut refuser le concours de la force publique en cas de danger pour l'ordre et la sécurité[6] ; Dans ce cas, l'employeur peut engager la responsabilité de l'État[7]. La responsabilité de l'État vaut aussi si ce dernier tarde à agir.

1. La condamnation d'un délégué syndical s'étend aux salariés qui ont agi sous ses ordres, Pau, 30 juin 1970, *D.* 1970. 550, concl. R. Descomps ; *RTD civ.* 1971. 196, obs. P. Hébraud et P. Raynaud.
2. Soc. 17 mai 1977, *D.* 1977. Jur. 645, note A. Jeammaud.
3. Soc. 23 juin 2004, nos 02-31.999, 02-31.071, P V, no 180 ; *RJS* 2004. 835, no 1187.
4. Soc. 23 juin 2004, no 02-31.071, P V, no 180, préc. – Soc. 17 mai 1977, *Dr. soc.* 1978. 119, note J. Savatier – AUSSI : note R. D., *Gaz. Pal.* 1977. II. jur., p. 612.
5. Soc. 30 avr. 1987, P V, no 238 – Soc. 1er févr. 1978, no 76-40.273, P V, no 73.
6. CE 3 juin 1938, *DP* 1938. 3, 65, note J. Appleton ; *JCP* 1938. II. 834, note J. Mihura.
7. CE 8 déc. 1989, req. no 68586 – CE 3 juin 1938, req. no 58698, *D.* 1938, J. 24. 1.

TITRE

82. Les conséquences de la grève

SECTION 0
ORIENTEUR

82.00 Sommaire du titre.

Division. La grève emporte des conséquences tant pour les salariés (chap. 821) que pour l'employeur (chap. 822). Corrélativement, chaque partie peut voir sa responsabilité engagée (chap. 823).

CHAPITRE

821. Incidences pour les salariés

SECTION 0 ORIENTEUR

821.00 **Sommaire du chapitre.**

Division. La grève a des répercussions immédiates sur la situation des salariés participant au mouvement. Le contrat de travail est suspendu, mais le droit veille à ce que les salariés grévistes ne soient pas licenciés pour fait de grève (sect. 1). La rémunération cesse d'être due, mais le droit est attentif à ce que les salariés grévistes ne soient pas victimes de discriminations (sect. 2).

821.01 **Texte applicable.**

• **C. trav.,** art. L. 2511-1 [Exercice du droit de grève]

821.02 **Jurisprudence de référence.**

> Licenciement – Faute lourde.

• **Soc. 9 mai 2012,** n° 10-26.497, P

« Ne commet pas une faute lourde le salarié qui s'est placé devant un camion alors que le blocage du véhicule n'avait pas entravé le travail des salariés ne participant pas au mouvement de grève ou ni entraîné une désorganisation de l'entreprise faute d'autre accès aux locaux de l'entreprise ».

> Interdiction des discriminations

• **Soc. 7 nov. 2018,** n° 17-15.833, P

« Si l'employeur peut tenir compte des absences, même motivées par la grève, pour le paiement d'une prime, c'est à la condition que toutes les absences, hormis celles qui sont légalement assimilées à un temps de travail effectif, entraînent les mêmes conséquences sur son attribution ».

> Réduction de la rémunération

• **Soc. 13 nov. 2008,** n° 06-44.608, P

« L'exercice du droit de grève ne peut donner lieu de la part de l'employeur qu'à un abattement de salaire proportionnel à la durée de l'arrêt de travail ».

« Lorsque l'absence pour fait de grève d'un salarié cadre soumis à une convention de forfait en jours sur l'année est d'une durée non comptabilisable en journée ou demi-journée, la retenue opérée doit être identique à celle pratiquée pour toute autre absence d'une même durée ».

« En l'absence de disposition sur ce point de l'accord collectif, la retenue opérée résulte de la durée de l'absence et de la détermination, à partir du salaire mensuel ou annuel, d'un salaire horaire tenant compte du nombre de jours travaillés prévus par la convention de forfait et prenant pour base, soit la durée légale du travail si la durée du travail applicable dans l'entreprise aux cadres soumis à l'horaire collectif lui est inférieure, soit la durée du travail applicable à ces cadres si elle est supérieure à la durée légale ».

> Non-paiement des jours fériés chômés

• **Soc. 5 févr. 2002,** n° 99-43.898, P

« Le salarié qui s'est associé au mouvement de grève doit être légalement considéré, sauf preuve contraire de sa part, comme gréviste pour toute la durée du mouvement et ne peut donc prétendre, fût-ce pour le 1er mai, au paiement de sa rémunération pendant cette période, peu important que certains jours il n'ait eu normalement aucun service à assurer ».

821.03 **Bibliographie indicative.**

Thèse. A. Cristau, *Grève et contrat,* th. Paris I, 1999.

Monographie. C. Radé, *Droit des conflits collectifs du travail,* « Droit&Professionnels », LexisNexis, 2023.

821.05 **Points clés.** Ayant des effets sur le contrat de travail des salariés grévistes, qui est suspendu, et sur leur rémunération, qui cesse d'être due, la grève conduit aussi à organiser leur protection contre le licenciement ou d'éventuelles mesures de discrimination.

SECTION 1
PROPOS LIMINAIRES

821.11 **Indifférence de la grève à l'égard de l'exercice des mandats représentatifs.** Si le principal effet du mouvement de grève pour les salariés est la suspension des contrats individuels des salariés grévistes, la grève est en revanche sans impact sur l'exercice des mandats représentatifs - élu au comité social et économique, délégué syndical, représentant de la section syndicale[1]. Sans doute, l'appartenance à l'entreprise, et donc l'existence d'un contrat de travail, sont nécessaires pour que le salarié soit investi d'un tel mandat. Mais cette exigence satisfaite, l'exécution de l'un ne conditionne pas la réalisation de l'autre. Le principe est général dans tous les cas de suspension du contrat, que ce soit pendant les congés payés[2], pendant un arrêt de travail pour cause de maladie[3], pendant une mise à pied conservatoire[4] ou disciplinaire[5], pendant un congé sans solde[6], etc.

Si la solution se justifie particulièrement en cas de grève afin de permettre aux salariés investis de mandats de pouvoir poursuivre l'exercice de leurs fonctions représentatives, la question pourrait se poser de savoir si elle doit être étendue aux salariés qui ont un rôle dans la défense des intérêts du personnel et bénéficient du statut protecteur sans être forcément titulaires d'un mandat de représentation. Cela concerne, spécialement, les représentants de proximité désignés par le comité social et économique qui ne seraient pas des membres élus issus de celui-ci. La logique de dissociation de la suspension du contrat de travail et de l'effectivité des fonctions de défense des intérêts collectifs des travailleurs le voudrait.

La poursuite des fonctions représentatives du personnel a, quoi qu'il en soit, pour corollaire celle du fonctionnement des instances, le comité social et économique devant être réuni pour la réalisation de ses attributions. Elle commande aussi de faire application des sanctions du délit d'entrave s'il est fait obstacle à l'exercice de ces fonctions. La Cour de cassation a même admis la régularité d'élections professionnelles qui s'étaient déroulées pendant une grève, soulignant tout de même que, en l'espèce, le mouvement ne touchait pas l'ensemble des salariés[7].

821.12 **Salariés grévistes et salariés non-grévistes.** La grève n'a en principe d'impact que vis-à-vis des salariés grévistes dont seuls les contrats de travail sont suspendus. Mais l'activité des non-grévistes peut être affectée par le mouvement. Sur le principe, l'employeur reste tenu de leur fournir du travail et de les rémunérer en conséquence. Il conserve en outre la possibilité, dans l'exercice de son pouvoir de direction, de changer temporairement la tâche de certains salariés afin qu'ils occupent le poste de salariés grévistes, à la condition que ce soit sans conséquence sur la rémunération[8].

La grève peut toutefois avoir pour effet de paralyser le fonctionnement de l'entreprise et de placer les salariés non-grévistes dans l'impossibilité de travailler. L'employeur peut être alors libéré de son obligation de les rémunérer s'il justifie d'une situation contraignante l'empêchant de fournir du travail[9]. L'empêchement doit être ici absolu. Il ne suffirait pas que l'obligation de fournir du travail soit rendue

1. Crim. 25 mai 1983, n° 82-91.538, P n° 153 – Soc. 27 févr. 1985, n° 82-40.173, P V, n° 124.
2. Soc. 19 oct. 1994, n° 91-41.097, NP ; *Dr. soc.* 1995. 72 ; *RJS* 1994. 855, n° 1419.
3. Crim. 16 juin 1970, n° 69-93.132, P n° 207 ; – DANS CE CAS, le salarié en arrêt maladie n'étant pas supposé exercer d'activité professionnelle, il lui faudra obtenir l'autorisation de son médecin traitant pour pouvoir exercer son mandat pendant son arrêt de travail tout en percevant les indemnités journalières de la sécurité sociale (Cass., ch. mixte, 21 mars 2014, n° 12-20.002, P n° 2 ; *D.* 2014. 782 ; *JCP* 2014. 621, note D. Corrignan-Carsin ; *JCP S* 2014. 1269, note D. Asquinazi-Bailleux ; *JCP E* 2014. 1559, note G. Vacher ; *RJS* 2014. 398, n° 493 ; *JSL* 2014, n° 365-5, obs. Ph. Pacotte et J. Bourhis.
4. Soc. 2 mars 2004, n° 02-16.554, P V, n° 71 ; *Dr. ouvrier* 2004. 437, note M. Cohen ; *D.* 2004. 2186, obs. J.-F. Paulin ; *RJS* 2004. 378, n° 557.
5. Crim. 11 sept. 2007, n° 06-82.410, P n° 199 ; *JSL* 13 nov. 2007, n° 221, p. 18, note J.-E. Tourreil ; *RJS* 2007. 1049 ; *Dr. soc.* 2007. 1260, note F. Duquesne ; *RPDS* 2007. 359, note L. Milet.
6. Soc. 27 mai 2009, n° 08-42.555, P V, n° 136 ; *D.* 2009. 1617 ; *RJS* 2009. 622, n° 688 ; *JSL* 2009, n° 259-5 ; *JCP S* 2009. 1357, obs. P. Morvan.
7. Soc. 28 janv. 2015, n° 14-14.345, P V, n° 14 ; *JCP S* 2015. 1114, note F. Petit ; *Cah. Soc.* 2015, p. 210, obs. F. Canut.
8. Soc. 4 oct. 2000, n° 98-43.475, P V, n° 313 ; *Dr. soc.* 2000. 1156, note J.-E. Ray ; *D.* 2000. IR 262 ; *RJS* 2000. 823, n° 1275 ; *JCP* 2000. IV. 2731.
9. PAR EX. : Soc. 26 mars 2014, n° 12-26.600, P V, n° 84 ; *JCP* 2014. 1230, note E. Jeansen ; *Cah. Soc.* 2014, p. 372, obs. F. Canut ; *D.* 2014. 830 ; *D.* 2014. 1404, chron. S. Mariette, C. Sommé, F. Ducloz, E. Wurtz, A. Contamine et P. Flores.

plus difficile ou moins rentable par le fait de la grève. L'obligation subsiste donc en dépit des incidences financières que peut entraîner le maintien en activité des ateliers ou des services non impactés par la grève[1]. En revanche, la paralysie de l'entreprise peut caractériser une situation contraignante telle qu'elle justifie le recours à l'activité partielle[2]. L'occupation des locaux par les salariés grévistes peut également constituer un empêchement absolu de nature à libérer l'employeur de son obligation de payer les salaires aux salariés non-grévistes s'il justifie avoir demandé en justice l'expulsion des occupants et sollicité l'exécution du jugement obtenu par la force publique[3].

SECTION 2
EFFETS SUR LE CONTRAT DE TRAVAIL

821.20 **Plan – Protection de l'emploi des salariés grévistes.** La suspension des contrats de travail des salariés grévistes est l'effet immédiat de l'exercice du droit de grève (§ 1). Cet effet est justifié par la situation des salariés qui ont cessé d'exécuter leur prestation de travail. Si cet arrêt est légitime, eu égard au caractère constitutionnel du droit de grève, il place les salariés grévistes dans une position d'opposition, voire de confrontation, vis-à-vis de l'employeur. Aussi, pour les protéger contre le risque que leur participation au mouvement soit sanctionnée par l'employeur qui mettrait fin à la relation contractuelle, l'article L. 2511-1 du Code du travail dispose que « l'exercice du droit de grève ne peut justifier la rupture du contrat de travail, sauf faute lourde imputable au salarié », ajoutant que « tout licenciement prononcé en absence de faute lourde est nul de plein droit » (§ 2).

§ 1
Suspension du contrat de travail

821.30 **Plan – Mise en sommeil du contrat ?** La suspension du contrat est une notion d'application trompeuse. C'est en réalité l'exécution des obligations principales qui est interrompue le temps que dure la grève. Non seulement le lien obligatoire est maintenu, mais certaines obligations accessoires demeurent actives, comme l'obligation de loyauté, encore qu'elle perde de son intensité. Le pouvoir disciplinaire de l'employeur ne cesse pas non plus, bien que son exercice soit limité en l'absence d'activité du salarié et contrôlé en raison de la participation de celui-ci à la grève. Plus encore, l'arrêt de l'activité du salarié est sans effet sur le terme du contrat si celui-ci est à durée déterminée. Son échéance n'est pas prorogée par le fait de la grève[4].

Ainsi comprise, la suspension du contrat est de surcroît individuelle en ce sens qu'elle est provoquée, non par la grève, mais par la participation de l'intéressé au mouvement. La grève peut se prolonger et le salarié reprendre son activité, réactivant l'exécution des obligations réciproques. De façon générale, à l'issue de la grève ou de la participation au mouvement, les salariés doivent retrouver l'emploi qui était le leur avant la cessation de leur activité sans modification de leur contrat, voire sans changement de leurs conditions de travail s'il apparaît que celui-ci constitue une sanction déguisée de l'exercice du droit de grève.

Il faut encore observer que la suspension du contrat correspond en pratique à la situation des parties lors d'un mouvement de grève « classique », quand les grévistes interrompent leur activité pendant une période de temps continu qui peut être plus ou moins longue. Elle a moins de sens en présence d'autres formes de grève comme des débrayages quotidiens d'une durée limitée. L'impact de la grève se fait alors ressentir sur la rémunération. Il est en revanche moins sensible au point de vue de la suspension sporadique du contrat.

Deux séries d'effets se dégagent ainsi de la suspension du contrat de travail, soit à titre principal (A), soit à titre secondaire (B).

A.
Effets principaux

821.41 **Obligations dont l'exécution est suspendue.** La grève est un « temps mort » dans l'exécution du contrat de travail. Le salarié comme réciproquement l'employeur peuvent légitimement ne pas exécuter leurs obligations principales. Tandis que l'un ne réalise pas sa prestation de travail, l'autre est dispensé de son obligation de payer le salaire[5].

Toutes les obligations ne cessent pas cependant d'être actives, ce pourquoi la suspension est moins celle du contrat dans son ensemble que celle de ses obligations principales. L'obligation de loyauté, en particulier, subsiste, même si elle baisse d'intensité dans un contexte où le salarié n'exécute pas de prestation de travail. Demeurent également en vigueur les obligations stipulées dans le contrat de travail dont l'application n'est pas incompatible avec l'arrêt de l'activité du salarié, comme l'obligation de confidentialité. Néanmoins, lorsque l'exécution de l'obligation dépend de l'unilatéralisme de l'employeur dans l'application d'une clause, telle une clause de mobilité, la mesure peut être suspecte de constituer une mesure discriminatoire interdite en application de l'article L. 1132-2 du Code du travail.

1. Soc. 10 janv. 1973, n° 71-40.804, P V, n° 8.
2. Soc. 4 juill. 2000, n° 98-20.537, P V, n° 262 ; *Dr. soc.* 2000. 1091, note A. Cristau.
3. Versailles, 11 juin 1987, RG n° 86/5360.
4. Soc. 21 nov. 1984, n° 82-40.601, P V, n° 445 ; *Dr. ouvrier* 1985. 35.
5. EN CAS DE RÉCLAMATION du salarié, il appartient à l'employeur de prouver sa participation à la grève : Soc. 6 févr. 2001, n° 98-46.427, P V, n° 39.

821.42 Suspension de la période d'essai. La période d'essai ayant pour objet de permettre à l'employeur d'évaluer les compétences du salarié dans son travail, notamment au regard de son expérience, et au salarié d'apprécier si les fonctions occupées lui conviennent[1], il ne ferait pas sens que la participation du salarié à un mouvement de grève durant cette période soit décomptée de sa durée. Le temps de l'essai ne court donc pas pendant la grève. Il reste que le salarié se met en risque en participant à la grève, sauf si elle implique tous les salariés de l'entreprise ou de l'établissement dont dépend le salarié nouvellement embauché.

821.43 Pouvoir disciplinaire de l'employeur. Le pouvoir disciplinaire de l'employeur n'est pas gelé pendant la grève, même à l'égard des salariés grévistes. C'est du reste la seule trace qui demeure du lien de subordination juridique, l'employeur n'exerçant plus son pouvoir donner des ordres ou des directives et d'en contrôler l'exécution.

Des arrêts, anciens, ont pu considérer que le règlement intérieur était suspendu pendant la grève comme le sont les contrats[2]. Mais ils datent d'une époque où le règlement intérieur était traité comme une annexe du contrat de travail et non comme un acte réglementaire privé.

S'il subsiste, le pouvoir réglementaire est en revanche réduit. D'une part, l'employeur ne peut sanctionner un salarié gréviste à raison d'un fait commis à l'occasion de la grève, à moins que ce fait soit constitutif d'une faute lourde. La règle a été codifiée à l'article L. 1132-2 du Code du travail par la loi du 25 juillet 1985[3]. D'autre part, le salarié ayant cessé d'exécuter ses fonctions, les occasions sont par hypothèse restreintes de pouvoir commettre une faute qui serait détachable du fait de grève.

B. Effets secondaires

821.51 Maladie du salarié gréviste. La maladie du salarié ne le fait pas bénéficier du maintien de tout ou partie du salaire d'activité prévu par accord collectif ou par le contrat de travail lorsqu'elle survient postérieurement à la participation à la grève et dure pendant tout le temps de celle-ci, sauf si le salarié se désolidarise du mouvement et à la condition alors d'établir sa volonté de ne plus être considéré comme gréviste[4].

Si l'arrêt maladie est antérieur au déclenchement du mouvement de grève, le salarié malade doit en revanche manifester sa volonté de participer à la grève pour se priver, par solidarité, de l'avantage conventionnel ou contractuel. À défaut, son contrat de travail étant déjà suspendu au commencement de la grève, il ne peut par hypothèse cesser d'exercer son activité pour se joindre au mouvement. Dans le doute sur la volonté qui aurait été la sienne de participer ou non à la grève, il doit être traité comme un salarié non-gréviste. Pour cette raison d'ailleurs, s'il peut en principe prétendre au bénéfice de l'allocation complémentaire[5], c'est à la condition que les salariés non-grévistes aient pu eux-mêmes continuer à travailler pendant la grève[6]. Lorsque les salariés non-grévistes ont été empêchés de travailler faute de pouvoir accéder aux locaux, le salarié malade doit être considéré comme ayant été dans la même situation que ceux-ci et ne peut davantage percevoir d'indemnité complémentaire pour maladie que les salariés non-grévistes n'ont pu être payés[7].

821.52 Accident du salarié gréviste. Le salarié gréviste n'exécutant plus de prestation de travail et n'étant plus, de façon plus générale, placé sous l'autorité de l'employeur, l'accident dont il serait victime sur le lieu de travail ne présente pas un caractère professionnel[8]. Pour la même raison, l'accident qui surviendrait en rentrant à son domicile après une réunion d'information du comité de grève n'est pas un accident de trajet[9].

§ 2 Rupture du contrat de travail

821.60 Plan – Suspension du contrat et protection contre le licenciement. C'est une préoccupation commune à plusieurs cas de suspension du contrat de travail que d'instaurer, le temps de cette suspension, une protection spéciale du salarié contre le risque de rupture à l'initiative de l'employeur : maladie, accident du travail, état de grossesse, congé maternité. Dans ces situations, le salarié ne peut être licencié que pour faute grave ou en cas d'impossibilité de poursuivre l'exécution du contrat pour une autre cause que celle ayant entraîné la suspension de celui-ci.

Comparativement, la protection du salarié dont le contrat est suspendu pour fait de grève est renforcée puisqu'il ne peut être licencié que pour faute lourde, à tout le moins si la

1. C. trav., art. L. 1221-20.
2. Soc. 16 déc. 1968, P V, n° 593 ; *Dr. soc.* 1968. 318, obs. J. Savatier – Soc. 4 juill. 1972, n° 71-40.592, P V, n° 482 ; *JCP* 1973. II. 17464, note J. Pélissier.
3. L. n° 85-772, 25 juill. 1985 portant diverses dispositions d'ordre social, *JO* 26 juill., p. 8471.
4. Soc. 17 juin 1982, n° 80-40.973, P V, n° 405.
5. Soc. 20 févr. 1980, n° 78-41.116, P V, n° 161.
6. Soc. 17 juin 1982, n° 80-40.973, P V, n° 405.
7. Soc. 8 déc. 1983, n° 81-40.860, P V, n° 601 – Soc. 17 janv. 1996, n° 91-43.218, NP.
8. PEU IMPORTE que la quasi-totalité du personnel soit en grève : Soc. 16 juill. 1987, n° 85-44.490, P V, n° 497.
9. Soc. 20 mars 1953, *D.* 1954. 53.

rupture est liée à sa participation au mouvement (A). D'autres causes de rupture peuvent être aussi envisagées (B).

A.
Rupture pour fait de grève

821.70 Plan – Principe et exception. Le principe est qu'un salarié ne peut être licencié pour fait de grève. Le licenciement qui se révèlerait avoir été prononcé pour ce fait est nul (1°). L'exception tient à la gravité de la faute dont le salarié se rendrait coupable à l'occasion de la grève lorsque celle-ci présente le caractère d'une faute lourde, c'est-à-dire d'une faute intentionnelle commise dans l'intention de nuire à l'employeur (2°).

1°
Principe

821.81 Interdiction de la rupture pour fait de grève. L'article L. 2511-1 du Code du travail énonce, à l'alinéa 1er, que « l'exercice du droit de grève ne peut justifier la rupture du contrat de travail, sauf faute lourde imputable au salarié. » Ce texte fait écho à l'article L. 1132-2 qui dispose qu'« aucun salarié ne peut être sanctionné, licencié ou faire l'objet d'une mesure discriminatoire mentionnée à l'article L. 1132-1 en raison de l'exercice normal du droit de grève. » Ce dernier texte, à bien y regarder, est plus précis en faisant état de l'exercice « normal » du droit de grève. Logiquement, la protection ne bénéficie aux salariés qu'autant que le mouvement auquel ils participent est licite.

Si la grève est illicite ou si son exercice dégénère en abus, les salariés grévistes peuvent être licenciés pour leur participation fautive au mouvement, sous réserve du contrôle du caractère réel et sérieux du motif de rupture, indépendamment alors de la commission d'une faute lourde[1].

821.82 Nullité du licenciement. L'alinéa 3 de l'article L. 2511-1 indique que « tout licenciement prononcé en absence de faute lourde est nul de plein droit ». Cette sanction, que nul ne songerait aujourd'hui discuter, a été retenue dès 1985 par le législateur pour protéger l'emploi du salarié gréviste. Cet objectif justifie de donner au texte qui la prévoit la portée la plus large : est nul non seulement le licenciement prononcé en raison de la participation à une grève licite mais également celui dont le motif réel est un fait commis au cours de l'exercice normal du droit de grève[2]. C'est le cas, par exemple, lorsque le salarié a tenté d'inciter les membres de son équipe à mener une action de grève en réponse au refus de la direction d'engager du personnel supplémentaire. Les faits reprochés au soutien du licenciement ayant été commis à l'occasion de l'exercice du droit de grève, le licenciement est nul[3]. Par extension, la nullité est aussi encourue lorsque les faits fautifs ont été amnistiés[4].

Le licenciement étant nul, le salarié peut exiger sa réintégration et obtenir au besoin du juge des référés une décision l'ordonnant à l'employeur[5]. Seule l'impossibilité matérielle de réintégrer le salarié dans son emploi ou dans un emploi équivalent peut y faire échec[6]. Dans ce dernier cas, et plus généralement lorsque le salarié ne sollicite pas sa réintégration, il peut prétendre au paiement d'une indemnité qui ne peut être inférieure aux salaires des six derniers mois[7], sans déduction d'éventuels revenus de remplacement[8].

821.83 Remboursement à Pôle emploi des indemnités de chômage versées au salarié dont le licenciement est annulé. La Cour de cassation a jugé, le 18 janvier 2023, que le juge peut ordonner le remboursement des allocations chômage en cas d'annulation du licenciement d'un salarié gréviste[9]. Pour l'admettre, la Chambre sociale a relevé que le remboursement des allocations chômage est prévu par l'article L. 1235-4 du Code du travail en cas de nullité du licenciement discriminatoire, visé à l'article L. 1132-4. Et elle a observé que l'article L. 1132-2 relatif à la nullité du licenciement du salarié gréviste

1. Soc. 15 oct. 2013, n° 11-18.977, P V, n° 232 ; *Dr. soc.* 2013. 1057, note J. Mouly ; *Cah. Soc.* 2013. 470, obs. F. Canut ; *RJS* 2013. 730 ; *JCP S* 2014. 1028, note A. Barège – Soc. 7 juill. 2021, n° 18-25.468, NP – AUSSI, s'agissant de la mise à pied des salariés ayant participé à une grève illicite : Soc. 8 oct. 2014, n° 13-18.873, P V, n° 223 ; *JCP S* 2014. 1448, note E. Jeansen ; *Cah. Soc.* 2014, p. 652, obs. F. Canut ; *RJS* 2014. 760.
2. Soc. 22 janv. 1992, n° 90-44.249, P V, n° 19 ; *Dr. soc.* 1992. 271.
3. Soc. 23 nov. 2022, n° 21-19.722, NP ; *RJS* 2023. 99. V. aussi Soc. 1er juin 2023, n° 22-13.304, NP, qui juge que, lorsqu'il est reproché au salarié d'avoir incité ses collègues à faire grève, le licenciement est prononcé à l'occasion de l'exercice du droit de grève.
4. Soc. 29 juin 1994, n° 91-40.656, P V, n° 215 ; *RJS* 1994. 650, note Y. Chauvy.
5. Soc. 26 sept. 1990, n° 88-41.375, P V, n° 387 ; *Dr. soc.* 1991. 60, rapport P. Waquet et note J.-E. Ray – Soc. 10 oct. 1990, n° 88-41.426, P V, n° 434 ; *RJS* 1990. 663, n° 1014 ; *JCP* 1990. IV. 389 – Soc. 21 févr. 1991, n° 89-40.917, NP ; *Dr. soc.* 1991, Ét. J.-M. Verdier.
6. La circonstance que le poste du salarié licencié ne soit plus vacant ne caractérise pas une telle impossibilité matérielle : Soc. 2 févr. 2005, n° 02-45.085, P V, n° 43.
7. C. trav., art. L. 1235-3-1.
8. Soc. 2 févr. 2006, n° 03-47.481, P V, n° 53 ; *RDT* 2006. 42, note O. Leclerc ; *JCP S* 2006, act. 63, obs. S. Miara ; – Soc. 25 nov. 2015, n° 14-20.257, P V, n° 506 ; *RDT* 2016. 9, obs. A. Moulinier ; *Cah. Soc.* 2016. 29, obs. F. Canut.
9. Soc. 18 janv. 2023, n° 21-20.311, P ; *Dr. soc.* 2023. 279, note P. Adam ; *JCP S* 2023. 1039, note Th. Lahalle ; *JCP E* 2023. 1289, note B. Bossu ; *JSL* 20 févr. 2023, n° 558, p. 15, note Ph. Pacotte et S. Borocco-Dillies ; *RJS* 2023. 54.

figure dans le même chapitre 2 consacré au « Principe de non-discrimination » que l'article L. 1132-4 sur la nullité du licenciement discriminatoire. L'ordonnancement des textes justifie en conséquence d'appliquer au cas de nullité du licenciement du salarié gréviste - nullité en l'occurrence encourue faute d'avoir caractérisé une faute lourde - le même régime qu'au cas de nullité d'un licenciement discriminatoire. Certes, l'article L. 1235-4 relatif au remboursement des allocations chômage ne renvoie expressément qu'à l'article L. 1132-4. Mais l'analyse se justifie au regard des termes larges de l'article L. 1132-4 qui déclare nul « toute disposition ou tout acte pris à l'égard d'un salarié en méconnaissance des dispositions du présent chapitre ou du II de l'article 10-1 de la loi n° 2016-8691 du 9 décembre 2016 relative à la transparence, à la lutte contre la corruption et à la modernisation de la vie économique ».

821.84 **Intérêt à agir des syndicats.** Le licenciement qui serait prononcé par l'employeur en raison de l'exercice du droit de grève constitue un fait illicite qui, outre l'action en nullité exercée, le cas échéant, par l'intéressé, peut justifier l'action d'un ou de plusieurs syndicats en réparation du préjudice causé par la lésion de l'intérêt collectif de la profession qu'ils représentent[1].

2°
Exception

821.91 **Faute lourde du salarié.** L'article L. 2511-1 du Code du travail, tout en posant en règle que « l'exercice du droit de grève ne peut justifier la rupture du contrat de travail », réserve expressément l'hypothèse d'une faute lourde imputable au salarié[2]. Parmi les fautes qualifiées, la faute lourde est traditionnellement celle qui présente le degré de gravité le plus élevé dans l'échelle des fautes. En droit du travail, si elle n'a plus de conséquence spécifique par rapport à la faute grave en matière de licenciement disciplinaire - ne privant plus le salarié de l'indemnité de congés payés -, elle demeure celle qui peut fonder la responsabilité personnelle du salarié. C'est elle, aussi, qui, en raison de son extrême gravité, neutralise la protection du salarié gréviste contre le licenciement.

À cet égard, la protection du salarié gréviste est renforcée par rapport à celle dont peuvent bénéficier les salariés dans d'autres situations où leur contrat est suspendu, notamment pendant l'arrêt de travail provoqué par un accident du travail ou par une maladie professionnelle, ou pendant la grossesse, et les dix semaines qui suivent la naissance de l'enfant. Dans ces autres situations, le licenciement est rendu possible par la faute grave de l'intéressé. La différence de nature entre les fautes exprime ici une différence de degré quant à l'intérêt qui sous-tend la protection du salarié gréviste, qui tient à la constitutionnalité du droit de grève.

À la différence de la faute grave, qui est celle qui rend impossible le maintien du salarié dans l'entreprise, la faute lourde est définie comme une faute intentionnelle commise dans l'intention de nuire à l'employeur[3]. De nature à justifier le licenciement du salarié qui en est l'auteur, elle implique de respecter la procédure de licenciement disciplinaire et, si celui-ci bénéficie du statut protecteur, d'obtenir l'autorisation préalable de l'inspection du travail. Ses effets sont les mêmes que ceux de la faute grave en ce qu'elle prive le salarié licencié du droit au préavis et à l'indemnité de licenciement.

821.92 **Panorama.** L'examen de la jurisprudence fait ressortir une conception stricte plutôt de la faute lourde qui se justifie en droit, par son caractère d'exception au principe d'interdiction du licenciement pour fait de grève et, en fait, par la difficulté de démontrer la réalité d'une intention de nuire.

Sa situation d'exception explique que la seule participation à un piquet de grève, sans rôle actif et a fortiori sans prendre part à une voie de fait ne permet pas de caractériser une faute lourde[4], pas davantage que la participation à une occupation des locaux sans entraver la liberté du travail[5]. Et c'est l'absence de preuve d'intention de nuire qui interdit de retenir une faute lourde en cas de refus du salarié gréviste de restituer le véhicule qui lui était affecté pour le travail[6]. En revanche, la faute lourde est

1. Soc. 27 mars 1968, P V, n° 185.
2. SEULE LA FAUTE LOURDE peut justifier le licenciement. Si seule la faute grave est invoquée dans la lettre de licenciement, celui-ci est nul : Soc. 26 juin 2013, n° 11-27.413, P V, n° 169 ; *Dr. soc.* 2013. 759, note J. Mouly ; *Cah. Soc.* 2013, p. 345, obs. J. Icard ; *RJS* 2013. 625.
3. EN GÉNÉRAL : Soc. 8 févr. 2017, n° 12-21.064, P : jugeant que « la *faute lourde* est caractérisée par l'intention de *nuire* à l'employeur, laquelle implique la volonté du salarié de lui porter préjudice dans la commission du fait fautif et ne résulte pas de la seule commission d'un acte préjudiciable à l'entreprise ».
4. Soc. 10 mars 1988, n° 85-41.118, NP.
5. Soc. 16 mai 1989, n° 87-42.300, P V, n° 361 – Soc. 26 févr. 1992, n° 90-40.760, P V, n° 124 ; *RJS* 4/1992, n° 485 ; – Il en est de même en cas de blocage d'un camion sans entraver le travail des salariés non-grévistes : Soc. 9 mai 2012, n° 10-26.497, P V, n° 132 ; *JCP S* 2012. 1318, note F. Duquesne ; *Dr. soc.* 2012. 955, obs. B. Gauriau ; *Dr. ouvrier* 2012. 552, obs. A. Ferrer ; *RJS* 2012. 557 ; – À L'INVERSE, la participation au blocage des locaux pour en empêcher l'accès, entravant la liberté du travail, est susceptible de caractériser une faute lourde : Soc. 26 janv. 1994, n° 92-42.048, P.
6. Soc. 8 févr. 2012, n° 10-14.083, P V, n° 61 ; *JCP S* 2012. 1362, note A. Martinon ; *RDT* 2012. 436, note V. Pontif ; *RJS* 2012. 412.

constituée lorsque les salariés, bien qu'informés du caractère illicite de l'occupation des lieux et du blocage de l'accès au site après la notification de l'arrêt de référé de la cour d'appel ordonnant l'expulsion des grévistes suivie d'un commandement de quitter les lieux, ont participé à la poursuite des opérations de blocage durant quatre jours, interdisant le travail de salariés non-grévistes[1]. De même, commet une faute lourde le salarié qui a personnellement participé à l'action collective au cours de laquelle le directeur des ressources humaines avait été retenu quatre heures dans son bureau et dont il n'avait pu sortir qu'après l'évacuation par les forces de l'ordre des personnes présentes[2]. Commet également une faute lourde le salarié qui a participé activement et personnellement, avec des personnes étrangères à l'entreprise, à l'occupation des locaux du siège social de la société, l'occupation s'étant traduite par l'envahissement des locaux où se trouvait le service des ressources humaines et les salariés présents sur les lieux ayant été évacués sans que les occupants leur laisse la possibilité de récupérer leurs effets personnels tels que la carte de parking pour sortir leur véhicule. Pour la Cour de cassation, cette participation du salarié à l'occupation des locaux a eu pour effet d'entraver la liberté de travailler des autres salariés et conduit à la dégradation des locaux, ce dont il s'inférait l'existence d'une faute lourde[3].

S'agissant plus spécifiquement de l'exercice de la liberté d'expression, l'exigence d'une intention de nuire conduit à écarter la faute lourde même si les propos tenus présentent un caractère excessif, notamment lorsqu'un tract diffusé a entraîné la condamnation du salarié pour injures publiques envers l'employeur[4].

B.
Autres causes de rupture

821.101 **Licenciement pour un autre motif.** Pas plus qu'elle ne prive l'employeur de son pouvoir disciplinaire, la grève ne lui interdit de licencier un salarié pour des faits distincts de l'exercice normal du droit de grève. Encore faut-il que la cause de licenciement – d'ordre personnel ou, le cas échéant, d'ordre économique – n'ait objectivement aucun lien avec la participation du salarié au mouvement de grève[5]. À cet égard, lorsque le salarié soutient que la rupture de son contrat est la conséquence de sa participation à la grève, il appartient à l'employeur de prouver que sa décision est justifiée par des éléments objectifs étrangers à l'exercice normal du droit de grève[6].

821.102 **Prise d'acte et résiliation judiciaire.** La rupture du contrat de travail demeurant possible au cours d'un mouvement de grève, le salarié a la liberté de démissionner. Il peut aussi, s'il justifie d'un manquement suffisamment grave de l'employeur empêchant la poursuite du contrat, prendre acte de la rupture aux torts de celui-ci ou engager une action en résiliation judiciaire du contrat. Le manquement imputé à l'employeur peut être, notamment, un fait à l'origine de la grève ou le fait pour ce dernier d'avoir prononcé une sanction illicite à l'encontre du salarié en raison de sa participation au mouvement.

821.103 **Rupture conventionnelle.** La rupture conventionnelle constituant un mode de rupture autonome dont la validité n'est pas affectée par les règles propres au licenciement, elle doit pouvoir être conclue au cours d'un mouvement de grève comme elle peut l'être par un salarié en arrêt pour maladie professionnelle ou pour accident du travail ou encore en état de grossesse. L'assurance que le consentement donné l'a été librement peut appeler, le cas échéant, une vigilance particulière de l'administration du travail devant homologuer la convention de rupture. Mais il n'y a pas d'adaptation particulière des règles de droit applicables.

SECTION 3
EFFETS SUR LA RÉMUNÉRATION

821.110 **Plan.** Une différence de traitement entre les salariés grévistes et non-grévistes, notamment par le versement d'une prime à ces derniers, est interdite (§ 1). Quant aux premiers, ils ne reçoivent aucune rémunération pour le temps de leur participation au mouvement (§ 2).

1. Soc. 3 mai 2016, n° 14-28.353, P ; *JCP S* 2016. 1234, note H. Guyot ; *Cah. Soc.* 2016, p. 311, obs. F. Canut ; *RJS* 2016. 539.
2. Soc. 2 juill. 2014, n° 13-12.562, P V, n° 158 ; *Dr. ouvrier* 2015. 1, note E. Dockès ; *Cah. Soc.* 2014, p. 514, obs. F. Canut ; *D.* 2014. 1503 ; *RJS* 2014. 621, n° 730 ; *JSL* 2014, n° 372-4, obs. H. Tissandier.
3. Soc. 22 nov. 2023, n° 21-21.904, n° 21-21.906 et n° 21-21.907, NP.
4. Soc. 8 déc. 2009, n° 08-42.531, NP ; – *A FORTIORI*, la diffusion d'un tract syndical dénonçant de mauvaises conditions de travail relève de l'exercice de la liberté d'expression : Soc. 20 mai 1992, n° 90-45.271, P V, n° 319.
5. LE LICENCIEMENT DEMEURE ILLICITE même si dans l'employeur fait état dans la lettre de licenciement, outre de la participation à la grève, de faits distincts susceptibles de constituer une cause réelle et sérieuse de licenciement : Soc. 8 juill. 2009, n° 08-40.139, P V, n° 172 ; *JCP S* 2009. 1484, note R. Vatinet ; *RJS* 2009. 722.
6. Soc. 19 janv. 2011, n° 09-43.547, NP – Soc. 28 mars 2012, n° 11-11.307, NP.

§ 1
Interdiction des discriminations

821.121 Interdiction des mesures discriminatoires : le versement d'une prime aux salariés non grévistes. Les salariés grévistes n'exécutant pas, par hypothèse, de prestation de travail pendant la durée de la grève, que celle-ci soit continue ou prenne la forme de débrayages d'une durée limitée, l'employeur n'a pas, réciproquement, à verser de rémunération pour le temps non travaillé. De façon générale, ce sont tous les éléments de rémunération dont la détermination est liée au travail fourni par le salarié qui doivent être réduits à concurrence de la période de suspension des obligations principales.

Au-delà de son impact sur la rémunération des salariés grévistes, la grève peut avoir d'autres répercussions financières et en particulier conduire au versement d'une prime aux salariés non-grévistes. La question de la licéité de la prime et plus largement des conséquences pécuniaires de la grève autres que le non-paiement des salaires correspondant à la période ou aux périodes non travaillées doit être examinée au prisme du principe de non-discrimination. C'est la règle que pose l'article L. 2511-1 du Code du travail en énonçant, à l'alinéa 2, que l'exercice du droit de grève « ne peut donner lieu à aucune mesure discriminatoire telle que mentionnée à l'article L. 1132-2, notamment en matière de rémunérations et d'avantages sociaux ».

La discrimination peut être maligne, comme le fait pour une entreprise de presse de moduler la retenue sur salaire en fonction du respect ou non de la date de bouclage des titres[1]. Elle est parfois plus nette s'agissant de la décision de l'employeur de procéder au cours d'un conflit social à une avance sur salaire permanente en contrepartie de l'engagement des salariés de maintenir la permanence de leur prestation[2] ou d'accorder aux salariés non-grévistes des heures de compensation[3] ou encore d'attribuer une prime aux salariés selon qu'ils ont participé ou non au mouvement de grève[4].

821.122 Identification des discriminations : principe d'équipollence des absences. Un moyen de débusquer les discriminations est d'examiner si l'avantage dont les salariés grévistes ont été privés en raison de leur absence pour fait de grève leur est également retiré dans d'autres situations d'absence, autorisée ou non[5]. La Cour de cassation l'énonce ainsi : « si l'employeur peut tenir compte des absences, même motivées par la grève, pour le paiement d'une prime, c'est à la condition que toutes les absences, hormis celles qui sont légalement assimilées à un temps de travail effectif, entraînent les mêmes conséquences sur son attribution »[6].

De ce point de vue, est discriminatoire la réduction opérée sur une prime de fin d'année[7], sur une prime de motivation[8] ou sur une prime d'ancienneté[9] quand d'autres absences, autorisées ou non, n'entraînent pas la même retenue, ou le fait de retarder l'ancienneté du salarié et le bénéfice de l'augmentation de salaire liée à cette ancienneté alors que, selon la convention collective applicable, toutes les périodes d'absence même lorsqu'elles ne donnent pas lieu au paiement total ou partiel du salaire n'affectent pas le droit à un avancement de l'ancienneté[10]. En revanche, lorsque les périodes d'absence ouvrant droit au paiement d'une prime énumérées par l'accord collectif sont légalement assimilées à du temps de travail effectif et que les autres absences, quelle qu'en soit la cause, n'y donnent pas droit, le non-paiement de la prime pour fait de grève ne présente pas un caractère discriminatoire[11].

§ 2
Salaire

821.130 Plan – Principe et tempérament. Il est inhérent à la grève que les salariés ne soient pas rémunérés pour le temps de leur participation au mouvement, temps pendant lequel ils cessent d'exécuter toute prestation au service de l'employeur (A). Encore faut-il qu'ils ne se soient trouvés dans une situation contraignante telle qu'ils ont été obligés de cesser le travail pour obtenir le respect de leurs droits. Dans ce cas, il est admis qu'ils peuvent prétendre être indemnisés par l'employeur de la perte de leur salaire (B).

1. Soc. 9 juill. 2015, n° 14-12.779, P V, n° 151 ; *JCP S* 2015. 1367, note F. Duquesne ; *RDT* 2015. 698, obs. I. Odoul-Asorey ; *Cah. Soc.* 2015, p. 449, obs. F. Canut ; *RJS* 2015. 696.
2. Soc. 16 févr. 2011, n° 09-43.532, NP.
3. Soc. 3 mai 2011, n° 09-68.297, P ; *JCP S* 2011. 1329, note D. Everaert-Dumont.
4. Soc. 1er juin 2010, n° 09-40.144, P V, n° 119 ; *Dr. soc.* 2010. 998, obs. Ch. Radé ; *JCP S* 2010. 1387, note A. Martinon ; *RJS* 2010. 624.
5. Soc. 25 mars 1982, n° 81-11.175, P V, n° 224.
6. Soc. 23 juin 2009, n° 07-42.677, P V, n° 159 ; *JCP S* 2009. 1423, note D. Corrignan-Carsin ; *RJS* 2009. 721 – Soc. 23 nov. 2011, n° 10-15.644, NP – Soc. 26 mars 2014, n° 12-18.125, P V, n° 92 ; *Cah. Soc.* 2014, p. 306, obs. F. Canut – Soc. 7 nov. 2018, n° 17-15.833, P ; *JCP S* 2018. 1392, note L. Dauxerre ; *BJT* 2018, p. 247, obs. L. Bento de Carvalho.
7. Soc. 18 janv. 1995, n° 91-42.476, NP ; – AUSSI, s'agissant une prime de treizième mois : Soc. 10 déc. 2002, n° 00-44.733, P V, n° 371 ; *JSL* 11 févr. 2003, n° 117, p. 29, note N. Rérolle.
8. Soc. 19 juill. 1995, n° 93-42.833, NP.
9. Soc. 23 juin 2009, n° 07-42.677, préc. – Soc. 7 nov. 2018, n° 17-15.833, préc.
10. Soc. 9 févr. 2000, n° 97-40.724, P V, n° 58 – Soc. 22 mai 2001, n° 99-42.308, NP – Soc. 5 févr. 2002, n° 99-44.617, NP.
11. Soc. 23 juin 2009, n° 08-42.154, P V, n° 159 – Soc. 26 mars 2014, n° 12-18.125, P V, n° 92 ; *Cah. Soc.* 2014, p. 306, obs. F. Canut.

A. Principe

821.141 Non-paiement du salaire. Le non-paiement du salaire est la conséquence de la non-exécution par le salarié gréviste de sa prestation de travail[1]. On peut y voir une application de l'exception d'inexécution[2] consacrée, depuis la réforme du droit des contrats, à l'article 1219 du Code civil. La retenue opérée par l'employeur doit en conséquence être strictement limitée au temps non-travaillé et ce pour tous les salariés grévistes, sans discrimination[3]. Si un salarié conteste la retenue opérée pour un temps correspondant à la durée de la grève, il lui appartient de prouver qu'il entendait reprendre son travail avant la fin du conflit[4].

Ces principes emportent deux conséquences. La première est que le travail normalement accompli avant ou après la grève doit être rémunéré[5]. La seconde est que l'impact financier pour l'entreprise de la grève, en cas notamment de perte de production en raison du temps consacré à la remise en marche des machines, est indifférent pour la détermination de la part réduite du salaire[6].

821.142 Principe de proportionnalité. La réduction de la rémunération devant correspondre au temps non-travaillé, elle est proportionnelle à la période pendant laquelle le salarié a cessé le travail. La Cour de cassation le pose en règle : l'exercice du droit de grève « ne peut donner lieu de la part de l'employeur qu'à un abattement de salaire proportionnel à la durée de l'arrêt de travail »[7]. Et elle précise que, « pour être proportionnel à l'interruption de travail, l'abattement du salaire pour fait de grève doit être calculé sur l'horaire mensuel des salariés »[8]. Cela étant, le temps non-travaillé doit s'entendre ici de façon large comme se rapportant, non seulement au temps de travail effectif, mais aussi aux temps péri-professionnels lorsqu'ils donnent lieu à une contrepartie financière – temps de pause, temps de restauration, temps de trajet – le cas échéant également aux temps d'astreinte.

Lorsque des salariés grévistes sont au forfait en jours, la Cour de cassation décide que « lorsque l'absence pour fait de grève d'un salarié cadre soumis à une convention de forfait en jours sur l'année est d'une durée non comptabilisable en journée ou demi-journée, la retenue opérée doit être identique à celle pratiquée pour toute autre absence d'une même durée ». Elle ajoute que, « en l'absence de disposition sur ce point de l'accord collectif, la retenue opérée résulte de la durée de l'absence et de la détermination, à partir du salaire mensuel ou annuel, d'un salaire horaire tenant compte du nombre de jours travaillés prévus par la convention de forfait et prenant pour base, soit la durée légale du travail si la durée du travail applicable dans l'entreprise aux cadres soumis à l'horaire collectif lui est inférieure, soit la durée du travail applicable à ces cadres si elle est supérieure à la durée légale »[9]. S'il résulte de la convention collective qu'aucune retenue ne peut être effectuée pour une durée inférieure à une demi-journée de travail, l'employeur ne peut retenir une demi-journée d'absence sur la rémunération des salariés[10].

Faute de respecter le principe de proportionnalité, la retenue opérée par l'employeur sur le salaire des salariés grévistes constitue une sanction pécuniaire prohibée[11].

821.143 Cas particulier : grève du personnel navigant dans les transports aériens. La Cour de cassation s'est prononcée dans le cas particulier où le personnel navigant effectue une mission dite de rotation, programmée sur plusieurs jours d'affilée et qui consiste à assurer des vols aller-retour entrecoupés d'un temps de repos jusqu'au retour à la base d'affectation. Il est jugé que lorsque le personnel navigant s'est déclaré gréviste la première journée de

1. Soc. 5 févr. 2002, n° 99-43.898, P V, n° 49 : jugeant « que l'exercice du droit de grève suspend l'exécution du contrat de travail pendant toute la durée de l'arrêt de travail en sorte que l'employeur est délivré de l'obligation de payer le salaire ».
2. EN CE SENS : G. Auzero, D. Baugard et E. Dockès, *Droit du travail*, 37e éd., « Précis », Dalloz, 2023, n° 1541, p. 1983. Ces auteurs ajoutent, ce qui est plus contestable, que « le salaire des journées de grève est dû au titre de réparation ». Il ne s'agit pas en réalité de la réparation d'un dommage qui résulterait de l'inexécution par les salariés grévistes de leur prestation de travail mais d'une absence de contrepartie faute d'exécution de l'obligation incombant aux salariés.
3. Constitue une discrimination le fait pour l'employeur d'opérer une retenue sur salaire différente selon le degré de mobilisation des salariés grévistes et les conséquences sur le fonctionnement de l'entreprise : Soc. 9 juill. 2015, n° 14-12.780, NP.
4. Soc. 15 janv. 2003, n° 00-46.858, NP.
5. Soc. 24 juin 1998, n° 96-44.234 P V, n° 335.
6. Soc. 4 févr. 1988, n° 84-43.429, P V, n° 91. – Soc. 8 déc. 1988, n° 86-41.751, P V, n° 647 – Soc. 6 juin 1989, n° 86-42.251, P V, n° 426. – Soc. 30 janv. 1991, n° 89-40.471, NP – Soc. 26 juin 1991, n° 90-41.602, NP – Soc. 23 oct. 1991, n° 89-45.524, NP – Soc. 6 nov. 1991, n° 89-40.450, NP.
7. Soc. 3 févr. 1993, n° 90-41.665, P V, n° 40 – Soc. 13 nov. 2008, n° 06-44.608, P V, n° 211 ; *RDT* 2009. 117, note M. Grévy ; *JCP S* 2009. 1444, note R. Vatinet ; *JCP E* 2009. 1258, note G. Vacher ; *RJS* 2009. 27, note S. Petit.
8. Soc. 19 mai 1998, n° 97-41.900, P V, n° 262.
9. Soc. 13 nov. 2008, n° 06-44.608, préc.
10. Soc. 4 mars 2009, n° 07-45.291, P V, n° 56 ; *JCP S* 2009. 1444, note R. Vatinet ; *JSL* 27 mai 2009, n° 256, p. 27, note N. Rérolle ; *RJS* 2009. 377.
11. Soc. 7 janv. 1988, n° 84-42.448, P V, n° 10 ; *D.* 1988. 189, note E. Wagner – Soc. 16 mai 1989, n° 85-45.244, P V, n° 364 – Soc. 17 avr. 1991, n° 89-43.127, P V, n° 198 – Soc. 8 juill. 1992, n° 89-42.563, P V, n° 445 – Soc. 12 avr. 1995, n° 91-40.593, P V, n° 133 ; *Dr. soc.* 1995. 599, note J. Savatier.

la rotation et n'est pas en mesure d'assurer son service tel qu'il avait été programmé, entre deux passages à l'une des bases d'affectation du personnel navigant de l'entreprise, l'employeur ne peut être tenu de lui verser un salaire pour les journées suivantes de la rotation. Dans ce cas, les jours de rotation constituant un ensemble indivisible et le premier jour de rotation ne pouvant être séparé des jours de rotation suivants, le pilote qui n'assure pas la rotation convenue dans son entier ne peut pas prétendre au paiement de son salaire pour les jours de rotation non réalisés [1].

821.144 **Non-paiement des jours fériés.** Lorsque le mouvement de grève est continu et que la période comprend des jours fériés chômés, les salariés grévistes ne peuvent prétendre être payés au titre de ces jours [2], même s'agissant du 1er mai [3]. Leur participation au mouvement conduit à les considérer comme grévistes durant toute la période de celui-ci.

821.145 **Non-paiement des jours de repos.** Pour la même raison, les salariés grévistes ne peuvent être indemnisés au titre des jours de repos rémunérés compris pendant la durée de la grève [4]. Pour éviter cette conséquence et mener une grève « économe », il a été imaginé par des organisations syndicales de programmer des arrêts de travail à raison de quarante-huit heures tous les cinq jours et de contourner ainsi le règlement de la SNCF relatif au décompte des retenues sur salaire. Entre chaque arrêt de travail, il était procédé à une reprise de l'activité, ce qui a permis aux grévistes de conserver le paiement des jours travaillés et des jours de repos et de tenir dans un mouvement organisé, en réalité, sur une longue durée. Le tribunal de grande instance de Bobigny, le 21 juin 2018, n'en a pas moins validé le procédé, considérant que les arrêts de travail ne caractérisaient pas un mouvement de grève unique, qui aurait justifié de cumuler le nombre de jours de grèves pris dans leur globalité, mais des grèves successives conditionnées les unes par rapport aux autres en fonction de l'avancée des négociations [5]. La cour d'appel de Paris a confirmé cette décision le 16 mai 2019 [6].

B. Tempérament

821.151 **Manquement grave et délibéré de l'employeur à ses obligations.** Au principe du non-paiement du salaire correspondant à la ou aux périodes non travaillées la jurisprudence apporte un tempérament lorsque la grève n'a pas pour objet une revendication mais le respect de droits essentiels lésés par un manquement grave et délibéré de l'employeur à ses obligations. À cette condition que les salariés se soient trouvés dans une situation contraignante telle qu'ils ont été obligés de cesser le travail pour obtenir le respect de leurs droits [7], ces derniers sont fondés, non à obtenir à proprement parler le paiement des salaires, mais à demander la condamnation de l'employeur à les indemniser de la perte de salaire. La nuance n'est pas indifférente car les sommes obtenus en justice n'ont pas la nature de salaires – lesquels ne sont pas dus faute de travail fourni en contrepartie – mais celle de dommages et intérêts soumis à un régime social et fiscal propre.

821.152 **Panorama.** Caractérisent un manquement grave et délibéré de l'employeur à ses obligations : le non-paiement régulier des salaires [8], le non-paiement des heures supplémentaires [9], la diminution unilatéralement décidée de la rémunération [10], le refus délibéré d'appliquer une convention collective [11] ou d'appliquer l'accord conclu à l'issue de la précédente grève [12], le refus de mettre fin à la pratique illicite d'incitations financières au dépassement de la durée du travail [13] ou encore la surve-

1. Soc. 8 sept. 2021, n° 19-21.025, P ; *JCP S* 2021. 1260, note S. Ranc ; *BJT* 12/2021, p. 11.
2. Soc. 24 juin 1998, n° 96-44.234, P V, n° 335 – Soc. 14 avr. 1999, n° 97-42.064, P V, n° 179.
3. Soc. 5 févr. 2002, n° 99-43.898, P V, n° 49 : jugeant « que le salarié qui s'est associé au mouvement de grève doit être légalement considéré, sauf preuve contraire de sa part, comme gréviste pour toute la durée du mouvement » et « qu'il ne peut donc prétendre, fût-ce pour le 1er mai, au paiement de sa rémunération pendant cette période, peu important que certains jours il n'ait eu normalement aucun service à assurer » ; – AUSSI, à propos de la journée de solidarité (lundi de Pentecôte) : Soc. 16 janv. 2008, n° 06-42.327, P V, n° 13 ; *JCP S* 2008. 1219, note G. Talvard ; *SSL* 6 oct. 2008, n° 1369, p. 125, note C. Goasguen ; – Soc. 9 juill. 2008, n° 07-40.429, NP.
4. Soc. 24 juin 1998, n° 97-43.876, P V, n° 335 ; – Le temps de repos est dû, néanmoins, si le salarié a signifié clairement à sa hiérarchie son intention de mettre fin à sa participation au mouvement et que le temps de repos périodique est postérieur à cette manifestation non équivoque de volonté : Soc. 15 janv. 2003, n° 00-46.527, NP.
5. TGI Bobigny, 21 juin 2018, RG n° 18/05862, *Cah. Soc.* 2018, p. 336, note G. Loiseau.
6. Paris, 16 mai 2019, RG n° 18/16682, *Dr. ouvrier* 2019. 620, note C. Ménard.
7. Soc. 20 févr. 1991, n° 89-41.148, P V, n° 80 ; *Dr. soc.* 1991. 318, rapp. P. Waquet et note J. Savatier ; – AUSSI : Soc. 2 mars 1994, n° 92-41.134, P V, n° 75 ; – Soc. 9 mai 2012, n° 10-27.115, NP.
8. Soc. 27 nov. 1990, n° 88-45.790, P V, n° 590.
9. Soc. 3 mai 2007, n° 05-44.767, P V, n° 65 : Le juge des référés peut ordonner le paiement d'une provision, peu importe que le protocole de fin de grève prévoie le non-paiement des salaires.
10. Soc. 24 avr. 2003, n° 01-46.969, NP – AUSSI EN CAS de réduction unilatérale du temps de travail entraînant une réduction de la rémunération : Soc. 4 oct. 2005, n° 04-44.795, NP.
11. Soc. 4 déc. 2007, n° 06-42.463, NP.
12. Soc. 26 févr. 1992, n° 90-40.760, P V, n° 124, préc.
13. Soc. 21 mai 1997, n° 95-42.542, P V, n° 183.

nance d'un accident du travail dû au non-respect des règles de sécurité[1].

Tous les manquements de l'employeur à ses obligations ne présentent pas cependant un caractère grave et délibéré. C'est le cas du non-respect de la formalité de l'entretien préalable au licenciement[2], du non-respect d'une recommandation patronale sur les rémunérations[3], du non-respect partiel de l'obligation de négociation annuelle des salaires[4], de la dénonciation irrégulière d'une convention collective[5] ou de la non-consignation par écrit d'un accord de fin de grève[6]. Le caractère délibéré fait par ailleurs défaut lorsque le non-paiement des salaires est dû aux difficultés économiques de l'entreprise qui a été placée en redressement judiciaire[7].

§ 3 Autres éléments de rémunération

821.161 Gratification accordée aux salariés non-grévistes. L'employeur ne peut pas octroyer aux salariés non-grévistes un avantage quelconque en raison de leur non-participation à la grève. Il s'agit là d'une discrimination prohibée[8].

En revanche, une gratification occasionnelle peut être objectivement justifiée par le surcroît de travail que les salariés non-grévistes ont eu à assurer[9]. Encore faut-il, toutefois, que la charge de travail supplémentaire supportée par les salariés non-grévistes ait été réelle[10].

821.162 Prime d'assiduité. La Cour de cassation applique, en ce qui concerne les avantages liés à l'assiduité, le même raisonnement tenant à l'équipollence des absences[11] : « si l'employeur peut tenir compte des absences, mêmes motivées par la grève, pour accorder un congé supplémentaire rémunéré lié à l'assiduité du salarié, c'est à la condition que toutes les absences, hormis celles qui sont légalement assimilées à un temps de travail effectif, entraînent les mêmes conséquences sur l'attribution de cet avantage »[12]. L'attribution d'une prime d'assiduité suit les mêmes règles[13]. En conséquence, la suppression pour fait de grève d'une prime d'assiduité mensuelle subordonnée à la présence du salarié au cours du mois de référence est légitime dès lors que la prime n'est pas non plus due pour toute absence, autorisée ou non, à l'exception de celles correspondant aux RTT, aux congés payés et aux congés de formation économique ou syndicale qui sont légalement assimilés à du temps de travail effectif[14].

En revanche, la suppression de la prime en cas de grève est discriminatoire si les absences pour événements familiaux prévues par la convention collective ne donnent pas lieu à retenue[15]. Il en est de même lorsque les absences résultant des jours chômés pour événements familiaux et des jours d'ancienneté conventionnels sont sans impact sur le bénéfice de la prime[16].

821.163 Accord d'intéressement. Lorsqu'un accord d'intéressement prévoit une répartition entre les salariés fondée pour partie sur la durée de présence au cours de l'exercice, les absences pour fait de grève peuvent être déduites de cette durée sous réserve que les absences soient traitées de la même manière[17]. Est en conséquence discriminatoire l'abattement pratiqué sur la prime d'intéressement en raison d'une absence pour participation à un mouvement de grève alors que les absences pour maladie n'entraînent pas d'abattement pour les cinq premiers jours et ne donnent lieu qu'à un abattement réduit pour les cinq jours suivants[18].

1. Soc. 11 déc. 1985, n° 83-45.566, P V, n° 601.
2. Soc. 20 févr. 1991, n° 89-41.148, P V, n° 80.
3. Soc. 29 mai 1996, n° 94-41.948, P V, n° 212.
4. Soc. 5 janv. 2005, n° 03-40.075, NP.
5. Soc. 17 avr. 2013, n° 11-27.146, NP.
6. Soc. 20 janv. 1993, n° 90-44.074, P V, n° 13.
7. Soc. 28 oct. 1997, n° 96-41.776, P V, n° 335 – Soc. 26 janv. 2000, n° 98-44.177, P V, n° 37 ; – MAIS L'EXISTENCE D'UN MANQUEMENT GRAVE et délibéré est caractérisée en cas de retard dans le paiement des salaires alors que l'employeur bénéficie d'un plan de redressement par continuation : Soc. 7 juin 2006, n° 04-46.664 P V, n° 205.
8. Soc. 2 mars 1994, n° 92-41.134, P V, n° 75.
9. Soc. 8 janv. 1981, n° 79-41.253, P V, n° 37 – Soc. 1er juill. 1992, n° 90-42.770, NP.
10. Soc. 3 mai 2011, n° 09-68.297, NP ; *JCP S* 2011. 1329, note D. Everaert-Dumont, qui juge que « constitue une mesure discriminatoire l'attribution aux seuls salariés non-grévistes d'une prime exceptionnelle ne correspondant pas à un surcroît de travail ».
11. V. ss n° 821.122.
12. Soc. 4 mai 2011, n° 09-72.206, NP ; *JCP S* 2011. 1323, note D. Everaert-Dumont ; *RJS* 2011. 528.
13. Soc. 16 févr. 1994, n° 90-45.916, P V, n° 55. – Soc. 18 janv. 1995, n° 91-42.476, NP – Soc. 23 nov. 2011, n° 10-15.644, NP.
14. Soc. 23 juin 2009, n° 08-42.154, P V, n° 159 ; *JCP S* 2009. 1423, note D. Corrignan-Carsin – AUSSI : Soc. 26 mars 2014, n° 12-18.125, P V, n° 92 ; *Cah. Soc.* 2014, p. 306, obs. F. Canut.
15. Soc. 16 févr. 1994, n° 90-45.916, préc. ; – DANS LE MÊME SENS : Soc. 15 févr. 2006, n° 04-45.738, P V, n° 65 ; *JCP S* 2006. 1364, note R. Vatinet ; *Dr. soc.* 2006. 577, obs. Ch. Radé.
16. Soc. 16 janv. 2008, n° 06-42.983, P V, n° 11.
17. Soc. 13 févr. 2019, n° 17-26.837, NP : jugeant que « si un accord d'entreprise peut tenir compte des absences, même motivées par la grève, pour le calcul de la prime de participation ou de la prime d'intéressement, c'est à la condition que toutes les absences, hormis celles qui sont légalement assimilées à un temps de travail effectif, entraînent les mêmes conséquences sur leur montant » ; – DANS LE MÊME SENS : Soc. 5 févr. 2003, n° 00-45.998, NP.
18. Soc. 6 nov. 1991, n° 89-42.571, P V, n° 471 ; *Dr. soc.* 1991. 930, rapp. P. Waquet.

CHAPITRE

822. Réactions de l'employeur

SECTION 0
ORIENTEUR

822.00 **Sommaire du chapitre.**

Division. Face à une grève, l'employeur peut avoir des réactions diverses, toutes encadrées (sect. 2), notamment en matière de fermeture de l'entreprise, le lock-out, qui est interdite en France (sect. 1).

822.03 **Bibliographie indicative.**

Thèses. A. Ramin, *Le lock-out et le chômage technique*, « Bibliothèque d'ouvrages de droit social », t. 20, LGDJ, 1977 – J.-E. Ray, *Les pouvoirs de l'employeur à l'occasion de la grève*, préf. G. Lyon-Caen, « Bibliothèque de droit de l'entreprise », Librairies techniques, 1985.

Monographie. C. Radé, *Droit des conflits collectifs du travail*, « Droit&Professionnels », LexisNexis, 2023.

Articles. M.-C. Rouault et F. Duquesne, « La répression des comportements violents dans l'entreprise en grève », *Dr. soc.* 2009. 1091 – G.-H. Camerlynck, « La Cour de cassation et le lock-out », *D.* 1960. Chron. 211 – N. Catala, « La mise en chômage technique », *Dr. soc.* 1981. 679 – G. Lyon-Caen, « Le lock-out », *Dr. ouvrier* 1950. 55 – S. Michel, « L'exercice du droit de grève dans le secteur privé », *RPDS* 2004. 125 – E. Schaeffer, « Le droit de lock-out », *Dr. soc.* 1957. 203 – J.-M. Sportouch, « La fermeture d'entreprise en cas de conflit collectif », *Dr. soc.* 1988. 682 – B. Teyssié, « Le droit de lock-out », *Dr. soc.* 1994. 795 – J.-M. Verdier et A. Lyon-Caen, « Sur le lock-out et l'accord européen relatif à la politique sociale du 7 février 1992 », *Dr. soc.* 1995. 49.

822.05 **Points clés.** Face à un mouvement de grève, de surcroît lorsque celle-ci est d'ampleur, l'employeur va devoir réorganiser son entreprise. Cela peut passer par l'embauche de salariés ou, plus exceptionnellement, par une mesure de fermeture de l'entreprise appelée lock-out. De façon générale, les réactions de l'employeur à la grève sont très encadrées pour qu'elles ne puissent servir de moyen de contournement du droit de grève.

SECTION 1
LOCK-OUT

822.10 **Plan.** Encadré par des dispositions éparses (§ 1), le lock-out est interdit (§ 2) à la différente du chômage technique (§ 3). Lorsque l'employeur recourt à la fermeture de l'entreprise, celle-ci entraîne des conséquences civiles et pénales (§ 4) dont se saisissent les salariées (§ 5).

§ 1
Encadrement et définition

822.21 **Encadrement.** Le lock-out, qui consiste à fermer l'entreprise en réaction à une grève, est une pratique interdite en France, qui porte notamment atteinte à la liberté du travail des grévistes. Elle ne peut donc pas être conçue comme le parallèle, pour les employeurs, du droit de grève accordé aux salariés. Dépourvu de toute protection législative, le lock-out fait l'objet de très rares dispositions, éparses, dans le code du travail sans qu'aucun régime juridique n'ait été défini par le législateur. Ainsi de l'article R. 5122-8 qui évoque, à propos du bénéfice de l'activité partielle, « le cas d'une fermeture de l'entreprise ou d'un service décidée par l'employeur suite à une grève ». La jurisprudence a, en revanche, admis la légalité de la mise en chômage technique, en présence d'une situation contraignante qui ne permet pas le maintien du travail dans l'entreprise.

822.22 **Définition.** Les employeurs peuvent être tentés de fermer en tout ou partie l'entreprise, et de la sorte de s'accorder une sorte de « pouvoir de police[1] ». Le lock-out est destiné à éviter les dégradations dans l'entreprise ou à prévenir des difficultés économiques sérieuses mais peut, de manière plus officieuse, viser à monter les non-grévistes contre les grévistes. Ce qui a conduit la Cour de cassation à prohiber le recours par l'employeur « à une manœuvre insolite, dilatoire, dangereuse, en spéculant sur les dissensions susceptibles de se manifester parmi le personnel de l'entreprise[2] ».

§ 2
Illicéité du lock-out

822.31 **Notion de lock-out.** Le *lock-out* ne doit pas être confondu avec la mise à pied disciplinaire, même si les deux constituent des mesures patronales imposant au salarié une cessation du travail. Le premier relève du pouvoir de direction tandis que la seconde relève du pouvoir disciplinaire. Surtout, le premier est collectif et la seconde individuelle. Le *lock-out* ne doit pas non plus être confondu avec les mesures de récupération d'heures[3].

822.32 **Controverse – Le législateur n'a pas tranché le cas de la licéité ou de l'illicéité du lock-out.** Le préambule de la Constitution de 1946 ne l'évoque pas et la loi du 11 février 1950 s'est contentée d'affirmer qu'une procédure de conciliation doit être entamée « avant toute grève ou lock-out ». Selon H. Sinay, le législateur s'est contenté « de promouvoir les mesures destinées à enrayer les différends collectifs déclenchés en fait, sans pour autant s'être prononcé sur le caractère régulier ou irrégulier des divers mouvements revendicatifs »[4]. Le texte issu de la loi de 1950 a d'ailleurs été modifié et toute référence au lock-out supprimée, le nouvel article L. 2522-1 se contentant de mentionner les « conflits collectifs »[5]. Un certain nombre de fondements juridiques ont été, ici et là, invoqués pour faire reconnaître la licéité du lock-out. Les plus sérieux ont consisté à l'asseoir sur un droit ou une liberté fondamentaux, en particulier la liberté d'entreprendre et le droit de grève qui, dans sa conception européenne, devrait, a-t-il été soutenu, être « bilatéralisé » pour inclure non seulement les grèves émanant de salariés mais aussi les grèves patronales. La charte des droits fondamentaux de l'Union européenne permet en effet aux employeurs de recourir « en cas de conflits d'intérêts, à des actions collectives pour la défense de leurs intérêts[6] », et un certain nombre de droits étrangers, dont le droit espagnol, font du lock-out un mode légitime de conflit collectif[7]. À l'inverse, les détracteurs du *lock-out* y voient, entre autres, une violation par l'employeur de son obligation de fournir du travail. Le Lock-out « constitue une indéniable violation de l'exécution de l'obligation patronale de fourniture de travail aux salariés cocontractants », énonce Hélène Sinay qui ajoute que « par la fermeture inopinée de l'établissement ou de l'atelier, l'employeur se dérobe soudainement, par décision de volonté unilatérale, à son engagement. Il commet en ce sens une faute contractuelle, génératrice de dommages-intérêts »[8]. Surtout, aucun parallèle n'est possible entre droit de grève et lock-out. Comme il a été relevé par le professeur Teyssié, « lorsque sont grévistes les seuls salariés qui ont décidé de participer au mouvement revendicatif, la décision de lock-out frappe, dans la plupart des cas, la totalité du personnel d'un atelier ou d'un établissement »[9]. Il serait d'ailleurs impossible d'admettre à la fois la régularité de principe de la grève et du *lock-out* puisque, selon les termes de Gérard Lyon-Caen, « celui-ci a pour objet de paralyser celle-là »[10].

822.33 **Réponse de la jurisprudence : l'illicéité de principe du lock-out.** La Cour de cassation française juge cependant avec constance que le *lock-out* constitue une inexécution de l'obligation de fournir du travail aux salariés non-grévistes. Impossible pour

1. V. s^s^ n° 822.31 ; – Soc. 2 déc. 1964, *D.* 1965. 112, note G. Lyon-Caen.
2. Soc. 26 janv. 1972, n° 70-40.513, P V, n° 63.
3. Il appartient « à l'employeur, dans l'exercice de son pouvoir normal d'organisation de l'entreprise, d'apprécier l'opportunité d'une modification d'horaire ou d'une fermeture totale ou partielle » : Soc. 21 juill. 1981, n° 79-42,429, P V, n° 724.
4. H. Sinay, G. H. Camerlynck (dir.), *Traité de droit du travail*, t. VI, *La Grève*, par H. Sinay, Dalloz, 1966, p. 346, n° 162.
5. DE PORTÉE MOINDRE : C. trav., art. R. 5122-8 évoquant cependant à la fois la grève et le *lock-out*.
6. Charte des droits fondamentaux de l'union européenne, 7 déc. 2000, art. 28.
7. IMPLICITEMENT : Constitution espagnole, art. 37.2 ; – Tribunal constitutionnel, 8 avr. 1981, Le tribunal constitutionnel espagnol précise toutefois que lock-out et grève ne doivent pas être mis sur un pied d'égalité.
8. G. H. Camerlynck (dir.), *Traité de droit du travail*, t. VI, *La Grève*, préc., n° 6.
9. *J.-Cl. Travail*, fasc. 70-40 : Conflits collectifs – Lock-out, par B. Teyssié, n° 8.
10. G. Lyon-Caen, « Le lock-out », *Dr. ouvrier* 1950. 55.

l'employeur d'exciper, en présence d'une grève licite, de l'exception d'inexécution [1] ou d'invoquer les difficultés financières liées à la grève [2] pour se soustraire à sa responsabilité.

L'illicéité de principe vaut quel que soit le moment auquel intervient le *lock-out*. Mis en œuvre avant le déclenchement de la grève, lorsque l'employeur en a connaissance ou la sent venir, il est d'autant plus illicite qu'il peut s'analyser comme une mesure de rétorsion visant à briser le mouvement de grève à venir [3]. Est tout aussi illicite le *lock-out* déclenché concomitamment à la grève - on parle de *lock-out* « défensif » -, au motif par exemple que l'entreprise ne pouvant fonctionner normalement en l'absence d'un certain nombre de ses salariés doit temporairement fermer [4]. Le *lock-out* intervenant à la fin de la grève, lequel a pour effet d'empêcher les grévistes de reprendre leur travail ou de différer leur retour au travail, est tout aussi interdit [5].

§ 3
Licéité du chômage technique

822.40 **Plan.** L'illicéité de principe du *lock-out* reçoit exception en présence d'une situation contraignante (A) ou, dans des conditions tout à fait particulières et à titre tout à fait exceptionnel, de l'exception d'inexécution (B).

A.
Situation contraignante

822.51 **Situation contraignante.** Si le *lock-out* est interdit, l'existence d'une situation contraignante justifie la fermeture de l'entreprise. On ne parle pas, dans ce cas, de *lock-out*, mais de chômage technique. Il ne s'agit d'ailleurs pas d'un cas de force majeure, la grève ne pouvant être considérée comme un cas de force majeure, alors que l'employeur est au courant au préalable des revendications des grévistes.

822.52 **Situation contraignante.** La charge de la preuve de l'existence d'une situation contraignante incombe à l'employeur [6], qui doit prouver l'impossibilité de donner du travail aux non-grévistes [7]. Constitue une situation contraignante celle provoquée par des faits non imputables à l'employeur, qui rendent impossible la fourniture de travail aux salariés non-grévistes [8], ce qui exclut par exemple de simples difficultés financières. Cette situation peut résulter d'une occupation des locaux [9], ou encore d'arrêts de travail successifs qui paralysent la chaîne de production de l'entreprise [10]. L'existence d'une situation contraignante ne se prêtant pas à l'énoncé de critères précis, un certain nombre d'illustrations jurisprudentielles peuvent être apportées :

822.53 **Paralysie de l'entreprise.** Les juges, qui ont constaté que la grève du secteur de production, qui était totale, avait progressivement entraîné la paralysie du secteur « travaux », empêchant le maintien des tâches d'exécution et que l'employeur avait attendu que le fonctionnement de l'entreprise soit bloqué pour recourir à la mise en chômage technique, ont donc pu conclure que l'entreprise s'était trouvée, du fait de la grève, dans une situation contraignante, qui ne lui était pas imputable et qui rendait impossible la fourniture de travail aux salariés non-grévistes [11].

Suivant la même logique, il a été jugé que l'employeur pouvait recourir au chômage technique suite à une grève du secteur de production, qui était totale et qui avait progressivement entraîné la paralysie des autres secteurs d'activité de l'entreprise et alors qu'il avait attendu que le fonctionnement de l'entreprise soit bloqué pour recourir à la mise en chômage technique. La Cour de cassation en a conçu que la société employeur s'était trouvée, du fait de la grève, dans une situation contraignante, qui ne lui était pas imputable et qui rendait impossible la fourniture de travail aux salariés non-grévistes, en sorte que la mise en chômage technique ne constituait pas un trouble manifestement illicite [12].

822.54 **Occupation des locaux et désorganisation de l'entreprise.** Si l'occupation des locaux constitue une cause de chômage technique, elle ne permet en principe de fonder une mesure de situation contraignante que si l'employeur a cherché à la résoudre notamment par le recours au référé [13]. L'employeur est cependant admis à justifier d'une situation contraignante pour fermer l'entreprise sans avoir saisi le juge pour déclencher la procédure

1. Le fondement de l'exception d'inexécution, parfois utilisé par le passé (Soc. 26 nov. 1959, P IV, n° 1189), n'a plus cours aujourd'hui ; les juges exigent de l'employeur qui entend fermer son entreprise, qu'il prouve l'existence d'une situation contraignante : Soc. 4 juill. 2000, n° 98-20.537, P V, n° 262 ; *Dr. soc.* 2000. 1091, note A. Cristau.
2. Soc. 10 janv. 1973 ; *D.* 1973.
3. Soc. 5 juin 1973, n° 72-40.570, P n° 360 – Soc. 15 janv. 1959, n° 4.226, P IV, n° 78.
4. Soc. 10 janv. 1973, *D.* 1973. Jur. 453, note H. Sinay ; *Dr. soc.* 1973. 533, obs. J. Savatier.
5. Soc. 20 oct. 1976, *Dr. ouvrier* 1977. 278.
6. Soc. 16 juill. 1987, n° 84-43.308, NP.
7. Soc. 25 févr. 1988, n° 85-46.371, P V, n° 135.
8. Soc. 4 juill. 2000, n° 98-20.537, P V, n° 262 – A. Cristau, « La mise en chômage technique consécutive à un conflit collectif du travail », *Dr. soc.* 2000. 1091.
9. Soc. 21 juill. 1986, n° 83-42.494.
10. Soc. 20 oct. 1983, n° 81-40.588.
11. Soc. 22 févr. 2005, n° 02-45.879, P V, n° 57.
12. Soc. 4 juill. 2000, n° 98-20.537, P V, n° 262.
13. Soc. 6 oct. 1971, n° 71-40.105, P n° 542.

d'expulsion dans le cas où il entendait donner une chance aux pourparlers et que les non-grévistes lui avaient indiqué qu'ils ne travailleraient pas sous la protection des forces de l'ordre[1].

La désorganisation de l'entreprise peut, elle aussi, justifier une mise en chômage technique, dans le cas d'arrêts de travail de courte durée, pratiqués uniquement aux heures des repas, à un moment où des clients sont présents dans l'établissement, dans un but de désorganiser l'entreprise de restauration et lorsque l'employeur pouvait légitimement craindre leur renouvellement[2].

Il a également été jugé que la situation contraignante était constituée s'agissant d'une entreprise dans laquelle existait une interdépendance de trois ateliers de l'usine fonctionnant en continu et dans laquelle les temps nécessaires pour arrêter les machines et les relancer étaient respectivement de quinze heures, vingt-deux heures et quarante-deux heures, ces arrêts et redémarrages répétés, outre l'usure prématurée et anormale des machines, aboutissant à la désorganisation de l'entreprise[3].

La situation contraignante a encore été retenue suite à une reprise du travail, après accord partiel entre la direction et les salariés grévistes sur certaines revendications, qui s'était effectuée dans des conditions anormales d'exécution des contrats de travail, les salariés ayant refusé de se soumettre à l'autorité de leur employeur qui n'avait plus ni la maîtrise des outils comptables de l'entreprise, ni le libre accès à ses locaux[4].

822.55 **Motif de sécurité.** Il a été jugé qu'est illicite l'arrêt des machines à défaut de preuve par la société de ce que tant la sécurité du personnel que le fonctionnement du matériel était menacé[5].

Il a été jugé que relevant qu'aucune voie de fait ne pouvait être tenue pour constituée ni qu'aucune situation d'insécurité ou d'atteintes aux personnes n'était établie, le conseil de prud'hommes a pu décider que la fermeture de l'entreprise était illicite et constitutive d'une entrave à l'exercice du droit de grève justifiant l'octroi de dommages-intérêts[6].

Il a été jugé que la succession d'arrêts et de redémarrages des installations ayant eu notamment pour effet de ne plus permettre de maîtriser la composition des goudrons et la température nécessaire à la fluidité des produits générant des bouchages et des opérations à haut risque, et que les dysfonctionnements qui ne relevaient pas de phénomènes habituels dans le cadre du fonctionnement normal des ateliers étant d'une particulière dangerosité amplifiant de manière conséquente les risques pour les salariés et les installations, la société s'était trouvée, du fait de la grève, dans une situation contraignante l'obligeant à arrêter la production et qui rendait impossible la fourniture de travail aux salariés non-grévistes[7].

Il a encore été jugé que les salariés n'ayant pas contesté avoir interdit l'accès des véhicules à l'entreprise, avoir séquestré les dirigeants de celle-ci et commis des dégradations de biens immobiliers, ce qui avait entraîné l'intervention de la force publique pour rétablir la liberté du travail en faveur des autres membres du personnel, la cour d'appel a pu décider que la mesure de fermeture temporaire était justifiée par la nécessité de maintenir l'ordre et la sécurité dans l'entreprise qui était occupée[8].

Il a été jugé que les juges du fond ne peuvent considérer comme illicite la fermeture de stations de métro consécutive à une grève des agents de conduite sans rechercher si, comme le soutenait l'employeur, ce dernier ne s'était pas trouvé dans une situation contraignante l'obligeant, pour assurer la sécurité des usagers et des installations, à fermer entièrement lesdites stations et à mettre en chômage technique les agents à poste fixe y travaillant[9].

B. Exception d'inexécution

822.61 **Exception d'inexécution.** La Cour de cassation admet, à titre exceptionnel et dans le seul cas du non-respect par les grévistes de leur droit de grève, le jeu de l'exception d'inexécution. Les salariés n'ayant pas respecté leurs obligations – il va de soi que l'exercice du droit de grève n'est pas une violation par les salariés de leurs obligations –, l'employeur peut en faire de même[10]. Il n'est pas besoin, pour ce faire, que l'existence de l'entreprise soit en jeu[11].

1. Soc. 25 févr. 1976, n° 75-40.268, P n° 112.
2. Soc. 6 févr. 1985, n° 82-43.173, P V, n° 83.
3. Soc. 17 mars 1983, n° 81-42.577, P n° 174.
4. Soc. 26 mars 2014, n° 12-26.600, P V n° 84 ; *JCP S* 2014. 1230, note E. Jeansen ; *Cah. Soc.* 2014, p. 372, obs. F. Canut ; *D.* 2014. 830 ; *D.* 2014. 1404, chron. S. Mariette, C. Sommé, F. Ducloz, E. Wurtz, A. Contamine et P. Flores.
5. Soc. 16 mai 1990, n° 87-40.962, NP.
6. Soc. 17 déc. 2013, n° 12-23.006, P V, n° 303 ; *D.* 2014. 88 ; *Dr. soc.* 2014. 292, obs. D. Boulmier ; *Dr. soc.* 2014. 760, chron. S. Tournaux ; *RJS* 2014. 210, n° 264 ; *JSL* 2014, n° 360-2, obs. J.-Ph. Lhernould.
7. Soc. 18 janv. 2017, n° 15-23.986, NP.
8. Soc. 21 mars 1990, n° 86-44.190, P V, n° 131 ; *D.* 1990. IR 99 ; *RJS* 1990. 300, n° 420.
9. Soc. 7 nov. 1990, n° 89-44.264, P V, n° 518 ; *D.* 1990. IR 280 ; *RJS* 1990. 664, n° 1016 ; *JCP E* 1991. I. 27, n° 14, obs. B. Teyssié.
10. Soc. 26 nov. 1959, n° 58-40.273, P IV, n° 189 – Soc. 4 avr. 1974, P V, n° 204.
11. Soc. 3 juill. 1967, n° 66-40.594, P n° 541.

§ 4
Effets du lock-out

822.70 **Plan.** Illicite, le lock-out entraîne des conséquences non seulement civiles (A) mais aussi pénales (B).

A.
Conséquences civiles

822.81 **Principe de la suspension.** Le *lock-out* emporte suspension du contrat de travail[1], si bien que les salariés ne toucheront pas, en principe, leur salaire. Cette dispense de payer le salaire ne vaut pas si l'employeur est en mesure de fournir des tâches supplétives à certains de ses salariés[2].

822.82 **Conséquences de la suspension.** Si l'employeur est dispensé de payer les salaires en cas de lock-out, les salariés pourront, lorsque les conditions en sont réunies, bénéficier de l'activité partielle et/ou d'une indemnisation.

822.83 **Activité partielle.** La situation contraignante caractérisant l'impossibilité de fournir du travail aux salariés non-grévistes justifie leur mise en activité partielle.

Il résulte en effet de l'article R. 5122-8 du code du travail que : « Dans le cas d'une fermeture de l'entreprise ou d'un service décidée par l'employeur suite à une grève, le versement des allocations et des indemnités peut être autorisé par décision du ministre chargé de l'emploi, si la fermeture se prolonge plus de trois jours. »

La circulaire du 15 juillet 1985[3] vient préciser la règle :

« En matière de conflit du travail, les règles sont les suivantes :

Dans l'établissement où se produit le conflit, les allocations de chômage partiel ne sont pas versées aux salariés grévistes ou non-grévistes pendant la durée du conflit.

Après la cessation du conflit, si des décalages se produisent pour des raisons techniques entre la fin du conflit et les dates de reprise de l'activité dans les différents ateliers, les allocations de chômage partiel peuvent être attribuées aux salariés affectés par ces décalages.

Par ailleurs, lorsque des établissements distincts de la société en grève ou des entreprises fournisseurs ou clients de ladite société subissent une réduction d'activité du fait du conflit, les allocations de chômage partiel sont accordées y compris pendant la durée du conflit.

De même, les salariés n'appartenant pas à l'entreprise en grève mais à des entreprises sous-traitantes qui y travaillaient lorsque le conflit a éclaté peuvent être indemnisés au titre du chômage partiel. »

822.84 **Responsabilité vis-à-vis des non-grévistes.** Dans le cas où la fermeture est licite, l'employeur ne devra aucune indemnité[4] sauf le cas où la fermeture est fondée sur l'exception d'inexécution, auquel cas seuls les non-grévistes bénéficieront de l'indemnité.

Dans le cas où le lock-out est irrégulier, l'employeur n'avait pas à empêcher les non-grévistes de travailler, ce qui l'oblige à leur verser une indemnité à raison du préjudice subi. Les juges prononcent généralement une indemnité équivalente aux salaires perdus[5], ce même s'ils peuvent prononcer une indemnisation différente s'ils estiment que le préjudice ne correspondant pas à la rémunération non perçue[6]. Cette indemnité a la nature de dommages et intérêts, pas de salaire[7].

822.85 **Responsabilité vis-à-vis des grévistes.** L'employeur est également passible d'une indemnité à l'encontre des grévistes laquelle, en revanche, sera déconnectée des salaires perdus. La jurisprudence considère en effet que la fermeture illicite de l'entreprise peut constituer une entrave au droit de grève. Aucune voie de fait ne pouvant être tenue pour constituée ni aucune situation d'insécurité ou d'atteintes aux personnes n'étant établie, le conseil de prud'hommes a pu décider que la fermeture de l'entreprise était illicite et constitutive d'une entrave à l'exercice du droit de grève justifiant l'octroi de dommages-intérêts, énonce en effet la Cour de cassation[8].

822.86 **Responsabilité vis-à-vis des tiers.** Le lock-out ne dispense pas l'employeur d'honorer les contrats avec ses clients, ce qui l'expose à des actions en responsabilité. Le lock-out ne sera une cause d'exonération que s'il constitue un cas de force majeure[9].

B.
Conséquences pénales

822.91 **Entrave au fonctionnement du CSE.** La fermeture de l'entreprise doit donner lieu à consul-

1. Soc. 31 mai 1967, *Dr. soc.* 1967. 632, obs. J. Savatier.
2. Soc. 30 sept. 2005, n° 04-40.193, P V, n° 277 ; *D.* 2005. 2548, obs. E. Chevrier ; *RJS* 12/2005, n° 1247 ; *Dr. ouvrier* 2006. 19, avis J. Duplat.
3. Circ. *CDE* n° 39-85, 15 juill. 1985, n° 1-2-2 : *BOMT* 86/3 *bis*.
4. Soc. 3 avr. 1979, P V, n° 299.
5. Soc. 26 janv. 1972, *Dr. soc.* 1972. 395, obs. J. Savatier.
6. Soc. 17 déc. 2013, n° 12-23.006, préc.
7. Soc. 23 oct. 1997, n° 95-19.444, NP ; *RJS* 1997. 875, n° 1427.
8. Soc. 17 déc. 2013, n° 12-23.006, préc.
9. *J.-Cl. Travail*, fasc. 70-40 : Conflits collectifs – Lock-out, par B. Teyssié.

tation du CSE [1], même si elle est temporaire. Cependant, l'urgence de la décision de fermeture peut justifier une consultation dans un délai abrégé [2], c'est-à-dire dans un délai plus bref que le délai de trois jours calendaires de l'article L. 2315-30.

822.92 **Atteinte à la liberté du travail.** La constitution du délit d'atteinte à la liberté du travail est, comme le relève le professeur Teyssié, exceptionnelle dans le cas du lock-out. En vertu de l'article 431-1 du Code pénal, le fait d'entraver, d'une manière concertée et à l'aide de menaces, l'exercice de la liberté d'expression, du travail, d'association, de réunion ou de manifestation est puni d'un an d'emprisonnement et de 15 000 euros d'amende. Au vu de ce texte, il faut d'une part que l'atteinte soit concertée, ce qui pourrait signifier que plusieurs employeurs doivent être impliqués, d'autre part qu'existent des menaces [3].

822.93 **Récupération des heures perdues : impossibilité.** L'article L. 3121-50 du code du travail prévoit que seules peuvent être récupérées les heures perdues par suite d'une interruption collective du travail résultant : 1° De causes accidentelles, d'intempéries ou en cas de force majeure ; 2° D'inventaire ; 3° Du chômage d'un jour ou de deux jours ouvrables compris entre un jour férié et un jour de repos hebdomadaire ou d'un jour précédant les congés annuels. Le *lock-out* ne permet donc pas, pas davantage que la grève, la récupération des heures perdues.

Des nuances sont cependant à apporter, selon que la grève qui a contraint l'employeur au *lock-out* concerne des salariés de l'entreprise (que ce soit une grève spécifique à l'entreprise ou une grève de solidarité), ou est étrangère à l'entreprise. Dans le premier cas, la récupération des heures perdues n'est pas possible [4]. À propos d'un employeur qui avait décidé de fermer son entreprise suite à une grève nationale suivie par les salariés de son entreprise, alors qu'aucune situation contraignante n'était caractérisée, il a été jugé que : « L'entreprise ayant été abusivement fermée le 24 octobre 1985, les salariés – qui pouvaient refuser la récupération – avaient droit au paiement de leur salaire pour cette journée. » [5] Dans le second cas, la récupération des heures perdues est possible ; il ne s'agit d'ailleurs pas à proprement parler d'un lock-out mais de modification des horaires. La jurisprudence a tranché en ce sens dans une affaire concernant les répercussions dans une entreprise donnée de coupures de courant liées à des grèves à EDF ; la Cour de cassation énonce que : « L'employeur agit dans les limites de son pouvoir d'organisation de l'entreprise en modifiant l'horaire d'une partie d'une journée de travail dans le souci légitime de parer aux répercussions d'une grève de l'EDF. » [6]

§ 5
Contentieux du lock-out

822.101 **Auteur de l'action.** L'action en justice, dans le contexte de lock-out, émane le plus souvent des non-grévistes. Elle peut également émaner des grévistes, lorsque par exemple l'employeur a porté atteinte à leur droit de grève en fermant l'entreprise, à titre préventif ou, *a posteriori*, en les empêchant de retrouver leur poste.

Ainsi, ayant relevé que la société avait été avertie d'un mouvement de grève nationale, que certains des syndicats représentés au sein de l'entreprise avaient appelé à la grève et qu'enfin, aucun cas de force majeure n'était établi, le conseil de prud'hommes a exactement décidé que la direction, en fermant l'entreprise, avait privé les salariés, qui souhaitaient suivre le mot d'ordre national, d'un droit constitutionnellement reconnu [7].

822.102 **Compétence.** La compétence est partagée entre le Tribunal judiciaire et le Conseil de prud'hommes. Le premier est compétent pour le litige collectif né du lock-out. Le second est compétent lorsque les salariés, notamment les non-grévistes, demandent des sommes en compensation des salaires perdus du fait de la fermeture de l'entreprise [8].

SECTION 2
AUTRES RÉACTIONS DE L'EMPLOYEUR

822.110 **Plan – Introduction.** « Il n'est pas interdit à l'employeur en cas de grève d'organiser l'entreprise pour assurer la continuité de son activité », énonce la Cour de cassation [9], ce qui se traduit par toute une série de réorganisations au sein des entreprises en grève, dans de strictes limites pour ne pas méconnaître le droit de grève à valeur constitutionnelle. Le travail des non grévistes (§ 1), celui des grévistes

1. C. trav., art. L. 2312-8 – T. corr. Nanterre, 30 janv. 1976, *Dr. ouvrier* 1976. 173.
2. Crim. 6 févr. 1979, *D.* 1979. IR 422, obs. J. Pélissier.
3. *J.-Cl. Travail*, fasc. 70-40 : Conflits collectifs – Lock-out, par B. Teyssié, n° 34.
4. Soc. 27 juin 1989, n° 86-45.096, P V, n° 470.
5. Soc. 27 juin 1989, n° 86-45.096, préc.
6. Soc. 9 juill. 1986, n° 85-41.861, P V, n° 363, p. 278.
7. Soc. 27 juin 1989, n° 86-45.096, préc.
8. Soc. 24 mai 1960, n° 58-40.798.
9. Soc. 11 janv. 2000, n° 97-22.025, P V, n° 15, p. 11 ; *D.* 2000. 369, note Ch. Radé ; *GADT*, 4e éd., Dalloz, 2008, n° 208 ; *Dr. ouvrier* 2000. 252, note A. De Senga ; *RJS* 2000. 135, n° 203.

par le biais éventuel de réquisitions (§ 2), l'appel à une main-d'œuvre supplémentaire (§ 3) ou encore le recours à la récupération des heures perdues (§ 4) sont tous strictement limités.

§ 1
Travail des non-grévistes

822.121 **Changement de tâches.** Les non-grévistes peuvent se voir appliquer des heures supplémentaires ou encore imposer d'effectuer certaines tâches effectuées par les grévistes, à la condition toutefois que ces tâches correspondent à leur qualification. Si le non gréviste ne peut pas s'y opposer s'agissant d'un simple changement des conditions de travail, les grévistes qui s'y opposeraient commettraient eux aussi une faute, qui revêt en principe le caractère d'une faute lourde[1]. « Constitue une faute lourde le fait par des grévistes de s'opposer au travail d'autrui et à ce que leur tâche soit effectuée par d'autres salariés, même si ceux-ci n'y sont pas normalement affectés. »[2] La faute lourde n'est toutefois pas constituée dans le cas d'un « incident [qui] avait opposé un contremaître à un autre salarié qui lui contestait le droit d'utiliser la machine d'un gréviste, cet incident [ayant] pris fin rapidement »[3].

Récompenser les non-grévistes doit cependant être fait avec précaution, au risque de tomber sous le coup de la discrimination à raison de l'exercice du droit de grève[4]. De même, le refus par un non gréviste de remplacer un gréviste ne peut pas justifier la suppression du bénéfice d'une prime ; il s'agit d'une sanction pécuniaire, prohibée par l'article L. 1331-2 du code du travail[5]. Il va de soi que l'employeur qui fait effectuer tout ou partie des tâches d'un salarié gréviste par un autre salarié ne peut pas diminuer en conséquence le salaire de ce dernier[6].

§ 2
Travail des grévistes

822.131 **Réquisition.** Le droit de grève n'est pas absolu. Le préambule de la Constitution de 1946 prévoit en effet, dans son alinéa 7, que « le droit de grève s'exerce dans le cadre des lois qui le réglementent ». La réquisition, qui consiste pour un chef d'entreprise ou pour l'administration à demander à certains travailleurs de rester à leur disposition malgré la grève est donc concevable en droit, mais nécessairement très limitée au vu des atteintes qu'elle porte à un certain nombre de droits et libertés fondamentaux : droit de grève, interdiction du travail forcé, liberté du travail[7]... Ce pouvoir est réservé au secteur public, la Cour de cassation ayant refusé à l'employeur privé tout pouvoir de réquisition des grévistes[8]. Le juge des référés ne peut pas davantage imposer une telle réquisition dans une entreprise privée[9]. Est ainsi annulée l'ordonnance d'un juge des référés imposant à divers salariés grévistes d'une association d'assurer un service dans les trois nuits à venir selon horaires fixés par l'employeur, alors même qu'ils étaient en grève[10]. Cependant, les salariés grévistes qui, sur la demande de l'employeur ou en vertu d'un accord d'entreprise, assurent un service minimum, ont droit à la rémunération du travail effectué[11].

822.132 **Restrictions à la liberté de circulation des salariés protégés.** La liberté de circulation des représentants du personnel et des représentants syndicaux au sein de l'entreprise est un principe d'ordre public et s'applique de la même façon en situation habituelle qu'en cas de mouvement de grève.

Elle ne peut donner lieu à restrictions qu'au regard d'impératifs de santé, d'hygiène ou de sécurité ou en cas d'abus. La première exception, à savoir les impératifs de santé et sécurité sonne fort eu égard à la crise de la Covid 19 et des mesures de distanciation qui y sont associées. La seconde, plus classique, tenant à l'abus de droit, implique que les droits des représentants ne génèrent pas une gêne anormale au travail des salariés et à la clientèle. Est donc justifié l'arrêt de cour d'appel qui relève de la part des représentants du personnel participant au mouvement de grève des comportements apportant une gêne anormale au travail des salariés et à la clientèle d'un hôtel par usage de mégaphones et de sifflets dans les couloirs de l'hôtel, interpellation des salariés non-grévistes, distribution de tracts aux clients, entrée de

1. Soc. 12 janv. 1983, *Dr. soc.* 1983. 227, note J. Savatier.
2. Soc. 12 janv. 1983, n° 80-41.535, P n° 12.
3. Soc. 25 juin 1981, n° 79-42.197, P n° 596.
4. Sur la question des primes anti-grèves, v. s[s] n° 822.121.
5. Soc. 16 févr. 1994, n° 90-45.915, P V, n° 56 ; *Dr. soc.* 1994. 379 ; *CSB* 1994. 107, A. 22, 1re esp. ; *RJS* 1994. 264, n° 409.
6. Soc. 4 oct. 2000, n° 98-43.475, P V, n° 313 ; *Dr. soc.* 2000. 1156, note J.-E. Ray ; *D.* 2000. IR 262 ; *RJS* 2000. 823, n° 1275 ; *JCP* 2000. IV. 2731.
7. G. Lyon-Caen, « La réquisition des salariés en grève selon le droit positif français », *Dr. soc.* 1963. 215 – A. Braun, A. Gentilhomme, F. Leconte, Y. Struillou, « Réquisition des grévistes : de quels droits ? », *Dr. ouvr.* 2011, p. 485.
8. Soc. 15 déc. 2009, *JCP S* 2010. 1177, note A. Martinon.
9. Soc. 25 févr. 2003, n° 01-10.812, P V, n° 62, p. 59 ; *D.* 2003. 1925, note B. Bossu ; *Dr. soc.* 2003. 621, note Ch. Radé ; *RDSS* 2003. 477, obs. J.-M. Lhuillier ; *RDSS.* 2004. 298, ét. D. Boulmier ; *GADT*, 4e éd., Dalloz, 2008, n° 198 ; *RJS* 5/03, n° 656.
10. *Ibid.*
11. Soc. 20 févr. 1991, n° 89-40.280, P V, n° 81 ; *Dr. ouvrier* 1991. 149 ; *RJS* 1991. 266, n° 508.

force dans une chambre occupée, et en déduit, au regard de ces comportements qu'elle estime abusifs, dire justifiées et proportionnées aux abus constatés les restrictions provisoires imposées par l'employeur, que l'employeur a pu, dans un premier temps leur interdire l'accès à l'hôtel, puis, après quelques jours, conditionner l'accès à l'absence d'utilisation de matériel sonore et d'entrée dans les chambres de l'hôtel[1].

§ 3
Recrutements

822.141 **Principe.** L'employeur ne peut librement pallier l'absence de salariés en grèves en recrutant ou en faisant appel à de la main-d'œuvre extérieure. Le droit de grève limite sa liberté d'entreprendre.

822.142 **Embauche de CDD ou recours à des intérimaires : interdiction.** Le code du travail interdit le recours au CDD et à l'intérim pour remplacer les grévistes. En vertu de l'article L. 1242-6 du code du travail : « [...] il est interdit de conclure un contrat de travail à durée déterminée : 1° Pour remplacer un salarié dont le contrat de travail est suspendu à la suite d'un conflit collectif de travail ». Une disposition identique régit le recours à l'intérim. En vertu de l'article L. 1251-10 du code du travail : « [...] il est interdit de recourir au travail temporaire : 1° Pour remplacer un salarié dont le contrat de travail est suspendu à la suite d'un conflit collectif de travail ». L'interdiction est interprétée largement puisque l'entreprise au sein de laquelle un intérimaire exerce ne peut, en cas de grève, lui demander d'effectuer les tâches d'un salarié gréviste, en plus de leur travail habituel, ce qui augmente leur amplitude horaire[2]. De cet arrêt il semble résulter que si l'amplitude horaire n'est pas modifiée, un tel remplacement est admis. De même, est autorisé le remplacement des grévistes par des travailleurs temporaires recrutés antérieurement à la grève à la condition que l'on reste dans la même qualification professionnelle et que les intérimaires ne soient pas affectés à des tâches étrangères à celles prévues par le contrat de mise à disposition[3]. Il a également été admis, s'agissant d'un salarié à durée déterminée recruté pour remplacer un salarié en congé maladie, que l'entreprise l'affecte au poste d'un salarié gréviste[4]. Devrait également être possible le recours à un salarié en CDD ou à un intérimaire postérieurement au conflit collectif, pour gérer la reprise d'activité à la condition bien entendu que ce recrutement n'empêche pas les salariés grévistes de retrouver leur emploi.

Ces interdictions sont pénalement sanctionnées[5].

822.143 **Recours à la sous-traitance : admis.** Il est possible d'avoir recours à la sous-traitance pour effectuer le travail des grévistes, par exemple pour une entreprise de transport dont les salariés sont en grève d'avoir recours à des prestataires extérieurs[6]. Il faudra toutefois être vigilant sur le fait qu'il s'agit bien de sous-traitance, et pas d'un prêt de main-d'œuvre à but lucratif, prohibé en dehors des cas légaux (intérim, portage).

822.144 **Remplacement par un bénévole : admis.** Il est possible de recourir à des bénévoles pour remplacer les grévistes. Le fait pour une entreprise d'avoir accepté le concours bénévole de producteurs pour assurer le ramassage du lait ne caractérise pas un trouble manifestement illicite, juge la Cour de cassation[7]. Il convient toutefois d'être vigilant sur le fait qu'il s'agit réellement de bénévolat.

§ 4
Récupération

822.151 **La récupération des heures perdues.** Les heures perdues lors d'un mouvement de grève ne peuvent donner lieu à récupération. La grève ne fait pas partie, en effet, de la liste limitative des situations pouvant donner lieu à une telle récupération, telle que prévue par l'article L. 3122-27 du code du travail. Il n'en va autrement que lorsque la grève est extérieure à l'entreprise, et ne concerne pas les salariés de l'entreprise (l'hypothèse est celle de la grève à EDF ou chez un sous-traitant qui empêche tout ou partie de l'entreprise de fonctionner). Dans ce cas, la récupération des heures perdues est admise[8]. S'il s'agit au contraire d'une grève de solidarité, en lien par exemple avec une grève nationale, la récupération ne sera pas possible[9].

Une fois la grève terminée et une fois le travail repris dans l'entreprise, il devrait être possible de convenir avec les organisations syndicales que les heures perdues seront en tout ou partie, effectuées moyennant paiement des heures supplémentaires[10].

1. Soc. 10 févr. 2021, nº 19-14.021, P.
2. Soc. 2 mars 2011, nº 10-13.634, P V, nº 54 ; *D.* 2011. 824 ; *Dr. soc.* 2011. 736, obs. B. Gauriau ; *Dr. ouvrier* 2011. 469, obs. R. Marié ; *JSL* 2011, nº 297-2, obs. J.-E. Tourreil ; *JCP S* 2011. 1315, obs. F. Bousez.
3. Crim. 2 déc. 1980, nº 80-90.149, P nº 330 ; *D.* 1981. 346, note J. Pélissier.
4. Soc. 17 juin 2003, nº 01-00.332, NP.
5. Crim. 1er mars 2016, nº 14-86.601, NP ; *RJS* 5/2016, nº 315 ; *JCP S* 2016. 1200, note F. Duquesne.
6. Soc. 15 févr. 1979, nº 76-14.527, P nº 143.
7. Soc. 11 janv. 2000, nº 97-22.025, préc.
8. Soc. 9 juill. 1986, nº 85-41.861, P V, nº 363.
9. RAPPR. : Crim. 12 janv. 1971, nº 70-90.753, P nº 5.
10. Soc. 25 avr. 1979, nº 78-40.058, P nº 330.

CHAPITRE

823. Responsabilités liées à la grève

SECTION 0 ORIENTEUR

823.00 Sommaire du chapitre.

Division. Le fait social de grève peut engendrer des conséquences préjudiciables pour les acteurs de la grève mais aussi pour des tiers ou des collectivités. La question des responsabilités se pose donc inéluctablement soit à raison de la grève elle-même, soit à raison des comportements qui viennent s'y agréger. La réparation des préjudices conduit à mobiliser les règles de la responsabilité civile (sect. 1) mais certains comportements peuvent par ailleurs être qualifiés pénalement (sect. 2). Enfin, la réaction des collectivités publiques face à la grève peut elle-même engager leur responsabilité (sect. 3).

823.01 Textes applicables.

- **C. civ.,** art. 1218 [Force majeure]
- **C. pen.,** art 431-1 [Entraves à la liberté d'expression]

823.02 Jurisprudence de référence.

- **Soc 29 janv. 2003,** n° 00-22.290, NP

« Sur le moyen unique :

Vu l'article 1382 du Code civil ;

Attendu que la responsabilité civile d'un syndicat, même s'il a soutenu une grève, ne peut être engagée que s'il a activement participé aux actes illicites commis à l'occasion de cette grève ou s'il en a été l'instigateur. »

- **Soc. 14 nov 2007,** n° 06-14.074, NP

« Vu l'article 1382 du code civil ;

[...]

Attendu que pour condamner *in solidum* les deux syndicats à payer aux sociétés une somme correspondant aux frais d'intervention de remise en gaz et en électricité, l'arrêt retient, d'une part, que, si les syndicats reconnaissent avoir appelé les agents grévistes à effectuer diverses actions, dont des coupures sur les réseaux de gaz et d'électricité, la preuve n'est pas rapportée qu'ils leur ont demandé d'effectuer de tels actes durant la nuit en dehors des périodes de grève, la faute invoquée à leur encontre n'étant pas démontrée, et d'autre part que, les coupures sauvages perpétrées dans la nuit du 8 au 9 décembre s'analysant comme des actes illicites, la responsabilité des syndicats doit être retenue pour avoir incité, en donnant des directives, à l'accomplissement des faits fautifs ;

Qu'en statuant ainsi, alors qu'il résultait de ses propres constatations que le syndicat s'était borné à donner des directives pour la journée de grève et que les agissements fautifs avaient été accomplis après la fin de la grève, la cour d'appel qui n'a pas tiré les conséquences légales de ses constatations a violé le texte susvisé. »

- **Cass., ch. mixte, 30 nov 2018,** n° 17-16.047, P

« [...] Mais attendu que l'arrêt retient que le président du syndicat est celui qui, par la teneur de ses propos, a pris en charge l'organisation logistique des opérations et donné les instructions d'organisation de la manifestation à tous les participants présents au rassemblement ; qu'il a donné dans ce cadre les directives "pour garer et ranger les pneus chez Lactalis" ; qu'il a, ensuite, fixé un nouveau rendez-vous aux manifestants à un rond-point d'où ils sont alors partis vers l'usine et qu'il était sur place lorsque ces pneus ont été embrasés ;

Que la cour d'appel ayant fait ressortir la participation effective du syndicat aux actes illicites commis à l'occasion de la manifestation en cause, il en résulte que l'action du syndicat constituait une complicité par provocation au sens de l'article 121-7 du code pénal, de sorte que se trouvait caractérisée une faute de nature à engager sa responsabilité sur le fondement de l'article 1382, devenu 1240 du code civil, sans que puisse être invoqué le bénéfice de l'article 23 de la loi du 29 juillet 1881 ;

• **Crim. 3 juin 2008,** n° 07-80.079, P

Le simple trouble apporté à l'activité professionnelle n'entre pas dans les prévisions de l'article 431-1 du code pénal, la cour d'appel n'a pas légalement justifié sa décision ;

823.03 Bibliographie indicative.

Monographie. C. Radé, *Droit des conflits collectifs du travail*, « Droit&Professionnels », LexisNexis, 2023.

Articles. C. André-Hesse et J. Coret, « Aperçu rapide sur la responsabilité pénale dans le cadre des mouvements sociaux », *JCP S* 2016. Actu. 182 – J. Duplat, « Responsabilité civile des associations professionnelles de transporteurs », *RJS* 2006. 201 – Ph Waquet, « Abus du droit de grève et responsabilité », *Dr. soc.* 1995. 183.

823.05 Problématique générale. Il est dans la nature de la grève d'engendrer des préjudices en ce sens que le fonctionnement de l'entreprise sera peu ou prou perturbé et que seront affectées, dans des proportions variables, les relations commerciales avec les fournisseurs, les clients ou les usagers. Pour autant, l'existence d'un préjudice ne suffit pas à engager la responsabilité des grévistes ou des syndicats ayant appelé à la grève. Encore faut-il que soit caractérisée une faute dans un contexte où la grève est considérée comme un « droit » au surplus constitutionnellement protégé, ainsi qu'un lien causal entre la faute ainsi relevée et le préjudice dont l'existence et l'ampleur doivent être établies par le demandeur en réparation. La question des responsabilités engagées à l'occasion de la grève conduit à proposer plusieurs critères de classification.

Le premier consiste à distinguer la responsabilité civile dont la fonction première est d'assurer la réparation d'un préjudice et la responsabilité pénale laquelle ne peut intervenir que lorsqu'une règle pénalement sanctionnée est violée. Ce premier critère présente des qualités pédagogiques mais la distinction entre les finalités n'est pas aisée s'agissant du traitement juridique des effets d'un mouvement collectif en vue de la satisfaction de revendications professionnelles. D'une part, la mobilisation des règles de la responsabilité civile ou de la responsabilité pénale aura souvent la fonction de créer ou de conforter un rapport de forces entre l'employeur et les grévistes ou entre ces derniers et les non-grévistes. D'autre part, en ce domaine comme en d'autres, la responsabilité civile est parfois utilisée comme une peine privée ou une menace de peine privée, elle-même destinée à faire pression sur une des parties en conflit. La responsabilité pénale ou la menace de mise en action du droit pénal est de la même manière un outil du rapport de forces d'autant plus efficace que le droit pénal engendre plus que le droit civil une peur qui prend place dans une situation par définition conflictuelle. Le deuxième critère adopte le point de vue des « victimes ». On en vient alors à distinguer la situation de l'employeur et de l'entreprise dont l'activité est entravée, celle des salariés non-grévistes qui peuvent être empêchés d'exécuter leurs obligations à l'égard de l'employeur, celle des clients ou des usagers de l'entreprise et plus globalement des contractants de l'entreprise touchée par le mouvement collectif de cessation du travail. Le troisième critère est celui des acteurs de la grève, ce qui amène à envisager la question du respect du droit de grève par l'employeur et de la responsabilité qu'il assume en pareil cas mais aussi à distinguer l'action des grévistes selon qu'ils sont « meneurs » ou « suiveurs » et l'action des organisations syndicales ayant appelé à la grève – étant précisé que dans le secteur privé, le droit de grève reste un droit individuel et que le préavis de grève n'est pas obligatoire. Aucune des classifications n'est pleinement satisfaisante et ne peut rassembler à elle seule l'ensemble des cas de figure. C'est la raison pour laquelle on combinera ici deux critères : celui de la distinction des responsabilités civile et pénale et à l'intérieur de chaque catégorie, on distinguera les situations de l'employeur, des grévistes, des non-grévistes, des organisations syndicales et des cocontractants de l'entreprise dont l'activité est perturbée. Une sous-section est réservée aux responsabilités des collectivités publiques.

SECTION 1
RESPONSABILITÉS CIVILES ENGAGÉES

823.10 Plan – Acteurs différents et responsabilités différentes. Afin d'examiner les différentes responsabilités civiles susceptibles d'être engagées, il convient, parce qu'elles obéissent à des logiques différentes même si elles peuvent parfois se fonder sur des textes identiques, la responsabilité civile de l'employeur (§ 1), celle des grévistes (§ 2) et celles des organisations syndicales ayant initié ou ayant rallié le mouvement de grève pour l'organiser (§ 3).

§ 1
Responsabilité civile de l'employeur

823.21 Responsabilité civile de l'employeur et pouvoir d'organisation de l'entreprise. La responsabilité civile de l'employeur peut être engagée dans ses rapports avec les tiers qui peuvent être affectés par l'arrêt de l'entreprise ou sa désorganisation consécutive à la grève. Elle peut aussi résulter de la réaction de l'employeur au mouvement collectif auquel il est confronté.

823.22 Grève : cas de force majeure invocable par l'employeur. S'agissant en premier lieu de l'employeur, une nouvelle distinction doit être opérée selon que la grève l'empêche de satisfaire les obligations qui sont les siennes à l'égard de ses cocontractants et selon l'attitude qu'il a lui-même adoptée à l'égard des grévistes. Sur le premier point, l'inexécution par l'employeur de ses obligations – à l'égard de ses fournisseurs ou de ses clients – engage sa responsabilité et les créanciers sont reconnus légitimes à demander réparation du préjudice qu'ils auraient subi. La question est alors de savoir si la grève revêt les caractères de la force majeure. La réponse à cette question suppose que l'on revienne à l'article 1218 du Code civil qui, à la différence du droit antérieur à l'application de l'ordonnance du 10 février 2016[1], propose une définition de la force majeure dans le champ contractuel. « Il y a force majeure en matière contractuelle lorsqu'un événement échappant au contrôle du débiteur, qui ne pouvait être raisonnablement prévu lors de la conclusion du contrat et dont les effets ne peuvent être évités par des mesures appropriées, empêche l'exécution de son obligation par le débiteur ». Le texte distingue ensuite l'empêchement temporaire – qui suspend l'exécution de l'obligation sauf si le retard justifie la résolution du contrat – et l'empêchement définitif – qui conduit à la résolution de plein droit du contrat et à la libération des parties de leurs obligations. La nouvelle définition reprend donc les conditions d'imprévisibilité et d'irrésistibilité. La condition d'extériorité semble se maintenir implicitement dans la mention d'un « événement échappant au contrôle du débiteur »[2]. Appliquées à l'événement que constitue un mouvement collectif, il apparaît que ni l'extériorité, ni l'imprévisibilité ne pourraient être aisément reconnues. Indépendamment même de l'absence de préavis dont on sait qu'il n'est pas obligatoire dans le secteur privé, il est permis de considérer que la cessation du travail est rarement imprévisible et que l'employeur a à sa disposition un pouvoir de direction et d'organisation qui lui permettent de réagir au mouvement, même si l'exécution de ses obligations doit s'avérer plus onéreuse. Comme le relève la Cour de cassation dans un arrêt du 11 janvier 2000[3], « sous réserve des prohibitions prévues par les articles L. 122-3 du Code du travail, en ce qui concerne les contrats à durée déterminée, et L. 124-2-3 du même Code, en ce qui concerne les contrats de travail temporaire, il n'est pas interdit à l'employeur, en cas de grève d'organiser l'entreprise pour assurer la continuité de son activité »[4].

1. Ord. n° 2016-131, 10 févr. 2016 portant réforme du droit des contrats, du régime général et de la preuve des obligations, *JO* 11 févr., n° 26.
2. F. Chenedé, *Le nouveau droit des obligations et des contrats*, 2e éd., « Dalloz référence », 2018, n° 128.22 – T. Douville (dir.), *La réforme du droit des contrats, du régime général et de la preuve des obligations*, 2e éd., hc, Lextenso – Gualino, 2018, p. 217.
3. Soc 11 janv. 2000, n° 97-22.205, P V, n° 15.

823.23 Réaction de l'employeur à la grève. L'employeur pourra engager sa responsabilité civile lorsque sa réaction à la grève apparaîtra illicite (par exemple, en procédant au remplacement des grévistes par des salariés sous contrat à durée déterminée ou sous contrat de travail temporaire) ou disproportionnée. Cette attitude est susceptible d'emporter deux types de conséquences.

En premier lieu, si l'employeur procède à des ruptures du contrat de travail ou prend des mesures de rétorsion à l'encontre des grévistes en violation de l'article L. 2511-1 du Code du travail, l'annulation de ces mesures pourra être associée à l'allocation de dommages-intérêts aux salariés victimes de l'illicéité et aux organisations syndicales en raison de l'atteinte à l'intérêt collectif dont elles assurent la défense.

En second lieu, lorsque l'employeur réplique au mouvement en prenant l'initiative de fermer l'entreprise et d'arrêter l'activité (*lock-out*), son attitude est en principe illicite, l'exposant à devoir indemniser les salariés de la perte de salaire supportée. Cette obligation ne disparaît que lorsque la cessation d'activité intervient pour des motifs liés à la sécurité des salariés ou à la protection de l'environnement ou en présence d'un cas de force majeure[5].

§ 2
Responsabilité civile des grévistes

823.31 Suspension de principe du contrat de travail. Pendant la grève, le contrat de travail n'est que suspendu et par conséquent le lien d'emploi est maintenu. La responsabilité civile du salarié à l'égard de son employeur ne peut être engagée que dans l'hypothèse d'une faute lourde qui, par ailleurs, est la seule cause de rupture du contrat admise en application de l'article L. 2511-1 du Code du travail. Sont des fautes lourdes, les atteintes caractérisées et rapportées à un salarié précisément identifié à la liberté du travail. Lorsqu'elles sont reconnues, elles pourront conduire non seulement à la rupture du contrat mais aussi à une obligation pour le salarié de réparer le préjudice subi par l'employeur.

Force est néanmoins de constater que la faute lourde est rarement reconnue en raison pour partie du caractère draconien de ses effets et pour partie en raison du contexte général de la grève rendant parfois délicate l'identification du fautif ainsi que la caractérisation des faits considérés comme fautifs.

4. Soc 11 janv. 2000, n° 97-22.205, P V, n° 15.
5. Soc 30 sept 2005, n° 04-40.193, P V, n° 277 ; *D.* 2005. 2548, obs. E. Chevrier ; *RJS* 12/2005, n° 1247 ; *Dr. ouvrier* 2006. 19, avis J. Duplat.

Mais la question se pose aussi de l'éventuelle responsabilité des grévistes à l'égard des non-grévistes.

823.32 Maintien du lien de préposition et ses effets. Pendant la grève, les obligations contractuelles des salariés sont simplement suspendues. La question est alors de savoir si les actes des salariés grévistes causant un préjudice à des tiers (à l'entreprise) tombent dans le champ d'application de la responsabilité du fait d'autrui visée à l'article 1242, al. 5, nouveau du Code civil. On sait en effet que le salarié agissant dans le cadre de ses fonctions engage la responsabilité de son employeur en sa qualité de commettant lorsqu'il cause par sa faute un préjudice à un tiers à l'entreprise. On doit nous semble-t-il considérer de la même manière que l'accident survenu au salarié gréviste n'est pas qualifié d'accident du travail, que le lien de préposition ne se maintient pas pendant la grève.

Il en résulte que la faute commise par le salarié gréviste à l'égard des tiers permet à la victime d'obtenir réparation contre le salarié et lui seul sur le fondement de l'article 1241 du Code civil. Encore faut-il que l'acte générateur soit étranger au droit de grève : ainsi le salarié gréviste qui blesserait par imprudence un passant pourrait voir sa responsabilité personnelle engagée. En revanche, un tiers qui invoque comme facteur de son préjudice la grève elle-même ne pourrait agir contre le gréviste qu'en établissant un exercice anormal du droit de grève[1].

823.33 Rapports entre grévistes et non-grévistes. La question ici posée est celle de l'action éventuelle des non-grévistes à l'encontre des grévistes pour le cas où le mouvement collectif leur causerait un préjudice. Bien que fort rare, l'action en réparation de leur préjudice leur est ouverte dans les conditions de droit commun (responsabilité délictuelle), la juridiction compétente étant la juridiction prud'homale[2].

Outre le faible nombre d'arrêts relatifs à cette mise en cause de la responsabilité des grévistes à l'égard des non-grévistes, force est de constater que ces décisions sont anciennes. La plus emblématique est celle rendue le 9 mars 1989 par la chambre sociale de la Cour de cassation[3] qui reproche à une cour d'appel d'avoir condamné *in solidum* les grévistes sans prendre la peine de caractériser la faute commise par chacun d'eux[4].

1. B. Teyssié, *Droit du travail : Relations collectives,* 12e éd., « Manuels », LexisNexis, 2020, n° 2508.
2. Soc 3 mars 1983, n° 81-15.453, P V, n° 129 ; *D.* 1984. IR 169, obs. J. Frossard ; *Dr. soc.* 1983. 638, note J. Savatier ; *BS Lefebvre* 1985. 99, note J. Deprez.
3. Soc 9 mars 1989, n° 87-40.131, P V, n° 196.
4. Soc 6 juin 1989, n° 87-40.738, P V, n° 425 ; *D.* 1990. Somm. 169, note G. Borenfreund ; *RJS* 7/89, n° 618.

§ 3 Responsabilité civile du syndicat

823.41 Pas de responsabilité du fait d'autrui pour le syndicat. Sur le plan civil, il faut rappeler que :

– les actions en réparation menées à l'encontre des organisations syndicales sont de la compétence du tribunal judiciaire (autrefois le tribunal de grande instance) et non de la compétence de la juridiction prud'homale ;

– ni les grévistes, ni les délégués syndicaux ne sont les préposés du groupement syndical et leurs fautes éventuelles n'engagent pas la responsabilité du syndicat en qualité de commettant[5].

En revanche, à l'instar de toute personne morale, le syndicat sera responsable sur le fondement de l'article 1241 du Code civil des fautes commises par lui par le truchement de ses organes. Serait ainsi responsable le syndicat qui appellerait à dégrader l'outil de travail. En revanche, lorsque le syndicat se borne à donner des directives pour la journée de grève et que des agissements fautifs sont survenus après la cessation du mouvement, sa responsabilité civile ne saurait être engagée[6]. Pour autant, la personne morale syndicale sera responsable du fait de ses propres salariés par exemple ses permanents syndicaux, en raison des dommages provoqués par eux dans le cadre de l'exécution de leur propre contrat de travail. Dans ce cas, sa responsabilité sera recherchée en sa qualité de commettante.

Le législateur avait souhaité en 1982 soumettre la mise en œuvre de la responsabilité civile à des exigences plus strictes lorsque le fait générateur était en rapport avec un mouvement de grève. Il voulait que la responsabilité ne puisse être engagée que si les faits étaient par ailleurs constitutifs d'une infraction pénale ou s'ils étaient manifestement insusceptibles de se rattacher à l'exercice normal du droit de grève. Cette tentative législative n'a pas reçu l'aval du Conseil constitutionnel[7] et c'est donc le droit commun de la responsabilité qui s'applique en la matière.

Ainsi dans le dernier état du droit, on doit relever d'une part que pas plus que les délégués syndicaux,

5. Soc. 9 nov. 1982, P V, n° 615 – Soc. 22 juin 2004, n° 02-15.500, P V, n° 174, p. 164 ; *RJS* 2004, n° 1188 – Soc. 14 nov. 2007, n° 06-14.074, NP ; *RJS* 1/08, n° 66 ; *Dr. ouvrier* 2008. 358, note A. M.
6. Soc. 14 nov. 2007, *RJS* 2008, n° 66 ; – POUR UN EXEMPLE DE CONDAMNATION à réparation du syndicat : Soc. 11 janv. 2006, n° 04-16.114, P V, n° 4 , *Dr. soc.* 2006. 470, obs. P.-Y. Verkindt ; *JCP S* 2006, n° 10, p. 34, obs. B. Gauriau ; *RJS* 2006, n° 377.
7. Cons. const. 22 oct. 1982, *Dr. soc.* 1983. 162, note L. Hamon.

les organisations syndicales ne peuvent être reconnues responsables des faits commis à l'occasion d'une grève licite[1], sauf à démontrer leur implication personnelle dans les faits générateurs de dommages, d'autre part qu'en revanche l'appel à une grève illicite ou des instructions données par le syndicat d'empêcher la liberté du travail sont de nature à engager sa responsabilité civile[2].

SECTION 2
RESPONSABILITÉS PÉNALES

823.51 **Application du droit pénal commun.** En application du droit commun de la responsabilité pénale, toute personne ayant, dans le cadre d'un mouvement collectif, commis des fautes pénalement qualifiées peut voir sa responsabilité pénale engagée[3]. Elle doit cependant être identifiée et la seule participation à une grève à l'occasion de laquelle des infractions pénales ont été commises ne suffit pas à engager sa responsabilité pénale. Celle-ci peut cependant être relevée en cas de violences ou de voies de fait, de séquestration visée aux articles 224-1 du Code pénal, d'atteinte aux biens et autres dégradations. Que les faits incriminables aient été commis dans le cadre d'un mouvement collectif n'exerce pas d'influence sur la qualification pénale tout au plus peut-on penser que la décision de poursuivre et le cas échéant le quantum de la condamnation pourront être affectés par les circonstances particulières de la commission de l'infraction. Une place particulière doit cependant être réservée à l'atteinte à la liberté du travail des non-grévistes qui pourrait résulter d'un mouvement de grève.

823.52 **Entrave à la liberté du travail[4].** La répression des atteintes à la liberté du travail remonte à la législation révolutionnaire. Il s'agit alors d'éviter la renaissance des corporations et autres corps intermédiaires. C'est alors la même idée qui fonde la répression des coalitions pérennes (associations et syndicats) ou temporaires (coalitions et grèves) et celle des atteintes à la liberté du travail. La dépénalisation de la grève en 1864 et la légalisation du syndicat en 1884 laissent intacts les textes du Code pénal réprimant les atteintes à la liberté du travail qui, quoique modifiés, sont toujours présents dans la législation pénale contemporaine. Comme on a pu le relever[5], « le délit d'entrave à la liberté du travail est le témoin de l'ambivalence du droit pénal du travail » dans la mesure où, désormais visé à l'article 431-1 du Code pénal, il garde néanmoins la marque de ses origines et des articles 414 et 415 du Code pénal dans sa rédaction initiale. La lecture de l'article 431-1 du Code pénal montre que le législateur réprime plus les moyens illicites (menaces, coups, violences, voies de fait, destructions, dégradations) d'entraver le travail que la simple atteinte à la liberté du travail. Le délit, qui figure dans une section du Code pénal réprimant « les atteintes à l'exercice des libertés d'expression, du travail, d'association, de réunion ou de manifestation » est un délit intentionnel puni de peines différentes selon qu'il résulte de simples menaces[6] ou de violences physiques et d'atteintes aux biens caractérisées[7]. On ne peut s'empêcher de relever que l'usage des textes répressifs est devenu rarissime[8], étant précisé que le simple trouble fut il volontaire à l'activité profes-

1. Soc 9 nov. 1982, nº 80-13.958, P V, nº 614 ; *D.* 1983. 531, note H. Sinay ; *Dr. soc.* 1983. 175, note J. Savatier ; *JCP* 1983. II. 19995, concl. Gauthier ; – DANS UN ARRÊT DE MÊME DATE : Soc 9 nov. 1982, nº 80-16.929, P V, nº 615 ; *D.* 1983. 531, note H. Sinay ; *Dr. soc.* 1983. 175, note J. Savatier ; *JCP* 1983. II. 19995, concl. Gauthier : la Cour de cassation estimant par ailleurs l'organisation ne saurait être tenue pour responsables des actes commis par les grévistes en raison de son silence ou de l'absence de désaveu desdits actes.
2. Soc 11 janv 2006, nº 04-16.114, préc. ; – Soc. 11 juill. 2016, nº 14-14.226, P ; *RJS* 2016, nº 653, *JCP S* 2016. 1332, note Fr. Duquesne ; *D.* 2016. 1655 ; *RJS* 10/16, nº 653 ; *JSL* 2016, nº 417-1, obs. H. Tissandier.
3. Faut-il rappeler que le droit pénal français ne connaît pas de responsabilité pénale du fait d'autrui.
4. C. pén., art. 431-1.
5. A. Coeuret, E. Fortis et F. Duquesne, *Dr. pénal du travail : Infractions, responsabilités, procédure pénale en droit du travail et de la sécurité sociale*, 6e éd., « Manuels », LexisNexis, 2016, nº 664 – R. Salomon et A. Martinel, *Dr. pénal social : Droit pénal du travail et de la securité sociale*, « Corpus », Economica, 2014, nos 366 s.
6. C. pén., art. 431-1, al. 1.
7. C. pén., art. 431-1, al. 2.
8. CEPENDANT : Crim. 3 juill. 2008, nº 07-80.079, P nº 135 ; *D.* 2009. 269, note E. Dreyer ; *AJ pénal* 2008. 465, obs. G. Royer ; *Dr. soc.* 2008. 1260, note F. Duquesne ; *RDT* 2008. 603, obs. N. Olszak ; *RJS* 2008, nº 1120 ; – Crim. 15 mars 2011, *Dr. soc.* 2011. 733, obs. F. Duquesne ; – SUR LA QUESTION : J. Pradel, « Au confluent des relations de travail et du droit pénal : l'exemple du délit d'entrave à la liberté du travail », *Dr. soc.* 1990. 37 ; – SUR L'APPROCHE DU DROIT EUROPÉEN des rapports entre le droit de grève et les libertés économiques et notamment à propos des arrêts : CJCE 11 déc. 2007, *International Transport Workers'Federation et Finnish Seamen's Union c/Viking Line ABP et OÜ Viking Line Eesti*, aff. C-438/05, *Rec.* I. 10779 ; *AJDA* 2008. 240, chron. E. Broussy, F. Donnat et C. Lambert ; *D.* 2008. 2560, obs. L. d'Avout et S. Bollée ; *D.* 2008. 3038, obs. F. Muller et M. Schmitt ; *D.* 2009. 1547, chron. B. Edelman ; *Dr. soc.* 2008. 210, note P. Chaumette ; *RDT* 2008. 80, ét. S. Robin-Olivier et E. Pataut ; *Rev. crit. DIP* 2008. 356, note H. Muir Watt ; *Rev. crit. DIP* 2008. 781, ét. M. Fallon ; *RTD com.* 2008. 445, obs. G. Jazottes ; *RTD eur.* 2008. 47, note P. Rodière ; *RTD eur.* 2009. 511, chron. A.-L. Sibony et A. Defossez ; *RTD eur.* 2015. 258, obs. A. Defossez ; *Rev. UE* 2016. 151, ét. S. de La Rosa ; *JCP S* 2008. 1086, note J. Cavallini ; – et : CJCE 18 déc. 2007, *Laval un Partneri Ltd c/Svenska Byggnadsarbetareförbundet a.*, aff. C-341/05, *Rec.* I. 11767 ; *AJDA* 2008. 240, ▶

sionnelle ne saurait caractériser l'élément matériel du délit visé à l'article L. 431-1 du Code du travail[1].

823.53 Identification de la personne pénalement responsable. Sur le plan pénal, et depuis la généralisation de la responsabilité pénale des personnes morales, celle du syndicat peut être recherchée lorsqu'évidemment les conditions en seront réunies[2]. C'est ainsi que l'atteinte à la liberté du travail peut être retenue à l'encontre de l'organisation syndicale à partir des mots d'ordre qu'elle aurait lancés. Seuls les salariés non-grévistes sont recevables à se constituer parties civiles en présence d'une telle atteinte à la liberté du travail[3].

SECTION 3
RESPONSABILITÉS DES COLLECTIVITÉS PUBLIQUES

823.61 Responsabilité des autorités publiques et préjudices subis par l'entreprise. Le contentieux est faiblement développé en la matière mais un employeur peut être tenté d'engager la responsabilité de la puissance publique soit lorsqu'il reproche à la collectivité publique son inaction en présence par exemple d'une occupation des locaux ou en cas de séquestration du personnel de direction ou de membres de l'encadrement, soit lorsqu'après avoir obtenu du juge des référés une ordonnance d'expulsion des grévistes, il se heurte au refus de l'autorité publique de l'exécuter.

La première situation est rarissime mais quelques décisions du Conseil d'État admettent l'obligation de l'État de réparer le préjudice subi par l'entreprise suite à l'inaction ou le cas échéant à l'action tardive de l'autorité publique[4]. Par ailleurs, l'article L. 2216-3 du CGCT prévoit une responsabilité de l'État lorsque des dommages résultent de crimes ou délits commis par violence lors des attroupements armés ou non. Le texte ne s'applique pas en cas de simple cessation du travail, ni même pensons-nous dans l'hypothèse d'occupation des locaux[5].

En revanche, lorsque sont établies des violences ou les menaces, il devrait pouvoir recevoir application sans qu'il soit nécessaire d'établir une faute spécifique de l'État.

▶ chron. E. Broussy, F. Donnat et C. Lambert ; *D.* 2008. 3038, obs. F. Muller et M. Schmitt ; *D.* 2009. 1547, chron. B. Edelman ; *Dr. soc.* 2008. 210, note P. Chaumette ; *RDT* 2008. 80, ét. S. Robin-Olivier et E. Pataut ; *Rev. crit. DIP* 2008. 356, note H. Muir Watt ; *Rev. crit. DIP* 2008. 781, ét. M. Fallon ; *RTD com.* 2008. 445, obs. G. Jazottes ; *RTD eur.* 2008. 47, note P. Rodière ; *RTD eur.* 2009. 511, chron. A.-L. Sibony et A. Defossez ; *RTD eur.* 2015. 258, obs. A. Defossez ; *Rev. UE* 2016. 151, ét. S. de La Rosa.

1. Crim. 3 juin 2008, n° 07-80.079, préc.
2. POUR PLUS DE PRÉCISIONS : A. Coeuret, E. Fortis, *Dr. pénal du travail,* 4e éd., « Manuels », Litec, 2008.
3. L'employeur n'est pas fondé à se constituer partie civile : EN CE SENS : Crim. 23 avr. 2003, *Dr. soc.* 2003. 994, obs. F. Duquesne ; – EN REVANCHE, il recouvre le droit de se constituer partie civile lorsqu'il est lui-même victime d'une infraction (violences, séquestration…) ; c'est alors le droit commun qui s'applique.
4. CE 6 mai 1991, req. n° 62404, *Lebon* 171 ; *RJS* 1991. 456, n° 874 ; *D.* 1992. 144, obs. P. Bon et P. Terneyre ; *Dr. soc.* 1991. 940, concl. M. Denis-Linton ; *RFDA* 1991. 541 ; *Dr. adm.* 1991, n° 304, 1re esp. ; *Gaz. Pal.* 1992. I. panor. 13.
5. CEPENDANT : T. confl. 22 avr. 1985, n° 02384.

TITRE

83. Accords et protocoles de fin de conflit

SECTION 0
ORIENTEUR

83.00 Sommaire du titre.

Division. Les mécanismes de résolution des conflits collectifs du travail sont anciens et datent pour certains d'entre eux de la fin du XIXe siècle. Si leur réglementation est très détaillée, leur efficacité réelle est limitée (chap. 831), les parties leur préférant souvent un accord collectif pur et simple ou un protocole de fin de conflit dont la nature juridique est discutée (chap. 832).

83.03 Bibliographie indicative.

Monographie. C. Radé, *Droit des conflits collectifs du travail*, « Droit&Professionnels », LexisNexis, 2023.

Format réduit. L. Cadiet et T. Clay, *Les modes alternatifs de règlement des conflits,* 3e éd., « Connaissance du droit », Dalloz, 2019.

Contributions. I. Dauriac, « Les actions en contestation des accords de fin de conflits » *in* G. Virassamy (dir.), *Droit et pratiques syndicales en matière de conflits collectifs de travail,* « Travaux du Cerjda », vol. 5, L'Harmattan, 2002, p. 163 – M. Fabre-Magnan, « Accords de fin de conflit et droit des contrats », *in* G. Virassamy (dir.), *Droit et pratiques syndicales en matière de conflits collectifs de travail,* « Travaux du Cerjda », vol. 5, L'Harmattan, 2002, p. 129.

Articles. P. Auvergnon, « L'intervention médiatrice de l'administration du travail dans les conflits collectifs », *Dr. ouvrier* 2003. 501 – T. Clay, « L'arbitrage en droit du travail : quel avenir après le rapport Barthélémy-Cette ? », *Dr. soc.* 2010. 930 – « L'arbitrage des conflits du travail », *BJT* 2/2019, p. 35 – G. Loiseau, « L'arbitrage, nouvelle forme de règlement des conflits du travail ? », *BJT* 2/2019, p. 53 – R. Chiss, « Libres et brefs propos sur la médiation », *JCP S* 2019. 1165 – N. Moizard, « Le renouveau de la médiation dans le règlement des conflits collectifs du travail », *Les Petites affiches* 26 août 2002, n° 170, p. 60 – M. Moreau, « Les règlements de fin de conflit », *Dr. soc.* 2001. 139 – A. Narritsens, « Conciliation et arbitrage dans les conflits collectifs du travail. Leçons syndicales des expériences françaises », *Dr. ouvrier* 1988. 409 – M. Riccochon, « L'intervention de l'administration du travail dans les conflits collectifs en entreprise », Sem. soc. Lamy 19 mai 2014, n° 1631, p. 59 – P. Servan-Schreiber, « L'avenir de la médiation dans le monde du travail », *BJT* 2/2019, p. 49 – J.-P. Tricoit, « Règlement des conflits du travail », *Rev. arbr.* 2010. 167.

CHAPITRE

831. Conciliation, médiation et arbitrage en matière de conflits collectifs du travail

SECTION 0

ORIENTEUR

831.00 **Sommaire du chapitre.**

SECTION UNIQUE

RÈGLEMENT ALTERNATIF DES CONFLITS

831.11 **Règlement amiable des conflits collectifs : une incitation traditionnelle.** Il faut remonter à 1872 pour trouver la première loi qui invite à tenter une conciliation en cas de conflits collectifs, conciliation à l'époque confiée au juge de paix. Plusieurs lois ont repris des dispositifs de conciliation, médiation, ou arbitrage. La loi du 11 février 1950 [1] en a fait un processus obligatoire et le décret-loi du 5 mai 1955 [2] a ajouté la possibilité d'une médiation. La loi du 13 novembre 1982 [3] a rétabli le caractère facultatif de ces processus de règlement amiable des conflits.

831.12 **Modes de résolution des litiges peu utilisés.** Si la définition de la grève ou son illicéité continuent de faire l'objet d'un contentieux qui, pour n'être pas abondant, n'en demeure pas moins très présent dans la jurisprudence sociale, les modes de règlement des conflits collectifs du travail tels que prévus par le Chapitre 2 du Livre V de la Deuxième partie du Code du travail ne suscitent guère de contentieux, sans doute en raison de leur caractère peu usité.

831.13 **Trois modalités légales de résolution amiable des conflits du travail.** L'article L. 2551-2 du Code du travail pose en principe que les conflits collectifs intervenant dans les entreprises privées, dans les Epic ou encore dans les établissements publics assurant une mission de service public à caractère administratif et à caractère industriel et commercial et employant du personnel dans les conditions du droit privé, font l'objet de négociations soit lorsque des textes conventionnels comportent des dispositions spéciales à ce propos, soit lorsque les parties concernées en prennent l'initiative. Il est donc possible de prévoir des modes de règlement des conflits collectifs « à froid » dans un texte conventionnel à visée générale ou selon la

1. L. n° 50-205, 11 févr. 1950 relative aux conventions collectives et aux procédures de règlement des conflits collectifs de travail, *JO* 12 févr.
2. Décret-loi n° 55-478, 5 mai 1955 engagement de la procédure de médiation pour favoriser la conclusion de conventions collectives et d'accords salariaux, *JO* 6 mai.
3. L. n° 82-957, 13 nov. 1982 relative à la négociation collective et au règlement des conflits collectifs du travail ; – POUR LES ENTREPRISES gérant un service public : L. n° 2007-1224, 21 août 2007 ; v. s^s^ n°s 841.11 s. et 842.10 s.

volonté des parties prenantes au conflit en cause. Trois modalités spécifiques de règlement des conflits collectifs – la conciliation, la médiation et l'arbitrage – coexistent et ne sont pas exclusifs des autres[1].

831.14 **Conciliation.** La conciliation conduit à soumettre le conflit, soit à une commission prévue par un texte conventionnel, soit, à défaut, à une commission qui, selon l'ampleur géographique du conflit, peut être la commission nationale paritaire ou une commission régionale. Cette dernière peut elle-même comporter des sections départementales ou interdépartementales. Ces commissions comprennent des représentants des organisations représentatives des employeurs et des salariés, en nombre égale, ainsi que des représentants des pouvoirs publics. Elles peuvent être saisies par l'une des parties, le ministre en charge du travail ou encore le préfet en application de l'article R. 2522-2 du Code du travail.

Les parties doivent comparaître en personne devant la commission. Le droit de se faire représenter ne leur est accordé qu'en cas d'empêchement grave. S'il s'agit d'une personne morale, elle est représentée par un représentant dûment mandaté pour pouvoir négocier et conclure un accord de conciliation. La présence devant la commission de conciliation est une obligation. Si une partie ne comparaît pas, elle est reconvoquée une première fois puis, en cas de nouvelle absence sans motif légitime, il en est fait rapport à l'autorité administrative qui transmet au Procureur de la République.

Si la conciliation intervient, l'accord de conciliation a les effets d'un accord collectif puisque l'article L. 2522-5 du Code du travail renvoie à ce sujet à l'article L. 2524-5 qui dispose que les accords ou sentences arbitrales intervenant en application du présent titre ont les mêmes effets que les conventions et accords collectifs de travail.

L'échec de la conciliation débouche en revanche sur un procès-verbal et le conflit peut ensuite faire l'objet d'une procédure de médiation ou d'une procédure d'arbitrage. La médiation n'est pas une étape préalable nécessaire avant le passage à une procédure d'arbitrage[2].

831.15 **Médiation.** La procédure de médiation est prévue par les articles L. 2523-1 et suivants du Code du travail. Le mécanisme est plus élaboré que celui de la conciliation. La médiation peut être engagée à l'initiative du président de la commission de conciliation ou décidée par l'autorité administrative, à la demande écrite et motivée de l'une des parties ou de sa propre initiative. Les parties sont invitées à désigner un médiateur dans un certain délai. Si elles n'y parviennent pas et que la procédure a été initiée par l'autorité administrative, c'est cette dernière qui choisit le médiateur sur une liste de personnalités établie après consultation des organisations syndicales d'employeurs et salariés représentatifs au niveau national, siégeant à la commission nationale de la négociation collective. Ces médiateurs sont choisis au regard de leur « autorité morale et de leur compétence économique et sociale ».

Le médiateur convoque les parties. Leur présence est obligatoire. À défaut de comparution sans motif légitime, le médiateur fait connaître cette carence à l'autorité administrative qui transmet au Procureur de la République. Il en est de même en cas de refus de communiquer les documents utiles à l'exercice de la mission du médiateur.

Le médiateur essaie de concilier les parties et leur soumet, sous forme de recommandation motivée, des propositions de règlement des points en litige dans le délai d'un mois à compter de sa désignation[3]. Ce délai peut être prorogé. À partir de la réception des propositions, les parties ont huit jours pour faire connaître leur position. Dans le cas où elles rejettent les propositions, elles doivent en faire connaître les motifs.

L'accord des parties sur la recommandation du médiateur lie celles qui ne l'ont pas rejetée, cet accord produisant les mêmes effets qu'un accord collectif. L'alinéa 3 de l'article L. 2523-6 du Code du travail renvoie sur ce point à l'article L. 2524-5 applicable aux sentences arbitrales.

En cas de désaccord, le médiateur le constate et communique ce constat, dans les 48 heures, au ministre chargé du travail, accompagné du texte de la recommandation motivée et d'un rapport sur le différend. Le ministre rend publics ces éléments dans un délai de trois mois.

831.16 **Cas particulier de la médiation à l'occasion d'un conflit à incidence nationale ou d'ampleur interrégionale.** La partie qui envisage le recours à la médiation adresse une demande écrite et motivée au ministre en charge du travail qui peut par ailleurs engager la procédure de médiation.

831.17 **Arbitrage.** L'arbitrage dans les conflits collectifs du travail est une procédure ancienne, qui reste cependant très peu pratiquée. Le recours à l'arbitrage peut être organisé de deux façons. D'une part, un texte conventionnel peut prévoir la procé-

1. Un arbitrage peut succéder à une procédure de conciliation ou de médiation ou d'une médiation peut être engagée après l'échec d'une conciliation.
2. Les articles L. 2522-8 à L. 2522-12 aménage la procédure de conciliation lorsque le conflit collectif intervient dans une entreprise publique ou dans un Epic.
3. C. trav., art. L. 2523-5.

dure d'arbitrage et doit alors recevoir application si les conditions posées sont réunies. L'accord doit comporter une liste d'arbitres auxquels les parties peuvent s'adresser. D'autre part, en l'absence de texte conventionnel, les parties peuvent décider de recourir à l'arbitrage des conflits non résolus par la conciliation ou la médiation. Les parties se mettent d'accord sur le nom de l'arbitre ou sur les modalités conduisant à sa nomination. Dans ce cas, l'arbitrage doit être précédé d'une tentative de conciliation ou de médiation et les pièces de l'une ou l'autre des procédures sont communiquées à l'arbitre. Ce dernier part donc du contentieux tel que déterminé au cours de ces procédures, sauf à y intégrer des événements survenus ultérieurement.

L'arbitre statue en droit sur certaines questions et en équité sur d'autres. Il statue en droit sur les conflits relatifs à l'interprétation et à l'exécution des textes légaux ou conventionnels. Il statue en équité, c'est-à-dire librement selon la règle la plus adéquate pour parvenir à un accord, sur les autres conflits (tels les conflits sur les salaires et les conditions de travail qui n'impliquent pas une interprétation des textes légaux ou conventionnels) ou encore les conflits nés à l'occasion de la négociation de la révision de clauses conventionnelles [1].

Les accords ou sentences arbitrales ont les mêmes effets que les accords collectifs et doivent faire l'objet d'un dépôt selon les mêmes modalités. Les sentences doivent être motivées et ne peuvent faire l'objet que d'un recours en excès de pouvoir ou pour violation de la loi devant la Cour supérieure d'arbitrage. Cette Cour supérieure d'arbitrage, dont la composition est fixée par l'article L. 2524-8 du Code du travail et aux articles R. 2524-2 et suivants, peut annuler totalement ou partiellement la sentence, auquel cas elle la renvoie aux parties à charge pour elles de désigner un nouvel arbitre selon l'article L. 2524-9. Dans l'hypothèse où la nouvelle sentence devait être annulée, la Cour désigne un rapporteur et rendra alors une sentence arbitrale non susceptible de recours.

1. C. trav., art. L. 2524-4, al. 3.

CHAPITRE

832. Protocoles de fin de conflit

SECTION 0

Orienteur

832.00 **Sommaire du chapitre.**

SECTION UNIQUE

Négociation de fin de conflit

832.11 **Accord de fin de conflits : un acte à tout faire.** Création de la pratique, l'accord de fin de conflits est un accord signé pour mettre fin à un conflit. Il peut dès lors contenir des clauses de tous ordres : pour régler la cause du conflit, il peut contenir des dispositions qui relèvent de la négociation traditionnelle : rémunération, temps de travail, conditions de travail... Pour régler les conséquences du conflit, il peut par ailleurs contenir des clauses consacrées aux conditions de reprise du travail : retenues sur salaire, primes, indemnisation et responsabilités... Aucune clause n'est imposée, et son contenu peut donc être extrêmement variable. Sa qualification de « protocole de fin de grève » ne résulte donc pas de son contenu, mais de ce qu'il est signé pour permettre de mettre fin au conflit en cours.

832.12 **Accord de fin de conflits : une nature juridique hybride**[1]**.** La jurisprudence considère que la nature juridique de l'accord de fin de conflits, et donc sa force, dépend de ses conditions de signature[2]. Ou bien il a été signé dans les conditions exigées pour la validité d'un accord collectif de droit commun (délégué syndical avant 2008, conditions de majorité requises par l'article L. 2232-1 du code du travail depuis l'entrée en vigueur de la loi du 20 août 2008), et il a alors la nature juridique et les effets d'un accord collectif. Dans les autres cas, c'est un accord atypique, qui oblige les signataires, mais n'a pas d'effet *erga omnes*[3]. Dans tous les cas, et même lorsqu'il est signé au sein d'une entreprise gérant un service public, sa validité est sous le contrôle du juge judiciaire.

832.13 **Protocoles valant accord collectif.** Beaucoup de protocoles, notamment signés avant l'entrée en vigueur de la loi de 2008, avaient la valeur d'accords collectifs. Ces accords peuvent continuer à vivre longtemps après la cessation de la grève, et dans ce cas, les clauses qu'ils contiennent ne peuvent être révisées ou abrogées que par un accord collectif de droit commun[4].

832.14 **Clauses réglant les conséquences du conflit, clauses contraires à l'ordre public.** La jurisprudence précise d'abord que la signature d'un accord de fin de conflit ne vaut pas, en soi, renonciation par l'employeur de son droit à exercer des actions disciplinaires à l'encontre des salariés ou des actions en responsabilité si le protocole ne mentionne pas expressément cette renonciation[5]. Par ailleurs, le protocole

1. M. Moreau, « Les règlements de fin de conflit », *Dr. soc.* 2001. 139 – I. Dauriac, « Les actions en contestation des accords de fin de conflits » *in* G. Virassamy (dir.), *Droit et pratiques syndicales en matière de conflits collectifs de travail*, « Travaux du Cerjda », vol. 5, L'Harmattan, 2002, p. 163 – M. Fabre-Magnan, « Accords de fin de conflit et droit des contrats » *in* G. Virassamy (dir.), *Droit et pratiques syndicales en matière de conflits collectifs de travail*, « Travaux du Cerjda », vol. 5, L'Harmattan, 2002, p. 129.

2. Soc. 15 janv. 1997, n° 94-44.914, P V, n° 20 ; *D.* 1997. IR 47 ; *RJS* 2/1997, n° 191 ; *TPS* 1997. Comm. 86 ; *CSB* 1997. 112, S. 60.

3. POUR UN ACCORD SIGNÉ avec des délégués du personnel : Soc. 2 déc. 1992, n° 90-45.186, P V, n° 579 ; *RJS* 3/1993, n° 302 ; *Dr. soc.* 1993. 192 ; – POUR UN ACCORD SIGNÉ avec le comité d'entreprise : Soc. 5 juill. 2006, n° 04-43.213, P V, n° 238 ; *JCP S* 2006. 1927, note R. Vatinet ; *JCP E* 2006. 2301 ; *RDT* 2006. 401, obs. M. Grévy ; *RJS* 10/06, n° 1101.

4. Soc. 8 avr. 2009, n° 08-40.256, P V, n° 102 ; *D.* 2009. AJ 1283 ; *RJS* 6/2009, n° 560 ; *Dr. soc.* 2009. 872, obs. J. Savatier.

5. Soc. 17 déc. 2003, n° 01-45.180, NP, *RJS* 4/2004, n° 444.

ne peut pas prévoir que les salariés ne toucheront aucune rémunération pour la période de suspension de leur contrat de travail au cours de la grève, s'il apparaît que cette grève était due à un manque grave et délibéré de l'employeur. En ce cas, la clause est réputée non écrite[1]. De même, est interdite la clause qui prévoit le versement d'une prime au profit des seuls grévistes[2]. Rappelons qu'à l'inverse, une prime ne peut être accordée aux non-grévistes que si elle compense un surcroît de travail concret et déterminé.

1. Soc. 3 mai 2007, n° 05-44.776, P V, n° 65 ; *RDT* 2007. 538, obs. O. Leclerc ; *JCP S* 2007. 1546, note D. Asquinazi-Bailleux ; *D.* 2007. 1423 ; *D.* 2007. 3033, obs. E. Dockès, F. Fouvet, C. Géniaut et A. Jeammaud ; *JSL* 2007, n° 214-6 ; *JCP E* 2007. 2215, note D. Boulmier ; *RJS* 7/2007, n° 886.
2. Soc. 30 mai 2018, n° 17-12.925, P+B.

TITRE

84. Les autres champs d'exercice du droit de grève

SECTION 0

ORIENTEUR

84.00 **Sommaire du titre.**

Division. Le droit de grève est reconnu par principe aux agents des entreprises gérant un service public. Pour l'essentiel, il est régi par les dispositions de droit commun applicables aux salariés du privé, avec néanmoins quelques dispositions spécifiques prévues par les articles L. 2512-1 et suivants du Code du travail (chap. 841). Mais plusieurs textes organisent des régimes particuliers à certains services publics pour garantir la continuité du service public (chap. 842). Des règles particulières existent par ailleurs dans le Code du travail en ce qui concerne le droit de grève, reconnu sous une autre terminologie, aux travailleurs des plateformes numériques (chap. 843).

84.03 **Bibliographie indicative.**

Monographie. C. Radé, *Droit des conflits collectifs du travail*, « Droit&Professionnels », LexisNexis, 2023.

Articles. G. Bligh, « De la grève comme d'un conflit civil : l'évolution du pouvoir de réquisition des grévistes en droit administratif », *RFDA* 2017. 958 – F. Petit, « Le droit de grève dans les services publics : un puzzle à recomposer ? », *Dr. soc.* 2017. 503 – A. Taillefait, « L'exercice du droit de grève dans les services publics locaux », *Dr. soc.* 2019. 1020.

84.05 **Droit éprouvé ; droit émergent.** Tous les travailleurs ont, en théorie, la liberté de faire grève pour faire entendre leurs revendications. Des aménagements, plus ou moins contraignants, peuvent être rendus nécessaires lorsque l'employeur est investi d'une mission de service public, qu'il s'agisse d'une personne morale de droit public ou d'une personne morale de droit privé. La grève dans la fonction publique, plus spécifiquement, peut justifier des réglementations particulières.

Il reste que, si la qualité de l'employeur, personne morale de droit privé ou de droit public, est indifférente, sur le principe, au droit de grève, la grève se conçoit *a priori* plus difficilement en dehors de relations de travail subordonné mettant en vis-à-vis le travailleur et l'entité à laquelle il fournit une prestation de travail moyennant rémunération. Il ne ferait pas sens, spécialement, que les travailleurs indépendants se mettent en grève dans leur rapport avec leur clientèle. Ce n'est pas dire que le droit de grève leur est, de fait, inutile mais son exercice n'est envisageable, et pratiqué, que pour porter des revendications le plus souvent catégorielles au niveau national à propos de mesures les concernant prises par le Parlement ou le gouvernement. La Cour de cassation en déduit logiquement qu'un mouvement collectif réunissant des travailleurs exerçant sous le statut d'indépendant ne constitue pas une grève au sens du Code du travail [1].

Les travailleurs indépendants forment toutefois un milieu très hétérogène et, parmi eux, certains réalisent des prestations à la demande de donneurs d'ordre qui en déterminent le prix dans des conditions mimant, à certains égards, le travail salarié. Ces travailleurs, qui exercent sous le statut d'autoentrepreneurs ou par le truchement d'une société qu'ils ont constituée, accèdent sporadiquement à la qualité de salariés lorsque le mimétisme est tel qu'il justifie la requalification de la relation contractuelle. Depuis quelques années, un type particulier de ces travailleurs se profile à mesure que se développe l'activité économique des plateformes numériques, encore que ces dernières comportent différents modèles. Les travailleurs des plateformes de mobilité - chauffeurs, livreurs... - ont en particulier fait l'objet d'une reconnaissance par le législateur à l'occasion des lois du 8 août 2016 [2] et du 24 décembre 2019 [3], le premier de ces textes officialisant la possibilité d'organiser des « mouvements de refus concerté de fournir leurs services [...] en vue de défendre leurs revendications professionnelles » (95) [4]. Une nouvelle catégorie de travailleurs émerge ; une nouvelle manifestation du droit de grève se dessine.

1. Soc. 11 janv. 2006, n° 04-16.114, P V, n° 4 ; *Dr. soc.* 2006. 470, obs. P.-Y. Verkindt.

2. L. n° 2016-1088, 8 août 2016, relative au travail, à la modernisation du dialogue social et à la sécurisation des parcours professionnels, *JO* 9 août, n° 3.
3. L. n° 2019-1428, 24 déc. 2019 d'orientation des mobilités, *JO* 26 déc., n° 1.
4. C. trav., art. L. 7342-5 ; créé par L. n° 2016-1088, 8 août 2016, art. 60.

CHAPITRE

841. Grève dans les services publics, généralités

SECTION 0 ORIENTEUR

841.00 Sommaire du chapitre.

Division. La grève dans les services publics suit, de manière générale, le régime de la grève dans le secteur privé (sect. 1), avec cependant quelques aménagements notamment liés à la nécessité d'assurer la continuité du service public (sect. 2). Les conséquences financières de la grève présentent aussi quelques spécificités (sect. 3).

841.01 Textes applicables.

L. n° 83-634, 13 juill. 1983, art. 10 [Droit de grève des fonctionnaires]

- **C. trav.,** art. L. 2512-1 [Champ d'application du chapitre]
- **C. trav.,** art. L. 2512-2 [Préavis]
- **C. trav.,** art. L. 2512-3 [Interdiction des grèves par roulement ou échelonnement]
- **C. trav.,** art. L. 2512-4 [Sanctions]
- **C. trav.,** art. L. 2512-5 [Retenue pour absence de service fait]

841.02 Jurisprudence de référence.

- **CE 7 juill. 1950,** req. n° 01645, *Lebon* 426

« Considérant qu'en indiquant dans le Préambule de la Constitution que "le droit de grève s'exerce dans le cadre des lois qui le réglementent", l'Assemblée constituante a entendu inviter le législateur à opérer la conciliation nécessaire entre la défense des intérêts professionnels dont la grève constitue une modalité et la sauvegarde de l'intérêt général auquel elle peut être de nature à porter atteinte ; Considérant que les lois des 27 décembre 1947 et 28 septembre 1948, qui se sont bornées à soumettre les personnels des compagnies républicaines de sécurité et de la police à un statut spécial et à les priver en cas de cessation concertée du service, des garanties disciplinaires, ne sauraient être regardées, à elles seules, comme constituant, en ce qui concerne les services publics, la réglementation du droit de grève annoncée par la Constitution ; Considérant qu'en l'absence de cette réglementation, la reconnaissance du droit de grève ne saurait avoir pour conséquence d'exclure les limitations qui doivent être apportées à ce droit comme à tout autre en vue d'en éviter un usage abusif ou contraire aux nécessités de l'ordre public ; qu'en l'état actuel de la législation, il appartient au Gouvernement, responsable du bon fonctionnement des services publics, de fixer lui-même, sous le contrôle du juge, en ce qui concerne ces services, la nature et l'étendue desdites limitations : Considérant qu'une grève qui, quel qu'en soit le motif, aurait pour effet de compromettre dans ses attributions essentielles l'exercice de la fonction préfectorale porterait une atteinte grave à l'ordre public ; que, dès lors, le Gouvernement a pu légalement faire interdire et réprimer la participation des chefs de bureau de préfecture à la grève de juillet 1948. »

841.03 Bibliographie indicative.

Thèse. E. Devaux, *La grève dans les services publics*, Publications de la Faculté de droit et des sciences économiques de l'Université de Limoges, 1997.

Encyclopédie. Rép. trav., v° *Grève dans les services publics,* par Ph. Terneyre, janv. 2016.

Monographie. C. Radé, *Droit des conflits collectifs du travail*, « Droit&Professionnels », LexisNexis, 2023.

Manuel. F. Melleray, *Droit de la fonction publique*, 5e éd., « Corpus », Economica, 2020.

Contribution. J. Roche, « Regards sur le droit de grève dans les services publics trente ans après », *Mélanges offerts au professeur Robert-Édouard Charlier : Service public et libertés,* Éditions de l'Université et de l'enseignement moderne, 1981, p. 873 s.

Articles. G. Bligh, « De la grève comme d'un conflit civil : l'évolution du pouvoir de réquisition des grévistes en droit administratif », *RFDA* 2017. 958 – J. Chorin, « La grève dans les services publics, quelques questions d'actualité », *Dr. soc.* 2003. 567 – J.-P. Colson et autres, « La grève dans les services publics », *RFDA* 1988. 805 s. – F. Petit, « Le droit de grève dans les services publics : un puzzle à recomposer ? », *Dr. soc.* 2017. 503 – A. Plantey, « La continuité du service public », *Les cahiers de la fonction publique,* n° 243, mars 2005 – J.-E. Ray, « Droit public et droit social en matière de conflits collectifs », *Dr. soc.* 1991. 220 – A. Taillefait, « L'exercice du droit de grève dans les services publics locaux », *Dr. soc.* 2019. 1020 – Ph. Waquet, « La grève dans les services publics », *RJS* 4/2003. 275.

841.05 Points clés. Longtemps dénié aux fonctionnaires, en raison de la nécessité d'assurer la continuité du service public, le droit de grève est désormais un principe constitutionnel garanti aussi bien aux salariés des entreprises privées qu'aux agents publics et aux salariés des entreprises privées gérant un service public. Cependant, pour ces derniers, quelques dispositions spécifiques s'imposent.

SECTION 1
PRINCIPE DE LA GRÈVE DANS LES SERVICES PUBLICS

841.11 Histoire de la grève dans les services publics. Dans le fameux arrêt *Winkell*[1] de 1909, le Conseil d'État a dans un premier temps affirmé que : « La grève, si elle est un fait pouvant se produire légalement au cours de l'exécution d'un contrat de travail réglé par les dispositions du droit privé, est, au contraire, lorsqu'elle résulte d'un refus de service concerté entre des fonctionnaires, un acte illicite, alors même qu'il ne pourrait être réprimé par l'application de la loi pénale. » En effet, selon la haute juridiction administrative, le fonctionnaire est tenu, de par la mission de service public qui lui est dévolue, d'assurer la continuité de ce service au profit de la collectivité.

Un arrêt que Léon Duguit commentait en ces termes : « Le service public étant par définition même un service qui est d'une importance telle pour la vie collective qu'incombe aux gouvernements l'obligation juridique d'en assurer l'accomplissement sans interruption, les fonctionnaires, en se mettant en grève, s'insurgent contre le but essentiel de la loi du service. Ils commettent le plus grave des attentats à la vie collective elle-même. »[2]

Cette jurisprudence était ensuite constamment réitérée, le Conseil d'État affirmant que le fonctionnaire gréviste commentait une faute provoquant la rupture du lien statutaire[3].

Mais la rédaction du Préambule de la Constitution du 27 octobre 1946, prévoyant en son article 7 que « le droit de grève s'exerce dans le cadre des lois qui le réglementent », sans qu'aucune exception textuelle ne soit intégrée pour les fonctionnaires, ainsi que la réalité des entreprises, y compris publiques, ont conduit le Conseil d'État à faire évoluer sa jurisprudence. En 1950, dans l'arrêt « Dehaene »[4], la haute juridiction administrative admet la possibilité du droit de grève dans la fonction publique et dans les services publics mais réaffirme dans le même temps la légitimité des limitations pouvant y être apportées avant d'éviter un usage abusif ou contraire aux nécessités de l'ordre public.

Il fallait donc un texte pour réglementer le droit de grève dans les services publics. C'est la loi du 31 juillet 1963[5], qui, à la suite de la grève des mineurs, ancrera pour la première fois le droit de grève dans les services publics. Les textes seront codifiés par la loi de 1973 et deviendront les actuels articles L. 2512-1 à L. 2512-5 dudit code. Par la suite, la loi sur le nouveau statut des fonctionnaires de 1983 se contentera de reprendre le principe affirmé par le préambule de la constitution de 1946[6].

841.12 Reconnaissance du Conseil constitutionnel. Confirmant la jurisprudence du Conseil d'État, le Conseil constitutionnel a admis qu'étaient constitutionnels, à la fois le droit de grève, mais aussi le droit pour le législateur d'y apporter certaines limitations dans le cadre de la continuité du service public : « que, notamment, en ce qui concerne les services publics, la reconnaissance du droit de grève ne saurait avoir pour effet de faire obstacle au pouvoir du législateur d'apporter à ce droit les limitations nécessaires en vue d'assurer la continuité du service public qui, tout comme le droit de grève, a le caractère d'un principe de valeur constitutionnelle ; que ces limitations peuvent aller jusqu'à l'interdiction du droit de grève aux agents dont la présence est indispensable pour assurer le fonctionnement des éléments du service dont l'interruption porterait atteinte aux besoins essentiels du pays »[7].

1. CE 7 août 1909, *Winkell,* req. n° 37317 ; *S.* 1909. 3. 145.
2. L. Duguit, Les transformations du droit public, A. Colin, 1913, p. 33.
3. CE 22 oct. 1937, *Minaire* (Dlle) a., req. nos 41038 à 41061, *Lebon* 843, concl. Lagrange ; *DP* 1938. 3. 49, concl. Lagrange, note C. Eisenmann ; *RD publ.* 1938. 121, concl. Lagrange, note G. Jèze ; *S.* 1940. 3. 13, concl. Lagrange.
4. CE 7 juill. 1950, req. n° 01645, *Lebon* 426.
5. L. n° 63-777, 31 juill. 1963 relative à certaines modalités de la grève dans les services publics, *JO* 2 août.
6. L. n° 83-634, 13 juill. 1983, art. 10.
7. Cons. const. 25 juill. 1979, n° 79-105 DC, *Loi modifiant les dispositions de la loi n° 74-696 du 7 août 1974 relatives à la continuité du service public de la radio et de la télévision en cas de cessation concertée du travail,* NON-CONFORMITÉ PARTIELLE, *JO* 27 juill. ; *Rec.* 33 ; *RDP* 1980. 333, obs. L. Favoreu ; *JCP* 1981. II. 19547, note J. Beguin ; *D.* 1980, jurispr. p. 333, chron. L. Hamon ; *AJDA* 1980. 191, note H.-J. Legrand ; *Dr. soc.* 1980. 101, note D. Turpin ; *GDCC,* 17e éd., 2013.

841.13 **Principes actuels.** Le principe, dégagé par l'arrêt *Dehaene* et la jurisprudence postérieure du Conseil d'État et du Conseil constitutionnel, reste celui de la possibilité d'un droit de grève, sous les réserves et limites fixées par le législateur ou le pouvoir réglementaire. Ces réserves et limites sont celles induites par :

- la nécessité d'empêcher les usages abusifs du droit de grève ;
- les nécessités de l'ordre public ;
- la nécessité de pourvoir « aux besoins essentiels du pays »[1].

De fait, le législateur est intervenu, par diverses lois, pour réglementer le droit de grève dans certains services publics[2]. Il a également prévu quelques dispositions générales applicables au service public[3]. Pour le reste, le droit commun de la grève, tel qu'issu de la jurisprudence de la Cour de cassation en application du droit du travail, est généralement mobilisé pour les salariés des entreprises gérant un service public. Il en va ainsi notamment s'agissant de la définition d'une grève licite[4], ou encore de l'interdiction des discriminations liées à l'exercice du droit de grève[5]. La codification de 2021 a été l'occasion, pour les agents cités à l'article L. 114-2 du code général de la fonction publique[6], de prévoir qu'il est fait application de certaines des dispositions relatives à la cessation concertée particulières aux services publics qui figurent au code du travail. Il s'agit de celles mentionnées aux articles L. 2512-2 à L. 2512-4. Elles imposent un préavis, interdisent les arrêts de travail par échelonnement ou roulement et prévoient, après exercice des droits de la défense, l'application de sanctions en cas d'inobservation de ces règles.

1. CE, ass., 12 avr. 2013, *Féd. Force Ouvrière Énergie et Mines a.*, req. n° 329570, *Lebon* 94 ; *RFDA* 2013. 637, Chron. F. Aladjidi ; *AJDA* 2013. 1052, X. Domino et A. Bretonneau ; *Dr. adm.* 2013, n° 59, note G. Eveillard ; *Dr. soc.* 2013. 608, note P.-Y. Gahdoun ; *JCP Adm.* 2013. 2308, note H. Pauliat ; *AJDA* 2013. 766 ; *RFDA* 2013. 663, chron. A. Roblot-Troizier et G. Tusseau ; *JCP S* 2013. 1283, obs. E. Jeansen ; *RJEP* 2013. 34, note X. Dupré de Boulois ; *Dr. adm.* 2013. 59, note G. Éveillard.
2. V. s[s] n°s 842.21 s.
3. V. s[s] n°s 841.20 s.
4. Soc. 12 nov. 1964, P n° 744.
5. CE 12 nov. 1990, req. n° 95823, *Lebon ; D.* 1192. Somm. 159, obs. D. Chelle et X. Prétot : illégalité d'une disposition prévoyant la suspension des droits à avancement d'échelon pendant une période de grève.
6. Il s'agit des agents publics de l'État, des autorités administratives indépendantes, des autorités publiques indépendantes et des établissements publics de l'État, des collectivités territoriales autres que les communes comptant au plus 10 000 habitants et de leurs établissements publics ainsi que des établissements publics mentionnés à l'article L. 5 du code.

841.14 **Notion de service public.** Les dispositions générales spécifiques aux services publics, ainsi que l'indique l'article L. 2512-1 du Code du travail, s'appliquent :

1) aux personnels de l'État, des régions, des départements et des communes comportant plus de 10 000 habitants ;

2) aux personnels des entreprises, des organismes et des établissements publics privés lorsque ces entreprises, organismes et établissements sont chargés de la gestion d'un service public.

Concrètement donc, sauf en cas de dispositif législatif propre à un service public, les mêmes dispositions s'appliquent en matière de grève aux fonctionnaires et agents des collectivités territoriales et aux salariés de droit privé travaillant dans des entreprises chargées de la gestion d'un service public[7]. À cet égard, le seul critère est que le salarié gréviste soit affecté à l'activité de service public au sein de son entreprise, peu importe les modalités de sa rémunération[8]. Un salarié travaillant au sein d'une entreprise privée gérant un service public, mais qui n'est pas directement affecté à cette activité de service public ne relève pas du statut spécifique de la grève dans les services publics[9].

SECTION 2

DROIT DE GRÈVE, CONDITIONS SPÉCIFIQUES AU SERVICE PUBLIC

841.20 **Plan.** En raison de la nécessité d'assurer la continuité du service public, le droit de grève dans ce secteur est soumis à des contraintes spécifiques : obligation de préavis (§ 1), interdiction des grèves par roulement (§ 2), et pouvoirs particuliers des chefs de service (§ 3). Le contentieux relève, selon le statut de l'entreprise, soit du juge administratif, soit du juge judiciaire (§ 4).

7. PAR EX. : La Cogema : Soc. 5 juill. 1984, n° 81-41.302, P V, n° 298 ; – La compagnie aérienne Air Inter : Soc. 6 févr. 1985, n° 82-16.446, P V, n° 82 ; – Le port autonome de Bordeaux : Soc. 16 juill. 1997, n° 95-22.276, P V, n° 269 ; *RJS* 1997. 702, n° 1130 ; *CSB* 1997. 294, S. 165 ; – OU ENCORE une société privée de transport à qui la SNCF avait demandé l'organisation d'un transport voyageur de gare à gare en raison de l'interruption provisoire du trafic ferroviaire sur le tronçon : Soc. 9 oct. 2012, n°s 11-21.508, 11-21.510, 11-21.509, 11-21.511, 11-21.512, 11-21.513, 11-21.514, P V, n° 252 ; *D.* 2012. 2454 ; *D. actu.* 12 nov. 2012, obs. L. Perrin ; *RJS* 2012. 829, n° 982 ; *JCP S* 2012. 1523, obs. F. Duquesne.
8. Soc. 9 oct. 2012, n°s 11-21.508, 11-21.510, 11-21.509, 11-21.511, 11-21.512, 11-21.513, 11-21.514, préc.
9. Soc. 8 oct. 2014, n° 13-13.792, P V, n° 224 ; *D.* 2014. Actu. 2054 ; *RDT* 2014. 660, obs. A. Moulinier ; *JCP* 2015, n° 344, obs. E. Jeansen ; *RJS* 2014, n° 890 ; *DMF* 2015. 131, obs. P. Chaumette ; *RJS* 2014. 760, n° 890.

§ 1
Obligation de préavis

841.31 **Principe.** L'exercice du droit de grève dans les services publics est subordonné par l'article L. 2512-2 du Code du travail à l'exercice d'un préavis. Ce préavis doit être mis en œuvre par une organisation syndicale représentative, au niveau national, ou dans l'entreprise, l'organisme ou le service intéressé.

841.32 **Contenu du préavis.** Le préavis a un double objet. Il doit permettre à l'employeur de tenter, le cas échéant, une dernière négociation. C'est pourquoi le préavis doit préciser le motif ou les motifs de la grève.

Il doit ensuite permettre à l'employeur d'organiser en conséquence le service pour en assurer la continuité. C'est pourquoi le préavis doit préciser le champ géographique concerné, l'heure de début, et la durée, limitée ou non, de la grève envisagée. La jurisprudence admet en effet la validité d'un préavis pour une période de grève illimitée[1].

Il peut y avoir plusieurs préavis successifs pour un même motif de grève[2].

Le fait que les salariés ne débutent pas la grève au moment mentionné dans le préavis ne rend pas ce dernier caduc[3]. De la même façon, les salariés ne sont pas obligés de faire grève pendant toute la durée mentionnée dans le préavis[4].

841.33 **Destinataire et délai.** Le préavis doit être adressé à l'autorité hiérarchique, la direction de l'établissement, de l'entreprise ou l'organisme intéressé. Il doit être adressé à l'autorité hiérarchique compétente au regard du champ couvert par la grève, il n'y a pas besoin de l'envoyer aux échelons inférieurs en plus[5]. Une annonce faite par voie de presse ne vaut pas préavis[6]. Le préavis doit parvenir au moins cinq jours francs avant le déclenchement de la grève[7]. L'employeur n'a pas à répondre à l'annonce de grève, une éventuelle réponse n'ayant aucune valeur juridique[8]. Il n'est pas non plus tenu de négocier avec le syndicat qui a déposé un préavis, ni de lui communiquer les motifs de son attitude[9].

841.34 **Sanctions.** Le juge, notamment le juge des référés, doit vérifier que la procédure de préavis est régulière. Il ne lui appartient pas de vérifier son opportunité, ni dans le motif invoqué, ni dans la durée. Toutefois, il peut se prononcer sur l'existence d'un abus éventuel et empêcher la grève s'il caractérise cet abus. Ainsi lorsque la date choisie fait apparaître avec certitude un préjudice grave et imminent pour des milliers de voyageurs[10]. Mais la seule impossibilité pour l'employeur d'organiser la continuité du service public pendant la grève ne caractérise pas un abus[11].

L'action tendant à déclarer un préavis irrégulier doit être dirigée contre les syndicats et non contre les salariés[12]. En effet, lorsque les règles sur le préavis n'ont pas été respectées, la responsabilité des syndicats est engagée[13], mais il n'y a pas de faute des salariés grévistes[14], sauf si l'employeur les a informés de l'irrégularité et qu'ils ont maintenu le mouvement malgré tout[15]. La faute de l'employeur, qui a refusé toute négociation avec les organisations syndicales et eu un comportement menaçant peut justifier à titre exceptionnel une grève déclenchée sans préavis[16].

1. Soc. 11 janv. 2000, n° 97-18.215, P V, n° 16 ; *D.* 2000. 53 ; *Dr. soc.* 2000. 404, note A. Cristau ; *BTL* 2000, p. 115.
2. Soc. 25 janv. 2012, n° 10-26.237, P V, n° 18 ; *D.* 2012. 368 ; *Dr. soc.* 2012. 433, obs. P. Chaumette ; *RJS* 2012. 326, n° 384 ; *JCP S* 2012. 1126, obs. F. Duquesne : l'envoi de préavis de grève successifs pour le même motif ne caractérise aucun trouble manifestement illicite en l'absence de disposition légale l'interdisant et à défaut de manquement à l'obligation de négocier.
3. Soc. 12 janv. 1999, n° 96-45.659, P V, n° 6 ; *D.* 1999. IR 53 ; *RJS* 1999. 155, n° 257 ; *Dr. ouvrier* 1999. 76, note A. De Senga ; *TPS* 1999, n° 109 – Soc. 11 févr. 2015, n° 13-14.607, P V, n° 25 ; *D.* 2015. 493 ; *D.* 2015. 2340, obs. P. Lokiec et J. Porta ; *RDT* 2015. 411, obs. F. Fouvet ; *JCP S* 2015, note E. Jeansen ; *JSL* 2015, n° 385-3, obs. M. Hautefort ; *RJS* 5/2015, n° 360.
4. Soc. 8 déc. 2016, n° 15-16.078, P V, n° 237 ; *AJDA* 2016. 2412 ; *D.* 2016. 2578 ; *RDT* 2017. 273, obs. Y. Ferkane ; *RJS* 2/2017, n° 138 ; *JCP S* 2017. 1024, obs. F. Duquesne.
5. CE 16 janv. 1970, *Hôpital rural de Grandvilliers*, req. n° 73894, *Lebon* 25.
6. Soc. 13 oct. 1976, n° 75-40.178, P V, n° 482 ; *Dr. ouvrier* 1977. 274.
7. Le délai court du jour suivant l'envoi du préavis. Le préavis doit parvenir à l'employeur dans le délai, peu important que l'employeur n'en ait connaissance effective que le lendemain.
8. CE 31 oct. 1986, *Fédération nationale des syndicats libres des P.T.T.*, req. n° 53872, *Lebon* 249.
9. CE 3 juill. 1987, *Fédération nationale des syndicats libres des P.T.T.*, req. n° 69139, *Lebon T.*
10. Cass., ass. plén., 4 juill. 1986, n° 84-15.735, P n° 11 ; *D.* 1986. 477, concl. M. Bouyssic et note J.-E. Ray ; *JCP* 1986. II. 20694, note B. Teyssié ; *Dr. soc.* 1986. 745, note G. Lyon-Caen.
11. Soc. 30 juin 2015, n° 14-10.764, P V, n° 132 ; *AJDA* 2015. 1346 ; *D.* 2015. 1493 ; *RDT* 2016. 108, obs. Y. Ferkane ; *JCP* 2015. 863, note N. Dedessus-Le-Moustier ; *JCP S* 2015, n° 1366, note I. Carré.
12. Soc. 6 nov. 1991, n° 90-12.516, P V, n° 482 ; *D.* 1991. IR 275 ; *RJS* 1991. 724, n° 1351.
13. Soc. 6 févr. 1985, n° 82-16.446, P V, n° 82 – Soc. 25 févr. 2003, n° 00-44.339, P V, n° 63 ; *Dr. soc.* 2003. 554, obs. Ch. Radé ; *RJS* 5/2003, n° 657.
14. Soc. 9 juin 1983, n° 80-42.221, P V, n° 317 – CE 8 janv. 1992, *Ciejka et autres*, req. n° 90634, *Lebon*.
15. Soc. 11 janv. 2007, n° 05-40.663, P V, n° 2 ; *D.* 2007. 549, note F. Duquesne ; *RJS* 3/2007, n° 377.
16. Soc. 15 mai 1991, n° 89-44.670, P V, n° 235 ; *D.* 1992. 289, obs. A. Lyon-Caen ; *D.* 1991. IR 152 ; *RJS* 1991. 392, n° 740.

Le fait pour l'employeur de n'avoir pas réagi précédemment à des mouvements de grève sans préavis préalable ne crée pas un usage permettant une dérogation aux règles légales[1].

§ 2
Interdiction des grèves par roulement

841.41 Notion de grève par roulement. Il s'agit de grèves organisées pour affecter successivement les différents secteurs ou catégories professionnelles d'un même établissement, ou les différents établissements ou services d'une même entreprise, de manière à échelonner la grève tout en désorganisant l'entreprise de manière permanente. Ces grèves, licites dans le secteur privé, consistent donc à décider d'heures de cessation et de reprise du travail différentes selon les secteurs ou les établissements d'une entreprise.

841.42 Interdiction des grèves par roulement. Ce type d'organisation de grève est interdit dans les services publics pour permettre à l'entreprise d'organiser la poursuite de son activité. L'article L. 2512-3 du Code du travail, applicable également aux agents publics mentionnés à l'article L. 114-2 du code général de la fonction publique, interdit ainsi explicitement des heures de cessation et de reprise du travail différentes :

- selon les catégories de personnel ou les membres du personnel ;
- selon les secteurs d'un même établissement ;
- selon les services ou établissements d'une même entreprise.

Peu importe à cet égard que les heures de prise de service ne soient pas les mêmes pour tous les secteurs ou établissements : l'heure de début de grève doit être la même pour tous et les salariés rejoignent la grève à mesure de leur prise de service[2].

841.43 Autorisation de préavis différents en cas de pluralité de syndicats. L'interdiction des grèves de roulement a pour limite l'autorisation reconnue à chaque syndicat de déposer de manière autonome un préavis de grève, pour des horaires et des services différents[3]. Il en résulte que les différentes organisations syndicales représentatives peuvent, même dans une entreprise gérant un service public, prévoir des horaires de cessation du travail qui se succèdent.

§ 3
Pouvoirs des chefs de service

841.51 Pouvoir d'organisation du service. La jurisprudence du Conseil d'État reconnaît aux chefs de service, dans les entreprises publiques ou gérant un service public, le pouvoir de fixer le cas échéant les limitations nécessaires à la continuité du service public. Ce pouvoir ne peut s'exercer que si le législateur n'est pas intervenu pour fixer lui-même les règles. Les limitations doivent être en lien avec la sécurité de l'entreprise ou l'exécution d'un service minimal indispensable aux usagers. Elles sont soumises au contrôle de proportionnalité du juge et ne peuvent avoir pour finalité que d'éviter les abus, et les situations contraires à l'ordre public[4]. En aucun cas, il ne doit s'agir de faire en sorte de rétablir un service normal[5].

C'est ainsi que le chef de service peut désigner les agents qui devront poursuivre leur travail, lorsque leur maintien en fonction est indispensable pour assurer la sécurité de l'entreprise[6]. Il peut même, à titre exceptionnel, recourir à du personnel extérieur[7]. Dans des circonstances particulières, marquées par un mouvement social de grande ampleur dans une administration où la cessation concertée du service est interdite, et la réception d'un nombre important et inhabituel d'arrêts de travail sur une courte période la mettant dans l'impossibilité pratique de faire procéder de manière utile aux contre-visites prévues par l'article 25 du décret du 14 mars 1986, l'administration est fondée, dès lors qu'elle établit que ces conditions sont remplies, à refuser d'accorder des congés de maladie aux agents du même service, établissement ou administration lui ayant adressé un arrêt de travail au cours de cette période.[8]

841.52 Réquisitions. Une des spécificités des entreprises gérant un service public est de pouvoir à titre exceptionnel demander la réquisition du personnel en cas de nécessité. Mais le droit de réquisi-

1. Soc. 7 déc. 1978, n° 78-40.099, P V, n° 841.
2. Soc. 3 févr. 1998, n° 95-21.735, P V, n° 55 ; *D.* 1998. 168, note Y. Saint-Jours ; *Dr. soc.* 1998. 294, obs. J.-E. Ray ; *D.* 1998. IR 66 ; *CSB* 1998. 101, A. 23 ; *JCP* 1998. II. 10030, concl. Ph. Waquet ; *Dr. adm.* 1996. 94 ; *CJEG* 1998. 118, rapp. Ph. Waquet.
3. Soc. 4 févr. 2004, n° 01-15.709, P V, n° 33 ; *D.* 2004. 2190, obs. F. Debord ; *Dr. soc.* 2004. 381, note Ch. Radé ; *RJS* 2004. 305, n° 443 ; *JCP E* 2004. 1181, obs. S. Darmaisin ; *JCP Adm.* 2004. 1174, obs. A. Taillefait.
4. CE 7 juill. 1950, *Dehaene*, req. n° 01645, *Lebon* 426 – CE 15 mai 2006, req. n° 270171, *Lebon* 252.
5. CE 7 janv. 1976 *Centre hospitalier régional d'Orléans*, req. n° 92162, *Lebon* 10.
6. CE 20 avr. 1977, *Syndicat des cadres et agents de maîtrise de l'Aéroport de Paris (C.G.C.) et syndicat général des personnels à statut de l'Aéroport de Paris*, req. n° 03012, *Lebon* 175.
7. CE, ass., 18 janv. 1980, *Syndicat CFDT des Postes et télécommunications du Haut-Rhin*, req. n° 07636, *Lebon* 30.
8. CE 21 avr. 2023, *Garde des sceaux, ministre de la justice c/ M. Lecerf et autres*, req. n° 450533, *Lebon T.*

tion est de la compétence exclusive du préfet. La réquisition ne peut pas être autorisée par le juge, même en cas de dommage imminent[1] ni a fortiori être opérée par l'employeur de sa propre initiative. Elle doit correspondre à une situation dans laquelle une atteinte grave est portée à la continuité du service public ou à la satisfaction des besoins de la population et demeurer proportionnée aux nécessités de l'ordre public[2]. Les critères sont ainsi similaires à ceux qui permettent d'instituer un service minimum.

§ 4
Contentieux

841.61 **Compétence selon le statut de l'entreprise.** Si les mêmes dispositions générales s'appliquent aux agents de l'État et des collectivités territoriales et aux salariés des entreprises gérant un service public, le juge compétent n'est pas le même dans les deux cas. Pour les fonctionnaires et agents territoriaux, le juge administratif a compétence pour connaître d'un litige lié à un mouvement de grève. Pour les salariés des entreprises privées, c'est le juge judiciaire. Toutefois, lorsque le représentant d'une entreprise privée gérant un service public prend des dispositions générales à caractère réglementaire (statuts) en matière de grève ou de retenues sur salaire, la compétence est celle du juge administratif[3].

841.62 **Juge judiciaire.** Lorsqu'il s'agit de la juridiction judiciaire, c'est le tribunal judiciaire qui a compétence pour statuer sur la licéité de la grève, de sa mise en œuvre, ou des mesures prises par l'employeur de manière collective. C'est le conseil de prud'hommes qui a compétence en cas de litige opposant l'employeur à un ou plusieurs salariés à titre individuel.

SECTION 3
RETENUES FINANCIÈRES

841.71 **Interdiction des sanctions pécuniaires.** La grève, si elle est licite, ne peut donner lieu à aucune sanction. La mise en œuvre de mesures de rétorsion relèverait de la discrimination. Le Conseil d'État a notamment rappelé que les périodes de grève ne pouvaient être considérées comme des périodes de suspension du contrat de travail freinant l'avancement du salarié[4].

En revanche, il n'y a pas lieu à rémunération du salarié sur le temps où il a cessé le travail. Ce sont les modalités des retenues correspondant au temps de grève qui sont ici examinées.

841.72 **Régimes différents selon les catégories[5].** Alors que, à cette époque, les retenues opérées sur le salaire des grévistes dans les entreprises privées répondaient à la règle du trentième indivisible (retenue égale au moins à une journée de salaire), la loi du 29 juillet 1961[6] avait posé un principe de calcul particulier en cas de grève dans les services publics. Cette règle a été reprise par la loi du 19 octobre 1982[7], à laquelle renvoie expressément l'article L. 2512-5 du Code du travail. L'idée était alors de prévoir la possibilité d'avoir des retenues sur salaire inférieures à la journée, pour inciter les salariés à faire grève sur de plus courtes périodes. Ces dispositions, qui n'ont pas eu l'effet recherché, auraient dû être abrogées par la loi du 30 juillet 1987 ayant prévu expressément l'abrogation des dispositions des articles 1 à 3, 5 et 6 de la loi de 1982, c'est-à-dire des dispositions instituant une retenue pour cessation concertée de travail proportionnelle au temps non travaillé.

Mais, par une décision du 28 juillet 1987[8], le Conseil constitutionnel a estimé qu'en modifiant les règles de retenue sur salaire, le législateur n'avait pas suffisamment déterminé les conséquences de l'abrogation de l'ancien système proportionnel pour les établissements privés gérant un service public, ce qui a eu pour conséquence le maintien en vigueur des anciennes dispositions relatives aux retenues proportionnelles en cas de cessation concertée d'activité dans les établissements privés gérant un service public.

1. Soc. 15 déc. 2009, n° 08-43.603, P V, n° 283 ; *D.* 2010. 154, obs. B. Ines ; *JSL* 2010, n° 270-6 ; *Dr. ouvrier* 2010. 278.
2. CE 9 déc. 2003, *Mme Aguillon et autres*, req. n° 262186, *Lebon* 497 ; *D.* 2004. 538 ; *AJFP* 2004. 148, obs. C. Moniolle ; *Dr. soc.* 2004. 172, concl. J.-H. Stahl ; *RFDA* 2004. 306, concl. J.-H. Stahl ; *RFDA* 2004. 311, note P. Cassia ; *RDSS* 2004. 298, ét. D. Boulmier ; *RJS* 2004. 168, n° 248 ; *JCP Adm.* 2004, n° 1054, obs. M.-A. Moreau ; *JCP Adm.* 2004, n° 1096, note D. Maillard Desgrées du Loû ; *JCP* 2004. II. 10076, note X. Prétot.
3. Soc. 29 janv. 2003, n° 00-42.732, P V, n° 32 ; *Dr. soc.* 2003. 459, note Ch. Radé.
4. CE 19 juin 1981, *Secrétaire d'État aux PTT c/Lebaut*, req. n° 13975, *Lebon T.* 787 : les droits à l'avancement de l'agent gréviste ne peuvent être suspendus pendant la durée du mouvement car il s'agirait alors d'une sanction pécuniaire illicite.
5. SUR L'ENSEMBLE DES RÉGIMES APPLICABLES dans la fonction publique et les entreprises gérant des services publics : Rép. trav., *vo Grève dans les services publics*, par Ph. Terneyre, janv. 2016, n°s 370 s.
6. L. n° 61-825, 29 juill. 1961 de finances rectificative pour 1961, *JO* 30 juill., p. 7026.
7. L. n° 82-889, 19 oct. 1982 relative aux retenues pour absence de service fait par les personnels de l'État, des collectivités locales et des services publics, *JO* 20 oct.
8. Cons. const. 28 juill. 1987, n° 87-230 DC, *Loi portant diverses mesures d'ordre social*, NON-CONFORMITÉ PARTIELLE, *JO* 29 juill., p. 8508 ; *Rec.* 48.

Il en résulte qu'à l'heure actuelle, il existe des régimes distincts de retenues sur rémunération dans les services publics, avec de véritables incertitudes dans certains cas [1]. Les principaux sont :

- celui applicable à la fonction publique et aux établissements publics administratifs, qui correspond à la règle du trentième indivisible ;

- celui applicable à certains services publics, en vertu de dispositions législatives spécifiques ;

- celui applicable aux entreprises privées gérant un service public en l'absence de dispositions légales spécifiques, qui continue à être celui de la loi du 19 octobre 1982.

841.73 **Régime applicable aux entreprises privées gérant un service public.** Les retenues sur salaire pour jours de grève dans les entreprises privées gérant un service public sont soumises, par défaut, au régime mentionné à l'article L. 2512-5 du code du travail, qui renvoie à l'article 2 de la loi du 19 octobre 1982. Selon ce texte, il est opéré :

- une retenue d'un cent-soixantième du traitement mensuel pour un arrêt de travail d'une durée inférieure à une heure ;

- une retenue d'un cinquantième lorsque l'arrêt de travail est compris entre une heure et une demi-journée ;

- une retenue d'un trentième lorsque l'arrêt est compris entre une demi-journée et une journée.

Il n'y a donc pas réelle proportionnalité, contrairement aux règles applicables au secteur privé.

841.74 **Modalités de retenues.** Les retenues sont appliquées au salarié gréviste, qu'il n'accomplisse pas du tout son travail, ou qu'il l'accomplisse partiellement ou de manière défectueuse [2]. L'assiette de calcul doit englober l'ensemble des éléments de la rémunération [3]. Le salaire à prendre en compte est celui perçu au moment du conflit [4]. La retenue se calcule de la même façon pour les salariés à temps partiel et à temps complet [5]. Cependant, la retenue ne peut porter que sur la partie saisissable du salaire.

1. M.-H. Crucis, « Les retenues de traitement pour fait de grève dans la fonction publique », *RD publ.* 1988. 1315 – B. Genevois, « Quels sont les fondements juridiques des retenues pécuniaires consécutives à une grève, note sur Décis. n° 87-230 DC du 28 juill. 1987 », *RFDA* 1987. 807 – F. Melleray, « Les retenues pécuniaires pour fait de grève dans les services publics », *AJDA* 2003. 1648 – H. Muscat, « Les retenues sur traitement pour fait de grève ou l'hétérogénéité anachronique d'un régime juridique », *JCP A* 2010, n° 2300 – S. Salon et J.-C. Savignac, « Fonction publique de l'État », *AJDA* 1987. 653 – Circ. 30 juill. 2003 relative à la mise en œuvre des retenues sur la rémunération des agents publics de l'État en cas de grève, *JO* 5 août, n° 60.
2. Soc. 23 mai 2012, n° 11-12.117, P V, n° 160 ; *RJS* 8-9/2012, n° 735 ; *JCP S* 2012. 334, obs. Péru-Pirotte.
3. CE 11 juill. 1973, 88921, *Lebon* 495.
4. CE 13 févr. 1973, 88921, *Lebon* 105.
5. CE 30 avr. 1997, *Tripet (Mme) a.*, req. n° 178809, *Lebon T* 1095 ; *JCP* 1997. II. 22905, concl. C. Maugüé ; *RJS* 1997. 566, n° 876.

CHAPITRE

842. Grève dans certains services publics, réglementations particulières

SECTION 0

ORIENTEUR

842.00 Sommaire du chapitre.

Division. La grève fait l'objet de réglementations spécifiques à certains secteurs publics, notamment celui des transports terrestres (sect. 1) et aériens (sect. 2), pour parvenir à concilier les nécessités du service public et le respect du droit des salariés de cesser collectivement le travail pour exercer leurs revendications.

842.01 Textes applicables.

> Transports terrestres de voyageurs

- **C. transp.,** art. L. 1222-1 [Champ d'application du chapitre]
- **C. transp.,** art. L. 1222-2 [Perturbation prévisible du trafic et priorité de dessertes]
- **C. transp.,** art. L. 1222-3 [Niveaux de services]
- **C. transp.,** art. L. 1222-4 [Plan de transport adapté et plan d'information des usagers]
- **C. transp.,** art. L. 1222-5 [Publicité des plans]
- **C. transp.,** art. L. 1222-6 [Rôle du représentant de l'État]
- **C. transp.,** art. L. 1222-7 [Accord collectif de prévisibilité du service]
- **C. transp.,** art. L. 1222-8 [Droit d'information de l'usager]
- **C. transp.,** art. L. 1222-9 [Information donnée par l'entreprise de transports]
- **C. transp.,** art. L. 1222-10 [Bilan et évaluation de l'exécution des plans]
- **C. transp.,** art. L. 1222-11 [Défaut d'exécution des plans]
- **C. transp.,** art. L. 1222-12 [Droits de l'usager n'ayant pu utiliser le moyen de transport]
- **C. transp.,** art. L. 1324-2 [Accord cadre de prévention des conflits]
- **C. transp.,** art. L. 1324-3 [Accord de branche de prévention des conflits]
- **C. transp.,** art. L. 1324-5 [Contenu de l'accord cadre et de l'accord de branche]

> Transport aérien

- **C. transp.,** art. L. 1114-3 [Déclaration d'intention]
- **C. transp.,** art. L. 1114-4 [Sanction de l'absence de déclaration]
- **C. transp.,** art. L. 1114-5 [Médiateur]
- **C. transp.,** art. L. 1114-6 [Consultation des salariés]
- **C. transp.,** art. L. 1114-7 [Droit d'information du passager]

842.02 **Jurisprudence de référence.**

• **Soc. 13 oct. 2016,** n° 15-13.886, P V, n° 187

« Mais attendu d'abord que selon l'article 5 de la loi n° 2007-1224 du 21 août 2007 sur le dialogue social et la continuité du service public dans les transports terrestres réguliers de voyageurs, applicable au litige, dans les entreprises de transports l'employeur et les organisations syndicales représentatives concluent un accord collectif de prévisibilité du service applicable en cas de perturbation prévisible du trafic ou de grève, fixant les conditions dans lesquelles l'organisation du travail est révisée et les personnels disponibles réaffectés afin de permettre la mise en œuvre du plan de transports adapté et qu'à défaut d'accord applicable au 1er janvier 2008, un plan de prévisibilité est défini par l'employeur ; qu'en cas de grève, les personnels disponibles sont les personnels de l'entreprise non grévistes ;

Attendu, ensuite, que, pris en l'absence d'accord au sein de la SNCF, l'article 6.3 du RH 007 à valeur réglementaire, mettant en œuvre les dispositions de la loi, dispose qu'en cas de grève ou autre perturbation prévisible au sens de cette loi, l'agent est dévoyé de son roulement, placé en service facultatif et peut être utilisé dès l'expiration du repos journalier ; que, selon l'article 3 du chapitre 2 du RH 0924 à valeur réglementaire, pris aux mêmes fins, les agents indispensables à l'exécution du plan de transport doivent, 48 heures à l'avance, déclarer auprès de leur employeur leur intention de participer à la grève ou de la rejoindre à l'une de leur prise de service comprise dans la période couverte par le préavis et que ces agents ont la possibilité de changer d'avis et de ne pas cesser le travail, en informant leur hiérarchie ou le service chargé de recevoir les déclarations individuelles d'intention dans les meilleurs délais afin de mettre le service en capacité de les utiliser dans les meilleures conditions, et au plus tard, à l'heure de prise de service ;

Qu'il en résulte d'une part que la cour d'appel a exactement décidé qu'en supprimant le roulement normal de l'ensemble des agents ayant ou non manifesté leur intention de participer à la grève et en les plaçant en position de service facultatif, de façon à satisfaire aux exigences de la loi du 21 août 2007 précitée, la SNCF n'a pas porté atteinte au droit de grève de ceux qui, bien qu'ayant déclaré leur intention d'y participer, ne pouvaient être considérés *a priori* comme grévistes dès lors qu'ils pouvaient à tout moment renoncer à rejoindre le mouvement en se mettant à la disposition de leur employeur ; que, d'autre part, ayant constaté que les agents de conduite concernés ne démontraient pas s'être remis à la disposition du service à l'heure à laquelle leur utilisation était possible conformément à l'article 6-3, alinéa 2, du RH 007 précité, elle en a exactement déduit que les intéressés ne pouvaient pas prétendre au paiement des jours de grève qu'ils réclamaient et a ainsi légalement justifié sa décision. »

842.03 **Bibliographie indicative.**

> Sur la loi n° 2007-1224, 21 août 2007 sur le dialogue social et la continuité du service public dans les transports terrestres réguliers de voyageurs

Contribution. D. de Bechillon, « Trois questions actuelles », *Mélanges en l'honneur de Jean-Claude Douence : La profondeur du droit local*, Dalloz, 2008, p. 17.

Articles. F. Duquesne, « Autodétermination des grévistes lors de la prise de service dans le secteur des transports publics de voyageurs », *Dr. soc.* 2010. 1099 – Ch. Fortier, « Fin de l'exception française », *RD publ.* 2007. 1635 – F. Melleray, « La loi du 21 août 2007 sur le dialogue social ou l'introuvable service minimum », *AJDA* 2007. 1752 – E. Peskine, G. Borenfreund et O. Leclerc, « Le droit de grève dans les services publics de transports, regards sur la loi du 21 août 2007 », *RDT* 2007. 664 – J.-E. Ray, « À propos de la loi sur la grève dans les transports publics », *Dr. soc.* 2007. 1205 – J.-E. Ray et E. Millard, « La loi « continuité du service public des transports terrestres de personnes » : bienvenue ou dangereuse, légitime ou attentatoire au droit de grève ? », *RDT* 2007. 560 – M.-A. Souriac et S. Nadal, « Le droit de grève dans les services publics de transports, regards sur la loi du 21 août 2007 : la place de la négociation collective », *RDT* 2007. 738 – M. Stéphane, « Le droit de grève dans les transports », *Dr. soc.* 2022. 427 – V. Terneyre, « La loi du 21 août 2007, laboratoire d'une ambition plus vaste ou expérience isolée ? », *RJEP* 2007. Ét. 4 – R. Vatinet, « Les enjeux du service minimum dans les transports publics », *JCP S* 2007. Actu. 270.

> Sur la loi n° 2012-375, 19 mars 2012 relative à l'organisation du service et à l'information des passagers dans les entreprises de transport aérien de passagers et à diverses dispositions dans le domaine des transports

Articles. V. Bernaud, « La loi relative à l'organisation du service et à l'information des passagers dans les entreprises de transport aérien de passagers est conforme à la Constitution », *Dr. soc.* 2012. 708 – N. Guillet, « Le trompe-l'œil juridique de la loi du 19 mars 2012 relative à l'organisation du service et à l'information des passagers dans les entreprises de transport aérien de passagers », *Dr. soc.* 2012. 697 – O. Leclerc, « Où va le droit spécial de la grève ? Observations sur la loi du 19 mars 2012 relative aux entreprises de transport aérien de passagers », *RDT* 2012. 570.

842.05 **Principes.** Les principales difficultés de maintien d'un service public minimum étant apparues dans le secteur des transports, le législateur est intervenu pour poser des règles en ce domaine, par une loi de 2007 pour les transports terrestres de voyageurs et par une loi de 2012 pour les transports aériens.

SECTION 1

LOI DU 21 AOÛT 2007 SUR LE DIALOGUE SOCIAL ET LA CONTINUITÉ DU SERVICE PUBLIC DANS LES TRANSPORTS TERRESTRES RÉGULIERS DE VOYAGEURS

842.10 **Plan.** Le principe de continuité du service public a été introduit pour les transports terrestres de voyageurs par la loi du 21 août 2007 (§ 1). Cette dernière prévoit plus largement pour ce secteur la prévention des conflits et le dialogue social (§ 2), l'organisation d'un service public minimum (§ 3), l'information et l'indemnisation des usagers (§ 4), ainsi que des retenues sur salaire (§ 5).

§ 1
Principe de continuité du service public dans les transports terrestres de voyageurs

842.21 **Introduction du principe.** La loi du 21 août 2007[1] est la première loi à avoir instauré un système de « continuité du service public » pour les transports terrestres de voyageurs.

842.22 **Champ d'application.** La réglementation s'applique « aux services publics de transport terrestre régulier de personnes à vocation non touristique », selon l'article 1er de la loi du 21 août 2007, désormais codifié à l'article L. 1222-1 du code des transports. Elle a donc concrètement vocation à s'appliquer à la RATP, à la SNCF, aux entreprises de transports urbains de voyageurs, ainsi qu'à celles qui ont passé une convention avec l'autorité compétente pour l'exécution du service public de transport, selon les dispositions de l'article L. 1221-3 du code des transports[2].

842.23 **Trois étapes.** Le processus spécifique porte sur trois éléments : la mise en place d'une procédure de dialogue social et prévention des conflits, la mise en œuvre de dispositifs d'organisation de la continuité du service public en cas de grève, et enfin l'instauration de modalités d'information et de dédommagement pour les usagers. Nous verrons enfin qu'une incertitude qui existait quant aux modalités de retenues sur salaire pour les salariés grévistes des entreprises de transport public de voyageurs est désormais levée.

§ 2
Prévention des conflits et dialogue

842.31 **Procédure de dialogue social et prévention des conflits.** L'employeur et les syndicats ont dû négocier, avant le 1er janvier 2008, un accord-cadre organisant une procédure de prévention des conflits[3]. À défaut, c'est l'accord de branche, qui doit également prévoir des dispositions sur la prévention des conflits, qui s'applique. À défaut, des dispositions supplétives sont fixées par décret[4]. L'accord-cadre doit prévoir les conditions de remise et d'explication, par les organisations syndicales, des motifs de la grève envisagée, et les conditions de la négociation qui doit obligatoirement être engagée en cas de menace de conflit. La loi impose un certain nombre d'items, proches d'un accord de méthode : l'accord doit prévoir en effet qu'il y ait d'abord notification par l'organisation représentative qui envisage un mouvement de grève des motifs de ce mouvement. L'employeur doit alors engager une négociation dans les trois jours. La durée de la négociation ne peut pas dépasser huit jours. L'accord-cadre détermine les informations à communiquer au cours de cette négociation, et les conditions de cette négociation. Ce n'est qu'à l'issue de cette négociation, si elle a échoué, que le syndicat représentatif peut déposer le préavis de grève imposé par l'article L. 2312-2 du code du travail (cinq jours). L'accord-cadre doit également définir comment les salariés sont informés du relevé de conclusions de la négociation. Il peut donc s'écouler, entre l'annonce faite par l'organisation syndicale et le déclenchement de la grève, un délai de seize jours.

L'article L. 1324-6 du code des transports précise que lorsqu'un préavis de grève a été déposé dans les conditions prévues à l'article L. 2512-2 du code du travail par une ou plusieurs organisations syndicales représentatives, un nouveau préavis ne peut être déposé par la ou les mêmes organisations et pour les mêmes motifs qu'à l'issue du délai du préavis en cours et avant que la procédure prévue à la présente section n'ait été mise en œuvre. Les grèves par dépôts successifs de préavis, autorisés de manière générale, ne sont donc pas licites dans les entreprises de transport terrestres de voyageurs.

Dans la plupart des entreprises de transports, des accords-cadres ont bien été signés.

La jurisprudence considère que le non-respect de cette étape préalable rend le mouvement de grève irrégulier et la participation des salariés à cette grève fautive, quand bien même le motif de la grève serait national et donc peu propice à des négociations avec l'employeur[5].

1. L. n° 2007-1224, 21 août 2007 sur le dialogue social et la continuité du service public dans les transports terrestres réguliers de voyageurs, *JO* 22 août, n° 2 – Les textes issus de cette loi sont désormais tous codifiés au Code des transports, issu, dans sa partie législative, de la loi n° 2010-1307 du 28 octobre 2010 relative à la partie législative du code des transports (*JO* 3 nov., p. 19641).
2. C. transp., art. L. 1221-3 ; mod. par Ord. n° 2019-552, 3 juin 2019, art. 12 : « L'exécution des services publics de transport de personnes réguliers et à la demande est assurée, pour une durée limitée dans les conditions prévues par le règlement (CE) n° 1370/2007 du Parlement européen et du Conseil du 23 octobre 2007 relatif aux services publics de transports de voyageurs par chemin de fer et par route et abrogeant les règlements (CEE) n° 1191/69 et 1107/70 du Conseil pour les services qui en relèvent, soit en régie par une personne publique sous forme d'un service public industriel et commercial, soit par une entreprise ayant passé à cet effet une convention avec l'autorité organisatrice. »
3. C. transp., art. L. 1324-2.
4. C. transp., art. R. 2324-1 et s.
5. Soc. 30 janv. 2013, n° 11-23.791, P V, n° 21, *AJDA* 2013. 958 ; *D.* 2013. 371 ; *D.* 2013. 2599, obs. P. Lokiec et J. Porta ; *JCP* 2013, n° 308, note F. Duquesne ; *AJDA* 2013. 958.

842.32 Possibilité de prévoir des mesures de médiation. L'article L. 1324-9 du Code des transports dispose que « dès le début de la grève, les parties au conflit peuvent décider de désigner un médiateur, choisi d'un commun accord, aux fins de favoriser le règlement amiable de leurs différends. Le médiateur dispose, pour exercer sa mission, des pouvoirs mentionnés aux articles L. 2523-4 à L. 2523-10 du Code du travail ». Le médiateur peut donc intervenir en amont du déclenchement de la grève, ou en cours de mouvement, pour tenter de trouver une solution amiable et faire cesser plus rapidement le conflit.

La possibilité de recourir à un médiateur est ouverte aux « parties au conflit » et le médiateur est « choisi d'un commun accord » par les parties au conflit. Chacune des parties a l'obligation de lui remettre un mémoire contenant ses observations.

Le médiateur leur soumet ensuite, sous forme de recommandation motivée, des propositions en vue du règlement des points en litige, dans un délai d'un mois à compter de sa désignation. À compter de la réception de la proposition de règlement du conflit soumise par le médiateur aux parties, celles-ci peuvent, pendant un délai de huit jours, notifier au médiateur un rejet motivé de sa proposition. Au terme de ce délai de huit jours, le médiateur constate alors l'accord ou le désaccord.

842.33 Consultation des salariés. Au-delà de huit jours de grève, l'employeur, une organisation syndicale représentative ou le médiateur, s'il a été désigné, peut décider l'organisation par l'entreprise d'une consultation, ouverte aux salariés concernés par les motifs figurant dans le préavis et portant sur la poursuite de la grève. Les conditions du vote sont définies, par l'employeur, dans les vingt-quatre heures qui suivent la décision d'organiser la consultation. L'employeur en informe l'inspecteur du travail. Le résultat de la consultation n'affecte pas l'exercice du droit de grève [1]. Lorsqu'un médiateur a été désigné, c'est lui qui veille à la loyauté et à la sincérité de la consultation.

§ 3
Organisation du service public minimum

842.41 Élaboration d'un plan de transport adapté. Les entreprises de transports publics de voyageurs doivent élaborer un plan de transport adapté qui détermine les dessertes et services prioritaires dans le cas de survenance d'un événement prévisible empêchant le service normal. Ce plan de transport est élaboré en concertation avec les usagers, s'il existe une représentation.

La grève fait partie des événements considérés comme prévisibles.

842.42 Accord de prévisibilité. À partir de ce plan de transports, un accord collectif signé dans l'entreprise doit concrètement élaborer l'organisation des services avec :

– le recensement, par métier, fonction et niveau de compétence ou de qualification, des catégories d'agents et leurs effectifs ainsi que les moyens matériels, indispensables à l'exécution, conformément aux règles de sécurité en vigueur applicables à l'entreprise, de chacun des niveaux de service prévus dans le plan de transports adapté ;

– les conditions dans lesquelles, de révision et les personnels disponibles réaffectés afin de permettre la mise en œuvre du plan de transports adapté.

En cas de grève, les personnels disponibles sont les personnels de l'entreprise non-grévistes. Seuls peuvent donc être affectés au plan les salariés qui ne se sont pas déclarés grévistes.

À défaut d'accord collectif de prévisibilité, l'employeur doit déterminer les conditions dans lesquelles se fera l'organisation du service minimum par décision unilatérale. Il ne peut modifier significativement le plan de prévisibilité du service qu'il a élaboré en l'absence d'accord de prévisibilité qu'après avoir, de nouveau, engagé avec les organisations syndicales représentatives des négociations en vue de la signature d'un accord, sans qu'elles aient pu aboutir à la conclusion d'un tel accord [2]. À tout moment il est possible de signer un accord collectif qui met à néant la décision unilatérale de l'employeur.

À la SNCF, c'est un plan de transport qui a été défini en l'absence d'accord collectif de prévisibilité du service. La Cour de cassation a considéré qu'était conforme la disposition de ce plan selon lequel les agents ayant ou non manifesté leur intention de participer à la grève sont dévoyés de leur roulement et placés en position de service facultatif, et peuvent être utilisés dès l'expiration du repos journalier de façon à satisfaire aux exigences de la loi, dès lors qu'il leur est loisible de renoncer à se joindre à la grève [3]. En revanche, la SNCF commet une faute si, en application de ce plan elle affecte les salariés déclarés grévistes sur le service de roulement alors que le délai de renonciation est expiré [4].

1. C. transp., art. L. 1324-10.

2. CE 23 déc. 2020, *Fédération des syndicats des travailleurs du rail – SUD Rail et Fédération nationale des travailleurs CGT des cheminots*, req. n° 428717, 428867, NP.
3. Soc. 13 oct. 2016, n° 15-13.886, P V, n° 187 ; *D.* 2016. 2218.
4. Soc. 16 janv. 2019, n° 17-27.124, P ; *D.* 2019. 134.

842.43 Information individuelle de participation au mouvement de grève par les grévistes. Pour que ce processus puisse se mettre en place, la loi de 2007[1] oblige les salariés, nécessaires au service applicable en cas de grève ou d'autre perturbation prévisible du trafic, à informer l'entreprise de leur intention de faire grève au plus tard 48 heures avant le début de celle-ci, sous peine de sanction disciplinaire. Il s'agit donc d'un « préavis individuel » qu'habituellement un employeur ne peut pas imposer aux salariés[2]. Le salarié qui manque à cette obligation de préavis individuel est passible de sanctions disciplinaires. La loi du 19 mars 2012 (relatif au transport aérien) a précisé que le salarié pouvait changer d'avis. S'il a déclaré son intention de participer à la grève et qu'il renonce à y participer, il lui suffit d'en informer son employeur au plus tard vingt-quatre heures avant l'heure prévue de sa participation à la grève afin que ce dernier puisse l'affecter dans le cadre du plan de transport. De même, le salarié qui participe à la grève et qui décide de reprendre son service en informe son employeur au plus tard vingt-quatre heures avant l'heure de sa reprise afin que ce dernier puisse l'affecter dans le cadre du plan de transport. Il s'agit de favoriser la possibilité pour un salarié de renoncer à se joindre ou à continuer un mouvement de grève, mais surtout d'éviter qu'un salarié ne puisse se dispenser de participer au service minimum en se déclarant gréviste et en renonçant au dernier moment à se mettre en grève. C'est pourquoi l'article L. 1324-8 du Code des transports prévoit qu'une sanction disciplinaire peut être prise à l'encontre du salarié qui, de façon répétée, n'a pas informé son employeur de son intention de renoncer à participer à la grève ou de reprendre son service.

Dans sa décision du 16 août 2007[3], le Conseil constitutionnel a jugé que les dispositions de la loi ne méconnaissaient pas le droit de grève constitutionnellement garanti, sous la réserve qu'elles ne puissent conduire à ce que l'obligation de déclaration soit étendue à l'ensemble des salariés, et qu'elle se limite aux « salariés dont la présence détermine directement l'offre de services ». Les salariés soumis à cette obligation sont tous ceux relevant des catégories d'agents mentionnées dans l'accord collectif ou le plan de prévisibilité, auxquels l'article L. 1222-7 du code des transports impose de recenser les effectifs et les catégories d'agents indispensables à l'exécution de chacun des niveaux de service par métier, fonction et niveau de compétence ou de qualification. Tant que ces catégories n'ont pas été précisées par métier, fonction et niveau de compétence ou de qualification, l'obligation de déclaration d'intention à laquelle sont soumis les agents relevant des catégories mentionnées au plan de prévisibilité ne peut leur être opposée[4].

Les informations issues de ces déclarations individuelles ne peuvent être utilisées que pour l'organisation du service durant la grève. Elles sont couvertes par le secret professionnel. Leur utilisation à d'autres fins ou leur communication à toute personne autre que celles désignées par l'employeur comme étant chargées de l'organisation du service est passible des peines prévues à l'article 226-13 du Code pénal.

Le fait qu'après un préavis de grève, aucun salarié n'ait déclaré son intention de se mettre en grève ne suffit pas à autoriser l'employeur à considérer qu'il est mis fin de fait au mouvement de grève, d'une part parce que cette décision n'appartient qu'aux organisations syndicales ayant déposé le préavis de grève, d'autre part parce que les salariés peuvent cesser le travail ultérieurement, sauf abus caractérisé[5].

§ 4
Information et indemnisation des usagers

842.51 Information préalable des usagers. En cas de perturbation du trafic, tout usager a le droit de disposer d'une information gratuite, précise et fiable sur le service assuré, dans les conditions prévues par le plan d'information des usagers.

En cas de perturbation prévisible, l'information aux usagers doit être délivrée par l'entreprise de transports au plus tard vingt-quatre heures avant le début de la perturbation.

842.52 Indemnisation des usagers. L'usager qui n'a pu utiliser le moyen de transport pour lequel il a contracté un abonnement ou acheté un titre de transport a droit à la prolongation de la validité de cet abonnement pour une durée équivalente à la période d'utilisation dont il a été privé, ou à l'échange ou au remboursement du titre de transport non utilisé ou de l'abonnement.

1. C. transp., art. L. 1324-7.
2. Cass., ass. plén., 23 juin 2006, n° 04-40.289, P n° 7, *D.* 2006. 1843, obs. A. Astaix ; *Dr. soc.* 2006. 935, obs. E. Dockès ; *RDT* 2006. 248, obs. N. Olszak ; *RDT* 2006. 404, obs. O. Leclerc.
3. Cons. const. 16 août 2007, n° 2007-556 DC, *JO* 22 août, n° 6.
4. CE 23 déc. 2020, *Fédération des syndicats des travailleurs du rail – SUD Rail et Fédération nationale des travailleurs CGT des cheminots*, req. n°s 428717 et 428867, NP.
5. Soc. 4 juill. 2012, n° 11-18.404, P V, n° 207 ; *AJDA* 2012. 2149 ; *D.* 2012. 1892 ; *D.* 2012. 2622, obs. P. Lokiec et J. Porta ; *JCP S* 2012. 1412, obs. F. Duquesne ; *RJS* 2012. 715, n° 841.

Si cette situation est liée au défaut d'exécution du plan de transports par l'entreprise de transports, celle-ci peut être amenée à prendre en charge les remboursements dus aux usagers, à la demande de l'entreprise organisatrice des transports.

§ 5
Retenues sur salaire

842.61 **Incertitude sur le régime applicable.** La loi du 21 août 2007 a introduit à l'article désormais codifié sous le numéro L. 1324-11 la disposition suivante : « La rémunération d'un salarié participant à une grève, incluant le salaire et ses compléments directs et indirects à l'exclusion des suppléments pour charges de famille, est réduite en fonction de la durée non travaillée en raison de la participation à cette grève. » Cette disposition constitue-t-elle une dérogation au droit commun des retenues sur salaire des salariés grévistes d'entreprises privées gérant un service public, dont les modalités demeurent prévues par l'article 2 de la loi du 19 octobre 1982[1]. La réponse était jusqu'à présent incertaine.

L'examen des travaux parlementaires de la loi de 2007 semblait laisser à penser que l'intention du législateur n'avait pas été d'instaurer pour les salariés des entreprises gérant un service public de transport terrestre un régime de retenue sur salaire différent de celui existant pour les autres entreprises gérant un service public. Mais, avec le temps, beaucoup d'entreprises de transport ont appliqué à la lettre le texte de l'article L. 1324-11 du code des transports et mis en œuvre des retenues strictement proportionnelles au temps de cessation du travail. Deux régimes étaient ainsi pratiqués, dans un flou juridique certain.

842.62 **Réponse jurisprudentielle.** Par une décision du 8 juillet 2020[2], la chambre sociale a tranché la question : dès lors que l'article L. 1324-11 du code des transports, issu de la loi du 21 août 2007 sur le dialogue social et la continuité du service public dans les transports terrestres réguliers de voyageurs, prévoit que « la rémunération d'un salarié participant à une grève, incluant le salaire et ses compléments directs et indirects à l'exclusion des suppléments pour charges de famille, est réduite en fonction de la durée non travaillée en raison de la participation à cette grève », il y a bien lieu d'appliquer une retenue sur salaire proportionnelle aux heures non travaillées en raison de la grève en application de l'article L. 1324-11 du code des transports.

1. Sur ces modalités, v. s[s] n° 841.73.
2. Soc. 8 juill. 2020, n° 19-13.767, P+B.

SECTION 2

Loi du 19 mars 2012 sur le transport aérien de voyageurs

842.70 **Plan.** Après la loi du 21 août 2007 sur les transports terrestres de voyageurs, le législateur, en 2012[3], a décidé d'instaurer également un système de service public minimum dans les transports aériens (§ 1). De la même manière, cette loi organise la prévention des conflits et le dialogue social (§ 2), l'information individuelle de participation au mouvement de grève (§ 3), l'information et l'indemnisation des usagers (§ 4), ainsi que les retenues sur salaire (§ 5).

§ 1
Champ d'application et objet de la loi

842.81 **Champ d'application.** Complétant la loi du 21 août 2007 sur le dialogue social et la continuité du service public dans les transports terrestres réguliers de voyageurs et la loi du 20 août 2008[4] instituant un droit d'accueil pour les élèves des écoles maternelles et élémentaires pendant le temps scolaire, le législateur est intervenu une troisième fois, en 2012, pour instaurer un service minimum, cette fois dans le transport aérien des voyageurs. Sont visés les services « lorsqu'ils concourent directement à l'activité de transport aérien de passagers, aux entreprises, établissements ou parties d'établissement qui exercent une activité de transport aérien ou qui assurent les services d'exploitation d'aérodrome, de la sûreté aéroportuaire, de secours et de lutte contre l'incendie, de lutte contre le péril animalier, de maintenance en ligne des aéronefs ainsi que les services d'assistance en escale [...] ». Le champ est donc très large, et ne couvre pas seulement les salariés qui assurent proprement dit le transport de voyageurs.

842.82 **Objet de la loi.** Il existait déjà, dans le domaine du transport aérien de passagers, une législation, puisque la loi du 31 décembre 1984[5] prévoyait qu'en cas de cessation concertée du travail dans les services de la navigation aérienne, devait être assurée « en toutes circonstances » la conti-

3. L. n° 2012-375, 19 mars 2012 relative à l'organisation du service et à l'information des passagers dans les entreprises de transport aérien de passagers et à diverses dispositions dans le domaine des transports, *JO* 20 mars, n° 2.
4. L. n° 2008-790, 20 août 2008 instituant un droit d'accueil pour les élèves des écoles maternelles et élémentaires pendant le temps scolaire, *JO* 21 août, n° 2.
5. L. n° 84-1286, 31 déc. 1984 abrogeant certaines dispositions des lois n° 64-650 du 2 juillet 1964 relative à certains personnels de la navigation aérienne et n° 71-458 du 17 juin 1971 relative à certains personnels de l'aviation civile, et relative à l'exercice du droit de grève dans les services de la navigation aérienne, *JO* 1er janv., p. 9.

nuité de certaines missions, telles que l'action gouvernementale, l'exécution des missions de la défense nationale, la préservation des intérêts ou besoins vitaux de la France ou le respect de ses engagements internationaux. Un décret du 17 décembre 1985[1] précisait les personnes indispensables à l'exécution de ces missions à qui il pouvait être demandé de rester en fonction.

La loi du 19 mars 2012, comme celle d'ailleurs de 2008 sur le transport terrestre, part d'une philosophie un peu différente. Il ne s'agit pas tant d'empêcher la cessation du travail que « d'en réduire l'impact en limitant la désorganisation qu'elle occasionne dans l'entreprise et en informant les usagers/clients qui en subissent les répercussions. À la stratégie de l'endiguement du conflit collectif succède une stratégie d'accompagnement »[2]. Toutefois, à la différence des dispositions sur le transport terrestre, la loi de 2012 n'impose ni plan de transport, ni plan de prévisibilité aux entreprises aériennes.

842.83 Déclaration de conformité du Conseil constitutionnel. Sans surprise, au regard de ses décisions antérieures affirmant le droit pour le législateur de réglementer le droit de grève pour les nécessités du fonctionnement du service public, le Conseil constitutionnel a validé le dispositif mis en place par la loi de 2012[3], considérant que les aménagements ainsi apportés aux conditions d'exercice du droit de grève n'étaient pas disproportionnés au regard de l'objectif poursuivi par le législateur, à savoir « assurer le bon ordre et la sécurité des personnes dans les aérodromes et, par suite, la préservation de l'ordre public qui est un objectif de valeur constitutionnelle ».

§ 2
Prévention des conflits et dialogue

842.91 Procédure de dialogue social et prévention des conflits. À l'instar de ce qui est prévu pour les transports terrestres de voyageurs, l'article L. 1114-2 du Code des transports invite les employeurs et syndicats à ouvrir un processus de négociation avant le dépôt par une organisation syndicale représentative du préavis de grève officiel. Mais, à la différence de l'article L. 1324-2 du Code des transports, la loi de 2012 n'en fait pas une obligation en matière de transport aérien, seulement une faculté, en ouvrant la possibilité de prévoir cette négociation préalable dans un accord-cadre.

Un tel accord-cadre, signé par l'employeur et les organisations syndicales représentatives, détermine :

1° Les conditions dans lesquelles la ou les organisations syndicales représentatives procèdent à la notification à l'employeur des motifs pour lesquels elles envisagent de recourir à l'exercice du droit de grève ;

2° Le délai dans lequel, à compter de cette notification, l'employeur est tenu de réunir la ou les organisations syndicales représentatives qui ont procédé à la notification. Ce délai ne peut dépasser trois jours ;

3° La durée dont l'employeur et la ou les organisations syndicales représentatives qui ont procédé à la notification disposent pour conduire la négociation préalable mentionnée au I. Cette durée ne peut excéder huit jours francs à compter de la notification ;

4° Les informations qui doivent être transmises par l'employeur à la ou aux organisations syndicales représentatives qui ont procédé à la notification en vue de favoriser la réussite du processus de négociation ainsi que le délai dans lequel ces informations doivent être fournies ;

5° Les conditions dans lesquelles la négociation préalable entre la ou les organisations syndicales représentatives qui ont procédé à la notification et l'employeur se déroule ;

6° Les modalités d'élaboration du relevé de conclusions de la négociation préalable ainsi que les informations qui doivent y figurer ;

7° Les conditions dans lesquelles les salariés sont informés des motifs du conflit, de la position de l'employeur, de la position de la ou des organisations syndicales représentatives qui ont procédé à la notification ainsi que les conditions dans lesquelles ils reçoivent communication du relevé de conclusions de la négociation préalable.

Si un accord-cadre a été conclu, ce n'est qu'à l'issue de la négociation préalable, si elle a échoué, que le syndicat représentatif peut déposer le préavis de grève imposé par l'article L. 2312-2 du code du travail (cinq jours).

842.92 Possibilité de prévoir des mesures de médiation. Le législateur prévoit la possibilité pour les « parties au conflit » de désigner un médiateur

1. Décr. nº 85-1332, 17 déc. 1985 portant application de la loi nº 84-1286 du 31 décembre 1984 abrogeant certaines dispositions des lois nº 64-650 du 2 juillet 1964 relative à certains personnels de la navigation aérienne et nº 71-458 du 17 juin 1971 relative à certains personnels de l'aviation civile et relative à l'exercice du droit de grève dans les services de la navigation aérienne, *JO* 18 déc., p. 14735.
2. O. Leclerc, « Où va le droit spécial de la grève ? », *RDT* 2012. 570.
3. Cons. const. 15 mars 2012, nº 2012-650 DC, *Loi relative à l'organisation du service et à l'information des passagers dans les entreprises de transport aérien de passagers et à diverses dispositions dans le domaine des transports*, CONFORMITÉ, *JO* 20 mars, p. 5028 ; *AJDA* 2012. 574 ; *Dr. soc.* 2012. 708, ét. V. Bernaud ; *Constitutions* 2012. 333, obs. Ch. Radé.

choisi d'un commun accord « afin de favoriser le règlement amiable de leurs différends »[1].

842.93 **Consultation des salariés.** Au-delà de huit jours de grève, l'employeur, une organisation syndicale représentative ou le médiateur, s'il a été désigné, peut décider l'organisation par l'entreprise d'une consultation, ouverte aux salariés concernés par les motifs figurant dans le préavis et portant sur la poursuite de la grève. Les conditions du vote sont définies, par l'employeur, dans les vingt-quatre heures qui suivent la décision d'organiser la consultation. L'employeur en informe l'inspecteur du travail. Le résultat de la consultation n'affecte pas l'exercice du droit de grève[2]. Lorsqu'un médiateur a été désigné, c'est lui qui veille à la loyauté et à la sincérité de la consultation.

§ 3
Information individuelle de participation au mouvement de grève

842.101 **Information individuelle de participation au mouvement de grève par les grévistes.** Pour que ce processus puisse se mettre en place, la loi de 2012[3], comme celle de 2007 pour les transports terrestres, oblige les salariés, nécessaires au service applicable en cas de grève ou d'autre perturbation prévisible du trafic, à informer l'entreprise de leur intention de faire grève au plus tard 48 heures avant le début de celle-ci, sous peine de sanction disciplinaire. Il s'agit donc d'un « préavis individuel » qu'habituellement un employeur ne peut pas imposer aux salariés[4]. Le salarié qui manque à cette obligation de préavis individuel est passible de sanctions disciplinaires.

La déclaration individuelle peut être transmise sans condition de forme, y compris de manière regroupée par les organisations syndicales[5].

842.102 **Renonciation à la participation au mouvement de grève.** La loi précise que le salarié peut changer d'avis. S'il a déclaré son intention de participer à la grève et renonce à y participer, il lui suffit d'en informer son employeur au plus tard vingt-quatre heures avant l'heure prévue de sa participation à la grève afin que ce dernier puisse l'affecter dans le cadre du plan de transport. De même, le salarié qui participe à la grève et qui décide de reprendre son service en informe son employeur au plus tard vingt-quatre heures avant l'heure de sa reprise afin que ce dernier puisse l'affecter sur un poste. Il s'agit de favoriser la possibilité pour un salarié de renoncer à se joindre ou à continuer un mouvement de grève, mais surtout d'éviter qu'un salarié ne puisse éviter de participer au service minimum en se déclarant gréviste et en renonçant au dernier moment à se mettre en grève.

C'est pourquoi l'article L. 1114-4 du Code des transports prévoit qu'une sanction disciplinaire peut être prise à l'encontre du salarié qui, de façon répétée, n'a pas informé son employeur de son intention de renoncer à participer à la grève ou de reprendre son service. La loi précise également que la renonciation n'est pas nécessaire lorsque le salarié reprend son travail à la fin de la grève.

842.103 **Secret des informations.** Les informations issues de ces déclarations individuelles ne peuvent être utilisées que pour l'organisation du service durant la grève (ou pour mettre en œuvre les sanctions prévues à l'article L. 1114-4). Elles sont couvertes par le secret professionnel. Leur utilisation à d'autres fins ou leur communication à toute personne autre que celles désignées par l'employeur comme étant chargées de l'organisation du service est passible des peines prévues à l'article 226-13 du code pénal.

Le fait qu'après un préavis de grève, aucun salarié n'ait déclaré son intention de se mettre en grève ne suffit pas à autoriser l'employeur à considérer qu'il est mis fin de fait au mouvement de grève, d'une part parce que cette décision n'appartient qu'aux organisations syndicales ayant déposé le préavis de grève, d'autre part parce que les salariés peuvent cesser le travail ultérieurement, sauf abus caractérisé[6].

842.104 **Salariés concernés.** Les salariés astreints à cette déclaration individuelle sont précisément énumérés par l'article L. 1114-3, parce que leur absence est de nature à affecter directement la réalisation des vols : les salariés des exploitants d'aérodrome et des entreprises, établissements ou parties d'établissement mentionnés à l'article L. 1114-1 qui occupent un emploi de personnel navigant ou qui assurent personnellement l'une des opérations d'assistance en escale mentionnée au même article L. 1114-1, de maintenance en ligne des aéronefs, de sûreté aéroportuaire, de secours et de lutte contre l'incendie ou de lutte contre le péril animalier.

1. C. transp., art. L. 1114-5.
2. C. transp., art. L. 1114-6.
3. C. transp., art. L. 1114-3.
4. Cass., ass. plén., 23 juin 2006, n° 04-40.289, P n° 7 ; *D.* 2006. 1843, obs. A. Astaix ; *Dr. soc.* 2006. 935, obs. E. Dockès ; *RDT* 2006. 248, obs. N. Olszak ; *RDT* 2006. 404, obs. O. Leclerc ; *JCP E* 2006. 1102, note Vatinet ; *RJS* 2006. 819, n° 1112.
5. Soc. 28 févr. 2018, n° 16-21.109, NP ; *RJS* 5/2018, n° 361.
6. Soc. 4 juill. 2012, n° 11-18.404, préc.

842.105 **Service minimum.** La chambre sociale a jugé qu'en l'absence de dispositions, dans la loi de 2012, prévoyant l'existence d'un service minimum, la déclaration individuelle, dont la finalité est l'information des usagers vingt-quatre heures à l'avance sur l'état du trafic afin d'éviter tout déplacement et encombrement des aéroports et préserver l'ordre public, ne peut être utilisée afin de recomposer les équipages et réaménager le trafic avant le début du mouvement [1].

§ 4
Information et indemnisation des usagers

842.111 **Information préalable des usagers.** En cas de perturbation du trafic, tout usager a le droit de disposer d'une information gratuite, précise et fiable sur le service assuré, dans les conditions prévues par le plan d'information des usagers.

En cas de perturbation prévisible, l'information aux usagers doit être délivrée par l'entreprise de transports au plus tard vingt-quatre heures avant le début de la perturbation.

§ 5
Retenues sur salaire

842.121 **Dispositions applicables.** Les retenues sur salaire en cas de grève suivent le régime prévu par l'article 2 de la loi du 19 octobre 1982 [2].

1. Soc. 12 oct. 2017, n° 16-12.550, P V, n° 181 ; *D.* 2017. 2104 ; *EEI* 2018, n° 5, obs. Parier et S. Ranc.

2. Sur ces modalités, v. ss n° 841.73.

CHAPITRE

843. Grève des travailleurs des plateformes numériques

SECTION 0 ORIENTEUR

843.00 **Sommaire du chapitre.**

Division. L'émergence des plateformes numériques a rendu patente la question du droit de grève des travailleurs qui y sont associés (sect. unique).

843.01 **Textes applicables.**

• **C. trav.**, art. L. 7342-45 [Mouvement de refus concerté de fournir les services]

843.03 **Bibliographie indicative.**

Thèse. A. Pacquetet, Les plateformes numériques : Essai de qualification en droit du travail, th. Paris II, 2020.

Articles. F. Masson, « Un droit de grève en droit des contrats ? À propos des « mouvements de refus concerté » de fournir des services à une plateforme numérique », *Dr. soc.* 2017. 861 – N. Maggi-Germain, « Socialisation du risque économique et redistribution des responsabilités », *Dr. soc.* 2019. 848.

843.05 **Points clés.** En reconnaissait aux travailleurs de certains types de plateformes la possibilité d'organiser des mouvements de refus concerté de fournir leurs services en vue de défendre des revendications professionnelles, la loi du 8 août 2016 préfigure l'extension du droit de grève à une catégorie de travailleurs qui exercent leur activité en qualité d'autoentrepreneurs, encore que leur statut juridique puisse évoluer à l'avenir.

SECTION UNIQUE PRÉFIGURATION DE L'EXTENSION DU DROIT DE GRÈVE AUX TRAVAILLEURS DES PLATEFORMES

843.11 **Droit de grève ou « quasi-droit de grève » ?** La loi du 8 août 2016[1] a esquissé une responsabilité sociale des plateformes de mise en relation en ligne vis-à-vis des travailleurs indépendants qui louent leurs services, s'agissant des plateformes qui déterminent les caractéristiques de la prestation de service fournie ou du bien vendu et qui fixent son prix[2]. Dans le cadre du statut embryonnaire que le législateur a instauré, a été reconnue à ces travailleurs la possibilité d'organiser des « mouvements de refus concerté de fournir leurs services [...] en vue de défendre leurs revendications professionnelles ». La loi précise que la participation à un tel mouvement ne peut, « sauf abus, ni engager leur responsabilité contractuelle, ni constituer un motif de rupture de leurs relations avec les plateformes, ni justifier de mesures les pénalisant dans l'exercice de leur activité »[3].

Le souci du législateur de ne pas utiliser le terme de grève est patent et s'explique par la volonté d'éviter plus globalement tout rapprochement entre les relations contractuelles des travailleurs de plateformes et le salariat, comme si le choix des mots pouvait refouler les risques de requalification. Certains n'en ont pas moins tiré argument pour estimer que le texte a consacré tout au plus un « quasi-droit de grève »[4]. D'autres considèrent au contraire qu'il s'agit bien « d'un droit de grève qui ne dit étonnamment pas son nom »[5]. S'il est exact qu'un mouvement de cessation collective et concertée du travail en vue d'appuyer des revendications professionnelles ne constitue pas une grève au sens du Code du travail lorsqu'il est exercé par des travail-

1. L. n° 2016-1088, 8 août 2016, relative au travail, à la modernisation du dialogue social et à la sécurisation des parcours professionnels, *JO* 9 août, n° 3.
2. C. trav., art. L. 7342-1.
3. C. trav., art. L. 7342-5.
4. B. Teyssié, *Droit du travail : Relations collectives,* 13e éd., « Manuels », LexisNexis, 2023, n° 2581, p. 1176.
5. B. Gomès, *Le droit du travail à l'épreuve des plateformes numériques*, th. Paris X, 2018, n° 373, p. 321.

leurs indépendants – ce que souligne avec raison la Cour de cassation pour refuser d'en appliquer le régime[1] –, il n'en reste pas moins que c'est bien un droit de grève au sens large du terme qui est substantiellement, sinon formellement, reconnu aux travailleurs des plateformes.

843.12 Titulaires du droit de grève. L'action du législateur, lors de la loi du 8 août 2016, peut être qualifiée, selon les points de vue, de timorée ou de timide, ce qui n'est pas sans raison s'agissant de poser les premières pièces d'un statut encore incertain des travailleurs louant leurs services, sous la condition d'avoir la qualité d'autoentrepreneurs, à des plateformes de mise en relation en ligne. D'une part, le modèle économique de ces plateformes est encore relativement récent et il existe, qui plus est, plusieurs espèces de plateformes dont les modes de fonctionnement varient. D'autre part, et surtout, les choix politiques en ce qui concerne la condition juridique des travailleurs qui réalisent leur activité par l'intermédiation de ces plateformes font toujours l'objet de discussions soutenues par une palette d'opinions qui vont de l'auto-entrepreneuriat au salariat en passant par un éventuel statut spécial intermédiaire[2].

Il reste que, dans ce contexte, la loi du 8 août 2016 a restreint le droit de grève, ou ce qui en tient lieu, aux travailleurs des seules plateformes qui déterminent les caractéristiques de la prestation de service fournie ou du bien vendu et qui fixent son prix. La loi du 24 décembre 2019, qui a apporté d'autres éléments à la responsabilité sociale des plateformes, ne s'est également intéressée qu'à ce type de plateforme et, plus précisément même, qu'à celles qui organisent des prestations de transport de personnes ou de livraison de biens. Il en résulte que les travailleurs d'autres types de plateformes – comme les micro-travailleurs qui exécutent des tâches pour un prix fixé unilatéralement par le client sans aucune possibilité de négociation – ne disposent pas d'un droit de grève dans les conditions de l'article L. 7342-5 du Code du travail. Dans les faits, ils peuvent certes organiser un mouvement de refus de fournir leurs services pour défendre des revendications professionnelles, quoique les conditions de travail des micro-travailleurs, isolés les uns des autres, se prêtent mal à un mouvement concerté. Mais ils ne bénéficient pas, même si la protection est faible, des règles posées à cet effet par l'article L. 7342-5[3].

843.13 Protection des travailleurs grévistes. Les actions collectives menées par les travailleurs des plateformes numériques ne peuvent « ni engager leur responsabilité contractuelle, ni constituer un motif de rupture de leurs relations avec les plateformes, ni justifier de mesures les pénalisant dans l'exercice de leur activité »[4]. Il était probablement difficile d'aller plus loin dans l'élaboration d'un régime qui ne singe pas celui qui protège les salariés grévistes.

La neutralisation de la responsabilité contractuelle des travailleurs refusant de fournir leurs services en vue de défendre des revendications professionnelles est un cas inédit d'inexécution licite en droit des contrats. Ce cas est, au prime abord, assez théorique car il est rare, en pratique, que les travailleurs exerçant en qualité d'auto-entrepreneurs doivent se tenir à la disposition permanente de la plateforme pour exécuter les prestations qui leur seraient demandées. S'agissant en particulier des plateformes de mobilité – de type *Uber, Deliveroo*, etc. – les travailleurs se connectent volontairement à des plages horaires qu'ils décident. Aussi, moins que la responsabilité contractuelle des travailleurs, le refus concerté de se connecter à la plateforme, pendant une période qui peut être plus ou moins longue, risque de donner lieu à des sanctions sous la forme de déconnexion temporaire, ce que le texte interdit également. À bien y regarder, pourtant, l'impossibilité d'engager la responsabilité contractuelle des travailleurs refusant de fournir leurs services peut être utile dans l'hypothèse où ces derniers se concerteraient pour se connecter à la plateforme et accepter des missions qu'ils refuseraient ensuite de réaliser.

L'article L. 7342-5 protège en outre les travailleurs participant à un mouvement de grève contre la rupture de leurs relations contractuelle avec la plateforme. L'intention est louable mais la mesure est d'une efficacité limitée car il est peu vraisemblable, en l'état actuel des choses, que l'invalidation de la rupture puisse conduire à la reprise de la relation contractuelle et à son exécution forcée. La protection n'a donc d'effet que d'un point de vue indemnitaire.

S'agissant enfin de l'interdiction de mesures pénalisant les travailleurs grévistes dans l'exercice de leur activité, elle pourrait assurer une réelle protection si

1. Soc. 11 janv. 2006, n° 04-16.114, P V, n° 4 ; *Dr. soc.* 2006. 470, obs. P.-Y. Verkindt ; *JCP S* 2006, n° 10, p. 34, obs. B. Gauriau ; *RJS* 2006, n° 377.
2. SUR CETTE DISCUSSION : G. Loiseau, « Situation des travailleurs des plateformes : la confrontation des options, la réalisation des choix », *in* Les travailleurs de plateformes, *JCP S* 2020. 2045.
3. FAVORABLE À CETTE RESTRICTION : F. Masson, « Un droit de grève en droit des contrats ? À propos des "mouvements de refus concerté" de fournir des services à une plateforme numérique », *Dr. soc.* 2017. 861 – *CONTRA* : L. Gratton, « Révolution numérique et négociation collective », *Dr. soc.* 2016. 1050.
4. C. trav., art. L. 7342-5.

tous les salariés grévistes ou une partie d'entre eux font l'objet de mesures identiques ou semblables. Mais, assez sûrement, une remise en cause judiciaire de la sanction risque d'aboutir, de manière plus ou moins subreptice, à la rupture des relations contractuelles, ce qui réduit singulièrement l'éventualité d'une action en justice à ce sujet.

843.14 **Protection des représentants des travailleurs de plateformes.** L'ordonnance nº 2021-484 du 21 avril 2021[1] relative aux modalités de représentation des travailleurs indépendants recourant pour leur activité aux plateformes et aux conditions d'exercice de cette représentation, qui pose les bases d'un dialogue social entre les travailleurs et les plateformes, organise à cet effet une représentation des travailleurs[2]. Le texte prévoit une protection des représentants des travailleurs pendant l'exercice de leur mandat, laquelle devrait leur profiter en cas de grève. Cette protection comporte deux volets[3].

D'une part, le contrat commercial conclu avec la plateforme ne peut être rompu à l'initiative de celle-ci sans l'autorisation préalable de l'Autorité des relations sociales des plateformes d'emploi[4]. Il est précisé que l'autorisation est délivrée lorsque la rupture envisagée n'est pas en rapport avec les fonctions représentatives exercées par le travailleur[5]. Il est également indiqué que, en cas de faute grave, la plateforme peut suspendre provisoirement ses relations commerciales avec l'intéressé jusqu'à la décision de l'Autorité des relations sociales des plateformes d'emploi[6]. C'est là une différence avec le droit du travail, différence que l'on retrouve en ce qui concerne les sanctions. Il est en effet prévu que, lorsque la rupture du contrat est prononcée en méconnaissance des dispositions relatives à la procédure d'autorisation administrative, ou lorsque le juge administratif annule la décision de l'autorité administrative autorisant la rupture, le représentant a droit au paiement par la plateforme de dommages et intérêts correspondant à la totalité du préjudice subi au cours de la période écoulée entre la rupture du contrat et la fin de la période de protection[7]. Cette concession à la liberté contractuelle affaiblirait substantiellement la protection s'il n'était prévu, par ailleurs, des sanctions pénales. Est spécifiquement incriminé le fait de rompre le contrat commercial en méconnaissance des dispositions relatives à la procédure d'autorisation administrative, la peine étant d'un emprisonnement d'un an et d'une amende de 3 750 euros[8].

D'autre part, un représentant qui estime subir une baisse d'activité du fait de la plateforme peut saisir le tribunal judiciaire, pour faire cesser cette situation et demander la réparation du préjudice subi à ce titre. Pour lui éviter de supporter le risque de la preuve, l'ordonnance a eu recours, à son profit, à la technique de l'adminicule[9]. Concrètement, il appartient au représentant des travailleurs de présenter à l'appui de sa demande des éléments de fait de nature à justifier une baisse substantielle de son activité moyenne sur les trois derniers mois d'activité au regard de l'activité exercée sur les douze mois précédents ou, lorsque la durée d'activité est inférieure à un an, à la moyenne mensuelle d'activité sur l'ensemble des mois précédents. Au vu de ces éléments, il incombe alors à la plateforme de prouver que cette baisse d'activité est justifiée par des éléments objectifs étrangers à l'activité de représentation du travailleur[10].

1. Ord. nº 2021-484, 21 avr. 2021 relative aux modalités de représentation des travailleurs indépendants recourant pour leur activité aux plateformes et aux conditions d'exercice de cette représentation, *JO* 22 avril, nº 21.
2. V. s[s] n°s 711.12 s.
3. C. trav., art. L. 7343-13 à L. 7343-18.
4. V. s[s] nº 711.11.
5. C. trav., art. L. 7343-13.
6. C. trav., art. L. 7343-14.
7. C. trav., art. L. 7343-15.
8. C. trav., art. L. 7343-16.
9. G. Loiseau et A. Martinon, « L'adminicule », *BJT* 5/2021, p. 1.
10. C. trav., art. L. 7343-17.

LIVRE

9. EXEMPLES D'ACTES

SECTION 0 ORIENTEUR

9.00 Sommaire du livre.

SECTION 1 EXEMPLES DE CALCUL ET DE DÉLAIS DE SUIVI D'UN ACCORD

9.11 EXEMPLE DE CALCUL.

* V. s^{s} n° 131.21

Élection des membres titulaires du CSE

Nombre de salariés : 200

Nombre de suffrages exprimés : 170

Nombre de suffrages recueillis par les trois syndicats ayant franchi le seuil de représentativité : 143

Listes syndicales	Voix obtenues	% permettant d'accéder à la représentativité (sur 170)	% lors de la négociation d'un accord collectif (sur 143)
A	75	44,1 %	52 %
B	48	28,2 %	33,5 %
C	25	14,7 %	17,5 %
D	16	9,4 %	/
E	6	3,5 %	/

Le syndicat A peut signer seul un accord valide. Le cumul des voix des syndicats B et C permet également de signer un accord valide. Le syndicat B pourrait signer à lui seul un accord susceptible d'être validé par référendum des salariés.

9.12 EXEMPLES DE DÉLAIS DE SUIVI D'UN ACCORD [1].

* V. s^{s} n° 411.18

Cas 1. Un accord collectif à durée déterminée est conclu le 1er décembre 2014 et expire le 1er décembre 2017. Il est mis en cause le 1er janvier 2017, ce qui signifie que la période de survie expire le 31 mars 2018, autrement dit après l'expiration de l'accord. Si aucun accord de substitution n'est conclu avant le 1er décembre 2017, l'accord va cesser de s'appliquer à cette date et va ensuite cesser de produire tout effet.

Cas 2. Un accord collectif est conclu le 1er décembre 2014 et expire le 1er décembre 2017. Il est mis en cause le 1er janvier 2016, ce qui signifie que la période de survie expire le 31 mars 2017, soit avant le terme de l'accord. À défaut d'accord de substitution conclu avant le 31 mars 2017, l'accord cesse de produire tout effet le 1er avril 2017, mais les salariés transférés bénéficient du maintien de la rémunération perçue, jusqu'au terme de l'accord à savoir le 1er décembre 2019.

SECTION 2 EXEMPLES DE CLAUSES ET D'ACCORDS

9.21 EXEMPLE DE STIPULATION CONVENTIONNELLE.

* V. s^{s} n° 413.11

Accord professionnel du 14 décembre 2018 relatif à l'OPCO (Construction) :

« Il est institué une commission paritaire de suivi du présent accord. Elle est composée des représentants des organisations syndicales de salariés et des représentants des organisations professionnelles d'employeurs ayant signé ou adhéré au présent accord.

À la demande d'une ou plusieurs des organisations signataires, il peut être convenu d'ouvrir une négociation de révision du présent accord dans les conditions prévues par les dispositions des articles L. 2261-7 et L. 2261-8 du code du travail. »

1. G. Bélier, H.-J. Legrand, A. Cormier Le Goff, *Le nouveau droit de la négociation collective : Acteurs et accords*, 6e éd., « Droit vivant », Liaisons – Wolters Kluwer, 2018, p. 597.

9.22 Exemples de clauses de révision.

* V. s^{s} n° 414.43

(1) Clause de révision se contentant de renvoyer aux dispositions en vigueur du code du travail :

Accord du 21 novembre 2018 relatif à la désignation de l'opérateur de compétences (OPCO cohésion sociale ; champ social et insertion, sport).

Étendu par arrêté du 30 octobre 2019, *JO* 5 nov.

« Le présent accord pourra faire l'objet d'une révision dans les conditions fixées à ce jour aux articles L. 2261-7 et L. 2261-8 du code du travail. »

(2) Clause de révision ajoutant aux dispositions en vigueur du code du travail :

Convention collective Banque Populaire du 15 juin 2015, Accord du 20 décembre 2017 relatif à la négociation annuelle obligatoire pour 2018 (salaires).

Art. 6.2

« Demande de révision

La révision du présent accord intervient dans les conditions prévues à l'article L. 2261-7 du code du travail.

Toute demande de révision doit être notifiée par lettre recommandée avec accusé de réception ou par courrier électronique aux parties habilitées à participer aux négociations de l'avenant de révision. Cette lettre doit indiquer les points concernés par la demande de révision. Les négociations concernant cette demande devront s'ouvrir au plus tard, dans un délai de 2 mois, à compter de la réception de la demande de révision. »

9.23 Exemple d'accord de substitution.

* V. s^{s} n° 422.164

Accord conclu entre la société X…, la société Y… et les organisations syndicales représentatives de la société X…

Préambule

Conscientes de la nécessité à la fois juridique, sociale et organisationnelle d'assurer le maintien de l'application, aux salariés transférés, des accords collectifs structurants pour l'activité Y… et dans la mesure où la nouvelle société Y ne sera pas dotée de représentants du personnel avant la mise en œuvre effective des élections professionnelles, la Direction de chacune des entités et les organisations syndicales de la société X… ont ouvert des négociations pour discuter d'un accord de transition tel que prévu par l'article L. 2261-14-2 du code du travail.

Article 1. Le socle juridique applicable aux salariés transférés

Article 1.1 La convention collective de branche

La convention collective nationale qui est appliquée au sein de la société X…, à savoir celle des bureaux d'études techniques, ne correspond pas à l'activité principale qui sera réalisée par la société Y…

Le transfert d'activité emporte par conséquent mise en cause de la convention collective.

Les parties s'accordent pour une application immédiate de la convention collective des prestataires de services, laquelle correspond à l'activité principale qui sera réalisée par la société Y…

Article 1.2 Les accords collectifs d'entreprise

Par la signature du présent accord, les parties conviennent de poursuivre l'application de tous les accords collectifs d'entreprise en vigueur au sein de la société X…, à la date du transfert.

Seront donc applicables à tous les salariés transférés, à la date d'entrée en vigueur du présent accord de transition et tant que celui-ci sera en vigueur, les accords suivants :

1 …

2 …

3 …

4 …

Les quatre accords précités sont annexés au présent accord en leur version en vigueur.

Article 1.3 Usages et engagements unilatéraux

La signature de l'accord de transition emporte dénonciation des usages et engagements unilatéraux appliqués aux salariés transférés, pendant leur période d'emploi par X…

Ces usages et engagements unilatéraux cesseront immédiatement de s'appliquer à la date effective du transfert.

Article 3. Délai de mise en place du futur CSE de la société Y…

Afin de maintenir un dialogue social de proximité auquel il est attaché, dans une période de pleine croissance de ses activités et de ses effectifs, le cessionnaire souhaite mettre en place les élections professionnelles dans les meilleurs délais.

Pour ce faire, il s'engage à ouvrir les négociations en vue de la mise en place d'un comité social et économique dans les trois mois suivant le transfert effectif du personnel.

Article 4. Champ d'application de l'accord de transition

Le présent accord s'appliquera au sein de la société X… à tous les salariés transférés quelle que soit la nature de leur contrat, que ceux-ci aient été embauchés avant ou après la signature du présent accord.

Article 5. Dépôt de l'accord

Article 6. Durée de l'accord et entrée en vigueur

Modèle : Accord de transition sur le Transfert d'activité de la société Feedback vers la société Fullcar services, 24 juillet 2019, réf. T09219012905.

9.24 Exemple d'accord de substitution.

* V. s^{s} n° 422.235

Préambule

Pour rappel, la mise en cause des dispositions conventionnelles internes à la société X… est intervenue concomitamment au transfert légal des contrats de travail intervenu le *jj/mm/année*.

Dans le cadre de ce transfert, les salariés de la société X… ont été transférés en application des dispositions de l'article L. 1224-1 du code du travail à la société Y…

Sur le plan collectif, les conséquences de cette opération de transfert sont prévues à l'article L. 2261-14 du code du travail : *rappel.*

Ce texte conduit à la mise en cause automatique de l'application de la convention collective et de tous les accords collectifs signés au sein de la société X… auxquels étaient soumis les salariés transférés.

Pour autant et pendant 15 mois à compter du transfert, les salariés transférés peuvent revendiquer le bénéfice de ces accords, en sus de ceux en vigueur au sein de la société Y...

Les accords d'entreprise applicables au sein de la société X... étaient les suivants :

(annexés)

Une nouvelle négociation doit s'engager dans l'entreprise concernée, à la demande d'une des parties intéressées, dans les trois mois suivant la mise en cause, soit pour l'adaptation aux dispositions conventionnelles nouvellement applicables, soit pour l'élaboration de nouvelles stipulations.

C'est dans ce cadre qu'est intervenue la signature du présent accord de substitution, en application de l'article L. 2261-14 du code du travail.

Le présent accord vise à adapter certaines dispositions conventionnelles, nouvellement applicables sur les thèmes suivants ou à prévoir de nouvelles règles à des dispositions déjà existantes.

Il est donc convenu des dispositions suivantes qui constituent un tout indivisible qui ne saurait être mis en œuvre de manière fractionnée ou faire l'objet d'une dénonciation partielle.

Partie I – Cadre juridique de l'accord

Art. 1 – Le présent accord est conclu dans le cadre de l'article L. 2261-14 du code du travail.

Partie II – Champ d'application et catégories de salariés intermédiaires

Art. 2 – Champ d'application de l'accord

Le présent accord est applicable au personnel de la société Y... dont les contrats de travail ont été repris en application des dispositions de l'article L. 1224-1 du Code du travail.

VARIANTE 2

Les dispositions du présent accord s'appliquent à l'ensemble des salariés de la société X... dont le contrat de travail a été transféré, en application de l'article L. 1224-1 du Code du travail, au sein de la société Y... Par exception, lorsque des dispositions du présent accord sont applicables à tout ou partie des autres salariés de la société Y..., l'article concerné le précisera expressément.

VARIANTE 3

L'accord de substitution s'applique à l'ensemble des salariés transférés en application des dispositions de l'article L. 1224-1 du Code du travail ainsi qu'aux salariés présents au sein de la société Y... préalablement au transfert.

Les salariés entrant dans le champ d'application de cet accord sont désormais soumis à un statut collectif unique et harmonisé, puisque les salariés transférés au sein de la société Y... ne bénéficient plus des dispositions des accords collectifs qui leur étaient préalablement applicables au sein de la société X...

Partie III – Dispositions substituées

Art. 3 – Mise en cause des accords d'entreprise de la société X...

Les dispositions conventionnelles applicables au sein de la société X... listées à l'article cessent définitivement de produire leurs effets à compter de l'entrée en vigueur du présent accord de substitution.

Ou Le champ d'application du présent accord comprend toute pratique, usage, accord atypique, ou accord collectif applicable au sein de la société X... à la date du transfert des contrats de travail à effet *jj/mm/année*.

Par conséquent, les salariés transférés ne peuvent plus, à compter de la date du..., sauf les dispositions expressément sauvegardées par le présent accord de substitution, se prévaloir des avantages collectifs ou individuels, dont ils bénéficiaient du fait de l'application du statut collectif en vigueur au moment de leur transfert, au sein de la société.

Art. 4 – Dispositions applicables aux salariés transférés de l'entreprise X...

Les Parties sont convenues qu'à compter de la date d'entrée en vigueur de l'Accord, soit le *jj/mm/année* les dispositions composant le statut collectif de la société Y... s'appliqueront à l'ensemble des Salariés Transférés. Il s'agit à la fois :

de la convention collective de la branche...

Et :

des accords d'entreprise et d'UES, usages, engagements unilatéraux et accords atypiques en vigueur au sein de la société Y..., sous réserve des adaptations dont les Parties sont convenus à l'article III du présent accord.

Il est convenu entre les parties que seuls les dispositifs expressément maintenus par le présent accord resteront applicables aux salariés transférés.

Partie IV – Modalités d'harmonisation du statut collectif de la société Y... aux salariés transférés

Art. 5 – Classification et Statut

La société X... appliquant la même convention collective de branche que la société Y..., les classifications et statuts restent sensiblement les mêmes, avant et après le transfert des salariés.

Cependant, des ajustements sont à réaliser dans le cadre de l'harmonisation, dans le but d'harmoniser les intitulés de postes et classifications qui ne sont pas en adéquation avec ceux appliqués au sein de la société Y... :

II. Bénéfice de la prime de 13e mois

Il est convenu du maintien de la prime de 13e mois en vigueur au moment du transfert au sein de la société Y..., dans les mêmes conditions de calcul et versée en deux fois, au prorata du temps de présence et minorée par les absences non assimilées à du temps de travail effectif.

Dans le prolongement et en conformité avec les NAO de la société Y..., signées le *jj/mm/année,* les dispositions suivantes seront appliquées :

« Dans l'hypothèse où la convention collective applicable à l'entreprise, ou toute autre source de droit qui s'imposerait à la Société, viendrait à instaurer la mise en place d'un élément de rémunération de type : "prime de fin d'année" ou "13e mois", la prime dite "de fin d'année" instaurée dans la Société disparaîtrait totalement et serait remplacée de facto par la "prime de fin d'année" ou "de 13e mois", quel que soit leur intitulé, sous réserve que la nouvelle prime soit au moins d'un montant équivalent à la prime dite "de fin d'année" instaurée dans la Société, si elle ne devait pas l'être la différence demeurerait due aux collaborateurs. »

Art. 6 – Jours d'habillage/déshabillage

Les salariés non-cadres de la société X... bénéficient au maximum de 5 jours supplémentaires de congé pour compenser le temps d'Habillage et de déshabillage par an, accordés en fonction du temps de présence sur une période de référence prédéfinie.

Il est convenu entre les parties du maintien de ces jours de congé supplémentaire, à la date du transfert de leurs contrats de travail, soit au 1er juillet 2018.

Le nombre de jours acquis au terme du processus de mise en cause est donc figé, sauf accord plus favorable qui serait conclu à l'avenir au sein de l'UES Y...

Art. 7 – Heures de nuit

Au sein de la société X..., les heures de travail effectuées de nuit (soit de 21 h à 6 h) étaient rémunérées de la façon suivante : majoration de 25 %, appliquée sur un taux horaire incluant le salaire de base et la prime d'ancienneté.

Il a été convenu entre les parties d'appliquer, par le biais du présent accord de substitution, pour la rémunération des heures de travail effectuées de nuit (soit de 21 h à 6 h), le mode de calcul actuellement en vigueur au sein de la société Y, à savoir :

Art. 8 – Astreintes

Le régime d'astreinte tel que prévu par l'accord collectif en date du *jj/mm/année* cessera de produire effet à la date de publication du présent accord.

À compter de cette date les salariés bénéficiaires de l'accord *jj/mm/année* seront soumis au régime d'astreinte en vigueur au sein de la société Y... tel que défini par la décision unilatérale du *jj/mm/année*.

Art. 9 – Égalité hommes/femmes

À compter de l'entrée en vigueur du présent accord, les dispositions de l'accord ÉGALITÉ HOMME FEMME du..., en vigueur au sein de la société Y se substitueront intégralement aux dispositions de l'accord du *jj/mm/année* et de ses éventuels avenants.

Art. 10 – Durée de l'accord et date d'entrée en vigueur

Le présent accord est conclu pour une durée indéterminée.

Les parties conviennent que le présent accord entrera en vigueur le... et s'applique à toute pratique, usage, accord atypique, ou accord collectif applicable en vigueur au sein de la société X...

Art. 11 – Révision de l'accord

Le présent accord pourra faire l'objet d'un accord de révision conformément aux dispositions des articles L. 2261-7-1 et L. 2261-8 du Code du travail.

En cas de demande de révision par une ou plusieurs Organisations Syndicales Représentatives, conformément aux dispositions légales en vigueur, la Direction devra organiser une réunion de négociation dans les deux mois de la réception de la demande.

Toute modification fera l'objet d'un avenant conformément aux dispositions légales en vigueur.

Art. 12 – Publicité de l'accord

Conformément aux articles L. 2231-6 et suivants et D. 2231-2 du Code du travail, le présent accord sera adressé à la Direction Régionale des Entreprises, de la Concurrence, de la Consommation, du Travail et de l'Emploi de Saint-Quentin en Yvelines, ainsi qu'au greffe du Conseil de Prud'hommes de...

D'APRÈS *Modèles :* Accord de substitution dans le prolongement du transfert des salariés de la Société Kuehne & Nagel, 12 juill. 2019, réf. T07719002506 – Accord de substitution de la Société Vago, 9 oct. 2019, réf. T03319003703 – Accord de substitution des statuts collectifs Argosim SAS / Dassault Systemes SE, réf. T07819003334.

Principales abréviations utilisées

	signifie
(dir.)	sous la direction de
§	paragraphe
a.	et autres
ACI	Accord-cadre international
Act. proc. coll.	*Actualité des procédures collectives*
Actu.	Actualité
Actuel RH	www.actuel-rh.fr
Adde	ajouter
AEA	Association of European Airlines
aff.	affaire
AIAS	Amsterdam Institute for Advanced labour Studies
AICA	Association internationale des charters aériens
AJ	Actualité jurisprudentielle
AJ pénal	*Actualité juridique pénal*
AJDA	*Actualité juridique Droit administratif*
al.	alinéa
alii.	*autres*
anc.	ancien
ANI	accord national interprofessionnel
ann.	annexe
APC	accord de performance collective
arr.	arrêté
art.	article
ass.	assemblée
Ass. nat.	Assemblée nationale
BDES	Base de données économiques et sociales
BICC	*Bulletin d'information de la Cour de cassation*
BJS	*Bulletin Joly Sociétés*
BJT	*Bulletin Joly Travail*
BOMT	*Bulletin officiel du ministère du Travail*
BRDA	*Bulletin rapide de droit des affaires*
C. aviat.	Code de l'aviation civile
C. consom.	Code de la consommation
C. pén.	Code pénal
C. transp.	Code des transports
C. trav.	Code du travail
c/	*Contre*
CAA	Cour administrative d'appel
Cah. dr. entr.	*Cahiers de droit de l'entreprise*
Cah. soc.	*Cahiers sociaux*
Carsat	Caisse d'assurance retraite et de la santé au travail
CASF	Code de l'action sociale et des familles
CCE	*Communication Commerce électronique*
CDD	Contrat à durée déterminé
CDI	Contrat à durée indéterminé
CE	Conseil d'État
CEA	Commissariat à l'énergie atomique
CEC	Confédération européenne des cadres
CEDH	Cour européenne des droits de l'homme

CEEP Centre européen des entreprises à participation publique et des entreprises d'intérêt économique général
CEP. Cependant
CER Communauté européenne du rail
CES Confédération européenne des syndicats
CFE-CGC Confédération française de l'encadrement - Confédération générale des cadres
CFTC Confédération française des travailleurs chrétiens
CGI Code général des impôts
CGT Confédération générale du travail
CGTU Confédération générale du travail unitaire
Cass. Cour de cassation
Cass., ass. plén. Cour de cassation, assemblée plénière
Cass., ch. mixte Cour de cassation, chambre mixte
Cass., ch. réun. Cour de cassation, chambres réunies
Charte UE Charte des droits fondamentaux de l'Union européenne
chron. chronique
CHSCT Comité d'hygiène, de sécurité et des conditions de travail
Cie Compagnie
Circ. Circulaire
Circ. intermin. Circulaire interministérielle
Civ. Chambre civile
Civ. 1re Cour de cassation, première chambre civile
Civ. 2e Cour de cassation, deuxième chambre civile
Civ. 3e Cour de cassation, troisième chambre civile
CJA Code de justice administrative
CJCE Cour de justice des Communautés européennes
CJEG *Cahiers juridiques de l'électricité et du gaz*
CJUE Cour de justice de l'Union européenne
Cnefop Conseil national de l'emploi, de la formation et de l'orientation professionnelles
CNNC Commission nationale de la négociation collective
CNNCEFP Commission nationale de la négociation collective, de l'emploi et de la formation professionnelle
Com. Cour de cassation, chambre commerciale
comm. commentaire
COMP. Comparer
concl. conclusions
Cons. const. Conseil constitutionnel
Cons. prud'h. Conseil de prud'hommes
Constitutions *Revue de droit constitutionnel appliqué*
CONTRA Solution contraire
Conv. Convention
CPPNI Commissions paritaires permanentes de négociation et d'interprétation
CPRI Commissions paritaires régionales interprofessionnelles
Crim. Cour de cassation, chambre criminelle
CRIT. critique
CSB *Cahiers sociaux du Barreau de Paris*
CSE Comité social et économique
CSP Code de la santé publique
CSS Code de la sécurité sociale
CSSCT Commission santé, sécurité et conditions de travail
CTP Comité technique paritaire

D. *Recueil Dalloz*
D. actu. *Dalloz actualité* sur Dalloz.fr
Dalloz IP/IT *Dalloz IP/IT - Droit de la propriété intellectuelle et du numérique*
Décis. Décision
Décr. Décret
Décr.-L. Décret-loi
Dir. Directive
Direccte Direction régionale des entreprises, de la concurrence, de la consommation, du travail et de l'emploi [avant le 1er avril 2021, devenue Dreets]
DMF *Droit maritime français*
Doc. parl. Documents parlementaires
DP *Dalloz périodique*
Dr. adm. *Droit administratif*
Dr. aff. *Droit des affaires*
Dr. ouvrier *Droit ouvrier*
Dr. pénal *Droit pénal*
Dr. soc. *Droit social*
Dreets Direction régionale de l'économie, de l'emploi, du travail et des solidarités [depuis le 1er avril 2021, ancienne Direccte]
Dress Direction de la recherche, des études, de l'évaluation et des statistiques
DRT Direction des relations du travail
DUP Délégation unique du personnel

ECA European Cockpit Association
ECSA European Community Shipowners'Associations

éd. édition
EDF Électricité de France
EEI *Revue Énergie-Environnement-Infrastructures*
Epic Établissement public à caractère industriel et commercial
Era European Regions Airline Association
esp. espèce
ét. étude
ETF European Transport Workers'Federation
ex. exemple

Féd. Fédération
Féd. nat. Fédération nationale
Fiom Fédération internationale des organisations de travailleurs de la métallurgie
FITTHC Fédération internationale des travailleurs du textile, de l'habillement et du cuir
FO Force ouvrière
FSESP Fédération syndicale européenne des services publics

GACE *Grands avis du Conseil d'État*, Dalloz
GACEDH *Grands arrêts de la Cour européenne des droits de l'homme*, Dalloz
GADT *Grands arrêts du droit du travail*, Dalloz
Gaz. Pal. *La Gazette du Palais*
GIE Groupement d'intérêt économique
GPEC Gestion prévisionnelle des emplois et des compétences
GPEEC Gestion prévisionnelle des effectifs, des emplois et des compétences

Hospeem European and Hospital and Healthcare Employers'Association

Ibid. *Ibidem*
Icem International Federation of Chemical, Energy, Mine and General Workers'Unions
Insee Institut national de la statistique et des études économiques
Instr. intermin. Instruction interministérielle
Instr. Instruction
IRP Instances représentatives du personnel
ISP Internationale des services publics

J.-Cl. *Juris-Classeur*
JA *Jurisassociations*
JAC *Journal des accidents et des catastrophes*
JCP *Semaine juridique, édition Générale*
JCP Adm. *Semaine juridique, édition Administration et collectivités territoriales*
JCP S *Semaine juridique, édition Sociale*
JCP E *Semaine juridique, édition Entreprise*
JO *Journal officiel*
JOCE *Journal officiel des Communautés européennes* [avant 1er février 2003]
JONC *Journal officiel, numéro complémentaire*
JOUE *Journal officiel de l'Union européenne* [depuis 1er février 2003]
JS UIMM *Jurisprudence sociale de l''Union des industries métallurgiques et minières*
JS *Jurisport*
JSL *Jurisprudence sociale Lamy*
JT *Juristourisme*
Jur. Jurisprudence
Just. et cass. *Justice et cassation*

L. Loi
L. const. Loi constitutionnelle
Lebon *Recueil des décisions du Conseil d'État*
Lebon T *Recueil des décisions du Conseil d'État, Table*
LGDJ Librairie générale de droit et de jurisprudence
Liaisons soc. *Liaisons sociales*
LOLF Loi organique relative aux lois de finances
LPA *Les Petites Affiches*

Medef Mouvement des entreprises de France
min. ministre ou ministère
min. trav. ministère du travail
mod. modifié

n°(s) numéro(s)
Not. Notamment
nouv. nouveau
NP Non publié au *Bulletin des Arrêts de la Cour de cassation* ou au *Lebon*

obs. Observation
OCDE Organisation de coopération et de développement économiques
OEB Organisation européenne des bateliers
OIT Organisation internationale du travail
Onu Organisation des Nations unies

op. cit. *opus citatum*
Ord. Ordonnance

P Publié au *Bulletin de la Cour de cassation*
p. page
Pereco Plan d'épargne retraite collectif
PIBD *Propriété industrielle. Bulletin documentaire*
préc. précité
préf. préface
Procédures *Revue Procédures*
Puf Presses universitaires de France

QPC Question prioritaire de constitutionnalité
Quest. prud'h. *Questions prud'homales*
QVT Qualité de vie au travail

R. *Rapport annuel de la Cour de cassation*
Rapp. Rapport
RAPPR. Rapprocher
RATP Régie autonome des transports parisiens
RD publ. *Revue du droit public et de la science politique en France et à l'étranger*
RD transp. *Revue de droit des transports*
RDC *Revue des contrats*
RDSS *Revue de droit sanitaire et social*
RDT *Revue de droit du travail*
Rec. *Recueil*
Rec. N. *Recueil numérique de la jurisprudence de la Cour de justice de l'Union européenne*
récl. réclamation
réf. référence
req. requête
Rev. crit. DIP *Revue critique de droit international privé*
RFDA *Revue française de droit administratif*
RFDC *Revue française de droit constitutionnel*
RFFP *Revue française des finances publiques*
RG Répertoire général, Registre unique informatisé tenu par le greffe
RGPP Révision générale des politiques publiques
RJDA *Revue de jurisprudence de droit des affaires*
RJEP *Revue juridique de l'économie publique*
RJS *Revue de jurisprudence sociale*
RPDS *Revue pratique de droit social*
RSC *Revue de science criminelle et de droit pénal comparé*
RTD civ. *Revue trimestrielle de droit civil*
RTD com. *Revue trimestrielle de droit commercial*
RTD eur. *Revue trimestrielle de droit européen*
RTDH *Revue trimestrielle des droits de l'homme*
RTT Réduction du temps de travail

s. et suivants
sect. section
Smic Salaire minimum de croissance
Snepa Syndicat national des exploitants de parcours aventures
Snerrs Syndical national des entreprises régionales de restauration sociale
SNPA Syndicat national des prestataires de services d'accueil, d'animation et de promotion des ventes
SNPMA Syndical national praticien de la mutualité agricole
Soc. Cour de cassation, chambre sociale
s^{s} sous
SSL *Semaine sociale Lamy*
S^{té} Société
suppl. supplément
Synd. Syndicat

t. tome
T. confl. Tribunal des conflits
T. corr. Tribunal correctionnel
TA Tribunal administratif
TCE Traité instituant la Communauté européenne, signé à Rome le 27 mars 1957
TFUE Traité sur le fonctionnement de l'Union européenne
TGI Tribunal de grande instance
th. thèse
TPIUE Tribunal de première instance de l'Union européenne
TPS *Travail et protection sociale*
trib. tribune
TUE Traité sur l'Union européenne

U2P Union des entreprises de proximité
UE Union européenne
UEAPME Union européenne de l'artisanat et des petites et moyennes entreprises

UENF Union européenne de la navigation fluviale
UES Unité économique et sociale
UITA Union internationale des travailleurs de l'alimentation, de l'agriculture, de l'hôtellerie-restauration, du tabac et des branches connexes
Unapl Union nationale des professions libérales
Unice Union of Industrial and Employers'Confederations of Europe
Unsa Union nationale des syndicats autonomes
Ursaaf Unions de recouvrement des cotisations de sécurité sociale et d'allocations familiales

v. voir
v° *verbo*
vol. volume

Index thématique alphabétique

B

C

H

I

PHOTOCOMPOSITION
SCM • Toulouse

PEFC 10-31-1895

722855 - (I) - OFM - P 60g - SCM (LC)
Achevé d'imprimer en mars 2024 sur les presses de l'imprimerie CHIRAT
Dépôt légal : mars 2024 - N° 202403.0123

Imprimé en France